中国矿业年鉴

2004

《中国矿业年鉴》编辑部　编

地 震 出 版 社

ISBN 7-5028-2687-4

9 787502 826871 >

图书在版编目(CIP)数据

中国矿业年鉴. 2004/《中国矿业年鉴》编辑部编. -北京：地震出版社，2005. 6

ISBN 7-5028-2687-4

Ⅰ. 中... Ⅱ. 中... Ⅲ. 矿业经济—中国—2004—年鉴 Ⅳ. F426. 1-54

中国版本图书馆 CIP 数据核字（2005）第 061744 号

地震版 XT200500063

中国矿业年鉴（2004）

《中国矿业年鉴》编辑部 编

责任编辑：张晓梅

责任校对：庞娅萍

出版发行：地震出版社

北京民族学院南路 9 号　　邮编：100081

发行部：68423031　68467993　　传真：88421706

门市部：68467991　　传真：68467991

总编室：68462709　68423029　　传真：68467972

E-mail：seis@ht.rol.cn.net

经销：全国各地新华书店

印刷：北京外文印刷厂

版（印）次：2005 年 6 月第一版　2005 年 6 月第一次印刷

开本：787×1092　1/16

字数：1205 千字　插页：50

印张：32

印数：0001～1700

书号：ISBN 7-5028-2687-4/TD·24（3317）

定价：200.00 元

《中国矿业年鉴》编辑委员会

《中国矿业年鉴》(2004) 编辑部工作人员

编辑顾问 张　锋　李宴武
责任主编 陈颂今
责任编审 刘润辉
责任编辑 师　宏　宋　菲
彩页设计 李瑞军

《中国矿业年鉴》(2004) 特约编辑

(按姓氏笔划排序)

于世彬	于明成	马贞年	马冀青	牛东风	王文达	王玉平	王东明	王兆远
王惠民	王　慧	兰谢益	古健平	田镇三	叶小林	仲玉善	任子汉	伍光熙
刘圣汉	刘亚宾	刘保军	刘洪生	刘振庄	孙宏智	许守信	严德海	冷细民
吴建生	吴英智	吴继岩	吴梅林	宋维鹏	宋瑞林	张凤奎	张文刚	张牛华
张光铁	张应红	张　杰	张茂贤	张德祯	张赞生	李中念	李凤德	李风湖
李永平	李成城	李宝玉	李雨林	李保国	李宪杰	李维学	李　燕	杨久煜
杨占峰	杨　坚	杨延华	杨家声	杨振喜	沈宝忠	辛继升	邹跃平	陆林生
陈国宏	陈贤世	陈辉萍	周之乐	周　华	周　翔	林玉华	林国阳	武建森
范雪云	郑庆道	郑茂金	姚中华	宫焕晨	段润林	胡茂焱	荆大勤	贺胜利
赵生茂	赵庆彪	赵丽英	赵　金	赵晓静	赵　智	郝丽君	逢奉辉	钟应昌
闻一鸣	唐友军	夏　芳	袁俊宏	郭　军	郭吟书	钱军林	顾安麒	高应超
常玉刚	崔　彬	曹仕平	盛忠杰	黄世光	黄　刚	强小平	曾　郡	蒋　锋
韩卫兵	韩　红	褚玉新	解宏绪	翟红国	黎应书	薛占儒	魏中超	

编 辑 说 明

一、2004年《中国矿业年鉴》是一部全面、系统反映2003年中国矿业基本情况以及当年我国矿业经济发展和运行情况的大型资料性工具书，主要内容涉及我国矿产资源勘查、开发利用、矿业企事业单位的科研、生产经营等，同时也反映了当年我国矿业事业的新发展、新经验、新成果以及遇到的新问题。本期《中国矿业年鉴》为第3卷，收录资料时限，原则上以2003年为主，根据供稿实际，酌收了一些与2004年有关的内容。

二、本期《中国矿业年鉴》根据实际情况设13个栏目。按内容分类编排，设栏目、类目、条目三个层次，表述方式以条目为主，设有方便查阅的目录，另有文章、图、表等多种形式，图文并茂。

三、本期《中国矿业年鉴》收录了国家领导人、有关矿业行业领导关于中国矿业形势的重要讲话，以及政府有关部门提供的矿业统计资料和国家有关部委颁布的矿业相关法规；较系统的记述了中国矿业概况、管理、行业、科技发展情况及各矿业行业协会的工作情况；重点反映了“地方矿业”的发展变化和“矿业城市”发展接续产业及经济结构转型的情况。

在附录中，收录了2002/2003年世界矿产资源勘查开发和矿产品供需形势、国外矿业信息等。可读性强，有较高的参考价值。

四、本期《中国矿业年鉴》，为增加信息量和可读性，在“地方矿业”和“矿业城市”中增加了一些内容，除由地方有关部门提供外，有的内容，来自矿业城市工作专业委员会、中国地质大学、中国矿业网和地方政府网站，根据收集和供稿情况，对所选用内容，按年鉴编写要求做了适当的修改。

五、本期《中国矿业年鉴》开辟了矿山企事业单位介绍专栏，并以彩页形式展示其风采，重点介绍了一些优秀国有企业和民营企业的经营业绩和科研成果。

六、稿件来源，除部分基层企事业单位外，多由政府部门提供，其中部分内容来自中国矿业信息中心。全书内容丰富、资料翔实、全面系统，具有权威性。为读者查阅方便，本期年鉴中的图、表序号，以类目为单位（矿城中的图表以城市为单位），单独列序。所涉及的统计数字，均以政府相关部门及相关领域权威机构提供为准。

本期《中国矿业年鉴》16开本，精装，120万字左右，由中国矿业年鉴编辑部编辑，中国地震出版社出版，国内外公开发行。编辑部联系电话：010－88374940。E-mail：yearbook@chinamining.com.cn。

七、由于我们编辑水平和资料来源有限，本期年鉴在资料收集和内容编辑整理上，难免有疏漏和错误，欢迎各级领导和读者批评指正。在此对所有关心和支持本书编辑出版工作的单位、领导、朋友们表示衷心的感谢！

《中国矿业年鉴》编辑部

目 录

特 载

专 文

大事记

概 况

矿业管理

矿业行业

矿业城市

地方矿业

矿业科技

协会·学会

政策法规

统计资料

附 录

特 载

副总理曾培炎在中国矿业2004国际研讨会上的重要讲话(节选)

(2004年11月16日)

矿业是国民经济和社会发展的重要基础性产业。新中国成立以来,通过自力更生、艰苦创业,开展了大规模地质勘查,探明了丰富的资源储量,建立起了较为完整的矿业体系。目前,全国92%的一次能源,80%的工业原材料,70%以上的农业生产资料,都来源于矿产资源。矿业在中国现代经济建设中正发挥着日益重要的作用。为了缓解资源供应与城镇化、工业化的矛盾,中国政府坚持树立和落实科学的发展观,通过体制改革优化资源配置,通过科技创新改善资源利用,通过国际市场调剂资源余缺,以矿产资源的可持续开发利用,促进经济社会的可持续发展。中国矿业工作的四项任务:

一、大力推进资源节约和环境保护

严格控制新上高耗能、高耗水项日,遏制低水平重复建设。广泛推广节能降耗的生产技术工艺,坚决淘汰浪费资源的落后工艺、设备和产品,充分利用二次能源,大力发展循环经济。依法管理矿产资源和矿业活动,坚决禁止浪费和破坏矿产资源的行为。积极发展绿色矿业,加强矿区环境整治和生态重建。

二、继续加强国内资源勘探开发

搞好石油等战略资源、重要大宗矿产、短缺资源的调查评价,加强公益性、基础性地质矿产调查。要合理、有序地勘探、开发矿产资源。大力推进矿山生产基地现代化建设,发展有竞争力的矿业集团,依法规范、引导和扶持小矿健康发展。

三、加快建立和完善矿业市场体系

深化矿产资源有偿使用制度改革,规范探矿权、采矿权市场秩序和管理,维护国家和各类勘查开发主体的合法权益。搞好国有矿山企业改革,增强企业活力和市场竞争力。加快政府职能转变,依靠法律、规划、经济杠杆等手段,加强对重要矿产资源勘查、开发和供应的调控。

四、扩大矿业国际合作

进一步促进矿产品的国际贸易,鼓励有实力的企业积极参与国外矿产的勘查开发。在平等互利的基础上,加强同世界各国、地区组织、企业和团体的联系,开展多层次、多领域、多途径、多种方式的矿业合作,建立多元、稳定、经济、安全的资源供应体系。

副总理黄菊重要批示

(2003年12月9日)

2003年12月9日,中共中央政治局常委、国务院副总理黄菊,为中国煤炭工业协会召开的“全国煤炭工业改革与发展会议”作出重要批示。全文如下:

煤炭是中国的基础能源,在国民经济中发挥了重要作用。进入新世纪,中国煤炭工业协会要为煤炭工业走新型工业化道路,为全面建设小康社会作出新的贡献。

贯彻落实科学发展观　推进循环经济发展

国家发展和改革委员会主任　马　凯

概括地说，循环经济是一种以资源的高效利用和循环利用为核心，以“减量化、再利用、资源化”为原则，以低消耗、低排放、高效率为基本特征，符合可持续发展理念的经济增长模式，是对“大量生产、大量消费、大量废弃”的传统增长模式的根本变革。

一、我国发展循环经济的重要性和紧迫性

发展循环经济是缓解资源约束矛盾的根本出路。改革开放以来，我们用能源消费翻一番支撑了GDP翻两番。到2020年，要再实现GDP翻两番，即便是按能源再翻一番考虑，保障能源供给也有很大的困难。如果继续沿袭传统的发展模式，以资源的大量消耗实现工业化和现代化，是难以为继的。为了减轻经济增长对资源供给的压力，必须大力发展循环经济，实现资源的高效利用和循环利用。

发展循环经济是从根本上减轻环境污染的有效途径。据测算，我国能源利用率若能达到世界先进水平，每年可减少二氧化硫排放400万吨左右；固体废弃物综合利用率若提高1个百分点，每年就可减少约1000万吨废弃物的排放；粉煤灰综合利用率若能提高20个百分点，就可以减少排放近4000万吨，这将使环境质量得到极大改善。大力发展循环经济，推行清洁生产，可将经济社会活动对自然资源的需求和生态环境的影响降低到最小程度，从根本上解决经济发展与环境保护之间的矛盾。

发展循环经济是提高经济效益的重要措施。目前我国资源利用效率与国际先进水平相比仍然较低，突出表现在：资源产出率低、资源利用效率低、资源综合利用水平低、再生资源回收和循环利用率低。实践证明，较低的资源利用水平，已经成为企业降低生产成本、提高经济效益和竞争力的重要障碍；大力发展循环经济，提高资源的利用效率，增强国际竞争力，已经成为我们面临的一项重要而紧迫的任务。

发展循环经济是应对新贸易保护主义的迫切需要。在经济全球化的发展过程中，关税壁垒作用日趋削弱，包括“绿色壁垒”在内的非关税壁垒日益凸显。近几年，一些发达国家在资源环境方面，不仅要求末端产品符合环保要求，而且规定从产品的研制、开发、生产到包装、运输、使用、循环利用等各环节都要符合环保要求，对我国发展对外贸易特别是扩大出口产生了日益严重的影响。我们要高度重视，积极应对，尤其是要全面推进清洁生产，大力发展循环经济，逐步使我国产品符合资源、环保等方面的国际标准。

发展循环经济是以人为本、实现可持续发展的本质要求。要加快发展、实现全面建设小康社会的目标，根本出发点和落脚点就是要坚持以人为本，不断提高人民群众的生活水平和生活质量。要真正做到这一点，必须大力发展循环经济，走出一条科技含量高、经济效益好、资源消耗低、环境污染少、人力资源优势得到充分发挥的新型工业化道路。

二、发展循环经济的基本途径和重点

当前和今后一个时期，我们发展循环经济要重点抓好五个环节。

在资源开采环节，要大力提高资源综合开发和回收利用率。对矿产资源开发要统筹规划，加强共生、伴生矿产资源的综合开发和利用，实现综合勘查、综合开发、综合利用；加强资源开采管理，健全资源勘查开发准入条件，改进资源开发利用方式，实现资源的保护性开发；积极推进矿产资源深加工技术的研发，提高产品附加值，实现矿业的优化与升级；开发并完善适合我国矿产资源特点的采、选、冶工艺，提高回采率和综合回收率，降低采矿贫化率，延长矿山寿命。大力推进尾矿、废石的综合利用。

在资源消耗环节，要大力提高资源利用效率。加强对钢铁、有色、电力、煤炭、石化、化工、建材、纺织、轻工等重点行业的能源、原材料、水等资源消耗管理，实现能量的梯级利用、资源的高效利用和循环利用，努力提高资源的产出效益。电动机、汽车、计算机、家电等机械制造企业，要从产品设计入手，优先采用资源利用率高、污染物产生量少以及有利于产品废弃后回收利用的技术和工艺，尽量采用小型或重量轻、可再生的零部件或材料，提高设备制造技术水平。包装行业要大力压缩无实用性材料消耗。

在废弃物产生环节，要大力开展资源综合利用。加强对冶金、有色、电力、煤炭、石化、建材、造纸、酿造、印染、皮革等废弃物产生量大、污染重的重点行业的管理，提高废渣、废水、废气的综合利用率。综合利用各种建筑废弃物及秸秆、畜禽粪便等农业废弃物，积极发

展生物质能源，推广沼气工程，大力发展生态农业。推动不同行业通过产业链的延伸和耦合，实现废弃物的循环利用。加快城市生活污水再生利用设施建设和垃圾资源化利用。充分发挥建材、钢铁、电力等行业废弃物消纳功能，降低废弃物最终处置量。

在再生资源产生环节，要大力回收和循环利用各种废旧资源。积极推进废钢铁、废有色金属、废纸、废塑料、废旧轮胎、废旧家电及电子产品、废旧纺织品、废旧机电产品、包装废弃物等的回收和循环利用；支持汽车发动机等废旧机电产品再制造；建立垃圾分类收集和分选系统，不断完善再生资源回收、加工、利用体系；在严格控制“洋垃圾”和其它有毒有害废物进口的前提下，充分利用两个市场、两种资源，积极发展资源再生产业的国际贸易。

在社会消费环节，要大力提倡绿色消费。树立可持续的消费观，提倡健康文明、有利于节约资源和保护环境的生活方式与消费方式；鼓励使用绿色产品，如能效标识产品、节能节水认证产品和环境标志产品等；抵制过度包装等浪费资源的行为；政府机构要发挥带头作用；把节能、节水、节材、节粮、垃圾分类回收、减少一次性用品的使用逐步变成每个公民的自觉行动。

三、加快发展循环经济的主要措施

发展循环经济，要坚持以科学发展观为指导，以优化资源利用方式为核心，以提高资源生产率和降低废弃物排放为目标，以技术创新和制度创新为动力，采取切实有效的措施，动员各方面力量，积极加以推进。

要把发展循环经济作为编制“十一五”规划的重要指导原则，用循环经济理念指导编制各类规划。加强对发展循环经济的专题研究，加快节能、节水、资源综合利用、再生资源回收利用等循环经济发展重点领域专项规划的编制工作。建立科学的循环经济评价指标体系，研究提出国家发展循环经济战略目标及分阶段推进计划。

加快发展低耗能、低排放的第三产业和高技术产业，用高新技术和先进适用技术改造传统产业，淘汰落后工艺、技术和设备。严格限制高耗能、高耗水、高污染和浪费资源的产业，以及开发区的盲目发展。用循环经济理念指导区域发展、产业转型和老工业基地改造，促进区域产业布局合理调整。开发区要按循环经济模式规划、建设和改造，充分发挥产业集聚和工业生态效应，围绕核心资源发展相关产业，形成资源循环利用的产业链。

要研究建立完善的循环经济法规体系，当前要抓紧制定《资源综合利用条例》、《废旧家电及电子产品回收处理管理条例》、《废旧轮胎回收利用管理条例》、《包装物回收利用管理办法》等发展循环经济的专项法规。加快制定用能设备能效标准、重点用水行业取水定额标准、主要耗能行业节能设计规范以及强制性能效标识和再利用品标识等发展循环经济的标准规范。加大执法监督检查的力度，逐步将循环经济发展工作纳入法制化轨道。同时，通过深化改革，形成有利于促进循环经济发展的体制条件和政策环境，建立自觉节约资源和保护环境的机制。结合投资体制改革，调整和落实投资政策，加大对循环经济发展的资金支持；进一步深化价格改革，研究并落实促进循环经济发展的价格和收费政策；完善财税政策，加大对循环经济发展的支持力度；继续深化企业改革，研究制定有利于企业建立符合循环经济要求的生态工业网络的经济政策。

要组织开发和示范有普遍推广意义的资源节约和替代技术、能量梯级利用技术、延长产业链和相关产业链接技术、“零排放”技术、有毒有害原材料替代技术、回收处理技术、绿色再制造等技术，努力突破制约循环经济发展的技术瓶颈。在重点行业、重点领域、工业园区和城市开展循环经济试点工作。

国资委副主任王瑞祥在“全国煤炭工业改革与发展会议”上的讲话

（2003年12月19日）

各位代表、同志们：

今天，很高兴来参加中国煤炭工业协会召开的“全国煤炭工业改革与发展会议”，在当前全国各行各业都在深入学习贯彻党的十六大、十六届三中全会精神和中央经济工作会议精神新形势下，中国煤炭工业协会在这里召开会议，全面分析形势，研究探讨工作，提出思路对策，共商煤炭工业改革与发展大计，同时表彰2002年度全国煤炭工业优秀企业、优秀企业家、“双十佳”煤矿、“双十佳”矿长和优秀矿长，颁发2003年度中国煤炭工业协会科学技术奖，颁发全国煤炭青年科技奖，我认为很有必要，也很有意义。会议的召开，必将对全面推进煤炭工业持续快速协调健康发展产生积极影响，煤炭工业战线必将为全面建设小康社会的目标，实现中华民族的伟大复兴做出更大的贡献！在此，我代表国务院国有资产监督管理委员会，对大会的召开和向这次会上将受到表彰的单位和个人，向荣获中国煤炭工业协会科学技术奖和全国煤炭青年科技奖的工程技术人员，表示热烈的祝贺！

同时，向战斗在煤炭战线上，为中国煤炭工业改革与发展做出突出贡献的广大干部职工表示亲切的问候并致以崇高的敬意！

党中央、国务院对协会的工作非常重视。新成立的国务院国有资产监督管理委员会一个重要职能，就是受国务院委托联系各行业协会。国资委作为国务院一个特设部门，主要职责是代表国家依法履行出资人职责，努力搞好国有企业，推动国有经济布局和结构的战略性调整，发展壮大国有经济，完善国有资产管理体制，实现国有资产的保值增值，巩固和发展公有制为主体、多种所有制经济共同发展的基本经济制度。经过近9个月工作，我们确定了两大目标：一是用三年或更多一点时间构建起新的国有资产管理体制的基本框架，重点解决国有资产有效监管问题。二是在中央企业基本建立现代企业制度，使国有资产保值增值的责任层层落实到企业。要完成这两个目标，有许多艰苦复杂的工作要做：①建立和完善国有资产监督管理法律法规体系；②建立科学严格的国有资产经营责任制度；③探索国有资产管理和经营的有效形式；④促进国有企业建立和完善现代企业制度；⑤建立和完善适应现代企业制度要求的选人用人机制；⑥推进国有经济的合理布局和结构战略性调整；⑦加强对国有资产的有效监督，建立有效的监督体系；⑧进一步加强和改进国有企业党的领导等等方面。所有这些工作，希望在我们全国煤炭工业企业得到很好的落实和推进，以更好适应新阶段、新形势的发展需要，也希望得到社会各方面的支持，包括行业协会的支持和配合。

近几年来，中国煤炭工业协会以“三个代表”重要思想为指导，坚持为企业服务、为行业服务、为政府服务的宗旨，以勇于创新的精神，积极协助政府，探索煤炭工业改革发展的新思路和新对策，促进煤炭工业走全面、协调和可持续发展的新型工业化道路，并以煤炭产业结构调整为主线，开展调查研究工作，推广先进技术，推荐示范项目，搞好技术培训，传递市场信息，为煤炭企业和会员单位拓宽市场，多元发展，深化改革，扭亏脱困，提高效益，维护稳定，做了大量的卓有成效的工作，提出了相应的政策建议和对策措施，进行了有价值的探索，在促进煤炭工业经济发展中发挥了不可替代的作用，形成了具有自身特色的工作方式和方法，得到了政府和社会的认可和肯定，取得的成绩是很明显的。刚才，濮洪九同志代表煤炭工业协会，回顾了煤炭工业改革发展的历程，分析了当前面临的形势，提出了全面推进煤炭工业改革与发展的思路和对策，提供大家共同研究探讨，集思广益，报告内容很全面，很深刻，具有很强的针对性、指导性和可操作性。欧新黔同志站在大局的高度，也讲了很重要的意见，提出了明确的要求。

在完善中国社会主义市场经济体制的新形势下，进一步发挥协会的作用，是改革发展和社会主义现代化建设的必然要求。因此，行业协会一方面要按照十六大和十六届三中全会《决定》的要求，按市场化原则进一步规范和发展。另一方面，要转变观念，找准位置，加快自身的改革和发展，充分发挥协会的桥梁和纽带作用，在服务于企业，服务于社会的实践中进一步赢得政府的支持和社会的认可。当前，要充分认识协会在新形势下面临的“六个势在必然”。即：其一，从挂靠政府部门到走向社会自主发展势在必然；其二，从登记机关和主管部门双重负责管理体制走向单一负责管理体制势在必然；其三，从政府部门主导设立走向企业自发设立势在必然；其四，从政府官员挂帅走向龙头企业挂帅势在必然；其五，从对会员企业的政府化指导型走向市场化服务型势在必然；其六，从政府部门附属物走向市场经济的独立主体势在必然。要努力实现两加快、两加强，即：加快行业协会的内部改革；加快实现“四自”步伐；加强自我约束；加强自身建设，不断提高自身素质，使协会早日成为真正意义上的市场三大主体之一。今后，随着中国社会主义市场体制的日臻完善，行业协会的地位和作用越来越突出，行业协会大有可为，责任重大。希望中国煤炭工业协会在新形势下进一步发挥自身作用，加快内部改革与调整，为煤炭工业的改革与发展做出应有贡献。

专 文

科学发展观与国土资源工作

国土资源部部长 孙文盛

坚持以人为本，全面、协调、可持续的发展观，是我们党以邓小平理论和“三个代表”重要思想为指导，从新世纪新阶段党和国家事业发展全局出发提出的重大战略思想。胡锦涛总书记明确要求，全党同志都要从贯彻“三个代表”重要思想和“十六大”精神的战略高度，从确保实现全面建设小康社会宏伟目标的战略高度，深刻认识树立和落实科学发展观的重大意义，坚定不移地树立和落实科学发展观，更好地完成新世纪新阶段我们肩负的历史任务。做好新形势下的国土资源工作，要求我们树立和落实科学发展观，发扬求真务实精神，坚决贯彻执行党中央、国务院关于资源问题的大政方针，严格保护和合理利用国土资源，为全面建设小康社会，实现经济社会的全面、协调和可持续发展提供有力的资源保障。

一、全面把握树立和落实科学发展观的基本要求

科学发展观的提出，进一步明确了中国为什么发展和怎样发展的问题。科学发展观既是中国经济工作必须长期坚持的重要指导思想，也是解决当前我国经济社会发展中诸多矛盾和问题必须遵循的基本原则。按照科学发展观的要求，认真做好国土资源保护和合理利用工作，是摆在我们面前的一项重要而紧迫的任务。

树立和落实科学发展观，必须坚持以经济建设为中心，妥善处理资源保护与经济发展的关系，保护和节约资源，提高国土资源对全面建设小康社会的保障能力。走可持续发展道路，是科学发展观的重要体现。实现可持续发展，就要正确处理人口资源环境与生产生活的关系，用尽可能少的代价获得经济发展，在不牺牲未来需要的前提下，满足当代人的需求。中国人口众多，资源相对不足，生态环境承载能力较弱，特别是随着经济快速增长和人口不断增加，能源、土地、矿产资源不足的矛盾越来越尖锐。高度重视资源和生态环境问题，增强可持续发展的能力，是全面建设小康社会、保障中华民族生存与长远发展的根本大计。必须始终坚持保护资源的基本国策，坚持资源开发与节约并举，把节约放在首位，在保护中开发，在开发中保护，积极推进资源利用方式和管理方式的根本转变，努力提高资源的开发利用效率，坚决遏制浪费资源、破坏资源的现象，实现资源永续利用。在推进经济发展中应充分考虑资源和环境的承受力，统筹考虑当前发展和未来发展的需要，既积极实现当前发展的目标，又为未来的发展创造有利条件。

树立和落实科学发展观，必须坚持“五个统筹”的要求，妥善处理市场配置资源和政府调控资源的关系，实现资源的高效利用，推动经济持续快速协调健康发展。十六届三中全会提出的“五个统筹”，是落实科学发展观的具体要求，也是完善社会主义市场经济体制的客观要求。坚持“五个统筹”，妥善处理市场配置资源与政府宏观调控资源的关系，有利于促进社会资源的优化配置，有利于把各方面的积极性充分调动起来，为发展提供强大动力。要依法按规划支持城镇建设，同时依法维护农民的合法权益，促进城乡协调发展。要坚持从实际出发，区别不同情况，分类指导，推进东、中、西部地区持续发展，促进区域协调发展。要合理开发利用国土资源，彻底改变以牺牲环境、破坏资源为代价的粗放型增长方式，促进人与自然的和谐发展。要以世界眼光来考虑中国的资源战略，治理市场，整顿秩序，进一步改善吸引外资开发利用国土资源的政策环境，做好利用国外资源的信息服务工作，大力实施“引进来”与“走出去”相结合的资源战略。

树立和落实科学发展观，必须坚持以人为本，把实现好、维护好、发展好最广大人民的根本利益作为国土资源工作的出发点和落脚点。以人为本是科学发展观的本质和核心。坚持以人为本，就是要以实现人的全面发展为目标，从人民群众的根本利益出发谋发展、促发展，不断满足人民群众日益增长的物质文化需要，切实保障人民群众的经济、政治和文化权益，让发展的成果惠及全体人民。国土资源，国脉所系，民生所依，涉及各行各业，关系广大人民群众的切身利益。要认真落实中央的决策和部署，紧紧抓住当前工作中存在的突出矛盾和群众反映强烈的问题，转变工作作风，改进工作方式，深入基层，深入群众，努力做到权为民所用、情为民所系、利为民所谋。

二、认清全面建设小康社会所面临的国土资源形势

新中国成立以来，特别是改革开放以来，中国国土资源工作取得了巨大成就。土地资源的开发利用，对城市化、工业化和农业发展做出了积极贡献。一批重要矿床和地下水源地的相继发现、探明和开发，形成了能源与原材料矿产品较强的供应系统，有力地支持了经济社会发展。海洋经济以每年20%左右的速度迅速发展，海洋日益成为经济社会发展新的重要空间和资源宝库。总的来说，中国国土资源的保护与开发利用，基本满足了经济社会发展的需求，为经济社会发展提供了有力的资源保障。但也应看到，目前的资源形势相当严峻，加强国土资源调查、评价、规划、管理、保护与合理利用的任务十分繁重。

从土地资源方面看，乱占滥用土地的现象严重，耕地大量减少，影响国民经济平稳运行。近几年来，中国耕地大量减少的问题突出，给粮食生产带来隐患，同时对经济平稳运行也产生了不良影响。去年以来，中央针对开发区设立过多过滥、盲目大量占地的问题，作出重大决策，部署进一步治理整顿土地市场秩序，全面清理各类开发区。通过各方面的共同努力，目前已经取得了阶段性成效，但任务依然艰巨。一是违法占地的趋势尚未根本遏制，一些地方仍大量圈占土地，各种名目的开发区行政中心、房地产项目还在不规范地建设；二是土地利用效率低，土地闲置问题较为严重；三是土地规划的调控作用未能有效发挥，导致土地供应总量失控和结构失衡；四是违规竞争，竞相压低地价。这些问题，不仅造成资源的严重破坏和浪费，而且扰乱了正常的市场秩序，影响整个经济的健康平稳运行，滋生了不少腐败现象。特别值得重视的是，由于乱征、乱占耕地，而又不能给予合理补偿和妥善安置，许多农民种田无地、上班无岗、低保无份，丧失了最基本的生产资料和生活保障，不仅影响了他们的生计，而且影响了社会稳定。

从矿产资源方面看，中国已探明的矿产资源储量对经济社会发展的保障程度呈逐年下降趋势。目前，我国除煤炭、建筑材料等非金属矿产外的其他矿产，已有2/3的国有骨干矿山进入中后期，400多座矿山因资源逐步枯竭濒临关闭，大宗矿产的进口量势必逐年攀升。多年来，我们在矿产资源勘查开发方面做了大量工作，取得了很大成效，但问题仍然突出。一是由于多种因素，导致地质找矿滞后，主要矿产探明储量的增长速度远低于开采产量的增长速度，一些急缺矿产的产量增长速度远低于消费量的增长速度。二是一些地方非法开采、乱采滥挖屡禁不止，造成严重的资源破坏和浪费。三是利用国外资源的程度有限，方式相对单一。目前，我国进口矿产品大多是以贸易方式直接从国际市场上购买的，在国外投资开发资源、有控制权的份额矿产品占进口量的比例相对较低。对于我们这样一个发展中大国来说，重要资源紧缺难免受制于人，导致发展受阻甚至对国家安全造成威胁。

从海洋资源方面看，其开发利用也存在一些突出问题。一方面，我国海洋调查勘探程度低，可开发的重要资源底数不清，海洋经济发展的基础设施和技术装备相对落后，一些新兴海洋产业尚未形成规模，海洋资源开发利用程度还不高；另一方面，在相当程度上，存在海洋资源开发利用无序、无度、无偿等问题。海洋经济的宏观指导、协调和规划不够，传统海洋产业仍处于粗放型发展阶段，海洋科技总体水平较低，部分海域生态环境恶化、开发秩序混乱，利用海洋资源矛盾突出。

三、切实加强国土资源保护与合理利用

国土资源管理工作，不仅是保护资源的行政执法工作，而且是维持经济平稳运行和可持续发展的宏观调控工作，是维护人民群众合法权益和社会稳定的社会管理工作，是实行对土地市场、探矿权采矿权市场的监管工作，是提供资源信息、调查评价与测绘服务的公共服务工作。我们要在严格保护与合理利用资源的基础上，把不断提高对全面建设小康社会的资源保障能力作为整个国土资源工作的总目标，进一步落实严格保护资源、促进持续发展、维护合法权益、调控资源供应、有效服务社会的国土资源工作思路。要实行最严格的资源管理制度，坚持资源开发与节约并重、把节约放在首位的方针，努力行使好宏观调控等各项管理职能。要加强对资源开发利用的监管，加强资源战略研究，为国民经济建设和社会发展提供资源保障。

树立和落实科学发展观，对国土资源工作提出了

新的更高的要求。当前,要突出以下几个重点:

*落实最严格的耕地保护制度,坚决遏制乱占耕地的现象。*要严格划定基本农田,坚决保护基本农田,守住这条不可逾越的“红线”。强化土地用途管制,做到按规划、计划管理用地。加强建设用地审批后的监管,认真督促落实非农建设用地占补平衡制度。建立占用基本农田的听证和公告制度、统计核查制度,准确掌握基本农田变化情况,对粮食主产区和优质耕地地区实行重点保护。与农业部门联合开展全国基本农田保护大检查,同时开展城市建设用地使用和供应情况的全面调查。以粮食主产区为重点,加强土地整理复垦,稳定耕地特别是基本农田面积,提高耕地质量。认真执行《全国土地开发整理规划》,加大对重点区域及重点工程、粮食主产区和基本农田保护区土地整理的投入。

*加大力度,进一步治理整顿市场秩序。要抓紧清理各类开发区的违规用地。*对撤销停办的,要坚决依法收回其占用的土地;对应该核减面积的,要坚决核减面积;对整改后确实需要保留的,要从严控制用地规模。对违反土地利用总体规划圈占、圈而未用的土地,要限期复耕或恢复原用途;对已经开发建设而不能复耕或恢复原用途的,要从所在区域剩余建设用地指标中核减建设用地面积。严格执行各项规定,认真搞好治理整顿的阶段性验收检查。对不能按照验收标准完成治理整顿各项任务的,要限期整改。2004 年 4 月 29 日,国务院办公厅下发了《关于深入开展土地市场治理整顿严格土地管理的紧急通知》,重点部署了对土地审批、土地占用、建设占用耕地占补平衡、新增建设用地有偿使用费、土地征用补偿安置及经营性土地使用权招标拍卖挂牌等六个方面情况进行清理检查和整顿;明确提出了在治理整顿的半年时间内,坚决执行建设用地审批管理的“三个暂停”措施,即全国暂停审批农用地转非农建设用地,暂停修改涉及基本农田保护区调整的各类规划,暂停修改新批的县改市(区)和乡改镇的土地利用各类规划。要按照党中央、国务院的部署,继续加大工作力度,保持高压态势,切实把深入开展土地市场治理整顿工作与正在进行的清理开发区、治理整顿土地市场秩序阶段性检查验收工作结合起来,把国务院办公厅紧急通知要求的六项治理整顿内容与正在进行的治理整顿和已经部署过的基本农田保护检查等专项检查工作结合起来,统筹协调,搞好衔接,全面推进。同时,深入开展矿产资源勘查开发秩序专项整治,重点整顿布局不合理的小矿,加强对重要矿产开采的监管,大力整顿油气资源开采秩序。进一步深化矿产资源有偿使用制度改革,培育和规范探矿权采矿权市场,依法加强探矿权采矿权市场管理。

*强化宏观调控,加强国土资源规划管理。*要严格实行土地用途管制,加强规划和年度计划管理,依法保障国家重点建设项目、基础设施和其他合理建设项目的用地。严把征地和土地转用审批关,从严控制建设用地规模,坚决遏制低水平重复建设和盲目圈占土地现象。十届全国人大二次会议审议通过的 2004 年国民经济和社会发展计划,明确压缩了建设占用农用地特别是耕地的规模,要认真执行这一计划。当前,固定资产投资增长率很高,建设用地压力加大,必须着眼于存量挖潜,确保不突破年度用地计划指标。特别是要严格控制部分过度投资行业的土地供应。对钢铁、电解铝和水泥行业项目,暂不批准其新建和扩建用地。对土地供应过量、闲置土地和空置房过多的地区,必须限制新的开发用地。加快完善矿产资源规划体系,加强规划和监管,依法按规划强化对重点矿种、重点矿产地的保护,从严控制探矿权采矿权投放总量,切实加强优势矿产的开采和出口管理。

*严把农用地转用和征地审查关,切实维护广大人民群众的利益。*要认真执行《关于进一步采取措施落实严格保护耕地制度的通知》,对不符合法律法规和文件规定的建设用地坚决不予报批。加强建设用地批后核查。探索建立建设用地信用档案和评价制度。进一步完善建设用地审批管理信息系统,开展建设用地远程报批试点工作。按照保障农民权益、控制征地规模的原则改革征地制度,进一步明确征地目的,加强用途管制,缩小征地范围。建立征地价格听证制度,制定合理的补偿标准,及时给予失地农民合理补偿。积极探索建立失地农民的社会保障机制,落实安置政策措施。认真调处各类土地、矿产纠纷,因征地补偿安置引起群众上访且问题尚未妥善解决的,暂停报批城市建设用地。与监察部、农业部、审计署等部门联合开展征地补偿费使用情况专项监督检查工作,对 1999 年以来国务院和省级人民政府批准的征地情况进行全面清理,坚决杜绝发生新的拖欠、截留、挪用征地补偿费问题。

*加强国土资源调查评价,做好海洋和测绘工作。*要配合西部大开发、振兴东北老工业基地等重大战略部署,开展国土资源大调查,统筹搞好资源调查和环境评价。继续开展全国矿产特别是能源矿产、地下水以及土地资源潜力调查评价,认真做好新一轮油气资源评价工作。推进耕地后备资源调查评价和土地利用现状调查工作。进一步加强土地利用变更调查、土地利用动态遥感监测工作。实施危机矿山接替资源找矿计划,对有市场和资源潜力的老矿山开展接替资源勘查。开发海洋是推动中国经济社会发展的一项战略任务。要认真贯彻实施海洋经济规划和功能区划,整顿和规范海洋开发秩序,依法管海用海,提高海洋利用效率,加大海洋环保力度,维护国家海洋权益。加强测绘发

展战略研究，大力推进信息化测绘体系和国家基础地理信息数据库建设，加强测绘市场监督管理。

*加快推进地质环境保护制度建设，抓好地质灾害监测预防。*中国是一个地质环境脆弱、地质灾害多发的国家。地质灾害防治事关人民群众的生命财产安全，事关重大建设项目的成败。要全面实施《地质灾害防治条例》，落实地质灾害监测、预报、预警和快速反应制度，做好地质灾害气象预报，最大限度地减少人员伤亡和财产损失。要推进大江大河、重点工程与重点城市地质环境区域评价，加强地下水调查评价、动态监测和地面沉降防治研究，抓紧编制长江三角洲地区地面沉降防治规划，认真组织实施三峡库区三期地质灾害防治规划。

*完善管理体制，严格依法行政。*要坚持依法办事，把国土资源工作纳入法制轨道，抓紧推进《土地管理法》、《矿产资源法》修改论证工作，组织起草《土地征用和征收条例》、《农民集体建设用地流转条例》和《不动产登记法》，严格执行已经颁布的有关法律法规。积极配合省、自治区、直辖市人民政府，深入推进省以下国土资源管理体制改革，强化国土资源执法监察，加强自上而下的执法监督。要继续实行部门联合、经常督促、及时通报、公开调查的工作机制，加大对违法占地、非法勘查开采矿产资源、非法用海等行为的查处力度，依法严肃查处破坏资源的行为。深入贯彻实施《行政许可法》，规范行政权力，严格行政责任，全面落实国土资源管理系统行政为民十项措施和工作人员五条禁令，加强党风政风建设，形成政令畅通、严格执法、优质服务、勤政廉政的良好风尚。

振兴矿业城市是振兴东北老工业基地的一项重要任务

中国矿业联合会会长　朱　训

（2004年7月10日）

党的十六大提出支持资源枯竭型城市发展接续产业和振兴东北等老工业基地。2004年党中央又把振兴东北老工业基地作为一项重要工作来抓。温家宝总理在国务院振兴东北老工业基地领导小组第一次会议上，对2004年应抓的四方面工作(一是加快体制创新和机制创新，二是大力推进产业结构优化升级，三是进一步扩大对内对外开放，四是切实作好就业和社会保障工作)作了具体部署。其中，特别将扶持资源枯竭型城市发展接踵产业作为一项重要任务提出来，说明矿业城市的持续发展在东北老工业基地的振兴中是一个不容忽视的问题。

现在我以“振兴矿业城市是振兴东北老工业基地的一项重要任务”为题作一个发言。

一、矿业城市兴衰关系东北三省的未来

矿业城市是指那些依靠开发加工本地矿产资源而兴起或发展起来的城市。矿业城市是中国矿物能源和矿物原材料及其加工产品的主要生产供应基地，是中国城市群体中的重要组成部分。新中国成立以来，随着一大批大型矿产地的发现和勘查开发的成功，在那些原本荒凉偏僻的地区有390座县级和县级以上矿业城市(镇)拔地而起，其中东北三省有33座。

矿业城市是东北老工业基地的重要组成部分。矿业城市在东北的兴起对东北三省经济社会发展发挥了重要作用。

(一)矿业城市的兴起，大大加速了东北城市化的进程

东北三省中县级和县级以上城市共有90个，矿业

表1　　东北三省矿业城市分布情况

省份	数量(个)	矿业城市
黑龙江	8	大庆市、鹤岗市、七台河市、双鸭山市、鸡西市、阿城市、嫩江县、呼玛县
吉　林	10	白山市、松原市、辽源市、盘石市、桦甸市、舒兰市、珲春市、蛟河市、九台市、通化县
辽　宁	15	抚顺市、阜新市、鞍山市、本溪市、葫芦岛市、盘锦市、大石桥市、海城市、铁法市、瓦房店市、凤城县、南票区、北票区、清源县、宽甸县
合　计	33	

城市为33个，占1/3强。按人口计算，矿业城市拥有人口3627.75万人，占三省人口总数10696万人的33.92%。33座矿业城市中，黑龙江省8座，吉林省10座，辽宁省15座(表1)。

东北矿业城市按开发的主要矿产类型来划分，煤城11座，油(气)城3座，金属矿城9座，非金属矿城6座，综合矿城2座(表2)。

表2　　东北三省矿业城市类型情况

矿城类型	数量	矿城名称
煤炭	11	抚顺市、阜新市、铁法市、南票区、北票区、舒兰市、鹤岗市、七台河市、双鸭山市、鸡西市
石油	3	盘锦市、大庆市、松源市
金属矿	9	鞍山市、本溪市、清原县、盘石市、桦甸市、通化市、嫩江县、呼玛县
非金属矿	6	大石桥市、海城市、瓦居店市、蛟河市、九台市、阿城市
化工	2	宽甸县、凤城市
综合矿	2	辽源市、白山市
合计	33	

(二)矿业城市的兴起为东北经济社会的发展发挥了重要作用

2002年矿业城市GDP达到3413.99亿元，占东北三省GDP总值10626.60亿元的32.13%；矿业产值在工业总产值中占30.07%(表3)。

表3　　矿业城市在东北三省中的地位

	城市数/万人	人口数/万人	GOP/亿元	工业总产值/亿元
东三省	90	10696.00	106926.60	3052.70
矿城	33	3627.75	3413.99	971.89(矿业产值)
矿城/东三省	36.67%	33.92%	32.13%	30.07%

2001年，矿业产值占国内生产总值的比例10%以上的城市有15个，大庆市为79.96%，盘锦市为50.33%，七台河市为50.32%，松原市为33.91%，鹤岗市为27.15%，南票区为24.27%。

由于矿产地大多在经济比较落后的地区，矿业城市的兴起从根本上改变了这些地区的面貌，城市化水平很快提高，为促进区域经济发展作出了重要贡献。

(三)矿业城市的兴起提供了大量矿物能源和原材料

2002年东北三省产煤1.2598亿吨，占全国煤产量13.9335亿吨的9.04%，原油产量6483.4万吨，占全国原油总产量的38.23%；全国生产的镁矿、硼矿、石墨矿等非金属矿产则主要是由东北提供的。东北三省的矿业工业总产值占全国矿业总产值的25.79%。没有大庆油田提供的原油，中国经济建设将受到很大影响(表4)。

表4　　2002年东北三省矿产品产量

	矿山企业数	年产矿量		工业总产值/亿元
		固液体/万吨	气体/万米	
辽　宁	6846	23535.76	113196.50	318.29
吉　林	4409	7488.71	38470.00	92.73
黑龙江	5310	20372.42	90224.90	766.84
东三省合计	10565	51396.89	241891.40	1177.86
全国矿企	149506	490443.93	2516590.97	4567.33
占全国矿山比例	7.07%	10.48%	9.61%	25.79%

(四)矿业城市的兴起为劳动就业和社会稳定作出了重要贡献

2001年33个矿业城市中吸纳人口3627.75万人，占东北三省人口的33.92%，为社会稳定做出了贡献。

二、矿业城市目前存在的主要问题和困难

矿业城市在发展过程中与做出贡献的同时，也出现了一系列困难和问题，其中主要有：

(一)探明可采资源日趋紧张

表5　　2001年东北三省矿业城市资源开发程度情况

发展阶段	数量	矿业城市名称
成长期	3	铁法市、松原市、七台河市
鼎盛期	22	鞍山市、本溪市、葫芦岛市、盘锦市、大桥市、海城市、瓦房店市、宽甸县、凤城市、白山市、辽源市、盘石市、桦甸市、舒兰市、珲春市、蛟河市、九台市、通化县、大庆市、双鸭山市、阿城市、嫩江县
衰退期	8	抚顺市、阜新市、南票区、北票区、清源县、鹤岗市、鸡西市、呼玛县
合计	33	

矿业城市按资源开发程度和可供开发的资源量为依据来进行划分。东北三省33座矿业城市中,已有8个进入衰退期,处于幼年状态的成长期矿业城市有3个,处于中年状态的鼎盛期的矿业城市有22个,但它们之中有不少也都临近老年期,产量开始下降。由于可采后备资源不多,迫使一些矿业城市不得不限产减产(表5)。

(二)产业结构单一

矿业城市由开采矿产而兴起,在产业结构方面自然形成了以矿业开采和矿产品加工为主的比较单一的产业结构。矿业和矿产品加工业以外的其他产业一般都不很发达(表6、表7、表8)。再加上现有经济、技术、人才等方面条件的限制,要形成一个或几个可以替代矿业的接续产业,就需要有一个较长的过程。

表6　2002年黑龙江省主要矿业城市产业结构构成情况(单位%)

矿城名称	第一产业	第二产业	第三产业
大庆市	29.2	86.09	10.99
鹤岗市	24.84	40.96	34.20
七台河市	11.36	48.85	39.79
双鸭山市	28.46	38.51	33.03
鸡西市	24.80	41.20	34.00

表7　2002年吉林省主要矿业城市产业结构构成情况(单位%)

矿城名称	第一产业	第二产业	第三产业
白山市	19.11	50.05	30.84
松原市	34.22	42.32	23.46
辽源市	3.38	37.87	58.75
珲春市	11.92	49.27	38.81
通化市	19.92	43.23	36.85

表8　2002年辽宁省主要矿业城市产业结构构成情况(单位%)

矿城名称	第一产业	第二产业	第三产业
抚顺市	8.03	59.82	32.73
阜新市	17.72	50.82	42.49
鞍山市	7.26	55.19	37.55
本溪市	8.17	50.85	40.98
盘锦市	11.69	67.84	20.47

(三)就业再就业困难多

矿业城市由于第三产业不发达,加之缺乏区位优势,职工家属特别是女青年就业难的问题很严重,下岗再就业也困难重重,贫困人口比重大。如辽宁省阜新市处于最低生活保障线以下的特困职工有19.98万人,约占市区人口的1/4。辽宁抚顺矿区拥有的职工和家属占全市人口的1/3,现有12.25万人需要重新安置。

(四)环境问题突出

矿业城市环境欠账严重是全国矿业城市共同存在的问题,东北也不例外,废石、废水、废气给环境造成严重污染,地面塌陷等地质灾害危及人民生命财产安全。生态环境一般较差,如大庆市,目前森林覆盖率仅为9%,比全国平均水平低8.05个百分点;草原退化盐碱化和沙化面积占总面积的84%,生态严重失衡;全市每年工农业生产、生活用水需求量为26亿吨,但可利用的水量仅22亿吨,地下水严重超采,出现大范围地下漏斗。

(五)地方财政困难

近若干年来,许多矿业城市经济发展缓慢。"九五"期间,全国煤矿城镇GDP年均增长率4%左右,仅相当于全国平均水平的1/2。由于经济发展缓慢,财政十分困难。据东北三省15个矿业城市统计,2002年财政收入113.66亿元,人均仅909.98元,相当于全国人均水平1472.44元的61.80%。2002年吉林珲春市地方财政收入5620万元,人均财政收入262.62元。同期黑龙江双鸭山市地方财政收入1.39亿元,人均只有275元(表9)。地方财政入不敷出,难以维持城市的正常运转,更谈不上搞一些新的建设。

表9　2002年东北三省主要矿业城市财政收入情况

城市名称	年末人口/万人	地方财政收入/万元	人均财政收入/元	人均GDP/元
鞍山市	145.54	225824	1551.63	28592
抚顺市	138.98	134667	968.97	14564
本溪市	96.32	110137	1143.45	14030
阜新市	78.37	41648	531.43	7714
盘锦市	56.28	84982	1509.99	53193
蛟河市	47	88183	1876.23	9210.96
辽源市	44.7	15771	352.08	7982
通化市	45.53	51202	1127.05	11226
松原市	51.24	46210	901.83	12811
珲春市	21.4	5620	262.62	7196.21
鸡西市	91.87	23454	255.30	6401
鹤岗市	69.12	21336	308.68	6076

续表 9

城市名称	年末人口/万人	地方财政收入/万元	人均财政收入/元	人均 GDP/元
双鸭山市	50.67	13943	275.17	10133
大庆市	114.91	256257	2230.07	85578
七台河市	48.95	17353	354.50	10707

（六）矿山企业和城市政府职能错位

由于计划经济和“条块”分割体制等历史原因，在大多数矿业城市里，政府办企业，企业办社会，城市管理职能严重错位，两者在城市建设等问题上，缺少必要的协调和统一。很多矿业城市的政府在财政上严重依赖矿业企业，而矿业企业又因自身困难而不能向城市上交更多的地方税，没有矿业企业交来的地方税，矿业城市的政府连起码的城市基础设施都难以维持，更谈不上去开拓其他的产业来保证城市在矿产资源枯竭以后的继续发展。由此可见，要振兴东北老工业基地，不解决矿业城市可持续发展问题是难以实现的。

三、科学发展观指导东北矿业城市振兴

为了实现矿业城市的振兴，促进整个东北老工业基地的振兴，建议按科学发展观的要求，采取以下措施。

（一）完善城市总体经营战略，提高城市全面发展水平

为实现矿业城市的振兴，首先要按照科学发展观的要求，修订完善原有的城市经营发展战略。新的战略规划要体现以人为本实现人的全面发展这一目标要求；要体现五个统筹的精神，实现三大文明建设相互促进、协调发展的要求；要体现经济社会与人口资源环境协调发展，实现人与自然和谐的要求。

为了搞好城市总体发展战略的修订完善工作，必须深化改革推进体制创新和机制创新，从思想观念到实际行动上切实搞好五个转变。一是从主要依靠资源优势发展单一矿业经济向充分经营城市资源发展多元经济转变。二是从主要依靠发展国有经济向国有经济、集体经济、民营经济、混合经济等多种所有制经济共同发展转变。三是从重经济发展向经济与社会协调发展转变。四是从重开发向开发与保护并重转变。五是从政府与企业职责不顺向政企分开，理顺关系各司其职转变。逐步解除企业办社会的负担。

在完善城市总体发展战略时，还可以考虑通过适当调整行政区划，建设组团式城镇，扩大城市经济腹地，将矿业城市转变为地区经济中心城市，依靠腹地经济来支持中心城市的发展，反过来又依靠中心城市的辐射和吸引力来带动城乡区域经济的协调发展。

（二）实施多元发展战略，推进产业结构优化

矿业生产的对象是不可再生的矿产资源，采出一点就少一点，总有一天可采资源消耗殆尽。因此，矿业城市要避免矿竭城衰的悲剧，就要抓紧制定城市转型规划，逐步改变城市产业结构单一状况，推进产业结构转型，提升城市经济实力。一是充分发挥资源优势，扩大深加工，延长产业链，提高附加值。二是充分利用可转换资源，发展循环经济。三是打破部门界限，实行相关产业联营如煤电铝、煤电运、石油开采提炼加工一条龙。四要推进投资主体多元化，加快培育与发展非矿接续产业或替代产业。

发展多元经济，各地要从实际出发，发展特色农业和农牧产品加工业、旅游业及其他切实可行的高新技术产业。这对于资源枯竭型城市尤为迫切。即使是处于成长期和鼎盛期的矿业城市，也应及早地发展其他支柱产业，避免资源枯竭时再考虑转型就为时晚矣。

（三）实施延年益寿战略，促进矿业持续发展

从现实情况来看，矿业在相当长一段时期内仍是东北矿业城市的支柱产业或最主要的支柱产业。延长矿山（油田）企业生命周期，对于矿业城市的持续发展有重要意义。

矿业城市要根据拥有的资源丰富程度，寻求矿山企业规模效益与增加矿山服务年限之间的最佳结合点，不一味追求高产量指标，把矿山年度产量定在一个适当度上，实行适度开发。这样既有利于延长矿山服务年限，又可为城市产业结构调整和经济转型赢得时间。

为了延长矿业生命周期，矿业城市还应加强矿山深部和矿山周边地区的地质勘探，挖掘资源潜力，增加资源供给。大庆油田在这方面做出了榜样。在上世纪50～60年代通过大庆会战探明了25亿吨左右的石油储量。在几十年开发过程中，他们一直不断地进行地质勘探工作，探边摸底，又探明了近30亿吨可采石油资源，从而保证大庆油田持续多年保持5000万吨左右的高产水平。

据现有地质资料分析，东北矿业城市大多数还有相当的资源潜力。如能通过改革与扩大开放，增加投入，加强勘探矿业作为支柱产业还是大有可为的。

要鼓励集约化经营从资源条件和地理条件的实际出发，组建大型矿业集团。提高资源利用效率、经济效益和国际竞争力，下决心关闭那些浪费资源、破坏环境、安全生产无保障的企业。

对依法办矿条件好的小矿也要加强指导与管理，集约经营，科学开发、安全生产。

(四)实施筑巢引凤战略,扩大对内对外开放

矿业城市要实现可持续发展,需要创造一个很好的投资环境和生活环境以吸引大量外来的人才、资金和先进的技术,吸引沿海城市一些经济活动向矿业城市转移。一要进一步转变观念,制定优惠政策,提高服务质量和办事效率,创造公平、公正、规范的市场竞争环境,吸引外资和民营资本参与城市建设和发展,不怕肥水流入外人田。二要创造能够留住人才、留住外来资金的有利环境,也给后人留下美好的生存空间。要按照"开发与保护并重"的方针要求,"谁破坏谁治理,谁治理谁收益",治理三废(废渣、废气、废水)及时复垦土地,防治地质灾害,搞好清洁卫生,绿化美化环境,提高城市文化品位,促进人与自然的和谐发展。

(五)实施科教兴城战略,促进经济社会持续发展

一是用高新技术改造传统产业。中国矿业城市设备老化率达40%左右,强化技术改造刻不容缓。如以微电子技术改造传统产业,使整个生产过程处于电子受控状态,大幅度降耗,实现要素优化配置。二是发展资源型高新技术产业,将现代高科技作用于资源开发和多层次加工以提高资源利用率和获得高附加值,以求得高投入高产出。三是率先进入高新科技产业中劳动力使用比较多的区段。利用与发达国家和城市的技术差距,靠发挥比较优势来发展经济,以引进技术为主,自主研发为辅取得技术创新,快速提高技术水平。四是建立资源枯竭型城市的转型科技开发区,发挥科技教育先导作用,营造良好的人才成长和使用环境,重视技术进步和人才培养,提高创新能力。扶持骨干企业名牌产品出口,引导出口原料型产品向出口深加工产品转变。

(六)实行财政扶持战略,支持矿业城市振兴

矿业城市要实现振兴,当然主要依靠自身的努力,但由于历史原因,矿业城市一般自我积累、自我发展能力差,单纯依靠自身力量实现城市转型与持续发展是很困难的,更需要国家作为一个特殊问题制定适当的政策措施加以扶持。

对矿产资源枯竭型城市实施财政援助政策促进城市经济转型是发达国家较为通行的做法。根据中国国情,在劳动力比资本更难于在地区间流动的情况下,设法将区域外的经济活动有选择、有步骤地引导到矿业城市中,以此促进地区劳动力安置和产业结构的优化升级。为了做到这一点,也需要付出一定的代价,例如,一是外地企业迁入的政策代价,二是人员转移、安置和培训的费用,三是将原来十分庞大的企业办社会体系包括学校、医院等进行剥离并进行重组的费用。

为了振兴矿业城市,建议国家在财政政策方面采取以下几项措施。一是要从矿产品销售收入或按矿产品产量计量提取一定费用建立矿山企业的反哺机制与补偿基金。二是在分级财政中增加矿业城市的留成比例。三是在财政税收上加大矿业城市增值税、消费税的返还比例。四是在国债安排上建立专项资金用于矿业城市的基础设施和环境保护和恢复建设。五是在社会保障和分离企业办社会上给予优惠政策。

走煤炭新型工业化道路的若干思考

中国煤炭工业协会会长、中国工程院院士　范维唐

(2003年12月28日)

"走新型工业化道路"是党中央作出的重大战略决策。深入思考走新型工业化道路的重要性及其途径,对于煤炭工业持续健康发展具有十分重要的意义。

一、走新型工业化道路是实现煤炭工业现代化的必然选择

(一)新型工业化的基本内涵

十六大报告明确提出:"坚持以信息化带动工业化,以工业化促进信息化,走出一条科技含量高、经济效益好、资源消耗低、环境污染少、人力资源优势得到充分发挥的新型工业化路子。"其内涵极其丰富。

对煤炭工业来讲,科技含量高,就是要坚持科技创新,加快科技进步以及先进科技成果的推广应用,把煤炭工业发展建立在科技进步的基础上,提高科学技术在煤炭经济增长中的贡献率。要大力推进信息化,并通过信息技术的广泛应用,带动煤炭工业在高起点上迅速发展。

经济效益好,就是要注重产品质量,培养名牌产品,适应市场变化,提高资金投入产出率,优化资源配置,降低生产成本,提高行业竞争力。

资源消耗低,就是要合理开发和利用资源,大力提高能源、原材料利用效率,减少资源占用与消耗。

环境污染少，就是要广泛推行清洁生产、文明生产方式，发展绿色、环保产品，加强环境和生态保护，使煤炭经济建设与生态环境建设相协调。

人力资源丰富优势得到充分发挥，就是要提高劳动者素质，扩大就业，利用中国劳动力成本低廉的条件，提高经济竞争力。

安全生产好，就是要加强安全监管，尽快弥补安全投入欠账，依靠科技进步，抓好安全技术改造，消除重大安全事故隐患，最大限度地搞好安全生产，保护煤矿工人的生存权。

总之，煤炭新型工业化道路，是在新的历史条件和时代进步背景下，充分运用最新科学技术和依靠科技进步的工业化，是提高经济效益和市场竞争力的工业化，是走可持续发展道路的工业化，是发挥人力资源优势、适当扩大就业机会的工业化，是大力改善安全生产的工业化。

（二）实现煤炭工业现代化必须走新型工业化道路

经过半个世纪的努力，中国煤炭工业已经基本建成了比较完整的，并有一部分现代化水平的工业体系。但是，煤炭工业现代化建设的任务还远没有完成，总体上看还是粗放型的，还处于较低水平。突出表现在：

1. 经济结构不合理。产业集中度低。企业组织结构小而散，大中型矿井平均年产仅 80 万吨，小煤矿平均年产不足 1 万吨。2002 年中国前 5 家最大的煤炭企业市场占有率仅在 16%左右。

产品结构单一。全国规模以上煤炭企业非煤产品收入不足总收入的 1/3，多数企业仍是单一产业、单一产品。全国煤炭洗选比例仅在 35%左右。

技术装备总体水平低。煤矿机械化、半机械化和手工作业并存。全国采煤机械化程度不足 40%，小煤矿基本沿用原始落后的采煤方法和笨重的体力劳动。

劳动力素质低。煤矿从业人数多，超过世界其他产煤国家的总和。不少从业人员处于文盲、半文盲状况。煤矿全员工效仅为发达国家的 1/10 左右。

2. 资源有效供给不足。煤炭资源人均占有量少。中国人均占有煤炭可采储量仅略多于世界平均水平的一半。

精查储量不足。在已发现的煤炭资源中，勘探程度低，可供利用少，优质环保型资源少，不能满足新井建设要求。

资源与经济发展逆向分布。西部煤炭储量大，但经济不发达，自然条件恶劣，生态环境十分脆弱，加之受铁路运输、能源转化等外部条件制约，资源优势和生产能力得不到发挥。经济发达地区资源少，占压煤炭储量不断增加，开采难度加大，地面建设与地下开采矛盾突出。

资源利用率低。小煤矿平均回采率不到 15%，对资源破坏严重。由于小煤矿的破坏和对高灰高硫煤的限制，国有煤矿有 1/3 的储量提前报废，进一步加剧了资源不足的矛盾。

3. 环境制约突出。矿区生态环境脆弱。煤炭开发中对生态和环境的破坏，产生了大量社会问题。

4. 发展后劲不足。新井建设跟不上。“九五”期间新开工的煤矿项目规模小，分别是前 3 个五年的 1/3 左右，直接影响今后煤炭生产规模和供给能力。未来可能出现煤炭供求缺口。据预测，2005 年煤炭供求缺口在 2 亿吨左右。

人才断层。由于长期经济困难，企业新的人才招不来，现有人才留不住，流失严重。有的企业已经出现了人才断层。

5. 企业改革滞后。部分国有煤炭企业还未进行公司制改造，已经改制的也大多是单一的国有独资形式。上市公司“一股独大”，企业内部未形成规范的法人治理结构和现代企业运行机制。三项制度改革进展不大，相当多的企业没有迈出实质性步伐。企业管理比较粗放，内部约束机制不健全，“跑冒滴漏”比较严重。

6. 经济效益差。国有重点煤矿补贴前亏损。经过多年努力，虽然全行业实现账面整体扭亏，但国有重点煤炭企业补贴前仍总体亏损，亏损面在 60%以上。全行业尚未摆脱困境。

国有企业欠账多，职工生活困难。由于多年的经济困难，煤炭企业大量潜在亏损尚未得到处理，生产、安全和职工生活等方面积累了大量欠账。国有大中型煤矿 44%的矿井存在水平接续问题，通风安全投入欠账约 40 亿元。国有重点煤矿职工人均收入大大低于全国平均水平。目前累计拖欠在岗职工工资 53 亿元。部分职工家庭生活十分困难。

7. 安全生产形势严峻。近几年，中国煤矿因公死亡人数在 6000 人左右，百万吨死亡率居高不下。2002 年，中国煤矿百万吨死亡率 4.64，其中，乡镇煤矿高达 11.73，大大高于发达国家。

8. 国际市场挑战日益严峻。煤炭进口增加。从国外进口煤炭已由过去的每年 200 万吨左右，增加到 2002 年的 1081 万吨。

与煤炭消耗相关的产品进口增加。石油、天然气等优质能源和钢材、建材、化工等高耗能产品进口增加，直接或间接减少国内煤炭消费。

与世界先进水平差距拉大。国外主要产煤国家煤炭企业向大型化、集团化发展，生产技术在实现综合机械化基础上，开始向遥控和自动化发展，洁净煤技术已进入工业化应用阶段，进一步拉大了中国煤炭工业与世界先进水平的差距。

这些问题严重制约煤炭工业健康发展。要有效地解决前进中的问题,实现可持续发展就必须走新型工业化道路。

二、坚定不移地走新型工业化道路,实现煤炭工业可持续发展

从中国煤炭工业发展实际出发,走新型工业化道路,实现可持续发展,必须做好以下几项工作:

(一)努力发展煤炭工业信息化

信息化是在社会生产和社会生活各方面应用现代信息技术,深入开发、广泛利用信息资源,加速现代化的过程。

煤炭信息化建设涉及煤炭勘探、生产、加工、转化和经营管理以及安全生产等各个方面。当今,世界先进产煤国家正在通过积极发展信息技术,抢占世界煤炭经济竞争的制高点。

改革开放以来,信息技术已经成为中国一些煤矿生产管理、市场营销、安全监测等环节的重要手段,在煤炭教学、科研、设计、制造、地质、选矿等领域的应用已取得一定效果。但从整体看,目前煤炭信息化应用水平较低、研发人员缺乏,还不能适应发展的要求。

煤炭工业要抓住机遇,利用现代信息技术加快技术创新、管理创新和体制创新,提高生产效率和经济效益,确保安全生产,提高企业的竞争力,实现产业优化升级。

煤炭信息化建设要以企业为基础,着力推进大中型企业信息化建设。充分运用现代信息技术,改造生产工艺,实现生产过程自动化;改善企业经营管理,实现企业管理科学化、规范化和信息化;改进信息系统,实现知识管理网络化;改变营销手段,实现商务运营电子化。信息技术的普遍应用,将极大地提高劳动生产率,降低资源消耗和生产成本,减少环境污染,成为推动煤炭工业发展的强大动力。

(二)大力推进产业结构优化升级

1. 坚持用高新技术和先进适用技术改造提升煤炭工业。运用高新技术和先进适用技术改造煤炭产业,增加科技含量,促进产品更新换代,提高产品质量和经济效益,是加快煤炭工业现代化的必然要求和重大举措。

近几年,煤炭工业技术改造工作力度加大,一批重点企业的技术创新能力大大提高。如,神华集团神东公司采用国外高新技术和设备创造工作面单产874万吨的国际煤炭开采新水平,兖矿集团采用国外技术与国产化先进设备相结合创造工作面单产606万吨新水平。陕西彬县利用先进适用技术改造煤矿的经验收到了明显效果,企业竞争能力进一步增强。但从总体上看,改造和提升煤炭产业的任务还十分艰巨。

2. 振兴煤炭装备制造业。装备制造业是煤炭工业持续发展的基础和发动机。煤炭工业生产技术水平和竞争能力的高低,在很大程度上取决于煤炭装备制造业提供的技术装备的性能和水平。没有强大的装备制造业,不用先进的装备制造业武装、改造煤炭产业,提升煤炭装备和生产技术水平,要实现煤炭工业现代化是不可能的。

改革开放以来,中国煤炭工业技术装备的设计和制造能力有了明显增强,但与发达国家比还有较大差距。

振兴中国煤炭装备制造业,一是要以采煤机械重要基础件为重点,增强重大装备的开发能力,提高装备的可靠性,推进机电一体化,提高装备工业自动化水平;二是要依托重点技术改造和重大工程项目,为煤炭工业提供先进和成套的技术装备;三是要加快老煤炭机械制造业的调整和改造。

3. 正确处理三个关系。在推进煤炭产业结构优化升级过程中,一定要从中国煤炭工业实际情况出发,重视和正确处理以下几个关系。

正确处理大中小煤矿的关系。要加快发展大煤矿、提高中型煤矿,改造小煤矿。积极推动大煤矿广泛采用先进技术装备,加快矿井现代化建设。鼓励中型煤矿用先进技术和装备改造矿井,提高生产能力。争取在2010年前,将煤炭生产结构由目前的5:2:3调整到6:2:2。要重视改造小煤矿。目前,小煤矿产量和就业人数仍占有较大比例,在相当长的时期内小煤矿在中国煤炭供给中仍发挥着重要作用。这是中国煤炭工业生产力发展水平和资源条件决定的。因此,我们在加快发展大煤矿同时,不能忽视改造和发展小煤矿。

正确处理国有资本进与退关系。坚持有进有退、有所为有所不为。大型国有骨干企业,通过规范上市、法人互相参股、中外合资、债权转股权、内部职工持股和社会资本入股等多种形式,组建多元投资的有限责任公司或股份有限公司。对资源枯竭、资不抵债的企业,依法实施关闭破产;对现有净资产已经较少的老矿井、各类中小型企业,采取有效形式将国有资产有序退出,放手发展民营经济及个体和私营经济,多形式放开搞活。

正确处理煤炭主业与延长产业链,发展接续产业的关系。坚持以煤为本、做大做强煤炭主业,积极拓宽与煤相关产业、延长产业链,发展接续产业,推进产业、产品结构优化升级。

(三)实施科教兴煤战略

走新型工业化道路,必须发挥科学技术作为第一生产力的作用,注重依靠科技进步和提高劳动者素质,改善经济增长质量和效益。

1. 坚持科技创新。采用高新技术和先进适用技术,加大对煤矿现有技术装备的改造,增加科技含量。一是加大以实现煤矿高产高效为目标的矿井技术改

造，优化生产布局，发展综采综掘技术。二是加大以预防安全事故、改善安全生产条件为目标的安全技术改造，增强矿井防灾抗灾能力。三是加大以推广应用洁净煤技术为目标的技术改造，提高煤炭深加工和综合利用技术水平。四是加大以信息化建设为目标的技术改造，促进信息技术在煤炭工业的推广应用。

2. 建立创新体系。一是建设以煤炭企业为主体的技术创新、技术开发以及科技服务体系，提升煤炭企业的科技水平。二是进一步推进产学研联合创新，攻克一批具有自主知识产权的核心技术，科研机构同煤炭企业合作，促进知识、科技成果的转化和应用。三是积极开展群众性技术革新活动。

3. 抓好人才引进和培养。调整政策，引进优秀人才。建立和发展面向全体职工的教育培训体系。推行关键岗位持证上岗制度。改革煤矿职工招聘办法。抓好煤炭企业与大专院校的联合办学，利用社会力量培养人才。

（四）实施可持续发展战略

资源是煤炭工业可持续发展的基础，煤炭工业走新型工业化道路必须把节约资源放在第一位。合理开发和使用煤炭资源，保证煤炭安全有效供应。

1. 加强勘探，扩大资源储备。建立完善煤炭资源勘查开发投融资体制，扩展融资渠道和融资方式，增加中央财政对煤炭资源地质勘探费投入，鼓励和支持商业性资源勘探。提高煤炭资源勘探程度，保障煤炭资源有效供给。

2. 调整布局，合理开发。稳定东部地区煤炭生产规模，加大中西部和西部地区开发力度，重点开发晋陕蒙区，积极开发西南区，适度开发新甘宁青区。依据资源条件，合理确定新建矿井规模，重点建设大中型矿井，适当限制小型矿井。坚持煤炭资源开发建设与区域经济发展相结合，与环境保护相一致，切实搞好环境、生态保护和资源综合利用，推动煤炭经济和矿区环境保护协调发展。

3. 实施大集团战略，保证煤炭安全有效供应。在市场和政策的扶持引导下，通过改组、联合、兼并、控股或参股等方式，支持优势大型煤炭企业重组改造中小煤炭企业，培育和发展大型或特大型煤炭企业。通过资产联结，实现与电力、煤化工、铁路、港口以及高耗能产业和高新技术行业、企业的联合重组，培育跨地区、跨行业、跨所有制、跨国经营的大型企业集团。

4. 严格标准，提高资源利用率。制定新的煤矿资源回采率标准和管理制度。坚决停止采用落后生产方式和资源回收率低的矿井生产。

5. 抓好建设，新建和改扩建一批高产高效矿井。贯彻国务院"加强煤炭基地建设，促进煤电联营，形成若干个亿吨级大型煤炭骨干企业"决定，按照高产高效原则，加强煤炭基本建设，重点建设一批大型煤炭基地建设，改造一批关系全局的重大项目。用大煤矿保大电力，使煤矿基本建设规模与国民经济持续发展相适应，增强发展后劲。

神华集团神东公司改革建矿设计思路，吨煤投资少、建设速度快、工期短（榆家梁矿只用了8个月时间，大柳塔、补连塔两个矿只用了2年时间就产煤）、工效高（全员工效每工100吨以上）、成本低。

6. 发挥优势，跨行业发展。依托煤炭资源，打破行业壁垒，大力发展煤电、煤化工、煤建材、煤焦化、煤气化等优势产业，延伸产业链，实现产业化。继续抓好与煤共伴生矿物的开采利用，合理配置资源，开拓新的经济增长点。发挥矿区劳动力资源优势，加快发展具有煤矿特色的第一、第三产业，提高在经济总量中的比重。

7. 推广洁净煤技术，发展煤炭深加工和综合利用。加强选煤厂的配套建设，提高原煤洗选率。鼓励煤炭企业建设大型坑口电厂，实现煤炭就地转化，变输煤为输电。搞好煤与煤矸石的综合利用，积极发展低热值燃料发电和煤矸石建材产品，扩大煤矸石利用范围和比重。发展焦化产品，实行焦化综合利用。搞好型煤和水煤浆产品的推广应用。大力开发煤炭气化、液化和焦化产品。积极支持煤炭液化的研究开发，努力实现产业化。积极进行煤层气的工业性开发试验，改善矿井安全，变废为宝，同时要探索煤炭地下气化开发的新途径。

（五）坚持深化改革，扩大开放

改革开放是经济发展的巨大推动力。煤炭工业走新型工业化道路必须坚持深化改革开放。

1. 坚持改革，推动体制、制度、管理的不断创新。体制创新。一是积极推进国有煤炭企业的战略性改组，实现企业产权多元化。通过兼并、联合等形式进行资产重组和结构调整，着力培育实力雄厚、竞争力强的大型企业和企业集团。发挥这些企业在资本营运、技术创新、市场开拓等方面的优势，使之成为煤炭工业的支柱和参与国际竞争的主要力量；二是从实际出发，采取改组、联合、兼并、租赁、承包经营和股份合作制、出售等多种形式，放开搞活小型煤炭企业。三是对长期亏损、扭亏无望和资源枯竭的企业要实行破产、关闭。

制度创新。要按照产权清晰、权责明确、政企分开、管理科学的要求，建立和完善现代企业制度。一是要继续推进政企分开，从体制上、机制上，确保国有资产及其权益不受侵犯；二是完善公司法人治理结构，形成各负其责、协调运转、有效制衡的公司法人治理结构。三是面向市场着力转换企业经营机制。逐步形成企业优胜劣汰、经营者能上能下、人员能进能出、收入能增能减、技术不断创新、国有资产保值增值等机制。

管理创新。高度重视和切实加强企业管理，从严管理企业，实现管理创新。一是要学习先进管理经验；二是要积极推进管理信息化；三是加强企业管理的基础工作；四是健全决策体系和运营体系，使企业真正成为自主经营、自负盈亏的法人实体和市场主体。

2. 坚持对外开放，积极引进外资，扩大对外贸易。经济全球化要求我们必须加大对外开放力度，参与国际竞争。运用两个市场、两种资源，是走煤炭新型工业化道路，实现可持续发展的必然选择。

积极利用外资。在国家控制煤炭资源和调控建设规模的前提下，按照煤炭开发建设规划，鼓励国外大企业投资入股，参与煤炭资源的勘探和开发建设，参与煤炭经济结构调整及国有煤炭企业改组改造。把引进外资与引进先进技术、现代管理和专业人才结合起来，重点在矿井高产高效、安全生产和煤化工、煤炭液化等方面引进先进技术和关键设备，尽快提高国内企业在这些领域的技术水平和管理水平。

扩大对外投资和贸易。鼓励有比较优势的煤炭企业对外投资，到国外境外投资办煤矿、办实业，扩大劳务输出。加强出口煤基地建设，支持和鼓励煤炭企业扩大出口。抓好非煤产品的出口创汇，充分挖掘原有市场潜力，积极开发新的国际市场，集中优势扩大出口，培育一批在国际市场具有竞争力的名牌产品和知名企业，提高市场占有率。

三、营造公平竞争的外部环境是煤炭工业走新型工业化道路的必备条件

缺乏公平竞争的外部环境，是制约煤炭工业持续健康发展重要因素。

一是税费负担重。煤炭增值税比税改前增加了5.85个百分点，是工业领域税负最高的行业；铁路部门每年向煤炭企业收取铁路建设基金100多亿元(2002年扣除出口煤免征部分，煤炭企业交纳铁路建设基金140多亿元)，增加了负担。

二是电煤结算价格长期低于市场平均水平。2002年放开电煤价格后，实际结算价格仍低于市场平均价。

三是煤炭企业社会负担沉重，分离企业办社会职能进展缓慢。

四是生产经营秩序不规范。非法和不具备基本安全条件的小煤矿死灰复燃，有些大中型煤矿超能力生产。社会信用体系不健全。用户肆意压价、拖欠煤款，有的煤矿盲目提价，个别煤矿和经营单位以次充好。

煤炭工业走新型工业化道路，不仅需要本行业自身努力，而且迫切需要一个良好的外部环境。国家应当建立相应的保障体系，完善相关政策，为煤炭行业创造一个公平竞争的环境。

(一)健全完善“四大保证体系”

1. 健全煤炭宏观调控体系。一是推进铁路、电力等行业的深化改革，充分发挥市场在煤炭资源配置上的基础性作用。二是通过制定产业政策，引导煤炭生产和消费，调节市场供求，实现总供给与总需求的基本平衡。三是健全市场规则，规范市场，加强监管，建立公平竞争、规范有序的市场经济秩序。四是加强煤炭行业协会建设，努力为政府制定法规、政策提供依据，为企业提供优质服务。使协会真正沟通政府与煤炭企业之间联系，推动行业、为企业服好务。

2. 完善煤炭法律法规体系。一是修订完善现行《煤炭法》及相关配套法规，抓紧制定煤炭资源勘察、生产开发、稀缺煤种和重要煤种保护、煤矿井下作业职工意外伤害保险和特殊保护、矿区保护等法规。二是加强煤炭行政执法。依法维护煤炭生产经营秩序，保护企业合法权益。三是建立健全煤矿安全法规体系，切实强化安全执法监察，构建煤矿安全生产长效机制。

3. 建立煤炭基础保证体系。一是加强资源调查、规划和管理，不断提高煤炭资源保护和合理利用水平。二是推进煤矿装备制造企业结构调整和优化重组，增强重大装备的开发能力，加速重大装备国产化水平。三是适应发展，合理配置教育资源，鼓励和支持大中专毕业生到煤炭行业工作，保证煤炭工业发展的人才需求。

4. 构建煤矿社会保障体系。一是完善城镇职工基本养老保险、基本医疗保险、失业保险和城市居民最低生活保障制度。二是加快分离煤炭企业办社会职能。三是拓宽社会就业渠道。完善就业培训和服务，提高劳动者的就业技能。

(二)完善相关政策

推动组建大型煤炭企业集团；帮助煤炭企业解决历史遗留问题。出台明确的财政政策，加快分离企业办社会职能。支持企业处理不良资产；公平税负，减轻煤炭企业税收负担。按照国务院“不增加国有重点煤炭企业的税负水平，保持1993年3.35%的税负的原则”，对煤炭企业增值税政策进行调整；推进煤炭采矿权改革，实现资源有偿使用；支持以煤炭资源开采为主的城市和地区发展接续产业。依据《煤炭法》规定，设立煤矿转产基金，支持和引导煤炭企业调整产业结构，发展替代产业；支持煤电联营；尽快取消铁路发展基金。

走新型工业化道路是实现煤炭工业健康发展的必然和现实选择，坚定不移地走新型工业化道路，必将促进煤炭工业进一步与时俱进，奋发图强，为全面建设小康社会作出新的贡献。

大 事 记

2003年中国矿业大事记

1月

3日 国土资源部第16号令和第17号令分别发布《地质资料管理条例实施办法》和《土地权属争议调处办法》,自3月1日起施行。

4日 探矿权采矿权市场建设研讨会在广西南宁举行。

15日 国土资源部召开新闻发布会,宣布全国31个省级矿产资源总体规划审批工作全面完成,矿产资源规划工作进入实施阶段。

20日 全国矿产资源管理工作会议在京举行。

21日 2002年中国矿业十大新闻揭晓。中国矿业联合会组织召开十大新闻评选会议,十多家矿业行业协会及新闻媒体的负责人参加了评选。

24日 中国矿联三届四次会长联席会议在全国政协举行。会长朱训主持会议。

2月

8日 投产刚一年的陆梁油田原油产量突破100万吨,至此,克拉玛依继彩南、石西油田后,又诞生了第三个百万吨级现代化沙漠油田。

18日 中国第一部土地矿产法律咨询热线在中国土地矿产法律事务中心开通。

28日至3月8日 以国土资源部开发司副司长王宗亚为团长、中矿联顾问尹惠宇为副团长的中矿联代表团一行8人赴台湾参加海峡两岸矿产资源综合利用研讨会。

2月 中国石油化工集团正式决定在仪征建设大型石油储备基地(即中石化战略石油储备库),该基地总投资100亿元,其中在仪征主体设施投资达20亿元。基地建成后,相当于在仪征储备了一个中型油田,既结束了中国没有战略石油储备的历史,又为仪征石油化工产业的发展创造了条件。

3月

7日 巴斯夫(BASF)公司与中石化集团在南京签订一项价值14亿美元的融资项目协议,这是中国石化业金额最大的有限追索权融资项目。

9日 中央人口资源环境工作座谈会在人民大会堂举行。中共中央总书记胡锦涛主持座谈会并发表重要讲话。总理朱镕基就如何学习贯彻胡锦涛总书记的讲话精神,切实做好人口资源环境工作发表讲话。中共中央政治局常委吴邦国、温家宝、贾庆林、曾庆红、黄菊、李长春、罗干出席会议。

22日 山西省吕梁地区孝义市驿马乡孟南庄煤矿发生一起特大瓦斯爆炸事故,已发现62人死亡、有10人下落不明。党中央、国务院领导对这起事故高度重视,先后做了重要批示,指示"要千方百计抢救井下人员","尽一切可能减少伤亡","查清事故原因,举一反三,吸取教训",并明确要求"必须以对人民高度负责的精神,把煤矿安全生产工作真正落到实处,坚决扭转重大安全事故接连发生的状况。"

24日 中国与荷兰合作项目《中国地下水信息中心能力建设》在京正式启动,寿嘉华副部长出席启动仪式并讲话。

26日 国务院办公厅下发了《关于进一步加强安全生产工作的紧急通知》(国办发明电[2003]3号,以下简称《紧急通知》),针对今年以来全国安全生产形势比较严峻,重、特大事故时有发生的状况,对安全生产工作做了部署。

27日 8家铝企业在北京举行了"淘汰落后铝电解自焙槽工艺"联合行动计划签字仪式。2003年,云南铝业公司、山东铝业公司已淘汰落后的自焙槽。预计在2005年之前,中国大约可淘汰45万吨自焙槽生产能力。

29~30日 会长朱训应邀出席中国国际问题研究所、国际问题研究和学术交流基金会举办的《2003年中国能源战略和能源外交内部研究会》。并作了题为《关于中国能源战略的辩证思考》的讲话。

4月

4日 以中铝公司为核心企业的中国铝业集团成立,国内90家电解铝企业及相关企业加盟,欲以联合舰队的整体优势应对世界铝业跨国公司的竞争。

7日 第五届中国矿业城市发展论坛第一次筹备会议在中国地质大学(北京)举行。会议确定:第五届矿业城市发展论坛由中国矿业联合会、中国城市发展研究会、辽宁省人民政府共同主办;由中国矿业联合会矿业城市工作委员会(筹)、辽宁省政府发展研究中心和盘锦市人民政府承办,于9月份在盘锦举行。

8日 中国矿联朱训会长、郭振西常务副会长、王燕国副会长、秘书长赴广东恩平市参加"中国矿泉之乡"挂牌仪式,地热委、资源委参加了活动。

18日 全国总工会"五一"劳动奖章、奖状评选揭晓。河南省地矿局第一地质队副总工程师李克寒、广州海洋地质调查局高级工程师王嘹亮、广东省地质勘查局七〇四地质大队机长黄立佐、江西省玉山县国土资源局局长何茶清、四川省地矿局九一五地质队高级工程师唐波、云南省地质工程第二勘察院副总工程师吴香根、西藏自治区地勘局地热地质大队工程师颜吉林等7人获全国"五一"劳动奖章。河南省地矿局区域地质调查队、湖北省水文地质工程地质队、新疆地矿局第六地质大队机修车间等获全国"五一"劳动奖状。

21日 国土资源部印发《关于在安全生产过程中切实加强矿山企业监督管理工作的通知》。

29~30日 朱训会长应邀出席中国国际问题研究所、国际问题研究和学术交流基金会举办的《2003年中国能源战略和能源外交内部研究会》。并作了题为《关于中国能源战略的辩证思考》的讲话。

5月

12日 国家发展和改革委员会发出《关于进一步加强宏观引导,促进电解铝行业有序发展的意见》,要求地方政府继续贯彻执行国务院办公厅《关于制止电解铝行业重复建设势头意见的通知》,一律停止审批任何形式的扩大电解铝生产能力的建设项目,更不得化整为零变相上新项目。外商投资项目也要严格按照有关规定办理审批手续。

19日 国家安全生产监督管理局、国家煤矿安全监察局发布第1号令,发布《安全生产违法行政处罚办法》,于2003年7月1日起施行,《煤矿安全监察程序暂行规定》同时废止。

23日 国土资源部、交通部、国家安全生产监督管理局联合发出通知,要求各地加强公路沿线地质灾害防治工作,确保公路安全,减少人员伤亡和财产损失。

26日 中国可持续发展油气战略研究在北京正式启动。国务院总理温家宝主持会议并听取了汇报。中共中央政治局常委、国务院副总理黄菊,中共中央政治局委员、国务院副总理曾培炎出席会议。

同日 最高人民法院公布《关于审理非法采矿、破坏性采矿刑事案件具体应用法律若干问题的解释》,将于6月3日开始实施。依据《刑法》有关规定,非法采矿、破坏性采矿将受到法律惩处。

31日至6月3日 中共中央政治局常委、国务院总理温家宝,先后到鞍山、本溪、抚顺、沈阳等老工业城市,考察了鞍钢、本钢、抚顺石化、沈阳黎明航空发动机集团、沈阳飞机制造公司等国有大型企业和东软集团等高新技术企业,在考察时指出,加快东北地区等老工业基地调整和改造,是党的"十六大"提出的战略任务,要在积极实施西部大开发战略的同时,把振兴东北地区等老工业基地放在更加突出的位置,东西互动,促进地区协调发展。

6月

1日 海关总署发布公告,自6月1日起对铜、铅、锌等20种商品停止执行边境贸易进口税收优惠政策。此项举措对国内铜、铅、锌等生产企业意义重大,对支持中国铜、铅、锌工业的发展起到了积极的推进作用。

5日 由中国地质调查局和北京市政府投资,北京市地勘局承包的奥运场馆综合地质调查工作正式启动。

10日 《土地管理法》、《矿产资源法》修改领导小组召开第一次全体会议。

19日 中国排名居前的民营企业——东方希望集团与河南黄河铝电集团、美国杰德金属公司、先锋全球投资有限公司四方共同签署合资合同在河南三门峡市共同建设年产105万吨氧化铝项目。该项目的出炉,改变了中国氧化铝大规模生产只有中国铝业股份有限公司一家的格局,引起了业界和媒体极大关注。

同日 国家安全生产监督管理局、国家煤矿安全监察局发布第1号令,发布《安全生产违法行政处罚办法》于2003年7月1日起施行,《煤矿安全监察程序暂行规定》同时废止。

20日 《中华人民共和国国务院公报》刊登国家安全生产监督管理局、国家煤矿安全监察局第3号令,颁布《煤矿安全监察行政复议规定》自2003年8月1日起施行。

28日 国务院办公厅发出《关于进一步加强煤矿安全生产工作的通知》。今年5月中旬以来,安徽、山西、云南、河南等地煤矿接连发生特大生产安全事故。《通知》要求，真正落实安全生产责任，深化煤矿安全专项整治，严厉查处违反安全生产法律法规的责任人员，加强安全生产的监督与监察。

7月

2日 中国煤炭工业进出口集团公司更名为中国中煤能源集团公司(简称中煤集团公司)，并在京正式挂牌。公司法人代表、总经理经天亮。为此，中煤集团公司今后将着力完善八大业务板块：煤炭生产与贸易、煤焦化、煤电铝、煤矿装备、科研设计、工程施工、煤层气、咨询服务业。

4日 国家安全生产监督管理局(国家煤矿安全监察局)连续发布第5、6、7号局长令，发布有关煤矿安全生产的3个规章、条例：《煤矿安全生产基本条件规定》自2003年8月1日起施行；《煤矿建设项目安全设施监察规定》自2003年8月15日起施行；《煤矿安全监察罚款管理办法》自2003年8月1日起施行。

6日 推荐世界地质公园评审会在京召开。黄山、庐山、云台山、石林、丹霞山、张家界、五大连池等7个国家地质公园通过了专家组的评审。

7日 美国《财富》杂志公布了2003年全球500强大企业排名，国内有11家企业上榜，与去年相同。排名最高的两家国内企业依序为中国石油天然气和中国石油化工集团公司，分占第69和70位。

10日 经国务院同意，中国固体矿产资源储量套改结果通报发布。至此，历时4年的固体矿产资源储量套改工作完成。

19日 辽宁天利金业有限责任公司生物氧化提金厂正式竣工投产。这座生物氧化提金厂是中国自行研制、自行设计、自行建设、日处理100吨难处理金精矿的现代化企业。它的建成投产标志着中国难处理黄金资源的开发利用进入了一个新阶段，也标志着中国黄金科技水平、设备工艺水平达到了一个新的高度，为中国开发利用难选冶黄金资源开辟了广阔的前景。

20日 中国铝业集团首次"扩军"，又有15家铝工业及相关有色金属企事业单位入盟，使这家2003年4月组建的国务院确定试点企业集团成员总数达到82家，集团拥有的电解铝生产能力占全国70%以上。

24日 中国矿联会长朱训、秘书长王燕国、地热委员会总顾问阎敦实等一行8人，于2003年7月24～25日专程赴华北油田霸州及雁翎地区、大港油田的团泊洼等地实地考察了解地热资源开发利用情况。

28日 中国首座境外投资最大的有色金属矿山——赞比亚谦比希铜矿复产建设工程投产，标志着有色金属行业实施海外资源开发迈出了坚实的一步。由中加合作开发建设的蒙古国奥云陶勒盖铜金矿项目框架协议在北京签字、金川集团公司与马克瑞士投资公司联合投资智利蒙特克利斯特铜矿项目在上海签字、中色建设与澳大利亚奥多嘉电解铝厂合作项目签约，均是实施"走出去"战略的成果。

8月

8日 由河南神火集团有限公司、内蒙霍煤鸿骏铝电有限责任公司、河南豫联能源集团有限责任公司、河南神火铝电有限责任公司、湖北鸿骏投资有限公司5家股东单位组建的华铝集团正式成立。华铝集团各成员的资产总规模接近500亿元人民币。

同日 中国石油天然气集团公司消息，其旗下的长庆油田分公司在内蒙古自治区探得一地质储量超过5300亿立方米的天然气田，这是中国目前最大的气田。此气田名为苏里格气田，位于内蒙古自治区伊克昭盟境内的苏里格庙地区。其地表主要为沙漠覆盖，含气层是典型的岩性圈闭气藏，基本属于低孔、低渗、低产、低丰度的大型气藏。

10～11日 中国海油海南第一条陆地天然气长输管道东方－洋浦－海口输气管道工程已完成送气到海南洋浦经济开发区和海口市的目标，基本建成投产。该输气管道总投资4亿多元，全长247公里，经过海南西部8个市县和洋浦经济开发区，一期建成后每年可输送天然气8亿立方米，其中向洋浦电厂和洋浦经济开发区工业用户供气7亿立方米，向老城开发区和海口市民用供气1亿立方米。

14日 中金黄金股份有限公司的1亿股A股股票，在上海证券交易所挂牌上市。

19日 中国黄金集团公司正式揭牌，亮相北京。中国黄金集团公司是经国务院批准，在原中央所属黄金企事业单位的基础上组建而成的，由中央管理。

23日 2003年中国企业500强名单在京发布。中国石油天然气集团，中国石油化工集团，中国移动通信集团位居前三位。

23～24日 首届中国矿业摄影大赛组织工作座谈会暨首届全国矿业系统职工文体活动发展研讨会在北京大观园酒店召开。参会代表60多人。中矿联秘书长王燕国出席并讲话。

27日 中国西气东输源头工程、主力气田——新疆克拉2气田产能建设工程动工兴建。该工程包括178公里的输油管道等地面建设工程和18口气井的钻井工程等，总投资约62亿元人民币，计划2005年1月正式向外供气。克拉2气田位于新疆阿克苏地区拜城县境内，天然气可开采储量达2130亿立方米。

30日 地质工作与国民经济发展需求高级研讨

会在京召开。全国人大常委会副委员长蒋正华出席会议并讲话。

9月

4日 国务院办公厅印发《关于深化地质勘查队伍改革有关问题的通知》。

4~5日 国际水泥大会在北京召开,本次大会的主题是“水泥工业与经济社会可持续发展”。曾培炎副总理出席了大会。

9日 中国地质调查局在北京召开长江三角洲与华北平原地面沉降调查与监测方案论证会,正式启动这些地区地面沉降监测网络建设。

同日 兰州铝业与法国铝业公司签订了《兰州铝业股份有限公司与法国铝业公司组建兰州普基项目咨询有限公司合资合同》。

14日 国土资源部基层矿产资源管理试点工作座谈会在山东省招远市召开。

15日 西气东输郑州段黄河顶管穿越工程最后一段圆满完工,至此被称为三大控制工程之一的黄河穿越工程全线贯通。

19日 经国务院同意,国土资源部印发《关于加强地方和行业公益性地质调查队伍建设意见》。

21日 中国大陆科学钻探井主孔钻深已达3601米,提前完成了2003年度预定的钻探计划任务,进尺占钻深总目标的72%。

10~23日 中国矿联组成代表团赴澳大利亚参加“亚太地区矿业博览会”。

24~26日 第五届中国矿业城市发展论坛于9月24日在辽宁盘锦市召开。全国人大副委员长蒋正华、全国政协副主席孙孚凌出席了开幕式。辽宁省省长薄熙来到会并发言。中国矿联会长朱训讲话。国土资源部副部长叶冬松参加了会议。

25日 2003年全国黄金科技工作会议暨科技成果推广会在福建厦门召开,会上有37个单位获2002年度中国黄金行业惟一的全国性最高奖项——中国黄金协会科学技术奖。

26日 中国矿业联合会矿城工作委员会正式成立。

10月

1日 西部大开发重点工程——西气东输工程东段正式通气,开始迎来投产收益的时刻。西气东输管道全长约4000公里,工程分为东段和西段。东段从靖边到上海,全长1485公里;西段从轮南到靖边,全长2500公里。在经过一个月的升压调试后,将从11月1日起开始向下游的四省一市试供气,2004年1月1日正式向上海商业供气。

13日 中国地质调查局在湖北宜昌召开加强公益性地质调查队伍建设座谈会。

14日 中共中央任命孙文盛为国土资源部党组书记。田凤山因严重违纪问题,被免去国土资源部党组书记职务。

15日 未来海底新能源国际研讨会在山东省青岛市召开。代表们对未来海底新能源——天然气水合物资源在调查、研究、模拟实验和评价过程中所采用的先进技术及勘探开发中的关键问题和技术难点等进行了研讨。

同日 新疆塔河油田110万吨产能工程全面建成并投入运行。该油田是中国石化集团公司2003年兴建的最大项目,总投资22亿元。

17日 全国矿产资源储量管理改革工作座谈会在四川省成都市举行。会议宣读了国土资源部关于授予北京市昌平区国土资源和房屋管理局等126个单位“全国矿产资源储量统计先进集体”称号、授予方涛等178人“全国矿产资源储量统计先进个人”称号的决定。

同日 2003年珠宝玉石首饰行业发展国际论坛在北京举行。

22日 2003中国国际珠宝展开幕式在北京中国国际展览中心举行。全国人大常委会副委员长何鲁丽、全国政协副主席周铁农为开幕式剪彩,部党组书记孙文盛致辞。

同日 以研讨整顿矿产资源管理秩序和培育两权市场为主题的第十期国土资源管理市长研讨班在江苏省南京市举办。

23日 加铝与青铜峡成立合资企业签字仪式在北京举行。此举,标志着跨国铝业公司进入中国电解铝工业已迈出了实质性步伐。

28日 十届全国人大常委会第五次会议经过表决,决定免去田凤山的国土资源部部长职务,任命孙文盛为国土资源部部长。

30日 新一轮全国地下水资源评价全部完成。

31日至11月11日 以朱训会长为团长的中国矿联代表团赴印度参加第十九届世界采矿大会。

11月

4日 经过164天的工作,“海洋四号”科学考察船完成远洋科学考察任务,返回广州。

4~5日 2003国际黄金投资大会在上海隆重举行。上海市副市长冯国勤、国家发改委工业司副司长熊必琳在开幕式上做重要讲话。中国黄金协会会长成辅民、南非文华新城集团主席罗文森、澳米佳投资咨询有限公司董事会主席丹尼斯·沃热分别致辞。

此次大会由中国黄金协会、澳米佳公司、香港恒丰金业科技集团公司、南非文华新城集团主办,是中国黄金行业规模最大、层次最高的国际投资融资大会。国际黄金投资大会的成功举行,标志着中国黄金矿业对外开放掀开了新的篇章。

6日 国土资源部两法办、中国矿业联合会举行修改矿法座谈会。二十多家行业协会及矿业企业参加会议。

10~25日 由中国矿联副会长、秘书长王燕国率领的代表团赴德国参加中德矿业论坛。

11日 中国参与国际地质对比计划30周年纪念会在京举行。叶冬松副部长致辞。国际地科联主席得·穆德,联合国教科文组织地学部主任埃德出席大会祝贺。

18日 中国银行首次在上海推出“黄金宝”个人黄金投资业务。中国银行“黄金宝”的推出,标志着中国黄金金融商品零售市场的大门从此打开,也为个人投资黄金开了先河。

19日 国际市场黄金价格突破每盎司400美元大关。这是国际金价自1996年以来首次超过该价位。

22日 中国工业经济联合会第四次会员代表大会在京西宾馆召开。中国矿联被授予中国先进工业行业协会的称号。

26日 中国海洋石油公司投资开发的珠海天然气项目建设框架协议签字。

27日 第三批国家地质公园室内评选工作在北京举行。评审会上,45家申报单位展示了反映自身特色的音像资料,并进行了申报陈述和答辩。

12月

1日 由国家发改委、国土资源部联合举行的新一轮全国油气资源评价工作会议在京召开。国务院副总理曾培炎对新一轮全国油气资源评价工作作出重要批示。

10日 第八次李四光地质科学奖颁奖大会在北京政协礼堂举行。国务院副总理曾培炎出席会议讲话并为获奖者颁奖。全国政协副主席、中国工程院院长徐匡迪出席会议。

同日 中国有色金属建设股份有限公司与中国进出口银行及澳大利亚奥多嘉电解铝有限公司签署了奥多嘉电解铝厂的贷款协议、签订了业务合作的意向性协议,约定共同开发澳大利亚铝土矿和建设相关的选矿厂、电解铝厂;合作双方尽其最大努力,获得相关的许可证并筹集资金,力争在2010年之前形成年产400万吨氧化铝和42万吨电解铝的生产能力。中色建设将以投资入股、工程承包、提供技术咨询、协助融资等方式参与合作开发。该项目合同额近6亿美元。

12日 原中国非金属矿工业(集团)总公司正式更名为中国材料工业科工集团公司。该公司在中央企业中是惟一从事材料工业科工贸一体化的大型企业集团,其研发、生产和服务的范围涵盖了中国现有材料工业诸多领域。

18日 中铝国际工程有限责任公司成立仪式在北京举行。该公司是由中铝公司沈阳铝镁设计院、中铝公司贵阳铝镁设计院和中铝国际贸易有限公司共同发起创立的国际型工程公司。中铝国际将按照国际上通行的项目管理模式、程序和方法,对建设项目实施质量、进度和费用的有效控制。据了解,中铝国际将面向国内外市场,开展工程咨询、勘察设计、工程建设总承包、建设监理、招标采购、建筑安装、开车服务、技术开发研究及应用、技术咨询、技术转让、中介服务等业务。

23日 紫金矿业股份有限公司的3.483亿股H股股票在香港联合交易所挂牌上市。这是中国黄金矿业第一次在香港成功上市的股票,引起了国内外矿业界的广泛关注。

同日 中石油川东钻探公司在重庆开县罗家16H井发生井喷特大事故,造成234人死亡。

同日 中国政府发表《中国矿产资源政策》白皮书,首次对中国矿产资源情况进行了完整、系统的披露。

25日 广州海洋地质调查总局在海洋地质环境与资源学术研讨会上宣布,中国首次在南海北部发现可证实天然气水合物存在的又一可靠标志——冷泉。

30日 中国矿联调研部完成中国工程院委托的中国矿产资源开发体制战略专题研究报告初稿。

2003年“中国矿业十大新闻”

《2003年中国矿业十大新闻》经中国矿业联合会和煤炭、石油、化工、冶金、有色、黄金、石材、钨业、非金属等行业协会及其相关媒体推荐评选,于2004年1月10日揭晓。

1. 中国发表《中国的矿产资源政策》白皮书,首次对外完整、系统性介绍中国矿产资源情况。

2. 中央实施“振兴东北工业基地”战略,资源枯竭型城市发展接续产业引起全社会关注。

3. 中国成为世界第一大铁矿石进口国,铁精粉等矿产品价格强劲上扬。

4. 中国煤炭产量突破16亿吨,创历史新高。

5. 国家加快“石油储备”战略。

6. 国家部署危机矿山新一轮找矿规划,矿山资源危机将逐步得到缓解。

7. 中国黄金第一股——中金黄金上市,黄金矿山迈入资本市场。

8. 西气东输新疆段管道主体工程完成。

9. 云南省在玄武岩层中发现大型多金属矿床,铜矿远景储量可达上千万吨。玄武岩大规模成矿突破传统地质理论。

10. 川东北气田发生井喷事故,有毒气体外溢造成234人遇难,矿业安全生产工作亟待加强。

(中国矿业年鉴编辑部)

2003年国内有色金属行业十大新闻

1.位居世界第一,有色金属行业实现利润大幅增加 2003年,有色金属行业战胜了“非典”带来的不利影响,深化改革,生产经营成效显著,经济效益明显改善。中国十种常用有色金属总产量继续保持增长势头,连续第二年位居世界第一,全年产量可达到1200万吨。主要有色金属品种价格普遍走出低谷,持续上扬。行业利润大幅攀升,预计全年实现利润将超过150亿元。

2.有色金属行业为“神舟”五号成功运行做出重要贡献,为飞船提供大量新材料中国首次载人航天飞行的成功,凝聚着有色金属工作者的心血。为保证这次飞行的成功,近30家有色金属企业为飞船的制造提供大量优质的有色金属材料,受到国家有关部门的高度赞扬。

3.国家对电解铝工业投资过热加强宏观引导国家发展和改革委员会于2003年5月发布了《关于进一步加强宏观引导促进电解铝有序发展意见的通知》,并于8月再次重申通知精神,要求控制国内电解铝投资过热现状。目前,电解铝投资热已得到初步遏制。

4.有色金属行业实施“走出去”战略迈出坚实一步 7月28日,中国首座境外投资最大的有色金属矿山——赞比亚谦比希铜矿复产建设工程投产,标志着有色金属行业实施海外资源开发迈出了坚实一步。由中加合作开发建设的蒙古国奥云陶勒盖铜金矿项目框架协议在北京签字、金川集团公司与马克瑞士投资公司联合投资智利蒙特克利斯特铜矿项目在上海签字、中色建设与澳大利亚奥多嘉电解铝厂合作项目签约,均是实施“走出去”战略的成果。

5.民营资本进军有色金属工业上游产业2003年,民营资本积极投入有色金属工业。其特点是开始向矿山、氧化铝等上游方向发展,加上对电解铝及铝、铜等加工业的继续投入,标志着民营资本已开始全面进入有色金属工业。

6.海关总署发布公告,自6月1日起对铜、铅、锌等20种商品停止执行边境贸易进口税收优惠政策。此项举措对国内铜、铅、锌等生产企业意义重大,对支持中国铜、铅、锌工业的发展起到了积极的推进作用。

7.2003年,中铝公司分别与河南、贵州、江西、陕西、广西、上海、湖南、云南、湖北和内蒙古包头等省、区、市签订了经济技术合作协议,展开合作,并完成了包头铝业(集团)有限责任公司的资产划入工作。以中铝公司为核心企业的中国铝业集团4月4日成立,国内90家电解铝企业及相关企业加盟,欲以联合舰队的整体优势应对世界铝业跨国公司的竞争。

8.中国六大铜企业联合减产针对进口铜精矿加工费过低以致企业连连亏损的状况,占中国铜产量70%以上的六大国内铜生产商决定2004年联合减产10%~15%。

9.3月27日,8家铝企业在北京举行了“淘汰落后铝电解自焙槽工艺”联合行动计划签字仪式。2003年,云南铝业公司、山东铝业公司已淘汰落后的自焙槽。预计在2005年之前,中国大约可淘汰45万吨自焙槽生产能力。

10.中国新一代高性能航空制动材料实现重大突破,12月26日,中国民航总局向研制成功新一代高性能航空制动材料的中南大学,颁发了C/C刹车副零部件制造人批准书。这标志着中国在C/C制动材料研究与应用领域实现了重大突破,使中国继美、英、法后成为世界上第四个可制造此种刹车副的国家。这一成果的取得,在国家航空战略安全和国防军工建设上具有重大意义。

概 况

地质勘查

【区域地质调查】 2003年完成1:25万区调填图面积515334平方公里;1:25万区调修测面积129875平方公里;1:5万区调填图面积4442.8平方公里。

1. 区域地球物理。2003年完成1:100万区域重力调查23.43万平方公里、1:20万区域重力调查90924平方公里、航空物探勘查80772测线公里。新发现区域重力异常105处、航空物探异常705处,检查航空物探异常16处,见矿异常3处。

青藏铁路沿线航空物探勘查发现一批重要航磁异常,为在青藏铁路沿线直接寻找富铁和间接寻找铬铁矿提供了重要线索。完成了西藏一江两河北部地区和西藏申扎-那曲地区固体矿产航空物探勘查野外数据采集,编制数据转换处理图件六套,选编航磁异常393处,新发现航磁异常305处,优选具有直接寻找富铁和间接寻找铬铁矿的超基性岩异常17处,划分铬铜金等多金属找矿远景区20片,找矿靶区39处。根据岩石物性测定和航磁反映的构造、岩浆岩特征,认为聂荣地块主要由花岗岩基组成,而安多-巴青断裂是分割羌塘-三江复合板片与班公湖-怒江缝合带的界限。

新疆—甘肃北山地区航空物探发现磁、电、伽玛能谱异常400余处,经综合分析,初步筛选出具有找矿意义航磁异常17处、航空伽玛能谱异常4处,其中7处航磁异常和2处航空伽玛能谱异常进行了地面查证。通过地面异常查证,发现了铜、金、银、多金属矿体。目前控制的铜矿体长100余米,矿体宽40余米。经两个大样化学分析,铜分别高达2.05%、3.45%。该矿体的发现,对该区寻找火山岩型铜及多金属矿具有重大意义。

2. 区域地球化学。新发现区域地球化学(综合)异常270处,检查异常46处,见矿异常15处。

安多幅—聂荣幅区域化探。新圈定56个综合异常,发现有找矿价值异常7处,潜在找矿价值异常39处。择优筛选5处异常进行野外查证,3处见到矿(化)体。

新疆昆仑山东段布喀达坂峰—依吞布拉克1:20万区域化探。通过异常查证新发现多处矿点。维宝铅锌矿异常点,控制地表矿体长800米,矿体厚度5~8米,局部厚度达120米,铅品位3%~8%,锌品位3%~8%。蟠龙峰铁矿异常点,控制磁铁矿矿体长度约2400米(断续出露),矿体厚15~140米,磁铁矿品位一般为30%~40%,最高达71%。

内蒙古1:20万乌日尼图、红格尔、查干敖包庙、达来幅区域化探。异常查证发现了孔雀石化碳酸盐化花岗闪长岩1处(Cu平均品位0.5%,Mo0.05%),含铜石英脉6条,褐铁矿化石英斑岩1处,铁铜矿点1处;发现了Ag、Pb、Zn矿化点1处;发现了褐铁矿化石英斑岩脉两条;发现了层控型褐铁矿化硅化细砂岩带1处。为该区地质找矿提供了重要线索。

3. 区域遥感。西藏1:25万区调空白区遥感地质前期解译工作,完成了革吉周边地区和丁青附近1:25万共16幅图幅的遥感影像图制作任务,根据需要还制作了相应区域1:10万图幅遥感影像图。

青藏高原生态地质环境遥感调查与监测,统一制作了工作区地理底图和1:25万标准幅ETM和MSS遥感影像图各200幅;地理信息系统建设完成了系统规范化和标准化方案制定、软件体系结构设计,系统模式采用C/S和B/S相结合的混合模式。

豫西南地区典型成矿带1:10万遥感地质调查及遥感异常提取工作,完成了工作区地质、矿产等资料收集;4幅1:10万ETM影像图、1:10万遥感异常提取图、16幅1:5万ETM影像图、1幅1:10万ETM影像镶嵌图制作;初步完成了16幅1:5万地质图和16幅1:5万遥感异常及矿产图的解译和野外地质调查,野外调查路线500公里,地质点279个,采集岩、矿标本、样品167件。分析化学样品20件,岩石化学、稀土样品共30件,制作薄片105件。

内蒙古北山典型成矿带1:10万遥感地质调查及遥感异常提取,完成了工作区地质、矿产、物化探、遥感等资料收集;1:10万卫星遥感影像图(4幅)、1:5万影像图16幅初步制作;调查区1:10万和1:5万图幅遥感解译;进行了矿化蚀变遥感异常信息量化提取;完成了野外调查和随路线矿点调查，调查路线338公里，采集了样品薄片319件。按区域地质调查规范编制了区内7幅1:5万地质图。

西昆仑空白区1:25万遥感前期解译。全部完成了11幅1:25万标准分幅影像图、全区1:50万数字镶嵌图的制作；11幅遥感解译图的编制和分幅遥感解译图幅说明书的编写。

滇西北典型成矿带1:10万遥感地质调查与遥感异常提取工作，全面完成工区16个1:5万遥感影像地图制作；初步完成了8个1:5万图幅遥感地质解译，开展了区内成矿预测。针对存在的基础地质问题及遥感异常，筛选出8个异常带提交野外工作组进行岩体、岩体与火山岩关系、构造、矿化线索等的查证；经与野外资料对比，异常信息提取成果显示出较好的矿化指示效果。

长江上游重点城镇地质灾害遥感调查，编制1:1万高精度遥感影像图约200平方公里；完成了调查区灾害与地质环境初步解译约900平方公里；进行了调查区地质灾害及其形成地质环境的遥感地质研究；已完成了调查区1:1万高精度正射遥感影像及数字地形、地质环境及灾害的初步解译及首次野外工作。

【农业地质调查】 2003年部署浙江省、四川省成都经济区、山西省黄土高原盆地经济区、湖南省洞庭湖区、安徽省江淮流域、山东省黄河下游流域、福建省沿海经济带和吉林省农业地质环境调查等8个实施项目，以及重庆市沿江经济带、河南省依洛河流域和江西南昌地区生态地球化学调查工作内容项目20个，安排1:25万多目标区域化探181155平方公里。

福建省沿海地区存在农作物与人体必需的元素Ca、Mg、Na、B、P、Cu、Co等农作物与人体必需的元素严重缺乏区，其含量不足全国丰度的一半。对作物生长和人体健康存在影响。沿海平原区浅层地下水亚硝酸根(亚氮)严重超标，不能饮用，成为重要的生态问题。

南京及周边地区的沿江(河)流域和长江冲积层中分布有Hg、Cd、Cu、Pb、Zn、Cr等明显超标污染区，局部地区已显现对农产品安全构成威胁，出现铅、铬、镉、汞、铜等元素在稻谷、蔬菜中的超标现象。

南昌市及其东南郊区、鄱阳湖区及其邻区、鸡公岭地区存在生活垃圾、矿山、农业喷药与施肥有关Hg、Cd、Sb、As、Cl、S、Cu、Pb、Zn污染区；南昌地区土壤明显偏酸性，pH值普遍在4.5~5.5之间，同时总体缺乏Mo、P等农作物营养成分，特别是红壤肥力差，明显缺Mo、P、Mg、Mn、Cu、Zn、Cl、Co、Ca等组分。

珠江三角洲地区Hg、Cu、Zn、As、Cr、F主要赋存在硫化物相，其次是铁锰氧化物相和有机相；而Cd、Pb主要赋存在铁锰氧化物相，其次是硫化物相和有机相。Hg在硫化物相的含量比例一般在50%~86%。Cd地表水溶相含量大部分在7~13ng/g，中部10~20ng/g，底部3~10ng/g。Hg地表水溶相含量大部分在1.5~3ng/g，中部2.5~4.5ng/g，底部1.2~2.5ng/g。F地表水溶相含量大部分在4~6ng/g，中部3~5ng/g，底部3~5.5ng/g。

山东省黄河下游流域生态地球化学调查项目形成初步成果。编制了聊城地区54种元素地球化学图，查明了聊城市、茌平县、东阿县等城市内及周边地区Hg、As、Cu、Pb、Cd、Cr等重金属元素含量明显偏高；并发现菏泽—济宁地区表层土壤六六六的检出率较低，而DDT的检出率较高。

【海洋地质调查】 2003年海洋地质调查完成多道地震8866公里、重力21648公里、磁力16770公里、单道地震3709公里、单波束测深9442公里、多波束测量18401公里、浅层剖面测量3403公里、旁侧声纳1202公里，地质取样站位342个，海底摄像63个，海水取样站位33个，温盐深测量站位33个，无缆抓斗取样70个。

1.1:100万永暑礁幅海洋区域地质调查。完成多波束测量6527公里，重力测量、磁力测量、单道地震测量各1505公里。初步完成地形图、地貌图、地质图、构造图、矿产图、空间重力异常图、布格重力异常图、磁异常剖面平面图、磁异常平面等值线图等成果图的编制工作。

2.1:100万南通幅海洋区域地质调查。完成重力测量13000公里，磁力测量8832公里，单道地震测量1644公里，多波束测量8657公里，回声测深测量9180公里，表层地质取样122个，柱状地质取样44个，低层大气取样271个，地磁日变观测58天。比较准确地了解和掌握了最近30多年以来，苏北地区海岸线的变迁规律和现实分布状况。

3.长江口滨外区沉积物本底调查与沉积动力研究。完成多船同步野外调查，完成悬浮体分析1889个、盐度测量1889个、密度测量1889个、粒度分析163个、化学分析163个、粘土矿物163个，处理测深资料200公里、浅剖资料400公里、旁扫200公里，处理潮位和测流资料12条船各25小时资料，悬浮体计算，流场分析等；初步建立了数据库结构，对长江口滨外区的沉积和动力情况形成了初步认识。分析和计算了长江口滨外区的海流和悬浮体情况，计算了表层样品的粒度参数，编制了粒度参数图，对工作海区的粒度变化规律进行了研究，取得了三峡大坝蓄水前长江三角洲入海口枯水期小潮第一手珍贵资料。

4.中国海域新生代油气资源调查与评价研究。

完成700公里多道地震补充调查，收集了21000公里的南海北部陆坡区多道地震资料，并进行初步整理、分析；2003年4月11日至5月7日，“探宝号”船进行了海上资料采集，利用海上试验成功的“长排列大容量震源地震采集技术”，在南海北部琼东南盆地陆坡区、珠江口盆地珠二坳陷和潮汕坳陷进行了调查，完成多道地震测量1155公里及相应的重力、磁力和水深测量。发现位于东沙隆起以南的尖峰北盆地和笔架盆地一带发育巨厚的沉积地层，初步分析不仅有上第三系和第四系，还发育良好的下第三系，其特征与珠江口盆地相似，最为重大的发现是该区发育巨厚的中生代地层，其反射特征类似潮汕坳陷的中生代地层。初步计算该区中生代和新生代地层沉积厚度超万米。

5. 东海陆架盆地西部坳陷带油气资源远景调查评价。二维地震资料解释约3000公里，收集了该地区成果36份，陆地考察野外露头剖面4条，约10公里。对东海陆架盆地的基础地质和石油地质研究情况包括地层、构造、烃源岩、储集层、运移通道、盖层等有一些基本认识。研究发现浙闽陆上中生代沉积盆地分布于四个带——浙西盆地带、浙中-闽西盆地带、浙闽东部盆地带及福建沿海盆地带。浙闽陆上中生代沉积盆地中生代发育4套主要地层——中下侏罗统、上侏罗统建德群或磨石山群、下白垩统永康群和上白垩统衢江群，其中，中下侏罗统、上侏罗统建德群或磨石山群是中生代地层的主要生油层系；浙闽东部盆地带和福建沿海盆地带内中生代盆地发育与东海陆架盆地中的中生代盆地具有相同构造演化历史。

6. 南黄海盆地北部油气资源评价研究。完成二维地震资料解释约3000公里，开展了盆地内钻井地层标定和对比，建立了盆地内中新生界综合地层柱状图，编制了盆地构造区划图1幅、盆地内主要界面时间等深度图7幅、主要界面深度构造图7幅、主要层序地层等厚图6幅、主要层序地震相图4幅及主要层序沉积相图4幅。通过盆地内钻井地层标定和初步对比，证实本区中生代地层在区域上的可比性；采用综合地球物理解释技术，编制了全盆地1:50万的时间、深度构造图，对盆地的构造区划进行了重新划分，认为南黄海北部坳陷的构造分区符合断陷盆地的特点，与中国东部中新生代断陷盆地可类比；地层划分和对比认为南黄海盆地北部的白垩系在部分地区具有明显的三分性，其中中部地层分布最广、储层发育，下部和上部烃源岩发育；构造分析表明南黄海盆地北部坳陷内部的凹陷与凸起呈南北分带，东西分段的特点；南黄海盆地北部坳陷的基底断层有：近EW—NEE向、NE向、NW向等三组，不同的断裂具有不同的形成时期；南黄海盆地北部坳陷的控盆、控陷断层多为基底断裂复活和改造的产物；南黄海盆地北部坳陷的后生断层多为盖层断层，个别切入基底；南黄海北部坳陷中生界主要油气远景区位于北部坳陷断阶带及东北凹陷。

【矿产资源调查评价】 2003年固体矿产勘查，新发现矿产地141处，其中大中型46处。提交可供普查矿产地22处，其中大中型17处。查明矿产资源量有煤、铀、铁、锰、铜、铅锌、镍、钴、钨、锡、钼、金、银、萤石、铼、钠硝石、钾盐、硼矿、透辉石、沸石、透闪石、二氧化碳气等23种矿产新增资源量(333+3341)，其中：煤1.82亿吨、锡金属53万吨、铁矿石10557万吨、锰矿石2839万吨、铜金属502万吨、银金属7728吨、铅金属45万吨、锌金属136万吨、铅锌金属786万吨、金105吨、镍金属3万吨、钴金属11万吨、钼金属5万吨、三氧化钨5万吨、氧化硼67万吨。

1. 西南三江云南段有色金属基地勘查。核桃坪金厂河矿段物探异常钻探验证发现厚大铜多金属矿体，控制铜矿6层，见矿孔铜矿体累计厚度达65.81米，Cu平均品位1.27×10^{-2}，伴生Au 0.31×10^{-6}；铁矿层总厚度达308.70米，TFe品位平均31.84×10^{-2}，伴生Au 0.21×10^{-6}。按目前工作程度初步估算铜矿、铁矿均可望达大型矿床规模，伴生金可望达中型矿床规模。

2. 云南西北部铜多金属矿资源潜力调查评价。普朗铜矿区钻探工作获得重大进展和成果，发现有三个面状蚀变矿化体，经工程揭露控制矿体4个。见矿钻孔控制矿体累计厚93.56～140.43米，铜平均品位为$0.45\times10^{-2}\sim0.58\times10^{-2}$。

3. 四川西部地区矿产资源调查评价。脚根玛锡矿评价，累计发现彼此近于平行的似层状矿体6个，控制矿体长450～3680米，平均厚2.24～4.04米。平均品位：Sn $0.59\times10^{-2}\sim1.48\times10^{-2}$。

4. 南岭地区锡多金属矿评价。白腊水矿区经野外验收估算锡资源量52万吨，在山门口矿区发现1条锡铜矿脉；在山门口—狗头岭一带，求得Sn资源量(3341)8.8万吨。

【水文地质调查】 2003年完成了新一轮全国地下水资源评价，查明中国地下水天然补给资源量、可开采资源量，为国家水资源综合规划编制、水资源宏观配置、可持续利用与地下水环境保护提供了科学依据。

开展了首都地区、华北平原、山西六盆地、松嫩平原、东北三江平原、西辽河平原、鄂尔多斯盆地、银川平原、河西走廊、柴达木盆地、塔里木盆地、准噶尔盆地等地下水主要开发区，约200万平方公里的1:25万地下水资源及其环境问题调查评价。首都地区地下水调查密切结合2008年奥运会和城市发展的需求，提出了怀柔、平谷、顺义、西郊和房山五个应急地下水水源地和应急开采方案，总开采能力可达 62 万～70 万立方米/天。鄂尔多斯盆地地下水勘查，紧密围绕能源基地建设的需求，通过最近 4 年的工作，查清了盆地周边 8.4 万平方公里岩溶地下水的分布状况和深部岩溶水的开发利用前景。圈定水源地 36 处，经评价其开采总量为 9.98 亿立方米/年，为该区能源基地建设规划提供了水资源依据。

在西部 12 省(区、市)严重缺水、人畜饮用水困难的 40 余个县(市)的村庄、城镇，完成地下水探采结合示范深井 318 眼、浅井 4700 余眼，累计供水量超过 55 万立方米/天，直接为 130 多万人、300 余万头牲畜解决了可持续饮用的水源。示范工程的实施，在一些地区形成了多渠道的投资体系和以专业队伍为先导，以地方施工为主体的模式，有效地推进了缺水问题的解决。

【环境地质调查】 2003 年重点开展了长江三角洲、珠江三角洲、环渤海及沿海等主要经济区，长江、黄河等流域，西南岩溶石山、黄土高原等地质生态脆弱区的调查工作。全面完成以省市区为单元的 1:50 万区域环境地质调查，系统查清了中国地质环境现状、主要环境地质问题及其分布，为中国地质环境管理与保护、国土资源综合整治规划、地质灾害防治等提供了基础平台。

查明了长江三角洲地区地面沉降大于 200 毫米的范围近 1 万平方公里。上海、苏锡常和杭嘉湖的最大累计沉降量分别达到 2.63、1.80 和 0.82 米。针对该区经济快速发展所面临的地下水开发与地面沉降的问题，提出了把地下水开采量从 12.7 亿立方米/年调整为 1.96 亿立方米/年的方案，为江苏省政府“地下水限采令”的实施和上海市政府高层建筑物“限高令”的制定提供了重要依据。

西南岩溶石山地区 78 余万平方公里岩溶水与生态环境的调查，查明全区重度石漠化面积 2.59 万平方公里，中度石漠化 3.92 万平方公里，轻度石漠化 4.0 万平方公里。查明全区有地下河 3066 条，岩溶大泉 7997 个，岩溶水总量 1850 亿立方米/年，为该区居民脱贫和生态环境整治提供了基础资料。

【地质灾害调查评价】 在三峡库区和青藏铁路等国家重大工程建设区、滑坡崩塌泥石流灾害多发区、人口密集区、城市以及重要交通干线，开展了地质灾害调查与预警系统建设。

目前，已完成 700 个县(市)中的 545 个县市的地质灾害调查工作，调查面积达 150 万平方公里，共查出地质灾害隐患点约 54000 个，建立群测群防的隐患点 4 万多处，编制防灾预案近 300 个，建立了县、乡、村三级责任制的群专结合、群测群防的监测体系。通过地质灾害调查和预警系统的建立，使中国地质灾害预报成功率大大提高，成功预报地质灾害 703 次，避免了 19000 多人的伤亡。

【地质科学研究】 地层古生物研究获得新的突破，新发现一批具重要地质意义的古生物化石，为古生物的演化提供新的证据，同时获得了大量含古生物化石的地层的精确年龄。地科院地质所在热河动物群研究中，新发现了“中国袋兽”化石，把亚兽(有袋类)的历史向前推进了至少 1500 万年，把亚兽肢体骨骼的化石记录向前推进了 5000 万年，对最早亚兽动物的解剖形态、功能和生活习性以及对亚兽动物最早期的支系分异提供前所未有的科学信息。通过同位素精确测年，获得辽西北票四合屯含中华龙鸟、孔子鸟等珍稀化石的沉积地层年龄为 125.2 百万年或稍晚。宜昌地矿所在国内首次发现原位保存在黔鱼龙母体内的胚胎化石以及与成年体成群保存的幼年体化石标本，对查明鱼龙类的生殖方式、研究鱼龙的个体发育具有重要的意义；在鱼龙的胃内找到“胃石”，它磨圆度极好，由硅质或石英岩屑质砾石组成，被认为与消化或生活方式有关；发现鱼龙类的胃残留物，认为鱼龙的食物主要是鱼、软体动物和其他无脊椎动物；新发现海龙 1 新种，鱼龙 1 新属 1 新种，补充完善了安顺龙头骨额面构造、豆栖齿龙的腹面构造等。天津地矿所在常州沟组的碳质宏观化石和扫描电镜下新发现多细胞的结构和组织，在薄片中发现球状和丝状的多细胞结构和生殖器官；在长城系下部页岩中发现多细胞生物的碎片，大红峪组燧石薄片中发现多细胞生物的化石，在长城系下部的页岩中发现真核的疑源类化石和在大红峪组上部的燧石薄片中发现许多新的化石类型和生命活动现象等，这些微古生物的发现，使国内外公认长城系的多细胞生物资料奠定了重要基础。

沈阳地矿所在华北板块与西伯利亚板块之间重大地质构造问题研究中，在延边开山屯地区首次发现中国的硬绿泥石 + 纤锰柱石 + 多硅白云母组合，并存在冻蓝闪石，且纤锰柱石富 Fe，接近铁纤锰柱石成分范围，属于低级蓝片岩相，这一发现不仅为中国增添一个新的蓝片岩类型，也为研究不同状况的俯冲作用特征提供了内容。

宜昌地矿所获得一批中国花岗岩的锆石 SHRIMP 年龄，对花岗岩时代重新进行了厘定；总结了花岗岩与成矿作用的关系；系统地比较了世界上典型环斑花岗岩和秦岭—昆仑环斑花岗岩的异同；提出超大陆演化与地壳生长有密切关系；提出新的岩浆混合作用分类；初步建立了燕山地区岩浆构造事件时序基本框架。

西安地矿所在天山造山带研究中首次提出和查明天山地区广泛分布的石炭纪火山岩系为板块碰撞造山后一次强烈陆内伸展-裂谷火山作用的产物；初步提出巴音沟蛇绿岩可能为天山早石炭世大规模裂谷拉伸形成的“红海型”洋盆的地质记录；认为塔里木板块北缘及伊犁微板块两侧震旦纪-早寒武世火山岩系形成于大陆拉伸-大陆裂谷环境，是早寒武世天山古生代洋盆开启的前兆标志。

地科院力学所对东准噶尔南缘盆山关系研究进行了新生代构造分段：巴里坤山断块隆升段、博格达山东段断块隆升褶皱逆冲段、博格达山西段褶皱逆冲段；首次提出该区完整的造山演化过程：晚古生代的收缩应变、中生代漫长的伸展作用、新生代强烈再造山。

古湖泊与环境研究：首次发现阿里南部色喀执晚第四纪火山-湖相沉积，反映藏北南部第四纪湖泊演化史中有深部岩浆参与；提出西藏第四纪古泛湖具有多期性和分区性；新发现有5个湖泊氯化锂含量达工业品位，8个湖泊氧化硼含量达工业品位。

首次在札达盆地发现了早更新世中晚期大冰缘冰川遗迹、早更新世早期香孜组的沉积特征及冻融褶皱和活动断裂；把札达盆地中的河湖相沉积地层重新划分为3个组、9个岩性段；首次在托林组和札达组、札达组和香孜组之间发现了两个不整合面；初步认为象泉河谷存在至少有10级阶地并讨论了其展布特征；在分析堆积物类型、地貌类型及活动构造的基础上，将札达盆地的区域地质、地貌及构造发展划分为6个大的发展阶段。 （胡茂焱）

矿产资源勘查

【概况】 2003年度全国正在实施的固体矿产勘查登记项目8751个，比2002年增加了3.80%。其中：结束野外工作或进行野外施工准备的勘查项目541个，比2002年减少了47.93%，正在进行野外施工的勘查项目8210个，比2002年增加了11.07%。

1. *登记面积*。全国勘查项目的登记总面积14.22万平方公里，比2002年减少了0.97%。其中勘查项目登记面积位居全国前十名的省份为：云南省23602.00平方公里，山东省15825.29平方公里，新疆维吾尔自治区10566.94平方公里，青海省8998.53平方公里，陕西省8841.28平方公里，河南省7664.67平方公里，内蒙古自治区7085.36平方公里，西藏自治区7005.63平方公里，甘肃省7004.03平方公里，广西壮族自治区6891.74平方公里。

2. *探矿权使用费收取情况*。全国收取勘查项目的探矿权使用费2209.96万元，比2002年增加了6.65%。其中：东部地区644.67万元，中部地区425.91万元，西部地区39.38万元。

3. *区域分布情况*。东部地区勘查项目2354个。其中：能源矿产309个，黑色金属矿产234个，有色金属矿产294个，贵金属矿产934个，稀有稀土金属矿产11个，非金属矿产462个，水气矿产110个；中部地区勘查项目2282个。其中：能源矿产202个，黑色金属矿产303个，有色金属矿产631个，贵金属矿产710个，稀有稀土金属矿产22个，非金属矿产363个，水气矿产51个；西部地区勘查项目4115个。其中：能源矿产219个，黑色金属矿产282个，有色金属矿产1528个，贵金属矿产1723个，稀有稀土金属矿产65个，非金属矿产276个，水气矿产22个(图1)。

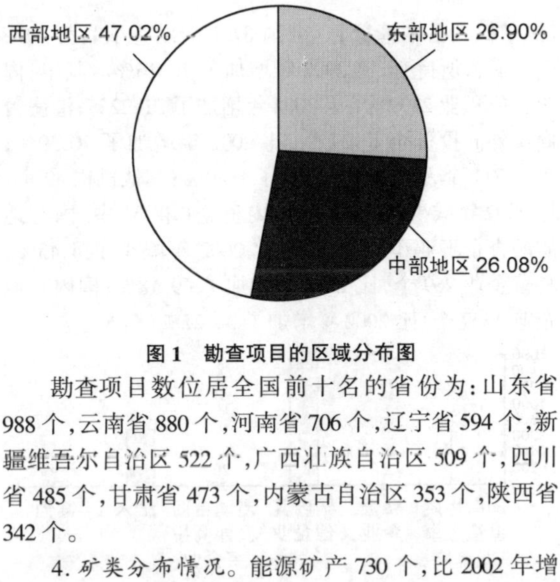

图1 勘查项目的区域分布图

勘查项目数位居全国前十名的省份为：山东省988个，云南省880个，河南省706个，辽宁省594个，新疆维吾尔自治区522个，广西壮族自治区509个，四川省485个，甘肃省473个，内蒙古自治区353个，陕西省342个。

4. *矿类分布情况*。能源矿产730个，比2002年增加了30.36%；黑色金属矿产819个，比2002年增加了15.51%；有色金属矿产2453个，比2002年增加了14.09%；贵金属矿产3367个，比2002年减少了3.44%；稀有稀土金属矿产98个，比2002年减少了21.60%；非金属矿产1101个，比2002年减少了2.05%；水气矿产183个，比2002年减少了33.70%(图2)。

5. *矿种分布情况*。全国勘查项目位居前十名的矿种为：金矿3145个，铅锌矿及多金属矿1119个，铜矿911个，铁矿646个，煤矿475个，地热215个，银矿193个，铝土矿154个，锰矿136个，矿泉水129个。

6. *投资来源的分类情况*。正在进行野外施工的8210个勘查项目中，中央财政和地方财政(以下合称“国家财政资金”)投资的勘查项目2408个，占29.33%；内资企(事)业、港澳台商投资企业、外商投资

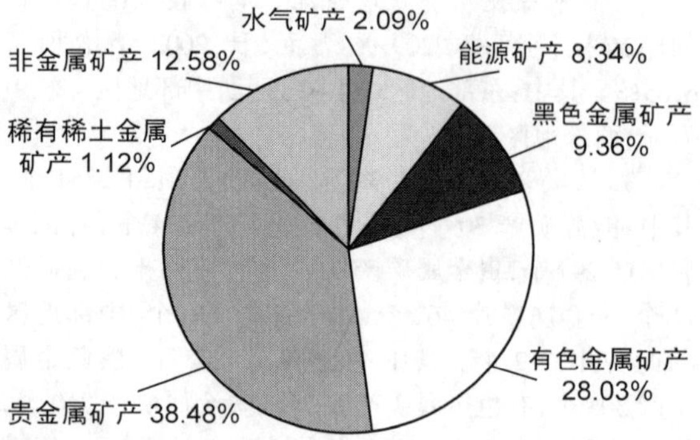

图 2 勘查项目的矿类分布图

企业、个人和其他(以下合称"社会资金")投资的勘查项目5641个,占68.71%;国家财政资金和社会资金共同投资的勘查项目161个,占1.96%。

【探矿权人基本情况】 全国8751个勘查项目为3188个探矿人所持有,比2002年增加了10.16%。其中:内资企(事)业2399个,比2002年增加了21.22%;港澳台商及外商投资企业29个,比2002年增加了70.59%;个人711个,比2002年减少了1.80%;其他机构49个,比2002年减少了71.84%。内资企(事)业中,国有地质勘查企事业单位773个,比2002年减少了4.45%;私营企业269个,比2002年增加了69.18%;国内其他企业1357个,比2002年增加了34.22%(图3)。

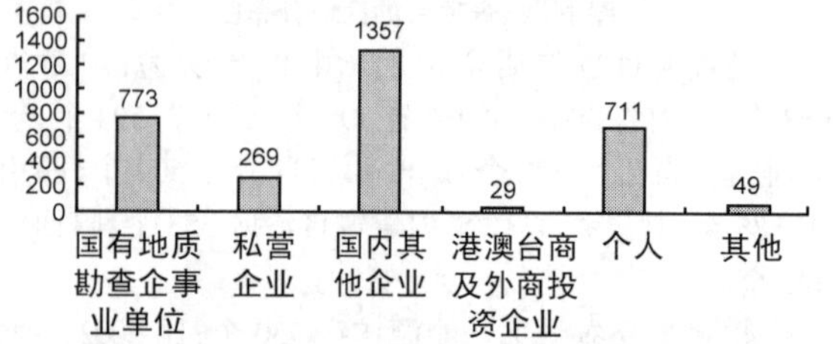

图 3 勘查项目的探矿权人构成图

1. 各类探矿权人持有的勘查项目。国有地质勘查企事业单位4949项,私营企业341项,国内其他企业2577项,港澳台商及外商企业68项,个人762项,其他机构探矿权人54项(图4)。

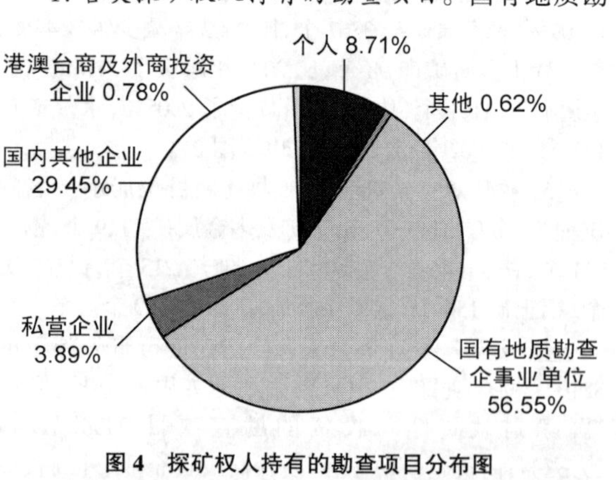

图 4 探矿权人持有的勘查项目分布图

2. 国有地质勘查企事业单位持有的各矿类的勘查项目。能源矿产263个,黑色金属矿产248个,有色金属矿产1534个,贵金属矿产2293个,稀有稀土金属矿产70个,非金属矿产510个,水气矿产31个。

3. 私营企业持有的各矿类的勘查项目。能源矿产41个,黑色金属矿产96个,有色金属矿产85个,贵金属矿产32个,稀有稀土金属矿产3个,非金属矿产63个,水气矿产21个。

4. 国内其他企业持有的各矿类的勘查项目。能源矿产372个,黑色金属矿产219个,有色金属矿产610个,贵金属矿产904个,稀有稀土金属矿产20个,非金属矿产349个,水气矿产103个。

5. 港澳台商及外商投资企业持有的各矿类的勘查项目。能源矿产2个,有色金属矿产24个,贵金属矿产33个,非金属矿产7个,水气矿产2个。

6. 个人持有的各矿类的勘查项目。能源矿产41个,黑色金属矿产248个,有色金属矿产186个,贵金属矿产102个,稀有稀土金属矿产4个,非金属矿产160个,水气矿产21个。

7. 其他机构探矿权人持有的各矿类的勘查项目。能源矿产11个,黑色金属矿产8个,有色金属矿产14个,贵金属矿产3个,稀有稀土金属矿产1个,非金属矿产12个,水气矿产5个。

【勘查项目技术人员工作量完成情况】 全国正在进行野外施工的8210个勘查项目中,按人/月计算的技术人员工作量为215608人/月,比2002年增加了9.20%。

1. 区域分布情况。东部地区47540人/月,中部地区64150人月,西部地区103918人/月(图5、表1)。

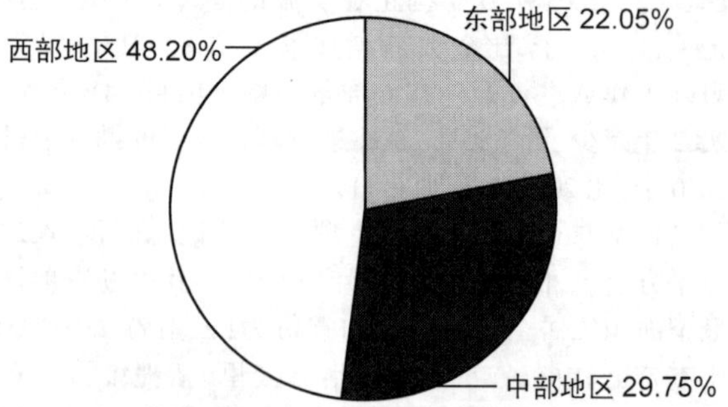

图 5 勘查项目的技术人员工作量完成情况结构图(按区域)

技术人员工作量完成情况位居全国前十名的省份为:山东省22284人/月,河南省21620人/月,云南省

表 1

勘查项目技术人员工作量完成情况统计表

工作量类别 \ 人/月		全国人/月数		东部			中部			西部		
		本年数（人/月）	比上年增减（%）	人/月数	比全国百分比（%）	比上年增减（%）	人/月数	比全国百分比（%）	比上年增减（%）	人/月数	比全国百分比（%）	比上年增减（%）
合　计		215608	9.20	47540	22.05	10.47	64150	29.75	9.17	103918	48.20	8.65
按技术职务类别分	高级	40221	11.38	10116	25.15	10.97	12725	31.64	-3.83	17381	43.21	26.28
	中级	89164	1.90	20108	22.55	1.78	27337	30.66	7.13	41719	46.79	-1.21
	初级及以下	86222	16.79	17316	20.03	22.26	24088	27.94	20.37	44818	51.98	13.03
按技术专业类别分	地质	115503	1.31	25836	22.37	9.42	33199	28.74	0.63	56468	48.89	-1.63
	地球物理与地球化学勘查专业	31818	26.09	6770	21.28	4.83	9141	28.73	27.38	15907	49.99	37.11
	探矿工程	29952	24.02	6759	22.56	27.14	9039	30.18	27.19	14154	47.26	20.74
	其他专业	38335	12.56	8175	21.33	6.88	12771	33.31	11.15	17389	45.36	16.55

表 2

勘查项目投资区域分布情况表

矿类 \ 投资情况	全国投资总额			东部				中部				西部			
	2002 年（万元）	2003 年（万元）	增减（%）	2002 年（万元）	2003 年（万元）	占全国百分比（%）	增减（%）	2002 年（万元）	2003 年（万元）	占全国百分比（%）	增减（%）	2002 年（万元）	2003 年（万元）	占全国百分比（%）	增减（%）
合　计	198003.34	278832.75	40.82	49270.01	70178.34	25.17	42.44	47119.95	71908.23	25.79	52.61	101613.38	136746.18	49.04	34.57
能源矿产	37868.69	72259.85	90.82	19328.46	29118.93	40.30	50.65	6315.36	19219.31	26.60	204.33	12224.87	23921.61	33.10	95.68
黑色金属矿产	10909.43	14679.93	34.56	2689.67	2921.38	19.90	8.61	4.68.80	6.27.29	41.06	48.13	4150.96	5731.26	39.04	38.07
有色金属矿产	47158.10	72246.31	53.20	3745.45	7889.36	10.92	110.64	9989.40	18000.13	24.19	80.19	33423.25	46356.82	64.16	38.70
贵金属矿产	75998.40	87439.83	15.05	15183.38	18644.19	21.32	22.79	19445.53	19275.93	22.04	-0.87	41369.49	49519.71	56.63	19.70
稀有稀土金属矿产	3255.81	2192.08	-32.67	269.59	123.47	5.63	-54.20	356.06	612.55	27.94	72.04	263.16	1456.06	66.42	-44.64
非金属矿产	18203.47	25533.50	40.27	6309.64	9802.74	38.39	55.36	5600.08	7536.91	29.52	34.59	6293.75	8193.85	32.09	30.19
水气矿产	4609.44	4481.25	-2.78	1743.82	1678.27	37.45	-3.76	1344.72	1236.11	27.58	-8.08	1520.90	1566.87	34.97	3.02

17204人/月,四川省14881人/月,陕西省14018人/月,甘肃省12422人/月,青海省11224人/月,吉林省11135人/月,辽宁省9064人/月,内蒙古自治区9058人/月。

2. 矿类分布情况。能源矿产29283人/月,黑色金属矿产14965人/月,有色金属矿产58435人/月,贵金属矿产83779人/月,稀有稀土金属矿产2452人/月,非金属矿产22993人/月,水气矿产3701人/月(图6)。

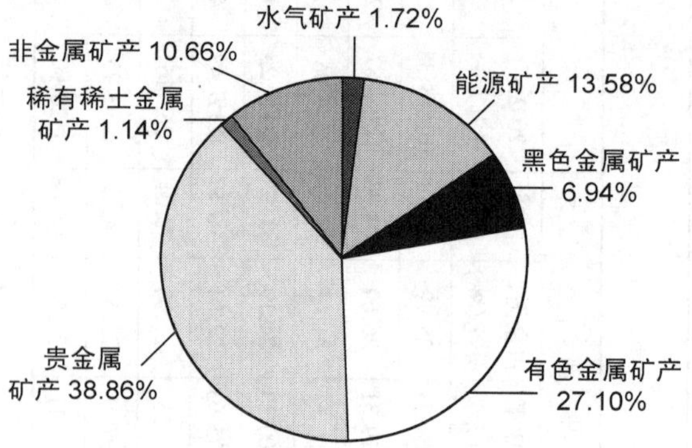

图6 勘查项目的技术人员工作量完成情况结构图(按矿类)

3. 矿种分布情况。技术人员工作量完成情况位居前十位的矿种为:金矿75116人/月,铅锌矿及多金属26373人/月,煤矿20967人/月,铜矿20195人/月,铁矿11385人/月,银矿7529人/月,地热7518人/月,铝土矿5572人/月,磷矿2549人/月,锰矿2629人/月。

4. 技术职务级别情况。高级技术人员40221人/月,中级技术人员89164人/月,初级及以下技术人员86222人/月(图7、表1)

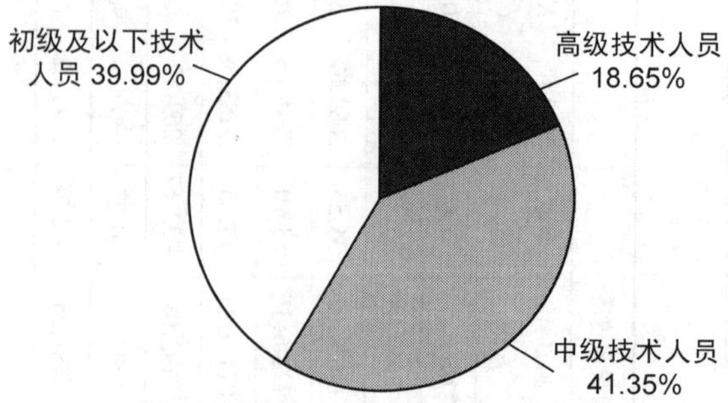

图7 勘查项目的技术人员工作量完成情况结构图(按技术职务级别)

5. 各技术专业类别情况。地质专业115503人/月,地球物理与地球化学勘查专业31818人月,探矿工程专业29952人/月,其他专业38335人/月(图8、表1)。

【勘查项目投资情况】 全国正在进行野外施工的勘查项目8210个,勘查投资为278832.75万元,比2002年增加了40.82%。

1. 投资来源。中央财政资金49545.06万元,比2002年增加了7.12%;地方财政资金40450.84万元,比2002年增加了5.92%;内资企(事)业单位投资132553.62万元,比2002年增加了52.20%;港澳台商企业投资127.87万元,比2002年减少了86.47%;外商企业投资6161,71万元,比2002年增加了98.58%;个人23280.80万元,比2002年增加了142.29%;其他机构投资26712.86万元,比2002年增加了108.48%(图9)。即:国家财政资金89995.90万元,占32.28%;社会资金188836.85万元,占67.72%。

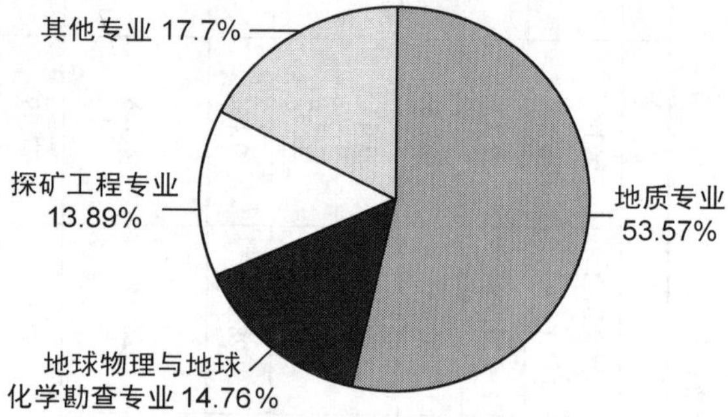

图8 勘查项目的技术人员工作量完成情况结构图(按技术专业类别)

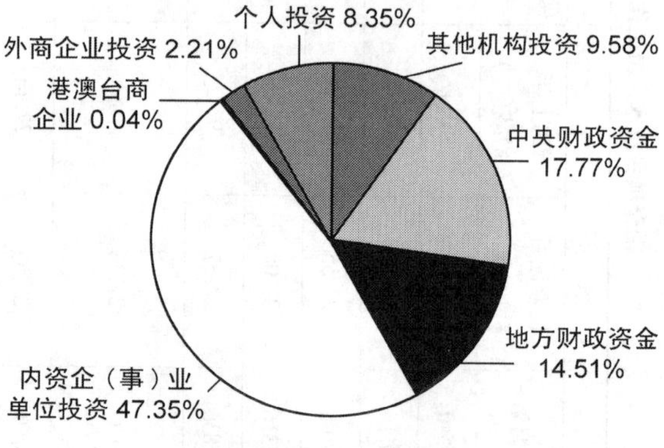

图9 勘查项目投资的资金来源结构图

2. 投资区域分布情况。东部地区70178.34万元,

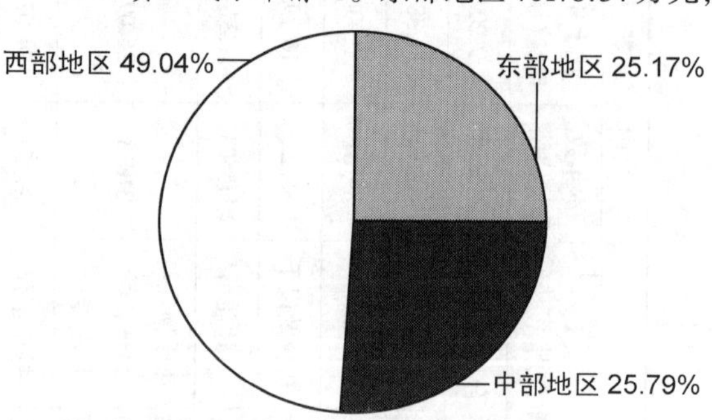

图10 勘查项目投资的区域结构图

比2002年增加了42.44%；中部地区71908.23万元，比2002年增加了52.61%；西部地区136746.18万元，比2002年增加了34.57%。(图10、表2)。

勘查项目投资位居全国前十名的省份为：山东省26782.00万元，云南省24806.44万元，陕西省19920.60万元，安徽省17975.00万元，新疆维吾尔自治区17603.14万元，青海省17108.43万元，河南省16158.73万元，辽宁省15730.41万元，甘肃省14231.22万元，内蒙古自治区12208.34万元。

各省(区、市)勘查项目投资中，社会投资比例位居全国前十位的有：北京市95.45%，贵州省89.06%，陕西省86.66%，河南省86.21%，山东省84.60%，四川省83.35%，云南省82.53%，安徽省77.39%，江苏省74.35%，山西省73.08%(图11)。

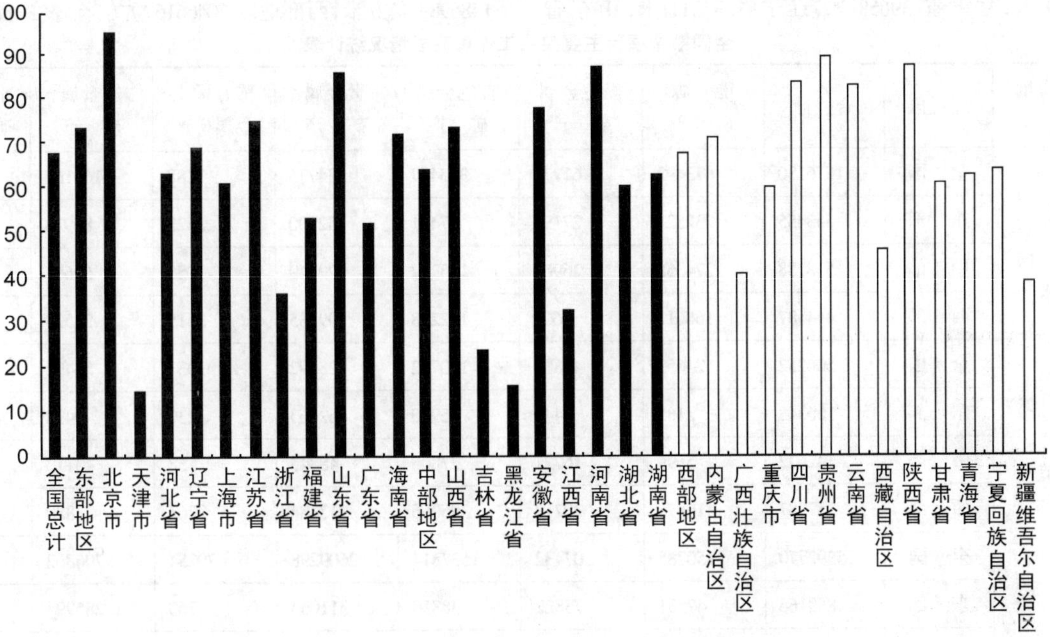

图11　各省(区、市)勘查项目的投资中社会投资所占比例图(%)

3. 投资的矿类结构。能源矿产72259.85万元，黑色金属矿产14679.93万元，有色金属矿产72246.31万元，贵金属矿产87439.83万元，稀有稀土金属矿产2192.08万元，非金属矿产25533.50万元，水气矿产4481.25万元(图12)。

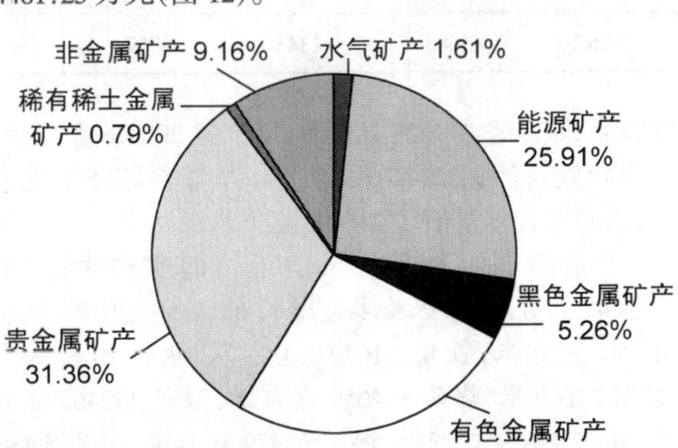

图12　勘查项目投资的矿类结构图

勘查项目的投资位居前十位的矿种为：金矿81140.10万元，煤矿49616.39万元，铜矿28420.74万元，铅锌及多金属矿28417.60万元，地热水21787.31万元，铁矿11562.31万元，银矿5385.34万元，铝土矿5310.37万元，地下水3817.40万元，钨矿3487.43万元。

【勘查项目主要实物工作量完成情况】　全国正在进行野外施工的8210个勘查项目，完成机械岩芯钻探1576130米，比上年增加11.30%；坑探506252米，比上年增加9.30%；槽探5392770立方米，比上年减少13.73%；浅井202857米，比上年减少34.38%。

1. 机械岩芯钻探。东部地区553455米，中部地区578188米，西部地区444487米(表3、图13)。

完成机械岩芯钻探工作量位居全国前十名的省份为：山东省293505米，安徽省198304米，河南省107110米，新疆维吾尔自治区84278米，陕西省83186米，云南省82727米，山西省76994米，辽宁省76058米，江西省73080米，青海省61195米。

完成机械岩心钻探工作量位居前十位的矿种为：煤534834米，金矿309086米，地热123005米，铅锌及多金属矿 121924 米，铜矿 111140 米，铁矿 52708 米，铝土矿 37537 米，水泥用石灰岩 28958 米，地下水 25962 米，银矿 20882 米。

2. 坑探。东部地区 106343 米，中部地区 142622 米，西部地区 257287 米(表 3、图 13)。

完成坑探工作量位居全国前十名的省份为：陕西省 65802 米，云南省 55656 米，四川省 48597 米，湖北省 41179 米，甘肃省 39658 米，辽宁省 37311 米，山东省 30515 米，河南省 27751 米，湖南省 25653 米，福建省 16234 米。

完成坑探工作量位居全国前十位的矿种为：铅锌矿及多金属 86706 米，金矿 217192 米，铜矿 42548 米，铁矿 34121 米，高岭土 31273 米，煤矿 24659 米，银矿 10124 米，钼矿 8307 米，锰矿 7926 米，锡矿 5216 米。

3. 槽探。东部地区 859165 立方米，中部地区 1486989 立方米，西部地区 3046616 立方米(表 3、图 13)。

表 3　全国勘查项目主要实物工作量完成情况统计表

工作量类别	地区	合计	能源矿产	黑色金属矿产	有色金属矿产	贵金属矿产	稀有稀土金属矿产	非金属矿产	水气矿产
机械岩芯钻探（米）	全国	1576130	673492	61775	305467	334735	7188	166167	27306
	东部	553455	232523	27199	37481	152900	2523	87973	12855
	中部	578188	274355	26967	145747	72449	2050	50665	5954
	西部	444487	166613	7609	122238	109385	2615	27530	8496
坑探（米）	全国	506252	24659	42885	150792	228392	3033	56491	
	东部	106343	2185	5447	26920	62063	230	9498	
	中部	142622	5599	16721	27806	48845	538	43113	
	西部	257287	16875	20717	96066	117484	2265	3880	
槽探（立方米）	全国	5392770	150785	307432	1537814	2609298	79254	706862	1325
	东部	859166	47551	73822	138850	311064	760	285994	1125
	中部	1486989	14617	67249	409594	741063	23173	231094	200
	西部	3046615	88617	166361	989370	1557171	55321	189774	
浅井（米）	全国	202857	7969	14084	82463	79005	3170	15417	749
	东部	26739	1656	2063	1070	14956	130	6307	557
	中部	39415	2341	2177	11191	17966	1697	4043	
	西部	136703	3972	9844	70202	46083	1343	5067	192

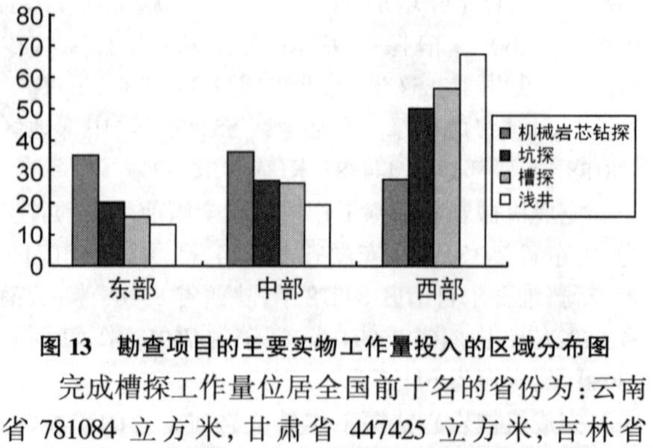

图 13　勘查项目的主要实物工作量投入的区域分布图

完成槽探工作量位居全国前十名的省份为：云南省 781084 立方米，甘肃省 447425 立方米，吉林省 373342 立方米，黑龙江省 372765 立方米，四川省 353243 立方米，陕西省 344629 立方米，辽宁省 295976 立方米，广西壮族自治区 284976 立方米，青海省 271551 立方米，新疆维吾尔自治区 246400 立方米。

完成槽探工作量位居前十位的矿种为：金矿 2453649 立方米，铅锌及多金属矿 631835 立方米，铜矿 617241 立方米，铁矿 216707 立方米，水泥用石灰岩 167812 立方米，煤矿 134659 立方米，银矿 132465 立方米，锰矿 73679 立方米，锡矿 62979 立方米，钨矿 57048 立方米。

4. 浅井。东部地区 26740 米，中部地区 39415 米，西部地区 136702 米(表 3、图 13)。

完成浅井工作量位居全国前十名的省份为：广西

壮族自治区 63425 米，云南省 41526 米，河南省 14552 米，山东省 10865 米，辽宁省 9627 米，四川省 6555 米，湖南省 5988 米，甘肃省 4969 米，山西省 4894 米，西藏自治区 4642 米。

完成浅井工作量位居前十位的矿种为：金矿 75247 米，铝土矿 61822 米，煤矿 7969 米，铜矿 7390 米，铅锌及多金属矿 7872 米，铁矿 6882 米，锰矿 6038 米地热 4884 米，银矿 3559 米，高岭土 2496 米。

【勘查项目主要成果】 全国 8751 个勘查项目中，已经控制或者预计可以达到小型以上资源储量规模的矿产地的勘查项目 4464 个。其中：小型规模矿产地 3717 个，比上年增加 26.90%；中型规模矿产地 499 个，比上年减少 16.42%；大型规模矿产地 248 个，比上年减少 33.87%。

小型规模矿产地位居前十位的矿种是：金矿 1277 个，铅锌及多金属矿 494 个，铜矿 400 个，铁矿 347 个，煤矿 168 个，铝土矿 111 个，地热 89 个，银矿 82 个，矿泉水 66 个，锰矿 59 个。

中型规模矿产地位居前十位的矿种是：金矿 72 个，铅锌及多金属矿 45 个，铜矿 38 个，煤矿 31 个，水泥用石灰岩 30 个，地热 22 个，铁矿 22 个，铝土矿 21 个，锡矿 15 个，地下水 12 个。

大型规模矿产地位居前十位的矿种是：煤矿 48 个，金矿 34 个，水泥用石灰岩 27 个，铅锌及多金属矿 14 个，铜矿 7 个，地下水 7 个，锡矿 6 个，银矿 6 个，石膏矿 6 个，高岭土 6 个。　（国土资源部地质勘查司）

矿产资源开发利用

【概况】 截至 2003 年底，全国共有各类矿山企业 145406 个，其中内资矿山企业 145019 个，港澳台商投资矿山企业 166 个，外商投资矿山企业 221 个。

2003 年全国矿山企业开采的矿种（按《中华人民共和国矿产资源法实施细则》附件《矿产资源分类细目》和新公布 3 个矿种的 230 种矿产分类）182 种，及未命名的其他矿产。

2003 年度采掘矿石总量（原矿量）57.11 亿吨（不包括天然气、煤层气和二氧化碳气），其中，石油 1.69 亿吨。年开采天然气产量 326.53 亿立方米，煤层气 1.53 亿立方米和二氧化碳气 1.64 亿立方米。

2003 年全国各类矿山企业现价工业总产值 5967.54 亿元，其中煤炭工业总产值 1781.26 亿元，油气开采工业总产值 2901.79 亿元，黑色金属矿产工业总产值 250.71 亿元（其中，铁矿工业总产值 232.64 亿元），有色金属矿产工业总产值 205.89 亿元，贵金属矿产工业总产值 117.05 亿元，稀有、稀土和分散元素矿产工业总产值 4.86 亿元，冶金辅助原料矿产工业总产值 30.78 亿元，化工原料矿产工业总产值 94.45 亿元，建材及其他非金属矿产工业总产值 557.38 亿元，水气矿产工业总产值 18.93 亿元。

2003 年度全国矿山企业从业人员为 929.68 万人。能源矿产开发从业人员达 506.93 万人（其中煤矿 428.07 万人，石油天然气开采从业人员 76.34 万人），黑色金属矿产开发从业人员 37.16 万人，有色金属矿产开采从业人员 39.77 万人，贵金属矿产开采 19.62 万人，稀有、稀土和分散元素矿产开采 1.45 万人，冶金辅助原料矿产开发从业人员 9.80 万人，化工原料矿产开采从业人员 19.06 万人，建材及其他非金属矿产开采从业人员 291.92 万人，水气矿产从业人员 3.96 万人。

2003 年度全国矿山数比 2002 年减少 4101 个，其中煤矿减少 1747 个。年采掘矿石总量（原矿量）比 2002 年度增加 7.85 亿吨，其中煤矿产量增加 2.40 亿吨，陆上石油产量比 2002 年度增加 1033.30 万吨，陆上天然气产量比 2002 年度增加 39.43 亿立方米。工业总产值比 2002 年增加 1019.26 亿元（按当年价），其中煤矿增加 323.98 亿元，陆上油气增加 537.15 亿元。2003 年全国矿山企业从业人员比 2002 年增加 14.45 万人，其中煤矿增加 19.46 万人，陆上油气增加 6.06 万人。人均实现工业总产值为 6.17 万元/人。以上比较数据均未计海域石油和海域天然气开发利用情况。

（选自《国土资源部通报》）

矿业生产和市场

【概况】 受国民经济发展对矿产资源需求快速增长和国内外矿产品市场价格持续上扬的合力推动，2003 年中国矿产采选业持续增长；相关能源与原材料加工制造（制品）业因为矿产品原材料的大量进口而增加了原料供应，也呈现大幅增长势头。绝大部分矿产品产量有不同程度的增长，部分用量小的矿产品生产出现一定程度下降，国内外市场进一步融通，市场供需基本平衡，部分产品供应偏紧。国际市场能源、黑色和有色等矿产品价格出现普涨。中国矿产品进出口总额有大幅增长，但进口增长快于出口，贸易逆差在 2002 年度大幅增长的基础上又劲增近 70%。

【矿业产值】 2003 年中国国有及 500 万元以上非国有

矿产采选业和相关能源与原材料加工(制品)业工业总产值41622亿元,比2002年增长34.27%,占全国同口径统计的工业总产值(142271亿元)的29.26%,比2002年增加1.28个百分点,工业增加值(指工业企业在报告期内以货币表现的工业生产活动的最终成果)17271亿元,比2002年增长63.74%。其中:矿产采选业总产值7357亿元,比2002年增长25.80%(主要原因是油气资源开采业总产值继续提升),占同口径统计的矿产品相关工业总产值的17.68%,工业增加值7292亿元,比2002年增长125.35%;能源与原材料加工(制品)业总产值34266亿元,比2002年增长36.24%,占同口径统计的矿产品相关工业总产值的82.32%,工业增加值9979亿元,比2002年增长36.47%。

能源矿物采选业及加工业(包括燃气、热力生产和供应业)国有及500万元以上非国有企业工业总产值16638.92亿元,比2002年增长26.90%,其工业总产值占矿产品相关工业总产值的39.98%,工业增加值6893.12亿元。其中,煤炭采选业2459.38亿元,比2002年增长24.16%,工业增加值1152.04亿元;石油天然气开采业3479.02亿元,比2002年增长26.21%,工业增加值2388.22亿元;热力生产和供应业164.17亿元,比2002年增长33.02%,工业增加值63.94亿元;燃气生产和供应业272.64亿元,工业增加值75.34亿元;石油加工及炼焦业6235.26亿元,比2002年增长30.31%,工业增加值1287.45亿元;火电及核电生产业总产值4028.45亿元,比2002年增长16.22%,工业增加值1926.13亿元。

金属矿产采选业和冶炼压延加工业国有及500万元以上非国有企业工业总产值14495.65亿元,比2002年增长48.19%,其工业总产值占矿产品相关工业总产值的34.83%,工业增加值4049.98亿元,比2002年增长78.99%。其中,黑色金属矿产采选业和冶炼压延加工业国有及500万元以上非国有企业工业总产值10358.30亿元,比2002年增长54.19%,工业增加值2970.20亿元,比2002年增长57.51%。其中,采选业工业总产值350.93亿元,比2002年增长55.65%,工业增加值146.19亿元,比2002年增长69.50%,冶炼及压延加工业工业总产值10007.37亿元,比2002年增长54.14%,工业增加值2824.01亿元,比2002年增长56.93%。有色金属矿产采选业和冶炼压延加工业国有及500万元以上非国有企业工业总产值4137.35亿元,比2002年增长30.04%,工业增加值1079.78亿元,比2002年增长38.98%。其中,采选业工业总产值573.28亿元,比2002年增长23.58%,工业增加值177.65亿元,比2002年增长17.81%;冶炼及压延加工业工业总产值3564.07亿元,比2002年增长37.08%,工业增加值902.13亿元,比2002年增长44.08%。

非金属矿采选业和制品业国有及500万元以上非国有企业工业总产值10480.41亿元,比2002年增长29.34%,工业增加值3062.39亿元,比2002年增长33.61%。其中,非金属矿采选业工业总产值486.75亿元,比2002年增长16.11%,工业增加值162.88亿元,比2002年增长14.32%;非金属矿物制品业工业总产值5653.25亿元,比2002年增长24.06%,工业增加值1749.08亿元,比2002年增长28.12%;化学原料及化学肥料制造业工业总产值4340.41亿元,比2002年增长38.80%,工业增加值1150.43亿元,比2002年增长46.67%。

其他矿采选业国有及500万元以上非国有企业工业总产值7.46亿元,约占矿产品相关工业总产值的0.02%,工业增加值2.36亿元。

【矿产品生产、消费和市场走势】 据国土资源部矿产开发管理司对全国14.54万个国有及其他经济类型的矿山企业的统计,2003年全国开采矿种182种,采掘矿石总量(原矿量)57.11亿吨(不包括天然气、煤层气和二氧化碳气),比2002年增加8.62亿吨,增幅17.78%。2003年矿产品相关工业在全国工业总产值中的比重见图1,工业产值构成见图2。

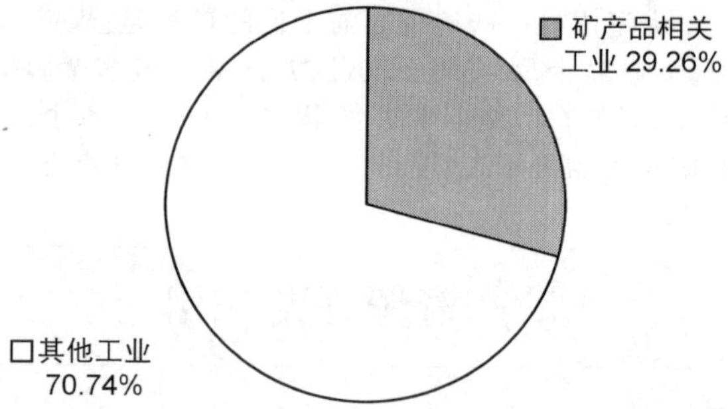

图1 2003年矿产品相关工业在全国工业总产值中的比重

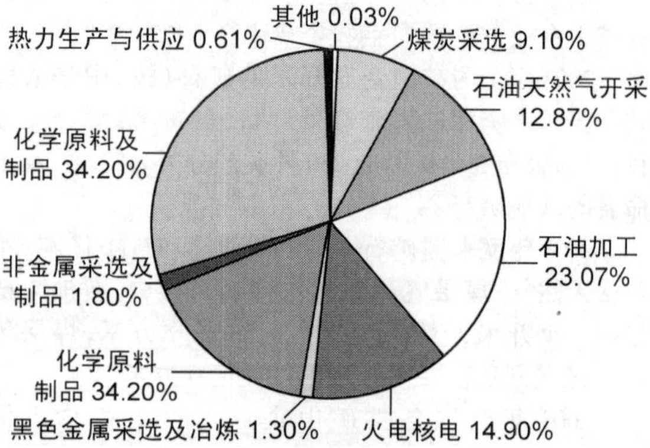

图2 2003年矿产品相关工业产值构成

1. 能源矿产生产增长较快,其中原煤和天然气产量继续大幅增加。原油生产平稳,产量1.69亿吨,比2002年增产0.27%,加上净进口原油8829万吨,净进口成品油1141万吨,国内石油表观消费量2.69亿吨,比2002年增长11.97%。国内市场成品油价继续上涨,12月份北京90#汽油平均批发价3713元/吨,比2002年同期的3446元/吨上扬7.75%。

天然气产量341.30亿立方米,比2002年增产4.59%,加上石油气和其他烃类气的净进口量500.03万吨(折合50.03亿立方米),国内天然气表观消费量达到391.33亿立方米,比2002年增长7.16%。

原煤产量达到创纪录的17.28亿吨,比2002年增长22.08%;出口9395万吨,进口1103万吨,表观消费量约16.45亿吨,比2002年增加22.52%,受油价上扬的牵引,煤价也呈现上升趋势,6月中旬山西优混秦皇岛火车车板价244~252元/吨,比2002年同期上涨6元/吨,涨幅2.45%。

2. 黑色金属矿产工业继续增长。2003年铁矿石原矿产量2.61亿吨,增产12.99%;表观消费量5.57亿吨,比2002年增加22.69%,按2吨国产原矿折合1吨国外富矿计算,国产矿可满足消费需求的46.86%,其余部分依靠进口;全年进口富铁矿石14812万吨,比2002年增长32.94%:平均吨价32.79美元,折合人民币271.40元,比2002年上涨32.06%;澳矿远洋运费也由原来的3美元/吨骤涨到17美元/吨。国外富矿生产商虽开足马力满负荷生产,但仍不能满足中国进口商的巨大订单。在国内市场上,河北迁安铁矿石精矿(品位66%)价格720元/吨,比2002年上涨176.922%,鲁中矿业集团公司铁精矿粉(品位64%)价格870元/吨,比2002年上涨270.21%。生铁、钢和钢材的产量分别为2.14亿吨、2.20亿吨和2.36亿吨,增长率分别达25.15%,20.77%和22.50%。净进口钢材2635万吨,比2002年增加67.94%;国内市场对钢材的需求明显增加,表观消费量2.46亿吨,比2002年增长16.76%:各品种钢材价格呈现普涨局面。锰矿石原矿产量568.90万吨,增产19.77%;铬铁矿原矿产量15.86万吨,增产22.00%。

3. 有色金属矿产工业呈现高速增长态势。十种常用有色金属产量1228万吨,比2002年的1012万吨增长21.34%。铜、铝、铅、锌、锡、镍、钛、镁、汞产量均有不同程度的增长,其中铝和镁分别增长32.16%和45.45%,仅有锑仍大幅减产,减产27.03%。黄金生产仍保持平稳增长。

铜:矿山铜产量60.44万吨,比2002年增产6.39%;精炼铜产量183.63万吨,比2002年增长12.48%;加上净进口精炼铜129.29万吨,精炼铜的表观消费量达312.92万吨,比2002年增长14.33%;如果考虑到国内还有28.8万吨废杂铜的回收量,则国产原料可满足冶炼需求的28.6%,其余大部分只能依赖进口。除精炼铜及铜合金外,2003年净进口铜矿砂261万吨,废杂铜299万吨。实际上,中国每年还进口大量铜材。2003年净进口铜材81.31万吨,如考虑这部分铜材的含铜量,则国内铜的实际消费量将高达372万吨,国产原料只能满足冶炼需求的24%。由于需求的拉动使铜市场价格稳步攀升。2003年LME行情总的趋势是震荡上扬,全年LME现货铜平均价为1768美元/吨,比2002年上涨13.36%。国内期铜的走势基本与国际期铜价一致,2003年SHME期铜平均价为18269.8元/吨,比2002年上涨17.74%,仍比国际铜价高6.03%。

铝:产量596.2万吨,比2002年增长32.16%;净出口36.32万吨,使铝的表观消费量达到559,88万吨,2002年增长34,82%。国内市场SHME三个月期铝年平均价14763,2元/吨,比2002年上涨7.96%,比国际铝价高25.2%。炼铝原料氧化铝国内产量611.21万吨,比2002年增长12.16%;净进口554.20万吨,表观消费量达1165万吨,比2002年增长16.58%;国产氧化铝只能满足冶炼需求的52.5%。

铅:矿山铅产量95.46万吨,比2002年增产48.99%;精炼铅产量156.41万吨,比2002年增产18.07%;国内矿山铅只能满足冶炼生产的60.03%,而国内精炼铅表观消费量116.9万吨,其余大部分都出口。全年净出口铅及铅材39.06万吨。2003年LME铅价510.42美元/吨,比2002年上涨12.72%。国内铅年均价为5449.6元/吨,比2002年上涨了12.41%,且比国际铅价高28.99%。

锌:矿山锌产量202.91万吨,比2002年增产24.94%;精炼锌产量231.85万吨,增产7.58%,国内矿山锌只能满足冶炼需求的87.52%。而国内锌表观消费量214.45万吨,比2002年增长17.73%,其他多余部分大都出口。全年净出口锌及锌材16.56万吨。2003年LME锌价震荡上涨,全年LME现货平均价为826.25美元/吨比2002年上涨6.08%。国内市场锌价与国际锌价走势完全相同,全年平均价为8603.5元/吨,比2002年上涨8.29%,比国际锌价高25.80%。

黄金:产量200.60吨,比2002年增产5.68%。消费量213.2吨,比2002年的202.3吨增长5.39%。2003年国际金价继续振荡攀升,LME年平均价365.32美元/金衡盎司,比2002年上涨17.65%。中国黄金价格定价机制已完全与国际接轨,因此,国内金价基本上与国际金价同频调整。

非金属和建筑材料生产有升有降。其中产量减少的有硫铁矿折标量(折硫35%)、重晶石、毒重石、天然碱(Na_2CO_3)、石膏和滑石(原矿)等,其他非金属矿产品产量均有不同程度的增长。非金属制品中,水泥增长19.01%,平板玻璃增长20.04%,农用化学肥料(折100%)增长7.06%,其中钾肥增长11.82%。

水泥:产量8.63亿吨,比2002年增产19.01%,而表观消费量达8.6亿吨,比2002年增长19.08%,除去净出口(约279万吨),国内市场供需基本平衡,高质量的高标号水泥短缺状况已有相当改善,而低标号水泥供应仍有过剩。

肥料:磷肥产量880.57万吨,增产13.46%,钾肥产量164.49万吨,增产11.82%:钾肥和以磷铵为主的高效复合肥生产仍不能满足需求,需要大量进口,而普通磷肥则有能力大量出口。2003年净进口钾肥623.58万吨,高效复合肥393.62万吨,净出口以过磷酸钙为主的磷肥80.37万吨。

表1　　主要黑色金属产品产量变化情况表

矿产品名称	单位	2001年度		2002年度		2003年度	
		产量	比2002年增减(%)	产量	比2002年增减(%)	产量	比2002年增减(%)
铁矿石原矿	亿吨	2.17	-3.10	2.33	7.37	2.61	12.02
铁矿石成品矿	亿吨	1.07	-1.88	1.15	7.48	1.27	10.43
锰矿石原矿	亿吨	430.68	22.56	475.00	10.29	568.90	19.77
铬铁矿原矿	亿吨	18.19	-12.55	13.00	-28.53	15.86	22.00
生铁	亿吨	1.31	18.70	17.1	30.53	2.14	25.15
钢	亿吨	15163.44	19.18	18155.16	19.73	22011.53	20.77
钢材	亿吨	16067.61	22.22	19218.34	18.85	23581.58	22.50

【矿产品进出口贸易】　2003年中国矿产品进出口保持高速增长,进出口贸易总额1554.3亿美元,比2002年增加446.9亿美元,增长40.36%;这其中包含国际市场大部分矿产品价格继续上涨的因素;矿产品进出口贸易总额占全部商品的贸易总额的18.26%,其所占比重与2002年基本持平。其中:矿产品出口额541.4亿美元,比2002年增加125.8亿美元,增长3027%;进口额10129亿美元,比2002年增加320.9亿美元,增长46.37%;贸易逆差471.55亿美元,比2002年增加195.25亿美元,增长70.67%,表明中国矿产品贸易逆差呈现加速扩大趋势。

能源矿产品(含电力)进出口贸易总额403.53亿美元,占矿产品贸易总额的25.96%,比2002年增加125.99亿美元,增长45.40%。其中,出口额111.10亿美元,进口额292.44亿美元,贸易逆差181.34亿美元,比2002年增加72.50亿美元,增长66.61%。

其中,煤炭进出口贸易总额31.26亿美元,比2002年减少22.45%;其中出口煤炭9395.14万吨,比2002年增加2131万吨,增加29.34%,出口额27.58亿美元,增加8.71%,吨煤出口创汇29.35美元,比2002年略降2.91%;煤炭主要出口日本、韩国、中国的台湾和香港、菲律宾和巴西等。进口煤炭1102.59万吨,进口额3.68亿美元,贸易顺差23.89亿美元,比2002年增加8.69%。原油进出口贸易总额214.44亿美元,比2002年增加73.91亿美元,增幅50.59%;其中出口原油813.33万吨,比2002年增加46.87万吨,增加6.12%,出口额16.62亿美元,比2002年增加3.66亿美元,增加28.24%;进口原油9102.01万吨,比2002年增加2161.37万吨,增幅31.14%,进口额197.82亿美元,比2002年增加70.25亿美元,增幅55.07%,贸易逆差181.21亿美元。成品油出口量1382.34万吨,比2002年增长29.38%,出口额37.27亿美元,增加56.27%,进口量2823.60万吨,比2002年增长38.85%,进口额58.63亿美元,比2002年增加56.56%,贸易逆差21.37亿美元。合计净进口石油9729.93万吨,贸易逆差202.57亿美元,比2002年增加57.34%。原油主要出口日本、印度尼西亚、韩国、美国、朝鲜和马来西亚等,进口来源主要为沙特、伊朗、阿曼、苏丹、安哥拉、越南、印度尼西亚和俄罗斯等。成品油主要出口新加坡、越南、韩国、日本、中国香港、印度尼西亚和巴拿马等,进口来源主要为韩国、新加坡、俄罗斯、日本和马来西亚等。

金属矿产品贸易总额700.95亿美元,占矿产品贸易总额的45.10%,比2002年增加212.98亿美元,增长43.65%。其中出口额227.63亿美元,比2002年增加46.31亿美元,增长25.54%。进口额473.32亿美元,比2002年增加166.66亿美元,增长54.35%,贸易逆差245.69亿美元,增加120.35亿美元,增幅96.02%。

其中,黑色金属矿产品进出口贸易总额439.06亿美元,比2002年增长52.77%,占矿产品贸易总额的28.25%。出口额130.82亿美元,进口额308.24亿美元,贸易逆差177.42亿美元,比2002年增长90.71%。其中,进口铁矿砂14812万吨,比2002年增长32.94%;进口金额48.56亿美元,比2002年增长75.50%;进口废钢铁938.11万吨,比2002年增长18.85%;进口金额14.12亿美元,比2002年增长57.41%;进口锰矿砂284.95万吨,比2002年增长37.02%;进口金额2.04亿美元,增长35.10%:进口铬铁矿砂177.91万吨,比2002年增加55.83%;进口金额1.51亿美元,增加91.14%;进口钢铁产品4171.23万吨(其中绝大部分为钢材),比2002年增长51.54%;进口金额202.76亿美元,增长68.89%;出口钢铁产品633.39万吨,比2002年增加20.15%;出口金额20.86亿美元,增加42.29%。

铁矿砂进口主要来源于澳大利亚、巴西、印度、南非、秘鲁和加拿大;锰矿砂进口主要来源于澳大利亚、加蓬、加纳、缅甸、巴西、南非和印度;铬矿砂进口主要来源于印度、越南、巴基斯坦、南非、澳大利亚和伊朗;钢材进口主要来源于日本、中国台湾、韩国、俄罗斯、哈萨克斯坦和乌克兰。

有色金属矿产品(包括初级产品及原材料)进出口贸易总额261.89亿美元,占矿产品贸易总额的16.85%,比2002年增加70.06亿美元,增长36.52%。其中进口额165.08亿美元,出口额96.81亿美元,逆差67.94亿美元,比2002年增加23.37亿美元,增长52.43%。其中,铜矿产品进口额84.57亿美元,占有色金属矿产品进口总额的51.23%,出口额9.62亿美元,占有色金属矿产品出口总额的9.93%,贸易逆差74.96亿美元,比2002年增加31.03%;铝矿产品进口额47.46亿美元,占有色金属矿产品进口总额的28.75%,出口额34.15亿美元,占有金金属矿产品出口总额的35.28%,贸易逆差13.31亿美元,比2002年增加45.94%。铜、铝矿产品贸易逆差合计高达88.27亿美元,比2002年增加33.08%,仍是2003年有色金属矿产品存在贸易逆差的主要原因。

铜矿砂进口主要来源于蒙古、智利、澳大利亚、秘鲁、加拿大和伊朗;精炼铜进口主要来源于智利、哈萨克斯坦、日本、俄罗斯、菲律宾和波兰;铜材进口主要来源于中国台湾、韩国、日本、哈萨克斯坦、德国和俄罗斯;氧化铝进口主要来自澳大利亚、印度、牙买加和哈萨克斯坦;未锻铝进口主要来源于澳大利亚、中国台湾、俄罗斯和哈萨克斯坦;铝材进口主要来自中国台湾、日本、韩国、美国和澳大利亚。锌及锌合金主要出口澳大利亚、哈萨克斯坦、中国台湾、比利时和韩国。

非金属矿产品贸易总额478.11亿美元,占矿产品贸易总额的30.76%,比2002年增加108.47亿美元,增长29.34%。其中,出口额212.75亿美元,进口额265.36亿美元,贸易逆差52.61亿美元。其中,贸易额较大的有:非金属矿物制品进口59.56亿美元,比2002年增长28.92%,出口96.17亿美元,比2002年增长23.93%;水泥出口量533.21万吨,出口额1.72亿美元,分别比2002年增加3.25%与4.88%;建筑卫生陶瓷出口金额25.95亿美元,比2002年增加25.61%;进口钾肥656.65万吨,金额7.96亿美元,分别比2002年减少5.53%与2.81%;进口高效复合肥(主要是磷铵)514.56万吨,金额9.24亿美元,分别比2002年减少35.20%与30.94%。

水泥主要出口美国、韩国、中国台湾、中国香港、刚果、越南、牙买加和缅甸;萤石主要出口美国、荷兰、日本、意大利、韩国、印度、突尼斯和加拿大;磷肥主要出口印度尼西亚、孟加拉、日本、斯里兰卡、韩国、马来西亚和越南;钾肥主要从俄罗斯、加拿大、约旦、以色列、白俄罗斯、美国和智利进口;磷铵等高效复合肥主要从美国、俄罗斯、挪威、突尼斯、芬兰、摩洛哥和比利时等国进口。

(吴荣庆)

矿业安全生产分析

【概况】 2003年,全国各类事故总量下降,重、特大事故有所减少,一些地区和行业未发生特大事故,全国安全生产形势总体稳定。全国特别重大事故上升,部分地区和行业特大事故多发,全国安全生产形势依然严峻。

全国各类事故基本情况 2003年全国共发生各类事故963976起,死亡136340人,同比减少112963起,减少2625人,分别下降10.5%和1.9%。矿业事故在全国各类事故中所占比例如图1所示。

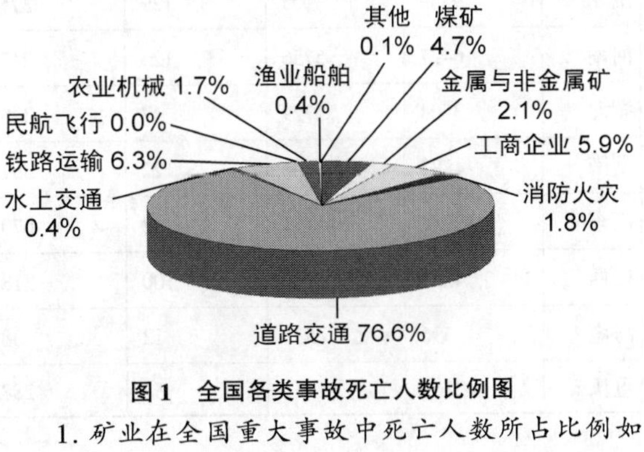

图1　全国各类事故死亡人数比例图

1. 矿业在全国重大事故中死亡人数所占比例如

图2所示。

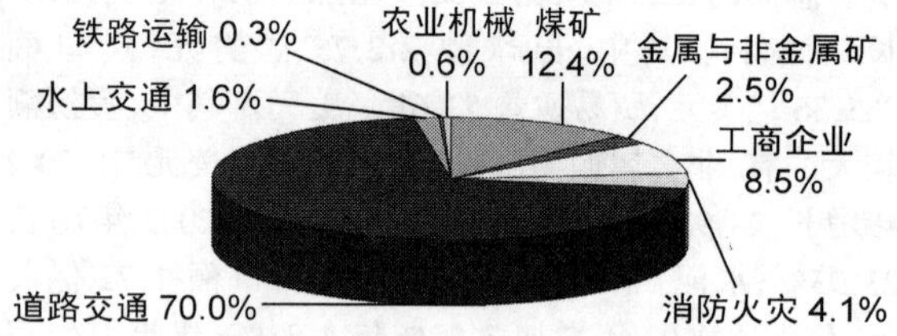

图2　全国重大事故死亡人数比例图

2.全国一次死亡10人以上事故死亡人数所占比例如图3所示。

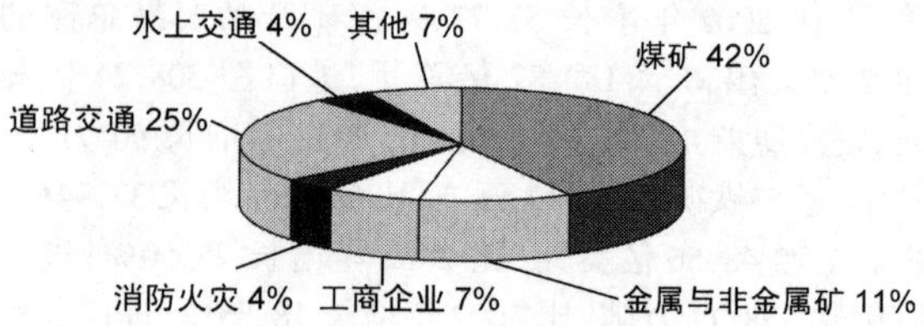

图3　全国一次死亡10人以上事故死亡人数比例图

3. 各省(区、市)各类事故综合情况。

表1　　各省(区、市)各类事故综合情况

	各类事故死亡人数	道路交通死亡人数	消防火灾死亡人数	工商企业死亡人数	金属与非金属死亡人数	煤矿企业死亡人数	亿元GDP死亡率	10万人死亡率	煤矿百万吨死亡率
合计	136340	104372	2497	7991	2890	6434	1.17	10.56	4.00
北京	1890	1641	42	142	4	61	0.60	14.92	3.81
天津	1266	1129	30	105	2		0.53	12.57	
河北	5454	4789	77	229	137	222	0.94	9.84	2.98
山西	4328	3623	48	113	48	496	1.82	13.23	1.18
内蒙古	2513	2103	25	169	56	160	1.20	10.76	1.03
辽宁	4412	3536	113	398	136	229	0.74	10.62	3.77
吉林	2642	2227	76	113	39	187	1.05	9.77	8.40
黑龙江	3015	2447	119	210	24	215	0.68	7.91	2.65
上海	1904	1406	48	450			0.30	11.13	
江苏	7223	6640	192	329	39	23	0.67	9.95	0.82
浙江	8431	7149	236	712	322	12	0.91	17.87	17.14
安徽	4827	4155	71	278	149	174	1.38	8.54	2.59
福建	4518	3993	95	225	96	109	0.96	13.04	8.19
江西	3438	2818	72	223	94	231	1.21	8.04	12.91
山东	9589	8905	129	375	82	98	0.77	10.51	0.68
河南	6427	5756	125	217	73	256	0.91	6.65	1.75
湖北	3504	2729	47	348	223	157	0.65	5.84	18.30
湖南	4887	3664	122	391	131	579	1.05	7.33	13.26
广东	12287	11151	248	679	103	88	0.94	16.51	11.73
广西	4251	3607	100	318	193	33	1.56	8.76	10.25
海南	596	533	12	38	13		0.85	7.35	
重庆	2165	1037	58	288	336	446	1.55	11.21	18.36

续表 1

	各类事故死亡人数	道路交通死亡人数	消防火灾死亡人数	工商企业死亡人数	金属与非金属死亡人数	煤矿企业死亡人数	亿元 GDP 死亡率	10 万人死亡率	煤矿百万吨死亡率
四川	6189	4907	123	481	93	585	1.13	7.11	8.01
贵州	3230	1976	22	199	61	972	2.49	8.65	12.30
云南	4143	3138	106	283	260	356	1.70	9.53	7.59
西藏	678	621	16	35	6		3.75	25.39	
陕西	2711	2324	42	137	55	153	1.13	7.35	1.90
甘肃	2456	2090	30	195	44	96	1.90	9.42	3.05
青海	842	744	13	55	9	21	2.42	17.84	5.52
宁夏	993	889	9	49	10	36	2.98	17.16	1.05
新疆	3095	2645	50	189	52	159	1.67	16.25	4.29

【煤矿企业伤亡事故】 全国煤矿企业共发生伤亡事故4143起，死亡6436人，同比减少353起，减少561人，分别下降7.9%和8.0%。其中，一次死亡3～9人重大事故286起，死亡1257人，同比减少35起，减少166人，分别下降10.9%和11.7%；一次死亡10～29人特大事故44起，死亡701人，同比减少3起，减少49人，分别下降6.4%和6.5%；一次死亡30人以上特别重大事故7起，死亡360人，同比减少2起，减少57人，分别下降22.2%和13.7%。百万吨死亡率3.71%，同比下降26.2%。

1. 三类煤矿死亡人数所占比例如图4所示。

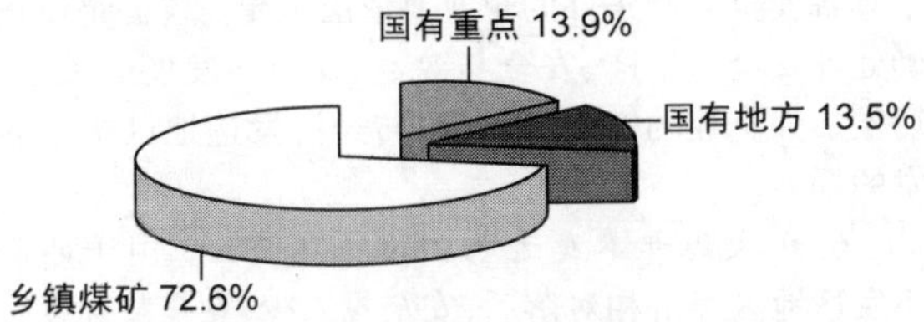

图4 全国三类煤矿死亡人数比例图

2. 三类煤矿重大事故死亡人数所占比例如图5所示。

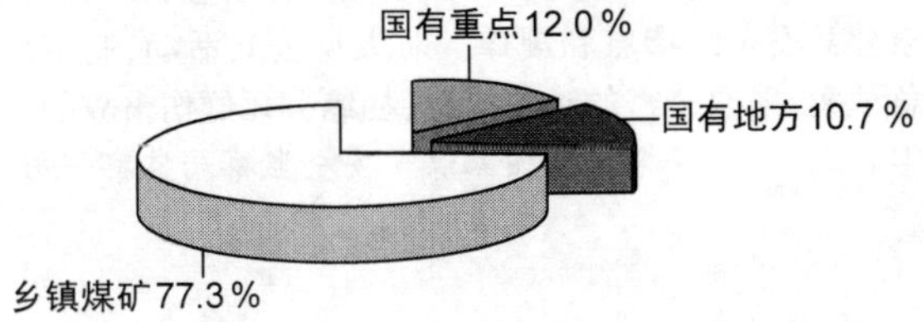

图5 全国三类煤矿重大事故死亡人数比例图

3. 三类煤矿特大事故死亡人数所占比例如图6所示。

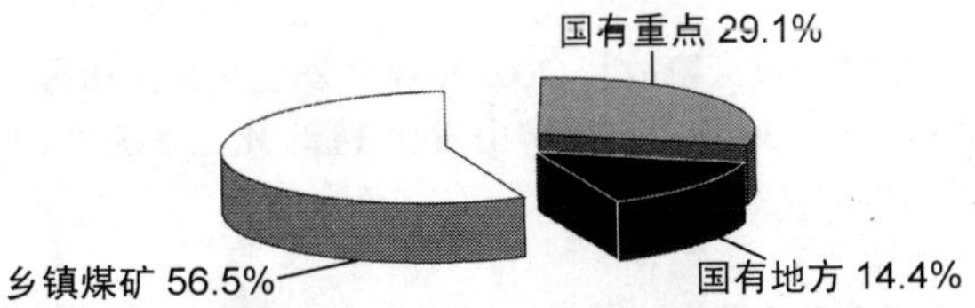

图6 全国三类煤矿特大事故死亡人数比例图

【金属和非金属矿企业伤亡事故】 金属和非金属矿山企业共发生伤亡事故2283起，死亡2890人，同比增加645起，增加836人，分别上升39.4%和40.7%。其中，一次死亡3～9人重大事故67起，死亡253人，同比减少24起，减少89人，分别下降26.4%和26.0%；一次死亡10～29人特大事故3起，死亡47人，同比增加2起，增加35人，分别上升200.0%和291.7%；一次死亡30人以上特别重大事故1起，死亡243人，同比起数持平，增加206人，分别上升556.8%。

金属与非金属矿死亡人数所占比例如图7所示。

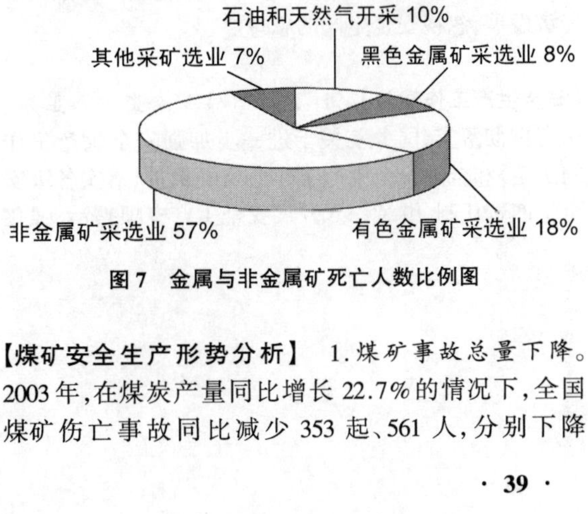

图7 金属与非金属矿死亡人数比例图

【煤矿安全生产形势分析】 1. 煤矿事故总量下降。2003年，在煤炭产量同比增长22.7%的情况下，全国煤矿伤亡事故同比减少353起、561人，分别下降

7.9%、8.0%。

2. 煤矿重、特大事故下降。一次死亡3~9人重大事故同比减少35起、166人，分别下降10.9%、11.7%；一次死亡10~29人特大事故同比减少3起、49人，分别下降6.4%、6.5%；一次死亡30人以上特别重大事故同比减少2起、57人，分别下降22.2%、13.7%。

3. 煤矿瓦斯事故下降。煤矿瓦斯事故发生584起，死亡2061人，同比减少57起、236人，分别下降8.9%、10.3%。其中，一次死亡10人以上瓦斯事故33起，死亡766人，同比减少6起、86人，分别下降15.4%、10.1%。

4. 煤矿百万吨死亡率下降。全国煤矿百万吨死亡率为3.71，同比下降26.2%。其中，国有重点煤矿百万吨死亡率为1.07，同比下降15.4%；国有地方煤矿百万吨死亡率为3.00，同比下降22.9%；乡镇煤矿百万吨死亡率为7.61，同比下降37.2%。

【煤矿特别重大事故】 2003年煤矿发生7起瓦斯爆炸事故，死亡360人；非煤矿山发生1起，死亡243人；非矿山发生2起，死亡77人。

【金属和非金属矿山事故】 金属和非金属矿山事故上升。金属和非金属矿山事故起数、死亡人数，同比分别上升39.4%和40.7%。其中，一次死亡10人以上事故起数和死亡人数同比分别上升100.0%和491.8%。

【煤矿一次死亡10人以上事故】 煤矿发生一次死亡10人以上事故51起，死亡1061人，事故起数和死亡人数分别占全国一次死亡10人以上事故的39.5%和41.3%。煤矿10人以上事故主要集中在乡镇煤矿，乡镇煤矿发生10人以上事故32起，死亡599人，事故起数和死亡人分别占煤矿10人以上事故的62.7%、56.5%。主要原因：部分地区煤矿安全专项整治不到位，小煤矿非法开采仍然存在。部分地区严重存在重经济发展，忽视安全生产的思想。

【安全生产工作建议】 1. 强化日常安全监管和监察。认真贯彻落实《国务院关于进一步加强安全生产工作的决定》和全国安全生产工作会议的精神，落实各级安全生产责任制，继续深入开展安全生产专项整治，强化日常安全监管和监察，做到立足防范，关口前移。

2. 强化煤矿安全监察工作。特别是在明年煤炭市场需求继续保持旺盛的形势下，要进一步加大煤矿安全监察行政执法力度，依法严厉打击无证小煤矿非法生产。继续贯彻国家局制订的瓦斯治理“十二字方针”，严防煤矿超能力突击生产造成重、特大事故。通过《安全生产许可条例》的贯彻实施，加强对评估为C、D类煤矿的整理整顿，提高企业的管理水平，对整顿后仍达不到安全生产条件的要坚决予以关闭。

3. 加强非煤矿山、建筑业、危险化学品、烟花爆竹、民用爆破器材等高危行业的安全监管。进一步规范市场秩序和安全标准，认真实行高危险行业安全生产许可制度，通过安全生产许可条例的实施，提高企业安全水平。对达不到安全生产条件的生产经营单位要坚决进行整顿，依法取缔不具备安全条件和安全资质的小矿山、小企业、小包工队，防止高危行业发生重、特大事故。

4. 研究和探索对非公有制小企业的安全监管方式。以经济、法律等手段，建立对非公有制小企业安全生产激励约束机制，扭转非公有制小企业伤亡事故多发的局面。

5. 加强经济发达地区的安全监管和监察工作。经济发达地区事故总量多，对全国安全生产状况影响大。各级安全监管和煤矿安全监察机构要进一步加大对经济发达地区的安全监管和监察力度，特别是对中小企业的监管和监察工作一定要加强。结合企业安全评估，对安全生产状况差的企业重点进行监管和监察，不具备安全生产条件的企业要依法关闭。督促企业正确处理安全与生产、安全与效益、安全与发展的关系，切实加强企业的安全管理，扭转经济发达地区事故多发的局面。

6. 加大西部不发达地区的安全投入。由于西部不发达地区经济相对落后，安全投入少，安全基础设施差，国家要督促企业加大安全投入，改善企业安全状况，预防各类事故的发生。

7. 加大公共安全的监督管理。贯彻落实全国电视电话会议精神，加大公共安全的监督管理，研究和探索公共安全的特点和规律。对大型公共活动，制定应急预案，采取严密的防范措施，杜绝群死群伤事故的发生。

（国家煤矿安全监察局监察一司）

矿 业 管 理

地质矿产勘查管理

【地质勘查规划计划管理】 制定《矿产资源补偿费勘查项目管理暂行办法》(国土资发[2003]71号),主要内容:项目技术管理的原则、秩序及要求;项目计划管理、经费管理的原则,项目立项必须经过专家论证、概算审查、矿权复核、项目公示。组织编制《矿产资源补偿费矿产勘查工作五年计划纲要》、《全国危机矿山接替资源找矿计划纲要》。

矿产资源补偿费矿产勘查项目汇总表见表1。

表1　2003年矿产资源补偿费矿产勘查项目汇总表

矿种	项目个数	预算经费/万元
油气	6	1850
放射性矿产	5	1020
煤炭	21	3500
有色金属矿产	84	10993
黑色金属矿产	10	1500
贵金属矿产	61	95700
化工原料矿产	12	1420
非金属矿产	16	1230
其他矿产	1	40
合计	216	31123

2003年,中央所得矿产资源补偿费用于安排地质勘查项目216个,资金3.1亿元。安排在西部地区的项目经费共计1.46亿元。优先安排有色金属老矿山和危急矿山接替资源勘查项目16个,经费2670万元。

各省安排补偿费项目488个,经费3.8亿元,超过3000万元的省(区)有河北、辽宁、黑龙江、安徽、山东、新疆。

【地质矿产勘查登记发证情况】 2003年全国共受理地质矿产勘查登记申请项目13338个(不含石油、天然气和煤层气勘查),经审批颁发勘查许可证8375个,地质调查证146个。

2003年颁发的勘查许可证:新立4583个,其中以招标、拍卖或挂牌方式出让探矿权290个(其中招标出让4个,拍卖出让34个,挂牌出让252个),变更1253个,延续2273个,保留266个。按矿类统计:贵金属矿产2759个,占全年发证总数的32.94%;黑色金属矿产916个,占全年发证总数的10.94%;有色金属矿产2425个,占全年发证总数的28.96%;稀有金属矿产97个,占全年发证总数的1.16%;非金属矿产1034个,占全年发证总数的12.35%;能源矿产(不含石油、天然气及煤层气)940个,占全年发证总数的11.22%;水气矿产204个,占全年发证总数的2.44%。

按勘查阶段统计:普查7342个,占全年发证总数的87.67%;详查704个,占全年发证总数的8.41%;勘探329个,占全年发证总数的3.93%。普查、详查、勘探三个阶段的比例约为:22:2:1。

2003年勘查许可证发证情况表见表2。

2003年,全国共受理涉外矿产勘查登记申请项目135个(含云南76个,四川16个,不含石油、天然气及煤层气、放射性矿产),经审查,颁发涉外勘查许可证97(含云南省37、四川省16)个,勘查投资金额13360万元。

截至2003年12月31日,全国有效期内的勘查登记项目共12360个。

【勘查登记管理】 实施探矿权年度检查制度(国土资发[2003]149号)。由市(地)县(市)国土资源主管部门按照省(区、市)勘查登记管理机关的部署,实施探矿权年度检查工作,负责组织本辖区内勘查项目的探矿权人填写"矿产资源勘查项目年度报告"。

表 2

2003 年勘查许可证发证情况表

省份	至 2003 年 12 月 31 日仍有效的探矿权	申请受理数/件	批准登记发证数(件)																	颁发地质调查证
			按项目类型分				合计	按勘查阶段分			合计	按矿类分							合计	
		合计	新立	变更	延续	保留		普查	详查	勘查		贵金属矿产	黑色金属矿产	有色金属矿产	稀有金属矿产	非金属矿产	水气矿产	能源矿产		
总计	12360	13338	8375	4583	1253	2273	266	8375	7342	704	329	8375	2759	916	2425	97	1034	204	940	146
国土资源部	133	68	80	57	7	15	1	80	66	9	5	80	23	1	19		3	1	33	16
北京	60	38	45	43		1	1	45	13	3	29	45	3				7	8	27	
天津	9	18	6	3	1	2	6	3	3		6					4	1	1		
河北	345	460	253	134	27	79	13	253	200	33	20	253	76	69	31		36	13	28	12
山西	348	365	286	116	29	107	34	286	229	41	16	286	31	144	39	2	34	1	35	3
内蒙古	876	1305	675	500	37	138		675	612	48	15	675	196	68	215	6	105	3	82	
辽宁	297	160	79	64	2	12	1	79	79			79	33	8	8		23	3	4	
吉林	298	321	291	153	30	99	9	291	203	83	5	291	111	24	47		56	10	43	5
黑龙江	162	210	115	61	6	44	4	115	81	32	2	115	44	3	17		31	13	7	48
上海	4	5	5	3		2		5	1	2	2	5						2	3	
江苏	90	69	48	9	3	9	69	40	16	13	69	1	4	6	1	40	4	13	4	
浙江	42	83	46	34		6	6	46	28	15	3	46	6		7		28	4	1	4
安徽	433	548	246	156	38	46	6	246	197	41	8	246	42	59	44	1	60	5	35	1
福建	315	345	287	162	13	108	4	287	270	14	3	287	76	18	107	2	50	2	32	1
江西	221	234	166	59	30	74	3	166	147	17	2	166	50	16	58	8	23	6	5	9
山东	999	1311	484	207	30	215	32	484	423	24	37	484	208	69	12		95	18	82	11
河南	811	815	530	142	103	261	24	530	448	51	31	530	174	46	176	1	50	18	65	
湖北	198	184	118	62	27	17	12	118	104	8	6	118	29	18	34	1	31		5	2
湖南	257	171	204	1231	31	52		204	195	7	2	204	70		15	3	35			
广东	166	320	135	77	9	47	2	135	86	38	11	135	13	8	51		19	23	21	1
广西	694	510	335	176	102	41	16	335	323	6	6	335	136	60	105		17	3	14	2
海南	64	74	23	9	4	8	2	23	11	12		23	13			4	6			
重庆	48	32	35	24	4	7		35	15	17	3	35	1	3		5	3	1	22	
四川	745	553	462	247	68	137	10	462	425	24	13	462	122	37	170	11	67	17	38	5
贵州	476	542	322	256	27	37	2	322	284	8	30	322	75	16	72		13	5	141	
云南	1518	1692	914	448	338	127	1	914	889	13	12	914	266	131	389	5	44	4	75	3
西藏	767	581	769	650	30	83	6	769	765	2	2	769	367	35	319	16	26	5	1	
陕西	396	504	258	61	70	119	8	258	208	27	23	258	97	20	89	2	14	5	31	2
甘肃	760	638	427	178	94	151	4	427	416		11	427	303	3	82	2	15	6	16	2
青海	243	303	181	90	39	45	7	181	130	34	17	181	44	6	60	20	31	11	9	14
宁夏	51	64	36	23	1	9	3	36	27	3	6	36	6		8		7	5	10	1
新疆	539	794	493	219	48	182	44	493	424	62	7	493	143	39	190	10	81	4	26	

落实基层矿产资源监督管理职能。2003年1月16日，印发《市(地)县(市)级国土资源主管部门矿产资源监督管理暂行办法》(国土资发[2003]17号)，规定市(地)县(市)级国土资源主管部门，对本行政区内矿产资源勘查开采活动、矿产资源储量登记、矿山地质环境进行监督管理；在同级人民政府的领导下，维护正常的矿产资源管理秩序，依据法律法规的规定，对违法勘查、开采矿产资源行为，实施行政处罚。

2003年9月14～16日，组织召开基层矿产资源管理试点工作座谈会。制订《学习推广鹿泉经验，推进基层矿产资源管理全面到位试点工作方案》(国土资发[2003]367号)，确定河北省、浙江省、四川省、内蒙古自治区阿拉善盟、福建省大田县、山东省招远市、湖南省平江县、辽宁省盖州市为试点单位。提出用3～5年时间，实现全国基层矿产资源管理全面到位。

【探矿权管理信息系统建设及信息发布】 全国矿产资源(不含石油、天然气、煤层气及放射性矿产)勘查登记数据在国际互联网上的公布，为社会提供探矿权登记基本信息的查询服务：探矿权人、项目名称、勘查单位、勘查矿种、勘查范围经纬度、勘查范围区块图等信息。查询范围包括全国31个省、自治区、直辖市以及国土资源部受理探矿权申请和颁发的探矿权。

组织全国各省(区、市)国土资源厅对本行政区域内2002年度正在实施的固体矿产勘查登记项目进行了逐项核实暨探矿权年度检查工作，发布《2002年全国固体矿产勘查通报》。主要内容：2002年矿产资源勘查基本情况、探矿权人基本情况、技术人员工作量、勘查资金和主要实物工作量完成情况以及预计取得的主要成果。

【地质勘查资质管理】 2003年6月24日，颁发《地质勘查资质注册登记办法》(国土资发[2003]218号)。印发"关于贯彻《地质勘查资质注册登记办法》有关问题的通知"(国土资发[2003]230号)，自2003年6月30日起，各注册登记机关一律停止地质勘查资格的审批；受理地质勘查资质注册登记申请的时间和要求由国土资源部另行布置；在开展地质勘查资质注册登记以前，原地质勘查资格证书仍然是从事地质勘查工作的有效凭证。

制定《地质勘查资质专业分类和注册登记条件》。地质勘查资质分为十三类，即区域地质调查、海洋地质调查、水文地质工程地质环境地质调查、石油天然气矿产勘查、固体矿产勘查、液体矿产勘查、气体矿产勘查、地球物理勘查、地球化学勘查、遥感地质勘查、勘查工程施工、岩矿鉴定与岩矿测试、选冶加工试验。每类按照地质勘查工作能力水平分级，设甲、乙、丙三级或甲、乙两级。

2003年7月下旬至10月下旬，组织河北、吉林、江西、山东、河南、湖南、贵州、青海、宁夏、北京10省(区、市)国土资源厅(局)，对546个有效地质勘查资格证书的地勘单位(占全国有效地质勘查资格证书的地勘单位32.48%)，应用《地质勘查资质专业分类和注册登记条件》，进行测算：可获得1类及1类以上甲级资质的地勘单位117个，占21.43%；可获得1类及1类以上乙级资质的地勘单位196个，占35.90%；可获得1类及1类以上丙级资质的地勘单位162个，占29.67%；不能获得任何类资质的地勘单位71个，占13.00%。

【石油天然气勘查开采登记管理】 *1. 油气勘查开采发证情况。*2003年，受理油气探矿权申请642个、采矿权申请47个。经审查，颁发油气探矿权539个，其中对外合作勘查许可证10个，投资规模19462万元。颁发油气采矿权48个，其中对外合作开采许可证1个，投资规模297140万元。收缴油气探矿权、采矿权使用费43122.1万元。

截至2003年12月31日，全国有效石油天然气勘查许可证1097个，勘查面积4174018平方公里，其中：对外合作勘查许可证23个，勘查面积63831平方公里；石油天然气采矿许可证676个，开采面积71993平方公里，其中：对外合作采矿许可证18个，开采面积3716平方公里。

*2. 油气勘查开采登记管理。*开展油气探矿权采矿权年度检查工作。印发《关于开展石油天然气(含煤层气)勘查开采年检工作的通知》(国土资厅发[2003]18号)，组织督察员核实油气探矿权最低勘查投入。制定《矿产勘查及油气开采督察员工作制度》(国土资发[2003]99号)，落实油气勘查开采督察员职责，国土资源部聘任的矿产勘查及油气开采督察员，对部颁发许可证的矿产勘查项目及油气开采项目进行督察。

*3. 油气勘查开采秩序整顿。*配合公安部开展了全国"油气田及输油管道生产治安秩序整治专项行动"和陕北石油开采秩序专项整顿工作。

协调处理了"新疆解放渠东两石油公司采矿权范围的划界"、"辽宁铁法市煤层气采矿权设置"、"中联煤层气公司在山东淄博煤层气勘查"等勘查开采区块申请争议。

*4. 油气矿业权管理信息系统建设。*完善全国石油天然气(含煤层气)探矿权采矿权基础数据库。编制2003年度石油天然气(含煤层气)勘查开采区块登记状况图。

*5. 石油天然气资源战略研究。*完成《中国油气资

源可持续供给战略研究报告》，呈报国务院。国务院领导批示，将报告转送中国工程院、国家发展和改革委员会，供国家组织油气资源战略研究和制订规划时参考。组织开展了油气资源战略选区评价论证工作。

【探矿权、采矿权转让及评估管理】 1. *探矿权转让概况*。2003年全国转让探矿权504宗，实现转让交易额8.9亿元。

2. *矿业权评估中介机构*。探矿权评估结果审查由确认制改为备案制，印发《关于加强探矿权评估监督管理的通知》（国土资发[2003]16号），规定探矿权评估结果备案制的范围、要求、条件、程序等内容。2003年备案探矿权评估报告160份，价款合计23.1亿元；确认探矿权评估结果5个，价款3.9亿元。

截至2002年12月31日，经国土资源部审查认定的具有探矿权采矿权评估资格的中介机构共78家，从业人员1480名，其中注册矿业权评估师403名。

3. *外商投资矿产勘查*。截至2003年12月31日，仍在执行的涉外合作矿产勘查项目有139个，勘查的矿种有铜（项目数21个）、油气（含煤层气）（项目数23个）、金铂钯（项目数68个）、其他矿种项目数27个。

（杨尚冰）

矿产资源开发管理

【概况】 2003年，矿产资源开发管理工作，以"十六大"精神和"三个代表"的重要思想为指导，按照"发展要有新思路、改革要有新突破、开放要有新局面、各项工作要有新举措"的总体部署，按照部领导经常批示的"突出重点，很抓根本性、全面性工作，要把主要精力放在工作落实上，把工作要点落到实处"的要求，紧紧围绕矿产资源管理秩序治理整顿和采矿权市场建设两个工作重点，克服"非典"给工作带来的影响，全面推进矿产资源开发管理各项工作的完成，发挥整体功能，与时俱进，开拓创新，矿产资源开发管理的各项工作取得了重要进展。

2003年，按照国家整顿和规范市场经济秩序的总体要求，以及国办85号文件的具体要求，3月制定下发了《2003年整顿和规范矿产资源管理秩序工作安排意见》（国土资发[2003]33号），5月制定下发了《2003年整顿和规范矿产资源管理秩序工作方案》（国土资发[2003]165号），对各项工作作了进一步的安排。为了继续规范保护性开采的特定矿种的开采工作，5月下发了《关于实施稀土锡锑矿产专项整治和开采总量控制准备工作的通知》（国土资厅发[2003]53号），将稀土、锡和锑等优势矿产开采秩序的治理整顿同开采总量控制结合起来。全面部署和开展了矿产资源管理秩序治理整顿"回头看"和砂石开采专项、优势矿种开采专项及探矿权采矿权非法转让专项三个专项整治工作。

自从国办发85号文下发以来，经过各地各部门的努力，虽然矿产资源管理秩序治理整顿工作取得了阶段性的成果，但一些地方仍存在着对非法勘查开采查处不力、治理整顿工作不扎实甚至走过场，一些地方不时出现反复等问题。矿产资源管理秩序治理整顿是一件长期的、复杂的社会性工作，这项工作必须深入持久地开展下去已成为各地的共识。

按照国土资源部矿产资源管理秩序治理整顿领导小组办公室的统一部署，由部法规司、开发司、勘查司、执法局领导带队，会同储量司、环境司和中国矿业联合会等单位组成4个督察组，于2003年9月分赴吉林、黑龙江、江苏、湖北、云南、新疆等6省区，各组采取了听取汇报、赴矿山现场、与矿山企业座谈等方式，按照国土资源部2003年部署的"回头看"和三项专项整治工作安排，对整顿和规范矿产资源管理秩序工作进展情况进行了督察和调查研究。在其他调研任务中，对浙江、福建、甘肃等省的情况进行了调查摸底，督察组共出动48人次，走访了53个地（市）、县矿政管理部门和36个矿山企业。各组认真编写了督察报告。从督察的情况来看，各地都按国土资源部的要求，结合本地实际制定了整治工作方案，对整治工作进行了周密部署。

2003年以来，责成省厅调查处理了领导批示、新闻媒体曝光、群众来信反映的有关非法开采问题。问题类型：一是一些大矿矿区范围内或矿区周边存在的非法开采、非法转让问题，造成资源的破坏浪费、环境恶化和安全隐患，影响大矿的正常生产和社会稳定，如：湖南冷水江市锡矿山锑矿区的非法开采非法转让问题；四川省攀西矿区遭受大量小采、进行破坏性开采的问题；陕西省神东矿区内小煤矿的非法开采和越界开采问题。二是一些省区存在的跨行政区矿区范围重叠和越界开采纠纷问题。2003年以来国务院领导批示和由部调处的省级之间的纠纷有：青海、新疆茫崖石棉矿区纠纷问题；山东、江苏交界煤矿开采纠纷问题；陕西、湖北交界白河银矿纠纷问题；河南、陕西交界处的金矿开采纠纷问题；甘肃、青海交界的团结金矿问题等。三是无证非法开采仍有禁而不止的现象发生。2003年以来通过媒体曝光和群众来信反映的非法采矿有：山东崂山风景区非法采石问题；广东南沙港一期工程建设、上海航道局工程无证开采海砂问题；安徽马鞍山非法采矿问题；甘肃李坝金矿和筏子坝铜矿非法开采问题等。目前，大部分省区已完成了对这些问题的查处工作。

【勘查开采活动清查】 2003年全面清查了勘查开采活动，依法查处了一批无证采矿、越界开采、持勘查许可证非法采矿及乱采滥挖等违法行为。各地认真查处“回头看”中发现的违法勘查、开采行为，取得了明显成效。黑龙江在“回头看”工作中共查处非法采矿105起，其中，应关闭而未关闭的82起，死灰复燃的23起。炸毁填平88处，公开曝光12处。移交公安机关追究刑事责任5人，查封物资38件，收交电缆380米，铁轨1.7吨，没收原煤30吨。江苏省在治理整顿“回头看”工作中共立案查处矿产违法案件22起，其中无证勘查3起，无证开采13起，越界开采3起，非法转让1起，不按规定缴纳资源补偿费2起，江苏省国土资源厅直接督办了4起，解决了历史上遗留下来的山东省与江苏省矿界纠纷问题。湖北省上半年共查处无证非法采矿172处，越界开采15起，非法转让采矿权48起，持勘查许可证采矿3起，发出限期整改通知书326份，停产整顿82家，关闭整改不符合开采条件的小矿山257家，吊(注)销采矿许可证145个，关闭非法小选厂22家，罚款244.31万元，没收矿产品1.7万吨，拟追究刑事责任的6人。云南省经过认真组织，全面工作，“回头看”工作取得较大成绩，据不完全统计，截止8月底，全省已依法取缔各类非法矿点2760多个，查处无证采矿207个，通过联合，兼并矿山115个，以破坏矿产资源罪移送司法机关13起，另外，云南省通过加强采矿权信息系统建设，对全省采矿许可证进行全面清理，已纠正各种不规范的采矿证600多个，处理矿点交叉重叠80多个。

【重点地区、矿区和重要矿种确定和开采秩序整顿】 各地在2003年的“回头看”工作中，针对整顿的“死角”和“反复”，突出了重点和难点，在解决这些问题的过程中，采取联合执法，多部门联动等措施，取得了显著效果，开采秩序得到了进一步好转。

吉林省各市(州)、县(市、区)都确定了重点整顿地区、矿种，四平市国土资源局会同安全生产、公安、电力、环境、旅游等相关部门组成联合检查组，对重点、难点地区进行联合检查，效果明显。黑龙江省将小煤矿、砂金矿作为重点矿种。江苏省以砂石粘土建筑材料为主，工作以关闭矿山为主。湖北省把磷矿、小煤矿、小采石场、国有大中型矿山及其周边采矿秩序确定为清理整顿的重点和难点，明确责任和措施，重点督办和检查，如武钢乌龙泉石灰石矿长期存在的乱采滥挖问题，在湖北省国土资源厅直接督办下，33家非法采矿点全部关闭，使历史遗留下来的难点问题得到妥善解决；黄石市大广山铁矿、大冶市铜桃铁矿、陕西省白河银矿、宜都市茶湾煤矿越界开采，严重干扰了国有大中型矿山正常开采，通过督办，违法行为得到严肃查处。云南省从整顿社会性违法行为和行政性违法行为两个方面，确定了全省的重点地区、重点矿种和重点矿区。通过对元阳金矿、马关都龙锡矿、个旧锡矿、兰坪铅锌矿、镇源金矿、会泽铅锌矿、武定－富民－禄劝钛砂矿7个矿区的重点整顿来推进全省的整顿规范工作，在对7个重点矿区的整顿工作中，各有关地州市县高度重视，采取强有力的措施，矿区采矿秩序实现了全面好转。

2003年8月6日甘肃省政府召开了全省整顿和规范矿产资源管理秩序工作会议，主管省长到会讲话，结合以往工作经验，将矿产开发集中和非法开采多发的礼县李坝金矿区等35个地区和矿区确定为2003年全省整顿和规范的重点对象，集中力量重点整治。

【“回头看”指导工作】 2003年，国土资源部开发司通过简报和报纸专栏加强对“回头看”的指导和引导。编发了28期《矿产资源管理秩序治理整顿工作简报》，在《国土资源报》上发表了4个关于整顿和规范矿产资源管理秩序工作的专版。简报和专版交流和总结了各地规范和整顿矿产资源管理秩序治理整顿、探矿权采矿权市场建设方面的一些经验和做法，加强了对各地工作的指导。在加强对面上工作指导的同时，也对点上的问题进行实地调处和督察，2003年以来，开发司先后对一些省区存在跨行政区矿区范围重叠和越界开采纠纷问题、一些大矿矿区范围内或矿区周边仍然存在的非法开采、非法转让问题进行调处和督察。

【青海新疆茫崖石棉矿区采矿纠纷调处】 曾培炎副总理在《青海值班信息》(第128期)《青海茫崖石棉矿与新疆巴州石棉矿矿界纠纷情况续报》上批示：“请国土资源部即速派有关负责人到矿界纠纷现场，商新疆、青海省有关部门妥善解决，严防事态升级，有情况要及时报告。请家宝同志阅。”

青海新疆茫崖石棉矿区采矿纠纷长期存在，自2003年初矛盾开始升级，接到情况反映和国务院领导批示后，国土资源部立即会同青海、新疆人民政府组成联合调查组，经过认真细致的协调工作，形成了解决方案，并联合下发了《关于青海省新疆维吾尔自治区茫崖石棉矿区采矿纠纷处理的决定》(国土资发[2003]159号)，重新调整了四家矿山企业的矿区范围。在当地政府的积极配合下，并埋设了矿区界桩。2003年8月29日四家矿山企业按国土资源部要求，完成了采矿许可证的变更登记手续。至此,矿区四家开采企业有了明确范围和正常生产秩序,历时20多年的青海新疆茫崖石棉矿区采矿纠纷得到彻底解决。

【珠江三角洲不合理采掘山石调研查处】 香港特区立法会议员、全国人大代表朱幼麟先生向国土资源部、国家环保总局及国家林业局来函,反映珠江三角洲不合理采掘山石,严重破坏自然环境问题。国土资源部会同环保总局、林业局与广东省的有关部门进行了大量的调研,确定了必须在保护环境和森林资源的前提下,合理布局石料开采的原则:科学规划、总量控制、提高质量、规模开采。广东省政府办公厅以粤府办[2003]49号下发《关于做好全省采石场关闭和复绿工作的通知》,同时做了具体部署和要求:划定禁采区和重点复绿区;总量控制和分类处理;分区提出关闭采石场复绿的时间要求。对相关违法行为作出了严肃处理。部检查组在现场看到取土已经停止,部分荒地已经植树。三部委就此事向朱先生作出了正式答复。

【锡矿山存在问题调查处理】 2003年,对《过度滥采环境恶化"世界锡都"锡矿山在哭泣》一文,温家宝总理和曾培炎副总理作了重要批示。按照国务院领导的批示精神,开发司进行了认真调查处理。锡矿山因1541年发现锑,误以为是锡而得名,该地区因锑产量长期占世界产量的50%以上而闻名于世。但长期开采遗留的采空区和冶炼废渣,至今没有得到有效治理,成为隐患。收到批示后,国土资源部会同湖南省有关部门,立即组织力量,对锡矿山存在问题进行调查处理。对14个非法违法矿,采取炸毁井筒、填平井口、拆除设施和电源、遣散人员等措施,予以强行关闭,经过20天集中整治,非法开采问题基本得到解决。对1949年前形成的长龙界、宝大兴2.5平方公里采空区和近十多年形成的采空区也在加紧组织调查和提出处理意见。

【开采区域塌陷损失问题调查】 2003年7月21日中央电视台《焦点访谈》以"沉陷的农舍、群众利益无小事(之八)"报道了河北唐山市开平区前届村部分民房因煤矿开采造成损坏,没有得到解决的问题。节目播出后,国土资源部会同河北有关部门,迅速组成联合调查组展开调查。唐山市是我国重要的煤炭基地之一,现有煤炭开采企业110个,2002年产量2460万吨,保有储量50多亿吨。开采区域塌陷和对当地群众的其他损失问题比较普遍。调查组了解到,当地政府为解决问题采取了积极措施:多方筹集赔偿款328万元用于搬迁房屋受损居民;依照国家有关标准对危房群众予以搬迁;委托专业机构对民房受损情况进行鉴定。对解决今后问题,当地政府也从加强监控、拆除受损房屋、加强企业监督管理、加强安全检查方面提出了具体措施。

【砂石开采专项整治】 按国土资源部的部署2003年的专项整治工作重点是砂石开采、优势矿种开采及探矿权采矿权非法转让。各地坚持一手抓整顿,一手抓规范的方针,认真组织了矿产资源专项整治工作并取得了明显成效。

各地注重矿产资源开发与经济发展以及生态环境治理的统一,对因采石造成生态环境破坏、影响景观等的矿山进行了整治。吉林省对影响环境,危害铁路、公路桥梁及河道安全的砂石矿山采取了关停,减小生产规模等措施,全省关闭了173户采矿点,关闭不合理布局和未达准入规模的小矿山84户,通过关停全省砂石采矿进入较为良性的生产阶段。黑龙江省阿城市对影响环境建设的露天采石场进行了清理整顿,分两批对301国道阿城辖区段两侧、滨绥铁路沿线、松峰山旅游区、玉泉狩猎场和威虎山公园附近,影响环境严重的采石场予以关闭。江苏省经济发达,处于长江下游,历史悠久,旅游资源丰富,保护和建设优美的自然生态环境成为省政府和各级人民政府的共识,为有效保护生态环境和自然景观,早在2001年省人大常委会通过了《江苏省人民代表大会常务委员会关于限制开山采石的决定》,2003年的整顿和规范矿产资源管理秩序就是以禁止开山采石为重点开展工作。湖北省加大了对风景区和铁路、公路沿线采石的整治力度,采矿许可证到期的,一律要求自行关闭;采矿许可证未到期的,强制关闭,或移地开采,全省共关闭各类采石场和砖瓦厂189家,其中武汉市江夏区和蔡甸区关闭城区周边对环境造成严重影响的小采石场84家,宜昌市关闭长江沿岸和三峡风景区内各类37家,黄石市将黄荆山沿线34家小采石场全部关闭。云南省为了加强矿山环境保护,强制关闭了主要湖泊、公路沿线面山的矿山,并强化复垦工作。新疆自治区把重点放在了对矿业活动中的违法行为、破坏环境的采砂场、采石厂、砖厂的治理整顿,在对风景名胜、铁路、公路沿线附近采矿活动和河道采砂专项整治督察过程中,组成了由国土资源厅带队,公安厅、建设厅、交通厅、水利厅、工商局、铁路局、旅游局等共同参加的督察组分赴6个地州进行联合督察,做到了有布置、有督促、有检查、有整改,通过专项治理整顿,关闭砂石矿山116个,限期整改砂石矿山174个。

【钨、锡、锑、稀土等优势矿种专项整顿】 根据《全国矿产资源规划》和四部委《关于加强钨行业综合治理有关问题的通知》的规定，于年初向有关采钨省区下发了《关于下达2003年钨精矿总量控制指标加强开采监督管理的通知》(国土资发[2003]22号)。通知同时还要求采钨省区在开采总量控制指标下达后，要根据本省区实际，采取有效措施，加强监督管理，完善钨矿开采总量控制的手段和措施，确保开采总量控制工作取得实效，规定了2003年采矿许可证到期的钨矿开采企业，不再无偿办理延续登记手续，2003年继续暂停颁发钨矿采矿许可证。根据各省的上报情况，及时公告了具有采矿资格的钨矿开采企业名单。

在对钨矿开采实行总量控制的同时，稀土、锡、锑矿产实施开采总量控制工作已经启动，为此专门下发了部53号文，对此项准备工作向相关省(区)进行了安排部署。同时委托中矿联进行稀土、锡、锑矿产专项整治和开采采总量控制工作，从9月开始，制定了具体工作思路，到相关单位进行了调研、收集了相关资料，对部分省报来的开采企业资料，按照53号文的要求进行了初审。

【矿产资源开发遥感动态监测试点工作】 矿产资源开发遥感动态监测试点工作取得了进展。山西晋城(煤矿)、江西崇义(钨、稀土)两个矿区遥感动态监测试点效果明显，并于上半年召开了有关监测成果的新闻发布会。通过监测试点结果表明，利用遥感技术对矿产资源开发状况及其引发的生态环境问题进行动态监测在技术上是可行的，效果是显著的。就此次遥感监测的结果，向山西省、江西省国土资源厅进行了通报。两省国土资源厅十分重视，分别责成相关的国土资源主管部门进行调查处理，并对处理结果专门向我司进行了报告。从反馈的情况看，经过调查摸底，晋城市未取得采矿许可证的各类非法山西式小铁矿共有406个。经过3月20日至4月10日20天的整顿，全市所有持证小铁矿现已全部停产整顿，各类非法小铁矿开采点已全部予以关闭取缔，其中群众自行关闭301个，通过政府统一组织炸毁105个，全市动用警力500余人次，使用炸药200余公斤，雷管200余枚，导火线300多米，有力地打击了小铁矿私开乱挖行为。江西省厅对监测到的情况进行了核实和查处，炸封了一处已停产的矿井，对于另一处可见采矿迹象，实为从事废石中综合回收铜矿产的业主，责令办理采矿登记手续，做到依法开采、综合利用。

2003年在资金没有到位的情况下，遥感中心垫付资金，选择北京京西、新疆阿勒泰、山西晋城三个地区，开展遥感动态监测工作。目前三个监测点的卫星遥感资料已经获取，数据效果良好，新疆阿勒泰监测点现场调查核实工作已经结束，各项解译工作正在进行，预计年底前提交监测报告。

【《采矿权人矿产开发利用年检办法》起草】 2003年，为加强对采矿权人矿产资源开发利用活动的监督管理，有效保护与合理利用矿产资源，矿产资源法律、法规的有关规定，结合多年来全国开展矿山企业矿产开发监督管理年度检查的工作实践，研究、起草了《采矿权人矿产开发利用年检办法》。

【矿产督察工作】 2003年，抓了矿产督察工作制度的建设、对2002年全国的矿产督察工作进行了通报并对2003年的工作进行了部署。先后下发了《关于印发〈矿产督察工作制度〉的通知》(国土资发[2003]62号)和《关于认真做好2003年矿产督察工作的通知》(国土资发[2003]109号)。《矿产督察工作制度》的出台使督察工作进一步规范化、制度化，其主要内容有矿产督察员办公室职责、矿产督察员职责、矿产督察员考核及管理、矿产督察员发现问题的解决、矿产督察员自律要求、矿产督察经费的管理与使用等。对2003年的督察工作部署要求各省(区、市)督察员办公室认真组织做好矿产督察工作，并将督察工作与矿产资源管理秩序专项整治及采矿权市场监管结合起来。重点做好：制定年度督察计划做好督察员的管理，全面落实督察员职责；进一步组织协调督察员、当地管理机关对矿山企业的监督和管理职责，重视发现问题的解决；将矿产督察工作与矿政管理的各项工作密切衔接起来；做好总结工作等。

【矿产资源补偿费征收管理】 2003年全国矿产资源补偿费入库计划指标为14.9亿元，较2001年增长10.4%。为完成上述指标，着重安排了以下几项工作：第一，在去年全国补偿费征缴入库和成都会议摸底的基础上，制定并下达了2003年全国补偿费征缴分省指标。第二，对2002年全国补偿费征缴工作进行了认真的总结，并以通报的形式对全国进行了通报。第三，对2003年补偿费分省征收指标进行督察和督促，对补偿费征收重点省和征收工作的后进省份进行督促，确保其完成入库指标，力争超额完成征收入库任务。第四，下发了《关于开展矿产资源补偿费征管工作先进集体和个人评选活动的通知》(国土资发[2003]219号)，在总结前几年全国各省(区、市)补偿费征缴、入库的基础上，组织各省(区、市)进行评选活动，对各省申报的先进单位和先进个人进行了审查，提出了审查意见和表彰决定。第五，对财政部提出的全国24省征管工作核查意见及建议进行协调，提出了修改意见。第六，抓了海南省补偿费的开征问题，经部与海南省近9年的协调,海南省政府于2003年8月颁布了《海南省矿产资源补偿费征收管理办法》,至此海南省补偿费征收问题彻底解决,全国31个省(区、市)已全部开征矿产资源补偿费。第七,对甘肃和内蒙古进行了矿产资源补偿费征收和矿业权市场调研,解决了汝淇沟煤矿跨宁夏、内蒙古两区开采煤炭资源补偿费征收比例分割问题。第八,进行补偿费征管工作先进单位、先进个人表彰活动。第九,在督促各省完成2003年补偿费征收入库任务的基础上,对2004年各省补偿费征收分省指标(计划)进行准备。2003年1~10月全国补偿费入库数额达到了14.98亿元,完成了全国矿产资源补偿费入库计划指标的100.5%。

【矿产开发管理信息系统建设】 完善采矿权管理系统,分别召开2次片会,对有关省(区、市)的采矿权信息系统建设进行指导、督促、检查。对各地系统建立、数据录入进行了检查指导。对原采矿权统计半年报统计制度进行修改完善调整,增补了有关的采矿权二级市场方面的内容,完成了自1998~2002年的全国采矿权市场情况的全面调查统计。承办采矿权登记资料归档管理的行业标准制定的专项研究。

修改完善矿山统计年报制度,与储量司共同研究草拟了《矿产资源登记统计管理办法》(送审稿),研究起草了《矿产资源储量与开发利用统计基础表》,12月出台。组织2002年度矿山企业矿产资源开发利用情况统计年报的审查、汇总、通报工作。

(常玉刚)

【省级矿产资源规划完成】 全国31个省级矿产资源总体规划审批工作2003年全面完成。这是中国第一轮省级矿产资源规划,它的产生有助于解决粗放经营、浪费严重等困扰中国矿业发展的问题。

新完成的省级矿产资源规划成果包括规划文本、规划附图、规划附表、规划信息系统和规划研究报告等,规划以提高资源对经济社会可持续发展的保障能力为主要目标,充分体现了人口资源环境基本国策和可持续发展战略的指导思想。根据国家"十五"计划及2010年经济社会发展的目标和要求,规划还对各省(区、市)矿产资源的调查评价与勘查、开发利用矿山生态环境保护与恢复治理等方面进行了统筹安排部署。

规划的发布实施将在中国矿产资源开发利用布局和结构调整、探矿权采矿权市场建设、矿山生态环境保护、地矿行政工作科学化和规范化等方面发挥重要作用,并促进中国矿产资源利用方式从无序向有序转变,从粗放向集约转变,从以行政审批为主向建立政府管理与市场运作相结合的资源优化配置新机制转变。

编制并实施矿产资源规划是提高资源对经济社会可持续发展保障能力的重要途径。一段时期以来,中国矿产品供需总量失衡,资源利用结构失调,布局不尽合理。矿产资源利用方式粗放,利用率低,一些地方资源破坏和浪费严重。矿产资源开发利用造成的环境污染和生态破坏在一些地区相当严重。根据国务院的要求,国土资源部会同国家计委、国家经贸委、国家环保总局于2001年5月启动全国省级矿产资源总体规划审批工作。

【探采矿和优势矿产管理】 全面清查勘查开采活动,开展砂石开采专项整治、非法转让探矿权采矿权专项整治和钨、锡、锑、稀土等优势矿产专项整治,国土资源部发出通知对2003年整顿和规范矿产资源管理秩序做出了具体部署。

2003年全国矿产专项整治工作的重点:一是按照《关于对风景名胜区、铁路、公路沿线附近采矿活动进行专项治理整顿的通知》的要求,开展砂石开采的专项整治。二是全面清理探矿权采矿权转让行为,加强对转让行为的监管,依法查处以承包等方式非法转让探矿权采矿权的行为。三是开展钨、锡、锑、稀土等优势矿产的专项整顿。今后到2005年12月31日止,停止颁发稀土矿产的勘查许可证和采矿许可证,停止颁发钨矿产采矿许可证。

【稀土锡锑等优势矿产资源保护和合理开发】 国土资源部办公厅日前发出通知,要求各地认真保护和合理开发稀土、锡、锑等优势矿产资源,逐步解决生产能力过剩、重复建设、资源浪费严重、技术装备落后、布局不合理等问题,对稀土、锡、锑继续进行专项整治,并实行开采总量控制。

《通知》要求,各地要按照2003年整顿和规范矿产资源管理秩序工作安排意见,取缔无证勘查开采,彻底解决采矿权纠纷,维护正常的开采秩序;对破坏浪费资源、有关部门认定安全和环境不符合要求、不依法办矿、不符合国家产业政策、不符合矿产资源规划及有关规定的稀土、锡、锑开采企业,由当地政府负责依法实施关闭。

各地有关部门对现有稀土、锡、锑矿产资源情况、生产情况、合理开发利用情况及市场需求情况进行全面调查,并按照下列标准对企业采矿资质进行初审:依法审批的采矿许可证,省级国土资源主管部门对资源储量的认定文件或者备案证明,经批准的矿产资源开发利用方案,采选工艺科学合理、设备完善,无破坏浪费资源、污染环境现象等。国土资源部将对有关省(区)国土资源厅上报的情况进行抽查,确定并公告具备稀土、锡、锑开采资质的企业名单,为确定稀土、锡、锑矿产开采总量打好基础。

【矿山“多、小、低、散、差”问题亟待解决】 目前中国小型矿山众多，虽经多次矿业秩序整顿和换发采矿许可证，但总体“多、小、低、散、差”问题仍然亟待解决。国土资源部为此正制定实施矿山资源规划等措施从根本上加以解决。

目前中国矿山数已由过去的20多万个降到现在的15万个。但是依然存在矿产品供需总量失衡，资源利用结构失调，布局不尽合理；矿产资源利用方式粗放，利用率低，一些地方资源破坏和浪费严重；钨、锡、锑、稀土、萤石、重晶石等优势矿产开采、冶炼加工和出口总量过大，出口秩序混乱；矿产资源开发利用造成的环境污染和生态破坏在一些地区相当严重。这些问题已成为制约中国矿业可持续发展和保障矿产资源长期稳定供给的重要因素。

今后，矿山开采规模必须与矿区的矿产资源储量规模相适应。各地都将根据矿区（床）的特点、开发利用情况、市场需求及全省（区）经济社会发展的需要，因地制宜地确定并控制矿区（床）的最低开采规模。对不符合矿区（床）最低开采规模要求的采矿权申请不予受理。对已取得采矿许可证但其开采规模与矿区储量规模明显不协调、浪费资源、破坏环境的小矿山，将按照建立现代企业制度的要求统一规划，整改联合，重组改造，走规模化、集约化生产之路；对浪费资源、破坏生态、污染环境、布局不合理、不符合安全生产条件的矿山，依法予以关闭。

根据各省（区）矿产资源规划中鼓励性、限制性、禁止性开采方式和开采技术名录，凡采用禁止性开采方式和开采技术的矿山企业，应采取必要的措施限期整改达标。凡采用禁止性开采方式和开采技术的矿山企业，在采矿许可证延续登记时，应明确相应改进措施，尽快提高采矿业生产技术水平，提高资源利用率。

【境外矿产资源开发实行项目备案制度】 商务部、国土资源部联合发出通知，决定对中国企事业单位在境外开展矿产资源开发实行项目备案制度。通知指出，凡在中国境内注册的企业，拟在境外从事矿产资源勘查、勘探、开采、加工等经济活动的，须在准备阶段向外经贸部和国土资源部办理项目备案手续。办理项目备案时，企业须填写《境外矿产资源开发项目备案表》，非中央管理的企业可向省级外经贸或国土资源主管部门领取复印件，然后通过传真、邮寄等方式直接报外经贸部国外经济合作司和国土资源部国际合作与科技司。外经贸部国外经济合作司自收到上述材料之日起3个工作日内，代表两部在备案表上加盖公章（外经贸部国外经济合作司章），完成项目备案手续。此前已经签订境外矿产资源开发项目合同或协议，目前尚未执行完毕的企业，应补办项目备案手续。加盖公章后的备案表一式五份，分别由外经贸部、国土资源部、备案企业、备案企业注册地的省级外经贸部门和国土资源主管部门留存。

（中国矿业信息中心）

探矿权采矿权市场管理

【非法转让探矿权采矿权的专项整治】 2003年，各地在非法转让采矿权探矿权专项整顿中主要结合探矿权采矿权市场建设进行，重点对非法转让、非法承包开采和擅自处置采矿权探矿权等违法行为进行查处。

2003年，湖北省共查处非法转让案件48起。云南省玉溪市存在不少非法转让矿权的现象，该市一个县有3家矿山企业在改制中，县政府以政府名义私自转让了这3家的矿权，该市红塔区矿权目前已经制止了16起，另有25起正在处理中，该市还存在个体老板炒卖矿权（2家）以及农民私下以承包、拍卖等方式非法转让矿权现象，都得到了查处。新疆国土资源厅先后下发了《关于全面清理上报非法转让采矿权的通知》和《关于进一步加强采矿权转让管理工作的通知》，明确了加强采矿权转让管理工作的目标和实施办法，提出采矿权转让行为的界定和处理意见，在工作中，他们采用集中清理整顿与日常监督、全面清理与重点矿种清理整顿相结合的做法，取得明显成效，截止9月，共依法查处非法转让矿山4个，非法承包矿山112个，矿山企业改制后未办理采矿权转让变更登记矿山62个。

【采矿权管理制度建设】 根据全国探矿权采矿权市场建设的实际情况，国土资源部于2003年6月11日印发了《探矿权采矿权招标拍卖挂牌管理办法（试行）》（以下简称“办法”），对探矿权采矿权招拍挂活动进行了具体规范，为进一步推进招拍挂工作提供了制度保证和政策依据。

完成《国务院关于进一步发展和规范探矿权采矿权市场的通知》修改稿的起草；根据国土资源部两法修改小组的安排，起草新修改的矿产资源法中有关采矿权管理章节的文稿。起草《黄金管理条例》中第二章“黄金矿产开采”的有关内容；会同地勘司完成油气勘查区块中采矿权设立审查的处理方案；完成油气勘查区块中采矿权设立有关处理意见的规定；起草有关采矿权市场管理的有关文稿，包括：a. 关于缩小矿区范围的有关规定;b.关于调整部分矿种矿山建设规模的有关问题的通知(现正在有关行业协会征求意见);c.关于加强海砂开采管理有关问题的通知;为搞好矿权市场宏观调控,开始着手矿区开发总体规划的有关工作,拟就《矿区开发总体规划的工作方案》。就温家宝同志对采矿权市场关于完善制度,加强监管的批示,起草给国务院法制办的汇报稿,起草报国办的批示落实情况的汇报稿,起草给国务院的汇报稿。

【采矿权市场建设调研】 2003年4～9月底,围绕探矿权采矿权有偿出让制度建设和市场监督管理进行了调研,摸清了目前全国探矿权采矿权市场建设的情况、取得的主要成绩和存在的问题。调研分为三个阶段:

第一阶段为准备部署阶段。2003年4月3日,叶冬松副部长主持召开有部办公厅、开发司、法规司、地勘司、规划司、储量司、执法局等司局领导参加的专题会议,会议议定,由开发司、法规司、地勘司、财务司带队组成四个调研组,赴浙江、福建、江西、湖北、黑龙江、湖南、江苏、甘肃等8个省,有重点、有针对性地开展探矿权采矿权市场建设情况调研。同时,向全国各省、自治区、直辖市国土资源主管部门下发文件,要求各地开展探矿权采矿权市场建设情况调研工作。2003年4月30日,下发了《关于探矿权采矿权市场建设调研工作的通知》(国土资厅发[2003]47号),对调研工作进行了部署。

第二阶段为实地调研阶段。开发司、法规司、地勘司、财务司、储量司、执法局、规划司和经研院等有关司局,克服"非典"造成的不利影响,对浙江、福建、湖南、江苏、山东、甘肃、湖北、贵州、云南9个省的探矿权采矿权市场建设情况进行了实地调研。各调研组在出发前,根据调研任务认真拟定了调研提纲。调研工作采取听取汇报、召开座谈会和实地考察三种方式。调研的对象不仅有国土资源主管部门,还有矿山企业和地勘单位。

第三阶段为汇总总结和成果转化阶段。2003年10月13日,叶冬松副部长主持召开探矿权采矿权市场建设调研情况汇报会,各调研组对实地调研情况进行了汇报。这次调研工作有三个突出的特点:一是参加调研的人员范围广。除了国土资源主管部门外,还邀请了国务院法制办和全国人大法工委的人员一同开展调研。二是调研内容有重点、有针对性。除了就探矿权采矿权市场建设面上的情况进行调研外,重点调研了探矿权采矿权有偿出让收益的征收管理和分配使用问题、双轨制的并轨问题、矿产资源的分类管理问题、探矿权采矿权有形市场的建设问题、政策性关闭破产矿山企业采矿权处置等问题。三是对疑难问题的调查研究深入。

1996年《矿产资源法》的修改,为探矿权采矿权进入市场提供了制度上的保障。通过几年的努力,特别是通过招标拍卖挂牌等竞争性方式出让探矿权采矿权,使探矿权采矿权市场不断发展。2001年有偿出让采矿权503宗,2002年3438宗,2003年1～9月12654宗;2001年采矿权转让188宗,2002年2226宗。浙江省从1998年至2003年8月,累计有偿出让采矿权2032宗;湖南省自2001年以来共出让探矿权7宗,出让采矿权356宗。采取竞争性方式有偿出让采矿权,在经济上实现了矿产资源国家所有者权益。2001年有偿出让采矿权价款34115.4万元,2002年101578万元,2003年1～9月173454.67万元。浙江省自1998年以来采矿权有偿出让所得共计8亿多元;湖南省自2001年以来出让采矿权所得1.2亿元。

【采矿登记及重大采矿权属纠纷调处】 承办采矿权登记工作(含转让、变更、延续、划定矿区范围等)全年共80余起。承办青岛博青公司的海砂采矿权延续申请的有关问题;就宁煤集团申请划定矿区范围而提起的行政复议答复;对内蒙古三合明铁矿矿区开发总体规划的提出审查意见并已实施;完成万城商务东升庙有限责任公司提起的行政复议案提出答辩书;完成宁煤集团就划定矿区范围问题提起的行政复议答复;完成对青新边界茫崖石棉矿、巴州石棉矿、诺羌石棉矿的矿界重叠纠纷问题处理;完成对鄂陕边界的湖北银矿与陕西大湾银矿越界开采问题的处理,提出处理方案,在该方案经国土资源部领导同意后,现两省正按此意见对有关问题进行依法处理;根据曾培炎副总理的批示,对陕西煎茶岭金库非法转让采矿权问题提出处理意见,现企业正按法定程序着手办理采矿权转让手续;对峰峰矿务局梧桐庄煤矿的库区下的库区范围问题提出处理意见,现企业正在办理变更矿区范围的论证;对枣庄矿务局及徐州大屯煤电的库区范围重叠问题提出处理意见,现该纠纷已圆满解决;根据国务院领导的批示,参与对湖南锡矿山及广东海砂开采中所反应的问题的处理;就山东滕州市木石煤矿透水事故的责任及行政处分问题向有关方面提出意见。

【采矿权"招拍挂"出让工作】 截至2003年上半年,全国共有28个省(区、市)开展了采矿权"招拍挂"出让工作,通过"招拍挂"方式出让采矿权2693个,占上半年采矿权出让总数的20.2%,涉及价款金额68363.4万元;其中招标652个,金额计9538.66万元;拍卖375个,金额计47025.27万元;挂牌1666个,金额计11799.47万元。

【采矿权市场调研报告】 在广泛调研的基础上，起草了2003年全国采矿权市场调研报告，对全国矿产开发情况基本做到心中有底，为进一步推进采矿权竞争出让做了准备。在编制矿区开发总体规划编制大纲及审查要点的基础上，拟就《矿区开发总体规划的工作方案》，对各地实施规划在先、恰当投放、体现政府依据市场垄断，从而优化地方产业结构将起到重要指导作用。同时，对有关省(区、市)的采矿权信息系统建设进行指导、督促、检查，促进了电子政务的实施。

【第十期国土资源管理市长研讨班】 2003年10月22～26日，在南京配合成功举办了以探矿权采矿权市场建设为主要内容的第十期国土资源管理市长研讨班。对推进"招拍挂"办法的实施起到了很好的效果。

【采矿权评估确认管理工作】 第一，抓了评估确认的质量，对工作人员的业务水平有严格的要求。第二，埋头苦干，急企业所急，认真地审查评估报告。2003年1～10月共确认了329个评估项目，确认采矿权价款70.92亿元。第三，为总结几年来矿业权评估及市场建设的经验，商讨解决矿业权评估及市场建设存在的问题，组织有关矿业权管理机关、探矿权人采矿权人和矿业权评估中介机构对矿业权评估及市场建设进行了研讨。第四，抓了评估机构和矿业权评估师的基础建设工作，审查通过了矿业权评估机构资格10家。第五，对矿业权价款转增国家资本进行了研讨，多次协商修改矿业权价款转国家资本管理办法，并就矿业权评估机构资格认定及采矿权价款转增国家资本问题与财政部进行了协调。第六，抓采矿权评估报告质量，提高矿业权评估从业人员业务水平和评估机构编写矿业权评估报告的质量，搞好在武汉地大和吉林大学主办的矿业权评估师及评估从业人员继续教育和培训工作。

【与中央电视台共同拍摄电视片《绿色矿山》】 为贯彻十六大精神和中央人口资源环境工作座谈会议的"保护资源"的基本国策，大力宣传我国经济建设与环境保护相协调、矿产资源开发与保护相并重的方针，提高全民保护资源和环境的意识，与中央电视台联合摄制反映我国矿山在资源综合利用和环境治理方面的先进经验、先进典型的20集电视系列片《绿色矿山》。积极筹划，收集资料，编写了70集的拍摄基础材料；召开会议研究，下发了《关于协助做好20集电视系列片〈绿色矿山〉的拍摄工作的通知》，对拍摄工作进行部署；从9月开始，组织3个拍摄组，同时对18个省区的38个拍摄点进行了现场拍摄采访。11月25日前外景拍摄完成，进入后期编辑工作，2004年2月底前在中央电视台10频道绿色空间栏目播出，为两会献礼。

(常玉刚)

【国土资源部要求加强探采矿和优势矿产管理】 全面清查勘查开采活动，开展砂石开采专项整治、非法转让探矿权采矿权专项整治和钨、锡、锑、稀土等优势矿产专项整治，国土资源部发出通知对2003年整顿和规范矿产资源管理秩序做出了具体部署。

2003年全国矿产专项整治工作的重点有：一是按照《关于对风景名胜区、铁路、公路沿线附近采矿活动进行专项治理整顿的通知》的要求，开展砂石开采的专项整治。二是全面清理探矿权采矿权转让行为，加强对转让行为的监管，依法查处以承包等方式非法转让探矿权采矿权的行为。三是开展钨、锡、锑、稀土等优势矿产的专项整顿。到2005年12月31日止，停止颁发稀土矿产的勘查许可证和采矿许可证，停止颁发钨矿产采矿许可证。

国土资源部要求，各省(区、市)结合实际制定专项整治方案，组织检查或互查，并于12月底前专项整治工作进展报国土资源部。

【探矿权采矿权招标"拍卖挂"牌管理办法施行】 国土资源部发布《探矿权采矿权招标"拍卖挂"牌管理办法(试行)》于2004年8月1日起施行。

《办法》明确规定了探矿权采矿权招标拍卖挂牌的范围。首先，明确只有新设探矿权采矿权的，才能以招标拍卖挂牌方式授予。其次，根据探矿权采矿权招标拍卖挂牌各自适用范围的差异，分别就新设探矿权和新设采矿权的适用情形作出了规定。同时，基于鼓励探矿商业性投入、降低进入探矿权市场的门槛，保护关系国计民生的矿产地和矿产等要求，还规定在以招标拍卖挂牌方式新设探矿权采矿权时，对国家出资的勘查项目、矿产资源储量规模为大型的能源和金属矿产地、共伴生组分多或综合利用技术水平要求高的矿产地、对国民经济具有重要价值的矿区、根据法律法规和国家政策规定可以新设探矿权采矿权的环境敏感地区以及未达到国家规定环境质量标准的地区等情形，只能以招标的方式授予探矿权采矿权。《办法》对不能和不适于以招标拍卖挂牌方式授予探矿权采矿权的情形也作了相应规定。

《办法》还对探矿权采矿权招标拍卖挂牌的程序作出了统一规定。同时，针对部11号令实施以来各地在挂牌实践中遇到的一些问题，对探矿权采矿权挂牌方式进行了补充和完善，规定：挂牌底价不能变更；竞买人的竞买保证金在挂牌期限截止前缴纳的，方可填写报价单报价；在挂牌期限截止前30分钟仍有竞买人要求报价的，主管部门应当以当时挂牌价为起始价进行现场竞价，出价最高且高于底价的竞买人为竞得人等。

《办法》的颁布实施，对于深化国土资源有偿使用制度改革，充分发挥市场对国土资源优化配置的基础性作用具有重要意义。

【风景名胜区和铁路公路沿线矿山关闭】 根据国土资源部整顿和规范矿产资源管理秩序的部署，全国各风景名胜区、铁路、公路沿线附近的矿山将在2003年8月底前全部关闭。

国土资源部要求，在《关于对风景名胜区、铁路、公路沿线附近采矿活动进行专项治理整顿的通知》下发前已在上述区域内采矿的持证矿山，限期在2003年8月底前全部关闭。对逾期未关闭的和通知下发后仍在上述区域内颁发采矿许可证的，由上级管理机关依法追究有关责任人员的行政责任。

国土资源部还对2003年整顿和规范矿产资源管理秩序做出具体部署。有关部门将全面清查勘查开采活动，开展砂石开采、非法转让探矿权采矿权和钨锡锑、稀土等优势矿产等专项整治。对重要矿区、重点矿种进行清查，依法查处无证采矿、越界开采、持勘查许可证非法采矿及乱采滥挖等违法行为。对整改不合格的小矿山等，会同有关部门坚决实施关闭。

根据部署，国土资源主管部门还将加强对本行政区海域或相邻海域内勘查开采海砂行为的监督，依法查处违法行为。加强海岸巡查，取缔无证、破坏海洋生态环境的采砂活动。对所有没有采矿许可证的采砂行为实施行政处罚，没收无证采挖的海砂矿产，并处罚款。全面清理转让行为，加强对转让行为的监管，依法查处以承包等方式非法转让探矿权采矿权的行为。凡未经依法审批转让，或采取以"承包"、"出租"为名，将矿山整体或部分转由他人开采、经营而坐收"承包费"、"租赁费"或"管理费"的，一律按非法转让采矿权进行处罚。开展钨、锡、锑、稀土等优势矿产的专项整顿。自即日起到2005年12月31日止，停止颁发稀土矿产的勘查许可证和采矿许可证，按照国家产业政策和矿产资源规划的要求，制定实施稀土矿产开采总量控制办法，并实施锡、锑矿产开采总量控制。

【国土资源部提出坚持探矿权采矿权有偿出让】 国土资源部不久前对进一步搞好探矿权采矿权市场建设提出了四点要求：

1. *探索推进探矿权采矿权招标拍卖挂牌出让等不同方式，坚持探矿权采矿权有偿出让不动摇。* 凡是能采用招标拍卖方式出让的探矿权采矿权，一律不得采用行政审批的方式授予。对新设立的探矿权采矿权，原则上都要有偿取得，要大力推进招标拍卖挂牌，规范协议出让，积极探索多次报价出让等其他有偿出让方式。对无偿取得的探矿权采矿权，在企业改组改制和探矿权采矿权到期延续申请时要依法妥善处置，尽量缩短有偿和无偿"双轨"运行的时间。对不能采用竞争方式出让的，也应按照有关规定实行有偿出让。继续深化矿产资源有偿出让制度改革。

2. *转化应用调研成果，完善探矿权采矿权出让转让的制度措施。* 为加快推进探矿权采矿权市场建设，国土资源部已经开展了专项调研和试点工作，国土资源部将加快调研成果的转化应用，完善探矿权采矿权招标拍卖挂牌出让规定、探矿权人采矿权人资质条件规定等政策措施，进一步明确探矿权采矿权招标拍卖的范围、程序、要求，规范招标拍卖挂牌出让的市场行为。

3. *加强规划和基础业务工作，发挥政府在探矿权采矿权市场建设中的作用。* 省级矿产资源规划已基本完成，在编制市、县级规划的同时，对重点矿区也要编制总体规划，合理设置"两权"。进一步加强调查评价工作，摸清资源家底，为市场建设提供资源条件。大力推进地质资料管理，培育和规范中介机构，建立完善探矿权采矿权市场管理信息系统，实行信息公开查询和定期发布制度，积极为探矿权采矿权市场建设提供服务。

4. *继续整顿规范矿产资源管理秩序，为探矿权采矿权市场建设创造条件。* 国土资源部确定把培育和规范探矿权采矿权市场作为矿产资源管理工作的核心内容之一，并作为部的重点工作来抓，继续加大依法行政力度，从法制、体制、机制和利益关系等方面着手，强化矿产资源开发监督管理，探索治本之策，努力为探矿权采矿权市场建设创造更加有利的条件。

（中国矿业信息中心）

矿产资源储量管理

【矿产资源储量套改】 根据时任副总理温家宝2002年11月20日关于《固体矿产资源储量套改工作报告》的批复，国土资源部在进一步征求5个综合部门和9个地勘行业部门意见的基础上，对《固体矿产资源储量套改工作报告》进行修改完善，于2003年3月7日向国务院提交《呈请同意我部发布矿产资源储量套改结果的请示》。3月15日国务院批复同意发布矿产资源储量套改成果。

经组织专家鉴定，《固体矿产资源储量套改成果》获国土资源部科技一等奖。

【矿产资源储量报告评审备案】 为落实《国务院关于取消第一批行政审批项目的决定》(国发[2002]24号)的精神,做好取消行政审批项目后的矿产资源储量评审监督管理,2003年5月,国土资源部发出《关于加强矿产资源储量评审监督管理的通知》(国土资发[2003]136号),明确在本通知下发之日起,国土资源行政主管部门对矿产资源储量评审不再认定,设立矿产资源储量评审备案制度,矿产资源储量评审机构在完成对矿产资源储量的评审后,将评审意见书和相关材料报国土资源行政主管部门备案,国土资源行政主管部门对评审机构报送的评审意见书和相关材料,就评审机构、评审专家及评审程序等进行合规性检查,对符合要求的出具备案证明。

2003年,国土资源部和各省(区、市)国土资源厅对3585份矿产资源储量报告的评审进行了合规性检查,并出具备案证明,其中:国土资源部备案249份,省(区、市)国土资源厅备案3336份。

【地质勘查规范修订】 国家质量监督检验检疫总局批准发布的《固体矿产地质勘查规范总则》国家标准和国土资源部批准发布的《铀矿地质勘查规范》等19项矿产勘查行业标准于2003年1月1日实施。2003年11月,国土资源部办公厅发出《关于开展〈固体矿产地质勘查规范总则〉等20个矿产地质勘查规范培训工作的通知》(国土厅发[2003]121号),部署《固体矿产地质勘查规范总则》国家标准和19项矿产勘查行业标准的培训工作。

2003年2月,全国国土资源标准化技术委员会区域地质矿产地质分技术委员会进行委员登记填报,产生新的分技术委员会,负责开展地质勘查规范的修订工作。

【矿产资源储量评估师考核注册】 根据国土资源部《关于开展第二批矿产储量评估师培训、注册工作的通知》(国土资函[2002]442号)精神,第二批评估师培训和注册工作于2002年11月至2003年7月开展,2003年7月完成了第二批254名矿产储量评估师的注册工作。

2003年12月5日,国土资源部办公厅发出《关于开展首批矿产储量评估师考核注册工作的通知》(国土厅发[2003]126号),部署首批评估师的考核注册工作。

(张明燕)

【《中国的矿产资源政策》(白皮书)发表】 在2002年完成《中国的矿产资源政策研究报告》的基础上,经多次征求各方面专家意见和两次专题会议讨论做修改完善,《中国的矿产资源政策》(白皮书)于2003年6月编制完成。6月27日经国土资源部第7次部务会议审议后,7月29日报国务院新闻办审核。后经征求外交部等22个部门的意见作进一步修改,2003年9月28日提交党中央、国务院领导审定。12月23日国务院新闻办公室用中、英、法、西、俄、阿、日等七种文字发表《中国的矿产资源政策》(白皮书)。《中国的矿产资源政策》(白皮书)全文约1.3万字,从矿产资源及其勘查开发现状、矿产资源保护与合理利用的目标与原则、提高国内矿产资源的供应能力、扩大矿产资源勘查开发的对外开放与合作、实现矿产资源开发与环境保护的协调发展、加强矿产资源管理六个方面介绍了中国矿产资源方面的政策。申明中国主要依靠开发本国的矿产资源来保障现代化建设的需要。中国政府鼓励勘查开发有市场需求的矿产资源,特别是西部地区的优势矿产资源,以提高国内矿产品的供应能力。同时,引进国外资本和技术开发中国的矿产资源,利用国外市场与国外矿产资源,推动中国矿山企业和矿产品进入国际市场,这是中国的一项重要政策。

【新一轮全国油气资源评价】 根据党中央、国务院关于油气资源的一系列重要指示精神,国土资源部与国家发展和改革委员会在深入调查研究和广泛征求有关方面意见的基础上,2003年10月联合发出《关于开展新一轮全国油气资源评价工作的通知》(国土资发[2003]377号),根据该通知精神联合组织开展新一轮全国油气资源评价工作。通过新一轮全国油气资源评价工作,将全面、客观地评价中国油气资源潜力,为国家制定能源资源战略和中长期发展规划提供依据,为油气资源调查和勘查提供基础信息,促进油气资源的合理开发利用,提高油气资源对经济社会可持续发展的保障能力。

新一轮全国油气资源评价工作的预期成果是,摸清中国的油气资源量,建立起国家级油气资源数据库管理系统,实现油气资源动态评价,提供及时有效服务。评价工作领导小组组长由国土资源部副部长叶冬松和国家发展和改革委员会副主任张宝国担任。2003年10~12月是评价工作的准备阶段,完成了前期调研论证、工作机构组建、制定总体工作方案和技术规范等工作。

国务院副总理曾培炎于2003年11月29日在国土资源部有关汇报材料上作出重要批示:“石油天然气是重要的能源矿产和战略性资源,关系国家经济和社会发展,关系国家安全。国土资源部与发改委组织开展新一轮全国油气资源评价工作很及时,也很重要。希望你们本着科学负责的态度,认真做好这次评价工作,摸清中国的“家底”,为国家制定能源中长期发展规划和“十一五”规划提供坚实基础。

新一轮全国油气资源评价工作会议于2003年12月1~2日在北京召开。全面部署和启动了新一轮全国油气资源评价工作。

【矿产资源可供性论证】 《中国矿产资源可供性论证总报告》于2003年9月通过相关专家评审,12月提交国土资源部第12次部务会议审议。为着手建立矿产资源可供性评价系统,储量司组织部信息中心、中国国土资源经济研究院对江西、新疆、云南三省(区)主要矿产资源可供性论证基础信息进行系统调查(属于矿产资源可供性论证项目第五子项),并于2003年12月对三省(区)的调查成果进行了评审验收。

(唐正国)

【矿产资源储量登记统计】 2002年9月提交法规司复核的《矿产资源登记统计管理办法》(复核稿)由法规司组织作进一步协调、论证,并再次征求国家统计局和全国各省(区、市)国土资源行政主管部门的意见,于2003年12月经国土资源部第12次部务会审议通过。《矿产资源登记统计管理办法》强化了矿产资源储量登记统计管理的地位和作用,明确了登记统计工作的内容和程序,并将矿产资源储量登记统计与矿业权登记发证、建设用地审批、矿产资源储量评审备案有机结合起来,实现了不同管理环节的相互衔接,有效地提高了工作效率,并减轻了矿山企业的负担。

2003年完成了矿产资源储量空间数据库建设试点工作,运用计算机技术、GIS和数据库技术建起了统一、规范的空间数据库,可以与现有的探矿权采矿权图形库及规划图形库叠加在一起,实现与其他矿政管理数据库系统互连互通。2003年10月,国土资源部办公厅印发了《关于建立矿产资源储量空间数据库的通知》(国土资厅[2003]324),部署建立全国矿产资源储量空间数据库工作。储量司组织了相关业务培训。

【矿产资源储量年报通报】 为便于各级领导和有关部门更好地了解中国矿产资源的总体态势,在分析研究矿产资源储量统计结果的基础上,2003年度组织编制了2002年《中国矿情通报》、《全国矿产资源储量通报》及《全国油气矿产储量通报》、《全国矿产品产供销综合统计通报》、《中国矿产资源年报》、《矿产品国内外市场价格通报》和《国内外矿产年评》。

(唐正国　黄学雄)

矿 业 行 业

煤 炭

【概况】 2003年,在国民经济快速增长的带动下,全国煤炭工业增速加快。主要煤炭消费行业产品产量高速增长的势头,推动了煤炭行业挖掘生产潜力,保证市场供应,煤炭产量、销量创历史最高水平,煤炭工业增加值大幅递增。供求关系的客观规律推动全国煤炭市场价格在回归价值的竞争中缓续攀升,煤款拖欠持续下降,煤炭出口增长,煤炭社会库存有所减少,安全生产形势趋好,行业经济运行情况持续好转。

2003年全行业盈利能力、偿债能力、资产营运能力与发展能力比2002年均有较大提高。规模以上煤炭企业盈利面85%以上,实现利润总额创历史最高水平。但国有及国有控股企业包括原中央财政煤炭企业补贴后的平均盈利能力仍然低于规模以上煤炭企业平均水平,更远低于乡镇煤矿平均盈利水平。其中原中央财政煤炭企业总体已实现补贴前盈利,同比扭亏增盈,但补贴前亏损面比上年略有增加。国有大中型煤矿历史负担重,过去投入不足,市场旺销时期盲目超能力生产、电煤价格难落实等问题也已突出。

煤炭工业在经历1997年下半年至2000年三年多的特殊困难时期以后,2001年开始走出低谷,煤炭经济回升;2002年步入快速增长周期,经济运行质量不断提高;2003年,煤炭产销两旺,各项经济技术指标均创造了历史最高水平。

2003年,煤炭工业2946户规模以上企业主要财务指标总体比2002年改善,行业经济效益加快转好,企业经营质量进一步提高,发展后劲有所增强,但是大型以上国有及国有控股煤炭企业的盈利能力、发展能力总体低于平均水平。

【煤炭工业总产值】 2003年,全国规模以上煤炭企业完成工业总产值(当年价格)2453.25亿元,比2002年增加472.09亿元。完成工业销售产值2409.43亿元,比2002年增加469.58亿元。其中出口交货值128.05亿元,比上年增加1.51亿元。

全国规模以上煤炭企业完成工业增加值(当年价格)1054.90亿元,比2002年增长23.83%。

工业增加值全员劳动生产率27902元/人,同比增长22.49%。其中国有及国有控股煤炭企业工业增加值824.74亿元,比2002年增加139.71亿元,增长20.39%。24户特大型国有煤炭企业工业增加值387.66,比上年增加63.95亿元,增长19.75%。规模以上乡镇煤矿工业增加值130.06亿元,比2002年增加37.36亿元,增长40.3%,增幅最大。

规模以上煤炭企业新产品产值1.16亿元,比2002年下降50.33%。

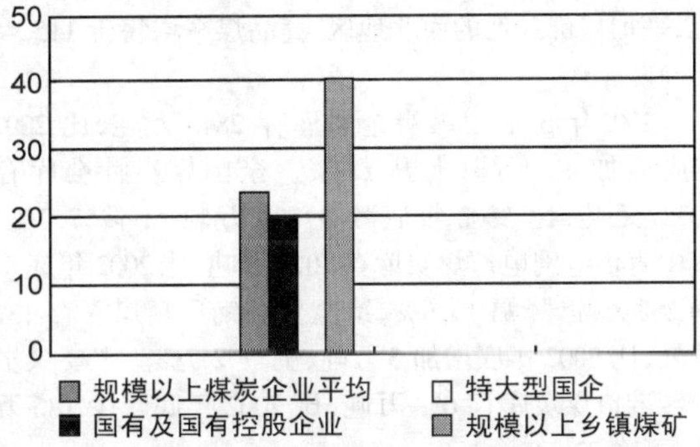

图1 2003年各类煤炭企业工业增加值同比增长幅度

【原煤和洗煤产量】 2003年全国原煤产量统计快报为172787万吨,比2002年增长22.08%。全国原煤产量中,规模以上煤炭企业原煤产量123773.57万吨,同比增长16.27%,洗煤26018.86万吨,比2002年增长17.62%。其中炼焦用洗精煤产量14696.69万吨,比上年增长15.07%。

规模以上各类煤炭企业中,国有及国有控股煤炭企业原煤产量101358.39万吨,占全国规模以上煤炭企业原煤产量的81.89%,同比增加13501.18万吨,增长15.37%。其中24户特大型煤炭国企原煤产量43382.61万吨,占国有及国有控股煤炭企业原煤产量的42.8%,同比增加2988.24万吨,增长7.4%。非国有煤炭企业原煤产量22415.18万吨,同比增长

20.52%。

【煤炭销量、运量、出口情况】 2003年,在产量大幅增长的基础上,规模以上煤炭企业产品销售率98.21%,存货周转率不断加速。全国商品煤销量151605万吨,比2002年增加22117万吨,增长17.08%,全国煤炭出口9302.43万吨,比2002年增加727.74万吨,增长8.49%。全国煤炭铁路累计装车日均完成39654车,比2002年增长8.6%。全国煤炭铁路运量88176万吨,同比增长7.6%,非运量63429万吨,比2002年增长33.4%。主要港口煤炭转运量29034万吨,比2002年增长13.0%。

由于国际国内能源需求的快速增长,市场供求规律的作用和国家有关部门的协调,整个煤炭市场价格在回归价值的竞争中缓续攀升,电煤售价也有所提高,但升幅明显低于商品煤平均售价的上升幅度。2003年,原中央财政煤炭企业商品煤平均售价173.54元/吨,比2002年上升6.15元/吨,同比提高3.7%。其中电煤平均售价138.55元/吨,比2002年上升0.58元/吨,提高0.4%,升幅明显低于商品煤平均价格升幅。全国各地区平均售价最高的是华东地区,吨价211.12元,平均售价最低的西北地区,商品煤平均售价115.46元/吨。

2003年底全国煤炭企业库存2846万吨,比2002年底增加47万吨,上升1.7%。全国煤炭社会库存10937万吨,比2002年底减少820万吨,下降7.0%。其中直供电网电厂煤炭库存1075万吨,比2002年底下降262万吨,降幅19.6%,冶金重点钢厂精煤库存132万吨,比2002年底增加3万吨,上升2.7%。主要煤炭中转港口煤炭库存658万吨,比2002年底减少186万吨,下降22.1%。

【规模以上煤炭企业实现销售收入】 全国规模以上煤炭企业实现销售收入2449.58亿元,其中国有及国有控股煤炭企业实现销售收入1944.85亿元,占79.39%。国有及国有控股煤炭企业中,原81户中央财政煤炭企业实现商品煤销售收入965.25亿元,占全国规模以上煤炭企业销售收入的39.4%。其他非国有经济成分实现销售收入504.73亿元,占20.61%。

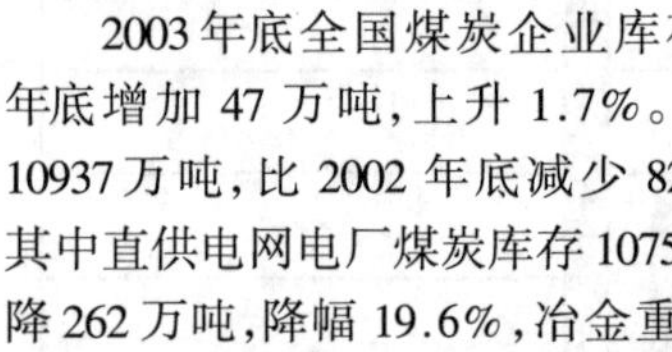

图2 2003年规模以上各类煤炭企业销售收入份额

【煤矿技术和装备】 国有大中型煤矿采掘机械化程度,由改革开放初期的30%左右,提高到目前的75%左右;工作面平均单产由1万吨左右提高到3.4万吨,最高达到90.6万吨;全员效率由每工不足1吨提高到3.43吨。建成了一批以神东、兖矿为主要代表的具有国际领先水平的现代化煤矿。2003年全国建成高产高效矿井164个,其产量4.79亿吨,占全国产量的28.7%,百万吨死亡率为0.102,人均效率11.61吨/工,单井平均利润7002万元以上,有的矿井达到了世界先进水平。煤炭开采、建井、洗选技术有了长足发展,洁净煤和煤炭气化液化技术开始起步,一些重大的煤炭共性技术、关键技术攻关取得进展,全国形成了高产高效、科技攻关、设备制造和人才培训比较完整的技术保障体系。

【安全生产情况】 国家从完善体制、机制和增加安全投入入手,采取综合治理措施,切实加强煤矿安全生产工作;地方政府和煤炭企业重视程度提高,普遍建立和完善了安全生产责任制,探索构建安全生产投入的长效机制,促进了煤矿安全状况的总体稳定和好转。2003年,虽然全国原煤产量增长15.4%,但在煤矿企业加强安全生产管理、国家加大煤矿安全投入支持力度和各级煤矿安全监察部门加大安全监察执法力度的作用下,煤矿安全生产形势向好的方向发展。全国煤矿事故起数、重特大事故起数、死亡人数和瓦斯事故死亡人数都有所下降,全国煤矿百万吨死亡率由1978年的9.44人下降到2003年的4.170人,同2002年相比下降16.6%,其中国有重点煤矿下降到1.080人,同比下降13.6%。

【煤炭行业主要财务指标情况】 1. 全行业利润总额取得历史性突破,81户原中央财政煤炭企业总体实现补贴前扭亏增盈。全国规模以上煤炭企业盈亏相抵后实现利润总额137.74亿元(含原中央财政煤炭企业补贴收入),同比增长61.97%,增幅创历史最高水平。其中盈利企业盈利145.08亿元,同比增长52.07%。亏损企业亏损7.34亿元,同比降低29.17%。2946户企业中盈利企业2528户,占85.8%。亏损面同比下降0.85个百分点。原81户中央财政煤炭企业补贴后盈利34.74亿元,同比增盈9.27亿元,利润上升36.4%。补贴前盈利9.28亿元,同比扭亏增盈12.12亿元。81户重点企业补贴前亏损面比上年增加1个百分点,大于60%。

2. 经营活动中的现金流入增量提速,全行业经营性融资减少。销售增长的同时2003年底规模以上煤炭企业应收账款净额385.91亿元,同比降低5.83%,

其中国有及国有控股企业应收账款净额 334.37 亿元，同比降低 8.35%。原中央财政煤炭企业老货款回收加快，2003 年底应收煤款余额为 187.97 亿元，同比减少 30.80 亿元，下降 14.08%。同时，主要反映规模以上煤炭企业经营活动中筹资费用的全行业利息支出同比下降 0.73 亿元，降幅 1.32%，表明经营活动中现金流入的量增幅的同时提速。

3. 资产总额与负债总额同比增幅相近，资产增幅略高于负债增幅。2003 年底，规模以上煤炭企业资产总额 5357.40 亿元，同比增加 651.47 亿元，增长 13.84%。负债总额 3035.56 亿元，同比增加 296.39 亿元，增长 10.82%，低于资产增长 3.02 个百分点。在规模以上煤炭企业资产总额中，国有及国有控股煤炭企业资产总额 4872.19 亿元，占 90.94%。乡镇煤矿资产总额 226 亿元，占 4.21%。其他规模以上煤炭企业资产总额 259.21 亿元，占 4.85%。

4. 流动资产平均余额增幅与总资产相近，固定资产净值平均余额有所增加。2003 年底，规模以上煤炭企业流动资产平均余额 1859.01 亿元，同比增长 14.62%，与总资产增幅相近。固定资产净值平均余额 2594.69 亿元，同比增长 10.16%。各类企业中乡镇煤矿固定资产净值 92.36 亿元，同比增幅最大，达 20.81%。国有及国有控股煤炭企业增幅最小，同比增长 9.59%，低于平均水平。反映出国有及国有控股煤炭企业总体投入不够，扩大再生产能力亟待提高。

5. 销售收入与销售成本增幅基本同步，煤价攀升的同时投入成本升高。全国规模以上煤炭企业累计产品销售率 98.21%，与上年基本持平，随着销售收入的增长，销售成本与销售收入基本同步增长。

全年销售收入同比增幅 24.32%，销售成本同比增幅 23.85%，两项增幅接近。表明全行业产品销售收入的增加主要是需求增加，煤炭交易规模扩大。价格在竞争中缓续攀升，但不是收入增长的主要因素。2003 年，原 81 户中央财政煤炭企业原选煤单位成本 123.23 元/吨，同比增加 2.41 元/吨，升幅 1.99%，成本的上涨抵消了煤炭产品价升的部分收益。

6. 增值税增幅与销售收入增幅同步，全行业贡献大幅增加。全国规模以上煤炭企业累计应缴增值税 183.99 亿元，比上年增加 34.65 亿元，增长 23.2%。产品销售税金及附加 35.53 亿元，比上年增加 7.69 亿元，增长 27.62%。仅此两项合计，比上年多缴税费 42.34 亿元。

7. 成本上升的同时期间费用也有较大增幅，国有及国有控股煤炭企业增幅低于平均值。规模以上煤炭企业成本增长的同时三项费用各有增幅。其中管理费用同比增长 16.9%，销售费用同比增长 14.19%，财务费用同比增长 4.47%，其中利息支出同比降低。指标反映出除成本外，管理费用、销售费用的增幅对行业收益作用也较大。

国有及国有控股煤炭企业管理费用同比增幅 15.73%，销售费用同比增幅 11.66%，财务费用同比增幅 2.57%，利息支出同比降幅均优于规模以上煤炭企业平均值，反映出国有及国有控股煤炭企业的各项管理水平总体上有较大提高。

规模以上乡镇煤矿管理费用同比增幅 31.47%，销售费用同比增幅 30.39%，财务费用增幅 22.06%，其中利息支出同比增幅 17.71%，各项期间费用增幅在各类煤炭企业中最高。

8. 股东权益总额增长，全行业资本实力走强。2003 年底，全国规模以上煤炭企业所有者权益总计 2321.84 亿元（含国企补贴收入），比上年底增加 355.07 亿元，同比资本积累率为 18.05%。表明规模以上煤炭企业投入资本及留存收益递增，投资人对行业发展前景看好。

【煤炭企业偿债能力】 全行业偿债能力高于全国工业企业平均水平，116 户大型以上国有煤炭企业偿债能力持续强于全行业平均偿债能力。2003 年底，规模以上煤炭企业平均资产负债率 56.66%，同比降低 1.55 个百分点，低于全国工业企业平均资产负债率 2.39 个百分点。产权比率由 2002 年同期的 139.27% 降为 130.73%，低于全国工业企业 2003 年低平均产权比率 13.47 个百分点。两项指标均表明规模以上煤炭企业偿债能力总体上继续增强，已优于全国工业企业平均值。其中 116 户大型以上煤炭企业的资产负债率和产权比率 2002 年同期分别为 56.42%、129.46%，2003 年底分别降低为 54.91%、121.77%，偿债能力高于行业平均值。乡镇煤矿 2003 年底资产负债率 56.02%，产权比率 127.36%，偿债能力低于国有企业。

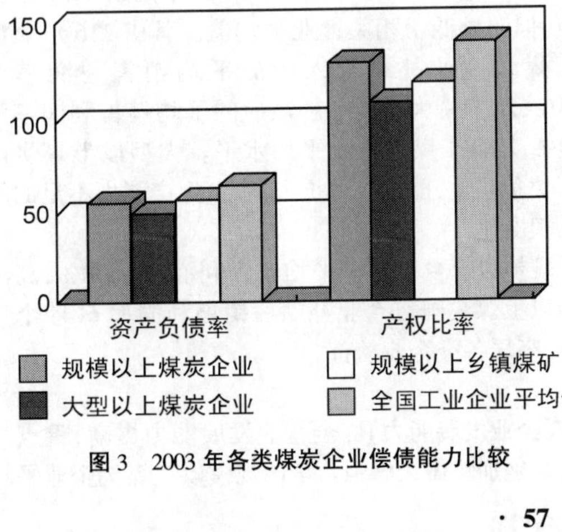

图 3　2003 年各类煤炭企业偿债能力比较

【煤炭行业资产营运能力】 全行业资产营运能力继续提高,但低于全国工业企业平均水平。持续的市场旺销使存货周转及应收账款周转提速,推动了流动资产、全部资产周转加速,全行业资产运营效率有所提高,但资产营运能力总体上低于全国工业企业平均水平。

全国规模以上煤炭企业流动资产周转率1.32次,比上年加快0.1次,全国工业企业平均流动资产周转率1.96次,高于煤炭工业平均值。大型以上煤炭企业流动资产周转率1.14次,低于规模以上煤炭企业平均值,更低于全国工业企业平均值。煤炭国企需进一步全面盘活流动资产,提高资产营运能力。

乡镇煤矿流动资产周转率2.85次,资产营运能力在各类煤炭企业中领先。

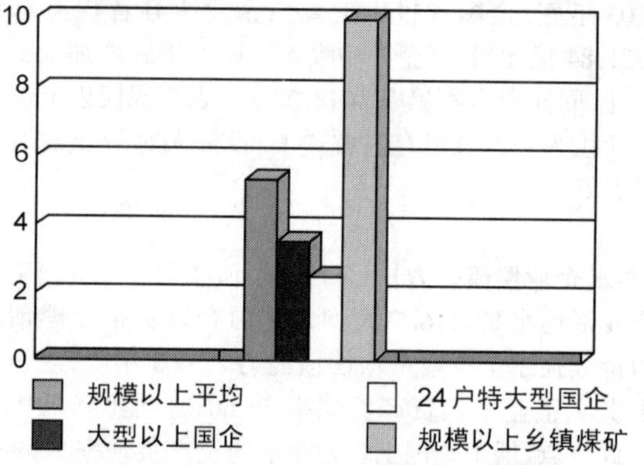

图4 2003年各类煤炭企业销售利润比较

【煤炭企业销售利润率】 企业素质的提高和商品煤价格在竞争中回归价值的缓续攀升,带动全行业盈利能力有所提高。大型以上煤炭国企总体盈利能力低于平均水平,乡镇煤矿盈利能力高居榜首。面对发展机遇,煤炭企业不断增强素质,提高市场竞争能力,煤炭价格在回归价值的竞争中缓续攀升,全行业效益持续转好。2003年,全国规模以上煤炭企业平均销售利润率5.62%(含国企补贴收入)高于2002年同期1.31个百分点,但明显低于相关行业平均值。其中116户大型以上煤炭企业补贴收入后的平均销售利润率为3.54%,24户特大型企业补贴后的平均销售利润率为2.59%,均低于煤炭行业平均水平。大型以上煤炭国企历史负担重,前期合理投入不足,生产能力不足的问题已很突出。

规模以上乡镇煤矿平均销售利润率9.98%,高出大型以上煤炭国有企业补贴后销售利润率6.44个百分点,高居各类企业榜首。

【煤炭企业发展能力】 全行业发展能力提高,重点煤炭国企须加快做大做强。全国规模以上煤炭企业平均值与2002年同期比较,销售增长率为24.32%、总资产增长率13.84%、资本积累率为18.05%。其中116户大型以上煤炭国企平均销售增长率为19.73%、总资产增长率12.39%、补贴收入后的资本积累率为16.28%。24户特大型以上煤炭国企平均销售增长率为18.66%、总资产增长率9.52%、补贴收入后的资本积累率为13.06%,重点煤炭国企各项指标均低于行业平均水平。三项指标反映出煤炭需求增加、煤炭全行业资产规模扩大、全行业资本保值、新增投资及留存收益继续看好。但大型以上煤炭国企亟待提高发展能力,加快做大做强。

规模以上乡镇煤矿销售增长率43.99%,总资产增长率24.81%,资本积累率27.56%,各项指标亦居榜首。

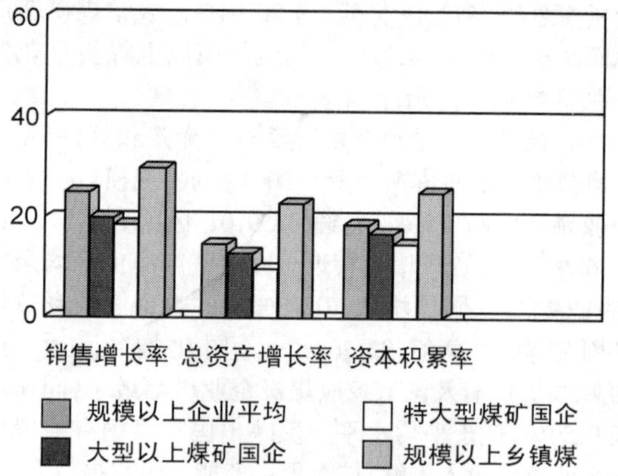

图5 2003年各类煤炭企业发展能力比较

【煤炭市场发展预期走势】 2004年全国煤炭还将延续2002年的市场惯性,需求继续增长,但增幅有所下降;市场供求总体平衡,部分区域和煤种相对偏紧,但程度有所缓解;受运输及需求持续增长等因素影响,煤电油运仍趋紧张。

1. 国民经济的继续增长生产起到明显拉动作用。近年来,全国工业经济继续保持增长势头,经济运行和投资存在很大惯性,一些行业投资增速依然偏高,正在建设和已经建成的项目将在今后一段时间内对经济发展和能源消费产生影响。包括电力、冶金等工业设施的大中型项目陆续投产,将继续带动能源消费的较大幅度上升。

2. 原煤产量增长幅度将有所回落。随着国家继续加大煤矿安全生产整治力度,加大对非法矿井和不具备安全生产条件矿井的治理工作,全国煤炭生产将逐步走向制度化,经营管理逐步法制化,私开乱采等非法建矿现象将得到遏制;在短期内国有大矿的生产规模难以大幅度改善,小煤矿在2003年基础上难以大量增加,煤炭生产矿井数量将在一定时期内保持稳定。

3. 运输环境的改善将保证煤炭市场供应。随着铁路、港口运输环境的继续改善，铁路、港口的煤炭运输将继续增长，华东、中南地区直达煤炭用户及东南沿海地区的煤炭需求紧张局面将得到一定改善。但是，铁路瓶颈制约严重的问题将会仍然突出。

4. 国际煤炭市场价格逐步回升，出口继续保持较高水平。随着国际能源环境变化趋于平缓，世界经济特别是以美国为首的西方发达国家经济的逐步趋好，国际煤炭市场将逐渐好转，市场价格逐步回升，将使全国煤炭出口继续保持较高水平。

5. 依然按照常年煤炭市场运行规律进行变化。在气候条件无较大变化的环境下，2004年一季度将延续2003年四季度的形势，二、三季度用煤淡季煤炭市场将趋于稳定平缓，但在需求上涨的局面下，不会出现大起大落现象；四季度将继续会出现局部地区偏紧状态。与此同时，一些现实问题将困扰2004年煤炭市场运行，煤炭资源增长潜力不足，以质量为基础的资源结构性供求矛盾更加突出，直接表现在优质煤炭供应不足；局部地区，特别是缺电相对严重的地区煤炭供求矛盾依然存在；电煤价格矛盾有可能进一步激化，对煤炭市场的干扰不能排除；部分“非煤”因素对煤炭供求的负面影响将延续；夏季和冬季两个用电、用煤高峰期的煤炭供求矛盾难以消除，等等。这些问题的存在，将使2004年煤炭市场供求矛盾在所难免。

为此，2004年，应采取切实措施增加对煤矿的投入，增强煤炭发展后劲。由于煤矿建设投资大、周期长、见效慢，建议国家给予投资补助，提高国有煤炭企业开发煤矿项目的积极性；对煤炭资源勘探程度较低的煤矿建设项目，国家给予适当的勘探资金补助，在项目开发后转为国家资本金。

建设煤炭大集团，优化配置资源，提高煤炭产业集中度，增强市场调控能力。中国煤炭资源和市场分布的不均衡，是提高煤炭产业集中度、实施宏观调控的最大障碍，建议以资源规划区为范围组建大煤炭企业集团，实行跨地区、跨行业和跨国经营。采取切实措施，解决中国铁路运输瓶颈制约经济增长的问题。允许企业入股参与铁路建设，实现铁路投资多元化。

理顺电煤价格，促进煤电一体化，形成利益互补的新格局。应鼓励有条件的煤炭企业建设大型坑口电站；提高具备安全保障的煤炭生产能力。采取措施切实提高安全生产技术水平，支持煤矿企业实施安全技术改造，改善安全生产条件，建立煤矿安全长效投入机制，提高具备安全保障的煤炭生产能力；保持煤炭出口相对稳定，避免大起大落。

【煤炭工业发展存在问题】 2003年国民经济的快速增长带动煤炭行业经济运行状况加快好转。煤炭行业特别是国有大中型煤炭企业克服各种困难，保证了市场供应，把握了市场机遇，在满足国民经济发展需要的同时全行业经济效益也取得历史性突破。但行业经济运行状况并未根本性好转。从整体上看，中国煤炭工业快速发展，技术和装备水平明显提高，产量迅速增长，从根本上扭转了长期供不应求的局面，保障了国民经济战略目标的顺利实现。但是，受生产力水平等诸多因素的影响，煤炭工业走的是一条低水平粗放发展道路，一些深层次的矛盾和问题亟待解决，突出表现为：

1. 资源勘探滞后，煤矿后劲不足。全国尚未利用煤炭资源量6565亿吨，其中，精查储量618亿吨，详查储量1086亿吨，普查1500多亿吨，可供大中型矿井利用的精查资源量仅300亿吨，远远不能满足矿井建设的需要。按煤炭工业中长期发展规划，在2020年前，需要新开工煤矿规模近10亿吨，煤炭精查储量缺口700亿吨。

由于“九五”和“十五”前期煤矿新开工规模不足，为保证国民经济发展对煤炭的需求，从“十五”后三年到2020年，全国煤矿需逐步新增建设规模9.7亿吨，需要投资3550亿元。煤矿建设任务是相当繁重而艰巨的，未来煤炭的安全稳定供应令人担忧。

2. 产业集中度低，市场稳定性差。中国现有大小煤矿2.8万处，平均年产量不到5万吨，其中乡镇煤矿平均年产量仅1.9万吨；原煤产量超过3000万吨的企业只有5个，产量合计2.71亿吨，市场份额仅占16%，而世界主要产煤国家中，前4家大型企业都控制煤炭市场份额的40%以上。煤矿点多面广，产业集中度低，企业组织结构不合理，缺乏一批对全国煤炭供需平衡和市场稳定具有一定调节能力的特大型煤炭企业。当市场供过于求时，众多企业竞相压价销售，市场价格大跌，全行业陷入困境；当市场供应紧张时，不少煤矿超安全保障能力生产，安全隐患增加，事故频发。

3. 煤炭企业竞争力脆弱，行业尚未摆脱困境。虽然全行业经济形势逐步好转，但扭亏并未脱困。原中央财政煤炭企业补贴前亏损面仍在60%左右。主要原因：一是国有大中型煤炭企业办社会负担沉重，每年净支出60亿元以上。二是增值税实际负担增加。据国家统计局资料分析，2002年增值税实际税负比1993年增加了近6个百分点，按当年规模以上煤炭企业煤类产品销售收入1961亿元计算，多交增值税近100亿元。三是计划经济时期的一些收费，已经形成了煤炭企业的刚性支出。如铁路建设基金2002年全行业支出高达140亿元，占当年规模以上煤炭企业年销售收入的7.3%。四是由于多年经济困难，煤炭企业生产、安全和职工生活等方面历史欠账多。三分之一的国有大中型煤矿不同程度地存在水平接续问题。五是国有煤矿职工人均收入低于全国平均水平，与电力、石油行业相比差距甚大。目前，累计拖欠在岗职工工资43亿元，部分职工家庭生活困难。

4. 行业管理薄弱，企业转制缓慢。中国以煤炭为基础能源，是世界最大的煤炭生产和消费国。但是，煤炭行业管理体系不完善，机构不健全，人员配备与实际需求差距太大，难以行使诸如建立健全煤炭法规体系、规范煤炭资源开发、监督和提高资源回采率、事前监管生产安全、监控环境污染等政府职能，不适应中国煤炭工业健康发展的要求。作为传统产业，中国煤炭行业思想观念相对落后，行业管理薄弱，宏观控制力度不足，导致煤炭企业转制缓慢，行业整体实力相对较弱。

【煤炭工业发展思路】 2004年是充满发展机遇和挑战的一年，也是煤炭企业经营状况比较好的时期。因此，煤炭企业应抓住新的发展机遇，积极应对新的挑战，加大科技开发和环境保护投入，转变增长方式，提高增长质量和效益。

党的十六大报告提出了全面建设小康社会的宏伟目标，到2020年，中国国内生产总值将比2000年再翻两番，综合国力和国际竞争力明显增强，基本实现工业化，建成完善的社会主义市场经济体制和更具活力、更加开放的经济体系，可持续发展能力不断增强，生态环境得到改善，资源利用率显著提高，人与自然和谐发展。在节约能源与优化结构的情况下，本世纪头20年，全国需要生产和消费煤炭400亿吨，资源、安全和生态环境压力将进一步加大，煤炭工业面临的形势非常严峻，发展和改革的任务十分艰巨。当前，构建新型煤炭工业体系乃当务之急。

1. 建立资源开发管理体系。目前，中国煤炭资源开发秩序混乱的主要原因有三个方面：一是煤炭资源开发管理程序不明确；二是资源市场化缺少应有的制约和监督；三是地方有关部门违规操作，有意规避《矿产资源法》和矿业权市场化的有关规定。当今世界，能源资源已经成为事关国际政治、外交的重要战略资源。中国是以煤炭为主要能源的国家，必须从国家能源安全的战略高度提高认识，维护煤炭资源的有序开发。

首先是转变观念，树立新的资源理念。从保障国家能源安全和服务于国民经济可持续发展的需要出发，把煤炭资源作为重要的战略性资源，由粗放开发型管理转变为节约保护型管理。尽快依法划定国家规划矿区、对国民经济具有重要价值的矿区和国家规定实行保护性开采的特定煤种矿区，对煤炭资源实行统筹规划和有计划地开发。

其次是改革矿产资源税和矿产资源补偿费计征办法，完善资源有偿使用制度，同时建立矿井储量利用状况年度评估和审核制度，激励企业珍惜资源，惩罚浪费资源的行为，提高煤炭资源回收率。

2. 建立安全、稳定的煤炭供给体系。提高煤炭供给的可靠性和市场稳定性，关键在于优化煤炭产业组织结构，提高产业集中度。2002年，国务院第149次总理办公会议和第四次常务会议确定，支持大型煤炭基地建设，促进煤电联营，形成若干个亿吨级煤炭骨干企业。国务院明确要求，要加快大型煤炭企业建设，淘汰落后生产能力，保证供需平衡。一是基于大型煤炭基地对全国煤炭供需平衡的支撑作用，明确提出“立足当前、谋划长远、统筹兼顾、合理布局”的规划原则。二是吸取过去煤炭产业单一发展，矿区生态环境破坏严重的教训，明确提出煤炭、电力、焦化、建材等多产业协调发展的建设模式。三是从多数煤炭企业属地管理的实际出发，提出政府推动与市场化运作相结合的大集团组建途径。四是以增强企业融资能力、促进大型煤炭基地建设为目标，鼓励大型煤炭集团与电力、钢铁、化工、建材、交通运输企业联合，多元融资开发和利用煤炭资源。五是以促进煤炭产业升级、提高资源利用率为目标，鼓励大型煤炭集团发挥技术、管理和融资优势，兼并改造周边中小型煤矿，带动中小型煤矿联合改造；鼓励大型煤炭集团到境外投资办矿，带动煤机产品出口和技术、劳务输出。

3. 构建可靠的煤矿安全保障体系。党中央、国务院历来十分重视煤矿安全生产。近两年来，已累计投入国债资金40亿元，支持国有煤矿企业实施安全技术改造。国务院新一届政府组建以来，从健全体制、完善机制和加大投入入手，采取综合治理措施，切实加强安全生产工作，收效明显。为促进煤矿安全生产状况的根本好转，提高人员素质，强化安全监管，保障安全投入，构建煤矿安全保障体系的措施。一是加强体制建设，强化监管和服务。重点产煤省、市、县各级政府应配备负责煤矿安全生产工作的专职领导，同时完善面向中小型煤矿的安全培训、技术服务和抢险救援体系。二是强化约束机制，完善煤矿安全生产许可制度、安全生产条件评估制度，建立安全风险责任和安全生产激励约束机制，建立井下生产人员特殊人身伤亡事故保险。三是设立安全专项资金，保障稳定投入。

4. 构建良性循环的经济体系。循环经济是以物质闭环流动为特征的生态型经济，它能使物质和能量在整个经济活动中得到优化，在大幅度提高资源、能源效率的同时，显著减轻对环境的压力。中国煤层瓦斯含量高的特点以及煤矿以井工为主的开采方式，决定了煤矿瓦斯和矸石排放量大、地表沉陷难以避免的现实。瓦斯和煤矸石是可以清洁利用的能源和原材料，通过洁净煤利用、转化技术和优化集成实现能源化工的联产，形成“资源—产品—再生资源”的流程，从而达到经济效益和环境效益同时最佳。从财税鼓励政策、公共财政投入、强制性环保制度入手，一是完善促进煤矸石和劣质煤综合利用的法规和政策，推动煤矸石等劣质燃料资源化、无害化利用产业的发展。建立煤层气开发、矿井水利用等示范工程，推动与煤共伴生资源的综合开发与利用。二是建立矿区环境治理抵押金制度，对矿区“三废”和地表沉陷实行同步治理，逐步使矿区环境治理步入良性循环。三是对历史上形成的地表沉陷，国家继续给予资助，实施综合治理。

5. 构建完善的法律、法规与政策体系。中国煤炭市场准入和退出机制尚不完善；煤炭生产成本中没有包含转产发展、环境治理等费用；煤炭企业税负和办社会负担沉重，还承担了不合理的行业性建设基金。这些问题不尽快妥善解决，将严重影响煤炭工业的持续健康协调发展。因此，从五个方面加强规范与政策扶持力度，构建法规政策宏观控制体系。一是加强法规建设，制订开办煤矿准入管理办法，制定煤炭生产资源消耗和污染物排放标准，激励企业节约资源和减少对生态环境的影响，完善资源枯竭煤矿退出法规，促进矿区转型发展和维护社会稳定。二是加快辅业分离，鼓励企业以产权制度改革为契机，采取主业注入资金、转让产权等方式，加快分离辅业。三是剥离企业办社会职能，加大政策和中央财政资金支持力度，推动国有重点煤炭企业分离办社会职能。暂时难以分离的，对所需费用在营业外支出中单独列支，用于抵免企业应缴纳的教育附加费、城市配套费、所得税等。四是减轻企业税费负担。加快增值税改革步伐，切实将煤炭企业增值税率降到1994年税制改革前水平。清理和取消各类行业性建设基金。五是促进企业发展和转产，建立煤炭转产专项资金，集中统筹使用，主要用于衰老报废煤矿转产、职工培训和人员安置。

（中国煤炭工业协会）

煤层气

【概况】 2004年10月20日河南大平煤矿发生的重特大瓦斯事故造成147人死亡和2004年11月28日陕西陈家山煤矿发生的重特大瓦斯事故造成166人死亡，给2004年煤矿安全生产形势逐步好转的局面蒙上了阴影，那么，2005年2月14日辽宁孙家湾煤矿发生的重特大瓦斯爆炸造成214人死亡的事故，更引起了全社会的强烈反响。国务院总理温家宝2月23日主持召开国务院常务会议，专题研究部署进一步加强煤矿安全生产工作，并特别强调各级政府和煤炭企业一定要加强领导，落实责任，痛下决心，标本兼治，坚决防范煤矿重特大事故的发生。会议提出，采取7项措施开展对瓦斯的集中整治，提出要成立国家煤层气工程研究中心，推进对煤层气的综合开发利用，变害为利。

根据调查，中国46%的煤矿属于高瓦斯矿，瓦斯含量大，地质构造复杂、断层多、地应力大，采掘时极易发生瓦斯突出现象。据统计，中国瓦斯事故已占到煤矿事故的80%以上，造成的伤亡占到特大事故伤亡人数的九成。

瓦斯，是贮存于煤层及其邻近岩层中的一种天然气，因此也称煤层气，煤层气对于煤矿生产是祸害，但若能加以有效利用，其实是一种非常洁净的能源。最早开展煤层气构排的是欧洲，早在19世纪后期，英国威尔士煤矿就开始利用井下穿层钻孔从未开采的煤层中抽出煤层气，以保证煤炭开采过程的安全。20世纪40年代，德国煤矿也开始大规模进行抽放利用煤层气。

【煤层气综合开发利用】 要解决中国现代化建设所面临的能源问题，必须改善其能源结构，并要特别注重节能和对环境的保护。而在煤炭开采中排放的大量煤层气作为一种新型能源，也已引起了各国政府和专家的高度重视。

煤层气除了能引起爆炸威胁采煤人员的安全外，还对大气环境造成严重破坏，据国际能源机构（1EA）估计，全世界煤层气资源量达260万亿立方米，而目前全世界每年因采煤直接向大气排放的煤层气就高达315亿～543亿立方米，这些逸散在空气中的煤层气，可加剧温室效应，破坏大气的臭氧层。当然，煤层气也并非一无是处，它是一种高效清洁的能源，由于煤层气的热值可根据需要进行调整，不像煤炭那样烧完后有剩余煤渣，所以它不需拥有庞大的净化装置来进行处理，而且它不腐蚀、不堵塞输气设备和管道，可以说是极好的民用燃料气，高浓度的煤层气可用来生产一系列的化工产品，也可用来做汽车燃料，还可用来发电。

基于开发煤层气具有改善煤矿安全、保护全球环境和增加新能源的重大意义，许多国家的政府都支持和鼓励本国的煤矿开发利用煤层气。特别是美国，在80年代地面钻井开发煤层气技术就已取得了重大突破，加上政府给予优惠政策，使煤层气工业得到了迅速发展，煤层气产量从1983年的8.07亿立方米，增加到2003年的450亿多立方米，是世界上率先取得煤层气商业化开发最成功的国家，也是迄今为止煤层气产量最高的国家。澳大利亚、英国、德国、波兰、俄罗斯和乌克兰也十分重视煤层气资源的开发，都制定了相应的开发计划，并致力于开采技术的研究和应用。

中国是世界第一大产煤国，从“七五”开始，国家各有关研究部门和生产单位就开始对煤层气进行研究勘探工作，并对中国陆上埋深2000米以浅的煤层气资源量作了不同的估计。据最新一轮资源评价结果表明，中国陆上埋深300～2000米的煤层气资源量为31.46万亿立方米，相当于450亿吨标煤，与陆上天然气资源量相当，超过美国位列世界前三位，在世界前12个国家的煤层气资源中占13%。由此可见，煤层气的发展前景还是很乐观的。

【中联煤层气有限责任公司】 近几年，中国已把煤层气作为第二煤资源进行开发，并把它列为煤炭工业“九五”计划四大战略性起步工程之一。1996年3月，中联煤层气有限责任公司(简称中联公司)成立，它是国家煤层气产业的骨干企业，是专门从事煤层气的勘探、开发、生产、运输、销售和利用的国家专业公司，是中国最大的煤层气企业。江泽民和李鹏曾分别为中联公司题词：“依靠科技进步，发展煤层气产业，造福人民”，和“突破煤层气，开发新能源”。原国务院副总理邹家华在莅临公司的成立大会时也做了重要讲话。中联公司的成立，标志着中国煤层气产业进入了一个新的发展阶段。

中联公司在山西沁水盆地取得勘探突破，在550平方公里的范围内获得了近402亿立方米的储量，从而建立起中国第一个大型煤层气田。

2002年底，中联公司在山西沁水县建设的枣园煤层气压缩站已将煤层气运往100公里之外的长治市销售，这是中国陆采煤层气产业首次实现商品化。

经过近三年的努力，中联煤层气有限责任公司的科技人员摸索出了一套适应中国煤层气勘探开发的系统工程技术，并制定了一套相应的工程技术堆积规程和质量标准，为煤层气开发实现产业化奠定了基础。

按照中国煤层气产业的发展目标，到2005年，煤层气产量要达到30亿～40亿立方米，2020年将达到200亿立方米。为实现这一目标，我们必须要加大对煤层气勘探开发的投入，大力推广煤层气开发、利用新技术，加强基础设施建设，合理配置煤气管道，充分利用现有天然气管道，以创造更多吸引外商投资的有利环境。

中联公司提出了中国煤层气产量的开发目标——建设3～4个煤层气生产基地，2010年产气量将超过100亿立方米，使煤层气产量可达到常规天然气产量的三分之一到二分之一。

【煤层气开发作用】 1. *合理开发利用煤层气，首先可以改善和提高煤矿的安全生产，提高企业的经济效益。*中国每年因瓦斯灾害造成的死亡人数达2000人以上。仅根据最近15年的统计，因瓦斯事故而死亡的人数约占煤炭行业工伤事故死亡人数的30%～40%，占重大事故的70%～80%，直接经济损失超过500亿元。瓦斯事故造成的人员伤亡和巨大经济损失，在社会上形成很大的负面影响。

所以，在采煤之前若先采出煤层气，不仅可以从根本上防止煤矿瓦斯事故的发生，大大改善煤矿的安全生产条件，同时还能减少对矿井的建设费用(巷道建设和通风费用减少1/4左右)，从而提高煤矿的生产效率和经济效益，当然还可以改善煤矿的社会形象。

2. *开发利用煤层气，可以在一定程度上改善中国的能源结构，增加洁净的气体能源。*能源作为人类经济社会发展的三大支柱之一，在世界经济可持续发展的战略中是具有举足轻重的作用的。随着中国国民经济的快速发展，必然对能源的需求也越来越大，因此，国内油、气的供需缺口也会急剧增加。据国家发改委能源研究所的预测，中国天然气的供需缺口将越来越大。因此，开发和利用煤层气，可有效弥补中国常规天然气在地域分布和供给量上的不足。有些资深专家早就提出：21世纪是煤层气大发展的时代，煤层气是中国常规天然气最现实可靠的替代能源。

3. *开发利用煤层气，可有效减排温室气体，改善大气环境。*煤层气作为一种温室气体，其温室效应是CO_2的20～24倍。甲烷的温室效应在全球气候变暖中的份额为15%，仅次于CO_2。中国是煤炭生产大国，只要采煤就会向大气中排放煤层气。1994年，据联合国统计：中国每年因采煤向大气排放的甲烷气体可达到190亿立方米，居世界第一，约占中国工业生产中甲烷排放的三分之一，占世界采煤排放甲烷总量的三分之一，已引起国际社会的普遍关注。特别由于近年来中国煤炭产量的剧增，这一问题也就愈加突显，因此，科学合理地开发和利用煤层气，不仅可以避免因采煤造成的煤层气这种不可再生资源的浪费，同时对减少温室气体排放、改善大气环境具有非常重要的意义。

4. *开发利用煤层气拉动相关产业的发展。*因为煤层气产业是一项庞大的系统工程，所以建设一个煤层气生产基地，将会带动运输、钢铁、水泥、化工、电力、生活服务等相关产业的发展，增加就业机会，带动当地经济。

因此，煤层气的开发和利用不仅可以进一步缓解中国优质能源供需的矛盾，一定程度上改善中国能源结构的需求，也可从根本上保障中国煤矿的安全生产，改善全球大气环境，并还将成为中国国民经济一个新的增长点。总之，开发利用煤层气有百利而无一害，是一项功在当代、利在千秋的伟大事业。

【煤层气开发现行政策】 美国煤层气的开发之所以能够迅速取得成功，除其具有良好的煤层气地质资源条件和完善的基础设施（如发达的天然气管网）以外，在美国煤层气开发初期和其政府的宏观调控政策特别是卓有成效的财政支持和政策鼓励是分不开的。如1980年美国政府颁布的《原油意外获利法》中的第29条税收补贴政策，就使美国率先取得了煤层气商业性开发的成功。

美国还实施了天然气管道的市场开放政策。因为煤层气的销售主要是要通过管道输送到各类用户的，因此天然气的管道政策直接影响着煤层气产业的形成与发展。1992年5月，美国能源管理委员会颁布了第636号法令，取消了管道公司对天然气购销市场的控制，实行了天然气管道的市场开放政策，这为煤层气生产商带来了机会，并可获得较高的井口价。

为加快中国煤层气及相关行业的发展，我们国家也从不同的层面和角度制订了很多政策，如在《中华人民共和国煤炭法》第35条中规定："国家鼓励煤矿企业开发利用煤层气"；在2001年3月15日全国人大通过的《国民经济和社会发展第十个五年计划纲要》还提出要"开发煤层气资源"；在《中华人民共和国对外合作开采陆上石油资源条例》中的第30条规定，"对外合作开采煤层气资源由中联公司实行专营，参照本条例执行"；从引导投资方向、改善投资结构等目标入手，原国家计委和国家科技部也是一直把煤层气的勘探开发纳入《当前国家重点鼓励发展的产业、产品和技术目录》。

在财税政策方面，国家财政部、国家税务总局制定了增值税优惠政策（国办通[1997]8号），具体规定为：中外合作开采陆上煤层气按实物征收5%的增值税，不抵扣进项税额；自营开采陆上煤层气增值税实行先征后返的政策，即按13%的税率征收，返还8个百分点；同时还制定了企业所得税方面的减免政策，如根据财政部规定（财税宇[1996]62号），从事合作开采石油资源的企业所得税问题的规定，均适用于开采中国陆上煤层气资源的企业；对中外合作开采煤层气的企业所得税实行二免三减半政策，即从开始获利年度起；第一年和第二年免征企业所得税，第三年至第五年减半征收企业所得税；在关税方面中国也有相关酌减免政策出台，如根据《国务院关于调整进口设备税收政策的通知》（国发[1997]37号）规定："为进一步扩大利用外资，引进国外的先进技术和设备，促进产业结构的调整和技术进步，保持国民经济持续、快速、健康发展，国务院决定，自1998年1月1日起，对国家鼓励发展的国内投资项目和外商投资项目进口设备，在规定的范围内，免征关税和进口环节增值税"。而在煤层气价格方面，国务院1997年国办通[1997]18号文件规定，煤层气的价格按市场经济原则由供需双方协商决定，政府不限价。

【煤层气开发成果】 中联公司自1996年3月30日经国务院批准成立以来，在政府和有关部门的支持、指导下，在自营勘探、对外合作和科技方面取得了很大的进展。

1998年开始，公司先后与10家外国公司签订了21个煤层气勘探开发产品分成合同，合同总面积约3.38万平方公里。对外合作区块内已施工各类煤层气井127口，吸引外资近10亿元人民币；经过几年的勘探，2001年率先在山西沁水南部地区获得煤层气探明储量402.18亿立方米，并得到了国家的认定；钻井187口，其中国内自营60口，对外合作127口，初步摸清了全国煤层气资源情况；建立了沁南枣园煤层气开发试验区，形成15口井的试验井组，所产煤层气除供应一座自备电站（2个机组、800千瓦）满足生产用电外，还建立一座压缩能力为3.6立方米/日的压缩气站，用于罐装汽运煤层气，向河南林州、山西长治供气，日供气量可达4000～8000立方米。初步实现了商业性试生产；国家级山西沁水南部煤层气高技术产业化示范工程也正式批准立项；承担和完成了11项国家级科研项目；初步掌握了一套适合中国煤层气井常规工程施工技术及工艺流程，制订和完善了行业技术标准和国标以规范工程质量。

中国新一届政府成立以来，国家和政府愈加关注和支持煤层气的开发利用。在最近不到一年的时间里，国家领导人对中国煤层气开发利用多次进行批示和具体指导，政府相关部门也积极促进和协调煤层气产业的发展。温家宝总理就明确提出："开发和利用煤层气既可治理瓦斯，又可利用能源，一举两得，应该加大科研、勘探、开发的力度。请发改委研究、制定规划和措施。"黄菊副总理对此也曾批示："有关扶持煤层气商业化开采的政策事宜，请发改委统筹研究。""煤矿利用瓦斯发电，对提高能源利用率、促进安全生产都有益处。可通过调研，总结经验，并在具备条件的地方加以推广。"曾培炎副总理也批示："抓好商业性示范工程，在总结经验的基础上，再进一步推广利用。"国务院华建敏秘书长批示："瓦斯是煤矿矿难主要原因，又是重要能源。建议研究技术、经济政策，使之变害为利，变废为宝。"国家发改委、能源局领导也多次具体对中国煤层气开发利用进行批示、指导。有关司局领导还亲自到煤层气开发现场进行考察。

【煤层气产业化发展规划】 为把国家领导的指示落到

实处，中联公司在深入研究和分析了资源、市场、投资和社会经济发展战略等因素后，制订了公司煤层气产业化发展规划指导思想和目标以及区域规划，具体如下：

1. *产业化发展规划指导思想*。公司将以党的十六届三中全会精神为指导，依托煤层气资源、市场和政策优势，以先进的工艺技术为手段，以获取煤层气规模产量为规划的最终目标，要实施内联外引，选定靶区，集中力量重点突破，实现煤层气的探采协调、滚动发展，力争在三年内初步实现煤层气的商业性开发。

2. *区域规划*。公司将以华北为重点，以山西沁水盆地南部和陕西韩城项目为切入点，开展系统的可行性评价研究，优选1~2个具备商业性开发条件的有利区域，作为煤层气商业性开发的示范项目，集中煤炭、石油和外国合作者的力量实施产量的突破，争取在三年内形成煤层气商业性开发基地，并实现规模化生产。为保证煤层气勘探开发的连续性，公司在重点开展示范工程的同时，还将继续对云南、黑龙江、辽宁、内蒙古、安徽、江西等地区的煤层气资源进行普查工作，按计划提交煤层气的探明储量。

3. *地面开采煤层气规划目标*。规划目标是：2004~2006年公司将建成1~2个煤层气生产基地，以确保实现煤层气年产能超过1亿立方米；3~5年完成煤层气示范工程目标，形成产能10亿立方米，以上；到2015年公司将建成2~3个煤层气生产基地，年产量可达到100亿立方米以上，基本能够达到煤层气产业化规模。

4. *加强研究解决煤矿瓦斯有效技术*。国外经验表明，使用多分支羽状水平井技术进行煤层气开采，可使煤层气的采收率提高到85%以上；开采期短（3~8年，平均4年）；井位占地少；控制面积大。而且这种技术与井下的抽放、采空区的抽放相结合，可以有效解决煤矿瓦斯灾害问题。

在有关经济政策的扶持下，中国的煤层气产业一定会有非常好的发展前景，中联公司的煤层气产业也一定能够为中国的能源和经济发展做出更大的贡献。

（杨　坚）

冶　金

【概况】 2003年，是中国钢铁工业发展的一个里程碑，铁钢产量同时突破2亿吨，创出历史新高，对国民经济增长起到了重要的支撑作用，为国民经济发展做出了巨大的贡献。

2003年全国产钢材22233.60万吨，比2002年的18224.89万吨增加4008.71万吨，增长22.00%，产生铁21366.68万吨，比2002年的17079.20万吨增加4287.48万吨，增长25.10%；产成品钢材24108.01万吨，比2002年的19250.06万吨增加4857.95万吨，增加25.24%。

钢铁工业的持续快速增长，为冶金矿山企业的发展创造了有利的条件，使全行业出现了产品质量，效益协调发展的可喜局面。全国规模以上的铁矿企业累计生产铁矿石26271.93万吨，比2002年的23261.94万吨增加3009.99万吨，增长12.94%；生产铁精矿10877.29万吨，比2002年的9914.98万吨增加962.31万吨，增长9.71%。

重点铁矿企业生产铁矿石原矿13488.02万吨，比2002年的12394.40万吨增加1093.62万吨，增长8.82%占全国总产量的51.34%；重点选矿厂产铁精矿6124.12万吨，比2002年的5834.25万吨增加289.87万吨，增长4.97%，占全国产量的56.30%。

地方中小矿山企业生产铁矿石原矿1278.91万吨，比2002年的10867.54万吨增长1916.37万吨，增长17.63%。河北，山西，内蒙古，辽宁，山东，安徽，四川等铁矿资源大省（区）的铁矿石产量都有较大幅度的增长。北京，山西，内蒙古，山东，安徽等省区的产量增幅都在10%以上，分别为511.8万吨，44.9%；285.6万吨，21.4%；169.3万吨，15.5%；111.8万吨，12.7%；88.6万吨，10.4%。河北和辽宁两省的铁矿石产量为13877.12万吨，占全国产量的52.82%。河北省规模以上矿山企业铁矿石产量7921.82万吨，同比增加26.62%；辽宁规模以上矿山企业铁矿石产量5955.30万吨，同比增加2.97%。

由于近几年矿山企业加大了技术改造力度，进一步深化改革和加强企业管理，全面开展对标挖潜，节能降耗，在矿山开采条件恶化，选矿难度加大的情况下，各矿单位制造成本，得到较好控制。同时，钢铁产量的高速增长，对铁矿资源的消耗迅猛增加，铁矿石需求量快速增长，带动国内铁矿石价格逐月大幅上涨。全年45个地区（矿山）铁精矿平均价格在550元/吨，最高价达到850元/吨以上，同比平均上涨了107%，河北，山西，辽宁，山东等地区铁精价格同比平均上涨120%~150%。冶金矿山全行业利润大幅增加，企业经济效益显著提高。在矿山主业得到较快发展的同时，非矿产业也有了新的发展，铁矿资源保护与合理开发利用继续得到重视，环境保护和生态恢复意识进一步增强。

【主要技术经济指标】 2003年1~12月，重点露天铁矿全员劳动生产率平均达到10471.62吨/人，工人劳动生产率平均达到12415.88吨/人，同比分别提高

13.29%和25.57%；重点地下矿全员劳动生产率平均达到1222.10吨/人，工人劳动生产率达到1744.29吨/人，同比分别提高10.18%和25.96%，重点选矿厂全员劳动生产率3973.37吨/人，工人劳动生产率5051.77吨/人，同比分别提高14.19%和9.79%。劳动生产率的大幅提高，说明重点矿山采选技术和装备水平有了进一步的提高，企业深化改革，加强管理，加快技术改造取得显著成效。铁精矿质量普遍提高，全国铁精矿平均品位提高一个百分点，杂质含量也有所下降。

表1　冶金企业工业产值

企业名称	工业总产值(万元)			
	工业总产值(90不变价)	工业总产值(现价)	工业增加值(生产法)	销售产值(现价)
重点企业				
首钢矿业公司		94266.00		
宣钢龙烟矿山公司	7670.55	12314.98		
宣钢石灰石矿	2713.79	5151.22		
唐钢矿业有限公司	38274.01	99220.62		
石人沟铁矿	5723.43	10127.28		10154.38
棒磨山铁矿	9105.88	17508.14		16465.77
庙沟铁矿	20771.76	68643.63		68939.65
后屯石矿	604.73	2575.01		
魏家井白云石矿	2068.21	1085.81		1116.41
邯邢冶金矿山管理局	37177.00	102110.00	36996.00	101424.00
符山铁矿	2033.60	5439.10		5900.80
玉石洼铁矿	8524.80	24012.20		24154.60
矿山村铁矿	2415.80	5662.30		5633.20
西石门铁矿	14974.60	43304.40		43035.80
玉泉岭铁矿	2128.80	5429.50		5499.40
团城铁矿	1842.50	5395.60		5468.80
太钢矿业分公司		130165.66		126115.98
包钢白云鄂博铁矿	28950.59	51449.94	27370.76	51251.61
包钢选矿厂	45581.41	114711.99		114534.64
包钢固阳矿山有限公司	4477.20	7544.77		11138.10
包钢乌海矿业公司	1546.04	6843.02		6535.45
本钢矿业有限责任公司	74050.00	204697.00		
南芬露天铁矿	30327.00	44387.00		
歪头山铁矿	21391.49	72277.00		
南芬选矿厂	46595.00	113780.00		
石灰石矿	62306.00	160083.00	77207.00	159569.00
鞍钢矿业公司	115904.00	250700.00	9739.00	7979.00
鞍钢弓长岭矿业公司	62306.00	160083.00	77207.00	159569.00
鲁中冶金矿山公司	17416.00	47587.00	24512.00	49062.00

续表1

企业名称	工业总产值(万元)			
	工业总产值(90不变价)	工业总产值(现价)	工业增加值(生产法)	销售产值(现价)
上海梅山矿业有限公司	33550.96	69916.67	35572.72	69739.19
马钢矿业管理委员会	38993.74	85128.68	63833.37	85657.39
南　山铁矿	25366.94	55648.14	42565.00	55835.39
姑　山铁矿	7477.61	17074.22	16491.77	17379.40
桃　冲铁矿	6149.19	12406.32	4776.60	12442.60
武钢矿业有限责任公司	334291.70	204573.10		
攀钢矿业公司	60477.00	105766.00	26111.00	107066.00
海南钢铁公司	20617.70	31926.14	19675.41	35078.68
酒钢镜铁山矿	339178.00	635834.00	218926.00	637507.00
浙江漓铁集团公司		34569.00	8628.00	34903.00
广东大宝山矿业有限公司	18465.00	22849.00	10515.00	24787.00
水钢观音山铁矿	1124.68	4050.29		
其他企业				
凌钢　保国铁矿	8581.80	20680.20	5655.10	21910.50
济南　钢城矿业公司	3249.91	12972.11	6604.62	12972.11
河南　安钢舞阳矿业公司	6066.02	15928.40	3809.67	17891.57
福建　阳山铁矿	2688.30	4814.00	1918.20	4535.50
通钢　板石矿业有限公司	9995.00	23042.00	15699.00	23245.00
江苏　徐州铁矿	12165.00	23154.00	5496.00	23589.00
福建　潘洛铁矿	3970.00	7585.00	43287.00	8015.00
新余　良山矿业有限公司		1669.80		
莱钢　莱芜矿业有限公司	5483.11	17792.35	3757.18	18880.59
山东　金岭铁矿	11829.29	29510.14	14875.00	29248.14
莱钢　黑旺铁矿	7992.00	11491.00	5039.00	11913.00
四川　泸沽铁矿	1233.00	2975.70	1602.10	3159.20
略钢　黑山沟铁矿	1739.15			
广西　大新锰矿	9161.88	13025.17	5341.77	12969.81
湖南　桃江锰矿	878.10	1282.20	300.40	1535.80
福建　连城锰矿	1248.90	2459.10	1672.60	2229.20
湘钢　湘乡白云石矿	1191.00			

【矿山技术改造】 目前是矿山企业历史上经营最好的时期，企业自有资金充足，一些矿山企业加大了对矿山的投入。一批矿山建设，采选改造，球团厂建设项目已经建成投产或即将建成投产。霍邱500万吨采选项目，酒钢黑沟200万吨采矿项目，昆钢大江山50万吨采选项目等一批矿山建设项目建成投产；攀钢白马铁矿500万吨采选项目破土动工，马钢高村500万吨采矿恢复项目，姑山和睦山50万吨采矿项目，首钢孟家沟600万吨采矿项目，安徽龙桥100万吨采选项目，内蒙古书记沟100万吨采矿项目，河北武安南河铁矿50

表2　全国铁矿采剥掘总量

省　市	采剥掘总量(万吨)	掌子出矿量(万吨)			剥离量(万吨)
		合　计	露　天	地　下	
全　国	64947.69	22740.53	17807.70	4932.83	41033.36
北　京	7030.27	1525.81	1525.81		5504.46
河　北	18595.73	7790.45	6486.97	1303.48	10495.34
山　西	3419.29	926.09	841.80	84.29	2475.40
内蒙古	3619.08	1204.27	952.95	251.32	2414.81
辽　宁	17137.22	4190.03	4005.07	184.95	12925.39
吉　林	456.93	229.20	57.96	171.24	182.26
黑龙江	62.28	57.24	1.10	56.14	
江　苏	615.02	533.30		533.30	
浙　江	120.21	97.29		97.29	
安　徽	1882.47	810.73	762.62	48.10	1059.19
江　西	31.96	30.66	1.09	29.57	
福　建	80.93	44.44	17.42	27.03	14.23
山　东	1910.57	951.59	581.74	369.85	814.18
河　南	867.36	229.50	144.16	85.34	637.28
湖　北	1142.20	723.35	39.81	683.55	2.47
湖　南	39.06	28.78	28.78		10.28
广　东	1217.18	561.96	561.96		655.22
广　西	166.29	51.14	37.92	13.22	109.02
海　南	1224.93	386.22	386.22		838.68
重　庆	111.93	43.96	43.96		67.97
四　川	3904.46	1321.11	921.11	400.00	2583.35
贵　州	18.34	0.64		0.64	
云　南	280.64	280.64	224.51	56.13	
陕　西	105.76	92.42		92.42	
甘　肃	722.63	458.05	46.05	412.00	208.31
新　疆	265.85	216.09	156.09	60.00	19.75

万吨采选项目,包钢白云西矿等矿山建设项目进展顺利。弓长岭矿业公司200万吨球团,武钢矿业公司程潮铁矿125万吨球团,首钢矿业公司200万吨球团等大型球团工程投产运行;太钢峨口铁矿200万吨球团,弓长岭矿业公司球团二期200万吨球团等大型球团工程开工建设,武钢矿业公司500万吨球团工程正在进行开工前的各项准备工作。鞍山矿业公司,首钢矿业公司,太钢矿业公司,南山矿业公司等企业加大对老矿山的改造投入,依靠大型化设备提高生产效率和产矿能力,降低生产成本,并根据采场条件的变化,及时调整工艺布局,理顺采剥关系。鞍山矿山公司,本钢矿业公司太钢矿业公司采用新工艺,新技术,提高产品质量和金属回收率,降低杂质含量的选矿改造工程;依靠大型设备提高选矿处理能力,增加精矿产量,降低能耗和维护费用的选矿改造工程有了新进展;选矿生产过程自行检测,自动控制和专家智能系统的应用有新的突破,酒钢选矿厂自动化项目已进尾声,对稳定工序捐资和产品质量,改善技术经济捐资将发挥重要作用。矿山信息化建设迈出了新的步伐,鞍钢新钢铁齐大山铁矿,首钢矿业公司等企业的信息化建设和矿山自动化调剂统取得重要成果。另外,地方和民营企业投入铁矿资源开发的积极性空前高涨,一大批铁矿采选项目已经建成或正在建设中。

表3　矿铁山

省　市	掘进量			其他采剥掘量(万吨)
	万　吨	米	立　米	
全　国	957.12	254260	2183596	216.67
北　京				
河　北	292.611	19562	1017136	17.32
山　西	17.81			
内蒙古				
辽　宁	21.80	9033	60151	
吉　林	38.22	17119	126021	7.25
黑龙江	1.90			3.15
江　苏	81.71	11351	147839	
浙　江	22.92			
安　徽	8.07	2002	21490	4.94
江　西	1.30			
福　建	2.99			
山　东	139.97	54277	445410	4.83
河　南	0.58			
湖　北	252.31	20678	188022	164.07
湖　南				
广　东				
广　西	6.13	3988		
海　南				0.04
重　庆				
四　川	3.30	2564		

续表 3

省 市	掘进量			其他
	万 吨	米	立 米	采剥掘量(万吨)
贵 州	2.18			15.52
云 南				
陕 西	13.34	2127	8425	
甘 肃	56.27	14123	169102	
新 疆				

【铁矿石进口情况】 2003 年,全国累计进口铁矿石 14812.84 万吨,同比增加 3664.28 万吨,增长 32.87%。成为世界第一大铁矿石进口国。其中从澳大利亚进口 5812.81 万吨,同比增加 1534.45 万吨,增长 35.87%;从巴西进口 3839.53 万吨,同比增加 862.65 万吨,增长 28.98%;从印度进口 3227.77 万吨,同比增加 974.74 万吨,增长 43.26%。从南非进口 955.77 万吨,同比减少 73.92 万吨,下降 7.18%。

进口矿中,未烧结铁矿砂及精矿 13178 万吨,同比增加 3139 万吨,增长 31.28%,占全部进口铁矿石的 88.96%;已烧结铁矿砂及精矿 1634 万吨,同比增加 531 万吨,增加 48.20%,占全部进口铁矿石的 11.04%。

中国对铁矿石需求的增长带动了全球铁矿石市场的发展。中国铁矿石进口数量的大幅度增长,也造成了世界铁矿石价格的上涨,平均涨幅达 10%左右。同样,由于中国对铁矿石需求的强劲增长,造成世界散货运输能力紧张,致使世界散货海运费一路走高,10 月份巴西到中国的铁矿石运费上涨到 28.8 美元/吨以上,澳大利亚到中国铁矿石运费上涨到 15.8 美元/吨,是去年同期的 3 倍;11 月份巴西到中国的铁矿石运费上涨到 30.6 美元/吨以上,澳大利亚到中国的铁矿石运费上涨到 17.2 美元/吨;12 月份巴西到中国的铁矿石运费上涨到 33.5 美元/吨以上,澳大利亚到中国的铁矿石运费上涨 18.5 美元/吨。12 月份中国进口铁矿石平均到岸价达到 44.85 美元/吨,较年初上涨 19.05 美元/吨,增长 73.84%。纵观 2003 年全年进口铁矿石 14812 万吨,总金额达到 485650 万美元,平均价格为 32.79 美元/吨,同比上涨 7.95 美元/吨,增长 32%。另外,受国内港口和运输能力限制,加之铁路运费上涨,公路运输治理超载等因素的影响,使得运输成本大幅度增加。

(揭香萍)

有色金属

【概况】 2003 年克服了"非典"疫情带来的不利影响,继续保持了持续、健康、快速发展的良好态势。

2003 年,全国 10 种常用有色金属累计生产 1205 万吨(公报数),同比增长 19.07%,继续保持世界第一位。其中铜产量(公报数)184 万吨,同比增长 12.71%;铝产量(快报数,以下相同)556.34 万吨,同比增长 26.85%;铅产量 157.76 万吨,同比增长 22%;锌产量 229.2 万吨,同比增长 8.84%;镍产量 6.47 万吨,同比增长 20.89%,锡产量 10 万吨,同比增长 16.5%;汞产量 6.0 万吨,同比增长 23.23%,镁产量 33.94 万吨,同比增长 46.46%;海绵钛产量 4118 吨,同比增长 12.88%,锑产量 10.16 万吨,同比下降 17.95%。

2003 年,铜、铅、锌、镍、锡、锑等六种精矿实现了恢复性增长。全年规模以上企业共生产精矿金属量 306.44 万吨,同比增长 9.71%。其中:铅精矿 63.15 万吨,同比增长 11.79%,锌精矿 168.74 万吨,同比增长 14.71%;镍精矿 6.06 万吨,同比增长 10.92%,铜精矿 58.25 万吨,同比下降 0.19%;锡精矿 5.56 万吨,同比下降 10.2%;锑精矿 4.67 万吨,同比下降 17.69%。

氧化铝产量(公报数)为 609.39 万吨,同比增长 11.24%。由于电解铝快速增长,氧化铝缺口进一步加大,供需矛盾十分突出。

铜、铝加工材产量继续大幅度增长。其中,铜材产量 329.67 万吨,同比增长 32.61%;铝材产量 362.9955 万吨,同比增长 33.3%。

【生产技术指标】 2003 年,有色金属企业通过进一步加强管理,在降低成本,节约费用支出等方面取得明显成绩。在原材料、燃料、电力等大幅度涨价的情况下,国有及国有控股企业产品成本增幅,仍比同期销售收入的增幅低 1.5 个百分点。规模以上有色金属企业销售费用增幅,比同期销售收入的增幅低 11.5 个百分点;管理费用增幅,比同期销售收入的增幅低 14.8 个百分点;财务费用增幅,比同期销售收入的增幅低 24.9 个百分点。有些技术经济指标已接近世界先进水平,特别是关键性指标不断得到改善,提高了有色金属工业的国际竞争力。

2003 年,中国铝锭综合交流电耗平均为 15030 千瓦时/吨,原铝直流电耗平均为 13833 千瓦时/吨,均达到历史最好水平;氧化铝综合能耗 1110 千克标煤/吨,优于历史最好水平。2003 年镍冶炼总回收率 89.36%,也创历史最好水平。

【规模以上企业经营情况】 1. 规模以上工业企业实现销售收入持续快速增长。2003年,全国规模以上有色金属工业企业销售收入3603.39亿元,比2002年增长30.96%。其中,国有及国有控股企业实现销售收入1567.81亿元,比2002年增长25.15%;非国有企业实现销售收入2035.58亿元,比2002年增长35.81%。国有及国有控股企业实现销售收入所占比重为43.51%,多种经济成分的非国有企业实现销售收入所占的比重为56.49%。

2003年规模以上企业产品销售收入超过100亿元的省、自治区、直辖市有14个,它们依次是:江苏省(374亿元)、浙江省(303亿元)、河南省(285亿元)、广东省(251亿元)、湖南省(193亿元)、辽宁省(187亿元)、江西省(177亿元)、甘肃省(176亿元)、云南省(172亿元)、山东省(170亿元)、安徽省(134亿元)、上海市(133亿元)、山西省(119亿元)、四川省(106亿元)。

2003年销售收入超过20亿元的有色金属工业企业有18家,它们依次为:中国铝业公司(304亿元)、江西铜业集团公司(107亿元)、铜陵有色金属(集团)公司(86亿元)、金川集团公司(82亿元)、云南铜业(集团)有限公司(45亿元)、辽宁忠旺集团公司(36亿元)、株洲冶炼集团有限责任公司(34亿元)、白银有色金属公司(32亿元)、青铜峡铝业集团有限公司(32亿元)、深圳市中金岭南有色金属有限公司(31亿元)、海亮集团有限公司(31亿元)、葫芦岛有色金属集团公司(29亿元)、宁波金田(集团)股份有限公司(27亿元)、兰州铝业股份有限公司(25亿元)、山东丛林集团公司(25亿元)、包头铝业集团有限责任公司(25亿元)、云南锡业集团有限责任公司(21亿元)、高新张铜金属材料公司(20亿元)。

2. 规模以上有色金属工业企业实现利税大幅度增长。2003年,全国规模以上有色金属工业企业实现利税287.85亿元,比2002年增长54.02%。其中,国有及国有控股企业实现利税159.33亿元,比2002年增长64.46%,所占比重为55.35%;非国有企业实现利税128.52亿元,比2002年增长42.78%,所占比重为44.65%。

2003年规模以上有色金属工业企业实现利税超过10亿元的省、自治区、直辖市有13个,它们依次是:河南省(41.8亿元)、浙江省(21.6亿元)、甘肃省(20.2亿元)、山西省(19.6亿元)、山东省(19.2亿元)、江苏省(16.8亿元)、湖南省(14.7亿元)、云南省(14.5亿元)、广西自治区(13.3亿元)、江西省(12.7亿元)、广东省(10.5亿元)、贵州省(10.2亿元)、四川省(10.1亿元)。

有色金属工业企业实现利润创历史新高。2003年,规模以上有色金属工业企业实现利润为150.90亿元,比2002年增长84.23%。其中,国有及国有控股企业实现利润81.60亿元,比2002年增长132.74%,所占比重为54.08%;非国有企业实现利润69.30亿元,比2002年增长47.95%,所占比重为45.92%。

2003年在有色金属行业中实现利润超过1亿元的企业依次是:铝冶炼企业实现利润63.52亿元,常用有色金属(铜、铝)加工企业实现利润36.6亿元,铅锌采选企业实现利润7.89亿元,镍钴冶炼企业实现利润7.16亿元,铅锌冶炼企业实现利润6.40亿元,铜冶炼企业实现利润5.59亿元,钨、钼采选企业实现利润4.32亿元,铜采选企业实现利润2.48亿元,其他稀有金属冶炼企业实现利润2.28亿元,稀土冶炼企业实现利润2.08亿元,贵金属加工企业实现利润1.78亿元。

2003年规模以上企业实现利润超过10亿元的省、自治区、直辖市有5个,它们依次是:河南省(28.6亿元)、山东省(12.5亿元)、浙江省(11.8亿元)、山西省(11.4亿元)、甘肃省(10.0亿元)。

【有色金属进出口贸易】 2003年,是中国加入WTO后的第二年。由于关税降低和国内有色金属产品产量增长、进口原料增加等因素的作用,有色金属进出口贸易额增长幅度较大。全年累计完成进出口贸易总额232.88亿美元,比2002年增长36.9%。其中,出口额80.72亿美元,比2002年增长33.2%;进口额152.16亿美元,比2002年增长38.9%。2003年中国有色金属外贸进出口总额、出口额和进口额均创历史纪录,但出口额明显小于进口额,外贸逆差达71.44亿美元,同比增长40.57%。

2003年,进口的大宗产品主要有铜、铝、镍三种,附加值高的深加工产品进口量也比较大。

出口的大宗产品除传统产品钨、钼、锑、稀土外,铝、镁成为新的重要出口产品。

【企业改革和结构调整】 2003年是有色金属工业企业改制和资产重组重要的一年。在这一年里,国内大企业集团与跨国公司及民营企业进行了多种形式的重组和上下游产业的联合,通过资本运作,积极实施了"走出去"战略。继中铝公司与美铝合作后,加拿大铝业公司与青铜峡铝业公司合资合作,成功购买青铝三期50%股权。香港东英工业投资有限公司收购中孚实业的母公司豫联能源公司80%的股份,间接控股中孚实业。中铝公司与内蒙古自治区合作,将包头铝业集团有限公司划归该公司,为并购重组地方电解铝企业起到了示范和引导作用。中国五矿集团公司与江西稀有稀土钨业集团并购重组,江西铜业公司收购了西康铜业公司，实现了跨地区的企业重组。金川集团公司与宝钢集团在海外开发资源上实现了强强联合。

在镁工业方面，海德鲁公司最早在西安投资办厂，美国、日本、瑞士、加拿大等外商先后进入中国镁业。为了解决资源短缺问题，一些有实力的大企业，加快了开发海外资源的步伐。

【固定资产投资】 2003年，有色金属工业完成固定资产投资总额479亿元，是2000年的2.7倍，是1995年的3.2倍。截至2003年末，全国规模以上有色金属工业企业拥有资产总额达到4233.90亿元，比2002年增加584.13亿元，同比增长17.60%。其中，国有及国有控股企业拥有资产总额2711.19亿元，同比增长13.47%，占规模以上企业的比例为64.04%；非国有企业拥有资产总额1522.71亿元，同比增长25.76%，占规模以上企业的比例为35.96%。2003年末资产总额超过50亿元的有色金属企业有10家，分别为：中国铝业公司522亿元，江西铜业公司147亿元，铜陵有色金属(集团)公司117亿元，葫芦岛有色金属集团91亿元，云南铜业(集团)有限公司88亿元，白银有色金属公司87亿元，金川集团有限公司85亿元，辽宁忠旺集团公司81亿元，云南锡业集团有限公司58亿元，青铜峡铝业集团有限公司55亿元。

【有色金属工业科技成果】 2003年，有色金属工业技术进步成效显著，取得了重大成果。在氧化铝生产方面，成功开发了选矿拜耳法、石灰拜耳法、富矿强化烧结法、降膜蒸发、管道化溶出、砂状氧化铝等新工艺、新技术。采用“选矿—拜耳法”新工艺建成的30万吨生产线，已顺利投产。这些新技术极大地提升了中国氧化铝竞争力，使中国一水硬铝石生产氧化铝工艺技术处于世界先进水平。铅冶炼技术取得了重大突破，自主开发的氧化底吹熔炼－鼓风炉还原炼铅技术(SKS)已达到国际先进水平，为中国铅冶炼企业淘汰落后工艺开辟了一条新路子。

金川集团公司与中国有色工程设计研究总院等单位自主成功研发了羰基法镍精炼工艺产业化技术，打破了国外对这一技术的长期技术封锁。“镁合金开发应用及产业化”重大专项，取得突破性进展，受到国家科技部的好评。一批国家“973”和高新技术产业化项目都取得了阶段性成果。

另外，有色金属系统的国家工程研究中心、企业技术中心的创新能力有较大提高，以企业为主体的技术创新体系基本形成，有力地推动了全行业的科技进步。

【有色金属非国有企业经营】 2003年，在规模以上企业销售收入中，国有企业所占比重为43.5%，非国有企业为56.5%；在资产总额中，国有企业所占比重为64%，非国有企业为36%；在实现利税中，国有企业所占比重为53.4%，非国有企业为46.6%；在实现利润中，国有企业所占比重为54.1%，非国有企业为45.9%。以上数据表明，非国有经济已经成为促进中国有色金属工业快速发展的重要力量，以国有经济为主体，多种经济成分共同发展的新格局逐步形成。

【有色金属工业存在问题】 1. *资源短缺问题日益突出*。据统计，2003年中国铜产量的65%以上、铝产量的48%、铅产量的30%、锌产量的20%是靠进口原料生产的，而且还有进一步扩大的趋势。由于中国大量进口原料，加剧了全球原料供应紧张，价格上扬，对中国有色金属工业的可持续发展构成严重威胁。2003年氧化铝价格的异常飙升，严重影响了中国电解铝的生产秩序和经济效益。铜精矿和铅锌精矿的进口价格也持上升趋势。

2. *能源供应紧张和价格上调已严重影响有色金属工业的生存和发展*。在有色金属工业能源消费结构中电力消费占很大比重。2003年下半年起，全国出现大面积的电力供应紧张，全国约22个省区发生限电现象。在这种情况下，国家有关部门决定从2004年起调整电价，对有色金属工业影响较大。

3. *结构性矛盾依然突出*。2003年，中国生产的铜材和铝材已分别达到330万吨和363万吨。尽管产量已经很大，但2003年中国铜材进口量仍达106万吨，铝材进口量上升到53万吨，其中大部分都是技术含量高、国内尚不能生产或不能稳定生产的高附加值产品。当前，企业规模小、技术装备水平低、生产技术落后、产品质量不稳定，结构不合理、品种少、规模不全是铜铝材加工企业的共性问题。

4. *淘汰落后生产能力保护环境任务重*。目前，中国有色金属工业虽然已经形成很大规模，但浪费资源、污染环境的落后生产能力还占有相当比重，产业的可持续发展能力受到严重影响。目前电解铝产能中仍有12%是落后的自焙电解槽生产工艺；铅冶炼工艺采用严重污染环境的烧结锅、烧结盘生产的粗铅仍占30%以上；鼓风炉炼铜、竖罐炼锌等落后生产工艺不仅没有被淘汰，反而在少数地区又有新建或扩建。

5. *科技创新能力弱，有待进一步加强*。2003年，中国有色金属工业虽然在科技进步上取得很大成绩，但整体科技创新能力还比较弱，目前除中国铝业公司等大型企业有专门科研机构外，多数企业规模小、实力不强，投入用于科研和新产品开发的财力和人力非常有限。国家科技体制改革后，国家科技投入资金减少，加之资金和人才分散,市场经济转型中有色金属科技人才出现断档现象,有限的资源只能满足于一般性的工艺研究,无力开展全行业共性技术的开发与创新。

(中国有色金属协会)

黄 金

【概况】 2003年中国黄金工业继续保持了持续增长的势头,黄金产量达到201.59吨,增长率为5.9%,在世界产金国中排名第四位。2003年全国各省(区、市)黄金产量与2002年相比变化较大,山东省仍是中国最大产金省,约占全国的30.33%。其次是河南省(12.77%);江西省(5.88%);福建省(5.38%),由2002年产金第七位上升至2003年第五位;由2002年产金第十二位上升至2003年第八位。

2003年黄金产量的201.59吨中,有174.64吨是黄金企业生产的,占总产量的86.63%。2003年,中国黄金集团公司、山东黄金集团有限公司、山东招金集团有限公司、紫金矿业集团股份有限公司等26家重点黄金企业共生产黄金108.56吨,占全国黄金产量201.59吨的53.85%。占黄金行业黄金产量174.64吨的62.21%。

2003年岩金矿山数量共有327家。日处理能力大于500吨的岩金矿山(含露天)共有68家,大于200吨小于500吨的共有73家,大于100吨小于200吨的共有83家,大于50吨小于100吨的共有72家,小于50吨的共有31家。2003年黄金产量超过1吨的35家矿山产金(成本+含量)产量为63.94吨,占全国矿产金(成本+含量)产量164.93吨的38.77%。

2003年,中国黄金行业实现利润25.1亿元,比2002年增长了31.6%,创历史最好水平。

1996~2003年统计年报资料显示:2003年实现利润25.1亿元,其中涨价因素是增加利润的主要原因,增加利润6亿元,增加产量10.8吨,增加利润1.3亿元。

山东是全国第一产金大省,也是第一盈利大省,2003年的产量占全国的31%和30%,实现的利润则占全国实现利润的36.7%和135.5%。

福建省是实现利润增量最大的省,2003年增加利润2.3亿元,产量占全国的4.3%和5.4%,实现的利润占全国的12.8%和17.1%,成为全国实现利润第二大省。

中国每吨黄金平均实现利润2003年为1251万元。山东省为1446万元,是全国平均水平的1.15倍。福建省2003年吨金实现利润是3966万元,为全国平均水平的3.17倍。

2003年实现利润前五名的省份是:山东、福建、河南、甘肃、湖北,其产量占全国的54.9%,实现利润占全国的78.9%。

【黄金地质资源】 中国黄金地质资源的种类比较丰富,黄金矿床分为砂金矿床和岩金矿床两大类。目前砂金已近枯竭,尚存的资源因与环保的原因多数不能利用。世界上已发现的岩金矿床种类,中国大多都已发现(见表1)。

表1 中国主要岩金矿床种类

序号	矿床名称	矿床特点
1	绿岩带型金矿床(石英脉型金矿床)	形成与太古代绿岩区,矿体围岩是绿岩带,金矿源部分来自绿岩,典型矿山:招远玲珑、河南文峪
2	变质碎屑岩典型金矿床	围岩含碳质比较高,成矿多为中晚元古代和古生代。典型矿山:江西金山、湖北蛇屋山
3	火山岩型金矿床	成矿与火山作用有关,成矿时代可以从古生代到新生代。典型矿山:新疆阿希、福建紫金
4	微细粒浸染型金矿床	矿体产生在沉积岩中,往往富含砷矿物。典型矿山:贵州烂泥沟、陕西双王
5	侵入体接触带型金矿床	侵入体和围岩接触带常常发育在断裂带,形成聚矿场。典型矿山:山东焦家、新诚、三山岛

中国黄金资源储量丰富,远景储量在1.5万吨~2万吨。目前中国保有储量/资源量为4634吨,其中独立岩金储量/资源是为2986吨,占总储量的64.5%;砂金493吨,占10.69%;伴生金储量/资源量1155量,占

总储量的 24.9%。中国是世界上第四大产金国,保有探明储量却排在世界第七位。

2002、2003 年新增黄金地质储量每年约有 400 吨,这两年合计消耗储量约为 660 吨,因此理论上计算新增储量不仅可以保证生产的需求,而且有所节余。

2003 年重点黄金矿山的保有地质储量 1382.2 吨,其中工业储量 702.4 吨,为总保有储量的 50.8%,远景储量 679.9 吨,为总保有储量的 49.2%。

统计资料显示,保有地质储量最多的是山东,河南,河北,其中山东省 2003 年为 35.6%。地质资源出现较大突破的是福建省,保有地质储量 90 吨,居全国第四位。

【难选冶黄金资源利用】 难选冶资源利用引进与自主开发相结合,使难选冶黄金资源的利用取得了重大突破。继山东莱州黄金冶炼厂引进澳大利亚细菌氧化技术建成的日处理 100 吨含砷金精矿生物氧化厂和长春黄金研究院,烟台黄金冶炼厂合作建成日处理 50 吨含砷金精矿生物氧化厂之后,2003 年 7 月 19 日,中国黄金集团公司与风城市合作,建成辽宁天利金业有限公司生物氧化提金厂并投产。这是中国应用自主知识产权,全部国产配套设备自行设计的一座现代化冶炼厂,其技术水平达到国际先进,在菌种的适应性方面达到国际领先水平,从而为中国大规模开发利用难选冶黄金矿产资源提供了技术保障。

【国家取消涉及黄金行业的第二批行政审批项目】 2003 年 2 月 27 日,国务院国发[2003]5 号文件通知,决定取消第二批行政审批项目。其中,涉及黄金行业的有:黄金收购许可证、黄金制品生产。加工,批发业务审批、黄金供应审批、黄金制品零售业务核准等审批项目。

【招金杯 2003 全国竞走锦标赛——黄金大奖赛】 2003 年 4 月 14 日,招金杯 2003 全国竞走锦标赛——黄金大奖赛是国家体育总局 2003 年计划内的专项赛事,招金集团成为中国体育史上第一个黄金大奖的"出金人",本届比赛的最大亮点就是赛事赞助单位以 1 公斤黄金奖给世界排名最靠前的获奖运动员。据了解,以黄金实物奖励运动员在中国体育比赛中尚属首次。奖品为山东招金集团为本次大赛特制的 1 公斤国际标准金锭。

比赛中,来自辽宁竞走队的年轻选手朱红军以 1 小时 18 分 43 秒的优异成绩夺得男子 20 公里冠军,按照 2002 年国际田径排名可以排在第 3 位。在 14 日最后一项女子 20 公里比赛中,17 岁江苏新秀宗红鹃以 1 小时 27 分 16 秒的成绩夺得冠军,按照 2002 年国际田径排名,同样排在第 3 位。因为朱红军的成绩更为接近世界第 2 位,从而幸运地赢得价值近 10 万元的金锭,捧走了由山东招金集团提供的"黄金大奖"。

【"中国金都杯"首届全国黄金首饰设计大赛】 2003 年 4 月 18 日,"中国金都杯"首届全国黄金首饰设计大赛评选结果在北京人民大会堂揭晓。中国黄金协会会长、中国黄金集团公司总经理成辅民在颁奖典礼上致辞并颁奖。本次大赛自 2002 年 9 月启动,历时 7 个多月,共收到参赛作品 240 件,参赛作品都强调了"动感黄金,纯情永驻"这一文化内涵的设计主题。最终从 38 件入围作品中评出婚庆、绅士、淑女、节日 4 大系列的 25 个奖项,评出特等奖 1 名,一等奖 4 名,二等奖 8 名、三等奖 12 名,组织奖 2 名。获奖作品的制作由深圳市安盛华实业发展有限公司和上海老庙黄金有限公司承担,所有获奖作品由山东招远中国金都黄金博物馆收藏。

【铂金及其制品税收新规定出台】 2003 年 4 月 28 日,为规范铂金交易,加强铂金交易的税收管理,财政部、国家税务总局出台《关于铂金及其制品税收政策的通知》,对铂金及铂金制品做出税收政策新规定。新的政策对进口铂金免征进口环节增值税;对中博世金科贸有限责任公司通过上海黄金交易所销售的进口铂金,以上海黄金交易所开具的《上海黄金交易所发票》结算联为依据,实行增值税即征即退政策。同时,新政策对国内铂金生产企业自产自销的铂金也实行增值税即征即退政策。新政策规定,铂金出口不退税。出门铂金制品,对铂金原料部分的进项增值税不实行出门退税,只对铂金制品加工环节的加工费按规定退税率退税。铂金首饰消费税的征收环节由现行在生产环节和进口环节征收改为在零售环节征收,消费税税率调整为 5%。

【质检机构叫停铂饰掺铱】 2003 年 5 月,国家首饰质量临督检验中心在珠宝首饰市场检验工作中,发现 Pt950 铂首饰中部分铂首饰加入了约 6% ~ 10% 的金属铱,有的铂首饰甚至出现铂含量不到 90%。为此国家首饰质量监督检验中心特向各地的首饰质检机构发出通知,提醒检测人员注意此类产品以避免出现检测失误。同时建议各地首饰质检机构发现此情况,应及时向各地技术监督部门、工商主管部门反映,积极调查,采取有力措施保护消费者和生产者权益,维护规范公平的市场竞争环境。

【贺岁金条回收第一单】 2003 年 6 月 15 日,北京莱市口百货股份有限公司开始了羊年贺岁金条的回收，一个半小时内回收三位顾客黄金200克，共计18608元。黄金自由变现，提高了人们投资黄金的信心，通过羊年贺岁金条回收渠道的开通，消费者会对此有更为深刻地认识。随着这项业务的深入开展及黄金价格的上升，相信“黄金变现”这一全新的投资方式必然会引起老百姓的关注。金条回购，开创了个人投资黄金的新渠道。

【辽宁天利生物氧化提金厂投产】 2003年7月19日，辽宁天利金业有限责任公司生物氧化提金厂正式竣工投产。这座生物氧化提金厂是中国自行研制、自行设计、自行建设、日处理100吨难处理金精矿的现代化企业。它的建成投产标志着中国难处理黄金资源开发利用进入了一个新阶段，同时也标志着中国黄金科技水平、设备工艺水平达到了一个新的高度，为中国开发利用难选冶黄金资源开辟了广阔的前景。

【中国黄金第一股上市】 2003年8月14日，中金黄金股份有限公司的1亿股A股股票在上海证券交易所挂牌上市。中国黄金集团公司总经理成辅民和中金黄金股份有限公司董事长宋鑫为中国黄金第一股鸣响铜锣。宋鑫董事长致词说，这是中金黄金一个崭新的里程碑，表明中金黄金已正式成为资本，市场里的重要一员。中金黄金的成功上市，为中金黄金进一步做强做大奠定扎实的基础。上市当天，就受到广大股民的欢迎，股价上升到9.20元/股，收盘价为8.82元/股。

【中国黄金集团公司正式揭牌】 2003年8月19日，中国黄金集团公司在北京正式揭牌。中国黄金集团公司是经国务院批准，在原中央所属黄金企事业单位的基础上组建而成的，由中央管理。

中国黄金集团公司的建立，是黄金行业深化改革的新成果，是推动黄金行业健康发展的新思路，也是黄金行业适应改革开放的新要求。

中国黄金集团公司确立了自己的发展战略定位：以黄金产业为主业，在发展黄金矿业的基础上，延伸完善黄金产业链，开展黄金产品深加工和为黄金产业服务的业务，介入并发展相关的黄金流通业务；积极稳妥地发展非金产业，拓展发展领域，实行多元化经营；按照现代企业制度，建立起技术领先、信誉良好、产品过硬、管理科学、机制灵活、具有核心竞争力和持续发展潜力的国内最强最大的黄金产业并逐步发展成为在国际黄金业有较强影响力和竞争力的跨国公司。中国黄金集团公司的组建，使国有黄金资产管理体制改革翻开了新的一页。

【2003国际黄金投资大会】 2003年11月4～5日，在上海举行。上海市长冯国勤、国家发改委工业司副司长熊必琳，中国黄金协会会长成辅民在开幕式上作了重要讲话。南非文华新城集团主席罗文森。奥米佳投资咨询有限公司董事会主席丹尼斯·沃热分别致词。

这次大会由中国黄金协会、奥米佳公司、香港恒丰金业科技集团公司、南非文华新城集团主办，是中国黄金行业规模最大、层次最高的国际投资融资大会。来自世界和国内一些顶尖级的黄金矿业公司和黄金制造商会以及金融投资机构近两百人出席大会。

本次大会是中国黄金协会在2002年成功举办“中国－南非黄金技术、设备引进暨项目融资经贸洽谈会”之后的又一次国际黄金界的盛会。本次大会提出的主题是“以和谐的方式创造财富”。这一主题促进了国际间黄金领域的交流和合作，也为来自世界各地的业内人士提供了新的交流平台。

【中国银行推出黄金宝】 2003年11月18日，中国银行首次在上海推出“黄金宝”个人黄金投资业务。中国银行“黄金宝”的推出，标志着中国黄金金融商品零售市场大门从此打开，也为个人投资黄金开了先河。

上海分行分布在市区的140个网点中，有95个网点开始办理此项业务。开业以来，大多数业务是通过柜台进行的。异地客户咨询较多，上海本地实战者呈上升趋势。从11月18～20日的3天中，个人炒金者热情渐涨，客户累计买金量为14834克，最高一单交易量达932克。

【国际金价突破400美元】 2003年11月19日，国际市场黄金价格突破每盎司400美元大关。这是国际金价自1996年以来首次超过该价位。9月和10月金价曾两次超过390美元并冲击400美元大关未果。11月中旬以来，随着美元走低，市场对伊拉克局势和恐怖袭击的担忧，以及在对冲减持等诸多种因素的影响下，金价再次发力上攻，最终突破400美元关口。金价突破400美元，这是一个重要关口。它预示着黄金牛市已经来临。

【紫金矿业H股香港上市】 2003年12月23日，紫金矿业集团股份有限公司的3.483亿股H股股票在香港联合交易所挂牌上市。这是中国黄金矿业第一次在香港成功上市的股票，引起了国内外矿业界的广泛关注。

11年来，紫金矿业通过紫金山金矿的开发，结束了中国没有世界级大型金矿的历史。公司股份制改造三年来，积极参与西部矿产资源开发，为企业未来几年的发展奠定了坚实的基础。紫金矿业走出了一条在社会主义市场经济条件下国有企业改革和发展的成功之路。紫金矿业的发展,得益于体制创新所产生的良好的股权结构,得益于管理创新所构建的规范高效的管理体系,得益于技术创新所取得的重大科技成果,得益于各级党委政府为企业发展所创造的良好环境,使紫金矿业在资源状况并不优越的条件下创造了优异的经营业绩。

【中国黄金产量突破200吨大关】 中国黄金协会生产调度月报数据显示,2003年12月底,全国黄金产量首次突破200吨大关。累计完成产量200.598吨。继1995年全国黄金产量跃升100吨台阶后,仅用8年时间就上200吨台阶。

【山东黄金集团公司境外合作】 山东黄金集团有限公司总经理张万青一行出访委内瑞拉,旨在加快索萨·门得斯金矿的建设步伐。

为发挥委内瑞拉卡亚俄地区的黄金资源优势,进一步扩大项目合作范围,经过多次会谈与考察,张万青一行与CVGMINERVEN董事长帕丁内斯就合作探矿达成一致,并在CVG总部签了合作探矿意向书。

张万青与CVG董事长戈麦斯将军就农业开发签订意向书,还与CVG石灰岩公司董事长达成了利用委方资源和山东黄金集团技术、资金建设一座100万吨/年的水泥厂的合作意向。另外,张万青还与CVG铁矿公司董事长进行了会谈,双方探讨了在还原铁生产方面合作的可行性,并将对其推荐的项目作进一步的考察论证。在构筑对外贸易平台方面,张万青与阿拉加斯RDI经贸公司董事长进行了会谈,双方就共同出资组建贸易公司,在位于委内瑞拉西北部FALCON州的半岛保税区内建立保税仓库达成共识,并将就此展开论证,为境外合作走出了坚实的一步。

【首届中国国际黄金珠宝玉石展暨第二届中国国际黄金展览会】 于2003年2月26~29日在深圳举办。本次展会由中国黄金协会、亚洲博闻中国有限公司和中国国际展览中心联合主办。来自14个国家的259家企业参展,国外展商占50%,成为同类展览中国际性最强的展览会。

【中国日论坛活动】 2003年2月24日,第30届慕尼黑国际钟表、珠宝首饰、银器及加工设备贸易博览会举办了中国日论坛活动。中国工艺美术集团公司、北京菜市口百货股份有限公司。中国黄金报社、中国工美集团进出口总公司的代表应邀在论坛上对中国黄金珠宝、钟表,市场情况作了介绍,引起外国各个商家的浓厚兴趣。

【中国黄金协会与香港文华新城理财顾问公司合作签约】 2003年7月4日,中国黄金协会会长成辅民及协会有关领导与新加坡文华新城理财顾问公司主席罗文森为首的代表团,就利用各自优势,开展中国黄金企业到香港、新加坡上市融资及加强国际黄金界的交流与合作进行深入洽谈,并签订了合作协议。

【中国黄金协会科学技术成果奖】 根据《国家科学技术奖励条例》,中国黄金协会向科技部申报了《中国黄金协会科学技术奖》,并于2002年3月由国家科学技术部正式批准和公布,是中国黄金行业的最高科技奖项,可直接向国家科技成果奖励办推荐国家科学技术进步奖。2002年12月18日,中国黄金协会第一次组织厂2002年度中国黄金协会科学技术奖评奖工作。评审委员会对申报的60个项目进行了审查和评奖,共有37个项目获得奖励,并从一等奖中推选出2项申报国家科学技术进步奖。2003年度评审了35个项目,共有26个项目获奖,并从一等奖中推选出2项申报国家科学技术进步奖。

(中国黄金工业协会)

建 材

【概况】 由于全国固定资产投资和进出口贸易增长的强势拉动,建材工业经济运行质量进一步提高,呈现出速度与结构、质量、效益相统一的良好态势。

2003年建材工业经济增长创近十年最高。全年完成工业增加值1435亿元,比2002年增长26.5%,是近十年来增长最快的一年。全年生产增长平稳向上,各月累计增长速度呈现出均衡向上、逐月递增的平稳态势(见图1)。

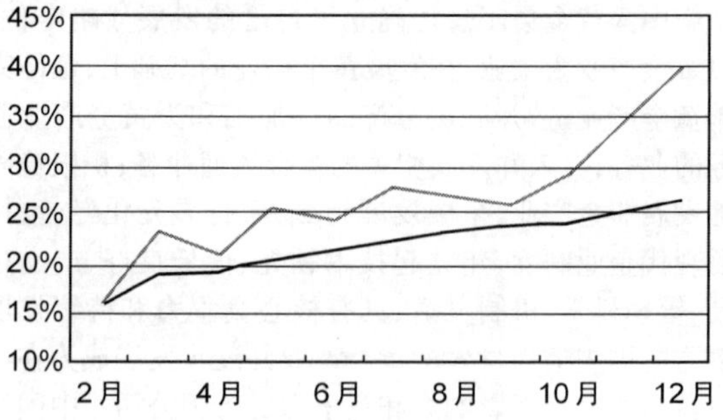

图1 工业增加值同比增长情况

在建材工业重点监测的22种主要产品中,除水泥电杆产量比 2002 年同期下降外，其他 21 种产品均有不同程度的增长(见图 2)。增长速度在 20%以上的产品有 10 种，其中石墨、水泥设备、石膏板、玻璃纤维纱、墙地砖 5 种产品的增长速度高达 30%以上。

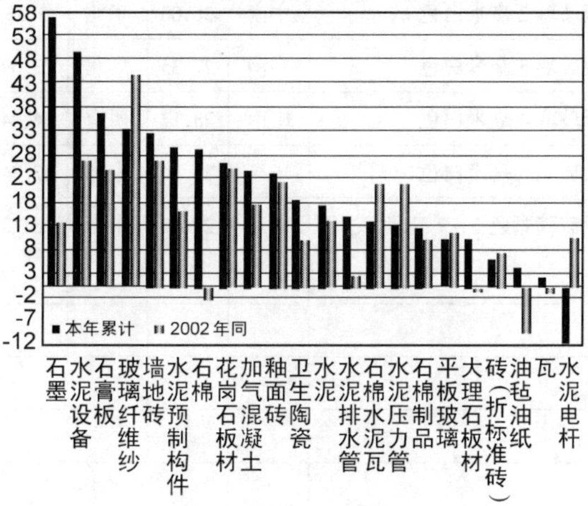

图 2　2003 年主要产品产量同比增长情况

全国水泥产量为 8.13 亿吨，比 2002 年增长 15.4%。主要产地在山东、江苏、浙江、广东和河北省，五省累计生产水泥 3.76 亿吨，占全国水泥产量的 46.2%，其中浙江、山东增长速度最快，分别为 24%和 22.8%。平板玻璃产量 2.52 亿重量箱，比 2002 年增长 11.1%。主要产地在江苏、河北、河南、山东和浙江五省，五省累计生产平板玻璃 1.38 亿重量箱，占全国平板玻璃产量的 54.5%，其中浙江、江苏增长速度最快，分别为 23.8%和 23.5%。玻璃纤维纱产量 47.3 万吨，比 2002 年增长 32.7%，主要产地在山东、浙江和重庆三省市。三省市累计生产玻璃纤维纱 33.2 万吨，占全国玻璃纤维纱产量的 70.1%，其中山东、重庆增长速度高达 81.6%和 66.1%。

【建材工业经营效益情况】　*1. 价格回升，产销衔接，效益提高。*2003 年全行业实现销售收入 4504.7 亿元，比 2002 年增长 27.3%，实现利润总额 258.3 亿元，比 2002 年增长 93.3%，完成税金总额 253.5 亿元，比 2002 年增长 25.6%。销售收入与生产增长呈现出同步平稳上升态势(见图 3)。完成固定资产投资 635.5 亿元，比 2002 年增长 75.2%。

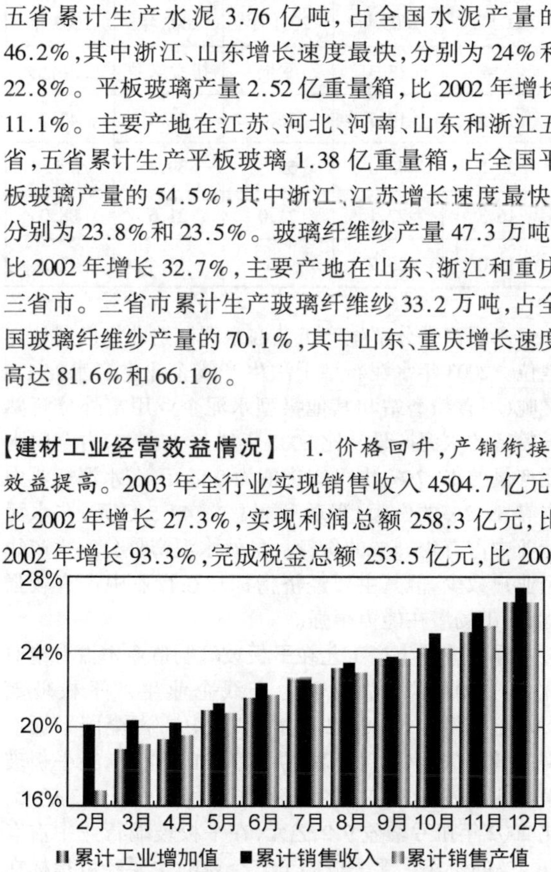

图 3　销售收入当月同比增长情况

2003 年建材工业累计工业销售率 97.2%，其中属于制造行业的平板玻璃、玻璃纤维及制品、水泥、石棉水泥制品 4 个行业的工业销售率在 98%以上。水泥产销率在 2000 年时达到 98.7%，2003 年达到 100.5%。平板玻璃产销率也由 2000 年的 96.3%上升到 2003 年的 100%。

从价格指数动态分析，水泥、平板玻璃价格呈现逐月回升良好势头。12 月份，平均每吨水泥比 1 月份上涨了 20.82 元，其中回转窑水泥平均每吨上涨了 20.41 元，回转窑普通硅酸盐水泥 42.5 强度等级涨幅最大，每吨平均上涨了 27.73 元；立窑水泥每吨平均上涨了 22.90 元，涨幅最大的是强度等级 32.5 普通硅酸盐水泥，每吨平均上涨了 23.37 元。每重量箱平板玻璃平均上涨了 10.98 元，其中 4 毫米、5 毫米白色平板玻璃涨幅最大，每重量箱分别上涨了 13.31 元和 13.74 元。

用 1 月与 12 月价格指数对比，水泥最高涨幅集中在华东和中南地区，平板玻璃最高涨幅集中在中南地区(见表 1)。

建材工业国有经济工业企业 2003 年终于摆脱了连续 6 年整体亏损的局面，进入盈利轨道。国有经济工业企业累计完成工业增加值 112.4 亿元，比 2002 年增长 12.5%，实现利润总额 8.5 亿元，比 2002 年扭亏增盈 12.9 亿元。在连续三年快速增长的前提下，建材私营经济继续保持快速增长劲头。累计完成工业增加值比 2002 年增长 41.9%，销售收入增长 43.3%，利润总额增长 105.4%，各项指标增长速度均位于各经济类型之首(见表 2)。

华东和中南地区建材工业集中度比较高，经济增长加快，各项统计指标名列前茅。华东和中南地区的水泥产量 5.3 亿吨，占全国水泥产量的 64.9%；平板玻璃产量 1.6 亿重量箱，占全国平板玻璃产量的 63.2%。2003 年华东和中南地区建材工业实现利税总额 387.7 亿元，比 2002 年增长 62.2%，占全部建材工业的 75.8%(见图 4)。

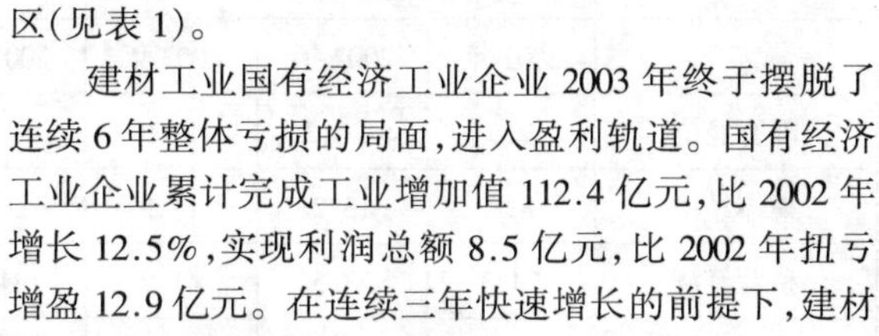

图 4　各地区利税总额所占比重

*2. 先进生产力在主要传统产业占绝对优势。*水泥、建筑陶瓷、水泥制品、建筑用石加工、粘土砖瓦及建

表 1　　2003 年水泥、平板玻璃最高涨幅所在地区(1 月与 12 月价格对比)

	水泥最高涨幅(元/吨)					玻璃最高涨幅(元/重量箱)			
	地区	涨幅	地区	涨幅		地区	涨幅	地区	涨幅
回转窑水泥 P.O 32.5	华东	62.30	中南	36.32	平板玻璃 2 毫米白色	中南	36.00	华北	5.32
回转窑水泥 P.O 42.5	华东	86.03	中南	39.80	平板玻璃 3 毫米白色	中南	27.35	华北	23.69
回转窑水泥 P.S 32.5	华东	72.69	中南	25.95	平板玻璃 4 毫米白色	中南	28.17	西南	24.44
回转窑水泥 P.S 42.5	华东	55.63	中南	35.13	平板玻璃 5 毫米白色	华东	22.74	中南	17.84
PⅠ(Ⅱ)水泥 42.5	华东	86.48	中南	50.31	平板玻璃彩色 5～7 毫米	华东	23.00	中南	18.13
复合硅酸盐水泥	华东	80.35	中南	43.83					
立窑水泥 P.O 32.5	华东	68.13	中南	41.32					
立窑水泥 P.O 42.5	华东	61.17	中南	55.25					
立窑水泥 P.S 32.5	华东	65.86	中南	46.30					
立窑水泥 P.S 42.5	华东	99.68	西南	24.46					

表 2　　建材工业不同经济类型主要效益指标对比表

	工业增加值增长率(%)			销售收入增长率(%)			利润总额增长率(%)		
	2001 年	2002 年	2003 年	2001 年	2002 年	2003 年	2001 年	2002 年	2003 年
国有经济	2.6	－0.3	12.5	2.3	5.4	13.3	亏损	扭亏增盈	12.9 亿元
集体经济	8.8	13.2	18.5	8.1	12.5	19.7	26.4	21.5	47.2
私营经济	24.3	28.5	41.9	24.5	30.8	43.3	53.3	39.3	105.4
其它内资	12.1	16.3	26.8	10.8	16.3	27.1	21.0	21.6	88.0
三资企业	14.5	10.1	22.1	14.7	15.0	23.7	8.1	11.4	77.2

筑砌块和平板玻璃 6 个建材传统行业效益的提高,为建材工业经济效益的快速增长奠定了基础。6 个行业累计完成工业增加值 1013.4 亿元,比 2002 年增长 25.6%,占全部建材工业增加值的 70.6%;盈亏相抵后累计净盈利 175.7 亿元,比 2002 年增长 109.2%,占全部建材盈利额的 68%。实现利税总额 370.3 亿元,比 2002 年增长 56.2%,占全部建材利税总额的 72.3%(见图 5)。

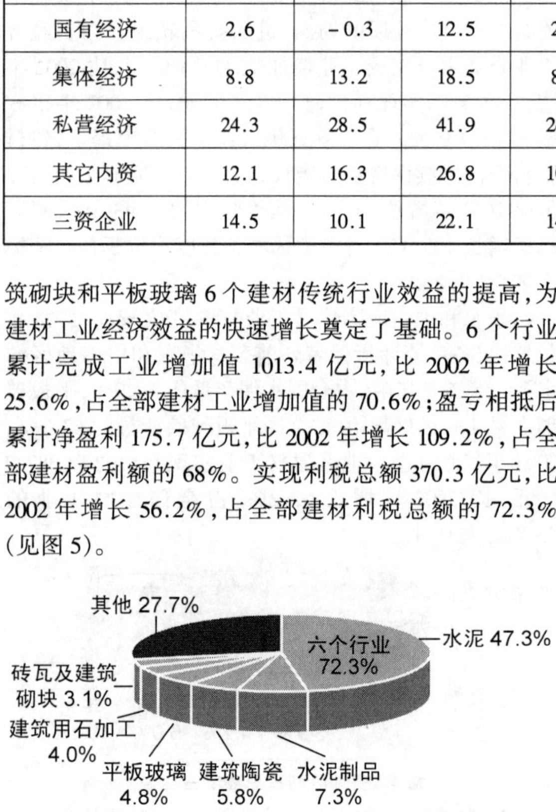

图 5　主要行业实现利税所占比重

水泥窑外分解生产工艺在水泥制造业中已居领先地位。2003 年水泥新型干法生产线企业生产水泥 1.4 亿吨(不含粉磨站和其他窑型水泥企业用窑外分解熟料粉磨的水泥产量),比 2002 年增长 17.8%,占全国水泥产量的 17.7%;出口交货值为 9 亿元,在水泥行业中占有 59.2%的份额;实现利润总额 49.5 亿元,在水泥行业中占有 45.5%的份额。虽然水泥窑外分解生产线企业户数少,但其主要经济指标却在行业中占有较强优势,市场潜在能力很强。

浮法玻璃生产工艺在平板玻璃制造业中占有绝对优势。2003 年浮法玻璃生产线企业生产平板玻璃 1.98 亿重量箱,比 2002 年增长 10.4%,占全国平板玻璃产量的 78.4%。出口交货值为 21.5 亿元,在平板玻璃行业中占有 87.1%的份额;实现利润总额 8.3 亿元,比 2002 年扭亏增盈 9.2 亿元,在平板玻璃行业中占有 61.4%的份额。浮法玻璃工艺企业的主要经济指标在全行业中占有绝对优势。

池窑生产工艺在玻璃纤维及制品制造业中居主要地位。巨石集团有限公司、泰山玻璃纤维股份有限公司和重庆国际复合材料有限公司是玻璃纤维行业的三大池窑生产基地。全年累计生产玻璃纤维纱20.2万吨,比2002年增长23.1%,在全国玻璃纤维纱产量中占42.9%。全年完成出口交货值8.4亿元,在玻璃纤维及制品行业中占41.3%,实现利润总额2.3亿元,比2002年同期增长93.9%,在玻璃纤维及制品行业中占43.4%,表明先进的池窑工艺已在玻璃纤维行业中居主要地位。

【建材商品出口贸易】 2003年建材商品进出口总额88.5亿美元,比2002年增长26.6%,其中进口金额35亿美元,比2002年增长26.2%;出口金额53亿美元,比2002年增长26.8%。进口增长速度和出口增长速度首年出现同步增长态势,并连续两年保持20%以上的增长速度(见图6)。进出口累计贸易顺差17.5亿美元,比2002年增长28.1%。

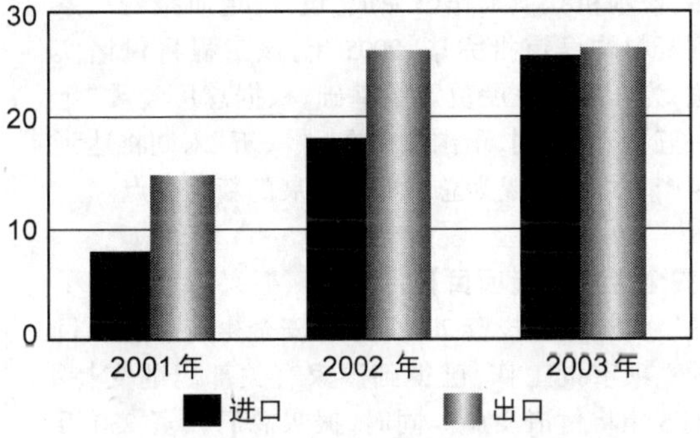

图6 建材进出口金额增长情况

在建材出口商品中有84种商品出口价格高于2002年,其出口金额累计20.9亿美元,占建材出口商品的44%,保证了出口贸易额的快速增长。2003年出口创汇增长率在30%以上的有水泥熟料、石膏制品、大理石板材、初加工玻璃、窗玻璃、钢化玻璃和废碎玻璃、玻璃纤维纱、玻璃纤维织物、卫生陶瓷、釉面砖和墙地砖等12种产品。 (谷东玉)

【水泥工业经济运行情况】 2003年水泥行业经济运行情况良好,产量快速增长、销售稳定上升、效益显著提高,结构调整加快,是水泥行业取得巨大发展的一年。

1. 产量增长再创历史新高。2003年全国累计水泥产量81319万吨,比2002年同期增长15.4%,净增13736万吨。年产20万吨以上水泥产量已占水泥生产总量的59.99%,年产60万吨以上企业达201家,产量24318万吨,产量比重从2000年的18.9%提高到28.19%,生产集中度有所提高。大中型水泥企业水泥产量达43426万吨,比2002年增长14%。

2. 工业总产值与销售收入同步增长。2003年水泥工业总产值(当年价格)完成1898.24亿元,同比增长22.34%;产品销售收入达到1773亿元,同比增长23.1%。

3. 产销率仍处在较高水平。2003年水泥销售量85726万吨,年末库存3576万吨,全年水泥产销率为99.2%。

4. 行业实现利润一路走高。2003年水泥行业累计实现利润110.39亿元,比2002年同期增长148.20%,创历史新高。2003年水泥行业累计上缴税金总额134.26亿元。比2002年同期增长27.03%。

5. 水泥出口量继续下降。2003年全年水泥出口495.25万吨,比2002年下降2.63%,金额1.60亿美元,比2002年下降0.5%。

【水泥工业经济运行情况分析】 1. 固定资产投资拉动了水泥产量高速增长。2003年国民经济增长达到了8.5%,在国内消费增长平缓,外贸顺差明显缩小的情况下,拉动经济发展的主要因素是投资增长。固定资产投资的高速增长,拉动了水泥产量的高速增长。

2. 经济运行质量整体提高。2003年水泥工业运行良好的标志并不仅仅是实现了产量高速增长,主要是实现了速度与效益的统一。全年累计实现利润同比增长148.2%;其次在总量扩大的同时,结构大大改善,新型干法水泥成为增长的主导;第三是行业发展的能力不断增长,企业活力明显增强,投资增长加快。

3. 水泥工业投资。2003年水泥制造业固定资产投资303.16亿元,比2002年增长90%。新增固定资产155.36亿元,比2002年新增45.2%,计划总投资达809亿元,比2002年增长92.8%。

4. 新型干法水泥熟料生产能力。中国水泥协会最新统计显示,2003年投产的生产线共98条,新增新

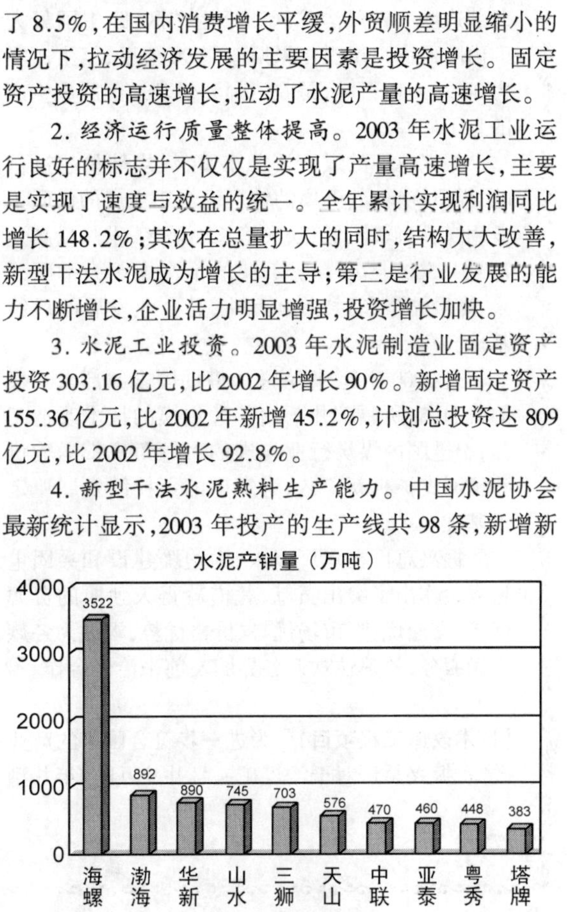

图7 2003年10大水泥集团产销量

型干法水泥熟料生产能力(按310天计算)6372万吨。其中2000吨/天及以上生产线46条,熟料生产能力4566万吨,占总投产能力的72%;2500吨/天及以上生产线42条,熟料生产能力4309万吨,占总能力的68%;5000吨/天及以上生产线11条,熟料生产能力1798万吨占总生产能力的28%。

5. 水泥大企业集团迅速扩张。2003年排名前十名的企业集团水泥产销量见图7。

中国水泥协会调度了大型水泥集团(不含外资控股集团),2003年水泥产销量,前10位排名如下:

还有祁连山、秦岭、东方鼎鑫、红狮、亨达利、浙江水泥和天瑞集团等都在加紧建设、扩张,这些企业集团所形成的生产能力将大大提高水泥生产集中度。外资企业、港台资企业中,拉发基水泥、嘉新水泥、亚东水泥、华润水泥都在采取种种方式,积极、认真做好各项前期准备工作,选择好的地点,好的方式,好的时机发展壮大。

(中国水泥协会)

新疆生产建设兵团农四师振兴总厂

【概况】 新疆生产建设兵团农四师振兴总厂位于伊宁市巴彦岱镇,生产矿区分别座落在伊北煤田北部边缘的铁厂沟矿区和干沟矿区,距中国最大的内陆通商口岸霍尔果斯口岸90公里,年生产能力30万~45万吨,是农四师和伊犁地区原煤生产的骨干矿井。

振兴总厂的煤炭资源丰富,煤炭储量超过亿吨,煤质优良,其下属的铁厂沟煤矿生产的优质工业用煤,以低硫、低灰、火焰长而著名,发热量高达7300~7500卡/公斤。下属的干沟煤矿为平硐开采,煤炭储量超过3500万吨,是企业发展的后续基地。

自2000年起,振兴总厂借助国家西部大开发的机遇,对所属矿井开始了大规模的技术改造工作,引进国内煤炭行业先进的大倾角皮带运输机和锚网支护机新工艺,为煤矿的可持续发展奠定了基础。

振兴总厂在建厂以来,为边疆建设和兵团屯垦戍边作出了突出贡献,凭借着得天独厚的资源优势、交通优势、市场优势、价格优势,竭诚为各族人民服务,并热忱欢迎各界朋友前来洽谈合作。

【技术改造工程项目】 为进一步符合国家的产业政策,振兴总厂对干沟煤矿一号井9万吨/年井型立项技术改造工程项目作了大量的工作。2004年,该项目立项工作已完成,设计、地质报告一系列资料均已审批完毕,2005年,该工程将付诸实施,为今后的发展奠定了基础,根据总厂党委"十一五"长远规划,干沟煤矿在"十一五"末期将达到年产60万吨,成为总厂经济发展的新的亮点。

【安全生产改造项目】 2004年,振兴总厂抓紧了铁厂沟煤矿总投资700万元的安全生产改造项目的立项审批工作,已得到国家有关部门的支持,2005年将付诸实施。同时,振兴总厂投资230万元的干沟煤矿采煤方法改造项目,2004年已完成了60%,预计2005年上半年,就可以投入使用,为干沟煤矿9万吨/年井型验收工作和干沟煤矿扩大突击生产能力、改变矿区环境奠定了基础。

【采矿权、生产权办证】 为进一步增强振兴总厂的经济实力,2004年对育新煤矿恢复采矿权、生产权的办证工作做了大量卓有成效的工作,目前,育新煤矿9万吨/年的计划单列工作已得到自治区政府、州政府、自治区煤炭厅的同意,春节后育新煤矿将进行恢复生产的前期准备工作。该矿的复产是振兴总厂又一个新的经济增长点。

(郑海林　马力平)

矿业城市

概　述

【概况】 中国矿业城市从中国社会主义建设初期迅速崛起的辉煌阶段，到20世纪末期陷入衰退的困难阶段，至近期奋起转型的振兴阶段，转型振兴成为矿业城市共同面临和关心的一个关系到生死存亡的重大现实问题。中国依赖矿产单一资源发展的城市和地区数量很大，县级和以上建制市178座、非建制市的矿业县城212座、县属矿业镇36座，它们是中国矿物能源和矿物原材料的主要生产供应基地，吸纳3.1亿人口和870多万矿业职工，在加速中国城市化建设、提高人民生活、促进社会稳定与区域经济协调发展方面做出了重大贡献。但是，由于资源的不可再生性和有限性（减少或枯竭），产业生命周期和国家与世界产业结构的战略性调整，以及受中国计划经济体制和地区专业分工影响，中国的矿业城市处于探明后备可采资源严重不足；经济结构单一，缺少非矿支柱产业；矿业企业负担重；职工生活困难，离退休人员多，贫困人群数量大，群体性事件时有发生；环境问题仍很突出，地质灾害多的严重困境。绝大部分矿业城市难以维系可持续发展，都面临着发展接续产业与转型的艰苦任务。党的十六大提出"支持以资源开采为主的城市和地区发展接续产业"，这是党中央从全面建设小康社会着眼做出的重大战略决策，也是实现国家经济社会协调发展的重要战略举措。现在，矿业城市可持续发展问题得到了党和政府高度重视，实现全面建设小康社会、建设社会主义和谐社会的宏伟目标为矿业城市发展提供新的机遇，国民经济持续快速增长给矿业城市发展注入了新的活力，现实问题促进矿业城市这类特殊城市群率先研究地区经济转型问题——一个世界难题。经过多年实践与探索，这些地区取得了经济转型的初步成就。

【矿业城市转型基本情况】 1. *矿业城市可持续发展问题得到党和政府高度重视与社会关注。*改革开放后，深圳（珠海、海南）经济特区、西部大开发、东北老工业基础改造等国家宏观调节作用，使得中国大地因不同区域经济政策的指引而波浪式崛起，朝向国家整体经济平衡发展的方向前进，以期达到21世纪全面小康的目标。在中国区域经济发展中，由于受计划经济的深重影响，矿业城市的问题日积月累，近一个时期严重地羁绊城市经济实力的提高，陷入"矿竭城衰"困境和"矿竭城亡"威胁之中，给中国宏观经济和社会的稳定与和谐发展带来了压力。它的兴衰关系着国家大局。

20世纪90年代初期，中国矿业联合会受地质矿产部和国家计委委托，曾派出调研组到东北阜新等矿业城市，就老矿业城市的发展问题进行调研。但矿业城市可发持续发展问题当时没有引起各方面应有的重视。

1997年10月在党的十五大提出的可持续发展战略的指引下，中国矿业联合会会同中国市长协会、建设部、地矿部在河南平顶山召开了第一届矿业城市可持续发展研讨会。会议对矿业城市发展的特殊规律、目前存在的问题以及如何避免"矿竭城衰"实现可持续发展进行了深入探讨，第一次向全国矿业城市发出了矿业城市面临"矿竭城衰"威胁的警钟。会议还就大力发展非矿产业、优化产业结构、转变城市功能、实行多元发展等可持续发展问题取得一致共识，并得到当时中央国务院领导的肯定。之后又陆续召开了六届中国矿业城市发展论坛，对矿业城市转型与可持续发展问题进行了持续深入的探讨。

2001年12月，国务院确定辽宁阜新市作为全国资源枯竭型城市转型试点城市，辽宁省把阜新转型试点列为全省继社保试点之后的"二号工程"。

在2002年"两会"期间，全国人大代表和全国政协委员发出了关于矿业城市可持续发展和"四矿"（矿业、矿山、矿工、矿城）问题的呼吁和提案；2002年3月全国政协九届四次大会向全国发出了"要像重视三农问题那样重视四矿问题"的呼声，随后全国政协组织以孙孚凌副主席为首的调研组对矿业、矿工、矿山、矿城等"四矿"问题进行了专题调研，并在6月政协常委会上进行了专题讨论会后，以全国政协名义向党中央报送了解决“四矿”问题的建议报告。2002年7月,中国国民党革命委员会中央调研组就“中国矿业可持续发展问题”深入基层开展专题调研,并直接向中共中央政治局提出政策建议。原国家经贸委、原国家计委、国土资源部、财政部、劳动和社会保障部、国家税务总局、国务院研究室、国务院发展研究中心等许多政府部门都就支持资源枯竭型矿业城市经济结构调整、促进矿山企业下岗职工再就业等问题发表意见并提出了一系列解决“四矿”问题的对策。各媒体也抱以极大热情给予关注,《中国矿业报》开展了为期一年的“四矿”问题大讨论,引起了全社会的广泛关注;中央各大媒体也对“四矿”问题,特别是资源枯竭型城市问题做了大量报道,群策群力地解决“四矿”问题。

特别是2002年11月党的十六大提出要支持以资源开采为主的城市和地区发展接续产业和支持振兴东北地区等老工业基地,这是党中央在中国现代化建设进入新的发展阶段做出的重大战略部署。党的十六届三中全会进一步强调了这个问题。新一届政府组成后,中央领导对东北等老工业基地的调整和改造以及矿业城市的可持续发展相当重视。国务院总理温家宝2004年春节到阜新看望了生产一线的煤矿工人,在井下与矿工共度除夕,并又到东北进行实地考察并作重要指示;中央政治局常委、国务院副总理黄菊到大同视察并发表重要讲话;中共中央政治局委员、国务院副总理曾培炎也接连到矿城矿区视察。

2004年春温家宝总理在部署东北老工业基地的工作时把支持资源型城市发展接续产业作为一项任务又提了出来。

2004年国务院常务会议又先后审议通过了《能源中长期发展规划(2004~2020年)(草案)》《全国危机矿山接替资源找矿规划纲要(2004~2010年)》,国务院还专门研究部署了煤炭工作,这些规划和部署强调要加强与矿业城市有关的资源勘探工作。国家发展与改革委员会等有关部委也制订了一些政策措施来支持矿业城市的发展。

以上情况表明,由于有中央的高度重视,矿业城市转型实现可持续发展问题一定能够得到很好解决。

*2.实现全面建设小康社会的宏伟目标,国民经济持续快速增长为矿业城市发展注入了新的活力,给矿业城市转型提供新的机遇。*党的十六大提出到2020年国民生产总值要在2000年基础上翻两番,达到4万亿美元,势必要求消耗更多的能源和矿产资源。因为矿业城市是向国家提供矿物能源和矿物原材料的主体,这必然会促进矿业城市的发展。从近几年来的情况可见,由于经济的持续快速增长,建设规模的扩大,人民对提高生活质量的追求,对矿物能源和矿物原材料的需求大幅度增长。不仅石油、铁矿石、有色金属等矿产品供需矛盾进一步扩大,而且煤炭也出现了供不应求的局面。由于市场供需情况的变化,一方面矿产品进口量呈大幅度增长,2003年净进口原油和成品油11123万吨,铁矿石1.4亿吨,铜及铜材261.8万吨。2004年全国初级矿产品及相关能源原材料进出口贸易总额突破2400亿美元,主要矿产品进口量进一步大幅度增长,其中,原油进口12272万吨,比去年增长34.7%;铁矿石进口20799万吨,比去年增长40.4%;锰矿石进口465万吨,比去年增长62.6%;铬铁矿进口217万吨,比去年增长21.9%;铜矿石进口288万吨,比去年增长7.9%;钾肥进口743万吨,比去年增长13.1%。另一方面国内市场矿产品价格普遍上扬,从而给矿山企业特别是煤炭企业、铁矿企业扭亏为盈促进新的发展带来了有利条件。

*3.矿业城市转型取得初步成就。*自1997年第一届中国矿业城市发展论坛提出要避免“矿竭城衰”,实现可持续发展以来,全国矿业城市主要依靠自身的努力,在培育与发展新的接续产业、实现多元发展方面做出了艰苦努力,并取得了显著成就。不少矿业城市产业结构有了明显改善,矿山土地复垦与地质灾害治理和生态环境建设取得明显成就,城市居民生活有了明显提高,经济实力和可持续发展能力明显增强。据对全国26个省的城市和矿业城市经济指标统计分析,有17省份的矿业城市人均GDP高于城市人均GDP,即大部省份的矿业城市人均GDP高于城市人均GDP;13个省份的矿业城市人均GDP高于全国城市人均GDP;全国矿业城市第二产业在GDP中的比重持续降低,至2003年的55%(见表1)。东北三省27个矿业城市2002年GDP比1997年增长了26.6%。河南焦作市1990年地区生产总值58.3934万元,2003年达334.2324万元,为1990年的5.62倍;辽宁阜新市人均GDP由2002年的7714元上升到2003年的9318元;甘肃白银市人均GDP由2002年的14138元上升到2003年的15540元,三次产业结构由2002年的4:66:30变为2003年的3:67:30。

从举办六届中国矿业城市发展论坛和实地调研所了解的情况来看,中国矿业城市已经正视困难,深入理解和认识到矿业城市除具有一般城市的功能与特征外,矿业城市的发生、发展与演变还受一些与矿业开发有关的特殊规律(如资源耗竭规律,矿区效益递减规律,矿城转型规律,城市属性与功能演变规律)的影响与制约,已进入全面启动矿城转型的新阶段。矿业城市在转型方面都做了大量工作,并不同程度地取得了进展。根据我们调研,大体有三种情况,一是转型取得成功的城市,如河南焦作市;二是处于正在转型之中,

表 1 **全国城市和矿业城市经济指标分析**

名称		国内生产总值	第一产业增加值	第二产业增加值	第三产业增加值	城市三次产业结构(%)	人均 GDP(元)	财政预算内收入	财政预算内支出
河北	城市	1277635	103895	691753	481927	8:54:38	25008	53643	86359
	矿业城市	1904170	110229	1180828	613097	6:62:32	17901	83495	135506
山西	城市	686885	27697	398543	260372	4:58:38	10635	36233	57534
	矿业城市	876232	26128	505714	344391	3:58:39	11720	50233	75232
内蒙古	城市	652202	49436	312634	290131	8:48:44	17682	34835	62923
	矿业城市	505646	37170	265043	203434	7:52:40	16039	27794	48604
辽宁	城市	5908302	128233	956241	784118	7:51:42	14721	106498	180601
	矿业城市	1480145	79630	884327	516188	5:60:35	16382	79140	136709
吉林	城市	933474	117082	437330	379022	13:47:41	11767	32308	76614
	矿业城市	557026	92841	263920	200265	17:47:36	12435	17082	47848
黑龙江	城市	1101685	104154	607627	389904	9:55:35	13220	44651	78591
	矿业城市	2311304	70528	1869227	371550	3:81:16	23906	63539	98088
江苏	城市	2756139	163316	1557813	1022536	6:57:37	23448	186176	209154
	矿业城市	2791750	115950	1484750	1191050	4:53:43	19564	124097	159908
安徽	城市	918036	85229	478936	353871	9:52:39	11532	56174	87141
	矿业城市	1031256	75480	595431	360345	7:58:35	15298	63153	91681
福建	城市	1669874	125217	875665	668986	7:52:40	18738	96337	111284
	矿业城市	1281194	112635	672987	494616	9:53:39	17736	48101	57507
江西	城市	689486	61902	354391	273193	9:51:40	9664	32998	51932
	矿业城市	534029	69826	279345	184858	13:52:35	8857	24715	43733
山东	城市	2097563	188337	1163854	745982	9:55:36	17948	106148	135531
	矿业城市	2413109	186580	1483256	744023	8:61:31	20744	103969	132435
河南	城市	992958	77330	571764	370180	8:56:36	12046	52406	86240
	矿业城市	1212588	74711	676101	461776	6:56:38	12826	68581	99477
湖北	城市	1267855	158779	598951	510098	13:47:40	9949	53881	82685
	矿业城市	1111058	132280	580024	398754	12:52:36	13925	60430	54850
湖南	城市	887194	95211	383328	408655	11:43:46	10248	47345	78857
	矿业城市	542923	86418	254150	202355	16:47:37	9422	25395	42606
广东	城市	3117316	201065	1582241	2166670	5:40:55	17671	218298	303990
	矿业城市	1307002	170180	610332	526490	13:47:40	18076	53518	93482
广西	城市	678449	111781	253730	312938	16:37:46	9224	49924	76176
	矿业城市	999515	76017	405282	518216	8:41:52	11948	79607	108246
海南	城市	613008	176337	158870	277677	29:26:45	8921	30426	57361
	矿业城市	275134	103968	95917	75249	38:35:27	6354	11181	24096

续表 1

名称		国内生产总值	第一产业增加值	第二产业增加值	第三产业增加值	城市三次产业结构(%)	人均 GDP(元)	财政预算内收入	财政预算内支出
重庆	城　　市	3013112	319693	1468198	1205221	11:49:40	7972	121482	253472
	矿业城市	791382	176373	326810	288199	22:41:36	7101	25988	61012
四川	城　　市	1048312	120777	486819	440716	12:46:42	9710	50203	84603
	矿业城市	990527	87823	558488	344216	9:56:35	14177	53728	102053
贵州	城　　市	578832	60443	279872	246209	10:48:42	6962	44045	62547
	矿业城市	738115	62245	361313	314557	8:49:43	6889	66793	90720
云南	城　　市	807675	60519	418918	328238	7:52:41	12492	48012	70745
	矿业城市	413752	31259	262783	119710	8:64:29	14923	31766	53297
陕西	城　　市	625221	35493	294150	295494	6:47:47	4895	38007	46979
	矿业城市	304864	40385	142306	122172	13:47:40	5883	10481	24180
甘肃	城　　市	555547	49622	285069	220856	9:51:40	10130	24913	61161
	矿业城市	433725	37122	290499	106104	9:67:24	16478	19772	36353
青海	城　　市	457983	8744	206883	242356	2:45:53	16058	27894	53516
	矿业城市	348388	5053	217908	125427	1:63:36	29032	16108	80713
宁夏	城　　市	1363501	33376	219004	168771	8:52:40	11254	27622	47413
	矿业城市	254861	35996	167550	51315	14:66:20	13480	11127	24633
新疆	城　　市	589524	63128	398926	246536	9:56:35	19109	49970	50205
	矿业城市	831446	42669	616824	171831	5:74:21	21587	41827	54833
全国(不含直辖市)城市平均值		1290986	96284	558932	475417	9:49:42	13321	61958	92006
全国矿业城市平均值		1017990	78525	588972	350480	8:58:34	15023	49425	76671

取得阶段性成果,但还有不少问题的城市,如阜新等一大批矿业城市;三是因矿竭城衰的矿业城市,如云南东川。

4. *矿业城市的突出问题仍影响着转型*。我们对已取得的成就不能估计过高,矿业城市还存在一系列比较突出的问题没有得到完全解决,交织成各种矛盾,影响着转型向纵深进行。

第一,矿业城市可采资源日趋紧张,形成矿业资源的递减性与矿业城市社会经济发展的矛盾。由于地质勘查工作严重滞后,全国许多矿产探明可采储量处于负增长状态。有些矿业城市可采资源已即将枯竭,如东北 33 座矿业城市中就有 8 个进入衰退期。按中矿联矿城工作委员会新界定的标准,在全国矿业城市中也有 10%的矿城处于资源衰竭状态。在中年期的城镇中也有不少处于生产下降状态。

第二,产业结构单一,形成结构畸形与产业升级的矛盾。矿业城市是因矿而发展起来的,矿业和矿产品加工业以外的其他产业一般都不很发达,多数矿业城市第二产业在 GDP 中所占比重在 50%以上,有的高达 70%~80%。而第二产业中又以矿业和矿产品加工业为主。矿业的第二产业从业人员比例均高于全国城市平均水平,而第一产业和第三产业的从业人员比重却低于全国城市的平均水平。城市经济对矿业的依赖程度过高,而要形成一个或几个矿业以外的支柱产业,因受资金、技术和人才等因素限制,还需要一个较长的过程。

第三,矿山企业负担重,形成企业生产经营难上效益乃至直面破产与城市城市经济发展和社会稳定的矛盾。1994 年税制改革后,矿山税费负担增加一倍以上;离退休人员多,一般在岗人员和离退休人员比例达1:1

以上,办社会开支大,一般都达企业销售收入10%~15%或更多一些。

第四,矿山国企下岗职工多,再就业困难,形成就业岗位的不足、新要求与就业人口的数量、结构的矛盾。矿业城市过剩劳动力成为地区发展第一位问题。人口出现三个特点,一是离退休人员所占比例高;二是下岗失业人数多;三是再生劳动力无就业岗位,大多数矿山待业青年无法安置。由于矿业城市资源的枯竭,以及单一的支柱产业的当前发展困境,造成矿业的就业岗位逐渐减少,而接续产业的发展有一个时间过程。因此矿业下岗人员及新增加的就业青年大量增加,与矿业城市的就业需求形成一个矛盾。2000年阜新市下岗失业人员达15.6万人,占全市职工总数的36.7%,目前全市非农业人口中享受月收入最低生活保障线156元的困难居民有17.8万人。

第五,开矿损坏自然环境,环境恶化、环境问题仍很突出与可持续发展的矛盾。环境问题虽受到重视,但历史欠账太多,现时也无法更多投入,所以矿业开发过程中带来的环境问题和地质灾害仍是影响全国矿业城市可持续发展的一大难题。矿业城市的工业结构为超重型、高耗能、高耗水、高排污的重工业,其百元产值的耗水量、耗能量、排污量远远大于其他类型的工业。煤炭城市煤矸石的历年堆存量达30亿吨,仅国有重点煤矿矸石山就有1500多座,其中300多座产生自燃,占地约5000公顷,而且煤矿排矸石量仍以每年1.5亿~2.0亿吨的速度递增。许多矿山在开发过程中,经常发生滑坡、崩塌、泥石流、矿坑突水、地面塌陷等灾害,每年因此而造成的直接损失约达100亿元,经济持续发展和居民生活都受到严重的影响。

第六,地方财政收入锐减和困难,形成矿业城市财力不足与基础设施建设投资需求的矛盾。由于矿业城市的经济效益普遍较低,导致财政收支低于全国城市人均财政收支水平。据最新统计,全国城市人均财政支出为1535.6元,而矿业城市仅为1073.3元。矿业城市财政收入的窘迫情况使城市既无资金建设地方一般工业,也无力为国家大型建设项目进行资金匹配,很大程度上丧失了发展机会,也使基础设施建设严重滞后。城市基础设施欠账,综合服务功能不健全的问题,在中国的矿业城市中依然比较突出。

【矿业城市转型战略】 2001年在安徽淮南市召开的第四届矿业城市发展论坛上,基于大家的做法和经验基础上,归纳总结矿业城市可持续发展八个战略,即:多元发展战略、适度开发战略、集约经营战略、绿色矿城战略、科技兴城战略、筑巢引凤战略、城矿互利战略、矿城扶持战略。自21世纪新时期以来,更多矿业城市政府加强了对矿业城市发展规律的研究,针对本市自身的特点,采取了许多应对战略来促进可持续发展,推进了转型。

1. *多元发展战略*。矿业城市实行多元发展战略,是矿业城市可持续发展的重要保证和转型途径。这里包括两个内涵:一是在矿产资源潜力还很大时,要加速发展矿产品的深加工,延长产业链;二是启动非矿产业,尽快形成矿业城市的其他支柱产业,使其从单一经济型向综合经济型发展。

河南省禹州市,发展煤炭深加工和综合利用,提高产品的附加值,实现城市跨越式发展。自2001年以来,禹州市对煤电工业进行技术改造,投资35亿元兴建了该市最大的火电项目禹州电厂。为了提高电能的附加值,该市又投资兴建年产5万吨电解铝厂,还计划投资5900万元,实施热电联产项目,这样就形成了煤、电、铝、热四大支柱产业齐头并进、相互促进的多元经济格局。

黑龙江省双鸭山市,延长煤炭产业链,重点实施“四转一开发”。这“四转一开发”是煤转电,年转化煤炭150万吨,发电31亿度;煤转焦,年产量20万吨铸造焦的焦化厂已经建成投产;煤转油;着手抓紧投资100亿元建设年产成品油100万吨左右的煤炭液化项目;煤转气,已形成年产煤气2600万立方米的生产能力。综合开发,目前已引进了法国利用煤矸石烧结空芯砖技术。实现了制砖不用土,烧砖不用煤,即形成煤矸石、粉煤灰-砖机设备-新兴节能、节土、环保建材产业链。

山东招远市发展“大黄金”战略,不仅加强地质勘探,保证黄金产业的资源优势,提升采、选、冶的产业规模和科技含量,还发展了黄金深加工产业,如黄金饰品、黄金工业用品。进而又建立了黄金大市场,成为中国北方最大的黄金产品加工集散地,同时投资2亿元筹建“黄金乐园”,宣扬黄金文化,发展黄金旅游业。

辽宁盘锦市在延长产业链、发展石油加工产业的同时发展其他非油产业。

国家试点城市辽宁省阜新市,在继续发展矿业的同时,通过发展现代农业来实现矿城经济的转型。辽宁省本溪市,通过倾力打造五大特色农业,发展林业经济、发展优质玉米、加快畜牧业养殖基地和牧草基地建设,发展中药材种植业,打生态农业的牌,实现城市的可持续发展。

安徽淮南市,提出了加快结构调整,实现“四个转变”,推动城市功能转型的总体思路。即由以煤炭工业为主体的单一结构向多元产业结构转变;由国有经济占绝对比重向多种经济成分共同发展的格局转变;由依托自然资源开发为主向依托自然资源开发和人力资源开发并重转变；由以满足自我需求为主的内在型服务功能向积极辐射周边地区的开放型服务功能转变。除做大做强主业，和华能集团公司、中国电力投资集团公司等单位联合，倾力打造“火电三峡”外，积极发展非煤产业，如计划投资36.3亿元建设精细化工工业园和计划投资10.5亿元生物医药工业园建设。在积极发展高技术电子信息产业区和高技术生物工程产业区。

此外，徐州发展食品工业；唐山利用丰富海洋物产、盐化工和旅游等资源发展新兴产业群。这些都是实现矿业城市可持续发展的很好的例子。

2. 科教兴城战略。矿业城市一般以传统工业为主，它面临两方面挑战：一是需要用高新技术改造提升传统矿业；二是需要培育独具特色的高新技术产业。一些矿业城市在这两个方面有了长足进展。在山东邹城，兖矿集团承担实施的国家技术创新项目“600万吨综放工作面设备配套与技术研究”的整体技术达到了国际领先水平，开创了多项技术创新先河。目前，山东兖矿集团运用该套设备实现了最高日产24047吨，平均日产20376吨，工作面回采效率达到了87.43%，年产能力达到了680万吨的水平，均创国际综放开采领域新高。

安徽省淮北矿业（集团）公司、芦岭煤矿和淮南工业学院共同研究成功的水（砂）下无煤柱开采技术，也已达到国内外领先水平。为解放淮北矿区松散层水体下的5亿多吨煤以及华北等类似条件地区防水（砂）煤柱回收提供了科学依据，对于增加可采资源延长矿山服务年限，实现矿城的可持续发展做出重大贡献。

近两年，数字矿山的雏型已经出现。像河北迁安首钢矿业公司、辽宁鞍山齐大山铁矿、广西平果铝业公司等，正在用信息化带动矿业的发展。突出的特点是实现了生产系统的自动化、管理系统的网络化，提高了矿山企业和矿业城市的市场竞争力。

3. 筑巢引凤战略。矿业城市实施筑巢引凤战略就是充分利用外部资源促进城市自身的发展。为了吸引外部人才、技术和资金进入矿业城市，城市自身的“巢”必须筑好。这样的例子越来越多。

江西省新余市，近年来大力整治城市环境和道路交通，不遗余力地优化投资环境，与此同时，还制订了一系列的优惠政策吸引人才、技术和资金。例如该市取消了64%的行政审批事项，设立了一站式办证服务大厅；第一个在全省实施了降低门槛的户籍制度改革；并在全国率先推出了外商投资项目预期回报倒算法，使投资者能够明确投资开发如何得到合理回报。新余市通过实施这一系列举措，使投资环境得到优化。2001年，全市实际引进国外、境外资金完成省计划的224%，列全省第一，实际引进国内外资金同比增长79.5%。2002年1～10月，全市实际引进国内外资金2023万美元，同比增长128.81%；引进国内市外资金97593万元，同比增长237.7%。由此全市涌现出了电子信息、机电一体化、生物技术与新医药、新材料及精细化工等一批新产业群体。

河南省鹤壁市，以转变政府职能为突破口，努力营造良好的投资环境，用诚信高效的作风促进招商引资项目的落实。该市一方面着力创建特色鲜明的现代化城市，另一方面加大整治经济环境力度，清理、废除各种行政审批和收费项目2000多个，从而吸引了一大批中外客商到鹤壁投资。2002年，继投资3.5亿的鹤壁京立医院和投资1000多万元的北京王码集团等大额投资项目破土建设后，又有台湾15家企业组建的台湾淇和开发股份有限公司与鹤壁正式签订了台商投资区的实施方案，该方案包括台商工业园和台湾度假村，两项总投资将达30亿元。

4. 绿色矿城战略。近两年来，矿业城市坚持开发与保护并重的方针，采取坚决有力的环保措施，创建绿色矿城。涌现了不少典型的例子。

内蒙古包头市，在“普遍绿化、点上成景、面上成林、线上有景有荫”的绿化方案下，实施了大规模的“增绿、透绿、建泉、围水”的生态治理工程。目前包头市绿化面积达5000多公顷，绿化覆盖率为31.24%，人均公共绿地面积达9平方米。包头市因此相继获“全国园林绿化先进城市”和“联合国人居中心2002年国际改善居住环境最佳范例奖”。

安徽省马鞍山市以共建“南京都市圈”为契机，在制定了城市建设整体规划后，分三步展开环境建设：继改造城市内涵和扩展城市发展空间之后，下决心整治了马钢“黄龙”等一大批严重污染源。目前马鞍山“九山环一湖，翠螺出大江”已建成一座具有典型江南风韵的生态山水园林城。先后荣获了“国家卫生城市”、“国家园林城市”、“全国创建文明城市工作先进城市”和“中国优秀旅游城市”称号。

辽宁省抚顺市在废弃的矿坑上建公园；甘肃白银市“占一片荒山，还一片林海；建一片住宅，成一处花园”的构思和实践；河北张家口再造秀美山川工程等等都是值得学习的。

此外，有不少矿业城市早已在实施绿色矿城战略方面取得了可喜成就。如山东东营市在昔日盐碱荒滩上建设起了一座拥有大空间、大水面、大绿地和“浓阴遮碧水，绿树抱白楼”环境优美的“油田加绿洲”的矿业城市。

5. 适度开发战略。鉴于矿产资源是不可再生的资源,采出一点就少一点,所以寻找矿山规模经济效益与延长矿山服务年限之间科学的结合点,适当控制开采强度,对于延长矿山服务年限为矿业城市发展接续产业赢得时间具有重要意义。大庆在这方面就是一个突出的典型。他们在大力发展石油延深产业开发利用地热资源和非油产业的同时,不追求原油产量的一味增长,而是主动下调原油产量,进行适度开发,这对于延长大庆油田服务年限,为大庆市赢得发展接续产业的时间发挥重要作用。其他还有一些城市也这样做了。

综上所述,矿业城市的可持续发展,只要领导重视,思路正确,措施有力,落实到位,是完全可以大有可为的。必须清醒地看到,一些矿业城市存在的问题依然不少:一是矿业城市的深层次问题尚未得到解决;二是大部分矿业城市产业结构调整进展缓慢,发展不平衡;三是矿业城市的就业和生态压力日趋加重;四是理顺城矿关系任重道远等等。这些问题都是值得思考与研究解决的。

【矿业城市转型策略】 1. 完善城市总体经营发展战略,实现五个转变,全面提高城市发展水平。按照科学发展观的要求,体现以人为本、全面、协调、可持续发展这一目标要求修订完善原有的城市经营发展战略,深化改革推进体制创新和机制创新,从思想观念到实际行动上切实做好五个转变。一是从主要依靠资源优势发展单一矿业经济型城市向充分经营城市资源发展多元经济型城市转变。二是从主要依靠国有经济向发展国有经济、集体经济、民营经济、混合经济等多种所有制经济共同发展转变。三是从重物质文明建设向物质文明、精神文明和政治文明协调发展转变。四是从重开发向开发与保护并重转变。五是从政府与企业职责不分向政企分开、理顺关系、各司其职转变。

2. 加强地质勘探,进行适度开发,为矿业持续发展和发展接续产业创造条件。从现实情况来看,矿业在相当长一段时期内仍是东北矿业城市以及全国多数矿业城市的支柱产业或最主要的支柱产业。据现有地质资料,许多矿业城市还有资源潜力可挖,即使是一些危机矿山,在深部和周边地区还可能找到新的接替资源,在阜新不仅煤矿还有一些潜力,在非金属矿、金矿、铁矿方面都有一定的找矿前景。在云南东川,因可采铜资源枯竭而导致城市衰落,最近因与国外矿业公司合作在外围找到了规模较大的金矿。所以,加强地质勘探是矿业城市可持续发展的一个重要条件。加强地质勘探,挖掘老矿山资源潜力和发现新的资源,延长矿业服务年限,既为矿业持续发展提供资源支持,又可为矿业城市发展接续产业实现经济转型赢得时间。不仅危机矿山要加强资源勘探,即使资源比较丰富的城市也要提前作好资源储备。人无远虑,必有近忧。大庆油田在这方面做出了榜样。在20世纪50~60年代通过大庆会战探明了25亿吨左右的石油储量。在几十年开发过程中,大庆人一直不断地进行地质勘探工作,探边摸底,又探明了近30亿吨可采石油资源,从而保证大庆油田多年持续高产5000万吨左右的原油。也正因有资源潜力可挖,所以国务院常务会议于2004年9月6日专门审议通过了《全国危机矿山接替资源找矿规划纲要2004~2010年》。

进行适度开发是矿业城市实现可持续发展的又一个重要条件。矿业城市要根据拥有的资源丰富程度,寻求矿山企业生产规模效益与增加矿山服务年限之间的最佳结合点,不要一味追求高产量指标,把矿山年度产量定在一个适当度上,实行适度开发。这样既有利于延长矿山服务年限,又可为城市产业结构调整和经济转型赢得时间。

3. 从实际出发,因地制宜发展接续产业。矿业城市发展接续产业要从实际出发,宜工则工、宜农则农、宜商则商、宜旅游则旅游。阜新市利用土地资源丰富的比较优势,发展特色农牧业和农牧产品加工业,利用硅矿和玛瑙矿资源丰富,发展玻璃工业和玛瑙加工业,目前均已初具规模,可能成为新的支柱产业。如果把煤矸石再充分利用起来,把膨润土等其他非金属矿再开发加工利用起来,则可为阜新经济持续发展增添新的支柱。又如吉林白山市利用丰富的优质天然矿泉水,发展矿泉水产业,2003年矿泉水产业产值占工业总产值的13%;大庆市与发展采油、炼油、石油化工、纺织、食品、建筑、电子等产业的同时,利用油气勘查开发中产出的地热资源发展旅游、高效农业养殖业,城市居民供暖,在大庆林甸县开发地热资源可能成为一个新兴产业。云南个旧云锡公司利用锡矿资源优势,依靠科技进步,大幅度延伸以精深加工为中心的锡产业链,开发出了100种拥有自主知识产权的锡化工、砷化工、锡材等深加工产品。目前个旧已成为全国最大的锡生产、出口基地和锡材加工中心,云锡牌锡锭已获得了国际市场免检产品称号。河南焦作市与开发煤矿、铝土矿实行煤电铝联营对矿产品进行深加工的同时,充分利用丰富多彩的天然地质景观资源大力发展旅游业,使旅游业已成为新兴的支柱产业。大同、个旧、抚顺、焦作和阜新等一批矿业城市都已经或着手筹备利用废弃矿山、矿地矿井建设矿山公园,作为新的旅游景点和进行爱国主义教育的基地。

4. 开发利用衍生资源,发展循环经济。在矿业开发过程中产生大量的废石、废渣、废水和废气,如煤矿开发过程中产生的煤矸石、粉煤灰、瓦斯等,金属矿开发过程中产生的尾矿、废渣等。据不完全统计，全国金属矿山尾矿积存有50亿吨，煤矸石有38亿吨。按线型经济的传统观念看，这些不仅都是废物，而且给生态环境带来破坏。如果我们换一个角度来看，即从循环经济的角度来看，这些所谓的“废物”，我们可以把它们看作是矿业开发过程中产生的可以再利用的“衍生资源”，是一笔很大的财富。如煤矸石可以垫路、制造水泥、制砖、发电，还可以利用高科技使之转化为附加值很高的产品。当然开发利用衍生资源，发展循环经济，需要从思想观念上来一个大的转变，需要先进技术资金和相应政策规范的支持。实际上，开发利用煤矸石、开发利用金属矿山的尾矿等衍生资源早已开始，在很多矿业城市都取得一定成效，需要总结经验加以提倡和推广。据了解，抚顺市利用采煤过程中的废弃页岩生产烧结砖，年产量已达4550万块，第二、第三期工程竣工后将达年产3亿块砖的生产规模，既减轻了环境压力，又增加了经济效益和社会效益。阜新目前对煤矸石进行综合利用的企业就有110余家，利用煤矸石生产烧结砖、建筑构件、发电，从业人员达12000多人。目前阜新与辽宁金山电力公司合作，投资25亿元建设煤矸石热电项目已在做前期的准备工作。据专家们研究，阜新煤矸石还可用作制造火山灰系列水泥、高硅质矸石微晶玻璃、无机非金属泡沫材料等一系列高科技产品。

5. 引进民资和外国资本，促进矿业城市转型。矿业城市发展接续产业和改造传统产业都需要大笔资金。除积极自筹和争取国家支持外，充分利用民资和外资是一条重要出路，因此，要进一步转变观念，开明开放，筑巢引凤，不怕肥水流入外人田，积极引进民营资本和外国资本，促进矿业城市振兴。这一方面辽宁阜新市已经迈出可喜的一步。三年来，阜新招商引资累计完成62.2亿元，是“九五”时期的2.4倍，直接利用外资5032万美元，为“九五”的4.6倍，建成了一批合作项目。如引进民营资本利用本地的石英矿等非金属资源发展玻璃工业，举办乳制品厂和肉肠加工厂等企业，均取得了好的经济效益。此外与美国、意大利、日本、西班牙等国合作的医药、不锈钢、玻璃钢、橡胶工业等项目也已取得实质性进展。又如吉林白山市，以优惠政策和良好服务引进农夫山泉和娃哈哈等国内大型民营企业到白山市靖宇县设厂开发矿泉水，已形成相当的规模，成为靖宇县重要的支柱产业。云南地勘队伍积极引进加拿大矿业公司技术和资金，在东川合作勘查金矿已取得明显的地质找矿效果。

6. 引进高校、研究单位的人才、技术和科研成果。矿业城市发展接续产业需要有人才、技术和新的项目，这一方面高等院校和科技研究单位是有一定优势，矿业城市要很好加以利用，促进产、学、研结合。为此，要创造能够留住人才、留住外来资金的有利环境，也给后人留下美好的生存空间。甘肃省白银市与国内外173家科研院所、大专院校、企业集团建立了经济技术合作关系，其中与中科院合作建设的中科院白银高技术产业园区两年内已签约项目41个，投资24.25亿元，有32个在建或建成投产。河南焦作市从名牌高校引进一些技术和科研成果发展高新技术产业取得明显成效。他们与清华大学、甘肃工业大学、河南大学等高校科研机构合作，逐步建成了以生产丙烯酰胺、高分子原膜、集成电路、钛白粉、单晶铜、纳米氧化锆等为主的高新技术产业，2003年高新技术产业增加值占地区生产总值比重达到13%。阜新市膨润土、高岭土、石英砂等十多种非金属矿资源丰富，他们与辽宁理工科技大学联合研究开发非金属矿产资源，实施“贸工科结合、产学研一体、集团化发展”战略，为阜新市的非金属矿开发利用产业和企业发展提供一条可行之路。最近阜新市又将与中国地质大学签订合作协议，在开发利用煤矸石、非金属矿和提供科技信息和成果方面进行合作。这是实施科技兴城的一条有效途径。

7. 矿业城市要挖掘自身潜力，增强城市的综合功能。为了逐步改变城市产业结构单一状况，推进产业结构转型，提升城市经济实力。一要利用待业和下岗分流的劳动力资源大力发展服务业，解决劳动力就业和提高城市人民生活水平。近年来，许多矿业城市在强化城市基础设施建设的同时，加强市场建设，制定优惠政策，拓宽就业渠道，鼓励下岗职工和其他劳动力从事个体商业、饮食业和社区服务业，积极发展现代科技、教育、卫生以及信息咨询、广告、会计、审计、法律服务、保险、金融等新兴产业。二要充分发挥资源优势，利用可转换资源，扩大深加工，延长产业链，提高附加值。三是打破部门界限，实行相关产业联营如煤电铝、煤电运、石油开采提炼加工一条龙，积极推进集团化经营。四要推进投资主体多元化，用股份制改造老企业，加快培育与发展非矿接续产业或替代产业。五要鼓励集约化经营，根据资源丰度和区域资源分布状况，从实际出发组建大型矿业集团，以提高生产经营水平和国际竞争力。下决心关闭那些浪费资源、破坏环境、安全生产无保障的企业。对依法办矿条件好的小矿也要加强指导与管理，集约经营，科学开发、安全生产。

8. 研究和和争取、利用国家对矿业城市实行扶持政策和连带政策。矿业城市要实现振兴，当然主要依靠自身的努力，但由于历史原因，矿业城市一般自我积累、自我发展能力差，单纯依靠自身力量实现城市转型与持续发展是很困难的，更需要国家作为一个特殊问题制定适当的政策加以扶持。

【矿业城市转型对策与建议】 解决矿业城市转型问题是一项系统工程，也是世界性课题，能否成功是关系地区经济振兴乃至社会稳定的大问题，关系支持中国工业化和社会经济发展的重要行业——矿业的兴衰。

1. 加强国家对矿业城市转型的指导与管理。党的十大提出"支持东北等老工业基地加快调整和改造，支持以资源开采为主的城市和地区发展接续产业"之后，国务院已成立了振兴东北老工业基地领导小组，及其办事机构国务院东北办，但未有相应的组织来指导矿业城市转型工作，原有的国务院阜新经济转型试点工作领导小组尚未开展工作。而全国50多座资源衰竭的矿业城镇转型任务又很繁重，影响也很大，迫切需要国家加强领导。应对矿业城市可持续发展实行统一规划，纳入国家规划、计划和宏观决策之中。

此外，建议国务院或国家发改委主持召开全国矿业城市工作会议，系统研究与推动矿业城市转型与可持续发展。

2. 选择不同地区和不同类型的矿业城市扩大进行试点，分类施治。矿业城市转型是一个长期的渐进的过程，不同类型的矿业城市情况有相同之处，也有不同之处。建议选择不同类型的矿业城市扩大试点，并进行分类指导。在产业转型、社会保障和就业、生态环境恢复与保护方面进行探索与实践，为不同类型矿业城市实现可持续发展积累经验。分类指导是把成长期、鼎盛期、衰退期的矿业城市区分开来，实施不同的战略。成长期的矿业城市应制定经济发展的总体规划，一定要把优化产业结构放在首位，起码要形成三个以上的支柱性产业，大力培育第三产业，突出城市的综合功能。鼎盛期的矿业城市，要制定产业多元化的总体规划，控制矿业总量的过度扩张，延长矿山服务年限，拉长产业链，运用高新技术矿产品进行深度加工，及早形成和发展新的主导产业和替代产业。衰退期的矿业城市，要制定经济转型的总体规划，要从市情出发，发挥自己的比较优势，发挥特色产业，宜农则农，宜工则工，宜商则商。发挥特色产业要用新思路盘活存量，如土地、厂房；用政策吸引增量，如大力发展非国有经济和劳动密集型产业；用高科技提高知识含量，如发展农业就要发展现代农业。

3. 对资源衰竭型矿业城市实行优惠的产业政策、土地政策和财税政策，加大地质勘查投入。矿业城市特别是资源衰竭型城市在历史上为国家都做出了重大贡献，城市自身的积累很少，再加上过去的一些政策制度所限，又缺乏区位优势，缺少人才、技术和项目，所以完全靠自己努力是不够的，国家应在相关政策方面给予照顾和支持。加大资源税地方留成比例，资源补偿费适量返还资源性城市，减轻矿业企业的税费负担，加快拆旧，放开对利用外资的限制。无论哪种类型的矿业城市，一定要重视地质勘查工作。鼎盛期的矿业城市要通过地质勘查工作，摸深摸透资源总量和分布状况；衰退期的矿业城市要在老矿的周边、深部加深勘探，争取发现新的资源，延长矿山服务年限，从而为发展接续产业赢得经济转型时间。

4. 建立矿业城市转型基金和矿业反哺基金。参照国外一些矿业大国的做法，可以在矿山投产后的销售收入中提取一定比例，设立矿山转产基金。此外，国家通过行政手段明确在中央、省(区)和矿山所在城市的财力中提取一定比例设立矿业城市转型基金，用于衰竭型矿业城市历史遗留的矿区环境、矿坑塌陷区土地复垦以及塌陷区危房改造等遗留问题和职工再就业补贴所需资金。矿山转产基金和矿业城市转型基金应由国家指定的金融机构专门管理，按国家规定严格使用。建议从矿产品销售收入中提取一定比例或按矿产品产量每吨提取1~2元作为矿业反哺基金，或从上交国家的利税中返还一部分作为矿业城市转型基金，用作寻找接替资源，闭坑矿井下岗工人转产安置和支持发展接续产业之用。

5. 建议国家成立专门部门实施对矿业的统一领导与管理。矿业肩负向国家建设提供93%的能源、80%的原材料、70%以上的农业生产资料和30%的城乡人民生产生活用水的重要任务，矿业的基础地位和重要性是不言而喻的。但是矿业的长远发展无人统一规划，矿业的很多困难和问题无人去研究解决。目前矿产资源特别是矿物能源供应不足已成为制约经济发展的瓶颈，石油、铁矿石、铜精矿等十几种重要矿产品进口量大幅度增加。建议国家成立矿业能源部统一负责全国研究制定矿业长远规划和发展战略，把矿业作为一个独立产业列入第一产业，制订相应的政策加以扶持、管理与指导。

6. 正确理解与把握矿业城市经济转型。第一，经济转型的目标。经济转型不是将矿业城市转为非矿业城市，而是将单一矿业经济型转为多元产业直至生态经济型城市。

第二，经济转型的时机。矿业开发有一个从兴到盛至衰的过程，这是矿业特有的规律。已经定位于"矿业城市"的城市，矿业一定是主导产业。从资本积累的过程来看，最晚处于矿业开发鼎盛期的城市就应着手经济转型，如果到衰退期再启动就为时已晚。

第三，经济转型的局面。矿业城市的经济转型过去过于关注生产层面、项目层面，缺乏从经济与社会、环境协调发展等宏观层面进行综合考虑，结果上的项目缺乏比较优势，新项目成为死项目。我们认为，新兴产业的发展要与城镇化建设同步考虑，使生产力布局和城市功能布局协调和谐，可适当建设一批工业园区和城市新区，逐步将工业和人口向新区疏散，以减轻城市老区的压力。

第四，经济转型的原则。根据目前矿业城市的现状和历史经验，应坚持主要依靠市场机制的原则，产业股份化、民营化的原则，就业优先的原则，政策扶持为主、财政支持为辅的原则，少铺新摊子、立足改造改组的原则，改造传统矿业和发展比较优势产业并举的原则。

第五，经济转型的区位环境。城市经济（地区经济）增长实际上是区域与区域之间、区域与城市之间、城市与城市之间、城市与乡村之间人流、物流、信息流、资金流、技术流的交互作用的结果。树立城市群经济空间一体化及其联系的观念。城市和产业的发展要置于国家、城市群区域、市域、市区等不同的空间规模下，接受国土规划、区域规划、市域规划、城市总体规划所构成的规划体系的宏观指导，促进地区支柱产业选择与地区发展优势相结合，从根本上制约重复建设和盲目开发的内在动力源。

7. *加快建设开放型经济和开放型城市*。历史上矿业城市相对都比较封闭，是造成观念陈旧、活力不足的重要原因。矿业城市可持续发展需要自强、自立，但仅“自我拯救”是不行的。进一步扩大开放应是优先战略，主要有以下几个层面：

第一，观念要开放。要学习国内外典型矿业城市经济转型的先进经验，像德国的鲁尔、美国的休斯敦、河北的唐山、江苏的徐州，集众之长，补我之短。一个开放的思维方式，会避免走许多弯路，争得宝贵的转型时间。

第二，思路上要开放。一个矿业城市要经济转型，靠自己的财力显然不行，靠中央的支持也有限，这就要用开放的思路加强各方面的联合：上游产业与下游产业的联合；矿业城市与消费矿产品城市的联合；资源与资本的联合；国企和民企的联合等等。

第三，政策上要开放。政策上开放才能吸引资金、吸引人才。资源衰竭型矿业城市应该比经济开发区的政策还要开放，建议中央能考虑这方面的政策。省里也应制定相应政策。

第四，市场上要开放。要进行产业整合和企业重组，形成区域性市场，并主动融入全国大市场。要消除地区贸易壁垒，促进生产要素自由流动，降低交易成本，形成地区分工和专业化，大造城市新品牌。

【第五届中国矿业城市发展论坛】 为贯彻十六大“支持以资源开采为主的城市和地区发展接续产业”以及党中央国务院关于振兴东北等老工业基地重大决策，来自全国几十座资源型矿业城市政府、政协以及大型矿业企业的领导和国家有关部委、研究机构的专家、学者近300余人汇聚辽宁油城盘锦市，召开“第五届中国矿业城市发展论坛”，共商资源型矿业城市改革发展大计。

中国现有资源型矿业城市390座。其中市（地）级86座；县（市级）304座。覆盖人口约3.1亿。矿业城市为中国的现代化建设做出了卓越的贡献，全国生产的93%的煤炭、90%的石油、80%的铁矿石、70%的天然气都是矿业城市提供的。矿业城市以占全国25%的人口创造了国内生产总值占全国GDP总量的37%。矿业城市的兴起与发展加速了中国城市化进程，带动了区域经济的发展。但是，由于历史的原因，目前矿业城市的可持续发展已成为中国社会发展中的突出问题。主要表现在支柱产业单一，后备资源不足，环境污染严重，矿工生活困难，城矿关系不顺，经济发展缓慢。由于资源枯竭，主业衰退，产业结构调整和接续产业没有跟上，已经出现了“矿竭城衰”的危机。像云南东川、辽宁阜新由于矿业衰退，已经影响到社会稳定。据初步统计，这样的矿业城市全国有40多座。已到了刻不容缓需要解决的时候了。这一问题如不能很好解决，将直接影响中国全面实现小康奋斗目标。

党中央国务院对矿业城市等资源型城市发展接续产业一直高度重视。新一届政府组成后，针对东北等老工业基地的调整、改造以及矿业城市的可持续发展连续召开会议进行部署。国务院总理温家宝连续赴东北进行实地考察和振兴东北等老工业基地的各项工作部署；国务院副总理黄菊、曾培炎等分别赴大同等矿城矿区进行工作视察，对矿业城市的可持续发展发表重要讲话。全国政协于2003年9月组织了“资源枯竭型城市的产业接续问题”专题调研组进行调研活动。这些对资源型矿业城市可持续发展必将起到重要作用。由于党中央国务院领导的重视，一些资源型矿业城市纷纷根据本地实际深入研究矿业城市的发展规律。改变观念、解放思想、加速调整、推动转型。如阜新市做为全国经济转型试点市，几年来通过“一新带三新，三新促转型”（一新即观念创新；三新即体制、机制、科技创新）。一批农业园区拔地而起，一批龙头企业落户阜新。朔州市是1989年建立的典型的资源型矿业城市。市委市政府认为，资源型矿业城市要实现可持续发展，必须不断提高认识，加大结构调整力度。积极发展后续产业，走出一条适合市情的全面建设小康社会的新路子。提出“提高认识是前提，超前转型是关键，提升竞争能力是根本”。

这次论坛是由中国矿业联合会、中国城市发展研究会、辽宁省人民政府联合主办,由辽宁省盘锦市人民政府承办。论坛主题为:“资源型矿业城市转型与可持续发展”。全国人大蒋正华副委员长、全国政协孙孚凌副主席以及国务院参事室、发展改革委员会、国土资源部、全国政协人口经济委员会、资源环境委员会以及辽宁省政府领导出席会议。

(刘粤湘　余际从)

矿城介绍

大同市

【概况】 大同市是国家首批公布的24个历史文化名城之一。1949年5月解放后,大同城区建为大同市,属察哈尔省。1952年11月重归山西省。1993年7月雁北行署撤销,与大同市合并,并将雁北行署下辖的部分县划归大同市。现辖有开发区、城区、矿区、南郊区、新荣区等5个区和阳高县、天镇县、广灵县、灵丘县、浑源县、左云县、大同县等7个县。大同市是闻名全国的“煤都”。区位条件比较优越,交通通信较为便利,矿产资源丰富,旅游资源声誉中外,工业基础比较雄厚。

【矿产资源】 大同市矿藏资源丰富,是中国著名的“煤乡”,煤炭储量大、质量好、热值高,已探明的煤炭总储量达376.9亿吨,是中国重要的优质动力煤生产基地。境内地下矿藏还有铁、铜、铝、锌、磷以及石灰石、云母、石墨、大理石、花岗石等。

【煤炭工业发展】 大同是全国优质动力煤基地,地方煤矿共占有煤田面积604平方公里,共有各类地方煤矿460座。在全市11个县(市、区)中,有8个县(区)拥有煤炭资源,其中4个县(区)为全国重点产煤县(区)。煤种主要为侏罗纪弱粘结煤,煤炭年产量最高达4738.06万吨。据不完全统计,全国26个省、市、自治区的3000多家大中型企业使用大同煤,欧洲、亚洲、美洲20多个国家和地区进口大同煤。　(王　彤)

阳泉市

【概况】 阳泉是山西省东部地区政治、经济、教育、文化的中心,是中国能源重化工基地的重要组成部分。全市面积4452平方公里,市区桃河横贯,境内山川叠翠,矿藏资源丰富,气候宜人,素有“煤铁之乡”的称誉。现辖城、矿、郊三区和平定县、盂县。1905年,正太铁路在阳泉设站。随着交通运输的发展,一批采掘、冶炼企业相继成立,使阳泉站为山西近代工业的发祥地之一。随后,以阳泉站为中心,聚集行商坐贾,逐步成为山西东部地区和连结晋冀两省的商品集散地。1947年5月2日,阳泉解放,正式建制为阳泉市。

【矿产资源】 阳泉物产资源丰富,黑(煤)、白(铝矾土)、黄(硫铁矿)被誉为阳泉“三宝”。丰富的自然资源,为经济的发展提供了良好的条件。现已查明的矿产资源有煤、铁、铝矾土、耐火粘土、硫铁矿、石灰石、大理石、白云石等共52种,其中开采价值较大的有32种,尤其是阳泉的煤、铝矾土、硫铁矿以其储藏量大,品位高,埋藏浅,易开采而驰名国内外。阳泉煤田面积约1800平方公里,储量127亿吨。煤炭质地优良,灰粉小,炭化程度高,每公斤发热量达7000大卡左右。铝矾土和耐火粘土储量达数十亿吨,矿石品位高,杂质少,结构严密,耐火度高达1750度,在国内外市场久负盛名。硫铁矿分布面积49平方公里,储量25亿吨,具有含硫品位高,加工省燃料(含炭质),易碎不粘炉等特点。建材资源更是遍及全市,业已同“黑、白、黄”一起,成为阳泉的四大优势资源。

【工业经济发展】 经过40多年的建设和发展,阳泉已初步形成以能源为基础,冶金、化工、机械、建材为支柱,轻工、纺织、食品、电子等门类齐全的工业体系。阳泉是全国最大的无烟煤生产基地,所产无烟煤质量优、规格全,其年产量的70%销往全国各地及欧洲和日本、美国。年产原煤400万吨,并与洗选、热电联供“三同步”的贵石沟矿井是全国最大的无烟煤矿井。建设中的阳泉矿务局三矿新井,设施能力为年产原煤900万吨,建成后将名列亚洲矿井之首。随着能源基地的建设,阳泉电力工业有了较大的发展,已建和再建的电力装机容量可达200多万千瓦。冶金工业在巩固传统产品的同时,已形成钢铁、制管、电解铝、耐火材料四大主导产品。阳泉钢铁公司是冶金部的重点铁合金企业,阳泉铝业股份有限公司是华北地区较大规模的电解铝生产企业,耐火产品品种全、质量优、档次高,是全国四大耐火材料基地之一,产品畅销欧美及东南亚各国。化学工业从矿山采掘到深加工,正在形成硫铁矿、煤化工、钙化工、橡胶、火药等多种化工产品链,阳泉硫酸是华北及中原地区的主要供应地。

(姜永泉)

晋城市

【概况】 晋城市古称泽州,位于山西省的东南端,东南两面与河南省的林县、辉县、修武、济源、沁阳、博爱诸县接壤,西与临汾、运城地区相交,北与长治市毗邻。东西宽160公里,南北长100公里,市境总面积9490平方公里。1985年5月设市,辖城区、郊区、高平、阳城、陵川、沁水4县,管辖范围与古泽州一致。1993年高平撤县设省辖县级市,由晋城市代管。

晋城市委、市政府在改革开放的历史大潮中,已着手实施新的开放开发战略,决心坚定不移地贯彻党的基本路线,进一步加大改革力度,加快开放步伐。充分利用晋城优越的地理位置和丰富的自然资源。调动一切积极因素,尽快把晋城建成工业、商贸、旅游、文化、综合发展的社会主义现代化城市。

【矿产资源】 全市已查明和发现的矿种有煤、铁、硫铁矿等23种,占全省已发现扩种的19.5%。其中有探明储量的矿产12种,占全省探明储量矿产的19.3%。

煤炭资源:全市含煤面积4654平方公里占全市国土面积的49%。资源总量458.8亿吨,现已探明储量273.48亿吨,占全省无烟煤探明储量的54.65%,占全国的26.76%。

探明储量中,未开发利用的资源储量158.76亿吨(其中3#煤储量约82亿吨),有证矿山占用资源储量114.72亿吨,现有证矿山保有量共计85.04亿吨(其中:晋城煤业集团16.59亿吨,晋普山煤矿1.52亿吨,市营及以下煤矿保有储量66.93亿吨)。

在市营及以下煤矿保有储量的66.93亿吨中:近几年新牡煤矿大宁煤矿、东峰煤矿、王坡煤矿、南阳煤矿、竹林山煤矿、胡底煤矿、坪上煤矿、侯村煤矿、永安煤矿等占用储量20.55亿吨;其他生产矿井占有储量26.95亿吨(其中3#煤储量约19.43亿吨)。

煤层气:3#和15#煤叠合含气面积164平方公里,探明地质储量402亿立方米,可采储量234亿立方米。

铁矿:主要是山西式铁矿和含锰铁矿,远景储量1.45亿吨,探明储量9862.3万吨(山西式铁矿6245.78万吨,含锰铁矿3616.52万吨)。

硫铁矿:预测储量2323亿吨,探明储量4084.6万吨。

石灰岩:资源丰富,是潜在优势矿产,预测储量1217亿吨,探明储量水泥灰岩37.05亿吨,电石灰岩122亿吨,是水泥、化工原料及冶金溶剂和建筑业的主要原料。

白云岩:预测储量12.9亿吨,探明储量6.67亿吨。

粘土矿:探明资源量,耐火粘土777.4万吨,高岭石1020.8万吨,陶瓷粘土363.43万吨,水泥用粘上1649.1万吨。

其他矿产:硅石预测储量4.19亿吨,探明储量72万吨;花岗石预测储量240万立方米;大理石探明储量45万立方米;铁矾土预测储量1141万吨;重晶石6.5万吨;铜、铅、锌、银、金等有色金属和贵重金属已发现多处矿点和矿化点。

【地质勘查】 全市地质勘查行业投入加大。完成了12个地勘项目的申报;已批准8个,面积达333.81平方公里。由市国土资源局承担的全省第一个直接申报勘探项目的沁水煤田里必详查区,已完成勘探设计评审工作,探矿项目完成后可望增加一座年产500万吨的大型煤矿。加快了已立项勘探的项目进度,新探明煤、铁、铝、水晶石等储量3200万吨,增加了后备资源储量。

【矿山企业】 全市主要开采的矿产为煤、铁矿和石灰岩,其他矿产只有小规模和零星开采。2003年,全市共有各类持有采矿许可证的矿山企业869个。按矿种分类,煤矿企业564个,铁矿企业52个,硫铁矿企业1个,石灰岩石料厂151个;白云岩矿山1个,耐火粘土矿山1个,砖瓦粘土矿山82个,其他不能分矿种矿山企业17个;按矿山规模分,大型矿山6个,中型矿山20个,小型矿山843个。

矿业是晋城重要的支柱产业,2003年全市从事采掘业的从业人数约11.89万人,比上年增加14.36%,年产矿石总量6027万吨,其中煤炭年产总量5765万吨,煤炭总产值达82.15亿元,呈持续增长态势。

【矿业权市场】 矿业权市场建设平稳发展。实行矿业权公开出让,特别是从"石头也是资源,开采必须有偿"理念入手,全面推行石灰石采矿权公开出让,共设置205宗、规模882.6万吨,已出让126宗、规模778万吨,出让所得1477万元,仅泽州县出让石灰石价款就达548万元。石灰石采矿权的公开出让,抑制了建筑石材价格上扬势头,使石子价格平均下降了20元/立方米。成功拍卖6宗"山西式"铁矿权,出让所得308万元,促进了采矿权出让向多矿种发展。

矿产资源补偿费征收力度加大。扩大征费矿种,完善征缴制度,征收入库矿产资源补偿费4457万元,占全省的37%。

【矿产资源开发利用】 市、县两级矿产资源规划稳步推进。市级矿产资源规划于2003年12月经省人民政府批准实施,全市划定矿产资源勘查区31个,其中:煤炭资源勘查区4个,金属矿产勘查区6个,非金属矿产勘查区20个,煤层气调查评价区1个;划定开发、利用与保护区91个,其中:煤炭资源开发区24个,金属矿产开发区 22 个,非金属矿产开发区 36 个,水汽矿产开发区 5 个,禁止开采区 4 个;划定矿山生态环境保护和综合治理区 9 个。

县级矿产资源规划已经省国土资源厅评审通过。市、县两级矿产资源规划实施后,将逐步显现规划的调控作用,从而推进晋城矿产资源利用方式运行机制和管理体制的转变,优化资源配置,调整矿业结构。

【矿产资源开发秩序治理整顿】 整顿和规范矿产资源管理秩序工作全面深入开展,坚决打击非法采矿,彻底关闭浪费资源、破坏环境和不具备生产安全条件的矿山,矿产资源管理秩序治理整顿取得明显成效。经过全面排查,集中力量查处私开滥挖和越层越界,全市共取缔、关闭私开矿点 176 个,填死填实井筒 189 个,没收煤炭 20000 余吨,炸毁小铁矿点 518 个,查处越层越界 9 个,关闭无证石场 207 个,没收非法所得 104.8 万元,罚款 202.46 万元,吊销了 80 个关闭矿山的采矿许可证,行政拘留 50 人,刑事拘留 48 人,遏制了私采滥挖屡禁不止的势头,先后有 22 人受到党纪政纪处分和刑事责任追究。维护了正常的矿产资源管理秩序。

【地质环境与地质灾害防治】 地质环境与地质灾害防治工作取得明显进展。成立了市级地质环境监测站,各县(市、区)及重点乡镇均配备了相应的地质环境监测人员,形成了地质环境与地质灾害监测网络。完成了市、县两级地灾区划调查,完成地灾评估 53 宗,完成矿山企业地质环境影响评价 55 平方公里,编制地灾防治预案,预防地灾 2 起,治理地灾工程 2 处。完成了全市 1:10 万地质勘查项目现状图,立项 26 个,完成了地下水、矿泉水开发企业年检,调查地质遗迹点 26 处。

地质遗迹保护工作进一步加强。设立地质遗迹保护区 8 处,其中地质构造剖面和形迹 1 处,古生物化石 2 处,地质地貌景观 5 处,面积共计 3000 余公顷。做好了王莽岭国家地质公园申报前期工作。

(晋城市国土资源局)

朔州市

【概况】 朔州市位于山西省北部,西北毗邻内蒙高原,南扼雁门关隘。市区北距古城大同 129 公里,南至省府太原 200 公里,东到首都北京 502 公里。1988 年 3 月经国务院批准设立的省辖市,为全国新兴的能源基地。现辖二区四县(即朔城区、平鲁区、山阴县、右玉县、怀仁县、应县),总面积 10639 平方公里。

经过十几年的改革开放,朔州的经济得到迅速发展,现已初步形成以煤、电、奶为支柱产业,兼有陶瓷、食品、机械、建材、化工、轻纺、医药、冶金及耐火材料等较为完整的工业体系和以农牧业为主导、农林牧副渔综合发展的格局。城市燃气利用陕京天然气管道供气,是山西省首家用上天然气的城市,气化率达 75%。荣膺建设部“全国园林绿化先进市”和“全国城市环境综合整治先进市”称号。

【矿产资源】 朔州市矿藏资源极为丰富,已探明矿藏 25 种。主要有煤炭、高岭岩、石灰岩、铝矾土、耐火粘土、云母、石墨、石英、沸石、长石、铁矿及一定储量的金、铜、稀土、锆、613 矿产资源等,且储量大、品位高、易开采。发展煤电能源工业、建筑建材工业具有得天独厚的优越条件。煤炭储量约 505 亿吨,占全省储量的 1/6。为优质动力煤,适宜露天开采。现煤炭产量达到 6000 多万吨,发电量达到 159 多亿千瓦时。

【工业经济发展】 全市已初步形成以煤电为支柱,兼有机械、化工、建材、轻工、医药、陶瓷、冶金、电器元件、造纸印刷、玻璃、塑料、麻棉纺织、橡胶加工、酿造、乳制品、饮料及食品加工等门类比较齐全的工业体系。

(王力红)

临汾市

【概况】 临汾市位于山西省南部,东枕太岳余支,西依吕梁山脉,中部是广阔的河谷平原,汾河干流纵横南北,两岸土地肥沃,临汾,史称平阳,为帝尧古都,2000 年 11 月撤地建市,辖 3 区 2 市 14 县,总面积 20510 平方公里。区划 26 个乡镇,70 万亩土地。临汾是一座历史悠久的文化古城,现为临汾行署所在地,是临汾地区政治、经济、文化的中心。

【矿产资源】 临汾市矿藏丰富,能源工业发展潜力巨大。目前已探明的矿种有 38 种之多,主要有煤、铁、油叶岩、铜、锌、铝、金、钴、石膏、石灰岩、白云岩、耐火粘土、硫铁、膨润土、大理石、花岗石、重晶石、石英、硅石、磷、硅线石等,其中煤、铁、石膏、石灰石、白云岩、膨润土、花岗石、大理石、油叶岩、耐火粘土等在省内及全国均占有重要位置。煤炭资源,储藏面积 1.54 万平方公里,占总面积的 75%,总储量 960 亿吨,探明储量 120 亿吨,主要煤种有主焦煤、气肥煤、贫肥煤、瘦煤、无烟煤等,其中乡宁主焦煤为全国三大主焦煤基地之一,而且煤层厚,埋藏浅,易开采。铁矿是临汾市第二大矿产资源,总储量 4.2 亿吨,其中磁铁矿储量为 1.8 亿吨,且富矿比例高,占全省富矿的 70% 以上,褐铁矿和赤铁矿储量为 2.4 亿吨,硫铁矿储量 7.5 亿吨,紫砂储量

54亿吨,大理石储量1.5亿立方米,石英石储量2000万吨位,石膏的远景储量为234亿吨,探明储量达3.18亿吨。山西省石膏资源占全国的1/4,临汾市资源占全省的69.1%,丰富的自然资源为全市的经济发展提供了有利条件。

【煤矿采矿权有偿使用政策出台】 山西省临汾市政府2004年11月出台了《进一步完善采矿权有偿使用的实施方案》,决定在该市全面推进有偿使用煤矿采矿权。

有偿出让的范围为该市行政管辖区内,依法领取采矿许可证的煤矿企业(经山西省煤矿安全生产专项整顿领导组验收合格和经省煤炭工业局认定的基建矿)。市、县国有煤矿企业未改制的和1998年2月12日以后缴纳采矿价款、有偿取得采矿权的除外。采矿权有偿出让采取竞争方式或协议方式。

(王晋全)

呼伦贝尔市

【概况】 呼伦贝尔市位于内蒙古自治区东北部的高原地区,辖6市7旗,(3个自治旗),面积25.3万平方公里,人口269.70万人。

【矿产资源】 呼伦贝尔市地处东部区中新生代盆地成矿区,海拉尔盆地有矿产资源有能源、有色、贵金属和非金属矿产,能源矿产主要是煤炭,有著名的扎赉诺尔煤田、伊敏河煤田、陈巴尔虎煤田和大雁煤田,现均已开发利用。

【矿产资源开发利用】 2003年度,呼盟共有各类矿山企业260个(生产的216个),占全区矿山企业总数的5.61%。其中有限责任公司19个(生产的18个),股份有限公司12个(生产的9个),国有企业49个(生产的36个),集体企业114个(生产的103个),私营及其它企业66个(生产和51个)。与上年相比,除股份有限公司增加4个外,其他所有制企业数量均减少,减少幅度最大的为私营及其他企业,由2002年度的185个企业减少至2003年度的66个,下降率为64.32%。各类矿山企业总数较上年减少141个,同比下降35.16%。

开发的矿产由2002年度的31种减至2004年度的24种矿产,主要是煤和建材非金属矿产,有色金属矿产和贵金属矿产的开发力度较小。与上年相比开发的矿产少了锌矿、熔剂用石灰岩、芒硝、硅灰石、砖瓦用砂、玻璃用脉石英、膨润土及水泥用凝灰岩,新增加了饰面用花岗岩。

全市2003年度矿业从业人员3.42万人,年产矿石总量2149.70万吨;分别占全区从业人员总数的12.42%、年产石总量的1.39%。与上年相比,分别同比增加4.27%、-0.05%。具体各项生产指标完成情况,参见图1。

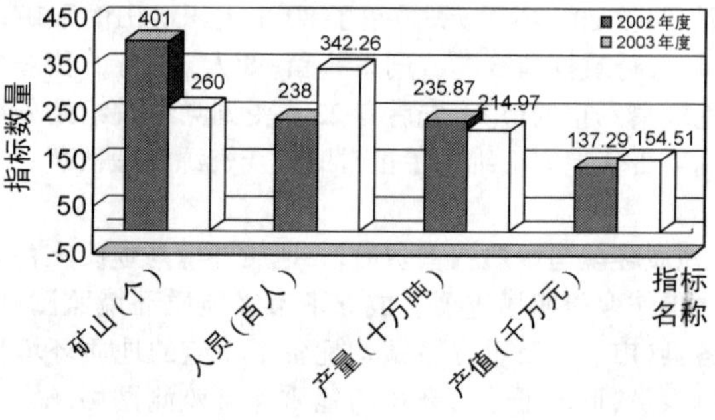

图1 2002年~2003年度矿产生产情况对比图

呼伦贝尔地区矿业产值超过1亿元的矿山企业有2家:伊敏华能煤电公司、宝日希勒煤业公司;产值低于亿元、超过千万元的企业有19家,主要有扎赉诺尔煤业公司、牙克石五九煤炭有限公司、海拉尔蒙西水泥有限公司、大雁煤业有限责任公司、新巴尔虎右旗新鑫矿业公司(铅矿)、牙克石煤矿、牙克石蒙西水泥有限公司、满洲里筑成水泥制造有限责任公司水泥灰岩矿、新右旗荣达矿业公司查西银矿等。呼伦贝尔市矿产资源的开发利用情况,具体见表1和表2。

表1　　呼伦贝尔市矿产资源开发利用情况统计表

矿种名称	矿山数(个)	从业人数(人)	设计采矿能力(万吨)	年生产固体矿石(万吨)	矿业总产值(万元)	利润总额(万元)	税金总额(万元)
总计	260	34226	2986.12	2149.703	154508.81	-12763.37	37472.88
煤	82	23701	2407.11	1730.038	121151.43	-17108.66	33879.69
铜矿	1	60	0.50	0.500	150.00	10.00	19.00
铅矿	4	2470	44.00	27.700	11000.00	1710.00	870.00
砂金	4	340	163.00	69.071	1206.00	91.00	0.00

续表 1

矿种名称	矿山数（个）	从业人数（人）	设计采矿能力（万吨）	年生产固体矿石（万吨）	矿业总产值（万元）	利润总额（万元）	税金总额（万元）
金矿	1	140	2.00	0.710	138.00	–399.00	1.30
银矿	2	789	8.20	5.00	1700.00	–140.00	103.00
萤石(普通)	6	83	2.10	0.349	121.20	5.30	12.03
工艺水晶	1	5	0.00	0.000	0.00	0.00	0.00
沸石	2	60	5.00	2.100	119.00	0.00	0.00
水泥用灰岩	38	1595	87.30	85.077	13627.88	2641.49	1977.76
建筑石料用灰岩	5	182	31.20	33.851	409.00	112.20	161.80
制灰用灰岩	4	119	9.00	3.690	92.53	31.35	21.51
玻璃用砂	1	241	0.50	0.090	618.00	–95.00	30.00
建筑用砂	3	88	12.80	17.480	571.20	150.00	144.00
砖瓦用粘土	35	3196	60.40	79.363	2276.41	145.30	152.36
水泥配料用红土	1	7	1.00	0.000	0.00	0.00	0.00
建筑用辉绿岩	10	242	30.20	21.771	202.40	2.00	23.40
建筑用安山岩	11	178	3.95	9.516	57.60	9.70	2.90
建筑用花岗石	29	321	49.06	31.006	287.98	67.35	30.13
饰面用花岗岩	1	5	4.00	0.000	0.00	0.00	0.00
麦饭石	1	5	0.30	0.00	0.00	0.00	0.00
珍珠岩	1	25	2.00	0.700	50.00	0.00	0.00
建筑用凝灰岩	9	181	38.40	31.206	364.10	2.80	23.90
矿泉水	8	193	24.10	0.485	366.08	–59.20	20.10

表 2　　呼伦贝尔市矿产资源开发利用情况统计表(分地区)

旗县市区	矿山数（个）	从业人数（人）	设计采矿能力（万吨）	年生产固体矿石（万元）	工业总产值（万元）	利润总额（万元）	税金总额（万元）
总计	260	34226	2986.12	2149.703	154508.81	–12763.37	37472.88
海拉尔市	31	2565	99.05	87.633	10830.87	1227.70	1338.58
满州里市	16	110.34	614.12	425.169	31620.91	9117.65	770.00
扎兰屯市	38	472	69.06	32.316	620.48	127.90	50.53
牙克石市	27	5675	229.00	230.720	18671.70	1629.39	1077.15
根河市	1	330	10.00	6.900	1500.00	110.0S0	180.00
额尔古纳市	29	1793	211.55	113.393	3772.80	154.60	228.00
阿荣旗	35	238	29.80	24.450	726.35	207.55	57.70
莫力达瓦旗	14	550	21.20	18.929	1005.20	228.40	50.22
鄂伦春自治	20	841	55.54	36.827	1151.98	–1.65	82.75
鄂温克自治	4	3426	1225.00	824.720	53828.00	–28214.30	29700.00

续表 2

旗县市区	矿山数（个）	从业人数（人）	设计采矿能力(万吨)	年生产固体矿石(万元)	工业总产值（万元）	利润总额（万元）	税金总额（万元）
新巴尔虎右	10	3075	46.20	28.068	11447.00	1470.00	819.60
新巴尔虎左	3	156	4.80	2.730	204.00	7.10	4.00
陈巴尔虎旗	32	4071	370.80	317.848	19129.52	1172.29	3114.35

【矿业产业地位】 2003 年度，呼伦贝尔市国内生产总值为 213.26 亿元，其中工业的贡献率仅占 16.70%；全市人均 GDP 为 7902 元，低于全区人均 GDP，位居全区各盟市第八位。全市工业总产值 91.62 亿元，其中国有和国有控股企业工业总产值为 43.25 亿元。地方财政收入(不含中央和自治区财政返还)15.24 亿元。呼伦贝尔市 2003 年度矿山企业上缴税金总和 37472.88 万元，矿业总产值 15.45 亿元，利润总额 - 12763.37 万元。分别占全区矿业税金总额的 21.59%、矿业总产值的 10.53%。与上年相比，矿业税金同比增长 3.71%，矿业总产值增长 12.54%，利润扭亏 44.42%。引起亏损的企业主要是全市矿业产值最大的企业—伊敏煤电公司露天矿，2003 年度累计亏损 2.75 亿元，占全区亏损总额的 18.48%。全市的矿业产值占当地工业总产值的 16.86%，与其他盟市相比，矿业所占比重还是比较大的。

通辽市

【概况】 通辽市位于内蒙古自治区的东北部，辖 1 区 1 县 5 旗。面积 5.95 万平方公里，人口 309.30 万人。

【矿产资源】 通辽市矿产资源丰富，已发现 40 多种各类矿产，其中煤炭、冶金用型砂矿、建材用硅砂矿的资源储量较大。霍林河大型煤田，木里图和大林两个大型型砂矿闻名全区，另外还有 5 座中型型砂矿和几座大中型硅砂矿。上述矿产资源现均已开发利用。

【矿产资源开发利用】 2003 年度，通辽市共有矿山企业 262 个（生产的企业 176 个），占全区矿山总数的 5.65%。其中国有企业 14 个（生产的 9 个），有限责任公司 10 个（生产的 8 个），股份有限公司 5 个（生产的 4 个），集体企业 85 个（生产的 53 个），私营及其他企业 148 个（生产的 102 个）。与上年相比，国有的、集体的、私营及其他企业数量分别减少了 4 个、6 个、18 个，而有限责任公司和股份有限公司分别增加了 3 个、1 个；最终各类矿山企业总数减少了 24 个，减幅为 8.39%。

2003 年度，通辽市开发利用矿产 21 种，主要是煤、冶金用型砂及其它建材非金属矿产等。与上年相比，矿产数量增加 1 种，且矿种略有调整，新增了石墨、陶瓷土、建筑用花岗石，减掉了普通萤石、矿泉水。

截止 2003 年底，全市矿业从业人员总数 14720 人，年生产矿石总量 1252.61 万吨；占全区从业人员总数的 5.34%、年产矿石总量的 0.81%。与本市上年相比，从业人员和年产矿石量分别同比增加 12.37%、14.82%。具体各项生产指标完成情况，参见图 1。

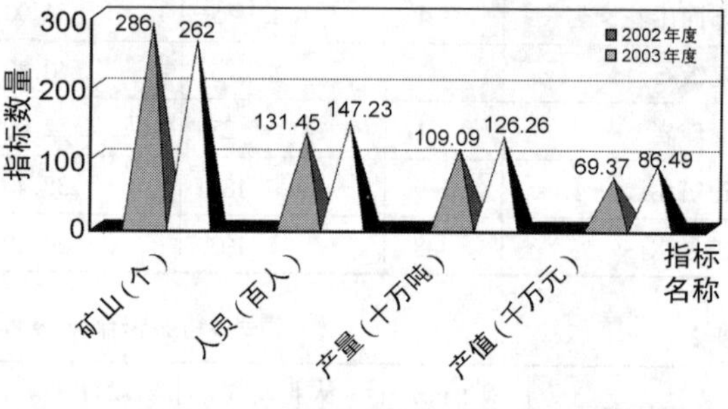

图 1　2002～2003 年度矿产生产情况对比图

通辽市内较大的矿山企业有霍林河露天煤业股份有限公司，设计采矿能力 1000 万吨，生产量 730 万吨，是我区第二大露天煤矿；累计投资 1.42 亿元，年创利税 2.11 亿元，产值高达 6.13 亿元，是全市经济效益最好的企业。乌斯吐、木里吐铸型用砂矿，是我区重要的型砂矿主采区，经营效益不错，分别位居全市第四、五位。

通辽市各矿产及各县(市)矿产资源开发利用情况，参见表 1 和表 2。

表 1　　**通辽市矿产资源开发利用情况统计表**

矿种名称	矿山数（个）	从业人数（人）	设计采矿能力(万吨)	年生产固体矿石(万吨)	工业总产值（万元）	利润总额（万元）	税金总额（万元）
总计	262	14720	2510.95	1252.610	86493.78	12182.29	11097.34
煤	22	4074	1309.00	846.801	66025.75	11833.65	9924.48

续表 1

矿种名称	矿山数(个)	从业人数(人)	设计采矿能力(万吨)	年生产固体矿石(万吨)	工业总产值(万元)	利润总额(万元)	税金总额(万元)
铁矿	2	60	3.50	2.300	310.00	35.00	50.00
铜矿	1	68	1.20	1.422	236.93	0.00	20.00
铅矿	1	5	1.50	0.000	0.000	0.000	0.00
银矿	1	72	0.50	0.018	92.00	－70.00	5.60
铸型用砂	16	781	311.80	25.263	2290.00	－8.30	118.80
石墨	3	1711	123.00	100.700	10250.00	－32.30	274.40
叶腊石	4	92	8.00	2.200	220.00	32.00	31.80
水泥用灰岩	2	230	13.20	12.000	400.00	10.00	16.00
制灰用灰岩	4	18	4.70	0.300	10.00	0.50	1.00
玻璃用砂	10	512	78.00	39.330	1368.40	37.74	212.42
建筑用砂	5	87	11.00	7.520	25.65	5.20	3.07
砖瓦用砂	1	150	3.00	2.40	90.00	5.00	10.00
陶瓷土	1	10	2.00	0.000	0.00	0.00	0.00
砖瓦用粘土	158	5926	524.35	162.081	4400.90	300.10	353.03
建筑用橄榄岩	4	296	48.20	13.346	152.00	－26.00	11.90
岩棉用玄武岩	2	220	13.00	7.001	196.00	11.00	17.64
建筑用安山岩	3	126	8.00	11.024	117.00	2.40	32.60
建筑用花岗石	1	16	5.00	1.088	15.00	－2.50	0.80
麦饭石	1	40	1.00	0.018	5.40	0.30	0.50
建筑用凝灰岩	20	226	41.00	17.798	288.75	48.50	23.30

表 2　通辽市各县(市)矿产资源开发利用情况统计表

旗县市区	矿山数(个)	从业人数(人)	设计采矿能力(万吨)	年生产固体矿石(万吨)	工业总产值(万元)	利润总额(万元)	税金总额(万元)
总计	262	14720	2510.95	1252.610	86493.78	12182.29	11097.34
科尔沁区	57	2228	619.30	77.918	3451.10	49.50	180.00
霍林郭勒市	28	4128	1141.50	795.672	63513.84	11948.25	9331.12
科尔沁左中	25	1327	80.50	30.821	869.20	56.94	75.04
科尔沁左后	20	903	266.80	55.020	1841.00	－13.00	269.40
开鲁县	27	385	10.50	5.544	177.50	15.00	21.00
库伦旗	14	430	24.55	28.749	593.00	55.50	50.50
奈曼旗	41	1972	85.60	39.587	1416.30	60.60	119.20
扎鲁特旗	50	3347	282.20	219.299	14631.84	9.50	1051.08

【矿业产业地位】　通辽市农业和畜牧业较为发达。2003 年度地区内国内生产总值 238.15 亿元,其中工业的贡献率只占 21.80%;全市人均 GDP 为 7730 元,低于全区人均 GDP,位居全区各盟市第九位。工业总产值 146.21 亿元,其中国有和国有控股企业工业总产值为 38.69 亿元。地方财政收入(不含中央和自治区财政返还)9.53 亿元。通辽市地区内 2003 年度矿山企业上缴税金总和 11097.34 万元,获取利润总额 12182.29 万

元，实现矿业总产值8.65亿元；分别占全区矿业税金总额的6.39%、利润总额的8.19%、总产值的5.89%。与本市上年相比，矿业总产值同比增长24.68%，利润总额增长7.45%，矿业税金翻了一番。矿业总产值占当地工业总产值的5.92%。

赤峰市

【概况】 赤峰市地处内蒙古自治区的东部，辖3区7旗2县，面积9万平方公里，人口447.26万人。

【矿产资源】 赤峰市矿产资源丰富，已发现的矿产有70余种，已探明的就有30余种，主要为贵金属矿产、有色金属矿和非金属矿产等。其中贵金属矿产和有色金属矿产是该市的特色矿产，如克旗黄岗梁铁锡矿、林西县的多金属矿，巴林左旗和翁牛特旗的铅锌矿，敖汉旗的金矿等。目前大多数矿产资源均已开发利用。

【矿产资源开发利用】 2003年度，赤峰市共有各类矿山企业933个，占全区矿山总数的20.12%。其中国有企业43个(生产的34个)，有限责任公司43个(生产的24个)，股份有限公司22个(生产的18个)，集体企业529个(生产的36个)，私营及其他企业294个(生产的181个)，合资企业2个。与上年相比，各类所有制矿山企业数量均有所增加，增加幅度最大的为集体企业63个、私营及其他企业65个，最少的为国有企业5个，有限责任公司和股份有限公司合计增加15个；最终各类矿山企业总数增加了150个，增幅为19.16%。

2003年度，赤峰市开发利用矿产43种，主要是煤、铅、锌、铜、金和非金属矿产中的叶腊石、萤石、水泥用灰岩、建筑石材和砖瓦粘土等。与上年相比，矿产数量未变，但矿种有增减调整，新增了银矿、玻璃用石英岩、水泥用粘土、水泥用凝灰岩4种矿产，同时减掉的矿产也有4种，分别为饰面用灰岩、砖瓦用砂、陶粒用粘土、建筑用大理石。

全市2003年度矿业从业人员8.12万人，年产矿石总量2771.84万吨，占全区矿业从业人员总数的29.50%、年产矿石总量的1.79%。与本市上年相比，从事矿业人员同比减少3.74%，年产矿石量同比增加29.48%。具体各项生产指标完成情况，参见图1。

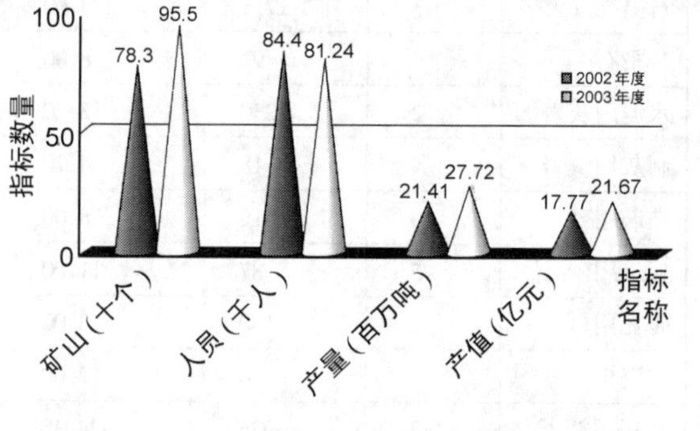

图1 2002~2003年度矿产生产情况对比图

赤峰内矿业总产值超过亿元的有8家：平庄煤业集团隶属的5个煤矿(元宝山露天矿、风水沟、红庙、古山、西露天矿)，还有科尔沁油田、白音诺尔铅锌矿、金陶股份有限公司金矿。其中元宝山煤矿累计投资已达31.6亿元，创利税合计3490万元，实现矿业总产值2.47亿元，是全市首屈一指的好企业。另外，还有一些金属矿山经营的也不错，如梧桐花铅锌矿、红花沟金矿、黄岗矿业有限责任公司铁矿、大井银铜矿、金蟾山金矿、红岭铅锌矿等矿山。

赤峰市各矿产及各县市的矿产资源的开发利用情况，参见表1、表2。

表1 赤峰市矿产资源开发利用情况统计表

矿种名称	矿山数(个)	从业人数(人)	设计采矿能力(万吨)	年生产固体矿石(万吨)	工业总产值(万元)	利润总额(万元)	税金总额(万元)
总计	933	81237	2882.48	2771.844	216729.31	10717.26	21624.48
煤	117	37837	1639.50	1295.173	117822.41	3981.56	13474.22
石油	1	600	10.00	0.00	15000.00	0.00	0.00
地热	1	21	0.50	0.000	8.00	4.00	0.00
铁矿	19	1337	86.90	71.025	8507.00	2217.25	1441.77
铜矿	13	2457	32.98	33.620	7137.65	435.00	1135.60
铅矿	31	1195	27.07	8.270	1710.45	21.00	62.55
锌矿	19	6410	106.38	92.509	26730.14	1474.00	3562.04
锡矿	1	0	1.10	0.000	0.00	0.00	0.00

续表 1

矿种名称	矿山数（个）	从业人数（人）	设计采矿能力(万吨)	年生产固体矿石(万吨)	工业总产值（万元）	利润总额（万元）	税金总额（万元）
钼矿	4	103	7.25	0.25	10.00	2.50	0.20
金矿	67	8578	95.98	47.218	22186.16	984.80	298.98
银矿	3	45	0.90	0.030	230.00	15.00	6.00
萤石(普通)	26	607	15.18	11.530	289.30	29.45	33.55
冶金用脉石英	4	20	2.50	0.400	8.00	3.00	1.00
叶腊石	11	360	11.64	1.240	1026.80	23.00	2.00
沸石	9	89	8.23	2.207	16.55	1.51	0.87
水泥用灰岩	35	1748	167.50	316.290	4131.72	268.41	547.04
建筑石料用灰岩	3	35	28.00	10.86	6.00	0.50	0.50
制灰用灰岩	3	35	0.60	0.600	70.00	24.80	7.20
建筑用白云岩	1	14	2.00	14.250	15.00	2.50	1.00
玻璃用石英岩	1	0	1.00	0.000	0.00	0.00	0.00
建筑用砂	25	216	17.70	12.400	99.00	10.70	3.20
水泥配料用砂	1	20	4.00	4.000	20.00	2.00	0.50
玻璃用脉石英	1	0	1.00	0.000	0.00	0.00	0.00
砖瓦用页岩	2	40	1.60	11.550	14.00	1.70	0.54
水泥配料用页岩	1	20	4.00	0.400	8.00	0.50	0.60
高岭土	4	70	6.50	0.7000	70.00	14.00	14.00
伊利石粘土	1	0	0.50	0.000	0.00	0.00	0.00
膨润土	26	914	99.00	15.340	302.00	40.70	33.50
砖瓦用粘土	293	14906	297.58	325.156	8544.74	659.85	595.08
水泥用粘土	1	20	0.50	0.5000	5.00	0.50	0.50
铸石用玄武岩	16	322	5.53	3.720	178.50	29.60	23.00
饰面用辉绿岩	1	30	3.00	0.000	0.00	0.00	0.00
建筑用安山岩	71	1115	94.90	421.954	853.66	103.50	89.93
建筑用花岗石	61	560	29.34	34.994	587.10	89.43	79.61
饰面用花岗岩	8	158	2.10	0.029	15.00	0.00	2.00
珍珠岩	10	580	26.50	6.500	610.00	151.00	170.50
黑曜岩	1	0	1.00	0.000	0.00	0.00	0.00
水泥用凝灰岩	1	5	0.00	0.000	0.00	0.00	0.00
建筑用凝灰岩	28	560	34.00	35.070	129.00	122.20	33.80
饰面用大理石	3	55	1.80	0.043	20.00	0.00	0.20
水泥用大理石	3	73	4.00	1.500	37.50	2.00	1.70
矿泉水	3	10	1.22	0.500	5.00	0.00	0.00
其他矿产	3	72	1.50	1.250	25.63	1.30	1.30

表 2　　赤峰市各县(市)矿产资源开发利用情况统计表

旗县市区	矿山数(个)	从业人数(人)	设计采矿能力(万吨)	年生产固体矿石(万吨)	工业总产值(万元)	利润总额(万元)	税金总额(万元)
总计	933	81237	2882.48	2771.844	216729.31	10717.26	21624.48
红山区	11	558	19.80	29.990	984.00	37.50	14.10
元宝山区	101	33645	1518.35	1613.243	111450.65	3660.30	13085.47
松山区	157	8290	157.92	153.082	9496.80	-168.56	563.02
阿旗	23	3708	94.70	72.810	19203.02	424.10	370.79
巴林左旗	73	7079	136.08	133.641	20822.23	1589.50	2683.40
巴林右旗	32	1422	42.29	65.360	2783.00	145.00	195.70
林西县	36	3409	57.03	60.216	6953.04	483.80	1160.70
克什克腾旗	35	1937	66.21	69.021	12015.44	1957.35	1719.57
翁牛特旗	46	3040	98.27	27.606	5225.06	56.00	555.52
喀喇沁旗	156	4435	323.31	324.836	6125.07	-267.29	392.96
宁城县	148	6600	251.74	158.155	7705.00	638.00	862.30
敖汉旗	85	7114	116.78	63.884	13966.00	2161.56	20.95

【矿业产业地位】 2003年度,赤峰市地区国内生产总值为242.48亿元。其中工业的贡献率是25.73%;全市人均GDP为5317元,低于全区人均GDP,位居全区各盟市倒数第二位。全市工业总产值174.97亿元,其中国有和国有控股企业工业总产值为68.31亿元。地方财政收入(不含中央和自治区财政返还)11.03亿元。赤峰市2003年度矿山企业上缴税金总和2.16亿元,获取利润总额1.07亿元,实现矿业总产值21.68亿元;分别占全区矿业税金总额的12.46%、利润总额的7.20%、总产值的14.77%。与本市上年相比,矿业总产值同比增长15.46%,利润总额增长68.45%,矿业税金23.16%。矿业总产值占当地工业总产值的12.39%。

呼和浩特市

【概况】 呼和浩特市位于内蒙古自治区中部,是自治区的首府,现辖4区4县1旗,面积1.72万平方公里,人口213.89万人。

【矿产资源】 呼和浩特市矿产资源已发现有30多种,有煤、铁、金、银、盐、芒硝、石墨、灰岩、粘土、及建筑用石材石料等。有三个中型大理岩矿区,三个中型粘土矿区。

【矿产资源开发利用】 2003年度,呼和浩特市共有矿山企业270个(穴生产的矿山205个),占全区矿山企业总数的5.82%。其中国有企业16个(生产的15个),有限责任公司18个(生产的11个),股份有限公司12个(生产的11个),集体企业58个(生产的53个),私营及其他企业165个(生产的111个),合资企业1个。与2002年相比,各类所有制矿山企业数量均有所增加,增加幅度相差不大1~5个,最终各类矿山企业总数增加了20个,增幅为8.00%。

2003年度,呼和浩特市开发利用矿产31种,分别是煤、铁、金、石墨、沸石、水泥用灰岩、制灰用灰岩、高岭土、陶瓷土及砖瓦粘土、建筑用石料矿产等。与2002年相比,除新增加矿泉水外,其他固体矿产种类及数量均未变。矿业从业人员总数7609人,年生产矿石总量413.42万吨;占全区矿业从业人员总数的2.76%、年产矿石总量的0.27%;与本市2002年相比,分别同比增加了33.44%、17.26%。具体各项生产指标完成情况,参见图1。

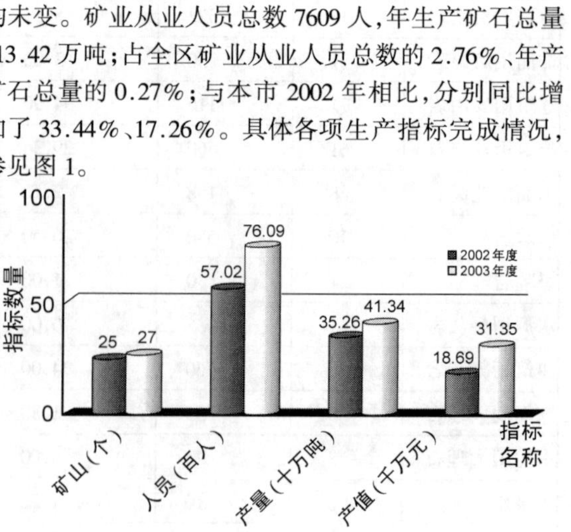

图1　2002~2003年度矿产生产情况对比图

本市辖区内，有六家企业产值超过千万元，经营效益尚好。首户是内蒙古众源化工股份有限公司（电石用灰岩矿），年产矿石4万吨，创利税总和20万元，实现产值8000万元。其次为呼和浩特市水泥厂等4家水泥用灰岩矿和1家砖瓦厂，产品质量和产销量均不错。

呼和浩特市各矿产及各县（市、区）矿产资源开发利用具体情况，参见表1和表2。

表1 呼和浩特市矿产资源开发利用情况统计表

矿种名称	矿山数（个）	从业人数（人）	设计采矿能力（万吨）	年生产固体矿石（万吨）	工业总产值（万元）	利润总额（万元）	税金总额（万元）
总计	270	7609	580.83	413.420	31351.41	1596.60	964.11
煤	8	410	51.00	6.600	264.00	35.50	19.88
铁矿	6	79	26.60	3.186	275.20	118.30	67.60
金矿	12	171	28.40	0.725	248.55	101.79	47.38
银矿	1	10	3.00	0.105	25.00	12.50	4.80
菱镁矿	1	30	5.00	0.500	750.00	0.00	0.00
电石用灰岩	1	200	7.20	4.000	8000.00	16.00	4.00
石墨	3	35	14.45	3.000	90.00	9.00	3.00
石榴子石	1	15	0.30	0.030	9.00	1.00	0.30
沸石	2	7	0.70	0.650	24.00	10.00	1.40
水泥用灰岩	15	1874	138.53	63.630	15689.70	192.10	402.30
建筑石料用灰岩	22	198	21.87	11.134	78.60	19.15	10.76
饰面用灰岩	1	8	1.08	0.000	0.00	0.00	0.00
制灰用灰岩	12	124	6.06	4.164	191.30	44.30	11.45
砖瓦用砂岩	1	75	0.10	1.120	35.00	5.25	1.73
建筑用砂	23	299	28.86	70.184	313.40	68.30	17.81
高岭土	6	63	4.18	0.100	1.95	0.50	0.50
陶瓷土	2	30	0.98	0.150	14.45	3.00	1.80
砖瓦用粘土	67	3163	171.90	130.288	4778.00	822.09	309.67
水泥用粘土	1	30	2.00	1.000	15.00	3.00	1.00
水泥配料用红土	1	20	1.50	0.400	12.00	1.80	1.00
铸石用玄武岩	1	8	1.00	0.000	0.00	0.00	0.00
饰面用辉绿岩	10	35	2.58	0.114	61.60	27.34	4.84
建筑用辉绿岩	18	308	22.69	42.870	98.01	5.79	4.50
建筑用闪长岩	31	260	24.39	44.018	252.54	70.87	39.61
建筑用花岗石	2	10	5.20	2.610	40.00	10.00	3.20
饰面用花岗岩	1	5	0.40	0.000	0.00	0.00	0.00
珍珠岩	1	10	0.30	0.100	14.00	4.80	1.20
建筑用凝灰岩	7	69	2.91	5.597	24.91	5.24	2.05
建筑大理石	11	60	4.27	17.145	32.60	4.88	1.48
水泥用大理石	1	5	0.30	0.000	0.00	0.00	0.00
矿泉水	1	25	1.08	0.000	12.60	4.10	0.85

表 2　　呼和浩特市各县(市)矿产资源开发利用情况统计表

旗县市区	矿山数(个)	从业人数(人)	年生产固体矿石(万吨)	工业总产值(万元)	利润总额(万元)	税金总额(万元)
总计	270	7609	394.978	31351.41	1596.60	964.11
市辖区	7	1366	38.500	6861.50	143.40	470.50
新城区	56	860	59.914	452.42	67.85	22.61
回民区	16	122	6.390	139.64	42.50	10.20
赛罕区	37	1518	36.250	1152.40	406.70	73.06
土默特左旗	38	1187	58.200	8422.50	79.46	54.10
托克托县	10	560	10.500	514.00	134.20	41.70
和林格尔县	11	393	6.720	627.90	151.10	26.60
清水河县	45	1124	130.640	12263.70	180.90	119.96
武川县	50	479	47.864	917.35	390.49	145.38

【矿业产业地位】　呼和浩特市2003年度地区内国内生产总值405.64亿元,其中工业的贡献率占31.93%;全市人均GDP为18791元,高于全区人均GDP,位居全区各盟市第三位。工业总产值369.67亿元,其中国有和国有控股企业工业总产值为100.50亿元。地方财政收入(不含中央和自治区财政返还)21.37亿元。呼和浩特市地区内2003年度矿山企业上缴税金总和964.11万元,获取利润总额1596.60万元,实现矿业总产值3.14亿元;分别占全区矿业税金总额的0.56%、利润总额的1.07%、总产值的2.14%。与本市2002年相比,矿业总产值同比增长67.91%,利润总额、矿业税金分别同比下降12.12%、21.87%。由于工业产值的基数较大,矿业产值只占当地工业总产值的0.85%。

包头市

【概况】　包头市位于内蒙古自治区中西部,辖区中部是阴山山脉,北部是丘陵高原,市区南部有黄河水流过境。辖6区1县2旗,面积2.77万平方公里,人口209.33万人。

【矿产资源】　包头市已发现的矿产资源有50多种,主要有煤、铁、金、稀土、石灰岩、白云岩、及建材非金属矿产等。其中最著名的是白云鄂博超大型多金属共生矿床,现已开发利用。

【矿产资源开发利用】　2003年,包头市共有矿山企业305个(生产的211个),占全区矿山企业总数的6.58%。其中国有企业13个(生产的11个),有限责任公司19个(生产的17个),股份有限公司3个(生产的2个),集体企业105个(生产的93个),私营及其他企业165个(生产的88个)。与2002年相比,各类所有制矿山企业数量均有所增加,增加幅度最大的为私营及其他企业67个,最少的为股份有限公司1个;最终各类矿山企业总数增加了79个,增幅为34.96%。

2003年,包头市开发利用矿产21种,主要是煤、铁、铜、金、石灰岩、白云岩、粘土、建筑用石料等。与2002年相比,新增矿产有通普萤石、长石、透辉石、方解石、高岭土、饰面用辉绿岩、建筑用闪长岩、饰面用花岗岩。2003年度包头市矿业从业人员总数2.06万人,年生产固体矿石总量2023.24万吨(其中铁矿石产量1258.55万吨);占全区矿业从业人员总数的7.48%、年产矿石总量的1.30%;与本市2002年相比,分别同比增加了10.45%、23.22%。具体各项生产指标完成情况,参见图1。

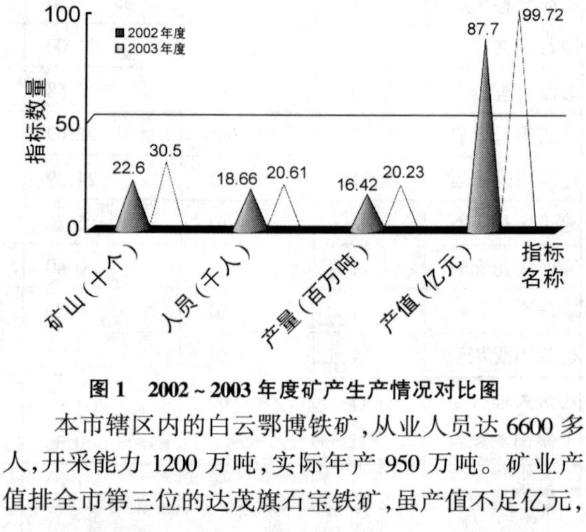

图1　2002~2003年度矿产生产情况对比图

本市辖区内的白云鄂博铁矿,从业人员达6600多人,开采能力1200万吨,实际年产950万吨。矿业产值排全市第三位的达茂旗石宝铁矿,虽产值不足亿元,但利润达1000多万元。另外,还有包头鑫达黄金矿业、神华集团隶属的3个煤炭等几家大中型企业,产销情况比较好。包头市各矿产及各县(市、区)矿产资源开发利用具体情况,参见表1和表2。

表1 包头市矿产资源开发利用情况统计表

矿种名称	矿山数(个)	从业人数(人)	设计采矿能力(万吨)	年生产固体矿石(万吨)	工业总产值(万元)	利润总额(万元)	税金总额(万元)
总计	305	20607	2381.82	2023.239	99718.28	4476.42	2544.11
煤	99	56064	488.70	272.255	16881.80	2381.75	1935.15
铁矿	16	9272	1681.50	1258.550	66375.04	99.39	1.18
铜矿	2	85	2.00	0.600	256.00	0.00	0.00
金矿	6	1337	47.10	34.300	7330.00	873.27	351.00
萤石(普通)	1	16	0.30	0.300	54.00	2.00	1.50
冶金用白云岩	7	482	49.20	47.00	2227.00	703.70	3.00
冶金用石英岩	47	623	38.90	184.300	539.74	1.55	0.00
长石	4	35	1.00	0.510	30.00	0.00	0.00
透辉石	1	10	2.00	0.210	5.04	1.68	0.50
方解石	1	10	1.00	0.210	5.04	1.68	0.50
制灰用灰岩	4	24	8.10	1.550	31.00	5.40	1.40
建筑用白云岩	1	8	3.00	1.710	22.80	4.70	1.50
玻璃用石英岩	1	6	1.00	0.350	12.25	3.00	0.70
建筑用砂	19	120	0.00	96.000	420.00	60.00	42.00
高岭土	3	20	1.00	0.620	14.88	4.94	2.00
砖瓦用粘土	25	1790	25.90	48.942	1787.39	284.11	156.10
饰面用辉绿岩	3	65	0.00	1.500	340.00	-0.01	0.00
建筑用闪长岩	49	566	8.00	72.462	379.20	49.10	31.84
饰面用花岗岩	2	80	0.000	0.870	18.00	-0.01	0.00
珍珠岩	1	210	5.00	1.000	60.00	0.00	3.60
矿泉水	13	242	18.12	0.000	2929.10	0.17	12.14

表2 包头市各县(市)矿产资源开发利用情况统计表

旗县市区	矿山数(个)	从业人数(人)	设计采矿能力(万吨)	年生产固体矿石(万吨)	工业总产值(万元)	利润总额(万元)	税金总额(万元)
总计	305	20607	1381.82	2023.239	99718.28	4476.42	2544.11
东河区	22	2237	60.90	51.740	3099.93	251.20	349.12
昆都伦区	3	14	7.00	0.000	2740.41	5.90	4.17
青山区	3	45	1.10	0.000	66.76	-13.83	4.72
石拐矿区	44	3060	211.50	147.540	8791.00	1012.85	231.00
白云矿区	2	6672	1200.50	953.050	51451.54	-1006.61	0.70
郊区	117	2793	56.42	234.745	9400.20	1037.50	455.85
土默特右旗	57	1199	266.40	120.494	5781.24	1387.21	1430.45

续表 2

旗县市区	矿山数(个)	从业人数(人)	设计采矿能力(万吨)	年生产固体矿石(万吨)	工业总产值(万元)	利润总额(万元)	税金总额(万元)
固阳县	48	29144	426.10	327.770	12516.20	699.93	0.00
达尔罕旗	9	1573	151.90	187.900	587.100	1102.27	68.10

【白云鄂博矿区稀土资源开发利用】 白云鄂博矿床是以铁、稀土、铌多元素共生的特大型金属矿床,目前已发现有71种元素,182种矿物,可综合利用的元素达26种之多。稀土元素作为"工业味精",在工业生产和各方面的应用上都起着"四两拨千斤"的作用,它所创造的产值是其本身的几十倍、上百倍。美国已将稀土的17种元素中的16种作为战略元素保护起来,可见稀土元素的重要性和其战略意义。白云鄂博稀土储量占全国的95%以上,占世界的70%多。稀土作为一种战略性资源,应实行保护性开采,严格控制产销量和出口量,只有这样,才能把世界稀土资源的产销主动权控制在我国手中。

白云鄂博矿床,自1957年白云鄂博铁矿建矿开采主东矿以来,到目前为止,只利用了铁和少量的稀土,白云鄂博铁矿一直是以铁矿石为主要产品进行生产的。到目前为止,主东采场保有铁矿石还有大约3亿多吨,稀土氧化物保有储量3500多万吨,氧化铌保有储量1百多万吨。目前,每年铁矿石的生产量约800万~1000万吨,每年随铁采出的稀土氧化物约50万吨,由于我国稀土出口采取配额管理制度,为控制稀土精矿生产量,按照内蒙稀土办下达的稀土精矿指标9万多吨(按REO等于50%量折)计算,稀土氧化物(REO)利用率不足10%,其余大量稀土被置于排土厂或随选铁尾矿排于尾矿坝。

包头的稀土产业,所以在应用领域,应加大稀土下游产品的科技研发力度,发展稀土的深加工产品,保护好自有技术和知识产权。对白云鄂博矿区的开发,从保护和合理利用资源的角度出发,应认真研究和论证多金属综合利用的问题、稀土资源和铁矿资源开采矛盾的关系问题(稀土资源采出用不了,铁矿资源又短缺),然后制定出合理的开采强度和科学的综合利用方案。

【矿业产业地位】 包头市是内蒙古自治区最大的工业城市,2003年度地区内国内生产总值450.19亿元,其中工业的贡献率占45.23%,人均GDP达到19088元,位居全自治区第二位。工业总产值564.78亿元,其中国有和国有控股企业工业总产值为359.90亿元。地方财政收入(不含中央和自治区财政返还)29.76亿元。包头市地区内2003年度矿山企业上缴税金总和2544.11万元,获取利润总额达4476.42万元,实现矿业总产值9.97亿元,分别占全区矿业税金总额的1.47%、利润总额的3.01%、总产值的6.79%。与本市2002年相比,矿业总产值、矿业税金分别同比增长13.68%、43.57%,利润总额同比下降16.32%。与呼和浩特市相仿,由于工业产值的基数较大,所以矿业产值只占当地工业总产值的1.77%。

乌兰察布市

【概况】 乌兰察布市位于内蒙古自治区中部,辖2市4旗5县,面积5.5万平方公里,人口270.60万人。

【矿产资源】 乌兰察布市的矿产资源目前已发现有60多种,有金、银、铜、萤石、石墨及建筑石材用花岗石和大理石以及凉城岱海地热等。其中黄金、萤石、石墨、石材较为有名。

【矿产资源开发利用】 2003年度,全市共有矿山企业382个(生产的矿山212个),占全区矿山企业总数的8.24%。其中国有企业6个(生产的3),有限责任公司21个(生产的12),股份有限公司39个(生产的26),集体企业36个(生产的21),私营及其他企业279个(生产的148),合资企业1个。与2002年相比,除股份有限公司增加27个外,其他所有制企业数量均减少,减少幅度最大的为私营及其他企业较2002年减少36个。各类矿山企业总数较2002年减少14个,同比下降3.54%。

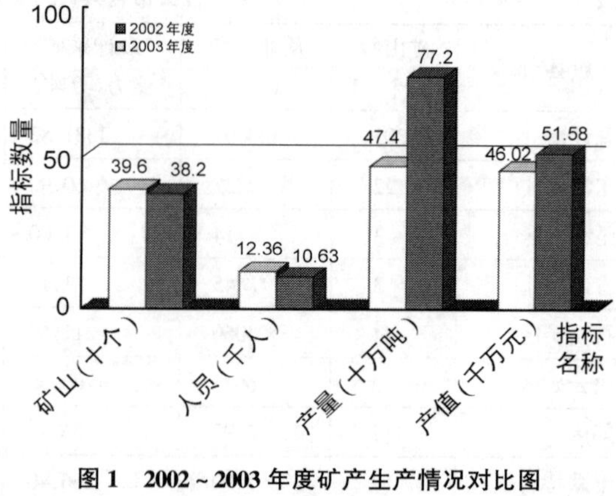

图1 2002~2003年度矿产生产情况对比图

开发利用的矿产39种，主要是铁、铜、金、银、石墨、灰岩和饰面用辉绿岩等。与2002年相比，矿产数量基本未变，仅在矿种上有增减调整，缺少了硫铁矿、高岭土、铸石玄武岩，新增加了金属铅矿、冶金用非金属矿产石英岩。

全市2003年度矿业从业人员1.06万人，年产矿石总量772.03万吨；分别占全区从业人员总数的3.86%、年产石总量的4.98%。与2002年相比，从业人员总数同比下降13.99%，年产石总量同比增加63.21%。具体各项生产指标完成情况，参见图1。

本辖区有两座比较大型的石灰岩矿，首先是乌兰水泥厂石灰石矿，产值达2亿多元，年产矿石121万吨，创利税4281万元。其次是内蒙白雁湖化工股份制电石灰岩矿，产值达1.8亿多元，年产矿石20万吨，创利税1800万元。另外，还有察右前旗李青地银铅矿、兴和县晶星石墨矿、兴和县晶莹石墨矿、白乃庙铜矿(资源已渐枯竭)经营效益比较好，本地区特有的优势矿产饰面用辉绿岩没有一家上规模的矿山，且荒料开采与石材加工大多分离。

乌兰察布市各矿产及各旗县矿产资源开发利用个体情况，参见表1和表2。

表1　　**乌兰察布市矿产资源开发利用情况统计表**

矿种名称	矿山数(个)	从业人数(人)	设计采矿能力(万吨)	年生产固体矿石(万吨)	工业总产值(万元)	利润总额(万元)	税金总额(万元)
总计	382	10632	599.39	772.030	51583.40	2597.70	5503.25
地热	1	21	21.97	0.000	5.40	0.80	0.40
铁矿	3	120	1.00	0.230	92.00	0.00	4.50
锰矿	2	60	1.00	1.100	60.00	0.00	1.00
铜矿	2	620	39.60	26.430	2520.00	127.00	83.00
铅矿	1	20	1.00	0.450	67.50	0.00	0.80
金矿	7	305	57.00	5.890	795.00	123.00	48.00
银矿	3	58	6.50	0.00	0.00	0.00	0.00
硅线石	1	0	3.00	0.000	0.00	0.00	0.00
萤石(普通)	3	265	13.00	1.300	350.00	89.00	140.00
冶金用石英岩	4	41	3.50	35.000	52.50	5.80	2.20
冶金用脉石英	16	98	10.50	4.700	94.50	8.70	4.00
芒硝(含钙芒硝)	1	20	0.00	0.00	0.00	0.00	0.00
电石用灰岩	10	1368	25.00	46.500	18146.55	513.00	1318.13
制碱用灰岩	1	30	1.00	0.70015.75	2.10	2.00	
石墨	3	699	46.35	26.820	856.00	6.85	5.37
长石	2	25	1.50	0.500	37.11	13.00	1.90
石榴子石	6	50	3.70	5.000	250.00	15.00	3.00
蛭石	2	35	0.09	0.500	13.50	1.50	0.50
石膏	3	60	8.60	0.750	45.00	0.00	0.00
水泥用灰岩	14	726	129.68	139.940	21228.45	949.41	3414.76
制灰用灰岩	7	226	8.10	5.840	119.00	19.30	11.68
建筑用白云岩	1	15	0.38	1.083	15.50	4.13	3.00
水泥配料用砂岩	1	45	1.00	5.000	90.00	15.00	11.70
建筑用砂	8	113	18.25	122.000	666.00	8.64	40.85
硅藻土	2	135	1.00	0.240	58.00	0.00	5.00
砖瓦用页岩	1	0	2.75	0.000	0.00	0.00	0.00
水泥配料用页岩	1	16	5.00	5.000	100.00	10.00	3.00

续表 1

矿种名称	矿山数（个）	从业人数（人）	设计采矿能力(万吨)	年生产固体矿石(万吨)	工业总产值（万元）	利润总额（万元）	税金总额（万元）
砖瓦用粘土	67	3018	67.28	96.493	1883.10	243.63	104.84
水泥用粘土	1	20	20.00	15.500	0.10	0.00	0.00
饰面用辉绿岩	132	680	3.02	2.022	620.19	156.03	15.63
建筑用辉绿岩	2	20	0.15	0.321	53.50	5.35	0.80
建筑用闪长岩	9	26	2.70	1.430	8.25	2.65	0.17
建筑用花岗石	31	850	80.21	191.720	827.90	120.91	105.46
饰面用花岗岩	29	537	3.62	12.871	1845.60	86.10	101.20
浮石	2	40	0.70	3.200	42.00	8.00	5.46
建筑用凝灰岩	1	45	6.00	10.500	90.00	15.00	11.70
水泥用大理石	1	25	5.00	3.000	75.00	13.8	7.20
矿泉水	1	200	0.30	0.000	460.00	34.00	46.00

表 2　乌兰察布市各县(市)矿产资源开发利用情况统计表

旗县市区	矿山数（个）	从业人数（人）	设计采矿能力(万吨)	年生产固体矿石(万吨)	工业总产值（万元）	利润总额（万元）	税金总额（万元）
总计	382	10632	599.39	772.030	51583.40	2597.70	5503.25
集宁市	5	345	7.75	11689	102.90	16.17	3.70
丰镇市	114	573	23.32	45.598	707.75	131.98	24.93
卓资县	39	903	68.16	78.951	540.45	107.00	125.16
化德县	12	834	4.48	5.080	731.00	64.00	53.70
商都县	61	780	45.58	69.438	1269.05	211.15	75.27
兴和县	25	1009	62.93	32.001	1909.50	10.55	78.55
凉城县	36	532	31.93	10.037	577.34	74.05	14.90
察哈尔右前旗	17	746	44.80	127.070	1577.00	125.75	74.25
察哈尔右中旗	13	335	61.29	122.480	525.61	79.50	20.50
察哈尔右后旗	39	3185	179.00	235.701	40244.80	1560.55	4803.99
四子王旗	21	1390	70.15	33.985	3398.00	217.00	

【矿业产业地位】　乌兰察布市地区的自然条件较差，工业基础也较为薄弱。2003 年度，本地区国内生产总值为 155.30 亿元，其中工业的贡献率占 25.60%，全市人均 GDP 达到 5739 元，低于全区人均 GDP，位居全区各盟市倒数第三位。工业总产值 96.07 亿元，其中国有和国有控股企业工业总产值为 19.13 亿元，地方财政收入(不含中央和自治区财政返还)7.90 亿元。乌盟地区内 2003 年度矿山企业上缴税金总和 5503.25 万元，获得矿业利润总额为 2597.70 万元，实现矿业总产值 5.16 亿元；分别占全区矿业税金总额的 3.17%、利润总额的 1.50%、总产值的 3.52%。与本市 2002 年相比，分别同比增长 21.51%、22.78%、12.09%。矿业总产值占当地工业总产值的 5.37%。矿业在当地经济中所占比重较轻。

巴彦淖尔市

【概况】　巴彦淖尔市位于内蒙古自治区中西部的河套平原区，黄河自西而东沿平原南部流经套区，河套平原是我区著名的产粮地。巴彦淖尔市辖 1 市 4 旗 2 县，面积 6.44 万平方公里，人口 176.13 万人。

【矿产资源】　巴彦淖尔市的矿产有煤、铁、金、铅、锌、铜、硫铁矿及部分非金属等矿产，其中有色金属和硫铁矿是巴盟的特色矿产,有著名的霍各乞、东升庙、甲生盘、炭窑口山片沟等多金属矿床。目前,上述矿产资源均已开发利用。

【矿产资源开发利用】 2003年度,巴彦淖尔市共有矿山企业236个(生产的矿山186个),占全区矿山企业总数的5.09%。其中国有企业7个(生产的7个),有限责任公司33个(生产的29个),股份有限公司12个(生产的10个),集体企业26个(生产的22个),私营及其他企业157个(生产的116个),合资企业1个。与2002年相比,矿山总数未变化,仅是所有制类型有所调整。股份有限公司和有限责任公司分别增加了11个、15个,集体、国有、私营及其他企业分别减少了11个、4个、12个。

开发利用的矿产27种,主要是煤、铁、铜、锌、金、硫铁、石墨及部分建材非金属矿产。与2002年相比,矿产数量增加3个,但有5种矿产进行增减调整,新增了金属镍矿,云母、透闪石、砖瓦用粘土建材非金属矿产,缺少了电气石。

全年生产矿石总量689.27万吨,从业人员总数1.20万人;分别占全区从业人员总数的4.34%、年产石总量的0.44%。与2002年相比,分别同比增加6.56%、50.77%。具体各项生产指标完成情况,参见图1。

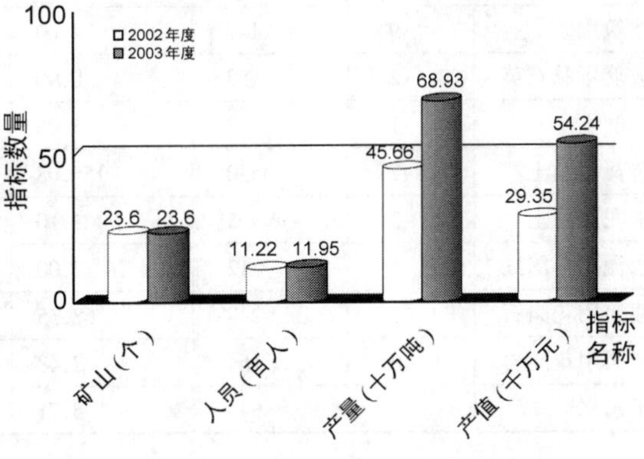

图1 2002~2003年度矿产生产情况对比图

本地区有两座中型矿山:炭窑口硫铁矿和获各乞铜矿。巴盟的多金属矿的开发力度较小,且在开发利用中,共伴生矿的综合回收利用较差。没有发挥出应有的优势。巴盟地区各矿产及各县市矿产资源开发利用具体情况,参见表1和表2。

表1 巴彦淖尔市矿产资源开发利用情况统计表

矿种名称	矿山数(个)	从业人数(人)	设计采矿能力(万吨)	年生产固体矿石(万吨)	工业总产值(万元)	利润总额(万元)	税金总额(万元)
总计	236	11952	965.84	689.268	54238.57	6850.81	7207.04
煤	25	979	57.50	19.907	1164.90	27.73	115.70
铁矿	11	1336	193.20	79.949	6243.60	429.40	764.05
铬铁矿	1	30	0.50	0.50	4.80	0.00	0.00
铜矿	4	1080	74.00	36.500	4500.00	0.00	480.00
锌矿	5	1266	146.50	82.200	15481.60	2950.00	2165.00
镍矿	1	52	4.50	0.500	700.00	0.00	25.00
金矿	6	283	13.55	5.940	1363.35	11.00	66.70
冶金用石英岩	8	57	22.30	30.400	130.12	7.00	8.15
冶金用脉石英	6	68	3.50	0.135	3.22	0.60	0.02
硫铁矿	3	608	49.00	45.000	5108.65	1385.00	796.00
天然卤水	1	4	0.60	1.670	30.00	3.85	9.20
石墨	10	282	5.35	3.550	243.00	27.20	11.90
云母	1	6	0.02	0.008	6.24	0.20	0.65
沸石	1	3	0.30	0.500	5.00	0.50	1.50
透闪石	1	10	0.10	0.000	0.00	0.00	0.00
水泥用灰岩	11	714	50.50	48.920	4798.76	251.25	355.93
制灰用灰岩	15	140	21.50	8.910	353.45	12.46	61.49
玻璃用白云岩	2	29	10.30	1.250	25.00	0.20	6.25

续表 1

矿种名称	矿山数(个)	从业人数(人)	设计采矿能力(万吨)	年生产固体矿石(万吨)	工业总产值(万元)	利润总额(万元)	税金总额(万元)
建筑用砂	9	147	74.00	96.720	980.81	8.63	18.00
玻璃用脉石英	2	58	0.90	2.160	219.50	5.70	16.81
膨润土	1	3	3.00	2.950	50.15	7.00	4.15
砖瓦用粘土	77	3530	155.08	160.699	4114.46	234.12	208.94
水泥用粘土	2	5	1.10	1.100	26.00	0.00	0.00
水泥配料用红土	1	12	2.00	1.200	12.00	3.80	3.60
建筑用花岗石	18	248	68.35	58.406	399.46	29.33	21.11
饰面用花岗岩	10	164	2.48	0.644	353.90	8.64	8.99
矿泉水	4	640	5.71	0.000	7920.60	1447.20	2057.90

表 2　巴彦淖尔市各县(市)矿产资源开发利用情况统计表

旗县市区	矿山数(个)	从业人数(人)	设计采矿能力(万吨)	年生产固体矿石(万吨)	工业总产值(万元)	利润总额(万元)	税金总额(万元)
总计	236	11952	965.84	689.268	54238.57	6850.81	7207.04
临河市	22	1580	67.88	50.378	9062.96	1497.00	2108.60
五原县	13	744	31.09	29.322	812.80	80.80	3.35
磴口县	13	381	17.09	17.010	466.00	24.90	23.90
乌拉特前旗	91	2778	355.71	173.499	8828.13	641.87	817.59
乌拉特中旗	48	2311	139.84	112.481	9265.68	1507.15	1143.35
乌拉特后旗	29	3461	339.40	282.148	25285.40	3063.00	3057.00
杭锦后旗	20	697	14.83	24.430	517.60	36.09	53.25

【矿业产业地位】 巴彦淖尔市地区是我区的粮、油、糖生产基地,农业的发展较好。2003 年度,地区内的国内生产总值 151.37 亿元,其中工业的贡献率为 18.25%;全市人均 GDP 为 8643 元,低于全区人均 GDP,位居全区各盟市第七位。工业总产值 74.97 亿元,其中国有和国有控股企业工业总产值为 18.10 亿元。地方财政收入(不含中央和自治区财政返还)7.76 亿元。巴彦淖尔市地区内 2003 年度矿山企业上缴税金总和 7207.04 万元,获得矿业利润总额为 6850.81 万元,实现矿业总产值 5.42 亿元;分别占全区矿业税金总额的 4.15%、利润总额的 4.60%、总产值的 3.70%。与本市 2002 年相比,税金总额同比增长 75.58%,矿业总产值和创造利润总额较 2002 年翻一番。矿业总产值占当地工业总产值的 7.23%。

乌海市

【概况】 乌海市位于内蒙古自治区的西南部,黄河中上游地区,辖 3 个县级区。面积 0.17 万平方公里,人口 41.60 万人。

【矿产资源】 乌海市是我区的煤都,地区面积不大,矿产资源丰富,目前已发现的矿产资源有近 40 多种,主要有煤、铁、石灰岩、耐火粘土和高岭土等,其中炼焦用煤和优质粘土是该市的特色矿产。

【矿产资源开发利用】 2003 年度,乌海市共有矿山企业 347 个(生产的矿山 164 个),占全区矿山企业总数的 7.48%。其中国有企业 19 个(生产的 15 个),有限责任公司 26 个(生产的 22 个),股份有限公司 4 个(生产的 2 个),集体企业 46 个(生产的 36 个),私营及其他企业 252 个(生产的 89 个)。与 2002 年相比,股份有限制和私营及其他企业分别增加 1 个、8 个,国有、有限责任制、集体企业分别减少 12 个、3 个、19 个。总体上,各类矿山企业总数较 2002 年减少 25 个,同比下降 6.72%。

开发利用的矿产 22 种,主要是煤、铁、石灰岩及部分建材非金属矿产等。与 2002 年相比,矿产的数量和

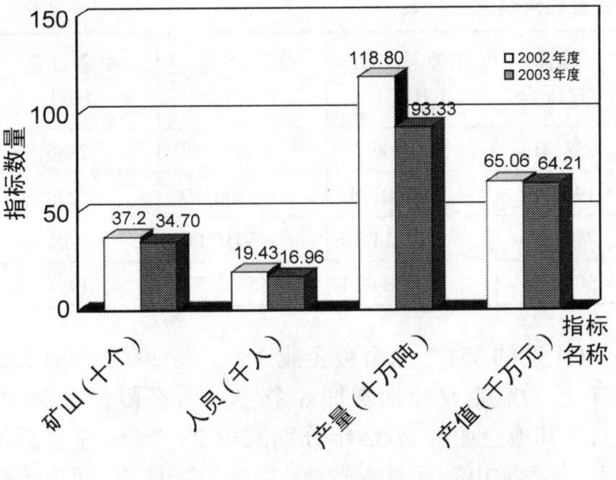

图1 2002～2003年度矿产生产情况对比图

种类基本未变。全市2003年度矿业从业人员1.70万人，年产矿石总量933.32万吨；分别占全区从业人员总数的6.16%、年产石总量的0.60%。与2002年相比，从业人员总数、年产石总量同比下降12.37%、21.48%。具体各项生产指标完成情况，参见图1。

优质粘土的开发力度较弱。乌达矿务局和海勃湾矿务局已被神华集团兼并，但近年来的生产经营情况不理想，2003年度仍处于亏损状态。乌海市各矿产、各县市矿产资源开发利用具体情况，参见表1和表2。

【矿业产业地位】 乌海市是新兴的工业城市。2003年度，地区内的国内生产总值为67.63亿元，其中工业的贡献率占55.52%；全市人均GDP为16344元，高于全

表1 乌海市矿产资源开发利用情况统计表

矿种名称	矿山数（个）	从业人数（人）	设计采矿能力（万吨）	年生产固体矿石（万吨）	工业总产值（万元）	利润总额（万元）	税金总额（万元）
总计	347	16957	1686.55	933.318	64206.78	－21959.68	2886.86
煤	117	15040	1196.50	771.704	57467.02	－22125.30	2831.45
铁矿	26	80	0.00	0.00	0.00	0.00	0.00
铅矿	2	0	0.00	0.00	0.00	0.00	0.00
冶金用白云岩	3	20	0.00	0.00	0.00	0.00	0.00
冶金用石英岩	2	10	1.30	2.800	6.10	1.00	0.30
耐火粘土	3	35	0.70	0.200	0.28	0.02	0.01
电石用灰岩	2	50	7.00	7.500	150.00	50.00	0.00
制碱用灰岩	93	320	173.00	20.550	295.50	43.00	3.80
硅灰石	2	0	2.00	0.000	0.00	0.00	0.00
石膏	5	8	4.00	0.250	5.00	0.00	0.00
水泥用灰岩	3	58	10.80	10.500	77.30	8.00	23.50
制灰用灰岩	16	638	203.00	3.300	5466.12	1.00	0.50
玻璃用石英岩	1	0	3.00	0.000	0.00	0.00	0.00
水泥配料用砂	1	5	0.80	0.300	5.40	1.00	0.80
砖瓦用砂岩	9	30	1.00	0.752	10.50	0.10	0.30
玻璃用砂	3	0	15.00	0.000	0.00	0.00	0.00
建筑用砂	22	120	22.30	60.816	206.00	13.00	7.80
高岭土	13	0	8.20	0.000	0.00	0.00	0.00
砖瓦用粘土	10	305	23.70	34.326	265.50	31.50	13.40
水泥用粘土	5	50	6.50	7.070	25.06	0.00	3.00
建筑用花岗石	3	0	0.00	0.000	0.00	0.00	0.00
其他矿产	6	188	7.75	13.250	227.00	17.00	2.00

表 2　　乌海市各县(市)矿产资源开发利用情况统计表

旗县市区	矿山数(个)	从业人数(人)	设计采矿能力(万吨)	年生产固体矿石(万吨)	工业总产值(万元)	利润总额(万元)	税金总额(万元)
总计	347	16957	1686.55	933.318	64206.78	－21959.68	2886.86
海勃湾区	116	3434	421.75	194.520	15407.82	－3296.90	230.10
海南区	183	4553	641.70	230.850	14214.75	－3031.00	705.00
乌达区	48	8970	623.10	507.948	34584.21	－15631.78	1951.76

区人均 GDP,位居全区各盟市第五位。工业总产值 71.54 亿元,其中国有和国有控股企业工业总产值为 34.15 亿元。地方财政收入(不含中央和自治区财政返还)3.65 亿元。乌海市地区内 2003 年度矿山企业上缴税金总和 2886.86 万元,矿业总产值 6.42 亿元,分别占全区矿业税金总额的 1.66%、总产值的 4.38%。与本市 2002 年相比,上缴矿业税金同比增长 21.51%,总产值同比减少了 3.38%,利润仍旧亏损、负增长。矿业总产值占当地工业总产值的 8.97%。矿业占当地工业的比重相对较高。

鄂尔多斯市

【概况】 鄂尔多斯市位于内蒙古自治区西南部的鄂尔多斯高原,辖 1 市 7 旗,面积 8.68 万平方公里,人口 135.97 万人。

【矿产资源】 鄂尔多斯市矿产资源非常丰富,目前已发现的矿产有能源、黑色、化工原料非金属和建材非金属等矿产。能源矿产中有煤、天然气、石油,其中煤炭的资源储量巨大,仅准格尔煤田和东胜煤田的探明资源储量就达 1185.59 亿吨,占全区煤炭探明资源储量的 52.25%。天然气据最新统计,地质储量相当可观。化工原料矿产芒硝、天然碱也是区内的优势矿产,其中达拉特旗芒硝矿区、杭锦旗盐海子芒硝矿和共生天然碱等大型矿床最为盛名,而乌审旗合同察汗淖天然碱中型矿床也不逊色。建材非金属矿产高岭土资源也十分丰富,仅准格尔旗黑岱沟露天煤矿六煤层顶板高岭土的远景资源储量就近 3 亿吨,优质土资源储量约 9000 万吨。

【矿产资源开发利用】 2003 年度,鄂尔多斯市共有矿山企业 1066 个(生产的矿山 772 个),占全区矿山企业总数的 22.98%,是全区矿业开发比较发达地区之一。其中国有企业 108 个(生产的 99 个),有限责任公司 16 个(生产的 14 个),股份有限公司 42 个(生产的 37 个),集体企业 349 个(生产的 258 个),私营及其他企业 546 个(生产的 354 个),合资企业 5 个。与 2002 年相比,国有、股份制企业分别增加 8 个、30 个,有限责任制、私营及其他企业较 2002 年分别减少 25 个、40 个。总体上,各类矿山企业总数较 2002 年减少 24 个,同比下降 2.20%。

开发利用的矿产 15 种,主要是煤、铁、芒硝、天然碱、湖盐、石膏、高岭土、灰岩、耐火粘土、砖瓦用粘土和建筑材料用砂等。与 2002 年相比,缺少了冶金用砂岩,化工辅料泥炭、湖盐共种矿产。全市 2003 年度矿业从业人员 4.11 万人,年产矿石总量 7237.71 万吨;分别占全区从业人员总数的 10.46%、年产矿石总量的 4.67%。与 2002 年相比,从业人员总数同比下降 13.99%,年产矿石总量同比增加 20.23%。具体各项生产指标完成情况,参见图 1。

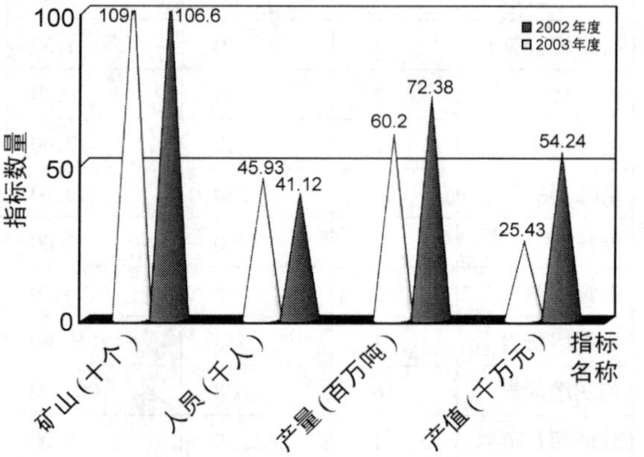

图 1　2002～2003 年度矿产生产情况对比图

本地区著名的神华集团准格尔能源公司黑贷沟煤矿,目前是我区一座特大型煤矿,采矿设计能力 1200 万吨/年,实采能力 1200 万吨/年,计划扩大到 2000 万吨,累计投资达到 92.3 亿元,2003 年度产量已达 1194 万吨。另有两座大型煤矿:神东公司补连塔煤矿和神东公司上湾煤矿,均为自治区的大型矿山企业,年设计采矿能力分别为 800 万吨、300 万吨,并都有扩建计划,尤其补连塔煤矿,2003 年生产量已突破 1000 万吨。鄂尔多斯市境内现有煤矿企业 563 家,2003 年度,生产煤炭 6399.65 万吨,占全区煤炭产量的 52.48%,是我区重点产煤地区。另外规模较大的化工矿业集团有伊化集团和亿利集团,天然碱和芒硝产量、产值均列本地区同类矿产之首。

鄂尔多斯市矿产资源开发以煤和化工原料矿产为主,煤的产区主要在准格尔旗和伊金霍洛旗,化工原料矿产在杭锦旗和鄂托克旗,按产值比例计算,煤的产值占到全市矿业总产值的84.5%。

鄂尔多斯市地区各矿产、各县市矿产资源开发利用具体情况,参见表1表2。

表1 鄂尔多斯市矿产资源开发利用情况统计表

矿种名称	矿山数(个)	从业人数(人)	设计采矿能力(万吨)	年生产固体矿石(万吨)	工业总产值(万元)	利润总额(万元)	税金总额(万元)
总计	1066	41119	8673.67	7237.712	394451.91	102540.99	49756.01
煤	563	34516	7429.70	6399.647	378794.45	99112.00	49541.91
铁矿	66	567	14.20	5.375	318.90	153.37	12.22
冶金用白云岩	2	0	2.00	0.000	0.00	0.00	0.00
冶金用石英岩	34	111	27.16	66.200	669.65	146.05	23.59
芒硝(含钙芒硝)	16	470	116.50	67.600	5072.00	1057.00	10.00
天然碱(Na_2CO_3)	37	1034	89.65	37.293	2083.00	513.30	44.40
石膏	44	692	104.40	33.797	1295.39	268.87	14.62
建筑石料用灰岩	46	851	10.13	198.998	510.18	102.85	28.11
制灰用灰岩	89	567	153.53	45.026	500.41	172.70	14.36
建筑用砂	72	584	153.30	270.688	1767.54	356.52	2.89
高岭土	9	142	7.00	10.300	216.50	91.50	10.00
陶瓷土	1	30	1.00	1.200	38.40	8.40	2.30
砖瓦用粘土	82	1421	543.50	92.988	2893.30	460.46	35.72
矿泉水	4	109	15.60	3.650	284.76	94.50	15.89
其他矿产	1	25	6.00	4.950	7.43	3.47	0.00

表2 鄂尔多斯市各县(市)矿产资源开发利用情况统计表

旗县市区	矿山数(个)	从业人数(人)	设计采矿能力(万吨)	年生产固体矿石(万吨)	工业总产值(万元)	利润总额(万元)	税金总额(万元)
总计	1066	41119	8673.67	7237.712	394451.91	102540.99	49756.01
东胜市	107	1574	532.49	321.125	1996.57	633.96	0.10
达拉特旗	71	1526	861.50	188.420	3839.45	466.05	212.37
准格尔旗	276	20791	3662.80	3324.708	153192.14	25338.84	8061.79
鄂托克旗	379	5564	809.63	331.499	10392.95	2102.94	289.48
杭锦旗	53	1141	133.50	83.600	8076.00	1363.00	10.00
乌审旗	29	1132	75.05	45.300	1966.50	406.80	37.97
伊金霍洛旗	150	9354	2597.00	2940.900	214931.30	72213.40	41143.10

鄂尔多斯市境内1066家矿山企业中,煤炭开采企业563家,大部分为小煤矿。其中,年生产量在3万吨以下的小煤矿有295家(不包括部分停产和正在筹建的65个企业),比2002年减少12家,比2002年降低2.43%,占本区煤炭矿山总数的63.94%,但产量仅占当年本地区总量的4.96%。而煤炭年生产量在15万吨以上的有57家,比2002年增加16家,虽然矿山数量占本区煤炭矿山总数的10.12%,但煤炭年产量达

3303.62万吨，比2002年增长了93.70%，占当年全地区煤炭生产总量的80.35%。因此，15万吨以上的矿山企业是鄂尔多斯市煤炭产业的主力，也是近几年自治区政府及相关部门对矿山企业进行治理整顿的结果。今后为了合理利用资源，减少浪费，保护资源，鼓励大中型企业的开发，限制或淘汰小煤矿的生产，以造福鄂尔多斯的千秋万代。

【矿业产业地位】 鄂尔多斯市过去以农、牧业为主，近些年来，工业的发展已超过了农牧业的发展，2003年度，地区内的国内生产总值为278.46亿元，其中工业的贡献率占47.17%；全市人均GDP为20596元，高于全区人均GDP，居全区人均GDP之首。工业总产值297.85亿元，其中国有和国有控股企业工业总产值为70.63亿元。地方财政收入(不含中央和自治区财政返还)15.44亿元。鄂尔多斯市2003年度矿山企业上缴税金总和4.98亿元，获得矿业利润总额为10.25亿元，实现矿业总产值39.45亿元；分别占全区矿业税金总额的28.69%、利润总额的68.88%、总产值的26.88%。与本市2002年相比，矿业总产值同比增长了55.09%，利润总额和上缴矿业税金总额较2002年翻一番。矿业总产值占当地工业总产值的13.24%。

（内蒙古自治区国土资源厅）

抚顺市

【概况】 抚顺市位于中国辽宁省的东部，距省会沈阳市45公里，全市辖四区(新抚区、望花区、露天区、顺城区)三县(清原县、新宾县、抚顺县)。全市部面积675平方公里。抚顺地区聚居着27个民族，其中汉、满、回、朝鲜等民族人口较多，是全国31个特大城市之一。

抚顺是一座历史悠久的古城。据考证，抚顺地区人迹历史达7000年。“抚顺”这一名字最早见于1384年，当时的明朝在浑河北岸高尔山下建砖城一座，取名抚顺城。所谓抚顺，就是“抚绥过疆，顺建设夷民”之意。抚顺是清王朝发祥地。1616年，努尔哈赤在抚顺所辖新宾满族自治县的赫图阿拉称汗，民国时期设置抚顺市。中华人民共和国成立以后，抚顺成为中国的以重工业为主、门类齐全的综合性工业城市。

【矿产资源】 抚顺的矿产资源蕴涵丰富，有煤、铁、铜、锌、金、油母页岩、大理石等52个矿种，开采和待开采的矿点410多处。

【工业经济发展】 抚顺是一个以燃料、动力、原材料工业为主，石油、化工、冶金、煤炭、机械、电子、电力、轻工、纺织等门类齐全，实力雄厚的重工业城市。这里有全国闻名的三大石油加工厂、两大钢厂、一大铝厂、三大煤矿、三大发电厂、八大化工厂、一大挖掘机石、一大电瓷石等，抚顺市原油加工量占全国的11%，铝与炭黑的产量分别占全国的10%，挖掘机产量占全国的30%，高压电站电瓷产量占全国的45%，煤炭、特种钢材、彩色电视机、精纺毛织品等在全国占有重要地位。

抚顺市以老工业基地改造调整为主，加快工业化进程。从国家产业政策、产业的关联度、主导产品企业和企业在全省乃至全国的地位及综合实力等方面考虑，选择石油化工、冶金、机械行业作为抚顺市的支柱产业，给予大力扶持。通过国有企业改革，发展私营个体经济和利用国外资金技术，巩固发展优势产业，大力发展技术含量高、附加值高和市场占有率高的资源精深加工产品。

（王希顺）

鞍山市

【概况】 鞍山市位于辽宁省中部，全境南北最长175公里，东西最宽133公里、东北与辽阳县毗邻，西与大洼县相连，南与大石桥市、庄河市、凤城县接壤。1949年10月，中华人民共和国成立后，随着社会主义事业的发展，鞍山市行政建置几经变化，鞍山市或属于行政区，或属中央、或属省辖。对下基本定型于市管县体制。现辖海城市、台安县、岫岩满族自治县和铁东、铁西、立山、千山四个城区。全市总面积9252平方公里。是中国拥有百万以上人口的大城市之一，是中国重要的钢铁生产基地，素称“钢都”。

鞍山在辽东半岛对外开放城市中，具有“中、通、丰”的优势。即地理位置适中，在辽东半岛对外开放区域中是连接以大连为前沿，以营口、锦州、丹东为两翼，以沈阳为腹地的中部城市群的要冲。

【矿产资源】 矿产资源丰富，市区周围铁矿储量逾百亿吨，占全国储量的四分之一；南部和东南部是菱镁矿富集地带，约占世界储量的四分之一；滑石矿是中国三大产地之一，储量居世界之首；岫岩地区素有“玉石之乡”的美称，拥有丰富的玉石资源。

【矿山生态环境恢复】 辽宁省鞍山市环保局、林业局、规划和国土资源局为打造绿色钢都，联合实施了矿山复垦和荒山荒地造林工程，2004年上半年共完成矿山植被恢复462公顷，栽植苗木317万株，投入资金1200余万元，初步遏制了鞍山市矿山生态环境破坏加剧的局面。

鞍山市环保局在前期引进6万株沙棘获得成功的基础上,2004年又会同鞍山市林业局、市规划和国土资源局对前峪尾矿库及其他重点矿山进行生态恢复。克服无土、干旱等不利因素,完成前峪全库区116公顷植被恢复任务,为尾矿库植被恢复探索出一条成功之路。鞍山市林业局将工程建设重点转移到宜林荒山荒地上来,争取国家荒山荒地造林任务15.5万亩,争取国家苗木资金775万元。由于实施荒山荒地造林工程,鞍山市2004年又有近20万亩荒山荒地得到绿化,13万亩沙化耕地和水土流失土地得以还林,全市森林覆盖率增加了3个百分点,生态环境状况进一步得到改善。

(陈绍明)

本溪市

【概况】 本溪市位于中国辽宁省的东南部,是辽宁省第五大城市,与本省的辽阳市、沈阳市、抚顺市、丹东市以及吉林省的通化市接壤。全市总面积8420平方公里。1953年4月本溪市改由中央人民政府直辖,1954年8月改由辽宁省辖。1956年5月重新设置本溪县,由本溪市代管。1959年桓仁县、本溪县划为本溪市管辖。1966年4月桓仁县改由丹东市管辖。1968年12月桓仁县复归本溪市管辖。1992年7月25日国务院批准本溪市为“较大的市”。辖本溪、桓仁两个满族自治县和平山、明山、溪湖、南芬4个区。

本溪市依托得天独厚的煤、铁、铝、等矿产资源,林、果、药等生物资源,山、水、洞等旅游资源,逐步发展成为国家的重工业基地和旅游度假胜地。

【矿产资源】 本溪已发现的地下矿产资源有100余种,已查明储量的主要有铁、煤、铜、锌、铝土、汞、钼、金、铀、硅、电石用灰岩等八大类46个矿种,其中铁矿石储量17.4亿吨以上,属中国铁矿石特种资源之一,溶解石灰岩和水泥石灰岩地质储量4.06亿吨、石英砂岩储量1.73亿吨、滑石储量744.7万吨,电石用灰岩、汞、石膏保有储量居全省第一位,冶金用石英岩、石墨、水泥用灰岩、溶剂石灰岩、铜、铝土、滑石等八种矿产保有储量居全省第二位。

【工业经济发展】 本溪工业基础雄厚,实力较强。冶金工业是本溪的支柱产业,大型钢铁联合企业有本溪钢铁(集团)公司和北台钢铁总厂,主要产品有:被称为“人参铁”的铸造生铁和各种板材、管材、线材和多种特钢等,本钢的特钢生产在中国占有特殊的主导地位。

新中国成立后,本溪逐渐形成了以冶金、建材、化工为主导产业,包括机械、有色金属、轻工、纺织、电子、医药等门类众多的工业体系。有色金属工业中的合金、铜箔、钨钼产品,有3000多个品种被国家、部、省命名为优质产品,有100多种产品销往世界40多个国家和地区。近年来,本溪北台钢铁实业有限公司、本溪第三制药厂等企业迅速崛起,进一步增强了本溪市的综合经济实力。

(席本昌)

盘锦市

【概况】 盘锦地处松辽平原南部、辽东湾北岸,东界辽河、大辽河与台安县、海城市、大石桥市为邻;西邻凌海市;北与北宁市、台安县接壤;东南临大辽河与营口市相望。区域总面积4071平方公里,总人口124.39万。全市辖双台子区、兴隆台区和盘山县、大洼县,是环渤海对外开放城市之一。境域海岸线长118公里。盘锦市是辽宁省内面积最小(仅占全省总面积的2.75%)、人口最少、建市时间较短的一个市。

盘锦市1984年6月经国家批准建立,是因油而生、因油而兴的资源型城市,全国第三大油田辽河油田坐落在此,传统产业是农业。但近些年来油气资源递减,急需发展接续产业。党的十六大做出了振兴东北老工业基地的战略决策,市委市政府紧紧抓住国家支持东北老工业基地调整改造和资源型城市发展接续产业的重要机遇期,用新的观念、新的思维方式和新思路,走新型工业化道路,以深化改革、全面开放为指导思想,以结构调整为主线,以依靠科技进步为动力,以稳定油气产业、构筑多元型产业格局为中心,不断地创造新体制、新机制、新方式和新的发展道路,开创发展接续产业的新局面,尽早尽快地跳出资源型城市“矿竭城衰”的周期,实现盘锦经济社会的可持续发展。

【矿产资源】 盘锦市矿产资源种类比较单一,少固多液,资源比较丰富。目前共发现矿产7种:石油、天然气、煤层气、地热、矿泉水、盐卤水、砖瓦粘土。2004年累计探明石油地质储量22.43亿吨,可采储量4.32亿吨,剩余可采储量1.15亿吨,原油产量1283.19万吨。全国第三大油田辽河油田坐落盘锦市,现已开发建设26个油、气田,建成欢喜岭、高升等9个采区,打油井6000余眼,这里也是全国最大、世界第四大特种油田生产基地;累计探明天然气地质储量1905.30亿立方米,剩余可采储量155亿立方米,天然气产量10.02亿立方米;煤层气总资源量为985.21亿立方米,可采储量500~670亿立方米;地热资源按赋存的层位不同分为上第三系地热资源、下第三系地热资源和前第三系潜山地热资源。上第三系地热资源已得到开发利用，热水资源量8.5亿立方米；盘锦市大部分地区地下水达到了标准《饮用天然矿泉水GB8537—1995》的浓度要求，容积赋存量和弹性储存量为71.27亿立方米；卤水总资源量13.29亿立方米，年可开采资源（允许开采量）1575万立方米；盐水总资源量37.78亿立方米，年可开采资源量为3347万立方米。

【石化工业】 盘锦有着雄厚的石化工业基础，全市重点围绕油气资源的综合开发利用，先后建成了天河、渤海、兴隆三个工业区，石化工业企业发展到100余个，其中中型以上企业23个，大型企业4个。在全国500家最大企业中，辽河油田、盘锦乙烯、辽河化工集团跻身其中。为了壮大产业优势和竞争优势，辽河化工集团以承债收购的方式对锦天化实施控股，又通过收购原乙烯工业公司股东股权，实现两个企业新的联合，并在此基础上组建了辽宁华锦化工集团，成为拥有百亿资产的全国最大的化工企业之一。十几年来，在新开发的71项新产品中，有省级的47项，填补国内空白或达到国际水平的占22%。主要产品有：合成氨、尿素、复合肥、乙烯、聚乙烯、聚丙烯、苯乙烯、聚苯乙烯、沥青、甲醛、混合甲胺、甲烷氯化物、顺酐、二甲基亚砜、三聚氢胺、烧碱等250余种，石化工业产值占全市工业产值的75%，石化工业实现利税占全部工业利税85%以上。

【矿产资源开发利用和矿山企业】 盘锦市不断加强矿产资源储量动态管理，2003年完成了对全市矿山企业的第一轮储量动态监测工作，储量动态监测报告全部通过验收。为了摸清资源状况，进一步寻找继石油、天然气等传统优势资源之外的接替资源，盘锦市充分利用振兴东北老工业基地的有利时机，根据盘锦市的资源状况和资源特点，积极争取国家和省级勘查项目。2004年，申报了《辽河油田矿区地面沉降遥感雷达干涉法监测与防治》、《盘锦市双台子河口红海滩生态修复试验工程》和《盘锦市双台子河口自然保护区湿地内废弃石油井场生态恢复工程》等多个项目。组织实施了《盘锦市双台子河口地区生态环境地质调查》、《辽宁下辽河地区西部凹陷天然碱普查》两个省本级矿产资源补偿费项目。同时切实加强矿业外向牵动合资合作，积极开展地热资源开发利用的相关准备工作，不断加大地热招商工作力度。盘锦市目前除石油、天然气类矿山企业之外，共有矿泉水、盐卤水厂、砖厂等矿山企业37家，全部实行了有偿出让采矿权。

【油气采掘业发展与改造】 自1970年辽河油田全面开发建设以来，盘锦就以油气采掘业为主开始建设和发展石油化工工业。特别是建市以来，加大了新兴石油化工城市的建设和发展力度。至今，盘锦依托石油、天然气资源，已经形成了炼油—石化—精细化工为支柱产业的产业格局。并充分利用基础，全力着眼引进国际、国内最先进的技术，做大现有的主导产业的产业规模，拉长资源产业的产业链条，实现由传统资源性产品向高附加值的石化深加工和精细化工产品的转型，提高骨干企业和主导产品的国际国内市场竞争力。

利用盘锦地区的稠油资源，增加沥清产量和品种，新上环烷基润滑油生产装置，建设全国最大的沥青生产基地和环烷基润滑油生产基地；扩产改造化肥企业，新上复合肥项目，建设全国重要的氮肥和复合肥生产基地；以乙烯、ABS扩产等项目作支撑，大力发展聚乙烯系列产品，建设全国重要的合成树脂生产基地；以华锦集团的甲醇和甲醚为依托，扩大生产规模，延伸产业链条，大力发展有机化工工业；积极发展以采油助剂、催化剂、添加剂、涂料、溶剂等精细化工产品为主的精细化工业。依托沥青产地的优势，大力发展各类新型防水材料，建设全国最大的防水卷材生产基地。延伸加工聚烯烃系列产品，建设重要的塑料产品加工基地。

【非油产业拓展与经济转型】 近年来，盘锦市在发展接续产业的方向选择上，根据资源状况、产业基础、地域条件和发展环境，确立了“一个稳定、五个发展”的未来产业的发展框架。“一个稳定”就是要稳定油气采掘业；“五个发展”就是要发展壮大石化产业，培育、发展机械制造业，壮大塑料和新型建材业，做大做强绿色、有机食品业，发展、提升服务业。主要措施：

1. *转变思维定势，拓展发展思路。*在发展壮大“五大接续产业”的同时，必须打破长期资源型城市经济及发展中形成的资源导向型的思维定式，突破依托资源求发展的传统的发展思路，而是要站在国际国内两个市场的大视角，从大力发展盘锦非油产业的维度，来重点发展壮大和积极拓展新兴产业，如精细化工、有机化工、高新技术产业，塑料和新型建材产业，绿色、有机食品产业，机械设备制造业、现代物流业、新兴服务业等，这样才能使盘锦经济尽快走出依赖资源求发展的老路子，使盘锦经济走出“矿竭城衰”的生命周期，实现盘锦经济的可持续发展。

2. *积极推进科技进步和产业创新。*广泛应用高新技术和先进适用技术改造和提升传统产业，积极支持和扶持企业建立研发中心和技术创新体系，不断增强企业的技术创新能力，积极培育一批具有知识产权的关键技术和品牌产品，增强企业的核心竞争力。同时要建设好高新技术产业园区，建立中小企业孵化器，大力发展高新技术产业。

3. 加快发展第三产业。在现代经济社会中,第三产业已经成为拉动一方经济增长的重要力量。因此,必须利用盘锦市现有的自然资源和四通八达的交通条件以及良好的第三产业的基础,积极加快以信息服务业、金融保险业和现代物流业等为代表的现代服务业的发展步伐;积极开发极具潜力和生态特色的盘锦旅游资源,做大做强盘锦市的旅游业等,使盘锦市第三产业的增加值再翻一番。

【生态农业发展】 盘锦有着良好的发展生态农业的基础和优越条件。盘锦市自然禀赋优越,河多水多,地势平坦,植被茂盛,滨海湿地和世界第二大面积的苇田是少有的生态屏障,辽河横穿市区入海,为打造生态城市奠定良好基础。自上个世纪 80 年代起,各级党委、政府高度重视生态建设,开始探索发展生态农业之路,目前生态农业已经成为具有地方特色的产业。1996 年国家环保总局将盘锦列入全国生态示范区建设试点地区之一,2000 年被正式命名为生态建设示范区,盘锦市是长江以北惟一获此殊荣的地级市。大洼、盘山两县也分别被国家命名为生态农业县和生态建设示范区。

1. 发展六大绿色、有机食品。通过百万亩优质米生产加工、百万亩河蟹养殖加工、百万亩苇田"一育三养"、百万亩海水养殖加工、百万头有机猪养殖加工、百万只家禽养殖加工等,积极发展和拓展农畜水产品的精深加工,并不断开发新品种和新产品,全力打造绿色、有机品牌产品,做大做强盘锦的绿色、有机食品业。

2. 建设无公害、绿色、有机食品生产加工示范基地。建设以新生鼎祥米业,西安生态养殖场,石山绿色乳制品,清水家禽养殖,高升、喜彬有机果菜园,二界沟无公害淡水养殖园区等 20 无公害、绿色、有机食品生产加工示范基地。

3. 发展壮大农业产业化龙头企业。加快培育和壮大鼎祥集团、利是集团、科尔沁乳业鹤乡公司等 25 个农产品精深加工龙头企业,不断提高盘锦农产品的市场竞争力,推动农业生产实现产业化、规模化经营,积极建设以盘锦大米、盘锦河蟹和盘锦有机、生态农产品等专业化、特色化产品的集散中心。

【非公有制经济发展】 盘锦市的非公有制经济虽然起步较晚、基础比较差,但近年来发展的却比较快,对盘锦经济社会发展的贡献明显增强,已占全市 GDP 的 20%,而且呈多元化的发展趋势。它不仅是县域经济发展的骨干力量,而且也是就业、再就业的主要载体。盘锦市放开、放手、放活发展非公有制经济的主要做法是:充分发挥政策导向作用,积极引导民间资本向生产领域特别是向工业领域集中,使之成为区域经济的活跃力量;积极支持和扶持非公有制企业进入基础设施、公用事业领域;大力鼓励民间资本参与国有企业改制、改组、改造。如重点扶持天龙药业、长江龙集团、科尔沁乳业鹤乡公司、兴隆百货集团等一批非公有制经济的骨干企业的发展和壮大,支持和扶持他们走向省内和国内市场,形成知名品牌和企业竞争力。

(袁宏志)

阜新市

【概况】 阜新市位于辽宁省西部,北靠内蒙古自治区,东与沈阳市接壤,西南部分别同朝阳市、锦州市毗邻,阜新是一座因煤而兴的城市,阜新工业是随着煤炭资源的开发利用而逐步发展起来的,是一座新兴的工业城市,又是中国重要的能源基地之一,素有"煤电之城"之称。阜新市辖阜新蒙古族自治县、彰武县和海州、太平、新邱、清河门、细河 5 个区。海州区是全市政治、经济和文化的中心。全市总面积 10362 平方公里。境内有汉、蒙古、满、回、锡伯等 24 个民族。

【矿产资源】 阜新矿产资源种类多,储量丰富。境内已发现各类矿藏 240 余处、矿种 43 种,以煤的储量最为丰富,现已探明的含煤面积 825 平方公里。黄金资源次之,1998 年建成的排山楼金矿,年产可达 4 万两黄金,是全国最大全泥氰化规模的金矿,金储量达 43 吨之多。此外铁、钼、银、铝、锌、铜、钨、钾等 10 多种金属矿藏以及硅砂、大理石、石灰石、煤矸石、沸石、珍珠岩、紫砂泥、石棉、石墨、萤石、重晶石、绿柱石等 20 多种非金属矿藏也有可观的储量。煤层气、油页岩、石油等能源矿产资源也已发现,正待开发利用。玛瑙石、麦饭石质地纯正,颇有开发价值。阜新还有多处偏硅酸锶型富有开始价值的矿泉水资源。阜新玛瑙储量丰富,质地纯正,是全国三大玛瑙石产地之一。

(付新民)

葫芦岛市

【概况】 葫芦岛市是 1990 年 1 月新建立的省辖市,位于"辽西走廊"渤海之滨,依山傍水、风景秀丽、工业发达,是一座新兴的对外开放海滨城市。葫芦岛市辖 1 市(兴城市)、2 县(绥中县、建昌县)、3 区(连山区、龙港区、南票区),总面积达 1.04 万平方公里。地处辽宁省西南部,东邻锦州,西接山海关,南临渤海辽东湾,与大连、营口、秦皇岛、青岛等市构成环渤海经济圈,扼关内外之咽喉，是中国东北的西大门，为山海关外第一市。

【矿产资源】 葫芦岛市地下矿藏资源有钼、铅、锌、石油、天然气等50多个品种、近1000处地下矿藏，且储量丰富。海底、石油天然气的储量十分可观，渤海石油勘探局9个钻井平台有5个在这一带作业。1994年，在绥中海域发现一处全国最大的海上油气田。

【工业经济发展】 葫芦岛市是国家重要工业基地之一。全市国有大中型企业31家，有3家（锦西炼油化工总厂，葫芦岛锌厂和锦西化工总厂）是国家特大型企业，有4家企业进入全国500家大型企业之列。境内有国内目前最大的海上油田，年产量达100多万吨。全市已形成以石油化工为龙头，以冶金、建材、机械、造船、煤炭、电力为支柱的门类齐全的工业体系。

（胡海涛）

白山市

【概况】 白山市位于吉林省东南部自然风景秀丽的长白山西侧，地处长白山腹地，东与延边朝鲜族自治州相邻；西与通化市接壤；北与吉林市毗连；南与朝鲜民主主义人民共和国隔鸭绿江相望。东西相距180公里，南北相距163公里，国境线长454公里，总面积17485平方公里。

1994年4月，浑江市经国务院批准更名为白山市，辖临江市、靖宇县、抚松县、长白县、江源县和八道江区，市委市政府驻八道江区。

白山市素有"立体资源宝库"、"长白林海"、"人参之乡"之美称。肥沃的土地、丰富的森林、矿产、山珍土特产和旅游资源给白山带来了广阔的开发前景。

【矿产资源】 白山地区已发现煤、铁矿石、石英砂、硅石、滑石、硅藻土、膨润土、石膏、水晶、浮石、火山渣、大理石、高岭石、玛瑙、铅、锌、铜、镁、金、锑、银、磷等金属和非金属矿100多种，占全省发现矿产的73%。目前已探明储量的有36余种，矿产储量大、品位高，成矿条件好。境内临江市硅藻土产品远销亚太地区，江源县、八道江区列入全国60个重点产煤县之列，白山矿产资源开发前景十分广阔。

【经济结构调整】 白山市经济结构调整取得阶段性成效，为参与新世纪竞争与发展构筑了具有山区特色的产业框架。围绕壮大支柱产业，加大技术改造力度，大力发展非国有经济和外向型经济，积极培育新的增长点。能源、林产、矿产冶金、建材、塑料等产业的支撑带动作用不断增强，支柱产业占工业总产值的比重达到74%。企业集团支撑作用进一步增强。

白山市坚持全面实施长白山生态经济发展战略，加速资源优势转化成经济优势的进程，坚持资源保护、培育和开发、利用并重，大力发展。以改革开放和科技创新为动力，推动城乡工业化、信息化进程，提高人民生活水平，积极发展各项社会事业，实现白山经济、社会、生态协调发展。

【矿泉水资源开发】 中国首届国际矿泉水节在吉林省白山市召开。白山市被国际饮水组织命名为"中国白山市长白山矿泉水资源可持续发展示范地"和"中国白山国际矿泉城"。

1997年被国家确定为"可持续发展实验区"。尤其是质优量丰的天然矿泉水资源，是与阿尔卑斯山脉、北高加索齐名的三大矿泉水富集地之一。已探明矿泉水水源地区130处，总流量为25.9万立方米/日，2004年被国土资源部、国家饮用天然矿泉水技术委员会命名为"中国白山市长白山天然矿泉水源可持续开发示范基地"。

白山市委、市政府经过认真调研，决心把矿泉水资源作为产业开发，并作为一种战略资源，使其品牌化、资本化，做强做大矿泉水产业，走资源型城市化道路。目前有国内知名企业娃哈哈企业集团、农夫山泉企业集团、法国达能集团等做客白山市，同白山市一同开发矿泉水资源。

（宋柏山）

松原市

【概况】 松原市位于松嫩平原南部，吉林省中西部。是一座充满生机和活力，具有广阔发展前景的新兴城市。松原市是1992年6月6日经中华人民共和国国务院批准成立的地级市。全市幅员面积2.2万平方公里，东、南部与长春市、四平市为邻，西部与白城市、内蒙古自治区接壤，北部隔松花江、嫩江、拉林河与黑龙江省相望。辖一区四县，即宁江县、扶余县、前郭尔罗斯蒙古族自治县、长岭县和乾安县。

【矿产资源】 现已探明的主要矿产有石油、天然气、油母页岩、烧碱和硝等，为经济的发展提供了得天独厚的物资保障。

【工业经济发展】 松原市区域经济基础较好，发展潜力较大。松原农业基础雄厚，农、畜产品加工业发展潜力很大。松原工业以吉林油田、前郭炼油厂、长山化肥厂和长山热电厂为主体，已形成石油开采、石油炼制、化工医药、能源、建材、食品加工等完善的工业体系。

根据市委、市政府制定的经济发展战略，将用20年左右时间，把松原建成石化为主、经济繁荣、功能齐全、社会文明、环境优美、沿江开放的石油化工城。

（王松林）

辽源市

【概况】 辽源市位于吉林省中南部，地处长白山余脉与松辽平原的过渡地带。东南部与梅河口市接壤，东北部与磐石县隔大沙河相望，北部与四平市伊通县相连，西部与辽宁省的西丰、清源县毗邻。辽源市（原名西安县）有90余年的历史。1949年5月至1954年8月，辽源市隶属辽东省。1954年8月。辽源市划归吉林省管辖。1958年10月，国务院批准设立四平专区，辖辽源市。1959～1983年，辽源市与东辽县曾先后合、分三次。1983年8月，经国务院批准，辽源市从四平地区分出，升为地级市。辽源市辖东丰、东辽两县和龙山、西安两区。

【矿产资源】 矿藏资源，辽源以盛产优质气煤著称，尚有探明储量煤炭1亿余吨，蕴藏着丰富的石灰石以及铁、锰、金、磷、瓷土、磁土、粘土、硅灰石、白浆土、花岗岩等金属与非金属矿藏资源，开发前景十分可观。

（袁　江）

鹤岗市

【概况】 鹤岗市位于黑龙江省东北部，座落在小兴安岭与三江平原的缓冲地带，鹤岗市东部、南部隔松花江与富锦市、佳木斯市相望，西部缘小兴安岭与伊春市接壤，北部界黑龙江与俄罗斯的比罗比詹州毗邻。全市面积14600平方公里。

鹤岗市是一个内部构成多元化的地区，市辖萝北、绥滨两县及工农、向阳、东山、兴山、南山、兴安六个行政区。区域内有国家特大型企业鹤岗矿务局及省属企业宝泉岭农管局和鹤北林业局。

【矿产资源】 矿产资源种类繁多，储量丰富。已查明矿产资源20余种，其中尤以煤炭、石墨最为突出。已探明的煤炭总储量达30亿吨，煤种主要为气煤和1/3焦煤。鹤岗市煤炭储量、产量和商品量均在全国占有重要位置，是国家重要煤炭生产基地之一。石墨资源得天独厚，储量约达6亿吨，开发前景十分可观。另外黄金、大理石、石灰石等金属和非金属也有相当的储量和较高的开发价值。

【矿产企业】 鹤岗矿业集团有限责任公司是经黑龙江省人民政府批准的由鹤岗矿务局改制注册的国有独资企业，是520家国有重点企业之一。是一个以煤炭生产为中心的综合性企业，有机加、运输、选煤、建设、水泥、火工、火电、建材、地质、煤气、林业等10个子公司。

鹤岗矿区位于黑龙江省东北部、小兴安岭南麓的鹤岗市。煤田范围南起峻德，北抵梧桐河，南北走向42公里，东西走向6公里，面积252平方公里。煤炭资源丰富，储量30亿吨。工业储量22.65亿吨，可采储量11亿吨。自1917年开发到2000年末，共生产原煤5.07亿吨。煤田储存条件良好，煤系地层厚达800～1200米，含煤36层，其中大于3.5米的厚煤层占75.5%。煤种有弱粘结煤、气煤、焦煤，其中气煤层占86.8%。煤质低硫、低磷，挥发度高，发热量达4430～6590大卡。鹤岗煤是理想的动力煤，适于冶炼、电力、铁路、十分畅销。鹤岗外围还有希望找出新煤田建矿，现已探明可靠储量有8亿吨，主要分布在鸟山、新华、永昌、绥缤等地区。

鹤岗矿区已有84年开采历史，经历了旧中国官商、抗日战争、解放战争、抗美援朝、社会主义建设等几个时期。真正的建设发展是建国以后。现在的年产量等于解放前28年产量的总和。目前，鹤岗矿区有新中国第一座现代化大型立井新一竖井，有东北第一大井工矿年设计能力为360万吨的兴安竖井，有自行设计、自行施工的大型竖井年产近300万吨的南山竖井和年能力150万吨的峻德竖井，有首批跨入全国现代化矿井行列的富力皮带井。

（贺书田）

双鸭山市

【概况】 双鸭山市位于黑龙江省东北部，辖四县四区，共42个乡镇。境内有12个国营农场，40个国营林场。辖区总面积22483平方公里，其中，市区面积1767平方公里。不仅以“北大荒”、“黑土地”驰名中外，更以得天独厚的物产资源，特色绿色经济成为完达山北麓雄踞三江平原上的一颗北国明珠。

双鸭山市委、市政府制定了“开放开发、招商强市”的发展战略，先后出台和完善了“双鸭山市招商引资优惠政策”、“双鸭山市招商引资奖励办法”、“双鸭山市对外来投资客商十二条礼遇的规定”等政策措施，“人人抓招商，人人是环境”已成为全市人民的共识。现已与美国、意大利、加拿大、菲律宾、新加坡、日本、韩国、中国香港和台湾等国家的客商建立了长期稳定的联系。

【矿产资源】 双鸭山市有着得天独厚的物产资源。

煤炭是双鸭山的主要矿产资源，素有“煤城”之誉。煤炭远景储量100亿吨，精查储量25亿吨，现年产已达1500万吨。羊鼻山铁矿储量1.2亿吨，品位较高，可选性好，是全省惟一的大型磁铁矿。黄金、石墨、白银、大理石、石灰石、红绿宝石等矿产储量可观。

【工业经济发展】 双鸭山市经过40余年开发建设，经济实力日益增强。煤炭、电力、地方工业三足鼎立，是国家的重点能源基地之一。以国家二级企业双矿集团、双电集团和产品处于国际领先水平的东方公司为代表。形成以能源工业为主体，以冶金、建材、化工、机械、食品加工、制药、酿酒、造纸、纺织、森工为支柱，生产360多种产品的工业群体。以熊胆酒、王浆蜜、色拉油、双锅系列锅炉、东方公司制砖设备为代表，全市名优产品达百余种，销往全国20多个省市自治区，其中有16种产品销往美国、俄罗斯、日本，东南亚等国家和地区。（刘　爽）

七台河市

【概况】 七台河市是一座矿产资源丰富的新型工业城市，它位于黑龙江省东部完达山西麓，它与广袤三江平原接壤，为省内工业重镇牡丹江、佳木斯之交通要冲，距省会哈尔滨460公里，与俄罗斯联邦最近点130公里。行政辖区三区一县（勃利），为省直辖市。

建国50年来，全市人民在党的领导下，艰苦奋斗，在荒芜的土地上建造起一二三产业多元发展，以煤炭为主多业并举的综合工业城市。改革开放后，特别是十四大以来，通过建设“北方温州”，调整产业结构，经济社会实现了跨越式发展，到奠定了坚实的基础。

2003年中共七台河市委工作会议上市委书记高志杰代表市委提出了“大发展、快发展、跨越式发展”的发展战略，动员社会各界积极开展招商引资，加速推进煤炭及其深加工，大力发展非煤产业和非国有经济，强化农业基础地位，实施“科技兴市”战略，提高劳动者素质，实现经济体制和经济增长方式根本转变，力争2005年实现国内生产总值100亿元，力争2008年提前两年完成全面建设小康社会的奋斗目标。

【矿产资源】 境内矿产资源丰富，为全国四大保护性开发煤炭基地之一，同时伴有黄金、石墨等资源尚待开发。迄今已探明的矿产资源有煤炭、黄金、石墨、膨润土等十余种，尤以煤炭最为丰富，是七台河一大优势能源。七台河煤田是国家保护性开采的三个稀有煤田之一，已探明储量17亿吨，远景储量41吨，分布面积810平方公里，可采煤层厚度60米以上，是国家重要的生产基地、东北地区重要的焦煤和黑龙江省惟一的无烟煤生产基地。煤种齐全，品质优良，焦煤约占总储量的44%以上，又低硫、低磷、低灰、高热值的特点，发热量在5700～7800大卡，素有工业食粮“精粉”之美誉。

【工业经济发展】 七台河在“面向市场，依靠科技，深度开发，协调发展”的地方经济总体发展战略构想的指导下，七台河的各行各业取得了长足的进步，国有企业通过改革、改组、改造、资金活化和中小企业退出国有，生产规模、产品结构、管理水平均步入了新的档次，生产经营过程中的科技增长因素明显提高，适应市场机制和现代化企业管理运行机制初见成效，以煤炭产业为主干，以煤炭深加工、建筑业、食品工业、化学工业、服务业等为枝叶的产业群体初步形成。（齐爱民）

鸡西市

【概况】 鸡西市位于黑龙江省东南部，素有“北国春城”之美誉。北、东分别与勃利县、七台河市相连，南和穆棱市、西与木口县毗邻，东、东南与俄罗斯交界。鸡西市是中国太阳升起最早的地方，现已成为工业门类齐全，经济全面发展，城市服务功能较为完备的综合性城市。鸡西有良好的投资环境。中俄边境线长631公里，现已开通档壁镇和吉祥两个国家一级陆路口岸。鸡西交通便利，基本形成铁路、公路、航空互相连接的交通网。邮电事业发展迅速，可与世界上所有国家和地区直接通话，通讯装备已达世界先进水平。

【矿产资源】 鸡西区域矿产资源种类繁多，储量较大，品位较高。已发现矿种48个，现已开发利用的19种，主要矿种有煤炭、石墨、硅线石、大理石、油气、铂钯、黄金等。煤炭总储量80亿吨，焦煤、气煤、肥煤占80%。石墨储量为7.7亿吨，居亚洲之首，平均品位在13.8%以上，埋层浅、可选性好、含碳量高，是鸡西重要的出口矿产。硅线石总储量4000万吨，平均品位达17.85%，系国内少有。由于硅线石制品广泛应用于冶金、化工、航天等行业，使鸡西这一产业具有巨大的发展潜力。

（吴希凡）

徐州市

【概况】 徐州古称彭城，是中国历史文化名城、全国双拥模范城、中国优秀旅游城市和全国十佳造林绿化城市，是江苏省规划建设的四个特大城市和三大都市圈之一。总面积11258平方公里，辖2市4县5区。

徐州地处苏鲁豫皖四省接壤地区，在全国生产力布局中具有东靠西移、南北对接的战略区位优势。徐州素有“五省通衢”之称,是全国重要的交通枢纽,现已形成铁路、公路、水运、航空、管道“五通汇流”的现代化立体交通体系。

【矿产资源】 煤、铁、铁、石灰石、大理石等矿产资源储量大、品位高。

【工业经济发展】 工业经济的主导地位不断强化,煤炭、电力、电子、纺织、医药、建材等行业具有一定规模和水平,徐工、维维、大屯煤电等3家企业跨入全国520强。第三产业增势强劲,区域性物流中心和旅游中心的地位得到进一步强化。开放型经济发展迈出较大步伐,卡特彼勒、洛克威尔、利渤海尔等一批世界知名大公司纷纷前来投资落户。

城市建设成绩显著。“九五”以来,徐州相继完成了“三场一路”、“两山一湖”、“三路一河”等一大批市政重点工程,“路宽、地绿、天蓝、水清、景秀”的现代化生态园林城市框架初步构成,形成了特色鲜明的现代化城市风貌。

(许方舟)

淮北市

【概况】 淮北市位于安徽省北部,苏、豫、皖三省交界处。地势由西北向东南倾斜,平川广野是地貌的主要特征。1960年,淮北建市,为安徽省辖市,市政府设在相山。全市土地面积2725平方公里,其中,市区371平方公里,辖濉溪县、相山区、杜集区、烈山区,共33个乡镇,611个行政村。

淮北市委、市政府已绘制出跨世纪的宏伟蓝图,即以改革总揽全局,面对国内外市场,继续发挥能源、原材料、农业三大优势,围绕煤炭、电力、轻纺、建材、化工、机械电子6大支柱产业,大力调整产业结构,加大科技投入,提高经济效益,加快金融、商贸、通讯、科技等发展步伐,全面推进全市工业化、城镇化、市场化、国际化和社会文明程度,通过几年的努力,到本世纪末,把淮北市建设成为皖北地区的中心城市。

【矿产资源】 矿产资源得天独厚,现已探明的有煤、铁、钴、高岭土等13种,以煤为最,地质储量百亿吨,远景储量350亿吨。现有24对大型现代化矿井,年产原煤2000多万吨,年洗原煤能力1100万吨,出口15个国家和地区,为中国的五大煤炭基地之一。以原煤为动力的坑口发电,是华东电网的主力军之一,总装机容量已达95万千瓦。

【工业经济发展】 随着改革开放的不断深化,淮北市工业经济依托丰富的自然资源得到了迅速发展。目前已形成煤炭、电力、纺织、酿酒、建材、冶金、化工、食品、机械电子等门类齐全、协调发展的工业体系。全市现有各类矿井34对,矿区东西扩展50公里,南北绵延150公里,号称“百里煤城”,年产原煤2000多万吨,居华东之首,全国第4;淮北选煤厂等7个选煤厂,年入洗原煤1000多万吨,是上海宝钢、安徽马钢等数10家钢铁企业重要的精煤供应基地。化学工业以焦化、橡胶、化肥、硫酸等产品为主,其中耐磨橡胶筛板在国内享有很高声誉。

【淮北九大工业基地建设】 淮北市煤炭可采储量约为100亿吨,是中国五大煤炭生产基地之一,在发展火电、煤化工、煤电铝等方面,具有得天独厚的条件。为充分发挥资源优势,培育新的经济增长点,淮北市提出了以建设八大基地、一个中心为主要内容的能源重化工基地建设目标。在煤炭生产方面,加快矿山技术改造,新建一批现代化大型矿井,建成年产原煤5000万吨的煤炭工业基地;在火力发电方面,通过建设淮北发电厂8号机组和淮北二电厂二期工程、平山电厂、马桥电厂等,建成总装机容量750~800万千瓦的火力发电基地;在煤化工方面,同湘火炬集团合作建设200万吨甲醇项目;在建材方面,发展水泥、陶瓷、高岭土和新型建材业,加快华运陶瓷高档墙地砖项目建设,抓好淮北矿业集团、皖北煤电公司高岭土深加工项目建设,建成年产水泥700万吨、陶瓷1亿平方米、高岭土10万吨的建材工业基地;通过与浙江某集团合作,建设年生产1200万平方米化成箔、5万吨亲水箔、20万吨电解铝的铝电联营基地等。淮北市全力支持淮北矿业集团和皖北煤电公司做大做强煤炭主业,搞好煤炭产品的延伸开发。

(王国宇)

淮南市

【概况】 1949年1月18日淮南解放。3月,中共中央华东局决定在淮南三镇的基础上设立淮南煤矿特别行政区;4月,淮南煤矿特别行政区改设为淮南矿区。1950年9月,建县级淮南市。1952年6月,建立省辖淮南市。1977年1月,凤台县由阜阳专区划入;1999年11月,毛集社会发展综合实验区批准成立。淮南市现辖田家庵、大通、谢家集、八公山、潘集五区和凤台县以及毛集综合实验区。

【矿产资源】 淮南市八公山矿产资源丰富,现有探明的矿产资源不下50种,煤炭资源尤为丰富。大理石、石灰石、紫砂页岩、高岭土、矿泉水、龟纹石、紫金石等，品位较高，储量都十分可观。

【采煤塌陷地治理】 2003年采煤塌陷地治理工作取得了实质性进展。解决了治理资金，在调动地方、个人等方面积极性投资治理的同时，编制塌陷地复垦项目申报国家和省立项，争取国家和省的资金投入，2001年以来先后编制了九大矿、潘集镇、山王镇等6个塌陷地复垦项目报经国家和省立项，争取到中央财政和省财政治理资金1800多万元，已治理塌陷地8340亩，其中复垦成耕地5024亩。地质遗迹和地质环境保护进一步加强。八公山地质公园被批准为国家地质公园。淮南矿区环境生态恢复治理项目于2003年获国土资源部立项，国家首批补助资金300万元已经到位。

【矿产资源管理秩序整顿】 自1997年起，先后开展了三次大规模的集中整顿规范土地管理秩序活动，查处了一批违法用地行为，纠正了一些不规范的管地用地做法，增强了全社会的珍惜土地、依法用地意识。尤其是2003年按照国家的统一部署，集中力量在全市范围内开展了土地市场秩序治理整顿工作，查清了淮南市土地市场存在的市场意识不强市场化程度偏低、出让金减免缓比重较大、违法案件多、历史遗留问题多等方面的主要问题，重点抓了园区用地清理工作，分别制定了整改措施，目前已基本整改到位。在矿产资源管理秩序治理整顿方面，通过加强采矿许可证年检，定期开展"三率"考核，开展小煤矿越层越界开采专项整治，规范矿产资源补偿费征收等措施，切实加强矿产资源勘查开发监督管理，关闭了一批浪费资源、影响环境、危害安全的矿山，促进了矿产资源集约高效利用。

【矿产资源管理】 2003年淮南市抓紧抓好《淮南市矿产资源总体规划》的报批和实施工作，加强矿产资源开发利用的宏观调控和优化配置。加强矿产资源储量管理，开展矿山储量动态监测试点工作。坚持不懈地开展矿区秩序治理整顿，坚决打击和取缔无证开采、越界探采、非法转让矿权等违法行为。重点抓好从煤矿越界开采专项整治和舜耕山、上窑山、八公山、卧龙山等禁采区管理工作。认真实施矿产资源规划，优化资源配置，有计划地关闭小的采矿点，逐步实现采矿权合理布局和适度规模开采，促进矿业持续健康发展，保障矿产资源长期稳定供应。

【矿权市场建设】 积极培育规范矿业权市场。对全市矿产资源情况进行了调查，制定并报经市政府批准了《关于全面实施采矿有偿使用的方案》，2003年出让采矿权4宗，获出让金124万元。

全面落实经营性用地招标拍卖挂牌出让制度。进一步规范协议出让土地使用权行为，建立协议出让最低价制度，防止低价出让土地和企业因用地低而粗放用地。二是加强土地收购储量。对城市规划区内的存量土地和新增建设用地，通过规划控制、征用、收回、收购、置换等方式统一纳入政府储量范围，增强政府对土地市场的调控能力。三是建立土地市场动态监测制度。及时发布土地供应信息，把握市场趋势，适时调控好土地供应量的供地价格，促进土地市场健康有序发展。四是以促进矿产资源保护和合理利用为前提，培育矿权市场。全面实行采矿权有偿取得，推进矿权出让招标拍卖挂牌制度的落实。

（淮南市国土资源局）

铜陵市

【概况】 铜陵位于安徽省中南部，地处长江下游南岸。总面积1113平方公里，现辖三区一县，代管一个国营农场。

铜陵以产铜著称于世，是中华民族青铜文化的发祥地之一。铜开采、冶炼的历史始于三千年前的商周时代，故有"中国古铜都"之誉。自1956年10月依矿建市以来，铜陵立足资源优势，不断开拓发展，新中国第一个铜工业基地，经过40余年的建设和发展，已经成为皖江南岸的一座新兴的工贸港口城市。

殷商时代的金牛洞古采矿遗址距今已有3000多年历史，并以铜陵为中心延伸至周边地区，与江西瑞昌，湖北大冶古铜矿遗址共同形成江南古铜矿文化带，是长江文化光辉成就的重要组成部分。灿烂的青铜文化，铸就了铜陵古铜都的历史地位，国务院副总理邹家华来铜视察时，命笔"中国古铜都——铜陵"。

【矿产资源】 铜陵是全国矿产资源种类最多的地区之一。现已探明的矿产有铜、硫、铁、金、银、煤、石灰石及与之伴生的钴、铋、镍、钒、镉、镓、锗等稀有金属30种，其中铜储量占全省70%以上，硫铁矿储量位列华东第一，石灰石、黄金和白银储量均居全省之首。

【工业经济发展】 改革开放以来，铜陵积极发挥资源优势，大力发展资源的综合利用和延伸加工，彻底改革了过去单一生产粗铜的工业格局，逐渐形成以有色金属、硫磷化工、建材、电子、纺织等为骨干，拥有多行业、多门类、多产品群体的综合工业体系，初步形成了在全国有一定地位的有色金属基地、硫磷化工基地、电子基础材料基地和长江流域建材基地，涌现出有色集团、铜化集团、铜陵海螺水泥集团、铜峰集团等一批大型企业集团。产业结构调整、产品结构调整及全市工业经济呈现出积极的发展势头。（朱桐雨）

马鞍山市

【概况】 马鞍山是新中国成立后建设和发展起来的一座新兴工业城市。全市现辖三区一县，总面积1686平方公里。

马鞍山毗邻南京，两市市区的车程只有30分钟，经宁马高速、沪宁高速到上海也只需3个小时，是安徽对外开放的东大门。沿江铁路穿境而过，长江马鞍山港是天然深水良港，国家一类口岸。便利的交通，紧邻长江三角洲的优越区位，使马鞍山具有良好发展条件。

【矿产资源】 马鞍山矿区地处长江下游宁芜—罗河成矿带，是中国七大铁矿区之一。矿区内铁矿山有马钢(集团)控股有限公司所属南山、姑山、桃冲铁矿及待开发的罗河铁矿，已探明的铁矿产地有31处，伴生矿产地10处，铁矿总储量16.35亿吨，占安徽全省铁矿总储量的57.32%，其中能满足工业开采的约10亿吨以上。矿床规模以大中型为主，矿体较大，储量亿吨以上的有5处，矿石平均品位36.55%，多属易选的磁铁矿石，经过选别流程可获得精矿品位53%～64%。马鞍山郊区的高村、陶村、和尚桥，当涂县境内的白象山，庐江县境内的罗河是潜力很大的后备矿山。硫铁矿集中分布在马鞍山郊区的向山、马山地区，总储量约2.62亿吨，约占安徽全省储量的55.39%。伴生的磷资源储量大，品位高，仅以南山铁矿凹山矿采场和尾矿坝中含磷计算，储量达1427万吨，约占安徽全省磷矿储量的1/3。钾长石矿主要分布于市郊葛羊山西部，储量达100万吨，剥离层薄，开采条件好，是陶瓷、玻璃、造纸工业的重要原材料。制造钾肥、硫酸原料的明矾石矿，主要分布于向山地区的大黄山，储量约210万吨，含明矾品位38.7%。可作水泥工业掺料的石膏矿，分布于市区东南向山，为中型矿床。此外，还蕴藏可供开采的金、铜等有色金属矿及高岭土、云母等一些非金属矿。

【工业经济发展】 马鞍山工业经济实力较强，产业基础较好。马钢是国内最大的上市公司之一，2001年销售收入突破百亿元，铁钢材产量都在450万吨以上，在中国十大钢铁企业中排列第5位。目前以冷、热轧薄板为主体，投资达100亿元的一系列重大技改项目已开工建设，到“十五”末全部建成后，80%以上的钢材产品将达到国际先进水平，总规模达800万吨。地方工业发展也在不断加快，特种专用汽车的产销量和市场占有率列全国第一位，造纸、炭黑、磁性材料、服装等在同行业也有一定的位次。农村盛产多种优质农副产品，城郊型农业、创汇型农业的发展潜力很大。

进入新世纪的马鞍山，正全力实施双向开放、结构调整和科教兴市三大战略，加速推进工业化、城镇化和农业产业化，力争经过10～15年的不懈努力，把马鞍山建设成为建成区面积超100平方公里、人口超百万的现代化大城市，进而成为长江流域重要的加工制造业基地、在区域经济中具有较强实力的重要城市、富于江南山水园林特色的新兴文化旅游城市和最适合人类居住的生态城市。（安凤山）

南平市

【概况】 南平位于福建省北部，地处武夷山脉北段东南侧，福建、浙江、江西三省结合部，是福建的“北大门”。为闽江的发源地，建溪、富屯溪、沙溪在南平城汇合始称闽江。是中国大陆南方开发最早的地区之一。有1800多年的建城史，幅员面积2.63万平方公里，是福建省面积最大的行政区域，辖邵武、武夷山、建瓯、建阳四市和顺昌、浦城、光泽、松溪、政和五县及延平区。

【矿产资源】 南平已发现的矿种有75种，主要有铌钽、铅锌、硫铁、石墨、水晶、水泥灰岩、铜、钨等矿，已探明储量41种，其中19种储量居福建首位，钽铌矿、萤石矿储量居全国前列，有很高的工业开采价值。（宋晓楠）

龙岩市

【概况】 龙岩市位于福建省西部，通称闽西，龙岩市东临厦门、漳州、泉州，南接广东梅州，西邻江西赣州，既是厦门经济特区、闽南金三角开放区的腹地，又是内地的前沿，是闽粤赣三省的交通要冲和物资集散地，沿海与内地的过渡带和经济走廊。1997年5月1日撤地设市。全市总面积1.9万平方公里，辖新罗区、漳平市和长汀、上杭、永定、武平、连城五县。

龙岩市人民进一步解放思想，深化改革，扩大开放，把握机遇，加快发展。把龙岩建设成为连接沿海与内地的经济繁荣带、闽粤赣边的交通枢纽和福建西部初步现代化的中等城市。

【矿产资源】 龙岩是资源丰富的黄金宝地。矿产资源品种多、储量大。金属矿种有铁、锰、铜、铅、锌、稀土、钼、钨、金等28种。非金属矿种有煤、石灰石、大理石、高岭土、膨润土等30余种。全市已探明储量的矿种有

26种，据专家估算，其中17种主要矿藏原矿价值750多亿元。有11种矿藏探明储量占全省第一位。其中铁矿储量5.4亿吨，占全省80%；高岭土原矿储量7239多万吨，占全省44%；煤炭储量6.6亿吨，占全省49%；紫金山铜矿是全国近年发现的第二大铜矿。水力资源丰富，水能理论蕴藏量208万千瓦，可开发量140.8万千瓦。国家重点工程，装机60万千瓦的棉花滩水电站第1台机组已并网发电。（邹本岩）

萍乡市

【概况】 萍乡市地处江西省西部湘赣边界、罗霄山脉北端，东靠宜春、安福，南邻永新和湖南茶陵，西接湖南醴陵和攸县，北连湖南浏阳。下辖三县两区（上栗县、芦溪县、莲花县，安源区、湘东区）。全境南北长约120公里，东西宽约67公里。

【矿产资源】 已发现矿种36种，金属矿主要有铁、锰、铜、钼、钨、钴、铅、锌等14种，非金属矿主要有煤、石灰石、瓷土、石英砂、大理石等22种。其中煤炭为萍乡主要矿产，储量达7.2亿吨；铁储量5.5亿吨，石灰石储量500亿吨，石英砂储量4300万吨，瓷土储量1000万吨。大理石有白玉、墨玉等10余种。

【矿区产业结构调整】 萍乡市安源是一个百年老矿区，煤炭一直是安源区的支柱产业。然而，煤炭的过度开采也给水土保持和环境保护带来了不容忽视的负面影响，特别是前几年，国家对煤炭开采实行关井压产，全区因此减少财政收入达3000万元。2004年，萍乡市安源区经济继续保持了增长势头，1～5月完成GDP、财政收入同比分别增长20%、40%。

安源区坚持科学的发展观，出台了一系列开发建设新安源和加快经济转型的政策举措。利用地处城郊、城区的地域条件和安源的品牌优势，通过资产置换、招商引资等多种途径，开发建设安源旅游区、城西生态区、五陂花海风景区等，坚持“长远规划、分步实施、滚动发展”的原则，力求开发一片、建成一片、收益一片。两年投入6亿多元，为全区从以煤炭开采为主的“地下经济”，转向以高新技术工业为主的“地面经济”提供了广阔的平台，使全区招商引资工作实现了历史性突破。2003年，全区新上工业项目62个，其中投资500万至1000万元的32个，投资1000万元至1亿元的36个，这些引进的企业，已成为安源经济发展的新亮点，为全区经济的发展注入了新的活力。安源区为加快产业结构调整，在开发建设旅游区、生态区、风景区、加大招商引资力度的同时，用良好的服务、优惠的政策激活本地民营经济。特别是积极引导原来的煤炭企业主转产，兴办有利于环保和科技含量较高的地面工业。2003年，已有53个煤炭业主投资6000余万元，新上了48家地面企业，解决了2100余人的就业。截至5月底，全区已注册的民营企业达到702家，从业人员超过4.5万人，民营企业上缴国家税收占全区工商税收的80%以上。目前，全区已形成冶金、建材、化工、塑胶、汽车汽配、医药、食品等7个新的支柱产业。

（邓湘雯）

新余市

【概况】 地处江西中部偏西、袁河中下游、鄱阳湖平原边缘。东邻樟树、新干，南连吉安、峡江、安福，西接宜春，北靠上高、高安。下辖一县一区（分宜县，渝水区）。全境东西长约102公里，南北宽约65公里，土地总面积3164平方公里，占全省总面积的1.9%。

新余历史悠久，源远流长。三国吴宝鼎二年（公元267年）建县，1960年9月经国务院批准撤县设市，1963年9月撤市复县，1983年恢复为省辖市。是一个新兴工业城市，被人们誉为江西的“钢城”、赣西大地上的“明珠”。

【矿产资源】 新余市自然资源丰富，尤其是种类齐全、量多质高的矿产资源更具优势。到目前为止，先后已发现黑色金属矿产、有色金属矿产、贵金属矿产，非金属矿产和燃料矿产五大类。铁矿、硅灰石、大理石、石灰石、硫铁矿在全国、全省均具有一定地位和影响。其中铁矿储量占全省已探明储量的80%，煤炭占全省的10%，硅灰石储量列全国第二位。硫铁矿、石灰岩、大理石等储量在全省亦占有相当比例。

（冯清宇）

赣州市

【概况】 赣州市地处江西省南部，赣江上游。东接福建三明、龙岩，南临广东梅州、韶关、惠阳，西靠湖南郴州，北连吉安、抚州。全市土地总面积3.94万平方公里，下辖两市十五县一区（南康市、瑞金市，赣县、信丰县、大余县、上犹县、崇义县、安远县、龙南县、定南县、全南县、兴国县、宁都县、于都县、会昌县、寻乌县、石城县，章贡区）。

【矿产资源】 矿产资源十分丰富。已发现矿种99种，其中探明储量的有33种。除钨和稀土等有色金属外，放射性矿产也在全国占有重要地位。赣州是全国重点有色金属基地之一，其中钨占全国储量的70%、世界储量的40%，稀土储量则居全国第二，享有“世界钨都”之称、“稀土王国”之誉。在这里，确是“稀有金属不稀有”。

【萤石矿产资源开发利用】 随着中国钢铁工业、建材工业、医药工业和化学工作的发展，以及出口的增加，萤石矿产资源的开发利用前景十分看好。

在赣州市辖区内，萤石矿产资源十分丰富，据地质部门提供的普查资料，已探明的萤石资源储量就有694万吨，保有量在240万吨以上，萤石矿体埋藏浅，易开采，GaF_2 含量在71%以上，最高的达到93.72%，杂质含量低，矿石品位好。其主要分布在兴国、会昌、全南、瑞金、龙南和章贡区等县（市、区）。目前，赣州市现有萤石采矿企业50余户，年采矿量50余万吨，萤石加工企业17户，年产萤石精（干）粉及氟化工产品40余万吨。浙江东风萤石集团公司、鹰鹏矿业有限公司先后分别在兴国、会昌等地，投资开发利用萤石资源，已取得明显的经济效益。

（甘世发）

景德镇市

【概况】 景德镇市位于江西省东北部，西北与安徽东至县交界，南与万年县为邻，西同波阳县接壤，东北倚安徽祁门县，东南和婺源县毗连，坐落在黄山、怀玉山余脉与鄱阳湖平原过渡地带。

景德镇历史悠久，文化灿烂。素有“江南雄镇”之称，历史上与广东佛山、湖北汉口、河南朱仙镇并称全国四大名镇，是国务院首批公布的全国24个历史文化名城之一和国家甲类对外开放城市。1953年6月政务院批准景德镇市为江西省直辖市，现辖一市一县两区，即乐平市、浮梁县、珠山区、昌江区，面积5256平方公里。

景德镇是中外著名的瓷都，制瓷历史悠久，文化底蕴深厚。史籍记载，“新平冶陶，始于汉世”，可见早在汉代就开始生产陶瓷。宋景德元年（1004年），宫廷诏令此地烧制御瓷，底款皆署“景德年制”，景德镇因此而得名。自元代开始至明清历代皇帝都派员到景德镇监制宫廷用瓷，设瓷局、置御窑，创造出无数陶瓷精品，尤以青花、粉彩、玲珑、颜色釉四大名瓷著称于世。“毛泽东用瓷”、上海“APEC”用瓷及国宾馆用瓷以及各类艺术陶瓷倍受世人赞赏。景德镇瓷器享有“白如玉、薄如纸、声如磬、明如镜”的美誉。郭沫若先生曾以“中华向号瓷之国，瓷业高峰是此都”的诗句盛赞景德镇灿烂的陶瓷历史和文化，陶瓷把景德镇与世界紧密相连。

【矿产资源】 景德镇市自然资源丰富，生态环境好。主要矿产有瓷石、高岭土、煤、钨、砂金、铜、萤石、硫磺、石灰石、大理石等，特别是瓷石、高岭土蕴藏量更为丰富，目前探明的储量，仍可开采300多年。

【工业经济发展】 景德镇市是江西省一个重要现代化工业基地。陶瓷工业已形成了以日用瓷为主体，艺术、建筑、工业、电子等各类陶瓷共同发展的陶瓷工业体系，成为中国重要的陶瓷生产和出口基地以及科研教育中心。与此同时，新兴工业快速发展，已形成汽车、机械、电子、医药、化工、建材、食品等一批新兴工业。目前，新兴工业总产值占全市工业比重近90%，成为我市经济的重要支柱。涌现出了昌河飞机工业公司、华意电器总公司、印刷机械厂、焦化煤气厂、江西化工化纤有限公司、东风制药股份有限公司、德宇集团等一批实力较强的企业（集团）。

（林静祥）

兖州市

【概况】 兖州市隶属于山东省，地处鲁西南平原，总面积651平方公里。

兖州为华夏古九州之一，是儒家文化的发祥地。公元前21世纪，夏禹划天下为九州，兖州为其一，至今已有四千多年的历史。几经朝代更迭，历史变迁，兖州相继为郡、州、府所在地，是一方政治、经济、文化、军事中心。建国初曾称兖州市、滋阳县、与曲阜合并称曲阜县，后与曲阜分治称兖州县，1992年撤县设市。

【矿产资源】 兖州是国家重要的煤炭基地，煤田储量200多亿吨，煤质属低硫高发热量的优质气煤，是良好的炼焦配煤和动力用煤。坐落在境内的兴隆庄煤矿，是国家现代化程度最高的特大型矿井。地下水资源丰富，浅层水储量达20亿立方米，深层水日开采量可达60万立方米以上，为山东省三大地下水富集区中惟一尚未大量开发的地区。地下水质好，是天然的矿泉水。

（孔祥林）

莱芜市

【概况】 莱芜历史悠久，是齐鲁文化的重要发祥地。莱芜市位于山东省中部，北依济南，西临泰山，东靠淄博，南接临沂。总面积2246平方公里，1992年11月，经国务院批准，升格为地级市，辖莱城、钢城两区。

建立地级市以来，国民经济和社会事业快速发展，投资环境不断改善。1995年莱芜市荣获“国家卫生城市”、“全国城市环境综合整治优秀城市”和“山东省园林城市”称号。

【矿产资源】 莱芜自然资源丰富,素有“钢城煤都”之称。拥有煤、铁、铜、金、磷及花岗石、大理石、石灰石、长石、燕子石等几十种矿藏。其中煤炭储量10亿吨,是山东省重要的煤炭产区;铁矿石储量5.5亿吨,占山东省总储量的1/3,在全国占重要地位。 (孟学文)

淄博市

【概况】 淄博市位于山东中部,是国务院批准的山东半岛经济开发区城市,是著名的“陶瓷之都”、“石化之城”,国家级新型建材陶瓷工业基地。全市总面积5938平方公里,属半湿润、半干旱的大陆性气候,四季分明,年平均气温13.90℃,年平均降水量628毫米。淄博市是独具特色的组群式城市。现辖张店、淄川、博山、周村、临淄五区和桓台、高青、沂源三县。五城区和桓台县城呈梅花状分布,东西南北城区距中心城区分别为20公里左右,城乡交错,布局舒展,形成城市组群。全市总人口418万人,其中市区人口268.5万人。

【矿产资源】 淄博资源丰富,已发现矿产54种。铝钒土、耐火粘土、化工石灰岩、陶瓷土、煤、铁等储量大、品位高,均为山东的主产地。北部有丰富的石油和天然气资源。水资源比较丰富,南部山区是沂河发源地,北部黄河流经境内,每年水资源可利用量14.11亿立方米。2004年,全市共有生产矿山571个,直接从事矿山开采6.37万人,年产矿石1819万吨,矿山产值18.3亿元。

【环境保护】 淄博十分重视环境保护。工业污染源全面得到治理,实现了达标排放。是国家卫生城市。城市建成区绿化覆盖率达到33%,人均拥有公共绿地面积7.84平方米。

【资源管理】 淄博市国土资源局成立以来,局领导班子以改革总揽全局,坚持改革,深化改革,开拓创新,求真务实,以抓矿权改革为中心,深化地矿行政管理,实现了矿业开发的经济社会和环境效益的全面提升。先后获得全国地矿行政管理先进单位、全国矿产资源储量登记先进集体等众多荣誉称号。2002年以来,先后对淄川区罗村镇的两处粘土矿进行了拍卖,起拍价分别是11万和13万元,最后分别以65万元和105万元成交,首开了全省地下矿产资源上市交易的先河。2004年12月淄博市采矿权出让管理办法的起草制定以及办法的制定实施,将为进一步深化矿业权改革,提供更为完善的法制保障。 (刘士春)

东营市

【概况】 东营市是黄河三角洲上的中心城市,是中国第二大油田胜利油田和石油系统的最高学府石油大学(华东)的所在地。这里北靠京津,南连胶济,是环渤海经济圈与黄河经济带的交汇点。这里既创造了灿烂的古代文明,孕育了兵圣孙武、汉相倪宽等诸多历史名人,又创造着共和国最年轻的土地,黄河每年喷沙造陆20平方公里。这里既有丰富的油气、盐卤等地下矿藏,又有广袤的待开发土地、辽阔的海洋和滩涂,还有雄奇多姿的旅游资源。

优越的区位、丰富的资源和巨大的开发潜力。国家先后批准这里为沿海经济开放区、农业综合开发区、生态经济示范区和一类开放口岸;山东省把这里的开发作为两大跨世纪工程之一;联合国有关组织把支持这里的可持续发展作为支持《中国21世纪议程》的第一个优先项目,并在这里创建绿色产业示范区。尤其是1999年6月,江泽民主席亲临东营视察,并题词:“艰苦奋斗,开拓创新,加快黄河三角洲的建设和发展”,要求“把黄河三角洲建设成环境优美、经济繁荣的新经济区”。九届全国人大四次会议把“发展黄河三角洲高效生态经济”列入了国家“十五”计划纲要,将东营作为提高东部发展水平的重点地区。东营的建设和发展进入了一个新的历史时期。

【矿产资源】 东营市矿产资源比较丰富,主要有石油、天然气、卤水、煤、地热、砖瓦粘土、贝壳矿泉水等矿产。石油探明地质储量约38亿吨,天然气探明地质储量约为330亿立方米,胜利油田已建成了3000万吨原油产能,成为全国第二大油田;煤发育面积约630平方公里;地热深埋1000~1800米热储温度55~95℃,资源总量折全标准煤125亿吨;贝壳主要分布于两条贝壳带,一条沿河口区新户—垦利县下镇分布长100公里,另一条在东营区牛庄—广饶县丁庄一带,长60多公里,贝壳分布面积为1.5平方公里,储量为102.9万吨;卤水资源丰富,面积为670平方公里,储量为9.5亿立方米,主要分布于沿海地段。

(东营市国土资源局)

枣庄市

【概况】 枣庄市历史悠久、文化灿烂,有距今七千余年的北辛文化,是科圣墨翟的出生地。枣庄市为山东省南大门，位于欧亚大陆桥东部沿线，地处淮海经济协作区中心，北靠省内广阔腹地，南接苏南及长江三角洲经济发达地区，东面日、韩等亚太经济圈国家，西环京杭运河“黄金水道”沿运经济带，中有京沪铁路、京福高速公路纵贯南北，具有良好的区位优势。辖区总面积4550平方公里，辖市中、峄城、山亭、台儿庄、薛城五区和滕州市，总人口358万人。

枣庄市以丰富的煤炭、建材矿产为依托，形成了以煤炭、建材矿产开采及矿产品后续加工工业为主导，以煤炭、建材、纺织、机械电子四大产业为支柱，兼有冶金、卷烟、造纸、橡胶、食品、医药等门类比较齐全的工业体系。目前，枣庄市委、市政府正带领全市人民，以“三个代表”重要思想为指导，认真贯彻落实中央和省各项政策措施，按照“解放思想、大胆创新、放开搞活、加快发展”的总要求和坚持“一个中心”、实施“六大战略”的经济工作总体思路，聚精会神抓经济，齐心协力促发展，全市国民经济和社会事业呈现持续、快速、健康发展的良好势头。

【矿产资源】 全市辖区内能源、金属、非金属和水气等四类矿产均有发现。按矿种大类共有36种，按矿种、亚矿种并列统计共有46种。其中，有探明资源储量的13种，探明矿产地165处，已开发利用无探明资源储量的33种。

煤：是全市重要的优势矿产。大致分为陶枣、官桥、滕南、滕北、韩台五个煤田，含煤面积在1000平方公里以上。以滕南、滕北煤田资源储量较丰。主要煤种为气煤、肥煤和天然焦，是优质的动力用煤和炼焦配煤。探明总资源储量19.78亿吨。滕东煤田和韩台煤田预测资源储量分别约为9.5亿吨和5.3亿吨。

为全市仅次于煤炭的重要矿产，分布广泛，资源丰富。按地理位置大致分为八个矿带，预测资源量总计约35亿吨。探明石灰岩矿区29处，总资源储量8.66亿吨。建筑石料用灰岩量大面广。

石膏：为全市重要矿产，资源较丰富。分布于峄城区底阁镇南部，面积约50平方公里，矿区含膏12层，以普膏和泥质石膏为主。探明资源储量4.8亿吨。

铁矿：位于市中区东北部，分卓山、刘岭、施山口三个矿段，探明资源储量4884.3万吨。品位较低，为沉积变质型贫铁矿。

花岗岩：分布于山亭区北部和滕州市东北部，预测资源量10亿立方米以上，其中饰面花岗岩资源量1.3亿立方米以上。

铝土矿：零星分布于陶枣盆地南翼，矿体不稳定，规模较小。探明矿区2处，资源储量164.5万吨。

石英砂岩：分布于峄城区峨山、萝藤、甘沟、左庄和市中区税郭等地。探明矿区一处，资源储量350万吨。

耐火粘土：主要分布于陶枣盆地东部市中区一带，层位较稳定。探明矿区1处，资源储量114.8万吨。

水泥配料粘土：全市水泥配料粘土分布广泛，资源丰富。探明矿区2处，资源储量359万吨。

磷：探明薛城区沙沟镇矿区一处，资源储量8532万吨，为一大型低品位磷矿。目前不具工业开采利用价值。

铜矿：探明市中区下道沟铜矿一处，探明矿石量15.7万吨，金属量976吨，平均品位0.84%。目前不具工业开采利用价值。

矿泉水：各区(市)均有矿泉水井点出露，以山亭区居多。已发现矿泉水产地7处，均属重碳酸钙镁型含锶天然饮用矿泉水。

【矿产资源调查与勘查】 全市已完成1:20万基岩出露区的区域地质调查、水文地质调查、重力测量、地球化学测量，以及1:10万～1:20万航空磁力测量；完成1:5万区域地质调查8幅，面积约2000平方公里；开展了重要成矿区带1:1万～1:5万矿产普查、综合地球物理测量、综合地球化学测量。

全市探明矿产13种，探明矿产地164处。其中，大、中、小型矿床各有10处、23处、131处；煤、水泥用灰岩、石膏分别有98处、29处、22处，共计149处，占总探明矿区数的91%。勘查程度较高的矿种有煤、铁、石膏、石灰岩、磷、硬质粘土和铝土矿等；勘查程度较高的地区有陶枣、官桥、滕南、滕北煤田，苍峄铁矿泥河矿段，底阁石膏矿区等。

【矿产资源开发与保护】 2003年全市开发利用矿产12种，矿山企业362个，从业人数90217人，矿区总面积1008平方公里。矿山企业规模多数为小型，大型矿山仅11个，占矿山总数的3.13%；中型矿山34个，占矿山总数的9.69%；小型矿山区317个，占矿山总数的87.18%。矿山企业五区一市均有分布，大中型矿山主要分布于滕州市，其他各区市多为小型矿。矿石总产量为2357.32万吨/156.72万立方米，矿业总产值为225023.8万元。其中，大、中、小型矿山企业分别为11个、34个、317个，矿业产值分别为108592.2万元、63568.4万元、52863.2万元，分别占全市矿业总产值的48.3%、28.2%、23.5%。煤、石膏、水泥用灰岩、砖瓦用粘土矿业产值分别占全市矿业总产值的94.9%、0.9%、1.8%、1.6%。

煤炭：枣庄市是华东地区重要的煤炭生产基地和全国十大出口煤基地之一。全市陶枣、官桥、滕南、滕北、韩台五个煤田均已全部或部分开发；共有煤矿85

处，其中大型矿山3个、中型矿山13个、小型矿山69个，矿区总面积277.1平方公里，从业人员72764人。陶枣、官桥煤田资源开发强度极大，两煤田内的大小矿山到2010年多数矿山将关闭。滕南、滕北煤田探明资源储量较丰富，煤层厚、煤质好，目前境内煤矿正处于大规模开发阶段，是全市近期和今后的主要产煤区。韩台煤田探明程度低，地质条件较复杂，煤层赋存条件差、煤层薄，多为小型煤矿开采。

水泥用灰岩：共有矿山30个，矿区面积2.6平方公里，从业人员7422人，年产矿石748.2万吨，矿业产值4130.61万元。其中大型矿山1处，中型矿山6处，小型矿山23处。探明的29处水泥用灰岩矿区，27处已开发利用。

石膏：底阁石膏矿区22处矿山。其中大型矿山7个，中型矿山15处，矿区面积17.7平方公里；从业人员5960人，年产矿石89.88万吨，矿业产值2110.19万元，占全市矿业总产值的0.93%。目前多数石膏矿回采率不足30%，石膏产量供过于求，矿山经济效益极差。

铁矿：探明的卓山、刘岭、施山口3处矿区，仅有济钢刘岭铁矿开采，矿区总面积0.536平方公里，从业人员457人，年产矿石21.10万吨，矿业产值310万元，占全市矿业总产值的0.14%。

建筑石材：包括建筑用石灰岩、花岗岩、白云岩等，多以销定产。

砖瓦用粘土：主要在耕地中开采，产值较高，在开采矿产中居第三位。但破坏基本农田，应逐步取缔，需寻找替代矿产。

【矿产资源行政管理】 市及区(市)地矿行政管理部门认真贯彻实施修改后的矿产资源法及其国务院三个行政法规和山东省实施矿产资源法办法；按照国务院及省政府的要求，深入开展矿业秩序治理整顿，实现了全市矿业秩序“从无序到有序”、“从有序到科学”的根本性转变。目前，矿业权有偿使用制度逐步健全，2003年实现探矿权出让收益155万元，实现采矿权出让收益1693万元。全市矿业权人依法办矿意识增强，所有年产20万吨以上的矿山企业都设立了地测机构，主要矿产小型矿山企业均配有专门地测人员。区、市属以上矿山积极采用采矿新工艺、新方法，努力提高开采回采率，均制定了“三率”考核指标。部分国有矿山采用离层注浆采矿法使矿区开采回采率达到薄层煤80%、厚层煤75%、水采矿井70%；石膏开采，推广了房柱式崩落采矿法，使开采回采率由原来的14%左右提高到了30%以上。

【工业经济发展】 2003年全市国内生产总值实现248.8亿元，年均增长10.3%；人均国内生产总值6971元，年均增长9.4%。2003年全市地方财政收入达到11.27亿元。商业、交通、运输等传统产业稳步发展，房地产、旅游、信息等高层次第三产业和非公有制经济成为支撑经济增长的重要力量。城市化水平达到37%。“科教兴市”意识普遍增强，高新技术开发项目建设进度加快。全市人口继续保持低生育水平；城乡居民收入稳步增长。

矿业和矿产品加工业是全市工业的基础。据《枣庄市统计年鉴》资料，按现价计算，2000年全市规模以上矿业和矿产品加工业实现产值达107.3亿元，实现增加值39亿元；分别占全市工业总产值的28.13%，占全市工业增加值的36.54%，位居各产业之首。矿产资源的开发利用为全市煤电、煤化工，以及水泥、石膏制品、陶瓷和玻璃等建材工业产业的发展提供了原料支撑。并且原煤、洗精煤、水泥生产等矿业和矿产品加工业在全市引进外资、进出口贸易中占有重要位置，尤其煤炭还是全国十大出口基地之一。以矿产资源及其开发利用为依托，全市涌现出如枣矿、泉兴、十里泉、薛城焦化、兖矿鲁化等煤炭、煤电、煤化工集团，以及鲁水、榴园、安厦、台儿庄水泥集团等一批具有较强经济实力和市场竞争力的大型矿山企业和相关原材料工业企业，形成了较完备的多层次、多门类的能源及相关建材原料工业体系，奠定了矿业和矿产品加工业作为全市国民经济主导和支柱产业的基础性地位。

（饶　峰）

济宁市

【概况】 位于山东省的西南部，辖12个县、市、区，面积11000平方公里，东部是山区，中西部是平原、洼地和湖泊，河流纵横交错，交通十分方便。京杭大运河和京沪铁路、京九铁路纵贯南北，兖石铁路和济新铁路横穿东西，又是104国道和327国道的交汇处，济宁机场已经开通了济宁至北京、广州、上海、济南、青岛等多条航线。济宁市通讯设备先进，全市已实现了程控电话联网，可直拨世界各地。

济宁有丰富的地下资源和建筑材料资源，是正在建设中的煤电和煤焦化工基地，兖州煤田是中国八大煤炭基地之一，储量丰富，煤质优良。此外，济宁还是重要的机械、医药、纺织、食品生产基地。

【矿产资源】 已发现和探明储量的有70多种。以煤为主，其次为石灰石、石膏、重晶石、稀土、磷、铁、铜、铅等。济宁市含煤面积3400平方公里，占全市总面积的35%，储量约为254亿吨，主要分布于兖州、曲阜、邹城、济宁、微山等地，为全国重点开发的八大煤炭基地之一。稀土矿位于微山县塘湖乡郗山，地质储量1275万吨，为国内第二大稀土矿。石灰石主要分布在嘉祥、泗水、邹城、曲阜一带，探明储量9亿吨。

【矿产资源开采秩序治理整顿】 济宁市深入开展矿产资源勘察开采秩序治理整顿，坚决打击非法采矿，规范矿业管理秩序。切实加强耕地保护特别是基本农田保护，全面启动矿区生态重建项目，积极探索以采煤塌陷地复垦和村庄整理为重点的土地开发复垦整理新模式，确保实现耕地占补平衡和总量动态平衡。加强土地用途管制，严格控制建设用地供应总量，搞好土地储备，为国家和省、市重点工程建设、高新技术产业项目、农村经济结构调整等提供用地保障。大力推广应用采矿新技术、新工艺、新设备，强化矿产资源储量的动态管理，不断提高矿产资源的综合利用水平。加大对国土资源保护和合理利用的执法监察力度，突出抓好土地市场秩序的整顿规范，依法查处违法案件，维护正常的国土资源利用秩序。

【环境保护工作】 济宁市矿产资源比较丰富，其中煤炭储量占全省的一半以上，年开采量已超过6000万吨。煤炭资源的大量开采，在促进经济社会发展的同时，也带来了土地和生态环境的严重破坏，目前已塌陷耕地15万亩，预计到2050年将塌陷近400万亩，矿区生态环境恢复重建和土地复垦治理尚未进入良性循环，任务极其繁重。环境保护面临着越来越大的压力和问题，要继续坚持污染防治与生态保护并重的方针，启动实施“发展循环经济，建设生态”工程，走生态建设产业化、产业发展生态化的路子，把生态效益、经济效益和社会效益统一起来。结构性污染一直是困扰济宁市经济社会可持续发展的突出问题，必须下大气力抓紧解决。要推进造纸、酿造、电力、建材等产业的结构调整，加快淘汰落后工艺、设备和生产能力，积极推行清洁生产，严格执行新上项目环境评价制度，坚决控制新污染源产生。要采取强有力措施，改进城市环境空气质量，确保按期达标。加快城市污水、垃圾处理等环境基础设施建设，深入开展环境综合整治，努力建设环保模范城市、生态示范区和生态市，不断提升城市形象。按照目标、总量、项目、投资四位一体的流域控制思路，实施污染治理、污水资源化、流域生态恢复与保护并举的策略，综合运用经济、法律、科技和必要的行政手段，积极推进流域综合治理，努力改善济宁市水环境质量，确保南水北调水质安全。加强生态保护工作，搞好生态功能区划加大自然保护区和重要生态功能区建设力度，不断改善自然生态环境。 （纪晓东）

平顶山市

【概况】 平顶山市位于河南省中南部，因市区建在“山顶平坦如削”的平顶山下而得名。1957年建市，现已成为以能源、原材料工业为主体，煤炭、电力、钢铁、纺织、化工等工业综合发展的新兴工业城市，以其得天独厚的地理位置、丰富的自然资源、雄厚的经济实力以及源远流长的灿烂文化，越来越为中外所瞩目。

平顶山市东西长150公里，南北宽140公里，现辖汝州市、舞钢市、宝丰县、叶县、鲁山县、郏县和新华、卫东、湛河、石龙四个区，总面积7882平方公里。

【矿产资源】 平顶山市有着丰富的矿产资源，已探明各类矿产资源58种，占全省矿产资源种类的53%。储量较大的矿藏有煤、盐、铁、铝土、耐火粘土、石膏等，其中原煤总储量103亿吨，是中南地区最大的煤田所在地；钠盐储量2300亿吨，是中国东部第二大井盐产地；铁矿石储量9.7亿吨，为全国十大铁矿区之一；铝土矿储量5700多万吨，占全省的16%，全市矿产资源潜在总价值为3434.4亿元。

【工业经济发展】 平顶山市有大中型企业47家。平顶山煤业（集团）有限责任公司，年产原煤1800万吨，是全国第二大统配煤矿；中国神马集团有限责任公司年产锦纶帘子布5万吨，是世界三大帘子布生产企业之一；姚孟发电有限责任公司，装机容量120万千瓦，是华中电网大型骨干火电厂之一；舞阳钢铁公司是中国第一家生产特宽特厚钢板的重点企业，大鹰集团有限责任公司是全国生产高压电器的三大主导厂家之一，产品国内市场占有率达80%。国家重点建设项目——尼龙66盐工程，主要生产装置全部从国外引进，工艺技术先进。平顶山市现已形成了以煤炭、电力、钢铁、纺织、机械、化工、建材、食品等门类为主体产业的工业体系。

【工业资源优化整合】 2003年以来，平顶市抓住国家对煤电资源进行整合，把平顶山确定为全国重要的煤炭基地和坑口火力发电基地这一机遇，对全市的储备项目进行了筛选、论证，确定重点发展资源开发煤化工、盐化工、煤电转化和冶金建材项目，并确定投资500万元以上的工业项目136个，总投资872.58亿元。

为优化整合工业资源，促进生产要素向优势产业和大型企业集中，推动企业低成本扩张，该市又提出利用5年左右时间，打造七项“河南第一”的大胆构想。即以平煤集团为依托，建成全省最大的煤炭生产和综合加工基地，使全市的煤炭产量由现在的4000万吨增加至8000万吨；以神马集团为依托，建成全省乃至全国最大的化工化纤基地；以舞钢公司为依托，建成全省乃至全国最大的特宽特厚钢板科研生产基地；以姚电公司为依托，建成全省最大的坑口发电厂，发电装机容量达到800万千瓦；以天鹰集团为依托，建成河南最大的输变电成套设备和环保设备生产基地；以天瑞集团为依托，建成全省最大的水泥建材基地，水泥产量达到2000万吨左右；以叶县钠盐为依托，建成全省最大的井盐生产加工基地。（林立伟）

焦作市

【概况】 焦作市位于河南省西北部，北依太行山与山西省晋城市接壤，南隔黄河与郑州市相望，西南与洛阳市相连，东邻新乡市。现辖沁阳市、孟州市两个县级市，修武县、武陟县、温县、博爱县四县和解放区、中站区、马村区、山阳区四个城区。总面积4071平方公里，其中市区面积370平方公里。是一座新兴的工业城市。

【矿产资源】 矿产资源经过普查的有40余种，占全省已发现矿种的25%，已探明储量的有煤炭、石灰石、耐火粘土、硫铁矿、铝矾土等20多种。其中，煤炭属优质无烟煤，煤田总面积971平方公里，保有储量32.4亿吨；石灰石矿区保有储量约50亿吨；铝钒土预测储量1.7亿吨；耐火粘土探明保有储量5900多万吨，埋藏浅、易开采，是生产陶瓷、耐火材料的优质原料；硫铁矿保有储量4270万吨，占全省总储量的41%。

【工业经济发展】 改革开放20多年来，焦作市经济得到快速发展，由原来单一的煤炭工业城市发展成为一个以能源、化工、冶金建材为主，机械、轻纺、食品等门类齐全的新兴城市。培育出了万方铝业集团、中州铝厂、轮胎集团等一大批大型骨干企业。全市工业产品以原材料为主，主要有煤炭、电力、铝制品、陶瓷、轮胎、纯碱、烧碱、电缆、机械设备制造等37大类1000多种。近年来，焦作市积极采用新技术、新工艺、新设备，加快传统产业技改步伐，逐步实现产业技术升级和产品更新换代。在改造提升传统产业的同时，依托中州铝厂、万方铝业和沁阳铝电集团等现有基础，加大政策扶持，加快规模扩张，整合全行业资源优势，进行120万吨氧化铝、50万吨电解铝项目的规划建设，努力将铝工业培育成在国内外市场具有较强竞争力的优势产业，进而成为河南铝工业基地的重要组成部分。同时大力发展高新技术产业，加快高新技术产业开发区的规划建设，通过项目引进、资金引进、技术引进、人才引进，把开发区建成高新技术产业的载体。促进形成以生产丙烯酰胺、高分子厚膜集成电路、冷轧带钢、单晶铜等为主的高新技术企业群，重点是抓好纳米材料和丙烯酰胺延伸产品开发，并通过向其他企业延伸产业链条，最终形成在全国市场占有较大优势的生物化工和新材料产业。通过调整，工业结构逐渐趋于合理，经济效益不断提高，优势产业的优势地位更加突出，铝工业、化工、机电、食品加工等支柱产业对经济增长的贡献率明显提高。（俞　平）

鹤壁市

【概况】 鹤壁市位于河南省北部，因相传“仙鹤栖于南山峭壁”而得名。1957年3月经国务院批准建市，是河南省省辖市之一。现辖两县（浚县，淇县），三区（淇滨区，山城区，鹤山区）和淇滨经济技术开发区，总面积2182平方公里。

【矿产资源】 鹤壁市境内自然资源丰富，属国家能源重化工基地和黄淮海平原农业综合开发区。矿产资源具有地域组合良好、品位高、易开发的特点。已探明的矿藏主要有煤炭、瓦斯气、水泥灰岩、白云岩、石英砂岩、耐火粘土等30多种。煤炭探明储量16亿吨，金属镁的主要原料白云岩约10亿吨，水泥灰岩矿床储量为50亿吨。

【工业经济发展】 鹤壁工业已形成较好基础，工业化进程明显加快。依托丰富的资源，鹤壁的工业得到了迅猛发展，已形成以煤炭、电力、建材、冶金、电子、轻纺、化工、医药等为支柱的工业体系，工业企业达1300多家。主要工业产品5000多种。其中棉纱、汽车电器及配件、电子元器件、矿山运输及提升设备、环保设备、标准紧固件、克星灭虫剂、黛丝牌摩丝、金属镁、牛仔布等一大批优质名牌产品，在全省乃至全国同行业中占有重要位置，在国内外市场上享有较高知名度。

（毕和平）

南阳市

【概况】 南阳古称宛，位于河南省西南部，北枕伏牛，南临汉江，东扶桐柏，西依秦岭，是一个三面环山，中间开阔，南部开口的盆地。地理位置处于东经110°59′～113°48′，北纬32°19′～33°48′之间。辖1市2区10县。总面积2.66万平方公里，人口1060万，是河南省面积最大，人口最多的地级市。

南阳地理位置优越，史称“南船北马”，焦枝铁路纵贯南北，信西铁路横穿东西，许平南高速业已通车，沿312高速、太奥高速工程即将开工，南阳高速“米”字型已具雏形，国道312线、207线、311线和省道豫01线、02线等干线公路过境；历史文化悠久，科圣张衡、医圣张仲景、智圣诸葛亮、商圣范蠡等是南阳悠久历史文化的杰出代表；境内河流较多长度百公里以上的有10条，水资源总量74.58亿立方米，库容量亚洲第一的丹江口水库是“南水北调”中线工程的水源地；南阳处于北亚热带向暖湿带过渡地带，属大陆性季风气候，四季分明，气候适宜，物产丰富，盛产粮食作物、经济作物、经济林果、土特产品及2000多种中药才。

改革开放以来，南阳经济发展步伐日益加快，综合实力不断提高。2003年，全市国内生产总值完成724亿元。全市已批准建立外商投资企业400多家，年出口创汇能力达1亿美元以上。近年来，南阳市基础设施日益完善，加快独山森林公园和白河游览区建设速度，中心城区呈现出“青山横北郭，白水绕东城”宜人景色。

按照河南省经济发展战略，结合南阳实际，致力于建设“数字南阳、绿色南阳、人文南阳”，充分利用南阳优势的历史文化、优越地理位置和丰富的自然资源，逐步把南阳建成工业、农业、商贸、旅游、文化等协调持续发展的，市场能力辐射鄂西北、陕东南的豫西南新的经济隆起带。

【矿产资源】 南阳市横跨华北地块和秦岭褶皱带，地层发育齐全，岩浆活动强烈。优越的地质背景，形成了各类金属、非金属矿床，使南阳市成为河南省矿种最多，储量比较丰富的地区。

南阳市现已发现各类矿产84种461处，占全省已发现矿种总数的63.3%以上，其中探明地质储量的66种146处。石油、金矿、银矿、天然碱、高铝三石（蓝晶石、矽线石、红柱石）、石墨、铜、金红石、玉石、饰面大理石、饰面花岗石、水泥用石灰岩为南阳市的优势矿产。天然碱、银矿、高铝三石、金红石储量位居全国首位；铬铁矿、铜、铅、锗、镉石煤、油页岩、饰面大理石、石墨、海泡石、金云母、玉石、虎睛石、黑绿玉、绿松石等矿储量均居全省第一；钒、锌、冶金用硅石、岩盐、琥珀、蛇纹岩、膨润土、石膏、透闪石、凹凸棒石、白云母等矿种的蕴藏量也位居河南省前列。石油保有储量1.2亿吨，金矿储量120吨居全省第二；独山玉驰名中外，探明储量1.957万吨，远景达20万吨。全市探明保有工业储量（D级以上）的潜在价值1152.14亿元，未上表保有储量潜在价值1029.65亿元，两者共计2181.79亿元，丰富的矿产资源为南阳市的经济发展奠定了坚实的基础。

【地质勘查】 1. *勘查项目年检*。对2002年度全市122个勘查项目进行了年检，年检率100%。认定合格项目113个，勘查面积达1543.06平方公里，共投入各类勘查资金1984.3万元，新发现矿产地5处，探明储量：水泥灰岩1000万吨，金矿石184660千吨，金属1003千克，玄武岩406.27万立方米；

2. *勘查项目审批会审*。严格按照豫国土资发（2003）24号文《关于实行探矿权审批征求基层地质管理部门意见制度的通知》的要求，完成“勘查项目审批会审”83个，其中新立39个，变更延续35个，探矿权转让8个，保留1个。所有会审意见都在省厅规定的期限内上报省厅勘查处；

3. *规范并强化矿产资源补偿费勘查项目管理*。积极开展项目报审工作和项目设计的审查工作，完成了“大河铜矿外围普查”和“河南省南阳市隐山北部蓝晶石矿地质普查”立项工作，努力争取国家和省市勘查专项费的足额落实；

4. *强化地质资料管理*。根据《地质资料管理条例》和《地质资料管理条例实施办法》，做好我市地质资料清理、保护登记工作。共清查整理各类《报告》69份，建立了地质资料目录，提供了快捷的地质资料信息查询渠道，完成对《桐柏县银洞坡金矿储量核实报告》、《桐柏县大河乡刘山岩铜锌矿区补充勘探地质报告》地质资料的催交。

5. *加强建设项目压覆矿产资源情况调查*。完成了“南阳市220千伏云阳变电站工程建设”、“淅川35千伏大石桥变电站工程建设”等6处用地压覆矿床情况的调查报告的审查和河南油田2003年第一批产能建设征地共147宗压覆矿产资源调查情况说明。

6. *落实矿产资源储量登记统计管理职能*。完成了全市矿山企业2002年度储量登记统计工作和全市贵金属矿产储量核查。

【矿产资源开发利用】 截至2003年底，全市共有各种经济性质的矿山企业677家，比2002年减少155家，其中，国有矿山企业13家，其他经济性质的矿山企业664家，开发矿种50余种．

2003年度，全市年产矿石量（固）940.15万吨，（液）186.77万吨，比2002年增加了152.14万吨。其中国有矿山年产矿石量289.23万吨，比去年增加了1.94万吨，其他经济性质的矿山企业年产矿石量837.69万吨，比2002年增加了150.19万吨。原油年产量186万吨。

2003年度，全市矿业总产值530034.60万元，比

2002年度增加了77878.89万。国有矿山企业工业总产值488283.27万元,占全市矿业总产值92.1%,其他经济类型的矿山企业总产值为41751万元。石油开采业工业总产值为463650万元,占全市矿业总产值的87.4%。

2003年度,全市从事矿业采掘人数为71987人,比2002年度有所增加,国有矿山企业为52153人,其他经济类型的矿山企业为19834人,从事石油开采的人数为47454人。全市的矿业总值、工业销售产值等各项指标与2002年度相比有所上升。

【地质环境保护】 2003年深入宣传地质环境保护的法律、法规和科普知识,不断提高全社会的地质环境意识。制订了《2003年南阳市地质灾害防治预案》,抓好"地灾速报制度"、"汛期值班制度"、"巡查制度"和"应急处理制度"的落实,修订了"南阳市地质灾害防治应急预案",调整了"南阳市地质灾害防治领导小组"成员,签订了《2003年度地质灾害防治管理责任书》。与隐患点所在乡(镇)、村(组)及农户签订防灾工作明白卡和防灾避险明白卡,成立了"南阳市汛期地质灾害防治应急指挥部",南阳市在全省率先开展地质灾害气象预警预报工作。《南阳市地质灾害防治规划》已经编制完成,待通过专家评审后付诸实施。向市政府上报了《关于申请南阳地质灾害防治资金的请示》,经研究市财政拨付地灾防治专项资金20万元。及时处理和报告西峡县丁河镇蝎子坪四组发生山体滑坡和西峡县石界河乡走马坪村下坪组山体滑坡隐患。

完成了内乡宝天曼国家地质公园规划建设工作,南阳恐龙蛋化石群省级自然保护区晋升为国家级自然保护区。南阳–西坪高速公路穿越南阳恐龙蛋化石群国家自然保护区的保护方案已通过省专家评审。

组织专家对内乡东川和老牛铺两家新建矿山和一批建设用地进行了地质灾害危险性评估。举办了"南阳市地质灾害危险性评估培训班"。

在《南阳日报》上刊登了《南阳市国土资源局关于进一步加强地热矿泉水资源管理工作有关问题的说明》。

为郑州杏山市级地质公园举行授匾仪式。向省厅和国土资源部上报了《河南南阳恐龙蛋化石群国家级自然保护区地质遗迹保护项目》和《河南桐柏银洞坡金矿矿山环境治理恢复项目》。

【矿产资源规划】 2003年对已基本编制完成的《南阳市矿产资源规划》进行了修改完善,规划成果2003年6月18日顺利通过省厅验收。本轮《南阳市矿产资源规划》基准年为2000年,规划近期到2005年,远期至2010年。规划目标是:加强矿产资源调查评价与勘查,使石油的基础地位得到巩固,金属矿产资源保证程度得到提高,力争实现金、银矿矿床等类型、新区及稳伏矿找矿突破;调整优化矿业结构和布局,合理开发利用矿产资源;加大金红石、"高铝三石"、天然碱、石墨的开发力度,建立新型支柱矿业,保障国民经济和社会发展对资源的需求;金红石、高铝三石采选技术取得突破;矿山生态环境得到保护和改善。

2003年4月起,南阳市矿产资源相对丰富的西峡、内乡、淅川、镇平、南召、方城、桐柏等7个县开始了县级矿产资源规划的编制工作。至2003年底,规划草稿已基本完成。

【矿产资源勘查开采秩序治理整顿】 针对本行政区内存在的重点问题开展了卓有成效的整顿"回头看"工作,加大河道采砂和风景名胜区、铁路、公路沿线附近采矿活动的治理整顿力度,严厉打击无证采矿、非法转让采矿权活动,重点查处擅自以承包、出租、转让等方式的违法行为。

制定了矿产资源勘查开采秩序专项治理整顿方案,确定了重点治理整顿的矿种和重点区域;2003年,全市查处取缔无证采矿138家,取缔污染严重和不具备安全生产条件的矿山企业16家,查处非法转让承包采矿权7家,非法转让探矿权1家,以探代采2家,越层越界采矿2家,炸毁矿井、堆浸池(场)32个,没收非法采矿工具211件(台),立案查处违法案件61起,移交司法机关处理12起,行政拘留3起,追缴矿产资源补偿费和罚没款21.05万元;越权、违法发证得以纠正。

【矿产资源监督管理】 2003年南阳市持证矿山企业808家,扣除新办证等情况,应参加年审760家,实际审查760家,实地审查矿山307个,实地审查率40.4%。审查确定合格采矿权人745个,合格率98%,不合格采矿权人15个,占2.01%,保护矿产资源12万吨,多回收矿产资源价值766万元。在年审中征收矿产资源补偿费6.8万余元,使用费7万元。发现无证采矿4个,停产整顿1个,限期整改3个,罚没款2.3万元;做好了重组督察队伍的申报、填报工作。8月份,南阳市地方级督察员参加了省厅组织的督察员培训。国家级、地方级督察员按照要求已对43家矿山企业进行了督察。

【矿业权市场】 积极培育和规范探矿权市场,大力推进了矿业权招标拍卖出让工作。2003年完成了《社旗县程庄铁矿普查》、《社旗县下洼乡马蹄村铁矿普查》、《方城县各庄铜多金属矿普查》等5处探矿权,出让金额55.5万元;共有偿出让采矿权365宗,其中招标4宗,拍卖2宗,挂牌57宗,应该以竞争方式出让的65家,占应竞争出让的97%,还有二宗正在进行之中,协议出让302宗。实现有偿出让价款245.8万,比2002年增长了100%。矿业权有偿出让的实施为南阳市的采矿权市场的发展起到了很大的推进作用。

(王保湘　张德清　薛天闯)

濮阳市

【概况】 濮阳是中华民族的发祥地之一和历史文化名城。颛顼、仓颉、吴起、商鞅、僧一行等均活动或诞生于此。1987年出土的距今6400多年前的蚌壳龙形图案,被誉为"中华第一龙",濮阳由此成为"龙的传人"的故乡。

濮阳市总面积4266平方公里,是伴随着中原油田开发而兴起的移民城市,从1983年国务院批准设立省辖市至今的20年,已成为中国中西部地区惟一的国家级卫生城市、园林城市、文明城市、优秀旅游城市,并荣冠中国人居环境范例奖、国际花园城市铜牌奖和国际迪拜人居环境奖。

【矿产资源】 濮阳市矿产丰富,石油、天然气资源丰富,储量可观,是中国五大油田之一的中原油田所在地;中原乙烯、中原大化等数十家大型企业生产的乙烯、合成氨、尿素、甲醇、氯碱、双氧水、三胺等为发展化工产业提供了充足的原料。

(李林甫)

宜昌市

【概况】 宜昌市地处长江中上游结合部,长江流域经市域237公里。宜昌上接巴蜀,下引荆襄,南近湘粤,北达中原,是中国中部腹地承东接西、南北交流的中枢,素以"三峡门户"、"川鄂咽喉"著称。全市辖3市5县5区,108个乡镇、街道办事处。全市总面积2.1万平方公里,总人口415万人,人口密度为每平方公里195人,中心城区人口133万人。宜昌市水陆交通、通讯十分便利,是西部大开发的重要交通、通讯枢纽。

【矿产资源】 矿产资源是宜昌市四大优势自然资源之一,磷矿是宜昌市的优势矿种,怎样在磷矿资源开发利用中落实科学的发展观,将资源优势转变成经济优势,确保矿业经济持续健康发展,更好地为地方经济建设服务,是宜昌市委、市政府在资源管理中努力追求的目标。

宜昌磷矿属全国八大磷矿区之一,磷矿资源量约占全省的54%,经40余年勘查,共查明店子坪等16个矿床,其中大型12个,中型3个,小型1个,分布于夷陵区、远安县和兴山县境内,距市区96~140公里。截至2003年底,各矿区资源情况如下表:

表1　宜昌市各矿区资源情况

序号	矿区名称	探明资源量(万吨)		2003年底保有资源量(万吨)				备　注
				总量		品位28%以上		
		品位%	数量	品位%	数量	占用	未占用	
1	树崆坪矿段	22.8	11103	22.8	3872.1	4500	Ph13	
2	马家湾矿段	24.4	3356.1	24.4	2326.0	200	0	
3	灰石垭矿段	19.66	3780.6	19.66	2911.4	280	440	?
4	杉树垭矿段	24.48	4964.6	24.48	4964.6	1200		探矿权程度低
5	栗西矿区(含东矿段)	19.9~26.92	20361.0	19.9~16.92	18780.3	1160	3850	Ph13Ph2
6	店子坪矿区1-4块段	23.74	6957.5	25.23	3505.9	1050	0	Ph13
7	店子坪矿区5-7块段	23.74	2927.4	23.74	2578.5	100	0	Ph13
8	殷家坪矿区	18.83	14332.2	10.00	11610.9	220	1090	
9	樟村坪矿区	15.29~25.64	8270.3	15.29~25.64	1721.9	460	0	

续表 1

序号	矿区名称	探明资源量(万吨)		2003年底保有资源量(万吨)				备　注
		品位%	数量	总量		品位28%以上		
				品位%	数量	占用	未占用	
10	丁家河矿区(东、西)	21.11	21098.3	21.11	12862.2	2350	200	
11	桃坪河矿区	22.44	9436.5	22.44	8078.8	1171.65	0	不含河床矿柱 Ph1
12	殷家沟矿区	23.67	5809.3	23.67	1779.8	218.41	0	估算
13	盐池河矿区	20.16	6792.0	20.16	1500	120	0	兴发占用
14	瓦屋矿区	22.46	6715.6	22.46	6200	2100	0	
合　计		23.0	125994.0	23.0	82700.4	11080.1	6380	

注:以上数据未扣除设计等各类损失矿量,部分探矿权有新增资源量。

【磷矿资源特点】 1."丰而不富"。截至2004年12月,全市累计探明资源量12.6亿吨,约占全国10%,列全省首位,其中Ⅰ级品占全省94%。但贫矿多、富矿少,磷矿资源总量虽占全省的54%,占全国的10%,但P_2O_5含量大于28%的磷矿资源仅占总量的20%左右。其中:P_2O_5含量30%以上的Ⅰ级品仅占总量的12.6%,其余多为Ⅱ、Ⅲ级品,综合品位P_2O_5含量约12%~28%。

2.分布集中。集中在兴山榛子乡、水月寺镇,夷陵区樟村坪镇和远安县荷花镇,矿区面积约170平方公里。

3.矿层分布相对稳定。下磷矿层为"两贫夹一富"的层状结构,中磷矿层为相对稳定的透硫体。

4.可选性差。磷矿石中矿物主要是胶磷矿,呈隐晶质,与白云石、云解石等脉石矿物可浮性相近,且嵌布粒度极细,可选性差。同品质选矿矿石成本远高于直接开采成本。

5.杂质含量高。宜昌磷矿MgO含量普遍达到2%~3%,且含砷等重金属杂质,不利于磷胺化肥及食品级磷酸盐生产。

【磷矿资源开发利用】 宜昌市磷矿资源开发利用程度较高,已有12个矿床被开发利用,且均为质量较好的矿床,余下的矿床近期难以利用。截止目前,我市磷矿开采矿山63家(采矿许可证),其中:夷陵区33家,兴山县12家,远安县18家,设计年开采规模约650万吨,商品矿石品位P_2O_5含量在28%以上。2003年生产磷矿石约420万吨,其中:市内深加工约200万吨,出口及外销220万吨左右。随着中加矿肥结合工程、湖北宜化100万吨磷氨、东圣公司20万吨磷氨等的兴建,将新增450万吨的年用矿量,照此下去,宜昌市磷矿资源将在20年左右耗竭,如果全层开采、综合入选,将增加一倍以上的服务年限,可持续利用50年。

宜昌市目前磷矿开采采富弃贫现象严重,矿石生产量过大,资源消耗过快;各级政府站在自身经济发展的角度开发利用磷矿资源;诱发矿山地质灾害;矿区后续产业未跟上,矿区可持续发展差。

【磷化工业发展】 宜昌市磷化工业始于上世纪50年代末磷矿开采和普钙生产,80年代末相继建设的黄磷、五钠装置标志着我市磷化工业真正起步。

1.磷化工行业基本情况:全市规模以上磷化工企业12家,其中:磷肥生产企业7家,黄磷、磷精细化工产品生产企业5家,总资产32.67亿元,职工近万人,其中:技术人才2418人。

2.化工产品(五钠、六偏磷酸钠、次磷酸钠、五硫化二磷、食品级磷酸等)。总生产能力42万吨/年,产销量排名全国第一、第二。

3.全市磷化工行业对磷矿石的实际需求量。宜昌市现有的12家规模以上磷化工企业,2003年消耗磷矿石230万吨(P_2O_5含量28%以上),加上2004年计划建成的磷化工装置,2005年全市磷化工行业对磷矿石的年实际需求量将达到525万吨以上。

【磷矿开发利用存在问题】 1.磷矿资源保证程序迅速降低,可持续发展面临重大挑战。各级地方政府站在自身经济发展的角度,矿山企业从自身的经济利益出发,侧重更多的是当前的发展,缺乏长远可持续发展观点,想方设法增加磷矿开采量,省政府批准的矿产品运销监督管理站长期未建立和运行,致使矿石产量过大,磷矿开采总量控制难以达到理想效果,资源消耗过快,资源保证程度迅速降低。

宜昌磷矿特有的"两贫夹一富"的矿层结构,在目前的经济、技术条件、加工水平以及社会环境条件下，难以对贫矿加以利用，开采1吨P_2O_5含量28%以上的富矿，将损失数吨贫矿，致使资源优势迅速消失。

为满足各类磷精细化工产品、高浓度磷复合肥生产装置20~30年的服务年限，根据宜昌市现保有的在当前经济、技术水平下可开采的P_2O_5含量28%以上的1.7亿吨资源量的实际，宜昌市磷矿年合理开采量应控制在500万吨以下，才能比较充分地满足已有磷化工企业和在、拟建磷化工项目对磷矿石的基本需求，实际可供规划的资源量严重不足。

2. *粗放经营，产品附加值低，磷矿资源优势没有最大程度地转变为经济优势。*宜昌市每年开采的400多万吨矿石都是高品位、质量较好的磷矿石，本着“优矿优用”和就地加工增值的原则，应该用于本地发展磷精细化工或高浓度磷复合肥，但大部分却成为国外磷精细化工产品及省外普钙、钙镁磷肥的原料，产品附加值甚低；另一方面，而身处宜昌的优势企业兴发化工却要到外地购矿，严重制约了资源优势向产品优势、经济优势的转变。

3. *磷矿运销环节。*随着省政府对第200号省长令取消执行，磷矿运销环节将难以控制，必然对矿山开采秩序产生不利影响，以前的整治成果将前功尽弃，磷矿资源管理和保护在新的环境下将面临前所未有的考验。

【磷矿合理开发利用建议】 湖北磷矿在全国占有很重要的地位，而宜昌则是重中之重，要把宜昌市建成全国最大的磷肥基地，保持磷矿资源的可持续利用，就必须合理开发、综合利用好磷矿资源。坚决制止无证开采，坚决制止乱采滥挖，解决“采富弃贫”的问题，按市场规律配置资源，严格遵循“宁可不采、不可乱采”的磷矿开采总方针。统一磷矿资源合理开发对国家、全省发展所产生的重大作用的认识；统一磷矿资源合理开发是科学发展观在湖北贯彻的重点的认识；统一乱采滥挖不是本地区利益而只是本届政府的利益的认识；统一克服“采富弃贫”、要按市场对资源配置的要求来规划布局的认识，并从各方面采取坚决有力的具体的措施保护宜昌市的磷矿资源：

1. *对磷矿资源保护作出合理定位。*国土资源部将磷矿列为2010年以后不能满足国内需求的矿种，作为1000多种化工产品的基础原料和重要的支农物资，事关国民经济安危，如此定位是不够的，所谓“名不正、言不顺”，只有将磷矿列为重要战略物资，才能体现其合理的定位，才能给控制磷矿出口的特殊措施的实行创造前题。

2. *报请国务院采取统一控制措施。*磷矿出口问题，是全局性的问题，宜昌可以不出口，湖北省可以不出口，但其他的地方可以收购宜昌的磷矿石再出口，因此，必须国家出台全局性的管理措施，才能有效遏制低价出口磷矿。

3. *建立部门连锁的控制机制。*按照胡锦涛总书记在今年中央人口资源环境座谈会上“坚决制止乱采滥挖，竟相压价出口初级产品，尽快建立综合协调机制，实施有效管理”的要求，由政府牵头，由相关部门对磷矿的定位、生产、运输、经营范围、出口自主权、资金结算等层层严格把关，出台相关政策，控制低价出口磷矿石。

4. *实行严格的开采总量控制措施。*尽快建立并规范运作省政府批准建立的5个矿产品监督检查站，使开采总量控制措施到位，并实行严格的重要矿产品准运制度，通过市场和必要的行政调控措施，逐步减少磷矿原料和矿粉的出口和外销。

5. *坚决制止无证开采。*凡是有无证开采现象的地方，要追究矿区有关部门责任人的责任。

6. *采取措施解决“采富弃贫”的问题。*新建矿山要有综合利用中低品位磷矿资源的条件，矿山与加工企业要加强联合，建立长期的合作关系。

7. *寻求有效的选矿方法。*充分利用大量贫矿资源，从根本上解决磷矿开发的可持续发展。加强对贫矿资源的保护和勘查投入，采取切实措施保护目前尚不能利用的贫矿资源，提高资源保证程度。

①采取切实措施保护目前尚不能利用的贫矿资源，研究合理的采矿方法，确保富矿开采后不影响贫矿后续利用，或要求采矿权人将贫矿采出堆放，以利后期利用；积极寻求有效的选矿方法，鼓励宜昌磷矿的开采方式从目前的“中富矿”到全层回采，全部入选的方式转变，建立集中选厂，对选矿企业从政策到税费等给予一系列支持，从根本上解决磷矿资源保证程度问题。

②积极鼓励各种形式的磷矿勘查找矿活动。对磷矿勘查要有正确的认识，加以正确的引导；磷矿资源探明了，最终结果是提高资源的保证程度。

8. *以“科学的发展观，正确的政绩观和正确的用人观”指导磷矿资源保护和开发利用。*矿区开发利用必须做到强持续发展，对矿区领导干部的考核不能仅看经济指标增长，必须综合考虑经济、社会和环境的发展，以“绿色GDP”衡量干部政绩，将资源保护情况纳入对干部监督考核指标。

9. *建立严格的磷矿管理体制。*立即冻结磷矿采矿权设立和探矿权转采矿权；将乡镇管理矿山企业为主转为县区政府管理为主，并建立专门机构或增强矿政管理力量；新的采矿权的设立采取各级政府例会的形式审批，避免各方干预。

10. 统一规划,加强引导,合理布局。《宜昌市磷化工业发展专题规划》尽快完善出台,尽快扭转磷化工行业项目布局,上马等无序竞争的局面,使宜昌市磷化工行业发展做到政府心中有数,企业方向明确,项目布局有序,达到科学发展的目的。真正体现磷矿开发及加工利用在宜昌市工业经济发展中的基础地位。

(陈泽云　张先兵　张卉玲)

鄂州市

【概况】 湖北省鄂州市地处长江中游南岸,是座历史名城。帝尧时为樊,夏朝时为鄂都,商朝时为鄂国,湖北省简称为"鄂"即源于此。三国时期,吴王孙权于公元221年从湖北公安迁都到这里,改鄂城为"武昌",至今留下"吴王避暑宫"、"试剑石"等名胜古迹。公元229年孙权在此称帝,9月迁都于建业(今南京),鄂州于是成为吴国的西都,直到公元265年。自三国至清末,鄂州一直以"武昌"为名。民国初年改为鄂城。1983年,经国务院批准,原鄂城县和鄂城市合并为省辖地级鄂州市,总面积1504平方公里。

鄂州是中国三国时期仅存的惟一都址,现已成为闻名中外的游览胜地。鄂州市境内有战国、秦汉至六朝时期的古墓多座,共出土铜镜400多面,鄂州因此得"古铜镜之乡"的美誉。在市内的博物馆中,共珍藏有出土文物2万余件。

【矿产资源】 鄂州市是湖北省一座新兴的工业城市,境内蕴藏有丰富的铁、铜、煤、膨润土、珍珠岩、玄武岩、花岗岩、无水硬石膏、瓷土等金属、非金属矿。主要工业产品有铁矿石、生铁、铜、钢材、水泥、化肥、机床、锻压机械等。

(周峥峥)

荆门市

【概况】 荆门市位于湖北省中部,荆门市是楚文化最早的发祥地之一,被湖北省列为历史文化名城。荆门市地处湖北省腹地中心,位于美丽富饶的江汉平原北部。素有"地接江汉,门锁荆楚"之称,自商周(约公元前16世纪)以来,历代都在此设州置县,屯兵积粮,为兵家必争之地。

荆门市为省辖市,现辖京山、沙洋两县和钟祥市、东宝区,掇刀区,屈家岭管理区。面积1.24万平方公里。

"楚塞三湘接,荆门九派通"。汉江水域贯穿全境,焦枝铁路纵贯南北,以207国道、荆潜路、汉宜路为主线运输网四通八达,荆门机场的空中客运直达北京,如今,荆门地域既有公路大骨架、水上黄金道、铁路大动脉,又有管道运输线和航空运输线,已是天上地下空中相互交织、交相辉映。

【矿产资源】 境内矿产资源丰富,尤其是非金属矿具有矿种多、储量大、品位高和开发利用前景广阔等特点。其中累托石储量673万吨,居全国之首;石膏、磷块岩、白云岩、生产水泥用石灰石储量居全省首位,分别为11亿吨、3.6亿吨、12.5亿吨、6亿吨。丰富的矿藏为发展化工、建材等行业提供了良好的条件。

【工业经济发展】 荆门是一座新兴的现代化工业城市。现已初步形成以年加工原油500万吨的荆门石化总厂为龙头的石油化工,以解热镇痛药基地湖北中天集团为龙头的医药化工,以亚洲最大的磷化企业荆襄化工集团为龙头的磷化工,以生产优质民爆产品的凯龙集团为龙头的火药化工等化工工业;以全国最大的特种水泥生产基地、素有"大坝粮仓"之称的葛洲坝水泥厂、金宇集团等企业为龙头的建材工业;以纸制品包装印刷机械在全国的占有率达70%以上的湖北京山轻 机公司、全国电子元件百强企业东光电子集团为龙头的机电工业;以全国啤酒行业十强之一、质量效益均居全国同行业前列的金龙泉啤酒集团为龙头的食品工业。四大支柱产业奠定了荆门市现代工业的坚实基础,全市有湖北中天、湖北兴化、京山轻机、葛洲坝(水泥厂)等四家上市公司。

(荆　琦)

黄石市

【概况】 黄石市地处幕阜山北侧,为幕阜山向长江河床冲积平原,过渡地带,辖地内多低山。黄石于1950年8月21日建市,现辖一市一县五区(大冶市、阳新县、黄石港区、西塞山区、下陆区、铁山区、经济技术开发区),总面积4630平方公里。

经过50多年的建设,黄石已形成拥有冶金、建材、能源、纺织、机械、轻工、食品、化工、医药、电子、服装等14个行业的工业门类。全市共有各类企业9000余家,其中国有及年销售收入500万元以上的非国有企业293家。有9家企业进入全国520家重点企业行列。全市有4000多种工业产品和1000多种名优产品。其中"美尔雅"获中国驰名商标,"堡垒"等17个品牌获湖北省著名商标和精品名牌。

1994年以来,黄石多次被评为全国"科教兴市先进城市"和"双拥模范城",并多次被评为全省"文明城市"、"社会治安综合治理先进城市"、"体育先进城市",2001年黄石被确定为全国社区建设示范试点城市。

黄石矿冶历史悠久，早在3000多年前西周时期，黄石铜录山就开始开矿冶铸，矿冶之火绵延数千年，是中国古代青铜文化的主要发祥地。19世纪80年代，湖广总督张之洞在黄石创办了大冶铁矿和大冶铁厂，成为中国第一个钢铁联合企业汉冶萍公司的主体，拉开了中国近代钢铁工业序幕。随后，华新水泥厂、黄石电厂、源华煤矿等一批近代工业企业相继诞生，使黄石又成为中国近代工业的摇篮。新中国成立后，党和国家对黄石给予了高度关注。"一五"、"二五"及整个五六十年代，黄石都是国家建设的重点地区。毛泽东、董必武、胡耀邦等党和国家领导人曾亲临黄石视察。

【矿产资源】 黄石位于铁、铜多金属成矿带，已经发现矿床(点)300多处，矿产4大类78种，约占全国已发现矿产品类的28%；已探明或初步探明储量的有33种。其中，金、铜、锶、钴、硅灰石等14种矿产的储量居湖北之首。

【工业经济发展】 恐黄石是长江中游的一个重工业城市，素有"江南明珠"之称，被誉为青铜古都、钢铁摇篮、水泥故乡、服装新城和能源基地，已发展成为中国重要的矿冶城市和原材料工业基地。区内分布有冶金、建材、化工、采掘等行业的重点企业，大冶特钢、华新水泥、大冶有色、东贝冷机、锻压机床、黄石纺机等都闻名国内外。随着国家经济结构的调整，黄石已将建设山水园林城市作为城市建设和发展的目标。近年来，黄石大力发展轻工业和高新技术产业，服装企业美尔雅荣获国家十大名牌西服之一，中国劲酒、镀铝薄板、电缆幅照、万达金卡等高新技术产业为龙头的开发区在黄石经济中已经占据举足轻重的地位，为黄石的经济转型做出了巨大的贡献。黄石在未来的发展中，将优先重点发展无污染、环抱型、科技含量高的新兴产业，依靠黄石得天独厚的自然资源条件，依山傍水，促进黄石经济健康积极的发展。

（黄永彬）

娄底市

【概况】 娄底市位于湖南省的地理几何中心，娄底地区位于湖南省中部，东邻湘潭、长沙，南傍衡阳，北接益阳，西南与邵阳毗连，西北与怀化接壤，特产丰富素有"湘中宝地"之称。市府驻娄底市中心，与省会长沙市中心直线距离112公里。全市总面积8117公里，1999年1月，经国务院批准，娄底撤地设市，原县级娄底市改名为娄星区。所辖娄星区、涟源市、冷水江市、双峰县、新化县行政区划不变。

【矿产资源】 娄底矿藏丰富，得天独厚。已探明可开采的矿藏45种，已开采36种。占全省第一位的有煤、白云石、石灰石、大理石，占第二位的有石墨，占第三位的有石膏、磺铁矿，天然气、金、铅、锌、铁、锰、钨等矿种储量在全省占有重要位置，水能蕴藏量达35万千瓦。特有的自然资源优势决定了娄底工业发展趋势，为发展煤炭、电力、冶金、建材、化学工业奠定了基础，1988年被省人民政府批准为能源原材料开发区。目前，原煤、火电、焦炭、生铁、纯碱产量居全省首位；钢材、水泥、电石产量居全省第二；锑矿储量与锑产量均居世界第一。有"十里钢城"、"百里煤海"、"建材之乡"、"湘中明珠"之誉。

（文宏林）

郴州市

【概况】 郴州是一座文化名城。自秦朝设置郴县开始，已有2000多年的沧桑岁月。郴州市位于湖南省南部，东界江西，南邻广东，是湖南省的南大门。现辖苏仙、北湖两区、资兴市和桂阳、永兴、宜章、嘉禾、临武、汝城、安仁、桂东8县。总面积1.94万平方公里。"郴"字独属郴州，郴城古之为"林邑"。现代的郴州，是湖南改革开放、通粤达海的"南大门"，粤港澳的"后花园"，是湖南新兴的工业城市、旅游城市。郴州具有丰富的自然资源，是湖南重要的能源基地，是享誉世界的"有色金属之乡"。

郴州是沿海地区资金和技术向内陆转移的理想城市。郴州与沿海地区的经济互补性很强，已成为承接沿海劳动力密集型产业梯度转移的重要基地。

【矿产资源】 郴州地处南岭山脉及金属成矿地带，地下矿藏十分丰富，已探明的矿藏达110多种。其中已探明的土状石墨储量占全国的一半以上。煤炭储量11亿多吨，占湖南省的1/3。有色金属储量占湖南的1/2，钨、锡、铋、钼储量居全国第一。柿竹园矿区已探明的矿物达100多种，被誉为"世界有色金属博物馆"。骑田岭锡矿储量达80万吨，有望成为目前世界上最大的锡矿山。

【工业经济发展】 郴州作为一个新兴的内陆城市，近20年获得了较快的发展，特别是工业经济、旅游经济有长足进步，目前全市已初步形成了年产有色金属15万吨的采选冶金工业、40万大箱的卷烟工业、1300万吨原煤和60亿度电的能源工业、250万重量箱玻璃和500万吨水泥的建材工业等优势工业门类，工业品年出口总值达5亿美元。良好的地方工业格局为吸纳广东等沿海地区的经济辐射奠定了坚实基础。目前，已

有香港华润、香港怡丰、香港万邦、菲律宾康达、隆平高科、广州藏龙、青岛啤酒等20多家国内外知名企业来郴投资。（陈　彬）

韶关市

【概况】 韶关市被称为广东北大门，北面与湖南郴洲市、江西赣州市交界，南与广州市、惠州市接壤。自古以来，作为是中国北方及长江流域中下游地区与华南沿海之间最重要的陆路通道，战略地位重要。韶关市是广东著名的历史文化名城，1949年设韶关市，1950年为省辖市。1958年为县级市。1975年为省辖市，辖曲江县。1983年撤销韶关地区，所属县由韶关市管辖。现市区分为北江区、浈江区、武江区，辖曲江、仁化、始兴、翁源、新丰等5县和乳源瑶族自治区，代管乐昌市、南雄市。全市面积1.84万平方公里。

韶关是广东的重工业城市。全市现有工业企业2000多万个。规模以上工业企业近400个，其中大型企业有20个，中型企业有47个，形成了以钢铁、采掘、电力、机械、电子、纺织、建材、食品、化工、森工及有色金属冶炼为主要工业门类的工业体系。

【矿产资源】 韶关被誉为全国"有色金属之乡"，主要矿种有煤炭、铅、锌、铜、铁、钨、锑、铀、水泥灰岩、花岗石等，其中保有储量位居全省前三位的有35种，居全省第一的有23种。（邵力江）

云浮市

【概况】 云浮市位于广东省中西部，西江中游以南，东与肇庆市、江门市交界，南与阳江市、茂名市相邻，西与广西梧州市接壤，北临西江，与肇庆市的封开县、德庆县隔江相望。全市土地面积7779.1平方公里。

云浮1988年1月，属肇庆市。1992年9月，撤销云浮县建制，设立云浮市（县级），由省直辖，肇庆市代管，以原云浮县的行政区域为云浮市的行政区域。1994年4月5日，国务院批准将原县级云浮市升格为地级市，现辖云城区、新兴县、郁南县、云安县、代管罗定市。

【矿产资源】 云浮市矿产资源丰富。已探明的有金、银、铜、铁、大理石、花岗岩、石灰石、硫铁矿等50多种。石材加工历史悠久，素有"石乡"之称。全市有4000多家石料建材及石料工艺企业，是中国四大石料建材生产基地之一，在国道324线两旁形成连绵不断的百里石材走廊。云浮硫铁矿储量、品位均居世界首位，被誉为"硫都"。（李云亭）

茂名市

【概况】 位于广东西南部，东毗阳江，西临湛江，北连云浮和广西，南临南海。面积11458平方公里。茂名依托石化，走新型工业化之路。

茂名市经济快速发展。2003年茂名市GDP达656.99亿元，同比增长11.3%。三大产业对GDP的贡献率分别为15.9%、42.7%和41.4%。外贸出口创历史新高，实现出口总值13.8亿美元，同比增长42%。利用外资增势强劲。合同利用外资1.45亿美元，同比增长51.6%。实际利用外资金额1.01亿美元，增长13.6%。

【矿产资源】 茂名市矿产经济产值可观。辖区内已查明的矿产57种，其中"南玉"、高岭土等矿产资源为主的开发、加工工业，具有鲜明的优势和特色。油页岩、高岭土储量居全国首位，黄金、锡、钛、锆英石、稀土、瓷土、花岗岩储量居本省前列。

【石油化工工业】 茂名市石油化工的重要基地。茂名以炼油、乙烯生产为龙头的石油化工工业在全国占有重要位置，是广东省重要的能源、原材料和重化工业基地。拥有华南地区最大的原油加工能力，有中国南方油城之称。全市有400多家各类型的化工企业，出产的油产品和化工产品品种多达400多种。

【矿产资源管理】 茂名市各级政府十分重视《矿产资源法》贯彻实施工作，先后制定了一系列的地方性规范性文件，有效地规范了矿产资源开采和执法行为，促进了矿政管理工作和经济的稳步健康发展。

1. 依法编制规划，促进矿产资源有序开发。茂名市矿产资源丰富，蕴含矿种53种，其中探明储藏量的有23种，已开采的有19种。茂名盆地内高岭土资源矿总量8.06亿吨，质量、储量均为全国第一。据统计，我市矿产资源潜在价值达4027亿元。为更好地保护和开发我市矿产资源，市政府多次拨出专项经费，开展全市矿产资源调查、市场预测和矿产资源开发利用规划工作。通过调查，完成了《茂名市矿产资源分布图》，编写了《茂名市矿产资源经济发展规划》、《茂名市矿业经济可持续发展若干问题的初步研究》、《茂名市高岭土矿产资源保护与开发利用规划》、《茂名市海域矿产资源开发利用规划》。实行有效的规划管理，保证了矿产资源开发的有序进行。

2. 开展专项整治，全面清理整顿非法采矿行为。

为维护正常的矿产资源管理秩序和矿产资源法律法规的严肃性，围绕矿产资源合理开发利用和有效保护的指导思想，开展了5次大规模的专项整治工作，针对违法采矿、大矿小开、浪费资源、随意布点、乱采滥挖、破坏自然生态环境景观等现象和突出问题，重典治理，关闭"小、乱、差"的矿山525家，对矿业秩序开展了全面的治理整顿。2003年贯彻省政府关于全省采石场关闭和复绿会议精神后，市政府重新划定禁采区范围，把全市采石场控制数和分年度关闭复绿方案下达到各县(市、区)，此项工作目前各县(市、区)正在加紧实施。

3.培育和规范采矿权市场，把资源优势转化为经济优势。近年来，茂名市在探索矿业权有偿使用和转让，培育矿业权市场方面进行了有益的尝试。从2002年下半年起，茂名市按照国土资源部的有关要求，大力推动采矿权市场建设步伐，引入市场机制，凡符合条件的一律采取招标、拍卖的方式有偿出让采矿权。据统计，全市共有偿出让采矿权370宗，收入657.8万元。其中，化州市出让采矿权104宗，收入采矿权出让款90.6万元；信宜市出让采矿权66宗，出让价款105万元；电白县采矿权挂牌出让12宗，出让款38.5万元；高州市已办理协议出让采矿权60宗，挂牌出让采矿权5宗。同时，通过开发高岭土矿，发展了一批深加工企业，创造了较好的经济效益，形成了茂名特色的矿业经济。如茂名市高岭科技有限公司、茂石化矿业有限公司、茂名市银华高岭土实业有限公司等已成为茂名市高岭土采选龙头企业。

2003年，全市高岭土实际产量57.16万吨，年销售额3.18亿元，实现利税8000多万元。

（江铭之）

南宁市

【概况】 南宁市位于广西南部偏西，面向北部湾，背靠大西南，连接粤港澳，是东南沿海和西南腹地经济区域的结合部，是大西南出海通道的咽喉，具有"四沿"的地理区位优势。沿海，距钦州港104公里，距防城港173公里，距北海市204公里；沿线，位于湘桂、黔桂、黎湛铁路交汇处通车；沿边，广西与接壤的陆地边界达1020公里，南宁距国门南疆边陲重镇友谊关仅200公里；沿江，位于珠江水系上游的邕江，上可通云南、贵州和越南，下可达广州、香港和澳门。

1949年12月4日南宁解放，建为省辖市，称为南宁市(邕宁县治迁往蒲庙镇)，1950年复为广西省会。1958年3月5日广西壮族自治区成立以来，南宁市为自治区首府。是全区政治、经济、文化、科技、教育和信息的中心，是中国南部沿海开放地区的重要城市，也是中国进一步对外开放，实行沿海开放政策的城市之一。

南宁市辖5个城区、1个郊区和2个县，总面积为10029平方公里。主要居住民族有汉、壮、苗、瑶、侗、仫佬、毛难等35个民族，其中壮族人口占全市总人口的63.2%。南宁市，在市委、市政府的领导下实施"科教兴市、农业稳市、工业立市、三产富市、以法治市"的发展战略，将在下个世纪初建成更具有南方特色和民族风格的现代化城市。

【矿产资源】 南宁市物产资源丰富，已探明的地下矿产资源有煤、铁、锰、铜、铅、钨、锑、镍、钴、铝、磷、锡、石膏、重晶石、石英砂等20多种。

（宁　刚）

柳州市

【概况】 柳州市地处广西壮族自治区的中部，是中国中西南的交通枢纽。全市辖城中、鱼峰、柳南、柳北、郊区五个区和柳江、柳城两县，总面积5283平方公里。全市有汉、壮、苗、瑶、满、回、侗、毛难、仫佬等33个民族聚居，其中：壮族占41.08%，汉族占57.26%。

柳江环绕市区，四周奇峰耸翠，素有"世界第一天然大盆景"的美称。是一座多民族的、历史悠久而充满活力的中国历史文化名城。

【矿产资源开采保护及管理】 近年来，柳州市大规模进行城市建设，对建筑石料的需求呈倍数增长，在经济利益的驱动下，违规开山炸石和乱采乱挖现象造成大量山体形成"秃头山"，影响了山体与自然景观的和谐。为了加强山体地质景观的保护，合理利用山体石料资源，促进资源开发与环境保护发展，柳州市制定了《山体地质景观保护及采石管理规定》，2004年10月1日正式施行。

为了减少对山体的无序开采，新规定将开采区分区管理，实行"禁采区关闭、限采区收缩、开采区集聚"的原则，从总量上控制矿山布局，严格石料矿山数量。据统计，目前柳州市从事石料生产的矿山有200多座，按规定要求到2005年石料矿山数量需控制在160座以内。而且在开采区内，按规划设置采矿权，严格准入条件，限定最低开采规模，在城区及地区与各县交界的一定范围内，不再新建20万吨/年以下规模的石料矿山。

新规定明确了"谁开发谁保护、谁污染谁治理、谁破坏谁恢复"的原则，要求从事山体石料资源开发利用活动的业主，矿山环境保护设施必须与主体工程同时设计、同时施工、同时投产使用。其中，矿产资源开发利用方案中必须包括水土保持、土地复垦、地质灾害防治、植被恢复等内容,以期做到边开采、边治理、边恢复。在生产过程中产生的废石、废土,必须集中堆放,并采取相应处理措施,防止环境污染。对于不按规定进行矿山开发的业主,由柳州市国土资源行政主管部门依法给予处罚,造成矿产资源、自然景观和地质环境严重破坏,构成犯罪的将移送司法机关追究刑事责任。

(刘芝兰)

桂林市

【概况】 桂林市地处南岭山系的西南部,为中、低山地形,有喀斯特山地、丘陵、台地。桂林为典型的岩溶地貌,两侧高,中部低,处在自西北向东南延伸的喀斯特(岩溶)盆地中．岩溶峰林地貌是具有世界意义的自然景观旅游资源。

【矿产资源】 桂林矿产资源丰富,矿种主要有赤铁矿、黄铁矿、褐铁矿、铅、锌、锡、钨、铝、铌、钽、锰、滑石、重晶石、萤石、花岗石、石灰石、大理石等40多种,其中探明有一定储量的有30多种,在广西位于全国前列的36种矿产中,桂林占17种,其中大理石、花岗石、石灰石、滑石分布广,储量大,品种多。

【矿山生态环境保护专项检查】 2004年8月,桂林市环保、国土、安监部门联合开展了矿山生态环境保护专项执法检查,取缔了严重违法的采矿企业9家,处理相关责任人7人,对发现问题的矿山下达限期治理通知26家,对问题严重的企业下达停产整顿通告18家。

近年来,因矿产资源开发造成的环境污染与生态破坏日益严重,尤其是乡镇集体矿山企业和个体采矿者,开采、选冶过程中不落实环保措施,造成水土流失、尾砂尾矿对江河农田污染、植被破坏的现象严重,对人民群众的生活环境质量、生命财产安全构成了威胁。7月底8月初,我市、县(城区)有关部门按照上级要求,对全市475个大小矿山进行了生态环保执法检查。资源县在检查中发现有8家企业在禁采区违法开矿、采石,严重影响到景区、资江的生态环境,依法全部予以取缔;荔浦县也依法关闭了因污染、安全问题突出的安疆村委高洞丰艳山采石场;灌阳县针对黄关乡萤石矿采空区、赵家岭锑矿两处禁采区的偷采行为,采取联合行动炸封窿道22个,没收矿产品并依法拘留了4名非法采矿者。检查人员还发现一批矿山、采石场、采砂场存在未办理环保审批手续,污染治理设施不完善,不符合安全生产要求等问题,分别对其做出补办手续、限期治理或停产整顿的处理。

(蒋永光)

攀枝花市

【概况】 攀枝花市位于四川省西南部,北与四川凉山州,南与云南楚雄州、丽江地区接壤,金沙江与雅砻江交汇于此。成昆铁路纵贯市区,北至成都757公里,南到昆明396公里。境内最高海拔4195.5米,最低928米,河谷地区海拔1000米左右。市境面积7434平方公里,耕地48.11万亩,辖东区、西区、仁和区和盐边县、米易县。是一个多民族聚居的地区。

攀枝花始建于1965年,经过30多年的开发建设,已成为中国西南部最大的冶金工业基地。1970年投产,1990年以前国家投资已全部返本,地方财政历年上缴3亿多元。30多年的艰辛创业,取得了举世瞩目的成就。

【矿产资源】 攀枝花以富饶的矿产资源驰名中外。矿产资源具有储量大、品种全、价值高、高度富集、组合条件好的独特优势。在面积不到全国千分之一土地上,却拥有全国1/5的铁矿和水能资源,64%的钒、93%的钛、98%的钪和1/3的钴、铬、镍资源。冶金辅助材料如石灰石、白云石、硅藻土、粘土及石墨等非金属矿产也十分丰富。另外还有铜、铅、锌、锡、锰、重金石、玛瑙、金等30多种小矿藏。资源结构的多元化,使攀枝花成为发展冶金工业的一块宝地。攀枝花水能资源丰富,金沙江、雅砻江流域的水电蓄积量有1.05亿千瓦,占长江流域水能总量的40%,可开发的水电资源3324万千瓦。正在兴建中的二滩水电站,装机容量330万千瓦。有优质焦煤和动力煤12亿吨。

【铁矿采矿权拍卖】 2004年10月29日,记者从攀枝花市地质矿产局了解到,该局受托对攀枝花市白马矿区青杠坪段腾家梁子铁矿采矿权和仰天窝铁矿采矿权进行公开拍卖。两铁矿资源量分别为2838.23万吨和4505.49万吨,矿种均为钒钛磁铁矿,拍卖的出让年限均为30年,起拍价分别为1400万元和2200万元。

【地质灾害防治工作】 2004年,攀枝花全市未发生一起因地质灾害导致伤亡的事件,实现了地质灾害防治工作的新突破。

全市年初开始,就高度重视防灾工作。市政府成立了地质灾害防治工作领导小组,召开了地质灾害防治工作会议,布置地质灾害防治工作,向全市下发了2004年度地质灾害防治方案和突发性地质灾害应急预案。市地质矿产局成立了地质灾害应急领导小组和应急分队,实行24小时值班制度。在因机构改革砍掉了其他项目资金和业务经费的情况下，依然保证了地环保护和地灾防治业务工作经费的到位。在全市建立了100多处市、县级监测点，发放了300多张防灾工作明白卡和避灾明白卡，建立了群测区易家坪等地受地灾威胁较大的地方的群众进行了搬迁，对攀煤16小等地有隐患处采取了强制搬迁措施。同时，市县(区)两级共投入近200万元，对一些重大灾害点开展治理。另外，各县区、乡镇、村社在地质灾害防御和应急工作上普遍做得比较扎实。尽管今年盐边、米易大部分乡镇都数次遭受洪灾，引发泥石流和滑坡，由于措施落实，全年无一人死亡和失踪，也无一人因地质灾害受伤。创下了地质灾害死亡(失踪)和受伤人数两项为零的记录，扭转了攀枝花历史上汛期地灾必死人的局面。

(王之林)

德阳市

【概况】 德阳历史悠久，属巴蜀文化发祥地之一，人文景观量多质优。位于川西平原北部，南靠成都，北接绵阳，东壤遂宁，西邻阿坝。1983年8月经国务院批准为省辖地级市。全市幅员面积5954平方公里，人口376万，辖旌阳区、广汉市、绵竹市、什邡市、中江县、罗江县六个县(市、区)，是改革开放后在成都平原崛起的一座新兴工业城市。“及兹险阻尽，始喜原野阔”，这是唐代大诗人杜甫在《鹿头山》一诗中对德阳的恰好概述。

德阳是一座新兴的工业城市，市区城市建设日新月异，建成区面积已达23平方公里，非农业人口25万，城市道路总长164公里，日供水能力20.6万吨，城市绿化覆盖率25.8%。德阳正在构建新兴的生态园林城市。

【矿产资源】 德阳地下矿藏丰富，已探明的矿藏有30多种，特别是磷矿、煤矿、石灰矿、硫磷铝锶矿和浅层天然气等储量可观，其中磷矿属全国五大磷矿之一。

【产业结构转变升级】 德阳市产业结构由“一、二、三”模式向“二、三、一”格局转变，实现了由农业经济为主转为工业经济为主的升级。

德阳始终坚持“大开放促大发展”的方针，不断扩大开放领域，着力强化招商引资，建有德阳高科技产业园区、八角工业园区、天元经济技术开发区等6个省级经济技术开发区，基础设施完善配套，产业优势逐渐突出，涌现出鼎天科技园区、八角汽车城、四川服装城等一批产业基地。作为“成德绵”高新技术产业带的重要一级，德阳正致力于高新技术的引进和发展。德阳先后与30多个国家和地区建立了贸易关系，与6个国外城市结为友好城市，国内友好城市达21个。

德阳市委市政府将坚定不移地以“跨越式发展”为主题，以经济结构调整为主线，以生态环境建设和基础设施建设为基础，以观念创新、体制创新和技术创新为动力，实施西部大开发战略、外向型经济战略、科教兴市战略、城市化战略、可持续发展战略，推进工业化、城市化和市场化进程，促进经济社会协调发展，把德阳市建设成城乡一体化的新兴产业强市。

(张德江)

自贡市

【概况】 自贡，地处四川盆地南部，沱江流域釜溪河畔，面积4373平方公里。现辖自流井区、贡井区、大安区、沿滩区、荣县、富顺县，共96个乡镇、10个街道办事处，为四川省辖市。具有两千年的盐业历史和60年建市史，素以“千年盐都”、“恐龙之乡”、“南国灯城”而闻名中外。

自贡以生产井盐历史悠久著称于世，自古有盐都之称。自贡的发展经历了因设镇、设县、设市的过程。早在东汉章帝年间，就开始在富顺、贡井凿井采卤制盐。西晋时，“富世盐井”已颇负盛名。北周武帝时，设公井镇。唐代盐井已凿到侏罗纪地层，所产食盐，顺江而下，远销湖北、江西等省。唐武德元年，公井镇升为公井县而置荣州。北宋庆历、皇佑年间，开创“卓筒井”新工艺，这一深井钻凿法11世纪传入西欧。1835年，“燊海井”钻凿成功，深达1001.4米，成为世界上第一口超千米深井，开创了世界钻井史上的新纪元。清代咸丰、同治年间，自贡盐业进入鼎盛时期，被誉为“富庶甲于蜀中”的“川省精华之地”。1939年9月1日，经四川省政府批准，自贡市政府正式成立，隶属于四川省政府。1949年12月5日，自贡解放。经过50多年的发展，特别是近年来，自贡市加大了城市建设的力度，着力于城市基础设施和新城开发旧城改造，以改变市容市貌，强化城市功能。

【矿产资源】 矿产资源主要有煤、天然气、卤水、岩盐及石灰石。

【工业经济发展】 自贡市工业基础雄厚，经过50余年的发展，自贡工业已由单一的盐业生产发展成为以制盐、化工、机械为支柱，兼有电子、冶金、轻工、纺织、建材、煤炭等门类齐全、综合性的工业体系。近年来，从“放权让利”到“抓大放小”，自贡工业以产业结构调整为主线，抓企业改革、企业管理和扭亏增盈工作，大力实施名牌战略、“小巨人”计划和新产品开发计划，促进了产品结构调整和产品质量提高。

自贡是全国最大的井矿盐生产基地,拥有盐卤、天然气、甲烷、烧碱、纯碱、新型高分子材料、大型火电设备、原盐、原煤、化肥、平板玻璃、硬质合金、带式运输机、电焊条、电碳制品、电站锅炉、高中低压阀门、数控机床、工业泵、聚酯切片、化纤、棉布等。所有制结构调整取得了一定成效,与市外优势企业的联合有了新突破。（龚新民）

贵阳市

【概况】 中国古代以山为阴,山南为阳。“贵阳”因城区位于境内贵山之南而得名。自从,贵阳之名一直延用至今,已有400多年历史。贵阳市位于中国西南云贵高原东部,是贵州省省会,全省政治、经济和文化中心。全市总面积8034平方公里,最高海拔为1762米,最低海拔为506米,市中心平均海拔为1000米。

1913年,贵阳被定为贵州省省会。1941年贵阳正式设市。贵阳市现辖云岩区、南明区、花溪区、乌当区、白云区、清镇市、开阳县、修文县、息烽县。

【矿产资源】 贵州中部地区是全国矿产资源最为富集的地区之一,贵阳则位于这个地区的中心,贵阳蕴藏有丰富的铝、磷、煤、铁、镁、硅、重晶石、白云石、石灰石、大理石、高岭土等2种矿产资源。其中铝土矿保有储量3.3亿吨,占全国的1/5;磷矿4.28亿吨,是全国的三大基地之一,贵阳的矿产资源具有储量大、品位高、矿点集中、交通方便,易于开采等特点。（祝新雨）

六盘水市

【概况】 六盘水市属贵州省省辖市。是川、滇、黔、桂四省(区)结合部的中心,是贵州西部的大城市,辖六枝特区、盘县、水城县和钟山区四个县级行政区及钟山、红果、平寨三个经济开发区和双水工业小区。截至2003年总人口270人,总面积9914平方公里。

随着国家西部大开发战略的实施,六盘水市以特有的优势,迎来了一个大开发、大发展的黄金时期。国家投资百亿元新建的水柏铁路、内昆铁路和株六复线及六盘水铁路编组站,即“三线一站”已全面开工,即将开工建设的水黄公路、盘百公路,已运行的贵昆、南昆电气化铁路,将使六盘水成为大西南重要的交通枢纽城市。

【矿产资源】 六盘水市有丰富的矿产资源有煤、铁、铅、锌、铜、银、金、白云石、冰洲石等三十多种矿产资源。尤以焕资源得天独厚,储量大、煤种全、煤质好、易开采,素有“江南煤都”之称。已探明煤炭储量360亿吨,其中炼焦煤95亿吨,煤层气储量1万亿立方米。（何永贵）

铜川市

【概况】 铜川市位于陕西中部原区,全市辖城,郊两区及耀县,宜君两县,面积3882平方公里。铜川市既是一个因煤而兴、先矿后市的传统工业城市,工业以煤炭,建材,冶金,机械,陶瓷,纺织,化工为主。是西北地区重要的能源建材基地。

建市40多年来为国家贡献了3亿多吨煤炭和4000万吨水泥。但是,计划经济时代的辉煌也给铜川留下了产业结构单一、接续产业发展滞后、资源企业效益低、环境污染严重、下岗人员多、地质灾害频繁等后遗症。由于煤炭资源的逐渐枯竭,开采成本不断上升,加之资源性产品市场供求关系的变化等原因,铜川市煤炭企业普遍亏损。

作为西北典型的资源型城市,曾经一度辉煌的“煤都”陕西铜川市面临着资源逐渐萎缩的困扰。市委市政府抓住中央提出振兴东北等老工业基地的历史机遇,按照经济社会协调发展、人与自然和谐相处的科学发展观,在资源型城市经济转型方面进行了一系列行之有效的探索。

【资源型城市经济转型】 铜川由于多年大规模开采,留下了大面积的采空区。据统计,全市采空区面积达163平方公里,产生沉陷区范围约246平方公里,滑坡、崩塌、地裂、沉陷等地质灾害频繁发生。现已查明全市地质灾害隐患点324处,威胁10万多人的安全。此外,消耗型的资源开发造成生态环境的严重破坏,以煤为主的能源结构造成严重大气污染,整个市区时常笼罩在一片烟尘之中,曾被称为“卫星看不见的城市”,极大影响了城市的经济和社会发展。

面对严峻的形势,铜川市委市政府认为,要避免“矿竭城衰”的隐患,使铜川经济得到跨越式发展,就必须创新观念,做好几个方面的转变:由资源开发向资源开发和加工业、制造业相结合转变;由单一开发资源向综合利用资源转变;由规模型向质量效益型转变;由行政手段为主向以经济手段、法律手段为主转变。为此,铜川市在2003年初成立了资源型城市经济转型领导小组,并制定实施了三大措施。

1. 以新区建设来搭建转型平台。铜川老城区处在漆水河两岸狭长的沟壑之中,已无发展空间。1993年省政府正式批准在原耀县(今耀州区)设立有45平方公里的铜川新区。经过10年的建设,已累计完成投资10亿多元，建设城市道路40多公里，城市绿地100万平方米，水、电、路、气、讯等基础设施框架已经形成，使新区成为铜川经济转型的坚实平台。

2. *由单纯挖煤卖煤转为发展煤电铝联产联营，延长产业链，提高附加值。*已建成的煤电铝联产项目鑫光铝厂、自备电厂一期工程，为以煤发电、用电炼铝，再发展铝的深加工，提高资源的综合效益打下了基础。2003年，铜川市又与华能集团签署了开发铜川电厂项目合作协议书，合作金额50亿元，将建设120万千瓦燃煤电厂，每年可转化煤炭300多万吨。还有陶瓷、环保建材等产业都已崭露头角。

3. *着力培育发展新兴接续产业，改造提升传统产业，减轻对资源依赖的程度。*铜川引进的台湾旺旺集团在陕最大投资项目—瑞麦食品有限公司，年产值1亿元人民币，去年已顺利落户新区。目前正在以锌空动力电池、特种电源等为依托建设高新技术产业园，以旺旺食品、葡萄酒加工等为依托建设食品工业园，以陕西省果树良种苗木繁育中心、铜川中心苗圃为依托建设现代化都市农业园区，入区的单位和项目已达200多个。由于引入了市场机制和实施项目带动战略，铜川去年在招商引资方面实现了历史性突破，全年签约项目188个，总投资额达196亿元，一大批签约项目已开工建设。

加快资源型城市经济转型所采取的一系列举措，促进铜川全市国民经济持续快速协调健康发展和社会全面进步，使这个老工业基地和资源型城市焕发出勃勃生机。2003年，全市GDP同比增长11.5%，全社会固定资产投资总额增长25.9%，财政收入增长16%，煤炭、水泥等资源型企业已由过去占全市GDP比重的80%以上，下降为30%多。

【新型生态城市建设】 铜川市坚持以人为本，营造良好的产业环境和人居条件，采取有效措施，综合整治以水泥烟尘、粉尘污染为主的环境污染，努力建设生态城市。全市强制关停、淘汰的污染严重水泥企业、废弃水泥建筑物拆除工作已于2003年年底完成。据统计，铜川近几年来每年用于环境治理的直接投资都在2000万元以上。此外，结合水泥行业"上大关小"实行结构战略性调整，决定用两年多时间，到2005年彻底治理好水泥企业污染。

2003年夏季以来的强暴雨灾害，在滑坡区形成严重危房和倒房。为从根本上解决居住在滑坡区和煤矿采空区、塌陷区群众的住房问题，确保群众安全，铜川市从去年开始，计划用两三年时间，在老市区采取"下山出沟、整体搬迁"的办法，建设廉价房、廉租房和经济适用房，将居住在采空区、沉陷区、滑塌区的10多万人全部搬迁。加大棚户区改造力度，改善群众住房条件，已建成廉租房和经济适用房20万平方米。同时恢复自然地貌及植被，改善矿区生态环境，提高人民生活质量。

（朱书桐）

白银市

【概况】 白银市是甘肃省省辖市，位于黄河上游、甘肃省中部，与甘肃省的省会兰州相毗邻。现辖白银区、平川区、靖远县、景泰县、会宁县。全市总面积2.12万平方公里，其中市区面积为50.5平方公里。

在明朝初期，很多人在此开采金银、有"日出斗金"之说，当时官方就设有办矿机构——白银厂。新中国成立后，自第一个五年计划以来国家先后在这时建成了白银有色金属公司、银光化学工业公司、甘肃稀土公司、靖远矿务局、靖远电厂、长通电缆厂等一批中央、省、市属企业，形成了以有色金属为主的产业门类比较齐全的新兴工业城市，素以"铜城"闻名遐迩。白银市是全国最大的有色金属工业基地和甘肃省重要的能源化工基地。

【矿产资源】 白银市境内矿产资源丰富，种类多，储量大已探明的有铜、铁、铅、锌、金、银、锡、石英石、长石、石灰石、石膏等30余种。

（殷　柏）

金昌市

【概况】 金昌市位于河西走廊东部，祁连山北麓，东连武威，西邻金张掖，南托古长城，与肃南裕固族自治县和青海省门源西族自治县毗邻，北靠戈壁滩，同内蒙古自治区阿拉善右旗接壤。全市总面积9600平方公里，辖一县（永昌县）一区（金川区），有汉、蒙、回、藏、满等27个民族。

金昌市建于1981年，是省辖地级工业城市。金昌因盛产镍闻名于世，被誉为"中国的镍都"。60年代邓小平来金川视察时曾亲切地称之为祖国的"金娃娃"。1992年8月江泽民视察金昌时题词"腾飞的镍都"。1994年以为，连续三次被国家民政部和解放军总政治部命名为"全国双拥模范城"，并相继被省委、省政府命名为省级文明城市和省级卫生城市。

金昌市发展前景十分广阔。"十五"期间，市委、市政府决心抓住国家西部大开发的历史机遇，进一步解放思想，转变观念，认真实施西部大开发和"再造金昌"及工业强市、科教兴市等战略，着力调整经济结构，加强农业，提高工业，发展第三产业和非公有制经济，加快生态环境和基础设施建设，进一步发展科技、教育等各项社会事业,努力把金昌建设成为经济繁荣、科技进步、环境优美、精神文明、社会稳定的现代化城市。

【矿产资源】 金昌有色金属矿储量比较丰富,特别是以镍为主的铂族贵金属矿藏得天独厚,总储量仅次于加拿 大萨特伯里镍矿,居世界同类矿床第二位,铜的储量仅次于江西德兴,钴的储量仅次于四川的攀枝花,与镍铜伴生的铂、钯、锇、铱、钌、铑等稀贵金属储量居全国之首。 (靳长仁)

嘉峪关市

【概况】 嘉峪关市地处甘肃省西北部的河西走廊中部,东距省会兰州648公里,西距新疆首府乌鲁木齐990公里。是贯通亚欧大陆桥甘肃省西部的第一个省辖市,是古"丝绸之路"的交通要冲,是以被誉为"天下雄关"的确良明代万里长城西端起点嘉峪关命名的城市,是新兴的工业城市和国家二级旅游城市,是全国第一批小康城市之一。全市总面积2935平方公里,辖3个。

嘉峪关因嘉峪山而得名。1965年从酒泉县分置嘉峪关市建制,1971年定为省辖市。嘉峪关市是伴随着中国西北最大的钢铁基地酒泉钢铁公司的建设而新建起来的城市。1958年8月1日,酒泉钢铁公司成立。嘉峪关市与酒钢公司"政业合一"。1980年5月,成立嘉峪关市人民政府,政府机构与酒钢公司企业机构分开设置。

【矿产资源】 嘉峪关市境内和毗邻地区有丰富的矿产资源,主要有铁、铬、钒、铜、铅、锌、磷、大理石等金属、非金属矿产资源。市区面积60平方公里,地势平坦宽阔,略呈平行四边形,优良的地质结构和规格齐全的砂、石材料为建筑工程提供了十分优越的条件。

【工业经济发展】 改革开放以来,嘉峪关市坚持三业(工业、农业、旅游业)并举,四通(信息灵通、资金融通、交通畅通、人才流通)先行,双带整推(以城带乡、以大带小、整体推动),科教兴市,合纵联横(合陇海、联四邻),扬长西进(发挥优势,向新疆、东欧进军)的对外开放的指导思想,加快经济社会、基础产业和基础设施的建设步伐,有力地推动了全市各项事业的蓬勃发展,使这座戈壁"钢城"崛起在雄关脚下,成为古丝绸之路上又一颗耀眼的明珠。工业体系日趋完备,已形成以中国西北最大的钢铁基地酒钢为龙头的冶金工业为主体,化工、电力、建材、机械、轻纺、食品等工业为骨干的工业体系,主要工业产品达到50多种,其中铸造生铁、炼钢生铁、连铸钢坯、普碳钢、高速线材、低耐磨炭黑、纯苯、工业萘、碳酸锶等十余种工业产品获得了国家和省优质产品奖,酒钢公司已建成集采矿、选矿、烧结、炼焦、炼铁、炼钢、轧钢为一体的大型钢铁联合企业。

(张佳丽)

玉门市

【概况】 玉门是中国石油工业的摇篮,地处甘肃省西部,东临钢城嘉峪关和古城酒泉,西通旅游城敦煌,南接肃北蒙古族自治县,北达中蒙马鬃山通商口岸。总面积1.35万平方公里,辖3镇、7乡,有汉、回、蒙、藏、东乡等29个少数民族。

玉门是古"丝绸之路"上一颗璀璨的明珠,在距今3700年左右的商汤初期就有羌人在这里牧羊生活,后因西域和田美玉经此输入中原而得名"玉门",并于汉武帝太初元年建县制至今。

【矿产资源】 矿产资源除石油已被大量开采外,还有煤、石灰石、石膏、云母、石棉、硫磺、芒硝、重晶石、金刚石、食盐以及铁、锰、铜、金等20多种,堪称"聚宝盆"。

【工业经济发展】 玉门市经济基础雄厚。近年来,市委、市政府审时度势,抢抓机遇,按照"工业强市、项目兴市"的总体构想,结合市政府驻地迁址,提出了"项目为纲",重构地方工业体系,"双轮驱动,两翼发展",加强地企合作、银企合作、银政合作,打造诚信玉门等一系列发展思路,以大开放促发展,已初步形成了以石油工业为主体,经济行业门类众多,各产业协调发展产业结构日趋合理的经济体系。

工业以石油化工为主及电力、建筑建材、农副产品加工、矿产品加工等主导产业,153种石油制品中有30种产品荣获省、部、国家优质产品奖。规划建设中的电冶小区、开发区工业园区及玉门东镇建化小区、老市区工业小区等五个小区,将成为玉门工业纽带式联合开发的重点区域。2003年,全市国内生产总值达37.4亿元,全社会城镇居民人均可支配收入7170元,农民人均纯收入达3937元。经过努力拼搏,玉门将于2004年提前一年实现"十五"计划,2007年以前全面完成政府迁址,2010年以前构建相对完备的地方经济体系新框架,2015年以前实现全面建设小康社会的宏伟目标。

(王玉文)

银川市

【概况】 银川市地处祖国西北边陲,东临黄河,西屏贺兰山,南邻青铜峡市,北接石嘴山市,东西宽64公里,南北长82公里。是宁夏回族自治区首府,也是全国历史文化名城之一。清代今银川为宁夏府城。中华民国元年,宁夏府改道,称朔方道,今银川为朔方道郡城。1929年宁夏省政府成立,今银川市为宁夏省会。1947年正式定名银川市,仍为宁夏省会。1949年9月23日银川解放,9月29日银川市人民政府正式成立。1958年成立宁夏回族自治区,银川市为自治区首府,辖城区、新城区、郊区三区和永宁、贺兰两县。银川市是一个多民族聚居区,共有汉、回、满、蒙、朝鲜等26个民族。

【矿产资源】 银川矿产资源丰富,主要有能源矿产、冶金辅助原料矿产、化工原料矿产、建筑材料及其他非金属矿产等,已探明储量的矿产22种,矿产地31处,其中大型矿床10处,中型矿床6处。主要分别在苏峪口、紫花沟等地。已探明的主要矿产有石灰岩、熔剂硅石、白云岩、赤铁矿、煤矿、磷块岩、辉绿岩等,位居全国前10名的有磷块岩矿产,居全区前5名的有石灰岩、硅石矿产。主要矿产探明的储量:石灰岩4.11亿吨,无烟煤2.37亿吨。

【矿山管理】 银川市采取合理开发、重点保护、治理并重的管理方式,切实做好矿产资源开发保护工作,实现全市矿政管理秩序根本好转。

银川市煤炭与非金属矿产资源丰富。截至2001年,全市煤炭保有资源储量208.92亿吨,占全自治区的67.88%,水泥用灰岩保有储量2.7亿吨,占全自治区的57.2%。银川市已探明的矿产资源有22种,在已开发利用的17种矿种中,煤的产值最高,其次是建筑石料、水泥和灰岩、建筑用砂和砖瓦用黏土;截至2003年年底,全市共有煤炭企业15家,全分布在灵武市,年产原煤532.10万吨;水泥用灰岩企业2家,位于银川市套门沟,年消耗石灰岩180万吨;建筑石料用灰岩企业43家,主要分布在银川市套门沟地区和灵武市的黑山地区,年产建筑用灰岩250万吨。刚刚起步的银川市地热资源开发利用具有广阔的前景。近年来,银川市积极探索矿政管理新路子,把重开采、轻保护的管理方式转变到开发、保护、治理并重上来,关闭了对贺兰山自然景观有影响的6家企业,全市开采持证率达到100%,资源补偿费征收面达到100%,矿山安全秩序逐步好转;各有关部门还把日常监督检查、突击检查、专项检查有机结合,对乱采乱挖行为依法进行整治;强化地质环境管理,加强矿区生态环境治理,先后对2600多亩采空区进行了生态植被恢复,2004年规划二期复垦面积2400多亩。

2004年9月6日,银川市人大常委会对《银川市矿产资源管理办法》实施情况进行视察,高度评价了银川市矿政管理工作中实行储量核减、采空区复垦等措施,并对存在的问题提出改进措施。

(李印方)

石嘴山市

【概况】 石嘴山市是宁夏重要的工业城市,位于黄河中游上段、宁夏回族自治区北部,东跨黄河与内蒙古鄂尔多斯市为邻;西临贺兰山与内蒙古阿拉善盟隔山相望;北依黄河水与内蒙古鄂托克左旗相邻;南连银川平原与自治区首府银川交界。石嘴山市成立于1960年,现辖大武口区、惠农区和平罗县两区一县,区域总面积5309.5平方公里,全市总人口73万多,是宁夏第二大城市。

近年来,石嘴山市在各级党政领导和全市人民的共同努力下,抢抓机遇,负重拼搏,创造并弘扬了"石嘴山精神",有力地推动了石嘴山市经济和社会各项事业持续、快速、健康发展,为宁夏经济和社会发展做出了突出贡献。2003年,石嘴山市GDP和财政收入5年来首次实现了两位数增长,市委、市政府在大力推进建设山水园林城市的基础上,又提出实施产业对接、蓝天碧水和民心工程,构建新的经济社会发展框架,确定了大力改造提升煤炭、电力、钢铁和机械制造4大传统产业,培植壮大新材料、重化工、电子元器件、煤基炭材、特色冶金、农副产品深加工6大新兴支柱产业的新格局,为石嘴山市走可持续发展道路指明了方向。

【矿产资源】 石嘴山市现已探明有煤、硅石、粘土、方解石、石灰石、白云岩、辉绿岩、白砂岩、白云母、金、铜、铝、铁等十多种矿藏,尤以煤、硅石、粘土等非金属矿藏储量大。煤炭储量为25亿吨,全国12煤种中就有11种;被誉为"太西乌金"的太西煤储量达6.55亿吨,是世界煤炭珍品,具有"三低、六高"(低灰、低硫、低磷,高发热量、高比电阻率、高机械强度、高精煤回收率、高块煤率、高化学活性)的特点,广泛用于冶金、化工、建材等行业。硅石储量5亿吨,是硅系列产品和玻璃工业的优质原料。粘土储量1300万吨,是陶瓷、水泥等建材工业的重要原料。

【工业基础】 石嘴山市是一座崛起于山水之间的煤炭工业城市,工业一直在全区经济发展中居于领先地位。建市以来,全市经济取得了较快发展,2003年全市国内生产总值达到69亿元,财政收入4.5亿元。经过40多年发展,现已初步形成了以能源开发利用为特征,以煤炭、电力、机械、冶金、陶瓷、化工、建材及非金属制品为主的门类较为齐全的工业体系。依托丰富的煤炭资源，初步形成了高科技新材料、精细化工、电力及相关产业、机械制造、“清真”品牌农副产品加工、特色旅游六大特色产业。原煤、焦炭、煤矿机械、金属镁产量在自治区占较大比重；钽粉、钽丝的生产能力和产量居国内第一位，世界前三位；石灰氮、双氰胺产量和质量居亚洲首位。恒力集团、英力特化工、东方钽业三家上市公司总资产达到33.1亿元，流通股市值22.4亿元。电力优势突出，全市电力总装机容量占自治区的3/5，成为宁夏最大的电力生产基地。

【土地资源】 石嘴山市地处银川平原北部，得黄河灌溉之利、日照充足之便，土地肥沃，沟渠配套，林网交错。现有耕地115万亩，农业人口人均占有4.05亩，居宁夏灌区首位。可开发利用的土地112万亩，人均3.94亩，近期可开发利用的土地50万亩，农业开发潜力极大。多年来，石嘴山市坚持不懈地开展植树造林、封沙、封滩育林、育草和全民义务植树，先后实施了三北防护林一、二、三期工程、中德合作、中日合作项目、平原绿化项目和现在正在争取的“绿色中国”项目以及兴果富民工程等，使全市农业、林业建设取得了巨大成效，生态环境明显改善，到2000年末，全市有林地面积36200公顷，森林覆盖率达到8.1%。

【旅游资源】 石嘴山市风景名胜点多面广，开发前景广阔。九曲黄河穿境而过，万仞贺兰山擦边而行。民族风情文化由来已久；贺兰山岩画、古长城遗址、古生物化石、北武当庙、平罗玉皇阁、钟鼓楼、田州塔等文物古迹熠熠生辉；大武口森林公园、星海湖(北沙湖)水上公园、惠农万亩枸杞园、万亩红柳园、平罗万亩生态林等争奇夺秀。兼备江南秀丽的水上景观和塞外豪放的沙漠风景于一体的沙湖，是国家首批AAAA级景区，全国35个王牌旅游景点之一。正在开发建设中的北武当生态旅游区是融生态观光、宗教朝圣、军事体验、极限运动为一体的综合性景区，正逐步成为宁夏乃至西北的旅游热线。

【电力资源】 石嘴山市现有大武口发电厂、石嘴山发电厂、国电宁夏石嘴山发电有限公司3家国有电力企业和一些地方电力企业，总装机容量205万千瓦。正在规划建设一批企业自备电厂项目，预计到2008年，全市电力总装机容量将达到400万千瓦以上。

【山水园林城市建设】 为了给人民群众创造良好的生产、生活环境，促进经济和社会发展，市委、市政府从1996年开始把城市建设定位在创建山水园林城市上，确定了“一年打基础，三年成规模，五年初步建成园林城市”的奋斗目标，动员全市各方面的力量，付诸实施。一是大搞城市街道和单位庭院绿化，目前基本达到了四季常青，三季有花。二是加快绿地广场建设。新建、改建了大武口青山公园、中心广场、东方广场、太西广场、体育广场、五环广场和市政广场等公共休闲场所，丰富了人民群众的文化生活，改善了城市自然环境。三是加快贺兰山东麓生态工程建设，将黄河水经过四级扬程引入城区，确保城区绿化用水，并开发建设占地1万亩的大武口森林公园，基本做到了绿色环绕城市。四是大力实施北沙湖湿地综合整治工程。2003年，市委、市政府在城市建设进程中寻找新的突破口，举全市之力，用极短的时间把城市东部边缘的一片沼泽建成了总面积达40平方公里的湖区，极大地改善了城市周边的生态环境。

【产业对接工程】 面对依靠资源高强度开发、产品初级加工形成的发电、煤炭、重化工、高耗能等产业正在失去竞争优势的严峻挑战，必须加快工业结构的调整步伐，以工业结构调整促进工业强市战略的实施。在产业结构调整中，围绕煤炭资源型城市接替产业的选择与发展和塌陷区综合治理项目，以市场为导向，以科学的发展观为要求，以结构大调整、产业大整合、对外大开放为基础，抢抓国家实施振兴东北等老工业基地战略，着力整合和优化资源配置，加快建立与国内外在政策、空间、产业、市场、资源、技术、人才等各个方面紧密衔接、高效运转的对接体系和机制，实现三次产业的快速融合，通过市内外联动互进，促进全市经济社会超常规、跨越式发展。

【蓝天碧水工程】 以可持续发展战略为指导，把人的全面发展与保护自然生态紧密结合起来，统筹经济社会发展，以改善环境质量、保护群众健康、保障环境安全、促进经济发展为出发点，保护自然生态，治理环境污染，加快推进城市化进程，建设山水园林城市，改善人居环境，实现经济、社会与生态环境的同步发展，创造更加和谐的自然和人文环境。

【民心工程】 2003年石嘴山市委市政府，坚持以人为本，求真务实，以建设小康社会为目标，以增加城乡人民收入、扩大就业、提高人民群众生活质量和水平为根本出发点，突出便民、利民、安民的原则，大力实施就业解困工程、温暖工程、安居工程、社会安全稳定工程、阳光政务工程，全面发展教育、科技、文化、卫生、体育等各项社会事业，切实为群众办实事、办好事，以实际行动维护好、发展好、实现好广大人民群众的根本利益。

（师　泳）

乌鲁木齐市

【概况】 乌鲁木齐市是新疆维吾尔自治区的首府，是全疆政治、经济、文化、科技的中心，南北疆交通的枢纽，也是第二座欧亚大陆桥中国西段的桥头堡，中国西部对外开放的重要门户。是世界上离海洋最远的城市。

乌鲁木齐是古准噶尔蒙古语，意为“优美的牧场”。市辖7区1县，即天山区、沙依巴克区、新市区、水磨沟区、头屯河区、东山区、南山矿区和乌鲁木齐县。还有两个国家级开发区：即乌鲁木齐高新技术产业开发区和乌鲁木齐经济技术开发区；六个国营农垦团场，即五一农场、三坪农场、头屯河农场、西山农场、104团场、养禽场。全市行政区划面积达1.14万平方公里；乌鲁木齐是一个多民族聚居的城市，维吾尔、回、哈萨克等少数民族占26.77。由于历史等多方面的原因，一些少数民族人民与中亚一些国家的民族的人民有着较密切的亲缘关系，在宗教信仰与风俗习惯等方面有着许多共同之处。改革开放以来，民间的跨境交流日益频繁，边贸活动也在不断向更深更广的领域发展。

【矿产资源】 乌鲁木齐市地域辽阔，资源丰富，是一块待开发的宝地。乌鲁木齐处于中国特大煤田之一的准噶尔煤田的中部，又被准噶尔油田、克拉玛依油田、塔里木油田和吐哈油田所包围，所以又被称作是“油海上的一只煤船”。此外还有食盐、芒硝、石灰石、铁、锰、铜、石膏、油页岩等许多矿藏。

【工业经济发展】 乌鲁木齐是一座新兴的综合性工业城市，也是新疆最主要的工业基地。新中国成立以来，特别是党的十一届三中全会以来，乌鲁木齐市发生了巨大变化，经济建设取得了显著成绩。1993年国家体改委、国家统计局等部门进行的考核评选中，进入“中国城市综合经济实力五十强”行列，居第24位；并于同年被评为“中国城市投资硬环境首批四十优”之一。

（张文广）

克拉玛依市

【概况】 克拉玛依市地处新疆准噶尔盆地西北缘，于1958年建市，现为新疆维吾尔自治区直辖市，由克拉玛依、独山子、白碱滩、乌尔禾四个行政区组成。全市总面积9500多平方公里，人口34万余人，有37个少数民族，占总人口的23.5%。市区距新疆首府乌鲁木齐公路里程313公里，飞机航程280公里。

克拉玛依，系维吾尔语“黑油”的音译。从50年代创业、60年代建设、70年代发展到80年代开放、90年代改革，在千古沉睡的戈壁荒滩上，一座崭新的石油工业城傲然崛起，成为全国石油工业的重要基地，新疆天山北坡经济带中举足轻重的城市。

【石油及石化工业】 克拉玛依油田，是新中国成立后于1955年开发的第一个大油田。当时的克拉玛依，还是一片“没有草、没有水、连鸟儿也不飞”的万古荒原。第一代石油人克服了难以想像的困难，硬是在这是开创了新中国的第一个大油田，在祖国的石油工业发展史上写下了光辉的一页。克拉玛依市是随着油田的产生而建立，又随着油田的发展而发展的石油城。

石油及石化工业健康发展。“九五”期间，累计生产原油4397万吨，比“八五”增加624万吨，增长16.3%，增幅居全国陆上各油田之首，总量继续保持第四；累计加工原油2794万吨，比“八五”增加826万吨，增长42%。企业的销售网络逐步完善，市场应变能力进一步增强，经济效益有了明显提高。

2003年，原油生产在2002年首次突破千万吨大关的基础上再上台阶，达1060万吨；生产天然气221044万立方米。

【创建旅游城市】 克拉玛依市的“魔鬼城”以其独特的雅丹地貌保存完好而闻名于世，如今拥有这一宝贵旅游资源的石油城市克拉玛依被新疆维吾尔自治区旅游局推荐为中国优秀旅游城。2004年全疆被推荐的城市只有2个。8月6日至8日，自治区旅游局对克拉玛依市创建中国旅游城市工作进行了为期3天的检查。检查组认为，克拉玛依的旅游业在疆内后来居上，旅游业机构健全，景区、景点以及酒店等许多方面的建设取得惊人的进展，目前全疆有6个城市想进军中国优秀旅游城市，其中克拉玛依和哈密最具条件。

创建优秀旅游城市，是加快城市现代化的一个推进器，是经济发展的催化剂，难快速促进旅游产业化，对城市的整体发展有着巨大的推动作用，其意义远远超出旅游本身。2002年8月13日，克拉玛依市提出创建中国优秀旅游城市目标，2003年4月，市政论府向自治区提出申请，同年6月，创建工作在克拉玛依市全面展开，并确定了3年建成的奋斗目标。从2002年开始，市政府在每年的财政预算中单列了创建优秀城市经费，2003年还成立了由市领导和各单位领导组成的创建工作领导小组。国家旅游局2004年对克拉玛依市创建中国优秀旅游城市进行验收。

（叶志伟）

河北省磁县申家庄煤矿

【概况】 申家庄煤矿位于河北省邯郸市磁县黄沙镇境内,属地方国有中型企业,1972年建井,1980年投产,是自力更生,以矿养矿建立起来的一个年设计生产能力9万吨的矿井。20世纪80年代中期,经过技术改造,矿井年设计生产能力达到21万吨,经过企业不断自我改造,90年代后期矿井年生产能力达到60万吨以上。近几年,企业坚持"以煤为主,多业并举"的发展战略,先后建有年入洗能力60万吨的洗煤厂,1.2万kW的坑口矸石电厂,企业总资产1.85亿元,现有职工2116人。

申家庄煤矿主要生产原煤、洗精煤、发电、其主导产品原煤,精煤牌号为焦肥煤,煤质为低硫、低灰、高热值,广泛适用于民用与工业,是优质燃料用品,产品畅销冀、鲁、豫等地。1987年以来,在改革开放政策的指引下,申家庄煤矿领导班子解放思想,开拓进取,坚持"科技兴矿"的发展战略方针,坚持自力更生,勤俭节约的创业精神,打开山门,积极引进推广先进的技术工艺。从采掘生产上,一手抓支护改革,一手抓采煤方法创新,短短几年,使采掘生产实现了机械化,生产管理实现了现代化。科学技术的注入,先进设备的引进推广,使企业插上了腾飞的翅膀,劳动效率和经济效益逐年提高,累计17年产煤622.9万吨,洗煤厂投产13年来生产精煤177.25万吨,矸石电厂6年发电2.69亿万度,累计实现利税2.8亿元,向国家上缴利税2.12亿元。

申家庄煤矿由一个小煤窑靠自力更生滚动发展到今天的规模生产经营,由一个单一生产煤炭向多元化经营格局发展,由70年代的几百万元资产到2003年的1.85亿元资产,实观利税由几十万元上升到过亿万元,创造了辉煌的业绩,是两千名申家庄人"艰苦奋斗创业,齐心协力攀登"的企业精神结晶,企业先后被省政府授于"省级先进企业",原煤炭部授予"质量标准化矿井"、邯郸市政府授予"经济效益先进企业"等60多项荣誉称号。

(申家庄煤矿)

南京栖霞山锌阳矿业有限公司

【概况】 南京栖霞山锌阳矿业有限公司由南京铅锌银矿业有限责任公司和葫芦岛锌业股份有限公司共同持股组建。位于江苏省南京市风景秀丽的金陵名胜——栖霞山下,距离南京市中心19公里,北距长江1.5公里,西靠南京新生圩外贸港口、长江二桥,南临312国道、沪宁高速公路、沪宁铁路,交通运输十分便利。

公司拥有华东地区最大的铅锌矿床,主要产品为铅精矿、锌精矿、硫精矿。目前已形成年采选35万吨的生产能力,年产铅、锌精矿金属量4万吨,伴生银20.5吨,金30公斤,硫精矿16万吨,生产规模、采选生产工艺水平、装备水平位于全国铅锌矿前列。

井下采矿方法为向上水平分层充填采矿法。充填系统已经多次技术改造,现为全尾砂胶结充填,正在建设的全尾砂膏体充填系统将投入运行。铅锌选矿采用电位调控浮选新工艺,回收率均达到90%以上。

公司与高等院校及科研院所一直保持密切合作,始终致力于矿山技术进步和环境保护工作。通过采用硫化矿浮选过程清洁生产技术与实施尾矿综合利用,提高了选矿技术指标,增加了公司盈利能力,实现了选矿废水与尾矿废渣两个"零排放"。公司还被国家金属矿山固体废物处理与处置工程技术研究中心授为"示范基地"。

在管理方面,公司致力于采用现代化管理模式、现代化管理技术和手段。建成了公司内部管理微机控制系统和生产调度控制系统。公司通过了质量管理ISO9001标准认证,同时还作为国内矿山第一家通过了环境管理ISO14001标准认证。公司将进一步完成矿山安全健康管理体系OHSAS 18000标准的认证并实施5S管理体系。

公司已经确定了今后的长远发展目标,借助于自身的技术优势与管理优势,参与多方位的矿业开发,未来将会获得更大的发展。

(南京栖霞山锌阳矿业有限公司)

地 方 矿 业

北 京 市

【矿产资源】 北京市蕴藏着比较丰富的地质矿产资源,矿产开发利用和采冶活动历史悠久,采金、冶铁、陶瓷业始于秦汉,西山煤矿发轫于辽金之前,到元、明、清时期采矿和京能矿业已很兴盛。近代地质调查和矿业开发始自1867年,1920年叶良辅著《北京西山地质志》首次系统阐述了北京的煤、铁、铜、金、石棉、滑石、石材、石灰石等资源概况,北京西山可谓中国地质工作的摇篮。现已发现各类矿产124种,其中列入矿产储量表的有66种,矿产地359处,保有储量潜在价值3232亿元,按单位面积列全国第六位。矿产储量排名全国前三位的有16个矿种。产量较大,产值较高的矿种主要有煤、铁、金、建材矿产的石灰石、白云石、花岗石、大理石、砂石粘土以及地下水、地热、矿泉水等。

【矿权市场管理】 印发了《关于探矿权采矿权管理有关问题的通知》,制定《北京市矿业权出让暂行办法》,原则上停止所有采矿探矿权的行政审批出让,改为招标拍卖挂牌方式出让。

【地质灾害监测预防】 制订汛期地质灾害气象预报预警技术方案,初步完成预报区域划分、预报登记划分、预报发布标准和地质灾害区域划分等工作,9月正式发布实施北京市地质灾害防治规划,全面提高预防地质灾害的能力。

(郝力民)

【陕甘宁天然气进京工程完工】 颐和园至温泉段天然气管线施工工程2003年完成,标志着陕甘宁天然气进京工程(简称陕气进京工程)全部完工。

1997年开始建设的陕气进京工程,总投资39亿元,工程包括市内304公里天然气高中压管线工程和市内天然气基础设施工程。

陕气进京工程完成后,北京城市燃气管网由建设前的2000多公里增至5986公里;天然气调压站也由319座增至512座。燃气设施陆续建成,使天然气使用量逐年增加:由1998年的3.17亿立方米,增至2001年的14.49亿立方米,2002年达18亿立方米。

天然气的大量使用将给北京带来可观的环保效益,在每年燃煤减少396万吨的同时,二氧化硫的排放量每年也将减少5.6万吨。

根据规划,北京很快将开始建设陕北—北京的第二条输气管线,并扩建地下储气库。预计到2005年,天然气的供应量将达到30亿~40亿立方米,2010年将会达到50亿~60亿立方米。

【北京市地热研究院挂牌成立】 北京地下有一个巨大的“热库”,是世界上6个拥有地热资源的首都之一。地热这种“绿色能源”日益成为北京这座迈向国际化大都市的亮丽风景线。2003年,北京市地热研究院挂牌成立。此举标志着北京将进一步加大地热开发的力度。

北京市地热研究院的成立,是市政府的一项重要决策。据了解,北京有着丰富的地热资源。20世纪70年代初,在著名地质学家李四光教授的倡导下,首都地质工作者拉开了北京地热勘探开发的序幕。30多年来,在几代地质工作者的辛勤工作下,已钻井300多眼,钻井深度从1000~4000米,水温最高达89℃;评价地热田10个,初步查明地热资源分布面积约2372平方公里,占北京市平原区面积的37%,地热总储量为181.2亿立方米,热储层总热量相当于110亿吨标准煤发热量。北京地区地热资源年开采量约880万立方米,主要用于种植、养殖、洗浴、冬季取暖、医疗康复、饭店和房地产业等领域,年创产值约8亿元人民币。

地热研究院是基于北京市地质工程公司多年从事地热资源勘查开发、推广应用取得显著业绩的基础上批准成立的,是直属北京市地质矿产勘查开发局的事业单位。近年来,该院的前身北京市地质工程公司依靠自身的技术实力,在北京地区地热资源开发等方面取得了显著成效,仅1994年至1997年就先后在北京的南部、东部成井多口,而后地热开发范围愈发向外扩展,向未探明的地热空白区进军。

【地热资源开发利用】 在地热资源利用上，完成奥运公园地区地热资源评价项目，进行地热井远程监控系统试验，建立了地热技术资料数据库，推动采用高新技术和地热资源综合开发利用优化模式，高效、科学、合理利用地热资源。 （中国矿业信息中心）

天 津 市

【矿产资源】 天津矿产资源较多，蕴藏量较为丰富，已经探明的近30种，其中有金属矿，非金属矿、能源矿、地下热能等。金属矿主要分布在天津北部蓟县山区；非金属矿主要分布在山区和滨海平原；能源矿和地热资源主要埋藏在滨海平原。金属矿：有蓟县东西水厂锰硼矿，蓟县团山子铀矿，蓟县太平庄黄花山、凤凰山的钨矿，蓟县钼矿，许家台铜铅矿，蓟县黄花山金矿，蓟县黄花山磁铁矿，铁岭子赤铁矿。

【地矿管理】 《天津市矿产资源总体规划》进入实施阶段，启动了区县矿产资源规划的编制试点工作。编制完成《天津市地质灾害防治规划》（送审稿）。蓟县国家地质公园揭碑开园工作已于11月8日完成，对加强地质遗迹保护和促进旅游产业发展将起到积极的推动作用。

【矿业权市场建设】 实施探矿权和采矿权招拍挂工作，起草《天津市矿业权有偿取得管理暂行办法》。开展了天津市矿产资源管理秩序治理整顿“回头看”工作。

【地热的开发、利用和管理】 加强地热开采动态监测工作，普及推广综合利用、集约化技术，重点开发优化地热工程设计和回灌开采对井系统，编制完成《地热资源开发利用规划》（征求意见稿）。超额完成矿产资源补偿费和地热资源费征收计划，征收矿产资源补偿费3241万元，地热资源费762万元。

（何 晶）

【天津环渤海国际石材加工基地建成】 天津环渤海国际石材加工基地，2003年建成并投入运营。该加工基地是在原环渤海石材城石材加工平房的基础上扩建而成，投资2000多万元，总建筑面积近1万平方米。为达到世界最先进的加工水平，该基地全面引进意大利生产流水线，包括仿型机、红外线桥切机及360度旋转刀头的水刀等生产加工设备，日产石材可逾10000平方米，同时能承揽各种异型石材深加工项目，包括异型圆柱、罗马柱、仿欧式门窗等。 （中国矿业信息中心）

河 北 省

【矿产资源】 河北省矿产资源丰富，炼焦煤和石油、铁矿石储产分居全国第一、三位。有著名的华北油田，开滦煤矿及迁安、邯郸铁矿，石家庄、邯郸等新兴工业基地，是全国矿产资源大省，目前已发现各类矿产116种。其中探明储量的矿产74种，储量居全国大陆省份前10位的有45种。这些资源分布广泛，体系比较完整，具有建设大型钢铁、建材、化工等综合工业基地和发展煤化工、盐化工、油化工的有利条件和良好基础。

【矿产勘查开发管理】 2003年强化矿产勘查开发管理，完成了矿山和地勘单位资质年检，对重点矿区管理秩序治理整顿：工作开展了“回头看”，对砂石开采和非法转让矿权进行了专项整治，查处无证开采1121起，越层越界开采76起，并对245个探矿权项目进行了检查，保证了全省矿产资源管理秩序基本稳定。

【探矿权采矿权市场建设】 2003年出台厂《探矿权采矿权市场管理暂行办法》，开展了探矿权采矿权出让项目库的建设：工作建立了河北省矿权有形市场。年内，全省探矿权出让275宗，出让价款1201.1万元；采矿权出让344宗，出让价款2446.7万元，国土资源市场建设取得了进展。

【地质灾害调查和区划】 2003年在河北省建立了地质灾害应急指挥系统和突发灾害应急预案制度。周密部署、明确责任、健全网络、群测群防，全面落实了3934处突发地质灾害隐患防灾措施，较好地完成了地质灾害防治任务。

【绿色矿山建设】 2003年启动了“绿色矿山”建设，建立了5个省级“绿色矿山”示范区，4个国家级矿山环境恢复治理示范区建设进展顺利。

【矿产资源储量核查检测试点工作】 2003年顺利通过了国土资源部的验收。完成了《河北省矿产资源可供性论证》和年度储量登记统计工作。加强基础地质勘查工作，全省投入地勘资金1720万元，安排勘查项目35个。 （王冀新）

【鹿泉“两权”交易中心成立】 为进一步活跃“两权”市场，河北省鹿泉市探矿权采矿权市场交易中心于2003年成立。

自2001年5月鹿泉市首例采矿权成功有偿出让以来,已出让采矿权16宗,成交价款3445万元。该市在搞好"两权"一级市场建设的基础上,积极建立健全市场中介机构,完善服务体系和市场交易规则,成立"两权"市场交易中心。

该机构隶属市国土资源局,属自收自支事业单位。主要职责是受市国土资源局委托办理"两权"有偿出让和转让业务。

鹿泉市成立"两权"市场交易中心,为该市"两权"二级市场有序、健康发展奠定了基础。

【冀东发现锰矿富集地段】 中国冶勘一院冶勘在冀东长城系含锰层位找矿获得突破。

优质锰矿是国家紧缺矿种,从中国资源分布来看,优质锰矿大多集中于南方,特别是扬子地台周边部位,北方成矿条件先天不足,一直被地质界关注的冀东长城系含锰层位找矿,除东段发现的瓦房店大型锰矿、西段发现的洞沟银锰矿外,中段尚无重大发现。

2002年,冶勘一院对长城系高于庄组含锰层位进行了调研。在河北迁西至北京平谷,长200公里、宽30~100米的含锰矿层位中,发现了极有价值的找矿信息。其中,迁西段锰含量可达20%;天津蓟县段锰矿石品位一般在30%左右,最高可达40%以上;平谷段以菱锰矿为特征,矿石中锰含量达30%以上,具有诱人的找矿前景。

【河北地区铁精粉、生铁价格上涨】 唐山地区铁精粉市场价格达780~800元/吨,钢厂采购价格也已基本调至760元/吨以上,63%球团矿价格则高达880~900元/吨,涨幅超过200元/吨;邯郸地区64%精粉市场执行价格在700~730元/吨,但当地矿山管理局表示把价格上调100元/吨。东北部分地区铁矿粉执行价格为500~550元/吨,由于受天气影响,从东北地区调运铁矿粉愈显困难,而随着河北地区铁精粉价格大涨,东北地区铁精粉价格会被大幅拉升。

铁精粉价格的大幅上涨也为生铁价格上涨提供了支撑,现唐山地区炼钢生铁价格已涨至2420元/吨,铁水价格在2350~2380元/吨,较上周累计涨幅有100元/吨左右,邯郸地区炼钢生铁价格在2350元/吨,涨幅在50元/吨左右。 (中国矿业信息中心)

山 西 省

【矿产资源】 山西省矿产资源十分丰富。全省已发现的矿产有120多种,其中煤炭储量居全国之首,是世界年产1亿吨以上六大煤炭基地之一,已探明储量2600多亿吨,占全国的1/3。境内主要有大同煤田、宁武煤田、西山煤田、河东煤田、沁水煤田、霍西煤田等六大煤田。且具有储量大、分布广、品种全、质地好、埋藏浅和易开采等特点。其中大同煤田是全国极为宝贵的低硫、低灰、高发热量的优质动力煤产地,河东煤田则是世界少有、国内罕见的优质主焦煤基地。原煤、焦炭、电石的产量居全国第一位,洗精煤居全国第三位。

铝矾土储量也居全国首位,占全国总储量的1/3。此外,居全国首位的还有芒硝、耐火粘土、珍珠岩和镓;居第二位的有石灰石、锗、长石、铜、钴等。铁矿石、硫铁矿居全国第四位,生铁、铁合金、矿山设备居第六位,合成洗涤剂居第七位,铜、变压器居第八位,发电量、钢居第九位。硅、金、银、钼、石膏、硫铁矿、石墨、金红石、石棉等矿产也都有综合开发价值。花岗岩、大理石、云母等储量也极其丰富,开发潜力巨大。

【地质勘查】 2003年度全省投入地质勘查经费2464.65万元,其中中央拨款411.12万元,地方财政拨款1993.53万元(含矿产资源补偿费1023.43万元),企事业资金60万元;完成钻探20865米,坑探1934米,槽探2.5万立方米,浅井550米。省级地方地质勘查项目进展顺利,新增加一批重要矿产储量,为矿业可持续发展增加了资源储备。其中投资300万元的省级矿产资源补偿费项目"山西省代县碾子沟—羊廷寺金红石矿普-详查"圈定332+333资源量约50万吨,达到大型矿床要求,为形成新的矿业增长极提供了资源准备。新增煤炭资源量3亿多吨。"山西省太原市西边山热矿水勘查"项目完成地热井1眼,抽水量1200立方米/天,孔口水温51.8℃,对太原市地区的地下热水勘查具有指导意义。对2002年度17个省级地质勘查项目中投资超过60万元的项目,由省厅委派了监理单位;以煤、铝土矿、金红石勘探为重点,安排资金1600多万元,编制并实施了2003年度省级地质勘查项目。截至2003年底,全省上报各类矿山年报7248个,按主要矿种划分:煤矿4077个,金矿27个,铜矿19个,铅矿3个,铝土矿33个,铁矿340个,锰矿9个,硫铁矿132个,磷矿2个,耐火粘土139个,冶金用白云岩矿58个,石膏矿101个,砖瓦粘土1015个,地热24个,矿泉水3个,建筑用辉绿岩20个。全省年产矿石量51927.19万吨;从业人数1035381人;总产值4133318.57万元;利润164202.01万元。

【矿产资源管理秩序治理整顿】 分阶段实施了治理整顿"回头看",以及砂石开采、非法转让采矿权专项整治。特别是"非典"期间,对灵石县两个乡镇进行突查,发现私采滥挖现象十分严重后及时提请省政府,开展为期1个月的矿产资源管理秩序治理整顿大检查。

在进行阶段性整顿的同时,建立防范非法采矿回潮的长效机制,建立了全省矿管秩序调度网络和制度,成立快速反应小分队对各矿区进行突查、暗访,对违法采矿活动的监控力度明显增强。

贯彻最高法院关于非法采矿罪的司法解释,并与省纪委、省监委联合制订实施了《关于对违反矿产资源法规责任人员党纪政纪处分的暂行规定》,组织专门检查,加大了对违法行为的查处力度。全省共取缔无证采矿2344个(窝点),查处持勘查许可证非法采矿163起,查处越层越界开采265起,责令88座矿山停产整顿,关闭整改不合格矿山410座,查处非法转让探矿权1起、非法转让采矿权14起,涉及金额900万元,没收矿产品价值152.7万元,罚没款1247.7万元,追究刑事责任245人,同时设置了67个禁采区,从而在矿产品价格猛涨、采矿利润相当可观的情况下,维护了全省矿产资源勘查开采的正常秩序。

【矿业权市场管理】 《山西省矿业权公开出让暂行办法》于2003年7月3日正式颁布。规范了矿业权出让的价款评估及其评估结果确认、价款缴纳等办法。在省内外调查研究基础上,制定《山西省矿业权招标拍卖挂牌出让实施细则》,并开展拟公开出让项目选择及相关准备,为省政府在2004年7月之前公开出让大中型矿业权奠定了基础。省国土资源厅确认矿权价款超过10亿元,已征收入库2.3亿元;市(地)受省厅委托或自行出让小型矿权460宗,收取价款2500万元。

【矿产开发监督管理】 以矿产资源开发利用年度报告的监督检查为主线,规范年检、矿山督察、图纸交换及中小煤矿普遍性实施块段管理为手段,进一步细化日常监督,规范矿山开采行为。长治市国土资源局将年检审核程序规范为"一查、二核、三答、四登记";太原市国土资源局与有关部门联合对全市煤矿进行了实测,全面掌握煤矿的资源状况、采掘工程现状及地质环境状况,为日常监督和防治地质灾害提供了第一手资料;晋城市国土资源局及所辖沁水、泽州县国土资源局建立矿山企业年检电子台账,为动态监督打下基础。

(新　宏)

【1838座地方煤矿恢复生产】 截至2003年11月24日,占全国煤炭储量近1/3的山西省共有1838个煤矿通过验收,并恢复生产,数量接近该省煤矿总数的一半,但生产能力已经超过70%。

2003年9月的统计数据显示,山西省共有各类煤矿4122个,其中国有重点煤矿63个,地方国有煤矿367个,乡镇及其他煤矿3692个。据统计,到11月下旬,全省各类煤矿煤炭生产总量达到3.5亿吨,预计全年将突破4亿吨。

由于乡镇煤矿数量多、分布广、难以管理,安全条件与设施配套落后,煤矿安全事故时有发生。仅2003年8月,山西省就连续发生3起重特大煤矿瓦斯爆炸事故,死亡数十人。事故发生后,山西省除部分国有大矿外,其余所有煤矿停产整顿。

复产验收工作从2003年8月下旬开始,验收标准相对往年严格了许多。根据山西省政府2003年8月31日下发的《关于搞好煤矿停产整顿复产验收坚决遏制重特大事故的通知》规定,坚持"谁验收、谁签字、谁负责"的原则,要求一把手签字的,不准授权或委托他人签字。因在检查验收中降低标准、草率签字、把关不严甚至弄虚作假等原因而导致煤矿复产后发生事故的各级领导将受到严肃处理。

山西省煤矿复产验收进度加快,有助于缓解山西省近年来出现的煤炭吃紧局面。进入9月以来,山西省众多电厂、钢厂和焦化厂缺煤严重,煤炭价格一路飙升。全国最大的不锈钢生产基地太原钢铁公司的存煤紧张时只够两天使用,而且煤质也得不到保证。全国民营企业30强之一的海鑫集团更是到了从澳大利亚进口煤炭的地步。电煤从每吨20多元涨至120多元,质量较好的主焦煤更是由每吨270元涨至700多元。

【镁合金生产线正式投产】 山西精美合金有限公司年产7500吨镁合金生产线,2003年投产。

该公司高品质的镁合金项目被列入国家科技部2002年新产品计划的项目,同时也是山西"1311"工程之一。公司采用自主研发的工艺,引进德国镁合金熔铸成套装置,生产镁合金及镁合金棒等系列镁产品。与传统的溶剂保护工艺相比,具有质量稳定、产品杂质少、无污染等特点。同时,由于生产线自动化程度高,工艺因素可控而稳定,产品质量可满足直接用于镁合金压铸工艺的要求。

【灵丘支家地银矿开发项目投产】 总投资1.4亿元的灵丘支家地银矿开发项目,2003年投产,这是华北地区最大的白银冶炼基地。

灵丘支家地银矿开发项目集采矿、选矿、冶炼为一体,由山西省煤炭运销总公司控股,大同市黄金有色金属有限公司、灵丘白银有限责任公司等参股组建。项目的主体支家地银矿为大型银矿,同时还有铅、锌等有色金属,具有储量大、品位高、回收利用价值高等特点,其矿石储量达400万吨,其中含银1110吨、铅3万吨、锌3万吨。

该项目投产后,年可采选矿石16.5万吨,年产白银45吨、铅1000吨、锌1050吨,年产值可达7000万元。

【曲沃发现地热矿泉】 山西曲沃县城北郊发现一地热矿泉水源。据国家煤炭地质总局水文地质局检测中心检测,该地热矿泉日出水量为7200吨,出水温度为46摄氏度,可以保持300年不绝水。该温泉水含有多种对人体有益的矿物质和微量元素。曲沃有关方面已开始对此地热矿泉进行商业开发。(中国矿业信息中心)

内蒙古自治区

【矿产资源】 内蒙古自治区是全国矿产资源大省(区)之一,其矿产资源在品种、数量、储量、规模等方面均具有一定的优势。能源矿产——煤炭资源十分丰富,品种齐全,煤质优良,分布广泛,埋藏浅,开采条件优越;稀土、稀有金属资源得天独厚;化工原料矿产和部分非金属矿产分布广,藏量大,资源潜力较大。资源的优势奠定了自治区矿业发展的坚实基础,并随着社会经济的发展和国家西部大开发和振兴东北老基地战略的实施,将为内蒙古自治区的经济发展创造有利的外部环境,同时也为自治区矿业的发展提供广阔的市场和良好的发展机遇。

【矿产资源开发管理】 2003年全区矿产资源开发管理井然有序。全年批准新建项目52个,改扩建项目144个,矿业开发投资25亿元;依法划定矿区范围196个,新设采矿权登记33个,办理采矿证延续、变更196个,批准采矿权转让申请28个。为巩固矿产资源管理秩序治理整顿成果,确保自治区重点工业发展对矿产资源的需求,全区开展了整顿和规范矿产资源管理秩序工作。自治区政府、国土资源厅先后两次组成检查组深入矿山进行督查,清理各类违法开采案件700多起,责令整顿矿山115家关闭不合格矿山28家,吊销采矿许可证1个。随着对自治区矿业市场治理整顿力度的加大,全区依法行政逐步到位,制度建设日趋完善,行政管理越来越规范。

【矿山企业开发利用矿种】 2003年度,全区各类矿山企业共开发利用矿种93种,占全区已发现矿产总数的69.40%(占全国矿产种数的51.10%)。其中,能源矿产有4种,黑色金属3种,有色金属7种,贵金属2种,稀有分散元素矿产2种,冶金原料非金属10种,化工辅料非金属9种,建材及其他非金属矿产56种。本年度生产各类矿石总量为2.087亿吨,其中固体矿产2.078亿吨,石油83.650万吨,其他液体矿产8.335万立方米,占全国矿石总产量的3.60%,矿石总产量位居全国第14位。与2002年相比,年产矿石总量增加了0.33亿吨,同比增长18.77%。相应有48种矿产的年产量有不同程度的增加,其中大宗矿产煤炭、铁矿石原矿的生产分别增长了23.78%、26.78%。

【矿山企业】 截至2003年底,全区共有矿山企业(点)4640个,固体矿山企业4583个,油水气及其他矿山企业55个。按矿类划分,煤炭企业1158家(较2002年减少小煤矿32个),金属矿山392个,非金属矿山3033个,石油开采企业2个,矿泉水及其他矿山企业53个。全区从事矿业生产人员总数27.54万人。

按不同经济类型统计,国有企业305家,股份企业296家,有限责任公司186家,集体企业1503家,港澳台投资企业3家,外资企业8家,私营及其他企业2337家。与2002年相比,国有企业和集体企业减少61家,减幅为3.26%;股份有限公司和有限责任公司家数较2002年增加121家,增幅为33.52%。销售收入在500万元规模以上矿山企业253家,比2002年增加48家,增长率23.41%,实现矿业总产值126.70亿元,占全区矿业总产值146.74亿元的86.35%,是自治区矿业的主体。

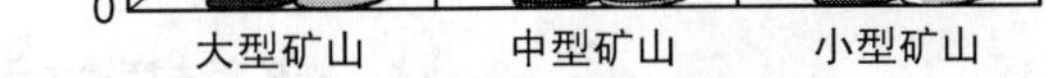

图1 2002~2003年度不同规模矿山企业占当年全区矿山总数比例图

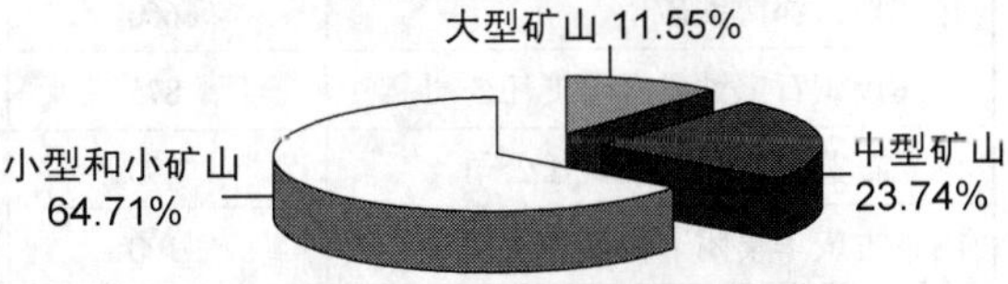

图2 2003年度不同规模矿山从业人员占全区矿山从业总人数百分比图

全区各类矿山中,有大中型企业72家(其中有一家中型石油企业,两家中型矿泉水企业,69家固体矿产矿山企业),其余为小型和小矿山(点),统计情况见下列图1、2,表1、2。

表1　　2002～2003年度不同规模矿山企业情况表　　单位:个

项目	大型矿山		中型矿山		小型矿山(点)		合计	
年　度	2002年	2003年	2002年	2003年	2002年	2003年	2002年	2003年
矿山数(个)	12	13	51	59	4593	4566	4656	4640
从业人员(人)	31456	31808	67306	65394	179991	178213	278756	275415

表2　　煤炭年生产量大于100万吨的18家矿山企业

企业名称	从业人数(人)	设计采矿能力(万吨)	年产矿石量(千吨)	矿业总产值(万元)
大雁煤业有限责任公司第二煤矿	1132	90.00	1179.000	5929.00
大雁煤业有限责任公司第一煤矿	930	90.00	1245.000	5289.00
内蒙古霍林河煤业股份有限公司	3180	1000.00	7303.720	61320.06
平煤公司古山煤矿	4275	90.00	1345.000	11696.00
平煤集团风水沟煤矿	2997	90.00	1356.000	12747.00
平煤集团红庙煤矿	2928	120.00	1410.000	11784.00
平煤集团西露天煤矿	5441	150.00	1206.000	12453.00
平煤集团元宝山露天煤矿	1551	500.00	2340.000	24741.00
神东煤炭有限公司上湾煤矿	720	300.00	4040.000	32320.00
神东煤炭有限责任公司补连塔煤矿	540	800.00	10240.000	81920.00
神东煤炭有限责任公司乌兰木伦矿	563	60.00	2180.000	17440.00
神华集团海勃湾矿业公司平沟煤矿	1479	120.00	1255.000	8131.00
神华集团乌达矿业公司苏海图煤矿	2740	150.00	1502.500	12787.00
神华集团乌达矿业公司五虎山煤矿	2456	150.00	1500.500	12829.58
神华集团准格尔能源有限责任公司	9714	1200.00	11942.639	65684.35
太西集团有限责任公司乌兰矿	2243	90.00	1060.000	7067.89
伊敏煤电公司露天矿	827	1000.00	5509.200	40755.10
扎煤公司灵泉煤矿	2555	180.00	1240.100	9642.77
扎煤公司铁北煤矿	1717	150.00	1134.500	7105.69

表3　　铁矿年生产量大于10万吨的15家矿山企业

企业名称	从业人数(人)	设计采矿能力(万吨)	年产矿石量(千吨)	矿业总产值(万元)
包钢白云鄂博铁矿	6660	1200.00	9530.000	51449.94
市达茂旗石宝铁矿有限责任公司	875	120.00	1800.000	5035.00
内蒙古黄岗矿业有限责任公司	290	40.00	500.000	7644.00
内蒙古庆华集团卡休他他铁矿	100	30.00	500.000	4800.00
庆华集团黑鹰山铁矿	175	20.00	500.000	8012.00
黑鹰山康达矿业有限责任公司	120	20.00	350.000	5012.00
固阳县国有资产经营公司文圪气矿	400	300.00	300.000	2530.00

续表 3

企业名称	从业人数(人)	设计采矿能力(万吨)	年产矿石量(千吨)	矿业总产值(万元)
苏尼特新新矿产有限责任公司	120	30.00	200.000	900.00
巴盟鑫宝达矿产有限责任公司	162	15.00	190.499	1570.80
固阳县公益明铁矿	300	30.00	180.000	1600.00
乌后旗鼎力铁矿有限责任公司	180	9.00	180.000	800.00
内蒙古大中矿业有限责任公司铁矿	500	120.00	173.000	1903.00
固阳县白银洞 29 # 异常铁矿	170	0.00	130.000	1150.00
固阳县鑫鹿矿业有限公司铁矿	150	0.00	120.000	989.00
固阳县白银洞铁矿	150	0.00	105.000	920.00

【矿山企业生产能力】 截至 2003 的底,全区矿山企业固体矿产年设计采矿生产能力总和为 2.578 亿吨,实际核定采矿生产能力 2.982 亿吨。与 2002 年相比,设计采矿能力总和减少 1348.09 万吨,而实际采矿能力总计增加了 9318.94 万吨。由 2002 年度、2003 年度设计采矿生产能力与实际生产矿石量总和相比,剩余生产能力分别尚有 +35% 和 -15.66%,反映出矿山企业由 2002 年度剩余生产能力转变为 2003 年度生产能力严重不足的局面,尤以煤炭企业最为突出。2003 年度全区煤炭设计采矿能力 1.56 亿吨,实际核定采矿生产能力 2.27 亿吨,实际比设计采能力增长 45.48%。其他矿产生产情况参见表 3。

2003 年度,全区金属矿产(黑金属、有色金属、贵金属)年设计选矿生产能力 1205.39 万吨(不包括包钢企业集团的选矿能力,下同),核定选矿生产能力 870.69 万吨。各金属矿产的选矿生产能力情况见表 4、表 5。

表 4 **全区各种矿产采矿生产能力统计表** **单位:万吨**

矿种名称	设计采矿能力		实际采矿能力	
	2002 年度	2003 年度	2002 年度	2003 年度
总计	27077.68	25729.56	20497.59	29816.53
煤	15567.57	15569.71	12767.98	22650.53
石油	200.00	110.00	81.79	84.00
油砂		9.00		0.00
地热		22.41		3.70
铁矿	1740.81	2125.30	1689.84	1610.66
锰矿	2.30	1.30	0.45	1.15
铬铁矿	3.50	3.50	1.00	1.00
铜矿	190.36	195.28	156.96	169.68
铅矿	53.49	74.77	26.99	40.41
锌矿	203.28	252.88	197.86	253.54
镍矿		4.50		4.50
钨矿	21.00		5.50	
锡矿	4.10		2.30	
钼矿	7.25	8.25	0.44	0.80
砂金	205.00	163.00	135.00	99.00
金矿	206.28	322.33	137.41	149.48

续表 4-1

矿种名称	设计采矿能力		实际采矿能力	
	2002 年度	2003 年度	2002 年度	2003 年度
银矿	30.12	34.10	3.71	12.10
铌钽矿	1.50		0.00	
锗矿	5.00	5.00	2.00	1.50
硅线石	3.50	3.50	0.20	0.10
菱镁矿	5.00	5.00	0.00	0.50
萤石(普通)	35.88	49.55	19.78	31.38
熔剂用石灰岩	150.50		150.15	
冶金用白云岩	61.88	65.20	69.47	61.20
冶金用石英岩	33.00	99.16	16.67	48.62
冶金用砂岩	1.00		0.00	
冶金用脉石英	31.10	18.10	23.30	7.73
铸型用砂	241.50	311.80	93.43	160.00
耐火粘土	1.00	0.70	0.30	0.20
硫铁矿	49.00	49.00	35.00	45.00
芒硝(含钙芒硝)	155.40	148.10	100.50	115.20
天然碱(Na_2CO_3)	243.10	239.65	241.62	227.17
电石用灰岩	35.50	39.20	34.30	60.00
制碱用灰岩	220.00	230.50	207.70	165.75
泥炭	10.00		0.50	
湖盐	130.30	130.30	171.22	168.22
天然卤水	8.60	0.60	9.70	1.67
磷矿(主矿、共生矿)	6.00	6.00	6.00	6.00
石墨	81.71	189.15	44.60	97.05
硅灰石	4.00	5.80	4.00	3.00
滑石	6.00	6.00	5.00	5.00
云母	0.03	0.04	0.04	0.03
长石	2.90	2.50	0.70	1.44
电气石	0.20		0.00	
石榴子石	1.30	4.00	0.53	5.03
叶腊石	17.18	19.64	5.75	6.54
透辉石	1.00	3.00	0.06	0.27
蛭石	0.09	0.09	0.50	10.00
沸石	9.95	16.23	5.55	7.08
透闪石		0.10		0.00
石膏	119.10	132.00	46.28	121.90

续表 4－2

矿种名称	设计采矿能力		实际采矿能力	
	2002 年度	2003 年度	2002 年度	2003 年度
方解石		1.00		0.21
玛瑙	0.06	0.55	0.06	0.55
水泥用灰岩	623.48	677.01	414.72	489.15
建筑石料用灰岩	97.54	116.07	60.40	58.15
饰面用灰岩	1.08	1.08	0.00	0.00
制灰用灰岩	227.59	416.59	56.85	48.10
玻璃用白云岩	2.30	10.30	0.00	1.25
建筑用白云岩	9.38	6.38	8.38	5.38
玻璃用石英岩	4.00	5.00	3.70	3.70
水泥配料用砂岩	2.30	1.80	1.30	5.30
砖瓦用砂岩	6.83	1.10	7.37	1.62
玻璃用砂	98.50	93.50	59.52	60.57
建筑用砂	355.76	439.06	353.67	484.69
水泥配料用砂		4.00		4.00
砖瓦用砂	3.50	3.00	2.00	1.50
玻璃用脉石英	1.80	1.90	1.87	2.16
硅藻土	1.00	1.00	0.54	0.52
砖瓦用页岩	4.35	4.35	2.00	1.00
水泥配料用页岩	6.50	9.50	5.40	5.40
高岭土	186.78	27.38	19.50	17.92
陶瓷土	6.30	3.98	1.60	3.18
伊利石粘土	0.50	0.50	0.10	0.00
膨润土	96.30	102.00	28.55	20.05
砖瓦用粘土	2082.14	2085.09	1602.31	1498.52
陶粒用粘土	0.00		0.00	
水泥用粘土	26.74	30.10	19.71	23.67
水泥配料用红土	3.50	3.50	2.60	2.60
建筑用橄榄岩	45.00	48.20	11.33	41.19
铸石用玄武岩	11.04	13.23	3.54	6.27
岩棉用玄武岩	13.00	13.00	8.20	8.20
饰面用辉绿岩	6.75	8.60	1.15	0.76
建筑用辉绿岩	51.50	53.04	68.28	37.81
建筑用安山岩	1081.89	107.85	46.10	63.71
建筑用闪长岩	65.71	103.59	64.67	89.98
建筑用花岗石	1481.91	298.81	942.50	195.46

续表 4－3

矿种名称	设计采矿能力		实际采矿能力	
	2002 年度	2003 年度	2002 年度	2003 年度
饰面用花岗岩	13.47	14.90	4.53	5.51
麦饭石	1.30	1.30	0.22	0.32
珍珠岩	33.80	34.80	15.90	11.60
黑曜岩	1.00	1.00	0.00	0.00
浮石	0.70	0.70	5.00	4.00
铸石用粗面岩	14.90	13.20	6.55	4.70
建筑用凝灰岩	105.08	144.01	83.68	88.72
水泥用火山灰		5.00		0.00
饰面用大理石	1.80	1.80	0.08	0.01
建筑大理石	3.06	4.27	15.03	8.36
水泥用大理石	9.15	9.30	8.70	4.50
矿泉水		90.63		40.65
其他矿产		15.25		15.31

表 5　　全区金属矿产选矿生产能力统计表　　单位：万吨

金属矿产名称	设计选矿能力		实际选矿能力	
	2002 年度	2003 年度	2002 年度	2003 年度
铁矿	416.70	334.30	305.08	162.44
锰矿	0.00	0.00	0.00	0.00
铬铁矿	3.20	3.20	0.70	0.70
铜矿	174.06	177.50	147.06	157.60
铅矿	14.50	60.50	11.50	28.46
锌矿	185.23	240.33	189.78	251.26
镍矿		4.50		4.50
钨矿	21.00	17.40	5.00	7.50
锡矿	3.50	3.50	2.00	2.00
钼矿	6.00	7.25	0.24	0.80
砂金	195.00	160.00	153.00	123.00
金矿	171.50	160.56	132.10	121.93
银矿	14.35	33.45	0.61	10.50

【矿山企业实际生产情况】 全区矿山企业 2003 年度实际生产矿石总量 2.087 亿吨，其中固体矿产 2.078 亿吨，石油 83.650 万吨，其他液体矿产 8.335 万立方米。在固体矿产中，主要大宗矿产煤的生产量 12193.50 万吨，较 2002 年增加 2342.60 万吨，增幅 23.78%。铁矿石原矿 1585.95 万吨，较 2002 年增加 330.95 万吨，增幅 26.37%。建材类矿产产量较 2002 年也有所提高，其他类矿产产量变化不大。各矿种实际生产情况参见表 6。

和谐 创造 财富

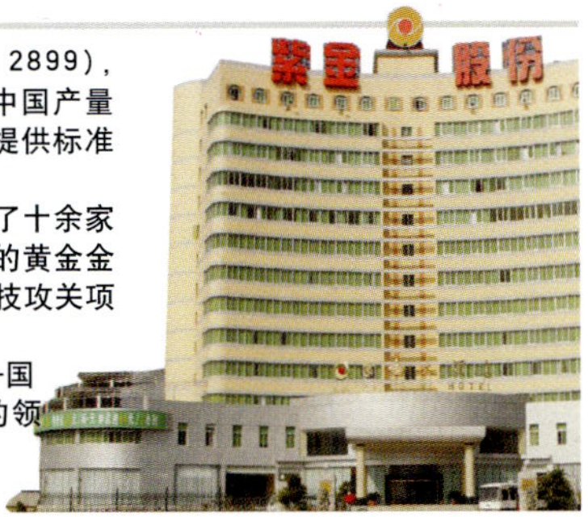
紫金 股份

紫金矿业集团股份有限公司

2003 年 12 月 23 日，紫金矿业股成功在香港上市，募得紫金 12 亿元，紫金矿业股票受到热烈追捧，公开发售部分获超额认购 743.3 倍，中签率仅为 0.67%，是香港股市有史以来第三支中签率最低的股票。上市当天股价即飙升 13%，被誉为当年香港上市表现最佳的新股

2002 年 6 月，现任中央政治局委员、新疆维吾尔自治区党委书记王乐泉（前排左二）到阿舍勒铜矿视察，看到阿舍勒矿区生产建设热火朝天，欣然题词“千周百折都过去，大干快上争朝夕”

2002 年 7 月 29 日，中国科学院、中国工程院、美国科学院、俄罗斯科学院四院院士，中国工程院副院长王淀佐（图右）出席紫金第二次科技大会，赞誉紫金是“朝阳企业”

紫金矿业集团股份有限公司是香港 H 股上市公司（股票简称：紫金矿业，股票代码：2899），国内著名的黄金矿业企业，国家大型企业，国家重点高新技术企业。至 2004 年 6 月份，公司总资产达 28 亿元，净资产为 17.5 亿元。2004 年 6 月份产金量在全球黄金企业中排名第 23 位（www.goldsheetlinks.com）。公司以黄金及有色金属开发为主，核心企业紫金山金矿国内单体矿山保有可利用储量最大、采选规模最大、黄金产量最大、矿石入选品位最低、单位矿石处理成本最低、经济效益最好的黄金矿山。所属的黄金冶炼厂为上海黄金交易所首批确认的可提供标准金锭和标准金条的黄金精炼厂之一。

公司先后在本土、新疆、青海、贵州、吉林、西藏、安徽以及四川等省（区）投资组建了十余家控股公司，取得了 1031 平方公里的探矿权，25 平方公里的采矿权，目前在中国控制的黄金金属资源约 300 吨，铜金属资源超过 310 万吨，锌超过 50 万吨，钴 2.81 万吨。公司承担了多项国家级科技攻关项目，在低品位金矿的利用和湿法冶金技术研究和应用方面居行业领先地位，2001 年经国家人事部批准设立了黄金行业的首家博士后科研工作站。

公司倡导“企业、员工、社会协调发展”的价值观，坚持“艰苦创业、开拓创新”的紫金精神，并以“以人为本，追求卓越”的经营理念，提出了国内黄金行业领先—国内矿业领先—进入国际矿业先进行列三步发展战略，目前已实现在国内黄金行业中的领先地位，正向国内矿业领先方向迈进。公司总的发展目标是把紫金矿业建设成为高技术效益型国际特大矿业集团。

紫金山金矿露采场

贵州紫金矿业股份有限公司

黄金冶炼场解吸设备

研发体系和厦门紫金

紫金山金矿选矿厂

吉林珲春紫金矿业有限公司

新疆阿舍勒铜业股份有限公司

五矿有色金属股份有限公司

公司副董事长朱光在控股企业江西钨业有限公司成立仪式上致辞

五矿有色金属股份有限公司(下称五矿有色)成立于2001年12月18日，注册资本6.16亿元，是由中国五矿集团公司为主发起人，联合国内其他五家企业依照现代企业制度共同出资组建的股份制企业。

五矿有色是目前国内颇具运作实力的资源型企业，其经营的铜、铝、钨、锡、锑、铅、锌、贵稀金属、稀土材料等产品的市场占有率在国内名列前茅。

公司自成立以来，一直保持着优秀的业绩：主营业务收入年平均增长45.35%，净利润率一直保持年平均增长15%以上，公司总资产比成立时增长193%。

2004年公司的销售收入达到170亿元，是成立时的4.47倍，并继续保持良好增长势头，净资产达到21亿。三年来，累计向国家缴纳各种企业税金达16.1亿元，为国家的经济发展做出了巨大贡献。

目前，五矿有色正在进行向以稀缺矿产资源为整合对象的资源型企业过渡的产业化布局。公司通过长期投资获取的资源性资产已占公司总资产的75%，成为中国最具有发展潜力、最具运作实力的有色金属资源企业。

公司在有色金属资源的布局上，分国内国外两条线同时进行：一条是对国内优势资源进行产业整

公司领导拜访智利总统

公司领导作为中方企业代表与古巴总统会谈

合，像钨、锑、稀土等，现已经取得了初步成果；另一条是对国内紧缺的、长期需要的铜、镍和氧化铝三种资源进行海外开发，目前也取得了相当的成绩：已经掌控240万吨氧化铝的年生产能力，正在进行的海外铜和镍的项目也将取得了实质进展。一系列重要投资活动取得了成果，包括每年40万吨、为期30年的中矿氧化铝项目，北美第二大氧化铝企业Sherwin氧化铝厂项目，建设中的广西桂西华银铝业氧化铝项目，也包括组建主要生产经营钨，钽铌，稀土三大有色金属系列产品，集矿山采、选、冶炼、加工和外贸出口与科研为一体的江西钨业集团有限公司等等。到目前为止，五矿有色已有控股投资企业11家，参股企业6家，涉及铜、铝、钨、锑、锡、稀土、钽铌等金属。

一系列实业化运作，使公司在钨、锑等国内优势资源上形成了较为完整的产业链，创造了一批有影响力的品牌，如南昌硬质合金有限责任公司生产的滕王阁、金塔、金塔山牌微型钻，五矿赣州锡业公司的MBT牌产品，广西华锑公司BRIGHTSUN品牌产品等。公司所经营的产品在国际上具有很好的知名度。

公司将按照“以市场为中心，以客户为导向，通过积极有效地开发有色金属资源，提供有色金属及相关的产品和增值服务，努力发展成为具有国际竞争力和可持续发展能力的资源型企业”的发展战略，秉承“为社会创造财富、为企业创造效益、为职工创造机会”的企业宗旨，进一步发挥自身优势，为客户提供有色金属资源、产品和增值服务，在互利互惠基础上与客户实现共赢。努力发展成为具有国际竞争力的、可持续发展的有色金属企业。

控股企业—美国Sherwin氧化铝厂

控股企业—赣锡公司电解工段锡锭出槽过程

控股矿山—香炉山钨矿选矿车间

控股企业—南昌硬质合金有限责任公司厂区

五矿有色金属股份有限公司

地址：北京市海淀区三里河路5号　　邮编：100044

电话：010-68495202　　传真：010-68495215

网址：www.cmnltd.com

山西古冶实业(集团)有限公司

SHANXI GUYE INDUSTRY(GROUP)CO.,LTD.

中国最古老的地理志《山海经》曾有过“少阳之多美赭……”的记载。少阳之山就在古冶集团的发祥地山西省交城县水峪贯镇。“美赭”，是对优质铁矿的溢美之词。史称，交邑冶铁始于战国，宋初在水峪贯境内设大通铁冶监，名曰：西冶。历数百年明朝中叶冶铁复盛，所产“云子铁”举国独有，所制兵器刀锋剑利。每年上缴朝廷的铁，占到当时全国上缴总量的二十分之一。地利天时，20世纪80年代初，古冶集团公司得改革开放风气之先，从无到有，从小到大，现在已成为一个集采矿、选矿、生铁冶炼、采煤、水泥制造、商贸一条龙生产的综合型集团企业。

公司总部设在山西省会太原盛伟大厦二十二层。旗下有交城南塔煤矿、交城县黄草沟煤矿、交城县古芦铁矿、交城县东联铁矿、古冶创新选矿厂、岚县鑫升矿业开发公司、岚县大源采矿厂、岚县鑫旺选矿厂、岚县鑫升铁矿一矿、二矿、三矿、岚武铁矿、山西古兴冶炼有限公司、山西古金冶炼有限公司、山西省古郝贸易有限公司等子公司及厂矿。公司现有员工2000余人，其中高级技术人员80余名。

团结奋进的领导班子

古冶集团公司拥有50万吨烟煤，300万吨无烟煤，3.2亿吨铁矿的开采权。矿体独立、品质优秀、市场前景看好。公司建设的岚县铁矿粉能源基地，贮量大、矿质好，采、选一体化生产，规划科学、环保达标，是吕梁市绿色GDP极具竞争力的经济增长点。

古冶集团公司致富不忘社会，不仅为国家创造了数千万元的税收，而且为企业所在地人民创造了数千个就业机会，为当地政府修桥、建路、兴办学校等公益事业，做出了积极的贡献。进而，使古冶公司的品质不断提升，古冶品牌享誉省内外。

古冶品牌如“美赭”，千锤百炼依然诚信厚重、朴实珍贵、去粗取精、不断创新，以最纯厚的企业品质迎接五湖四海的宾客！

山西古冶实业（集团）有限公司

SHANXI GUYE INDUSTRY(GROUP)CO.,LTD.

地址：山西省太原市南内环街450号
盛伟大厦22层
邮编：030012
电话：0351－7923588
传真：0351－7923098

中国石油天然气
PetroChina Com

股票代码　　香港：085

公司简介 INTRODUCTION

- 中国石油天然气股份有限公司（简称“中国石油”）是在中国石油天然气集团公司（简称“中国石油集团”）重组改制的基础上，于1999年11月5日成立的股份有限公司。
- 中国石油是中国销售额最大的公司之一，广泛从事与石油、天然气有关的各项业务，主要包括：
  - 原油和天然气的勘探、开发和生产销售；
  - 原油和石油工业产品的炼制、运输、储存和营销(包括进出口业务)；
  - 基本石油化工产品、衍生化工产品及其他化工产品的生产和销售；
  - 天然气和原油的输送及天然气的销售
- 中国石油将上述业务，划分为勘探与生产、炼油与销售、化工与销售、天然气与管道四个专业板块进行经营管理。
- 中国石油发行的美国存托股份及香港H股，分别于2000年4月6日及7日在纽约和 香港上市。
- 中国石油的财务业绩优良，2000年、2001年、2002年和2003年的净利润分别为552亿元人民币、455亿元人民币、469亿元人民币和696亿元人民币。

具有国际先进水平的催化裂化装

高效现代的丛式采油井组

有限公司
Limited

约：PTR

快速发展的油气管网

具备规范优势的乙烯裂解装置

@ 电子商务
http://www.energyahead.com

PetroChina 中国石油

地址：中国北京东城区安德路16号　　邮编：100011
电话：(8610)84886034　　传真：(8610)84886039
网址：http://www.petrochina.com.cn

PetroChina

中国石油青海油田分公司

公司总经理、党委书记　黄立功

团结奋进、开拓创新的领导班子

天然气集输站一角

中国石油青海油田分公司隶属于中国石油天然气股份有限公司，是1999年青海石油管理局经过重组改制后分离组建成立的，现有职工5700余人。其主营业务包括石油天然气勘探，石油天然气生产，石油炼制、销售，油气化工生产、销售，石油天然气管道运营，石油天然气勘探开发研究、技术服务等。重组改制后，与国际接轨的新体制和新机制给油田发展增添了新的活力，油田发展步入了快车道。

青海油田分公司的勘探开发领域位于素有“聚宝盆”之称的柴达木盆地，面积25万平方公里，沉积面积12万平方公里。盆地内矿藏资源丰富，其中石油、天然气资源勘探潜力巨大，开发利用前景十分广阔。柴达木盆地的油气资源量为46.5亿吨当量，其中石油资源量为21.5亿吨，天然气资源量25000亿立方米，是全国陆上油气勘探的重要地区。

自1954年勘探开发以来，盆地已发现油田16个，探明石油地质储量3.051亿吨，控制石油地质储量6669万吨，预测石油地质储量3.385亿吨；发现气田6个，油气田3个，探明的天然气地质储量2513亿立方米，控制天然气地质储量881亿立方米，预测天然气地质储量2538亿立方米，成为全国第四大气区。柴达木盆地面积广阔，石油天然气勘探还存在着许多空白区和未知领域，油气勘探前景广阔、潜力十分巨大。

公司独立运作以来，油田得到了快速发展。2000年原油产量突破200万吨大关，2001年油气产量实现260万吨，2002年到308万吨，2003年突破350万吨，2004将达到390万吨。经过近50年的发展，建成了尕斯库勒油田120万吨产能、格尔木100万吨炼油厂、花土沟至格尔木436千米的输油管道，今年花－格输油管道进行了扩能改造，建成后年输油能力可达到300万吨；建成了石化三项工程：10万吨气体分馏、2万聚丙烯、10万吨甲醇生产装置；建成了涩—格、涩—敦、仙—花、涩—宁—兰四条输气管道，形成了盆地外供气至西宁、兰州、格尔木、敦煌，盆地内东西部天然气连网互供的局面，具备了33亿立方米的管输能力。

未来几年是国家全面建设小康社会，实施西部大开发，青海实现富民强省发展战略的关键时期，也是青海油田谋求勘探大突破、实现油田大发展的关键时期。青海油田审时度势，力争快速发展，确定了“十五”乃至“十一五”中期油田的发展战略，即：“十五”期间，特别是近两年，努力在石油勘探上获得重大突破，找到1～2个5000万吨级以上的优质储量，在“十五”期末，实现油气产量500万吨，力争提前实现“十五”规划，并为“5355”打好基础，做好战略接替的准备。在“十一五”中期实现累计探明加控制石油地质储量5亿吨，累计探明加控制天然气储量3000亿立方米，年生产原油500万吨，年生产天然气50亿立方米。

原油生产现场一角

中国石油集团——东方地球物理勘探有限责任公司

党委书记王小牧(右)和总经理王铁军

中国石油集团东方地球物理勘探有限责任公司（简称东方地球物理公司、英文名称BGP），是中国石油天然气集团公司（CNPC）控股公司，成立以来一直充分发挥着“国内找油找气战略部队和CNPC海外业务先行官”两个作用。

多年来，公司为国内众多油气田的发现、探明做了大量的物探工作，国内市场多年来一直保持了稳定增长。海外业务已发展到全球4大洲、18个国家和地区，作业队伍增加到34支，资料处理研究中心增加到7个，海外办事处达到22个，业务收入和利润连续4年保持50%的增长速度。

公司有一体化优势，集野外采集、数据处理、资料解释、装备制造、软件开发等业务于一身，在国内外同行业公司中更具全面、系统、强大的服务功能。2003年，全球市场占有率已达到12%。

公司拥有雄厚的人才优势，有中国工程院院士1人，公司专家24名，科技带头人96名；建立了“一个整体，三个层次”科技创新体系，国内外以区域为核心的一体化技术攻关体系得以建立和完善。形成了以复杂区勘探技术、开发地震技术、物探软件研发、浅海OBC处理技术和非地震CEMP技术、新区新领域综合研究等为代表的一批具有自主知识产权并在国际上处于领先水平的技术系列。

物探采集队伍具有山地、沙漠、戈壁、黄土塬、沼泽、丛林、浅海过渡带等各种复杂地表及地质条件下的施工作业能力、作业经验和配套装备。国内地震队平均队产值超过4300万元，国际地震队平均队产值超过7000万元。涌现出了12个“亿元产值队”和16个年创效益2000万元以上的地震队。在苏丹作业的9741队创下日产值超过60万美元的历史最高纪录。

在海上勘探

在苏丹南部沼泽地区作业

在撒哈拉沙漠施工

在勘探软件研制开发方面，拥有具有自主知识产权、符合国际工业标准的软件系列：地震采集设计系统(KLSeis)、地震资料处理系统(GRISYS)、地震资料解释系统（GRIStation）等软件产品。2003年投资1.4亿元的GEOEASTV1.0处理解释一体化软件研发项目已取得了多项阶段性成果，该软件总体功能达到国际先进水平，将进一步增强公司的核心竞争力。

公司以全面建设国际一流地球物理公司为目标，秉承“诚信、业绩、创新、和谐”的核心价值观，大力推进“全球化、数字化、一体化”三大战略的实施，发扬“以高新技术降低勘探风险，全力以赴帮助客户成功”的服务理念和“超前计划、快速反应、追求卓越”的服务风格，打造“装备精良、技术先进、队伍精干和有规模势力”的专业化公司，为国内外客户提供优质高效的地球物理服务。

地址：河北省涿州市范阳路65号
邮政编码：072751
电话：010-81201324
传真：010-81201636
http://www.bgp.com.cn

在西部山地作业

在印尼作业

巴基斯坦雇员登上当地雪山后，展示BGP标识

直升机支持山地勘探

胜利油田

中国石化集团胜利石油管理局局长、中国石化胜利油田有限公司董事长曹耀峰

中国石化集团胜利石油管理局党委书记、中国石化胜利油田有限公司副董事长董丕久

中国石化胜利油田有限公司总经理李阳

胜利油田是全国第二大油田。现在的胜利油田是指中国石化集团胜利石油管理局和中国石化胜利油田有限公司的统称。中国石化集团胜利石油管理局是隶属中国石油化工集团公司的国有特大型企业，拥有固定资产原值208.01亿元，净值131.10亿元，职工101629人。机关设有26个职能处室，23个直属单位，辖43个二级单位，12个局属经济实体，12个控股公司，1个派出机构。中国石化胜利油田有限公司是中国石油化工股份有限公司下属的全资子公司，拥有固定资产和油气资产总量1115.82亿元，其中固定资产原值158.59亿元，净值96.14亿元，油气资产原值957.23亿元，净值360.21亿元，职工75801人，机关设有14个职能部门，5个直属单位，辖22个二级单位。

胜利油田的工作区域主要分布在山东省的东营、滨州、德州等8个市的28个县(区)，主体位于东营境内黄河入海口两侧。山东境内取得探矿权面积约4.6万平方千米。近年来，油田积极实施“走出去”战略，先后在新疆、安徽、浙江、宁夏、辽东湾等地区及国外新增探矿面积10多万平方公里。截至2003年，胜利油田登记探矿权总面积达15万平方公里，油气资源总量已达170亿吨，比“八五”末增加了一倍多；自1964年勘探开发以来，累计探明石油地质储量44亿吨，探明天然气地质储量2075亿立方米(包括气层气和伴生气)，从1983年开始已连续21年年均新增探明石油地质储量保持在1亿吨以上；累计生产原油79929万吨，生产天然气389.8亿立方米，实现工业单产值3952.56亿元(现价)，上缴利税(费)1164.67亿元，创汇132亿美元，为我国石油石化工业的发展和国民经济建设做出了重大贡献。

2003年，在中国石化集团公司、股份公司和中共山东省委、省政府的正确领导及油区党政军民的大力支持下，油田广大干部职工解放思想，开拓创新，圆满完成了各项工作任务。2003年，全油田实现总收入624.2亿元，其中有限公司421.6亿元，管理局202.6亿元。共实现企业增加值382.2亿元，其中有限公司328.8亿元，管理局53.4亿元。共实现利润141.5亿元，其中有限公司154.4亿元，管理局亏损控制在集团公司下达的限亏指标内。共实现税费129.8亿元，其中有限公司114.6亿元，管理局15.2亿元。

塔河油田 3 号油区。

中国石油化工股份有限公司西北分公司

塔里木石油分公司厂区

西北分公司是中国石油化工股份有限公司下属的大型石油企业。现有员工 2945 人，拥有资产总额 71.59 亿元。西北分公司的勘探开发区域主要分布在塔里木盆地，拥有的登记勘探开发区块总面积 4.57 万平方公里，区内石油总资源量 51.03 亿吨，天然气总资源量 44263.69 亿立方米。目前已经建成年产原油 300 万吨，天然气 5 亿立方米的生产能力。截至 2003 年底，累计探明石油地质储量 3.21 亿吨、溶解气地质储量 277.3 亿立方米，天然气地质储量 350 亿立方米、凝析油地质储量 1021.6 万吨，合计探明油气当量 4.06 亿吨。累计生产原油 1313 万吨。西北分公司 2001 年获全国“五一劳动奖状”，连续 10 年被评为新疆维吾尔自治区文明单位，连续 3 年荣获中石化安全生产先进单位，连续 2 年获得全国“安康杯”竞赛优胜企业。

塔河油田一号联合站夜景

西北石油局塔里木石油化工厂各型号沥青畅销全国，产品供不应求

TK6－37－1 井酸压大型作业场景

2003 年，西北分公司坚持“储量、产量、投资、效益”四统一的原则，按照“实践三个代表、实施三大战略、实现三个目标”的全年总体工作思路，周密计划、精心部署、合理组织、科学施工，确保了各项工作的顺利进行，取得了生产经营和改革发展的显著业绩。实现了 1 个重大突破，4 个重要进展，3 个超额完成(储量、产量、利润)，4 个不超(投资、成本、开发、安全指标不超)，5 项主要管理成果。

通过整合各方技术资源，加大科技攻关力度，促进勘探开发技术向系列、配套化方向发展，基本形成了独具特色的超深层碳酸盐岩油藏勘探、开发和工程三大技术系列，其中包括三大勘探技术系列(三维地震资料连片处理技术、储层识别技术、预测技术)，四大开发技术系列(油藏精细描述技术、储层建模技术、储层改造技术、三重介质试井解释技术)和四大工程技术系列(欠平衡钻井技术、中短半径多底井钻井技术、简化井身结构技术、过膏盐层钻井工艺技术）等 11 项核心技术和专有技术。科技攻关研究紧密配合塔河油田的勘探和开发，科技稳产、增储、增油效果显著。新增探明储量 3699.8 万吨，新增可采储量 481 万吨，新增油产量 74.08 万吨，降低成本 1200 万元，新增产值 5.19 亿元，利润 1.11 亿元，提高了科技创新对油气勘探开发的贡献率。

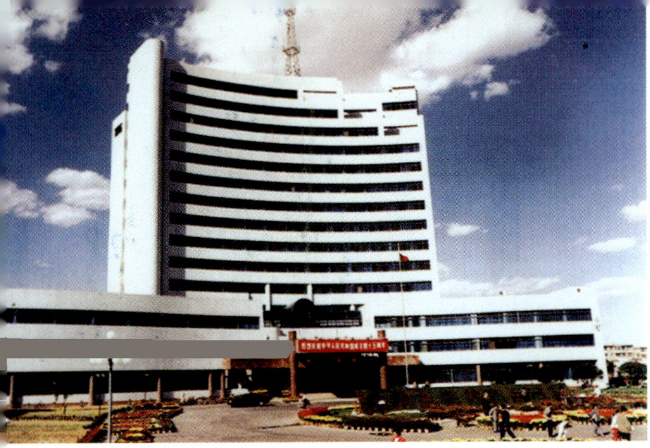

胜利石油管理局、胜利油田有限公司办公大楼

2003年，胜利油田在国内探区完成二维地震3857.6千米，三维地震1537.381平方公里(满次面积)；完钻探井157口，进尺384328.5米；在山东探区新发现阳信油田，全年共新增探明油气当量11767.2吨(油储量11301万吨+溶解气储量折合油当量466.2万吨)；新增控制含油面积97.4平方公里，控制石油地质储量11574万吨；新增预测含油面积93.2平方公里，预测石油地质储量12988万吨。

2003年胜利油田新区勘探捷报频传，新疆塔里木盆地胜利和田探区，完钻了探井一口一胜和2井，发现多个构造及岩溶圈闭，基本明确了“和田古隆起”的形成演化机制与成藏意义，优选了4个有利勘探区带和7个有利勘探目标，运用宽带约束反演技术(BC1)预测了有利储集层发育部位，提出了下步有利勘探目标。准噶尔盆地胜利区块取得重大突破——董1井中途测试喜获高产油气流，实现了中石化胜利区块重大的战略性突破。董1井中途测试获工业油气流，首次突破了胜利西部探区出油关，也是中石化西部新区第一口百吨井，这必将成为中石化西部勘探突破的里程碑，同时胜利新区资源接替也由梦想逐步变为现实。同时在准噶尔盆地胜利区块有三个重要发现，一是在西缘区块车排子地区钻探的排1井，在白垩系、侏罗系见到良好油气显示，初步展示该地区具有较好的勘探前景；二是在青格里底山区块钻探的滴北1井，在侏罗系八道湾组、三叠系黄山街组见到较好油气显示，为进一步加强青格里底山区块和北缘2区块勘探提供了重要线索；三是在中部2、3、4 区块，青格里底山区块，北缘1区块东部，西缘区块发现了一批构造、岩性、地层和各种复合圈闭，为深化胜利区块的勘探工作提供了圈闭目标。辽东湾东部勘探项目进展顺利，2003年在该区共完成二维地震772千米，对新近处理的二维地震资料进行分析表明，具有良好的勘探前景。

2003年胜利油田在海外伊朗卡山探区取得重大勘探成果，部署并完钻探井1口(Arn-1)，该井位于伊朗卡勘探区块Aran构造带西段工号构造的南圈闭上。Arn-1井经测试日产油在791吨，同时伴有可观的天然气，有望在海外发现一个较大规模的背斜构造。表明该带具较好的勘探前景。

营28丛式井组

2003年9月，胜利油田在准噶尔盆地部署的第一口区域探井——董1井出油

胜利开发3号平台，2003年，海上生产原油200多万吨

地震勘探

中国石油化工股份有限公司西南分公司

中国石油化工股份有限公司西南分公司、中国石化集团西南石油局是按照2001年中国石化集团重组改制要求，在原西南石油局基础上划分的上市部分和非上市部分。

西南分公司经理：徐向荣

西南石油局是中国石化集团的全资子公司，主营石油天然气地球物理勘探、钻井、测井、录井、固井、压裂等工程服务，天然气化工，工程地质、水文地质勘察设计、施工，盐矿及油气伴生资源的勘探开发、加工和综合利用，制造、销售油气勘探开发物资器材、设备及配件，承担工业、民用天然气管网的设计施工，承担本行业国内国际工程招标作业和外需设备、材料的配套和机械维修、物流配送。

西南分公司是中国石油化工股份有限公司的地区性分公司。西南分公司2001年随总部在国内A股上市。西南分公司承继了原西南石油局的全部油气田资产，以油气地质综合研究、地球物理资料处理解释及综合研究、油气藏工程研究、勘探、开发、油气测试、油气田地面建设、采油采气、管网集输、石油天然气及成品油销售、工程技术服务和咨询等为经营范围。

西南石油局局长：乐绍东

西南石油局、西南分公司的主体队伍是功绩卓著的“全国地质勘查功勋单位”，曾为发现大庆油田、吉林油田、辽河油田作出重大贡献。20世纪60年代入川以来，又先后发现四川中坝、福成寨、雷音铺、新场、洛带等大中型气田。2000年在新场气田建成了中国陆相地层同时具备产量高、压力高、温度高特点的“王牌井”一新851井，展示了四川盆地西部深层天然气勘探的美好前景。

西南石油局、西南分公司所属二级单位主要分布在四川省、贵州省和重庆市。现有员工近5000人，其中专业技术人员2100余人，总资产超过46亿元。截至目前，西南分公司已拥有排它性勘探区块11个，开采区块5个，盆地评价区块3个；拥有地质储量2780亿立方米；铺建各类天然气管道3000余千米，形成了独立的产销网络。2003年天然气产量17.01亿立方米，2004年突破19亿立方米大关，是中国石化重要的天然气产销基地之一。西南石油局的石油工程服务在行业内享有盛誉，已成为中石化在中国西部地区油气勘探开发有力的工程技术支撑。同时，开发了以医用温泉洗浴为特色度假休闲项目的安县天池温泉公司，通过资产重组，组建了以尿素和合成氨为主导产品的绵阳联星化工有限责任公司，并进一步以该公司资产为基础， 通过法定程序受让上市的四川美丰公司国家股，取得了对美丰公司的控股地位，进入了资本市场。

西南石油局党委书记：罗代富

天然气采输现场

长输管线施工建设

酸化压裂施工现场

文艺汇演

地址：中国·四川·成都市一环路北四段116号

电话：028-83358441　83332295

传真：028-83333773

邮编：610081

中国海洋石油有限公司

★ 中国海洋石油有限公司(中海油)于1999年8月在香港注册成立，并于2001年2月27日和28日分别在纽约证券交易所（股票代码：CEO）和香港联合交易所（股票代码：0883）挂牌上市。2001年7月，公司入选恒生指数成分股。

★ 中海油主要从事海上石油和天然气的勘探、开发、生产和销售业务，是中国最大的海上石油及天然气生产商，亦是全球最大的独立油气勘探及生产公司之一。

中国海洋石油有限公司

★目前，公司在中国海上拥有四个主要产油地区：渤海湾、南中国海西部、南中国海东部和中国东海。公司同时还在印度尼西亚、澳大利亚拥有油气资产，目前，中海油是印度尼西亚最大的海上原油生产商。

★截至2003年12月31日，公司拥有净探明储量21亿桶油当量，公司员工逾2400名，总资产约人民币735亿元。

★自上市以来，公司发展迅猛，不断刷新业绩。2003年，公司秉承为股东寻求最好回报的一贯理念，各项业务均取得长足进步，储、产量稳步增长，在保持成本优势的同时，利润大幅攀升，全年共实现利润115亿元，创下历史新高。

地　址：北京市东城区东直门外小街6号
邮　编：100027
电　话：010-84521604
传　真：010-64602503
E-mail：webmaster@cnooc.com.cn
网　址：www.cnoocltd.com

主任：薛国强

政委：高均起

中国人民武

GOLD HEADQUAR

武警黄金部队是一支以军事化组织形式的经济建设部队，主要任务是承担黄金地质普查、勘探任务，经批准承担重点黄金矿山、产区的警戒任务和边远，艰苦地区的黄金生产任务，依法承担国家赋予的维护社会稳定和处置突发事件的任务。

2003年部队在武警总部和国家发改委的正确领导下，努力实践“三个代表”重要思想，坚持西进，优化布局，以“多找矿、找大矿、找富矿”为目标，坚持面上展开与重点突破相结合的工作原则。经过全体官兵的共同努力，全面完成了各项计划任务，实现了金矿勘查工作的稳步发展。

2003年武警黄金部队在全国35个主要金矿成矿区带上共开展金矿地质勘查项目76项，其中：黄金地质专项费项目72项，资源补偿费项目3项，国土资源大调查项目1项。完成主要工作量：岩心钻探40277米，坑探6525米，槽探197950立方米，浅井1951米，物化探面积性测量9568平方千米。新探获推断内蕴经济资源量(333)100.348吨，是年计划任务52吨的193%，继续

甘肃阳山超大型金矿区

数字填图

野外工作

地址：北京市朝阳区花家地金兴路　邮编：100102
电话：010－64738866　传真：010－64734600

部队黄金指挥部

THE CHINESE PEOPLES ARMED POLICE FORCE

超过百吨；年度生产黄金304千克。甘肃阳山、胶东大磨曲家等7个重点矿区新增333资源量均超过5吨，实现找矿重大突破。青海格尔木市小干沟、吉林省汪清县杜荒岭、甘肃省肃北县东山湾、辽宁省阜新县靳家店等17个普查矿区有新进展，年度共新增333资源量31.048吨。其中，甘肃文县阳山矿区年度新增333资源量20.858吨，累计探获(333)级别以上资源量122.3吨，已成为我国西部大开发以来探明的第一个超大型金矿床；云南省元阳县大坪矿区新增(333)资源量9吨，累计探获(333)以上级别资源量54.56吨达到特大型金矿床规模；黑龙江省东宁县金厂矿区新增(333)资源量5.955吨，累计探获(333)资源量46.258吨，另有(334)资源量4.214吨，有望达到特大型金矿床规模；山东省大磨曲家金矿区新增(333)资源量13.441吨，甘肃省寨上金矿区新增(333)资源量9.928吨，两矿区均有望达到大型矿产地的规模。新探获预测资源量(3341)106.295吨；新发现可供普查的矿产地4处，其中具有大型找矿潜力的矿产地3处；新发现可供普查的靶区37处，成矿预测区59处；提交各类地质勘查和科研报告59份。另外，还圆满完成了河南小秦岭，甘肃阳山两矿区的护矿执勤任务。

2003年由中国地质调查局组织专家评审验收的“西藏冈底斯—念青唐古拉褶皱带中段以金为主综合矿产资源评价”和“内蒙古额尔纳成矿带北段金矿评价”两个国土资源大调查项目成果，分别被评为优秀和良好。

由于部队承担国土资源补偿费项目以来完成任务好、管理严谨、成果突出，武警黄金部队司令部地质处2004年被国土资源部授予全国矿产资源补偿费矿产勘查项目管理工作先进集体。

回顾过去的一年指挥部不辱使命，展望未来任重道远，武警黄金部队全体官兵决心以崭新的精神风貌和高昂斗志，不断进取，在新的世纪为国家黄金事业再谱新篇章。

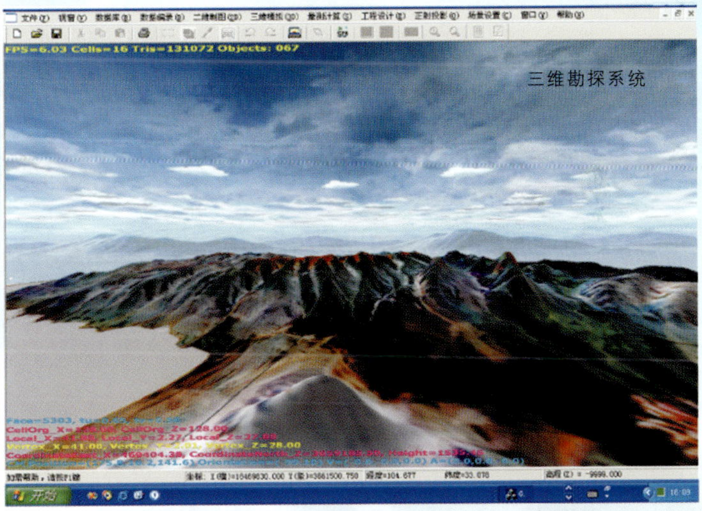

三维勘探系统

部署

道编录

护矿执勤

文化生活

中国铝业公司

党组书记、总经理：肖亚庆

中国铝业公司是国家授权的投资管理机构和控股公司，是中央直接管理的国有重要骨干企业.公司下属单位有18家企业，分别为：中国铝业股份有限公司、山东铝业公司、中国长城铝业公司、贵州铝厂、山西铝厂、平果铝业公司、中州铝厂、青海铝业有限责任公司、郑州轻金属研究院、山西碳素厂、洛阳有色金属加工设计研究院、中国有色金属工业第六冶金建设公司、中色第十二冶金建设公司、西南铝业(集团)有限责任公司、包头铝业(集团)有限责任公司、中铝国际工程有限责任公司、陕西有色金属控股集团有限责任公司和中铝置业发展有限公司。其中由中国铝业公司控股的中国铝业股分有限公司股票2001年12月分别有纽约、香港上市。

中国铝业公司依法进行国有资产的投资和经营管理：铝、镁、钼、钛、铜等矿产资源的勘查、开发；铝、镁、钼、钛、铜等矿产品、冶炼产品、加工产品、碳素制品及相关有色金属产品的生产、销售；从事勘察设计、科研、工程建设总承包、建筑安装、设备制造、矿产品开发和加工、技术开发、技术服务；自营和代理各类商品及技术的进出品业务、经营来料加工、对外贸易和转口贸易。

公司秉承"诚信为本，回报至上"的经营理念，不断推进改革发展。公司主要产品氧化铝产量快速增长，质量稳步提高，经济效益持续增长，公司固定资产增值保值率、净资产收益率，在全国100亿元资产以上的国有企业中一直位居前列。目前，公司资产市值1000多亿元。公司拥有优秀的管理团队，以及门类齐全、技术精湛的技术人才队伍，特别是从铝矿石开采、氧化铝制取，到铝冶炼、深加工，中国铝业公司已拥有多项具有自主知识产权的核心技术。

面对新的经济形势和国际竞争环境，中国铝业公司既要坚持"优先发展氧化铝，有条件发展电解铝，跨越式发展铝加工，有选择地发展非铝产业"的发展方针，继续发扬"励精图治，创新求强"的公司精神，又要与时俱进，不断开拓创新。经过不懈的奋斗，到2015年，公司的资产总额、销售收入、实现利润比2000年翻两番，使公司真正成为内有凝聚力，外具竞争力的世界一流企业。

肖亚庆总经理会见澳大利亚铝业公司首席执行官SamWelsh

中国铝业公司

矿石采场

矿石均化库

矿石输送

生物复垦

二期矿山

洗矿循环水池（环保）

- 地址：北京复兴路乙12号
- 邮编：100814
- 电话：010-63971767
- 传真：010-63963806
- 网址：//www.chinalco.com.cn

江西耀升工贸发展有限公司

董事长：郭耀升

江西耀升工贸发展有限公司位于崇义县长龙镇境内，距县城21公里，距京九铁路和105国道97公里，距323国道52公里，目前公司占地296亩，建筑面积逾150000平方米。

江西耀升工贸发展有限公司是由企业主郭耀升于1999年9月独资创建的一家私营企业，其前身为崇义县茅坪钨钼矿。现已发展成集钨业、药业、水电业、房地产业的集团化企业，资产总额达1.8亿元，从业人员1600余人，是赣州市重点企业之一，是崇义县支柱企业。

公司自1999年组建以来，本着做强做大，科技兴企的经营理念，走集团化的发展道路，先后以420万元兼并了县医药公司，220万买断了县西湖电站；走技术改造的发展道路，相继投入了1500余万元资金更新选矿设备，完善采选配套设施，建立产品检测中心，改善办公环境，成为赣南钨行业中最有发展后劲、最有发展潜力的企业。

2002年，面对经济进入全球化，传统产业受到严重挑战的形势下，该企业及时调整发展战略，确定走钨深加工的发展路子，于当年6月相继投资2400万元兴建了两条4000吨规模的仲钨酸铵生产线，并在2003年初正式投产，生产的仲钨酸铵，蓝钨，黄钨产品纯度高，质量好，备受国内外客户的好评。钨深加工成功地走出了第一步后，该企业立马又组织资金建设钨粉、碳化钨粉生产线，于今年3月正式启动，总投资5000余万元，设计规模为钨粉2000吨，碳化钨粉1500吨，该项工程预计在2005年6月正式投入运行。

公司自成立以来，以科学发展观着眼未来，不断壮大，2003年实现年产值逾2亿元，利润300余万元，实现税收700余万元。公司历年被市委市政府授予“先进私营企业”、“纳税大户”、“明星私营企业”、“特级纳税信誉企业”、“最佳企业”，获省“先进民营企业”、“一级诚信企业”等光荣称号。2004年董事长郭耀升先生获全国第六届“创业之星”称号。

面对未来，公司上下满怀信心，在“永不满足”的企业精神激励下，耀升工贸正开足马力向更高的目标迈进。至2006年，该企业的钨深加工生产线将从钨粉—钨丝—硬质合金产品，实现产值5亿元，税收3000万元，力争在2008年上市。一个具有现代气息，充满着生机的企业，将向世人展现出它强劲的生命力。

江西耀升工贸发展有限公司

地址：江西省赣州市崇义县长龙镇茅坪
邮编：341321
法人代表：郭耀升
电话：0797—7691095
传真：0797—7691596

浮雕

首钢矿业公司

【基本概况】首钢矿业公司是首钢总公司下属的子公司，位于河北省迁安市境内，始建于1959年，厂区占地7.6万亩，2003年实现收入50亿元，年末固定资产原值55亿元、净值30亿元，职工总数1.7万人。经过40多年的建设发展，成为从事采矿、选矿、球团、烧结和矿车制造、机械制造、电力修造、建筑安装等多行业的国有大型矿山企业。首钢矿业公司以追求卓越为宗旨，以市场为导向，以创新为动力，具备了良好的产品开发能力和质量保证、售后服务体系，矿产资源业的烧结矿、球团矿生产能力分别达到700万吨和300万吨，矿用汽车制造、矿山机电设备制造和矿山建筑安装等三大配套相关产业实力雄厚。进入新世纪，首钢矿业公司认真贯彻党的“十六大”精神，坚持与时俱进、创新发展，紧紧围绕建设“一流矿业、开放矿山”的目标，稳步推进“做强矿业资源业、发展相关产业、服务钢铁、扩大市场经营”四大任务，不断深化“市场化、信息化、自动化、加强管理基础”工作主线，通过横向发展，纵向延伸，企业的综合实力、市场竞争力、资源和资本的控制力显著提升。

【2003年生产经营情况】2003年，首钢矿业公司在党的“十六大”精神指引下，以发展为主题，抓住机遇，创新实践，经营生产稳步前行。经济效益显著增长，全年三大产品可比成本降低额完成1.86亿元，降低率达到7.15%。按照市场价格核算，实现利润12.4亿元；规模生产能力显著提升，熟料生产能力达到1000万吨以上。全年生产精矿粉548万吨、烧结矿676万吨、球团矿176万吨；矿产品市场竞争能力显著增强，在满足首钢炉料需求的情况下，靠优质产品和服务开拓社会市场，形成矿产品畅销局面，全年外销烧结矿和球团矿176万吨，销售额8.7亿元；经济技术指标显著提高，创出国内同行业一流水平。56项可比经济技术指标，24项位居国内同行业第一，34项达到国内同行业前三名，分别占指标总数的42.86%和60.71%。全员在岗销售收入劳产率完成26.98万元/人·年，同比上年提高71.4%。采矿劳产率达到全国重点冶金矿山平均水平的5倍，选矿劳产率达到全国重点冶金矿山平均水平的3.65倍，球团矿劳产率位居全国同行业第一名，烧结矿劳产率仅次于国内领先的宝钢；非矿产业快速发展，全年完成非矿产值8.32亿元，比上年增长16.2%。社会收入完成2.57亿元，增长5%。40吨级矿车销往国内8个省市，受到用户高度赞誉。研制的30吨级新型矿用汽车，拥有完全知识产权，通过了北京市科技成果鉴定。又开发生产了50吨级矿用汽车，矿车研制生产走上系列化、规模化、市场化道路。

采场一角

选矿厂一角

【技术进步、管理创新和资源开发情况】2003年，首钢矿业公司投资3.2亿元进行技术装备的改造升级，完成重点工程13项，实施重点科技项目40多项，取得效益3900多万元。200万吨球团生产线建成投产；水厂铁矿石破碎系统投入使用，东部排岩工程全面启动；运输部铁路复线工程投入运行；水厂铁矿自动调车系统通过国家“十五”科技攻关项目验收；球团二系列实现了配料、链篦机料厚等自动控制；水厂选矿厂的磨选工艺技术升级，变革了选矿流程，单系列可获得年效益50万元以上，通过了北京市鉴定并申请了专利；烧结通过实施技改项目，单机日产能力达到了4000吨以上。

2003年，首钢矿业公司以强化集中管理为重点，努力推进管理模式的创新。推进信息化建设，建成大容量、高速传输的企业局域网，网络覆盖52个数据采集点位，实现了数据、图表、曲线的实时传输。实施了财务结算的集中控制、物资的集中管理、印章的集中管理、供应商准入资质的集中审查、外委外购的集中审批等。计量、检验、数据、核算、定员、定额等基础管理工作进一步强化。以扩大核算范围和分配为重点，深化了班组作为生产、分配、管理、核算“四个基本单元”建设。

2003年，首钢矿业公司在抓好自有资源的同时，着眼国内国际大市场，大力实施资源开发战略，拓宽了发展空间。与河北迁安市合作开采孟家沟铁矿达到出矿条件；托管河北保定涞源旺儿沟铁矿，实现了良好开局；与辽宁省丹东凤城市政府达成开发翁泉沟硼铁矿资源的合作协议；签订了蒙古国图木尔泰铁矿30%的股权转让协议；达成合作开发承德地区铁马沟矿的协议。

SGA3550 矿用汽车

本钢（集团）矿业有限公司

公司董事长、总经理：李有臣

公司党委书记：丛军功

［基本情况］到2003年年底，有在籍职工15126人，其中工人13431人，技术人员347人，管理人员1348人。公司下属6个处级单位。公司管以上设备962台（套），其中主体设备301台（套）。拥有固定资产原值31.65亿元，净值11.90亿元。

［指标情况］（1）主导产品铁精矿：实际完成505.4039万吨，超目标计划20.4039万吨。（2）外购矿石实际完成157.9213万吨，完成目标计划的104.58%。（3）生石灰完成48.4934万吨，完成目标计划的110.21%。（4）铁精矿单位成本完成221.35元/吨，比计划降低0.03元/吨（2002年为245.83元/吨）。（5）主要技经指标：铁精矿稳定率：南芬选矿厂计划84%，实际完成93.45%，比计划提高9.45%；歪头山铁矿计划75%，实际完成84.57%，比计划提高9.57%。金属回收率：南芬选矿厂计划82.8%，实际完成83.40%，比计划提高0.6%，歪头山铁矿计划82.9%，实际完成83.10%，比计划提高0.20%。（6）重点消耗指标：24项主要消耗定额有18项比计划降低，两项与计划持平，全年节约1583万元。

［行政工作］（1）生产管理：在日平均生产水平达到13846吨的情况下，加强采场技术管理，科学组织生产，实现生产均衡稳定运行，主要产品产量再创历史新高。（2）成本管理。继续瞄准同行业先进水平，广泛开展对标挖潜、科技攻关活动，推进“低成本战略”，2003年成本达到同行业先进水平。（3）重点工程建设：降硅提铁工程于2003年7月开工，预计2004年6月完工。2003年维简资金计划投资6464万元，其中露天矿碎石站迁移、排土车间存车库、歪头山矿20#铁路线动迁、倒装站台、两采场排水、选矿厂尾矿库维护等工程项目完成投资2285万元；完成10立方米电铲、运矿车、铁路自翻车及矿山工程机械和通勤客车、活性灰罐车等投资4014万元。（4）安全生产和设备管理：千人轻伤率为0.586‰，比计划控制指标下降4.204‰，同比下降0.654‰。设备可开动率为94.38%，完好率为97%，分别比计划提高2.88和1.5个百分点，故障停机率为8.15%，比计划降低2.25个千分点。（5）扩产改造、非钢产业、后备资源开发：组织开展矿山后备资源、选矿工艺改造及铁精矿增产能力调研工作。完成扩产改造投入的设备购置工作。非钢产业实现收入5756.6万元，超计划156.6万元。（6）劳动人事管理：完成15060人的岗薪制调整，平均增资额150.14元。做好职业技能鉴定培训和“岗位操作系列规范标准”编写工作，对公司25个工种、2500余人建立了特殊工种岗位卡。

党政班子成员

地址：辽宁省本溪市平山区平路15号
邮编：117000
电话：0414—7827292

“降硅提铁”工程

[党群工作] 加强思想政治工作，以人为本，凝聚力量，营造稳定发展环境。各级党组织以“三个代表”重要思想为指导，继续组织开展建功立业活动。加强班子建设和干部管理工作。完成6个基层单位班子46名班子成员考核工作。顺利完成公司和基层班子的调整，调整厂矿处级干部16人。发展党员178人，转正144人。10月份，公司党委召开了宣传思想工作会议，加强廉政建设和效能监察工作，受理群众来信来访26件次，立案查处6件。加强效能监察项目的管理，避免经济损失上百万元。公司工会坚持和完善平等协商签订集体合同制度工作，在省总工会召开的相关会议上介绍了经验。举办第四届“矿山杯”篮球赛、第二届“健康杯”长跑赛，组织参加集团公司全运会，目前累计得分排名第一。科协组织完成换届改选工作，科技承包立项43项，已完成40项，创效益1200余万元。矿业公司和基层各单位分别被集团公司评为优秀科技之家和先进科技之家。认真做好信访调解、综合治理、计划生育和法律事务工作，维护企业稳定，矿业公司被集团公司评为综合治理先进单位。

南芬露天矿矿石倒装站工程

南芬露天矿岩石站开岩系统

武汉钢铁集团矿业有限责任公司

武汉钢铁集团矿业有限责任公司（以下简称武钢矿业公司），共有大冶铁矿、程潮铁矿、金山店铁矿等10个二级单位，分布在湖北省的武汉市、黄石市、鄂州市、大冶市及河南省的焦作市，现有在岗职工14861人。武钢矿山在其100多年的矿石开采历史中，共向国家提供成品矿1.8亿多吨，其中铁精矿1亿余吨，被海内外誉为华中“宝地”和武钢“粮仓”。

2003年，在重重困难和巨大压力面前，武钢矿业公司上下团结一心，奋力拼搏，生产铁成品矿449.26万吨，熔剂矿211.46万吨，实现销售收入20亿元，创公司成立以来最好水平；以程潮铁矿120万吨球团厂和乌龙泉矿活性炭生产线建成投产为标志的一批重点工程项目全部完成年度目标计划，鄂州500万吨全国最大、亚洲第一的球团工程正式立项建设，武钢矿山实施产品深加工发展战略取得重大突破；同时，矿山各项改革继续顺利推进，思想政治工作成效显著，连续第九次获得武钢思想政治工作先进单位称号。

面对新的形势任务，武钢矿业公司审时度势，抢抓机遇，确定在稳定自产矿石资源的同时，积极进行海外矿石资源扩张，在“十一五”期间，将武钢矿山打造成全国最大的球团矿生产基地和熔剂矿生产基地，使武钢矿业公司成为国内最具市场竞争力的矿山联合企业之一。

灵乡铁矿绿化广场

公司地址：湖北省武汉市青山区建设六路
邮政编码：430080
联系电话：027-86802603

武汉钢铁集团矿业有限责任公司

程潮铁矿采矿车间

进口电动铲运机

大冶铁矿球团厂

◀邢台矿业（集团）有限责任公司科技中心

●地址：河北省邢台市中兴西大街191号

●电话：0319-2068232　2068888

●传真：0319-2068888

●邮编：054021

●网址：www.xtcoal.com

邢台矿业（集团）有限责任公司

邢台矿业(集团)有限责任公司前身为邢台矿务局，1973年6月成立，1997年10月改制。现辖有控股核心上市子公司——河北金牛能源股份有限公司水泥厂、金牛能源公司玻璃纤维分公司、石家庄煤矿机械有限责任公司、河北煤炭科学研究所、深圳金科威实业有限公司等15家企业，员工25000名，总资产47亿元。是一个以煤炭生产为主，集资运营、电子电力、建材建筑、磁性材料、化工轻工、机械制造、医疗设备、科研商贸等为一体跨行业、跨地区、跨所有制的大型企业集团。

邢矿集团煤炭资源丰富，煤层赋存条件优越，煤种齐全，有主焦煤、1/3焦煤、气煤、贫煤和无烟煤。主要产品有洗精煤、洗混煤、混煤、水煤浆、无烟粒级煤等，其洗精煤特点是粘结性强、胶质层厚、低硫、低灰、低磷。各矿煤炭加工系统完善，均配有以重介质系统为主的现代化洗煤厂，可根据用户要求生产加工各种煤炭产品。公司生产的6级冶炼精煤获国家银质奖，洗精煤质量管理体系通过了ISO—9001质量管理体认证。精煤产品出口韩国、日本、巴西等国家。

多元化发展迅猛。水泥、玻纤、电牵引采煤机，轻型综采支架、塑钢型材、轻钢产品、环保餐具、“宴友”植物油、军吊、钻机、电子产品、磁性材料、化工产品、医疗器械等多种优质产品为国内名牌、河北省名牌产品，既畅销国内，又远销美国、欧盟等30多个国家。

河北金牛能源股份有限公司玻纤生产线

邢矿集团五米液压支架

采掘工作面

东庞矿大功率电牵引采煤机

邢矿集团是中国煤炭工业科技效益型典范企业，科技贡献率、科技投入产出比和各项经济技术指标均处国内同行业领先水平。自1985年以来，连续18年盈利，1998年利润跃居全国煤炭行业第二位，是全国企业500强和国有512家重点企业之一。1996年和2000年两次荣获“河北省省长特别奖”。2002年获得“中国矿山（油田）十佳企业”、“全国质量管理优秀企业”、“河北省文明单位”、“河北省思想政治工作优秀企业”、河北省百强企业名列第22位。企业信贷信誉AAA级，多项产品被评为国优、河北省名牌产品，骨干矿井通过全国职业卫生体系和全国环境卫生体系认证。

“十六大”之后，邢矿集团提出了“以精搏强，跨越发展”的发展的战略，总体规划目标是“实话四大战略，实现一个增强，建立五大产业体系”。即：科技战略、非煤战略、人才战略、文化战略；企业综合经济实力进一步增强，在提高经济运行质量、优化产业结构、增加效益的基础上，2007年全公司销售收入将达到50亿元，综合经济实力进入全国同行业前列；五大产业体系是：以煤炭、电力、建材、化工、电子等为主的五大产业体系，把邢矿集团建设成为产业合理、技术先进、管理科学、效益突出的跨地区、跨行业、跨所有制、跨国经营的特大型企业集团。

展翅腾飞的邢矿集团竭诚欢迎国内外朋友携手合作，共创辉煌。

河北金牛能源水泥厂日产2500×2熟料生产线

邢台矿液压钻车

邢台矿

东庞矿

兖矿集团公司 鲍店煤矿

鲍店煤矿矿长：李　伟

鲍店煤矿党委书记：郭　军

兖矿集团公司鲍店煤矿是我国自行设计和施工的年产300万吨的特大型今综采机械化矿井，1986年6月10日投产，现有职工10000人，目前，年产能力已达700万吨，配有年入洗能力300万吨的现代化洗煤厂。

鲍店煤矿地处山东省邹城市，煤田跨邹城、兖州两市。主要煤炭产品有原煤和洗精煤两类。煤质属中变质气煤，具有低灰、低硫、高发热量、高挥发分、中等粘结性等优点，既可作炼焦配煤和动力煤，又可作为炼油、造气及液化的原料，用途十分广泛。煤炭产品销往国内外市场，精煤产品出口批合格率保持100%，深受日本、韩国客商的好评。非煤产品在满足矿区需要的基础上，大部分已走向社会，并呈现出良好的发展局面。

鲍店煤矿机械化程度为100%，主要生产岗点和办公地点均采用现代化的遥测监控、报警处理和自动控制系统。矿井装备水平和管理水平不断提高，实坝了采掘

鲍店煤矿职工乐园

综合机械化、井下运输连续化、主井提升自动化、安全监控微机化、办公设施现代化。先后建成了现代化矿井、行业特级质量标准化矿井、行业特级高产高效矿井。加强现代化管理，积极与国际惯例接轨，在同行业率先通过了ISO9002质量体系、ISO14001环境体系和ISO10012计量确认体系的审核认证，ISO9002质量体系还在全煤系统首家通过了国内国外两家认证机构联合审核，“质量、环境、安全健康”三体系也实现了整合与一体化运行。1986年6月10日投产以来，原煤产量、全员效率、经济效益连年攀升，2003年，综采队单产超过500万吨，累计生产原煤7520多万吨。

鲍店煤矿坚持两手抓两手硬，矿党委先后获得山东省煤炭系统优秀党委、思想政治工作先进单位荣誉称号，被山东省委命名为先进基层党组织；六好区队建设产生广泛影响，其经验和做法在全国煤炭系统推广，六好区队的创建和实践成果分别荣获1993年度和2000年度中国煤炭工业企业管理现代化优秀成果特等奖，被山东省煤炭管理局党组授予六好区队建设榜样荣誉称号；是山东省文明煤矿示范点，全国煤炭系统首批文明煤矿、环保十佳企业。

调度指挥中心

综采工作面

地址：山东省邹城市
邮编：273513

鲍店煤矿工厂区全景

上海梅山矿业有限公司

梅山公司董事、矿业公司执行董事：焦贤仲

经理、党委书记：贡锁国

瑞典客人来访

通过ISO9001 国际质量体系认证

二期延伸工程开工典礼

进口TORO1400E6 平方米铲运机

上海梅山矿业有限公司是宝钢集团上海梅山有限公司下属全资子公司，位于江苏省南京市西南郊，距南京市中心仅13公里，是国内距大城市最近的大型地下矿山之一，交通便利，具有极好的发展条件。其前身是梅山铁矿，成立于1961年12月，于1995年8月转制为全国冶金矿山中第一家具有独立法人资格的矿业子公司。梅山矿业公司是我国重点黑色金属矿山之一，具有矿体集中、形态规整、储藏量大、品位较高、易于开采等独特的赋存条件。公司具备400万吨的年采选综合生产能力，2003年实现工业总产值6.4亿元，其中非矿产业产值1.4亿元，全员劳动生产率达12.3万元／年。

公司坚持持续改进的管理思想，不断推进管理创新，探索建立了以“不留缺陷，追求卓越”为核心理念的零缺陷管理模式，通过了ISO9001：2000国际质量管理体系认证证书，获得了全国矿业企业十佳厂矿荣誉称号，实现了企业全面协调健康可持续发展。

公司坚持两翼齐飞的发展战略，不断推进非矿发展，形成了硫酸化工、氧化铁红、码头运输、机电加工等非矿产业项目，实现了矿产资源的综合利用，为矿业公司的可持续发展提供了战略支撑。

公司坚持科技兴矿的战略方针，不断推进科技进步，获得了10多项国家以及省市级科技进步奖项，其中“大间距集中化无底柱采矿新工艺研究”课题成果获得国家科技进步二等奖；公司坚持走新型工业化之路，实施了ERP建设项目，建立了办公自动化系统、人力资源管理系统、财务管理系统、物资管理系统等信息化平台。

公司坚持以人为本的发展理念，不断推进素质工程，努力创造人才成长的良好环境，建立了一支适应公司发展要求的员工队伍，其中研究生11人，在读研究生100余人，高级职称人员66人，教授级高工10人，实现了员工和企业的共同发展。

在未来的发展中，梅山矿业公司将坚持成本领先的发展战略，建立和完善现代企业制度，充分发挥技术优势和管理优势，进一步做精做大做强矿产主业，努力建设成为具有持续扩张潜能的国内一流矿业企业。

氧化铁红生产线

矿山夜景

职工休闲场所

摄影：黄东会

西石门铁矿矿区

邯邢冶金矿山管理局

矿山局领导班子

玉石洼铁矿先进的大筒径磁选设备

邯邢冶金矿山管理局，一个诞生于20世纪50年代初期的冶金矿山老企业，从只有一座矿山的“铁锹磨大腿”式的手工开采，发展到现在的机械化大规模开采的国有独资大型黑色冶金矿山采选联合企业，凝聚了几代邯邢矿山人的心血和汗水。53年的风雨历程，铸就了邯邢矿山人独有的文化品质；53年的拼搏奋斗自强不息，展现了邯邢矿山的风采；主产品“邯邢牌”铁精矿，品位高、粒度细、有害元素含量低、全自熔，多次被评“部优产品”，产品质量被国家权威部门评为“达到国际先进水平”；1994年中国500家最大工业企业评价中，邯邢矿山局被国务院发展研究中心、国家统计局等部委评为第438位；中国黑色金属采矿业50家最大企业第1名；河北省最大工业企业第20位。2000年度被河北省评为百强企业；2001年度被河北省评为工业行业综合实力优强企业。财政部财统字正2002[12]号文件，在对中央直属169家企业2001年度综合绩效评价中，该局被评为优良企业(共65家)，在同类型(总资产10亿～100亿元)企业中排名第6位，在冶金行业中排名第2位；2002年度被河北省评为百强企业。2003年，按国家统计局新的企业划分标准，排名大型企业第915位。

撰文：徐延彬

北洺河铁矿主井

西石门铁矿内燃式铲运机出矿

济南钢城矿业有限公司

执行董事、经理　　张省军

公司生产厂区

公司夜景

济南钢城矿业有限公司是济钢集团下属子公司，年生产能力50万吨原矿，33万吨铁精粉。公司地处济南东郊，交通十分便利。地下铁矿石保有储量1602万吨，可采储量507万吨。主导产品铁精粉品质优良，Fe品位在66%以上，是炼铁的优质原料，副产品硫钴精矿是制酸的良好原料。

针对矿山水文地质条件复杂，涌水量大的状况，先后实施了大、小帷幕注浆堵水工程，该技术填补了国内空白，达到世界领先水平。在国内黑色矿山首家使用了全尾砂胶结充填工艺技术。使矿山形成了采、选、充互为依托、综合平衡的全闭路循环系统。建成了国内首家绿色环保无尾矿山，取得了较大的社会和环境效益。

2001年实施了矿山ERP系统。2002年完成了ISO14001环境管理体系认证和OSHMS职业安全健康管理体系认证工作，实现了与国际市场接轨。进一步提高了企业形象，提升了管理水平。同时，顺利实施了“一矿两厂”的发展战略，在精强主业的同时，不断加大非矿产业开发力度，2003年和2004年，先后建成洗煤厂、三期选矿与洗矿工程，并取得了显著效益，全部达产后可增加产值7亿多元，从而为矿山快速、持续发展增添了后劲，奠定了坚实的基础。

公司坚持“可尊、可信、共创、共赢”的企业核心价值观，不断培育市场观念，提高企业经营管理水平，实施市场化战略和低成本战略，公司实力不断壮大，正在向环境优美、健康高效、全国一流的绿色环保矿山迈进。

地址：山东省济南市工业北路
历城火车站西
邮编：250101
电话：0531-8860139
传真：0531-8984334

环境优美的生活区

矿办公楼

北京首钢铁矿

北京首钢铁矿始建于1959年，1970年建成投产。是具有采矿、选矿、竖炉焙烧连续作业，具有独立法人资格的中型矿山企业。矿区内矿石资源十分丰富，累计探明矿石储量达1.4亿吨。本期设计可利用储量2125万吨，以后仍有1.2亿吨的矿石资源有待开发。企业主要产品为铁精粉和氧化球团矿。产品性能稳定，质量优良。其中精矿品位≥67.5%；球团矿全铁品位大于64.5%。现有生产能力为年生产铁矿石100万吨，氧化球团矿35万吨，精矿粉30万吨。

多年来，企业曾获多项荣誉称号。其中：1992年至今，铁精粉曾四次获得北京市优质产品奖；1988年企业被北京市经委授予设备管理先进单位；1989年被市经委授予设备管理一级企业；1990年获首都绿化美化花园式工厂称号；1993年被冶金部评为“清洁工厂”；1995年被评为“全国环境保护先进企业”；1996年被北京市评为“八五”期间环境保护先进单位。

为了企业的可持续发展，充分利。用得天独厚的矿产资源条件，目前，企业已着手进行采矿三期扩建设计，届时，采矿能力将从现在的100万吨／年提高到150～200万吨／年；氧化球产量将从35万吨／年，提高到50～70万吨／年。

从新世纪之初至今，企业积极应对市场经济带来的严峻挑战，不断深化改革，开展了体制创新、技术创新和管理创新活动，进行了主辅分离、辅业转制、技术改造和对标挖潜等一系列工作，企业效益稳步上升，亏损逐年减少，使企业在三年内向前迈出了三大步，截止到2003年底，企业彻底摆脱了困境，实现了扭亏为盈的目标。

随着市场经济的不断发展，国企改革的不断深入，企业：将认真贯彻落实党的十六大精神，逐步建立和规范现代企业制度，努力提高企业竞争能力。

北京首钢铁矿大门

●法人代表、矿长：李景顺 ●电话：010–61031673 ●传真：010–61031335转6514
●地址：北京市密云县巨各庄镇 ●邮编：101501

北京云冶矿业有限责任公司

（原北京云冶冯家峪铁矿）

北京云冶矿业有限责任公司地处密云库北，距密云县城45公里，北接滦平，西抵怀柔，东与京承高速接壤，紧邻京局怀北段燕落火车站，交通便利，地理位置优越。

我公司年设计生产铁精粉为26.5万吨（平均品位66.5%以上），年采剥总量280万吨，现有职工680人，各类工程技术人员38名，拥有各类大型生产设备130台套，是集采、运、选矿为一体的综合性矿业实体。

结合市场需求，我公司在生产高品质铁精粉的基础上，投资200余万元生产磁性材料的超细铁精粉生产线也已投入使用，并达到了产品技术指标要求。

北京云冶矿业有限责任公司自1985年筹建，1990年试生产至今，在密云冶金矿山公司党委的正确领导下，全公司干部职工发扬艰苦奋斗、勇于奉献精神，双文明建设均取得了可喜成绩，创造了矿山生产的一个又一个奇迹。几年来累计上缴国家税收400余万元，带动了地方经济的发展繁荣。2002年被中国冶金矿山企业协会等三家单位联合评为“首届全国十佳厂矿”，董事长、总经理钱有政被评为“十佳厂矿长”。

地址：北京密云冯家峪镇
冯家峪村
邮编：101515
电话：010-81060533
传真：010-81060533

矿办公大楼全景

齐大山铁矿

矿长：张兆元

矿党委书记：王向东

采场一角

齐大山铁矿是鞍钢生产的重要原料基地之一，集采矿、选矿、发电为一体，是目前国内规模最大，现代化水平最高的铁矿山，总占地面积达11215522平方米。自2000年1月1日正式运行以来，齐大山铁矿把企业发展目标定位在建设绿色数字化矿山上，以事事追求零缺陷，时时塑造新形象为理念，坚持一手抓生产经营，一手抓绿化美化，在矿山生产经营取得跨越式发展的同时，矿区生态环境得到了根本的改善，已完成绿化面积221.2万平方米，完成可绿化面积的33.17%，完成排岩复垦区域105万平方米。被誉为鞍钢东方一道亮丽的风景线。被辽宁省确定为排岩复垦示范基地。

选矿生产现场

矿用154吨电动轮汽车

齐大山铁矿厂区外景

中国冶金矿业总公司

中国冶金矿业总公司(CMMC)(以下简称总公司)成立于1986年，隶属于国务院国有资产监督管理委员会。其前身为原冶金工业部矿山司，是全国冶金矿业企业的主管部门。国家机构改革后，成为原冶金工业部的直属大公司。目前，全国大型钢铁企业的鞍钢、本钢、宝钢、武钢、邯邢、鲁中等12家都在总公司有股份，总公司拥有全资子公司10家、分支机构2家、参、控股企业8家，经营范围横跨多个领域；总资产评估超过5亿元人民币；拥有各类专业技术人员200多名。

总公司的宗旨是：为中央国家机关服务，为社会各界服务，立足矿业，多种经营，全面发展。在这一宗旨指导下，经过十多年的艰苦创业，公司已发展成以进出口贸易为主营方向，国内、外矿业投资为龙头，矿产品延伸加工为支柱；集贸易、科研、建设、生产为一体的综合性、多功能、实业化企业。

总公司为适应市场国际化的进程，凭借国内矿山开发的优势和基础，积极参与国内外矿山投资和开拓矿产品市场。自1986年成立以来在开发矿业的基础上，全方位开拓市场业务领域不断扩大。公司将在现有实业的基础之上，继续走“开发矿山多种经营”(北京市市长、原冶金部部长刘琪同志为总公司题词)之路。

目前总公司的主要经营范围是：自营和代理各类商品及技术的进出口业务；国内、外矿业投资；矿产品的深加工、销售；矿山应用技术开发、矿山设备、机械销售；冶金企业安全环保、污水处理工程建设、节能工程改造；高新技术开发、咨询、服务和其他矿产品销售。

总公司目前主要经营的产品有：钢铁炉料产品开发与经营；矿用轮胎消耗优化控制；冶金耐火材料、锰系列产品、工业炉窑耐高温垫块、金属磁性衬板、矿用汽车、励磁柜等产品的生产经营。

鞍钢集团弓长岭矿业公司

年产200万吨的第一条球团矿生产线

鞍钢集团弓长岭矿业公司地处辽宁省辽阳市弓长岭区，占地55平方公里。现有19个基层单位，职工1.33万人。年产铁矿石900万吨，铁精(粉)矿生产能力500万吨，球团矿400万吨，是集采、运、选、烧生产，设备加工制造，非矿产业开发等为一体的大型冶金矿山联合企业。

近几年来，该公司坚持“高起点、少投入、快产出、高效益”技改方针，全面实施“挑战世界一流水平，打造国内一流矿山”战略，完成了“提铁降杂”高效预选工艺改造，年减少废石入磨量100万吨左右，年增产铁精矿27.26万吨，新增效益5700万元。经省级鉴定，该工艺及所研制的设备为国内首创，达到国际领先水平；实施“提铁降硅”反浮选工艺改造，“在我国冶金矿山引发了一场提质风暴”，铁精矿品位由改造前的65.5%提高到68.8%，SiO_2含量由8%以上降低到4%以下，产品质量达到世界一流水平，该项2003年荣获全国冶金行业科技进步特等奖；建设了两条200万吨链箅机—回转窑球团矿生产线，其中第一线自2002年8月26日开工，到2003年10月15日竣工，日产达6280吨，相当于年产230万吨水平，超过了200万吨的设计水平，铁品位达到64.46%，SiO_2含量控制在5.87%，优于国内同类产品，可与印度、加拿大球团矿相媲美，创造了“投资最少、建设期最短、达产期最快、投资回报期最高”四个国内之最。

优雅的居住环境

露天采场

铁路运输

选矿生产线

南京钢铁集团冶山矿业有限公司

公司法人代表：张迪民　地址：南京市六合区冶山镇　电传：025-57570435　邮编：211523

南京钢铁集团冶山矿业有限公司（原江苏冶山铁矿），位于南京市六合区境内。冶矿始建于1957年，是一座铁、铜、钴、硫、硼综合利用，具有地、采、选、运、机电修造配套成龙，具有轧钢、冶金辅料（轻烧白云石、活性石灰）、带式输送机系列、高低压开关柜系列、劳保用品、建筑安装、爆炸复合材等综合生产、加工、制造能力的全国地方骨干铁矿。2003年，生产铁精矿35万吨，自熔粉矿9万吨，活性炭10万吨，轻烧白云石4.6万吨，实现工业总产值2.6亿元，利税1700万元。

目前，矿业公司职工总数1300人，其中科技人员211人。2003年10月，改制成非国有控股企业的新"南京钢铁集团冶山矿业有限公司"正式挂牌。改制后，新的冶山矿业有限公司弘扬"敬业、诚信、团队、创新"的企业精神，遵循"为客户创造价值，为员工创造机会，为社会创造财富"办企宗旨，进一步发挥矿业优势，提升矿业竞争力，面向全国开发矿业市场；另一方面巩固冶金辅料、带式输送机系列、高低压开关柜系列、劳保用品等非矿产业市场，服务集团求生存，开拓市场求发展，将公司做成具有一定发展后劲和竞争力的综合性矿山企业集团，推进企业跨越式发展。

桦甸市建龙矿业有限责任公司

桦甸市建龙矿业有限责任公司是吉林省较大的冶金矿山企业。

公司属地矿产资源丰富，金银铜铁铅等多种金属，特别是金、铁储量很大。现已探明的铁矿石储量3000万吨，可延长矿山服务年限60年。

桦甸市建龙矿业有限责任公司对原铁矿进行了技术改造，扩大了生产规模，提高了生产能力。现已形成采、运、选配套成龙的机械化生产线，生产系统完善，辅助设施配套齐全，年处理矿量90万吨，年产铁精粉48万吨，品位67%以上的新型矿山。

桦甸市建龙矿业有限责任公司在生产经营过程中，始终坚持以人为本，以效益为中心，以奖励机制为动力、紧紧围绕生产，很抓企业管理，不断提高经济效益，三年迈了三大步，一年一个新台阶。

2003年度实现销售收入6597万元，实现利润3686万元，上缴税金908.1万元，创历史最好水平。

桦甸建龙矿业有限责任公司曾于2003年获得桦甸市委市政府"纳税优秀企业"，吉林市政府"50强民营企业"，吉林省"诚信企业合法权益重点保护单位"，"维护市场经济秩序信用承诺单位"等荣誉称号。

发展才是硬道理。桦甸市建龙矿业有限责任公司的远景发展规划：本着高起点、大跨度、跳跃式发展、把企业做大做强的思路，在现有的基础上，以铁矿为主，整合其他矿山，扩大自己的经营规模，形成自己集团优势，走规模发展的路子，不断加大科技投入，加强技术改造，以达到规模效益。届时，年处理矿量将达到250万吨，铁精粉年产量可达到100万吨，销售收入将达到4.7亿元。

包头市达茂旗石宝铁矿有限责任公司

公司董事长兼总经理：李志强

石宝铁矿位于呼(呼和浩特)百(百灵庙)公路100千米处，距旗政府所在地63千米，包头市197千米。铁矿始建于1988年，靠14.5万元扶贫款起家，经历了乡镇集体企业、国有集体联营企业、国有控股企业、民(私)营企业四个发展阶段。公司法人代表：李志强。公司现有总资产2.01亿元，净资产1.04亿元，注册资本6380万元，拥有员工1000多名。

公司已成为具有一定规模的采、选、冶、造联合加工企业。现有露天采矿场一座，远景地质储量为1.7亿吨，设计境界内现有矿石储量4000多万吨。原矿石平均品位TFe34%左右，目前年采矿量达320万吨，属矿岩采剥总量近1100万吨的大型中档企业。有选矿厂5座，年生产铁精粉60万吨，铁精粉品位TFe64%以上，粒度至−200目为75%以上，产品无氟低硫低磷($S<0.006\%$，$P<0.18\%$)，是炼钢的优质原料。公司同时具备年产生铁20万吨、铸造1万吨的生产能力。

企业经过16年的艰苦创业，从小到大，由弱到强，自我滚动发展，铁精粉年产量从建矿初的3万吨增加到现在的60万吨。工业产值、销售收入、实现利税都有很大幅度的增长，累计上缴财政3亿多元，已真正成为达茂旗财政的重要支柱，包头市工业战线的排头兵、自治区纳税百强企业、自治区最大的地方铁精粉生产基地。公司曾先后荣获自治区优秀企业等荣誉称号50多(项)次。企业法人代表曾获自治区劳动模范、全国劳动模范殊荣。

公司采矿场

公司地址：包头市达茂旗石宝工业园区　联系电话(传真)：0472－8311311　邮编：014511　法人代表：李志强

镇江韦岗铁矿有限公司

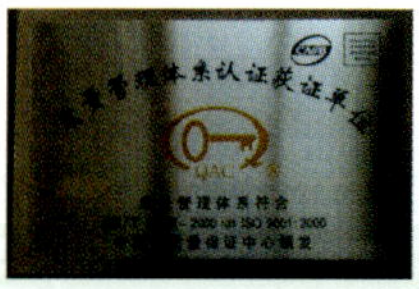

镇江韦岗铁矿有限公司是江苏省惟一的黑色金属后备矿山，在册职工1413人，专业技术人员140人，管理部门4个，下设采矿分公司、选矿分公司、化工分公司、运输分公司、温泉开发分公司、尾矿综合利用分公司及100万吨的进口矿加工基地等16个分公司。主要生产铁精矿粉、硫酸、半胱胺盐酸盐、尾砂制品等。年销售收入3个亿，利税1500万元。企业先后荣获省级“文明单位”、市级“经济建设先进单位”、“科技进步先进单位”、“诚信纳税先进单位”、“缴纳养老保险先进单位”、“先进基层党组织”、“五好党组织”等光荣称号，并被授予镇江市建市50年来惟一的安全工作二等功，企业环境行为蓝色单位，连续10年重合同守信用单位。企业发展前景十分广阔，正向江苏矿粉大王的目标迈进。

地址：江苏省镇江市镇句路韦岗镇　　邮编：212113

北京华夏建龙矿业科技有限公司

总经理：苑占永

宝通矿业

宽城建龙铁矿二分厂

北京华夏建龙矿业科技有限公司隶属建龙钢铁集团，注册资本1亿元，位于北京市丰台区南四环西路188号总部基地2区3号楼9层。这里交通便利，信息畅通，享受国家级高新技术产业园区的财政税收和金融等优惠政策，

公司是以矿业开发为主体，集铁矿采选、煤炭开发、有色金属开采为一体的成长型公司。公司现有资产总量10个多亿元，拥有矿山22个，资源占有量10亿吨。目前已投产的14个铁矿，具备年产铁精粉300多万吨的生产能力，另有2个煤矿处于边生产、边建设时期。

铁矿石作为钢铁生产的主要原料，目前国内自给率仅为60%左右，其余需进口解决，尽管国内铁矿石产量有所增长，但远不能满足市场不断提高的需求水平，到2005年预计国内钢铁企业进口矿的需求量达1.8亿吨以上。北京华夏建龙正是利用市场的有利时机，抓住机遇，大胆构思实现跨越式发展，根据公司发展规划，在为建龙钢铁集团所属的钢铁企业提供有力资源支持的同时，不断发展壮大，占有并合理利用资源，推动中国矿业的发展。为此，公司确定了近年的发展规划—矿产资源：铁矿资源国内占有40亿吨，国外占有5亿吨；煤炭、有色金属、非金属矿资源国内占有分别达到25亿吨、4000万吨和10亿吨。产品产量：铁精粉产量1000万吨，煤炭年产600万吨，有色金属年产6万吨，非金属矿20万吨。销售收入达到50亿元。同时不断掌握当前世界先进的采选工艺技术和设备，依靠科技进步降低生产成本，在新建和技术改造项目中，积极引进和推广国内外先进的设备和工艺，建立环保型花园式矿山。

吉林省九台市沸石矿业有限公司

吉林省九台市沸石矿建于1980年，是我国东北地区储量大、品位高的大型非金属矿山，储量6800多万吨，具有20多年的开采历史。矿区位于吉长公路北线，九台市一营城煤矿之间，交通方便。

2000年矿山由地方国营转为民营，组建了吉林省九台市沸石矿业有限公司。目前公司共有员工80余人，具有大中专学历的工程师、管理人员10余人，年采矿能力为20万吨，生产200目以下各种粒级的沸石粉3万吨/年。公司持有吉林省地质矿产局地质勘探报告和中华人民共和国采矿许可证，采矿具有科学性和合理性。

公司地址：吉林省九台市九营大街1号

电　　话：0431-2325242

传　　真：0431-2339333

邮　　编：130500

东鞍山烧结厂

远瞻东烧厂厂房全貌

- 东鞍山烧结厂精神：

  创精品、争一流、顾大局、求发展

- 东鞍山烧结厂经营目标：

  建设精品基地，打造一流企业

东鞍山烧结厂位于辽宁省鞍山市千山区。是我国自行设计、施工的第一个大型贫赤铁矿浮选、烧结联合生产企业。该厂于1958年建成投产，厂区占地465.3万平方米，固定资产原值9亿元，净值5.9亿元。从1999年～2003年，该厂先后投资近5亿元，进行烧结酸性小球改造、冷矿工艺改造、一选工艺改造和烧结点火器改造等技改工程。淘汰了原有前苏联的4台75平方米烧结机，成功破解了多年来困扰选矿界的贫赤铁矿选别难题，目前已拥有360平方米烧结机、BFII−16浮选机、P30/10−C陶瓷过滤机、SGMB160/7隔膜泵、ф1200旋回粗破碎机，ф2100标准型中破碎机，ф2101型短头细破碎机等生产设备。达到了年处理铁矿650万吨，生产铁精矿207万吨，烧结矿365万吨的生产能力。

反浮选工艺生产系统

到2003年末，该厂有职工2476人。全年完成工业生产总值13.97亿元，实现利润7753.2元。生产烧结矿306.9吨，品位达到60.21%，碱度为0.731倍，产品合格率和一级品率达到86.59%、73.73%，生产铁精矿161.5万吨，品位达到65.97%。企业千人负伤率为零，粉尘合格率完成84.8%。在尾矿输送系统采用高压浓度一级泵站一级输送，实现污水回收再利用，生产用水比改造前节约60%，结束了45年向辽河的杨柳河段注入尾矿废水的历史。为了降低能耗，减少污染，淘汰了原有的重油点火方式，采用了无污染、费用少、能耗低的煤气点火，实现了企业和地方双赢。按照建设绿色生态矿山要求，大力实施绿化复垦工程，把沙尘肆虐、寸草不生的尾矿库区，建成风光秀美的绿色生态景观园林，得到了国家部委、省、市的高度评价。

新建的尾矿隔膜泵系统

360平方米烧结机正在生产中

金堆城钼业公司

总经理：马宝平

金堆城钼业公司位于陕西华县境内，是集采矿、选矿、冶炼、加工、化工、科研、贸易为一体的大型联合企业，年产钼金属约1.5万吨，为中国钼行业之首。公司现拥有固定资产22亿元，下属有露天矿、选矿厂、钼炉料产品部、钼精细制品厂、华钼新材、金钼科技、技术中心等二十多个二级单位，并设有专门的采矿、选矿、地质研究室，拥有钼化工、钼金属省级技术研究中心、国家博士后流动工作站，在钼生产技术的基础研究和新产品开发方面保持中国领先水平。曾荣获全国五一劳动奖状、全国环境保护先进单位、陕西省质量效益型先进企业等国家和省部级荣誉称号。

产品有钼炉料、钼化工、钼金属三大系列20多个不同品种，其中钼炉料产品有普通钼精矿、低铅钼精矿、高品质钼精矿(含钼57%)、焙烧钼精矿、高溶氧化钼、氧化钼压块、钼铁；钼化工产品有钼酸铵、高纯三氧化钼、高纯二流化钼、有机钼、钼酸钠；钼金属产品有钼粉、钼棒材、钼杆、钼板材、钼异型件、钼丝等制品。主导产品80%以上出口，在全球拥有14%的市场占有率，远销欧洲、美洲、澳洲和亚洲等20多个国家和地区，JDC品牌在国内外享有盛誉。

金堆城钼业公司以诚信求商誉，以共赢求合作，以互利求发展，以强烈的质量意识追求世界一流。

百花岭磨浮车间

百花岭选矿全貌

露天矿

3000吨钼酸铵车间

广西高峰矿业有限责任公司

董事长：邓熙骅

广西高峰矿业有限责任公司(下称高峰公司)是一家国有股份制大型矿山企业，1997年元月由原高峰锡矿改制成立，柳州华锡集团有限责任公司、广西投资集团有限公司、南丹县南星锑业有限责任公司、广西广河金属有限公司、五矿有色金属股份有限公司为公司的五家股东，公司现任董事长邓熙骅，总经理黎全。

党委书记：邹飞　　总经理：黎全

高峰公司地处广西河池市南丹县大厂镇境内，是大厂国家规翅矿区100号矿体的惟一合法开采权人，采用竖井、斜井、盲斜井、斜坡道联合开拓，竖井JKMD3X4型提升机采用了德国西门子公司进口的电控设备，井下运输、破碎、凿岩等进口有法国、加拿大、美国的多台铲运机、破碎机和凿岩台车，井下各系统完善，设备先进，现已形成采选1100吨／年、充填20万立方米／年的生产能力，公司现有资产总额为3.57亿元，主要产品有锡精矿、铟锌精矿、铅锑精矿，选矿回收率处于国内同行领先水平，产品质量稳定，信誉好，销售渠道通畅，从无产品积压，且有储量丰富的矿产资源作保证。

办公大楼

高峰公司现有职工1038人，含工程技术人员100人。具有高级技术职称的6人、中级技术职称的42人、初级技术职称的69人；具有博士1人，硕士研究生学历的6人，本科学历的46人、大中专学历的82人；还拥有经济、统计、会计等专业人员38人。经过多年的科学规范管理，公司目前已形成完善的生产经营管理体系，机关科室办公管理基本实现电脑化，特别是财务管理、科技管理、设计制图、公文管理全部实现电脑化。公司内部网络可随时联接互联网查询各种市场信息、物资采购信息和有关技术资料等，为公司的管理提供服务.

山城夜景

选厂厂房

竖　井

江苏船山集团

江苏船山集团的石灰石矿山始建于1967年，1973年建成投产。1978年经原国家冶金部批准作为上海宝钢配套工程，分两期进行扩建，于1991年全部竣工投产。现已形成年采剥总量1200万吨，其中原矿800万吨的规模生产能力，成为宝钢、马钢等大中型钢铁企业和环保企业的辅料及水泥、建材行业的重要原料基地，是“中国100家最大非金属矿采选业企业”。近年来，船山集团通过资产重组和引资合营、合作等，相继组建了镇江船山模架厂、江苏船山集团有限责任公司、江苏船山矿业股份有限公司、镇江船山建材有限责任公司、镇江船山环保材料有限公司等一批全资、控股、参股企业。还与台湾嘉兴水泥集团、浙江金宇铝业公司共同投资设立了江苏联合水泥有限公司和江苏鹤林水泥有限公司。集团经营范围从非金属矿采掘扩展到水泥、建材、机械制造等领域，形成了主导产品包括熔剂石灰石、水泥石灰石、环保石灰石、水泥、模具标准件、建筑集料和新型墙体材料在内的多系列、多品种的产业格局。集团已连续十六年荣获镇江市、连续八年荣获江苏省“重合同守信用企业”称号。2003年度被中国工商行政管理总局授予“守信用重合同”企业称号。同时，被中国工商银行、建设银行江苏分行授予“特级信用企业(AAA)。

金川集团有限公司

李永军总经理

一、公司基本情况

金川集团有限公司位于甘肃省河西走廊东段中部的金昌市内，是采、选、冶配套的大型有色、化工联合企业，生产镍、铜、钴、铂族贵金属、金、银、原料化工等产品及相应的系列深加工和盐类产品，是国内最大的镍钴铂族金属生产企业，也是中国北方最大的铜生产企业。镍和铂族金属产量均占国内总产量的90%以上。目前已形成年产镍7.5万吨、铜12万吨、钴2200吨、铂族贵金属2500千克及75万吨无机化工产品的综合生产能力。

2003年，公司实现营业收入82亿元，比上年增长61%；实现利税总额14.1亿元，其中利润6.2亿元，分别比上年增长80%和118%。利税总额连续四年居全国有色金属工业企业前列。生产镍产品6.05万吨、铜产品10.3万吨、钴产品1509吨、铂族金属1500吨、硫酸48.8万吨，分别比上年增长16%、46% 、25%、35%和21%，镍产品产量位居世界同类企业第六，铜产品产量居国内第五位。截至2003年底，公司累计产镍76.5万吨、铜50.5万吨、钴10799吨，累计上缴税金60亿元，实现利润54亿元。

二、矿产资源状况

金川镍矿是世界著名的超大型多金属共生硫化镍铜矿床。矿石中除镍、铜之外，还伴生有钴、铂、钯、金、银、锇、铱、钌、铑、硒、铁、硫等有价元素。截止2000年底，累计探明和拥有的矿石储量5.2亿吨，镍金属储量550万吨，位居国内第一、世界同类矿床第三；铜金属储量近343万吨，居国内已开发铜矿第二位，钴金属储量16万吨，居国内可开发利用钴资源的首位；铂族金属储量近200吨，居国内第一位。经过40多年的开采，目前保有矿石储量4.4亿吨，占原矿石储量的85%以上，其中镍金属保有储量460万吨，占全国保有镍资源储量的78.6%，仅富矿服务年限在50年以上；铜金属保有储量290万吨，钴金属保有储量13万吨，金、银等其他贵金属的储量也在国内居重要地位。根据国内外成矿理论和近年来地质找矿取得的成果，揭示金川矿床的深、边部及外围存在巨大的找矿前景。据推测，金川矿区可新增镍金属储量100万吨，铜金属储量50万吨。

公司领导班子

赤峰大井银铜矿

赤峰大井银铜矿位于内蒙古自治区林西县境内，始建于1976年，原为地方国营矿山，1984年元月上收为中国有色金属工业总公司直属企业。2000年7月下放内蒙古自治区管理。矿山综合生产能力为450吨/日采选生产规模。年产精矿含铜1800吨，含锡180吨，含银8500公斤，精矿含金10公斤，工业总产值4000多万元。企业拥有资产6000万元，在职职工1700人。自建矿以来已累计生产精矿含铜28,300余吨，锡3112吨，银156.1吨，上交税金4519.3万元。

党委书记、矿长张德庆

1998年以来，由于受有色产品市场价格大幅度下滑等因素的影响，企业陷入濒临破产的困境。面对严峻的困难，在矿长、党委书记张德庆的带领下，全矿上下进行了风险抵押租赁经营、辅业剥离、科室合并等项改革。1999～2001年顺利完成了企业三年脱困的奋斗目标，并偿还企业历史上拖欠的税金、电费银行利息等各项债务近4000余万元。2000～2003年生产经营连创历史最好水平，其中：2003年完成铜含量2268.8吨、锡含量251吨、精矿含银11.5吨，实现工业总产值5000万元，实现利税570万元。

矿办公大楼

庆“国庆”职工歌咏比赛

电话：0476—5505022
传真：0476—5505015
地址：内蒙古自治区赤峰市林西县
邮编：025250

矿山职工田径运动会

选矿车间浮选工艺

表 6　　全区矿产资源实际生产情况统计表　　单位:个、人、万吨(万平方米)

序号	矿产名称	矿山数量		从业人数		年产矿石量	
		2002 年度	2003 年度	2002 年度	2003 年度	2002 年度	2003 年度
	总计	4656	4638	278756	275415	固体:17462.16 万吨 石油:81.8 万吨 液体:32.90 万立方米	20779.707 万吨 83.650 万吨 8.345 万立方米
1	煤	1190	1158	143006	136362	9850.934	12197.499
2	石油	2	2	2309	2968	81.80	83.650
3	油砂		1		10		0.000
4	地热	2	2	23	42	3.700	3.700
5	铁矿	151	162	12596	13625	1255.297	1585.945
6	锰矿	5	3	135	75	0.500	1.200
7	铬铁矿	2	2	90	60	0.600	0.550
8	铜矿	28	29	4529	5110	110.930	126.472
9	铅矿	42	41	1823	3690	14.127	36.870
10	锌矿	20	24	7506	7676	102.500	174.709
11	镍矿		1		52		0.500
12	钨矿	2	2	222	198	5.080	9.255
13	锡矿	2	2	20	20	0.000	0.000
14	钼矿	4	5	58	140	0.440	0.250
15	砂金	7	4	490	340	102.293	69.071
16	金矿	92	105	11867	11272	112.252	118.613
17	银矿	10	11	720	1174	3.093	5.153
18	铌钽矿	1		0		0.000	
19	锗矿	1	1	106	106	1.228	1.290
20	硅线石	3	3	23	23	0.200	0.100
21	菱镁矿	1	1	15	30	0.000	0.500
22	萤石(普通)	40	54	798	1483	9.608	21.229
23	熔剂用石灰岩	2		1127		87.850	
24	冶金用白云岩	15	15	492	537	58.600	52.000
25	冶金用砂岩	1		2		0.000	
26	冶金用石英岩	41	97	174	863	7.958	323.830
27	冶金用脉石英	34	31	213	250	12.300	6.345
28	铸型用砂	18	16	783	781	20.913	25.263
29	耐火粘土	3	3	32	35	0.450	0.200
30	硫铁矿	3	3	536	806	35.000	45.000
31	芒硝(含钙)	38	32	1384	1631	76.500	90.120
32	天然碱(Na_2CO_3)	45	38	3509	3259	218.543	197.293
33	电石用灰岩	14	13	1529	1618	30.900	58.000

续表 6－1

序号	矿产名称	矿山数量		从业人数		年产矿石量	
		2002 年度	2003 年度	2002 年度	2003 年度	2002 年度	2003 年度
34	制碱用灰岩	98	98	1047	830	62.770	70.250
35	泥炭	1		16		0.500	
36	湖盐	7	6	3887	3497	159.605	163.000
37	天然卤水	2	1	31	4	1.700	1.670
38	磷矿(主矿、共生矿)	1	1	0	0	0.000	0.000
39	石墨	14	19	853	2727	35.120	134.070
40	工艺水晶		1		5		0.000
41	硅灰石	4	7	38	93	0.200	0.100
42	滑石	1	1	30	18	3.900	4.500
43	云母	3	3	20	11	0.000	0.008
44	长石	3	6	55	60	0.700	1.010
45	电气石	1		30		0.000	
46	石榴子石	7	7	122	65	0.330	5.030
47	叶腊石	14	15	384	452	3.621	3.440
48	透辉石	1	2	10	10	0.010	0.210
49	蛭石	2	2	35	35	0.100	0.500
50	沸石	13	15	219	230	3.170	5.657
51	透闪石		1		10		0.000
52	石膏	53	56	967	870	36.276	38.797
53	方解石		1		10		0.210
54	玛瑙	2	2	20	56	0.002	0.001
55	水泥用灰岩	144	148	6587	7501	432.047	914.557
56	建筑石料用灰岩	94	103	1433	1395	1046.363	262.853
57	饰面用灰岩	1	1	8	8	0.000	0.000
58	制灰用灰岩	153	157	1447	1931	71.536	74.280
59	玻璃用白云岩	1	2	0	29	0.000	1.250
60	建筑用白云岩	5	4	28	47	1.625	17.043
61	玻璃用石英岩	2	3	5	6	0.170	0.350
62	水泥配料砂岩	3	2	35	50	1.300	5.300
63	砖瓦用砂岩	10	10	97	105	0.816	1.872
64	玻璃用砂	16	14	867	753	68.572	39.420
65	建筑用砂	208	214	2732	2023	512.606	873.536
66	水泥配料用砂		1		20		4.000
67	砖瓦用砂	2	1	256	150	2.400	2.400
69	玻璃用脉石英	3	3	73	58	0.772	2.160

续表 6－2

序号	矿产名称	矿山数量		从业人数		年产矿石量	
		2002 年度	2003 年度	2002 年度	2003 年度	2002 年度	2003 年度
70	硅藻土	2	2	135	135	0.260	0.240
71	砖瓦用页岩	3	3	82	40	13.650	11.550
72	水泥配料页岩	3	3	34	44	5.000	5.400
73	高岭土	29	36	303	295	3.200	11.720
74	陶瓷土	6	4	48	70	1.350	1.350
75	伊利石粘土	1	1	7	0	0.010	0.000
76	膨润土	24	27	1000	917	26.730	18.380
77	砖瓦用粘土	960	905	45624	42741	1594.516	1506.428
78	水泥用粘土	8	10	124	125	24.880	25.170
79	水泥配料红土	3	3	39	39	1.600	1.600
80	建筑用橄榄岩	4	4	340	296	23.126	13.346
81	铸石用玄武岩	15	19	309	390	0.970	4.370
82	岩棉用玄武岩	2	2	240	220	8.100	7.001
83	饰面用辉绿岩	144	146	1003	810	2.232	3.636
84	建筑用辉绿岩	32	30	689	570	97.650	64.962
85	建筑用安山岩	85	86	1745	1429	118.690	443.742
86	建筑用闪长岩	134	158	744	1592	148.902	307.502
87	建筑用花岗石	317	202	3508	2336	708.562	396.210
88	饰面用花岗岩	38	55	572	975	4.849	15.458
89	麦饭石	2	2	65	45	0.218	0.018
90	珍珠岩	14	14	940	837	8.500	8.470
91	黑曜岩	1	1	0	0	0.000	0.000
92	浮石	1	2	20	40	5.000	3.200
93	铸石用粗面岩	12	5	184	154	1.985	3.204
94	水泥用凝灰岩		1		5		0.000
95	建筑用凝灰岩	65	79	1267	1231	72.730	106.156
96	水泥用火山灰		1		20		0.000
97	饰面用大理石	3	3	10	55	0.216	0.043
98	建筑大理石	12	11	59	60	16.227	17.145
99	水泥用大理石	5	5	103	103	8.700	4.500
100	矿泉水	43	40	2113	2261	29.201	4.635

【矿山企业实现利润】 全区各类矿山企业 2003 年度共上缴税金 17.3558 亿元，比 2002 年增加 8.4858 亿元，增长率 95.67%。不计 120 个亏损企业，全年盈利矿山企业全年度利润总额达 16.2923 亿元，占全国矿山企业利润总额(1416.64 亿元)的 1.15%，位居全国第 14 位。2003 年度全区矿山利润总额，比 2002 年度增加 5.3505 亿元，增幅为 56.14%。盈亏相抵后，净利润 14.8805 亿元，按净利润计算，矿业产业销售利润率为 10.41%，销售利税率为 22.55%。

2003 年，全区完成矿业总产值 149.44 亿元，占全区重工业总产值7.14的%；占全国矿业总产值(5967.54亿元)的2.50%，位居全国第11位。与2002年相比，增加了31.69亿元，增长率27.54%；内蒙古自治区矿业产值突破亿元大关的矿山企业29家，合计产值79.84亿元，占全区完成矿业总产值的54.41%；销售收入在500万元规模以上矿山企业273家，比2002年增加20家，增长率7.91%，实现矿业总产值128.41亿元，占整个矿业总产值146.74亿元的87.51%，是自治区矿业的主体。

2003年，全区12个盟市的矿业开发6项生产、经济指标情况很不均衡。除矿业从业人员，赤峰市(8.12万人)居全区第一位之外，其他五项指标的全区第一位，均由鄂尔多斯市包揽。其中，矿山企业数量1066个，占全区的22.98%；年产矿石总量7237.71万吨，占全区的34.45%；矿业总产值39.45亿元，占全区的26.88%；利润总额10.25亿元，占全区的68.88%；上缴税金4.98亿元，占全区的28.69%。

全区共有12家同时突破矿业总产值超亿元、利润和税金总额超千万元大关的重点矿山企业。而矿石产量占全国比重最大的矿产为化工原料非金属矿产，主要分布在鄂尔多斯市、锡林郭勒盟及阿拉善盟。其中，天然碱和湖盐年产矿石量分别达197.29万吨、163.00万吨，占全国天然碱210.96万吨、湖盐341.31万吨矿石总量的93.52%和47.80%。

【矿山企业储量占用情况】 截至2003年底，全区各类矿山企业共占用各类矿产基础储量合计为426.97亿吨，采出矿石量1.94亿吨(不包括石油和水气矿产)，损失矿石量6200.26万吨。与2002年相比，全区矿石采出量、损失量及年末保有总量分别增长了15.48 %、27.96%、33.06%。其中，煤炭全年采出矿石量1.16亿吨、损失矿石量4584.97万吨、年末保有矿石量143.78亿吨，占全区年度各类矿产采出矿石总量的43.94%、损失矿石总量的73.95%、年末保有矿石总量的33.67%。其他各矿产采出、损失、年末保有量的具体情况，详见表7。

表7 各种矿产基础储量采出、损失、年末保有及占有量统计表

项目名称	单 位	采出矿石量	损失矿石量	年末保有矿量
煤	千吨	115937.62	45849.67	14378030.48
石油	千吨	736.00		
油砂	矿石千吨			292.00
地热	矿石千吨	3.70	1.00	18.60

续表7-1

项目名称	单 位	采出矿石量	损失矿石量	年末保有矿量
铁矿	矿石千吨	5020.36	278.38	189948.23
锰矿	矿石千吨	2.00	0.45	162.59
铬铁矿	矿石千吨	5.50	0.50	198.30
铜矿	矿石千吨	3717.22	542.99	150873.49
铅矿	矿石千吨	6461.50	745.08	16785.50
锌矿	矿石千吨	2587.18	213.06	185205.50
镍矿	矿石千吨	5.00	0.25	1260.55
钨矿	矿石千吨	92.55	2.08	239.30
锡矿	矿石千吨			22.00
钼矿	矿石千吨	0.25		147.20
砂金	砂千立方米	578.00		5162.20
金矿	矿石千吨	1125.23	80.06	19240.05
银矿	矿石千吨	171.12	1.77	718.03
锗矿	矿石千吨	12.90	0.65	70400.70
硅线石	矿石千吨	1.00		1585.00
菱镁矿	矿石千吨	5.00	0.50	4874.00
萤石（普通）	矿石千吨	191.47	28.67	25993.02
冶金用白云岩	矿石千吨	142.00	5.50	5082.30
冶金用石英岩	矿石千吨	48.33	2.75	12219.80
铸型用砂	矿石千吨	419.13	13.44	63815.40
冶金用脉石英	矿石千吨	53.45	2.60	2904.07
耐火粘土	矿石千吨	0.10		136.75
硫铁矿	矿石千吨	450.00	9.00	25765.80
芒硝（含钙芒硝）	矿石千吨	201.12	47.36	24237.40
天然碱(Na_2CO_3)	矿石千吨	1797.13	20.04	10055.06
电石用灰岩	矿石千吨	305.00	52.73	1834.21
制碱用灰岩	矿石千吨	662.50	81.16	10800.20
湖盐	矿石千吨	1609.20	269.64	177759.93

续表 7－2

项目名称	单位	采出矿石量	损失矿石量	年末保有矿量
天然卤水	矿石千吨	16.70		
磷矿（主矿、共生矿）	矿石千吨	0.00		689.00
石墨	矿石千吨	63.04	6.18	11062.27
硅灰石	矿石千吨	1.00		118.07
滑石	矿石千吨	45.00	5.00	5219.30
云母	工业原料云母吨	78.10	19.51	496.57
长石	矿石千吨	0.43		49.02
石榴子石	矿石千吨	5.30	0.50	113.80
叶腊石	矿石千吨	245.40	3.75	9470.36
蛭石	矿石千吨	1.60	0.01	10.40
沸石	矿石千吨	26.61	1.01	9233.53
透闪石	矿石千吨			5.47
石膏	矿石千吨	176.58	22.04	15871.94
玛瑙	矿石千吨	15.00	1.55	84934.00
水泥用灰岩	矿石千吨	842.83	89.60	53208.33
建筑石料用灰岩	矿石万立方米	116.28	4.49	8596.96
饰面用灰岩	矿石万立方米			10.84
制灰用灰岩	矿石千吨	120.69	12.12	86835.58
玻璃用白云岩	矿石千吨	1.25	0.14	245.59
建筑用白云岩	矿石万立方米	5.38	0.38	71.93
水泥配料用砂岩	矿石千吨	5.30	0.80	30.69
砖瓦用砂岩	矿石万立方米	1.17	0.07	150.38
玻璃用砂	矿石万吨	38.92	1.22	7134.38
建筑用砂	矿石万立方米	1845.72	13.29	34215.72

续表 7－3

项目名称	单位	采出矿石量	损失矿石量	年末保有矿量
水泥配料用砂	矿石万吨	4.00		
砖瓦用砂	矿石万立方米	1.50	0.03	75.11
玻璃用脉石英	矿石千吨	21.61	16.38	395.49
硅藻土	矿石千吨	2.60	1.63	948.25
砖瓦用页岩	矿石万立方米	0.80	0.05	28.99
水泥配料用页岩	矿石万吨	5.40	0.24	101.30
高岭土	矿石千吨	16.00	1.18	1966.46
陶瓷土	矿石千吨	1.05	0.20	158.60
膨润土	矿石千吨	152.25	8.68	15529.65
砖瓦用粘土	矿石万立方米	1045.74	31.67	63018.95
水泥用粘土	矿石万吨	9.17	1.72	95.16
水泥配料用红土	矿石万吨	1.60	0.07	225.18
建筑用橄榄岩	矿石万立方米	4.23	0.20	587.66
铸石用玄武岩	矿石万吨	4.36	0.08	268.73
岩棉用玄武岩	矿石万吨	7.00		848.02
饰面用辉绿岩	矿石万立方米	0.96	0.06	47487.76
建筑用辉绿岩	矿石万立方米	21.75	0.50	1844.09
建筑用安山岩	矿石万立方米	54.27	0.60	971.41
建筑用闪长岩	矿石万立方米	104.31	3.89	672256.56
建筑用花岗石	矿石万立方米	91.05	6.48	5964.40

续表 7－4

项目名称	单 位	采出矿石量	损失矿石量	年末保有矿量
饰面用花岗岩	矿石万立方米	6.38	0.70	1264.79
麦饭石	矿石万吨	0.02		540.00
珍珠岩	矿石万吨	7.47	3.27	2218.36
黑曜岩	矿石万吨			9.48
浮石	矿石万立方米	4.00	0.50	18.00
铸石用粗面岩	矿石万吨	3.20	0.01	268.87
建筑用凝灰岩	矿石万立方米	53.39	3.35	7309.89
水泥用火山灰	矿石万立方米			45.00
饰面用大理石	矿石万立方米	0.16		75.38
建筑大理石	矿石万立方米	6.35		4148.00
水泥用大理石	矿石万吨	4.50	0.33	1188.40
矿泉水	万立方米	10.79	0.85	56.21
其他矿产	矿石万吨	35.20	5.25	4075.50

【矿产品生产、销售、库存情况】 自治区矿山企业多生产原矿，采选比例较低。主要矿产品有：原煤、洗精煤、筛选块煤、天然原油，黑色金属铁、锰、铬铁和有色金属铜、铅、锌等矿产的原矿产品和精矿粉，成品金，化工原料用矿产品有湖盐、矿盐、加工盐、烧碱、小苏打等，以及建筑材料石膏、石墨、石灰石、水泥、砖、瓦、板材及普通建筑用砂、土、石等。

原煤产品中，优质无烟煤产量 260.544 万吨，比 2002 年增加 39.54 万吨，增长率 17.89%。其主要产地在阿盟的阿左旗，其他如通辽市扎鲁特旗、包头石拐区、土右旗、赤峰松山区等地也有少量生产。炼焦煤产量 1597.97 万吨，主要为焦煤和肥煤；非炼焦煤产量 5439.35 万吨，主要为不粘煤；褐煤产量 3131.02 万吨。洗精煤的产量为 1226.05 万吨，以洗混煤为主；筛选煤产量 94.19 万吨，主要为筛选混末煤。煤炭洗选比例约为 7.68%左右。

矿产品销售收入超亿元的大宗矿产品有：无烟煤、焦煤、不粘煤、长焰煤、褐煤、洗混煤、原油、铁矿石原矿、铁精矿粉、铜精矿、铅精矿、成品金、锌精矿、湖盐、水泥、硅石、砖瓦、土砂石等。

2003 年年末矿产品库存量较多的矿产品有：砖、湖盐、铅原矿等，库存分别为 558.03 万吨、52.91 万吨、5.03 万吨，分别占到年生产量的 58.60%、32.65% 和 24.08%。各类品牌的原煤随着产量增加，年末总库存量也增大到 348.84 万吨，但剔除年初库存 318.56 万吨后，本年库存只占年产量的 0.97%，销售情况良好。其他矿产品和绝大多数建材类产品由于市场向好，年末库存较少。综合统计，全区矿产品总销售率为 99.77%，矿业产销衔接情况较好，除个别矿种外，矿产品基本满足社会需求。各矿产品生产、销售情况见下表 8。

表 8 主要矿产品生产、销售及年末库存统计表 单位：万吨、万元

矿产品名称	年初库存	年产量	年销售量	年自用量	年末库存	销售收入
无烟煤	19.529	260.544	260.814	7.050	6.209	30405.46
焦煤	112.565	1293.371	1122.879	177.171	104.782	70513.19
1/3 焦煤	0.000	110.920	110.920	0.000	54.750	6068.38
肥煤	6.393	108.392	90.094	3.180	4.556	6200.00
气肥煤	4.220	16.090	15.890	1.950	2.470	2112.81
气煤	0.000	1.250	1.250	0.000	0.000	50.00
瘦煤	0.500	62.350	48.150	11.500	3.200	1807.50
贫瘦煤	2.120	4.600	4.600	0.060	2.060	506.00
贫煤	0.000	50.250	27.250	12.500	9.000	1148.00
弱粘煤	3.435	73.427	73.529	0.327	2.900	5095.00

续表 8－1

矿产品名称	年初库存	年产量	年销售量	年自用量	年末库存	销售收入
不粘煤	1.550	5001.602	4977.541	1.188	0.002	295743.20
长焰煤	4.986	314.070	318.895	4.800	6.119	22906.94
褐煤	127.016	3131.508	2538.018	453.970	152.786	212249.54
洗混煤	0.000	1194.260	1194.260	0.000	0.000	59713.26
洗块煤	0.400	31.794	31.343	0.000	0.851	4048.00
烟块煤	0.000	0.160	0.160	0.000	0.000	17.80
褐块煤	0.777	4.627	4.495	0.200	0.709	429.59
筛选混末煤	0.090	89.402	87.706	0.000	1.786	7648.00
天然原油	5.730	84.100	76.595	8.317	4.668	123407.10
天然金刚石	0.000	0.030	0.030	0.000	0.000	9.00
成品金(KG)	0.000	3263	3263	0.000	0.000	279.55
银精矿	0.000	1.194	1.194	0.000	0.000	59713.26
铁精矿粉	5.625	121.943	126.316	0.000	6.540	29881.20
铁矿石原矿	20.552	1105.589	1106.489	0.095	19.555	69925.84
炼铁块矿	0.000	0.800	0.800	0.000	0.000	28.00
锰矿石原矿	0.000	1.200	1.200	0.000	0.000	90.00
铬矿石原矿	0.400	0.550	0.550	0.000	0.400	79.80
铜精矿	0.074	6.035	6.005	0.002	0.129	11844.81
铜原矿	0.000	5.415	5.395	0.000	0.020	2184.93
铅精矿	0.465	10.304	9.810	0.786	0.397	11089.05
铅原矿	0.040	20.890	15.900	0.000	5.030	5028.60
铅锌精矿	0.000	1.940	0.540	0.000	0.000	2155.00
铅锌原矿	0.000	4.300	3.037	0.000	1.083	3823.65
锌精矿	0.553	40.066	38.072	0.000	3.676	37867.03
锌原矿	0.000	9.350	8.000	0.000	1.350	480.00
钨精矿	0.012	0.078	0.090	0.000	0.000	1407.60
锡精矿	0.004	0.094	0.078	0.059	0.011	1435.00
镍原矿	0.000	0.500	0.500	0.000	0.000	500.00
钼精矿	0.000	0.001	0.001	0.000	0.000	10.00
芒硝	0.000	14.600	14.600	0.000	0.373	2666.00
天然碱	0.000	159	159	0.000	0.000	1427.50
湖盐	55.284	162.037	129.986	26.643	52.912	53313.45
加工盐	3.320	30.790	32.720	1.080	6.262	8660.17
硫铁矿	0.000	30.900	30.900	0.000	0.000	2893.00
萤石	4.790	25.829	26.489	0.000	4.130	2116.70
耐火粘土原矿	0.000	20.600	0.280	0.000	0.000	282.14

续表 8－2

矿产品名称	年初库存	年产量	年销售量	年自用量	年末库存	销售收入
耐火粘土成品矿	0.000	9.060	9.060	0.000	0.000	0.00
耐火粘土熟料	0.000	0.010	0.010	0.000	0.000	0.28
铸石用玄武岩	0.000	0.800	0.800	0.000	0.000	20.00
冶金用石英岩	0.000	5.100	5.100	0.000	0.000	558.33
菱镁矿成品矿	0.000	0.050	0.050	0.000	0.000	750.00
石膏	0.000	23.746	23.746	0.000	0.000	1102.39
石墨	0.890	17.738	16.641	0.000	1.987	2238.10
叶腊石	0.035	23.240	23.240	0.035	0.000	1244.00
玛瑙	0.000	0.500	0.500	0.000	0.000	60.00
珍珠岩	0.000	6.500	6.500	0.000	0.000	610.00
蛭石	0.000	0.500	0.200	0.000	0.300	10.00
沸石	0.000	1.370	1.370	0.000	0.000	10.22
硅石	0.529	34.166	32.218	0.000	2.477	1029.78
长石	0.670	0.600	0.310	0.000	0.960	73.00
瓷土	0.180	0.480	0.540	0.070	0.050	40.00
高岭土	0.000	8.700	8.700	0.000	0.000	270.00
膨润土	0.000	6.500	6.500	0.000	0.000	130.00
膨润土成品矿	0.000	2.950	2.950	0.000	0.000	50.15
硅藻土	0.000	0.200	0.000	0.000	0.200	0.00
陶瓷土	0.000	1.200	1.200	0.000	0.000	38.40
水泥配料用红土	0.000	1.200	1.200	0.000	0.000	12.00
花岗石板材(万平方米)	0.100	25.819	23.719	0.000	2.200	787.20
花岗石荒料(万立方米)	17.763	223.990	217.362	0.109	24.280	3576.12
大理石板材(万平方米)	0.000	0.050	0.050	0.000	0.000	20.00
大理石荒料(万立方米)	0.000	11.495	11.495	0.000	0.000	58.55
工业原料滑石	0.000	4.500	4.500	0.000	0.890	238.50
工业原料云母	0.000	0.017	0.017	0.000	0.000	11.24
石灰石	2.080	773.39	327.715	773.057	8.420	26100.57
建筑用石灰	0.344	38.157	37.980	0.000	0.521	995.16
硅酸盐水泥	0.000	46.610	27.610	19.000	0.010	4739.50
普通硅酸盐水泥	2.636	158.133	155.492	2.000	3.315	36502.00
矿渣硅酸盐水泥	0.000	1.000	1.000	0.000	0.000	240.00
火山灰水泥	0.000	5.000	5.000	0.000	0.000	1000.00
其他水泥	0.200	28.720	28.480	0.050	0.390	6205.50
水泥用灰岩	0.000	4.400	4.400	0.000	0.000	924.00
回转窑熟料	0.000	5.000	2.000	3.000	0.000	330.00

续表 8-3

矿产品名称	年初库存	年产量	年销售量	年自用量	年末库存	销售收入
立窑熟料	0.000	1.370	0.300	0.140	0.000	5.40
砖	602.359	952.807	945.226	51.603	538.015	34617.18
瓦	0.015	2.559	2.559	0.015	0.000	64.60
砖瓦粘土	0.000	13.900	13.900	0.000	0.000	727.00
其他土砂石	226.795	2365.962	1960.619	22.048	303.945	14948.09
建筑用砂	0.000	2.400	2.400	0.000	0.000	33.60
建筑用安山岩	0.000	2.000	2.000	0.000	0.000	30.00
白云石成品矿	0.000	53.850	53.850	0.000	0.000	2401.00
其他矿产品	0.195	90.957	88.518	1.561	0.965	14266.94
矿泉水	0.010	5.418	5.412	0.000	0.066	7946.95

【矿山企业“三率”指标完成情况】 截至2003年底，自治区各类矿山企业有4638家，实际采矿回采率，大型矿山一般在80%～90%，小型矿山也可达到70%以上。据28家大中型煤炭矿山资料统计，矿井核定回采率52%～90%，平均76.50%；矿井实际回采率45%～94.60%，平均75.92%。采区核定回采率52%～95%，平均74.05%；采区实际回采率61.70%～95.00%，平均75.04%。据19家大中型金属矿山资料统计，矿井核定回采率在79%～96%，平均为85.96%；矿井实际回采率82%～96.89%，平均为88.68%。采区核定回采率82%～98%，平均为89.54%，采区实际回采率85%～99.39%，平均92.14%。

总体来看，国有矿山和大、中型矿山企业的采矿回采率相对较高，小型矿山回采率一般较低。贫化率和回收率指标情况为：有色金属矿实际贫化率在2%～20%之间，实际回收率在40%～91%之间，一般为85%左右；贵金属矿实际贫化率在14%～32%之间，实际回收率71%～91%之间，一般为80%左右。部分矿山企业“三率”指标完成情况，参见表9、表10。

表9 部分矿山企业的“回采率”指标完成情况 单位：%

矿山企业名称	开采主矿产	核定回收率	实际回收率	核定回收率	实际回收率
包钢白云鄂博铁矿	铁矿	99.00	98.71	0.00	0.00
包头钢铁有限责任公司乌海矿业	制灰用灰岩	0.00	0.00	1.00	1.00
包头市杨圪塄矿业有限公司	煤	0.00	0.00	2.30	2.50
包头鑫达黄金矿业有限责任公司	金矿	84.96	84.48	20.00	20.00
察右前旗李清地银矿有限责任公司	银矿	80.00	71.00	0.00	20.00
赤峰大井银铜矿	铜矿	85.00	47.00	20.00	20.00
达茂旗赛乌素黄金矿业有限责任公司	金矿	85.00	85.00	25.00	25.00
杭锦旗巴音淖石膏矿	石膏	0.00	0.00	0.00	3.00
杭锦旗建升石膏矿	石膏	0.00	0.00	0.00	3.00
杭锦旗乌兰得肯芒硝矿	芒硝(含钙芒硝)	0.00	0.00	0.00	3.00
核工业内蒙古图古日格金矿	金矿	86.00	86.00	15.00	14.00
呼伦贝尔查干矿业有限公司	铅矿	90.00	91.00	0.00	0.00
内蒙古赤峰市白音诺尔铅锌矿	锌矿	90.95	92.25	11.00	6.44
内蒙古大中矿业有限责任公司铁矿	铁矿	0.00	0.00	18.00	6.00

续表 9

矿山企业名称	开采主矿产	核定 回收率	实际 回收率	核定 回收率	实际 回收率
内蒙古东升庙矿业有限责任公司	锌矿	86.00	85.00	10.00	9.00
内蒙古吉兰太实业股份有限公司	湖盐	90.00	90.00	2.00	2.00
内蒙古金陶股份有限公司	金矿	87.77	91.91	57.50	32.08
内蒙古雅布赖盐化有限公司	湖盐	0.00	0.00	2.00	2.00
内蒙古雅布赖中泉子化工有限公司	芒硝(含钙芒硝)	0.00	0.00	2.00	2.00
内蒙古自治区炭窑口硫铁矿	锌矿	85.00	85.00	17.00	15.00
平煤公司古山煤矿	煤	90.00	94.80	0.00	0.00
平煤集团风水沟煤矿	煤	99.00	95.00	0.00	0.00
平煤集团红庙煤矿	煤	92.08	92.79	9.09	9.34
平煤集团六家煤矿	煤	99.99	93.00	0.00	0.00
平煤集团西露天煤矿	煤	0.00	94.91	0.05	0.02
神东煤炭有限责任公司乌兰木伦矿	煤	0.00	0.00	3.00	0.00
神华包头矿业集团有限公司白狐矿	煤	0.00	0.00	0.30	0.30
神华集团准格尔能源有限责任公司	煤	0.00	0.89	0.00	0.11
市达茂旗石宝铁矿有限责任公司	铁矿	66.00	62.00	8.00	5.00
苏尼特碱业有限公司	天然碱(Na_2CO_3)	0.00	0.00	10.00	7.10
苏尼特金曦黄金矿业有限责任公司	金矿	90.00	90.82	12.00	12.61
太西集团有限责任公司乌兰矿	煤	0.00	0.00	7.68	8.73
乌兰水泥厂	水泥用灰岩	0.00	0.00	2.00	2.00
乌盟白乃庙铜业有限责任公司	铜矿	89.00	89.43	10.00	8.00
西部矿业公司内蒙古获各琦铜矿	铜矿	90.00	89.00	5.00	2.00
新巴尔右旗新鑫矿业有限责任公司	铜矿	90.00	88.00	23.30	20.00
新右旗甲乌拉永兴矿业公司 1 号矿	铅矿	86.00	0.00	16.00	18.00
新右旗荣达矿业公司查西银矿 9 号矿	银矿	0.00	87.00	0.00	10.50
兴和县晶星石墨有限责任公司石墨矿	石墨	75.00	72.00	7.00	9.00
兴和县晶萤石墨矿	石墨	68.00	65.00	8.00	23.00

表 10　　部分矿山企业的“贫化率、回收率”指标执行情况　　单位:%

矿山企业名称	开采主矿产	核定 回收率	实际 回收率	核定 回收率	实际 回收率
包钢白云鄂博铁矿	铁矿	0.00	98.00	0.00	96.00
包头钢铁有限责任公司乌海矿业	制灰用灰岩	0.00	90.00	0.00	90.00
包头市杨圪塄矿业有限公司	煤	80.00	90.00	85.00	95.00
包头鑫达黄金矿业有限责任公司	金矿	0.00	88.00	0.00	89.00
包头燕京股份有限责任公司	矿泉水	98.00	0.00	98.00	0.00
宝日希勒煤业公司一矿	煤	75.00	0.00	75.80	0.00

续表 10－1

矿山企业名称	开采主矿产	核定回收率	实际回收率	核定回收率	实际回收率
察右前旗李清地银矿有限责任公司	银矿	0.00	80.00	0.00	80.00
赤峰大井银铜矿	铜矿	85.00	85.00	92.00	92.00
赤峰红花沟金矿	金矿	96.89	96.89	95.00	99.39
达茂旗赛乌素黄金矿业有限责任公司	金矿	0.00	90.00	0.00	90.00
大雁煤业有限责任公司第二煤矿	煤	0.00	75.00	0.00	75.00
大雁煤业有限责任公司第一煤矿	煤	0.00	0.00	0.00	75.80
东胜市塔拉壕乡张二华、张玉文	煤	58.00	0.00	45.00	0.00
杭锦旗巴音淖石膏矿	石膏	0.00	0.00	0.00	6.00
杭锦旗建升石膏矿	石膏	0.00	0.00	0.00	65.00
杭锦旗乌兰得肯芒硝矿	芒硝(含钙芒硝)	0.00	0.00	0.00	0.80
核工业内蒙古图古日格金矿	金矿	85.00	85.00	85.00	85.00
内蒙古赤峰市白音诺尔铅锌矿	锌矿	0.00	90.00	0.00	92.60
内蒙古大中矿业有限责任公司	铁矿	82.00	82.00	95.00	95.00
内蒙古东升庙矿业有限责公司	锌矿	90.00	0.00	90.00	0.00
内蒙古霍林河煤业股份有限公司	煤	86.60	0.00	95.00	0.00
内蒙古吉兰太实业股份有限公司	湖盐	90.00	95.00	90.00	95.00
内蒙古金陶股份有限公司	金矿	85.00	0.00	90.30	0.00
内蒙古雅布赖盐化有限公司	湖盐	75.00	80.00	75.00	80.00
内蒙古雅布赖中泉子化工公司	芒硝(含钙芒硝)	80.00	90.00	80.00	90.00
内蒙古自治区炭窑口硫铁矿	锌矿	79.00	0.00	85.00	0.00
平煤公司古山煤矿	煤	60.00	60.00	61.20	61.20
平煤集团风水沟煤矿	煤	0.00	61.00	58.50	61.70
平煤集团红庙煤矿	煤	60.00	60.00	62.50	62.50
平煤集团六家煤矿	煤	0.00	60.00	0.00	65.20
平煤集团西露天煤矿	煤	85.00	85.00	91.90	91.90
平煤集团元宝山露天煤矿	煤	90.00	90.00	94.27	94.27
神包矿业公司河滩沟矿	煤	75.00	90.00	73.00	89.00
神东煤炭有限公司上湾煤矿	煤	80.00	80.00	80.00	80.00
神东煤炭有限责任公司补连塔煤矿	煤	85.00	95.00	82.00	85.00
神东煤炭有限责任公司乌兰木煤矿	煤	80.00	80.00	77.00	77.00
神华包头矿业公司阿刀亥煤矿	煤	85.00	93.00	94.60	94.60
神华包头矿业集团有限公司白弧矿	煤	52.00	52.00	63.00	63.00
神华集团海勃湾矿业公司平沟煤矿	煤	80.00	80.00	79.90	79.90
神华集团乌达矿业公司黄白茨煤矿	煤	0.00	0.00	80.80	87.10
神华集团乌达矿业公司苏海图煤矿	煤	0.00	0.00	71.20	78.20

续表 10－2

矿山企业名称	开采主矿产	核定回收率	实际回收率	核定回收率	实际回收率
神华集团准格尔能源有限责任公司	煤	0.00	0.96	0.00	0.96
市达茂旗石宝铁矿有限责任公司	铁矿	0.00	92.00	0.00	97.80
苏尼特碱业有限公司	天然碱（Na_2CO_3）	0.00	90.00	0.00	90.00
苏尼特金曦黄金矿业有限责任公司	金矿	0.00	89.00	0.00	88.00
太西集团有限责任公司乌兰矿	煤	72.00	75.00	72.00	75.00
乌兰水泥厂	水泥用灰岩	0.00	95.00	0.00	95.00
乌盟白乃庙铜业有限责任公司	铜矿	90.00	0.00	90.00	0.00
西部矿业公司内蒙古获各琦铜矿	铜矿	0.00	94.00	0.00	94.00
新巴尔右旗新鑫矿业有限责任公司	铅矿	85.60	0.00	85.60	0.00
新右旗甲乌拉永兴矿业公司 1 号矿	铅矿	82.00	0.00	82.00	0.00
新右旗荣达矿业公司查西银矿 9 号矿	银矿	0.00	95.00	0.00	95.00
兴和县晶星石墨有限责任公司	石墨	0.00	94.00	0.00	92.00
兴和县晶莹石墨矿	石墨	0.00	90.00	0.00	90.00
伊化集团试验站	天然碱（Na_2CO_3）	0.00	0.00	0.00	80.00
伊敏煤电公司露天矿	煤	90.00	90.00	94.00	94.00
扎煤公司灵泉煤矿	煤	0.00	60.00	57.00	66.80
扎煤公司露天煤矿	煤	85.00	90.00	87.90	91.90
扎煤公司铁北煤矿	煤	0.00	60.00	61.10	68.20

（内蒙古自治区国土资源厅　矿产开发管理处）

【稀土资源工业储量】　内蒙古是中国主要的稀土工业原料基地，其稀土资源的工业储量占世界 50%，占全国的 85%，经过 40 年的开发建设，内蒙古稀土工业已具备相当规模的生产能力，在国内外市场占有重要地位。

内蒙古自治区稀土精矿的年生产能力已达 20 万吨，处理精矿能力达 11 万吨，稀土分离能力达 6.5 万吨。2002 年全区稀土精矿销售 4.72 万吨，完成工业总产值 196337 万元，比 2001 年同期增长了 6.3%；实现利润 10430 万元，与 2001 年同期持平；上缴税金 8536 万元，比 2001 年同期减少 17.5%；出口创汇 3199 万美元，比 2001 年同期减少 6.6%。

近年来，内蒙古自治区以“根据市场需求，适度集中优化和稳定发展上游产品，加强、巩固、提高稀土原料生产基地建设；大力发展稀土中、下游产品和应用产品，努力开拓市场，加大推广应用力度”为重点进行稀土产业结构调整。以包头稀土高新技术产业开发区为基础，内蒙古加快了稀土高技术产业基地建设，依托产业优势，延伸稀土产业链。一是以稀土镧和钕为主要原料，由储氢合金材料到镍氢电池、电动车的产业链；二是以稀土钕、镝和铽为主要原料，由稀土永磁材料到永磁电机、电动车和 IT 业等的产业链；三是以稀土铈为主要原料，由碳酸铈化合物到稀土硝酸铈氨液晶显示器专用腐蚀剂和抛光粉等高端稀土铈类化合物的产业链；四是由氯化稀土、稀土稳定剂、稀土改性 MC 尼龙、工程塑料等形成的产业链，走依托包钢，以稀土高科为龙头，发挥集团作用，重点扶持一批成长性好的高技术中、小科技企业，坚持以科研开发和引进技术相结合，着力提高产品的技术含量和附加值。通过近年的努力，内蒙古稀土下游产品和应用产品占自治区稀土产业的比例已由过去的 1% 上升到 12%。

内蒙古自治区已确定稀土产业今后发展的基本思路：依托资源优势，采用高新技术，走引进与自主开发并举的路子，提高稀土工业生产水平，提高市场占有率，逐步实现内蒙古稀土工业由粗放型生产向集约化生产的根本性转变，促进产业结构的优化和升级；重点支持技术含量高、附加值高的稀土中、下游产品和应用产品的发展，扩大对外开放，加强企业联合，把资源优势转化为经济优势。

【拜仁达坝银多金属矿开发】 内蒙古地矿局等6家单位决定成立股份有限公司,共同开发拜仁达坝银多金属矿。

该矿由内蒙古自治区第九地质矿产勘查开发院勘查发现,位于赤峰市克什克腾旗巴彦高勒－巴彦查干区域内,银品位达每吨15克～1300克,平均达到每吨400克;平均含铅2.02%,含锌1.2%。初步测算,该矿银金属储量1300吨,远景储量可达3000吨;铅锌金属储量40万吨,为特大型银多金属矿。

内蒙古地矿局、赤峰市红花沟金矿、甘肃盛达集团实业股份有限公司、内蒙古地勘九院等6家单位达成联合开发协议。2003年年底注册成立股份有限公司,2004年10月投产,矿山一期工程生产规模为日处理矿石1000吨。矿山投产后,预计年产值1.2682亿元,实现利税3500万元。 (中国矿业信息中心)

辽 宁 省

【矿产资源】 辽宁省已发现矿藏115种,探明储量的有64种,其中铁、硼、菱镁石、金刚石、滑石、玉石、溶剂灰岩等矿的储量均居中国首位。辽河油田是中国第三大油气田,石油、天然气储量分别占中国的15%和10%。

【矿山企业】 1. 各类矿业企业:2003年底,全省共有各类矿业企业6653个,其中内资企业6632个,港澳台商投资矿山5个,中外合资合作企业4个,外商投资企业2个。

2. 矿山企业按经济类型划分:2003年度全省国有企业210个,集体 . 企业3136个,私营企业2287个,股份有限公司3个,有限责任公司165个,中外合资企业14个,其他企业838个。

3. 按生产状态划分:生产矿山5522个,停产矿山962个,筹建矿山60个,关闭矿山96个,其他矿山13个。

【矿山企业开采的矿种】 2003年全省矿山企业开采的矿种(按《中华人民共和国矿产资源法实施细则》附件《矿产资源分类细目》和新公布5个;矿种的230种矿产分类)92种。

【矿石采掘总量】 2003年度采掘矿石总量(原矿量)2.37亿吨(不含天然气,煤成气)。其中石油1545.25万吨;天然气10.57亿立方米。

【矿山企业实现工业总产值】 2003年度全省各类矿山企业现价工业总产值363.27亿元,其中油气工业总产值186.86亿元;煤炭工业总产值82.15亿元,黑色金属工业总产值49.90亿元,有色金属工业总产值6.42亿元,贵金属工业总产值5.71亿元,冶金辅助原料矿产工业总产值6.84亿元,化工原料矿产工业总产值0.48亿元,特种非金属矿产工业总产值1.30亿元,建材及其他非金属矿产工业总产值21.33亿元。

【矿山企业从业人员】 2003年度全省各类矿山企业从业人员43.32万人。能源矿产开采从业人员工19.85万人,其中煤矿16.88万人,石油、天然气开采从业人员有2.93万人。黑色金属矿产开发从业人员4.40万人,有色金属矿产开采从业人员1.57万人,贵金属矿产开采从业人员1.33万人。冶金辅助原料矿产开采从业人员1.62万人。化工原料矿产开采从业人员0.21万人。特种非金属矿产开采从业人员0.58万人,建材及其他非金属矿产开采从业人员13.75万人。

【"辽宁省矿山地质环境调查与评价"编制】 于2003年完成。为制定矿山地质环境保护规划提供了科学依据。共调查矿山5859个,其中生产矿山5399个,在建矿山106个,闭坑矿山354个。调查结果显示,辽宁省矿山环境破坏严重,除矿山废水、废气和固体废物污染严重外,矿山植被、土地等生态破坏问题也相当突出。全省矿产开发占用和破坏土地面积6674,6平方公里,其中尾矿占用31.2平方公里,排土场等固废堆弃场占用110.38平方公里,采矿场占用与破坏土地145.89平方公里,采矿塌陷区占用破坏土地290.47平方公里。多年来矿山恢复治理面积仅为1918.23公顷。

(辽宁省国土资源厅)

【沈阳建年产300万吨的钢铁联合企业】 原沈阳钢铁总厂改扩建工程2003年正式在沈阳苏家屯区启动。到2004年末,将建成一个年生产能力300万吨的钢铁联合企业。

据了解,原沈阳钢铁总厂2003年2月被沈阳西洋钢铁有限公司兼并。西洋钢铁公司计划投资10亿元进行改扩建工程。工程共分为两期,一期工程计划改扩建后年生产能力120万吨。

【国家镁质材料产业化基地建设】 2003年,经国家科学技术部正式批准,在辽宁营口建立国家镁质材料产

表 1

2003 年度辽宁省矿产资源开发情况(按经济类型分列)一览表

序号	经济类型	矿山数(个)	从业人数(人)	年产矿量固(万吨)	年产矿量液(万吨)	年产矿量气(万立方米)	工业总产值(万元)	综利用产值(万元)	工销售产值(万元)	利润总额(万元)	销售收入(万元)
	总计	6653	433176	23259.788	1545.249	105700	3632672.4	3585831.21	3585831.21	564956.6	3239776.2
1	内资企业	1	68	37.5	0	0		0	300	0	300
2	国有企业	210	131861	8518.366	40.16	0	959665.61	57953.3	937847.04	－43779.97	2880099.62
3	集体企业	3136	133785	5868.567	2.214	0	228854.42	26509.25	226991.23	18592.3	242682.19
4	股份合作企业	29	1742	68.019	0	0	1851.52	15	1770.6	67.43	1410.8
5	联营企业	11	302	25.417	0	0	884.2	0	884.6	283.7	844.6
6	国有联营企业	1	60	5	0	0	45	0	45	0	45
7	集体联营企业	63	1050	117.898	0	0	1662.3	1401	1657.3	414.4	1638.2
8	国有与集体联营企业	2	65	8.53	0	0	127	0	127	0	127
9	其他联营企业	3	68	12.876	19.414	0	129.3	12.6	129.3	6.3	127.7
10	有限责任公司	154	45222	2257.169	0	0	307362.77	10878.4	298968.85	5831.64	231551.81
11	其他有限责任公司	3	8143	12.36	1322.1	0	24442	260	22693	－90	13120
12	股份有限公司	3	29776	1.4	36.599	105700	1872510	0	1872471	565953.6	11662327
13	私营企业	2011	52267	2914.40	6.55	0	133374.36	22502.65	130246.7	8532.35	26810.81
14	私营独资企业	259	10052	582.905	0	0	45129.36	190	44318.7	3190.36	37152.2
15	私营合伙企业	6	50	8.229	0.532	0	144	0	144	32.5	144
16	私营有限责任公司	11	1623	139.225	8	0	4624.4	360	5411	261.75	5391
17	其他企业	729	12987	1329.576	117	0	23076.22	368.5	21965.97	4754.65	21802.83
18	合资经营企业(港或澳、台资)	5	2463	198.51	5.6	0	21846	7.7	13219.4	894	7609.4
19	外商投资企业	2	50	0	1	0	470	19	470	52	470
20	中外合资经营企业	12	514	158.1	9.1	0	6153.65	0	6153.5	－30.41	6076
21	中外合作经营企业	2	28	145	.06	0	20	0	17	－10	12

表 2　　2003 年辽宁省矿产资源开发情况(按市分列)一览表

市别	矿山数(个)	从业数(人)	年产矿量固(万吨)	年产矿量液(万吨)	年产矿量气(万立方米)	工业总产值(万元)	综利用产值(万元)	工销售产值(万元)	利润总额(万元)	销售收入(万元)
总计	6653	433176	23259.788	1545.249	105700	3632672.4	120476.84	3585831.21	564956.6	3239776.2
沈阳市	395	36833	1606.746	120.615	0	117756.49	1361.4	117960.51	-7129.37	112855.21
大连市	597	19356	2306.628	10.597	0	43205.94	7167.1	39485.66	491.27	31852.97
鞍山市	356	27461	3377.8	0	0	276534.57	36401.7	221923.1	-46641.74	198160.25
抚顺市	262	27881	1125.67	1.246	0	234507.47	0	233276.44	30124.8	225263.04
本溪市	514	27885	2502.351	0	0	183150.4	6966.49	223092	-7016.71	217325.12
丹东市	1066	23087	1770.62	1.06	0	56362.71	5276.55	59011.73	6409.16	55300.64
锦州市	352	18302	724.715	6.05	0	18838.64	250	18186.64	722.5	18062.24
营口市	364	9163	613.484	8.4	0	9798.29	0	9798.29	1595.27	9797.32
阜新市	472	56707	1736.938	0	0	227187.32	47866.6	208367.46	-37.68	206553.06
辽阳市	640	25274	2863.768	6	0	178291.14	363	175515.52	15574.67	175305.77
盘锦市	28	31069	10.194	1322.182	105700	1869655	120	1868854	565989.67	1659213
铁岭市	287	44032	2091.26	8.568	0	203902.5	500	204254.1	-1438.18	163211.32
朝阳市	732	40721	1061.402	33.5	0	143244.93	9056	138691	3395.26	99631
葫芦岛市	588	32045	1468.202	37.031	0	70237	5148	67414.76	2917.72	67245.26

(张清印)

业化基地。至此,营口将成为中国继浙江宁波、江苏江阴、湖南长沙、内蒙古鄂尔多斯等地之后的第六个新材料产业化基地。

中国是镁资源大国,其中菱镁矿探明储量约占世界储量的25%,主要集中在营口的大石桥及周边的海城、岫岩等地。随着国内外材料工业的迅速发展,镁及镁质材料的作用日益显著,中国对镁资源的研究开发与应用愈加重视。2000 年 3 月,科技部启动了“镁合金开发应用及产业化”的前期战略研究,并于 2001 年 8 月正式通过项目论证,把镁质材料与纳米、稀土等并列为中国材料领域“十五”期间四大重点攻关项目;在“863”计划中,耐热、耐变形、高强、高韧等镁合金新材料形成新方法、新工艺的研发,已取得一批原创性专利技术成果;国家计委将镁合金产业化列入高新技术产业化示范项目。

鉴于营口市在菱镁矿资源开发及深加工方面具有优势和基础,为推动国家高新技术产业和地方区域经济的协调发展,科技部批准在营口市建立镁质材料产业化基地。

辽宁省及营口市把国家镁质材料产业化基地的建设作为走新型工业化道路的重大机遇,营口国家镁质材料基地建设已被列入 2003 年辽宁省高新技术产业重点。营口市将被建设成世界性的镁质材料研发、生产基地和贸易中心。

(中国矿业信息中心)

吉　林　省

【矿产资源】　矿产资源丰富,发现的矿藏 136 种。已探明有储量的矿产 78 种。有 22 种矿产保有储量居全国前五位。石油、大然气、煤炭的储量也很丰富。

【地质勘查单位】　截至 2003 年底,全省共有 70 家地质勘查资格单位,其中地矿 25 家,有色 11 家,煤炭、煤田 11 家,建材 1 家,化工 1 家,其他 21 家,有 38 家地勘单位在省内开展了地质勘查工作;此外武警黄金三支队、武警黄金一支队、福建紫金矿业有限公司等三家外省地勘单位在吉林省白山、延边等地区开展了金、铜等矿的勘查工作。

【探矿权授予情况】　2003 年度共受理各类勘查项目登记申请 297 个,颁发勘查许可证 291 个,其中新立项目 153 个,变更项目 30 个,延续项目 99 个,保留项目 9 个,勘查面积 5535 平方公里。按项目的工作阶段分普查项目 203 个;详查项目 83 个;勘探项目 5 个。此外发放地质调查证4个,注销项目57个。

2003年颁发的勘查许可证按探矿权人经济类型分国有企业236个,集体企业8个,股份、私营47个。按矿种分能源矿产勘查登记项目43个,其中煤矿20个,油页岩22个,地热1个;黑色金属矿产勘查登记项目24个,其中铁矿23个,锰矿1个;贵金属矿产111个,其中金矿104个,银矿等7个;有色金属矿产勘查登记项目47个,其中铜矿26个,钨矿8个,镍矿1个,铅锌矿5个,其他7个;非金属矿产勘查登记项目56个,其中吉林省优势矿种硅藻土6个,陶粒页岩2个,泥炭2个,硅灰石1个,火山渣1个,大岩3个,硼矿1个,其他43个;水气矿产以矿泉水勘查为主,登记项目10个。

在2003年登记发证的291个勘查项目中,以申请批准方式取得探矿权的项目为246个;以有偿出让方式获得探矿权的项目为40个,价款102.68万元;以转让方式取得探矿权的项目为5个,转让价款431万元。另外批准探矿权人以矿产地作价入股4处,价款985.04万元。

2003年地质勘查项目登记出现了新的特点:一是社会上企业和个人登记的市场项目明显增多,共71个,比去年增加了40%;二是除金矿勘查外,铁、煤、陶粒页岩、油页岩、泥炭等部分矿种的登记形势明显趋热登记项目达81个,占登记项目总数的28%;三是地勘单位和探矿权人对矿业权保护和转让意识明显增强,探矿权转让较2002年增加近一倍。

【地质勘查项目实际完成情况】 1. *地质勘查投入*。2003年全省对能源矿产(不包括石油、天然气)、贵金属矿产、有色金属矿产、非金属矿产等39种矿产资源进行了勘查,在吉林省从事勘查的探矿权人84个,有247个项目开展了野外地质工作,实际投入勘查资金总额为6433.14万元,比2002年增加37.3%。

2. *矿产地质勘查直接从业人员及完成工作量情况*。2003年全省直接从事矿产地质勘查的从业人员为1741人,完成机械岩芯钻探工作量41437.50米,比2002年增加53.1%;坑探工作量12439.41米,比2002年增加52.5%;槽探工作量373341.81立方米,比2002年增加7.8%;浅井820米,比2002年增加252.3%。

【地质勘查成果】 发现煤、金、陶粒页岩等矿产地15处:珲春市杨金沟钨矿发现10多条规模较大的白钨矿体,初步获得钨矿资源量已达5万吨;磐石大泉眼一带金铜矿勘查,新发现两条含金构造蚀变带和3条矿体,平均金品位5.4克/吨,最高品位达68.3克/吨;长春羊草沟外围龙家堡地区的勘探找煤前景较好。

此外,发现有进一步工作价值的勘查区37处。如长白十三道沟至十八道沟找煤取得进展;老岭成矿带、集安-长白铅锌成矿带发现多处化探异常、规模较大的矿化蚀变带及高品位的Cu、Pb、Zn多金属矿体;桦甸市六批叶沟金矿的勘查,提交金矿资源量8吨。

【探矿权市场建设管理】 年初出台了《吉林省探矿权出让管理暂行办法》(吉国土资勘发[2003]1号)、《吉林省国土资源厅关于确定出让探矿权底价的有关规定(吉国土资勘发[2003]6号),规范了探矿权出让行为、方式及探矿权出让底价的评估,使吉林省探矿权市场建设有章可循。提高了社会对探矿权市场建设重要意义的认识,增加了探矿权人对所获权益的保护意识,使通过市场机能配合矿产资源的积极作用得以充分体现。

【地质勘查登记管理】 严格规范登记管理程序,实行了矿产资源勘查登记内部会审制度和责任追究制度,增加了探矿权审批的透明度,不管是计划项目还是市场项目登记,严格审核资金证明、计划、合同、勘查设计等材料,新立项目的勘查申请在厅里率先全部实行了内部会审制度。

【地质勘查项目计划管理】 根据《关于编报2003年矿产资源补偿费勘查项目的通知》(国土资发[2003]204号)的要求,及时向地勘主管部门进行了部署,并会同省财政厅组织有关专家对申请单位的立项报告按部里要求进行了初审和筛选,提出了吉林省珲春市五道沟钨矿普查等8个项目上报申请国家立项,现7个项目通过部组织的初评。完成了2002年度国家已批复的吉林省桦甸市六批叶沟金矿普查(续作)等4个矿产资源补偿费项目的设计审查,安排国家补偿费资金800万元,并将设计审查意见书上报部。完成了2003年度省矿产资源补偿费项目设计审查,安排了30个省补偿费项目,同时参加了省计委20个地方勘查基金项目的审查工作。

组织了有关专家会同项目所在地市、县国土资源局对4个国家补偿费项目和10个省重点补偿费勘查项目进行野外验收。实现了对国家和省矿产资源补偿费项目从立项论证、设计审查、野外验收、成果检查的全过程管理。从检查的结果看,国家补偿费项目勘查工作部署及完成情况较好,地质勘查成果显著。

【矿产资源勘查秩序治理整顿】 继续深入贯彻国办发[2001]85号文的精神,对地勘单位自查和现场检查中发现的在勘查登记权属纠纷及违法勘查行为进行了调处。地调二所与私营企业主柏冬在桦甸市常山地区进行方解石矿勘查纠纷,吉林有色608队在延边汪清地区进行铜钼矿的勘查纠纷，地调五所与长春市双阳区双鑫煤矿在九台西营城子地区的煤矿勘查重叠纠纷等问题，经积极协调，双方当事人签订了相关协议，矿权纠纷圆满解决，保持了矿产资源勘查秩序的稳定。

【石油、天然气督察管理】 按照国土资发[2003]99号文《关于印发<矿产勘查及油气开采督察员工作制度>的通知》要求，开展了全省石油、天然气油气督察工作，对全省油气勘查、开采登记数据库进行了更新；编绘了《吉林省石油天然气矿业权分布图》；完成了吉林省天然气资源及开发利用现状的调查报告，上报省政府；配合部油气矿业权执法检查，在抽查了中石油吉林分公司和中石化东北分公司松辽盆地四五家子油田采气等5个油气勘查、开采项目后，部对吉林省的油气督察工作给与了充分肯定；配合公安部等八部委油气秩序整治检查组对吉林省的油气专项整治工作进行了检查，巩固了专项整治阶段性成果，保证了吉林省油气正常生产和油田周边秩序稳定。

【采矿权授予情况】 2003年，全省持证矿山3890个，其中能源矿产546个，金属矿产217个(黑色金属52个，贵金属127个，有色金属38个)，非金属3056个，水气矿产71个(图1)。

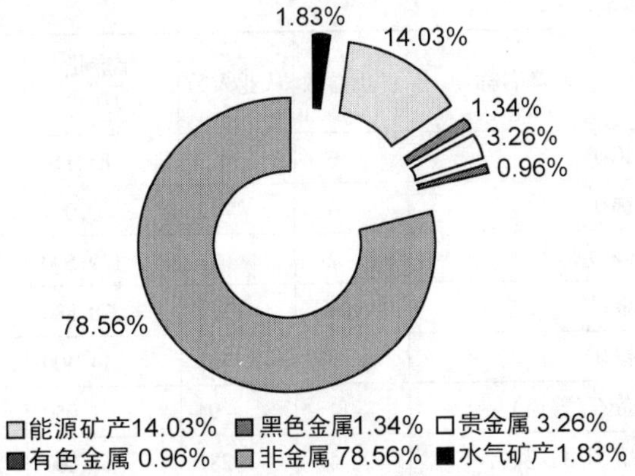

图1　全省采矿权设置情况对比图

【矿产资源开发利用】 截至2003年末，全省开发利用矿种86种(表1)，开发利用率62.32%。各类矿山3890户。从业人员213355人。固体矿石产量7575.46万吨，液体(含地热、矿泉水)产量44.42万吨，气体(含天然气、二氧化碳气)产量38079.4万立方米。硅藻土、火山渣、硅石的产量居全国第一；镍、硼、二氧化碳气的产量居全国第二；浮石、天然碱、泥炭的产量居全国第三；另有黄金、银、钼、硅灰石、珍珠岩、石油、天然气、膨润土、沸石、石墨等16种矿产产量居全国前10位。固

表1　**吉林省2003年度矿产资源开发利用情况汇总表**

矿产名称	矿山总数	从业人数	年产量(万吨)	工业总产值(万元)	综合利用产值(万元)	利润总额(万元)	税金总额(万元)	销售收入(万元)
总计	3890	213355	8126.504	1169148.08	10655.47	214207.67	95609.47	1137719.35
煤	525	78853	1709.216	178488.06	195.00	－9085.86	8436.19	170664.66
油页岩	13	895	9.620	506.21	0.00	－10.60	48.96	453.52
石油	1	15142	479.4	695042.00	2495.00	209607.00	63478.00	692989.00
天然气	1	800	36869.4(万立方米)	17401.00	6699.00	－2094.00	445.00	13196.00
地热	6	540	11.25	7.00	0.00	0.00	0.00	2.00
铁矿	49	6705	366.377	52551.45	0.00	4799.85	6521.30	47461.91
锰矿	2	10	0.000	0.00	0.00	0.00	0.00	0.00
铬铁矿	1	6	0.000	0.00	0.00	0.00	0.00	0.00
铜矿	9	1036	0.320	79.60	0.00	4.90	0.30	312.60
铅矿	5	32	0.000	0.00	0.00	0.00	0.00	0.00
锌矿	3	72	2.900	517.40	0.00	56.00	26.90	512.00
镁矿	4	53	1.000	40.00	0.00	－0.06	0.00	40.00
镍矿	8	5642	39.674	55518.00	1159.00	3159.00	7491.00	54510.00

续表 1-1

矿产名称	矿山总数	从业人数	年产量（万吨）	工业总产值（万元）	综合利用产值(万元)	利润总额（万元）	税金总额（万元）	销售收入（万元）
钼矿	6	1429	83.110	5112.00	0.00	598.00	380.00	4916.00
锑矿	3	12	0.004	2.86	0.00	-80.00	0.10	2.86
砂金	2	28	119.500	16.80	0.00	3.00	0.40	16.80
金矿	123	7511	78.880	23385.87	107.47	775.57	1606.79	22157.00
银矿	2	737	14.400	2190.00	0.00	-290.00	143.00	1973.47
萤石(普通)	14	94	1.050	68.12	0.00	4.30	6.48	66.92
熔剂用石灰岩	4	281	61.800	1005.00	0.00	-224.50	182.00	1005.00
冶金用白云岩	1	51	2.700	272.97	0.00	17.80	35.50	272.97
冶金用石英岩	20	178	2.500	127.50	0.00	14.10	4.00	124.50
冶金用脉石英	12	70	2.330	103.00	0.00	7.90	10.26	103.00
耐火粘土	13	756	6.110	1324.90	0.00	48.50	91.40	803.69
重晶石	1	6	0.000	0.00	0.00	0.00	0.00	0.00
天然碱	1	184	0.080	56.00	0.00	12.40	4.60	5.00
电石用灰岩	1	1	0.000	0.00	0.00	-10.00	0.00	0.70
含钾岩石	1	1	0.000	0.00	0.00	0.00		
泥炭	14	166	1.445	52.50	0.00	5.20	3.73	51.50
石墨	18	351	2.260	205.00	0.00	-9.80	16.54	202.80
硅灰石	48	1652	9.135	1793.38	0.00	79.01	136.76	1463.63
滑石	2	10	0.000	0.00	0.00	0.00	0.00	0.00
石棉(温石棉)	4	60	0.000	0.00	0.00	0.00	0.00	0.00
云母	1	10	0.000	0.00	0.00	0.00	0.00	0.00
长石	1	12	0.040	6.00	0.00	0.60	0.36	6.00
沸石	10	323	12.700	408.30	0.00	35.50	39.30	396.30
石膏	11	818	29.500	2025.80	0.00	2.40	177.80	1847.80
方解石	44	370	15.780	276.08	0.00	22.71	25.93	251.80
光学萤石	1	22	0.150	6.50	0.00	0.00	0.00	6.00
宝石	3	146	0.000	0.00	0.00	0.00	0.00	0.00
水泥用灰岩	176	4485	798.094	14551.05	0.00	167.79	475.98	13213.35
建筑石料用灰岩	230	1661	328.910	2991.86	0.00	175.10	140.89	2802.42
饰面用灰岩	2	40	1.358	25.30	0.00	1.00	3.50	37.30
制灰用灰岩	85	1850	116.010	3270.96	0.00	136.22	263.29	2989.10
玻璃用白云岩	2	15	0.500	25.00	0.00	0.40	0.95	25.00
建筑用白云岩	1	0	0.000	0.00	0.00	0.00	0.00	0.00
玻璃用石英岩	2	37	0.300	18.00	0.00	0.00	2.90	15.00
水泥配料用砂岩	1	10	0.000	0.00	0.00	0.00	0.00	0.00

续表 1－2

矿产名称	矿山总数	从业人数	年产量（万吨）	工业总产值（万元）	综合利用产值（万元）	利润总额（万元）	税金总额（万元）	销售收入（万元）
玻璃用砂	5	423	4.00	114.10	0.00	－17.50	1.70	99.10
建筑用砂	210	2716	522.537	4589.03	0.00	459.91	255.44	4379.03
砖瓦用砂	7	30	11.20	190.00	0.00	10.00	15.00	189.00
玻璃用脉石英	3	68	0.875	35.00	0.00	5.50	4.55	35.00
硅藻土	15	493	13.979	10085.50	0.00	－1502.51	474.10	9621.00
陶粒页岩	7	156	0.470	76.00	0.00	4.00	5.95	76.00
砖瓦用页岩	2	35	0.756	63.00	0.00	－5.00	1.80	20.00
水泥配料用页岩	6	45	5.846	41.32	0.00	8.90	6.50	11.52
高岭土	1	18	0.267	79.50	0.00	－10.00	7.00	79.50
陶瓷土	4	123	0.000	0.00	0.00	0.00	0.00	0.00
膨润土	6	21	1.850	28.00	0.00	1.00	3.60	223.00
砖瓦用粘土	982	56393	1430.801	56160.65	0.00	4351.08	2494.50	54770.85
水泥用粘土	2	28	6.595	37.50	0.00	2.50	2.60	37.50
饰面用蛇纹岩	1	6	0.164	2.60	0.00	0.00	0.00	2.60
铸石用玄武岩	136	2563	364.470	3982.56	0.00	366.47	261.24	3726.03
岩棉用玄武岩	32	411	13.200	279.00	0.00	43.50	36.30	209.87
建筑用辉绿岩	1	0	0.000	0.00	0.00	0.00	0.00	0.00
饰面用安山岩	2	25	3.900	22.50	0.00	－100.50	2.25	22.50
建筑用安山岩	193	3075	403.102	3345.17	0.00	520.35	208.06	3117.26
建筑用闪长岩	36	571	141.439	1316.60	0.00	192.57	38.35	1195.62
水泥材料用闪长玢岩	1	5	1.250	12.50	0.00	1.40	0.35	12.50
建筑用花岗石	480	6175	484.988	4349.29	0.00	523.20	219.06	4264.34
饰面用花岗岩	144	1279	18.373	764.60	0.00	171.00	90.04	764.60
麦饭石	4	106	0.000	0.00	0.00	0.00	0.00	0.00
珍珠岩	7	140	1.070	53.10	0.00	3.90	2.10	53.10
浮石	3	111	3.468	836.00	0.00	4.00	150.40	276.00
霞石正长岩	1	1	0.000	0.00	0.00	－2.00	0.00	2.60
水泥用凝灰岩	6	35	19.00	144.00	0.00	16.70	4.90	144.00
建筑用凝灰岩	25	307	58.939	233.35	0.00	38.50	8.26	233.15
火山渣	4	210	1.600	10.53	0.00	0.00	0.20	10.53
饰面用大理石	1	10	0.000	0.00	0.00	0.00	0.00	0.00
建筑大理石	35	371	90.234	726.85	0.00	81.19	27.66	786.85
水泥用大理石	51	598	147.000	1286.20	0.00	149.60	47.83	1266.20
玻璃用大理石	1	35	0.170	10.00	0.00	0.00	0.00	10.00

续表 1-3

矿产名称	矿山总数	从业人数	年产量（万吨）	工业总产值（万元）	综合利用产值(万元)	利润总额（万元）	税金总额（万元）	销售收入（万元）
硼矿	14	678	5.789	463.60	0.00	74.00	246.77	463.60
矿泉水	70	2818	33.169	19463.46	0.00	886.48	691.33	15720.80
二氧化碳气	1	70	1210.0（万立方米）	850.00	0.00	0.00	100.00	440.00
其他矿产	4	44	0.370	25.10	0.00	0.00	1.52	25.10

体、液体产量居24位；气体居第13位。实现矿业产值116.91亿元，综合利用产值1.07亿元，利润总额21.42亿元，税金总额9.56亿元，矿产品销售收入113.77亿元。全省矿业产值居全国第15位，占吉林省500万元以上工业单位的工业总产值的4.39%。

【吉林省矿业开发特点】 1. 从经济类型分析：矿山以集体企业和私营企业为主；国有企业和集体企业矿山从业人员居多；集体企业的矿山产量较大；股份制矿山企业经济效益较好，工业总产值、矿产品销售收入、利润总额和上缴税金等在各类矿山企业中占主导地位（主要矿产为石油、天然气），其中矿业产值占全省矿业总产值的60.97%，矿产品销售收入占全省总销售收入的61.78%，利润总额占全省利润总额的98.55%，上缴税金占全省税金总额的67.05%，为地方经济的发展作出了突出的贡献（图2）。

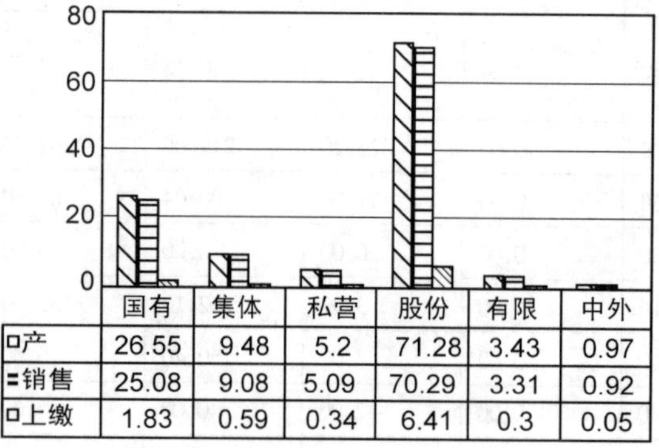

	国有	集体	私营	股份	有限	中外
产	26.55	9.48	5.2	71.28	3.43	0.97
销售	25.08	9.08	5.09	70.29	3.31	0.92
上缴	1.83	0.59	0.34	6.41	0.3	0.05

图2 不同经济类型矿山产量，销售收入，上缴税金对比图

2. 从矿产类别分析：全省以能源矿产和非金属矿产的从业人员为主体，分别占全省从业人员总数的44.84%和42.64%；非金属矿产的产量较大，占全省矿山总产量63.37%。能源矿产的产值、矿产品销售收入、上缴税金较高，分别占全省76.25%、77.11%、75.73%，其中，石油、天然气所占比例较大，分别占全省能源矿产总产值、矿产品销售收入、上缴税金的79.92%、80.49%、88.28%（图3、4）。

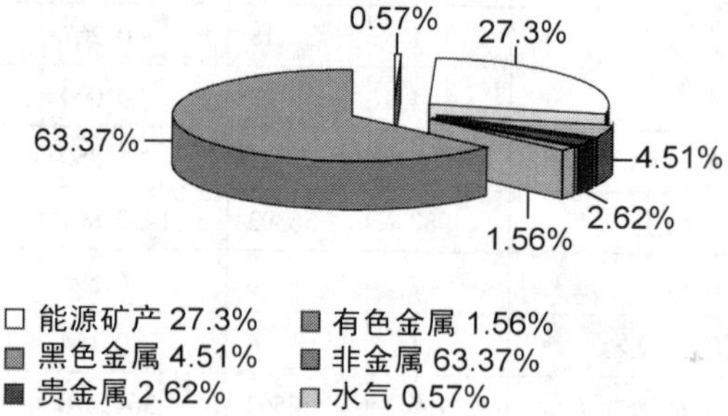

图3 全省各类矿产产量对比图

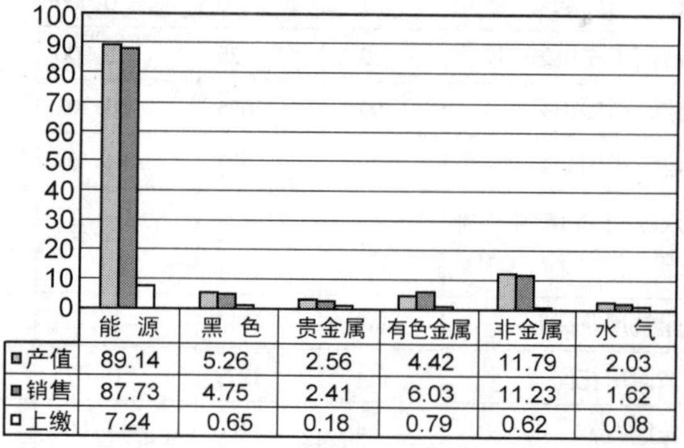

	能源	黑色	贵金属	有色金属	非金属	水气
产值	89.14	5.26	2.56	4.42	11.79	2.03
销售	87.73	4.75	2.41	6.03	11.23	1.62
上缴	7.24	0.65	0.18	0.79	0.62	0.08

图4 全省各类矿产产值、销售收入、缴税情况对比图

3. 从各地区矿产资源开发利用情况分析：吉林市矿山总数最多，居全省首位，而产量排居全省第二；长春市矿山数虽居第二，但产量居全省第一，其矿产品主要为普通建筑用砂、石、土；松原市的矿业产值和上缴税金位居榜首，分别占全省61.25%和66.74%。其中松原市仅石油、天然气产值就占全省工业总产值的60.94%（图5）。

4. 从全省能源矿产消耗与实际供给情况分析：虽然煤炭、石油较上年分别增加11.12%和6.92%，但仍满足不了全省需要，供需矛盾日益突出，2003年煤炭缺口达2204万吨，石油缺口达406万吨。

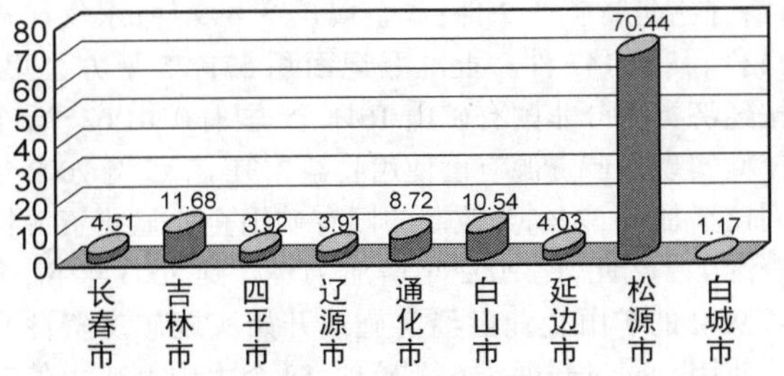

图5　全省各地区矿业产值对比图

5. *从矿产品贸易情况分析*：随着中国加入 WTO 以来，国内外矿产品市场显著发展。据长春海关统计数据显示，2003 年吉林省矿产品进口总量为 198.88 万吨，比 2002 年增加 70.28 万吨，同比增长 24.36%；出口总量为 52.22 万吨，比 2002 年增加 5.57 万吨，同比增长 5.8%。矿产品进出口贸易总额为 11731.67 万美元，比 2002 年增加 4223.65 万美元，同比增长 25%，其中进口额为 8174.9 万美元，同比增长 33.28%；出口额为 3556.77 万美元，同比增长 10.79%。2003 年吉林省矿产品进出口贸易逆差高达 4618.13 万美元，比 2002 年增加 2913.99 万美元，同比增长 64.62%。表明吉林省矿产资源不能满足国民经济发展的需要。

【矿产资源开发管理】　1. *加大矿产资源开采秩序治理整顿力度*。2003 年，吉林省先后印发了《关于 2003 年全省矿产资源开采与利用秩序治理整顿工作安排意见》（吉国土资矿发[2003]3 号）和《关于进一步加强采石场采矿权管理和矿山生态环境专项治理的通知》（吉国土资矿发[2003]4 号）文件，并将此项工作纳入市（州）级政府和国土资源管理局目标责任制中。截至 2003 年末，全省共查处无证采矿 383 个、越界开采 46 个、非法转让 9 个、持勘查许可证非法采矿 6 个，关闭整改不合格矿山 175 个、不合格选厂 3 个，吊销采矿许可证 56 个，注销采矿许可证 224 个，罚没款 50.94 万元，没收矿产品 3.312 万吨。

2. *加强采矿权市场建设工作*。为加快采矿权市场建设，年初省厅下发了《关于 2003 年全省矿业权市场建设工作安排意见》（吉国土资发[2003]8 号），对全省矿业权市场建设提出具体要求。同时举办两期矿业权市场建设培训班和采取多种形式进行宣传，使各级政府领导和社会各界及采矿权人提高了对矿产资源国家所有权的认识，增强了矿业权有偿取得、依法转让的观念，各市（州）全面开展了采矿权市场建设工作。2003 年，全省共有偿出让采矿权 2156 宗，收取采矿权价款 3126.9 万元，合同金额 6047 万元。

3. *强化矿山年检工作*。2003 年，通过年检，取缔非法采矿 354 个，注销采矿许可证 118 个，吊销采矿许可证 2 个，查处侵权越界 10 个，追缴矿产资源补偿费 29.5 万元，罚没款 10.18 万元，没收矿石 0.02 万吨。

8 月 15 日，省国土资源厅组织召开了全省矿产资源管理秩序整顿和采矿权市场建设工作调度会议，会上各市（州）国土资源局汇报工作；总结全省上半年工作；对下半年工作进行部署。

9 月 27 日，经吉林省第十届人民代表大会常务委员会第五次会议，通过了《吉林省矿产资源开发利用保护条例》，并于 2004 年 1 月 1 日起实施。

（吉林省矿业协会）

黑龙江省

【矿产资源】　黑龙江省是矿产资源大省，矿产种类较全。截至 2003 年底，全省共发现各类矿产 132 种，占全国已发现 234 种矿产的 56.4%。已查明储量的矿产有 78 种，占全国已查明 215 种矿产资源储量的 36.3%。已查明的 78 种矿产中有能源矿产 5 种；黑色金属矿产 2 种；有色金属矿产 11 种；贵金属矿产 6 种；稀有、稀散元素矿产 8 种；冶金辅助原料非金属矿产 7 种；化工原料非金属矿产 7 种；建材和其他非金属矿产 30 种；水气矿产 2 种。

全省已查明有矿产资源储量的 78 种矿产中，除石油、天然气、铀矿、地热、地下水、矿泉水外，其他已上储量表 72 种矿产，矿区数为 765 处，其中开采矿区数为 527 处。在 806 处矿区矿产地中，保有储量按矿区规模统计，大型 82 处，中型 184 处，小型 396 处，小型以下 9 处，规模不清 20 处。石油、天然气矿产主要集中在松辽盆地的大庆一带；煤炭矿产则分布在东部的鹤岗、双鸭山、七台河和鸡西等地；有色、黑色金属矿产主要分布于嫩江、伊春和哈尔滨一带；金矿则产于大、小兴安岭及伊春、佳木斯、牡丹江等地；非金属矿产主要分布在该省的东部和中部地区。

在全国统计的 45 种主要矿产中，该省具有基础储量的有 27 种，占 60%；在中国石油、天然气、铀、煤、铁、铜、铅、锌、金、水泥大理岩、玻璃硅质原料、硫、磷、钾盐等 15 种国民经济支柱性矿产中，该省具有储量并开发利用的矿种有 10 种（即石油、天然气、煤、铁、铜、铅、锌、金、水泥大理岩、玻璃硅质原料），占 67%。

【矿产地质勘查】　2003 年度该省开展地质矿产勘查工作单位有：省地质勘查局、省煤田地质局、省有色地勘局、省黄金工业管理局、中国建筑材料工业地质勘查中心黑龙江总队、武警部队黄金第一总队、化工部黑龙江地勘院以及大庆石油总公司的勘查单位等8个部门，具有勘查资格的单位63家。

2003年全省挂牌出让探矿权21个，收取探矿权价款及使用费484万余元，吸引社会资金共计1642万余元。全省经审批颁证的地质勘查项目115项，注销87项。其中颁证项目中新立60项、变更6项、延续45项、保留4项，比2002年增加了6.5%。勘查矿种包括金、银、铜、铁、铅、锌、钼、煤、地热、矿泉水和建材非金属等多种矿产。2003年度全省矿产资源补偿费支持的地质勘查项目共下达36个，其中基础性地质勘查项目31项，公益性地质勘查项目5项，主要以贵金属和多金属矿产为主，其次为非金属和水气矿产，项目总投资额为6288万元(其中当年投入4029万元)。2003年全省累计投入地勘资金18271.23万元(不包括石油、天然气)，比2002年增加了5692.78万元，其中国家地勘费资金投入共计3585.52万元，比2002年减少了2046.73万元，占全省地勘投资总额的20%；矿产资源补偿费当年实际发生资金7804.55万元，比2002年增加了264.5万元，占当年全省地勘投入资金总额的43%，地勘市场资金(包括行业自投资金)6881.16万元，与2002年同比增加了4475.26万元，占当年全省地勘投入资金总额的37%。

2003年已发现小型岩金矿产地4处，小中型铅锌矿产地2处，中大型建材非金属矿产地2处。东安大型岩金矿床资源储量通过国家级评审，探明资源储量24.3吨，平均品位8.99克/吨。

【矿产资源开发利用】 2003年共新设采矿权562个，变更延续采矿权1141个，批准登记发证1703件，按矿产类别分煤炭1036件；地热1件；黑色金属矿产4件；有色金属矿产2件；非金属矿产499件；水气矿产14件；其他147件。批准登记面积571.75平方公里。按经济类型分非国有矿山1641个，国有矿山62个，全年共实现矿产资源有偿使用收益2.31亿元，与2002年同比增加了32%，为改制的国有矿山企业显化资源性资产1.2亿元，比2002年增加71%。到2003年底，全省96%的矿山企业已经实施或开始实施矿产资源有偿使用。同时开展对6个矿种、58个大中型矿山的矿产督察工作，全面清理砂、石、粘土矿的采矿活动，加强了对采金区的规划管理。2003年度共查处非法采矿395起，查处越界采矿59起，责令停产整顿矿山216家，关闭不合格矿山226家，查处非法转让采矿权3起，涉及金额4万元，吊销采矿许可证8个，注销采矿许可证259个，罚款99.28万元，没收矿产品800余吨。在风景区和公路、铁路沿线设立砂石土禁采区31个。截止2003年底，全省共有各类矿山企业4387家，与2002年同比减少了923家，其中开采矿山与2002年同比减少了539家，关停产矿山与2002年同比少关停407家。

2003年全省矿产资源补偿费实缴金额为6.22亿元。缴纳矿产资源补偿数额按矿种分，石油5.73亿元，比2002年增加0.55亿元，煤2233.18万元，比2002年增加了140.78万元，超过百万元的矿种有：金629.90万元，比2002年增加了174万元；砖瓦用粘土438.41万元，比2002年减少67.84万元；建筑用花岗岩153.59万元，比2002年减少了6.59万元；水泥用大理岩129.62万元，比2002年增加了13.86万元。矿补费在50万元左右的矿种有：铜矿81.92万元、建筑用砂43.48万元、建筑用安山岩64.29万元、钼矿28万元、砂金67.92万元、石墨26.25万元、矿泉水37.07万元。

表1 **2003年黑龙江省矿产资源开发利用情况**

序号	项目名称	矿山数(个)	从业人数(人)	年产矿石量(万吨)	工业总产值(万元)	利润总额(万元)
	总计	4387	457122	10997.54	9610171.33	5420866.09
1	哈尔滨市	901	34948	1738.103	56736.92	-2342.37
2	齐齐哈尔市	239	13223	593.524	14305.36	924.04
3	牡丹江市	465	13188	469.954	17647.09	593.65
4	佳木斯市	244	10354	438.949	7032.07	756.5
5	大庆市	100	95216	111.564	8599837.4	5434895.66
6	鸡西市	578	72876	1717.229	135790.53	-12705.97
7	鹤岗市	174	59052	1647.903	171473.97	-2187.28
8	双鸭山市	476	54285	1435.22	233297.98	-920.05

续表 1

序号	项目名称	矿山数(个)	从业人数(人)	年产矿石量(万吨)	工业总产值(万元)	利润总额(万元)
9	七台河市	537	71604	1713.978	319249.85	217.16
10	伊春市	143	6999	228.774	20105.72	1332.44
11	绥化市	208	14451	248.295	8085.92	299.2
12	黑河市	230	7853	306.828	18918.64	421.77
13	大兴安岭地区	92	3073	347.078	7689.88	－418.66

【矿山地质环境】 2003 年完成了《黑龙江省矿山地质环境管理办法》修订和全省矿山地质环境填表调查工作,申请并获批省级矿产资源补偿费矿山地质环境调查恢复治理项目 14 个,投资 5548 万元,拟治理面积 719.6 公顷,获批国家级“两权”及“价款”矿山地质环境保护项目 6 个,投资 1400 万元,同时在七台河地区建立了地面塌陷监测点 78 个,控制面积 98 平方公里。全省共发生突发性地质灾害 18 处,其中滑波 3 处、泥石流 14 处、采空塌陷 1 处,直接经济损失 3439.4 万元,间接经济损失 6601 万元。成功预报地质灾害 5 处,避免人员伤亡 1345 人,直接减少经济损失 30 万元。

【黑龙江省矿业协会第二届理事会】 于 2003 年 1 月 10 日在哈尔滨召开。来自全省矿协理事单位和矿协成员单位的约 120 名代表参加会议,会议讨论修改了协会章程,选举产生理事会新一届领导机构和组成人员。黑龙江省矿业协会于 1994 年成立,十年来由于各种因素的影响,工作曾一度停顿。会议审议通过了省矿协第二届理事会领导机构,选举省国土资源厅副厅长陈竞捷为会长,大庆油田有限责任公司等 22 家矿山企业为副会长单位,鸡西矿业集团公司等 112 家矿山企业为理事单位。刘升林、阎镇海、刘锐为正副秘书长。陈竞捷代表新一届矿协理事会做工作报告。他指出,第二届理事会要以振兴龙江矿业为已任,围绕矿协《章程》确定的基本任务,坚持为矿山企业服务、为各级政府服务,充分发挥桥梁和纽带作用,使矿协成为各级政府管理矿业的助手、矿山企业生产经营的参谋、矿业工作者的亲密之家。他要求第二届理事会要做好 7 个方面的工作:一是积极组织理事成员和专家,在矿产资源开发利用、矿山环境保护、价格政策、矿产品加工销售等方面开展调研,为各级政府决策提供服务;二是搞好技术咨询,促进矿业技术进步和科学办矿,积极筹划创办矿协的经济实体,增强社团组织的自身活力;三是抓好矿协的组织建设和制度建设,发挥政府与企业的纽带桥梁作用;四是加强矿协队伍建设,不断发展团体会员和个人会员,逐步扩大矿协的力量;五是开展国内外的信息和经验交流,促进对外合作;六是开展人才培训,提高矿业队伍的素质和管理水平;七是积极开展宣传活动,扩大省矿协的影响,让全社会了解《矿产资源法》等法律、法规和方针政策,唤起民众的矿产资源忧患意识和保护意识。

【国外矿产资源开发】 黑龙江省地勘局充分发挥地缘优势,贯彻实施“利用两种资源、开拓两个市场”的战略,开发国外矿产资源,开辟海外矿业市场,取得可喜成绩。部分跨国合作开发矿产资源项目已进入实施阶段。与黑龙江省毗邻的俄罗斯和蒙古国矿产资源十分丰富,矿业开发潜力巨大。黑龙江省地勘局近年来充分利用这一得天独厚的地缘优势,积极开拓国外市场,矿产资源开发和经贸活动十分活跃。该局所属的矿业集团成功购买了蒙古国两处铁矿的探矿权和采矿权。2003 年已完成其中一处铁矿的勘查验证,半工业试验及开发可行性论证工作,并与包头钢铁集团签订了协议,合作开发这一大型铁矿资源。另一处铁矿正在进行普查—详查。该局地勘六院与南非金田公司的合作也正在加紧进行,双方签订了联合勘查开发矿产资源协作意向书,联合成立了“黑龙江金龙矿业有限公司”,正就具体开发项目进行商务谈判。该院与萝北县黄金公司共同合作的对俄罗斯犹太自治州阿穆尔捷特砂金勘查开发一体化项目,总投资 730 万元,地质技术人员已赴俄实地踏勘,项目进入实施阶段。据悉俄罗斯犹太自治州境内金矿的黄金储量超过 300 吨。

【对俄矿产勘查开发】 为贯彻落实党中央提出的振兴东北老工业基地战略,黑龙江省充分利用地缘优势,不断加快实施“走出去”战略,加强与俄远东地区矿业合作,取得了较好的效果。已评价可供进一步勘查的矿产地 3 处,有望取得 2 个矿床的勘查许可证。黑龙江省高度重视对俄矿业经济合作,省政府专门成立了对俄矿产资源开发工作推进组,并紧紧围绕勘查开发国内紧缺、市场前景好、投资风险低、经济效益高的矿产资源与俄方开展矿业合作。2003 年该省派出多个地质专家组赴俄罗斯进行先期调研及踏查，取得初步成果。与俄罗斯滨海边疆区自然资源与环境保护总局建立了协作关系，并与该局及滨海边疆区地质勘探队签订了合作意向书，俄方为黑龙江省在该地区的调研、勘查、开发提供了便利条件；专家组通过实地踏勘，采集了大量实物标本，并对矿床的规模、品位、地质条件及矿石质量进行了综合评价，同时对矿床的开采开发条件进行了调查，确定了可供下一步勘查开发的法索里铅锌矿、红山铅锌矿和谢尔巴考夫铅锌银矿等 3 处矿产地，其中法索里矿床铅加锌平均品位为 9.5%，银为 90 克/吨。已向俄罗斯滨海边疆区资源环境保护局递交了申请，已经给予确认，并上报俄罗斯自然资源部。可首批取得法索里、红山 2 个矿床的矿产资源勘查开发许可证。

【中俄合作开发加林铁矿】 经过近两年时间的运作、多轮洽谈，中俄合作开发加林铁矿取得了实质性进展——中方有望在第二轮现场考察论证后获得该矿采矿权。俄罗斯阿穆尔州加林铁矿储量丰富、品位较高，俄方有意出让该矿采矿权。2003 年黑河市政府与阿穆尔州政府举行年度会谈时，把合作开发加林铁矿列入会谈项目。省国土资源厅与黑河市政府及有关部门组成代表团赴俄，与阿穆尔州政府就合作开发加林铁矿举行了会谈，阿穆尔州政府同意中方按照俄罗斯法律程序准备取得采矿证的有关文本，并向俄联邦资源部请示尽快同意中方进行现场考察。经过会谈已取得了实质性进展——中方有望在第二轮实地考察后，取得该矿采矿权。加林铁矿矿石为磁铁矿，储量 3.88 亿吨，其中品位大于 37%的矿石量为 1.43 亿吨，品位大于 50%的矿石量 8200 万吨，矿床潜在价值 1000 亿人民币以上。获取加林铁矿采矿权，加快开发铁矿资源，对于缓解国内钢铁企业原料短缺状况将起到十分重要的作用。

【矿产资源开发管理】 2003 年该省各级矿产资源开发管理部门积极进取，开拓创新，各项工作都取得了可喜的成绩，收缴矿产资源补偿费 6.22 亿元，继续位居全国首位；矿产资源有偿使用再上新台阶，有偿出让采矿权 1370 个，采矿权价款总收益 3.4 亿元，创历史新高；矿产资源开采规划与资源保护取得突破性进展，全年设立矿产资源保护项目 11 个，争取中央级项目经费 870 万元，省级项目经费 2700 万元。支持了矿山企业技术改造，提高了资源回收率；矿产资源监督管理成效显著，查处非法采矿 395 起，全省矿产资源开采管理秩序取得了明显好转。

【地质环境治理保护工作】 黑龙江省结合省情，对地质灾害防治工作进行了周密部署。编制、实施了《全省汛期地质灾害防灾预案》，制定了险情巡查、汛期值班和灾情速报 3 项制度，召开了会议，对重大地质灾害隐患点逐一落实防灾任务和措施。省国土资源厅组成检查组对重点地区和重大地质灾害隐患点进行了检查，并提供了防治指导。为强化汛期防灾工作，该厅还在全省 63 处灾情、险情较重的地质灾害隐患点建立了 200 多个“明白卡”，切实做到了防患于未然。由于工作抢前抓早，落实到位，虽然伊春、七台河等地发生了地质灾害，但没有造成人员伤亡和大的经济损失，防灾工作取得积极效果。省国土资源厅被评为 2003 年度全国地质灾害防治管理先进单位。黑龙江地质遗迹保护也取得了丰硕成果——五大连池入选中国首批世界地质公园；伊春小兴安岭石林成为该省继五大连池火山和嘉荫恐龙化石后第三个国家地质公园。《全省地质遗迹调查与保护规划》编制完成，为在全省范围内广泛开展地质遗迹保护和地质公园建设提供了有力支持。黑龙江省在地质环境立法、地质环境监测、地质环境项目管理、矿泉水资源管理等方面也取得了显著成绩。

【绿色矿山建设计划全面启动】 黑龙江省已正式启动绿色矿山建设计划。目标是要通过不懈的努力，在全省初步形成以绿色矿山理念为指导的资源开发体系；可持续利用、协调发展的资源保护体系；人与自然和谐平衡相处的人居环境体系，最终达到引导和推动全社会共同投身到保护生态环境、建设美好家园的行动中来。为促进这项计划的顺利实施，省国土资源厅制定了 3 项保护措施，即实行矿山生态环境准入制、矿山地质环境保证金制、环境影响评价和危险性评估管理制等三项制度。今后对新建、改建、扩建矿山一律实行地质环境影响评价和危险性评估，审批过程中实行一票否决，由各级国土资源部门对采矿的全过程实行监督检查，坚决遏制以牺牲生态环境为代价进行矿产资源开发行为。在这项计划中，省国土资源厅确定实施的工作重点是：四大煤城（鸡西、鹤岗、双鸭山、七台河）矿山环境治理工程、大庆及周边地区地质环境保护与综合治理工程、“三线”（公路、铁路、江河沿线）“两区”（风景名胜区、自然保护区）地质环境治理工程，共完成矿山地质环境恢复治理面积 3.3 万公顷。

【“典型矿山生态环境定量化评价研究”通过专家鉴定】

由省地质环境监测总站承担完成的“黑龙江省典型矿山生态环境定量化评价研究”，已通过省科委的成果鉴定。专家一致认为，这项成果具有很强的前瞻性和创造性，达到了国内领先水平。该省地质环境监测总站的科研人员在多年的地质环境监测工作中发现，作为矿业开发大省，在开发利用矿产资源进行经济建设的过程中，也不同程度地造成了矿山地质环境的破坏，矿山地质环境问题已经严重影响了社会、经济、环境的协调发展。但直至目前国内还没有一套完整的对矿山环境进行准确、定量化的评价方法，无法认定矿山环境所处状态，特别是拟建矿山将对环境带来的影响，以及应采取的对策。为解决这一难题，省地质环境监测总站与吉林大学共同开展了典型矿山生态环境定量化评价研究，通过一年努力，这项研究成果已经取得了阶段性进展。这项研究成果主要阐述了该省矿产资源现状和矿山生态环境概况，科学地分析了省内矿山中具有突出地位和代表性的能源矿山、金属矿山和非金属矿山等3大类6个矿山，采取三维定量评价模型，即自然禀赋指数维、生态环境指数维和区域人文指数维，对矿山生态环境进行综合评价；运用层次分析法建立了评价因子体系和评价登记、评价标准，建立了一套具有可操作性、可适用性的矿山生态环境评价模型体系，同时对目前矿山状态定量化评价的热点和前沿问题进行了探讨。

【地质勘查规划通过评审】 由省国土资源厅组织起草的首部《黑龙江省地质勘查规划》通过专家评审。该规划的制定对加强地质勘查工作宏观调控，促进地质勘查工作持续健康发展，提高矿产资源对经济和社会发展的保障能力具有重要意义。"规划"在客观科学论证分析了该省地质勘查工作的现状及面临形势的基础上，对全省2003～2010年基础性、公益性地质调查、战略性地质勘查、商业性地质勘查、境外矿产勘查工作分两个阶段进行了规划部署。根据规划，该省将依据省情、矿情，统筹规划，合理布局，夯实基础，优化勘查，大力加强基础性、公益性地质调查和战略性矿产勘查，加大对煤、金、铜等矿产的勘查力度；全面推进商业性矿产勘查的市场建设，拓宽投资、融资渠道；积极开展该省稀缺矿种的境外勘查，努力提高资源存量，建立部署科学、运转高效的地质勘查规划体系，努力实现完成"矿调"8万平方公里；获得精查煤炭储量5亿吨；发现大中型金属矿床3个；成功在境外邻近国家勘探省内稀缺矿种的大中型矿床3个；收取探矿权出让金及吸纳社会勘探资金总额达到2亿元，为促进"振兴东北老工业基地"提供有力的资源保障。

【首例探矿权拍卖】 由哈尔滨市国土资源局组织的黑龙江省首例探矿权拍卖会，吸引了省内近20家国有矿山企业、地勘单位和私营企业前来参与竞买。这次拍卖的3个探矿权均为建材非金属矿产，其中位于阿城市松峰山镇的二道河子大理岩普查探矿权拍卖引发了激烈的竞争。竞拍现场叫价此起彼伏，7名竞买人紧追不舍。经过205轮的角逐，这个竞拍底价为2万元的探矿权被哈尔滨水泥厂以105万元的价格竞得。在拍卖中民营经济和个体经济展示了竞争的实力，他们在竞价叫到100万元后才放弃。哈尔滨水泥厂是个有4000多名职工的国有企业，将要按照老工业基地振兴战略进行改制，他们把资源当做企业发展和壮大的依托，尽管勘查有风险，为了保障矿山的后续资源对这一探矿权志在必得。

【小铁矿采矿权挂牌出让】 2003年，在省国土资源厅举办的采矿权挂牌出让竞买会上，一个储量为3.7万吨的小铁矿，以37万元的价格成交，高出底价31万元。省国土资源厅自2003年开展采矿权挂牌出让以来，已成功出让采矿权9宗，实现出让收益11874.16万元。这次挂牌出让的4宗采矿权中，位于伊春市的西林铅锌矿南沟Ⅶ号铁矿备受关注。在距离挂牌截止时间的前半个小时，徐建国、马兆良、张海峰3家民营企业争相竞购，遂改为现场竞拍，14万元起拍价，一路攀升。该矿位于伊春市南东46公里，矿区面积5600平方米，矿体呈规则脉状，长110米，平均宽度为0.8米，矿石平均品位50%，保有探明的边际经济基础储量2.6万吨，控制的边际经济基础储量1.1万吨。徐建国最终以37万元获得此矿采矿权，该公司是新成立的一家民营企业，注册资金50余万元。

【鸡西市整顿治理非法小煤矿】 鸡西市高度重视整顿治理非法小煤矿工作，坚持从根本上治理，从源头上规范小煤矿。该市确定县(市、区)长、矿业集团负责人、市直煤炭企业负责人是所辖区内和资源范围内取缔非法小煤矿的第一责任人。凡非法小煤矿盗采煤炭资源的一律按照刑事案件处理；各级供电部门必须严厉查处非法小煤矿违法窃电行为，构成犯罪的依照电力法有关规定立案调查；各级公安机关必须从源头加强对矿用爆炸品的管理，加大缉查力度；各级国土资源管理部门要确保土地、资源不被非法侵占，并负责牵头对死灰复燃和新出现非法小煤矿盗采破坏煤炭资源的情况进行立案调查，组织测量盗采数量认定；各级林业管理部门要对非法小煤矿违法破坏林地、破坏植被环境的及时立案调查，从严追查处罚；各级煤炭工业局负责对非法小煤矿的认定，防止已关闭、取缔的非法井通过联合改造、改扩建等渠道变成合法井。市国土资源局高度重视，对死灰复燃和新出现非法煤井盗采情况进行立案调查。抽调矿管、储量、监察总队67人，对重点地区进行检查和整顿。对重点关闭的井口进行逐一排查,突击清查,重点查处,使非法小煤井的清查和打击工作做到全面、彻底、不留死角。经过清查工作,严厉打击非法小煤井工作取得了阶段性成果,市辖区内共清查各类煤矿 230 个,发现有问题矿井 46 个。对市煤矿安全清理整顿领导小组转交的 31 处小井已拆除 15 处井口,其他井口正在处理中,通过对非法小煤井的严厉打击,有效地遏制了各种非法盗采矿产资源的行为。

【双鸭山市打击非法采矿】 双鸭山市在整治非法采矿工作中,坚持标本兼治的原则,各相关部门齐抓共管,严厉打击非法采矿,矿产资源管理秩序有了根本转变。该市把打击非法开采工作摆上各职能部门和各县区政府的重要日程。实行一把手亲自抓、负总责的领导责任制,形成一级抓一级,一级对一级负责的工作机制;制定"严厉打击非法采矿工作职责",与各县区签订工作目标责任制;公安、电力、煤管等部门密切配合,形成工作合力,对重点矿区的非法采矿出重拳狠狠打击。2003 年全市共炸毁非法矿井 197 处,填平夯实 110 处,收缴扣留采矿设备 98 台件,价值 20 余万元,没收非法采出的原煤 1206 吨,治安拘留 34 人,刑事拘留 1 人。把打击非法开采工作推向深入,为全市经济健康发展作出贡献。

【牡丹江矿产资源专项整治】 牡丹江市在整顿和规范矿产资源勘查开发秩序工作中,采取有效措施强力推进,取得显著成效。全市共关闭矿山 105 处,出让、转让采矿权 113 宗,收取采矿权价款 1000 多万元,矿产资源勘查开发秩序进一步好转。这个市过全面清理,摸清了全市矿产资源底数。全市已发现各类矿产 78 种,经过勘查探明地质储量的矿产 40 种,已开发的有 27 种。煤炭、黄金、建筑石材、矿泉水等为优势矿产资源,在地域经济中占有一定地位。全市共设置探矿权 27 个,采矿权 460 个,审批发证程序合法,无违规现象发生。通过专项整治,严肃查处了违法违规行为,规范了矿产资源勘查开发秩序。全市在整顿和规范矿产资源勘查开发秩序工作中,集中力量开展了煤炭、黄金、铁、石墨主产区为重点的专项整治,对布局不合理、乱采滥挖的 105 个矿山予以关闭,通过整顿规划对资源进行重新整合,实行有偿出让,规范了矿产资源勘查开发秩序的同时,提高了资源利用率。通过清理规范,制定、完善了采矿权出让程序及审批、审核制度,实行市场化配置、集体会审、层级负责和纪检监察全程监督的工作制度,进一步净化、培育矿业权市场,全面推进矿产资源有偿使用。全市共出让、转让采矿权 113 宗,收取采矿权价款 1082.56 万元。

【鹤岗市推进绿色矿城建设】 鹤岗市是黑龙江省四大煤城之一,几十年来累计生产原煤 7 亿多吨,为国家的经济建设做出了巨大贡献。在矿业城市迅速崛起的同时,环境破坏的程度也不断加剧。目前全市形成塌陷区面积达 42 平方公里,每年因采矿活动引发的地面沉降、岩石裸露、水土流失等各类地质灾害带来的直接的经济损失近 2000 万元。日益严重的地质环境问题,引起了市各级政府的高度重视。该市颁布了《鹤岗市地质环境治理工作方案》,把绿色矿山行动列入生态市建设之中,提出要用 15 年时间,对全市矿山因采掘活动形成的地表沉降区、废弃的露天采矿场、采矿废弃物堆积地等进行有效的恢复和治理,并逐步将资源型生产生活区打造成生态良好、环境优美的山水园林化城市。到 2020 年,使总面积 4300 公顷的矿山地质环境治理区域得到全面恢复和治理。一年来鹤岗市通过引入市场机制筹集资金和申请国家项目资金,分别对兴安矿露天坑、南山矿塌陷区、新一矿塌陷区、岭北露天矿等重点区域进行了复垦回填和局部植树绿化,并取得了初步成效。昔日绵延数公里的兴安矿露天坑已被切断,有 5.7 万多平方米的面积被恢复成平整的土地,在南山露天矿由个体业主杨亚路投标 127 万元治理的塌陷区,已有 11 万立方米的土石填入坑中,原来紧靠路边深深的采坑,被平整出了大面积的土地。

【大庆市地质环境治理规划实施】 一部旨在彻底根治油城地质灾害的《黑龙江省大庆市及周边地区地质环境保护与综合治理规划》,已获国家批准正式实施。大庆油田连续 40 余年的油气开采所引发的一系列地质灾害已波及到大庆、齐齐哈尔、绥化和哈尔滨市所辖地区共 23 个区、县(市)。草原退化总面积 1431.31 万亩;土地沙化 2280.7 万亩;土地盐碱化 1250.6 万亩。其生物多样性遭到破坏,动物种群锐减,人居环境受到威胁,遏制了油城及周边地区经济的可持续发展。《规划》以地质环境保护与综合治理为核心,以实验和示范为先导,以先进科学技术为支撑,以"三化"土地治理、地下水位下降以及水土污染治理为重点,采用生物技术、工程手段与农艺措施相结合的方法,恢复大庆市及周边地区草青水碧的生态环境原貌,营造优良的地质生态环境,塑造油城经济可持续发展的区域形象。《规划》提出用 18 年时间,分三期全面恢复大庆市及周边地区地质环境。到 2020 年末,治理"三化"土地 4965.61 万亩,草原覆盖率达到 70%;土壤污染面积大幅减少,污染物含量接近正常背景值;地表、地下水水质达到国家标准;地面变形、湿地生态恢复;草经济、旅游业健康持续发展。20 年后的大庆将是一个绿带相连,森林环抱,湖在城中,景观和谐,独具特色的生态园林城市。

【牡丹江市首次采矿权拍卖】 受省国土资源厅委托，牡丹江市举行了首次采矿权拍卖会并获得成功。海林市林海铁矿7号矿体采矿权以118万元的价格被双鸭山市建龙矿业公司竞得。牡丹江市矿产资源较为丰富，此次拍卖的林海铁矿7号矿体位于海林市二道河子镇，矿区面积2600万平方米，矿体以磁铁矿为主，可采储量106.4万吨，平均品位40.63%，最小生产规模为12万吨/年，出让年限为10年。林海铁矿7号矿体采矿权拍卖公告发出后，吸引了4家采矿企业参与竞争，经过多轮激烈竞价，最终被出价最高者——双鸭山市建龙矿业公司竞得。此次采矿权拍卖取得成功，标志着牡丹江市采矿权有偿使用取得了突破性进展，实现了以市场方式配置矿产资源的重大转变，最大限度地显化了矿产资源价值，有力推动了该市矿业权市场建设，促进了地方经济发展。

【绥化市推进采矿权有偿出让】 绥化市国土资源局严格执行采矿权出让的相关规定，采取有效措施，全力推进，取得显著成效。全市有153家矿山企业实行了有偿出让，占全市矿山企业总数的80%。2003年绥化市将全市已到期的矿权全部收回，由国土资源部门组织开展有偿出让。该市制定了《采矿权出让工作方案》，对拟出让的采矿权，通过当地的媒体进行公告，广泛宣传采矿权有偿出让的重要意义，组织地质勘查专业技术人员对采矿权进行评估，主动为基层单位服务，逐级对出让的采矿权简评报告进行审核确认，对取得采矿权的矿山收取采矿权价款，办理采矿许可证，全部数据都录入采矿权数据库。经过精心组织，规范动作，全市191家砂石土矿山企业中有153家实行了有偿出让，收取采矿权价款102.3万元。

【五大连池入选首批世界地质公园】 五大连池等国家地质公园已被联合国教科文组织世界地质公园专家评审会评选为首批世界地质公园。五大连池风景区位于黑龙江省中北部，在其1060平方公里内，矗立着14座新老期火山，喷发年代从200多万年前到近代的280多年前。1719～1721年间的喷发形成了两座新期火山——黑龙山和火烧山，同时喷发的岩浆把白河阻断成五个彼此相连的火山堰塞湖，即五大连池。五大连池火山群是中国最年轻的火山群，这里的14座新老期火山，被公认是世界上火山地质遗迹现象最齐全、保存最完整、景观最典型、分布最集中的火山地质地貌，素有“天然火山博物馆”之称，该地分布的喷气锥为世界罕见。五大连池还有“中国矿泉水之乡”之称，其南泉、北泉的铁硅质重碳酸钙型天然低温冷矿泉水，不仅是中国矿泉水之极品，也是世界矿泉水之珍品。五大连池是第四纪火山活动给人类留下的一片珍贵遗产，这里山秀、水幽、泉奇、石怪、洞异，是集生态旅游、休闲度假、保健康疗、科学考察为一体的综合型风景名胜区。

【伊春市小兴安岭花岗岩石林为第三批国家地质公园】
经国家地质遗迹评审委员会专家评审和批准，黑龙江省伊春市小兴安岭花岗岩石林成为第三批“国家地质公园”。伊春花岗岩石林国家地质公园地处该省东北部小兴安岭腹地，位于伊春市汤旺河区西北部。公园东西长18.5公里，南北宽5～11公里，总面积约163.57平方公里，距伊春市110公里。园区内一座座石峰拔地而起，一处处峭壁怪岩冲天而立，规模宏大，气势雄伟，在小兴安岭山脉中构成一幅奇特的花岗岩峰林地貌景观。园内仍保持着原始生态群和物种多样性，森林植被发育良好，覆盖率近90%；百余种野生动物在这里生存栖息，其中马鹿、驼鹿、麝等珍贵动物达20余种。这处独具风韵的生态——石林景观国内罕见，具有十分重要的科普与地学研究价值。

（赵我为）

【黑龙江购买蒙古两宗探矿权】 黑龙江地勘局矿业集团2002年先后购买了蒙古图木尔套力盖铁矿和巴彦格勒铁矿的探矿权，并取得了优先采矿权。图木尔套力盖铁矿初步探明富铁矿储量2700万吨，巴彦格勒铁矿储量可达1.2亿吨。

【大庆油田新发现天然气藏】 大庆油田最新发现了一个地质储量高达300亿立方米的特大型天然气储藏。

该气藏位于大庆油田的外围边缘地带——松辽盆地“杏山断陷构造带”上，是迄今为止中国东北地区发现的最大整装气藏。其可采储量最高可达200亿立方米以上。

大庆油田最近进行的一次测试表明，该气藏的单井日产量为53万立方米，进入了中国目前已发现的为数不多的特大气藏行列。经检测，这里埋藏的天然气中甲烷含量高达97%，其余为微量的二氧化碳和氢气，而甲烷是制造聚乙烯等石化产品的主要原料。

松辽盆地中还分布着多个同类地质构造。理论推测表明，它们也蕴藏着丰富的天然气资源，今后大庆油田将继续进行勘探。

【水煤浆项目在大庆建成】 一项新的环保、节能、附加值高的水煤浆项目，2003年在大庆建成。该项目填补了东北三省水煤浆项目的空白，并有望解决大庆油田炼油成本高、资源利用率低的问题。

该项目将黑龙江省煤城双鸭山市的精煤，经过深加工之后转变为附加值高的水煤浆，然后用于大庆油田经过改装后的燃油锅炉。工程一期投资7500万元，预计年产量将达50万吨，实现产值2亿元。

水煤浆作为一种煤基液态燃料，具有代油、节能、高效率燃烧、低污染的特性，可在工业锅炉、取暖锅炉、电站锅炉、工业煤窑上代油、代气燃烧，亦可作为气化工原料用于合成氨、合成甲醇等煤化工项目中。此外，由于水煤浆在制浆过程中经过洗选，硫灰含量大幅度降低、燃烧氮氧化物排放少，具有良好的环保效益。

水煤浆项目的投产同时也降低了大庆炼油企业的生产成本，节约了能源。以目前每吨水煤浆400元计算，800元左右的两吨水煤浆就可以替代每吨1600元的工业锅炉重油燃料，降低了大庆炼油企业的能源消耗和炼油成本。

（中国矿业信息中心）

上 海 市

【能源资源】 上海基本上无一次常规能源，煤、石油、水力的储藏和生产，所需的能源都要靠其他省市的支援。但是，上海具有一定数量和较高质量的“二次能源”生产，产品主要是电力、石油油品、焦煤和煤气（包括液化石油气）。其他可以利用开发的能源还有沼气、风能、潮汐及太阳能。

【矿产资源开发管理】 2003年，上海市受理、批准新立采矿权3项，采矿权转让2项、变更4项、注销5项，采矿权延续登记99项。受理矿产资源占用储量登记3项（24万立方米/年），探明储量登记1项（9万立方米/年），均为矿泉水。年内，全市接受年检的矿山企业137个，年检率96%，实地抽检矿山数115个，抽检率84%。年检结果：绝大部分矿山企业依法采矿；少数企业非法转让采矿权，取土后未及时复垦，拖欠矿产资源补偿费。责令限期整改矿山企业4家，注销采矿许可证4张，追征矿产资源补偿费5.8万元。据统计，全市共有各类矿山企业143家（其中内资矿山企业140家，中外合资经营企业3家），从业人员11276人，年采固体矿石量（粘土）463.61万吨，液态矿石量（矿泉水）52.96万吨，工业总产值31379.49万元。同年，还开展了本市矿泉水资源的开发利用及保护情况的调查，完成了《上海市矿泉水资源开发利用调查报告》，并对砖瓦粘土企业的取土来源进行了调查，制定了统一使用《上海市开采利用粘土资源协议书》的相关规定。

【矿产资源勘查管理】 2003年，上海市受理并颁发矿产资源勘查许可证5张，其中新立3张、延续1张、保留1张。办理勘查许可证注销2张。对2002年有效的9个探矿权项目进行年度检查，探矿权人均能做到依法探矿，未发现越界勘查、无证勘查等违法违规行为，所有项目年检均予通过。根据国土资源部部署，编制了2002年度上海市水文地质、工程地质、环境地质勘查工作年报。

【地质勘查单位资格管理】 2003年，上海市对全市12个地质勘查单位资格进行了年度检查，10家单位参加了年检并及时提交了有关材料，另2家单位未参加年检。参加年检单位总体情况良好，年检均合格，并向社会进行了公告。未参加年检单位的地质勘查资格证书自公告之日起自行失效。

【矿产资源管理秩序治理整顿】 2003年，上海市按照标本兼治、重在治本的原则，开展了治理整顿“回头看”工作，对30%的矿山企业进行了抽查，重点检查采矿权人开采行为和安全生产工作，据查：大部分采矿权人依法办矿、依法采矿的意识明显增强，资源保护、生态环境保护和安全生产工作得到进一步加强，无证采矿、乱采滥挖、浪费资源、破坏环境等违法行为基本杜绝；矿政管理工作人员坚持依法行政、严格执法，未发现行政不作为的现象。同年，全面清理出让采矿权行为，加强对采矿权出让转让行为的监督，依法查处了5家非法承包、出租采矿权的企业，对符合条件的2家企业补办了采矿权转让手续。年内还制定了《上海市矿产督察工作规定》，对全市12位矿产督察员（其中部级督察员1位，市级督察员11位）进行业务培训、年度考核。全年督察矿山数114个，现场督察次数171次。

（王沪生）

【上海建成国内最大的太阳能电池生产基地】 国内最大的太阳能电池生产基地，2003年在上海莘庄工业区建成。新建成的太阳能电池生产线由上海航天局所属的上海太阳能科技有限公司投资兴建，采用当今最先进的太阳能利用技术，年生产能力可达到10兆瓦以上的供电量。

据上海太阳能科技有限公司袁晓经理介绍，太阳能发电系统最适合夏季的用电高峰期，一套功率为3000瓦的太阳能电池发电系统即可满足一户普通家庭的基本用电需求。

上海已经开始广泛应用太阳能航标灯、高速公路警示灯、草坪灯等环保项目,下一步的重点将是生态住宅的建设。"太阳能住宅推广计划"正在积极推行之中,部分具有节能、环保、环境增值效应的太阳能住宅2003年年底动工。

太阳能可以为人类提供用之不竭的"清洁电"。太阳能发电在中国还是新兴产业,如果有更多的家庭和企业使用太阳能供电系统,不仅有利于环保,还将大大缓解用电矛盾。 (中国矿业信息中心)

江苏省

【矿山企业开发利用】 2003年江苏省各类矿山企业开发利用矿产共58种,形成了以建材、能源、冶金辅助原料、化工原料及其他非金属为主的矿产资源特色和优势,详见附表1。

表1 江苏省矿产资源开发利用矿种类/矿山数一览表

矿产类别	矿种数	矿山数	主要矿种名称及矿山数
合计	59	3755	
能源	3	45	煤32,石油2,地热11
黑色金属	1	5	铁5
有色金属	3	3	铜1,铅1,锌1
贵金属	2	2	金2,银(与铅锌共生)
稀有金属	1	1	锶1
冶金辅助原料非金属	7	44	熔剂用石灰岩20,冶金用白云岩3,熔剂用蛇纹岩1,铸型用砂7,铸型用砂岩7,耐火粘土5,蓝晶石1
化工作原料　非金属	5	25	硫铁矿1,芒硝4,岩盐17,磷2,含钾岩石1
建材及其他　非金属	34	3592	水泥用灰岩174,建筑石料用灰岩551,石膏12,高岭土5,陶瓷20,凹凸棒石粘土6,砖瓦用土2175,建筑用花岗石121,建筑石料用砂岩29,其他499
水气	2	38	二氧化碳气1,矿泉水37

截至2003年底,全省共有矿山企业3755个,较2002年减少450个,减少了0.70%。按照经济类型划分,可分为:国有矿山企业126个,集体矿山企业1486个,私营矿山企业1623个,外资矿山企业15个,其他矿山企业505个。按矿山企业生产规模划分,可分为:大型矿山企业9个,中型矿山企业39个,小型矿山企业3707个。

全省矿业从业人员总数34.84万人,较2002年度减少1.48万人,减少了4.07%。其中国有矿山企业12.43万人,集体矿山企业10.17万人,私营矿山企业8.11万人。

2003年度,全省各类矿山企业生产矿石总量2.66亿吨,比2002年增加0.09亿吨,增长了3.50%。其中固体矿产2.61亿吨,液体矿产481.76万吨,气体矿产(液态)30万吨。年产矿量居前五位的矿产分别为砖瓦用粘土(6993万吨)、建筑石料用灰岩(6029万吨)、水泥用灰岩(3875万吨)、煤(2509万吨)和建筑用砂(939万吨)。

2003年度,全省矿山企业工业总产值135.90亿元,比2002年增加14.72亿元,增长了2.15%;矿产品销售收入126.06亿元,比2002年增加14.27亿元,增长了12.70%。矿产品销售收入居前五位的矿产分别为煤(44.79亿元)、石油(28.56亿元)、砖瓦用粘土(11.97亿元)、铁矿(8.32亿元)和建筑石料用灰岩(8.30亿元)。

从地区分布来看,南京、徐州、镇江、连云港是矿业开发较集中的地区。

各市2003年度矿产资源开发利用情况汇总表见附表2,全省2003年度矿产资源开发利用情况汇总表见附表3。

表2 江苏省各市2003年度矿产资源开发利用情况汇总表

地区	矿山数(个)	从业人数(人)	年产矿量(万吨)	工业总产值(万元)	销售收入(万元)	利润总额(万元)	税金总额(万元)
总计	3755	348416	26644.17	1359039.38	1260641.69	135556.82	88495.00

续表 2

地区	矿山数（个）	从业人数（人）	年产矿量（万吨）	工业总产值（万元）	销售收入（万元）	利润总额（万元）	税金总额（万元）
南京市	519	38517	3104.31	131688.04	117910.91	4123.24	13402.77
无锡市	136	10104	3453.82	572669.29	55043.59	15410.83	5264.51
徐州市	533	102970	4951.35	479897.12	480866.95	35822.64	11980.46
常州市	293	10433	2527.53	22823.63	22678.04	2950.83	1807.80
苏州市	189	23349	1423.48	86007.27	40110.23	4423.30	4610.68
南通市	365	29283	1172.01	8992.74	8980.87	537.96	2812.40
连云港市	295	16847	896.59	27366.03	19492.94	327.28	1105.19
淮安市	264	19657	967.21	79309.75	76667.89	9841.15	10181.17
盐城市	251	16783	775.78	34650.81	33211.01	-14955.24	2431.45
扬州市	213	31660	833.79	266051.66	263604.86	65992.47	23489.35
镇江市	376	21358	5068.25	126935.61	122796.55	9386.50	8831.48
泰州市	136	14969	615.62	30940.41	12170.83	1154.53	2061.00
宿迁市	185	12486	854.43	7107.02	7107.02	541.33	516.74

表 3　　江苏省 2003 年度矿产资源开发利用情况总表

序号	矿产名称	矿山数（个）	从业人数（人）	年产矿量（万吨）	工业总产值（万元）	销售收入（万元）	利润总额（万元）	税金总额（万元）
	总计	3755	348116	26644.17	1359039.38	1260641.69	135556.82	88495.00
1	煤	32	79155	2508.71	446705.66	447948.15	33479.40	8420.84
2	石油	220680	168.05	287233.00	285578.82	50064.00	24603.00	
3	地热	11	205	226.33	1233.00	1233.00	26.85	67.40
4	铁矿	5	10129	504.36	95026.80	83189.30	263.58	10218.02
5	铜矿	1	50	0.69	53.10	53.10	-10.20	5.00
6	铅矿	1	564	6.69	3515.00	3437.69	115.00	337.00
7	锌矿	1	786	25.20	8786.00	8700.00	260.00	1341.60
8	金矿	2	506	7.83	1413.67	1301.67	11.00	51.00
9	锶矿	1	100	3.70	925.00	925.00	92.50	82.00
10	蓝晶石	1	150	0.00	0.00	0.00	0.00	0.00
11	熔剂用石灰岩	20	2251	844.98	18894.76	19496.76	474.96	2779.80
12	冶金用白云岩	3	870	79.70	2559.70	2207.90	72.00	175.20
13	铸型用砂岩	7	73	1.85	81.75	81.75	9.30	5.80
14	铸型用砂	7	250	13.05	517.00	517.00	47.44	37.64
15	耐火粘土	5	60	0.87	47.50	47.50	4.00	4.14
16	熔剂用蛇纹岩	1	48	15.90	470.90	440.80	-120.00	90.00
17	硫铁矿	1	704	28.58	1769.00	1430.00	-70.00	183.00

续表 3－1

序号	矿产名称	矿山数（个）	从业人数（人）	年产矿量（万吨）	工业总产值（万元）	销售收入（万元）	利润总额（万元）	税金总额（万元）
18	芒硝	4	293	117.92	23272.13	23248.59	7691.62	4813.61
19	含钾岩石	1	60	0.00	0.00	0.00	0.00	0.00
20	岩盐	17	1969	255.26	35263.55	33133.22	1492.50	4317.56
21	磷矿	2	2827	48.19	9579.54	3048.88	－467.24	253.77
22	长石	2	48	1.80	29.00	27.00	9.10	0.90
23	沸石	4	233	3.10	93.00	93.00	2.00	18.35
24	石膏	12	4618	259.80	7705.12	7938.86	－60.35	1448.60
25	方解石	2	47	65.00	110.00	110.00	14.00	60.27
26	水泥用灰岩	174	11067	3875.44	59203.01	58565.62	6205.19	4247.96
27	建筑石料用灰岩	551	21815	6029.30	86223.22	83035.34	17763.72	6775.21
28	制灰用灰岩	16	1108	358.83	4620.95	4638.95	615.61	724.70
29	玻璃用白云岩	1	307	40.00	400.00	400.00	0.00	36.00
30	建筑用白云岩	10	636	300.39	4044.10	4032.37	313.90	279.11
31	玻璃用石英岩	4	106	11.50	146.50	146.50	18.00	17.50
32	水泥配料用砂岩	2	29	37.60	566.77	566.77	62.00	36.60
33	建筑石料用砂岩	29	1422	719.98	7908.40	6748.40	1039.20	400.04
34	玻璃用砂	9	452.1	19.00	578.00	550.00	63.10	45.61
35	建筑用砂	135	4264	939.34	9367.90	9087.70	671.28	647.98
36	玻璃用脉石英	2	36	0.01	3.00	3.00	0.20	0.10
37	陶粒页岩	1	15	10.00	105.00	105.00	0.00	5.00
38	高岭土	5	1025	26.82	2254.68	2057.68	－37.70	59.00
39	陶瓷土	20	303	48.68	776.04	789.44	85.54	79.70
40	凹凸棒石粘土	6	174	9.07	555.00	551.40	64.20	34.80
41	膨润土	12	376	8.05	488.50	488.50	60.38	50.33
42	砖瓦用粘土	2175	162463	6993.48	188468.75	119715.85	11302.19	10685.04
43	陶粒用粘土	1	60	3.50	270.00	27.00	7.00	8.00
44	水泥用粘土	12	503	37.05	451.00	447.24	34.70	22.02
45	铸石用玄武岩	69	1113	7.05	180.00	180.00	16.80	10.80
46	建筑用玄武岩	131	4426	505.12	9855.01	8254.42	1132.62	747.82
47	建筑用辉绿岩	5	278	192.00	890.00	890.00	125.00	141.00
48	建筑用安山岩	42	1519	177.99	2593.22	2233.22	279.00	109.10
49	建筑用闪长岩	13	433	84.56	1146.50	1056.50	92.90	50.30
50	建筑用花岗岩	121	4963	757.41	10903.50	10313.30	1289.36	497.69
51	建筑用流纹岩	5	53	20.57	136.80	136.80	17.10	12.50
52	建筑用粗面岩	1	24	16.10	140.00	100.00	6.00	4.00

续表 3－2

序号	矿产名称	矿山数（个）	从业人数（人）	年产矿量（万吨）	工业总产值（万元）	销售收入（万元）	利润总额（万元）	税金总额（万元）
53	建筑用凝灰岩	16	495	94.19	1021.00	881.00	64.30	73.50
54	饰面用大理石	1	112	7.29	225.60	225.60	－25.20	8.40
55	建筑大理石	3	63	8.90	90.00	90.00	2.50	1.80
56	矿泉水	37	1917	87.38	14610.75	14361.10	213.47	2785.34
57	二氧化碳气	1	180	30.00	5532.00	5532.00	673.00	638.00

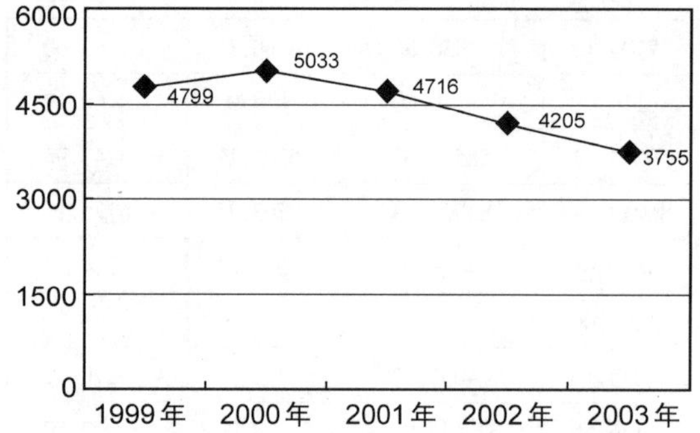

图1　1999～2003年矿山数情况

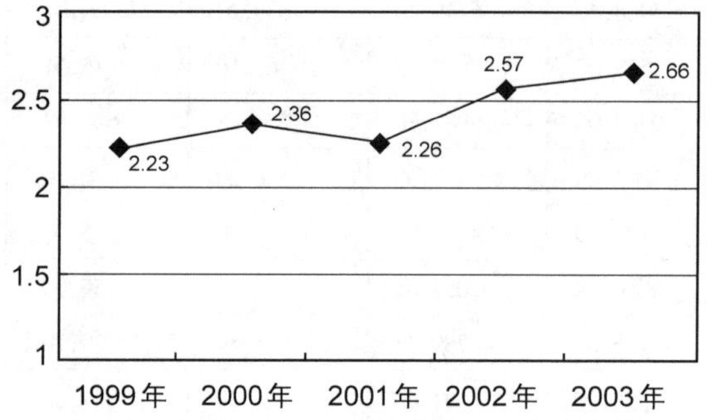

图2　1999～2003年度产矿石量情况

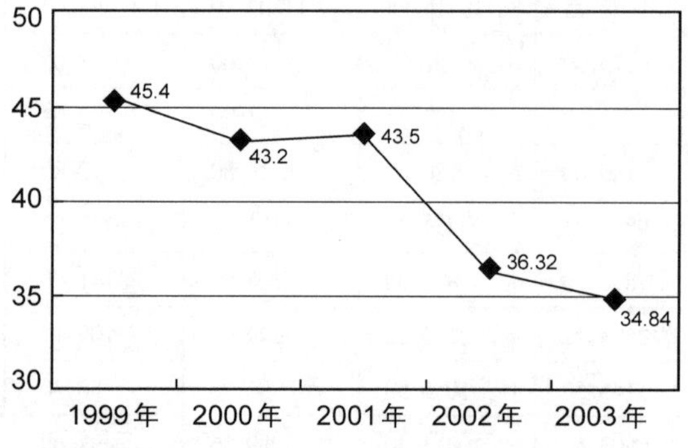

图3　1999～2003年度从业人数情况

统计数据表明，1999年以来，江苏省矿山企业数和从业人员逐年减少，年均减少分别为5.74%和6.19%，年产矿石量和矿产品销售收入逐年增长，年均增长分别为4.70%和15.76%。这说明，江苏省矿山布局更趋合理，矿产资源利用集约化程度在提高，矿业经济正朝着良性循环的方向发展（见图1、图2、图3、图4）。

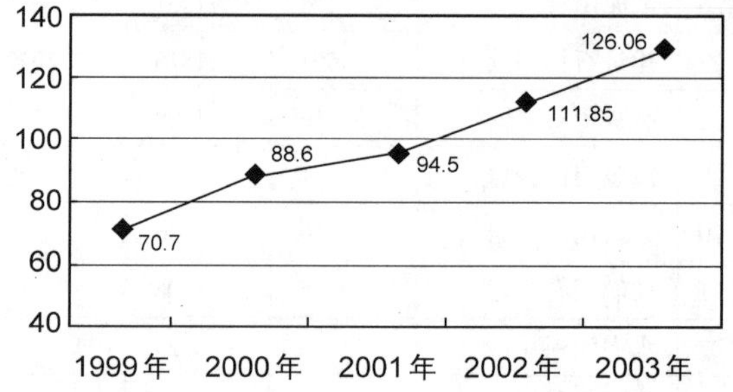

图4　1999～2003年度销售收入情况

（江苏省矿业协会）

浙　江　省

【矿产资源】　全省已发现100多种矿产，其中以非金属矿产为主。有12种矿产储量位于全国前3位，其中石煤、明矾石、叶蜡石、水泥用凝灰岩、建筑用凝灰岩储量居全国首位，萤石储量居全国第二。硅藻土居全国第三位，名列全国前十位的还有硅灰石、珍珠岩、花岗岩、沸石等。金属矿产中，银、锌、钒、镉的储量居全国前十位。大陆架蕴藏着丰富的石油和天然气资源，开发前景良好。

【矿产资源规划实施】　2003年，按照“禁采区内的矿山关停，限采区内的矿山收缩，开采区内的矿山集聚”的要求，对省、市、县三级规划划定的禁采区、限采区及开采区内的矿山，调整布局和结构，调控矿产资源开采总量。2003年全省矿山数量控制指标超额完成，矿山总数从2002年底的5600个下降到5300个左右。8月中旬国土资源部在浙江省召开了矿产资源规划实施现场会，总结推广浙江省的做法和经验。

【矿产资源管理秩序整顿】 2003年全省共查处无证开采398起，越界开采54起，责令停产整顿矿山104个，关闭、整改不合格矿山79个，查处非法转让采矿权4起，吊销采矿许可证80个，注销采矿许可证156个，全省矿产资源管理秩序进一步好转。

【矿业权市场规范】 2003年，全省88个县(市、区)已有85个完成了普通建筑石料采矿权有偿使用从双轨制到单轨制的转变。萤石、石灰石、高岭土、石英岩、砖瓦粘土、铅锌矿等矿种的有偿使用工作稳步推进。全省采矿权出让所得超7亿元，是上年的3倍多。

【矿山自然生态环境治理试点】 按照建设生态省的部署，编制实施《浙江省矿山生态环境保护与治理规划》。在全省8000余个废弃矿山中，确定了1336个作为近期需要治理的矿山，并对每个矿山的面积进行了测量。建立了矿山生态环境保护与治理工作数据库，开展废弃矿山治理的试点工作，为矿山自然生态环境保护和治理工作全面展开打下了良好基础。全省90%以上的矿山实施了治理备用金制度，基本实现了全覆盖。2003年，全省共投入治理资金1.03亿元，治理废弃矿山150个，面积152公顷。

【地质工作服务领域拓宽】 加快地质工作的根本转变，加大农业地质、灾害地质、城市地质、旅游地质工作的力度。国家地质调查局与浙江省合作开展的3.6万平方公里的农业地质环境调查项目顺利推进，2003年已经完成总体工作量的65%。通过调查与评价，已取得了三项重要成果，查明了浙北地区土壤的质量，圈出了面积2200平方公里的8处富硒区，显示土壤酸化问题较为突出。为这些地区调整农业结构，发展效益农业，加强农业生态保护，提供了科学依据。

【地质灾害防治】 编制实施《浙江省汛期防御地质灾害预案》，并对重点地区的地质灾害防治工作进行了检查。全省已有70%的市、县完成了地质灾害防治规划编制，初步构建了全省地质灾害防治规划体系。认真落实险情巡查、灾害速报、台汛期值班等制度，建立群专结合的地质灾害监测体系和群测群防网络及预警体系，努力把地质灾害造成的损失降到最低程度。2003年，省国土资源厅被国土资源部评为全国地质灾害防治工作先进集体。

(王　晓)

【砂石采矿权公开拍卖】 2003年，浙江省上虞市国土资源局拍卖一宗建筑用砂石采矿权，成交额达1.3亿元，创下浙江省建筑用砂石采矿权拍卖最高价。该矿区位于上虞市章镇镇青丰村曹娥江东岸，可开采的砂石资源储量为400余万立方米，采矿权出让年限为6年。

(中国矿业信息中心)

安　徽　省

【矿产资源】 安徽省的成矿地质条件得天独厚，在漫长的地质岁月中生成了丰富的矿产资源。全省累计发现各类矿产96种，矿产地2000多处，已探明工业储量的矿产有67种，矿区711处。其中以煤、铁、铜、硫铁矿、水泥用灰岩和明矾石的探明储量居多，除煤的保有储量居全国第7外，其余5种矿产的保有储量均居全国前5位，是安徽省的优势矿产。在此基础上建设起来的能源、钢铁、有色冶炼、化工、建材等产业已成为全省经济发展的支柱性产业。按1990年不变价格计算，全省矿产保有储量的潜在总价值达1.92万亿元(不含石油、铀矿和地下水)，在全国居第10位。

【矿产资源开发利用】 截至2003年底，安徽省矿产资源勘查开发取得巨大成就，已发现矿产138种(含亚种)，已查明矿产资源储量的有71种，保有矿产资源储量总价值约2万亿元，居全国第十位。在查明的资源储量中，煤、铁、铜、硫铁矿、石灰岩、石膏矿等6种矿产资源比重占资源储量的85%，构成安徽省矿产资源主体，居全国各省(市、自治区)的前10位。凹凸棒粘土、膨润土、方解石、明矾石等为安徽省特色矿种。当年已上资源储量表矿产地663处(单一和主要矿产)，另有伴共生矿产182处。

表1　　全省矿产资源开发利用矿种数、矿山数一览表

矿产类别	矿种数	矿山数	主要矿种名称及矿山数
合计	73	8021	煤311，石油1，石煤35，地热9
能源	4	356	
黑色金属	2	140	铁矿133，锰矿7

续表 1

矿产类别	矿种数	矿山数	主要矿种名称及矿山数
有色金属	5	186	铜矿 148,铅锌 31,钨 1,钼 3,锑 3
贵金属	2	36	金矿 34,银矿 2
冶金辅助原料非金属	9	182	萤石(普通)45,熔剂用石灰岩 18,冶金用白云岩 82,冶金用石英岩 4,铸型用砂岩 10,铸型用砂 4,冶金用脉石英 8,耐火粘土 10,熔剂用蛇纹岩 1
化工原料非金属	7	64	硫铁矿 32,明矾石 8,重晶石 4,电石用石灰岩 1,化肥用石灰岩 1,岩盐 1,磷矿(主矿、共生矿)17
建材及其他非金属	43	7022	石墨 5,硅灰石 5,滑石 4,石棉(温石棉)1,云母 5,长石 3,叶腊石 2,沸石 11,石膏 6,方解石 85,宝石 6,玉石 2,水泥用灰岩 274,建筑石料用灰岩 1858,饰面用灰岩 2,制灰用灰岩 99,建筑用白云岩 191,玻璃用石英岩 83,水泥配料用砂岩 29,建筑用砂 361,砖瓦用砂 3,玻璃用脉石英 21,陶粒页岩 1,砖瓦用页岩 2,水泥配料用页岩 8,高岭土 43,凹凸棒石粘土 10,伊利石粘土 1,膨润土 26,砖瓦用粘土 3299,水泥用粘土 21,岩棉用玄武岩 2,饰面用辉绿岩 2,建筑用辉岩 11,建筑用闪长岩 45,建筑用花岗岩 226,饰面用花岗岩 48,麦饭石 1,建筑用凝灰岩 30,饰面用大理石 30,建筑大理石 24,其他矿产 19
水气	1	35	

表 2　2003 年矿产资源开发利用情况(四大类矿产)

矿产分类名称	矿山数(个)	从业人数(人)	年产矿石量(万吨)
能源	356	210439	6928.79
金属	362	63727	1430.78
非金属	7268	233825	18824.12
水气	35	693	3004.18
总计	8021	508684	30187.87

2003 年安徽省已开发利用的矿产有 73 种(含亚矿种),各种经济类型矿山 8021 个,矿业从业人员 50.86 万人,年产矿石量 3.02 亿吨,与 2002 年相比,矿石产量增加 6000 多万吨,主要是煤炭、水泥灰岩、铁矿石等有较大幅度增长。全省矿产资源开发利用情况按能源、金属、非金属和水气等四大类矿种划分,各大类的矿山数、从业人数、年产矿石量详见表 1 和表 2。

2003 年全省矿产资源开发工业总产值为 235.74 亿元,淮南市、淮北市两市矿业年产值超过 40 亿元,铜陵、宿州、芜湖、宣城、巢湖、安庆等市均在 10 亿元以上。全省矿产资源开发利用情况分行政区汇总情况详见表 3。

表 3　2003 年度安徽省矿产资源开发利用情况分行政区汇总表

项目名称	矿山数(个)	从业人数(人)	年产矿石量(万吨)	工业总产值(万元)	利润总额(万元)	税金总额(万元)
总计	8021	508684	30187.872	2357376.670	286153.49	220630.41
合肥市	292	19294	753.847	22502.300	－197.74	1034.01
芜湖市	442	20654	2911.231	158221.540	17307.64	13646.50
蚌埠市	268	9067	350.614	13942.400	1757.06	358.83
淮南市	155	80924	3727.591	677366.600	85921.03	61211.15
马鞍山市	138	44655	3994.709	80362.550	4620.09	9652.11
淮北市	311	86582	2591.676	429017.300	60877.00	45809.94
铜陵市	238	25572	1122.155	169928.240	28356.08	25495.57
安庆市	924	23038	2067.185	125032.840	20026.93	10159.00
黄山市	279	3453	162.531	4336.900	434.40	57.94
滁州市	574	28369	1873.520	85232.900	6752.93	8858.76

续表 3

项目名称	矿山数(个)	从业人数(人)	年产矿石量(万吨)	工业总产值(万元)	利润总额(万元)	税金总额(万元)
阜阳市	779	14394	616.104	24704.720	0.00	0.00
宿州市	592	48245	1707.125	165736.810	-3322.63	15547.59
亳州市	517	20244	2114.593	43209.970	5041.85	3469.84
六安市	643	18946	553.294	19858.340	2354.65	139.23
宣城市	632	31102	2134.554	148400.680	39011.76	5366.72
巢湖市	703	19091	2362.895	139181.220	10689.13	11378.40
池州市	534	15054	1144.248	50341.360	6523.31	8444.82

全省小型及小型以下的矿山占矿山总数的98.8%,建筑用砂石粘土矿山数量占矿山总数的82.42%。集体和私营经济类型的矿山企业在矿山数量上占绝对多数,达90%以上。但国有及国有控股大大中型矿山数量仅占全省矿山总数的1.2%,其工业总产值、综合利用产值、销售收入、利润总额和税金总额分别占相应总量的75.94%、56.50%、77.12%、92.97%和82.79%(详见表4和图1、图2)。

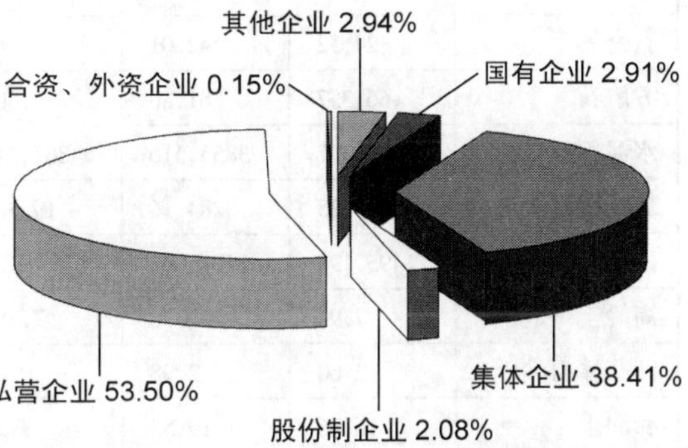

图1 2003年矿山企业类型比例图

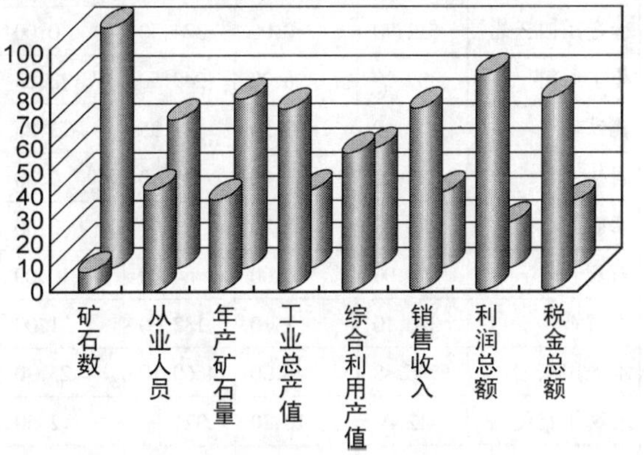

图2 2003年度大中型矿山与小型矿山经济指标占总量百分比对照图

表4 2003年度安徽省矿产资源开发利用情况分经济类型汇总表

项目名称	矿山数(个)	从业人数(人)	年产矿石量(万吨)	工业总产值(万元)	利润总额(万元)	税金总额(万元)
总计	8021	508684	30187.872	2357376.67	286153.49	220630.41
国有企业	233	227199	8956.309	1453320.4	188641.5	126869.09
集体企业	3081	159974	8113.638	338329.68	12341.18	29694.05
股份制企业	167	27603	2214.251	398900.48	69481.35	55313.17
私营企业	4292	90083	7476.492	159997.38	15811.18	139.22
合资、外资企业	12	736	3046.954	3720.32	-698.74	483.98
其他企业	236	3089	380.228	3108.410	577.10	130.90

【矿业经济发展】 1. 矿山生产能力。2003年安徽省矿业生产状况较为平稳,大多数矿山企业的实际生产能力普遍略低于设计生产能力。安徽省各类矿山主要矿种的生产能力情况详见表5。

表5 2003年安徽省矿山生产能力统计表

矿产类别	设计生产能力		实际生产能力	
	采矿	选矿	采矿	选矿
能源	6958.35	2954.30	6481.74	2152.89

续表 5

矿产类别	设计生产能力		实际生产能力	
	采矿	选矿	采矿	选矿
煤矿	6853.85	2920.00	6453.50	2146.20
黑色金属	2194.41	1469.00	1369.68	1076.30
铁矿	2192.41	1469.00	1368.93	1076.30
有色金属	765.05	688.83	447.29	368.03
铜矿	699.02	649.08	405.11	339.03
贵金属	88.17	53.09	67.84	56.52
金矿	78.82	51.59	62.34	55.72
冶金辅助原料	829.61	7.40	584.53	7.85
萤石	40.21	6.40	31.78	6.85
熔剂用石灰岩	229.00	0.00	186.90	0.00
冶金用白云岩	513.70	0.00	324.50	0.00
化工原料	339.20	96.20	249.50	73.85
硫铁矿	170.40	93.50	131.35	73.85
岩盐	30.00	0.00	45.00	0.00
磷矿	28.00	2.70	5.67	0.00
石膏	95.00	10.00	64.00	10.00
方解石	390.10	1.10	182.60	1.00
水泥用灰岩	5796.88	46.30	4660.10	23.90
玻璃用石英岩	412.00	10.20	321.00	2.50
高岭土	46.50	5.10	23.50	5.10
凹凸棒石粘土	25.00	0.00	25.00	0.00
膨润土	45.65	16.50	24.35	7.25

2. *矿产品产量*。2003 年与 2002 年全省矿产资源开发利用情况主要指标对比情况见图 3。当年度安徽省煤炭、铁矿、水泥用灰岩等矿产矿石产量年产量有较大幅度增长，铜矿和玻璃用石英岩有所减少，其他矿种矿石产量基本持平(详见表 6)。

表 6　安徽省 2002 与 2003 主要矿种矿石产量对比表

矿种名称	2002 年产矿石量(万吨)	2003 年产矿石量(万吨)	增(+)减(-)量
煤	6528.575	6908.236	379.661
铁矿	783.302	943.203	159.901
锰矿	0.45	0.35	0.14
铜矿	396.819	385.758	-11.061
铅矿	20.31	7.965	-2.335

续表 6

矿种名称	2002 年产矿石量(万吨)	2003 年产矿石量(万吨)	增(+)减(-)量
锌矿	14.77	12.89	1.88
锑矿	0.01	0.26	0.25
砂金	0	0	0
金矿	58.351	69.2	10.849
银矿	2.30	0.15	-2.15
萤石(普通)	17.335	16.5	-0.835
硫铁矿	158.443	160.72	2.277
岩盐	40	45.23	5.23
磷矿(主矿、共生矿)	4.242	6.07	1.828
石膏	24.52	42.01	17.49
方解石	66.357	81.86	15.503
水泥用灰岩	2988.397	3855.516	867.119
玻璃用石英岩	303.525	284.16	-19.365
建筑用砂	1495.198	1491.067	-4.131
高岭土	7.95	15.336	7.386
凹凸棒石粘土	2.60	2.98	0.38
膨润土	16.16	19.53	3.37

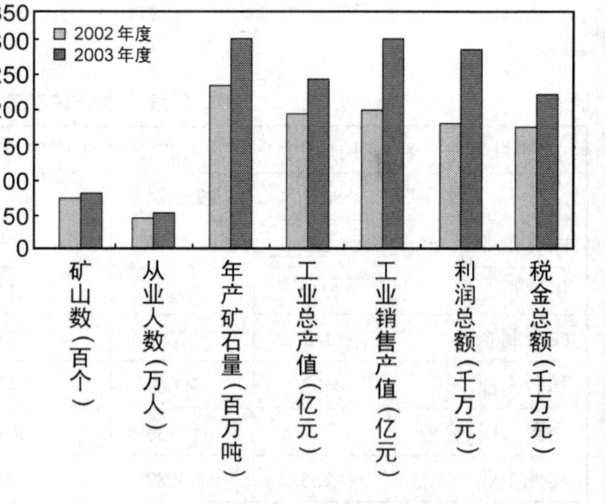

图 3　2002 年与 2003 年安徽省矿产资源开发利用情况主要指标对比图

随着中国社会经济发展步伐加快，基础设施建设对能源与建材的需求量增长，安徽省矿产资源开发利用步入新的发展时期。自 2000 年以来，矿山企业数量和矿山从业人数总体呈现相对稳定，矿产品市场供需两旺,矿石产量、矿业产值、销售收入及矿业利润总额趋于稳定增长(见图4)。煤炭行业在全省矿业经济中仍占主导地位,2003年安徽省煤炭工业总产值、销售收入、利润总额和税金总额分别占全省相应总额53.4%、52.5%、50%和55%。同时,水泥等建材行业有较大增长趋势。

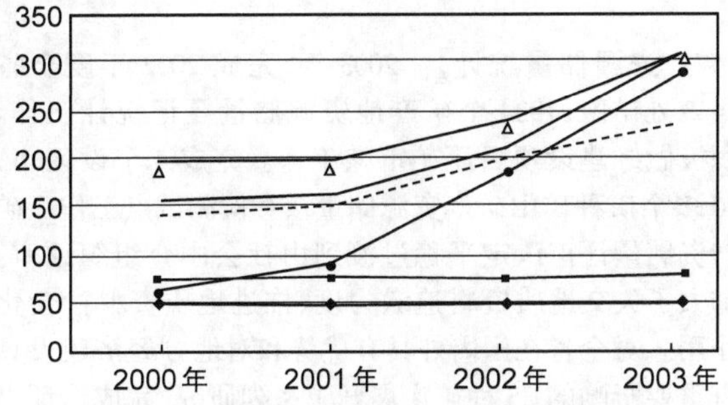

图4 2000~2003年安徽省矿产资源开发利用情况主要经济指标趋势图

【矿产地质勘查】 2003年,安徽省地勘行业各部门共有地质勘查单位49个,其中,省地勘局20个,冶金地勘局8个,煤田地质局6个,其他部门15个;在地质勘查单位中,国有性质45个,集体性质1个,民营性质3个。地质勘查年度末从业技术人员8276人,其中:高级技术人员1975人,中级技术人员3078人。

全年完成地质勘查投入14006.48万元,其中:中央财政投入2445.84万元,地方财政投入1611.14万元,企事业单位投入9949.5万元。完成钻探工作量199724米,坑探工作量3068米,槽探工作量91656立方米,浅井工作量3041米。

截至2003年底,全省共保有有效探矿权391个(不含油气及煤层气项目),比上年增加30%,勘查面积共计4260.54平方公里。其中2003年新批准设立(含变更、延续、保留)探矿权247个,批准登记面积2865平方公里。

安徽省矿产资源勘查活动主要集中在池州、六安、铜陵、芜湖、安庆、滁州、巢湖、宣城等地区。2003年度全省新发现矿产地8处,新增探明资源储量的矿种6个,有新进展的矿产地182个。在淮北市探明一大型煤矿,预期可获得333+334资源量4.6亿吨;在金寨县天堂西庄风景区找到了水温64℃、日出水量为700立方米的医用地热矿泉水;贵池某地深部钼矿普查,在预计位置发现四号和五号矿体,矿体厚度为5.65米,根据现有工程控制已成为中型以上钼矿床。

(孔繁茂　陈礼纪)

【亳州发现丰富的地热资源】 最新勘察资料表明,安徽亳州市蕴藏着丰富的地热资源。

地质部门2003年在古井丰水源发现了地热。通过有关专家对该井的电测资料和抽水试验结果分析表明:目前勘探孔深度已超过1500米,地热水温在50~55℃之间,水质为偏硅酸型优质水,估计出水量每小时50吨以上。据介绍,亳州市地热资源可用于地热供暖、温泉洗浴、康复医疗、冬季温室、大棚采暖、温水鱼养殖等。

【安徽白象山铁矿开采】 安徽马钢姑山矿业公司白象山铁矿开采可行性研究报告,2003年通过了专家评审。

该报告由鞍山冶金设计总院和马钢矿山研究院共同编制,设计方案由采矿工艺和选矿工艺两部分组成。设计坚持青山河不改道,保留公路、良田、高压线路,地表无大面积塌陷的原则。设计产量为年产原矿200万吨,铁精矿93万吨,品位达64.01%,服务年限可达22年,稳产期19年。

【阜阳市地热资源开发】 安徽省阜阳市位于黄淮平原南端,地下深部蕴藏着丰富的地热资源。探测表明,仅阜阳城区地热田面积就达60平方公里,可利用地热资源量相当于960万吨标准煤。

近年来,阜阳城区及太和县、阜南县已经开采利用地热井。单井出水量每天在500吨以上。井水水温可达40~50℃,并含有丰富的对人体有益的化合物和微量元素。

【阜阳发现储量10亿吨煤田】 2003年,安徽省煤田地质局地球物理探测队在阜阳市颍东区口孜、杨楼、乌江、老庙、枣庄及颍上县的江口等六个乡镇150多平方公里的范围内,发现蕴藏着一个矿区面积75平方公里的大煤田,储量在10亿吨左右,煤质为中－富灰分、特低硫磷、中高发热量的气煤。（中国矿业信息中心）

福 建 省

【矿产资源】 福建地质构造复杂,矿产资源中已探明储量的矿种有86种(含亚矿种),其中能源矿产有无烟煤、钠、地热等3种,金属矿产34种,非金属矿产47种,水气矿产2种,金、银、铅、锌、锰、高岭土、水泥石灰岩、花岗石材、明矾石、叶腊石、硫等矿产储量也较大。石英砂储量、质量冠于全国。

【矿业市场管理】 2003年出台了《福建省矿业权招标拍卖与挂牌出让管理办法》。新设立采矿权,除探矿权人直接转入采矿外，一律实行招标、拍卖、挂牌出让。会同省监察厅联合下发了“关于加强矿业权出让管理从源头上防止腐败的通知”，开展了矿业权招标拍卖挂牌出让情况执法监察。全年有318宗采矿权通过招标拍卖挂牌方式出让，出让价款2773万元，比2002年同期增长131%；协议出让829个，出让价款8356万元，增长41%；转让采矿权16个，价款5868万元，增长18倍。21个勘查项目以拍卖或挂牌方式出让探矿权，实现价款收入2588万元，比2002年增长10倍。审批办理探矿权转让15项，转让价款2638万元。

【矿产资源管理秩序治理整顿】 严厉打击非法开采行为，查处无证非法采矿2150宗。妥善处理了永泰—德化交界处岭头坪金矿非法开采破坏环境和上杭紫金山金矿开采规模、环境治理等问题。会同省林业厅、环保局、水利厅召开了开展“青山挂白”专项治理联席会议，拟定了专项治理方案。全年入库的矿产资源补偿费为1917万元，比2002年增长40%。（陈占国）

【温州拍卖两宗采矿权】 2003年，浙江省温州市国土资源局举行了该市首次采矿权公开拍卖会，鹿城区门前山矿区和庵前山矿区两宗建筑石料采矿权分别以3350万元和810万元的价款成交。门前山矿区可开采资源量为1298万吨，出让年限7年，起拍价1000万元；庵前山矿区可开采资源量为437万吨，出让年限5年，起拍价400万元。（中国矿业信息中心）

江 西 省

【矿产资源】 江西矿产资源极为丰富，在目前已知的150多种矿产中，江西就有140多种。其中已探明储量的有89种，居全国前五位的有33种。黑色金属有铁、锰、钛、钒等四种；有色和贵金属有铜、铅、锌、金、银等13种，稀有、稀土有铌、钽等29种，在全国占有明显的优势，江西已建成亚洲最大的铜矿和全国最大的铜冶炼基地。

【地质勘查】 2003年，全省勘查项目241个，其中2003年新增项目44个。在勘查项目中，有中央补偿费项目4个，省补偿费项目9个。中央补偿费项目中，德安张十八富铅锌矿详查和九江城门山铜矿边缘铜矿普查项目预计资源远景规模均有望达大型。省资源补偿费勘查项目中，横峰天台山水泥用凝灰岩勘查项目预计资源储量4亿吨以上。地勘行业各部门地质找矿也取得新进展。省地勘局新发现在南岭成矿带的2个以上钨锡矿矿区以及波阳金家坞金宗坞金矿带远景储量均可望达大型；省有色地勘局德兴金山矿田石坞金矿新增储量30.4吨，横峰葛源基本查明特大型钽（铌、铷）矿储量4万吨；核工业地质局乐安相山外围可望新探明大型矿床1个。

【矿产资源储量统计】 2003年，完成2002年度全省1443处矿区，1934个矿产地资源储量登记统计工作。积极做好建设项目压矿审核工作。完成4个设区市、20多个矿种矿山矿产资源储量核查检测试点工作。矿产资储量评审认定平稳过渡到由社会中介组织评审。加大了欠交地质资料追缴力度、推进地质资料社会化作用。对全省在国内外具有优势和对地方经济建设具有重要影响的35种矿产展开了系列研究，完成论证报告。开展全省重要矿产资源远景预测及战略选区研究项目，进一步摸清全省矿产资源家底。

2003年为赣州82个稀土矿山企业引进2亿元重组资金，并为江西稀有稀土钨业集团公司8个矿产钨矿山争取到10亿元国家扶持资金和企业改制资金创造了条件。

【矿产资源管理】 规范和整顿矿产资源管理秩序各地在规范整理矿产资源秩序“回头看”活动中都制订了工作方案，开展了自查、互查和省国土资源厅督查，重点抓了砂石开采、非法转让采矿权、稀土矿开采、锡矿开采、煤矿开采等专项整顿和重点地区重点矿种整治的深化；抓各类勘查单位、矿山企业存在问题的整顿、重要矿种的总量控制；抓了合理调整矿产资源开发利用布局，优化矿业产业结构的工作。在整个活动中，共查处无证采矿1013起，查处越界开采154起，查处非法转让采矿权15起，涉及金额111.4万元，责令停产整顿矿山584个，关闭整改不合格矿山576个，责令停产整顿选厂31家，关闭整顿不符合条件的选厂70家，吊销采矿许可证52个，注销采矿许可证338个，罚没款105.78万元，没收矿产品1.39万吨，追究刑事责任30人，设立禁采区44个。2003年底，全省共有采矿权人6385家，采矿许可证6725个。通过“回头看”活动，解决了矿山布局不合理和优势矿产过量开采等多年难以解决的热点难点问题。

【采矿权管理】 2003年，新办采矿许可证25个，划定矿区范围50个，办理变更登记264个，办理延续登记699个，办理采矿权转让18个，审查采矿权评估报告128份，注销采矿许可证321个。全省矿业产值及延伸产业、加工业产值为78.35亿元和415.19亿元，占全年工业总产值的41.52%,比2002年增长10.54%。省本级征收采矿权使用费及价款450余万元。

【探矿权市场管理】 全省凡可以用招标、拍卖、挂牌出让探矿权的,不再进行行政审批。支持探矿权人依法转让探矿权,在转让审批之前,主动与市、县人民政府和地勘单位(探矿权人)协商,对重要矿产地进行探矿权有效整合,大区块转让,引进有实力的公司投资商业性勘查开发,激活探矿权二级市场。2003年,全省探矿权有偿出让共计22个,出让价款160万元;审批探矿权转让7个,转让价款1325万元。

【采矿权市场管理】 2003年,全省有10个设区市进行了采矿权招标、拍卖、挂牌出让。赣州市以市长令的形式制定了矿业权出让转让暂行办法,上饶、九江市政府明文规定全市采矿权一律招标、拍卖、挂牌出让,其他各设区市都在根据各自的实际制定相应办法,为规范全省矿业权的出让转让行为,推进全省矿产资源有偿使用制度,促进矿产权市场的健康发展探索新路子。全省有偿出让采矿权714个,价款1.4亿元,其中68个采矿权进行了招标拍卖,价款9631.7万元;转让采矿权29人,价款2.8亿元。

【矿产补偿费征收】 全省矿产资源补偿费的征收工作,采取了与矿业秩序整治、采矿权管理和特定矿种的生产配额管理相结合的方法,在主要矿种和重点矿山企业上下功夫,堵塞拖欠、截留挪用等漏洞,从严治征,从而使全省矿产资源补偿费的征收率和入库率较2002年有大幅提高,到2003年底,全省入库金额为4400余万元。 (覃一江)

【大余县拍卖钨矿采矿权】 江西省大余县的12个钨矿采矿权,2003年在当地被成功拍卖,拍卖成交总额高达2996.7万元,为总起拍价的3.8倍。这是中国首次拍卖钨矿采矿权。

总共有33家企业参与了这次竞拍,江西省国土资源厅副厅长李洪昌表示,钨矿是战略性资源,和稀土、锡、锑等同属国家保护矿种,不允许个人或外商开采。因此,这次拍卖有着较为严格的限制。

大余县位于江西省南部,钨矿资源丰富,储量占全国的一半,占世界的1/5强,被誉为“世界钨都”,也是中国最大的钨矿基地之一。近年来,江西的矿业权市场开放一直走在全国前列。2001年,江西筹建了全国第一个矿业权交易市场——南昌矿业权交易服务中心,2002年江西省又在全国首次向海内外拍卖金矿采矿权。

【江西引进矿业投资情况】 2002年以来,江西加大了矿业招商引资力度,以矿业的优势引进内资、外资合作堪查与开发矿产资源,已引进开发矿业投资总额累计2.22亿元。

深圳市瀚尔非实业发展有限公司和江西地矿局合作开发贵溪市冷水坑下鲍银铅锌矿,是江西引进的最大矿业项目。项目总投资1.2亿,初期建设日处理1000吨矿石的采选能力,三年内扩建为日处理2000吨矿石的采选综合能力。福建泉州万国发展有限公司投资5000万元开发江西宜丰新庄铜铅锌矿,项目首期投资2000万元,将建成年生产矿石10万~20万吨的矿山企业。港商投资企业——德安方圆矿业投资有限公司正投资开发江西德安县尖峰坡锡矿等。

在以矿招商的同时,江西在矿业权流转方面也进行了新的尝试。江西已与云南蒙自矿冶有限公司签订了《江西会昌锡坑迳地区锡矿普查探矿权转让协议书》,并与加拿大、美国等外国矿业公司就矿业堪查开发、深加工、开发国际市场等进行了富有成效的洽谈与合作。2003年江西将本着探矿招商两头着力的工作思路,继续做好以矿招商工作。

【江西引进外资开发金山金矿】 江西省大茅山企业集团、澳大利亚吉斯曼澳柏龙黄金矿业股份有限公司,2003年就合资开发金山金矿事宜达成协议,并在南昌签署合同。这是江西省首度引进外资开发金矿。

双方合资开发金山金矿,一期预计投资7亿~8亿元,建设规模为日采选矿石5000吨,年产黄金6吨,按照现行黄金价格计算,年税前利润1.8亿元。据悉,该矿将进入中国最大独立黄金矿山三甲之列。

【有色工业五年发展规划出台】 江西2003年出台了有色工业2003~2007年的发展规划。

根据规划,到2007年,江西省十种有色金属产量将达到50万吨,有色加工材料达到30万吨。确保全省有色金属行业实现销售收入260亿元,力争300亿元,销售收入进入全国前六名;全行业实现工业增加值70亿元;利税20亿元。今后五年江西有色工业发展的重点是铜、钨、稀土、钽铌、铅锌、锡、锑的采选冶加工及其应用,钴、锆、镍等特色金属的深加工。重点建成年产15万吨铜杆项目、15000吨高档电解铜箔项目、年产1万吨高档铜细线项目、年产10万吨高性能高精度铜及铜合金板带材项目等。

为实现上述目标,江西省有色金属行业管理办公室提出了以下对策与措施:

一是搞好资产重组,积极引导各种经济成分投资江西的有色行业;二是加快技术进步,调整行业技术结构;三是加快新产品开发,调整产品结构;四是加快铜、钨与稀土二个特色工业园区建设；五是控制钨、稀土开采总量，加大环保投入，实现可持续发展。

（中国矿业信息中心）

山 东 省

【矿产资源】 山东是全国重要的能源基地之一。胜利油田是中国第二大石油生产基地，中原油田的重要采区也在山东，山东原油产量占全国1/3。山东境内含煤地层面积5万平方公里，兖滕矿区是全国十大煤炭基地之一。山东电力资源充足，山东电网是全国六大电网中惟一的省独立电网。

【矿业资源勘查开采秩序治理整顿】 2003年认真开展了矿产资源勘查开采秩序治理整顿工作“回头看”活动。省政府办公厅下发了(关于加强山石资源保护切实维护矿产资源勘查开采秩序的意见)，对做好“三区两线”可视范围内已毁山体，特别是城市周边地质地貌景观的恢复治理工作及维护好矿产资源勘查开采秩序提出了具体要求。省国土资源厅集中时间、集中人员对枣庄、莱芜、济南、淄博、烟台等12个市及所属的滕州、邹城、苍山、莱城、章丘、淄川等34个县(市、区)的山石资源保护和治理整顿工作情况进行了督导检查，对28个矿山、5处河道采砂场、8处已毁山体和废弃矿坑的地质环境恢复治理区、3处自然风景保护区、3处地质灾害隐患区所查出的问题，提出了具体整改意见。严肃查处了无证勘查开采、超层越界开采和乱采滥挖等违法行为，依法取缔各类非法采矿点及露天采矿点1600个，清退非法采矿人员近2000余人，治理已毁山体和废弃矿坑200余处，追缴矿产资源补偿费5000余万元。配合有关部门多次开展矿山安全生产检查，维护了安全生产秩序和社会稳定。

【矿业开发监督管理】 2003年实施矿产资源总体规划，进一步加大矿产资源开发的宏观调控力度，继续停止颁发新办石膏矿、生产规模小于6万吨/年的新办煤矿的采矿许可证，依法关闭不具备安全生产条件、布局不合理、资源浪费严重、环境污染严重的“小、散、乱”矿山400余处。对矿产资源开发利用方案进行了严格审查，促进了矿产资源的合理开发利用和有效保护。组建了地方级矿产督察员队伍，加强对矿山企业“三率”指标的考核和资源开采利用情况的年检工作，资源采选回收率有新的提高。2003年，征收入库矿产资源补偿费3亿元，对困难矿山企业矿产资源补偿费依法进行了减免。

【地质环境保护】 开展矿山地质环境调查，建立了矿山环境地质信息系统。组织申报了一批国家级地质公园，新批准建立省级地质公园6处，全省共有省级以上地质公园15处，其中国家级地质公园2处，枣庄熊耳山－抱犊崮国家级地质公园已经于12月28日揭碑开园。

为做好汛期地质灾害防治工作，山东省国土资源厅先后下发了《关于进一步做好汛期地质灾害防治工作的紧急通知》(鲁国土资发[2003]73号)，召开了汛期地质灾害防治紧急会议，对编制地质灾害防治预案做好地质灾害险情巡查，建立完善地质灾害险情速报制度等工作进行了部署。5月25日，经省政府同意后，省国土资源厅下发了《山东省2003年汛期地质灾害防灾预案》，对2003年全省地质灾害趋势进行了预报，出了地质灾害防治重点及隐患点的防治措施和建议，并启动了全省地质灾害预警预报工作，与省气象局共同发布了山东省地质灾害等级预报。共预报地质灾害36起，避免人员伤亡和可能造成的经济损失1500万元。

【矿产资源勘查与建设用地地质灾害危险性评估】 加强了公益性、基础性地质调查、战略性矿产勘查和建设用地地质灾害危险性评估工作，开展矿产资源勘查项目1325个，投入勘查资金3.4亿元，完成1:25万等比例尺区域地质调查8万余平方公里，新发现和探明了胶南七宝山铅银多金属矿等一批矿产地，提交铅锌资源量83万吨，铜资源量1658吨，萤石资源量24万吨。开展建设用地地质灾害危险性评估和地质灾害治9项目64个，划定矿区范围307个，颁发采矿许可证853个，审查批准勘查登记发证674项，保证了重点建设工程、矿山和重点矿产资源勘查项目的及时开工。

【地勘行业管理】 认真贯彻国务院办公厅国办发[2003]76号和国土资源部国土资发[2003]358号文件精神，进一步加强公益性地质调查队伍建设；举办了探矿权管理信息培训班，开展了探矿权年度检查、油气资源勘查开采督察。加强探矿权出让转让管理，强化了对地勘项目特别是矿产资源补偿费地勘项目的立项、设计、施工、成果验收等全程的监督管理，提高地勘项目的整体质量和找矿效果。11月28日，国土资源部副部长寿嘉华与山东省副省长赵克志在济南签订了《黄河下游流域生态地球化学调查项目》合作协议，山东第一个生态地球化学调查项目正式启动。

【矿产储量动态管理】 开展了矿产储量评审、认定和矿产资源储量动态检测试点，完成了年度矿产资源储量统计，加强建设项目压矿监督管理，规范了压覆矿床的申报审批程序，年内共审批建设项目压矿24项。修订完善了全省矿产资源储量数据库，编印了《山东省矿产资源年报》，开展了矿产资源开发与利用专题研究。进一步落实《地质资料管理条例》要求，督促相关单位补交地质资料，年内共补交、汇交地质资料150种、200多套。

（孔祥林）

河南省

【矿产资源】 矿产地数及规模。河南省成矿条件较好，矿产资源丰富，是中国重要的矿产资源省份。矿产主要分布在京广线以西和豫南丘陵山区，豫北、豫东平原除中原油田和永城煤田外，金属和非金属矿床极为少见。截至2003年底，全省已发现各类矿产126种（含亚矿种为157种），有探明资源储量的为73种（含亚矿种为81种）；已开发利用的为85种（含亚矿种为117种），载入河南省矿产资源储量简表（矿产资源储量数据库）的固体矿产共75种（含亚矿种，下同），矿区数为738个，矿产地共959个，其中，主要矿产地（含单一矿产地）738处；伴共生矿产地221处。按矿床规模划分，在738个矿区中：大型的162个（含特大型），中型的218个，小型的355个，暂无规模指标的3个。已利用矿区矿产数593个，未利用矿区矿产数370个。

主要矿产保有资源储量。截至2003年底，河南省矿产保有资源储量在各省（市、自治区）居首位的有钼、蓝晶石、红柱石、天然碱、伊利石粘土、珍珠岩、水泥配料用粘土、霞石正长岩8种，居前3位的有19种，居前5位的有27种，居前10位的多达44种，见表1。主要矿产储量及分布情况见表2。

表1　保有查明资源储量居全国前十位矿产种类一览表

居全国位次	第一位	第二位	第三位	第四位	第五位	第六位至第十位
矿产数	8	5	6	2	6	17
矿产名称	钼、蓝晶石、红柱石、天然碱、伊利石粘土、珍珠岩、水泥配料用粘土、霞石正长岩	铸石用砂岩、耐火粘土、蓝石棉、天然油石、玻璃用凝灰岩	镁、钨、铼、镓、铁矾土、水泥用大理岩	铝土矿、石墨（晶质）	含钾砂页石、水泥配料用黄土、水泥用灰岩、玉石、岩棉用玄武岩	铯、饰面用大理岩、冶金用石英岩、玻璃用石英岩、钛、金、铷、锂、熔剂用灰岩、玻璃用脉石英、沸石、水泥配料用砂岩、石油、铟、硫铁矿、煤、钍

表2　主要矿产资源储量及分布情况

矿种	矿区数	主要分布地区	保有资源储量	累积查明资源储量
煤	288个	郑州、洛阳、平顶山、鹤壁、安阳、焦作、许昌、三门峡和商丘市	24002510千吨	27916117千吨
岩金	68个	洛阳、三门峡、南阳	222792千克（金金属量）	716428千克（金金属量）
铁	67个	平顶山、三门峡、许昌、焦作	1112973千吨	1185140千吨
钼	9个	洛阳、三门峡	2988844吨（钼金属量）	3088139吨（钼金属量）
铝土矿	41个	郑州、洛阳、三门峡、平顶山	370448千吨	431868千吨
水泥用灰岩	68个	郑州、洛阳、平顶山、安阳、鹤壁、新乡、焦作、三门峡、南阳	377070万吨	397385万吨
天然碱	2个	南阳市	84276千吨	88104千吨
珍珠岩	1	信阳市	10657万吨	12233万吨
铅	27个	洛阳、三门峡、南阳	39608千吨 697823吨（铅金属量）	60201千吨 1336246吨（铅金属量）

续表 2

矿种	矿区数	主要分布地区	保有资源储量	累积查明资源储量
铜	23个	洛阳、三门峡、南阳	33770千吨 192273吨(铜金属量)	52415千吨 275521吨(铜金属量)
锌	16个	洛阳、三门峡、南阳	65895千吨 1286921吨(锌金属量)	73408千吨 1517987吨(锌金属量)
耐火粘土	44个	郑州、洛阳、三门峡、焦作、平顶山	217196千吨	310485千吨

资源储量潜在价值。河南省矿产资源较丰富,探明的资源储量总量较大,但人均拥有量较少。截至2000年底,载入河南省矿产资源储量表的固体矿产和石油、天然气的累计探明储量的潜在经济价值为20826亿元(1990年不变价,下同),保有资源储量的潜在价值为17177亿元,其中45种主要矿产累计探明资源储量的潜在价值为19826亿元,保有资源储量的潜在价值为10775亿元。累积探明和保有资源储量的潜在价值分别占全国总值的1.54%和1.35%。保有资源储量的潜在价值在全国居第11位,人均拥有资源量的潜在价值为1.83万元,仅为全国平均水平的1/4。

优势矿产及采选业工业增加值。优势矿产主要为:煤、石油、天然气、金、铁、钼、铝土矿、水泥用灰岩、天然碱、珍珠岩、铅、铜、锌、耐火粘土等,尤以煤、石油及天然气、铝土矿、耐火粘土、钼、金等矿产对采选业和加工业的发展具有重要作用,2003年,国有及规模以上矿产采选及加工业增加值占河南省全部国有及规模以上工业企业工业增加值的43.74%,占全部工业企业工业增加值的25.50%,矿业已成为重要的支柱产业之一,见表3。

表3　国有及规模以上矿产采选及加工企业单位数、工业增加值

行　业	单位数(个)	工业增加值(亿元)	工业增加值指数(上年=100)
煤炭开采洗选业	380	153.48	118.1
石油和天然气开采业	6	81.76	107.3
黑色金属矿采选业	36	1.64	126.6
有色金属矿采选业	220	30.11	106.0
非金属矿采选业	93	6.99	127.1
其他矿采选业	2	0.04	202.8
小计	737	274.02	787.9
石油加工、炼焦业及核燃料加工业	56	63.24	104.7

续表 3

行　业	单位数(个)	工业增加值(亿元)	工业增加值指数(上年=100)
化学原料及化学制品制造业	629	89.69	117.5
非金属矿物制品业	1269	147.25	126.8
黑色金属冶炼及压延加工业	151	98.11	138.8
有色金属冶炼及压延加工业	194	76.25	121.90
金属制品业	211	15.58	118.0
煤气生产和供应业	18	3.04	159.7
小计	1328	493.16	727.7
合计	2065	767.18	118.0

【矿产地质勘查】　勘查队伍。1998年,国家对地勘队伍的管理体制实行改革,从事固体矿产地质的勘查队伍多实行属地化管理,石油天然气地质队伍划归全国性行业集团公司。目前在河南省境内从事矿产勘查的地质队伍有地矿、石油、煤炭、有色、化工、建材、核工业、武警黄金系统等。年末从事矿产地质勘查人员2201人,其中技术人员1159人。

勘查权授予情况。2003年度全省共受理各类探矿权申请661项,颁发勘查许可证531个,其中新立142个,变更103个,延续261个,保留24个,换证1个,不予登记的52个,批准注销申请45个。因探矿权人未办理延续手续,共废止勘查许可证90个。已收取探矿权登记费、探矿权使用费、探矿权价款约5800万元。截止2003年底,全省有效期内的探矿权共815个(不含油气项目),比2002年底增加37个。

地质勘查投入情况。近年来,地质勘查已由单一的中央财政出资,形成了多元化投资格局。2003年地质勘查主要投向为金矿、煤矿、地下水和铝土矿。勘查资金投入是建国以来最高的年份之一,为9760.91万元(不含油气),其中:中央财拨款2603.93万元(含矿

产资源补偿费990.00万元),地方财政拨款2952.91万元(含矿产资源补偿费276.05万元),企事业资金3175.57万元,其他资金1028.50万元。各项出资比例为:中央财政26.68%,地方财政30.25%,企事业32.53%,其他10.54%。完成机械岩芯钻探89274米,坑探5991米。

表4　　地质勘查新查明矿产资源情况

矿　种	矿产地名称	计量单位	资源量
煤			1000
	河南省三门峡渑池县968煤矿外围	千吨	1000
铜矿			10000
	南阳内乡板厂银多金属矿	金属吨	10000
铝土矿			3378100
	河南省三门峡高庙乡七里沟－崤里铝土矿	矿石吨	1078100
	河南省偃师市贾庄坡－南寨地区铝土矿	矿石吨	2300000
金矿			9620
	河南省嵩县萑香洼金矿外围普查	金属千克	3770
	河南省嵩县庙岭金矿外围普查	金属千克	5850
地下水			48500
	河南省巩义滩小关水源地	方/日	48500

地质勘查成果。2003年,全省地质勘查及找矿工作取得了新进展,新发现矿产地7处,其中,大中型矿产地2处;新查明资源量的矿产资源8种,分别为:煤、铜、铝、铅、锌、银、金、地下水,见表4。

【矿产资源开发利用】　1. *矿山企业数*。2003年度全省共有7532个各种经济性质的独立核算采矿单位从事矿业生产活动,国有及国有控股矿山数273个,其他经济类型矿山(点)为7259个;生产矿山(点)为5664个,筹建矿山256个,关闭矿山241个,停产矿山1269个,其他矿山102个。

2. *固、液体矿石产量*。2003年,全省矿产资源已开发利用矿种75种,主要是煤、石油、金、钼、铝土矿、天然碱、铁、硫铁矿、银矿、锌矿、铅矿、铜矿等。全省固、液体矿石产量为2.274亿吨,比2002年增加了0.223亿吨。其中国有及国有控股矿山企业年产量为6709.27万吨,比2002年增加了474.6万吨;其他经济类型矿山(点)年产量为16031.1万吨,比2002年增加了1750.89万吨。全省原油产量为562.08万吨,比2002年产量减少了29.26万吨。天然气年产量为6.06亿立方米。

3. *矿山企业总产值*。2003年全省矿山企业直接采掘业工业总产值321.00亿元,比2002年度增加了41.73亿元。矿山企业工业总产值中,国有及国有控股矿山企业为207.96亿元,占全省矿业总产值的65%,较2002年度下降了6个百分点;其他经济类型矿山(点)为113.04亿元,占35%,较2002年度上升了6个百分点。石油、天然气开采业现价工业总产值为110.64亿元,占全省矿山企业现价工业总产值34%见表5。

表5　　大中型矿山和小型(含小型以下)矿山从业人员及工业总产值

矿山规模类型	矿山数(个)		从业人员(人)		工业总产值(万元)		税金(万元)	
大中型	数量	122	数量	281751	数量	2189676.8	数量	206238.6
	所占比例	1.6%	所占比例	39%	所占比例	68%	所占比例	68.6%
小型以下	数量	7410	数量	439341	数量	1020345.5	数量	94260.8
	所占比例	98.4%	所占比例	61%	所占比例	32%	所占比例	31.4%
总计	7532		721092		3210022.3		300499.4	

4. *矿业从业人数*。2003年度,全省从事矿业生产人数72.1万人,比2002年增加了3.4万人。其中,石油、天然气开采业8.6万人,占12%,从事其他矿业生产活动的人数为63.5万,占88%;国有及国有控股矿山企业为32.8万人,占45.5%;其中其他经济类型矿山(点)为39.3万人,占54.5%。

5. *矿山地质环境*。《河南省矿山地质环境调查与评价》编制完成,为制定矿山地质环境保护规划提供了科学依据。共调查矿山6471个,其中生产矿山5812个,在建矿山200个,停产、关闭、闭坑矿山459个。调查结果显示,河南省矿山地质环境形势比较严峻,矿山尾矿及固体废料排放量累计达26821.89万吨,各类矿山占用、改变及破坏土地总面积为29391.01公顷(其中地面塌陷面积约11985.02公顷),已初步治理与复垦面积为6055.36公顷。

部控矿山地质环境恢复治理示范工程项目《南阳大河铜矿地质环境恢复治理》,于2003年10月25日全部完成野外施工任务,11月15日提交了《河南南阳大河铜矿矿山环境恢复治理工程报告》、附图及数据库,2003年12月12日通过了部环境司和省厅组织的评审验收。 (河南省矿业协会)

【神火工业园项目开工奠基】 总投资34.5亿元的神火工业园项目2003年开工。该项目是河南省、商丘市“十五”规划的重点工程,也是神火集团实施煤、电、铝联营,不断延长产业链条,实现战略性产业结构调整的重点建设工程。工业园主要包括2×135兆瓦综合利用环保示范电站、年产14万吨电解铝、年产10万吨铝加工材和10万吨碳素项目。项目建成后,将为神火集团“十五”末利税超8亿元起到重要作用,预计该工业园2005年上半年完工。

【氧化钼生产线在河南栾川投产】 中国最大的氧化钼生产线,2003年在河南省栾川县正式投入运营。这条生产线由徐州环宇合金有限公司与栾川县沪七选厂合资兴建,总投资3000万元,年产氧化钼、钼铁3000吨,产值可达1亿元。

【栾川县可利用尾矿】 河南省栾川县对全县尾矿资源调查的结果显示,该县可利用尾矿6000万吨,潜在经济价值达50多亿元。

据统计,该县各类尾矿库共50余座,部分尾矿中含有钼、钨、金、铅、锌、铜等有益元素。

此次调查之前,栾川县针对栾川钼矿中伴生大量白钨矿,专门成立了白钨回收领导小组,与大专院校及科研机构联合开展白钨回收工业试验,并在俄罗斯专家的帮助下获得成功;前不久,该县与厦门钨业股份有限公司合作兴建了日处理4500吨矿石的白钨综合回收工程。

【电解铝新增产能】 河南省2003年,有6个电解铝项目在建,2003年底新增产能52.3万吨。其中焦作万方6.8万吨,商电铝业12万吨,中孚实业12.5万吨,神火集团7万吨,黄河铝电集团7万吨,沁阳铝电公司7万吨。

2003年底,河南省电解铝总产能可达183.3万吨。2002年底,河南省共有电解铝生产企业21家,生产能力131万吨,其中5家生产能力在10万吨以上,2002年产量100.5万吨,居全国第一位,占全国总产量的23.06%。

河南省基本淘汰了自焙槽,是全国率先淘汰自焙槽的省份,100kA以上大型预焙槽生产能力占总产能的77.6%,技术装备水平处于全国领先地位。

【周口市发现煤层气田】 2003年,河南省地质石油勘探部门在河南省周口市发现储量达364亿立方米的煤层气田。经有关部门研究论证,该煤层气田极具开发价值。

该煤层气田地处周口市的太康、扶沟和郸城三县,面积约7000平方公里。该煤层气田开发经济指标较好,经济上可行。

【许昌地区发现大型煤田】 河南省地调二队在许昌地区发现一大型煤田,探明煤炭储量在1.3亿吨以上。

据了解,此煤田位于许昌县灵井镇泉店周围方圆20平方公里的范围内,许昌县已和一家公司签订了联合开发泉店煤矿的合作意向书,该公司将投入7亿元建设资金,2003年底完成矿井的设计、规划及勘探、开发等前期准备工作,2004年开工建设,2005年投产,预计可以形成年产煤炭600万吨的规模。

【郑州大型燃气电站开工建设】 一座投资25亿元、利用西气东输工程天然气为燃料的大型燃气电站——郑州燃气电站,于2004年4月开工建设。

这座燃气电站位于郑州高新技术开发区西部,将建设2台30万千瓦燃气蒸汽联合循环机组,每年消耗5亿多立方米的燃气。电站由中国电力投资集团公司、建通投资有限公司和郑州高新国有资产经营有限公司按51%、39%和10%的比例合资兴建。

该电站的两台机组将分别于2006年的6月、9月相继投产发电。

【豫东煤化工基地项目启动】 总投资50亿元的河南永煤集团公司煤化工基地建设项目,2003年开始实施。

永煤(集团)有限责任公司是国家特大型煤炭企业,为拉长产业链条,提高产品的附加值和企业整体经济效益,加强抗风险能力,制定了该煤化工基地建设规划。基地规划将分期实施,项目总占地1140亩,设计年产80万吨甲醇、30万吨醋酸、30万吨二甲醚、1万吨碳酸二甲醇和3万吨聚甲醛,全部项目建成后,可年增销售收入33亿元,年实现利润10.2亿元。

预计投资27亿元的项目一期工程已经进入实施阶段,预计2006年完工后,将首先形成年产甲醇40万吨、醋酸30万吨的生产能力,可年增销售收入16亿元,利润总额4.9亿元。

【河南济源黄金冶炼厂新建铅生产线投产】 中国河南济源黄金冶炼厂,随着新的生产线建成并投产,该厂的铅生产能力已经增长到了20万吨/年,较之前15万吨年产能增长33%。

新建的生产线处于实验生产阶段。预计2003年该厂铅产量将为15万~16万吨,较2002年14万吨增长7%~14%。

2003年,该厂铅出口为8万吨,与2002年出口持平。2002年,由于产能提高以及销售情况良好,铅出口同比大幅增长。美国、南非、巴西、马来西亚、日本以及韩国是该冶炼厂的主要出口市场。

济源黄金冶炼厂每年还可生产3.4吨黄金、250吨白银。

【神火工业园项目开工奠基】 总投资34.5亿元的神火工业园项目2003年开工。该项目是河南省、商丘市"十五"规划的重点工程,也是神火集团实施煤、电、铝联营,不断延长产业链条,实现战略性产业结构调整的重点建设工程。工业园主要包括2×135兆瓦综合利用环保示范电站、年产14万吨电解铝、年产10万吨铝加工材和10万吨碳素项目。项目建成后,将为神火集团"十五"末利税超8亿元起到重要作用,预计该工业园2005年上半年完工。

【氧化钼生产线在河南栾川投产】 中国最大的氧化钼生产线,2003年在河南省栾川县正式投入运营。这条生产线由徐州环宇合金有限公司与栾川县沪七选厂合资兴建,总投资3000万元,年产氧化钼、钼铁3000吨,产值可达1亿元。

【栾川县可利用尾矿】 河南省栾川县对全县尾矿资源调查的结果显示,该县可利用尾矿6000万吨,潜在经济价值达50多亿元。

据统计,该县各类尾矿库共50余座,部分尾矿中含有钼、钨、金、铅、锌、铜等有益元素。

此次调查之前,栾川县针对栾川钼矿中伴生大量白钨矿,专门成立了白钨回收领导小组,与大专院校及科研机构联合开展白钨回收工业试验,并在俄罗斯专家的帮助下获得成功;前不久,该县与厦门钨业股份有限公司合作兴建了日处理4500吨矿石的白钨综合回收工程。 (中国矿业信息中心)

湖北省

【矿产资源】 湖北各类资源十分丰富。目前,全省已发现矿产110多种。其中磷矿石、金红石、硅灰石、柘榴石和泥灰岩等5种矿产储量居全国第5位。铁、磷、铜、石膏、岩盐、金汞、锰、钒等矿产储量居全国前7名。在已开采的矿产中,有不少在全国居重要地位。均建在湖北境内。

【矿产资源开发利用】 据统计,全省各类矿山企业5318家,比2002年减少66家;从业人数266574人,比2002年减少17629人;年产固体矿石总量21235.43万吨,比2002年增加9289.13万吨;液体矿产总量392.91万吨(其中石油77.5万吨),比2002年增加140.73吨;天然气7182.04万立方米,比2002年增加1605.84万立方米。工业总产值750670.86万元,比2002年增加43175.53万元;销售收入624015.08万元,比2002年增加130843.16万元;利润额29441.78万元。比2002年增加14375.44万元。

【矿产资源管理秩序治理整顿】 全面开展矿产资源管理秩序治理整顿"回头看",进一步解决治理整顿中的遗留问题,及时查处新的违法采矿行为,巩固治理整顿成果。全省共查处无证非法采矿256起,越界开采55起,非法转让采矿权48起,责令251家矿山停产整顿,关闭整改不合格矿山128家,吊(注)销采矿许可证199个。深入开展磷矿资源开采秩序、风景区铁路公路沿线采矿活动和非煤矿山的专项治理整顿。关闭城市周边、自然风景区和铁路公路沿线破坏自然景观和生态环境的小采石场、砖瓦厂107个,并划定一批禁采区。认真贯彻省政府200号令,加强对重要矿产品运销的监督管理,增设了12个矿产品运销管理站。向12个重点矿区和50个矿山企业派出了国家级和地方级矿产督察员,对矿山企业的采矿活动进行督察和检查。采矿许可证登记发证,新立矿山20家,划定矿区范围13家,延续采矿权634家,调整矿区范围73处。

【矿产资源补偿费征收】 国土资源部下达湖北省矿产资源补偿费征收计划为2000万元。全省国土资源管理部门对矿产资源补偿费征收实行规范化管理,建立纳费台账,并对重点矿山企业进行跟踪督察,超额完成矿产资源补偿费征收任务,实际征收2780.46万元,占计划数的139.8%。

【矿产资源储量管理】 全面贯彻实施国务院《地质资料管理条例》和国土资源部《地质资料管理条例实施办法》,加大地质资料的汇交力度,全年共汇交118份,是2002年的2.95倍,并且质量得到了保证。矿产资源储量统计工作推行资源储量四级管理,强化了对矿产资源储量合理开发利用和保护。截至2003年底,全省上表矿产87种,上表矿区956个,比2002年增加了7个;上表矿产地1287处,比上年增加了9处。其中开采矿区616个,基建矿区16个,停采矿区151处,闭坑43处,计划近期利用的有89处,未利用的375处。矿产资源储量空间数据库建设和矿产资源储量核查检测试点工作进展顺利,完成了全省272个大中型矿区的图形绘制、转换、录入和建库工作,实际核查检测31个矿区,为137家采矿权人提供了矿业权有偿处置的资源储量依据。全年受理各类矿产资源储量报告18份,评审16份,认定(备案)16份。审查建设用地项目压覆矿产资源报告22份。

【勘查资格和探矿权发证管理】 全年共受理探矿权、调查权项目申请122项,其中新上项目60项,延续项目12项,变更项目10项,保留项目10项,注销项目12项,吊销项目12项,退回项目6项。在有效期内的探矿权、调查权项目158项。共催缴了35个单位或个人在有效期的勘查项目的探矿权使用费13.44万元,征收面100%,征收率100%。

【矿业权市场管理】 按照《湖北省探矿权采矿权出让转让管理办法》(鄂土资发[2003]100号)精神,加大矿业权市场管理力度,全面推进矿业权市场发展。全年共完成探矿权行政审批9宗,合同金额973.43万元;出售9宗,价款2948.92万元;出让3宗,合同金额120万元。采矿权行政审批635宗,合同金额8592.60万元;招标出让3宗,合同金额141.00万元;拍卖出让13宗,合同金额68.04万元;挂牌出让93宗,合同金额224.79万元;转让7宗,价款1936.48万元。

【《矿产资源储量评审监督管理暂行办法》实施】 《矿产资源储量评审监督管理暂行办法》于2003年8月18日经省人民政府常务会议审议通过,2003年10月1日起施行。《办法》确立了矿产资源储量评审制度,规定矿产资源储量必须由有资质的评审机构评审,并报国土资源行政主管部门备案,还规范了矿产资源储量评审备案的管理分工和范围,并对违反储量评审管理行为设定了法律责任。《办法》适应了矿产资源储量管理新形势的需要,强化了政府对矿产资源储量宏观管理职能的履行,维护了矿产资源国家所有权益和保护与合理利用矿产资源。 (胡秋萍)

湖 南 省

【矿产资源】 湖南矿产丰富,矿种较多,已发现111种,其中已探明储量的有83种,是全国矿产品种较多的省份之一。在已探明储量的矿产中,以有色金属矿居多,非金属矿次之。湖南是"有色金属之乡",不论是矿种还是储量在全国占有重要地位。已探明储量的有色金属37种,其中锑的储量居世界首位,钨、铋、独居石等名列全国榜首,铅、锌等储量也很丰富。湖南非金属矿是仅次于有色金属矿的第二大矿产资源,在已探明的储量中,萤石、重晶石、长石、海泡石等储量均居全国第一位。其他还有石灰石、硅石、白云石、硫铁矿、磷矿等30多种,分布在湖南66个县市。煤炭储量在江南9省(区)中名列榜首。

【矿产资源管理秩序治理整顿】 2003年,省政府与各市州政府签订了维护矿产资源管理秩序责任状,进一步落实了整顿责任。全省持续开展了矿产资源管理秩序治理整顿工作,妥善处理煤矿遗留问题,对煤、有色金属、黄金等矿种和锡矿山等40多个重点矿区非法采矿反弹进行了整治,全省取缔非法矿山(点)825个,查处无证采矿、越界开采、非法转让采矿权等违法行为1468起,矿产资源勘查开采秩序逐步好转。为进一步推进矿权市场建设,2003年省政府下发了《关于加快推进矿业权市场建设的通知》(湘政发[2003]16号),进一步规范矿权出让、转让行为。据统计,2003年全省采取招标拍卖挂牌出让探矿权、采矿权226宗,收取采矿权价款6.1亿元。衡阳市耒阳县东冲、明冲煤矿采矿权拍卖,获得成功,成交额达1.29亿元,比评估价高出1.05亿元,在全省产生了较大影响。 (朱湘君)

【湖南出让25个项目探矿权】 湖南省国土资源厅,2003年发布了第一号探矿权出让公告,决定出让25个项目的探矿权。这批勘查项目涉及金、银、铜、铅、锌、钨、煤、高岭土等矿种。

拟通过竞争取得上述探矿权(国家计划项目除外)的,须先向国土资源厅提交申请文件,并提交报价的书面文书,报价最高的为竞得人,竞得人须按法律法规的程序办理有关手续。

【平江县发现大型高品位金矿】 湖南省,2003年发现一处大型高品位黄金矿。矿区位于湖南省东部的平江县三阳乡大洞村，面积约33.63平方公里，已探明的金资源量为29.54吨，达到大型金矿的标准。

矿区共发现金矿脉7条。平均每吨矿石含金17.14克，单工程金品位6.28～89.82克/吨。该金矿的矿体埋藏较浅、厚度一般为1～3.16米，平均1.85米，可以采取露天采和洞采两种方式。

（中国矿业信息中心）

广东省

【矿产资源】 全省截至2003年底，已发现矿产129种，已探明储量的92种，矿产地1700多处。已建起各类矿山企业5101家，其中国有矿山企业109家，集体、个体矿山企业4992家。全省采矿业产值50多亿元，与之相关产业的延伸产值为350多亿元。广东矿产资源具有“矿产种类多，丰度一般，优势矿产集中程度高，储量大”的特点。有色金属和稀土金属有较大优势。南海海上石油天然气丰富。地热和矿泉水资源在国内占有重要地位。硫铁矿、石膏、瓷土、水泥用灰岩、蚀面大理岩是广东传统优势非金属矿产。涂布级高岭土、硅藻土、硅灰石是近年来查明资源储量十分丰富的非金属矿产。广东比较短缺的矿产资源有煤、磷、钾、菱镁矿、铜、铝以及优质耐火材料、云母、石棉等。

【矿业整顿】 根据国土资源部《2003年整顿和规范矿产资源管理秩序工作安排意见》，广东各级国土资源主管部门在前几年已取得成绩的基础上，继续开展打击无证开采，越界超层开采、浪费资源和破坏生态环境等违法采矿活动，巩固治理整顿的成果。对大宝山等省内重点矿山的周边民采问题进行了清理，注销其采矿证，炸封矿窿，维护国家重点矿山的正常生产秩序。对稀土、钨、锡等矿种进行监控，限制其开采总量。对非法转让承包矿山开采的，进行查处。至2003年底，全省共检查矿点1023处，对不按开发利用方案开采，破坏环境和存在安全隐患的矿山发出限期整改通知书918份，停产整顿140家，取缔无证勘查、采矿点314处，炸封非法矿窿42处，关闭整改不合格的小矿山78家，吊(注)销采矿许可证264个，没收矿产品23吨，处罚金额133万元，调处17起矿权纠纷，追究刑事责任14人。通过矿业整顿，全省矿产资源开发方面的违法案件比2002年下降45.08%，矿业秩序明显好转。

【采石场专项治理】 截至2003年底，广州、佛山、汕头、东莞、梅州、肇庆、云浮、江门、阳江等市已制定关闭复绿方案。全省已关闭、搬迁采石场106家，珠江流域53家临江采石场已关闭36家。

【探矿权、采矿权市场建设】 2003年全省共受理探矿权申请241个，依法批准矿产资源勘查许可证135个。根据国土资源部的统一部署，为进一步加强对探矿权人的监督管理，全省于2003年10月开展了探矿权年度检查工作。全省办理采矿登记158宗，其中新设置采矿权12宗，延续133宗，变更13宗，注销35宗，转让12宗，确认采矿权评估报告15份。为了促进全省探矿权、采矿权市场建设的快速发展，省政府出台了《关于贯彻实施探矿权采矿权招标拍卖挂牌管理办法的意见》，规定从2003年8月1日起，对新设探矿权和采矿权一律实行招标拍卖挂牌协议出让。全省至2003年底，采矿权出让393宗。其中招标出让36宗，拍卖21宗，挂牌80宗，协议出让256宗，出让价款3亿多元。

【地质灾害防治】 2003年全省发生较大地质灾害60宗，死亡36人，受伤18人，直接经济损失1.08亿元，与2002年比较，2003年发生地质灾害次数上升36.4%。但死亡人数、受伤人数和直接经济损失分别下降了47.8%、67.9%和76.2%。经省政府同意，省国土资源厅于2003年5月向各市、县及省直有关单位、部门印发了《广东2003年地质灾害防灾预案》，公布了全省4个地质灾害预防重点区域和48处地质灾害危险点(段)，明确了主要地质灾害危险点的监测预防责任。全省完成了信宜市、龙川县、罗定市和新兴县等15个重点县、市的地质灾害调查和区划工作，完成调查面积42866平方公里，调查各类地质灾害点(段)3114处，新发现地质灾害隐患点1127处，建立群测群防点2255处。2003年5月全省成立了由省、市、县三级汛期地质灾害防治应急指挥部组成的汛期地质灾害防治应急指挥系统。

【行政管理】 2003年经国土资源部批准，广东利用中央分成的矿产资源补偿费安排勘查项目6个，项目金额为533万元。《广东省地质勘查规划》(2001～2010年)于2003年11月18日经国土资源部审查通过，经广东省政府批准，已正式公布实施。2003年7月，广东省人大审议通过《广东省地质环境管理条例》，该条例自2003年10月1日起实施。为了更好地贯彻《广东省矿产资源总体规划》，省国土资源厅于2003年4月又制定了《广东省矿产资源规划实施细则》，加强了对矿产资源开发利用和环境保护的监管力度。根据国土资源部《关于加强矿产资源储量评审监督管理通知》的要求，2003年省国土资源厅制定了《广东省零星分散矿产资源和普通建筑材料用砂粘土矿产资源储量评审备案暂行办法》。建立了广东省矿产资源储量数据库,截至2003年底全省完成评审认定(备案)矿产储量报告44份。完成7334种成果地质资料的目录登记填制和数据录入工作。对建设项目压覆矿产资源审理32份。

(广东省矿业协会)

广西壮族自治区

【矿产资源】 广西矿产资源丰富,种类繁多,储量较大,以有色金属矿藏最富有,素称“有色金属之乡”,是中国10个重点有色金属产区之一。已发现矿产115种,截至1998年,已探明储量的矿产有89种,探明产地1156处,有53种矿产保有储量位于全国前10位。其中,储量居全国首位的有锰、锡、砷、膨润土等15个矿种。锰和锡矿保有储量均占全国储量的1/3;储量居全国第二位至第六位的有钒、钨、锑、银、铝、滑石、重晶石等29个矿种。

广西的矿产资源,按种类分,能源矿产有铀、钍、煤、石油、天然气、油页岩、石煤等7种,产地193处;黑色金属矿有:铁、锰、钛、钒矿4种,产地11处;

有色金属矿产有铜、铅、锌、铝、镁、镍、钴、锡、钼、汞等13种,产地263处;贵金属矿产有金、银矿等2种,产地15处;

稀有金属矿产有铌、钽、铍、锆矿等4种,产地18处;稀土金属矿产有重稀土、轻稀土矿等2种,产地10处;分散元素矿产有锗、镓、铟、铊、铪、镉、钪、硒、碲矿等9种,产地45处;

冶金辅助原料非金属矿产有萤石、石灰岩、白云岩、耐火粘土矿等4种,产地15处;化工原料非金属矿产有硫铁、重晶石、电石用石灰岩、制碱用石灰岩、化肥用石灰岩、化肥用砂岩、蛇蚊石、泥炭、砷、硼、矿等11种,产地106处;

建材非金属矿产有水晶、熔炼水晶、硅灰石、滑石、石棉、云母、钾长石、石膏、玛瑙、水泥石灰岩、饰面石灰岩、大理石、辉绿岩、花岗石、玻璃用白云岩、砂岩、石英砂岩、水泥配料岩、粘土、页岩、泥岩、砖用页岩、高岭土、陶瓷粘土、膨润土、水泥混合安山玢岩、凝灰岩矿等28种,产地210处;

在广西已探明储量的矿产中,矿产资源按各类矿产储量规模分,属大型的126处,中型的261处。其中,以锡矿为主的多种有色金属,主要集中在南丹县的大厂矿区,占广西总储量的67.5%;平果铝土矿占广西铝储量的78%以上;宁明膨润土是全国罕见的特大膨润土矿。广西矿产分布集中,有利于进行大规模的集中开采。水泥用的石灰岩是重要的建材非金属矿产资源,广西的石灰岩无论是矿床规模、质量、面积,均系全国之冠,已探明的矿区有39处。广西的矿产资源分布相对集中或成带状。广西东部以锡、钨、铅锌、金、银、锰、钛、稀有金属、稀土金属矿为主,大体呈南北向分布;中部以铁、锰、煤、膨润土、耐火粘土、高岭土、石膏矿以及建筑材料用非金属矿、油气为主,大体呈南北向分布;西部以锰、铝、锡、铅、锌、金、银、锑、汞、水晶、硫铁矿为主,分布于河池、百色两地区和柳州地区西部。

【矿产资源勘查管理】 2003年,广西实施地质矿产勘查项目694项,勘查面积9765平方公里,完成勘查投入7870万元。发现桂东姑婆山地区锡多金属、桂北元宝山地区锡多金属、大瑶山西侧铅辞等找矿基地。使用国有矿产资源补偿费勘查项目进展顺利,有17个项目完成野外作业。年内,地矿行政管理部门加强对勘查现场的清查检查,查处违规探矿行为30多起,越界开采19起。印发《广西市、县级国土资源主管部门矿产资源勘查监督管理暂行办法》,地质勘查管理职能向市、县延伸。

【矿产资源开发管理】 2003年,广西出台《市(地)县(市)级国土资源主管部门矿产资源监督管理暂行办法》实行矿山年检制度,矿产资源开发管理得到加强。根据国土资源部的要求,开展矿产资源市场秩序清理整顿,无证开采和乱采滥挖违法行为受到查处。自治区国土资源厅全年受理采矿登记申请116宗,颁发采矿许可证17份,委托发证33份;审查批准划定矿区范围12宗。严格矿产品经营审批环节,全年颁发矿产品经营许可证48份。

【矿产资源储量管理】 2003年,广西推进矿产储量评审管理制度改革,取消矿产资源储量报告评审认定,执行评审备案制度,管理程序进一步简化。加强地质资料汇交管理,发出地质资料催交通知书203份,通过探矿权和采矿权登记会审强化汇交管理,年内汇交地质资料332份。矿产储量统计工作按时完成,大部分重要矿山保有资源储量核实工作完结。

【矿产资源法制建设与执法监察】 2003年,广西矿产资源法制建设继续加强。《广西壮族自治区地质环境管理条例》先后完成送审稿。

【矿业权市场管理】 2003年,广西继续完善矿业权市场规范运行的各项制度,规范矿业权市场。自治区人民政府印发《关于培育和规范矿业权市场的意见》,对规范矿业权市场秩序作出明确规定。年内,各地有偿出让采矿权1478宗,收取采矿权价款4830.24万元。其中,招标、拍卖、挂牌出让856宗,协议出让622宗。审批采矿权转让22宗,转让价款7816.92万元。批准转让探矿权8宗,转让金额282.85万元,其中招标转让144万元,挂牌转让95.4万元。

【矿产资源市场秩序清理整顿】 2003年查处无证采矿2603起,非法转让采矿权探矿权12起。责令停产整顿选矿厂88家,关闭整改不合格选矿厂33家,吊销采矿许可证25份,追究刑事责任44人。通过清理整顿,矿产资源管理秩序逐渐好转。

【《矿产资源规划》】 《广西壮族自治区矿产资源总体规划》(以下简称《矿产资源规划》)已报经国土资源部批准,予以发布实施。现就组织实施《矿产资源规划》的有关事项通知如下:

1.《矿产资源规划》。是全区矿产资源调查评价、勘查、开发利用、矿山生态环境恢复与治理以及矿产资源保护和管理工作的纲领性文件。各级人民政府和有关部门要采取有力措施,认真贯彻实施。要坚持可持续发展战略和"在保护中开发、在开发中保护"的方针,建立政府调控与市场机制相结合的资源优化配置新机制,推进资源管理方式和资源利用方式的根本转变,促进矿产资源开发利用与生态建设和环境保护协调发展。

2.切实加强地质勘查工作。各级人民政府要积极支持服务于地方经济建设的公益性、基础性、战略性地质矿产工作。按照公益性地质调查评价与商业性矿产资源勘查分制运行的原则,拓宽投融资渠道,积极引导和鼓励开展商业性矿产资源勘查,提高自治区优势矿产资源的保障程度。

3.加强矿产资源开发利用的宏观调控,确保《矿产资源规划》目标和任务的完成。《矿产资源规划》的目标和主要任务指标要纳入自治区国民经济和社会发展规划,并严格执行。各级人民政府要认真落实和确保《矿产资源规划》在本行政区内有关部分的完成。要加强铝土矿、锰、铅、锌、铜、金等自治区优势矿产资源的开发利用,严格控制锡、锑、钨、重晶石、氧化锰、滑石等矿产的开采总量,禁止占用耕地采挖砖瓦粘土矿产,严格执行《矿产资源规划》确定的最低开采规模,减少小矿山数目,严格执行《矿产资源规划》确定的开采规划分区制度和开采准入条件,按照《矿产资源规划》的要求切实保护矿山生态环境。

4.做好地、市、县级矿产资源规划编制工作,完善矿产资源规划体系。各市(地)和矿产资源丰富的县要按照自治区国土资源厅的部署,组织精干力量,安排专项经费,抓紧组织编制本市(地)、县矿产资源总体规划和大型矿区(床)总体规划。市(地)、县级矿产资源总体规划必须服从于自治区《矿产资源规划》。市(地)级矿产资源总体规划要于2003年4月底前报自治区人民政府审批,县级矿产资源总体规划要于2003年6月底前报自治区国土资源厅审批。各级矿产资源总体规划一经批准,必须严格执行。

5.严格审批和监督矿产资源勘查、开发活动。各级国土资源行政主管部门要按照规划的要求,严格审查矿业权人的资质条件和矿产资源开发利用方案,对不符合规划的勘查、开采项目,不得批准设立矿山企业,不得审批、颁发勘查许可证和采矿许可证,不得招标、拍卖、挂牌出让矿业权,不得批准用地。

6.积极推进矿业权市场建设。按照市场经济原则和矿业权审批权限,大力培育建设矿业权市场。停止无偿出让矿业权。凡是可以采取招标拍卖方式出让的矿业权,应当进行招标拍卖。通过矿业权招标、拍卖、挂牌等有偿方式,充分发挥市场优化配置资源的基础性作用,有效保护和合理利用矿产资源。

7.要加强矿产资源规划的实施管理和监督工作。各级人民政府要切实承担起规划实施的监督管理责任,及时研究解决规划实施中的重大问题。各级国土资源管理部门是规划实施的责任部门,要将规划实施纳入到领导责任制中,并定期进行考核。要广泛宣传,接受社会各界对规划实施的监督。加强对规划执行情况的监督检查,及时纠正各种违反规划的行为。对违反矿产资源法律法规和规划,非法开采矿产资源或者破坏矿产资源的,要坚决查处;构成犯罪的,要移交司法机关依法追究刑事责任。

8.《矿产资源规划》文本由自治区国土资源厅印发。2003年,广西壮族自治区矿产资源规划于2月21日由自治区人民政府发布实施。大厂矿田有色金属矿产资源资源规划和广西矿产资源勘查专项规划编制工作完成。

(广西矿业协会)

【氧化铝项目启动】 广西桂西氧化铝一期工程,2003年启动,这是目前中国一次性投资最大、一次性建设生产规模最大的铝工业项目。

该项目将利用广西百色市田阳县、德保县、靖西县已勘查的3.54亿吨储量的优质铝土矿资源。该项目由广西投资(集团)有限公司和广西五矿有色金属股份有限公司、中国铝业股份有限公司三家共同出资设立的广西桂西华银铝业有限公司投资建设。项目规模为建设年产冶金级砂状氧化铝160万吨和年产合格铝精矿400万吨,总投资约94亿元人民币,计划于2006年建成投产。

【南丹尾矿资源开发潜力】 广西南丹首批通过评审的5份尾砂矿床详查地质报告显示:尾矿中“藏”有锡、铅、锌、锑4座中型矿床,具有巨大的开发潜力。

南丹位于全国重点锡多金属聚集区——丹池成矿带上,境内有选矿企业69家,总选矿能力为年处理量730多万吨。但长期以来,选矿回收率不高,综合利用率低,资源浪费严重,遗弃在尾矿中多种有价元素含量较高,有的残余金属含量甚至超过原矿中的含量。

自2002年9月以来,有关单位筹集资金180万元,对境内各种权属的尾矿进行概查和地质评价。2003年评审的5份尾矿评价报告显示,在获控制的内蕴经济资源量矿砂量161.41万吨中,提交金属量:锡9546吨,平均品位0.58%;铅15428吨,平均品位0.99%;锌24954吨,平均品位1.63%;锑15386吨,平均品位0.99%;银79.15吨,平均品位50克/吨。其储量规模和品位,相当于提交了4个锡、铅、锌、锑中型矿床。特别引人注目的是,尾矿中锡矿的平均品位为0.58%,比南丹云锡公司原矿地质品位0.546%还要高。

(中国矿业信息中心)

海南省

【矿产资源】 海南矿产资源种类较多。全国已探明有工业储量的148种矿产中,海南已探明具有一定开发利用价值的矿产57种(若按工业用途可分为65种);探明有各级储量规模的矿床126个(含大型地下水源地6处),其中大型矿床31个,中型矿床31个,小型矿床64个。在国内占有重要位置的优势矿产主要有玻璃石英砂、天然气、钛铁砂、锆英石、蓝宝石、水晶、三水型铝土、油页岩、化肥灰岩、沸石等10多种。其中,石绿铁矿的铁矿储量约占全国富铁矿储量的70%,品位居全国第一;钛矿储量占全国的70%;锆英石储量占全国的60%。此外,黄金、水泥灰岩、花岗石材、矿泉水等也具有重要开发价值。

海南岛是中国理想的天然盐场,沿海港湾滩涂许多地方都可以晒盐,目前集中于三亚至东方沿海数百里的弧形地带上。已建有莺歌海、东方、榆亚等大型盐场,其中莺歌海盐场是中国南方少有的大盐场。

经地质普查勘探证实海南有丰富的石油、天然气资源,先后圈定了北部湾、莺歌海、琼东南3个大型沉积盆地,总面积约12万平方公里,其中,对油气勘探有利的远景面积约6万平方公里。水力资源:海南岛大小河流水能理论蕴藏量约100万千瓦,可供开发的约65万千瓦,年发电量约26亿度。地下水资源储量约75亿立方米,占总水资源的20%左右,其中理论可开发利用25.3亿立方米。目前尚未开发利用、潜力很大的能源资源还有海洋能、太阳能和生物能。

【矿产资源治理整顿】 在2002年开展矿产资源管理秩序治理整顿的基础上,2003年,海南省对全省矿产资源管理秩序治理整顿工作重新做了部署,组织了矿产资源管理秩序治理整顿“回头看”,开展了对砂石开采的专项整治及对非法转让采矿权探矿权的专项整治,重点对琼东滨海锆钛砂矿、琼西金矿及石灰岩矿和南渡江、万泉河河道采砂进行整治,对乱采滥挖进行全面整顿,对违法勘查、采矿行为进行严厉打击和查处。全面清查了49个勘查区和460个矿山,查处越界开采10起,责令17个矿山停产整顿,注销采矿许可证36个,吊销采矿许可证4个;查处取缔无证采矿75起,罚款17.2万元,没收矿产品1000多吨。矿产资源管理秩序的热点地区、难点矿区已消失。与省安全生产管理部门一起做好矿产勘查、开发安全生产管理工作,开展了非煤矿山整顿,取缔非法和存在严重安全隐患的小采石场60处。全面稳定了重点地区、重点矿种的勘查、开采秩序,全省矿产资源管理秩序进一步稳定。

【矿产资源开发管理】 2003年,海南省加强对采矿的审批管理。年内受理新立采矿权申请13宗,转让1宗,延续2宗,出让2宗,矿区范围变更1宗,划定矿区范围9宗,开发方案审查8宗。东海岸锆钛砂矿及文昌铺前锆钛砂矿一号矿体产业化,推动了文昌铺前锆钛矿资源的开发。组织地下水、热矿水和矿泉水开发利用论证,组织编制《海南岛地下水热矿水矿泉水资源情况与及开发与保护论证报告》,对全省特别是海口地区的地下水、热矿水、热矿水和矿泉水等优势矿产资源,提出规划、市场配置资源、实行优水优用及优质优价等建议。开展矿山年检工作,年检查率达90.8%,抽检率达77.8%。通过矿山年检,全省共取缔无证开采75家,罚没款4.3万元,吊销采矿许可证1个,注销采矿许可证24个,查处非法转让采矿权1个侵权越界10个,责令停产整顿11个,限期整改18个追缴费款101.8万元。会同省林业局做好尖峰岭4个花岗岩饰面石材矿山关闭、复垦工作,明年初可望全部完成矿山的关闭、复垦工作。组织4个矿产督察小组,重点对金矿、锆钛砂矿、热矿水、石英砂、水泥用灰岩等20多个省国土资源厅发证矿山进行督察,监督整改情况,制止了一批非法采矿行为。8月,海南省政府发布了《海南省矿产资源补偿费征收管理办法》,全面启动了全省矿产资源补偿费的征收工作。海南省加大矿产资源开发利用力度,积极发展矿业深加工业,2003年全省矿产工业总产值达7.48亿元,较上年增长19.43%。

【地质勘查管理】 2003年,海南省积极开展探矿权年检工作。开展勘查许可证的清理,对无证勘查行为进行了查处。加大基础性、战略性、商业性地质调查与勘查。全年受理探矿权申请登记21宗,其中变更2宗,延续8宗,保留2宗。共批准新立探矿权登记9宗,面积103.4平方公里,2003年投入勘查资金2216.28万元。在新设立的探矿权中,批准出让3宗,挂牌出让3宗,拍卖出让的3宗。目前全省现有探矿权共49个,勘查登记面积701.14平方公里。一批勘查项目取得了重大成果。

【矿产资源储量管理】 截至2003年底,海南省共发现矿产88种,经评价有工业储量的矿种为66种,产地320多处。其中已列入《海南矿产储量表》的矿产有44种,产地205处,主要包括能源、黑色金属、有色金属、贵金属、稀有金属、稀有稀土分散元素、冶金辅助原料、化工原料、建筑材料和其他非金属矿产以及地下水、热矿水和饮用天然矿泉水。

2003年,海南省积极转变矿产资源储量管理工作思路,以矿产资源保护和合理利用为核心,进一步规范矿产资源储量评审认定工作,改革矿床工业指标等矿产资源储量管理制度,将储量评审认定制度改革为储量评审备案制度。开展了全省饮用天然矿泉水水源地注册登记工作。全年共组织评审《文昌市昌洒镇白岭锆钛砂矿区详查地质报告》等勘查及核实储量报告13份,下发认定书3份、备案证明10份。初步建立矿产资源储量核查检测的动态管理制度。

切实转变政府职能,在加强矿产资源储量登记管理的同时,做好地质矿产信息公开化工作,引导矿业投资者,为激活和培育矿业权市场提供信息服务。根据海南省矿产资源规划、优势矿种和矿业权设置的要求,收集全省钛锆砂矿、黄金和矿泉水矿产地信息,对东部沿海文昌、琼海、陵水三市县钛锆砂矿可开发利用资源3个矿区18个矿块的信息、海南岛23处黄金矿(床)点的信息和海南岛25处矿泉水矿产地的信息进行了上网公开,为矿业开发提供了地质矿产信息。

【地质资料管理】 加强地质资料管理,组织开展地质资料清理,加强地质资料的汇交,全年共汇交、补交地质资料74种671份。开展了图文地质资料数字化扫描工作,完成了60份地质图文资料的扫描工作,形成电子文件8250个。开展了地质资料目录数据库的建立工作,将已完成的870份地质资料目录数据库在上网公开,推进地质资料社会化服务。加紧做好破损地质资料抢救性复制工作,完成了3份地质报告及附图的抢救性复制工作。

【矿产权管理】 2003年,海南省继续积极探索培育和规范矿业权市场的作法,利用市场机制合理配置矿产资源,进一步推进矿业权市场建设。开展对矿业权市场建设情况调研,对《海南省矿业权挂牌招标拍卖出让暂行办法》进行了完善和补充。加大对矿业权行政审批机制的改革,凡能够以招标拍卖方式出让的矿业权,不再采用行政审批方式授予,大力推进矿业权的公开招标、拍卖工作。全省挂牌招标拍卖出让矿业权的市县已扩展到2/3,挂牌招标拍卖出让的矿种也从锆钛矿扩展到石英砂、水泥用石灰石、红柱石、高岭土、矿泉水和普通建筑用的砂、石、粘土等多矿种。全年全省通过拍卖、挂牌方式出让的采矿权共有9宗,成交价款248万元,探矿权3宗,成交价款500多万元。全省矿产资源配置方式已由协议审批出让为主转为挂牌招标拍卖出让为主,矿业权由无偿取得转为有偿取得。通过矿产资源配置审批方式的改革,增加了政府财政矿业权价款的收益,促进了矿产资源的合理配置。年内委托矿业权评估机构对6宗国家出资勘查形成矿产地的采矿权进行了评估。

(孙海岩)

【北海成为石油勘探热门地区】 英国一家工业咨询公司2003年发表的一项调查报告显示,北海地区是2003年全球石油工业勘探投资最热门的地区。

该公司对200家石油公司进行的调查表明,北海地区从2002年的世界第二大热门地区上升到了第一位。2003年,共有76家石油公司申请在北海地区勘探石油,其中有50%的公司是初次到苏格兰近海油田进行勘探。

该公司的调查涉及147个国家和地区,费时两个月,于2003年2月底完成。调查还显示,中东地区仍然是各石油公司所青睐的地区。(中国矿业信息中心)

重 庆 市

【矿产资源】 域内江河纵横,水能资源可开发量达749.82万千瓦,地下矿泉水资源属中国三大富庶地区之一。矿产资源丰富,已探明的主要有煤、天然气、锶、铝土、锰、石灰石、大理石、重晶石、石膏、石英石、汞、盐岩等38种,其中锶矿储量居中国第一、世界第二位。

【矿产资源规划与储量管理】 《重庆市矿产资源总体规划》2003年1月1日起实施后,市国土资源管理部门组织开展了县级矿产资源总体规划的编制试点。转变管理职能,稳步推进矿产资源储量评审制度改革,将砂、石、粘土等小型乙类矿产交由区县组织专家审查,取消储量工业指标审批。探索矿产资源储量核查监督机制,积极推进万州、永川、江津、荣昌、铜梁等区县试点工作,试点工作通过国土资源部验收。继续在部分区县开展储量登记试点,全市新(补)办占用储量登记4765个、办理压矿预审项目180个,保障了基础设施建设和城市规划的实施。

【矿产资源管理秩序治理整顿】 按照国土资源部有关部署,以"回头看"的形势,结合小煤矿、非煤矿山整顿,主城区关闭采石场、整顿矿山安全等工作,继续深入开展以打击非法采矿、无证采矿为重点的治理整顿工作。通过对全市40个区县、792个乡镇、3800余个矿山和采矿点的巡查清理,共纠正矿区重叠1000余处,取缔无证采矿860个,无证勘查2起,清理采矿许可证2901个,勘查许可证15个,行政处罚300余件,全面完成采矿许可证重新核发工作,顺利关闭主城区内567家采(碎)石场。

【探矿采矿市场规范管理】 从制度建设入手,严格勘查开发审批程序,规范探矿权管理,全面清理勘查许可证、采矿许可证,依法加强地热水、矿泉水资源管理。规范矿业权转让行为,加强对矿业权二级市场的监管,打击非法转让行为。全年共审批矿业权转让金额200余万元,备案抵押贷款2300余元。积极推进以协议出让为主,招标、挂牌为辅的多形式矿业权市场有偿出让改革,培育矿业权市场,推行挂牌招标出让矿业权的市场配置方式。全年共协议出让探矿权4件,采矿权326件,收取采矿权出让价款2000余万元。探索开展小型建材矿山采矿权的招标拍卖挂牌出让试点,共出让20宗、收取采矿权价款200余万元。围绕铝土、锰产业链、锶化工产业及煤电联营的发展,综合考虑老矿山接替资源,多方筹资1700万元(其中,争取财政部矿产资源保护项目6个、经费660万元,国土资源部项目5个、经费600万元,市财政安排地方项目11个、经费500万元),突出重点,开展优势矿种勘查和资源保护工作,主要矿产品产量保持稳定增长,为区县经济发展提供支持。

【地质环境保护】 申报的长江三峡、黔江小南海地震湖遗址、武隆岩溶(含芙蓉洞、天生三桥)国家地质公园通过国家专家组评审。争取到财政部、国土资源部两权使用费100万元对武隆芙蓉洞进行开发性保护。全市开展了矿山地质环境恢复治理工作,南桐矿区地质环境恢复治理、华蓥山南段金刀峡地区矿山地质环境恢复治理项目获批准,全市矿山地质环境恢复治理项目获得500万元补助资金。 (周庆红)

【采石场关闭】 继关闭2200家污染企业、基本实现工业企业达标排放后,重庆市政府2003年批准实施的《关于重庆市都市发达经济圈新建采(碎)石场布局规划方案》,将都市发达经济圈划分为采(碎)石场禁止区、限制区和规划区。

在禁止区即重庆市主城区东起南山,西至歌乐山,北起礼嘉,南至小南海713.9平方公里的区域内将不再设立采(碎)石场,现有554家采(碎)石场到2004年6月将全部关闭,并复垦或绿化;限制区为城市规划区,区域内一律不准新建或扩大采(碎)石场规模,现有145家采(碎)石场进行环保整治,并在10年内逐步关闭;规划区为市郊城市规划区以外的区域,可新建采(碎)石场,但不得选址在自然保护区、风景名胜区、饮用水源保护区、森林公园、主要水陆交通干道可视范围和地质灾害多发区内。

【秀山县电解锰在建规模】 2003年,共有7亿元外资投入重庆市秀山土家族苗族自治县15个锰工业项目建设,仅电解锰一项在建总规模就达17万吨,比中国锰业"金三角"(湖南花垣、贵州松桃、重庆秀山)范围内现有的电解锰生产规模总和还多。

据介绍,秀山县境内的锰矿储量约占中国总储量的1/4。但长期以来因疏于管理,当地锰矿开采秩序混乱,大量原矿石在恶性竞争中被低价倾销,资源浪费和税费流失极其严重。

2003年1月1日,《秀山土家族苗族自治县锰矿资源管理条例》正式实施,加大了对锰矿开采和加工的整治力度。一是依法制止乱挖滥采现象,严厉打击无证采矿、非法营销和加工的行为。二是对锰矿开采、供应实行计划配置,科学合理地规范锰业企业的发展。三是依照《条例》对县内深加工企业采取返利措施,形成投资"内聚力"。 (中国矿业信息中心)

四 川 省

【矿产资源】 四川省成矿地质条件优越,蕴藏了丰富的矿产资源，是中国矿产种类齐全，资源较丰富的省份之一。到2003年底，全省已探明资源储量的矿产分为四大类：能源矿产（煤、石油、天然气、铀矿等）；金属矿产（铁矿、锰矿、铅锌矿、金矿等）；非金属矿产（硫铁矿、芒硝、盐矿、磷、石灰岩、花岗岩、大理石等）；水气矿产（地下水、矿泉水）。具有矿产种类齐全、矿种配置组合较好、矿床分布集中的优势。

截至2003年底，全国已发现的矿种为171种（亚矿种234种），查明资源储量的矿种共计158种（亚矿种215种）。四川省查明资源储量矿种82种（亚矿种97种）。四川省查明资源储量的矿种和亚矿种是：

能源矿产4种（亚矿种4种）煤、石油、天然气、铀矿；金属矿产33种（亚矿种36种）；

非金属矿产43种（亚矿种55种）；水气矿产2种（亚矿种2种）地下水、矿泉水。

根据2003年的统计资料，四川省已查明的矿种中，有41种矿种的矿产资源储量位居全国前5位。这些矿种是：

第1位：白垩、钛矿、盐矿（岩盐）、芒硝、钒矿、锂矿、轻稀土、玻璃用脉石英、铸型用砂岩，熔炼水晶、砂金、硫铁矿、石墨，共计13种。

第2位：铁矿、钴矿、石棉、铍矿（矿物）、石榴子石、硒矿，共计6种。

第3位：铂族金属、菱镁矿、碘矿、天然气、熔剂用灰岩、毒重石、镉矿、富锰矿、锆矿（ZrO_2），共计9种。

第4位：镍矿、铷矿、锗矿、磷矿、蓝石棉、云母、海泡石粘土、霞石正长岩，共计8种。

第5位：镁矿（炼镁白云岩）、钽矿、铍矿（BeO）、铯矿、水泥配料用泥岩，计5种。

【矿产特点】 根据矿产品供需和矿产资源现状，四川省重要矿产大致可分为以下三类情况：

第一类：已查明资源储量能满足全省生产消费需求，资源条件有保证的矿产有：无烟煤、铁矿（钒钛磁铁矿）、钛矿、钒矿、冶金用石英岩、硬质耐火粘土、锂辉石、熔剂用白云岩、钙芒硝、石棉、石墨、磷矿、硫铁矿（包括伴生硫）、盐矿、石膏等15种。

第二类：目前查明资源储量不能满足发展需要，但有较大资源潜力的矿产。有天然气、金矿、银矿、铅矿、锌矿、稀土矿、熔剂用灰岩、水泥用灰岩、水泥用粘土原料、水泥用硅质原料、玻璃用砂岩、石材（包括大理岩、花岗岩）等12种。

第三类：查明资源储量尚不能满足全省需求的矿产。有石油、炼焦用煤、普通铁矿、锰矿、铬矿、铜矿、铝矿、镍矿、钴矿、钨矿、锡矿、钼矿、锑矿、铂族金属、菱镁矿、萤石、钾盐、云母等18种。

到2003年底，全省矿产地有探明储量矿区（矿床）（不包括查明资源储量已为零的矿区）有1278处，其中，煤矿区305处，金属、贵金属、稀有及稀土金属矿区539处，非金属矿区432处，地下水12处，矿泉水80处。以矿床规模划分：大型矿区186处（单一和主要矿产地145处、共伴生矿产地41处），中型矿区378处（单一和主要矿产地317处、共伴生矿产地61处）。大中型矿区共计564处，占全省探明储量矿区总数的40.08%。

表1　四川省在全国排前五位的矿产探明资源储量占全国的比例

排位	矿种	资源储量占全国比例%
第一位	白垩	100
	钛矿	95.0
	盐矿（岩盐）	88.2
	芒硝	73.1
	钒矿	52.1
	锂矿	52.0
	轻稀土	33.3
	玻璃用脉石英	30.3
	玻璃用脉石英	30.3
	铸型用砂岩	28.8
	熔炼水晶	24.7
	砂金	23.8
	硫铁矿	17.8
	石墨	9.6
第二位	铁矿	17.2
	钴矿	16.7
	石棉	16.3
	铍矿（矿物）	13.2
	石榴子石	5.1
	硒矿	4.6
第三位	碘矿	9.3
	天然气	9.1
	熔剂用灰岩	6.2
	毒重石	6.1
	镉矿	6.1
	富锰矿	1.0
	锆矿（ZrO_2）	0.02
	铂族金属	11.6
	菱镁矿	10.1
第四位	云母	9.0
	镍矿	7.1
	铷矿	6.2
	锗矿	6.2
	霞石正长岩	6.2
	磷矿	5.9
	海泡石粘土	2.7
	蓝石棉	1.9

续表 1

排位	矿种	资源储量占全国比例%
第五位	铍矿(BeO)	13.6
	镁矿	9.4
	水泥用灰岩	8.8
	钽矿	6.6
	铯矿	1.2

【矿产资源地理分布】 四川省矿产资源在地理分布上可分为各具特色的盆地和盆周、攀西、川西高原三大片区：

1. 盆地和盆周：盆地地区以能源、非金属矿产为主。有：煤矿、天然气、石油、岩盐、钙芒硝、石膏、玻璃用砂岩、水泥用灰岩及配料、膨润土等；盆周地区以化工、有色金属矿产为主。有磷矿、硫铁矿、砂金、岩金、锰矿、铝矿、铅锌矿、铜矿及非金属矿产萤石、石棉、钾长石、花岗岩、大理岩等矿产。

2. 攀西地区：以黑色、有色金属矿产为主。有：钒钛磁铁矿、铅锌矿、铜矿、锡矿、岩盐、石墨、冶金辅助原料、稀有金属、稀土等矿产。

3. 川西高原地区：以贵金属、稀有金属矿产为主，有：金矿、银矿、铂族金属、镍矿、锂矿、铌矿、钽矿、铀矿、铅锌矿、铜矿、锡矿、汞矿，还有褐煤、泥炭及非金属矿产水晶、云母、石棉、石膏等。

四川省查明资源储量在省内各地的分布情况见表 2。

表 2 **四川省查明的各矿种在省内各地区的分布情况表**

地　区	矿种名称	矿区数	单　位	储　量	基础储量	资源量	查明资源储量
全省宜宾市	煤炭	305	千吨	3262002	4514954	5200903	9715857
泸州市		51		1748872	2476657	1893167	4369824
达州市		24		620080	826661	1503723	2330384
攀枝花市		52		159042	209217	481001	690218
凉山州		21		251574	352978	206009	558987
广安市		16		2116	12286	525556	537842
乐山市		27		192299	262212	269139	531351
成都市		29		101965	130470	56883	187353
广元市		19		52745	61630	63748	125378
雅安市		21		45359	65944	31983	97927
内江市		10		7770	14614	80865	95479
眉山市		12		40178	45889	29209	75098
自贡市		4		18507	25559	8856	34415
绵阳市		6		5321	6834	25219	32053
巴中市		5		9816	12686	10143	22829
甘孜州		1		5910	7952	3402	11354
德阳市		1		0	0	7803	7803
		6		448	3365	4197	7562
全省	铁矿	135	矿石千吨	2121481	3121801	6773051	9894852
攀枝花市		24		1841437	2486928	4790172	7277100
凉山州		58		273254	592166	1680745	2272911
宜宾市		9		0	0	104993	104993
阿坝州		7		4759	17085	50505	67590
绵阳市		8		0	0	54098	54098
巴中市		10		1260	22261	13488	35749

续表 2－1

地　区	矿种名称	矿区数	单　位	储　量	基础储量	资源量	查明资源储量
达州市		8		0	0	31893	31893
广元市		4		771	1177	24482	25659
成都市		1		0	0	8200	8200
甘孜州		2		0	2184	5466	7650
乐山市		2		2	0	5839	5839
雅安市		1		0	0	1820	1820
眉山市		1		0	0	1350	1350
全省	锰矿	8	矿石千吨	88	263	26913	27176
绵阳市		3		64	159	21399	21558
阿坝州		3		0	64	5039	5103
乐山市		1		0	0	475	475
雅安市		1		24	40	0	40
全省	铬矿	1	矿石千吨	0	0	5	5
甘孜州		1		0	0	5	5
全省	钛矿	27	钛铁矿 TiO_2 吨	149786632	207894568	408221686	616116254
攀枝花市		22		136054850	183666237	347628421	531294658
凉山州		5		13731782	24228331	60593265	84821596
全省	钒矿	29	V2O5 吨	3926742	7627531	10931348	18558879
攀枝花市		22		3278759	6537997	8579716	15117713
凉山州		5		647983	1089534	1922832	3012366
达州市		2		0	0	428800	428800
全省	铜矿	47	铜 吨	727864	857046	1227471	2084517
凉山州		26		539941	631933	832291	1464224
甘孜州		11		184691	220888	329677	550565
乐山市		3		0	0	45220	45220
攀枝花市		1		3232	4225	3288	7513
宜宾市		1		0	0	5139	5139
巴中市		1		0	0	3648	3648
广元市		1		0	0	3539	3539
阿坝州		1		0	0	2649	2649
成都市		1		0	0	1155	1155
泸州市		1		0	0	865	865
全省	铅矿	37	铅 吨	414051	766648	1249317	2015965
甘孜州		11		325476	628897	468312	1097209
凉山州		17		83801	129937	627584	757521
雅安市		4		4774	7814	111408	119222

续表 2－2

地 区	矿种名称	矿区数	单 位	储 量	基础储量	资源量	查明资源储量
广元市		1		0	0	32300	32300
绵阳市		2		0	0	6340	6340
巴中市		1		0	0	3373	3373
成都市		1		0	0	0	0
全省	锌矿	35	锌 吨	1648561	2182025	2707116	4889141
凉山州		11		1052579	1344005	1041763	2385768
甘孜州		14		579908	797836	1260784	2058620
雅安市		4		16074	40184	271896	312080
广元市		2		0	0	78134	78134
成都市		2		0	0	34139	34139
巴中市		1		0	0	16146	16146
绵阳市		1		0	0	4254	4254
全省	铝矿	9	铝土矿矿石千吨	0	0	19859	19859
雅安市		1		0	0	7600	7600
乐山市		1		0	0	5295	5295
凉山州		4		0	0	5169	5169
攀枝花市		1		0	0	955	955
达州市		2		0	0	840	840
全省	镁矿	3	炼镁白云岩矿石千吨	11577	17812	9774	27586
乐山市		1		6361	9786	4872	14658
阿坝州		1		4660	7170	3740	10910
巴中市		1		556	856	1162	2018
全省	镍矿	8	镍 吨	9711	12695	565671	578366
甘孜州		3		0	0	368043	368043
攀枝花市		3		9711	12695	191181	203876
凉山州		2		0	0	6447	6447
全省	钴矿	10	钴 吨	5969	6716	101179	107895
攀枝花市		2		0	0	80225	80225
凉山州		5		5969	6716	12511	19227
甘孜州		2		0	0	7915	7915
巴中市		1		0	0	528	528
全省	钨矿	1	WO3 吨	0	0	1121	1121
甘孜州		1		0	0	1121	1121
全省	锡矿（原生矿）	4	锡 吨	4492	5834	12632	18466
凉山州		3		4492	5834	11204	17038
甘孜州		1		0	0	1428	1428

续表 2-3

地 区	矿种名称	矿区数	单 位	储 量	基础储量	资源量	查明资源储量
全省	锡矿（砂矿）	1	锡 吨	0	1646	0	1646
凉山州		1		0	1646	0	1646
全省	钼矿	6	钼 吨	9028	10281	15724	26005
凉山州		6		9028	10281	15724	26005
全省	汞矿	1	汞 吨	0	0	90	90
凉山州		1		0	0	90	90
全省	锑矿	1	锑 吨	18991	23739	0	23739
甘孜州		1		18991	23739	0	23739
全省	铂族金属	3	金属千克	0	0	42150	42150
甘孜州		3		0	0	42150	42150
全省	金矿（岩金）	23	金 千克	2566	12073	84492	96565
阿坝州		7		0	0	62298	62298
凉山州		4		2281	8559	8931	17489
甘孜州		10		285	978	12913	13891
雅安市		1		0	2537	0	2537
攀枝花市		1		0	0	350	350
全省	金矿（砂金）	55	金千克	33681	56032	67809	123841
广元市		18		12179	17646	21779	39425
甘孜州		18		13260	24172	7205	31377
绵阳市		11		5251	8232	21192	29424
阿坝州		4		2638	5277	5957	11234
雅安市		1		0	0	4942	4942
南充市		2		0	0	4689	4689
乐山市		1		353	705	2054	2750
全省	金矿（伴生金）	5	金千克	4158	5198	16930	22128
凉山州		4		0	0	16930	16930
甘孜州		1		4158	5198	0	5198
全省	银矿	22	银 吨	1926	2490	2422	4912
甘孜州		7		1495	1868	1193	3061
凉山州		13		431	622	1167	1789
雅安市		2		0	0	62	62
全省	铌矿	2	Nb_2O_5吨	0	0	13859	13859
甘孜州		6		0	0	12468	12468
阿坝州		4		0	0	972	972
凉山州		2		0	0	419	419
全省	钽矿	9	Ta_2O_5吨	0	0	5874	5874

续表 2-4

地 区	矿种名称	矿区数	单 位	储 量	基础储量	资源量	查明资源储量
甘孜州		5		0	0	5327	5327
阿坝州		4		0	0	547	547
全省	铍矿(绿柱石)	1	绿柱石 吨	0	0	217	217
甘孜州		1		0	0	217	217
全省	铍矿(BeO)	11	BeO 吨	0	0	38123	38123
甘孜州		7		0	0	31176	31176
阿坝州		4		0	0	6947	6947
全省	锂矿	12	Li_2O 吨	320383	357289	834304	1191593
甘孜州		7		306201	341531	651787	993318
阿坝州		5		14182	15758	182517	198275
全省	锆矿(锆英石)	1	锆英石 吨	0	0	5894	5894
凉山州		1		0	0	5894	5894
全省	锆矿(ZrO_2)	2	ZrO_2吨	0	0	5887	5887
凉山州		2		0	0	5887	5887
全省	铷矿	1	Rb_2O 吨	0	0	47661	47661
甘孜州		1		0	0	47661	47661
全省	铯矿	1	Cs_2O 吨	0	0	4770	4770
甘孜州		1		0	0	4770	4770
全省	重稀土矿	1	重稀土氧化物 吨	0	0	306	306
凉山州		1		0	0	306	306
全省	轻稀土矿	3	轻稀土氧化物 吨	0	0	1261997	1261997
凉山州		3		0	0	1261997	1261997
全省	锗矿	3	锗 吨	0	0	327	327
凉山州		2		0	0	268	268
雅安市		1		0	0	59	59
全省	镓矿	2	镓 吨	0	0	290	290
凉山州		2		0	0	290	290
全省	铟矿	1	铟 吨	0	0	7	7
凉山州		1		0	0	7	7
全省	镉矿	6	镉 吨	8467	11795	11381	23176
凉山州		2		6301	9088	9320	18408
甘孜州		3		2166	2707	1647	4354
雅安市		1		0	0	414	414
全省	硒矿	2	硒 吨	0	0	715	715
甘孜州		1		0	0	524	524
凉山州		1		0	0	191	191

续表 2－5

地　区	矿种名称	矿区数	单　位	储　量	基础储量	资源量	查明资源储量
全省	石墨	4	晶质石墨 千吨	2333	2744	14186	16930
攀枝花市		1		1955	2300	13252	15552
巴中市		3		378	444	934	1378
全省	硫铁矿（独立矿石）	39	矿石千吨	228714	390586	533096	923682
宜宾市		14		79371	164968	382194	547162
泸州市		10		143789	216419	133763	350182
广安市		3		0	0	7079	7079
雅安市		4		4071	6128	741	6869
绵阳市		3		1464	2229	3769	5990
德阳市		1		0	0	2910	2910
广元市		1		0	0	2118	2118
阿坝州		1		0	813	65	878
凉山州		1		0	0	280	280
巴中市		1		19	29	174	203
全省	硫铁矿（伴生硫）	10	伴生硫：硫 千吨	247	349	12415	12764
凉山州		4		247	349	6486	6835
德阳市		2		0	0	3506	3506
甘孜州		2		0	0	2146	2146
雅安市		1		0	0	264	264
成都市		1		0	0	13	13
全省	压电水晶	3	单晶千克	884	2207	5773	7980
甘孜州		2		756	1889	5580	7469
阿坝州		1		128	318	193	511
全省	熔炼水晶	4	矿物吨	0	0	1774	1774
甘孜州		3		0	0	1754	1754
阿坝州		1		0	0	20	20
全省	滑石	1	矿石千吨	49	68	1406	1474
凉山州		1		49	68	1406	1474
全省	石棉	3	石棉千吨	3221	11950	3730	15680
雅安市		2		3221	11950	3084	5034
甘孜州		1		0	0	646	646
全省	蓝石棉	1	蓝石棉 吨	0	0	860	860
凉山州		1		0	0	860	860
全省	云母	25	工业原料云母	1123	1391	8049	9440
甘孜州		23		1123	1391	7155	8546
阿坝州		2		0	0	894	894

续表 2-6

地　区	矿种名称	矿区数	单　位	储　量	基础储量	资源量	查明资源储量
全省	长石	2	矿石千吨	233	279	3339	3618
巴中市		1		0	0	3339	3339
广元市		1		233	279	0	279
全省	石榴子石	1	矿石千吨	4954	5505	8476	13981
阿坝州		1		4954	5505	8476	13981
全省	芒硝	30	矿石千吨	1935063	8701587	10949001	19650588
成都市		6		353836	1542745	9058550	10601295
眉山市		22		1547129	7009381	1890451	8899832
雅安市		2		34098	149461	0	149461
全省	石膏	8	矿石千吨	54247	87774	260240	348014
达州市		4		35074	56752	55857	112609
乐山市		2		3987	6456	99643	106099
甘孜州		1		0	0	90662	90662
广安市		1		15186	24566	14078	38644
全省	重晶石	3	矿石千吨	0	0	672	672
甘孜州		1		0	0	376	376
绵阳市		2		0	0	293	293
全省	毒重石	1	矿石千吨	0	0	732	732
达州市		1		0	0	732	732
全省	菱镁矿	3	矿石千吨	897	1235	5898	7133
雅安市		2		897	1235	3908	5143
乐山市		1		0	0	1990	1990
全省	普通萤石	2	萤石或 CaF_2 千吨	0	0	54	54
凉山州		1		0	0	51	51
宜宾市		1		0	0	3	3
全省	光学萤石	1	矿物千克	91	228	0	228
雅安市		1		92	228	0	228
全省	熔剂用灰岩	11	矿石千吨	80821	105612	670321	775933
攀枝花市		4		25905	31592	218141	249733
广元市		1		0	0	187000	18700
乐山市		1		53595	72240	86050	158290
宜宾市		2		1321	1780	100667	102447
绵阳市		2		0	0	39970	39970
凉山州		1		0	0	38493	38493
全省	水泥用灰岩	56	矿石万吨	81009	143437	101305	244742
乐山市		4		20424	41456	10817	52273

续表 2 – 7

地区	矿种名称	矿区数	单位	储量	基础储量	资源量	查明资源储量
成都市		6		16694	31088	14135	45223
宜宾市		4		3746	7123	25658	32790
广安市		10		9659	17999	8392	26391
攀枝花市		6		12608	13302	8697	21999
绵阳市		4		9429	17522	2223	197545
达州市		6		2233	3387	11809	15196
内江市		2		905	1681	9140	10821
广元市		5		2795	5189	4436	9625
凉山州		2		716	1322	4118	5440
阿坝州		3		1505	2812	621	3433
雅安市		2		203	376	455	831
泸州市		1		0	0	715	715
德阳市		1		92	171	89	260
全省	白垩	1	矿石千吨	28	35	0	352
遂宁市		1		28	35	0	352
全省	冶金用白云岩	12	矿石千吨	51785	105070	161774	266844
凉山州		1		34670	48280	59300	107580
攀枝花市		2		9375	10414	34764	45178
绵阳市		1		0	35597	0	35597
广元市		1		0	0	28400	28400
乐山市		2		5069	7059	13766	20825
雅安市		1		0	0	7800	7800
达州市		1		0	0	6720	6720
成都市		1		2671	3720	1630	6350
宜宾市		1		0	0	4880	4880
德阳市		1		0	0	4514	4514
全省	玻璃用白云岩	1	矿石万吨	0	0	809	809
凉山州		1		0	0	809	809
全省	冶金用石英岩	4	矿石千吨	5062	6560	22221	28781
凉山州		3		1711	2230	17671	19901
宜宾市		1		3351	4330	4550	8880
全省	玻璃用砂岩	9	矿石万吨	2799	2834	2394	5228
宜宾市		2		1101	1115	1349	2446
广元市		2		1564	1584	45	1629
绵阳市		3		120	121	886	1007
内江市		1		0	0	92	92
乐山市		1		14	14	22	36

续表 2-8

地区	矿种名称	矿区数	单位	储量	基础储量	资源量	查明资源储量
全省	水泥配料用砂岩	22	矿石万吨	2220	4117	3975	8092
广安市		7		922	1572	667	2239
乐山市		5		970	1984	108	2092
攀枝花市		3		125	213	1633	1846
绵阳市		3		77	133	1046	1179
成都市		3		126	215	232	289
广元市		1		0	0	289	289
全省	砖瓦用砂岩	1	矿石万立方米	121	151	0	151
内江市		1		121	151	0	151
全省	铸型用砂岩	2	矿石千吨	305	360	22504	22864
自贡市		1		0	0	22484	22484
内江市		1		305	360	20	380
全省	铸型用砂	1	矿石千吨	0	0	1392	1392
绵阳市		1		0	0	1392	1392
全省	玻璃用脉石英	3	矿石千吨	5611	8846	5582	14428
乐山市		1		5611	8846	5311	14157
广元市		2		0	0	271	271
全省	含钾砂页岩	4	矿石千吨	0	0	11100	11100
乐山市		2		0	0	9732	9732
雅安市		1		0	0	1148	1148
宜宾市		1		0	0	220	220
全省	硅藻土	4	矿石千吨	3097	9871	9685	13556
攀枝花市		4		3097	3871	9685	13556
全省	水泥配料用页岩	3	矿石万吨	984	1268	121	1389
绵阳市		2		984	1268	0	1268
内江市		1		0	0	121	121
全省	高岭土	8	矿石千吨	471	561	872	1433
凉山州		1		456	543	312	855
泸州市		6		15	18	518	536
雅安市		1		0	0	42	42
全省	陶瓷土	3	矿石千吨	87	154	179	333
泸州市		3		87	154	179	333
全省	耐火粘土	15	矿石千吨	8061	15216	35790	51006
宜宾市		2		0	0	14880	14880
攀枝花市		3		3234	8462	3054	11516
广元市		2		0	1000	10466	11466

续表 2-9

地区	矿种名称	矿区数	单位	储量	基础储量	资源量	查明资源储量
凉山州		5		0	0	6232	6232
乐山市		2		4651	5544	573	6117
内江市		1		176	210	585	795
全省	海泡石粘土	1	矿石千吨	0	0	400	400
广元市		1		0	0	400	400
全省	膨润土	8	矿石千吨	527	701	1717	2418
绵阳市		7		497	661	1475	2136
眉山市		1		30	40	242	282
全省	水泥配料用粘土	18	矿石万吨	3031	3790	9820	13610
攀枝花市		4		1328	1662	6490	8152
成都市		4		646	808	1138	1946
广安市		3		831	1037	379	1416
绵阳市		1		0	0	850	850
凉山州		3		0	0	830	830
宜宾市		1		206	258	62	320
乐山市		2		20	25	71	96
全省	水泥配料用泥岩	10	矿石万吨	3116	3896	1839	5735
乐山市		4		1785	2232	415	2647
成都市		1		1331	1664	544	2208
达州市		3		0	0	667	667
南充市		1		0	0	160	160
雅安市		1		0	0	53	53
全省	化肥用蛇纹岩	3	矿石千吨	13693	38897	17760	56657
成都市		2		13693	38897	12950	51847
德阳市		1		0	0	4810	4810
全省	饰面用花岗岩	16	矿石万立方米	597	3975	1971	5946
甘孜州		3		279	1861	911	2772
雅安市		8		168	1117	622	1739
阿坝州		3		129	858	378	1236
巴中市		1		21	139	57	196
攀枝花市		1		0	0	3	3
全省	霞石正长岩	3	矿石千吨	1617	1787	4893	6680
巴中市		2		781	858	4607	5465
凉山州		1		836	929	286	1215
全省	饰面用大理岩	5	矿石万立方米	288	1968	1683	3651
雅安市		3		182	1261	1151	2412

续表 2 – 10

地　区	矿种名称	矿区数	单　位	储　量	基础储量	资源量	查明资源储量
阿坝州		2		106	707	532	1239
全省	盐矿（液体 NaCl）	1	NaCl 千吨	0	0	28402	28402
内江市		1		0	0	28402	28402
全省	盐矿（岩盐）	13	矿石千吨	352262	2785379	15439298	18224677
乐山市		5		138030	1662515	14174775	15836900
遂宁市		1		5221	35749	1012006	1047755
自贡市		4		139633	617531	478	618009
宜宾市		1		63476	429401	0	429401
凉山州		1		405	3690	177209	180899
达州市		1		5479	36793	74830	11623
全省	碘矿	3	碘 吨	0	0	13894	13894
德阳市		2		0	0	8598	8598
乐山市		1		0	0	5296	5296
全省	砷矿	2	砷 吨	0	0	2085	2085
阿坝州		2		0	0	2085	2085
全省	磷矿	51	矿石千吨	115346	279513	1109436	1388949
乐山市		16		101453	213362	401659	615021
凉山州		8		116	243	336767	337010
德阳市		19		13777	65908	166821	232729
雅安市		5		0	0	176995	176995
绵阳市		1		0	0	18032	18032
达州市				0	0	6310	6310
巴中市				0	0	2852	2852

除以上矿产资源以外，四川省的铀矿资源产地 12 处，其中中型矿产地 4 处，小型矿产 8 处。

【地质勘查】 四川从事固体矿产和水气矿产勘查的单位有四川省地质矿产勘查开发局、四川省冶金地质勘查局、中国建筑材料工业地质勘查中心四川总队、四川省煤田地质局、四川省核工业地质局、武警黄金十二支队、四川省化工勘查院、四川盐业地质大队八个。从事石油、天然气开采和勘探的有中国石化新星公司西南石油局和中国石油天然气股份有限公司西南油气田分公司两个单位。此外，还有成都理工学院、成都地质矿产研究所、成都矿产综合利用研究所三个单位以教育、科研为主的同时承担地质勘查项目。上述单位均为国有资产经营单位。

省属主要地勘单位、人员情况是：

四川省地质矿产开发局（简称省地矿局） 下辖 32 个县处级事业单位，职工总数为 24131 人，其中在职职工 12314 人，离退休 11817 人。在职职工中有各类技术人员约 3753 人，其中具有高级职称的 1847 人。

四川省煤田地质局 下辖 6 个单位，全局有在职职工 1975 人，离退休职工 1735 人。全局现有技术人员 709 人。

四川省核工业地质局 系铀矿地质勘查专业队伍。局辖有 3 个地质大队，2 个研究所和 1 个地质调查院，全局职工总数 1704 人。

四川省盐矿地质钻井大队 是国家轻工行业惟一的专业地质事业单位，下属六个单位。大队有职工 2653 人。

四川省冶金地质勘查局 有直属地勘单位 10 个，职工总数以 6453 人，其中在职职工 3402 人，各类专业技术人员 1334 人。

【探矿权管理】 四川省 2003 年共受理探矿权申请 546

个，经审核颁发勘查许可证461个（含续作项目），收缴探矿权使用费87万元，收缴率90%以上。全省有效、合法探矿权项目共686个，勘查面积8071平方公里。

从近两年的综合统计分析，随着中央实施西部大开发，省内外投资者的大量涌入，颁发勘查许可证数量近年增多（表3），其中2002年为415个，2003年461个。同时，投资主体由过去单一靠国家投资向投资主体多元化转变的格局已经形成（表4）。至2003年底，各类投资主体共371个，其中国有87个，占总数的26.1%，非国有277个，占总数的72%，涉外（含港台）7个，占总数的1.9%。四川省2003年新设探矿权248个，占全国新设探矿权3294个的7.5%；地勘总投入1.037亿元，其中社会勘查投入增长较快，约8600万元，占总投入的83%，居全国前三位。

表3　　地质勘查项目申请数量近年变化情况

年　度	2000	2001	2002	2003	备　注
申请数	189	468	622	546	
发证数	172	254	415	461	含上年申请

表4　　不同经济成分投入主体变化情况

年　度	2000		2001		2002		2003	
探矿权人	个数	%	个数	%	个数	%	个数	%
国　有	29	56.9	46	37.1	68	23.4	87	26.1
非国有	22	43.1	78	62.9	159	54.6	277	72
涉　外					4	1.4	7	1.9
合　计	51		124		291		371	

勘查矿种的发展态势是，有色金属、勘查呈稳定增长态势，贵金属有所下降，这两类矿产勘查之和占当年勘查项目总数的60%以上；能源矿产、黑色金属分别为8.0%，水气矿产比例有所回升（表5）。

表5　　勘查矿种近年变化情况

年　度	2000		2001		2002		2003	
矿　种	项目数	%	项目数	%	项目数	%	项目数	%
能源矿产	23	13.8	27	10.6	45	10.8	37	8.0
黑色金属	5	2.9	13	5.1	33	8.0	37	8.0
有色金属	42	24.4	82	32.3	106	25.5	170	36.9
贵重金属	62	36	78	30.7	143	34.4	122	26.5
稀有稀土	5	2.9	10	3.9	12	2.9	11	2.4
非金属	23	13.4	35	13.8	67	16.1	67	14.5
水汽矿产	12	7	9	3.5	9	2.2	17	3.7
合　计	172		254		415		461	

地质勘查项目地域分布特征明显，凉山州、甘孜州、阿坝州和雅安市境内集中了项目总数的65%。

【探矿权市场建设】　探矿权招标、拍卖、挂牌有偿出让通过探矿权市场建设得到进一步发展，按照部和省有关“探矿权招标拍卖挂牌出让”有关规定，2003年四川省成功地组织了符合探矿权招标拍卖挂牌出让条件的20处探矿权的拍卖挂牌出让工作。探矿权出让价款共计4618.94万元，其中探矿权拍卖9个，价款4311万元，探矿权挂牌11个，价款307.94万元；探矿权招拍挂出让个数是2002年的4倍，收取价款约是2002年的5倍。

特别是四川省“古蔺县川南煤田古叙矿区箭竹坪井田（煤矿）探矿权采矿权”以3350万元成功拍卖，是全国将探矿权、采矿权整体出让的一次创新和探索，为川南煤田以市场配置资源和煤炭资源的集约化、规模化勘查开发起到了积极的推动作用。

四川省推进探矿权转让的二级市场建设，2003年共受理探矿权转让申请49个，批准探矿权转让44个，占全国2003年探矿权转让总数300个的14.7%；探矿权转让价款共计10455.6万元，其中出售8781.6万元，作价出资1674万元。主要探矿权转让项目有四川省地勘局108队的巴塘夏塞银多金属矿，四川省冶金地勘局水工队的九寨沟县草地金矿、甘孜县丘洛金矿等分别以现金2000万元、3400万元、2300万元转让给国内著名的西部矿业公司、福建紫金矿业有限公司和四川金峰投资有限公司，推进了国有地勘单位的企业化改革和矿业权的市场流转，促进了省内外矿业资本进入四川的矿产勘查，加快了勘查步伐。

【勘查工作成果】　四川省勘查工作成果显著。巴塘夏塞银多金属矿普查探明银金属已达3000吨以上，九寨沟雄黄沟及外围金矿普查金储量已达50吨，两矿已达大型－特大型。巴塘砂西银多金属矿、宁南跑马铅锌矿、甘洛则板沟铅锌矿及黑水下口锰矿等都取得了较大的找矿突破。砂西银多金属矿初步估算（333）+（334）？资源量银5000吨以上，铅+锌150万吨左右，具有了找到大－特大型银多金属矿的条件。跑马铅锌矿初步探获铅+锌（333）+（334）？资源量82.28万吨。则板沟铅锌矿初步探获（333）+（334）？Pb+Zn资源量81.33万吨，初显大矿规模。下口锰矿初步探获（333）+（334）？资源量295.3万吨，也具备了找大矿的条件。

【矿产资源开发利用】　矿产资源的开发利用，已使四川省形成了许多以矿业开采加工为基础的大型工矿企业，如攀钢集团公司、中国石油天然气股份有限公司西南油气田分公司、中国石化新星公司西南石油局、四川省都江堰市拉法基水泥股份有限公司、攀枝花矿务局、四川省金顶(集团)股份有限公司、四川峨眉山盐化集团股份有限公司、四川省双马水泥集团有限公司、四川铜镍有限责任公司拉拉铜矿、四川省会东铅锌矿、四川省眉山芒硝厂、四川金河磷矿、四川里伍铜矿、四川省会理锌矿、四川省清平磷矿等，此外尚有众多的中、小矿山。矿业开发已构成支撑四川省石油、天然气、煤炭、冶金、有色、化工、盐业、建材等相关产业的基础。

2003年底，全省有证矿山8202个(包括砂、石砾矿产)，其中大型矿山37个，中型矿山51个，小型矿山8114个。各类矿山分别占全省矿山总数的百分比是0.45%、0.62%和98.93%。采矿业从业人员全省总计48.3万人，其中在大型矿山企业的有4.6万人，在中型矿山企业的有3.9万人，在小型矿山企业的有39.8万人。各类矿山企业中的从业人员占全省矿山从业人员总数的9.61%、8.09%和82.30%。

四川全省矿山直接形成的生产总值为118.4亿元，其中大型矿山为35.5亿，占总值的29.98%；中型矿山12.5亿，占总值的10.58%，小型矿山70.4亿，占总值的59.44%。四川省天然气、原煤、磷矿、硫铁矿、岩盐、钙芒硝、石棉、花岗石、铅精矿、锌精矿及轻稀土矿的产量均名列全国前茅。铁矿、铜矿、水泥灰岩等矿产的开发在全省的工业生产中占有很重要的地位。

在四川省的矿业生产中，国有矿山占有较重要的地位，天然气、锌矿、熔剂用石灰岩、冶金用白云岩、金矿等的开采经济效益较好，以天然气开采获利最多，煤矿亏损额度减少。

全省各种规模的矿山在各地分布及经济情况见表6。

四川省2003年度经济类型矿山基本情况表见表7。

表6　　全省各矿山分布及经济概况　　经济指标:万元　　矿山:个

地区名称	矿山数	大中型矿山	国有矿山	开发矿山	从业人数（人）	工业总产值	人均产值（万元/人年）
总　计	8202	88	278	104	483037	1184691.34	2.45
省辖油气	4	4	0	2	24593	203552.00	1.96
成都市	451	7	13	18	34001	66654.35	1.96
自贡市	378	11	8	17	12248	12318.22	1.01
攀枝花市	321	9	10	35	40017	179553.92	4.49
泸州市	642	0	8	15	24607	39193.13	1.59
德阳市	125	10	14	8	12650	66101.78	5.23
绵阳市	401	3	16	25	16347	19917.37	1.22
广元市	389	3	25	34	23584	33735.05	1.43
遂宁市	205	0	2	5	5638	1013.26	1.80
内江市	520	0	7	10	34105	45878.16	1.35
乐山市	667	7	17	33	56944	49650.07	0.87
南充市	193	3	3	4	3500	15768.45	4.51
宜宾市	1134	2	14	18	50938	94725.08	1.86
广安市	387	5	8	17	22003	46907.90	2.13
达州市	606	2	35	12	38884	70479.07	1.81
雅安市	611	4	27	32	24556	48228.17	1.96
阿坝州	17	0	6	9	1017	10402.94	10.23
甘孜州	62	1	17	16	3744	23525.38	6.28
凉山州	449	6	39	43	25570	88115.13	3.45
巴中市	172	1	9	11	7288	8834.81	1.21

续表 6

地区名称	矿山数	大中型矿山	国有矿山	开发矿山	从业人数（人）	工业总产值	人均产值（万元/人年）
眉山市	276	10	1	15	15293	43676.71	285.60
资阳市	192	0	4	4	5511	7342.69	1.33

表 7　**2003 年度四川省各经济类型矿山基本情况表**

序号	企业类型	矿山数(个)	从业人数(人)	工业总产值	利润总额	税金总额
	总计	8202	483037	1184691.34	49871.85	73648.14
1	国有企业	270	110661	341293.30	–23089.32	10462.11
2	国有联营企业	3	221	9342.00	1833.20	916.00
3	国有与集体联营企业	3	92	119.50	1.00	2.00
4	国有独资公司	2	247	661.00	3.00	32.00
	小计	278	111221	351415.80	–21252.12	1211412.11
5	集体企业	2144	101731	171247.01	13000.22	15939.68
6	联营企业	47	3950	4234.20	468.62	439.84
7	集体联营企业	26	1906	8229.48	2321.60	1564.90
8	其他联营企业	11	833	950.99	217.25	66.52
	小计	2228	108420	184661.68	16007.69	18010.94
9	股份合作企业	148	7460	14392.10	543.85	1316.33
10	有限责任公司	395	42893	136288.46	16364.98	14314.09
11	其他有限责任公司	7	1025	13977.20	1352.00	470.00
12	股份有限公司	157	39332	253196.43	20013.64	8392.30
	小计	707	90710	417854.19	38274.47	24492.72
13	私营企业	3976	136700	169093.05	11436.10	14483.94
14	私营独资企业	613	18817	28378.87	2793.82	2494.66
15	私营合伙企业	217	8682	14167.65	1656.52	1639.43

【采矿权管理及市场建设】 2003 年，省矿产资源补偿费征收入库 4600 万元，采矿权使用费征收入库 364 万元。

四川全省认真做好矿山监督和资源保护工作。一是全年对全省所有矿山均进行了年检，年检中，现场抽查矿山占全省矿山的 68%，取缔非法开采矿山 650 个，吊销采矿许可证 9 个，责令停产整顿 627 个，整改 235 个，没收非法所得 32 万元。二是继续推行实施矿产品准运证制度并推广到全省。三是全面完成矿山年度开发利用统计年报告汇总上报。四是启动了矿产督察工作，国家矿山资源督察员已组建完成，并已开展工作。2003 年四川乐山梳杆坝煤矿成为全省成功拍卖的第一宗采矿权，该矿起拍价为 1800 万元，最后成交价为 3330 万元。

2003 年，全省新设采矿权 997 个，其中经竞争方式出让 398 个，占出让总数的 39.8%。采矿权变更登记 627 个，转让 223 个，延续登记 783 个，注销登记 455 个，采矿权价款评估确认 736 个。采矿权出让收益 2.2 亿元，其中以竞争出让获得的收益为 1.8 亿元，其他出让转让延续及处置收益约 0.4 亿元。以竞争出让所得收益为全年采矿权总收益的 82%。　（秦　刚）

【煤矿探采权拍卖】 川南煤田古叙矿区古蔺县箭竹坪井田(煤矿)探矿权和采矿权，已于 2003 年以 3350 万元被成功拍卖。这是四川省迄今为止矿产资源出让项目中规模最大、投资金额最高的一宗。

古叙矿区位于泸州市古蔺、叙永两县境内，是川南煤田的重要组成部分。古叙矿区探明加预测储量达69亿吨，其中探明储量37亿吨，占全省探明储量的41%，其煤炭属优质无烟煤。此次拍卖的箭竹坪井田探明储量为3000万吨。

此次出让采取探矿权和采矿权整体出让的方式，起拍价为2288万元，探矿权出让期限两年，采矿权出让期限30年。经过角逐，成都地奥制药集团有限公司最后以3350万元拍得。

【四川盆地发现特大天然气田群】 四川盆地发现了储量超过1500亿立方米的天然气田群。

这个气田群以罗家寨气田为中心，共有5个气田。其中罗家寨气田储量达581亿立方米，位列四川盆地已发现的100个气田之首。其余3个总探明天然气储量高达950多亿立方米，还有1个尚未探明储量。

位于四川盆地东北部的罗家寨气田，2000年5月完成钻井工程的1号井日产量达到40万立方米，同年6月完成的2号井日产量高达60多万立方米，之后，中国石油西南油气田分公司相继又钻探了4口井。

科研工作者利用实钻资料和地质调查资料，计算出这个气田的探明储量为581亿立方米，气田的资源采收率可达到75%，具有较高的勘探开发效益。

目前，罗家寨气田已被列为川渝天然气东输的主供气田之一，公司将在此新建天然气集输站4座、脱水站4座、大型天然气净化厂1座及10多口钻气井。

【白云县呷村特大型多金属矿床开发】 位于四川省白玉县呷村一座特大型富含银、金、铜、铅锌等多金属矿床正式开发。

这座特大型富矿是四川省地勘局403队历时7年探明的。为开发该矿，四川省地勘局等单位于1998年5月组建了四川鑫源矿业有限责任公司进行招商引资，并于2003年春与西部矿业、华北冶金和兰州有色冶金设计研究院等国内大企业达成合作协议。6家股东投资3亿元人民币组成了新的四川鑫源矿业有限责任公司，并于2003年在成都召开了首次股东会。目前，呷村银多金属矿开发的前期工作正在紧锣密鼓地进行。 （中国矿业信中心）

贵州省

【矿产资源】 贵州已发现矿产110种，探明有储量的矿产74种，探明有储量的矿床1252处，其中，有28种矿产位居全国前5位。煤炭、铝土、汞矿、锑、锰矿、磷矿、重晶石、金、水泥原料等既是贵州优势矿产，又是中国的重要矿产。

【贵州采取多种方式盘活矿权】 贵州省采取灵活多样的合作方式盘活矿权，把丰富的矿产资源变为经济优势，取得了较好的经济效益和社会效益。

在现有较大的合作项目（含未实施项目）中，有10个项目将矿权作价合作，矿权价款合计21940万元。截至2003年6月，按合同或协议数计算，可引入勘查资金4.3亿元以上。

贵州省主要采取转让、承包、委托勘查、合作开发、合资开发五种方式：

1. 以矿业权和地质成果资料入股，成立合作公司，由对方全额投入风险勘查开发资金。贵州分勘查和开发两个阶段分别享有不同的保底股份，一般分别为30%和15%，这种方式比较普遍。如省矿产总公司与加拿大APAC公司合作的泥堡金矿项目，103地质队与香港宇利集团合作的西溪堡锰矿项目等。

2. 先将矿业权作价一次性转让给对方，再以现金投入方式参与投资，按投资比例享有合作公司的股份，同担勘查开发风险。如矿产总公司（含105队）与福建紫金公司合作的水银洞金矿，矿产总公司（含105队）的矿权以600万元一次性转让给紫金公司，然后再以27%的资金投入贵州紫金公司，享有该公司27%的股份。

3. 以矿权和地质成果资料入股，并收取适当的矿权补偿费，双方合作成立公司，享有定额的收益。如103队与红星集团合作开发的天柱重晶石矿，红星集团先期补偿103队采矿权15万元后，在今后矿山开采期间，103队按产量每吨矿石3元提取管理费。

4. 矿权和地质资料均不作为合作条件，双方按一定比例投资并享有相应股份。如贵州省地矿局地球物理地球化学勘探院与晴隆县合作开发红土型金矿，物探院以40%的资金投入、享有合作项目40%的股份。

5. 以地质资料和矿权入股，与对方成立合作公司，分期收取矿业权评估转让费，并享有合作公司一定的保底股份。如矿产总公司与澳华公司合作的烂泥沟金矿开发项目，117队与澳华公司合作的洛帆－大沟金矿风险勘查开发项目等。

6. 有矿权，但地质工作程度低、风险较大，则采取一次性转让的方式转让矿业权。如115队的册亨大寨金矿，117队的锦屏五香洞金矿等。

贵州省自2000年实施“引进来”战略开发矿产资源后，共引进国内外投资业主42家，合作项目42个，总引资额（合同数）折合人民币8.4亿元以上。

【有证煤矿瓦斯监测器配置】 贵州2003年专门拿出1000万元资金，为全省已正式通过整改验收的有证煤矿配置瓦斯监测器。

贵州省通过省级验收合格的煤炭矿井共有1673处，其中1230处已换发生产许可证，全省煤炭企业安全生产条件已有较大改善。但由于多方面原因，2003年贵州煤矿安全事故仍呈高发势头，2003年1～11月，全省煤矿共发生事故499起，死亡792人，与2002年同期相比事故起数和死亡人数分别上升了93.4%和27.3%。

【化工新材料产业带在贵阳开发提升】 材料产业一直是贵阳市的支柱产业。贵阳市多家化工新材料企业不断开发新产品，全力拓展新市场，成为贵阳提升市场竞争力、优化经济结构的重要力量。

目前，在全市40多家新材料企业中，有1/3强为化工新材料企业。清华大学、四川大学、重庆大学、法尔胜集团、开磷集团等知名高校和企业集团，以多种形式进入贵阳新材料市场，涌现出"贵州林海"、"博士化工"等为代表的许多化工新材料企业，开发出了高纯度固体磷酸、脱氟磷酸三钙、聚合物基工程复合材料、大幅面数码彩色材料、高强度石油压裂支撑剂等一批技术含量高、经济效益好、市场前景广阔、在国内化工新材料市场处于领先地位的化工产品，赢得了市场先机。

贵阳市周边的贵州开磷集团等传统材料企业也积极推进传统产业的技术改造与升级，大力开发新材料产品，从而形成了贵阳市新材料产业"一园多片"的新格局。"一园"是以贵阳市白云区"贵州新材料创业基地"为主要力量，集新材料研发、试验、技术服务、成果推广及产业化为一体的贵阳国际新材料工业园。"多片"是在开阳磷化工工业走廊基础上发展起来的以双流镇"开阳西部工业园"、"永温工业园"和金中镇"开阳精细化工工业园"为骨干的磷化工工业园区，以及以开磷集团息烽重钙厂、开磷息烽化工股份合作公司、西洋肥业等磷化工企业为主体的磷复肥生产基地。

"高原磷都"开阳年产黄磷8万吨。销售收入仅5.3亿元，如果利用开磷集团的技术，通过进一步深加工将这8万吨黄磷转化为85%的普通磷酸，将实现销售收入56亿元，如果转化成食品级的磷酸氢钙，将实现销售收入100亿元。为此，开阳县与开磷集团双方已开始建设"大水工业园"，实现优势互补，真正发挥矿产资源、交通运输、生产技术、廉价劳动力等诸多优势，从而降低生产成本，形成核心竞争力，把开阳建成亚洲最大的磷系列精细化工产品基地，以实际行动参与西部大开发，真正为地方经济的发展作出贡献。

【峨眉山玄武岩分布区发现大铜矿】 贵州省地矿局在玄武岩分布区发现多个铜矿化带和矿化点，铜品位0.5%～3%；发现氧化铜矿体，品位最高达21%。

2002年，贵州省地矿局在该省西部峨眉山玄武岩分布区内开展了铜矿资源调查研究工作，发现多个铜矿化带和矿化点。首次发现的玄武岩氧化铜品位10%左右，最高达21%。其远景资源量可达大型甚至超大型规模。

在玉龙—黑山坡工作区，目前控制的矿体厚度分别为0.5～1.5米和1.3～1.8米不等，平均品位2.05%～1.8%。在黑石头工作区，发现铜矿点8个，矿体厚1～2米，品位0.56%～3.58%，有的达15.6%。有一矿点预测资源量达68.4万吨。在都格—土城工作区，发现两个铜矿点、两个铜矿带，其中，一铜矿带有8个含铜层，铜含量较高的3个层位厚达2～6米。另一铜矿带以氧化铜为主，铜品位1.28%～21.15%。这次的重要发现是，在玄武岩底部存在的氧化铜矿体，产于玄武岩底部与茅口组接触带附近，品位高，在玄武岩分布区寻找铜矿有很大潜力。

【织金县发现铅锌矿】 贵州省地矿局104地质队在织金县找到了一个宽950～2200米、长4000多米的铅锌矿带，矿石品位约8%，最高达20.3%。

【西南最大黄金冶炼厂在贵州投产】 总投资1040万元，一期工程设计生产能力为每年提纯合质金60吨的西南最大的黄金冶炼企业——贵州西南黄金冶炼有限公司精练厂，于2003年11月25日在贵州省黔西南布依族苗族州顶效开发区建成投产。

2003年4月开工建设的这个精炼厂，每年能够解吸金炭200吨、提纯合质金60吨，纯金生产能力在6万两以上，是目前西南地区最大的黄金冶炼厂。

贵州西南黄金冶炼有限公司同时也是贵州省第一家可生产国家1号标准纯金(99.99%)的企业，其精炼厂的合质金提纯、熔铸技术能够生产100～12500克不同型号的国家1号和2号标准金。

此前，贵州100多户黄金生产企业只具备粗加工能力，生产的黄金产品成色在96%～99.5%之间，根本达不到黄金交易所的"门槛"条件，只能委托有资格的会员企业在黄金交易所交易黄金。

地处云贵高原的贵州是中国新的重要黄金产区，在贵州与云南、广西交界处的黔西南布依族苗族自治州已探明多处大中型金矿，储量超过3百吨，地质学家把这里称为中国第二个"金三角"黄金资源富集区，已被列为中国重点投资建设的十大产金地区之一。

(中国矿业信息中心)

云南省

【矿产资源】 截至2003年已发现可用矿产150余种,占全国已发现矿产种类的93%,其中保储量的潜在价值可达3万亿元,其中燃料矿产约占40%,金属矿产占7.3%,非金属矿产约占52.7%。已探明储量矿的矿种有86种,矿产地2700处,在保有储量矿产中,有13%的矿种居全国前列,有2/3的矿种在长江流域及南部地区占重要位置。其中居全国第一的矿种有锌、铅、锡、镉、铟、铊、蓝石棉。

【地质勘查】 2003年争取国家和省地质勘查项目资金7152万元,实施地质勘查项目124个。实施商业性勘查项目82个,投资1.4亿元。引进外资开展风险勘查,协议引进外资1.1亿美元,到位438万美元。新发现矿产地18个。东川金矿、"三江"云南段有色金属勘查取得重要突破,德钦羊拉、兰坪白秧坪、思茅大平掌等地的铜、铅锌、金、银等探明储量500多万吨。滇中红层找水取得重大进展,被誉为"民心工程"、"德政工程"。开展了地质资料补交工作,共补交资料421份。

【矿产资源管理秩序治理整顿】 查处非法采矿、非法转让矿权案件2237件,责令关闭和停产整顿不合格矿山、选厂1400多个。大规模集中清理整顿小煤窑生产秩序,为1400多个煤炭企业核发了采矿许可证。元阳金矿、都龙锡矿、兰坪铅锌矿、镇源金矿等7个重点矿区矿业秩序整顿和资源整合取得突破性进展,全省矿业秩序全面好转。

矿业权市场建设 积极稳妥地开展了探矿权、采矿权招标拍卖试点工作,招标拍卖和协议出让95个矿业权,收取矿业权价款2000余万元。吸引国内外矿业资金10余亿元。参与指导了对大姚铜矿等一批破产矿山企业的关闭工作。

【《云南省矿产资源总体规划》编制】 2003年编制完成了《云南省矿产资源总体规划》,经省政府批准正式实施。编制完成了16个地(州、市)及70多个重点县的矿产资源总体规划,矿产资源规划体系初步建立。

(邝 楠)

【云南那能金矿采矿权转让】 经云南省国土资源厅批准,云南省地矿资源股份有限公司富宁那能金矿采矿权,2003年以600万元整体转让给广西田林高龙黄金矿业有限责任公司。

那能金矿位于云南省富宁县那能乡那吉村民委员会叭毛村附近,与高龙金矿隔江相望,是云南省地勘局第一地质大队于1999年勘查发现的,已探明金金属储量为5478.83千克,矿石平均品位为1.75克/吨,属低品位、易采剥、氧化程度高的中型金矿。按照国家有关规定,富宁县政府同意第一地质大队向省厅申报开采申请,第一地质大队在依法取得该矿采矿权后,2003年着手制定矿山开发规划。

【云南铜业获得羊拉铜矿采矿权】 2003年,云南地矿资源股份有限公司、云南铜业集团、迪庆藏族自治州政府转让羊拉铜矿采矿权协议在昆明签字,云南铜业集团有偿取得采矿权后将投资30亿元,建设一座年产20万吨铜的大型铜原料生产基地。

云南地矿资源股份有限公司是全国第一家专门生产矿业权,而且把出售矿业权作为重要收入来源的资源性公司。目前公司拥有矿产权项目243个,登记勘查面积6651平方公里,资源潜在价值达到数百亿元。通过市场交易,2002年出售矿业权取得收益1000多万元。

【滇东北首次在玄武岩中发现超大规模铜矿】 云南省地调院将与中国科学院合作,对位于滇东北的玄武岩进行钻探,深入勘查一个具有大规模前景的铜矿。在被认为不能赋存大型金属矿藏的玄武岩中,找到具有超大规模前景的铜矿,在找矿理论和实践两方面都是重大突破。

玄武岩是一种分布很广的基性喷出岩,因其岩浆粘度小,流动性大,容易大量溢出地表,形成规模很大的岩流和覆盖层,在中国分布很广,四川、云南、贵州毗邻地区分布特别集中。玄武岩气孔往往充填有铜、钴、冰洲石等有用矿产,但传统地质理论认为,玄武岩不能大规模成矿。找矿实践表明,玄武岩中多是"鸡窝矿",一般只有几千吨、几万吨。中国在四川玄武岩中找到的最大铜矿,也不过10万吨。

云南省地矿局的专家从互联网上查到,科学家近几年对全球新发现的140多处矿点进行对比研究,发现都与玄武岩有关。2002年6月,云南省地矿局领导人带领一批地质专家,奔赴滇东北金沙江流域,仔细查看了矿产露头和群众采矿点,证明确实有玄武岩型铜矿存在,而且呈层状分布,矿化面积大。与此同时,国家"973计划"大规模成矿项目研究的科学家,宣布应用地球化学急变带理论,在滇黔川交界带发现新类型铜矿。

2002年8月,云南省地质专家再次深入矿化区,行程100多公里,对8个露矿点详细踏勘。根据收集到的大量第一手资料,对五万分之一填图和重点地勘查作出部署。国土资源部地调局很快决定投入300多万元资金,将滇东北玄武岩地区列为地质大调查重点片区。云南省地调院与中国科学院合作,正在准备上钻机钻探,进行深入勘查。

据云南省地质调查院介绍,滇东北玄武岩地区含铜矿带包括云南省会泽、鲁甸、巧家、永善等县,以及四川、贵州毗邻地区。含铜矿带分布面积大,而且有一个比较稳定的含铜层位。地质专家普遍对滇东北玄武岩铜矿前景看好,预测这个地区铜矿远景储量可达几百万吨甚至上千万吨。

滇东北玄武岩地区找到大型铜矿带,引起国际著名矿业公司的极大兴趣。加拿大艾芬豪矿业公司、太平洋矿业公司等迅即派出科学家前往考察,艾芬豪矿业公司立即决定投入800万美元,与云南地矿资源股份有限公司合作,进行风险勘查。部分资金已经到位。

【昆明东川区发现大型金矿】 云南省昆明市东川区发现一座大型金矿。据悉,该金矿的储量保守估计为100吨,计划2004年下半年或后年进行大规模开采。

据介绍,云南省地矿807队于1996年首次在东川发现金矿。2000年,加拿大西南资源公司中国勘探项目负责人程小林博士和公司员工在滇东北进行大面积快速勘探,最终在东川区播卡乡和拖布卡乡发现了长5~6公里、厚6~100米的金矿带。

【非金属矿石"纸浆"开发】 云南超微新材料有限公司年产10万吨造纸用超细硅灰石复合新材料已经投入试生产,它可以代替20%~40%的植物纸浆生产普通纸到高级纸的各类纸张,而且减少造纸中的"黑液"排放,保护环境。

云南超微新材料有限公司是由云南非金属矿产应用研究中心、云南省地矿局中心试验室、云南省非金属矿产资源开发利用中试基地等单位优化重组,由云南地矿勘查工程总公司(集团)控股的现代科技型企业。拥有非金属矿山多处,还由各类高级科技人员60多人,配备有先进的非金属矿超细粉碎、提纯、改性、改型等多种设备。

硅灰石是一种非金属矿,云南是西南地区惟一拥有丰富硅灰石资源的省份,已探明硅灰石储量5363万吨,远景储量超过亿吨,占全国总储量的28%。云南超微新材料有限公司采用低温物理细胞级超细粉碎技术,使矿物粒度达到1000目以上。但在电子显微镜下粉碎后的硅灰石仍然为针状纤维粉体,能与植物纸浆很好结合,生产普通包装纸到高级铜版纸各类纸。

寻求价格低廉而又可以部分代替植物纤维,改善纸品性能而又不污染环境的新的造纸原料,成为造纸行业梦寐以求的事情。这个高科技项目正式投产后,每年可以节省木材36万立方米,相当于保护了5万亩森林免受砍伐,还可以减少木材制浆中的"黑液"排放。在不同原料的纸张生产中,每吨可以分别降低成本100~300元。还可以提高纸张的不透明度,改善纸张性能。云南超微新材料有限公司用超细硅灰石生产的复合新材料已经在陕西、山东、四川以及云南一些纸厂使用。

公司用超细硅灰石生产的复合新材料还可以用于塑料、汽车、涂料、陶瓷、建筑材料、摩擦材料等工业部门。公司还生产方解石、重晶石、滑石粉等超细技术粉体,可以提供高岭土、云母粉、硅藻土、石英粉、电气石粉等产品。

(中国矿业信息中心)

西藏自治区

【矿产资源】 西藏已发现的矿种达90多种。有26个矿种探明了储量,其中11种的储量名列全国前五位。矿种包括铬铁矿,锂,铜,硼矿、菱镁矿、重晶石、砷,白云母、泥炭,石膏、盐、芒硝、陶瓷土、硫、磷、钾、硅藻土、冰洲石、刚玉、水晶、玛瑙等。

西藏水能、地热能以及太阳能、风能蕴藏量丰富。据统计,西藏年平均天然水能蕴藏量约为2亿千瓦,约占全国总量的30%;地表水资源总量约为3548亿立方米,占全国总量的13.5%;冰川水资源总量为3300多亿立方米。西藏可开发的水能资源约为5659万千瓦,占全国总量的15%。西藏的地热蕴藏量居全国第一位。拉萨市当雄县辖区内的羊八井热田是目前中国最大的高温湿蒸气热田,也是世界已获开发利用的大型地热田之一。

【地质勘查】 2003年,完成了全区1:100万区域地质调查,1:20万区域地质调查完成20.7万平方公里,1:5万区域地质调查起步;完成1:20万和1:50万区域化探54.6万平方公里,完成1:100万航空磁测约60万平方公里;完成1:100万区域水文地质调查,1:20万区域水文地质调查已开始进行,主要农区和重要城镇的地下水资源调查、重点城镇的地质环境监测、重要交通干线灾害地质调查等工作相继开展。

中国地调局2003年在西藏区安排国土资源大调查项目50个,投入资金7496万元。西藏区地勘队伍承担国土资源大调查项目12项,项目资金1754万元。自治区地勘局从地勘费中安排1500万元、从地质找矿专项资金中安排500万元开展地质矿产勘查工作。

2003年取得了显著的地质成果，特别是在冈底斯成矿带、藏北班公错-怒江成矿带、藏东三江成矿带等地区，部署开展了矿产勘查。其中，驱龙铜钼矿、多不杂和吹败子铜矿、雄村金铜矿、马攸木金矿、拉诺玛铅锌矿和都日铅锌银矿的资源量可达大型矿床规模，达龙砂金矿、邦布和查拉普岩金矿、舍索铜矿、蒙亚啊铅锌矿、错纳和颇达铅锌银矿、当曲和碾廷铁矿区的资源量可达中型矿床规模。发现有进一步工作价值的矿点23处，初步控制铁矿石1.2亿吨；评价大型矿泉水水源地1处，经详细普查证实马攸木砂金矿床Ⅰ号矿体储量达大型规模。借鉴新疆"305项目"成功经验，组织专家学者深入研究，与区发展计划委员会、科技厅、地勘局等部门一起论证，近期已形成具体意见报自治区人民政府向国家申请立项。

地质调查中，1:25万、1:5万、1:2.5万、1:1万填图分别完成11000、1250、120、170平方公里，1:20万水系沉积物测量面积13896平方公里。

【地矿行政管理】 探矿权采矿权管理工作进一步规范。重点开展了勘查登记数据库的清理规范工作，依法注销已过期的勘查许可证380个，规范了探矿权管理。建立了自治区级勘查登记数据库和自治区、地(市)两级采矿登记数据库，极大地提高了勘查登记、采矿登记工作效率，规范了工作流程，加强了依法行政，有效避免了矿权重叠。2003年设置有效探矿权877个，勘查面积24273.56平方公里，计划投入勘查资金22945.87万元，缴纳探矿权使用费246.72万元。组织地勘单位实施矿产资源补偿费矿产资源勘查项目5个，争取国家勘查资金890万元，并多次组织专家到野外检查项目实施情况，按规范和勘查设计标准严格检查工程施工质量和野外工作成果资料。

【矿产资源储量管理】 完成了2002年矿产储量表的审核、矿产资源储量核减、矿产储量库的维护和数据上报工作；及时部署了2003年基层矿产储量表的填报工作，在各地(市)国土资源局的直接参与和共同努力下，完成了填报、审核、汇总工作。并首次评审了按新规范编写的矿山闭坑地质报告实施情况，按规范和勘查设计标准严格检查工程施工质量和野外工作成果资料。

【矿业权市场调研】 为了建立和规范探矿权采矿权市场，开展了探矿权采矿权市场调研工作，编写了《西藏探矿权采矿权市场建设调研报告》，研究编制了《探矿权采矿权市场建设方案》。按照《探矿权采矿权市场建设方案》的操作规程，协议出让探矿权灭失的矿产地探矿权2宗。对探矿权有偿出让进行了有益的探索，结束了仅以行政审批一种方式授予探矿权的历史。受采矿权人委托，成功地进行了申扎县玛尔峪砂金矿采矿权转让挂牌组织工作，为实现探矿权采矿权招标拍卖挂牌出让和二级市场管理积累了经验。

【矿业执法监察】 为了有效保护矿产资源和矿区生态环境，按照自治区党委、政府的统一部署，会同自治区经贸委、环保局等有关部门开展了全区砂金矿山生产秩序专项治理整顿工作。通过调查摸底，严格排查，并报自治区人民政府批准，关闭了29个生产技术落后、浪费资源、严重破坏矿山环境的砂金矿山。其中取缔无证采矿7个，吊销采矿许可证1个。根据《西藏自治区地质环境管理条例》有关规定，制定并实行了《砂金矿山地质环境恢复保证金制度》，确保矿山地质环境恢复治理措施的落实。目前，全区砂金矿山生产秩序专项治理整顿工作已进入全面整改的实施阶段。各矿山企业按照整改通知要求，补做矿山环境影响评价，制定矿山地质环境恢复措施和实施方案。截至2003年底，已缴纳首期砂金矿山环境恢复保证金251万元。

（徐海锋）

【西藏金铜铅锌多金属找矿成果】 2003年，西藏地勘局地质找矿成果显著。该局全年承担的18个国土资源大调查项目进展顺利。

在雅鲁藏布江成矿区东段铜多金属矿勘查中，进一步确认驱龙、冲江两矿区为大型铜矿床；在青藏铁路沿线雁石坪—那曲地区富铁矿评价中，初步概算了铁矿资源量12452万吨；在聂荣—巴青铜多金属矿产资源调查评价中，圈出7条铜矿带，其中5条矿带具有一定规模。

砂金勘查成果显著。控制马攸木砂金矿区Ⅰ号矿体资源量10吨以上；提交可供开发利用的矿产地5处，预计可提交砂金资源量10吨，发现并初步评价了4个砂金矿体；预计可提交砂金资源量两吨以上。

岩金、铜金矿勘查出现良好势头。初步确定革吉县尕尔穷金铜矿的岩金资源量为24.54吨，铜资源量为18.48万吨；确定马攸木地区在100平方公里或更大范围具有砂金、岩金找矿前景，预计岩金远景资源量在79吨以上。

银铅锌金属矿有新的发现。初步确定工布江达县洞中松多铅锌矿规模为大型；发现并初步控制颇达铅锌矿资源量53.54万吨。

其勘查显示，矿泉水具有良好的开发前景。确定当雄县曲玛多为矿泉水大型水源地，各项物理指标均符合国家标准；确定曲松县五井岭天然饮用矿泉水为

偏硅酸型矿泉水等。（中国矿业信息中心）

陕西省

【矿产资源】 陕西地质成矿条件优越，矿产资源具有分布广泛、区域特色明显的特征。陕北鄂尔多斯盆地，蕴藏优质煤、岩盐、石油、天然气等矿产；关中盆地有煤、钼、金、非金属建材、地热等矿产；陕南秦巴山地产出有色金属、贵金属、黑色金属及各类非金属矿产。

1. *矿产种类及矿产地*。截止2003年底，全省已发现各类矿产137种，已查明有资源储量的矿产92种，其中已列入国家和陕西矿产资源储量表的矿产有81种，矿区783处（含共伴生矿区134处）。除因无资源储量规模标准而未划定规模的15处矿区外，其余765处矿区中，有大型134处，占17.45%；中型206处，占27.45%；小型428处，占54.89%；中小型矿床占到82.55%。

2. *矿产资源储量及在全国的地位*。陕西已探明的矿产资源储量在全国居有重要位置。截止2003年底，全省保有资源储量居全国前三位的有27种，居前五位的有36种，居前十位的有55种。在全国45种主要矿产中，陕西探明有资源储量的37种。国民经济赖以发展的15种支柱性重要矿产中，盐矿、水泥用灰岩居全国首位，天然气、汞、高岭土居第二位，煤、钼、金、石棉、玻璃用石英岩居第三位。金矿居西部十二省区首位，煤、石油、天然气、铅矿居第二位，磷矿居第四位。

3. *矿产资源储量潜在价值*。全省已探明的矿产资源保有储量潜在经济价值达42万亿元（含石油、天然气），约占全国矿产资源潜在价值总值的1/3，居全国第一位；每平方公里国土拥有矿产资源/储量潜在价值居全国第一位。已探明矿产保有资源/储量潜在价值排列全省前十位的矿种依次为钠盐、煤、钒、水泥用灰岩、天然气、石油、饰面用大理岩、磷、石膏、铁矿。其中钠盐和煤炭的潜在价值分别占全省矿产资源潜在价值总值的78.28%、19.96%，钠盐和煤炭是确立陕西矿产资源大省地位的支柱矿产。

【矿产资源开发利用基本情况】 2003年，全省共有4178个矿山企业（点），其中生产矿山3670个，筹建矿山92个，停产矿山416个。

2003年度全省开发利用的矿产79种，其中能源矿产6种，黑色金属矿产4种，有色金属矿产8种，贵金属矿产3种，冶金辅助原料非金属矿产5种，化工原料非金属矿产11种，建材非金属及其他矿产42种。与2002年度相比增加了建筑用凝灰岩、建筑用闪长岩、陶粒用粘土、水泥配料用砂岩、水泥配料用页岩、玻璃用砂岩、化肥用石英岩七个矿种。

全省矿山企业形成年采矿设计生产能力2.26亿吨，年选矿设计生产能力3994万吨。全年生产矿石总量18479.75万吨。

2003年度全省矿业完成工业总产值315.47亿元，占全省规模以上企业工业总产值1505.45亿元的16.2%；全省矿山企业全年实现销售收入276.32亿元，实现利税121.77亿元。

全省2003年度矿业从业人数为292977人，较上年度减少29874人，其中国有矿山企业从业人员141218人，非国有矿山企业从业人数151759人。

【矿山企业结构】 1. *矿业结构*。全省4178个矿山企业（点）中按行业划分统计：能源矿山927个（煤炭矿山845个，石油、天然气开采企业16个），黑色金属矿山81个，有色金属矿山246个，贵金属矿山70个，冶金辅助原料矿山23个，化工原料矿山124个，建材及其他非金属矿山2707个（见图1）。按生产规模统计：大、中型矿山企业77个，占矿山总数的1.8%，小型矿山企业（点）4101个，占矿山总数的98.2%。

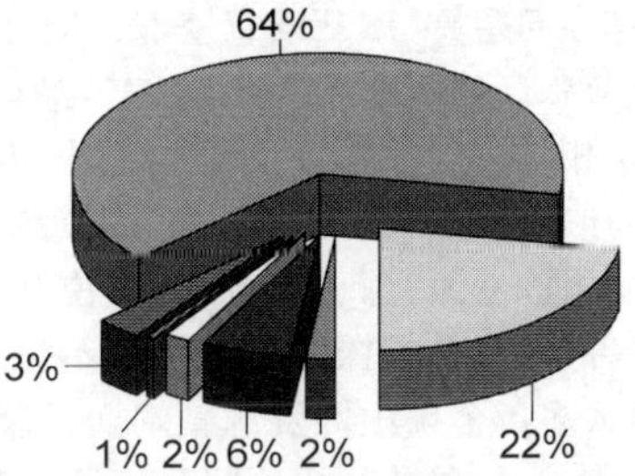

图1　全省矿山按行业组成结构图

2. *矿山企业所有制结构*。陕西省矿山企业按不同经济类型统计：国有、国有独资公司及国有联营矿山企业256家，占全省矿山总数的6.13%；集体矿山企业1350家，占矿山总数的32.31%；私营矿山企业2102家，占矿山总数的50.31%；股份合资、合作、联营、有限责任公司等现代企业制度矿山442家，占矿山总数的10.58%；中外合作、合资（港或澳、台资）经营矿山企业10个，占矿山总数的0.24%（见图2）。在442家以现代企业制度运营的矿山企业中，股份有限公司93家，有限责任公司139家，股份合作企业72家。

随着矿山企业体制改革的进一步深入，矿山企业体制随之发生变化，相对而言，国有矿山企业因改制、联合、股份合作，数量有所减少；私营、集体、股份制企

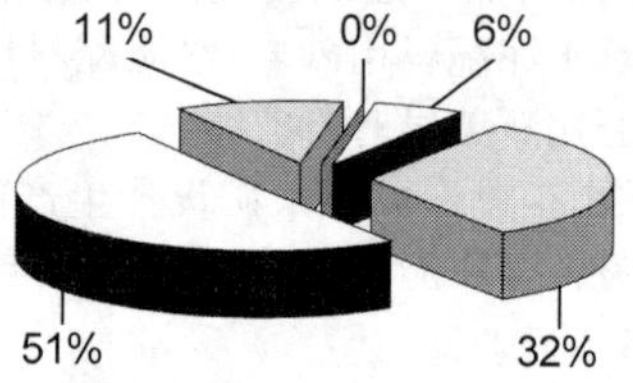

图2　全省矿山企业按经济类型组成结构图

业的矿山企业占全省矿山企业比重在进一步加大。就矿山企业数量来看，集体、私营矿山企业占82.62%；集体、私营和股份合资、合作、联营、有限责任公司矿山企业占93.2%。

3. *矿业人均产值*。全省2003年度矿业完成工业总产值315.47亿元，矿业从业人数293177人，全省矿业人均产值10.76万元，高于全国矿业人均产值(6.42万元)。按不同行业统计：石油行业人均产值为最高46.37万元，其余依次是有色金属矿山9.58万元、贵金属矿山7.34万元、煤炭矿山5.53万元、黑色金属矿山4.50万元、化工原料非金属矿山2.95万元、建材及其他非金属矿山2.42万元。

【矿山企业存在问题】 1. *地质勘查投入严重不足，矿山后备资源紧张*。陕西省矿产资源比较丰富，但富矿、大矿、露天矿相对较少，而贫矿、难选矿、小型矿多。经过几十年的开采，目前“浅、近、易、富”的资源大部分已采空，多数矿山已进入“深、远、难”的部位开采。目前部分主要矿种如铜、金等探明储量严重不足。小秦岭黄金主产区大多黄金矿山因资源枯竭而面临停产，全省2003年黄金矿石产量已开始明显下降。矿山后备资源不足，在很大程度上制约了陕西省矿业经济的可持续发展。地质勘查工作一方面由于地质勘查资金投入大、风险高、见效慢等原因，制约了个人及各类经济实体投资地质勘查的积极性，个人及各类经济实体勘查登记项目大多投入勘查费用不足，另一方面国家投资的地勘费捉襟见肘。因为地质勘查资金投入严重不足，加之地质找矿难度和找矿成本的增大，地勘工作日益萎缩，新增矿产资源量减少与开发消耗量增大的供求矛盾日趋突出。

2. *矿山企业规模小，产业结构不合理*。全省现有矿山企业中，有一定规模的大中型矿山企业为数甚少，仅占全省矿山总数的1.8%，绝大数的矿山企业为小型矿山，大多集体、私营小型矿山工艺、技术、设备落后，技术人员缺乏，矿产资源开发利用水平普遍较低，多以生产原矿为主，经济效益较差。在矿产资源开发过程中，采富弃贫、采易弃难、采厚弃薄，损失浪费矿产资源的现象比较严重，且严重污染了环境，也给矿政管理工作带来了很大难度。

（刘生辉　张发旺）

【西安长发铝业在陕交所挂牌上市】 2003年，陕西技术产权交易所举办新闻发布会，就《非上市科技型企业产(股)权交易细则》修订情况进行了公开说明，并就西安长发铝业有限公司在陕交所增资扩股挂牌进行了信息披露。

西安长发铝业有限责任公司主要产品为工业电解铝，目前，公司国内先进的技术预焙阳极电解铝新工艺生产高品质电解铝产品，并在近期增资500万元，用于在今后三年之内建成第二条预焙阳极电解铝生产线，新增40吨电厂备用锅炉一套，届时电解铝产量将由目前的2000吨增至4000吨，电能将满负荷运行。年利税总额将由目前的500万元增至1000万元以上。

【榆神矿区勘探出53亿吨煤炭储量】 陕西省煤田地质局在陕北侏罗纪煤田榆神矿区金鸡滩井田、曹家滩井田、马王庙三个井田共勘探出53.53亿吨的煤炭储量。

金鸡滩井田、曹家滩井田、马王庙勘查区隶属于陕西省榆林市榆阳区和神木县。其中金鸡滩井田面积为107.86平方公里，曹家滩井田面积为127.7平方公里，马王庙勘查区面积为52.8平方公里。

榆神矿区与神府煤田毗邻，位于陕西省榆林市北部和神木县西部之间，探明储量300多亿吨，详查储量160多亿吨，是目前中国探明储量最大、煤质最优、开采条件最好的大型整装煤田。这里煤炭资源丰富，煤质优良，是特低灰、特低硫、特低磷、高发热量的长焰煤、不粘煤，可用于低温干馏、工业气化和动力用煤，比较适合于液化和化工。

【工业气井勘探】 2003年，中石油长庆油田公司在陕北又打出一口日产气22.6万立方米的高产气井，在流压26兆帕的情况下，获得102.6万立方米的高产工业气流。

榆林气田是长庆油田公司2003年确定的重点探区。榆37号井是榆林气田的重点预探井，也是榆林气田勘探获得的第一口百万立方米井。这一重大成果，扩大了榆林气田的含气面积，也为西气东输工程提供了更为充裕的气源保证。

自20世纪90年代以来，中石油长庆油田公司在陕北、内蒙古先后发现靖边、榆林、苏里格、乌审旗四个探明储量超过1000亿立方米的世界级大气田，每年向北京、天津、银川、西安、石家庄等15座大中城市供气40多亿立方米，其中，榆林气田2002年生产天然气4.48亿立方米。自2003年10月1日起，长庆大气田将作为“西气东输”的先锋气区,向上海、南京等华东城市供气。

【天然气产业发展】 近几年,陕西省天然气产业发展迅速。形成了从靖边起由北向南穿越陕北全境,贯通关中东西,总投资12亿元,全长688.5公里的形输气主干线,年输气能力达到10亿立方米。

陕西省天然气管道建设将分三个阶段实施:一是“十五”期间建成靖西二线、西安至宁陕干线、西安至商州干线及宁陕至汉中支线;二是中期2006年至2015年,建设宁陕至安康支线,将关中主干线延伸至潼关,建设地下输气库;三是后期2016~2030年,建设宝鸡至汉中的管线及向邻省供气管线。

【韩城矿务局象山矿井建成投产】 年产120万吨煤炭的陕西韩城矿务局象山矿井2003年11月29日通过竣工验收,正式建成投产。

韩城矿务局原象山矿年生产能力30万吨,新井投产后,全矿年生产能力可达150万吨。

新建的象山矿井设计年生产能力120万吨,服务年限61.8年,1991年12月开工兴建,因国家建设重点转移,1999年全面缓建,2001年10月恢复开工,2003年5月投入试生产,半年来,各系统运转正常。

象山井田位于渭北煤田东北部的韩城矿区南部,西距西安287公里,西安侯马铁路由井田东南边缘通过,井田面积4平方公里。这个井田地质构造简单,煤层平缓,地质储量1.7亿吨,可采储量1.04亿吨,主要可采煤层属高发热量、低硫动力贫煤。

(中国矿业信息中心)

甘肃省

【矿产资源】 甘肃省已发现各类矿点近3000处,有用矿产145种,探明储量的有94种,居全国第一位的有镍,钴,铂族,硒,铸型粘土和饰面蛇纹等11种。特别是镍,锌,钴,铂,铱,铜,梯,重晶石,菱镁矿等15种具有开发优势。

【敦煌钒铁生产线建成】 甘肃敦煌市西部矿业发展有限责任公司年产5000吨钒铁生产线,2003年8月底建成试生产,新建的钒铁厂设计总投资9690万元,年产钒铁5000吨、五氧化二钒3000吨、露天开采钒矿石60万吨,年销售收入将达到2.5亿元,利税可达5929万元。

【铝出口基地建设】 甘肃省从比较优势出发,优先选择铝等十大产品作为突破口,建设大型出口基地。

据了解,该基地以连城铝厂、兰州铝厂、白银铝厂为龙头,联合省内其他铝加工企业形成规模效应,共同开拓海外低价位进口资源,并协商向海外出口高价位产品。基地建成后将达到进口氧化铝100万吨,出口铝锭及铝材20万吨的规模。

其他出口基地包括镍钴、铅锌铜、铁合金、机电产品、中草药及制成品、精细化工产品、高原特色农产品深加工等。

【安西县发现中型银矿】 2003年,有关部门在甘肃酒泉市安西县境内初步探明,南泉地区的白银储量达500吨,伴生黄金3吨。这是酒泉市已探明的首座中型银矿,品位达到白银650克/吨矿,可供规模开采15年。

【有色金属保有储量】 全省现已探明的有色金属、贵重金属、稀有金属矿藏20多种,有色金属保有储量达2004万吨,其中铜390万吨,铅305万吨,锌785万吨,镍454万吨,钴13.6万吨,钨42万吨,锑15万吨。

金川矿区镍钴储量举世闻名,目前拥有继俄罗斯、加拿大之后世界第三大镍矿,从找矿前景看,在深部和外围还有希望找到100万吨的镍金属储量。西成矿田铅锌保有储量已逾千万吨,远景储量将达到2000万吨,有望成为中国最大的铅锌矿田。

【金昌国家级新材料产业化基地建设启动】 经国家科技部批准的金昌国家级新材料产业化基地,2003年9月2日正式揭牌并启动建设。作为金昌国家级新材料产业化基地重要园区的兰州大学、兰州理工大学金昌高新区产业园也在同日奠基。

金昌国家级新材料产业化基地是国家“西部新材料科技行动”计划和“甘肃国家级兰、白、金有色金属新材料基地”的重要组成部分。基地建设将以科技为先导,发挥镍都资源优势,突出镍钴铜与贵金属产品的精深加工与产业化,加大无机化工、新型建筑材料及其产品的开发力度,加快产业步伐。

计划用5~10年时间,形成较强的新材料科技创新能力,新材料产业占全市工业总产值40%以上,形成以新材料产业为主导的新的经济结构。

(中国矿业信息中心)

青海省

【矿产资源】 青海是一个资源型富省,现已发现各类矿产125种，探明储量的矿种105种，其中，50种居中国前10位，钾、钠、镁、锂、溴、芒硝、石棉、化工灰岩和硅等11种居中国首位。在国家经济建设急需的45种矿产中，青海有21种列全国前10位。闻名遐迩的柴达木盆地，山川藏珍、戈壁埋矿，素有“聚宝盆”之美誉，富含石油天然气资源。其中盐湖有30多个，已探明总储量700亿吨。青海非金属矿产资源很丰富，石棉、电石用石灰石、蛇纹岩、玻璃用石英岩、冶金用石英岩的储量在全国也名列前茅。石棉储量居全国第1位。青海省柴达木盆地石油、天然气资源有较好成矿条件，盆地内共发现油田16处、气田6处。据全国第二次盆地油气资源评价结果，盆地总的石油资源有12.44亿吨，已探明2亿吨；天然气资源已探明472亿立方米。

【地质勘查】 全省基础地质调查水平逐步提高，围绕全省国民经济发展需要，按照全省矿产资源总体规划，突出优势矿种和新矿种的勘查，通过加大主要成矿区地质工作力度，8个矿产地取得重大进展，新发现矿产地6个。2003年全省共实施各类地勘项目212个，地勘投入达到1.45亿元，其中商业性地勘投入达到4800万元。

【矿产资源管理】 矿产资源管理秩序进一步好转。积极配合国土资源部协调解决了青、新两省区茫崖石棉矿矿区纠纷。按照部整顿和规范矿产资源管理秩序工作要求，在以往工作的基础上，开展了集中检查、动态巡查和专项督查等工作，全省矿产资源管理秩序进一步好转。建立了矿产资源储量评审备案管理制度，开展了钨矿、锑矿总量控制工作，建立了探矿权年度检查制度。2003年征收入库矿产资源补偿费1681万元，超额完成了国土资源部和省政府下达的征收任务。全省2003年发放采矿许可证326个，其中厅办理各类采矿登记手续157件，发证137个，全省采矿许可证总数为752个。共受理探矿权申请217个，经审查批准，颁发勘查许可证174个（包括变更、延续、保留）；受理地质调查备案申请18个，颁发地质调查证14个。

（卢海清）

【矿产勘查开发优惠政策出台】 《青海省鼓励矿产资源勘查开发的若干规定》，2003年出台。《规定》表明，凡在青投资勘查、开采矿产资源，可享受相应的免缴探矿权、采矿权等若干价款。

《规定》明确免缴价款项目主要有：投资在仅有334（E级）资源量的矿区勘查，在已开采矿区进行深部勘查，在闭坑或停采矿区勘查及在仅进行过基础地质调查的区域进行风险勘查，免缴探矿权价款；投资勘查上述以外国家出资探明矿产地，探矿权不发生转让，减缴探矿权价款的40%～60%；矿山闭坑后申请开采残余矿产资源，在已开采过的区域申请复采残余资源，免缴采矿权价款；已取得采矿权未缴纳价款的矿山企业，采矿许可证有效期届满进行延续登记时，采矿权不发生转让条件下，资源接近枯竭的（矿山服务年限不足3年），免缴采矿权价款；因自然灾害等不可抗力，导致缴纳采矿权价款确有困难的，免缴采矿权价款。

这次推出的新政策，还凸现了运用新技术、新工艺及大区域开发可享受的优惠。投资勘查、开采矿产资源，大中型矿山企业为寻找接替资源申请勘查的，免缴探矿权使用费3年；运用新技术、新方法开采低品位、难选冶矿产资源及开采利用尾矿的，免缴采矿权使用费3年；矿区范围大于100平方公里的盐湖矿山企业，减缴采矿权使用费的70%。投资开采矿产资源，开采回收矿产资源主矿种之外的共、伴生矿产的，共、伴生矿产的矿产资源补偿费可申请免缴5年；采用先进技术开采省内现有技术难以开发利用的矿产资源，可申请免缴矿产资源补偿费；采用本省尚未使用的先进技术开采回收矿产资源共、伴生矿产的，可免缴共、伴生矿产的矿产资源补偿费；利用尾矿的，免缴矿产资源补偿费。

此外，《规定》提出，投资者依法取得采矿权后，用于探明可供开采矿床的地质勘查费用，取得矿业权所缴纳的探矿权、采矿权价款，以转让方式取得的探矿权、采矿权转让费，均可在开采阶段分期摊销。应缴矿业权价款在50万元以上的可分期缴纳。首期缴纳应缴价款的10%～30%，其余在勘查或采矿许可证有效期内或转让之前分期缴清。

【有色地勘局与西藏华钰公司合作开发铅锌矿】 青海省有色地勘局八队与西藏华钰矿业开发公司，2003年达成了联合勘探开发西藏昌都地区类乌齐县斜道峡铅锌矿的协议。

该矿是青海有色八队经过地质工作新发现的一处铅锌矿产地，找矿前景十分广阔。青海有色八队以往年在该区投入的地勘费用和取得的地质成果作为股份，西藏华钰公司从2003年起新追加的地勘投入和发现的地质成果作为股份，分别享受权益和承担风险，矿区探矿权继续归八队所有。

【锂镁资源开发】 2003年，参与青海柴达木盆地锂、镁资源开发的中信国安公司、青海天际稀有元素科技开发公司、青海锂业有限公司3家公司项目工艺性实验已取得实质性突破，工作进展顺利。

中信国安公司同青海格尔木昆仑机械集团公司合作

开发东台吉乃尔湖锂镁资源，总投资17亿元，建设规模为年产碳酸锂3万吨、硫酸钾30万吨、硼酸2万吨，首期建设年产500吨碳酸锂、1万吨硫酸钾和400吨硼酸试验性生产线。目前已完成投资5500万元，分别在东台和加尔苏建设盐田、初产品和精产品加工车间，东台车间建设完成已进入试生产。

青海天际稀有元素科技开发公司提锂工业性试验取得圆满成功，与青海盐湖集团签订合作协议，完成项目选址工作。800吨生产规模的先导试验厂设计工作已全面开始，大部分设计已于2002年底前完成，其余子项目的设计及主要生产系统标准设备采购工作在2003年4月底前完成。800吨先导试验厂建设资金约2200万美元已基本到位，后期建设资金由台商以及澳大利亚、加拿大等外商股东组成，正在筹资当中。

青海锂业公司开发东台吉乃尔湖锂资源，建设年产碳酸锂3000吨、硫酸钾25000吨和硼酸2500吨生产线，项目总投资3.2亿元。引水、引气等项目辅助设施工程设计建设已完成，车间建设工程在实施之中，已完成投资5000万元，所需资金全部到位，建设期3年。

【百万吨钾肥工程试车成功】 西部大开发首批十大工程中惟一产业化项目、青海百万吨钾肥工程，经过青海盐湖集团公司的精心组织实施和施工单位2年多的紧张建设，近日初步建成，开始投料试车，并生产出合格产品。

该项目工程概算投资近25.8586亿元，采用由盐湖集团公司自主开发的反浮选－冷结晶工艺技术。按照高起点、高标准，一步建成世界一流同类装置的指导思想，该集团对主要工艺设备进行了国际招标采购，整个工程体现了工艺系统紧凑、以物料自流实现节能和以高度自控减少用工的设计思想。百万吨钾肥工程由前系统工程、加工厂工程和公用工程组成。前系统工程包括大型采卤渠工程，88平方公里钠盐池和光卤石池工程，80公里大型输卤渠工程，近50公里大型老卤排放渠工程和24座大型泵站等单项工程；加工厂工程由光卤石采收工程和主厂房工程组成；公用工程包括铁路专用线工程、综合办公楼工程、供电工程及其他相关配套工程。整个工程战线长达150多公里，仅前系统工程就完成土方量近2000万立方米。

工程于2000年5月开工，2002年5月份投入采输和盐田生产，至今已采输原卤1.5亿立方，向光卤石池灌入成矿卤水6000多万立方米，各光卤石池长成可采光卤石原矿近500万吨。2003年9月底完成土建和设备安装，国庆节期间开始设备单机试车、联动试车，2003年10月20日开始投料试车，于2003年10月26日生产出品位93%以上的合格氯化钾产品。

【涩北大气田年产销10亿立方米】 截至2002年12月1日，青海涩北气田2003年累计销售天然气超过10亿立方米，跨入全国年生产、销售10亿立方米的大气田行列。

涩北气田开发8年来，销售量逐年大幅增长，2000年为2.6亿立方米，2002年达8.3亿立方米，2003年有望销售11亿立方米以上。同时，天然气生产单位成本、单位输气成本比2002年大幅降低，生产量、销售量和经济效益将创历史最好水平。

涩北气田从1995年开发以来，青海油田分公司充分利用其资源优势，把天然气下游市场开发作为龙头，以市场促开发，以涩北气田为中心，相继建成了涩(北)－格(尔木)、涩(北)－(西)宁－兰(州)等四条年输气能力达33亿立方米的管道，覆盖了甘肃、青海两省的四市八县，为涩北气田大规模开发奠定了基础。

涩北气田已形成产、输、销快速发展的一体化格局，成为一个初具规模的天然气生产开发基地，拥有5个集气站，气井89口，产能达到12亿立方米以上，日生产能力达370万立方米，保证了向下游用户平稳输气。

【柴达木天然气开发】 随着勘探技术和钻采工艺的提高，柴达木盆地天然气储量不断被探明和控制，已成为中国天然气的主要富集区，开发前景广阔。

柴达木天然气预测资源储量约2.5万亿立方米。截至2003年，青海油田已探明天然气储量2504亿立方米，控制685亿立方米。

除天然气丰富外，柴达木盆地天然气纯度极高，甲烷含量达99.6%，而且气体干燥，不含硫，外输时基本不需处理，适宜用作化工原料、发电及民用燃料。按照目前天然气探明地质储量状况，柴达木盆地可建成65亿立方米的年产规模，并可稳产30年以上。丰富的储量、良好的气质和广阔的开采前景，已使柴达木跻身于中国四大气田行列。青海油田已建成4条输气管线，年输气量达30亿立方米。

(中国矿业信息中心)

宁夏回族自治区

【矿产资源】 截至2003年，宁夏已发现的矿种(包括亚矿种)49种，已探明矿产资源储量的矿种(含亚矿种)有32种，其中：能源矿产4种，金属矿产4种，非金属矿产22种，水气矿产2种。从矿产结构看，全区非金属矿产种类较多。全区累计探明矿产地185处，其中能源矿产70处，金属矿产13处，非金属矿产47处，水矿产55处。按矿产规模来分：大型的46处，中型的64处，小型及零星分散75处。

宁夏回族自治区查明矿产资源总量列全国前十位的矿产有7种，其中能源矿产：煤排列第6位；金属矿产：镁排列第10位；非金属矿产：建筑用辉绿岩、水泥配料用板岩排列第3位，石膏排列第6位，冶金用砂、砖瓦用粘土排列7位。

宁夏保有矿产资源储量潜在价值（未包括矿泉水）17459.08亿元，潜在总值比2002年度增加24.48亿元。

【地勘单位情况】 截至2003年全区取得地质勘查资格的单位共有24家，开展地质勘查工作的单位有长庆物探处、核工业二一七大队、宁夏煤田地质局、西北有色宁夏总队、建材宁夏总队、宁夏矿产地质调查所、宁夏地球物理地球化学勘查院、宁夏地质工程勘察院、宁夏地质调查院、宁夏矿业开发公司、宁夏地矿中心实验室、宁夏遥测院、宁夏黄金地质勘探队、宁夏恒运达综合实业有限责任公司、宁夏地震工程研究院、宁夏区公路勘测设计院。地勘行业从业人员在册人数为10329人，在岗人数为5771，离退体人员为4558人。

地勘行业资产总额69657.08万元，总负债47660.16万元。完成货币工作量62548.12万元。

【矿产资源勘查】 1. 勘查登记。本年度受理探矿权申请63个，颁发矿产资源勘查许可证38个，注销勘查许可证6个，不予登记发证14个。其中，新立项目23个，变更1个，延续项目10个，保留项目4个。从勘查矿种分，煤炭10个，有色金属8个，贵金属6个，非金属9个，水气5个；按项目的工作阶段分普查项目28个，占项目总数的73.68%，详查项目4个，占项目总数10.53%，勘探项目6个，占项目总数15.79%；按项目承担的勘查单位所属部门分地矿18个，煤田2个，建材1个，地调院3个，其他14个。

2. 勘查投入。2003年地质勘查投入27435.05万元。其中，国拨地勘费投入327.00万元，地方财政资金170.00万元，资源补偿费269.59万元，社会资金1742.34万元，其他资金24731.12万元。完成主要实物工作量钻探38155.88米，槽探8230.00立方米，坑探1129.00米。完成地质勘查项目47项。其中，按工作阶段分：矿产勘探7项，矿产详查12项，矿产普查10项，地质调查、评价、区域地质调查等18项。资金投入主要集中在石油天然气，约占资金投入的89.87%。非油气投入资金2779.05万元，其中能源矿产投入452.00万元，金属矿产投入616.59万元、非金属矿产投入139.99万元、地下水勘查、环境地质、灾害地质1414.47万元。基础地质、矿产调查评价投入等156.00万元。

【矿产资源开发利用】 2003年，全区共颁发采矿许可证834个，其中能源矿产92个，金属矿产17个，非金属矿产722个，矿泉水3个。2003年共受理采矿权112个，其中新建矿发证12个，划定矿区范围20个，转让审批6个，变更登记22个，延续登记49个。

全区已探明矿产储量的矿种32种，开发利用的18种，占56.25%。分别是煤、石油、天然气，冶镁白云岩，冶金用石英岩、电石用灰岩、石膏、水泥灰岩、玻璃用白云岩、玻璃用砂岩、水泥配料用砂岩、玻璃用砂、砖瓦用粘土、水泥配料用粘土、陶瓷土、耐火粘土、地下水、矿泉水（贺兰石未列入统计）。年产矿石量3403.695万吨，矿业总产值259448.25万元，综合利用产值2228.10万元，利润总额22429.16万元，税金总额13654.51万元，矿产品销售收入267787.70万元。

【矿业总产值】 2003年宁夏回族自治区矿业总产值（当年价）724890万元，比2002年增加227359万元，增长45.70%。其中煤炭采选业增长63.2%，石油天然气开采业增长32.00%。在矿业总产值中，煤炭采选业占49.95%，比2002年增加5.36个百分点，石油天然气开采业占50.05%，比2002年减少5.21个百分点。相关产业产值（当年价）1826739万元，比2002年增加455226万元，增长率达33.19%。在相关产业产值中，除金属制品业有 - 52.38%增长率外，其他增加幅度较大。

2003年宁夏工业总产值4714293万元，矿业及相关产业总产值2551629万元，矿业及相关产业产值占宁夏工业总产值54.13%，比2002年增长了3.89个百分点。其中矿业总产值占工业总产值15.38%，比2002年增加2.01个百分点；矿业相关产业产值占工业总产值38.75%，比2002年增长了1.88个百分点。

从业人数：现有在册矿山企业834户，从业人员71521人。

【矿山环境存在问题】 宁夏煤炭资源开采具有悠久的历史，开发利用矿产资源，既创造大量的财富，也对环境带来不良影响，甚至造成环境破坏。截至2003年，已经形成13个采煤塌陷区，累计塌陷面积达36平方公里。因采矿历年破坏土地面积10754公顷（其中：草地48.53公顷，林地2公顷，耕地542公顷，其他类型地10161公顷），堆排放废渣、废水污染土地面积49840.8公顷；贺兰山东麓镇北堡矿区是银川市建筑用砂集中开采区，以每年35公顷（500余亩）的速度在增加着土地破坏面积。

【矿山环境恢复治理】 2003年实施矿区土地整理项目2个，即盐池县冯记沟煤矿塌陷区土地复垦和银川市镇北堡采砂区土地复垦。矿区土地复垦面积240公顷(冯记沟133公顷、镇北堡107公顷)，本年投资300万元(冯记沟200万元、镇北堡100万元)。

(仲玉善)

新疆维吾尔自治区

【矿产资源】 截至2003年底，全区发现矿种138种，查明有资源量的矿种79种(亚种98种)。其中：能源矿产5种，金属矿产27种(亚种28种)，非金属矿产45种(亚种63种)，地下水2种。

截至2003年底，查明资源储量的矿产地949处(不含石油、天然气、铀、水气矿产)，较2002年增加44处；有新增查明资源储量的矿种主要为：煤、石油、天然气、铁、铬、钴、铂、钯、金、银、钾盐、镁盐、石棉、石灰岩；累计探明天然气地质储量9830亿立方米，居全国陆上天然气地质储量首位；累计探明石油地质储量25.90亿吨，居全国陆上石油地质储量第二位。

初步完成了自治区地质资料的清理工作，全区地质勘察单位共补交地质资料702种。截至2003年底，全区共有馆藏地质资料6683种。确定了自治区馆藏地质资料的保护清单和保密范围，建立了地质资料公开利用制度。

【矿产资源管理】 2003年矿产资源管理职能进一步加强，促进了矿山企业健康发展。一是按照自治区国土资源厅《关于加强兵团国土资源局矿产资源管理工作意见的函》，积极开展了矿管基础性工作。二是财政部恢复了兵团矿产资源补偿费保护项目的立项申请，批准项目6个，并补助了经费。三是经与自治区有关部门协调，获得自治区矿产资源补偿费项目4个，解决矿产资源管理经费40万元，已列入自治区财政预算。四是引导企业积极参与矿业权市场建设，协助一些煤矿做好采矿权变更、延续及采矿许可证的保留、恢复工作。协助天发公司取得了原达丰公司新建煤矿的《采矿许可证》，解决了农十二师五一农场煤矿《采矿许可证》延续问题。五是配合国土资源部和新疆维吾尔自治区国土资源厅解决了农二师三十六团石棉矿与青海芒崖石棉矿矿界纠纷、农十师煤矿与和丰县煤矿探矿权纠纷，依法维护了兵团矿山企业的权益。

【矿产资源开发利用】 2003年，全区共有矿山企业2795个，从业人员16.78万人，开发利用的矿产89种，实现矿业总产值366.10亿元，占全区工业总产值的27.5%，为上年矿业总产值的119.8%。其中：石油天然气产值325.77亿元，占全区矿业总产值的89%，为上年的121.6%；非油气矿产产值40.33亿元，占全区矿业总产值的11%，为上年的107.2%，见表1。

表1 2003年全区非油气大宗矿产开发利用情况

矿种名称	矿山企业数(个)	年产量(矿石万吨)	年矿业产值(万元)	矿业产值占全区非油气矿业产值的比重
煤矿	612	2829.83	228340.86	56.37
铁矿	94	299.77	31936.56	7.92
镍矿	15	47.96	17798.80	4.41
金矿	93	81.76	25545.42	6.33
湖盐	21	89.70	8941.19	2.22
石棉	4	234.2	5324.20	1.32
水泥用灰岩	116	539.74	11498.54	2.85
建筑用砂	339	1003.70	10263.08	2.54
砖瓦用粘土	947	1171.52	38119.58	9.45
饰面用花岗岩	58	23.20	5896.59	1.46

2003年，全区石油产量2141.4万吨，较上年增长5.2%；天然气产量50.3亿立方米，较上年增长8.2%；固体矿石产量6813.87万吨，较上年增长1.3%。其中金矿石81.76万吨，产黄金15.48万两，黄金产量居全国第十三位。

2003年，全区矿产品进出口贸易总额12635.2万美元，占全区进出口贸易总额的2.6%。

2003年，全区与世界20多个国家和地区保持有矿产品贸易往来，进出口的矿产品种主要有：煤、焦炭、石油提取的油类、沥青、铬矿砂、石英砂、膨润土、红柱石、白垩、重晶石、天然石墨、大理石、花岗岩、石灰岩产品等。

【矿产资源管理秩序治理整顿】 在“矿产资源管理秩序治理整顿回头看”工作中，对巴音郭楞蒙古自治州、吐鲁番地区、哈密地区、塔城地区、阿克苏地区、克拉玛依市及所辖20个县(市、区)的治理整顿和规范矿产资源管理秩序工作进行了全面督查和检查验收。

2003年，全区已有13个地州市开展了采矿权市场的建设工作。

通过对矿山企业年检，全区共查处无证开采矿山

28个，取缔非法采矿28个，吊销采矿许可证29个，注销采矿许可证103个，发现侵权越界矿山13个，破坏、浪费资源的矿山4个，停产整顿矿山123个，限期整改矿山129个，追缴矿产资源补偿费64.20万元，罚没款10.80万元。

保护探矿权人的合法权益，本着谁出资、谁收益的原则，鼓励企事业单位和个人对矿产资源进行风险勘查。新制定了《自治区探矿权采矿权使用费和价款收取使用管理办法》、《关于煤矿办理采矿权许可证及价款处置有关问题的通知》等规范性文件。

【矿业权管理与矿业权市场】 2003年度，全区共批准非油气地质勘查许可证611个，批准登记面积10466平方公里。按经济类型分：国有企事业单位452个，集体企业5个，有限责任公司76个，股份有限公司67个，私营企业11个。

2003年度，全区共批准有效采矿许可证2403个，批准采矿登记面积2038平方公里。其中省级发证1659个，批准采矿登记面积1900平方公里；地州市、县(市)级发证744个，批准采矿登记面积138平方公里。采矿许可证按矿种分：能源矿产665个，黑色金属矿产151个，有色金属矿产88个，贵金属矿产129个，稀有、稀散、稀土矿产29个，非金属矿产1341个。

2003年12月28日，自治区首次规模发布矿产资源勘查开发招商引资公告。此次决定向社会公开出让的一批具备进一步勘查和开发条件的探矿权、采矿权共计31宗。其中：煤矿9宗，铁矿7宗，铜矿6宗，金矿3宗，多金属矿2宗，铌钽矿1宗，菱镁矿1宗，钾盐矿2宗。

2003年度，全区出让探矿权17宗，合同金额156.85万元；转让探矿权1宗，合同金额7万元。

2003年度，全区出让采矿权17宗，合同金额2610.81万元；转让采矿权17宗，合同金额1844.32万元。

新疆优越的成矿地质条件和良好的矿业投资环境，增强了外商和内地投资商开发新疆的信心。2003年，全区与外商、港商洽谈合作勘查开发矿产资源项目6个，协议引资2.35亿元(人民币)；与区外有关单位合作勘查开发矿产资源项目7个，协议引资18.19亿元。

【矿产资源补偿费征收情况】 2003年，自治区各级国土资源管理部门切实加强矿产资源补偿费征缴工作，加大了对重点矿区、重点矿种的征收力度，全区共征收入库矿产资源补偿费2.5亿元，超额完成了国土资源部下达1.2亿元的征收任务。在征收的矿产资源补偿费中：自治区国土资源厅本级征收23317万元，地州市级国土资源管理部门征收1683万元。

【地质勘查队伍】 截至2003年底，自治区地质勘查行业共有从事地质勘查的单位74家，从业人员2.55万人，主要分属于石油、地矿、有色、煤炭、核工业、建材、武警黄金、冶金等部门。其中从事非油气地质勘查的单位68个，从业人员1.19万人。属地化单位的新疆地质矿产勘查开发局、新疆有色地质勘查局、新疆煤田地质局所属勘查从业人员占全区从事非油气地质勘查总人数的88.2%。

【地质勘查投入及成果】 2003年，全区共计投入国土资源和地质勘查资金67.93亿元，较上年增长25.8%。其中：石油天然气勘查投入(企业单位自筹)64.97亿元，较上年增长24.9%；国土资源调查和非油气地质勘查投入2.96亿元，较上年增长28.1%。增长的主要因素是自治区财政专项拨款的1.5万区域地质调查工作启动，实际完成费用0.32亿元，见表2。

表2　　2003年自治区实施的地质勘查重点项目情况

资金来源	工作地区	项目名称	项目承担单位	取得的主要成果
自治区矿产资源补偿费项目	博州	温泉县北达巴特铜矿普查	新疆有色地质勘察院	新发现了钼矿体，通过工作有望成为斑岩型大型铜矿
	吐鲁番地区	吐鲁番市七泉湖矿区东部找煤	新疆煤田地质局一五六队	在第三、第四第覆盖层下新发现煤层，预计提交(334)煤炭资源量约5000万吨
	哈密地区	哈密市大南湖煤矿地质普查	新疆煤田地质局	基本查明了矿区的构造形态，探明煤总资源量(332+333)734675万吨，可满足年产300万吨以上矿井建设的要求
	阿勒泰地区	富蕴县	喀拉通克铜镍二号西段洋查	新疆喀拉通克铜镍矿通过工作，初步计算铜镍石量306万吨

续表 2

资金来源	工作地区	项目名称	项目承担单位	取得的主要成果
	塔城地区	托里县哈图金矿齐Ⅰ金矿区西部及深部普查	新疆有色金属公司金铬矿业有限责任公司	圈定(333+334)金属量3.3吨
国家矿产资源补偿费项目	巴州	和硕县包尔图铜矿普查	新疆地矿第三质大队	整个矿区共估算(333+3341)铜资源金属量4.91万吨
		库尔勒－焉耆县	芒拉克艾肯红柱石矿普查－详查	新疆地质调查院共探求(3341)红柱石矿物资源量6350万吨
	阿克苏地区	拜城县梅斯布拉克找煤	新疆煤田地质局综合队	发现稀缺煤种主焦煤焦煤资源量(333+333+334)约7820万吨
	吐鲁番地区	托克逊县克尔碱潘吉塔格煤炭详查	新疆煤田地质局一五六队	为良好的动力及民用煤，预计提交(332+333)煤资源量15000万吨
自治区中央专项资金项目	阿勒泰	富蕴县索尔库都克铜矿详查	新疆地质局第二区域地质调查大队	探明(332+333+334)铜资源量33万吨，本次工作估算332铜资源量6万吨
	富蕴县	可可塔勒铅锌矿床4－39线详查	新疆有色地勘局七〇六队	初步估算资源量(332+3330：铅锌金属量54.51万吨，锌37.25万吨
	和田地区	民丰县黄岭锑矿普查	新疆地矿局第一区域地质调查大队	新发现6处锑矿集中地段，在工区以外以及野马滩北均已发现含锑石英脉和辉锑矿脉
	和田县	布雅煤矿区南部普查	新疆煤田地质局一五六队	探求(333+334)煤资源量5313万吨，规模达中型
	吐鲁番地区	鄯县红石金矿普查	新疆地矿局第一地质大队	初步估算金矿床规模有望达到中型

2003年，全区非油气地质勘查开展工作的矿种有20多个，主要矿种有：煤、铀、铁、锰、铜、镍、铅、锌、金、银、红柱石、沸石、钾盐、建筑用花岗岩、地下水等。

在2003年非油气地质勘查投入中：自治区矿产资源补偿费安排地质勘查项目62项，资金4375万元。安排勘查的矿种主要有：煤、铁、铜、铅锌、金、银、多金属、蛭石等。

石油、天然气地质勘查成果显著：在准噶尔盆地南缘霍尔果斯背斜获得油气勘查重大突破；在塔里木盆地新发现依拉克区块；通过进一步工作，准噶尔盆地石南21井区、塔里木盆地哈得4油田、吐哈盆地神泉油田等14个油、气田(井)取得重大进展。

非油气地质勘查取得进展：新发现有进一步工作价值的矿产地14处。其中：煤矿1处，铜镍矿4处，铅锌矿1处，金矿3处，银矿1处，红柱石矿1处，膨润土矿1处，地下水源地2处。通过进一步工作，哈密市大南湖煤矿、富蕴县蒙库铁矿东段10－22号矿体等7个矿区取得较大进展。

地下水勘查取得重大成果：在罗布泊钾盐矿圈定一处水源地，计日开采量1536立方米；在哈密土屋铜矿圈定了一处水源地，预计日开采量1373立方米。

【地质环境管理与地质灾害防治】 截至2003年底，全区建有地质环境监测院1个，地质环境监测站7个(本年度新建伊犁哈萨克自治州地质环境监测站)，主要对地下水水位、水量、水质、水温、滑坡、气象、水面蒸发、中子水分仪、负压仪、地温、潜水蒸发、潜水入渗12个项目进行监测，监测区涉及22个县级行政区，控制面积13239平方公里，获取有关数据57150组，提交地质环境监测报告3份，发布地下水水情通报等各类简报26份。

截至2003年，已完成19个县(市)的地质灾害调查工作，为自治区开展地质灾害减灾防灾工作提供了科学依据。其中本年度开展了“新疆伊犁地区地质灾害应急调查与处置”、“阿尔泰市、哈巴河县地质灾害调查与区划”工作，完成地质灾害调查面积45637平方公里，调查路线13152公里，发现地质灾害隐患点506个，建立地质灾害群测群防监测点315个，制定地质灾害隐患点防灾预案278份。

2003年成功预报地质灾害10起，避免人员伤亡125人，减少直接经济损失159万元。

2003年，全区共发现地质灾害50起，造成23人死亡(失踪)，4人受伤，是自1998年以来死亡人数最多的一年，直接经济损失2252万元。

伊犁地区在4~6月春夏融雪、连续降雨作用下诱发的7起滑坡、泥石流灾害就造成22人死亡(失踪)、4人受伤。按灾害类型分：滑坡26起，崩塌5起，泥石流15起，地面塌陷4起。

【矿山企业的地质环境保护】 2003年全区利用矿产资源补偿费安排矿产资源保护项目23个，投资4419万元。中石油新疆油田分公司在矿区植树造林，成效显著，被国土资源部和中央电视台作为新疆“绿色矿山”建设的典型，收录在专题片《绿色矿山》中，向全国进行宣传；伊宁阿希金矿近年来投资100多万元用于矿山污水和尾矿处理设施建设；富蕴县喀拉通克铜镍矿累计投资112万元在废弃的矿区植树，绿化面积2万多平方米。

自治区由国家投资的第一个矿山环境恢复治理示范工程“乌鲁木齐市六道湾煤矿塌陷区环境恢复治理”项目已完成前期地质勘查工作。

继2002年开展奇台县硅化木地质遗迹保护项目后，经过野外调查、专家论证，自治区申报的“奇台县硅化木-恐龙国家地质公园”和“布尔津县喀纳斯湖国家地质公园”已经国土资源部批准建立，实现了新疆国家级地质公园零的突破。

(伟超　志敏　晴川)

【与澳大利亚矿业公司合作勘查开发金矿】 2003年，新疆维吾尔自治区人民政府国家305项目办公室将与澳大利亚诚信矿业公司合作，对新疆伊犁金山-京西金矿带进行黄金勘查与开发，中外双方已正式签署合作合同。在沉寂了近两年后，国外大额投资勘查资金再次对该金矿带产生兴趣，迎来新一轮勘查开发热潮。

从1997年开始，新疆维吾尔自治区人民政府国家305项目办公室联合新疆地矿局第一区域地质调查大队，与澳大利亚西部资源公司(WMC)在伊犁吐拉苏地区约700平方公里的范围内开展金矿风险地质勘查，初步确定了金山-京希-伊尔曼德为低品位、难选冶金矿床成矿带，预计金矿储量40~60吨。由于金矿规模未达到期望水平100吨以上，澳方停止了第二阶段的勘查开发。根据双方协议，前期所有勘查成果归中方所有。

2002年，澳大利亚诚信矿业公司向中方提出联合开发金山-京希金矿带的意向，双方多次接洽并实地考察后，于2003年2月签署了“金山勘查区勘查及开发项目的纲领协议”，并于4月22日正式签署了合作合同。

据新疆维吾尔自治区人民政府国家305项目办公室副主任王金良介绍，2003年6月底前将在乌鲁木齐市成立中外合作新疆金川矿业有限公司，进一步在新疆伊宁县吐拉苏地区金山-京希成矿带进行以金矿为主的风险地质勘查。根据合同，公司注册资本150万美元，中方权益49%，澳方权益51%。计划第一期投资220万美元，全部由澳方投入。

若项目顺利实施，澳方在风险地质勘探与可行性研究阶段的总投入可达到450万美元。澳风险勘查合作区范围约97平方公里，相当于38个基本单位区块。合作勘查以浅成低温热液型、低品位、大矿量金矿为主要目标。目前，中方正在办理中外合作企业注册登记手续。

澳大利亚诚信矿业有限公司是一家以矿业勘查与开发为主的投资公司，旗下有矿业(资源)上市公司5家，控股矿业上市公司2家，在澳大利亚有很大的影响力。该公司下属的Sally Malay矿业公司生产的镍精矿全部卖到中国金川镍矿公司。为促进新疆金川矿业公司的成立和运行，该公司于2003年3月7日成立了诚信矿业(新疆)有限公司专门从事金川项目的运作。

【吐鲁番市国土资源局首次挂牌出让采矿权】 2003年，新疆吐鲁番市国土资源局首次成功挂牌出让两宗建筑砂石料采矿权。出让面积分别为0.42平方公里和0.46平方公里，矿石储量为196.74万立方米和202.66万立方米，出让年限为5年，出让底价分别为26万元和30万元。此次挂牌出让共有7家单位参加了现场竞价。经过35轮激烈竞争，最后吐鲁番市私营业主高恒如和王宏分别以280万元和150万元竞得。

【昌吉州吉木萨尔县发现大型煤田】 昌吉州吉木萨尔县五彩湾以西发现一个新疆最大的煤田。据勘测，该处煤炭储量达2600亿吨，煤层厚度60米，中间无夹矸，煤层纯净，储存稳定，煤质属优质不粘结煤(无烟煤)和长焰煤(优质工业用煤)。

【准噶尔盆地油气勘探获重大突破】 2003年，中国石化集团公司西部新区勘探指挥部在准噶尔盆地的庄一井正式投入试采，这标志着该集团公司在西部新区的油气勘探取得重大突破。

中国石油化工股份有限责任公司在新疆成立了西部新区勘探指挥部，其主要任务是负责对中石化在准噶尔、塔里木盆地和河西走廊新登记的总面积为22万平方公里的48个矿权区块进行勘探，实现规划目标。

一年多来，西部新区勘探指挥部取得了准噶尔盆地腹部地区油气勘探的重大突破，在多套地质层系发现油气层或获得工业油气流；在沙窝地构造沙一井下侏罗统三工河组发现厚油层，展现了准噶尔盆地中部1区块亿吨级储量规模的雏形；在塔里木中部地区、孔雀河斜坡和巴楚等6个探区获得了新进展。

庄一井是西部新区勘探指挥部在准噶尔盆地部署的一口重要预探井，设计井深为4906米。该井于2002年5月22日完钻，6月17日完井，经过多次测试，获得日产原油24吨、天然气4000立方米的成果。

【塔里木探明石油地质储量】 塔里木石油会战以来的14年中，塔里木累计探明石油地质储量3.5亿吨，三级储量6.5亿吨；探明天然气地质储量6448亿立方米，三级储量1.28万亿立方米，可确保西气东输工程年输天然气180亿立方米，稳定供气30年。

塔里木油田已累计探明27个油气田，累计探明油气储量当量8.6亿吨，三级储量当量16.7亿吨。

【塔里木新发现亿吨级油气田】 正在钻探的塔里木依拉克地区，初步证实是一座亿吨级储量规模的油气田，预测石油地质储量7942.7万吨，天然气地质储量1001.6亿立方米。

依拉克位于塔里木盆地北部的温宿县境内，是寻找石油天然气资源的有利区域。地质资料显示，此地可能含油气面积为113平方公里，可能油气层厚度为300米。2003年8月13日，塔里木油田公司在依拉克地区打成一口深度6394米的重点探井——乌参1井，发现多套油气层。11月17日对主力油气层进行测试，日产轻质油173.3立方米、天然气19.6万立方米，从而证实乌参1井所在的依拉克地区，是一座面积大、油层厚、压力高、具有亿吨级储量规模的油气田。

新疆塔里木盆地蕴藏着107亿吨石油资源和8.4万亿立方米天然气资源。到2002年底，塔里木油田公司累计探明27座油气田，探明石油地质储量近4亿吨、天然气地质储量6448亿立方米，成为全国陆上第六大石油产区，预计2003年原油产量将超过520万吨。

【塔河油田新增110万吨产能项目投产】 新疆塔河油田新增110万吨原油产能项目近日建成投产。今后，塔河油田每年将有80万吨原油通过铁路外运，220万吨原油通过输油管线输入塔里木石油化工厂。

塔河油田是中石化西北分公司在塔里木盆地发现的超亿吨级油田，目前探明储量3亿多吨，预测储量近10亿吨。

2003年以来，西北石油局完成油气勘探项目投资17亿元，探明3级地质储油4.67亿吨油当量，使塔河油田新增产能58万吨，原油年产量达到300万吨。

【西北地区焦煤生产基地开工建设】 由新疆国际实业股份有限公司投资6.8亿元建设的拜城县百万吨煤焦化产业出口基地项目奠基仪式，2003年在拜城县隆重举行。

位于天山南麓的拜城县是新疆三个百万吨产煤大县之一，全县煤炭已探明储量为11亿吨，远景储量53亿吨。

拜城百万吨煤焦化产业出口基地项目总投资为6.8亿元，分三期建设形成年产150万吨煤焦炭的规模。一期工程总投资1.5亿元，采用国内最先进的机焦生产线，将在2004年年底前建成一条年产50万吨的机焦生产线，预计可给拜城县年新增工业产值3亿元，创造税收效益3000万元；第二期工程计划在2005年开工，2006年达到年产100万吨优质焦炭的规模；三期工程计划2006年开工，2007年全部投产后，生产能力达到年产150万吨的水平，成为西北地区最大的焦煤生产基地。

年产150万吨的煤焦化项目全部投产后，原煤需求量保守估计将达到240万吨，而拜城县的原煤年产量为150万吨左右。为此，该县将通过技术改造和新建焦煤生产矿井等方式，逐步增加炼焦煤的开采量，力争在3年内使全县的原煤产量达到年产量350万吨的规模。据了解，该项目全部投产后，将实现产值15亿元，年创利税2.6亿元，创汇1.9亿美元，增加就业岗位2000多个。

（中国矿业信息中心）

云南驰宏锌锗股份有限公司

【概况】 云南驰宏锌锗股份有限公司是集采、选、冶、科研为一体,主要从事铅、锌、锗系列产品的生产与销售。锗产量和质量居全国之首,被列入云南省"用高新技术改造传统产业、重点支持八大产业"中的5个重点企业之一,现综合年生产能力为铅锌产量8万吨、锗产品10吨、硫酸6.4万吨。

2003年,驰宏公司以加快公司发展为第一要务,迎难而上,开拓创新,克服了资金严重缺乏、原材燃料价格大幅上涨、电价上涨、电力供给严重不足,电锌产品价格持续低迷、生产与基建交叉"四大困难",实现了公司核准上市、生产产量大幅度增加,主要技术经济指标显著提高、经营效果显著"四大目标",保持了生产持续、稳定、快速发展。

经过这几年的不懈努力,驰宏公司上市于2003年4月15日顺利通过中国证监会发审委的核准。"深部资源综合开发利用锌冶炼环保节能项目可行性研究报告"于11月获国家发改委(发改工业[2003]1430号文)正式批复建设。2004年4月20日"驰宏锌锗"股票在上海交易所上市。

粗铅完成24613吨,比2002年增产285吨;总锌完成64232吨,比2002年增产791吨;锗产量完成9266千克,比2002年增产423千克;硫酸完成60294吨,比2002年增产7425吨。铅、锌冶炼总回收率分别比年计划提高0.53和0.99个百分点;铅锌湿法直收率分别比年计划提高2.72和1.11个百分点。2003年公司克服了钢材、丹宁酸、电、煤焦等各种原材燃料涨价因素,可比产品总成本比2002年同期降低513万元;实现工业总产值61169万元,实现利润总额4353万元。

公司2003年申报科技成果6项,其中《高氟氯、富锗锌矿生产优质锌的工艺研究及工业生产》获云南省科技进步三等奖。

【矿山采、选扩建工程】 矿山采、选扩建工程进展顺利,由于组织到位,措施得力,矿山主体工程1号竖井861米、2号竖井541米,自2002年开工以来,月成井一直保持在70米左右,有三个取得突破百米的好成绩,并以日成井7.9米和月成井140.6米的优异成绩打破了冶金行业成井的历史记录,两条竖井经过1年多的建设,分别于2003年9月和11月完成掘砌任务。

【管理工作】 面对主产品价格低迷,原材燃料价格上涨、电量供应不足和繁重的生产与基建任务,驰宏公司站在发展的高度,采取了扎实有效的工作措施:

1. 组织4期副科级以上干部脱产学习培训。以学习党的十六大精神,学习"三个代表"重要思想为主线,以"发展要有新思路,改革要有新突破,开放要有新局面,工作要有新举措"的"四新"要求。提出了"过紧日子,求快速发展,挖一切潜力,增最大效益"的指导思想,使广大干部提高了认识,统一了思想。

2. 以市场为导向,收入以经济效益相结合。为充分发挥好内部经济责任制功能,有效地调动一切积极因素,2003年公司把主要生产指标与生产单位负责人紧密挂钩,加强了对职能处室的考核,能量化的尽力量化考核,把职能处室的浮动工资与主体生产单位指标和市场紧密结合在一起,严格检查,奖罚兑现,有力地促进了生产经营工作。

3. 把好财务关,严格控制资金的使用。在招待费、差旅费、办公费上,严格遵守核定标准,超支坚决扣罚单位负责人,使有限的资金得到合理利用。

4. 节电节能。由于全年电力供应紧张,为集中电力保生产,公司内部实施了一系列强硬的节电节能办法。成立了节电节能领导小组,对各生产用电进行统一规定,统一计划,调度与平衡,强行停业一切取暖设备,对大功率大能耗设备实施"错峰填谷"分时段运行,强有力地保障了生产建设。

5. 安全管理。自年初开始,公司以宣传贯彻"四级"安全电视电话会议精神为契机,积极组织安全知识学习,成立了危险化学品、消防安全、锅容管特、机电设备3个专项检查组,在全公司范围内开展安全大检查活动,一季度检查中对发现问题当面进行指正,有的下发了限期整改通知书。2季度检查组对安全隐患多,安全薄弱的地方又进行突击检查,对隐患整改进行跟踪落实;4季度又组织对各单位进行全面安全检查,使各生产单位安全管理工作有进一步提高,员工安全意识得到加强。

【南北列电解系统升压技改工程】 2003年,公司投资670万元,进行南北列电解系统升压技改工程,彻底根除了多台小机组能耗高、安全稳定性差等状况,项目改造投入生产运行后,效果较好;对两台锌粉电炉进行技改,保证了生产持续安全、高效运行,同时延长了炉龄,增大了产量;通过对锗提取直收率和锌熔铸直收率的技术攻关,使锗直收率提高了0.5个百分点,锌熔铸直收率提高0.7个百分点。

【党建工作】 1. 坚持党管干部与董事会依法经营的管理原则。在公司内部实行了组织选任制、公开招聘制、竞争上岗制,全年选拔35名中高层管理人员,并坚持"公开、公正、公平"择优任用的原则,为提高干部队伍素质,培养复合型企业经营管理者队伍奠定了坚实的基础。

2. 以生产经营为中心,拓宽工作思路。创新工作方法,努力找准党建工作与生产建设的结合点,广泛开展"党员身边无事故,党员先锋岗,党员绿化带"等活动,发挥了基层党组织的战斗堡垒和党员先锋模范带头作用。促进了党建和双文明建设,为公司的发展起到了强有力的促进作用。

(云南驰宏锌锗股份有限公司　郭　俊)

矿　业　科　技

【煤流自动采样机研制成功】 2003年,重庆松藻矿务局洗选厂自行研制成功胶带煤流自动采样机,保证了外运煤的质量。自动采样机主要由电动机、电子定时传感电路、机架、自动采样铲、煤样溜槽等组成。操作过程为:当设置的采煤样时间一到,由电动机带动采样铲对通过皮带的煤流做一个横断面采样,然后由传感装置将采样铲定位在皮带外侧。胶带自动煤流采样机代替了人工操作,大大提高了采样的准确度。

【电磁调速无链电牵引采煤机】 2003年,由山东肥城矿业(集团)公司机械厂制造的MG132/308－DW电磁调速无链电牵引采煤机通过了山东省科技厅组织的技术鉴定。鉴定委员会认为,该采煤机在小功率、矮机身机型中处于国内领先水平,解决了大倾角薄煤层采煤难题,可节约生产资金,降低工人劳动强度,提高块煤率。该采煤机采用多电机横向布置,功率大,运行平稳,机身各部相对独立,无传递关系,采用液压拉杆连接,取消了底托架,提高了过煤高度;整机积木式组合,易于加工制造,便于井下安装。

【矿井通风仿真系统研制成功】 辽宁工程技术大学,2003年研制成功矿井通风仿真系统。矿井的通风问题是煤矿安全的核心问题之一。矿井通风不良可直接导致瓦斯爆炸、火灾。据悉,该系统通过数学模型和相关软件,可构建出新建矿井开掘贯通和旧井巷报废后的通风状况、构筑物的位置及调节量等可视化的矿井通风管理系统。

该系统在金川有色金属公司、阜新矿务局等矿区推广应用后,取得了显著的社会和经济效益。

【高炉煤气发电新工艺】 由中冶集团马鞍山钢铁设计研究总院承担完成的国内第一个“中小高炉煤气余压全干式透平发电新工艺”项目,2003年通过安徽省科技厅组织的专家鉴定。专家认为,该工艺已达到国内领先水平。

冶金行业是全国最大的能源用户,占全国总用电量的13%～15%,而炼铁又占整个冶金行业用电的40%左右,其中中小高炉占绝大多数。如何充分利用高炉煤气的余压用以回收电能来降低炼铁成本的问题已迫在眉睫。采用高炉煤气余压透平发电被国内外公认为是投资小、见效快、回收期短的高回报节能与环保项目。

【JFS激发技术研制成功】 2003年初,北京中材建科建材技术研究所科研人员潜心攻关,在参照国外经验与技术的基础上,研发出JFS激发技术,可将粉煤灰激活后生产出优质建材,能有效地防治污染,保护环境。

此项技术可用粉煤灰、煤矸石、炉渣、钢渣、建筑垃圾、石子、石粉、陶粒等材料生产出空心砌块、免烧砖等一系列墙体材料。产品具有吃灰量大、重量轻、成本低等特点。产品通过国家建筑材料测试中心检测表明,其各项技术指标均高于JC862－2000优等品标准,必将成为国家大力推广新型墙体材料中的主导产品。

【温控电采暖技术获专利证书】 内蒙古一项温控电采暖技术有望取代传统的煤烟型锅炉供热。这一系统以电为动力、综合成本低、热效率高,如在中国西北广大地区推广,既可有效解决冬季城市空气污染问题,又可为部分电能富余地区的电力辟出一块十分广阔的市场空间。

新型电采暖以高效变温涂料技术为核心,现已取得国家专利证书。用户只需设定好室内希望达到的温度,温控器就可自动调节采暖器的开关,使户内温度保持恒定。温控器采用与节能冰箱类似的工作原理,在保证供热的同时能够有效节电。

通过近年小规模生产、试用、跟踪检测得到的数据分析,在呼和浩特市,以中间楼层向阳房间为例,按用电大户享受的优惠电价0.22元每千瓦时计算,电采暖每平方米每月电费支出为2.64元,比集中供热需交纳的供热费高出0.09元。

温控电采暖技术已经比较成熟,近些年适逢国家扩大内需,不少地区纷纷出台鼓励用电的优惠政策,一些大中城市的旧城改造、环保型供暖改造和新一轮房地产开发热为电采暖提供了良好的市场前景。这一技术如能尽快推广,不但可以形成新产业,而且能收到盘活闲置发电能力、治理城市空气污染、扩大居民电力消费“三赢”的效果。

【催化裂化汽油选择性加氢脱硫技术应用】 国内领先的“催化裂化汽油选择性加氢脱硫技术(RSDS)”,2003年在上海石化股份有限公司首次实现工业化应用。该公司利用该技术生产的国产顶级汽油,将有望不断走向市场。

近年来,世界各国对发动机燃料成分提出越来越严格的限制,以减少有害物质的排放。在发达国家普遍采用的《世界燃油规范》Ⅱ类标准中,汽油产品的硫含量小于0.02%,烯烃体积含量小于20%。而国产汽油的硫和烯烃含量,尚不能满足这一标准。这使得一些发动机对汽油标准要求严格的汽车故障增多,环境污染加重。降低汽油中硫和烯烃含量,加快汽油质量同国际接轨已成必然趋势。

上海石化此次采用的RSDS技术,不仅能大幅度降低催化裂化汽油硫含量,同时具有汽油辛烷损失小、产品收率高的优点,符合世界清洁燃料的发展方向。产品分析显示,硫含量仅为0.0052%,烯烃体积含量为17.8%,优于《世界燃油规范》Ⅱ类汽油的标准要求。

这一新技术成功产业化,可使上海石化每年供应市场的70万吨汽油产品全部达到《世界燃油规范》Ⅱ类标准,从而大大增强其油品的国际竞争力。

【大型海洋石油钻探装备研制成功】 2003年,中国第一套大型海洋石油钻探装备——HXJ180海洋修井设备在江汉石油四机厂诞生。这套装备在国产同类设备中,科技含量最高、负荷能力最大、配套设施最完善。

这套装备具备海上钻井和修井双重功能,同时配备了泥浆循环系统,其钻井深度3000米,修井深度6500米,最大钩载负荷180吨。在海洋107节风力(风速每秒60米)时能抗倾覆和倒塌,高于103节风的国际设计规范。

这套装备性能先进,六项技术达到国际领先水平,售价只是进口产品的三分之一,市场前景看好。

这套装备的研制成功,改写了中国海洋石油修井装备长期依赖进口的历史。

【微生物吞吐采油技术试验成功】 细小的微生物在千米地下,通过新陈代谢,可以降低石油黏度,使原油易于流动,易于开采。2003年,大庆油田发布了采用这种微生物吞吐采油技术进行矿场试验取得成功的消息。

石油埋藏在地下岩石孔隙中,有的储油层石油黏度高、渗透率低,依靠机械压力或化学注剂开采成本高、技术难度大。

大庆油田科研人员经过多年研究,在石油采出液中取得微生物样本256个,通过实验室培养,有针对性地优选出11株能够提高原油采收率的微生物菌种。2002年首批筛选出的5株自然菌经相互搭配后,陆续进入矿场试验,对13口油井注入菌液24.5吨,关井3~5天后开井采油。在约半年的生产周期中,油井增油效果明显。截至2002年年底,已累计增产原油2137.7吨。2003年,部分试验井显效。此次进行的矿场试验主要集中在油田特低渗透区块。在大庆油田的外围,类似的低渗透、低丰度含油区块地质储量约10亿吨,这项试验的成功,对这类石油的开采有重要意义。

科研人员在实验室试验时发现,利用微生物吞吐采油技术,比用聚合物驱油技术采油,可提高原油采收率5个百分点左右。2003年,油田的科研、生产部门已实施微生物菌液注入和原油采出同步进行的矿场试验。与聚合物驱油技术相比,微生物采油还具有成本低、环保等特点的应用前景广。

【稠油注蒸汽开采增效技术】 由河南油田工程院承担完成,已通过石化集团公司鉴定。该技术已累计增产原油1.53万吨,净创效益1780万元。

该技术是针对稠油油田后期开发地层压力低、存水多、蒸汽热效率低、开发效果差、稳产难度大、稠油储量动用程度低的难题而进行立项攻关的。该技术在河南油田采油二厂推广应用后,经15口吞吐井一年的实践证明,有效率达100%,采收率提高3%,投入产出比达到1:19。阶段油汽比平均提高了146%,采注比平均提高114%,投入产出比达1:29.1。按其现场应用的效果水平来计算,应用该项技术可将河南油田稠油生产开采寿命延长6年。

该技术突破了稠油注蒸汽开发后期提高采收率和改善开发效果的技术难关,整体上达到了国际领先水平。其中的新型高效增效剂,能够在高温下分解出降黏性气体,降低原油黏度,增加地层能量,显著提高蒸汽热效率,从而达到提高原油产量的效果。

【湿式电化学法生产泡沫金属材料新工艺通过鉴定】 江西恒润实业公司研制出的湿式电化学法生产泡沫金属新工艺,2003年通过了该省科技厅主持召开的鉴定会。

泡沫金属材料是新材料科学的一个分支,可广泛应用于航空航天、汽车制造、化工、建筑、以及军工等领域,用作吸能器、消声器、减震器及催化剂等。位于江西鹰潭市的江西恒润实业公司2000年承担了这一省级重点新产品研制任务。

与会专家认为,新工艺改变传统的干式生产泡沫金属材料方法,为湿式电化学生产方法;研制的泡沫铜新产品工艺先进,可在常温下进行生产;可使用高电流密度进行电镀,生产效率高,工艺配方简单,便于操作和维护;产品质量好,纯度高,结构均匀,全套泡沫铜生产工艺处于国内领先水平。研制的泡沫铁、镍、铬、钴四元合金,是一种独创的新型泡沫金属材料,经国内权威部门检索,国内外未见有同类产品的报道。

【新型钻机研制成功】 2003年,中原油田研制的ZJ50/3150DJ钻机通过了集团公司有关技术成果鉴定。该技术成果达到国际同类产品先进水平,可以替代进口产品。

中原油田研制开发的ZJ50D电驱动钻机既能适应水平井及各种复杂地层钻进的需要,又易于实现自动送钻控制。专家认为,ZJ50/3150DJ石油钻机的各项性能指标达到了设计要求,符合相关标准;该钻机的主要特点是井架底座设计先进、制造精良、刚度大、重量轻,为国内一流;采用美国GE公司全数字的AC-SCR-DC可控硅传动装置,控制先进,可靠性高;转盘采用两挡变速箱单独驱动,能满足钻井工艺的要求;在国内首次在5000米钻机上采用了美国伊顿水冷式气动盘式辅助刹车技术;首台钻机经过一年多的现场使用,能够满足现代钻井工艺的需求。

【全数字控制钻机首次在新疆启用】 中国首台AC-DC-AC交流变频电传动全数字控制钻机2003年3月20日在新疆石油管理局80288井开钻。

新疆石油管理局钻井二分公司70137队承钻了这次钻井工作。该钻机采用计算机自动控制技术,可实现自动送钻,对起下钻和钻井工作状况可进行实时监控。该队司钻在其司钻操作房内就可对地面、泵房、二层台进行监控,并可通过内部电话进行协调联系。

【"世界石油勘探领域高性能计算机应用评估"项目通过验收】 2003年,由中国石化石油勘探开发研究院承担完成的"世界石油勘探领域高性能计算机应用评估"报告中提出,在高性能计算机应用领域,有6大技术可能会对石油勘探产生重大影响,即先进的计算基础设施和服务模式、数据与知识、标准化与开放、软件技术、协同决策与虚拟现实、数字地球与数字油田。

该报告系统、详细、全面地论述了国内外高性能计算机发展的历史及世界高性能计算机的发展动态,总结了高性能计算机的7种体系结构和10项关键技术,对高性能计算机进行了系统分类,把握住了高性能计算机技术发展与应用的主线,并根据发展需要,拓宽了如数据库技术、存储技术等研究范围的信息。目前世界上最快的计算机的峰值运算速度已达85万亿次。

该报告还认为,飞速发展的数据库技术、存储技术、网络技术、网格技术,尤其是网格技术,已经成为目前高性能计算机领域的一个研究热点,网格技术是中国在高端技术领域真正能够与世界同步的一个领域。

"世界石油勘探领域高性能计算机应用评估"项目,2003年通过了中国石油化工股份有限公司科技开发部、信息部、油田部共同组织的验收,验收专家对该项目给予了充分肯定和较高评价。

【"铁矿资源探测与评价技术应用研究"通过专家鉴定】 鞍钢集团弓长岭矿业公司和东北大学共同完成的"铁矿资源探测与评价技术应用研究"科技项目,于近日通过了辽宁省科技厅组织的专家鉴定。专家们认为,这项技术在国内首创对铁矿体空间变化与铁矿资源进行了大面积、高精度、低成本、综合性的探测与评价,使矿产资源深部定位预测实现了可视化、信息化和科学化,为矿山可持续发展提供了科学依据,其技术达到了国际先进水平,开创了高密度电阻率成像技术应用于铁矿山地质勘探的先河。

这一科技项目是针对弓长岭铁矿床一矿区的实际问题提出的。一矿区是该公司的主要露天采区,随着开采平台的不断下降,矿体形态变化越来越复杂,褶皱多变,断裂发育,各种岩脉尤其花岗岩脉侵入和混合岩的侵入,使铁矿体常呈不规则状且不连续,给矿山生产带来很大的困难,而常规勘测技术费时、费力且需大量资金投入。为此,弓长岭矿业公司与东北大学共同承担了"铁矿资源探测与评价技术应用研究"项目的科研任务及生产应用。

弓长岭矿业公司突破单一探查方法的局限性,首次把地球物理探测技术与计算机技术、信息技术相结合,用于铁矿山矿床勘查中,采用国际先进的DUK-1高密度电阻率剖面成像系统,对铁矿体空间变化与铁矿资源进行大面积高精度、低成本、综合性的探测与评价,避免了常规地质勘查方法的矿岩界线连接人为因素等缺陷。同时,他们研制与开发了相应成套的开成CT图像软件,大大减轻工程技术人员的劳动强度。通过本次勘探,重新评价矿石储量6904万吨,划分磁铁矿石量4535.8万吨,价值12亿元,一次性减少勘查费用557万元。

在2001年开拓计划中,弓长岭矿业公司由于采用了本研究成果,减少剥岩量80万吨,取得直接经济效益800万元。

【梅山公司炼钢厂攻克新脱硫站铁水喷溅难题】 梅山

公司炼钢厂,2003年成功地攻克了新脱硫站铁水喷溅难题,为生产品种钢创造了良好的条件。

由于新脱硫站在脱硫时铁水大量喷溅,造成铁水倾翻车和铁水包包口严重积渣,增加了铁水消耗和清渣工作量,恶化了职工的劳动环境,影响了需深度脱硫的品种钢生产。

为解决这一难题,梅山公司炼钢厂脱硫攻关组主要采取以下措施:重新制作了一条喷吹管路,对管路的布局与走向进行了合理调整,加大了管路转弯时的弯曲半径,使脱硫剂运行平稳;在管接头的加工过程中,严把质量关,采用外部焊接法,避免管内壁出现焊渣,确保管内平滑;不断调整脱硫喷枪的位置,找到了枪位的最佳点;对脱硫剂中石灰粉和镁粉的比例,以及管路压力和流量进行了合理调节,优化了工艺参数。通过一系列有效措施,梅山公司炼钢厂脱硫站喷溅现象基本消失。

【攀钢攻克微细粒级钛铁矿选矿世界难题】 2003年,攀枝花钢铁(集团)公司的“攀枝花微细粒级钛铁矿选矿工程技术与选钛装备研究”获得四川省2002年度科技进步一等奖。

攀钢以前的重选-浮选-磁选-电选选钛工艺流程只能回收大于0.045微米的粗粒钛铁矿,使进入选钛流程58%的小于0.045微米的细粒钛铁矿被白白丢弃,造成钛资源利用率低。而小于0.045微米的微细粒选钛技术因钛铁矿与钛辉石差别小,且具有分离难、不易浓缩、矿物组成复杂等特点,历来是选矿界的技术难题。

攀钢于1996年开始对微细粒级钛矿的回收进行研究。1997年9月,该项目被列入国家“九五”重点科技攻关项目。经过顽强攻关,课题组确定了强磁-浮选的微细粒级钛铁矿回收流程,形成了具有自主知识产权的微细粒级矿浆高效浓缩、高效无毒(或微毒)捕收剂、钛精矿品位自动监测技术研究等9大关键技术和5大创新点,填补了国内外选矿领域中微细粒级选钛技术的空白。生产结果表明,二氧化钛回收率从项目实施前的17.83%提高到目前的27.38%,成本从项目实施前的422元/吨下降到目前的321元/吨,年产量从项目实施前的9.02万吨提高到目前的17.38万吨。项目实施以来,累计增产钛精矿21.47万吨,新增利税合计3932万元。同时大幅减少了微细粒级尾矿对周边环境的影响,产生了明显的社会、经济效益。

根据该项目技术,攀钢建设一条年产14万吨的微细粒级钛精矿生产线,该工程已被列入国家西部高新技术产业化示范工程,2003年投产,最终达到将所有微细粒级钛矿回收的目标。

【铜矿全湿法冶金新工艺成果通过鉴定】 该项目由新疆阿舍勒铜矿有限公司和北京矿冶研究总院共同承担完成,是“十五”攻关计划项目之一。鉴定会上,项目成果获专家的一致好评,称该工艺在以黄铜矿为主的复杂硫化矿的加压浸出技术领域,达到了国际领先水平。

新疆阿舍勒铜矿以黄铜矿形式存在,同时伴生有锌、砷等多种元素,属难处理的复杂硫化矿。全湿法冶金新工艺项目研究从2000年上半年开始,2003年已完成了小型试验和半工业化试验。试验结果显示,工艺技术指标稳定,铜、锌浸出率分别达到95%和97%以上,可取得良好的经济效益。同时,整个工艺过程三废排放较少,具有较好的环境效益。

该项目的成功为新疆阿舍勒铜矿湿法炼铜厂的建设,提供了可靠的设计依据。

【炼锑砷碱渣回收利用技术获突破】 炼锑砷碱渣综合回收利用这一久拖未决的技术难题,最近在有世界锑都之称的锡矿山闪星锑业有限责任公司获得重大突破,为解决中国每年产生的0.25万~0.5万吨剧毒炼锑砷碱渣的综合利用开辟了道路。

炼锑过程中,为了脱除精锑中的砷,传统工艺都是加入碳酸钠进行除砷,副产5%左右的砷碱渣。其主要成分为As2%~5%,Sb5%~10%,$Na_2CO_3$40%,灰分等约50%。这种废渣是一种极易溶于水的剧毒物料,湖南、贵州、广西等地因管理、处置不当导致水污染的事故已发生过多起。但原来并无经济可行的综合利用技术。

近几年来,该公司加大了工作力度,投入资金500余万元,进行科研攻关,他们吸取了以往的经验教训,从改革炼锑生产工艺和改变脱砷方法两个方面展开工作,均取得了实质性效果:一是用新的除砷剂取代碳酸钠,使炼锑时间缩短三分之二,砷碱渣产生量只有原来的一半,改善了劳动强度,提高了劳动生产率和炼锑直收率,降低了生产成本。业内人士称,该成果堪称100年来炼锑技术的一项革命性成果。采用这种工艺炼锑产生的砷碱渣的成分为:Sb25%、As20%、碱及灰分等55%。锑砷含量的提高、碱及灰份含量的降低和碱渣量的减少,为下一步的综合回收利用创造了条件。二是采用了新的脱砷剂,一举解决了原有砷碱渣处理过程中最大的难题,实现了砷碱的有效分离,为砷、碱的回收利用铺平了道路。目前,该公司正在为兴建新的砷碱渣综合回收利用设施进行设计工作。

该项目建成后,可以为中国炼锑行业每年产生的0.25万~0.5万吨砷碱渣以及历年来积存的砷碱渣综合回收利用拓开道路,并可回收宝贵的锑金属含量3000吨。

【炼锑砷碱渣处理技术难题获得破解】 困扰全球锑品冶炼企业的世界性难题——锑冶炼中产生的有害物质砷碱渣的处理技术已被锡矿山闪星锑业有限责任公司(原锡矿山矿务局)攻克。

20世纪90年代以来,公司投入资金500多万元,攻克了砷碱渣处理的技术难题,总结出了较可行的砷碱渣处理技术:即通过水浸、过滤分离出锑渣和砷酸钠滤液,再分别进行炼锑和除砷、提砷处理的工艺流程。国家专利部门已受理这家公司的专利申请。

据介绍,新上一条年处理1200吨砷碱渣的生产线,需要1000万元左右的建设资金,运行后则可通过回收锑金属和提取砷实现保本经营,10吨砷碱渣可回收1吨左右金属锑。

砷碱渣则是锑冶炼生产中为除去锑中的砷元素而产生的废渣,其砷含量达3%~15%,且以易溶于水的砷酸钠形态存在,如泄漏便会造成严重的地表污染和水污染。砷碱渣和二氧化硫并称为锑冶炼中的两大世界性难题。业内人士建议砷碱渣的治理问题必须尽早提上政府议事日程,有关部门应考虑在锑矿企业集中地带扶持建立砷碱渣无害化处理生产线,同时出台要求企业及时处理砷碱渣的强制性政策,以消除安全隐患。

【纯铝铁复合脱氧剂块获国家专利】 河南省西峡县保护材料集团有限公司开发的科技新成果——纯铝铁复合脱氧剂块(简称GXL系列钢芯铝),于2003年获国家知识产权局授予的国家专利。

该专利产品专门用于炼钢生产过程中的脱氧,是纯铝与铝铁合金两种脱氧剂的更新换代产品。该脱氧剂既克服了纯铝在钢水脱氧中反应激烈,部分铝燃烧造成铝收得率低的弊端,也克服了因铝比重轻,仅限于在钢液上部反应的缺陷。这种脱氧剂以纯铝与低碳钢按一定比例混合而成,既增加了比重,又保持了铝的性质,使其加入钢液中能迅速沉入深部,增大反应界面,加快反应速度,同时保持了铝原有的强还原性,具有很好的脱氧性,显示出自身良好的性能。其吨钢耗用钢芯铝比铝铁合金低16%以上。

【高导电率铍青铜研制成功】 一种新型高导电率铍青铜,2003年在上海有色金属压延厂研制成功,填补了中国这一材料的生产空白,丰富了中国铍青铜的品种。

高导电率铍青铜,经淬火时效处理后具有高的强度、硬度、疲劳极限和弹性极限,弹性滞后小,弹性稳定,且耐蚀、耐磨、耐低温、无磁性、冲击无火花,被广泛应用于航空航天、仪表、通讯等高新技术行业。然而传统的铍青铜价格昂贵,导电率低(仅为20%IACS左右)不能满足家用电器、电子通讯和航空航天工业飞速发展的需要。

上海有色金属压延厂通过降低合金中铍含量、添加其他合金元素、改进热处理工艺等技术手段,成功研制开发出QBe0.4-2高导电率铍青铜。该材料导电率可达50%IACS左右,强度、弹性等力学性能指标满足要求,还具有冲制成零件后不再需要时效热处理的特点,方便了使用。

【中低品位铝土矿资源利用新工艺研究取得突破】 中国地质科学院郑州矿产综合利用研究所在"中低品位铝土矿资源利用新工艺研究"项目中,不仅探索出了经济可行的"绿色"选矿工艺,而且对冶金尾渣的利用研究亦取得突破。

在选矿试验流程上,该所完善了常规磨矿分级后选择性磨矿分级工艺。在试验设备方面,采用小直径球取代原来配比球,强剪切力强擦洗磨机代替原来的擦洗磨机。在中间试验中,取得了85%以上的氧化铝选矿回收率,二氧化铝铝土矿选矿回收率则在86%以上。该所的这套工艺属于无有机物的物理选矿,既没有传统浮选工艺的有机质对后续拜耳法过程的严重不良影响,也不会对环境带来污染,是一个经济可行的"绿色"选矿工艺。进一步的经济核算还表明,该工艺的运行成本也低于浮选工艺,选矿成本每吨可节约30元。

在冶金试验中,对于A/S=7.36的河南中低品位铝土矿,溶出率可达到85%以上,并获得低钠渣。对山西矿,溶出率在84%以上。石灰拜耳法的赤泥沉降可在常规法的沉降设备上进行。赤泥的洗涤可采用多次反向洗涤进行,既节约水资源,又减少了后续工艺的蒸发负担。在保证溶出率不下降的情况下,制取了可满足烧制水泥需要的低钠渣样,选择并采集到合适的辅助原材料——红色页岩。

【列车镁合金系列产品开发应用通过专家验收】 "镁合金在列车上的应用及产业化"近日通过专家验收,这是由成都发动机公司承担的国家"十五"重大科技攻关项目"镁合金的开发应用及产业化"的专项课题。

成都发动机公司与西南交通大学、眉山机车车辆厂等单位合作,解决了气密性和镶铸等关键技术,研发出8种列车镁合金产品,并已建成镁合金高压铸造、综合铸造、轮毂铸造三条生产线,形成了4000吨的生产能力。专家认为,这一课题的成功,将使我国轻型材料的研究及应用迈上一个新台阶。

【电解液提锰技术应用前景看好】 由中国地质科学院

成都矿产资源综合利用研究所开发的“从电解锰厂废弃物——阳极泥中提取锰盐技术”，可实现资源利用与环境保护的双重效益，具有较好的发展前景。

锰阳极泥含 MnO_2、MnO、Pb 等数十种化合物，含锰量42%～48%，因其组成复杂，电解过程严重改变了化合物性质，利用难度大，故除少量用于电解锰厂氧化二价铁外，绝大部分成为废弃物。利用该废弃资源生产 Mn_3O_4、MnO_2 等化合物，不仅可大力促进中国磁性材料产业的发展，而且可在很大程度上减轻电解锰厂对环境的污染。

该所金属材料实验室已开展了两座电解锰厂阳极泥制取软磁材料的研究工作，产品部分理化性能已接近或达到商品磁性材料的技术指标，前景很好。

【盐湖卤水制取碳酸锂优化技术】 经中国地质科学院矿产资源研究所的技术攻关，中国盐湖锂资源的开发又诞生了新的技术。

该所在国家攻关项目“西藏扎布耶盐湖卤水制取碳酸锂优化技术研究”和“西藏高原盐湖资源调查评价及锂、硼、铯元素提取探索研究”项目中，开展了400平方米盐田提取锂盐的抽卤、制卤和结晶工艺研究，运用太阳池技术，结晶池直接得到 Li_2CO_3 品位为78%～87%混盐，截至2002年11月底，已收上述品位混盐60多吨。81.93%混盐经淡水浸泡擦洗后，获得品位90.4%～91.5% Li_2CO_3 精矿，回收率97%～98%。该成果的相关技术，为班戈湖型盐湖锂资源的开发提供了可借鉴的经验和方法，具重要意义。

【矿井通风仿真系统问世】 辽宁工程技术大学日前研制成功矿井通风仿真系统。矿井的通风问题是煤矿安全的核心问题之一。矿井通风不良可直接导致瓦斯爆炸、火灾。据悉，该系统通过数学模型和相关软件，可构建出新建矿井开掘贯通和旧井巷报废后的通风状况、构筑物的位置及调节量等可视化的矿井通风管理系统。

该系统在金川有色金属公司、阜新矿务局等矿区推广应用后，取得了显著的社会和经济效益。

【生物柴油新工艺应用】 一种利用废动植物油生产生物柴油的新工艺在福建龙岩卓越新能源公司应用以来，已生产生物柴油5000多吨。产品经上海内燃机研究所试验测定，其技术性能指标优于0＃矿物柴油。由福建省经贸委组织的专家鉴定认为，这一生物柴油技术具有较高的推广和应用价值。

生物柴油指的是将菜油、豆油或其他植物油脂化加工后转变成类似柴油的燃料油，是一种环保型的清洁能源，美国和欧洲一些国家均将其作为重要的替代和战略能源加以扶持。

据介绍，制约生物柴油产业化最大的障碍是成本过高，美国等一些国家用豆油、菜油等加工生物柴油，成本比矿物柴油高出约1/3。欧美国家为鼓励生物柴油的研制和生产，采用了一系列的优惠政策。

中国对这一技术的研究也有较长历史，但目前最大的难题就是成本很难降低。而福建省研制成功的这一技术克服了生物柴油成本高的难点。

1. 工艺的原料是废旧的植物和动物油，价格低且来源广。主要有：食用油加工过程中的下脚料，仅国内食用油厂一年就有这样的下脚料200万吨；宾馆、食堂中的“地沟油”（又称“泔水油”），一般的大中城市都有人专门回收这种“地沟油”；粮食储备的陈化油；废猪油、鱼片油等动物油。这一生物柴油所需要的原料，全国每年有400万吨，但目前这些“原料”大都作为废物处理，不仅污染环境，而且造成很大浪费。

2. 新工艺在两项关键技术上取得突破。通过一种微酸性催化剂技术，使得在同一反应罐中醇解和酯化可同时进行，且反应速度明显加快。通过一种金属盐处理剂，解决了利用废旧动植物油脂生产柴油残留酸值高的关键问题。这两项关键技术均明显降低成本。福建省经贸委于2002年8月底组织了以中科院生化工程重点实验室陈洪章研究员为主任委员的10位石化行业专家对这一项目进行鉴定，专家组认为这两项关键技术达到了国际先进水平。

卓越新能源公司投产的这一生物柴油项目年产能2万吨，总投资1200万元。卓越公司董事长介绍，现在每吨生产成本约为2100元，通过石油公司的销售渠道进行销售，市场售价每吨2700元，略低于矿物柴油市场上每吨2800元的售价，但扣除税收等因素，每吨可实现利润400～500元。生物柴油既可以单独用，也可以和矿物柴油混用。据介绍，除了成本低之外，这一工艺在生产过程中不会产生二次污染。

生物柴油项目被福建省列为2002年重点技术创新项目。目前美国、欧盟等均有自己的生物柴油技术标准，但这一工作在中国还是空白。应通过标准的制定，引导企业进行规范生产。

【可控热核聚变实验研究】 中国科学院等离子体所科研人员，在结束的2002至2003年度冬季HT－7超导托卡马克实验中，获得重大突破：获得超过一分钟的等离子体放电，是世界上第二个能产生分钟量级的高温等离子体的实验装置。

热核聚变类似太阳发光发热的原理。上亿度的高温条件下，氘、氚等原子发生核反应。超导托卡马克是利用巨大环形超导磁场，对等离子体进行加热、约束，创造可以控制的产生聚变的物理条件。可控热核聚变研究是综合性重大基础理论研究,也是本世纪下半叶人类能源的希望所在。

本轮实验以先进运行模式、高参数稳态运行这两大对未来商用反应堆建设有重要意义的课题为主线,对利用低杂波驱动获得可控热核聚变条件的一些基本等离子体物理问题进行深入研究,获得许多原创性的创新成果。在边界湍流研究中,第一次找到了影响等离子体约束和输运的带状流存在的直接实验证据,观察到了由电子漂移波驱动的电子温度梯度模,这些实验结果有可能对深入理解等离子体约束和输运这一物理难题产生重要影响。此外,在一些重大工程研究方面也取得成果,使科学家们对未来简化聚变反应堆设计具有重大意义。

该所公布了本轮实验的部分重要参数:最高电子温度超过5000万度;获得可重复的大于60秒放电时间,最长放电时间达到63.95秒;高温等离子体存在时间仅次于容积大于HT-7装置法国超导托卡马克装置;高约束等离子体存在时间为220倍能量约束时间,继续保持世界领先地位。来自美、日、俄等国以及中国相关单位的数十位科学家先后参加了本轮实验。深入的数据处理和分析目前正在进行之中。

位于安徽合肥的中国科学院等离子体物理研究所是国际上从事这项研究较有影响的机构之一,20世纪末,该所在广泛国际合作的基础上建设了超导托卡马克研究装置HT-7,并成功进行了一系列实验,取得了许多重大成果,并带动中国等离子体物理、超导物理、强磁场研究、超真空研究、低温物理、材料科学等多门学科取得较大进展。

【砂状氧化铝分解技术通过鉴定】 2003年,由中铝山西分公司和郑州轻冶研究院承担的"连续碳分生产砂状氧化铝分解技术工业应用"科技成果通过了中国有色金属工业协会组织的专家组鉴定。

该成果在国内烧结法碳分生产系统推广应用后可使中国约30%的氧化铝产品实现砂状化。这标志着国内铝矿石、生产工艺只能生产粉状或中间状氧化铝的历史将从此改写,中国氧化铝产品在国际市场上的竞争力将大大增强。

砂状氧化铝具有粒度粗且均匀、强度好、溶解性能及流动性好、比表面积大、粉尘小等特点,具有节能、环保等优势。一水硬铝石生产砂状氧化铝是一个公认的世界性难题,尽快突破砂状氧化铝技术难关,成功地将原有的中间状或粉状氧化铝转化为砂状氧化铝是中国氧化铝工业的头等大事。2001年12月,国家"十五"重点科技攻关课题——砂状氧化铝生产技术开始了试验研究工作,课题主要包括烧结法连续碳分生产砂状氧化铝技术和拜尔法种分生产砂状氧化铝生产技术。2002年11月8日,该技术通过了中国有色金属工业协会组织的专家鉴定,12月,在国家科技部组织的"砂状氧化铝生产技术"课题中期评审会上,与会专家一致同意该课题中期评审结果为A+。

目前,拜尔法种分生产砂状氧化铝扩试系统、半工业试验系统均运行稳定,试验产品粒度、产出率已达到攻关指标要求,下一步将重点攻克产品强度难关。在烧结法连续碳分生产氧化铝方面,2003年2月10日开始组织进行工业化试验,2月14日产出合格砂状氧化铝,产品粒度、磨损指数等物化指标均达到攻关要求,到目前为止运行稳定,标志着连续碳分生产砂状氧化铝技术在山西分公司氧化铝工业应用方面取得可喜成功。

鉴定委员会认为,连续碳分生产砂状氧化铝技术首次开发成功精液降温、优化分解梯度、碳分出料浆液旋流分级及首槽加种的新工艺,成功采用二氧化碳压力表标定分解槽液位,同时总结出控制分解"四稳定一超前一协调"的成套操作技术,工艺技术先进,实用性强,具有自主知识产权,在烧结法连续碳分生产砂状氧化铝工艺技术方面达到了国际领先水平,将有助于提高中国氧化铝产品的市场竞争力,具有显著的经济效益和社会效益。

【华钼单晶二钼酸铵将投入批量生产】 西安华钼新材料股份公司研发的新产品单晶二钼酸铵取得突破性进展,有望在短期内投入批量生产。

二钼酸铵是钼制品深加工的重要中间产品,市场需求量大,对质量的要求也非常高。多年以来,国产二钼酸铵的质量一直不够理想,部分指标不能满足广大客户要求,甚至不能完全满足华钼公司后续产品生产的要求,严重制约了钼深加工行业的发展。为此,华钼股份公司从影响晶型结构的蒸发结晶工艺入手,科学地探寻出一套比较切实可行的单晶二钼酸铵产品生产新工艺。这种新工艺已经日趋成熟,有望在短期内投入批量生产。

【"氧气底吹炼铅新工艺产业化技术应用"项目通过鉴定】 由安徽科威金属材料股份有限公司和中国有色工程设计研究院完成的"氧气底吹炼铅新工艺产业化技术应用"项目,2003年通过了安徽省科技厅组织的专家鉴定。

该工艺已在池州的新型炼铅厂,总投资为7400多万元,年生产能力为6万吨,于2000年4月动工,2002年8月投入生产,至今已连续正常运转了7个多月。

实验证明,该工艺整套装置合理,工艺畅通,设备运行可靠,生产稳定,操作容易,作业率高。取得的技术指标为:终渣含铅2.5%,铅总回收率97.8%~99%,吹炼烟气二氧化硫10%~12%,硫利用率96%,综合能耗(不含硫酸系统)378.85千克/吨铅,氧枪平均寿命达50天,设备运转率96%。经专家鉴定,该项目工艺和技术经济指标达到国际先进水平。

【中国采矿业水压支柱系统通过检验】 由湖南辰州矿业有限责任公司(原湘西金矿)、中南大学联合研究开发的中国采矿业新型支护设备——"辰州"牌水压支柱系统,2003年通过国家煤矿支护设备质量监督检验中心检验,各项技术指标检验合格。

"辰州"牌水压支柱系统,是国家"九五"黄金重点科技攻关项目——"湘西金矿深部采掘技术综合研究"的子专题,即"深井缓倾斜复杂薄矿脉开采工艺技术及设备研究"的科研成果。专家鉴定认为,此专题达到国际先进水平,采用水压支柱护顶无间柱连续推进帷幕隔离条带式跟随充填采矿新工艺,成功地解决了深井开采中采场的顶板管理和空区处理问题,实现了连续采矿与跟随充填作业的同步进行,采场生产能力在原有的基础上提高2倍,贫化率降低30%以上,损失率有较大幅度下降。

水压支柱以水为介质,以井下凿岩的压缩空气通过增压泵增压为动力,具有支撑力大、近距离抗爆破冲击和远距离安全拆卸、易搬运、可反复使用等特点,不仅突破了单体液压支柱、钢木支护等传统支护模式,支护成本低,技术指标高,而且对地下水资源无污染,开创了绿色支护的先河,可广泛应用于矿山井下掘进、采矿及地下隧道等工程的安全支护。"辰州"牌水压支柱系统在山东莱州金仓矿业有限公司仓上金矿平里店矿区井下2028采场应用实验证明:其操作灵活、简单,仅需5分钟就可以完成一根水压支柱的支撑;支撑稳固,经仪表检测,支撑力可达20吨;安全性能好,可在远距离操作回收支柱;抗爆性能好,在距离炮孔1.3米处爆破后无损坏。

【甘肃有色金属新材料重点实验室成立】 甘肃有色金属新材料重点实验室4月12日在兰州理工大学正式挂牌成立。

该实验室是在原甘肃工业大学材料科学与工程实验室基础上,由甘肃省科技厅批准,并得到国家科技部审核批准建立的国家重点实验室培育基地。这也是中国高校中仅有的两个有色金属国家重点实验室之一,另外一个在湖南省的中南大学。

该实验室学术委员由有色金属材料界著名专家学者15人组成,其中院士4人,中国工程院院士、材料化学专家薛群基教授担任实验室学术委员会主任。兰州理工大学副校长郝远将担任该实验室的主任。该实验室将以材料制备科学、材料设计与性能和材料的先进加工技术为研究方向,具体研究项目涉及有色金属定向凝固成型理论与技术、有色金属新型焊接加工方法及智能控制等诸多领域。

【黄金尾矿可生产陶瓷釉料】 福建省双旗山金矿"利用黄金尾矿生产陶瓷色釉工艺技术"项目,2003年通过了有关部门组织的专家评审。该工艺技术项目研究达到了国内先进水平。

该金矿位于德化县葛坑镇,黄金尾矿废渣年堆放量近8万吨,给周边的生态环境带来危害。该矿科技人员以矿山尾矿为原料开发生产出从褐色到黑色的陶瓷色釉材料,经有关专家评审认为,该项目是当前环保领域的优选项目,在制造深色系列陶瓷色釉料工艺方面有新的突破,适合高档陈设艺术瓷和日用瓷等应用,降低了生产成本,并有广阔的市场开发应用前景。

【中国研制出高性能低压脉冲袋式除尘器】 由中国铝业河南分公司等企业共同研制的高性能低压脉冲袋式除尘器,2003年通过国家鉴定。专家认为此设备处理气量大、防尘效率高、应用范围广,具有广泛的推广价值。

该除尘器在保持现有低压脉冲袋式除尘器优点的基础上,在除尘器口内侧设置了具有导流、滞尘、气流均布三种功能的特殊结构的导流滞尘板,使含尘气体进入除尘器内流速迅速降低,进入滤袋室均布气流,提高了其处理气量的能力。与原低压脉冲袋式除尘器相比,新产品在处理气量上提高了50%,除尘效率高达99.9%,综合经济技术指标达到了国内领先水平。

【中铝镓快速分析方法通过鉴定】 中铝河南分公司科技成果"ICP-MS引进吸收与方法开发应用",2003年通过鉴定,达到国际先进水平。

该项目成功引进吸收国际前沿的痕量分析检测设备ICP-MS,并首次在国内将CCT技术、微波消解技术、气固反应原理与ICP-MS分析技术联合应用,开发出一套快速分析镓产品中20多种杂质元素的新技术,分析精度能达到6N至7N(99.9999%~99.99999%),填补了河南省在高纯分析领域的空白,率先在国内铝行业中成功利用ICP-MS检测7N镓以及将CCT技术应用于镓产品中Fe元素的检测。

电感耦合等离子体质谱(简称ICP-MS)分析技术是国际上多元素快速痕量分析的首选技术之一,电感耦合等离子体质谱仪是该公司为年产20万吨粗镓和年产5吨6N、7N高纯镓生产线而引进的分析设备。为充分掌握这项先进技术，应用好这台分析领域国际领先的设备，该公司科研攻关小组研制开发出一套3N至7N镓产品的快速检测方法，并很快应用到生产分析和过程控制过程中。自投用用以来，截至目前，他们共分析元素近6000项，充分保证了镓的生产质量。

【硼铁高炉分离新技术通过中期评审】 经本钢、东北大学等单位的团结协作，"十五"国家科技攻关计划项目"硼铁高炉分离新技术"研究工作，2003年通过了中期评审。

该技术是以辽东硼铁矿为原料，依托本溪钢铁公司开展的，是拥有自主知识产权的新工艺、新装备。经在28立方米高炉生产试验结果表明，该技术具有生产连续化、产量大、运行成本低的显著特点，可使品位低、矿物结构复杂的硼铁矿得到综合利用。该攻关试验的成功，为进一步建设300立方米高炉分离硼铁生产试验基地提供了设计依据，也为制定硼铁矿高炉分离新工艺制度提供了科学依据；冶炼所得硼渣提硼的工艺在国内外亦属首创，研究提出的含B_2O_3高MgO渣系的造渣制度及炉渣硬度，易于冶炼控制，工艺简化，得到的富硼渣指标优良。

专家认为，该项新技术使多年被称为"呆矿"的硼铁矿变成了可用资源，产品为含硼生铁、硼砂、硼酸和一水硫酸镁，缓解了可用硼资源短缺局面。该技术利用高炉分离得到两种产品，属无废物排放的清洁生产工艺，因此，具有较好的经济和社会效益。

【新型仿铜环保水性涂料问世】 一种新型仿铜水性涂料，2003年在华中师范大学研制成功。该涂料是当前用作仿铜装饰的有机树脂漆的理想替代品，适合于各种室内外装饰，具有很好的装饰效果。

该涂料是以硅酸锂水溶液（锂水玻璃）和丙烯酸乳液为主要成膜物，添加分散剂、消泡剂、增稠剂等各种助剂后，以纯铜粉、纯锡粉、锌粉等金属粉末为主要颜料，并配合氧化锌、滑石粉等颜填料调和而成。喷涂或刷涂于被饰物表面充分干燥后，经特制金属擦轻轻擦拭，即可得到光洁如新、金属质感很强的涂层。

这种新型仿铜水性涂料具有仿真度高、硬度强、耐候性和耐久性好、不变黄、与水泥制品和钢铁制品表面结合力强、不污染环境及耐高温等优点，可广泛用于各种器具、装饰品和雕塑表面的喷涂以及一些大型广场、酒店内外的大型仿铜雕塑、浮雕、仿铜工艺品装修。

【世界先进金属磨损自修复材料研制成功】 一种只需极其微量地加入载体润滑油中，就能迅速抵达金属摩擦表面，使磨损部位自动修复，从而使车、船内燃机可终身免大修的新材料，2003年在哈尔滨问世。国际知名的摩擦学专家称，这是中国摩擦学领域减磨机理研究和产品开发的重大突破，是机械装备维修保养技术上的一次革命。

这种金属磨损自修复材料能在金属摩擦表面形成高光洁度、高硬度的金属陶瓷层，使磨损的金属零件在机械设备正常运行中自动修复，恢复到原型尺寸，已达到国际先进水平。这种金属磨损自修复材料是在吸收国内外有关金属摩擦先进技术的基础上，结合中国矿石种类和品位，创新研制开发成功的，可广泛应用于机电制造、冶金、石油、化工、铁路、航空航天、精密零部件加工等领域。

北京铁路分局一台大修后行驶12万公里就出现磨损的火车内燃机，应用这种新材料后，经清华大学摩擦学国家重点实验室检测证实，内燃机继续行驶30万公里，原有磨损消失，恢复到原型尺寸；新大修机车直接应用这种新材料行驶50万公里，仍完整无损如新。专家检测表明，该材料可以使轴承在保持最佳尺寸精度的同时，将额定使用寿命提高20倍以上，刃具的使用寿命提高5倍以上，特种钢材寿命提高1倍以上。

金属磨损自修复材料的问世，可使各类机械设备在免拆卸的情况下实现维修保养，大幅度延长其使用寿命，这对中国走出一条科技含量高、资源消耗低、经济效益好的新型工业化道路具有重大意义。

【中国直径最大的稀土超磁致伸缩材料制成】 北京有色金属研究总院稀土材料国家工程研究中心，2003年采用自行开发的"一步法"新工艺，制成中国直径最大的稀土超磁致伸缩材料。其直径为70毫米、长250毫米，主要技术经济指标均达到国际先进水平。

"一步法"工艺即将熔炼—定向凝固—热处理等程序，在一台设备上连续完成，可用来制备大直径、高性能、低成本的稀土超磁致伸缩材料，且易于批量化生产。用这种工艺研制的稀土超磁致伸缩材料，成本不及国际售价的18%，可为中国军、民用大功率换能器提供材料保障，具有重要的战略意义。据了解，目前中国研制的稀土超磁致伸缩材料直径一般不超过50毫米，而国外部分应用产品直径达50~70毫米。

与传统的磁致伸缩材料相比，稀土超磁致伸缩材料具有磁致伸缩应变大、能量密度高、频带宽、换能效率高、响应速度快、可靠性好等优点，已成为精密致动器、智能传感器、换能器等器件的核心材料，也是国际上这一材料领域的研究热点。

【"1600吨/天氧化铝循环流化床焙烧炉国产化"项目通

过鉴定】 2003年,中国有色金属工业协会在北京主持召开了由山东铝业股份有限公司完成的"1600吨/天氧化铝循环流化床焙烧炉国产化"项目的鉴定。

该项目在消化引进的第一台1600吨/天氧化铝循环流化床焙烧炉的基础上,对其工艺和设备存在的不足之处做了较大的改进,投运后的国产化设备运转可靠,实现了提高产量和产品质量、降低能耗、减少建设投资的目标。项目在国产化过程中具有如下技术创新点:开发了高温氧化铝与10%~15%氢氧化铝混合自焙烧新工艺,降低了能耗,提高了产能;对原有电收尘系统进行了改进,提高了细颗粒氢氧化铝电收尘效率;改进了设备结构和材料,提高了系统的稳定性;对引进的自动化控制系统进行了改进,保证了系统的可靠性。

该系统国产化率高,投产后产能提高了20%,油耗降低了5%,投资降低了29.8%,节约了外汇,环保达到国家标准,降低了氧化铝的生产成本,具有明显的经济和社会效益。项目达到了国际先进水平,可推广应用于国内其他氧化铝生产企业。

【华光电解铝专用扒渣设备开发应用通过技术鉴定】 2003年,中国有色金属工业协会主持了由中国铝业股份有限公司贵州分公司完成的"华光牌电解铝专用扒渣设备的开发应用"项目的技术鉴定。

该项目根据国内铝行业扒渣设备使用情况,研制开发的新型电解铝扒渣设备。该设备结构合理、操纵简便、定位准确、工作性能可靠、维护方便、运行成本低,较好地满足了电解铝铸造工艺的要求;采用了液力马达驱动齿轮齿条或链轮链条结构使扒渣臂伸缩的技术;设计了全封闭式驾驶室;其驾驶室及发动机机罩,在结构上考虑了检视、维护、拆装、散热的方便性。耐热不锈钢焊接而成的扒渣臂,具有良好的耐热性和抗腐蚀性,热轧槽钢框架式结构与加强筋板的组合,增强了抵抗冷热变形的刚度和强度,其设备综合技术达到了国内先进水平,推广应用前景广阔。

【可回收新型锚杆研制应用成功】 2003年,山东泰山能源公司翟镇矿研制应用可回收新型锚杆取得成功,锚杆回收率可达80%以上,年创经济效益100多万元。可回收新型锚杆长度的80%呈螺纹状,使用时与常规的凿岩机械配套直接旋入煤孔中即可,回收时可整体旋出,多次循环使用,不需使用锚固剂。且具有抗拉强度大、可实现全长锚固、可切割性好、工艺简单等优点。

【XK-1、XK-2混凝剂成功研制开发成功】 陕西地矿局实验研究所于2003年成功研制开发出了矿山废水快速沉降净化新产品:XK-1、XK-2混凝剂。

该所的多项现场实验结果表明,采用XK-1、XK-2混凝剂沉降净化后的尾矿水,各项指标和自来水相似,达到再利用标准。净化后的洗煤水经检测,其有害离子浓度符合有关指标,可再利用。

HBXJ-混凝剂对饮用水以及食品加工、造纸、发电等工业废水的处理也优于传统产品。该混凝剂在处理低浊水时,能迅速形成较大的矾花,矾花颗粒密实,沉降速度快,余浊低,优于传统的混凝剂聚合氯化铝。

此项新产品技术标准已通过了陕西省技术监督局认定,该所也做好了工业推广应用试验的准备工作。

【海泡石和硅灰石复合制备摩擦、制动制品研制成功】 制备摩擦、制动制品,通常用石棉作为增强纤维。青岛星轮摩擦密封材料有限责任公司,采用海泡石与硅灰石复合,代替石棉制备摩擦、制动制品获得了成功,并通过大批量生产,出品率达到99%以上。经试用,产品摩擦系数高,制动灵活,磨损率低,性能稳定;并因不含钢纤维,不擦伤对偶,也不产生噪音,其效果达到或超过石棉基的摩擦、制动产品。因不含石棉而有利于环保。

生产该产品,对海泡石和硅灰石的要求如下:

①海泡石纤维:长径比28:1~34:1。$SiO_2$38%~41%,CaO18%~21%,MgO16%~19%,密度2.2g/立方厘米,硬度2~2.25,热膨胀系数3.7×10^{-5}。

②针状硅灰石纤维:长径比18.1~26.1,$SiO_2$47%~49%,CaO43%~45%,密度2.8克/立方厘米,硬度4.5~5.0,热膨胀系数6.5×10^{-6}。

海泡石与硅灰石的复合比为1.2:1。复合材料在产品配方中占20%~40%。

【高岭土(岩)可生产无熟料白水泥】 中国有大量煤系高岭土(岩),可以生产多种产品。焦作工学院将其磨细至325目,在650~850℃条件下焙烧6小时,变成有活性的偏高岭石,然后按偏高岭石40%~65%、熟石膏粉20%~30%、石灰20%~30%,再加入0.3%的减水型外加剂,便制得无熟料白水泥。此无熟料白水泥,抗压强度可达52.2兆帕,可用于生产无熟料白水泥制品、干粉建筑涂料、免烧、免蒸无水泥粉煤灰砖和砌块等。

【半石墨质阴极炭块开发成功】 2003年,由吉炭股份公司长春分公司研制开发的大型预焙铝电解槽用优质半石墨质阴极炭块获得成功,并通过省级新产品鉴定。

近年来,根据国内外铝电解槽大型化的发展趋势,预焙电解槽多采用大规格阴极底块,并由原炭素质向素质向半石墨质、石墨质和石墨化方向发展。该公司通过市场调研,决定利用自身原料和技术优势,集中开发生产大型铝电解槽用优质半石墨质阴极炭块。经过多年探索,他们选用优质电煅为主料、人造石墨为辅料的低灰分、低电阻率原料,经过科学配方、振动成型、环式焙烧和加工等生产工序,使产品的各项理化指标均优于国内有色金属行业一级品标准,部分指标达到国际同类产品的先进水平。据悉,该产品已形成批量生产能力并投放市场,经用户使用,反映良好。

【国产ICP光谱碳素微量元素测定法成功开发】 中国铝业河南分公司最近成功开发出了碳素分析的备用方法——"国产ICP光谱碳素微量元素测定法",与原有分析方法对比,该方法完全满足碳素分析要求。此研究成果的问世,填补了铝行业碳素分析技术的一项空白。

该公司采用"S4-X荧光光谱法"进行碳素分析,由于分析检测方法的单一性和设备较高的自动化程度,一旦某个部件出现问题,将会导致整个设备瘫痪,影响整个分析检测的及时性的连续性,造成巨大的经济损失。碳素分析检测备用方法的成功开发,将有利于保证碳阳极、石油焦、沥青等碳素制品分析检测工作的连续性,也为提高碳素质量控制自主权创造了有利条件。该项分析技术成果有较广阔的推广价值。

(中国矿业信息中心)

长春黄金设计院

【概况】 长春黄金设计院(以下简称设计院)始建于1958年,是原冶金工业部惟一直属的黄金专业设计院,现隶属于中国黄金集团公司。经过近50年的努力,目前已成为具有中国工程咨询甲级、冶金工程设计甲级、民用建筑设计甲级、工程总承包甲级、工程监理乙级及非煤矿山专业项安全评估等综合资质的大型设计院。建院至今,已完成600余座不同规模、不同采选工艺的采选联合企业的冶金及黄金矿山设计。

全院现有职工280人,其中教授级高级工程师23人,高级工程师121人,工程师44人。有90余人分别获得国家一级建筑师、一级结构工程师、咨询工程师、监理工程师、造价工程师、资产评估师、安全评价师、设备、电气工程师等注册资格。设有地质、采矿、井建、矿机、选矿、冶炼、电力、自动化仪表、通讯、工业与民用建筑、给排水、供热通风、环境保护、尾矿、设备、总图运输、概预算、工程经济、工程监理、工程承包等20多个工程技术专业、学科。设计院经过近50年的发展建设,形成了适应市场经济要求的专业配套、老中青结合的技术骨干队伍,具有先进的设计手段和技术装备,具有承担国内外大型工程建设项目设计和咨询的能力。2001年顺利通过ISO9001 1994国际质量标准体系认证,2003年通过ISO9001:2000版质量管理体系换证审核。

在激烈的市场竞争中,设计院坚持"以市场为导向,以效益为中心,以设计创优为基础,创精品、树精英、建名院"的建院方针,以"做一项工程、树一座丰碑、闯一片市场、交一批朋友"的经营理念,站在工程技术科学发展的前沿,掌握国内外先进的冶金矿山采、选工艺及设备,并能很好地将先进的技术融入到自己的设计产品中,满足各种规模、不同种类黄金矿山工程设计的技术进步需求。在采矿工程方面,具备大型矿山工程设计经验,在选冶工程设计方面,具有采用浮选、氰化、炭浆、树脂、生物氧化、原矿焙烧、热压氧化等先进技术成功的设计经验。多年来,我院在上述工艺和尾矿处理及环境保护方面都形成了一套独有的知识产权系统和专利技术。我院已有30余项工程荣获国家科技进步奖、国家优秀工程设计奖和省、部级优秀工程设计金奖。高新技术在设计中的应用,确立了设计院在冶金、黄金行业工程设计中的主导地位。

设计院拥有一批能够立足于中国黄金工程技术前沿的专家,拥有一支高水平、高素质的员工队伍。在中国勘察设计体制改革的新形势下,设计院将按照国际性工程公司的目标,以"用户至上、质量至上、诚信、严谨"的创业精神,以良好的企业形象,按照现代企业制度的要求和可持续发展的方针,发挥自身优势,立足国内,开拓国际市场,用先进的技术水平、优良的工程设计质量和满意的服务与国内外各界朋友真诚合作,共求发展和繁荣,共创未来,为21世纪冶金、黄金工业的发展而努力。

【生产经营】 2003年设计院完成工程咨询、工程设计及地勘资金申请可研项目30余项(其中高科技生物氧化产业化工程项目1项),完成民用建筑监理、矿山项目监理工程项目10余项。全年实现工程建设合同额1349万元,实现到账收费694.63万元;上缴税金34万元。被中国勘察设计协会评选为"中国工程项目总承包企业100强"单位之一。

2004年设计院实现工程建设合同额1498万元,实现到账收入892万元,其中工程咨询、设计收入743.5万元,其他经营性收入和补贴收入148.5万元,实现国有资产增加值178万元。这些业绩,为设计院健康持续快速发展奠定了良好的基础。

【矿山项目】 2003至2004年,完成和正在进行的矿山项目:辽宁省排山楼金矿露天转地下工程,建设规模1800吨/天;辽宁天利生物氧化厂,建设规模100吨/天,该项目采用生物氧化技术,属处理难选冶矿石的高新技术;内蒙古朱拉金矿,建设规模2000吨/天;吉林省夹皮沟金矿选冶设施技术改造,建设规模2000吨/天;珲春紫金矿业有限公司小西南岔金铜矿,建设规模4000吨/天;内蒙拜仁达坝银多金属矿,建设规模2000吨/天;河北峪耳崖金矿低品位开发项目,建设规模500000吨/天;四川阿加隆洼金矿项目,建设规模1500吨/天;贵州金兴矿业公司原矿焙烧项目,建设规模1000吨/天;珲春紫金矿业有限公司小西南岔金铜矿冶炼厂,建设规模100吨/天;内蒙敖包锗矿项目,建设规模1000吨/天;新疆阿希金矿生物氧化厂施工图,建设规模1000吨/天;河南雷门沟钼矿初步设计、施工图,建设规模1000吨/天;河南富川矿业公司钼矿初步设计、施工图,建设规模:2000吨/天;黑龙江省多宝山铜矿,建设规模24000吨/天;黑龙江省中加安宁铁矿初步设计,建设规模1000000吨/天;内蒙朱拉金矿项目管理,建设规模1000吨/天;青海威斯特矿业有限公司德尔尼铜矿,建设规模8000吨/天。

【民建项目】 2003至2004年,完成和正在进行的民建项目:长春市园丁花园小区,建筑面积:3800平方米;吉林省安图商贸城,建筑面积:11000平方米;长春市近江汽车零部件有限责任公司厂房,建筑面积:1824平方米;长春汽贸城回迁住宅1#-6#楼,建筑面积:71000平方米;吉林省名门风电设备有限公司厂房、办公楼,建筑面积:8500平方米;长春市君子兰花园小区住宅疾患热气站,建筑面积:4750平方米。

【监理项目】 2003至2004年,完成和正在进行的监理项目:长春长电紫盈花园,建筑面积68354平方米;长春明珠二期,建筑面积36062平方米;长春万龙花园,建筑面积37185平方米;吉林大学前卫校区5-11号住宅楼,建筑面积:59983平方米;长春市朝阳区国家税务局办公楼装修,建筑面积:7000平方米;青海威斯特铜业有限公司德尔尼铜矿,建设规模:8000吨/天。

【科技成果】 2003年,“内蒙古朱拉金矿工程”获吉林省优秀工程咨询成果二等奖。获奖人员:张维宾、于宏业、李冲、李军、姚树春。

2003年,“甘肃省玛曲县格尔珂黄金选矿厂改扩建工程”获吉林省优秀工程咨询成果三等奖。获奖人员:姜良友、罗冶、纪强、周桂香、任锦瑞、陆梅。

2004年,“甘肃省玛曲县格尔珂黄金选矿厂改扩建工程”获中国冶金协会优秀工程总承包奖;吉林省优秀勘察设计二等奖;获奖人员:李焕之、姜良友、罗冶、纪强、周桂香、赵健伟、宋学杰、任锦瑞、陆梅、谢军、汤青松。

2004年,“辽宁省排山楼金矿露天转地下工程”获吉林省优秀工程咨询成果三等奖。获奖人员:张维宾、张广篇、毛雁。

2004年,“甘肃省玛曲县格尔珂黄金选矿厂富氧浸出工艺研究应用”获中国黄金协会黄金科学技术二等奖。获奖人员:姜良友、罗野、纪强、周桂香等。甘肃省玛曲县格尔珂黄金选矿厂,地处海拔3500米的高原,富氧浸出工艺的应用,对改善选别效果,提高选矿回收率起到了至关重要的作用,同时也带来了巨大的经济效益。

2004年,“辽宁天利生物氧化厂生物氧化工艺研究应用”获中国黄金协会黄金科学技术一等奖。获奖人员:纪强、井维和、周桂香、唐抒梅。辽宁天利生物氧化厂采用生物氧化工艺处理难选冶矿石,技术含量高,设计难度大,该工艺在生产中的成功应用,实现了高新技术的产业化,为中国难选冶金矿石的合理开发利用开辟了一条新途径。

【企业管理】 2003年,完成了党委、工会换届工作,在组织上保证了长春黄金设计院生产经营工作的正常开展,同时进行了机构调整,进行了中层干部竞聘工作,加强了以全面预算管理为核心的企业管理,使长春黄金设计院改革、发展和生产经营活动及管理水平跨上了一个新的台阶。

2004年初,长春黄金设计院制定了全面预算管理的计划和措施,并严格执行内部控制、报销管理等规定,规范了员工行为,保证了各项工作都在全面预算管理的控制之下进行。

引入竞争机制,对中级管理人员和普通员工进行考核,实行末位淘汰制,全体员工提高了竞争意识和忧患意识,积极性、主动性及工作效率都有了大幅度提高。

对于工程管理,认真执行ISO9000质量管理体系要求,在生产计划、工期控制、质量控制上严格把关,实现了业主满意、院经济效益稳步提高的目的。

【机构改革】 2003年3月,设计院进行了机构调整,共设置矿山分院等3个生产部门、生产经营部等6个管理及服务部门、二级公司2个。

2004年6月,设计院与中金物业公司共同组建了长春金业安全评价公司,李焕之院长兼公司董事长,中金物业公司魏明雷任总经理。公司主要从事非煤矿山安全评价工作。

2004年12月,中国黄金集团公司拟组建中金科技公司,设计院与行业内其他5家单位将加入其中,目前正处于筹备中。

(长春黄金设计院)

协会·学会

中国矿业联合会

【概况】 中国矿业联合会(以下简称中国矿联)负责日常工作的常设机构为秘书局。内设办公室、财务部、会员管理部、调研部、国际联络部等5个部室;信息中心、会议与培训中心、新闻宣传中心和中矿联咨询中心等4个中心;并设有矿业经济、矿产资源、小型矿山、地热开发与管理、选矿、矿泉水、矿山环保与治理、矿业城市工作委员会等8个专门委员会和地质勘查协会,共九个直属工作机构。此外,还办有《中国矿业报》、《中国矿业杂志》、《中国矿业网》(www.chinamining.org)及中矿东源公司等。

【第五届中国矿业城市发展论坛】 于2003年9月24~26日,由中国矿联组织在辽宁省盘锦市召开。中共中央政治局委员、国务院副总理曾培炎为大会发来贺词,全国人大常委会副委员长蒋正华等出席了开幕式。辽宁省省长薄熙来到会并讲话。中国矿联会长朱训讲话,国土资源部副部长叶冬松参加了会议。论坛之后,由会议主办单位中国矿业联合会、中国城市发展研究会、辽宁省人民政府向国务院有关领导人和有关部门上报了《关于矿业城市转型和可持续发展的建议》,国务院领导对《建议》作了指示,国土资源部召开会议专门做了研究。

【中国能源战略与能源外交研讨会】 于2003年3月29~30日,中国矿业联合会、中国国际问题研究基金会等单位共同发起召开,研究世界石油发展新的局面与形势,以应对国际能源形势的新变化。会长朱训在会上作了题为《关于中国能源战略的辩证思考》的讲话,提出实施全球能源战略的10条对策方针,受到与会者高度评价。

【矿业开发体制研究】 受中国工程院委托,2003年底完成了《我国矿产资源开发体制战略专题研究报告》初稿。在总结中国矿产资源开发及体制历史演变的基础上,提出以制度创新加速中国矿业开发体制的市场化进程。报告受到各方面的关注。

【参与《矿产资源法》修改工作】 国土资源部"两法修改办公室"联合举行修改《矿产资源法》座谈会。二十多家行业协会及矿业企业参加了会议。会后,及时将完善《矿产资源法》的具体建议报国土资源部。

【国际资源交流活动】 2003年,组织会员单位参加在印度举办的第二十届世界采矿大会和在德国举办的中德矿业论坛。会长朱训率领的访印代表团与副会长王燕国率领的访德代表团均获成功。此外,在世界勘探者大会期间组织了"中国矿业研讨会"。经各方共同努力,申办2008年世界选矿大会主办国获得成功。

【促进开发地热资源,为企业搭建服务平台】 由中国矿业联合会与中国能源学会共同举办的"全国油田和城镇地热研讨会"在全国范围内把对地热这一国家鼓励开发的新能源、洁净能源的开发利用推向一个新的发展阶段。会长朱训专门前往华北和大港油田进行油田开发利用地热资源的考察调研。

引导企业开展资源综合利用,继续开展全国尾矿大调查,同时针对勘查、采选企业需求开展新产品、新设备、新技术交流活动,推动了矿业企业技术进步。

【"中国温泉之乡"评选】 中国矿联在国土资源部环境司的指导下,组织了全国第一个"中国温泉之乡"的推荐评选活动,广东恩平获此荣誉。这一矿业知名品牌创新机制的启动,推动了地方经济的发展,已取得良好的社会效益、经济效益和生态效益。

【产业文化宣传】 为深化"四矿"问题大讨论,促进解决中国地勘工作中的突出问题,由《中国矿业报》组织了50期的"地勘业发展问题大讨论"在业内产生积极反响。CCTV新闻频道中的"媒体广场"栏目采摘《中国矿业报》的新闻达近70条,报纸的影响越来越大。《中国矿业》杂志,《中国矿业年鉴》发挥信息量集中的特点,成为专业性强、分类性好的媒体平台。《中国矿业网》点击率已超过40万人次,并逐渐办出特色。

为了讴歌、展示和反映矿业行业改革发展成果,由中国矿业联合会和全国政协人口资源环境委员会联合举办的以“四矿”为主题的“首届开滦杯中国矿业摄影大赛”在京成功举办。

【专业委员会及分会工作】 2003年,完成了“小型矿山政策研究”专题;开展《矿产资源工业指标管理改革研究》;组织摄制《绿色矿山》电视系列片和编辑《矿山环境保护管理工作指南》;编著《矿产勘查百年》;举办有关矿权市场建设和灾害地质与环境地质培训;筹办国际矿泉水研讨会;以及协助地方人民政府开发利用本地资源,寻找合作项目等。

【凝聚力工程】 2003年,“国企减负”、“会员服务连心锁”、“对外合作架金桥”等十项子工程均有重要进展。组织“桂林之春”会员联谊会,公开征询会员企业意见的活动得到积极响应;在经费十分紧张的情况下,拨款建设“会员之家”;规范服务工作,建立《会员服务信息管理系统》;引进“矿山安全评价”、企业债券金融中介和井下无盲区安全通讯专利技术等项目使服务工作更趋实质化。2003年春节前夕,中国矿业联合会组织了赴开滦慰问矿工和老干部的送温暖活动,受到企业欢迎。

【中国矿联自身建设】 中国矿业联合会党委以“三个代表”重要思想为指导,团结党员群众以实际行动保障“三个服务”办会宗旨的落实。组织党员、群众去西柏坡进行“重温入党宣誓”活动;进行“牢记党的信念,坚持党员标准,永葆党的先进性”的党课教育。

在加强中国矿业联合会秘书局机关工作建设上,制定完善各项规章制度,对二级机构的管理以及在用人、分配、工作运作机制上的改革又有新的进展。经费上实行全成本管理,以及全面推行竞争上岗、末位淘汰和人员聘用制,完善了管理机制。2003年度继续被中国工业经济联合会授予“全国先进行业协会”。

(中国矿业联合会)

煤炭工业协会

【概况】 2003年,协会在政府部门的领导下,在各会员单位的支持和帮助下,在参与行业管理、推动行业发展,为政府、为行业、为企业服务等方面做了大量工作,取得了实质性的进展和成效,协会的公众信任度明显提高,逐步得到了国家有关政府部门和会员单位的认可。

【为煤炭企业发展和改革服务】 几年来,中国煤炭工业协会根据职能,结合煤炭工业发展实际,围绕解决行业发展的突出矛盾和问题,广泛深入地开展调查研究,向国务院领导和政府有关部门提出了一系列政策建议,受到了高度重视。目前,有的建议已经形成了国家政策,有的建议有关部门正在抓紧研究,制定解决具体问题的政策措施。

1. 煤炭企业税收负担过重问题反映。2002年4月,中国煤炭工业协会和中国煤炭经济研究会在进行大量调查研究的基础上,向国务院领导人报送了《关于降低煤炭企业税收负担地建议》。吴邦国先后两次做了重要批示,财政部提出了具体意见和建议。十六届三中全会已经做出了增值税改革决定,煤炭企业增值税负担过重的问题有望得到解决。2003年6月,针对有关省区要求提高煤炭矿产资源费征收比例的要求,及时组织研究,向财政部、国家税务总局提出了“近期不宜提高煤炭矿产资源费征收比例的建议”。国家税务总局采纳了这个建议,维护了煤炭企业的合法权益。

另外,还向国家发展和改革委员会报送了《关于尽快停止征收铁路建设基金的意见》报告。

2. 对未来供需趋势进行预测。协会对全国煤炭供需趋势进行了跟踪调查,提出了《加大煤炭结构调整力度,解决未来煤炭供需缺口》报告。原国家计委2002年2月向国务院报送的《关于当前煤炭工业形势分析和建议的报告》中,提出了未来煤炭供需可能出现缺口问题和设立煤炭勘探开发基金的建议。吴邦国、温家宝先后在《报告》上作了重要批示,今年初,国务院做出了“利用国债资金支持煤炭基地建设,促进煤电联营,形成若干个亿吨级的大型煤炭骨干企业”的结构调整的战略决策,为煤炭工业发展提供了政策支持。

3. 增加煤矿安全投入呼吁。参与了全国政协“四矿”问题的调查研究,重点反映了煤矿安全投入欠账问题,引起了全国政协的高度重视。2002年6月,全国政协常委会以信息专报形式,向国务院提出了《关于加强国有煤矿安全投入的建议》,朱镕基、吴邦国、温家宝先后作了重要批示,国家已经先后投入40亿国债资金,并决定2004年再投入40亿元解决原国有重点煤矿重大安全技术改造项目投入问题。协会参与了国务院组织的“建立煤矿安全投入长效机制”论证工作,提出规范维修费、增提安全费用、加强监管等相关的政策建议。

4. 反映煤炭资源管理存在问题。2003年下半年，针对煤炭资源管理出现的问题，如大型煤炭企业后备资源被抢先注册了探矿权和采矿权、稀缺煤种破坏严重等现象，向国务院领导同志和政府有关部门提交了专题报告，反映问题，提出加强资源保护的建议。

5. 提出解决人才短缺问题建议。在行业人才短缺、流失严重的情况下，2002年协会向国家提出"对口单招"的政策建议。经教育部批准，"对口单招"工作已经正式开始，为煤炭企业解决人才不足问题开辟了新途径。目前，中国煤炭工业协会正在筹建现代煤炭远程教育培训网，以加强煤炭行业人才培养，促进煤炭行业人才培养和汇集机制的形成和完善。

煤炭企业外部环境并不宽松，许多问题还需要系统研究和反映。今后，要在煤炭工业发展战略研究的基础上，更加系统地向政府提出发展煤炭产业的政策建议，为煤炭行业企业创造公平竞争的环境。

【煤炭工业可持续发展战略研究】 1.《中国煤炭工业2020年发展战略》课题研究。在详细分析煤炭工业现状和存在问题的基础上，深入研究和预测国内外煤炭供需关系变动趋势，研究优化产业结构，实现可持续发展应采取的战略以及必要的保障措施和配套政策体系，为政府进一步了解煤炭工业现状，解决发展中存在的问题和困难，推动煤炭工业可持续发展，实现新型工业化，满足国民经济对能源的需求提供决策依据。

2."组建煤炭大型企业集团"战略研究。配合国家发展和改革委员会，组织问卷调查和重大煤炭基地建设的研究工作，向有关部门提出了可操作方案。同时，开展小型煤矿联合改造对策研究。对9个省区煤炭企业进行实地调查，提出了《小型煤矿联合改造对策研究》报告。

3. 提出《关于全面推进煤炭工业改革与发展意见》。在大量调查研究的基础上，提出指导性《意见》，进一步指导煤炭行业，引导煤炭企业认清形势，抓住机遇，加快发展，提高整体竞争能力。

【煤炭行业基础工作建设】 1. 规范和完善科技成果、科研项目的评审鉴定程序。按照国家科技部有关改革措施，巩固科技专家队伍，做好专家队伍的定期培训，提高相关专家的业务素质；组织行业专家修订、完善有关评定奖项和科研项目"奖励办法"、"实施细则"等规章制度，规范评审程序。

2. 推动高产高效矿井建设。采取有效措施，修改完善"高产高效评审办法"；积极宣传、推广高产高效矿井建设新技术、新工艺、新装备，提高科技含量；总结交流高产高效矿井技术与管理经验，开展国内外的合作与交流，稳步推进高产高效矿井建设。认真总结优秀企业科技创新经验，组织开展新技术、新产品、新工艺交流，技术成果鉴定和推广。

3. 加强煤炭工业统计信息的收集、整理和发布工作。制定工作制度，研究合作方式、方法，定期公布行业发展的信息与动态。加大对煤炭行业经济运行、供需关系、技术进步、国际交流等信息的收集、整理和发布工作，促进企业信息化的建设。同时，加强煤炭工业经济运行的分析和预测，建立定期的统计信息发布制度。根据行业发展需要充实完善报表内容，改变统计信息报送渠道。改革统计方法，坚持定期统计报表与抽样调查相结合、统计报表信息以报表与网上发布相结合。

4. 加强国际合作与交流。加强了与国际组织和世界主要产煤国家的联系，建立与外国协会、社团之间的合作关系，重点建立与澳大利亚、俄罗斯、南非、德国、英国和印尼等煤炭协会、商会的合作关系。积极组织了第19届世界采矿大会、第20届国际选煤大会和亚太国际采矿大会以及美国西北采矿协会。特别是第10届国际煤炭采矿技术交流与设备展览会，共有140家公司和厂商参展，规模超过历届煤炭采矿技术交流与设备展会。

【全国煤炭工业改革与发展会议】 2003年12月19～20日，由中国煤炭工业协会组织在北京召开。会议由范维唐会长主持。会上，有6位专家就煤炭科技发展、煤炭设计改革与创新、煤炭资源保障与合理开发、煤炭企业改革和上市公司回顾与展望、煤炭行业人才培养等方面作了专题发言，神华集团、兖矿集团、山西焦煤集团、阳泉煤业集团、宁夏煤业集团、河南永城矿业集团等12个单位介绍了经验。第一副会长濮洪九代表中国煤炭工业协会作了题为"抓住机遇，深化改革，全面推进煤炭工业持续快速协调健康发展"的工作报告。会议还在人民大会堂隆重表彰了煤炭工业优秀企业和优秀企业家、双十佳煤矿、双十佳矿长和优秀矿长，颁发中国煤炭工业协会科学技术奖和全国煤炭青年科技奖。

对这次会议的召开，党和国家领导人，国务院各部委领导非常重视。中共中央政治局常委、国务院副总理黄菊作出重要批示：煤炭是中国的基础能源，在国民经济中发挥了重要作用。进入新世纪，中国煤炭工业协会要为煤炭工业走新型工业化道路，为全面建设小康社会作出新的贡献。

中共中央政治局委员、全国人大副委员长、中华全国总工会主席王兆国、全国政协钱正英副主席在百忙之中亲临大会，接见了与会全体人员。国家发展和改革委员会副主任欧新黔、国务院国有资产监督管理委员会副主任王瑞祥、国家安全生产监督管理局(国家煤矿安全监察局)局长王显政等领导出席了会议并作了重要讲话。

这次会议效果很好,反响很大。一致认为这是一次对中国煤炭行业改革和发展历程的一次集中回顾和总结,是对煤炭企业改革与发展典型经验和成果的一次检阅和交流,是研究探讨新形势下加快中国煤炭工业改革和发展的工作思路,认清形势、明确方向、鼓舞士气、振奋精神的一次盛会。会议将对煤炭工业改革与发展起着重要的推动作用。 (中国煤炭工业协会)

中国钢铁工业协会

【概况】 2003年协会积极发挥协调作用,为企业和政府服务。为了把矿山企业对《矿产资源法》修改完善的意见集中反映给政府主管部门,国家发改委、冶金矿山协会等单位联合召开了专题座谈会,了解矿山企业对《矿产资源法》修改的具体意见和建议,向国土资源部"两法"修改办公室作了汇报,矿山企业的意见得到了政府的高度重视。继续开展"对标挖潜"活动,每月向企业印发"对标挖潜指标汇总资料",召开专题研讨会,总结推广先进经验,促进了全行业技术经济指标的改善。进行市场跟踪和监测,基本每月在《冶金矿山动态》上发布行业运行情况、市场价格走势及矿产品进口等信息。推动企业技术进步和技术创新,组织技术交流和专题研讨会,申请设立了中国冶金矿山企业协会科学技术奖。配合企业加强管理和管理创新等工作,协调了大量企业间的考察交流和相互学习的工作,得到了企业的支持和肯定。加强国际交流与合作,组织部分矿山企业参加了首届中德矿业论坛,考察了德国、瑞典等国家的先进技术和装备,开展了与蒙古国的交流。协调指导了各专业委员会的工作,按照年度工作计划,各专业委员会在为行业服务方面开展了大量有效的工作。

【黑色矿产资源可持续发展战略研究】 2003年按照中国钢铁工业协会的统一部署,对中国铁矿资源开发利用现状和资源潜力、在建项目、拟建项目和规划矿区进行了深入调查研究,对2005~2010年中国铁矿资源开发利用规模进行了预测调研,分析了2005~2010年国内和国外铁矿资源对中国钢铁工业发展的支撑情况,指出了存在的问题,提出了发展战略建议,研究成果编入了《钢材市场需求预测及钢铁工业发展战略的若干建议》报告。这份报告对促进行业健康发展,引导矿山企业制定切实可行的发展规划将起到积极作用。

配合中国工程院关于《中国可持续发展矿产资源战略研究》,承担了黑色组两个专题的研究,对国内外铁锰铬资源与储量、开发利用现状、市场消费、国际贸易及发展趋势做出了分析判断。按照2005年、2010年、2015年、2020年不同时期中国钢铁工业发展对铁锰铬资源的需求预测,分析了开发利用国内资源的经济合理性,提出了合理开发和高效利用国内资源的结构布局、适度规模、技术路线、关键措施以及对策建议。充分利用国外资源,对未来的贸易进口量、进口国别和海外开发重点地区、主要项目、开发规模进行了分析预测和研究部署,提出了具体措施和政策支持建议。中国工程院将于5月份向国务院汇报研究成果。这些研究成果,将对中国铁锰铬资源的可持续发展和可持续供应体系的建立完善,发挥重要的指导和促进作用。

【铁矿资源等级调整划分】 鉴于铁矿资源等级标准已在很大程度上不能适应矿山企业变化了的情况及发展要求,在国家税务总局和大型矿山企业的大力支持下,协会组织行业专家,对铁矿资源等级调整的主要内容和铁矿资源等级评价指标体系进行了深入研究,提出铁矿资源等级调整目标、原则、主要内容和调查提纲、指标体系、具体要求。国家税务总局向各省、自治区、直辖市地方税务局下发了"关于调查铁矿资源税等级划分情况的通知"。组织对各省、自治区、直辖市地方税务局主管领导进行铁矿资源等级调整培训。20余名行业专家分4个组,在各地地方税务局的支持与配合下,对全国10万吨以上的采点或坑口进行调查核实。在调查过程中,协会做了大量的协调工作,多次召开座谈会,研究调查过程中出现的新问题新情况,确保了这项工作的顺利开展。目前调查工作已基本完成,进一步核实分析计算后,确定新的等级。这项工作有利于合理税负、公平竞争,促进冶金矿山可持续发展。

【"2020年中国冶金科学和技术发展指南"资源部分编写工作】 党的十六大提出制定"国家中长期科学和技术发展规划"的战略任务,国务院成立了"国家中长期科学和技术发展规划"领导小组,开始启动规划编制工作。为了配合此项任务,在中国钢铁工业协会和中国金属学会的领导下,协会承担了"2020年中国冶金科学和技术发展指南"资源部分的编写工作,在组织调研、搜集素材、分析研讨的基础上,组织行业专家进行编写工作,先后召开三次专题讨论,多次进行修改完善,对国内外黑色矿产资源勘探开发技术的发展现状、发展目标、关键技术、相关支撑条件等进行描述,对技术发展对策、技术创新体系完善、技术人才队伍建设等提出建议。

【《世界铁矿矿情概览》组织编写】 按照协会理事会的决定,组织了《世界铁矿矿情概览》的编写工作,全书80余万字,收集了国内外铁矿资源与开发利用的大量信息和资料,是迄今为止介绍国内外铁矿情况信息最新、内容最丰富的基础性资料。对中国矿山企业的领导和广大技术人员,在编制本企业发展规划、制定发展战略、制定技术改造规划和措施等方面有所帮助;为中国钢铁企业采购进口矿、选择供应商提供参考和帮助。

(揭香萍)

中国黄金协会

【概况】 中国黄金协会是国务院国有资产监督管理委员会主管的中国黄金行业惟一的全国性社团组织,由黄金地质勘探、生产、冶炼、加工和流通企业以及地方社团组织、与黄金行业相关的科研院所、大专院校等自愿组成的非营利性社团法人。

中国黄金协会于2001年11月23日成立。现有常务理事单位81家,理事单位268家。协会的会长、副会长均由国内重点大型企业(集团)、重点地方行业协会及有关机构负责人担任。会员单位的黄金产量占全国总产量的93%,黄金首饰加工、流通企业会员涵盖了各省(市、区)的大型骨干企业和名厂、名店。

业务范围:根据国家有关政策法规,制定行规行约,参与拟定、修订国家和行业标准、行业发展规划;发挥"桥梁"、"纽带"作用,在以黄金为主的贵金属领域内,为政府部门的宏观调控提供服务,为会员单位服务,为行业发展和行业的总体利益服务;受国家发展和改革委员会、国家统计局委托,开展行业统计,收集、分析、发布行业信息;反映会员的要求、协调会员之间的关系,维护企业和消费者的合法权益;受科技部的委托,开展科技成果鉴定、科技成果评奖及新技术、新设备、新材料的推广应用与交流;受国家发展和改革委员会委托,承担对重大技术改造、技术引进项目进行咨询、前期论证;组织出国考察、培训、进修等国际合作与交流,引进国外智力,推动黄金技术、设备的进出口;组织业内企业咨询与评价,参与黄金等制品、饰品的开发及推广,开展名牌培育及推介;举办展览会、大奖赛等活动,推动黄金消费。

协会成立三年中,国家彻底取消了"统购统配"政策,成立了上海黄金交易所;改革了黄金交易税收政策;取消了涉及黄金、首饰行业的25个行政审批项目;黄金行业管理职能并入国家发展改革委。表明了中国黄金行业在走向社会主义市场经济的道路上迈出了重要步伐。中国黄金协会贯彻落实党的十六大精神和"三个代表"重要思想,树立和坚持科学发展观,按照国家各政府部门的部署和要求,认真履行职责,发挥服务功能,当好"桥梁"和"纽带",通过全体理事、常务理事的共同努力,协会的各项工作都取得了很大成绩。

【黄金行业发展问题研究】 为保证黄金行业的持续、协调、健康发展,受国家发展改革委工业司的委托,协会组织行业内具有代表性的企业、院所的专家学者,起草了中国黄金矿产资源可持续发展战略研究报告。报告全面系统的分析了中国黄金行业现状,提出了一些相应的战略规划,并针对存在问题提出了建议,对于行业的长远发展具有重要的指导作用。为提高黄金首饰企业效益和竞争力,协会在通过召开座谈会、研讨会等前期论证的基础上,向国家税务总局提出了减免黄金饰品消费税的建议,并上报了《关于减免黄金饰品消费税的请示》。经过协会多次汇报,积极工作,引起了国家税务总局的高度重视。因此确定,由国家税务总局流转税司、税收科学研究所和协会三家成立联合课题组,提出《关于改革黄金饰品消费税政策的调研报告》作为报送国务院的报批附件。目前,这项工作取得了较大进展。最近,协会还承担了行业标准的制定、修订;国土资源部黄金矿山采矿证审批前的开发利用方案评审;国家海关总署黄金行业加工贸易单耗标准的制定等工作。

【黄金行业统计工作】 国家发展改革委经济运行局、产业政策司及财政部经济建设司和协会签订了委托书,委托授权协会承担黄金行业产量、技术经济指标、黄金市场等项目的统计及分析,并对行业的发展现状、存在问题等定期提出建议。国家统计局也正式发文授权协会承担行业统计工作。为做好这项工作,协会召开了全国黄金行业统计工作会议,传达全国统计工作会议精神,研究行业统计工作存在的问题及对策,并征询完善行业统计体系的意见。目前,统计体系日臻完善,统计网络基本形成。协会报送的《黄金统计月报》和《黄金经济运行情况分析》,准确及时地为政府部门提供了可靠的决策依据。

【黄金行业科技工作】 经过协会主动汇报工作和积极争取,国家科学技术部成果奖励办公室正式批准设立"中国黄金协会科学技术奖",奖励"在全国黄金生产、加工领域的工艺技术、材料设备及管理中取得突出成绩的科技成果”。按照科技部的要求,协会组织成立了奖励委员会和评审委员会,聘请了以王淀佐、涂光炽、古德生等院士为主共20余名专家担任评审委员会委员,并制定了《中国黄金协会科学技术奖奖励办法》2002年和2003年两年中,共评出一等奖10项,二等奖26项,三等奖27项。经向科技部推荐申报,2个项目获国家级科学技术进步二等奖。协会在厦门和成都组织召开了“全国黄金科技工作会议及科技成果推广会”,表彰中国黄金协会科学技术奖获奖项目,颁发获奖证书,并交流了科研成果。经过协会的不断努力,“科技兴金”蔚然成风,促进了黄金行业的健康发展。

【对外交流与合作】 伴随着改革开放的步伐,中国黄金行业开展国际交流与合作的范围正逐步扩大。世界各主要产金国和大的黄金矿业公司以及黄金首饰设计、加工较为发达的国家,都表达了愿意与中国黄金行业增进交流、加强合作的愿望,以达到互惠互利、共同发展的双赢目的。因此,协会于2002年6月在山东省招远市,和南非贸工部、招远市政府共同主办了“中–南黄金技术、设备引进暨项目融资经贸洽谈会”。到会代表共有300余人,南非贸工部组织了十余家矿山企业、研究院所共30余名企业家、专家、学者参加了会议。

2003年11月,协会和澳米佳咨询顾问有限公司等单位共同在上海举办“2003”国际黄金投资大会”,有130余名国内代表和50余名外商参加会议。通过组织国际性会议,达到了沟通信息、增进交流、加强合作的目的,起到了构建“让中国黄金走向世界,让世界黄金了解中国”交流平台的作用。协会还组织了黄金行业技术人员的出国培训,访问了美国、英国、南非、日本等国黄金企业和机构,并接待了意大利、美国、新加坡、日本等国家和地区同业组织和企业的来访。

【黄金消费促进工作】 截至2003年,国内黄金年产量和年消费量相比是供不应求的态势。从长远发展考虑,让黄金生产企业和黄金加工、销售企业更加紧密地联系起来,实现“上、下游”的互动,扩大国内黄金消费,对于保持“大黄金”行业的健康发展具有十分重要的促进作用。因此,协会以推广黄金应用、扩大黄金消费为己任,下大气力宣传黄金,营造消费热点,并搭建业内的交流平台。一是和香港亚洲博闻公司在深圳高交会展览中心共同主办“中国国际黄金珠宝玉石展览会”。展会吸引了众多来自国内和土耳其、比利时、以色列、日本、美国、泰国、意大利等国家和地区从事原材料、珠宝首饰、设备、工具等相关业务的厂商参展。该展会已连续举办了两届,2004年举办第三届。二是为从提高设计、工艺水平入手,促进黄金首饰消费,协会和国土资源部珠宝玉石首饰管理中心、山东省招远市人民政府共同主办了“中国金都杯”全国黄金首饰设计大赛,每年一届。参赛范围日益扩大,参赛作品逐年增多,并在业界引起了良好反响,成为国内黄金珠宝业的一项权威赛事。通过组织展览会和首饰设计大赛,社会各界更加了解和关注黄金行业,同时也使各黄金首饰加工企业更加重视设计,努力缩小和境外知名首饰企业的差距,从基础上去提升企业的竞争力。另外,协会还动员和组织了重点冶炼企业的金条上市活动,贺岁金条一时成为消费热点,在社会上引起关注和轰动效应。

【信息服务】 信息服务是协会工作的重要组成部分。协会的信息服务对象大致有三个层面:一是对上级政府部门,二是对会员单位,三是对社会公众。需要重点把握收集、整理、报送、发布4个环节。做好这项工作对行业发展具有十分重要的意义,有益于政府部门和企业领导者总揽全局、掌握动态并做出正确决策,同时也让社会公众更加了解和关注黄金行业。协会一是按照国家各部门的要求,把报送信息的任务落实到人,确保按时、按质、按量完成任务。二是建立中国黄金协会网站,并对网页多次进行改版、调整栏目,使其更加符合各届人士特别是会员单位的需要。目前,协会网已成为业内人士最为关注的网站之一。三是通过各种媒体加强对外宣传,发布行业的相关信息。四是编辑出版《中国黄金年鉴》。

【黄金系列品牌推广活动】 为促进黄金特色区域成长壮大,进而推动黄金行业的全面发展,协会制订了《关于授予中国黄金行业特色区域特定称号的规定(试行)》,并于2002年1月28日,授予全国产金大市——山东省招远市为“中国金都”称号。此举在国内外引起了很好反响,提高了“中国金都”地区品牌知名度,也为这一地区做大黄金主业、带动相关产业发展提供了良好的基础条件。招远市委、市政府对金都品牌十分重视和珍惜,参与主办并独家赞助了全国黄金首饰设计大赛。同时,还开展了一系列的品牌推广活动,冠名“中国金都号”列车,以“中国金都”名义参加业内展览会等,使这一区域品牌价值迅速得以提升。

【协会自身建设】 按照上级部门要求和《章程》规定,协会建立了完备的议事制度。每年召开一次理事大会,每半年召开一次常务理事会,并经常召开会长联席会议。对申请入会的单位进行考察和甄选,并培育、支持地方黄金协会的组建,以不断扩大协会的影响力和号召力。在秘书处自身建设方面,主要是把握好夯实基础工作和改善工作人员的知识结构,不断提高政治素质和业务水平。制订了工作规则、财务管理规定、档案管理规定等规章制度,使各项工作逐步走向规范化、制度化。（中国黄金工业协会）

中国钨业协会

【概况】 2003年中国钨业协会在会员单位的大力支持和共同努力下,本着“为企业服务、为政府服务、为振兴钨业服务”的宗旨,在开展调查研究、技术交流、行业统计、经济活动分析、信息咨询服务、行业自律和协调等方面,开展了一系列活动,做了大量工作,取得了一定的成绩。2003年3月被原国家经贸委授予“全国先进行业协会”,11月又被中国工业经济联合会授予“中国先进工业行业协会”,中国钨业协会连续六年获此荣誉。

【钨业综合治理】 1. *控制钨品出口总量*。加强钨品出口管理为巩固钨品出口管理所取得的成果,协会受商务部委托,经调查研究和向会员单位征求意见,于2003年9月16日向商务部提交了《关于对2004年钨及钨制品出口供货和出口管理配额有关问题的建议》,建议2004年钨及钨制品出口配额总量在2003年17000吨钨含量的基础上适当减少,被商务部采纳。

为继续贯彻落实原国家经贸委、外经贸部发布的由李荣融主任和石广生部长签署的21号令精神,根据有关规定,协会于2003年10月对各有关省(市)经贸委、外经贸厅上报的钨品出口供货资格企业审核材料进行了认真细致的核对,于11月28日向商务部提交了《关于对2004年钨品出口供货企业年度审核的报告》,得到部委有关领导的好评,也引起了高度重视。

2. *从源头上抓起,严格控制钨精矿生产总量*。为进一步贯彻落实国土资发[2002]222号文件精神,掌握文件的执行情况,通过座谈、问卷调查和现场调研,我会向国土资源部提交了《关于2002年全国钨精矿生产总量控制情况及2003年工作安排建议的报告》。部据此于2003年1月21日下达了2003年度钨精矿总量控制指标,具有采矿资格的钨矿山核减为118家,钨精矿生产总量为43660吨。

为贯彻落实国土资发[2003]22号《关于下达2003年钨精矿总量控制指标加强钨矿开采企业监督管理的通知》精神,2003年3月15日至16日,中国钨业协会地质矿山分会召开江西、湖南、广东、广西等省(区)主要钨矿企业代表座谈会,会议认真总结了2002年钨精矿总量控制指标执行情况,并研究如何开展2003年钨精矿生产总量指标控制工作,以及向国家部委的政策建议。

2003年9月,协会下发《关于对具有采矿资格的钨矿开采企业2003年定点配额生产情况进行年度审核》的通知,12月10~15日,为检查2003年钨矿总量控制指标执行情况,受国土资源部委托,中国钨业协会地矿分会组织专家,分两个组对江西、湖南、广东三个省部分钨矿进行检查。通过对收回的《钨矿开采企业年度审核表》进行整理和检查的实际情况,协会于2003年12月22日,向国土资源部作了专题汇报。

【企业服务】 中国钨业协会根据钨行业综合治理过程中出现的问题,及时向有关部委反映情况。

2003年8月,得知国家有关部门酝酿取消钨品出口退税情况后,中国钨业协会召集有关会员单位进行讨论,立即起草报告,说明钨品出口特殊性及取消退税对全行业的影响,并将《关于对保留“钨品出口退税”政策的请示》报告及时送交国家财政部、商务部和国家税务总局,反映行业意见和呼声,维护全行业的利益。

2003年6月,中国钨协地矿分会了解到个别业主以开采其他矿种的名义,变相开采钨矿,地矿分会及时将掌握的情况反映给当地政府,得到政府的支持,并制止了这些非法采矿。

2003年协会继续向国家发展改革委员会等部委提供中国钨工业运行情况,为国家有关部门决策提供依据。

【科技交流与研讨】 中国钨业协会和各分会非常重视科技交流工作,积极组织开展了各种形式的专业性技术交流活动,推广和交流先进技术,以促进企业的科技进步。

2003年4月,中国钨业协会硬质合金分会在山东济南召开理事会,总结2002年工作,部署2003年工作;同时完成了“全国硬质合金行业2001年季度统计报表及统计年鉴”的编制印发工作,使企业及时了解和掌握行业内的生产经营情况,并就2002年行业经营状况及2003年的经济形势进行了分析讨论,进一步加强了行业之间的沟通与合作,增强了会员单位之间的凝聚力。

2003年7月,地矿分会组织相关人员,走访考察湘赣两省的部分钨矿生产企业,促进了钨生产企业之间的沟通和了解,对2003年钨市场的形势进行了认真的调查和分析,以正确引导钨矿企业的生产。

2003年9月,硬质合金分会和地矿分会联合,接待了来华访问的美国肯纳金属集团,双方就有关钨业的发展进行了热烈的探讨,并就钨产业深加工方面的技术进行了交流,促进了钨企业和国际钨业界的交流。

2003年10月,硬质合金分会在昆明召开“全国硬质合金行业统计工作会议”,对硬质合金行业统计工作进行总结和表彰;为做好硬质合金行业统计工作,规范行业统计报表,特请有关专家编写印发了《硬质合金行业统计报表制度》,进一步加强了会员单位之间的相互学习和交流,推动了行业统计工作的发展。

2003年10月,钨钼钢铁分会在浙江丽水组织召开了“工模具钢学术与生产信息交流会”,对工模具钢的现状及发展进行了研讨。

【行业统计】 为全面汇集中国钨业概况,展示钨业2002年生产经营成就,促进钨企事业单位之间的信息交流,为国家制定钨业有关政策和决策提供参考,为企业制定发展规划,进行生产经营决策提供资料,协会汇编印制了《2003年中国钨工业年鉴》,在2002年的基础上,对内容和版面进行了修改。

近年来,协会还与国家海关总署计算中心合作,根据海关提供的中国钨品进出口资料,按季度进行钨品进出口分析,分品种与历年情况进行比较,为会员单位做好信息服务工作。

硬质合金分会多年来坚持做好统计分析工作,积极为企业服务,坚持开展年度统计和经济活动分析,完成了《全国硬质合金行业2003年季度统计报表》及《全国硬质合金行业2002年统计年鉴》的编制和印发工作,使企业及时了解和掌握行业内的生产经营情况。

【信息交流】 协会期刊《中国钨业》,始终坚持以宣传党中央、国务院发展钨业的有关方针、政策为宗旨,以报道钨业科技、经营、管理、生产为主题,以为钨行业服务为己任,是一份具有权威性、综合性、实用性的刊物,是协会对外交流、宣传的一个主要窗口。2003年不断改进办刊质量,已连续多年被评为中国科技论文统计源优秀期刊。

硬质合金分会会刊《硬质合金》,内容突出了材料科学、材料工艺和应用技术等方面的成果,具有较高的学术价值,连续多年被评为全国中文核心期刊。硬质合金分会主办的《硬质合金简报》,印发了4000份,向会员单位提供市场变化动态、市场预测、价格走势、国际市场状况与变化等信息计260多条。

中国钨协许多重要文章多次刊登在《中国有色金属报》、《中国矿业报》、中国工业经济联合会的刊物上,国家部委也经常采纳钨协的材料和意见向国家领导人汇报。

【协会自身建设】 不断加强思想建设。我们充分发挥各种舆论工具的作用,宣传党和国家的方针、政策,指导、引导会员单位分析形势、抓住机遇,紧跟时代的步伐;协会机关工作人员每月都坚持学习,掌握、理解新形势下行业协会面临的新任务,对照检查、总结工作和研究部署应对措施,以适应新形势要求。

不断加强组织建设。根据国家有关文件和民政部下发的《社会团体登记管理条例》和《全国性社会团体分支机构、代表机构复查登记工作方案》等文件精神,协会召开分会秘书长工作会议,填报了分支、代表机构登记表和证明材料。经民政部和原国家经贸委的核查批准,于2002年12月通过了民政部的复查登记工作,并于2003年6月领取了登记证书和副本。

【中国钨业协会第四次会员代表大会】 2003年10月29~30日,在北京召开。中共中央候补委员、中国铝业公司总经理、中国钨业协会名誉会长郭声琨,全国政协常委、中国科协副主席、工程院院士、中国钨业协会副会长左铁镛,中国工业经济联合会副会长顾家麒及国有资产监督管理委员会、商务部、国土资源部、民政部民间组织管理局、国家发改委等国家部委,中国有色金属工业协会、中国五矿化工商会等兄弟协会到会作重要讲话或表示祝贺。会议实事求是地回顾了三届理事会成立以来中国钨工业发生的巨大变化,客观反映了三届理事会的工作成绩;通过了修改后的《中国钨业协会章程》、《第三届理事会财务工作报告》、《会费缴纳标准及经费管理办法》。选举产生了第四届理事会理事;选举了会长、常务副会长、副会长等协会领导成员;开始试行主席团制度,选举产生了中国钨业协会第四届理事会主席团,并通过了《中国钨业协会主席团工作制度(试行)》协会在新一届理事会领导下,步入一个新的发展时期。

(陈辉萍)

中国建材工业协会

【国内外科技交流】 2003年建材行业科技活动十分活跃。为推动水泥行业提高技术装备水平,向大型化和装备国产化方向发展,水泥协会组织召开了铜陵海螺日产5000吨新型干法水泥生产线经验总结会和新型干法技术创新研讨会。中国建材工业协会系统各单位举办了“新型干法水泥生产技术讲习班”、“红坯陶瓷砖研讨会”、“非金属矿物材料与环保、生态、健康研讨会”、“建材市场技术发展趋势高层研讨会”、“中国建材市场高峰论坛”、“建筑涂料生产应用及新工艺交流研讨会”、“水泥工厂余热回收利用技术暨合同能源管理推广会”、“石棉问题学术交流会”、“摩擦与密封材料技术交流会”以及玻璃钢、玻璃纤维协会年会等多种形式的学术研讨与技术交流活动，推动建材新技术、新设备的应用和发展，促进先进生产力在建材工业中的占有比例。

为跟踪国内外无机非金属材料领域科技前沿的发展，搭建科技工作者学术交流平台，提高建材行业科研水平，中国硅酸盐学会组织召开了大型学术年会。这是进入新世纪以来中国无机非金属材料行业举办的最大的综合性学术盛会，国内外200多单位、1000余名代表出席了会议。广大科技工作者就当前无机非金属材料科技发展进行了广泛的交流，提出了建议，提交了1100多篇论文，对学科发展及行业科技进步发挥了积极作用。

中国建材工业协会系统各单位通过举办各种展览，帮助企业积极开拓国内外市场。在克服了上半年"非典"疫情的负面影响后，佛山陶瓷卫浴出口交易会、国际玻璃展、广州石材展等先后成功举办，并在9月份举办了第二届中国(北京)国际绿色建材展览会。展会总展出面积2万平方米，来自10多个国家和地区的300多家厂商参展。整个展期参观人数达3万人次以上。展览会分别组成了建筑卫生陶瓷、门窗及玻璃、新型建筑材料、玻璃纤维和玻璃钢、铝塑制品、防水材料和大型建材企业集团等专业展区。并组织了奥林匹克花园卫生间设计竞赛活动，评选出4个卫生间(厨房)样板间最佳设计奖、7个优秀设计奖和3个观众最喜爱的样板间奖。获奖企业在现场与项目承建商签订了意向供货合同。

中国建材工业协会有针对性地帮助代管协会和相关单位派出出国考察团组，积极开展对外科技交流活动。为使中国陶瓷产品尽快打入欧洲市场，陶瓷协会组团到欧洲开展说服解释工作，从而使中国一些陶瓷厂家得以进入欧洲的大型国际展览。石材协会加强与巴基斯坦、韩国等国家在石材领域的技术交流与合作，并与巴基斯坦有关方面签订了帮助开发石材资源、培训技术人员等方面的合作协议。针对中国建材领域在中东地区涉足较少的情况，中国建材工业协会组织对阿联酋、约旦和黎巴嫩等中东国家的建材市场进行了考察，了解掌握第一手的市场信息，为扩大向中东地区的建材产品出口和开展经济技术合作创造了条件。中国建材工业协会还完成了中小企业国际市场开拓资金项目的组织申报，有6个项目获得国家资助，帮助建材中小企业开拓国际市场。

【建材发展规划研究成果】 2003年，建材行业组织开展了多项建材中长期重点科技发展及规划研究工作，完成了国家中长期科学和技术发展规划战略研究总报告及水泥、玻璃、陶瓷和房建材料四个专题报告。开展了《建筑材料工业的现状、影响产业竞争力的因素及提升产业竞争力的重点任务》等一批专题研究工作和《建材工业节能中长期专项规划(基本思路)》、《建材产业技术专项规划发展思路框架》、《建材工业窑炉节约和替代石油专项规划》、《建材工业污染防治规划》等的编制工作。

建材工业是典型的耗能工业，占全国能耗的9%。建材工业年排放CO_2、SO_2分别占全国工业排放量的1/4和1/10左右。为促进建材工业更好的提高能源、资源的利用率，减少环境污染，逐步实现可持续发展，中国建材协会组织开展了《循环经济与中国建材产业发展》的研究。对诸如水泥行业如何更好地利用粉煤灰、高炉废渣等作为原料取代天然资源；玻璃行业如何提高废玻璃回收率，建筑垃圾如何再应用等问题展开研究，拟提出中国建材行业发展循环经济的对策。同时，向国家发改委申报研究课题，并获得批准，成为工商领域行业协会系统中惟一在国家"十一五"规划研究课题中标的课题。

协会系统规划院、情报所等单位适应市场和企业的需要，开展了中国水泥工业发展的主要问题及对策、绿色节能建材科技发展战略、以信息化推动建材工业现代化、加入WTO后的中国建材产业财税对策、中国墙体材料绿色评价体系、广东建材产业竞争力分析等诸多课题研究，并积极协助地方政府和大企业制定发展规划，开展建设项目前期咨询等服务工作。

抓住热点问题，加强调研。针对水泥行业出现的"投资热"问题，建材协会系统的水泥协会、规划院等单位，深入到山东、浙江、北京等水泥重点产销地区的企业、施工现场进行调研，与各地建材主管部门、地方水泥协会等共同召开了12个座谈会。在听取各方意见的基础上，结合调研情况以及统计数据，从经济发展和产业优化升级的角度，分析了水泥投资高潮中存在的问题，提出了加速结构调整应采取的对策，得到了政府部门领导的高度评价，为政府部门形成水泥工业"控制总量、调整结构、提高质量、保护环境"的方针提供了依据。同时，针对玻璃行业集中建线较多，出现了新一轮投资热的问题，走访了大部分大中型玻璃企业及科研设计单位，了解情况，听取意见。在广泛调研的基础上，对行业今后短期和中长期的供求形势、结构调整、规范市场秩序、国企改制、企业并购重组以及如何应对国外反倾销等方面问题进行了分析并提出对策建议，及时向政府宏观调控部门及玻璃企业进行了通报。

【标准认证及名牌战略工作】 2003年向国家标准委员会和行业主管部门分别上报建材国家标准制修订计划177项、建材行业标准制修订计划93项；申报了18

项建材相关技术规范、规程，使得建材行业有效运行的标准版本已达1124项，其中国家标准474项，行业标准650项。按照产业政策和新标准，中国建材工业协会严格把住材料审查和现场抽查两道关卡，做好水泥生产许可证的审查，共为5200个水泥企业颁发了证书，并已开始建筑防水卷材产品的许可证工作换（发）证考核的准备工作。

经国家质检总局和名推委批准，建筑卫生陶瓷产品被列入中国名牌产品评价目录。12家建筑卫生陶瓷企业的产品获得了2003年中国名牌产品称号，实现了建材行业名牌产品零的突破。水泥协会、装饰装修材料协会配合国家质检总局积极做好建材市场专项整治工作。铝塑分会同北京市工商局和国家建筑材料测试中心一起组织了北京市建材市场铝塑板专项监督抽查，共抽查了51个产品，对12家伪劣产品进行了曝光，有力地打击了铝塑板市场的假冒伪劣现象。

（谷东玉）

北京市矿业协会

【人工砂石减免征税费监督】 2003年在提倡综合利用矿产资源，从废石中回收的矿产品，经批准可以减免征税费的工作中出现“只签合同、不买料”的现象，我会向市综合利用办公室撰写专题报告，并提出建议：查核其人工砂实用数量，按量计算减税，对超领税赋如数扣还，加强行业规范和自律，授权给矿协、市砼协会同地税部门解决，从而保护人工砂石生产积极性，我会与市发改委北京节能和资源综合利用协会磋商，从明年开始，由矿山企业申请，同时是矿协的会员，并持有采矿证的企业，保护人工砂生产企业，认真执行国家的减免税费政策。

【非煤矿山生产资格认证工作】 随着非煤矿山企业的改制、多数矿山已改成股份制或合作制，造成矿山企业采矿权和生产经营权的分离，矿山企业证照不一，给年检工作带来困难。由于多数采矿经营者缺乏专业的安全生产管理知识，企业缺乏必要的安全生产管理机制和生产安全措施的投入，致使北京市非煤矿山生产安全事故时有发生。为此，协会积极参与北京市安全监督管理局组织、开展的北京非煤矿山生产经营单位主要负责人、安全生产管理人员和其他从业人员安全资格培训考核工作。协会编写的《非煤矿山单位主要负责人和安全生产管理人员安全知识学习参考题集》已于2003年9月印制完成。该书认真贯彻落实《中华人民共和国安全生产法》等法律法规，帮助矿山单位主要负责人和安全生产管理人员理解和掌握相关知识，每题给出了参考答案或答题要点。已对非煤矿山新任负责人安全资格进行了三批考核，参考人数为428人，协会承担了出题阅卷工作。考试成绩如下表：

		第一次	第二次	第三次
参考人数/人		131	58	247
及格人数及所占百分比	第一部分	14人 10.7%	32人 55.1%	204人 82.0%
	第二部分	43人 32.8%	51人 87.93%	205人 83%
	平均	21.75	71.55%	82.80%

【黄金工业企业统计工作】 接受原市经委行管办的委托由协会与北京市建材行业协会共同承担北京市黄金工业企业的统计工作，对怀柔中发黄金有限公司、平谷黄金公司、昌平黄金企业（榆坨梁、分水岭）等每月的主要经济指标、工业总产值及主要产品产量、统计汇总后上报黄金协会，这项工作从2002年起就开始操办。

【“守信企业”公示活动】 根据北京工业经济联合会议工作部署，以北京市工商局京工商发[2003]157号文件为依据，遵循自愿参加，公开、公平、公正，非终身制的原则，在矿业企业全面开展“守信企业”公示活动的申报工作，协会在把握原则，注重质量，讲求信誉的基础上，为北京首钢铁矿、北京威克直接还原材料厂、北京首钢鲁家山石灰石矿、北京云冶冯家峪铁矿、北京兰台矿泉水饮料厂五家申报守信企业，历时三个月时间，经过审查、考核、复检、网上公示，五家申报企业均被北京市工商行政管理局批准为2003年度守信企业。

【矿业企业改革和发展情况调查】 为推动矿业企业的改革和发展，主动向政府及时反映北京市矿业企业问题，提出意见和建议，发挥协会在行业自律、行业协调，维护矿业企业的合法权益，维护市场公平竞争，协会对全市780家矿山企业发函调查，对反馈调查表，归纳汇总，起草“北京市矿业企业改革和发展情况报告”报政府有关部门，向政府提供信息服务。

加强联系，互换信息《北京矿业》是协会出版的季刊，深受会员单位欢迎，它主要反映协会的活动动态，兄弟行业和兄弟协会的经验，政府主管部门的指示等，《北京矿业》是联系会员单位的主要渠道，是和全国兄弟省市矿协加强联系互相交流信息的重要渠道。也是协会对外宣传北京市矿业协会情况的重要资料，是企业拓展市场，促进营销、技术进步理想纽带。中国矿业联合会出版的中国首期《中国矿业年鉴》记入了北京市矿业协会概况。

【第三届会员代表大会筹备工作】 北京市矿业协会第二届理事会自1999年10月换届以来，至今已有四年，2003年6月召开二届常务理事会，同意推荐俞华兴、王立成，继续负责三届矿协工作，自二届常务理事会后，积极筹备推选三届理事会成员、修改章程、财务工作总结、监事会工作总结、二届理事会的工作总结等，为胜利召开第三届会员代表大会做好筹备工作。

（北京市矿业协会）

吉林省矿业协会

【临江市、江源县矿产资源规划编制】 为临江市、江源县编制了（2001～2010年）矿产资源规划，并已审查通过。

临江、江源两市县地处吉林省东南部山区，老岭成矿带上，成矿地质条件好，矿产资源丰富，矿业在国民经济中占有重要位置。

按照吉林省编制规划要求，省矿协组织专家和技术人员，对临江、江源两市县矿山企业进行了详细调查，收集了大量资料，对两市县矿业开发提出了可行的规划，对找矿方向和前景进行了预测，评审认为规划切合实际。

【建材非金属矿山企业调研】 2003年7月，邀请了部分专家，对吉林省内建材非金属矿山企业进行了调研，收集了建筑石材、饰面材资料，对石材市场及其开发前景做了认真探讨，对下一步研究提供了可靠数据。

【理事、常务理事人选调整】 由于工作变动，调整，部分理事、常务理事人选发生了很大变化，2003年10月经与各理事、常务理事单位协商，调整了部分理事、常务理事以及秘书长、副秘书长。11月召开了三届二次常务理事会。总结了2003年工作，初步商量了2004年工作设想。

（吉林省矿业协会）

江苏省矿业协会

【“全省矿产资源管理工作会议”精神贯彻传达】 2003年4月矿协秘书处被邀请派员参加了省厅召开的“全省矿产资源管理工作会议”，统一思想，认识新时期矿产资源管理的重要性。党的十六大对做好新时期矿产资源管理工作提出了新的任务要求，“国土资源工作，要坚持开发和节约并举，把节约放在首位，在保护中开发，在开发中保护，最大限度地发挥资源的经济效益、社会效益和环境效益。”保护和合理利用矿产资源，是实施可持续发展对矿产资源管理的必然要求，是矿产资源管理的根本出发点和落脚点。矿政工作中，矿产资源规划还处与编制和施行初期阶段，矿业权市场尚处于起步阶段，地质勘查投入不足，后备资源接替乏力，矿山地质环境保护和恢复治理任务艰巨，矿产资源法制建设、执法监察工作还不能适应形势变化要求，等等。要充分认识做好矿产资源管理工作的重要生和紧迫性。

明确新时期矿产资源管理工作的主要任务。当前及今后一个时期矿产资源管理的指导思想和工作重点是：持续开展矿产资源管理秩序治理整顿，确保矿产资源长效管理；深化矿产资源有偿使用制度改革，进一步培育完善探矿权采矿权市场：完善矿产资源规划体系，大力开展规划的宣传和实施管理工作：加强地质勘查评价工作做好地质灾害防治工作，推进矿山地质环境保护制度建设；提高基层矿产资源干部队伍的整体素质。矿业协会作为矿业企事业单位自身的组织，有责任将政府对矿产资源管理的方针政策、工作中心向矿业企事业单位宣传，积极配合政府主管部门做好工作，为发展矿业服好务。协会专门召开了秘书处会议进行了传达和学习，通过各位副秘书长将会议的主要精神传达到广大的矿业企事业单位。

【矿业权市场建设】 加快推进矿业权市场建设，培育和规范矿业权市场，是新形势下矿产资源行政管理面临的新情况、新任务。要通过生产关系来促进矿产资源利用方式的转变，改变用行政手段配置资源的做法，采用法律手段、市场手段、经济手段配置资源。真正按照价值规律、供求规律和竞争规律办事。使市场在国家宏观调控下对资源起基础性作用。

1. *矿业权市场法律保障规范运作*。做到产权明晰、规则完善、调控有力、运行规范，以增强矿产资源对经济社会可持续发展的保障能力。2002年9月13日江苏省国土资源厅制定了《江苏省探矿权挂牌出让暂行办法》。2002年12月26日江苏省国土资源厅和江苏省财政厅联合印发了《江苏省采矿权招标拍卖挂牌出让管理暂行办法》2003年6月11日国土资源部国土资发[2003]1197号发布《探矿权采矿权招标拍卖挂牌管理办法》（试行）。

这一系列规定为矿业权市场建设提供了法律保障

和规范的运作程序，省矿业权市场的培育和发展必将取得更大的进展。

2. *召开矿业权市场建设研讨会*。为发挥矿山企业在矿业权市场建设中的积极作用，2003 年 8 月 12 日省矿业协会与省厅矿管处联合召开了以矿山企业为主参加的“采矿权市场建设研讨会”，参加会议的代表有 60 多人。省厅矿管处祖跃升、黄忠华等领导在会上作了主要发言，详细介绍了矿业权市场的概念，矿业权市场形成的过程，矿业权市场建设的重要意义以及全省矿业权市场推进情况。对矿业权市场建设中存在的诸如地区发展不平衡、有关法律法规有待于完善、矿业权市场建设环境有待改进、个别地区地方保护主义干扰、违规出让、转让等问题，作了深入的分析。对矿山企业在矿业权市场建设中遇到的实际问题以及在企业改革改制中采矿权处置的政策和程序作了详尽的讲解。与会的同志们说：通过研讨会不仅使我们了解了矿业权市场建设的重要意义，更主要的是我们知道了矿山企业在矿业权市场建设中要做些什么事和怎么样去做。会议取得了很好的效果。

3. *矿业权市场建设学习*。协会秘书处先后两次组织学习研究矿业权市场建设的有关问题。学习有关法律法规，并对砖瓦用粘土矿产资源在矿业权市场建设中反映出的自身特点，如何在大的法律框架下简化程序、减轻企业负担进行了有益的探讨，并向主管部门作了反映。

【“四矿”问题调研】 “四矿”是指矿业、矿山、矿工和矿城这四个方面。“四矿”问题作为我国目前经济发展和结构调整中的一突出问题已经引起社会各界的广泛关注和中央领导的高度重视。“四矿”面临的主要问题和困难是：矿业的基础产业地位没有真正确立，矿业的发展滞后于国家经济的发展；矿山企业税费及企业办社会负担沉重，缺乏自我发展能力；矿工生活艰苦、队伍不稳，已成为社会弱势群体；矿山企业安全生产欠账多，重大伤亡事故频繁发生；地勘投入严重不足，生产矿山资源危机凸现；矿业城市可持续发展面临挑战，替代产业难以形成等等。深入研究“四矿”面临的突出问题，提出相应的能够适应市场经济要求，促进国民经济持续发展的改革思路和政策措施建议供政府决策参考，是摆在矿业协会面前的一项重要工作内容，秘书处结合江苏省实际曾提出了若干个“四矿”问题调研题目。有南京地矿所、华东有色地勘局、盐城市国土局、无锡市国土局等单位提交多份调研报告，经秘书处讨论并进行了汇总。

【岩盐、芒硝矿产资源开发利用调研】 根据江苏省国土资源厅苏国土资发[2002]232 号文《关于下达 2002 年矿产开发与保护项目任务的通知》的要求，为贯彻“在保护中开发，在开发中保护”的矿业政策，促进矿产资源的有效保护和合理开发，受江苏省国土资源厅的委托，江苏省地质调查研究院、江苏省矿业协会联合组成项目组，共同承担“江苏省岩盐、芒硝矿产开发利用调查研究”的任务。从岩盐、芒硝矿产资源的基本情况、开发利用现状、产品类型、矿产品市场、企业经营效益及矿产资源开发与环境保护等方面进行论证分析，对全省岩盐、芒硝资源的经济运行机制以及开发利用中存在的主要问题，从政策法规、技术、经济、管理诸方面进行综合研究，提出相应的对策和建议。此项工作 2002 年下半年开始，2003 年完成了调研工作，调研报告已于 2004 年前评审通过。

【石膏矿产资源开发利用调研】 石膏矿产是江苏重要的非金属矿产，已探明储量的矿产地有十几处，主要分布在苏南的宁镇地区和徐州地区，目前保有储量能够保证江苏省国民经济发展的需求。全省共有十几家石膏矿山企业，年产量基本维持在百万吨以上，其产品广泛应用于建材、化工等行业。

江苏省石膏矿产的开发利用水平相对较低，产品结构比较单一，企业规模偏小，产品档次低、经济效益普遍低下。这种低层次的矿业开发不利于矿产资源的合理利用，不利于石膏的资源优势向经济优势的转变，也加大了矿业行政管理的难度。

省国土资源厅确定对江苏省石膏矿产开发利用立项进行调查研究。此项目由中国矿业大学、省矿业协会共同承担。为此组成了以省矿业协会副秘书长为首的调研工作项目组，项目组编制了江苏省石膏矿产开发利用调查研究工作计划书。调查研究工作的主要内容是：摸清省内石膏矿产资源的资源量、储量、开发利用条件和矿石质量；查明石膏矿产资源开发利用水平；确定石膏矿产资源开发利用的规模、利用方向和途径；进行石膏矿产开发战略研究；提出、制定和落实石膏矿产资源开发利用和保护政策、建议；进行石膏矿山生态环境整治；建立石膏矿产资源的开发利用数据库。专题组工作已按计划进行。

【矿产督察工作】 矿产督察工作是指对矿业权人开发利用和保护矿产资源情况和依法开采情况进行的现场检查工作，它是矿政管理工作中的一项长期的、经常性的工作，它贯穿于矿产资源勘查、开发利用的全过程。是以法律法规为依据、以行政管理为基础、以专业技术为手段的工作。对提高矿产资源开发利用水平、有效保护和合理利用矿产资源、促进矿业经济可持续发展有着重要的意义。

省矿协秘书处积极作好配合工作。把为矿山企业服务寓于矿产督察工作之中，对矿山企业存在的问题与矿山企业共同研究对策和改进措施，得到矿山企业的欢迎。对矿产企业反映的问题及时向矿产督察员办公室汇报。并提供必要的场地和工作条件，多次组织矿产督察员对编写的报告进行讨论、修改，主动协助矿产督察员办公室做好工作。

【交流研讨活动】 2003年组织省矿协部分理事单位参加了中国矿业联合会召开的"全国探矿权采矿权市场建设培训班"、"新产品、新技术交流推广与应用研讨会"。布置组织参加国土资源部国际合作与科技司组织的"中国矿业2003年国际讨论会"等专业会议。对矿业政策法规、技术信息、管理经验等情况进行了学习交流。

（江苏省矿业协会）

浙江省矿业协会

【概况】 2003年，在省经贸委、省国土资源厅、省民政厅领导和关怀支持下，在理事及广大会员单位的配合下，省矿协贯彻落实党的十六大、十六届三中全会精神，遵循"三个服务"的宗旨，做了大量工作。

石(砂)专业委员会成立后，为了更好接轨上海，由张继江副会长率队，一行4人于元月20日赴上海，拜会了上海市建设和管理委员会，受到了一处二办建筑建材业管理处、上海市建筑业管理办公室、上海市建材业管理办公室)副主任朱建纲的接见，朱主任在听了我们来意后表示，浙江人沪石料成交量每年在5000万吨左右，约占人沪石料总成交量的70%，对浙江矿协能配合前期质量把关工作表示兴趣，认为可以探讨。原计划联系在4月下旬由汤文权会长率团二次赴上海商谈此事，后因抗"非典"推迟。

应浙江三狮集团董事长兼总经理姚季鑫邀请，汤文权会长率专家组一行3人，于4月19日赴黑龙江宾县考察水泥用石灰岩资源，此外，还应邀派专家参加了吉林省延边地区水泥用石灰岩资源实地考察及江苏省邳县石膏矿、安徽省宿州龙王庙煤矿资源的研讨，积极为浙江三狮集团有限公司实施"走出去"战略做好服务。有关项目的服务工作正在进行之中。

先后完成了杭州市余杭区、桐庐县、缙云县、海盐县、舟山市、金华市等6个市、县(区)矿产资源规划(总体规划)实施方案的编制工作。

协助浙江省环境监测总站做好浙江省矿山地质环境调查工作，先后参加了该站调查工作方案的制定，重点矿山核实调查的试点，矿山地质环境调查表的审核，有关资料的收集及成果报告有关章节的编写等等。因全国矿山地质环境调查工作整个项目的顺延，报告评审于2004年进行。

协会为能源集团电力发展公司派员赴安徽繁昌、贵池寻找脱硫用石灰岩基地考察，为浙江化工地质勘查院开展了浙西北萤石资源调查，为德清升华集团对湖北嘉鱼县石灰岩进行了现场调查和勘查设计的技术论证，为5个矿泉水企业编制了开采方案等等。协会作为中介组织，应该积极发挥桥梁、纽带作用，及时做好上情下达，下情上报工作。2003年2月针对普通建筑石料开采总量过大、造成资源浪费、相互压价、无序竞争的状况，一方面向有关厅局领导反映情况，另一方面通过省政协委员胡勇平等，向省政协九届一次会议提交了《关于紧急控制我省普通建筑石料开采总量》的提案，引起各有关方面的关注。2003年12月，全省矿山自然生态环境保护和治理工作会议刚结束，协会便在12月11日温州召开的石 穴砂 雪矿专委会会议上，及时传达学习了浙江省人民政府办公厅关于切实加强矿山自然生态环境保护和治理工作的通知以及工作会议精神，从而提高了矿山企业对矿山环境保护和治理工作的自觉性。

2003年省矿协还对浙江矿业"接轨上海、融入长三角洲经济圈"进行了宣传、宣讲工作，及时反映了舟山瑞昌采矿护权纠纷及缙云沸石矿矿权拍卖后优矿劣用等问题。

【矿产地质勘查规范(技术要求)培训工作】 受浙江省国土资源厅资源处委托，承办了矿产地质勘查规范(技术要求)培训工作，培训于2004年10月分三期四个班进行，有240余名市、县国土资源部门的干部、各地勘单位骨干、重点矿山企业的技术人员参加，其中市、县局级领导近40人。

【省协会二届六次常务理事会暨二届四次理事会】 于2004年3月1～2日在金华市召开，出席会议常务理事16人，理事及其代表65人。会议由会长汤文权主持。副会长张继江、余华钦、孙红敏、姚季鑫、魏仕校等出席会议。金华市国土资源局局长杜安才致欢迎词。

会议主要议程：副会长姚季鑫作2003年工作总结与2004年工作意见报告；秘书长崔茂国传达中国矿业2003国际研讨会情况、中国矿业联合会三届五次会长会议暨第十一届全国矿业协会会长、秘书长联席会议精神和国土资源部副部长李元的讲话，并对协会2003年财务情况作了汇报，副秘书长吴联星对协会一年来组织建设情况作了汇报。与会理事与代表一致同意并通过上述报告。

与会理事对2004年的经济与社会协调发展充满信心，表示要充分发挥行业协会作用，为全省矿业经济发展作出新贡献。

【省际非金属矿产开发研讨会】 于2003年4月9~10日在杭州召开了。为了进一步开发利用非金属矿产资源，促进省（区）之间的联系和协作，省矿协非金属专业委员会邀请了矿产资源丰富、幅员辽阔的新疆、内蒙古自治区矿业界人士与浙江省部分非金属矿业同行近40人参加会议。会议既交流情况，也提出了合作开发的意见和建议。

【对外交流与合作】 为了加强与兄弟协（学）会间的交流与合作，应邀参加了徐霞客与越文化暨中国绍兴旅游文化研讨会（2003.11.19~21绍兴），浙江省工程爆破协会成立大会（2003.11.7杭州），省国土资源厅老科协举办的叶腊石矿开发应用研讨会（2003.11.27杭州），浙江省地质矿产经济学会2003年学术年会（2003.12.23杭州）。同时，邀请了温州服装商会秘书长汪加福到石（砂）矿专委会会议上作协会工作经验介绍，这一系列的交往活动，无疑对协会工作带来新的启示。与此同时，矿协与河南、山西、湖北、新疆、北京、广西、云南、山东、四川、江苏、福建、安徽、广东、青海、陕西、黑龙江、吉林、辽宁、河北、内蒙、甘肃等兄弟省矿协开展资料交流，还和省煤炭、建材工业协会，以及和湖州市、长兴、安吉县矿业协会进行了资料交流，丰富了交流信息量。

【协会自身建设】 2003年协会通过省民政厅对协会年度检查，在清理团体会员组织档案的基础上，重新编印了协会会员通讯录。注销了长期不参加活动、不交纳会费、不履行协会义务的10家会员资格，发展了20家新会员。应杭州市西湖区、富阳市部分石灰石矿山企业的要求，四季度成立了浙江省矿业协会石灰石矿专委会筹备组。

【金属（煤）矿山年会】 于2003年9月26日在丽水市景宁县召开。会议的矿山代表有漓渚铁矿集团公司、杭州建德铜矿集团公司、绍兴铜都铜业公司、长广集团公司、龙泉铅锌矿有限公司和包山铁矿等矿山企业，丽水市国土资源局副局长林勇跃、景宁县国土资源局领导参加了会议。会议主要交流一年来各矿山企业在改革创新，开拓发展中的情况和经验，促进矿山经营管理水平的提高。（浙江省矿业协会）

河南省矿业协会

【概况】 河南省矿业协会成立于1993年11月，业务主管部门为河南省国土资源厅。2004年9月完成了第三次换届。第三届理事会会长王泽众、副会长张铁岗院士等31人，副会长兼秘书长孙志顺。现有单位会员334个，理事251名，个人会员1000余名。会员单位涵盖全省地矿、煤炭、石油、黄金、有色金属、核工业、盐业、化工、建材、非金属、地热矿泉水等矿山企事业单位，以及矿业科研院校、矿业行业的行政管理单位和广大矿业工作者，是河南省较大的行业协会之一，也是中国矿业联合会、河南省工业经济联合会的团体会员。协会下设地热矿泉水、资源经济、非金属矿产、铝粘土矿产等四个专业委员会，并在三门峡、洛阳、信阳、驻马店、永城、灵宝等矿业较发达市（县）设有办事处。平顶山市、南阳市组建有独立法人的市级矿业协会，为省矿业协会的团体会员，河南省矿业协会成立11年来，坚持“三个服务”宗旨，主动工作，开拓进取，为矿业企事业“想大事、办实事、做好事”，取得了一定成绩，得到社会的认可和好评，连续被省经贸委、省工经联评为“河南省先进行业协会”，2003年11月又被中国工业经济联合会评为“先进地方行业协会”。

（河南省矿业协会）

政 策 法 规

国土资源部关于加强探矿权评估监督管理的通知

（国土资发[2003]16号　2003年1月16日）

各省、自治区、直辖市国土资源厅(国土环境资源厅、国土资源和房屋管理局、规划和国土资源局),各有关评估机构:

根据《国务院关于取消第一批行政审批项目的决定》(国发[2002]24号)的要求,为了做好取消探矿权评估结果确认行政审批项目后的后续监管和衔接工作,经研究,提出如下贯彻落实措施,请遵照执行。

一、国土资源主管部门不再对探矿权评估结果进行确认

取消探矿权评估结果确认,简化行政审批程序、明晰探矿权采矿权评估机构依法承担民事责任,促进评估机构和从业人员真正做到独立、客观、公正地执业。2003年1月1日起,国土资源部停止受理探矿权评估结果确认申请,同时废止《关于委托确认探矿权评估结果的通知》(国土资厅发[2001]75号文)。

二、探矿权评估结果实行备案制

备案制是探矿权有偿出让、转让审批登记不可缺少的环节,探矿权评估报告是探矿权有偿出让、转让申请的法律要件之一。

有关各级国土资源管理机关在依法行政中,务必严格把关。有关事项和要求见附件(探矿权评估报告备案办法)。

三、探矿权采矿权评估机构对探矿权评估结果独立承担责任

评估机构独立、客观、公正地进行探矿权评估,不得违规执业或出具虚假评估报告,应按规定及时备案并填报探矿权评估业绩清单。

四、国土资源部将加强对探矿权评估活动的监督管理

一是每年适时组织对评估机构及其备案的探矿权评估报告进行随机抽查和评议,抽查评议结果将在网上或其他新闻媒体上公布;二是建立评估机构和矿业权评估师的执业档案,将其抽查评议结果、违规行为、社会投诉等诚信状况记人执业档案,提供社会查询;三是加大执法力度,依法查处违规违法行为。

附件:

探矿权评估报告备案办法

一、备案范围

1.国家出资(中央财政和地方财政出资)勘查形成的矿产地的探矿权评估报告;

2.依法收归国有的矿产地的探矿权评估报告。

二、备案要求

由中央财政出资勘查形成的矿产地的探矿权评估报告、依法收归国有的矿产地的探矿权评估报告提交国土资源备案;由地方财政单一出资勘查形成的矿产地的探矿权评估报告提交省级国土资源管理部门备案。备案人(探矿权采矿权评估机构,下同)在向委托评估人提交评估报告的同时,向相关部门提交一份评估报告备案。评估报告从提交之日起一年内有效。

三、备案条件

1.备案人具备相应的探矿权采矿权评估资格,并根据与委托评估人所签合同的约定条件出具了探矿权评估报告。

2.探矿权评估报告符合(矿业权评估指南)和有关规定的格式要求。

3.要件齐备,主要包括:

①备案人提交的探矿权评估报告备案的函件(式样见附件一);

②《探矿权评估报告备案表》(式样见附件二);

③探矿权评估报告。

四、备案程序

1.备案人持备案函件、(探矿权评估报告备案表)和探矿权评估报告等要件向国土资源部或省级国土资源主管部门提交备案。

2.国土资源部或省级国土资源主管部门对要件进行合规性核收。凡机构资质符合要求、要件齐备、探矿权评估报告符合规定的格式要求,则予以备案。

3.国土资源部或省级国土资源主管部门在核收备案材料后,向备案人出具备案核收证明(样式见附件三)。

探矿权采矿权评估机构在每年7月的第一个星期和12月的最后一个星期向国土资源部分别报送相关半年所完成的探矿权评估业绩清单(式样见附件四)。

五、有关附件式样(略)

市(地)县(市)级国土资源主管部门矿产资源监督管理暂行办法

(国土资源部国土资发[2003]17号印发　2003年1月16日)

第一条　为加强市(地)县(市)级国土资源主管部门对矿产资源勘查、开采的监督管理工作,进一步明确监督管理职责,规范监督管理行为,维护矿产资源的国家所有权益和探矿权人采矿权人的合法权益,依据矿产资源法律法规的有关规定,制定本办法。

第二条　市(地)县(市)级国土资源主管部门依据本办法的规定,对本行政区内矿产资源勘查、开采活动进行监督管理。在同级人民政府的领导下,维护本行政区内正常的矿产资源管理秩序。

第三条　市(地)县(市)级国土资源主管部门根据上级国土资源主管部门要求的内容和时限,对拟设置探矿权、采矿权区域内的矿产资源勘查、开采状况,提出调查意见。

探矿权、采矿权登记管理机关应当在颁发勘查许可证、采矿许可证后30日内将探矿权人的勘查实施方案、采矿权人的矿产资源开发利用方案及其他相关资料送交勘查作业区或者矿区范围所在的市(地)县(市)级国土资源主管部门。

第四条　市(地)县(市)级国土资源主管部门依照矿产资源法律法规的规定,对本行政区内的矿产资源储量进行监督管理。并对下列违法行为进行查处:

(一)探矿权人不按规定进行探明资源储量登记的;

(二)建设单位不按规定进行压覆资源储量登记的;

(三)采矿权人不按规定进行占用资源储量登记的;

(四)采矿权人不按规定由具有资质的地质测量机构每年对其占用的矿产资源储量变动情况进行地质测量,并提交有关报告和图件的;

(五)采矿权人不按规定填报矿产资源储量统计报表的。

第五条　市(地)县(市)级国土资源主管部门依照矿产资源法律法规的规定,对本行政区的矿山地质环境进行监督管理。组织开展矿山地质环境调查制定矿山地质环境保护规划,严格执行新建矿山环境影响评价制度和地质灾害危险性评估制度,按照“谁破坏、谁治理”的原则,负责矿山地质环境恢复和地质灾害防治的监督管理。

第六条　市(地)县(市)级国土资源主管部门按照《矿产资源法》、《矿产资源勘查区块登记管理办法》的规定,对发生在本行政区的下列违法勘查行为实施行政处罚:

(一)未取得勘查许可证擅自进行勘查工作的,超越批准的勘查区块范围进行勘查工作的;

(二)擅自进行滚动勘探开发、边探边采或者试采的;

(三)擅自印制或者伪造、冒用勘查许可证的;

(四)不依法备案、报告有关情况、拒绝接受监督检查或者弄虚作假的;

(五)未完成最低勘查投入的;

(六)变更勘查单位未向登记机关备案的;

(七)已领取勘查许可证的勘查项目,满6个月未开始施工或者施工后无故停止勘查工作满6个月的;

(八)不依法办理勘查许可证变更登记或者注销登记手续的。

第七条　市(地)县(市)级国土资源主管部门按照《矿产资源法》、《矿产资源开采登记管理办法》、《矿产资源补偿费征收管理规定》的规定,对发生在本行政区的下列违法开采行为实施行政处罚:

(一)未取得采矿许可证擅自采矿的;擅自进入国家规划矿区、对国民经济具有重要价值的矿区和他人矿区范围采矿的,擅自开采国家规定实行保护开采的特定矿种的;

(二)超越批准的矿区范围采矿的；

(三)非法买卖、出租或者以其他形式转让矿产资源的；

(四)不依法提交年度报告、拒绝接受监督检查或者弄虚作假的；

(五)在缴纳矿产资源补偿费时不按规定提交已采出的矿产品的矿种、产量、销售数量、销售价格和实际开采回采率等资料的，或者采取伪报矿种，隐匿产量、销售数量，或者伪报销售价格、实际开采回采率等手段，不缴或者少缴矿产资源补偿费的；

(六)破坏或者擅自移动矿区范围界桩或者地面标志的；

(七)擅自印制或者伪造、冒用采矿许可证的；

(八)不按期缴纳矿产资源补偿费、采矿权使用费、采矿权价款等依法应当缴纳的费用的；

(九)不依法办理采矿许可证变更登记或者注销登记手续的；

(十)开采回采率、选矿回收率长期达不到要求，未按照开发利用方案进行施工或者开采，未对有工业价值的共生、伴生矿产进行合理综合回收或者采取必要的保护措施，造成资源破坏损失和浪费的；

(十一)擅自超计划开采国家规定实行保护性开采特定矿种的；

(十二)不参加年检或年检不合格的；

(十三)法律法规规定的或由上级国土资源主管部门授权市(地)县(市)级国土资源主管部门处罚的其他违法行为。

第八条 市(地)县(市)级国土资源主管部门按照《矿产资源法》、《探矿权采矿权转让管理办法》的规定，对发生在本行政区非法转让探矿权、采矿权的行为实施行政处罚：

(一)未经批准、擅自转让探矿权、采矿权的；

(二)以承包等方式擅自转让探矿权、采矿权的。

第九条 市(地)县(市)级国土资源主管部门应按照省级国土资源主管部门的统一规定建立年检制度，并对探矿权人勘查实施方案和采矿权人矿产资源开发利用方案的执行情况和第四条、第五条、第六条、第七条、第八条所规定的监督管理内容实施年度检查，对违法行为依法进行查处。

对采取破坏性的开采方法开采矿产资源的，经省级国土资源主管部门授权实施行政处罚。

对实施本办法第六条、第七条、第八条规定的处罚，情节严重依法应予吊销勘查许可证、采矿许可证的，应当向原发证机关提出建议，由原发证机关作出决定。

对违反矿产资源法第三十九条、第四十条、第四十四条有关规定并构成犯罪的，应提交司法机关依法追究其刑事责任。

第十条 上级国土资源主管部门应当加强对下级国土资源主管部门的业务指导和监督，对下级管理机关的违法行政或行政不作为应当责令纠正，必要时可以对违法勘查开采行为进行直接查处。各级矿产资源管理机关公务员在执行监督管理公务时，应向当事人出示督察员证。

第十一条 建立和完善监督管理工作责任制和过错追究制，从严查处越权、失职、渎职及滥用职权行为。

对违法勘查开采行为不及时处理或者不报告的，要依法追究法律和行政责任，构成犯罪的，要依法追究刑事责任。

第十二条 探矿权人以承包方式，出包勘查工程，但不向承包人提供勘查资金或收费的，属非法承包勘查工程，按非法转让探矿权处罚。

凡是以工程承包、巷道工程承包、生产探矿承包及其他任何形式、名义，将矿产资源交由他人开采经营的，按非法转让采矿权处罚。

第十三条 各省(区、市)国土资源主管部门可以依照本办法，结合实际确定本行政区市(地)县(市)级国土资源主管部门的监督管理权限并制定具体实施办法。

第十四条 本办法自发布之日起施行。

2003年整顿和规范矿产资源管理秩序工作安排意见

(国土资源部国土资发[2003]33号印发 2003年3月5日)

按照《国务院办公厅转发国土资源部关于进一步治理顿矿产资源管理秩序意见的通知》(国办发[2001]85号，以下简称国办发85号文)和《关于印发〈2002年矿产资源管理秩序治理整顿工作安排意见〉的通知》(国土资发[2002]25号，以下简称部发25号文)的要求，各级国土资源主管部门在地方人民政府的领导下，会同有关部门全面开展治理整顿工作，取得了阶段性成果。但还存在一些不容忽视的问题，无证勘查开采，非法转让探矿权采矿权等违法行为时有发生，破坏浪费源、污染环境等现象仍还存在，一些地方还存在整顿

"死角"。根据国务院关于全国整顿和规范市场经济秩序的整体部署,2003年,整顿和规范矿产资源管理秩序工作必须坚持持久作战、标本兼治、治本为主的原则,按照国办发85号文和部发25号文的要求,继续对矿产源管理秩序进行整顿和规范,以开展治理整顿工作"回头看"、查处各类违法勘查开采行为、开展专项整治为重点,将治理整顿同规范矿产资源的日常管理结合起来,认真实施矿产资源规划,积极培育和规范探矿权采矿权市场,使矿产资源管理秩序早日实现法制化、规范化。

一、开展"回头看",巩固整顿成果

认真对照国办发85号文和部发25号文的各项要求,组织治理整顿"回头看"。

(一)全面清查勘查开采活动

对辖区内重要矿区、重点矿种进行清查,继续依法查处无证采矿、越界开采、持勘查许可证非法采矿及乱采滥挖等违法行为,防止违法勘查开采和乱采滥挖现象死灰复燃。对整改不合格的小矿山和小选厂,要会同有关部门坚决实施关闭。

(二)解决重点、难点问题

对整顿中的"死角"和"硬骨头",特别是新闻媒体披露的、矿产督察员提出的和广大群众反映强烈的问题以及出现的新问题等,要迅速组织力量,重点整治和及时查处。查处党政机关及其工作人员以各种形式参与和支持非法办矿、干扰破坏矿产资源管理秩序的违法行为。

(三)检查管理责任制

对在管理中越权违规发证、徇私舞弊、玩忽职守或者对违法勘查开采行为行政不作为的,依法追究行政责任;对无证勘查开采等违法行为持续一年以上而未得到查处或因查处不力未得到制止的,应当依法追究当地国土资源主管部门主要责任人的行政责任。

"回头看"工作从2003年3月初开始,到6月底结束。各省(区、市)国土资源主管部门要在7月31日前将"回头看"工作情况报部。

二、集中力量,实施专项整治

整顿和规范矿产资源管理秩序工作必须结合本地实际,突出重点,集中力量,切实搞好专项整治工作。2003年全国专项整治工作的重点是:

(一)对砂石开采的专项整治

按照(关于对风景名胜区、铁路、公路沿线附近采矿活动进行专项治理整顿的通知)(国土资发[2002]238号,以下简称部发238号文)的要求开展砂石开采的专项整治。采取有效措施,加大综合执法力度。部发238号文下发前已在上述区域内采矿的持证矿山,要限期在2003年8月底前全部关闭;对逾期未关闭的和在部发238号文下发后仍在上述区域内颁发采矿许可证的,由上级管理机关依法追究有关责任人员的行政责任。

认真落实《关于从严控制海域建筑用砂勘查开采有关问题的通知》(国土资发[2002]153号)。各省(区、市)国土资源主管部门要加强对本行政区海域或相邻海域内勘查开采海砂行为的监督,依法查处违法行为。加强海岸巡查,取缔无证、破坏海洋生态环境的采砂活动。对所有没有采矿许可证的采砂行为实施行政处罚,没收无证采挖的海砂矿产,并处罚款。

(二)对非法转让探矿权采矿权的专项整治

全面清理转让行为,加强对转让行为的监管,依法查处以承包等方式非法转让探矿权采矿权的行为。凡未经依法审批转让,或采取以"承包"、"出租"为名,将矿山整体或部分转由他人开采、经营而坐收"承包费"、"租赁费"或"管理费"的,一律按非法转让采矿权进行处罚。

(三)对优势矿产的专项整治

开展钨、锡、锑、稀土等优势矿产的专项整顿。自本文件下发之日起,到2005年12月31日止,停止颁发稀土矿产的勘查许可证和采矿许可证,停止颁发钨矿产采矿许可证。继续实施钨矿企业生产产量的控制。按照国家产业政策和矿产资源规划的要求,制定实施稀土矿产开采总量控制办法,并拟实施锡、锑矿产开采总量控制。基层管理机关要对矿山企业限量生产进行监督,为逐步调整矿业结构和全面实施优势矿产的宏观管理打基础。

各省(区、市)要结合实际,制定专项整治方案,确定整治重点和具体措施,组织检查或互查,并于12月底前将专项整治工作进展报部,部将适时组织抽查。

三、加强监督管理,促进资源利用率的不断提高

基层国土资源主管部门要按照《市(地)县(市)级国土资源主管部门矿产资源监督管理暂行办法》的要求,对探矿权人采矿权人按照批准的勘查设计方案和开发利用方案进行勘查、开采的情况进行监督管理,规范勘查开采行为,不断提高矿产资源的开发利用水平。对未按勘查设计方案施工和开发利用方案生产的,责令探矿权人和采矿权人停产、限期整改,逾期仍不合格的不得通过年度检查;情节严重的,依照《矿产资源法》第四十四条规定予以处罚,直至关闭。

健全和落实年度检查制度,落实年检、勘查项目督察、油气开采督察、矿山督察、资源储量核查检测等监

督措施。督察员要按照“定人、定点、定责”的要求,将督察工作落实到位,务求实效。

四、认真实施规划,规范管理,积极培育和规范探矿权采矿权市场

认真贯彻实施全国矿产资源规划和省级矿产资源总体规划,选择部分地区进行编制勘查专项规划和矿区开采总体规划试点。重要勘查区和矿产集中地的探矿权采矿权设置,必须符合矿产资源规划和勘查专项规划、矿区总体规划的要求。

制定完善管理制度,加大规范力度。进一步改革行政审批制度,坚持和完善会审制度。坚持探矿权采矿权有偿取得的原则,凡是能以竞争性方式出让探矿权采矿权的,都应采取竞争方式出让。对申请登记的探矿权和以协议方式出让的采矿权,要实行会审制出让探矿权采矿权,必须在法定的管理权限内进行;必须符合矿产资源规划、国家产业政策、勘查专项规划或矿区开采总体规划;必须严格按照规定的程序进行;出让收入必须严格按照规定管理。规范探矿权采矿权转让行为,对转让申请既要严格履行审批程序,又要提高办事效率,积极支持大中型矿山企业的改组、改制,创造公开、公平、公正的矿产资源勘查开采的投资和生产环境。

五、不断健全管理制度,坚持依法行政

加强各项加管理制度的建设和实施。建立健全矿产资源勘查开采动态巡查责任制。从源头上防范和制止违法勘查开采和违法转让探矿权采矿权等违法行为。各级国土资源主管部门要根据辖区内矿产资源分布情况划定动态巡查责任,省级国土资源主管部门要建立和完善矿产资源开发动态巡查考核指标体系,加强抽查和指导,做到对违法行为发现一起、及时制止和依法查处一起。坚持依法行政,加大行政执法力度,维护国家所有权益和探矿权人采矿权人的合法权益,促进矿产资源勘查开采的健康发展。

继续保留各级矿产资源管理秩序治理整顿领导小组,并进一步加强领导,健全领导责任制和责任追究制度。各级国土资源主管部门要紧紧依靠当地人民政府的领导,从实施可持续发展战略和保护资源的基本国策出发,将规范和整顿矿产资源管理秩序工作纳入重要的议事日程,贯彻落实好本地区的各项整顿和规范任务,不断探索矿产资源勘查开采秩序治理整顿的治本之策。各省(区、市)国土资源主管部门可以结合当地实际制定具体工作意见。部将组织督查组对各地的实施情况进行督促检查。

矿产督察工作制度

(国土资源部国土资发[2003]62号印发 2003年2月27日)

一、矿产督察员办公室职责

(一)制定督察工作年度计划,指导矿产督察员开展督察工作;

(二)负责以书面形式分别通知矿产督察员督察矿区相关的采矿权人及市(地)、县级国土资源行政主管部门;

(三)按照管理权限及时组织解决矿产督察员督察报告提出的问题;

(四)每年1月底之前,向矿产督察员聘任单位报告督察工作情况;

(五)负责行政区内矿产督察员的年度考核;

(六)按照财务管理的有关规定,做好矿产督察员工作经费的计划安排和使用工作;

(七)负责矿产督察员的推荐、解聘的报批工作;

(八)召开矿产督察员工作会议,研究解决督察中发现的主要问题。

二、矿产督察员职责及督察

按照国土资源部《关于重组矿产督察员队伍的通知》(国土资发[2001]279号)规定的职责实施督察,并要求:

(一)每年应有不少于4次的现场督察,提交有矿产督察员、矿山企业负责人签字的《矿产现场督察备案表》;

(二)督促采矿权人按照督察意见进行整改,对逾期未按要求整改的,及时向督察员办公室和县级国土资源主管部门提出处理意见或立案调查的建议;

(三)每半年向督察员办公室和县级国土资源主管部门书面提交督察工作报告;

(四)总结和报告矿产资源开采的先进典型和经验;

(五)完成督察员办公室交办的其他工作。

三、矿产督察员考核及管理

(一)矿产督察员的工作考核和年度考核由督察员

办公室负责组织进行。考核的内容包括：

1. 按不少于要求的次数进行了现场督察情况，《矿产现场督察备案表》填写情况；

2. 督察报告提交情况；

3. 有无虚报、瞒报、漏报、知情不报或严重失实上报的情况；

4. 廉洁自律情况。

(二)矿产督察员年度考核结果分为优秀、称职、不称职。优秀和称职的矿产督察员，继续任用，对优秀的给予表彰和奖励；考核不称职的，由督察员办公室向聘任单位呈报，经聘任单位审定后，解除聘任，收回督察证；

(三)矿产督察员因工作关系或身体健康等原因，不能行使督察任务时，督察员办公室应当及时向聘任单位申报，予以解聘。

四、矿产督察员发现问题的解决

(一)市(地)、县级国土资源行政主管部门对矿产督察员报告其查处矿山企业的违法行为，应在 15 日内赴现场查处。对于有无证开采、越界开采等严重违法行为的，应在 7 日内赴现场查处；

(二)上级国土资源行政主管部门对矿产督察员反映的违法行政或行政作为不力的情况，应在 10 日内组织查处；

(三)国土资源行政主管部门对矿产督察员报告的问题不作查处或查处不力的，由上级主管部门依法查处并追究相关责任人员的责任；

(四)采矿权人对督察工作不配合、设置障碍、隐匿实情、拒绝督察或有问题逾期不改正的，县级国土资源行政主管部门要按照法定的处罚权限依法进行处罚；

(五)市(地)、县级国土资源行政主管部门应帮助矿产督察员做好督察工作。

五、矿产督察员自律要求

(一)矿产督察员不得与矿山企业有合资、合作、入股、持股或其他形式的经济关系；

(二)矿产督察员不得接受矿山企业的任何馈赠、报酬、福利待遇，不得在矿山企业报销任何费用，不得参加矿山企业安排、组织或者支付费用的宴请、娱乐、旅游等活动，不得借矿产督察工作在矿山企业为自己、亲友或者他人谋取利益；

(三)矿产督察员滥用职权、玩忽职守、徇私舞弊，发现问题不及时报告的，或违反上述相关规定的，由督察员办公室报聘任单位解除聘任；构成犯罪的，依法追究刑事责任。

六、矿产督察经费管理

(一)矿产督察员工作经费使用范围：矿产督察员的工作补贴、差旅费、督察工作的所需用品以及培训等；

(二)矿产督察员工作经费必须专款专用，不得随意转拨和挪作他用。如发现有挪作他用的，予以追回，并在下一年度下拨矿产督察员工作经费时予以扣减。

七、其他各省、自治区、直辖市国土资源行政主管部门可根据本制度制定工作细则及地方级矿产督察员工作的具体规定

石油、天然气开采的督察工作制度由部另行制定。

八、本制度自发布之日起施行

附件：

矿产现场督察备案表(样式)

督察时间：20 ______年______月______日至________年______月______日　　本年度第______次督察

矿山企业名称			
颁发采矿许可证机关			
采矿许可证		采矿许可证有效期至	
矿山设计服务年限(年)		矿山尚可服务年限(年)	
开拓方式		采矿方法	
选矿方法			
开发利用方案中应综合回收利用的矿种			
实际回收利用的矿种			

（续表）

设计生产能力	采矿（万吨/年）		
	选矿（万吨/年）		
实际生产能力	采矿（万吨/年）		
	选矿（万吨/年）		
补偿费缴纳情况	当期应缴数（万元）		
	当期实缴数（万元）		
	累计拖欠数（万元）		
采矿权使用费缴纳情况	当期应缴数（万元）		
	当期实缴数（万元）		
采矿权价款缴纳情况	当期应缴数（万元）		
	当期实缴数（万元）		
年保有矿石储量（万吨）		年采出量（万吨）	
年动用矿石储量（万吨）		年损失量（万吨）	
年非正常损失量（万吨）			
开采回采率（%）	设　计		
	实　际		
选矿（洗选）回收率（%）	设计		
	实际		
有无越界采矿的行为			
有无非法转让采矿权行为			
是否按要求填写上报矿山统计年报和年度报告（表）			
其他事项记录			
督察意见			
矿山企业对现场督察意见			

对外贸易经济合作部国土资源部
关于实行境外矿产资源开发项目备案的通知

（外经贸合发［2003］55号　2003年3月7日）

各省、自治区、直辖市及计划单列市外经贸委（厅、局）、国土资源厅（局），中央管理的企业：

矿产资源是国民经济与社会发展重要的物质基础。《中华人民共和国矿产资源法实施细则》所列矿产资源包括能源矿产、金属矿产、非金属矿产和水气矿产。为实现矿产资源的可持续供应，保证我国现代化建设目标的实现，国家鼓励有实力的企业积极参与境外矿产资源开发。

为及时了解我国企业开展境外矿产资源开发的情况，协助企业解决在项目推动和实施过程中出现的问

题,外经贸部和国土资源部决定对我国企事业单位在境外开展矿产资源开发实行项目备案。具体办法如下:

一、凡在我国境内注册的企事业单位(以下简称“企业”),拟在境外从事矿产资源勘查、勘探、开采、加工等经济活动的,需在准备阶段向外经贸部和国土资源部办理项目备案手续。

二、办理项目备案时,企业需填写《境外矿产资源开发项目备案表》(简称“备案表”,见附件,非中央管理的企业可向省级外经贸或国土资源主管部门领取复印件),然后通过传真、邮件等方式直接报外经贸部(国外经济合作司)和国土资源部(国际合作与科技司)。

三、外经贸部(国外经济合作司)自收到上述材料之日起3个工作日内代表两部在备案表上加盖公章(外经贸部国外经济合作司司章)完成项目备案手续。加盖公章后的备案表一式五份,分别由外经贸部、国土资源部、备案企业、备案企业注册地的省级外经贸和国土资源主管部门留存。

四、依照本通知办理了项目备案的国内企业,有资格享受国家对境外矿产资源开发的相关政策。

五、通知自发布之日起施行,此前已经签订境外矿产资源开发项目合同或协议且目前尚未执行完毕的企业,应自本通知发布之日起补办项目备案手续。

特此通知

附件:境外矿产资源开发项目备案表(略)

矿产资源补偿费勘查项目管理暂行办法

(国土资源部国土资发[2003]71号印发　2003年3月13日)

第一条　为规范和加强矿产资源补偿费勘查项目管理,科学合理地部署矿产资源勘查工作,根据《矿产资源补偿费使用管理办法》,制定本办法。

第二条　本办法所指的矿产资源补偿费勘查项目是指用中央分成所得的矿产资源补偿费安排的矿产资源勘查项目(以下简称勘查项目)。

第三条　国土资源部为勘查项目主管部门。

各省(区、市)国土资源厅(局)、中央部门(总公司)有关直属企事业单位为勘查项目主管单位(以下简称项目主管单位),负责管理、组织实施其所辖行政区域内企事业单位或隶属企事业单位承担的勘查项目。

承担勘查项目的企事业单位(以下简称承担单位),应具有地质勘查资质。

第四条　根据国民经济和社会发展的需要和《全国矿产资源规划》等要求,为培育探矿权采矿权市场、鼓励加快国家战略性矿产资源勘查(普查或详查)和扶持国外矿产资源风险勘查等重要地质勘查项目,国土资源部向项目主管单位发布年度勘查项目立项指南,明确年度立项申报的具体要求;

项目主管单位按照勘查项目年度立项指南及要求,组织项目承担单位的立项申报工作。

具备申报条件的项目承担单位根据勘查项目立项指南及要求,按照项目主管单位的布置,提出项目立项申请书。

第五条　立项申请书的主要内容包括:立项依据、目标任务、施工方案、预期成果及资源量储量、主要实物工作量、经费概算、组织管理、工作范围及经纬度坐标、矿权登记、勘查单位资质情况及探矿权登记机关的相关证明等材料。

境外矿产资源勘查项目立项申请书还应包括:目标国政治、经济、法律等矿业投资环境研究报告,目标国合作方资信程度报告,我驻目标国外交机构意见等内容。

第六条　项目主管单位对项目承担单位申报的项目组织专家进行初审、排序后进行立项申报。

各省(区、市)所属的项目承担单位申报的项目,由各省(区、市)国土资源厅(局)和财政厅(局)联合向国土资源部和财政部提出申请。

中央部门(总公司)所属的项目承担单位申报的项目,经项目所在省(区、市)国土资源主管部门签署意见后,由主管单位向国土资源部和财政部提出申请。

第七条　项目主管单位向国土资源部申报立项时,需在规定的时间内提供如下材料:

(一)项目主管单位申报文件,主要内容包括:项目名称、起止年份、年度实物工作量及经费、预期成果、项目承担单位及参加单位等;

(二)项目的立项申请书及相应的磁介质文件;

(三)项目主管单位对项目立项申请书的初审意见书和项目勘查登记证书(复印件);

(四)其他规定的材料。

第八条　国土资源部组织专家对各主管单位申报的勘查项目进行技术论证、概算和探矿权审查,编制矿产资源补偿费矿产资源勘查项目计划(草案),在指定媒体上公示30天,并据此提出预算安排建议报财政部,待财政部批复预算后,国土资源部下达勘查项目计划给各项目主管单位组织实施。

第九条 项目主管单位根据国土资源部下达的勘查项目计划，向项目承担单位下达勘查项目任务书，组织项目承担单位编写设计。

第十条 勘查项目设计按照国家和行业有关技术规范和标准的要求编写。主要内容包括：地质工作程度、地质背景及成矿特征、工作部署、工作方法、实物工作量、经费预算、预期成果、保证措施及相关附图等内容。

第十一条 项目主管单位负责组织专家按照有关标准及要求对项目设计进行审查。

项目承担单位应根据项目主管单位审查意见对设计进行修改。

项目主管单位对修改后的项目设计书行文批准。

项目设计书中对于国土资源部下达的项目计划任务指标有重要调整的，承担单位应事先逐级上报至国土资源部和财政部批准。

项目主管单位完成年度设计审批工作后，应向国土资源部编报设计审查总结，并将修改后的项目设计书、设计审查批复及专家评审意见书报送国土资源部备案。

第十二条 项目承担单位按照项目主管单位批复的勘查项目设计和有关技术标准，开展项目施工，建立完善的内部质量监控制度，确保项目的工作质量。

第十三条 项目主管单位要建立勘查项目质量监督制度，组织专家按设计要求对勘查项目工作进度、资金到位及使用情况、技术规范执行情况、工程质量特别是野外工作质量等进行监督，并提出监督报告。

第十四条 国土资源部会同财政部对项目执行情况、经费使用情况开展专项检查或抽查。对截留、挪用项目经费的，按有关法律、法规的规定严肃处理。项目承担单位应自觉接受监督检查。

第十五条 项目承担单位须向项目主管单位编报勘查项目季报、半年报和年报，项目主管单位向国土资源部编报年报，重大进展随时编报专项报告。

第十六条 项目主管单位对项目中间成果（或年度成果）实行阶段考评制度。年度野外工作结束时，项目承担单位应向项目主管单位提交勘查项目中间成果报告，项目主管单位组织专家对勘查项目中间成果进行考评。

第十七条 勘查项目按计划完成或者因阶段考评而终止，项目承担单位必须按照有关要求编写勘查项目成果报告或结题总结。项目承担单位应比照探矿权价款评估方法，对勘查项目成果报告进行勘查项目投资效益评估。

第十八条 项目主管单位组织专家对勘查项目成果报告及项目投资效益评估报告进行审查。

项目承担单位根据项目主管单位审查意见，在规定的时间内对成果报告和投资效益评估报告进行修改。勘查项目提交的资源储量按照有关规定审查。

最终成果报告或结题总结及投资效益评估报告由项目主管单位上报国土资源部。

第十九条 国土资源部对勘查项目成果报告组织最终核收，对项目完成的主要实物工作量和提交的资源量储量，按照项目计划任务要求进行最终考核。考核结果在媒体上公告。

第二十条 项目经费的支出要严格按照批复的预算及有关财经制度的规定执行，并按照《地质勘查单位财务制度》及有关会计制度的规定进行核算。项目完成后应进行项目竣工决算，根据需要对重要项目进行审计。

第二十一条 项目承担单位对勘查项目形成的地质资料，除按国家有关规定汇交外，其成果地质资料还须同时报送项目主管单位和国土资源部。所报资料均应附数字化处理形成的光（磁）盘介质资料。

第二十二条 项目主管单位可结合实际情况，根据本办法制定相关的实施细则。

第二十三条 本办法自发布之日起实行。

第二十四条 本办法由国土资源部负责解释。

矿产勘查及油气开采督察员工作制度

（国土资源部国土资发[2003]99号印发 2003年4月7日）

第一条 为了加强和规范矿产勘查及油气开采督察员（以下简称督察员）监督工作，维护探矿权人和油气采矿权人的合法权益，根据中华人民共和国矿产资源法律法规的规定，制定本制度。

第二条 国土资源部负责组织、协调全国矿产资源勘查及油气开采督察工作，部聘任的矿产勘查及油气开采督察员对部颁发许可证的矿产勘查项目及油气开采项目进行督察。各省（区、市）国土资源行政主管部门聘任除石油天然气矿种之外其他矿种的省级矿产勘查督察员对在本省（区、市）行政区内的全部非油气勘查项目进行督察。

各省（区、市）国土资源行政主管部门督察员办公室设在地质勘查处，组织落实本行政区内日常督察工作，负责督察员的管理工作。

第三条 督察员办公室职责：

（一）制订、实施在本省（区、市）行政区域内的矿产勘查及油气开采项目年度督察工作计划，处理日常事务，向国土资源部矿产勘查及油气开采登记管理机关报告情况；

（二）依法组织解决督察报告中提出的问题；

（三）每年1月底之前，向部报告上一年度督察工作报告，并根据工作需要随时上报专题报告；

（四）负责督察员的年度考核；

（五）做好督察员年度工作经费的计划安排和使用工作；

（六）负责督察员推荐工作和省级督察员聘任、解聘报批工作；

（七）召开督察员工作会议；

（八）及时向部报告督察中发现的重大问题。涉及部登记发证的矿产勘查及油气开采项目，应提出解决问题的建议。

第四条 督察员办公室督察工作年度报告内容：当年督察工作开展情况；各督察批次督察时间、地点、参加人员、督察对象、发现的问题、现场处理情况、督察结论；建议和下一年度督察计划。

第五条 督察员办公室督察专题报告内容：本次督察工作概况；督察项目的基本情况，包括历史背景、现状、存在的主要问题等；督察发现的问题，处理意见和建议。

第六条 督察员办公室负责组织对督察员的德、能、勤、绩进行年度考核。

考核内容：

（一）按不少于要求的次数进行现场督察的情况；

（二）督察记录卡填写情况；

（三）督察报告提交情况；

（四）有无虚报、瞒报、漏报、知情不报或严重失实上报的情况；

（五）廉洁自律情况。

考核结果：分为优秀、称职、不称职。

考核为优秀和称职的督察员，继续聘用；对优秀的给予表彰和奖励。

考核不称职的，解除聘任，收回督察证。涉及部聘任的督察员考核不称职的，由督察员办公室向部报告，经部核定后解除聘任，收回督察证。

第七条 督察员因工作关系或身体健康等原因，不能行使督察任务时，督察员办公室应当及时予以解聘，涉及部聘任的国家级督察员由督察员办公室报部核定后解除聘任。

第八条 督察员履行以下职责：

（一）根据登记管理机关颁发的勘查、油气开采许可证通知的有关内容，了解探矿权人、油气采矿权人开工情况，督促探矿权人在登记发证后及时开工；

（二）依法督促探矿权人和油气采矿权人按时提交年度报告，完成最低勘查投入，按时足额缴纳探矿权采矿权使用费，全面履行勘查开采作业完毕后及时汇交地质资料、储量登记统计、封井、填井、恢复环境等法定义务；

（三）调查了解无证、侵权、越界勘查及无证、侵权、越界开采油气等违法行为，及时报告督察员办公室及有关国土资源行政主管部门；

（四）对因自然灾害等不可抗力原因不能正常开展勘查作业的，实地调查了解需要核减的最低勘查投入，及时报告督察员办公室及有关国土资源行政主管部门；

（五）协助登记管理机关对本行政区域内的探矿权、油气采矿权秩序情况进行检查；

（六）协助登记管理机关依法监督本行政区域内矿产勘查及油气开采行政处罚决定的执行情况；

（七）承担登记管理机关委托交办的其他事项。

第九条 督察员享有下列权利：

（一）依据督察员职责和督察内容对探矿权人、油气采矿权人获得的探矿权、采矿权项目施工现场实施督察，有调查情况，查阅、索取有关文件、图件、报表、报告等资料的权利；

（二）对无证、侵权等违法勘查、油气开采行为，有直接向国土资源部报告的权利；

（三）有督促、检查勘查、油气开采单位落实被督察事项办理情况的权利；

（四）有参加督察理论和业务知识培训、学习的权利。

第十条 督察员应履行的义务：

（一）严格遵纪守法，按法律法规办事，服从督察员办公室的工作安排，按时完成督察工作任务；

（二）每年定期或不定期地深入勘查、油气开采施工现场进行检查，并及时汇报勘查、油气开采督察工作情况、存在问题和下一步工作计划；

（三）部聘任的督察员应参与国土资源部组织的油气资源管理秩序治理整顿工作；

（四）对探矿权人、油气采矿权人依法要求保密的申请登记资料、勘查工作成果资料和财务报表，督察员有依法保守秘密的义务。

第十一条 矿产勘查督察内容：

（一）查验勘查施工单位是否持有与其工作区域、勘查矿种等相符且有效的勘查许可证、协议、合同和有关文件；

(二)检查是否存在自领取勘查许可证之日起6个月内未开始施工,或者施工后无故停止勘查工作满6个月的情况；

(三)检查是否存在超越批准的勘查区块范围进行勘查工作的情况；

(四)对照勘查实施方案,检查矿产资源勘查进展情况；

(五)检查已领取勘查许可证的勘查项目完成最低勘查投入的情况,年度报告提交情况及项目到期注销情况,地质资料汇交情况,勘查储量登记统计情况；

(六)检查探矿权人依法缴纳探矿权使用费、价款等有关费用的情况；

(七)检查是否有违反法律法规规定,未经批准,擅自进行滚动勘探开发、试采、边探边采和勘查作业完毕后不及时封井、恢复环境的情况；

(八)检查是否存在非法转让、承包探矿权的情况；

(九)调查、核实探矿权人合法权益受到侵害等勘查秩序情况；

(十)对发现的违法勘查行为及时报告有关国土资源行政主管部门予以制止,对应由部处理的问题提出建议及时报部；

(十一)检查当事人执行登记管理机关处理决定的情况；

(十二)协助登记管理机关调查、核实、解决探矿权争议和纠纷。

第十二条　油气开采督察内容：

(一)查验油气开采企业是否持有与其矿区范围、开采矿种等相符且有效的采矿许可证、协议、合同和有关文件；

(二)检查是否存在超越批准的矿区范围进行油气开采的情况；

(三)对照油气开采方案,检查依法开采情况,了解工作进展；

(四)检查油气开采过程中合理利用矿产资源的情况：

是否采用破坏性开采方法开采油气资源；

采油(气)速度是否合理并符合有关规定；

油田最终采收率是否符合有关规定；

伴共生矿产是否得到有效利用,是否存在放气采油。

储量统计资料上报情况。

(五)检查是否有开采作业完毕后不及时汇交资料、封井、恢复环境及其他未履行法定义务的情况；

(六)检查采矿权人依法缴纳采矿权使用费、价款等有关费用的情况；

(七)检查是否存在非法转让、承包采矿权的情况；

(八)调查、核实采矿权人合法权益受到侵害等油气开采秩序的情况；

(九)对发现的违法采矿行为及时予以制止,应由油气登记管理机关处理的问题提出建议及时报部；

(十)检查当事人执行国土资源部油气登记管理机关的处理决定的情况；

(十一)协助国土资源部油气登记管理机关调查、核实、解决油气采矿权争议和纠纷。

第十三条　矿产勘查及油气开采督察工作程序：

(一)各省(区、市)督察员办公室根据年度督察工作计划、国土资源部登记管理机关督察要求,确定督察项目,提前将督察时间、内容、方式、要求等通知被督察单位以及当地国土资源行政主管部门,但国土资源行政部门确定的抽查项目可以不通知；

(二)督察员进入督察现场,主动向当事人出示督察证；

(三)听取汇报,调阅资料,现场核查、取证；

(四)与当事人交换督察意见；

(五)督察员形成的督察记录交督察员办公室；

(六)督察中发现的非油气矿产的勘查问题,督察员办公室应及时编写专题督察报告,提出处理建议报省(区、市)国土资源行政主管部门。国土资源行政主管部门做出处理的决定,向被督察的单位当事人发送督察意见书；

(七)督察中发现应由国土资源部登记管理机关处理的问题,督察员办公室应及时编写专题督察报告,提出处理建议并上报国土资源部。国土资源部做出处理的决定,向被督察的单位当事人发送矿产督察意见书,同时告知督察员办公室；

(八)督察员办公室组织督察员对整改情况进行跟踪检查；

(九)督察员办公室编写年度督察工作报告和下年度督察工作计划,并上报国土资源部登记管理机关备案。

第十四条　督察员应模范执行国家法律和矿产资源法规,一切以法律法规为依据,严格执行督察工作程序,认真履行督察工作职责,遵守督察纪律。

督察员不得与被督察单位有合资、合作、人股、持股或其他形式的经济关系。

在督察公务活动中不得接受被督察单位的宴请、礼金、礼物、有价证券等,不得参加公款支付的营业性娱乐活动,不准向被督察单位提出与督察公务无关的额外要求;不准在被督察单位报销应由个人支付的任何费用;不得借督察工作在被督察单位为自己、亲友或其他人谋取利益；

不得超越自身职责对被督察的单位作出任何承诺许愿。

第十五条 部聘任的督察员工作经费应做到专款专用,不得随意转拨和挪作他用。

第十六条 部聘任的督察员反映的省级国土资源行政部门违法行政或行政作为不力的情况,国土资源部及时组织查处。

第十七条 探矿权人、油气采矿权人对督查工作设置障碍、隐匿实情、拒绝督察或有问题逾期不改正的,省级国土资源行政主管部门应及时处理,涉及油气方面的问题,报国土资源部处理。

第十八条 督察员滥用职权、徇私舞弊、玩忽职守,泄露国家或企业商业秘密,尚不构成犯罪的,按照国土资发[2001]93号文规定取消其督察员资格,并提请有关部门依法给予行政处分;构成犯罪的,依法追究刑事责任。

第十九条 国土资源行政部门对督察员报告的问题不作查处或查处不力的,由国土资源部依法查处并追究相关责任人的责任。

第二十条 各省(区、市)国土资源行政主管部门可根据本办法制定工作细则及省级督察员工作规定。

第二十一条 本办法自发布之日起施行。

附件一:矿产勘查督察记录卡(样式)(略)

附件二:油气开采督察记录卡(样式)(略)

国土资源部办公厅关于实施稀土锡锑矿产专项整治和开采总量控制准备工作的通知

(国土资厅发[2003]53号　2003年5月27日)

有关省、自治区国土资源厅:

稀土、锡、锑是我国的主要优势矿产,也是我国重要的战略资源。我国是世界上最大的稀土、锡、锑资源生产国和出口国。为了保护和合理开发利用这些重要的优势矿产资源,必须逐步解决因生产能力过剩、重复建设、资源浪费严重、技术装备落后、布局不合理等的问题。按照矿产资源管理秩序专项整治的要求,现对稀土、锡、锑矿产的专项整治和开采总量控制准备工作通知如下:

一、通过治理整顿,维护正常的稀土、锡、锑开发秩序要按照2003年整顿和规范矿产资源管理秩序工作安排意见的要求,通过对稀土、锡、锑治理整顿"回头看",取缔无证勘查开采,彻底解决矿权纠纷,维护正常的开采秩序;对破坏浪费资源、有关部门认定安全、环境不符合要求、不依法办矿、不符合国家产业政策、不符合矿产资源规划及有关规定的稀土、锡、锑开采企业,由当地政府负责依法实施关闭。

二、组织稀土、锡、锑资源及开发情况调查和稀土、锡、锑开采企业采矿资格审查要对现有稀土、锡、锑矿产资源情况、生产情况、合理开发利用情况及市场需求情况进行全面调查,并按照下列标准对企业的采矿资质进行初审:

(一)依法审批的采矿许可证;

(二)省级国土资源主管部门对资源储量的认定文件或者备案证明;

(三)经批准的矿产资源开发利用方案;

(四)采、选工艺科学合理,设备完善;

(五)无破坏浪费资源、污染环境现象,尾矿堆放安全合理;

(六)无非法转让采矿权行为;

(七)安全生产监督管理部门出具的安全生产合格证明;

(八)矿山环境影响报告及环保部门出具的环境合格征明;

(九)矿区布局合理,矿山开采规模与资源储量规模相适应。

有关省(区)可结合实际对上述标准加以细化,并于2003年10月1日前将审查通过的"稀土锡锑矿山企业名单表"(附后)报部开发司,同时每个矿山应附具以下资料:采矿许可证复印件;省级国土资源主管部门出具的储量认定文件或者备案证明和2000年至2002年实际产量证明;环保部门、安全生产监督管理部门出具的矿山环境合格证明和安全生产合格证明等。

三、公告具有资质的稀土、锡、锑采矿企业名单部将对有关省(区)国土资源厅上报的企业进行抽查,确定并公告具备稀土、锡、锑开采资质的企业名单,为确定稀土、锡、锑矿产开采总量打好基础。

稀土、锡、锑专项整治工作涉及面广、政策性强,有关省(区)国土资源厅要高度重视,认真落实,会同地方政府及有关部门把调查、审查工作做细做实。在专项整治工作中遇到问题,可随时反馈部开发司。

附表:稀土锡锑矿山企业名单表(略)

2003 年整顿和规范矿产资源管理秩序工作方案

（国土资源部国土资发[2003]165 号印发　2003 年 5 月 30 日）

近年来，各省（区、市）按照《国务院办公厅转发国土资源部关于进一步治理整顿矿产资源管理秩序意见的通知》（国办发[2001]85 号，以下简称国办 85 号文件）的要求和全国整顿和规范市场经济秩序工作的统一部署，矿产资源管理秩序治理整顿取得了阶段性成效。但一些地方仍存在着对非法勘查开采查处不力、治理整顿工作不扎实甚至走过场，一些地方出现了反复等问题。各级国土资源管理部门要充分认识整顿和规范矿产资源管理秩序是一件长期的、复杂的社会性工作，要克服厌战情绪，认真查处和解决存在的问题，不断巩固已经取得的成果，将整顿和规范矿产资源管理秩序工作深入持久地开展下去。为进一步贯彻中央人口资源环境工作座谈会对整顿和规范市场经济秩序工作的要求和全国整顿和规范市场经济秩序会议精神，根据《2003 年整顿和规范矿产资源管理秩序工作安排意见》，结合当前的实际情况，提出以下工作方案。

一、将 2003 年整顿和规范矿产资源管理秩序工作落到实处

（一）认真组织“回头看”

针对矿产资源管理秩序问题具有多发性和反复性的特点，各省（区、市）要按照国办 85 号文件的要求和《关于印发〈2003 年整顿和规范矿产资源管理秩序工作安排意见〉的通知》（国土资发[2003]33 号，以下简称国土资发 33 号文）的安排，结合当地实际，对前一阶段治理整顿情况进行全面清查。对整顿中存在的遗留问题和新出现的反复问题，要逐一清理并定出目标，排出时间表，落实责任人，限期整治。

（二）开展专项整治

1. 对砂石开采的专项整治。要在以往治理整顿的基础上，会同有关部门对设立的禁采区及海域、河道采砂进行逐一排查，达到风景名胜区、铁路、公路沿线采矿活动既规范有序，并符合环保和安全生产要求。检查和整治的重点：一是根据矿产资源规划和环境保护的有关规定，按照《关于对风景名胜区，铁路、公路沿线附近采矿活动进行专项治理整顿的通知》（国土资发[2002]238 号）的要求设立了禁采区范围；二是对限期关停的采石场采取了有效的关闭措施；三是已经关闭采石场的矿山环境治理方案得到落实。

沿海各省（区、市）国土资源主管部门要加大对本行政区海域内采砂活动的巡查力度，坚决打击无证采砂和越界采砂行为。建立责任制，增强执法力量，加大违法查处力度。

2. 对非法转让探矿权采矿权的专项整治。鉴于非法转让探矿权、采矿权现象的复杂性、隐蔽性和严重性，各地要结合实际，对本地区的转让行为进行梳理、分析、归类，总结非法转让行为的形式和特点，有针对性地制定管理制度和查处措施。将坚决打击非法转让探矿权采矿权行为作为维护矿产资源管理秩序和强化探矿权采矿权市场监管的长期重要任务来抓。

治理整顿“回头看”与上述专项整治工作分三个阶段，按以下步骤实施：

第一阶段：8 月底前，组织力量，全面清查。

各省（区、市）要按照国办 85 号文件和国土资发 33 号文结合前一阶段的治理整顿工作，分析本地区的矿产资源管理秩序中的突出问题和关键环节，有针对性地进行检查和处理；在全面清理的基础上，着重对本省（区、市）的重点矿种、重点矿区的秩序情况进行复查，各地不能留“死角”、走过场。对砂石开采和非法转让探矿权采矿权情况进行全面调查和分析，制订专项整治方案。对绝大部分违法活动和管理中存在的不规范行为要做到发现一起处理一起。

第二阶段：9～10 月，集中力量，依法查处。

各地对重大违法活动和管理机关的违法、违规行政行为要组织力量、进行专项处理。重在依法处理，要严格依法处罚，该没收违法所得的要没收，该罚款的要罚款，该吊证的要吊证。对管理机关存在的违法、违规行为该纠正要纠正，该追究责任的要依法追究责任。

有关省（区、市）要着重对非法开采砂石和非法转让探矿权采矿权行为开展整治和依法查处。

第三阶段：11 月，组织验收和阶段总结。

各地要对“回头看”和专项整治工作中发现的问题逐级上报。各省（区、市）国土资源主管部门要在 11 月底前对各县、市工作进行检查，将整顿工作情况汇总报部。要注意在总结中对发现的问题进行分析，查找原因（对“回头看”中发现的问题要说明是属于整顿的“死角”还是整顿后的“反复”），找出管理中的漏洞或薄弱环节，有切实可行的整改措施，进一步使矿产资源管理工作制度化、科学化、规范化。

3. 稀土、锡和锑矿开采专项整治。继续实施对钨矿企业生产产量控制，为实施稀土、锡和锑矿的生产总量控制工作做准备。年内要求有关省（区）国土资源厅

组织和完成对本省(区)稀土、锡和锑矿资源调查和稀土、锡和锑矿开采企业采矿资格初审工作。主要内容如下：

①有关省(区)国土资源厅要按照国土资发33号文的要求，通过对钨、稀土、锡和锑矿治理整顿"回头看"，初步建立钨、稀土、锡和锑矿开采矿区正常开发秩序。

②有关省(区)国土资源厅对现有稀土、锡和锑矿资源情况、生产情况、开发利用情况进行全面调查，依法清理和整治不合格的矿山，同时对企业的开采资格进行初审。

③在各省(区)初审的基础上，部将组织确定符合开采资格的稀土、锡、锑矿山企业名单及开采总量控制指标方案。

具体实施方案另行下发。

二、加强依法行政和监督管理，保障各项整治任务全面完成

在整顿和规范矿产资源管理秩序过程中，各地要从当地的实际情况出发，进一步加强探矿权、采矿权市插建设和审批、矿山年检、探矿权年度检查、矿产督察、油气督察等的矿产资源管理工作制度建设。

(一)提高认识，加强领导

整顿和规范市场经济秩序是一项长期性、艰巨性、综合性的工作。各级国土资源管理部门务必要提高认识，坚持深入持久地开展整顿和规范矿产资源管理秩序工作。各级国土资源管理机关要切实加强领导，稳定和健全矿产资源管理秩序领导的组织机构，加强自身建设，结合实际制定整顿和规范矿产资源管理秩序工作方案，将各项工作任务落到实处。

(二)依靠政府，落实责任制

各级国土资源管理部门要紧紧围绕整顿和规范市场经济秩序、促进地方经济发展这根主线，争取当地政府的领导和有关部门的配合和支持，依靠政府和有关部门的配合。建立和完善领导责任制，将整顿和规范工作任务落实到人。

(三)加强督察指导

整顿和规范矿产资源管理秩序工作关键在市、县。各地要针对当地存在的主要问题提出整治方案，上级主管部门要督促落实。各省(区、市)国土资源主管部门要加强对重点矿区、重点地区矿产资源管理秩序情况的督察和指导，有关负责人要亲临现场，发现问题应当及时或限期解决、重大问题要及时上报。部适时组织督察。

(四)进一步强化执法监察工作

加大对各类矿产资源违法案件的查处力度，建立事前预防和事后查处相结合的机制，各地要建立和完善矿产资源执法监察动态巡查责任制，尤其要加强对重点矿区的巡查工作，做到对违法行为及时发现、及时查处。

(五)依法加强监督管理

坚持探矿权采矿权有偿取得，按照即将出台的《探矿权采矿权招标拍卖挂牌出让管理暂行办法》，改革探矿权采矿权审批方式，公开竞争出让，规范协议出让；在年检过程中要切实对矿产资源开发利用和履行法定义务实施监管，提高矿山年检的现场检查率；矿产督察员切实履行其职责，建立督察发现问题追踪机制；推广运用航空遥感等新技术、新手段，提高矿产开发监督和行政执法的能力和水平。部将于11月底前对各地"回头看"和专项整治工作组织抽查。各省(区、市)国土资源主管部门要于12月15日前将治理整顿"回头看"和专项整治情况总结(含"2003年整顿和规范工作情况统计表")报部。部将向全国整顿和规范市场经济秩序领导小组报告。

附：表一、2003年整顿和规范工作情况统计表(略)

表二、党政机关及工作人员违法行政查处情况统计表(略)

探矿权采矿权招标拍卖挂牌管理办法(试行)

(国土资源部国土资发[2003]197号印发　2003年6月11日)

第一章　总　则

第一条　为完善探矿权采矿权有偿取得制度，规范探矿权采矿权招标拍卖挂牌活动，维护国家对矿产资源的所有权，保护探矿权人、采矿权人合法权益，根据《中华人民共和国矿产资源法》、《矿产资源勘查区块登记管理办法》和《矿产资源开采登记管理办法》，制定本办法。

第二条　探矿权采矿权招标拍卖挂牌活动，按照颁发勘查许可证、采矿许可证的法定权限，由县级以上人民政府国土资源行政主管部门(以下简称主管部门)负责组织实施。

第三条　本办法所称探矿权采矿权招标，是指主管部门发布招标公告，邀请特定或者不特定的投标人

参加投标，根据投标结果确定探矿权采矿权中标人的活动。

本办法所称探矿权采矿权拍卖，是指主管部门发布拍卖公告，由竞买人在指定的时间、地点进行公开竞价，根据出价结果确定探矿权采矿权竞得人的活动。

本办法所称探矿权采矿权挂牌，是指主管部门发布挂牌公告，在挂牌公告规定的期限和场所接受竞买人的报价申请并更新挂牌价格，根据挂牌期限截止时的出价结果确定探矿权采矿权竞得人的活动。

第四条 探矿权采矿权招标拍卖挂牌活动，应当遵循公开、公平、公正和诚实信用的原则。

第五条 国土资源部负责全国探矿权采矿权招标拍卖挂牌活动的监督管理。

上级主管部门负责监督下级主管部门的探矿权采矿权招标拍卖挂牌活动。

第六条 主管部门工作人员在探矿权采矿权招标拍卖挂牌活动中玩忽职守、滥用职权、徇私舞弊的，依法给予行政处分。

第二章 范 围

第七条 新设探矿权有下列情形之一的，主管部门应当以招标拍卖挂牌的方式授予：

(一)国家出资勘查并已探明可供进一步勘查的矿产地；

(二)探矿权灭失的矿产地；

(三)国家和省两级矿产资源勘查专项规划划定的勘查区块；

(四)主管部门规定的其他情形。

第八条 新设采矿权有下列情形之一的，主管部门应当以招标拍卖挂牌的方式授予：

(一)国家出资勘查并已探明可供开采的矿产地；

(二)采矿权灭失的矿产地；

(三)探矿权灭失的可供开采的矿产地；

(四)主管部门规定无需勘查即可直接开采的矿产；

(五)国土资源部、省级主管部门规定的其他情形。

第九条 符合本办法第七条、第八条规定的范围，有下列情形之一的，主管部门应当以招标的方式授予探矿权采矿权：

(一)国家出资的勘查项目；

(二)矿产资源储量规模为大型的能源、金属矿产地；

(三)共伴生组分多、综合利用技术水平要求高的矿产地；

(四)对国民经济具有重要价值的矿区；

(五)根据法律法规、国家政策规定可以新设探矿权采矿权的环境敏感地区和未达到国家规定的环境质量标准的地区。

第十条 有下列情形之一的，主管部门不得以招标拍卖挂牌的方式授予：

(一)探矿权人依法申请其勘查区块范围内的采矿权；

(二)符合矿产资源规划或者矿区总体规划的矿山企业的接续矿区、已设采矿权的矿区范围上下部需要统一开采的区域；

(三)为国家重点基础设施建设项目提供建筑用矿产；

(四)探矿权采矿权权属有争议；

(五)法律法规另有规定以及主管部门规定因特殊情形不适于以招标拍卖挂牌方式授予的。

第十一条 违反本办法第七条、第八条、第九条和第十条的规定授予探矿权采矿权的，由上级主管部门责令限期改正；逾期不改正的，对直接负责的主管人员和其他直接责任人员依法给予行政处分。

第三章 实 施

第一节 一般规定

第十二条 探矿权采矿权招标拍卖挂牌活动，应当有计划地进行。

主管部门应当根据矿产资源规划、矿产资源勘查专项规划、矿区总体规划、国家产业政策以及市场供需情况，按照颁发勘查许可证、采矿许可证的法定权限，编制探矿权采矿权招标拍卖挂牌年度计划，报上级主管部门备案。

第十三条 上级主管部门可以委托下级主管部门组织探矿权采矿权招标拍卖挂牌的具体工作，勘查许可证、采矿许可证由委托机关审核颁发。

受委托的主管部门不得再委托下级主管部门组织探矿权采矿权招标拍卖挂牌的具体工作。

第十四条 主管部门应当根据探矿权采矿权招标拍卖挂牌年度计划和《外商投资产业指导目录》，编制招标拍卖挂牌方案；招标拍卖挂牌方案，县级以上地方主管部门可以根据实际情况报同级人民政府组织审定。

第十五条 主管部门应当根据招标拍卖挂牌方案，编制招标拍卖挂牌文件。

招标拍卖挂牌文件，应当包括招标拍卖挂牌公告、标书、竞买申请书、报价单、矿产地的地质报告、矿产资源开发利用和矿山环境保护要求、成交确认书等。

第十六条 招标标底、拍卖挂牌底价，由主管部门依规定委托有探矿权采矿权评估资质的评估机构或者采取询价、类比等方式进行评估，并根据评估结果和国家产业政策等综合因素集体决定。

在招标拍卖挂牌活动结束之前，招标标底、拍卖挂牌底价须保密，且不得变更。

第十七条 招标拍卖挂牌公告应当包括下列内容：

（一）主管部门的名称和地址；

（二）拟招标拍卖挂牌的勘查区块、开采矿区的简要情况；

（三）申请探矿权采矿权的资质条件以及取得投标人、竞买人资格的要求；

（四）获取招标拍卖挂牌文件的办法；

（五）招标拍卖挂牌的时间、地点；

（六）投标或者竞价方式；

（七）确定中标人或者竞得人的标准和方法；

（八）投标、竞买保证金及其缴纳方式和处置方式；

（九）其他需要公告的事项。

第十八条 主管部门应当依规定对投标人、竞买人进行资格审查。对符合资质条件和资格要求的，应当通知投标人、竞买人参加招标拍卖挂牌活动以及缴纳投标、竞买保证金的时间和地点。

第十九条 投标人、竞买人按照通知要求的时间和地点缴纳投标、竞买保证金后，方可参加探矿权采矿权招标拍卖挂牌活动；逾期未缴纳的，视为放弃。

第二十条 以招标拍卖挂牌方式确定中标人、竞得人后，主管部门应当与中标人、竞得人签订成交确认书。中标人、竞得人逾期不签订的，中标、竞得结果无效，所缴纳的投标、竞买保证金不予退还。

成交确认书应当包括下列内容：

（一）主管部门和中标人、竞得人的名称、地址；

（二）成交时间、地点；

（三）中标、竞得的勘查区块、开采矿区的简要情况；

（四）探矿权采矿权价款；

（五）探矿权采矿权价款的缴纳时间、方式；

（六）矿产资源开发利用和矿山环境保护要求；

（七）办理登记时间；

（八）主管部门和中标人、竞得人约定的其他事项。

成交确认书具有合同效力。

第二十一条 主管部门应当在颁发勘查许可证、采矿许可证前一次性收取探矿权采矿权价款。探矿权采矿权价款数额较大的，经上级主管部门同意可以分期收取。

探矿权采矿权价款的使用和管理按照有关规定执行。

第二十二条 中标人、竞得人缴纳的投标、竞买保证金，可以抵作价款。其他投标人、竞买人缴纳的投标、竞买保证金，主管部门须在招标拍卖挂牌活动结束后5个工作日内予以退还，不计利息。

第二十三条 招标拍卖挂牌活动结束后，主管部门应当在10个工作日内将中标、竞得结果在指定的场所、媒介公布。

第二十四条 中标人、竞得人提供虚假文件隐瞒事实、恶意串通、向主管部门或者评标委员会及其成员行贿或者采取其他非法手段中标或者竞得的，中标、竞得结果无效，所缴纳的投标、竞买保证金不予退还。

第二十五条 主管部门应当按照成交确认书所约定的时间为中标人、竞得人办理登记，颁发勘查许可证、采矿许可证，并依法保护中标人、竞得人的合法权益。

第二十六条 主管部门在签订成交确认书后，改变中标、竞得结果或者未依法办理勘查许可证、采矿许可证的，由上级主管部门责令限期改正，对直接负责的主管人员和其他直接责任人员依法给予行政处分；给中标人、竞得人造成损失的，中标人、竞得人可以依法申请行政赔偿。

第二十七条 主管部门负责建立招标拍卖挂牌的档案，档案包括投标人、评标委员会、中标人、竞买人和竞得人的基本情况、招标拍卖挂牌过程、中标、竞得结果等。

第二节 招 标

第二十八条 探矿权采矿权招标的，投标人不得少于三人。

投标人少于三人，属采矿权招标的，主管部门应当依照本办法重新组织招标；属探矿权招标的，主管部门可以以挂牌方式授予探矿权。

第二十九条 主管部门应当确定投标人编制投标文件所需的合理时间；但是自招标文件发出之日起至投标人提交投标文件截止之日，最短不得少于30日。

第三十条 投标、开标依照下列程序进行：

（一）投标人按照招标文件的要求编制投标文件，在提交投标文件截止之日前，将投标文件密封后送达指定地点，并附具对投标文件承担责任的书面承诺；

在提交投标文件截止之日前，投标人可以补充、修改但不得撤回投标文件。补充、修改的内容作为投标文件的组成部分。

（二）主管部门签收投标文件后，在开标之前不得开启；对在提交投标文件的截止之日后送达的，不予受理；

（三）开标应当在招标文件确定的时间、地点公开进行。开标由主管部门主持，邀请全部投标人参加。

开标时,由投标人或者其推选的代表检查投标文件的密封情况,当众拆封,宣读投标人名称、投标价格和投标文件的主要内容;

(四)评标由主管部门组建的评标委员会负责。评标委员会应当按照招标文件确定的评标标准和方法,对投标文件进行评审。评审时,可以要求投标人对投标文件作出必要的澄清或者说明,但该澄清或者说明不得超出投标文件的范围或者改变投标文件的实质内容;

评标委员会完成评标后,应当提出书面评标报告和中标候选人,报主管部门确定中标人;主管部门也可委托评标委员会直接确定中标人。

评标委员会经评审,认为所有的投标文件都不符合招标文件要求的,可以否决所有的投标。

第三十一条 评标委员会成员人数为五人以上单数,由主管部门根据拟招标的探矿权采矿权确定,有关技术、经济方面的专家不得少于成员总数的三分之二。

在中标结果公布前,评标委员会成员名单须保密。

第三十二条 评标委员会成员收受投标人的财物或其他好处的,或者向他人透露标底或有关其他情况的,主管部门应当取消其担任评标委员会成员的资格。

第三十三条 确定的中标人应当符合下列条件之一:

(一)能够最大限度地满足招标文件中规定的各项综合评价标准;

(二)能够满足招标文件的实质性要求,并且经评审的投标价格最高,但投标价格低于标底的除外。

第三十四条 中标人确定后,主管部门应当通知中标人在接到通知之日起5日内签订成交确认书,并同时将中标结果通知所有投标人。

第三节 拍 卖

第三十五条 探矿权采矿权拍卖的,竞买人不得少于三人。少于三人的,主管部门应当停止拍卖。

第三十六条 探矿权采矿权拍卖的,主管部门应当于拍卖日20日前发布拍卖公告。

第三十七条 拍卖会依照下列程序进行:

(一)拍卖主持人点算竞买人;

(二)拍卖主持人介绍探矿权采矿权的简要情况;

(三)宣布拍卖规则和注意事项;

(四)主持人报出起叫价;

(五)竞买人应价。

第三十八条 无底价的,拍卖主持人应当在拍卖前予以说明;有底价的,竞买人的最高应价未达到底价的,该应价不发生效力,拍卖主持人应当停止拍卖。

第三十九条 竞买人的最高应价经拍卖主持人落槌表示拍卖成交,拍卖主持人宣布该最高应价的竞买人为竞得人。

主管部门和竞得人应当当场签订成交确认书。

第四节 挂 牌

第四十条 探矿权采矿权挂牌的,主管部门应当于挂牌起始日20日前发布挂牌公告。

第四十一条 探矿权采矿权挂牌的,主管部门应当在挂牌起始日,将起始价、增价规则、增价幅度、挂牌时间等,在挂牌公告指定的场所挂牌公布。

挂牌时间不得少于10个工作日。

第四十二条 竞买人的竞买保证金在挂牌期限截止前缴纳的,方可填写报价单报价。主管部门受理其报价并确认后,更新挂牌价格。

第四十三条 挂牌期间,主管部门可以根据竞买人的竞价情况调整增价幅度。

第四十四条 挂牌期限届满,主管部门按照下列规定确定是否成交:

(一)在挂牌期限内只有一个竞买人报价,且报价高于底价的,挂牌成交;

(二)在挂牌期限内有两个或者两个以上的竞买人报价的,出价最高者为竞得人;报价相同的,先提交报价单者为竞得人,但报价低于底价者除外;

(三)在挂牌期限内无人竞买或者竞买人的报价低于底价的,挂牌不成交。

在挂牌期限截止前30分钟仍有竞买人要求报价的,主管部门应当以当时挂牌价为起始价进行现场竞价,出价最高且高于底价的竞买人为竞得人。

第四十五条 挂牌成交的,主管部门和竞得人应当当场签订成交确认书。

第四章 附 则

第四十六条 本办法自2003年8月1日施行。

本办法发布前制定的有关文件的内容与本办法的规定不一致的,按照本办法规定执行。

国土资源部关于认真学习贯彻审理非法采矿、破坏性采矿刑事案件具体应用法律若干问题解释的通知

（国土资发[2003]213号　2003年6月16日）

各省、自治区、直辖市国土资源厅(国土环境资源厅、国土资源和房屋管理局、房屋土地资源管理局、规划和国土资源局),解放军土地管理局,新疆生产建设兵团国土资源局：

2003年5月29日,最高人民法院公布了《关于审理非法采矿、破坏性采矿刑事案件具体应用法律若干问题的解释》(以下简称《解释》),自2003年6月3日起施行。《解释》的公布和施行,为依法追究矿产资源违法者的刑事责任提供了具体、明确的依据,对于依法惩治非法采矿、破坏矿产资源的犯罪行为,加大矿产资源保护力度,进一步强化矿产资源执法工作具有十分重要的意义。为了在贯彻实施《解释》中切实履行好国土资源管理部门的职责,特通知如下：

一、认真组织学习和宣传

《解释》是我国矿产资源法律体系的重要组成部分,也是惩处矿产资源刑事犯罪行为的有力法律武器。

国土资源管理部门作为行政执法机关,负有查处矿产资源违法行为和将涉嫌犯罪的矿产资源违法案件移送司法机关的法定职责,必须认真组织好学习。学习形式可以灵活多样,如举办讲座、开展知识竞赛等。同时,要把《解释》纳入执法监察人员和矿产资源管理人员的岗位培训和考核范围。通过学习,深刻理解《解释》制定的意义,熟悉并掌握其基本内容,准确理解各个条款的内在含义及相关标准,切实有效地把《解释》运用到执法实践中,提高矿产资源管理和执法水平。

要通过多种途径,对《解释》进行广泛深入的宣传。一方面要做好向全社会尤其是矿产资源开发活动集中地区的宣传。另一方面,要继续发扬送法到矿区的好传统,做好对矿山企业的宣传。要把对《解释》的宣传与普法教育结合起来,纳入普法教育的内容。通过积极有效的宣传,进一步提高全社会依法勘查、开采和保护矿产资源的意识,达到有效预防矿产资源违法和犯罪的目的。

二、以贯彻《解释》为契机,切实加大矿产资源违法案件的查处力度

学习和贯彻《解释》,重在抓好实施。各级国土资源管理部门要抓住《解释》公布施行的有利时机,进一步改善和强化矿产资源执法监察工作,加大对矿产资源违法案件的查处力度。在查处违法案件过程中,必须严格执行《解释》。对涉嫌犯罪的矿产资源违法行为,要坚决按照《解释》的规定移送司法机关,追究刑事责任,绝不能姑息迁就。同时,还要注意准确适用法律,做到不枉不纵。一些矿产资源相对丰富的地区,尤其是矿产资源管理秩序经常出现反复的地区,近期内要抓住几个有影响的典型矿产资源违法案件,依照《解释》的规定进行处理后,通过新闻媒体在社会上公开曝光,以扩大《解释》的影响力和威慑力。

三、采取有效措施,依法做好矿产资源破坏程度的鉴定工作

《解释》中明确,破坏性的开采方法以及造成矿产资源破坏或者严重破坏的数额,由省级以上地质矿产主管部门出具鉴定结论后予以认定。这是一项政策性、技术性都比较强的工作。要采取有效措施,保证鉴定工作能够依法、及时、顺利进行,提高鉴定结果的科学性和准确性。为保障这项工作科学、有效地进行,有条件的地区可以聘请专家,组成非常设的破坏性采矿行为鉴定专家组,专门承担矿产资源破坏程度的鉴定工作。

四、加强与有关部门的协调配合,共同做好追究违法者刑事责任的工作

《解释》的贯彻实施,需要国土资源管理部门与公安、司法机关共同配合做好工作。各级国土资源管理部门要加强与这些部门的沟通,建立良好的协作关系。

国土资源管理部门在查处矿产资源违法案件过程中,认为已经涉嫌犯罪的,要在行政调查终结后及时移送公安、司法机关,并积极配合,做好相关司法调查。有条件的地方,应与公安、司法机关主动联系,共同研究,抓紧制定规范矿产资源涉嫌犯罪案件移送、协调、配合等方面的程序性规定,努力做好案件移送和审理上的协调、配合。

五、及时总结经验,不断提高行政执法水平

各级国土资源管理部门在贯彻实施《解释》过程

中,要注意总结经验,及时研究解决实际工作中出现的问题,不断提高依法行政水平和执法水平,改进和强化执法监察工作。

各级国土资源管理部门在接到本通知后,要结合本地区实际,认真研究并尽快提出学习和贯彻《解释》的具体意见。切实运用《解释》,发挥其在打击非法采矿、破坏性采矿和促进矿产资源合理开发利用中的作用,促进国民经济的可持续发展。贯彻实施《解释》中的情况和问题,请及时报告部执法监察局。

附:

中华人民共和国最高人民法院公告

《最高人民法院关于审理非法采矿、破坏性采矿刑事案件具体应用法律若干问题的解释》已于2003年5月16日由最高人民法院审判委员会第1270次会议通过。现予公布,自2003年6月3日起施行。

2003年5月29日

为依法惩处非法采矿、破坏性采矿犯罪活动,根据刑法有关规定,现就审理这类刑事案件具体应用法律的若干问题解释如下:

第一条 违反矿产资源法的规定非法采矿,具有下列情形之一,经责令停止开采后拒不停止开采,造成矿产资源破坏的,依照刑法第三百四十三条第一款的规定,以非法采矿罪定罪处罚:

(一)未取得采矿许可证擅自采矿;

(二)擅自进入国家规划矿区、对国民经济具有重要价值的矿区和他人矿区范围采矿;

(三)擅自开采国家规定实行保护性开采的特定矿种。

第二条 具有下列情形之一的,属于本解释第一条第(一)项规定的"未取得采矿许可证擅自采矿":

(一)无采矿许可证开采矿产资源的;

(二)采矿许可证被注销、吊销后继续开采矿产资源的;

(三)超越采矿许可证规定的矿区范围开采矿产资源的;

(四)未按采矿许可证规定的矿种开采矿产资源的(共生、伴生矿种除外);

(五)其他未取得采矿许可证开采矿产资源的情形。

第三条 非法采矿造成矿产资源破坏的价值,数额在5万元以上的,属于刑法第三百四十三条第一款规定的"造成矿产资源破坏";数额在30万元以上的,属于刑法第三百四十三条第一款规定的"造成矿产资源严重破坏"。

第四条 刑法第三百四十三条第二款规定的破坏性采矿罪中"采取破坏性的开采方法开采矿产资源",是指行为人违反地质矿产主管部门审查批准的矿产资源开发利用方案开采矿产资源,并造成矿产资源严重破坏的行为。

第五条 破坏性采矿造成矿产资源破坏的价值,数额在30万元以上的,属于刑法第三百四十三条第二款规定的"造成矿产资源严重破坏"。

第六条 破坏性的开采方法以及造成矿产资源破坏或者严重破坏的数额,由省级以上地质矿产主管部门出具鉴定结论,经查证属实后予以认定。

第七条 多次非法采矿或者破坏性采矿构成犯罪,依法应当追诉的,或者一年内多次非法采矿或破坏性采矿未经处理的,造成矿产资源破坏的数额累计计算。

第八条 单位犯非法采矿罪和破坏性采矿罪的定罪量刑标准,按照本解释的有关规定执行。

第九条 各省、自治区、直辖市高级人民法院,可以根据本地区的实际情况,在5万元至10万元、30万元至50万元的幅度内,确定执行本解释第三条、第五条的起点数额标准,并报最高人民法院备案。

国土资源部国家发展和改革委员会关于开展新一轮全国油气资源评价工作的通知

(国土资发[2003]377号 2003年10月30日)

中国石油天然气集团公司、中国石油化工集团公司、中国海洋石油总公司、中联煤层气有限责任公司:

为进一步摸清我国油气资源潜力和资源量,更好地规划、管理、保护与合理利用油气资源,积极配合国家"十一五"规划编制工作,根据党中央、国务院关于油气资源的一系列重要指示精神,国土资源部与国家发展和改革委员会决定联合组织开展新一轮全国油气资源评价。现将有关事项通知如下:

一、评价目的

全面、客观地评价我国油气资源潜力,为国家制定能源战略和中长期发展规划提供依据,为油气资源调查和勘探提供基础信息,促进油气资源的合理开发利用,提高油气资源对经济社会可持续发展的保障能力。

二、工作内容

(一)总体思路

以党的十六大精神和"三个代表"重要思想为指导,以摸清我国油气资源潜力为目标,以新方法和新技术为支撑,以三大石油公司和各机构已开展的工作为基础,科学、客观地评价我国油气资源潜力。

(二)预期成果

1. 油气资源量,包括可采资源量。

2. 建立国家级油气资源数据库管理系统,实现油气资源动态评价,提供及时有效的服务。

(三)评价的原则

1. 从国家整体利益出发,解放思想,实事求是,尊重科学,尊重地质工作规律;

2. 统一组织、统一思路、统一方法、统一标准、统一进度;

3. 按我国新的油气资源储量分类标准,突出中国色,基本符合国际惯例;

4. 实行产、学、研相结合。

(四)评价单元和资源类型

评价单元和资源类型将由技术专家组研究确定,原则上以盆地为主要评价单元,对于资料信息丰富的地区,可以区带为单元。资源类型和评价主要指标包括:

1. 常规油气资源。包括常规石油、凝析油、稠油和常规天然天、溶解气、凝析气,评价地质资源量、技术经济可采资源量;

2. 煤层气资源。评价地质资源量、技术可采资源量;

3. 非常规油气资源。包括超重油、沥青、油砂和油页岩,评价地质资源量、技术可采资源量,进行适当的经济可采性分析。

三、技术方法和标准

根据资源类型、盆地类型及勘探程度,运用先进、合理的评价方法,采取相对统一的评价标准、参数体系和参数选择标准。

四、组织形式

成立领导小组、项目工作组、技术专家组和项目办公室。

(一)领导小组

组长:国土资源部　叶冬松副部长

国家发展和改革委员会　张国宝副主任

成员:国土资源部储量司、国家发展和改革委员会能源局、国土资源部勘查司、国土资源部油气资源战略研究中心、中国石油天然气股份有限公司、中国石油化工股份有限公司、中国海洋石油总公司、中联煤层气有限责任公司和延长油矿管理局等单位的领导同志。

领导小组负责对新一轮全国油气资源评价工作的组织和领导,决定重大事项。

(二)项目工作组

负责落实领导小组的决定,组织项目的运行,由国土资源部储量司、国家发展和改革委员会能源局、国土资源部勘查司、国土资源部油气资源战略研究中心、中国石油天然气股份公司、中国石油化工股份公司、中国海洋石油总公司、中联煤层气有限责任公司、延长油矿管理局等有关部门的负责人组成。

(三)技术专家组

由国内著名石油、地质专家和经济学家组成。

技术专家对项目的技术工作全面负责,包括技术路线、方法体系及设计方案的制订和审查,质量检查和考核,对成果评审、验收、确认等。

(四)项目办公室

组织拟定工作思路、工作方案和计划等,负责日常工作协调、管理和服务。由国土资源部储量司、国家发展和改革委员会能源局、国土资源部勘查司、国土资源部油气资源战略研究中心和各石油公司、科研单位、院校等单位的有关工作人员组成。

办公室下设综合组和技术组等机构。综合组对项目工作组负责,承担日常的协调和管理工作;技术组对技术专家组负责,承担技术方面的具体工作。

五、工作安排

新一轮全国油气资源评价工作安排如下:

(一)准备阶段(2003年10月至12月):前期调研论证,召开开展新一轮全国油气资源评价工作会议,部署评价工作,完成有关工作机构的组建工作,制定总体工作方案和技术规范,并组织相关培训。

(二)实施阶段(2004年1月至2005年6月):其中,2004年1~10月,完成石油、天然气、煤层气评价工作和初步完成油气资源评价数据库管理系统的开发建设。11~12月,成果初步验收。2005年1月至6月,成果综合分析、数据库系统调试。

(三)审查验收阶段(2005年6月至12月):总项目评审、验收;油气资源数据库管理系统验收。

请你们根据实际情况,做好相关准备工作,并于10月底之前,将参加新一轮全国油气资源评价工作领导小组、工作组、办公室的人员及其相关情况电告国土资源部。

联系人:唐正国　潘继平

电　话:(010)66558281　(010)66169333-207

传　真:(010)66558277　(010)66180103

国家安全生产监督管理局国土资源部关于进一步加强非煤矿山安全生产工作的通知

（安监管字[2003]174号　2003年11月20日）

各省、自治区、直辖市及新疆生产建设兵团安全生产监督管理部门、国土资源厅(局)：

2003年国民经济快速增长，前三季度国内生产总值同比增长8.5%，重工业和基本建设增势强劲，各种矿物原料需求增加，供需矛盾加大。在可观的利润吸引下，近期各种非法采矿活动有所抬头，不断发生重、特大事故，全国非煤矿山安全生产形势十分严峻。

1~9月，全国非煤矿山企业共发生伤亡事故1524起，死亡1727人，同比增加302起、185人，分别上升24.7%和12%。尤其是进入10月份以来，重、特大事故频频发生，并呈增长之势。10月份发生7起重大事故，死亡32人；11月12日和13日又连续发生贵州省黔西南州兴仁县非法采石场坍塌、死亡11人和陕西省榆林市府谷县个体采石场坍塌、死亡12人的两起特大事故。

为进一步加强非煤矿山安全生产工作，坚决遏制重、特大事故，促进全国安全生产形势的稳定好转，现提出以下要求：

一、进一步提高思想认识

要认真学习贯彻党的十六届三中全会精神，从实践"三个代表"重要思想的高度，充分认识搞好安全生产工作的重要性和迫切性。坚持把人民群众的生命安全放在第一位，进一步完善和落实安全生产的各项制度与措施，努力提高安全生产水平，做好非煤矿山安全生产工作。

二、切实落实安全生产工作责任

要认真贯彻落实(国务院办公厅关于深化安全生产专项整治工作的通知)(国办发[2003]60号)及国家安全生产监督管理局、国土资源部等6部门《关于印发<深化非煤矿山安全生产专项整治方案>的通知》(安监管字[2003]152号)精神，加强对非煤矿山安全生产专项整治工作的领导，落实安全生产工作责任制。各级安全监管和国土资源管理部门要认真履行各自的职责，形成联合执法、综合治理的局面。

三、加大安全监管力度

各级安全监管和国土资源管理部门要依据各自的职能适时开展各种形式的督查行动，进一步加大现场检查和行政执法工作力度，对于安全生产责任制不健全、安全管理工作不到位、安全生产措施不落实等不具备基本安全生产的非煤矿山，应依法责令其限期整改或停产整顿；滑坡危险区的临时工棚要坚决拆除；对于各种非法开采、乱采滥挖、以采代探等违法行为要加大打击力度，依法严厉查处并予以取缔。

四、加快安全评估工作进度

2003年年底前务必完成70%的评估工作目标，尽快实现突出重点、分级管理、分类指导。要把安全监管工作的重点放在管理基础薄弱、人员素质不高、缺乏基本安全生产条件、事故隐患较多的C、D类矿山。对于安全状况较好的矿山，重在加强事后监督，激发企业自觉搞好安全生产的积极性和创造性，不断完善企业自我的约束机制，进一步提高管理水平。

五、完善应急救援体系

鉴于大量的小型非煤矿山技术力量薄弱，事故救援能力低，发生事故后因自救措施不当，易发生次生事故及贻误抢救时机，要抓紧建立和完善事故应急救援体系，尽快形成能覆盖本地区、反应迅速、指挥和救援有力的网络式体系。

六、做好安全教育培训工作

小型非煤矿山管理基础薄弱，从业人员素质普遍不高，缺乏基本的安全知识和技能，安全意识不强，因此要加大安全教育培训工作力度，使从业人员掌握基本的安全知识和技能，做到"不伤害自己，不伤害别人，不被别人伤害"。

七、严肃事故查处工作

要根据事故调查处理的有关法律法规，本着"四不放过"的原则和对人民群众生命、财产高度负责的态度，认真进行事故调查处理工作，特别是对今年以来发生的重、特大事故要加快结案进度，依法严肃追究有关人员的责任，并将事故单位的评估结果做降级处理，责令其停产整顿，经整顿仍然达不到安全生产标准的，要报请当地县级以上人民政府依法予以关闭。

国土资源部办公厅对关于我国钨矿等稀有资源开发利用和出口等有关问题意见的复函

（国土资厅函[2003]411号　2003年12月3日）

国家发展和改革委员会办公厅：

你委《关于我国钨等稀有资源开发、利用和出口等有关问题意见的函》（发改办产业[2003]1221号）收悉。经研究并结合我部的职责函复如下。

党和国家领导对钨矿的开发利用十分重视，并多次做出重要批示。1991年国务院决定将钨、锡、锑、离子型稀土矿产（以下简称钨等四种矿产）列为国家实行保护性开采特定矿种。

针对钨矿生产经营存在的突出问题，2000年10月，经国务院批准，由我部与外经贸部、国家经贸委联合发出《关于加强钨行业综合治理有关问题的通知》（[2000]外经贸管发第523号），明确由我部主要负责：一是整顿开采企业；二是监管钨矿石和钨精矿的流通；三是清理并整顿钨矿小选冶企业；四是实施钨矿开采总量的严格控制。

按照523号文的要求，2001年3月20日我部发出了《关于加强钨矿开发管理工作的通知》（国土资发[2001]80号），对钨矿整顿工作提出了具体要求和措施。坚决查处和取缔了无证非法采矿，关闭不具备基本办矿条件、浪费资源、破坏污染资源、安全隐患大的矿山，乱来滥挖的现象被基本遏制。通过两年多的大规模治理整顿，南方七省（区）在整顿中就取缔和关闭、注销钨矿山（点）254个（处）。2001年底全国合法钨矿山由2000底的248家降到了123家，减少了49.6%；2002年底降到118家。联合中国钨业协会对所有钨矿企业进行资质条件审查，我部公告了审查结果。根据中国钨业协会的调查，我部确定我国矿山年产钨精矿控制总量为4.5万吨，并分别下达到各地各矿山企业，2002年和2003年的实施情况总体是好的，开采总量初步得到控制。

今年，我部正在将钨矿的治理整顿和总量控制的经验推广到锡、锑、离子型稀土的开发管理上，以加大对优势矿产的管理和开采总量控制的力度。为了进一步解决开采总量仍然过大的问题，我部已经决定从2003年起的三年内暂停审批设立的新的钨等四种矿产采矿权。

经过三年对钨等四种矿产集中整顿，取得了阶段性成果，但非法开采仍时有发生、非法转让有待进一步查处、开采总量有待进一步降低。为此，国土资源部建议：

一、继续深入进行钨等四种矿产的专项整顿。依据《矿产资源法》、《无照经营查处取缔办法》的规定，对于非法开采处以赔偿资源、环境损失，没收矿产品和已经销售矿产品的收入，并处罚款，查封、扣押开采和运输矿产品的工具、设备，情节严重的追究刑事责任。加大对非法转让采矿权查处的力度。

二、要求各矿山企业必须严格按照批准和分配的开采量开采，擅自超产的，由管理机关处以超产部分产值50%以下的罚款，连续两年超产的可以吊销采矿许可证。

三、加强出口的管理。经营钨等四种矿产出口的企业，出口总量应有严格控制。

安全生产违法行为行政处罚办法

第一章　总　则

第一条　为了制裁安全生产违法行为，规范安全生产行政处罚工作，保证生产经营单位依法进行安全生产，根据行政处罚法、安全生产法及其他有关法律、行政法规的规定，制定本办法。

第二条　县级以上人民政府安全生产监督管理部门对生产经营单位及其有关人员在生产经营活动中违反有关安全生产的法律、行政法规、部门规章、国家标准、行业标准和规程的违法行为（以下简称安全生产违法行为）实施行政处罚，适用本办法。

煤矿安全监察机构依照本办法和煤矿安全监察行政处罚办法，对煤矿及其有关人员的安全生产违法行为实施行政处罚。

有关法律、行政法规对行政处罚的决定机关另有规定的，依照其规定。

第三条　对安全生产违法行为实施行政处罚，遵循公正、公开的原则。

安全生产监督管理部门或者煤矿安全监察机构实施行政处罚，必须以事实为依据。行政处罚应与安全生产违法行为的事实、性质、情节以及社会危害程度相当。

第四条 生产经营单位及其有关人员对安全生产监督管理部门或者煤矿安全监察机构给予的行政处罚，享有陈述权、申辩权；对行政处罚不服的，有权依法申请行政复议或者提起行政诉讼。

生产经营单位及其有关人员因安全生产监督管理部门或者煤矿安全监察机构违法给予行政处罚受到损害的，有权依法提出赔偿要求。

第二章 行政处罚的种类、管辖

第五条 安全生产违法行为行政处罚的种类：

（一）警告；

（二）罚款；

（三）没收违法所得；

（四）责令改正、责令限期改正、责令停止违法行为；

（五）责令停产停业整顿、责令停产停业、责令停止建设；

（六）拘留；

（七）关闭；

（八）吊销有关证照；

（九）安全生产法律、行政法规规定的其他行政处罚。

第六条 警告、罚款、没收违法所得、责令改正、责令限期改正、责令停止违法行为、责令停产停业整顿、责令停产停业、责令停止建设的行政处罚，由安全生产违法行为发生地的县级以上人民政府安全生产监督管理部门或者煤矿安全监察机构决定。

给予关闭的行政处罚，由县级以上人民政府安全生产监督管理部门或者煤矿安全监察机构报请县级以上人民政府按照国务院规定的权限决定。

给予拘留的行政处罚，由县级以上人民政府安全生产监督管理部门或者煤矿安全监察机构建议公安机关依照治安管理处罚条例的规定决定。

第七条 两个以上安全生产监督管理部门或者煤矿安全监察机构因行政处罚管辖权发生争议的，由其共同的上一级人民政府安全生产监督管理部门或者上一级煤矿安全监察机构指定管辖。

第八条 对报告或者举报的安全生产违法行为，安全生产监督管理部门或者煤矿安全监察机构应当受理；发现不属于自己管辖的，应当及时移送有管辖权的安全生产监督管理部门或者煤矿安全监察机构或者其他有关部门。

受移送的安全生产监督管理部门或者煤矿安全监察机构对管辖权有异议的，应当报请共同的上一级安全生产监督管理部门或者上一级煤矿安全监察机构指定管辖。

第九条 安全生产违法行为构成犯罪的，安全生产监督管理部门或者煤矿安全监察机构应当将案件移送司法机关，依法追究刑事责任。

第十条 上级安全生产监督管理部门或者煤矿安全监察机构可以直接查处下级人民政府安全生产监督管理部门或者煤矿安全监察机构管辖的案件，也可以将自己管辖的案件交由下级安全生产监督管理部门或者煤矿安全监察机构管辖。

下级安全生产监督管理部门或者煤矿安全监察机构可以将重大、疑难案件报请上级安全生产监督管理部门或者煤矿安全监察机构管辖。

第十一条 上级安全生产监督管理部门或者煤矿安全监察机构有权对下级安全生产监督管理部门或者煤矿安全监察机构违法或者不适当的行政处罚予以纠正或者撤销。

第三章 行政处罚的程序

第十二条 安全生产监督检查人员（以下简称安全生产监察员）在执行公务时，必须出示国家安全生产监督管理局或者国家煤矿安全监察局统一制作的安全生产监察员或者煤矿安全监察员证件。

第十三条 安全生产监督管理部门或者煤矿安全监察机构在作出行政处罚前，应当告知当事人作出行政处罚决定的事实、理由、依据，以及当事人依法享有的权利。

第十四条 当事人有权进行陈述和申辩。安全生产监督管理部门或者煤矿安全监察机构必须充分听取当事人的陈述和申辩，对当事人提出的事实、理由和证据，应当进行复核；当事人提出的事实、理由和证据成立的，安全生产监督管理部门或者煤矿安全监察机构应当采纳。

安全生产监督管理部门或者煤矿安全监察机构不得因当事人陈述或者申辩而加重处罚。

第十五条 对安全生产违法行为实施行政处罚，应当符合法定程序，制作行政执法文书。

第一节 简易程序

第十六条 违法事实确凿并有法定依据，对个人处以五十元以下罚款、对生产经营单位处以一千元以下罚款或者警告的行政处罚的，安全生产监察员可以当场作出行政处罚决定。

安全生产监察员当场作出行政处罚决定的，事后应当及时报告,最迟在五日内报所属安全生产监督管理部门或者煤矿安全监察机构备案。

第十七条 安全生产监察员当场作出行政处罚决定,应当填写统一制作的行政处罚决定书并当场交付当事人。

第二节 一般程序

第十八条 除依照简易程序当场作出的行政处罚外,安全生产监督管理部门或者煤矿安全监察机构发现生产经营单位及其有关人员应当给予行政处罚的行为的,应当予以立案,填写统一的立案审批表,并全面、客观、公正地进行调查,收集有关证据。

第十九条 进行立案调查时,安全生产监察员不得少于两人。当事人或者有关人员应当如实回答询问,并协助调查或者检查,不得拒绝、阻挠或者提供虚假情况。询问或者检查应当制作笔录。

第二十条 有下列情形之一的,安全生产监察员应当回避:

(一)本人是本案的当事人或是其他当事人的近亲属的;

(二)本人或其近亲属与本案有利害关系的:

(三)与本人有其他利害关系,可能影响案件的公正处理的。

安全生产监察员的回避,由其派出进行调查的安全生产监督管理部门或者煤矿安全监察机构的负责人决定。派出进行调查的安全生产监督管理部门或者煤矿安全监察机构的负责人的回避,由该部门的负责人集体讨论决定。回避决定作出之前,具体承办案件的安全生产监察员不得擅自停止对案件的调查。

第二十一条 案件调查终结后,安全生产监督管理部门或者煤矿安全监察机构负责人应当及时对有关案件材料、当事人的陈述和申辩材料、听证会笔录等调查结果进行审查,根据不同情况,分别作出如下决定:

(一)确有应受行政处罚的违法行为的,根据情节轻重及具体情况,作出行政处罚决定;

(二)违法行为轻微,依法可以不予行政处罚的,不予行政处罚;

(三)违法事实不能成立的,不得给予行政处罚;

(四)违法行为已构成犯罪的,移送司法机关。

对重大违法行为给予责令停产停业整顿、责令停产停业、吊销有关证照、较大数额罚款和没收违法所得折合人民币三万元以上的行政处罚的,应由安全生产监督管理部门或者煤矿安全监察机构的负责人集体讨论决定。

第二十二条 安全生产监督管理部门或者煤矿安全监察机构依照本办法第二十一条的规定给予行政处罚,应当制作行政处罚决定书。行政处罚决定书应当载明下列事项:

(一)当事人的姓名或者名称、地址或者住址;

(二)违法行为的事实和证据;

(三)行政处罚的种类和依据;

(四)行政处罚的履行方式和期限;

(五)不服行政处罚决定,申请行政复议或者提起行政诉讼的途径和期限;

(六)作出行政处罚决定的安全生产监督管理部门或者煤矿安全监察机构的名称和作出决定的日期。

行政处罚决定书必须盖有作出行政处罚决定的安全生产监督管理部门或者煤矿安全监察机构的印章。

第二十三条 行政处罚决定书应当在宣告后当场交付当事人;当事人不在场的,安全生产监督管理部门或者煤矿安全监察机构应当在七日内依照民事诉讼法的有关规定,将行政处罚决定书送达当事人。当事人在收到行政处罚决定书后,应在行政处罚决定书送达回执上注明收到日期、签名或者盖章。

第二十四条 安全生产监督管理部门或者煤矿安全监察机构送达行政处罚文书,应当符合下列规定:

(一)当事人是生产经营单位的,交其收发部门签收;当事人是个人或者个体工商户的,交其本人签收。当事人拒绝签收的,送达人应当邀请有关基层组织的代表或者有关人员到场,注明情况,在行政处罚决定书送达回执上记明拒收的事由和日期,由送达人、见证人签名或者盖章,将文书留在当事人的收发部门或者住所,即视为送达;

(二)当事人不在场,交其同住的成年亲属签收,并且在行政处罚决定书送达回执的备注栏内写明与当事人的关系;

(三)当事人指定代收人的,交代收人签收并注明受当事人委托的情况;

(四)直接送达有困难的,可以挂号邮寄送达,也可以委托当地安全生产监督管理部门或者煤矿安全监察机构代为送达;

(五)无法采取以上方式送达的,可以公告,自公告发布之日起经过六十日,即视为送达。

第二十五条 案件自立案之日起,一般应当在三十日内办理完毕;由于客观原因不能完成的,经安全生产监督管理部门或者煤矿安全监察机构负责人同意,可以延长,但不得超过九十日;特殊情况需进一步延长的,应当经上一级安全生产监督管理部门或者煤矿安全监察机构批准,可延长至一百八十日。

第三节 听证程序

第二十六条 安全生产监督管理部门或者煤矿安

全监察机构作出责令停产停业整顿、责令停产停业、吊销有关证照、较大数额罚款等行政处罚决定之前，应当告知当事人有要求举行听证的权利；当事人要求听证的，安全生产监督管理部门或者煤矿安全监察机构应当组织听证，不得向当事人收取听证费用。

前款所称较大数额罚款，为省、自治区、直辖市人大常委会或者人民政府规定的数额；没有规定数额的，其数额对个人罚款为一万元以上，对生产经营单位罚款为三万元以上。

第二十七条 当事人要求听证的，应当依照本办法第十三条的规定在安全生产监督管理部门或者煤矿安全监察机构告知后三日内以书面方式提出。

第二十八条 当事人提出听证要求后，安全生产监督管理部门或者煤矿安全监察机构应当在举行听证会的七日前，通知当事人举行听证的时间、地点。

当事人应当按期参加听证。当事人有正当理由要求延期的，经组织听证的安全生产监督管理部门或者煤矿安全监察机构负责人批准可以延期一次；当事人未按期参加听证，并且未事先说明理由的，视为放弃听证权利。

第二十九条 听证参加人由听证主持人、听证员、案件调查人员、当事人及其委托代理人、书记员组成。

听证主持人、听证员、书记员应当由组织听证的安全生产监督管理部门或者煤矿安全监察机构负责人指定的法制工作机构工作人员或其他有关人员等非本案调查人员担任。

当事人可以委托一至二名代理人参加听证，并提交委托书。

第三十条 除涉及国家秘密、商业秘密或个人隐私外，听证应当公开举行。

第三十一条 当事人在听证中的权利和义务：

(一)有权对案件涉及的事实、适用法律及有关情况进行陈述和申辩；

(二)有权对案件调查人员提出的证据质证并提出新的证据；

(三)如实回答主持人的提问；

(四)遵守听证会场纪律，服从听证主持人指挥。

第三十二条 听证按下列程序进行：

(一)听证书记员宣布听证会场纪律、当事人的权利和义务。听证主持人宣布案由，核实听证参加人名单，宣布听证开始；

(二)案件调查人员提出当事人的违法事实、出示证据，说明拟作出的行政处罚的内容及法律依据；

(三)当事人或其委托代理人对案件的事实、证据、适用的法律等进行陈述和申辩，可以向听证会提交新的证据；

(四)听证主持人就案件的有关问题向当事人、案件调查人员、证人询问；

(五)案件调查人员、当事人或其委托代理人相互辩论；

(六)当事人或其委托代理人作最后陈述；

(七)听证主持人宣布听证结束。

听证笔录应当场交当事人审校无误后签字或者盖章。

第三十三条 听证结束后，听证主持人应当依据听证情况，制作听证会报告书，提出处理意见并附听证笔录报安全生产监督管理部门或者煤矿安全监察机构负责人审查。安全生产监督管理部门或者煤矿安全监察机构依照本办法第二十一条的规定作出决定。

第四章 行政处罚的适用

第三十四条 生产经营单位及其有关人员的安全生产违法行为，由县级以上人民政府安全生产监督管理部门实施行政处罚。其中对煤矿及其有关人员的安全生产违法行为，由煤矿安全监察机构实施行政处罚。

有关法律、行政法规对行政处罚的适用另有规定的，依照其规定。

第三十五条 生产经营单位的决策机构、主要负责人、个人经营的投资人不依照规定保证安全生产所必需的资金投入，致使生产经营单位不具备安全生产条件的，责令限期改正，提供必需的资金；逾期未改正的，责令生产经营单位停产停业整顿。

个人经营的投资人有前款违法行为，导致发生生产安全事故，尚不够刑事处罚的，按照下列规定处以罚款：

(一)发生重伤事故或一至二人死亡事故的，处二万元以上五万元以下罚款；

(二)发生三至九人死亡事故的，处五万元以上十万元以下罚款；

(三)发生十人以上死亡事故的，处十万元以上二十万元以下罚款。

第三十六条 生产经营单位的主要负责人有下列行为之一的，责令限期改正；逾期未改正的，责令生产经营单位停产停业整顿：

(一)未建立、健全本单位安全生产责任制的；

(二)未组织制定本单位安全生产规章制度和操作规程的；

(三)未保证本单位安全生产投入有效实施的；

(四)未督促、检查本单位安全生产工作，及时消除生产安全事故隐患的；

(五)未组织制定并实施本单位生产安全事故应急救援预案的。

生产经营单位的主要负责人有本条第一款违法行为，导致发生生产安全事故尚不够刑事处罚的，给予撤职处分或者按照下列规定处以罚款：

(一)发生重伤事故或一至二人死亡事故的，处二万元以上五万元以下罚款；

(二)发生三至九人死亡事故的，处五万元以上十万元以下罚款；

(三)发生十人以上死亡事故的，处十万元以上二十万元以下罚款。

第三十七条 生产经营单位主要负责人或者其他主管人员有下列行为之一的，给予警告，可以并处一万元以下的罚款：

(一)违章指挥工人或者强令工人违章、冒险作业的；

(二)对工人屡次违章作业熟视无睹，不加制止的；

(三)对重大事故预兆或者已发现的事故隐患不及时采取措施的；

(四)拒不执行安全生产监督管理部门或者煤矿安全监察机构及其安全生产监察员的安全监察指令的；

(五)伪造、故意破坏事故现场的；

(六)阻碍、干涉事故调查工作，拒绝接受调查取证、提供有关情况和资料的。

第三十八条 生产经营单位有下列行为之一的，给予警告，可以并处一万元以下的罚款：

(一)拒绝、阻碍安全生产监督管理部门或者煤矿安全监察机构及其安全监察员监督检查的；

(二)提供虚假情况的；

(三)隐瞒存在的事故隐患以及其他安全问题的；

(四)拒不执行安全生产监督管理部门或者煤矿安全监察机构及其安全生产监察员的安全监察指令的；

(五)对查封或者扣押的设施、设备、器材，擅自启封或者使用的；

(六)伪造、故意破坏事故现场的；

(七)阻碍、干涉事故调查工作，拒绝接受调查取证、提供有关情况和资料的。

第三十九条 生产经营单位有下列行为之一的，责令限期改正；逾期未改正的，责令停产停业整顿，可以并处二万元以下的罚款：

(一)未按照规定设立安全生产管理机构或者配备安全生产管理人员的；

(二)危险物品的生产、经营、储存单位以及矿山、建筑施工单位的主要负责人和安全生产管理人员未按照规定经考核合格的；

(三)未按照规定对从业人员进行安全生产教育和培训的；

(四)未按照规定如实向从业人员告知作业场所和工作岗位存在的危险因素、防范措施以及事故应急措施的；

(五)特种作业人员未按照规定经专门的安全作业培训并取得特种作业操作资格证书，擅自上岗作业的。

第四十条 生产经营单位有下列行为之一的，责令限期改正；逾期未改正的，责令停止建设或者停产停业整顿，可以并处五万元以下的罚款：

(一)矿山建设项目或者用于生产、储存危险物品的建设项目没有安全设施设计或者安全设施设计未按照规定报经有关部门审查同意的；

(二)矿山建设项目或者用于生产、储存危险物品的建设项目的施工单位未按照批准的安全设施设计施工的；

(三)矿山建设项目或者用于生产、储存危险物品的建设项目竣工投入生产或者使用前，安全设施未经验收合格的；

(四)未在有较大危险因素的生产经营场所和有关设施、设备上设置明显的安全警示标志的；

(五)安全设备的安装、使用、检测、改造和报废不符合国家标准或者行业标准的；

(六)未对安全设备进行经常性维护、保养和定期检测的；

(七)未为从业人员提供符合国家标准或者行业标准的劳动防护用品的；

(八)特种设备以及危险物品的容器、运输工具未经取得专业资质的机构检测、检验合格，取得安全使用证或者安全标志，投入使用的；

(九)使用国家明令淘汰、禁止使用的危及生产安全的工艺、设备的。

第四十一条 生产经营单位未经依法批准，擅自生产、经营、储存危险物品的，责令停止违法行为或者予以关闭，没收违法所得，并按照下列规定处以罚款：

(一)违法所得十万元以上的，并处违法所得一倍以上五倍以下的罚款；

(二)没有违法所得或者违法所得不足十万元的，单处或者并处二万元以上十万元以下的罚款。

第四十二条 生产经营单位有下列行为之一的，责令限期改正；逾期未改正的，责令停产停业整顿，可以并处二万元以上十万元以下的罚款：

(一)生产、经营、储存、使用危险物品，未建立专门安全管理制度、未采取可靠的安全措施或者不接受有关主管部门依法实施的监督管理的；

(二)对重大危险源未登记建档，或者未进行评估、监控，或者未制定应急预案的；

(三)进行爆破、吊装等危险作业，未安排专门管理人员进行现场安全管理的。

第四十三条 生产经营单位将生产经营项目、场所、设备发包或者出租给不具备安全生产条件或者相应资质的单位或者个人的，责令限期改正，没收违法所得，并按照下列规定处以罚款：

（一）违法所得五万元以上的，并处违法所得一倍以上五倍以下的罚款；

（二）没有违法所得或者违法所得不足五万元的，单处或者并处一万元以上五万元以下的罚款。

第四十四条 生产经营单位与承包单位、承租单位之间有下列行为之一的，责令限期改正；逾期未改正的，责令停产停业整顿：

（一）未与承包单位、承租单位签订专门的安全生产管理协议的；

（二）未在承包合同、租赁合同中明确各自的安全生产管理职责的；

（三）未对承包单位、承租单位的安全生产统一协调、管理的。

第四十五条 两个以上生产经营单位在同一作业区域内进行可能危及对方安全生产的生产经营活动，未签订安全生产管理协议或者未指定专职安全生产管理人员进行安全检查与协调的，责令限期改正；逾期未改正的，责令停产停业。

第四十六条 生产经营单位有下列行为之一的，责令限期改正；逾期未改正的，责令停产停业整顿：

（一）生产、经营、储存、使用危险物品的车间、商店、仓库与员工宿舍在同一座建筑内，或者与员工宿舍的距离不符合安全要求的；

（二）生产经营场所和员工宿舍未设有符合紧急疏散需要、标志明显、保持畅通的出口，或者封闭、堵塞生产经营场所或者员工宿舍出口的。

第四十七条 危险物品的生产、经营、储存单位以及矿山企业、建筑施工单位有下列行为之一的，责令改正，可以并处一万元以下的罚款：

（一）未建立应急救组织的；

（二）未配备必要的应急救援器材、设备，并进行经常性维护、保养，保证正常运转的。

第四十八条 生产经营单位与从业人员订立协议，免除或者减轻其对从业人员因生产安全事故伤亡依法应承担的责任的，该协议无效；对生产经营单位的主要负责人、个人经营的投资人处二万元以上十万元以下的罚款。

第四十九条 生产经营单位不具备法律、行政法规和国家标准或者行业标准规定的安全生产条件，经停产停业整顿仍不具备安全生产条件的，予以关闭；有关部门应当依法吊销其有关证照。

第五十条 矿山企业的机电设备、安全仪器，未按照下列规定操作、检查、维修和建立档案的，责令改正，可以并处二万元以下的罚款：

（一）未定期对机电设备及其防护装置、安全检测仪器检查、维修和建立技术档案的；

（二）非负责设备运行人员操作设备的；

（三）非值班电气人员进行电气作业的；

（四）操作电气设备的人员，没有可靠的绝缘保护和检修电气设备带电作业的。

第五十一条 矿山企业作业场所空气中的有毒有害物质浓度，未按照下列规定检测的，责令改正，可以并处二万元以下的罚款：

（一）粉尘作业点，每月检测少于二次的；

（二）三硝基甲苯作业点，每月检测少于一次的；

（三）放射性物质作业点，每月检测少于三次的；

（四）其他有毒有害物质作业点，井下每月检测少于一次的。

第五十二条 矿山企业井下采掘作业，未按照作业规程的规定管理顶帮；通过地质破碎带或者其他顶帮破碎地点时，未加强支护；露天采剥作业，未按照设计规定，控制采剥工作面的阶段高度、宽度、边坡角和最终边坡角；采剥作业和排土作业，对深部或者邻近井巷造成危害的，责令改正，可以并处二万元以下的罚款。

第五十三条 矿山企业井下采掘作业遇下列情形之一，未采取探水前进的，责令改正，可以并处二万元以下的罚款：

（一）接近承压含水层或者含水的断层、流砂层、砾石层、溶洞、陷落柱的；

（二）接近与地表水体相通的地质破碎带或者接近连通承压层的未封孔的；

（三）接近积水的老窑、旧巷或者灌过泥浆的采空区的；

（四）发现有出水征兆的；

（五）掘开隔离矿柱或者岩柱放水的。

第五十四条 开采放射性物质的矿山企业有下列行为之一的，责令改正，可以并处二万元以下的罚款：

（一）未及时封闭采空区和已经报废或者暂时不用的井巷的；

（二）用留矿法作业的采场未采用下行通风的；

（三）未严格管理井下污水的。

第五十五条 未经审查批准，危险化学品生产、储存单位擅自改建、扩建，或者危险化学品单位生产、经营、使用国家明令禁止的危险化学品或者使用剧毒化学品生产灭鼠药以及其他可能进入人民日常生活的化学产品和日用化学品的，予以关闭或者责令停产停业整顿，责令无害化销毁国家明令禁止生产、经营、使用的危险化学品或者用剧毒化学品生产的灭鼠药以及其他可能进入人民日常生活的化学产品和日用化学品；有违法所得的，没收违法所得；违法所得十万元以上的，并处违法所得一倍以上五倍以下的罚款；没有违法所得或者违法所得不足十万元的，并处五万元以上五十万元以下的罚款。

第五十六条 危险化学品单位未根据危险化学品的种类、特性，在车间、库房等作业场所设置相应的监测、通风、防晒、调温、防火、灭火、防爆、泄压、防毒、消毒、中和、防潮、防雷、防静电、防腐、防渗漏、防护围堤或者隔离操作等安全设施、设备的，责令立即或者限期改正，并处二万元以上十万元以下的罚款。

第五十七条 未经定点，擅自生产危险化学品包装物、容器，或者使用非定点企业生产的包装物、容器包装、盛装、运输危险化学品的，责令立即或者限期改正，并处二万元以上二十万元以下的罚款；逾期未改正的，责令停产停业整顿。

第五十八条 危险化学品单位有下列行为之一的，责令立即或者限期改正，并处一万元以上五万元以下的罚款；逾期不改正的，责令停产停业整顿：(一)危险化学品生产企业未在危险化学品包装内附有与危险化学品完全一致的化学品安全技术说明书，或者未在包装(包括外包装件)上加贴、拴挂与包装内危险化学品完全一致的化学品安全标签的；(二)危险化学品生产企业发现危险化学品有新的危害特性时，不立即公告并及时修订其安全技术说明书和安全标签的；(三)危险化学品经营企业销售没有化学品安全技术说明书和安全标签的危险化学品的。

第五十九条 危险化学品单位有下列行为之一的，责令立即或者限期改正，并处一万元以上五万元以下的罚款；逾期不改正的，由原发证机关吊销危险化学品生产许可证、经营许可证和营业执照：

(一)未对其生产、储存装置进行定期安全评价，并报所在地设区的市级人民政府安全监督管理部门备案，或者对安全评价中发现的存在现实危险的生产、储存装置不立即停止使用，予以更换或者修复，并采取相应的安全措施的；

(二)未在生产、储存和使用危险化学品场所设置通讯、报警装置，并保持正常适用状态的；

(三)危险化学品未储存在专用仓库内或者未设专人管理的；

(四)危险化学品出入库未进行核查登记或者入库后未定期检查的；

(五)危险化学品专用仓库不符合国家标准对安全的要求，未设置明显标志，或者未对专用仓库的储存设备和安全设施定期检测的；

(六)危险化学品经销商店存放非民用小包装的危险化学品或者危险化学品民用小包装的存放量超过国家规定限量的；

(七)剧毒化学品以及构成重大危险源的其他危险化学品未在专用仓库内单独存放，或者未实行双人收发、双人保管，或者未将储存剧毒化学品以及构成重大危险源的其他危险化学品的数量、地点以及管理人员的情况，报当地安全监督管理部门备案的；

(八)危险化学品生产单位不如实记录剧毒化学品的产量、流向、储存量和用途，或者未采取必要的保安措施防止剧毒化学品被盗、丢失、误售、误用的；

(九)危险化学品经营企业不记录剧毒化学品购买单位的名称、地址，购买人员的姓名、身份证号码及所购剧毒化学品的品名、数量、用途，或者不每天核对剧毒化学品的销售情况的。

第六十条 危险化学品单位在转产、停产、停业或者解散时，未采取有效措施，处置危险化学品生产、储存设备、库存产品及生产原料的，责令改正，并处二万元以上十万元以下的罚款。

第六十一条 承担安全评价、认证、检测、检验工作的机构，出具虚假证明，尚不够刑事处罚的，没收违法所得，违法所得在五千元以上的，并处违法所得二倍以上五倍以下的罚款，没有违法所得或者违法所得不足五千元的，单处或者并处五千元以上二万元以下的罚款，对其直接负责的主管人员和其他直接责任人员处五千元以上五万元以下的罚款。

对有前款违法行为的机构，由原发证机构依法撤销其相应资格。

第六十二条 生产经营单位及其有关人员触犯不同的法律规定，有两个以上应当给予行政处罚的安全生产违法行为的，安全生产监督管理部门或者煤矿安全监察机构应当适用不同的法律规定，分别裁量，合并处罚。

第六十三条 对生产经营单位及其有关人员的同一个安全生产违法行为，不得给予两次以上罚款的行政处罚。

第六十四条 研究生产经营单位及其有关人员有下列情形之一的，应当依法从轻或者减轻行政处罚：

(一)主动消除或者减轻安全生产违法行为危害后果的；

(二)受他人胁迫有安全生产违法行为的；

(三)配合安全生产监督管理部门或者煤矿安全监察机构查处安全生产违法行为有立功表现的；

(四)其他依法应予从轻或者减轻行政处罚的。

安全生产违法行为轻微并及时纠正，没有造成危害后果的，不予行政处罚。

第五章　行政处罚的执行和备案

第六十五条　行政处罚决定依法作出后，当事人应当在行政处罚决定的期限内，予以履行。

第六十六条　当事人对行政处罚决定不服申请行政复议或者提起行政诉讼的，行政处罚不停止执行，法律另有规定的除外。

第六十七条　安全生产监察员当场收缴罚款的，应当出具省、自治区、直辖市财政部门统一制发的罚款收据。当场收缴的罚款，安全生产监察员应当自收缴罚款之日起两日内，交至其所属的安全生产监督管理部门或者煤矿安全监察机构；安全生产监督管理部门或者煤矿安全监察机构应当在两日内将罚款缴付指定的银行。

第六十八条　当事人逾期不履行行政处罚决定的，作出行政处罚决定的安全生产监督管理部门或者煤矿安全监察机构可以采取下列措施：

（一）到期不缴纳罚款的，每日按罚款数额的3%加处罚款；

（二）根据法律规定，将查封、扣押的设施、设备、器材拍卖所得价款抵缴罚款；

（三）申请人民法院强制执行。

第六十九条　当事人确有经济困难，需要延期或者分期缴纳罚款的，经当事人申请和安全生产监督管理部门或者煤矿安全监察机构批准，可以暂缓或者分期缴纳。

第七十条　除依法应当予以销毁的物品外，需将查封、扣押的设施、设备、器材拍卖抵缴罚款的，根据法律或者国家有关规定处理。销毁物品，按照国家有关规定处理；没有规定的，经县级以上安全生产监督管理部门或者煤矿安全监察机构负责人批准，由两名以上安全生产监察员监督销毁，并制作销毁记录。处理物品，应当制作清单。

第七十一条　罚款、没收违法所得的款项，必须按照有关规定上缴，任何单位和个人不得截留、私分或者变相私分。

第七十二条　县级人民政府安全生产监督管理部门处以五千元以上罚款、责令停产停业、停产停业整顿的行政处罚的，应当自作出行政处罚之日起七日内报市（地）级人民政府安全生产监督管理部门备案。

第七十三条　市（地）级人民政府安全生产监督管理部门或者煤矿安全监察办事处处以一万元以上罚款、责令停产停业、停产停业整顿的行政处罚的，应当自作出行政处罚之日起七日内报省级人民政府安全生产监督管理部门或者省级煤矿安全监察局备案。

第七十四条　省级人民政府安全生产监督管理部门或者省级煤矿安全监察局处以十万元以上罚款、责令停产停业、停产停业整顿的行政处罚的，应当自作出行政处罚之日起七日内报国家安全生产监督管理局或者国家煤矿安全监察局备案。

对上级安全生产监督管理部门或者煤矿安全监察机构交办案件给予行政处罚的，由决定行政处罚的安全生产监督管理部门或者煤矿安全监察机构自作出行政处罚之日起七日内报上级安全生产监督管理部门或者煤矿安全监察机构备案。

第七十五条　行政处罚执行完毕后，案件材料应按一案一卷单独立卷归档。

第七十六条　案卷立案归档后，任何单位和个人不得擅自增加、抽取、涂改和销毁案卷材料。未经安全生产监督管理部门或者煤矿安全监察机构负责人批准，任何单位和个人不得借阅案卷。

第六章　附　则

第七十七条　实施行政处罚使用的有关行政执法文书式样，由国家安全生产监督管理局（国家煤矿安全监察局）统一制定。

第七十八条　本办法自2003年7月1日起施行。《煤矿安全监察程序暂行规定》同时废止。

矿山建设规模分类一览表

矿种类别	矿山开采规模级别				备注
	计量单位/年	大型	中型	小型	
煤	原煤万吨	>90	90－30	<30	
石油	原油万吨	>50	49－10	<10	在部登记
油页岩	矿石万吨	>200	200－50	<50	
烃类天然气	亿立方米	>5	4.9－1	<1	在部登记
二氧化碳气	亿立方米	>5	4.9－1	<1	在部登记
煤成(层)气	亿立方米	>5	4.9－1	<1	在部登记
地热(热水)	万立方米	>20	20－10	<10	
地热(热气)	万立方米	>10	10－5	<5	
放射性矿产	矿石万吨	>10	10－5	<5	在部登记
金(岩金)	矿石万吨	>15	15－6	<6	
金(砂金船采)	矿石万立方米	>210	210－60	<60	
金(砂金机采)	矿石万立方米	>80	80－20	<20	
银	矿石万吨	>30	30－20	<20	
其他贵金属	矿石万吨	>10	10－5	<5	
铁	矿石万吨	>200	200－60	<60	
锰	矿石万吨	>10	10－5	<5	
铬、钛、钒	矿石万吨	>10	10－5	<5	
铜	矿石万吨	>100	100－30	<30	
铅	矿石万吨	>100	100－30	<30	
锌	矿石万吨	>100	100－30	<30	
钨	矿石万吨	>100	100－30	<30	
锡	矿石万吨	>100	100－30	<30	
锑	矿石万吨	>100	100－30	<30	
铝土矿	矿石万吨	>100	100－30	<30	
钼	矿石万吨	>100	100－30	<30	
镍	矿石万吨	>100	100－30	<30	
钴	矿石万吨	>100	100－30	<30	
镁	矿石万吨	>100	100－30	<30	
铋	矿石万吨	>100	100－30	<30	
汞	矿石万吨	>100	100－30	<30	
稀土、稀有金属	矿石万吨	>200	200－50	<50	
石灰岩	矿石万吨	>100	100－50	<50	
硅石	矿石万吨	>20	20－10	<10	
白云岩	矿石万吨	>50	50－30	<30	
耐火粘土	矿石万吨	>20	20－10	<10	
萤石	矿石万吨	>10	10－5	<5	
硫铁矿	矿石万吨	>50	50－20	<20	
自然硫	矿石万吨	>30	30－10	<10	
磷矿	矿石万吨	>100	100－50	<50	
蛇纹岩	矿石万吨	>30	30－10	<10	
硼矿	矿石万吨	>10	10－5	<5	
岩盐、井盐	矿石万吨	>20	20－10	<10	
湖盐	矿石万吨	>20	20－10	<10	
钾盐	K2O 或 KCl 万吨	>10	10－3	<3	
芒硝	矿石万吨	>50	50－10	<10	
碘	矿石万吨				按小型矿山归类
砷、雌黄、雄黄、毒砂	矿石万吨				按小型矿山归类
金刚石	万克拉	>10	10－3	<3	
宝石	发证权限按中型划分、矿山规模按小型归类				
云母	工业云母				按小型矿山归类
石棉	石棉万吨	>1	1－0.1	<0.1	
重晶石	矿石万吨	>10	10－5	<5	
石膏	矿石万吨	>30	30－10	<10	
滑石	矿石万吨	>10	10－5	<5	
长石	矿石万吨	>20	20－10	<10	
高岭土、瓷土等	矿石万吨	>10	10－3	<3	
膨润土	矿石万吨	>10	10－5	<5	
叶蜡石	矿石万吨	>10	10－5	<5	
沸石	矿石万吨	>100	100－50	<50	
石墨	石墨万吨	>1	1－0.3	<0.3	
玻璃用砂、砂岩	矿石万吨	>30	30－20	<20	
建筑石料	石料万立方米	>10	10－5	<5	
建筑用砂、砖瓦粘土	万立方米	>100	100－50	<50	
矿泉水	万吨	>10	10－5	<5	

注:表中未列矿种的规模分类请参照同行业相近用途的矿种划分。

统 计 资 料

2003年全国省、市、县级国土资源管理机构数

表1　　计量单位:个

地区	合计	省级	市(地)级	县(区)级
全国	3230	32	415	2783
北京	20	1	17	2
天津	23	1	19	3
河北	202	1	11	190
山西	149	1	11	137
内蒙古	111	1	12	98
辽宁	132	1	14	117
吉林	95	1	10	84
黑龙江	106	1	15	90
上海	20	1	19	
江苏	100	1	13	86
浙江	98	1	11	86
安徽	101	1	17	83
福建	90	1	9	80
江西	132	1	12	119
山东	156	1	17	138
河南	182	1	19	162
湖北	147	1	13	133
湖南	137	1	14	122
广东	117	1	21	95
广西	99	1	14	84
海南	22	1	3	18
重庆	45	1	18	26
四川	200	1	22	177
贵州	107	1	9	97
云南	147	1	16	130
西藏	68	1	7	60
陕西	141	1	11	129
甘肃	101	1	14	86
青海	54	1	8	45
宁夏	24	1	5	18
新疆	104	2	14	88

2003年全国国土资源

表 2

地 区	年 末 从 业 人 员 （人）					
		行政编制人员	研究生	大本及大专	高中及中专	初中及以下
总 计	**165820**	**66650**	**2018**	**94034**	**60628**	**9140**
国土资源部机关	323	314	69	251	3	
北 京	1528	1178	40	1092	342	54
天 津	820	781	60	612	129	19
河 北	19938	4110	70	7874	10038	1956
山 西	10418	2893	24	4896	4703	795
内蒙古	5065	1840	15	2845	2012	193
辽 宁	3585	2268	180	2901	445	59
吉 林	4092	1162	67	2591	1330	104
黑龙江	3284	2443	61	2650	532	41
上 海	1028	967	68	748	190	22
江 苏	3206	2200	74	2135	850	147
浙 江	3494	1905	65	2139	1086	204
安 徽	3625	1999	42	2415	1055	113
福 建	2681	1699	28	1468	1041	144
江 西	5546	2128	44	3012	2065	425
山 东	18156	3743	85	11441	5853	777
河 南	17350	4060	84	8390	7889	987
湖 北	5683	2994	94	3614	1709	266
湖 南	8594	3382	42	4688	3521	343
广 东	7974	4984	347	4497	2647	483
广 西	3617	1820	55	2048	1361	153
海 南	598	510	22	430	125	21
重 庆	1828	960	47	1342	373	66
四 川	8190	3783	90	4838	2793	469
贵 州	3309	1831	13	2207	952	137
云 南	6776	3913	26	3298	2969	483
西 藏	491	368	3	183	220	85
陕 西	4138	2282	39	2697	1241	161
甘 肃	2674	1778	32	1672	828	142
青 海	733	385	24	406	249	54
宁 夏	840	362	3	545	262	30
新 疆	6236	1608	105	4109	1815	207

管理机构、人员及经费情况(一)

平均从业人员（人）	收入总额（万元）			
	小计	中央财政拨款	地方财政拨款	其他收入
167973	**1492557.01**	**55947.52**	**927363.56**	**509245.93**
323	8661.00	8280.00		381.00
1514	85673.06	5020.00	50712.91	29940.15
814	6590.99	25.00	2831.50	3734.49
19740	68927.69		51799.99	17127.70
11628	44576.18		37621.76	6954.42
4833	20110.72		17263.13	2847.59
3576	116199.44	18781.00	81668.57	15749.87
4087	29185.37	3253.00	8205.96	17726.41
4868	60354.41	675.00	36683.98	22995.43
995	32774.88		11172.43	21602.45
3373	47354.66		16555.67	30798.99
3491	118233.99		32346.14	85887.85
3896	36076.82		21961.09	14115.73
2675	23015.34		18012.90	5002.44
5535	35368.15		15046.89	20321.26
17519	176795.45		149786.76	27008.69
16880	54263.09	401.00	39717.28	14144.81
5772	52311.53		13383.73	38927.80
8621	112222.26	100.00	73021.71	39100.55
7928	63277.61	1318.00	49918.91	12040.70
3843	50957.62	228.08	31705.28	19024.26
596	8581.79	67.10	8504.05	10.64
1798	23115.03		16125.21	6989.82
8217	45424.48		32730.37	12694.11
3429	24376.57		17328.74	7047.83
6675	44302.00	5440.10	29404.45	9457.45
479	4298.65		4298.65	
4291	44492.44	8275.00	23723.60	12493.84
2798	9826.99	195.50	6750.76	2880.73
732	4217.01	700.00	3269.20	247.81
866	3487.64		3000.24	487.40
6181	37504.15	3188.74	22811.70	11503.71

2003年全国国土资源

续表 2

地　区	直属单位		完成基本建设投资（万元）	
	单位数(个)	职工数（人）		国家资金
总　计	**13721**	**211463**	**58749.06**	**20534.00**
国土资源部机关	18	8756	11770.00	11724.00
北　京	231	7659		
天　津	69	3349		
河　北	576	9808	190.00	190.00
山　西	454	6767	300.00	300.00
内蒙古	272	25081	1120.00	520.00
辽　宁	420	9168	572.00	230.00
吉　林	441	6041	395.00	350.00
黑龙江	579	6168	619.00	450.00
上　海	219	5796		
江　苏	635	6212	2938.00	200.00
浙　江	533	4664	2979.59	100.00
安　徽	691	8086	4800.00	490.00
福　建	442	4291	200.00	200.00
江　西	718	5957	5919.90	460.00
山　东	682	8526	200.00	200.00
河　南	1174	24075	3118.18	300.00
湖　北	700	8988	1675.00	200.00
湖　南	768	7911	550.00	550.00
广　东	712	9557	1326.00	200.00
广　西	478	5539	3338.40	150.00
海　南	88	1088	186.00	
重　庆	307	6997	470.00	140.00
四　川	824	5751	2596.41	550.00
贵　州	297	2072	1225.58	480.00
云　南	312	1882	250.00	250.00
西　藏	10	110	300.00	300.00
陕　西	780	7734	3864.00	500.00
甘　肃	199	1714	5600.00	500.00
青　海			1427.00	400.00
宁　夏	61	899	100.00	100.00
新　疆	31	817	719.00	500.00

管理机构、人员及经费情况(二)

乡级土地所（人）	乡级土地所人员（人）		
		专职	兼职
27038	**127432**	**114780**	**11175**
52	203	98	105
52	278	190	124
1019	4903	3794	486
668	2991	2519	265
632	2111	1804	307
540	2482	2146	345
763	2199	2167	14
594	1284	1147	147
130	1263	1173	84
1187	8171	7401	214
716	4421	4395	26
1306	6586	6595	180
1029	3653	3485	124
1365	5641	5539	244
1456	8800	7478	1321
1694	17362	14748	2537
1114	11371	11328	43
2268	9017	8684	281
1386	6747	5974	773
1292	5609	5465	249
135	364	259	105
1068	2818	2326	492
2134	5764	4370	1124
1404	4570	4415	8
628	1929	1786	143
837	4226	3972	254
661	1775	909	899
29	55	16	39
91	338	269	69
788	501	328	173

2003年省级国土资源

表 3

	年末从业人员（人）						平均从业人员（人）
		行政编制人员	研究生	大本及大专	高中及中专	初中及以下	
总　　计	**3298**	**3098**	**326**	**2729**	**196**	**47**	**3236**
北京市国土资源和房屋管理局	155	155	17	137	1		154
天津市规划和国土资源局	169	165	33	135	1		152
河北省国土资源厅	99	99	9	87	3		99
山西省国土资源厅	97	97	5	89	3		97
内蒙古自治区国土资源厅	90	90	3	79	8		89
辽宁省国土资源厅	80	80	20	55	2	3	80
吉林省国土资源厅	89	79	10	71	8		89
黑龙江省国土资源厅	130	96	10	100	20		130
上海市房屋土地资源管理局	234	230	28	188	17	1	196
江苏省国土管理厅	122	122	14	98	5	5	122
浙江省国土资源厅	93	93	12	73	8		93
安徽省国土资源厅	84	72	4	73	4	3	84
福建省国土资源厅	110	99	10	87	10	3	111
江西省国土资源厅	69	69	6	59	4		69
山东省国土资源厅	114	114	5	105	4		114
河南省国土资源厅	122	122	6	113	3		122
湖北省国土资源厅	90	90	18	70		2	91
湖南省国土资源厅	144	117	13	110	16	5	144
广东省国土资源厅	106	98	15	84	7		107
广西壮族自治区国土资源厅	117	71	12	93	9	3	117
海南省国土环境资源厅	80	80	10	67	2	1	80
重庆市国土资源和房屋管理局	125	125	12	103	8	2	125
四川省国土资源厅	99	99	9	84	6		99
贵州省国土资源厅	106	102	1	97	8		106
云南省国土资源厅	72	72	6	66			72
西藏自治区国土资源厅	57	49	3	37	10	7	52
陕西省国土资源厅	91	91	3	87	1		90
甘肃省国土资源厅	107	107	11	87	7	2	107
青海省国土资源厅	64	56	2	49	5	8	64
宁夏回族自治区国土资源厅	54	54	1	46	7		54
新疆维吾尔自治区国土资源厅	129	105	18	100	9	2	127

管理机构、人员及经费情况

收入总额（万元）				直属单位	
小计	中央财政拨款	地方财政拨款	其他收入	单位个数	职工数（人）
410703.59	**46795.78**	**302379.71**	**61528.10**	**390**	**43625**
60615.19	5020.00	29232.64	26362.55	27	818
2834.00	25.00	657.00	2152.00	24	2666
1524.30		1524.00	0.30	15	300
1742.00		1742.00		11	248
1298.22		1159.90	138.32	13	22050
78654.40	18781.00	59634.80	238.60	11	1893
4973.00	3253.00	1720.00		8	203
19731.00	675.00	8348.00	10708.00	26	663
1515.59		1515.59		18	1599
2670.00		2670.00		17	519
3793.05		3788.72	4.33	10	550
6244.00		5763.40	480.60	6	685
3953.99		3822.92	131.07	9	124
1983.11		735.45	1247.66	6	313
100568.00		95035.00	5533.00	17	1314
2817.07	401.00	2369.56	46.51	9	548
14561.00		1771.00	12790.00	11	121
28492.08	100.00	27861.06	531.02	15	1090
16080.00	1318.00	14762.00		16	1070
9830.66	228.08	8931.96	670.62	9	477
3136.04	67.10	3068.94		5	98
720.00		720.00		35	4370
2072.00		2072.00		10	205
779.30		779.30		12	623
6688.08	5440.10	1247.98		7	71
2836.31		2836.31		4	68
17865.00	8275.00	9590.00		10	140
2826.30	195.50	2283.88	346.92	10	122
1658.60		1598.00	60.60		
238.30		188.30	50.00	7	353
8003.00	3017.00	4950.00	36.00	12	324

2003年市、县级国土资源

表 4

	年末从业人员（人）						平均从业人员（人）
		行政编制人员	研究生	大本及大专	高中及中专	初中及以下	
总　计	**162199**	**63238**	**1623**	**91054**	**60429**	**9093**	**164414**
北　京	1373	1023	23	955	341	54	1360
天　津	651	616	27	477	128	19	662
河　北	19839	4011	61	7787	10035	1956	19641
山　西	10321	2796	19	4807	4700	795	11531
内蒙古	4975	1750	12	2766	2004	193	4744
辽　宁	3505	2188	160	2846	443	56	3496
吉　林	4003	1083	57	2520	1322	104	3998
黑龙江	3154	2347	51	2550	512	41	4738
上　海	794	737	40	560	173	21	799
江　苏	3084	2078	60	2037	845	142	3251
浙　江	3401	1812	53	2066	1078	204	3398
安　徽	3541	1927	38	2342	1051	110	3812
福　建	2571	1600	18	1381	1031	141	2564
江　西	5477	2059	38	2953	2061	425	5466
山　东	18042	3629	80	11336	5849	777	17405
河　南	17228	3938	78	8277	7886	987	16758
湖　北	5593	2904	76	3544	1709	264	5681
湖　南	8450	3265	29	4578	3505	338	8477
广　东	7868	4886	332	4413	2640	483	7821
广　西	3500	1749	43	1955	1352	150	3726
海　南	518	430	12	363	123	20	516
重　庆	1703	835	35	1239	365	64	1673
四　川	8091	3684	81	4754	2787	469	8118
贵　州	3203	1729	12	2110	944	137	3323
云　南	6704	3841	20	3232	2969	483	6603
西　藏	434	319		146	210	78	427
陕　西	4047	2191	36	2610	1240	161	4201
甘　肃	2567	1671	21	1585	821	140	2691
青　海	669	329	22	357	244	46	668
宁　夏	786	308	2	499	255	30	812
新　疆	6107	1503	87	4009	1806	205	6054

管理机构、人员经费情况

收入总额（万元）				直属单位	
小计	中央财政拨款	地方财政拨款	其他收入	单位个数	职工数（人）
1073192.42	**871.74**	**624983.85**	**447336.83**	**13313**	**159082**
25057.87		21480.27	3577.60	204	6841
3756.99		2174.50	1582.49	45	683
67403.39		50275.99	17127.40	561	9508
42834.18		35879.76	6954.42	443	6519
18812.50		16103.23	2709.27	259	3031
37545.04		22033.77	15511.27	409	7275
24212.37		6485.96	17726.41	433	5838
40623.41		28335.98	12287.43	553	5505
31259.29		9656.84	21602.45	201	4197
44684.66		13885.67	30798.99	618	5693
114440.94		28557.42	85883.52	523	4114
29832.82		16197.69	13635.13	685	7401
19061.35		14189.98	4871.37	433	4167
33385.04		14311.44	19073.60	712	5644
76227.45		54751.76	21475.69	665	7212
51446.02		37347.72	14098.30	1165	23527
37750.53		11612.73	26137.80	689	8867
83730.18		45160.65	38569.53	753	6821
47197.61		35156.91	12040.70	696	8487
41126.96		22773.32	18353.64	469	5062
5445.75		5435.11	10.64	83	990
22395.03		15405.21	6989.82	272	2627
43352.48		30658.37	12694.11	814	5546
23597.27		16549.44	7047.83	285	1449
37613.92		28156.47	9457.45	305	1811
1462.34		1462.34		6	42
26627.44		14133.60	12493.84	770	7594
7000.69		4466.88	2533.81	189	1592
2558.41	700.00	1671.20	187.21		
3249.34		2811.94	437.40	54	546
29501.15	171.74	17861.70	11467.71	19	493

2003年新发现矿产地——按地区分列

表5 计量单位:处

	合计	属地化单位	冶金部门	武警黄金	石油天然气	海洋石油	石油化工	核工业部门	化工部门	建材部门	有色部门
全国	**229**	**121**	**11**	**3**	**7**	**3**	**19**	**1**	**8**	**52**	**4**
北京	10	3			7						
天津	3	1				2					
河北	6	1	3							2	
山西	5		4							1	
内蒙古	6		3	1				1		1	
辽宁	6	5								1	
吉林	14	9					2			3	
黑龙江	1									1	
上海	1						1				
江苏	4						2		1	1	
浙江	3	3									
安徽	2	1								1	
福建	6	5							1		
江西	7	3								4	
山东	6	4	1				1				
河南	12	3					5		1	2	1
湖北	13	1					1		2	9	
湖南	17	13					1		2		1
广东	6	3				1				2	
广西	8	2								6	
海南	6	6									
重庆	1	1									
四川	11	7					1			3	
贵州	9	6								3	
云南	10	2					1		1	6	
西藏	4	4									
陕西	7	5								2	
甘肃	8	5		1						2	
青海	13	9								2	2
宁夏	11	11									
新疆	13	8		1			4				

2003年新发现矿产地——按矿种分列(一)

表6 计量单位:处

	合计	属地化单位	冶金部门	武警黄金	石油天然气	海洋石油	石油化工	核工业部门	化工部门	建材部门	有色部门
总计	**229**	**121**	**11**	**3**	**7**	**3**	**19**	**1**	**8**	**52**	**4**
煤	10	10									
陆上石油	16				5		11				
海域石油	3					3					
陆上天然气	10				2		8				
铀矿	2	1						1			
铁矿	1		1								
锰矿	2	1	1								
铜矿	13	11	1								1
铅矿	3	2	1								
锌矿	2	1									1
铝土矿	4	3									1
钨矿	1	1									
钼矿	1	1									
锑矿	1	1									
铅锌矿	16	16									
多金属矿	1	1									
金矿	33	25	4	3							1
银矿	6	4	2								
铌钽矿	1	1									
锆矿	2	2									
红柱石	1	1									
萤石(普通)	2	1								1	
冶金用白云岩	1	1									
冶金用石英岩	1	1									
硅石矿	1								1		
重晶石	1								1		
岩盐	1	1									
硼矿	1	1									
磷矿	4	2							2		

2003年新发现矿产地——按矿种分列(二)

续表6

计量单位:处

	合计	属地化单位	冶金部门	武警黄金	石油天然气	海洋石油	石油化工	核工业部门	化工部门	建材部门	有色部门
石墨	2	2							1	1	
滑石	1	1							1		
云母	1	1								1	
长石	2	2	1							1	
叶蜡石	30	2	2								
透辉石	1	1								1	
沸石	1	1	1								
玉石	1	2	2								
水泥用灰岩	1	30	2							28	
饰面用灰岩	6	1							1		
玻璃用白云岩	1	1	1								
建筑用白云岩	1	1								1	
玻璃用砂岩	1	1								1	
水泥配料用砂岩	1	6								6	
玻璃用砂	4	1	1								
建筑用砂	3	1	1								
玻璃用脉石英	1	1								1	
硅藻土	1	1								1	
陶粒页岩	2	4	4								
高岭土	2	3	2						1		
凹凸棒石粘土	2	1								1	
伊利石粘土	1	1		1							
膨润土	1	2	2								
陶粒用粘土	1	2								2	
水泥配料用粘土	1	2								2	
建筑用花岗岩	3	1								1	
饰面用花岗岩	10	1								1	
霞石正长岩		1								1	
水泥用大理石		1								1	
矿泉水		3	3								
地下水		10	10								

2003年坑探工作量——按矿种和部门分列

表 7

计量单位:米

矿种	总计	属地化单位	冶金部门	有色部门	地质部门	武警黄金	化工部门	建材部门
总 计	**154887**	**133392**	**12955**	**1173**	**400**	**6355**	**522**	**90**
煤	28283	28283						
煤层气	3200	3200						
铀矿	1539	1539						
铁矿	927	927						
锰矿	3515	2068	1447					
钛矿	80		80					
铜矿	10855	10605	50		200			
铅矿	2139	2139						
锌矿	1453	1356					97	
铝土矿	326	326						
镍矿	233	233						
钴矿	490	490						
钨矿	3354	3354						
锡矿	513	513						
铋矿	50	50						
钼矿	1778	1778						
锑矿	1343	1343						
铅锌矿	10375	9084	794	497				
多金属矿	3452	3364	88					
铂矿	155	155						
金矿	61473	43946	10496	676		6355		
银矿	1705	1705						
铌钽矿	849	849						
锆矿	65	65						
红柱石	350	350						
萤石(普通)	130	130						
冶金用石英	9							9
重晶石	444	72					372	
磷矿	420	420						
云母	36	36						
石膏	1385	1385						
方解石	200	200						
水泥用灰岩	271	200						71
建筑石料用	399	399						
玻璃用石英	502	502						
硅藻土	2330	2330						
砖瓦用页岩	3042	3042						
凹凸棒石粘	10							10
膨润土	38	38						
大理石	4128	4128						
饰面用板岩	53						53	
不能分矿种	2988	2788			200			

2003年新查明矿产资源

表 8

矿种	计量单位	总计		
		基础储量		资源量
			储量	
煤	千吨	2692914	501763	8756213
地热	万立方米			8400
铁矿	矿石万吨	1369	1222	8722
锰矿	矿石万吨	940		7646
铜矿	金属吨			88166
铅矿	金属吨			59114
锌矿	金属吨			62631
铝土矿	矿石吨	34892000		33688250
钨矿	三氧化钨万吨			4
钼矿	金属吨			3068
锑矿	金属吨	2787	2787	15376
铅锌矿	金属吨	9407		748974
钌矿	金属千克			439
金矿	金属千克	19680	3431	198519
银矿	金属千克	104750	104750	279800
钽矿	五氧化二钽吨			842
锆矿	锆英石吨	15980		21179
锶矿	天青石吨			85500
萤石(普通)	矿石万吨			91
硫铁矿	矿石万吨			3000
芒硝（含钙芒	硫酸钠万吨	4572		4240
硝）	矿石万吨			304
重晶石	矿石万吨			1646
电石石灰岩	矿石千吨			90295
磷矿	矿石万吨			2
滑石	矿物万吨	11		376
石棉(温石棉)	矿石万吨			9
长石				

——按矿种分列(一)

属地化单位			地勘行业部门、地调局			
基础储量		资源量	基础储量		资源量	备注
	储量			储量		
1696344	117413	8756213	996570	384350		煤炭部门
		8400				
1047	900	8722	322	322		冶金部门
940		7646				
		88166				
		43000			16114	武警黄金
		39800			22831	武警黄金
34892000		31917850			1770400	冶金部门
		4				
		3068				
2787	2787	15376				
9407		748974				
		439				
19680	3431	91171			107348	武警黄金等
104750	104750	279800				
		842				
15980		21179				
		85500				
		91				
		3000				
4572		4240				
					304	化工部门
		1646				
		90295				
		2				
					376	建材部门
					9	建材部门

2003年新查明矿产资源

续表 8

矿种	计量单位	总计		
		基础储量		资源量
			储量	
叶蜡石	矿石万吨			155
沸石	矿石万吨			500
石膏	矿石万吨	2167		7188
方解石	矿石万吨			2512
玉石	矿石千吨			63
水泥用灰岩	矿石万吨	77744	39329	256597
建筑石料用灰岩	矿石万吨			2361
玻璃用白云岩	矿石万吨			18384
建筑用白云岩	万立方米			801
玻璃用石英岩	矿石万吨	5284		1032
水泥配料用砂岩	矿石万吨	6221		8438
建筑用砂	矿石万吨			834
硅藻土	矿石万吨			4776
陶粒页岩	矿石万吨	1881		1054
砖瓦用页岩	矿石万立方米			3500
高岭土	粘土量万吨	103		138
凹凸棒石粘土	矿石万吨			5301
膨润土	矿石万吨			1836
陶粒用粘土	矿石万吨			672
水泥配料用粘土	矿石万吨	978		4365
建筑用花岗岩	矿石万立方米			1560
霞石正长岩	矿石万吨			475
水泥用凝灰岩	矿石万吨			1666
建筑用大理石	矿石万立方米	727		
水泥用大理石	矿石万吨	612	511	19007
矿泉水	方／日	600		2737
地下水	方／日	100800	10000	215200

——按矿种分列(二)

属地化单位			地勘行业部门、地调局			
基础储量		资源量	基础储量		资源量	备注
	储量			储量		
		155				
		500				
		462	2167		6726	建材部门
		2512				
		63				
7734	6000	14739	70010	33329	241858	建材部门
		2361				
					18384	建材部门
					801	建材部门
5284		1032				
			6221		8438	建材部门
		834				
					4776	建材部门
			1881		1054	建材部门
					3500	建材部门
103		138				
					5301	建材部门
		1836				
					672	建材部门
			978		4365	建材部门
					1560	建材部门
					475	建材部门
		1666				
			727			建材部门
612	511	10973			8034	建材部门
600		2737				
100800	10000	215200				

2003年新查明矿产资源

表 9

矿种／地区	计量单位	总计		
		基础储量		资源量
			储量	
煤	千吨	**2692914**	**501763**	**8756213**
安徽	千吨	35990	30430	
福建	千吨			103800
山东	千吨	833899	294313	165767
河南	千吨	164070	88410	1000
湖南	千吨	26500	15110	30043
重庆	千吨			21090
四川	千吨	47120		145770
贵州	千吨	111650	66990	1705492
云南	千吨	2605	340	3886
青海	千吨	6170	6170	
宁夏	千吨			100795
新疆	千吨	1464910		6478570
地热	万立方米			**8400**
重庆	万立方米			8400
铁矿	矿石万吨	1369	1222	**8722**
河北	矿石万吨	1005	900	606
山西	矿石万吨	322	322	
辽宁	矿石万吨	42		123
安徽	矿石万吨			1786
新疆	矿石万吨			6207
锰矿	矿石万吨	**940**		**7646**
四川	矿石万吨	940		7646
铜矿	金属吨			**88166**
福建	金属吨			8500
河南	金属吨			10000
湖北	金属吨			33900
广东	金属吨			10000
四川	金属吨			21626
青海	金属吨			1200
宁夏	金属吨			2940

——按矿种和地区分列(一)

属地化单位			地勘行业部门、地调局			
基础储量		资源量	基础储量		资源量	备注
	储量			储量		
1696344	**117413**	**8756213**	**996570**	**384350**		煤炭部门
			35990	30430		煤炭部门
		103800				
45419	34973	165767	788480	259340		煤炭部门
		1000	164070	88410		煤炭部门
26500	15110	30043				
		21090				
47120		145770				
111650	66990	1705492				
745	340	3886	1860			
			6170	6170		煤炭部门
		100795				煤炭部门
1464910		6478570				
		8400				
		8400				
1047	**900**	**8722**	**322**	**322**		冶金部门
1005	900	606				
				322		冶金部门
42		123				
		1786				
		6207				
940		**7646**				
940		7646				
		8816				
		8500				
		10000				
		33900				
		10000				
		21626				
		1200				
		2940				

2003年新查明矿产资源

续表 9

矿种／地 区	计量单位	总 计		
		基础储量		资源量
			储量	
铅矿	金属吨			**59114**
福建	金属吨			16114
青海	金属吨			43000
锌矿	金属吨			**62631**
福建	金属吨			22831
青海	金属吨			39800
铝土矿	矿石吨	**34892000**		**33688250**
山西	矿石吨			1770400
河南	矿石吨			3378100
广西	矿石吨	34892000		15030000
贵州	矿石吨			13509750
钨矿	三氧化钨万吨			**4**
江西	三氧化钨万吨			4
钼矿	金属吨			**3068**
福建	金属吨			3068
锑矿	金属吨	**2787**	**2787**	**15376**
西藏	金属吨	2787	2787	15376
铅锌矿	金属吨	**9407**		**748974**
福建	金属吨			112000
广西	金属吨			336200
贵州	金属吨			291300
陕西	金属吨	9407		9471
钌矿	金属千克			**439**
甘肃	金属千克			439
金矿	金属千克	**19680**	**3431**	**198519**
山西	金属千克			5000
内蒙古	金属千克			4510
辽宁	金属千克	2049		2833
吉林	金属千克			3296
黑龙江	金属千克			10962
浙江	金属千克			30

中国黄金集团公司
China National Gold Group Corporation

中国黄金集团公司
China National Gold Group Corporation

中国黄金集团公司是在原中央所属黄金企事业单位基础上组建的大型国有企业，由中央管理，经国务院同意进行国家授权投资的机构和国家控股公司的试点，是国家计划单列的企业集团。其前身是中国黄金总公司，总部设在北京。

中国黄金集团公司下属的企事业单位包括：原中央所属黄金企事业单位，中国黄金总公司投资的企业，以及黄金行业四项基金转为中国黄金集团公司资本金后形成的权益涉及的企业。

中国黄金集团公司总资产102亿元，是国内最早从事黄金开发的企业之一，具有丰富的管理经验和雄厚的技术、资金实力，建立了完整的研发体系，取得了一批有自主知识产权的黄金科技成果，在难处理金矿资源开发利用、精炼等方面达到了国际先进水平。其下属黄金企业遍布全国各主要产金地区，算上四项基金涉及的企业，年产黄金约占全国黄金总产量的50%，控制的黄金储量占全国黄金矿山总储量的50%以上，极具发展潜力。中国黄金集团公司是上海黄金交易所的理事单位，其控股的中金黄金股份公司是我国第一家上市的黄金企业。除黄金业以外，中国黄金集团公司还积极开展多元化经营，在贸易、房地产、辐照、传媒、广告、仓储等领域均取得了不俗的业绩。

中国黄金集团公司在国内外拥有良好的信誉，与世界一些大的黄金公司建立了紧密的业务联系，是国务院批准的我国惟一一家能在国际上进行黄金贷款的试点企业，是中国在世界黄金协会惟一的会员单位。

集团公司办公大楼

中国五矿集团公司

中国五矿集团公司是以金属和矿产品的国际贸易为主，兼具金融、 房地产、货运、招标、内贸和投资业务，实行跨国经营的大型企业集团。1992 年，中国五矿集团公司被国务院确定为全国首批55家企业集团试点和7家国有资产授权经营单位之一。1999 年，中国五矿集团公司被列入由中央管理的44 家国有重要骨干企业。 2003 年，集团公司的总经营额为 116.8 亿美元，金属期货交易额为 3016 亿元人民币。

中国五矿集团公司具有50余年的经营历史，曾长期发挥国家金属矿产品进出口主渠道作用，在海内外享有盛誉。改革开放以来，中国五矿集团公司顺应国家外经贸体制的变革，坚定地实施国际化发展战略，一业为主、多种经营，并在国内外进行广泛的实业投资，有效控制关键资源，经营规模和经济实力都大为提高，为企业的长远发展奠定了雄厚基础。

中国五矿集团公司拥有全球化的营销网络，在国内20个省区建有168家全资或合资企业，控股和参股14家国内上市公司，在世界主要国家和地区设有50家海外企业。 2003 年，集团公司在香港成功收购了“东方鑫源”和“东方有色”两家红筹股上市公司。

作为中国最大的五金矿产品贸易企业，中国五矿集团公司以服务为先导，努力向客户提供包括融资、报关、仓储、运输、加工和资讯在内的价值链服务，满足客户的要求和期待。

五矿集团公司总裁苗耕书

苗总裁随胡锦涛主席访问波兰

金盛保险股东会

五矿集团公司与招商银行签署协议

五矿与中船签协议

中国五矿集团公司拥有一支高素质的员工队伍，他们知识全面、勤奋努力、富有朝气。

中国五矿集团公司以诚信为本，在平等互利、重合同、守信用的原则下，广泛开展“双赢”和“多赢”合作，在中国和世界各地的客户达8000家以上，其中绝大多数是长期稳定的贸易伙伴。

为了提高核心竞争力，中国五矿集团公司积极实施新的企业发展战略，按照钢铁、原材料、有色金属、综合贸易、金融和房地产及服务业六大板块进行专业化经营，促进了各项业务的持续健康发展，实现了国有资产不断增值的目标。在新的世纪里，中国五矿集团公司以贸易为基础，集约多元，充分发展营销网络；以客户为中心，技术创新，积极提供增值服务；努力发展成为提供全球化优质服务的企业集团。

五矿与CVRD公司举行会谈

服务为本　自强不息

■地址：北京市海淀区三里河路5号
■邮编：100044
■电话：010-68495888
■传真：010-68495549
■网址：http://www.minmetals.com

珲春紫金矿业有限公司

公司地址：吉林省珲春市边境经济合作区创业大街　邮政编码：133314　传真电话：0440—7819288　电子信箱：hcsydb@163.com

法人代表：谢成福

珲春紫金矿业有限公司于2003年1月10日正式注册成立。该公司是由福建紫金矿业股份有限公司与珲春金铜矿业有限责任公司联合出资设立的，注册资本5000万元。现有员工620人，其中高级职称7人，中级职称58人，初级职称91人。公司注册在吉林省珲春市边境经济合作区。矿区位于珲春市春化镇境内，距珲春市区75公里、图们火车站150公里、延吉机场200公里，均有公路相通。

公司经营范围：主要从事金、铜及其它有色金属和非金属矿产品开采、选冶加工、矿产品销售；矿产地质，矿产资源勘查及其信息技术服务等。

截止2004年5月，生产黄金297千克、铜1042吨，销售收入3627.7万元，工业总产值4101.3万元，利税总额421.9万元，利润总额333.4万元，资产总值10410万元。

公司确立发展目标为：力争三年内跻身州内三强企业，到2005年产值达到2亿元，利润3000万元。

领导成员

董事长、党委书记：　谢成福
总经理：　林钦权
副总经理：　兰选庆
副总经理、工会主席：　肖国臣

四川和邦盐化矿业有限公司

四川和邦盐化矿业有限公司始建于1969年，是一个集钻、采、输、销、科研为一体的盐矿山开发专业化公司，是国内著名的大型盐卤基地之一。

公司有员工630多人，下辖有钻探公司、罗城盐矿、马踏盐矿、输卤公司四个生产单位。

公司所属罗城、马踏两个盐矿山座落于国内著名的特大型盐矿威西岩盐矿床。矿产资源极为丰富，矿床开采条件和自然经济地理条件优越，矿山生产规模为产输卤折盐100万吨/年。

公司技术力量雄厚，拥有地质、钻井、采矿、机械、电子电气、仪表、测绘、营销、会计、统计等各类各级专业技术人员200余人。公司所取得的两管油垫、尾管油垫采卤新工艺研究，声纳对地下溶腔测试技术的研究，井下割管技术研究，带压封堵井技术，管道内涂防腐技术研究等多项盐矿山开发关键技术成果获省、部和国家级重大科技奖或专利。在盐矿山井下定量监测技术、带压封堵井技术和开采过程中井下岩体变动定量分析等研究成果以及矿山总体开发技术水平位居国内同行业前列。

地址：四川乐山五通桥竹根镇涌江路
电话：(0833)3308530
传真：(0833)3306563
邮编：614800
E-mail：LMZ6378378@sina.com

公司办公楼

采卤管网

钻机

董事长：韩勇

陕西马鞍桥金矿

陕西马鞍桥金矿始建于1993年6月，是一座采、选生产能力800吨／天，并拥有1500余亩高科农业示范园的大型综合企业，被中国企业联合会、中国企业家调查系统列为重点指导发展企业。

在金色的道路上，陕西马鞍桥金矿以创新为基点，依托科技管理创新，培育新型企业文化，使企业得以跨越式、奇迹般的发展。特别是1995年以来，黄金产量和实现利税平均每年以53.8%和63.6%。管理创新、制度创新也走出了条条成功之路，管理成果相继获得市、省、国家级创新成果奖。其中《黄金企业目标成本管理》、《黄金企业虚拟经营管理》分别获第六届、第八届国家级创新成果三等奖和二等奖。

金色事业，绿色希望，面对新世纪和中国加入WTO的新形势。陕西马鞍桥金矿为了寻求新的经济增长点，着眼于企业长足发展，依托中国农科院等技术力量，创建高新农业技术园区，园区核心面积1000亩，示范面积将达1万亩，辐射面积将达13万亩，将对关中乃至周边地区农业产业结构调整起巨大的推动作用。

文体活动

办公区一角

选矿厂

园区景

花园式办公区

选矿厂

江苏省苏州市小茅山铜铅锌矿

矿长刘建军

江苏省苏州市小茅山铜铅锌矿（原吴县市铜矿）位于太湖之滨的苏州市高新区东渚镇，是年处理量9万吨、年产金属总量1万吨的中型采选联合企业，现有职工800余人，各类专技人员150余人，总资产8800余万元，主产品铜铅锌精矿粉，副产品硫精矿、伴生金银及重质碳酸钙粉。产品质量好、信誉高，广泛应用于冶炼、化工、建材、陶瓷等行业。

该矿依靠科技进步，建立了现代化的电脑监控及数据传输网络，生产自动化程度不断提高。坚持立足当前，着眼未来，全面实施“安全优质、挖潜增效、求真务实、创新发展”的工作方针，倡导“团结、务实、严谨、高效”的企业精神。

办公大楼

该矿发展前景广阔，列入国家“九五”双加工程、总投资4800万元的迁里矿段探采结合技改工程已于2003年6月全面形成年供矿9万吨的生产能力，在铅锌精矿产品的基础上，新增铜精矿1500吨金属量/年，可延长矿山服务年限15年以上。

国家“九五”双加工程—迁里矿段全貌

四川盐业地质钻井大队

（自贡市井矿盐矿山开发设计院）

大队长（院长）：胡　杰

四川盐业地质钻井大队（第二名称：自贡市井矿盐矿山开发设计院）建立于1963年，现有职工2645人，其中离退休人员1127人，在岗职工1518人，各类专业技术人员486人。现有各类机械岩蕊钻机9台套、工程地质钻机12台套；全队现有资产总额1.15亿元。我队是轻工行业惟一的专业地勘事业单位，是四川国有建筑企业综合实力五十强单位，1991年荣获国家地矿部、劳动人事部、国家计委、中华全国总工会联合授予的“全国地质勘查功勋单位”荣誉称号，2003年4月通过了ISO9001-2000质量认证 。

我队能承担矿山工程、地面建筑安装工程及矿区配套工程的设计、施工；能承担井深4000米以内的石油、天然气、盐卤、地热井的钻井设计、施工及测试、固井。在2002年我队成功实现了运用先进的水平对接井技术开采盐卤资源，在2003年完成了超长水平段对接井施工；能承担各类工程地质、井径1.5米以内的基桩工程和地质灾害的勘查、设计、施工等工作；能承担CNG储气井的施工；能生产从QTZ20－QTZ125九大系列近20个品种的液压自升塔式起重机。

钻机

地　址：四川省自贡市自流井区东光路31号　邮　编：643000
电　话：0813-2602119　网　址：http://cydzzj.com
传　真：0813-2603742　邮　箱：bgs@cydzzj.com

南京栖霞山锌阳矿业有限公司

总经理：王方汉

南京栖霞山锌阳矿业有限公司是由南京铅锌银矿业有限责任公司和葫芦岛锌业股份有限公司共同组建的有限责任公司。

公司地处风景秀丽的金陵名胜—栖霞山下，北靠长江，西邻南京新生圩外贸港口、长江二桥，沪宁高速公路、沪宁铁路自矿区南侧穿过，交通运输十分方便。

公司现拥有固定资产1.2亿元，员工800多人，其中各类工程技术人员150多人，占地面积20万平方米。

公司拥有华东地区最大的铅锌矿床，主要产品为铅精矿、锌精矿、硫精矿。目前年采选能力为35万吨矿石，年产铅锌精矿金属量约3.5万吨，生产规模进入全国有色铅锌矿十强之列。采选生产工艺水平、装备水平均居全国同行前列。

在环境保护和技术进步方面，近几年，公司与科研院所紧密合作，围绕提高铅锌资源综合利用率、彻底消除选矿废水与尾矿对环境的污染和降低采选能耗，运用电化学原理对铅锌硫化矿选别实行了电位调控浮选清洁分选，同时将尾水净化处理回用技术和尾矿地下充填技术与之有机结合、相互匹配，使选矿技术指标大幅度提高，做到了废水和尾矿的零排放，取得了显著的环境与经济效益，从而实现了选矿过程的清洁生产，填补了国内空白，达到国际先进水平。

公司已经通过了ISO9001质量管理体系的贯标认证，又在全国矿山中率先通过ISO14001环境管理体系认证，这必将使企业的各项管理工作跃升到一个新的水平。

公司地址：中国南京栖霞街89号　　邮编：210033

电话：86-25-86958203　　传真：86-25-86958896

网址：http://www.pb-zn.com　　E-mail：minejs@pb-zn.com

新疆宝地矿业有限责任公司

邮政编码：830000　　通讯地址：新疆维吾尔自治区乌鲁木齐市克拉玛依西路2号深圳城大厦14层

董事长：曾小刚

新疆宝地矿业有限责任公司隶属新疆地质矿产勘查开发局，是由吐鲁番金源矿冶有限责任公司(即新疆地矿局第一地质大队)、新疆宝地投资有限责任公司、新疆地质调查院于2001年11月共同设立的新疆最大的集地质勘查、矿山开采、矿石加工等为一体的具有突出优势的综合性矿业公司。

公司注册资金5800万元，主要经营范围为地质矿产勘查（含水文、工程、环境地质勘查）、岩石矿物测试、矿产开发及加工、进出口贸易等。

公司技术力量雄厚，设备先进，在地质矿产勘查、矿业开发等方面具有明显的资源优势、技术优势和管理优势，在新疆乃至国内、国际地质勘查业中都有重要影响。近年来，公司先后在新疆发现了土屋、延东大型铜矿、罗布泊大型钾盐矿、维权中型铜矿、萨日达拉中型金矿等，矿产勘查成果卓著。同时还承担了多项国家地质大调查、自治区地质调查项目，尤其是2003年承担了由国家外经贸部委托的国家援外项目—摩洛哥1:10万地球化学填图项目，获摩洛哥政府有关部门和国家外经贸部的高度评价。

公司现下设鄯善分公司、哈密分公司、昌吉分公司，以铁、铜、银矿开发与加工为主，矿业开发与加工已形成规模，仅铁矿项目年产值已超亿元。现有中型以上铁矿山4座，选矿厂2个，年开采铁矿石达50万吨，生产铁精矿25万吨；铜银矿1座，年处理矿石5万吨，年生产铜银精矿3000吨。探明铜金属量16239吨，银金属量666吨，有良好的开发前景。

崇义章源钨制品有限公司

董事长：黄泽兰

崇义章源钨制品有限公司是集采矿、选矿冶炼、加工、贸易为一体的钨制品企业，拥有崇义县淘锡坑钨矿、崇义县新安子钨矿、大余县石雷钨矿和冶炼加工厂，资产总值1.68亿元，矿山地质储量1 2万吨，具有年产黑钨精矿4500吨、仲钨酸铵4000吨、氧化钨3000吨、钨粉2000吨、碳化钨粉1500吨的生产能力。公司2001年完成销售收入1.02亿元，上缴税收683万元。公司职工1353人，其中工程技术人员157人，劳动生产率7.54万元／人，并安排了158名下岗员工实现再就业。

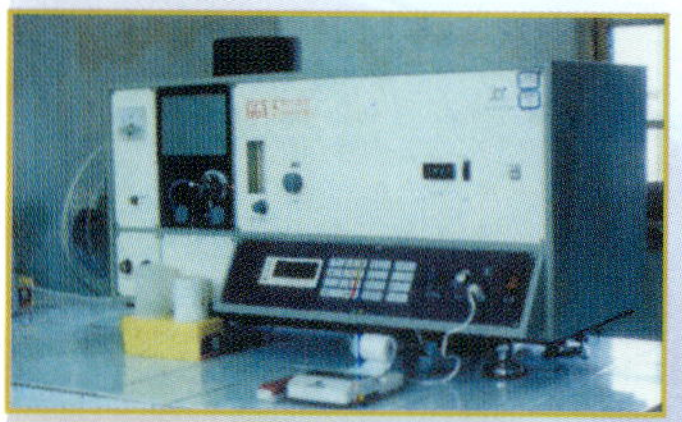

原子吸收分光度计

公司坚持以“降本增效”为中心，各厂矿独立核算，加强资金统一筹集及运作，2001年实现了生产经营目标。公司非常重视向科技要效益，投入30万元进行的淘锡坑钨矿选厂技术改造工程，使钨精硫金属回收率提高0.5%；投入200万元进行的淘锡坑钨矿环保技改工程，通过了“三达标－排放工程验收；投入60万元进行的冶炼加工厂车间改造；新增APT1000吨／年，金属回收率提高0.35%；投入5800万元进行的钨制品深加工技改工程；新增钨粉2000吨／年、碳化钨粉1500吨／年的产能，并建立了钨制品检测中心。

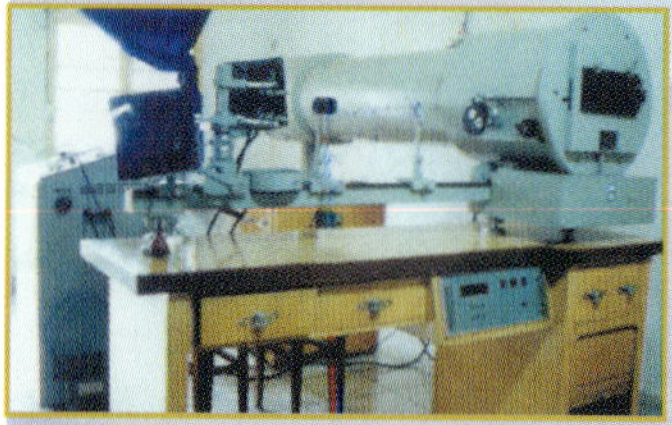

光谱仪

目前，公司钨精矿、仲钨酸铵金属回收率达到国内先进水平，2001年通过了ISO9000质量体系复审。公司与高校联合开发的新产品，预计2002年年底投放市场。

淄博市华联矿业有限责任公司

公司办公楼

淄博市华联矿业有限责任公司，始建于1987年，地处淄博市沂源县东部，现拥有职工970人（其中各类专业人员128人），下设采矿、选矿、机修、球团等八个分厂，拥有华联石瑛、华联绿色果业两个控股公司，总资产达1.26亿元。公司先后被评为“淄博市先进民营企业”、“淄博市明星企业”、“农行AAA信用企业”等荣誉称号。

矿产资源不可再生，当今世界随着铁矿生产的发展，可采资源不足的矛盾逐渐显现，为此，公司领导长期坚持贯彻“以矿为主，多业并举”的方针，以当地丰富的林果业资源为依托，2002年9月投资1580万元，建成的具有国内领先水平的2000吨气调冷藏库（华联绿色果业有限公司）投入使用，当年实现利税175万元，为推动当地果蔬业的迅猛发展起到了积极的带动作用，走出了一条适合矿山企业发展的新路。

BJ3364自卸车配
W1002电铲采掘现场

华联绿色果业公司气调冷藏库一角

中国冶金地质勘查工程总局

中国冶金地质勘查工程总局(简称中国冶勘总局)是国务院国资委管理的从事原材料金属矿产资源勘查与开发的地质勘查单位，现有17个直属的局院、遥感技术应用中心、矿产资源信息中心、职工培训中心等和10个控(参)股企业，职工总数32697万人，资产总额27.66亿元，2003年经营总收入17.24亿元。

中国冶勘总局的经营范围是:以原材料金属矿产为主的资源勘查、矿产开发、地理信息、水文地质、工程地质、灾害地质、环境地质、生态地质，各类勘察、设计、规划、岩土施工、建筑安装、装饰工程，超硬材料及制品的开发、生产和销售，商贸服务、旅游、酒店服务等，已形成中基发展建设工程有限公司、宜昌黑旋风锯业有限公司、燕郊晶日金刚石工业有限公司等一批在国内外有较高知名度和较强竞争力的企业，生产的黑旋风锯片基体、“晶日”人造金刚石及制品等产品畅销国内外。

愿继续秉承至信、至诚的服务宗旨，与国内外企业和社会各界精诚合作，携手并进，共创美好的未来。

局长、党委书记：闫学义

清华园门口地下管线探测

黑旋风科技园鸟瞰图

大比例尺航空物探综合测量

局长：张怀庆

中国冶勘中南局

中国冶金地质勘查工程总局中南局始建于1952年，地处九省通衢的武汉市，是集地质科研找矿、工程勘察及基础施工、路桥施工、地球物理勘察、水文、测绘、金刚石工具制造、钻具生产、第三产业等为一体的大型综合性事业单位。队伍主要分布于湖北、湖南、广西等省区，现有职工近8000人，各类专业技术人员占职工总数的35%，其中高、中级专业技术人员占20%。

中国冶金地质勘查工程总局中南局具有甲级工程勘察资质和一级施工资质、甲级测绘资质和地质灾害治理等资质。先进的设备及雄厚的技术力量，使其工作领域辐射25个省市及东南亚、欧洲等地区和国家，为我国冶金地质事业的崛起和经济发展作出了重要贡献：发现和探明了铁、铜、金、银、锰、铅、锌、钴等30多个矿种、矿床200多处，其中大型和特大型矿床30多处。特别是20世纪90年代以来，先后在湖北阳新发现并探明一特大型金、铜矿，突破了湖北地区无大型金矿的地质理论。在湖南、广西各探明一特大型优质富锰矿，成为向国家提交锰矿储量的主要地勘单位之一。中南局601队曾被国务院四部委授予"全国地质找矿功勋单位"；完成在大型工程勘察项目数十个，完成葛洲坝、隔河岩、高坝洲等国家难点攻关项目多个，在三峡水利工程、京九铁路、京珠高速公路等国家重点工程的软基础处理、塌陷、护坡等疑难问题处理中发挥了重要作用；在灾害地质、江河治理等方面成效显著。在1998年长江抗洪抢险中，成功运用先进的地球物理探查技术查险排险多处，受到省、市领导高度赞扬，被科技部、国家冶金工业局授予"抗洪抢险立功单位"。

面对新的世纪，中国冶金地质勘查工程总局中南局将以市场为取向，以改革为动力，在地质找矿、基础工程施工等方面不断运用新技术，开辟新途径，为国家经济建设和西部开发作出新的更大贡献。

在西藏找矿

在西藏找矿

广西锰矿

青藏高原

地址：湖北省武汉市青山区任家路和平大道1250号
邮编：430081
电话：(027) 86863607　　传真：(027) 86865030

办公大楼

中 南 地 勘 院

中南地勘院下设南宁分院、长沙分院、黄石分院和拉萨分院。现有各类专业技术人员260人，其中，教授级高级工程师4人，中高级技术人员162人。持有国家有关部门颁发的《地质勘查资格证书》、《测绘资质（甲级）》、和《地质灾害防治工程勘查、施工资质（勘查甲级、施工乙级）证书》。主要从事矿产地质、工程地质、地质灾害防治工程勘查、评估、设计和施工、矿业开发、等业务。设备先进，技术力量雄厚。

50年来，共探明矿床200多处，提交包括鸡笼山金矿、程潮铁矿、黄梅铁矿，丰山铜矿等大中型矿床40多个，共30多种矿产。提交各类地质报告、地矿科研报告2000余份。20多项找矿项目和科研成果获部级奖励。

奖杯

中南地勘院长期承担国家重点找矿项目的任务，在湖北、湖南、广西、新疆、西藏境内从事铁、锰、金、铜矿等地质勘查和地矿科研工作，在氧化锰矿、优质锰矿、锰铁矿等矿种勘查方面取得了突破性找矿成果。特别是20世纪90年代以来，先后在湖北省阳新县发现并探明一大型金、铜矿床，突破了湖北地区无大型金矿的地质理论；在湖南、广西各探明一大型优质富锰矿，成为冶金地质系统提交锰矿储量最多、最好的单位。因找矿成绩显著，曾被国务院授予“全国地质找矿功勋单位”荣誉称号。自2002年以来，承担了近30个国家项目。

中南地勘院拥有湖北、湖南、广西、西藏、新疆等地共77个探矿权区，矿种主要为金、铜多金属、铁、锰等矿种，有一大批优良探矿权可投入矿业权市场。

中南地勘院信守“以人为本、科学管理、顾客满意、持续改进”的宗旨，将努力多找矿、找好矿，为国家经济建设、改革开放和西部开发作出新的更大贡献。

审查会议

施工现场

男子篮球赛

鸡笼山

地址：武汉市青山区和平大道1250号　邮编：430081　电话：027-86867321　传真：027-86883517

中国冶金地质勘查工程总局第二地质勘查院

由院长张庆鹏（中）带队，中冶二勘院地质人员进入西藏工作

二勘院技术人员在工作中

二勘院地质技术人员在学习

中国冶金地质勘查工程总局第二地质勘查院(前身为地质矿产研究所和地质矿产开发院)组建于1994年，是集中冶勘二局下属各地质队的精干技术力量组成的“一统式”地质勘查队伍。全院有职工120人，其中包括地质、测量、水工环、物化探等专业高、中级技术职称人员工92人，平均年龄38岁，人员结构、专业配套合理。拥有资产设备2180万元，包括工程测量、地理信息处理系统化验测试、物化探、钻探及桩基等设备91台套。

该院具有地质勘查资质、工程勘察资质、地基施工资质、测绘资质、地质灾害施工资质等；下属单位中心实验室有国家级计量认证合格证书。

业务范围除承担国家计划地质勘查和社会地质勘查项目外，已在地形工程测量、矿产开发、工程勘察、基础施工、危房纠偏平移、化验测试、电子信息等方面形成产业，具备较强的实力，取得过丰硕成果 。

该院2001年获得ISO9000质量体系认证。全院职工正以“顾客第一，服务至上”的理念，全面加强质量管理，强化服务意识，力争为祖国地质事业作出成绩。

冶金二勘院一角

地址：福建省莆田市涵江区新涵大街171号
邮编：351111
联系电话：0594-3597133 （兼传真）
E-mail：dikang@publicptptt.fj.cn
院长兼党委书记：张庆鹏

山东正元资源勘查研究院

李洪喜副局长兼院长

山东正元资源勘查研究院隶属于中国冶金地质勘查工程总局。是一支集地质勘查、矿业开发、科学研究于一体的综合地勘队伍，具有国家颁发的地质勘查资格证书、地质灾害防治工程勘查甲级资质证书，2001年通过了ISO9000-2000版质量体系认证，院实验室具有中国实验室国家认可委员会认可证书等。曾多次荣获国家和省部级先进集体荣誉称号。

研究院前身为冶金工业部山东地质勘探公司，成立于1956年。主要从事国家矿产地质勘查，工作重点是黑色、有色金属及冶金辅助原料，找到了一大批国家急需矿产地。20世纪80年代又开展了贵金属特别是金矿找矿工作，取得了显著的找矿成果。

2002年根据国家组建“野战军”、实现精兵加现代化的指示精神，对原所属6个综合大队的专业技术力量（地质、物探、化探、测量、钻探、化验等），进行了优化、精干、重组、整合，成立了山东正元资源勘查研究院，负责国家公益性、战略性、基础性地质项目及社会市场地质工作。

中蒙合作

中澳合作

主要找矿成果：

玲珑金矿田	金金属量200余吨；
乳山金青顶金矿	金金属量40余吨；
大庄子金矿	金金属量40余吨；
淄博金岭铁矿	铁矿石量3.5亿吨；
莱芜铁矿	铁矿石量5亿余吨。

累计探明四十余处特大型、大-中型金属、贵金属和非金属矿床。累计探明金资源量400余吨；每年承担大量的国家地质项目及社会地质市场项目；国内拥有探矿权86处，采矿权1处，面积1326.1平方公里；蒙古国探矿权15处，采矿权3处，面积81平方公里。

研究院下设5部3室，1个国外公司，10个分院。现有专业技术人员127人，其中教授级高工6人，高级工程师47人，博士1人，硕士6人，87人具有大学以上学历。拥有先进的设备仪器，精湛的专业技术，丰富的找矿经验及几十处有找矿远景的矿权地。

近年来，该院积极实施“立足山东，面向全国，开发西部，走出国门”战略，认真贯彻“管理求严，理论求新，勘查求实，服务求信”的工作方针，对新、甘、蒙等地进行地质矿产勘查，科学选择找矿有利地段，深入开展地质找矿工作，登记了一大批有找矿远景的探矿权区。同时，广泛开展国际合作，走出国门，大胆实践，在蒙古国地质找矿与矿产开发方面取得了突破性进展，为开拓“两个市场，两种资源”奠定坚实基础。

山东正元资源勘查研究院诚邀国内外各界朋友前来考察交流，在地质勘查、矿业开发、灾害地质、环境地质等方面友好合作，共谋发展。

钻探施工现场

地址：山东省济南市山师东路14号　　邮编：250014
网址：www.zydk.com　　电话／传真：0531-6415031

中国有色工程设计研究总院

国内最大的浮选机（冬瓜山选矿厂）

烟台黄金冶炼厂生物氧化车间

国内第一台半自磨机（冬瓜山选矿厂）

金川扩能改造选矿厂磨浮车间

中国有色工程设计研究总院(英文缩写ENFI，简称恩菲)始建于1953年，是一个具有专长工程技术优势的工程服务企业，具有工程咨询、设计、承包、监理等甲级资质及智能建筑、环境污染防治、水土保持工程设计等专项甲级资质。主营业务范围包括：工程咨询、设计、监理和工程总承包，涉及有色金属、黄金、稀有稀土及半导体材料、民用建筑、市政环境等行业。现为国务院国有资产监督管理委员会管理的国有企业，具有对外经营权和外事审批权。

50多年来，中国有色工程设计研究总院先后承担过国内外有色金属、民用建筑、市政环境等20多个行业的3000多项工程设计，获国家级、省部级科技进步奖及优秀工程设计奖共500多项，取得900多项科研成果和30多项国家专利。

中国有色工程设计研究总院致力于以先进的理念、技术和装备进行工程设计，能够针对各种复杂建设条件和客户的不同要求，提供先进可靠、经济安全的解决方案，降低工程建设投资，合理利用资源，保护环境，追求人与自然的协调发展。50年来，共完成矿山工程设计300余项。设计的有色矿山产能占全国的一半以上，黄金矿山产能占全国的60%。

中国有色工程设计研究总院注重设计与科研相结合，在深井采矿、无废开采、膏体充填、定向爆破、碳浆法提金工艺、矿石生物氧化预处理提金工艺、低品位硫化矿细菌浸出提铜工艺等方面居国内领先地位，部分成果达到世界先进水平。

中国有色工程设计研究总院将秉承科学技术为经济发展和社会进步服务的宗旨，坚持“诚信为本，追求卓越”的质量方针，为客户提供先进可靠的技术和优质服务，并衷心希望与国内外同行加强合作和交流，推动工程建设领域的技术进步。

冬瓜山铜矿

中国地质科学院水文地质环境地质研究所

INSTITUTE OF HYDROGEOLOGY AND ENVIRONMENTAL GEOLOGY

水环所办公大楼

全国地下水资源及其环境问题调查评价工作部署

中国地质科学院水文地质环境地质研究所始建于1956年，是全国惟一专门从事水文地质、工程地质、环境地质专业研究及该领域新技术、新方法应用研究的非营利公益性科研机构，隶属国土资源部，总部设在河北正定，石家庄市、厦门市亦设有研究所的科研、科技开发研究机构。现有在职职工245人，形成了以中国科学院院士、中国工程院院士张宗祜研究员和中国工程院院士卢耀如研究员为首的梯级科研队伍，其中高级研究人员93人，中级研究人员65人，初级研究人员42人，博士28名。该所以地下水及其相关地质环境科学与工程为学科发展的核心定位，以水循环科学理论为理论基础，以地下水可持续利用与地质环境保护为应用目标，以地下水形成演化及其与环境系统的相互关系为关键研究问题和对象。重点研究领域包括：突出应用基础和理论支撑作用的区域水循环研究，紧密结合国家需求目标开展的地下水可持续利用应用科学研究，体现创新高技术特色的污染水文地质与微生物环境工程研究，突出多学科综合评价特色的区域生态－地质脆弱性与城市环境地质研究等四个方面。

水文地质综合科学钻探

国家水文地质环境地质调查研究中心、国土资源部环境地质开放研究实验室、水文地质专业实验测试中心和矿泉水水质检测中心设在所内。该所持有国家甲级环境影响评价证书、甲级工程勘察证书、甲级环境工程设计证书及其他有关的资质证书等。该所组织开展了两轮全国地下水资源评价工作，为国家宏观规划决策提供了地下水资源保障资料。组织全国性综合专业编图成果丰厚，成为专业编图中心。首次编制的中华人民共和国水文地质图集获国家科技进步一等奖，最新编制完成的中国地下水资源与环境图集，也是我国首次编制的地下水资源与环境图集。国际水文地质学家协会中国国家委员会、中国地质学会水文地质专业委员会、农业地质专业委员会均设在该所。该所还长期与国际上30多个国家保持密切联系和合作交流，是我国水文地质环境地质专业的重要学术活动机构。

野外地质调查数据分析

经过50年来长期积累与发展，该所形成了具有鲜明特色的水工环科学技术优势。先后承担和完成了国家、省部级大量科研项目，重大科研攻关项目近2000项，取得了丰硕的科研成果，为满足国家经济建设和社会发展需求做出了贡献。

地下水样品采集

总部地址：河北正定中山东路92号　邮编：050803　电话：0311－8021122　传真：0311－8021225
石家庄地址：河北石家庄市新华区石岗大街406号　邮编：050061　网址：http://www.iheg.org.cn

山东省地质调查院

●地址：济南市历下区建筑新村南路35号
●邮编：250013
●电话(传真)：0531—6403690
●电子信箱：sdsddy@public.jn.sd.cn

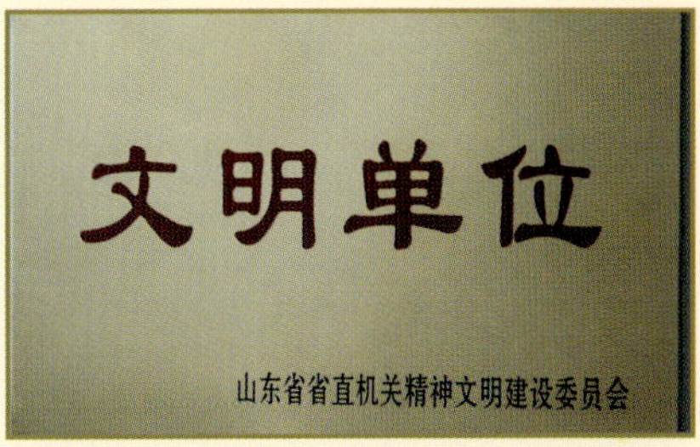

院长兼党委书记 王来明（左三） 副院长 张富中（左一） 副院长 李壮(左四) 总工程师 王世进（左二）

年轻精干的职工队伍

国土资源部副部长寿嘉华、山东省副省长赵克志在“山东省黄河下游流域生态地球化学调查”项目签字仪式上

山东省地质调查院是2000年9月由山东省机构编制委员会(鲁编办[2000]34号)批准成立的，直属于山东省国土资源厅的公益性地质勘查事业单位。主要职责是承担全省基础性、公益性、战略性地质和矿产勘查任务。院设办公室、人事（党群）部、财务部，技术与质量部四个管理部门和地质所、水环所、矿产所、物化探所、信息所五个生产科研部门。

2003年获省直文明单位称号，2004年4月通过ISO9001：2000质量管理体系认证。

该院自成立以来获得多项工作成果。在胶南七宝山—高城现地区发现并初步探明铅银多金属矿；在我国著名的沂沭断裂带中段，发现了受构造破碎带控制的饰变岩型金矿；在青海玉树地区发现一处大型铅锌矿，初步控制3条矿脉，资源量可达90余万吨，并伴生银；胶莱盆地东北缘贵金属矿产调查评价成果，获国土资源部科技成果二等奖。目前正在实施山东省人民政府和国土资源部中国地质调查局合作开展的“山东省黄河下游流域生态地球化学调查”项目。此外，还承担了多项地质灾害调查与预警、数字国土工程等项目，为山东省经济和社会发展提供了基础地质资料和地质成果。

根据国民经济和社会发展对地质工作的要求，认真贯彻实施中央人口资源环境的基本国策，使地质工作更加紧密地与国民经济和社会发展相结合，更加主动地为经济发展和社会进步服务，实现地质工作的两个根本转变。围绕山东省重大基础地质问题，根据社会经济发展需要，重点开展区域地质调查、战略性矿产勘查、水文环境地质调查、地质灾害调查、农业生态地质环境调查，土地资源调查，加强地质调查与科研相结合，全面提高山东地质工作水平，为建设“大而强、富而美”的社会主义新山东做出应有的贡献。

有色金属矿产地质调查中心

有色金属矿产地质调查中心系原中国有色金属工业总公司所属的地质勘查总局、地质资料馆、地质遥感中心、物化探中心、测绘中心、咨询规划处等单位重组合并而成，并经中央机构编制委员会办公室正式批准成立的事业单位。

有色金属矿产地质调查中心的宗旨是：开展有色金属矿产资源勘查，提供有色金属矿产资源与地质勘查相关信息，服务政府与社会，促进有色金属矿产地质事业的发展。

其业务范围是：

（一）从事有色金属矿产地质勘查与科研工作；

（二）从事国家地质调查工作；

（三）负责收集、保管、研究全国有色金属矿产资源与地质勘查资料；

（四）从事有色金属矿山的矿山地质工作；

（五）为政府有关部门制定全国有色金属矿产资源和地质勘查规划及政策提供信息咨询服务；

（六）为社会提供有色金属矿产资源与地质勘查方面的信息咨询和技术服务。

有色金属矿产地质调查中心具有承担地质调查、矿产勘查、矿山地质、遥感地质、地球物理、地球化学、环境地质、工程地质、水文地质、工程与地形测绘、地下三维矿产资源评价等工作的能力；还可以提供有色金属矿产资源与地质勘查的技术与信息咨询服务，矿产储量评审、矿权评估、矿权流转等方面的中介服务。

主　任：孙肇均

波谱测试

副　主　任：王京彬　朱世戎　杨兵
总工程师：朱谷昌

单位地址：北京市复兴路乙 12 号
邮政编码：100814
联系电话：010 －63971550　63965393
传　　真：010－63965367
Email: cnnce@public.bta.net.cn
http://www.cnncmrc.com

北京矿产地质研究所

北京矿产地质研究所(BIGM)创建于1955 年，原直属冶金工业部和中国有色金属工业总公司，现由国有资产监督管理委员会和中国有色金属工业协会管理。

理念　诚信　合作　创新

定位　致力于金属矿产资源勘查及其相关技术的研究和应用；搭架资源与开发的桥梁；成为政府资源勘查开发的智囊、中外矿业公司良好的合作伙伴。

主要工作领域

矿产地质　有色和贵金属矿产资源调查、评价和区划研究，国家级重大科技攻关，矿山资源扩展和资源综合利用等。

勘查技术　地球物理、地球化学、遥感和多元地学信息综合处理等新技术新方法的研究和推广应用，勘查仪器设备研制，区域评价到矿山找矿的综合方法体系的研究和应用。

所长、党委书记王京彬博士

信息技术　基于GIS 平台上的城市建设、资源勘查开发和管理等信息系统的研究与开发，计算机网络技术的开发应用等。是德国西门子SICAD　GEOMATIOS 公司和美国环境系统研究所(ESRI)的全球合作伙伴。

地质灾害与环境　矿山和区域地质灾害的调查评价，工程地质灾害的危险性评估，矿床的环境性状和矿山开发的环境评价。

矿业经济　矿产勘查、开发技术经济评价研究，探矿权、采矿权资产评估，成矿区带和矿山找矿的规划咨询等。

地址：中国 北京 朝阳区 安定门外 北苑5号院4区　邮编：100012　电话：86-10-84922233,84922384
传真：86-10-84922384　网址：http://www.bigm.com.cn、http://www.bigm.cn　电子邮件：web@bigm.com.cn

吉林省第三地质调查所

所长：孟庆华

吉林省第三地质调查所是一支专门从事地质勘查找矿的专业队伍，具有各类专业技术人员200余人。始建于1971年，属知识密集型单位，是一支技术素质较高，设备先进，具有国土资源调查；区域地质调查：矿产地质调查、勘查；水文地质、工程地质、地球物理、遥感地质、地球化学、灾害地质、农业地质勘查：大地测量、工程测量、地籍测绘、房产测绘、航测外业：地质勘探工程；岩石、矿物土壤及水质的分析、化验、鉴定与测试及生物化学测试：矿产开发、地质技术咨询及矿产资源综合开发利用等多种学科的地质科技队伍。建所以来，为国家提交大型矿床8处，中型矿床9处，小型矿床11处，发现各种矿点百余处，地质报告百余份，其中四平山门银矿、伊通放牛沟硫铁矿、公主岭刘房子煤、膨润土矿等系三所发现并为当地开发利用。

近几年来，本所地质勘查主要以找矿为主，从国家急需矿种着手，结合本地区的找矿地质条件，将矿产勘查工作放在重点成矿带上，新发现了金矿、铜钼矿等多金属矿；非金属矿有电气石、伊利石、膨润土、沸石等矿，欢迎各地客商前来洽谈、投资。

新疆维吾尔自治区有色地质勘查局

2003年，全局共完成直接地质工作投入近1900万元，实施和参与的项目共有31个，其中国家资源补偿费项目3个，费用380万元；国土资源大调查项目2个，费用110万元；自治区资源补偿费项目10个，费用683万元；地质勘查中央专项资金项目8个，费用541万元；国家"305"科研项目1个，费用44万元；市场项目1个，费用40万元；局管项目6个，费用100万元。全年完成的主要实物工作量：钻探14416.7米；槽探：23678立方米；中大比例尺地质测量323.69平方千米；面积性化探测量99平方千米；物探剖面测量190.1千米；各类分析样21469件。

三年来，全局通过发挥局、队和职工个人三个方面的积极性，累计完成基地建设投资3067万元，建成住宅楼11栋、平房23栋和高质量测试中心一座，绿化面积31429.38平方米，硬化面积38424.66平方米。共有221家危房户，喜迁新居。通过与房地产公司合作，自筹资金等方式进行办公场所的维修、改造和重建及庭院美化工程，大大改善了职工的工作生活环境。

局机关、地研所、703队继701队和704队之后，顺利进入市(县)级文明单位行列。其中，704队已率先获得地区级文明单位称号。以上单位均提前实现了局文明单位创建推进计划目标。2003年局组队参加了自治区"国土资源杯"职工篮球赛获得亚军；局精心策划的两个节目在自治区国土资源厅举办的迎新春职工联欢晚会上受到一致好评；在有色集团公司举办的"女工才艺展示"活动中，局职工送展的作品获得一个一等奖、三个二等奖和二个三等奖。

局领导向中南大学地质系教授介绍矿物标本情况

黑龙江省煤田地质二〇四勘探队

队长：魏臣

黑龙江省煤田地质二〇四勘探队成立于1958年，具有地质钻探甲级资质和具有独立法人资格的地质事业单位。现有职工总数1287人，其中具有有高级专业技术职称21人，中级专业技术职称83人，初级专业技术职称137人。

服务宗旨：为国家建设提供探矿和桩基础服务。

业务范围：煤田地质、水文地质、工程地质、环境地质、灾害地质、煤层气、地热、煤油联勘地质矿产资源勘查及工程测量、物探测井。同时能承担铁路、公路、桥梁、高层建筑、港口码头等直径φ400～φ1500毫米的沉管桩、螺旋桩、高压注浆桩、泥浆护壁桩等多种基础工程。

现有固定资产总额3165万元，拥有各种勘探设备418台套是东北地区煤田地质勘探系统惟一使用绳索取芯工艺的勘探队从建队到现在先后为国家提交精查地质报告13件，提交煤炭工业储量14亿吨，提交普详查地质报告18件；从1998年先后在大庆施工7口石油井，在鹤岗施工3口煤层气井，在依兰达连河施工6口煤层气井，在鸡西施工1口煤层气井。2002年10月，在鹤岗施工“鹤参三井”时，打出优质煤层气气源，实现黑龙江省煤层气地面勘探零的纪录。

东煤二〇四建筑基础工程公司是该队下属的具有独立法人资格的建筑基础施工企业，2001年获得七台河市工商局颁发的“重合同、守信誉”信得过单位光荣称号，2002年获得七台河市人民政府颁发的先进集体光荣称号。

法人代表：魏臣
联系电话：队长室：0464—8258999　13304670568

钻机施工现场

安徽煤田地质局第三勘探队

携手共进创伟业　　与时俱进谱新篇

党委书记、队长：张祥斌

安徽煤田地质局第三勘探队始建于1965年，在近40年的时间里，为安徽乃至华东煤炭工业建设立下了汗马功劳，作出了巨大贡献，铸就了辉煌的历史，被国家授予“全国地质勘查功勋单位”称号，“全国煤田地质系统两个文明建设先进单位”称号，连续十年获市级“文明单位”称号，被安徽省评为“省级文明单位”。是一支拥有多种技术和施工手段的综合性地质勘查单位。1997年组建了以安徽两淮基础工程公司第三工程处为主体的多元综合企业集团，下辖五大产业、七大公司，20多个经营实体，员工近2000人。1998年随省局下放安徽省属地化管理，持有国家、部级地基与基础工程壹级资质，地质矿产勘探、煤气勘探、地球物测、地质测绘等甲级资质，通过ISO9000认证。拥有世界先进水平的意大利BH-12型地下连续墙成槽机和各类工程设备以及地质报告软件编成系统等多种现代高科技设备，固定资产超亿元，年创收2亿元。形成了煤田地质、水文地质、工程地质、矿井冻结造孔工程、油田勘探、瓦斯抽放以及高层建筑基础工程、地铁站地下连续墙工程、路桥基础工程，数字测井和岩土工程测试、大地测绘、化验、机械加工制造、家具装璜、餐饮商贸、科研教育、计算机销售等完整配套跨行业的产业结构。

矿井冻结造孔施工钻塔群

地质勘探数字化

温家宝总理视察抚顺矿区

抚顺矿业集团公司董事长兼总经理：尹亮

抚顺矿业集团公司党委书记：王福林

抚顺矿业集团有限责任公司

FUSHUN MINING GROUP CO.,LTD

地址(Add)：辽宁省抚顺市新抚区中央大街25号
邮编(P.C.)：113008
电话(Tel)：0413—2533889
传真(Fax)：0413—2538463
http://www.fkjt.com.cn

抚顺矿业集团有限责任公司是由原抚顺矿务局改制组建的国有独资公司。公司目前以煤炭开采为主，是涉及煤炭开采与加工、洁净煤生产、油母页岩开发利用、煤层气开发利用、页岩原油炼制与加工、化工、机械制造、电铁运输、房地产开发、工民建筑、电力、电信等行业的产业多元化大型集团公司，是全国工业企业500强、全国煤炭企业100强和辽宁省重点扶持企业之一，先后多次荣获国家“重信用守合同企业”、“用户满意企业”、“全国五一奖状”、“辽宁省五一奖状”、“辽宁省十大最有影响力企业入围奖”、“辽宁省思想政治工作先进企业”等荣誉称号。建国50多年来，共为国家生产煤炭4.8亿吨，上缴利税58亿元，曾被誉为中国的“煤都”。2003年，通过开展“经营管理年”活动，实现增收8800万元、节支7000万元，全年上缴利税2.57亿元，排在辽宁省前10位，被辽宁省评为纳税大户。

近年来，作为百年老矿，面对煤炭资源逐渐减少的现实，公司领导班子未雨绸缪，从矿区实际情况出发，及时调整发展规划，重新理清改革与发展思路，提出了“充分发挥煤炭、油母页岩、煤层气、森林等资源优势，以煤炭为掩护，大力发展循环经济、非煤产业，加快实施转产转型步伐，建立以煤炭、油母页岩综合利用、煤层气、机加工、建材为五大支柱产业的多元化大型集团公司”的发展思路，确定了转产骨干项目。几年来，公司领导班子紧紧围绕发展思路，带领广大员工强化管理、科学经营，公司的经济效益逐年增加，员工收入逐年提高，转产转型步伐不断加快，经济建设快速发展，非煤经济比重逐步提高，呈现出持续、健康的发展势头。2003年，非煤经济收入占经营总收入的55%。

面向未来，公司将坚持以发展为主题，以产业结构调整为主线，以可持续发展为目标，紧紧抓住振兴东北老工业基地这一历史机遇，大力发展非煤产业，加快转产转型的步伐，采用现代管理理念，全面提升公司的运营水平与核心竞争力，建设一个充满生机与活力的大型现代集团公司。

抚顺矿业集团公司办公楼

举世闻名的西露天矿

转产骨干项目之一页岩炼油厂

山西晋城

无烟煤矿业集团有限责任公司

山西晋城无烟煤矿业集团有限责任公司是全国520家重点企业之一，是山西省工业企业30强和13家重点骨干企业之一，是我国优质无烟煤重要的生产基地。企业信用度AAA级，已于1999年整体通过ISO9002质量体系认证，2001年获得环境管理体系和职业安全健康管理体系认证证书。截止2003年底，公司总资产129.3亿元。

集团公司主营煤炭开采、洗选加工、煤层气开发利用、煤化工、坑口电厂等。现有古书院矿、王台铺矿、凤凰山矿、成庄矿、寺河矿、长平矿六对生产矿井，年设计生产能力2220万吨，实际年产量达3000万吨；一对在建矿井赵庄矿，年设计生产能力600万吨。有15个控股子公司和12个生产辅助单位。

公司所产煤炭为中等变质程度无烟煤，主要产品有洗中块洗小块、洗末煤和优末煤等7个品种。产品除具有一般无烟煤低灰、低硫、高发热量的优点之外，尤其具有机械强度高，固定碳含量高、灰熔点高、热稳定性好、化学反应活性强等独特的优点，是优质的化工造气、冶金喷吹、烧结、发电和建材用煤，分别获得国家、省、部优质产品称号，畅销全国各地，部分产品远销国外。

晋城煤业集团正朝着新型工业化的方向，加速推进“建设煤、气、电、化综合发展的环保型绿色矿山”的中长期发展战略，将把企业建设成为跨地区、跨行业、跨所有制和跨国的组织集团化、经营多元化、产品洁净化、管理现代化的特大型能源集团。

法人代表：袁宗本
地　　址：山西省晋城市城区北石店镇
电　　话：0356-3664145　3664545
传　　真：0356-3664001
邮　　编：048006
http://www.jccoal.com.cn

①
②
③
④

①晋城煤业集团董事长：袁宗本
②现代化高产高效矿井一寺河矿
③煤炭精品一优质无烟煤
④晋城煤业集团外景

江苏天能集团公司

集团公司骨干矿井，江苏省文明单位龙固煤矿一角

集团公司总经理党委书记：李乃钊

江苏天能集团公司是国家大型企业，省级企业集团，原煤炭部命名的质量标准化公司，资产总值12亿元，列“2004年全国煤炭工业企业100强”第53位，2004年被授予“江苏省‘五一’劳动奖状”。

江苏天能集团年产优质煤炭250万吨，近期可达400万吨。在抓好煤炭主业的同时，大力实施煤电联营，现控股、参股热电厂3个。另有机械制造、建材化工、商贸餐饮、服装工艺等生产经营项目。

江苏天能集团坚持科学发展观。2003年工业总产值比上年增长38.7%，工业增加值增长了17%。进入2004年以来，各项工作长足进展，原煤产量、安全生产周期创历史纪录。

江苏天能集团公司正以现代化多元化大型企业集团为方向，引进战略投资伙伴，组建股份制现代企业集团，力争在全国煤炭系统百强排序中位置前移，再上新台阶。

江苏天能集团公司所属企业分布于徐州市区及近郊。徐州作为江苏省规划建设的四个特大城市和三大都市圈中心城市之一，区位优越，交通便捷，资源富集，是投资的热土。中国优秀企业家，中国煤炭工业优秀企业经营者，江苏省优秀企业经营管理者，江苏天能集团公司党委书记、总经理李乃钊竭诚欢迎各界朋友光临指导，洽谈业务，共谋发展，共铸辉煌。

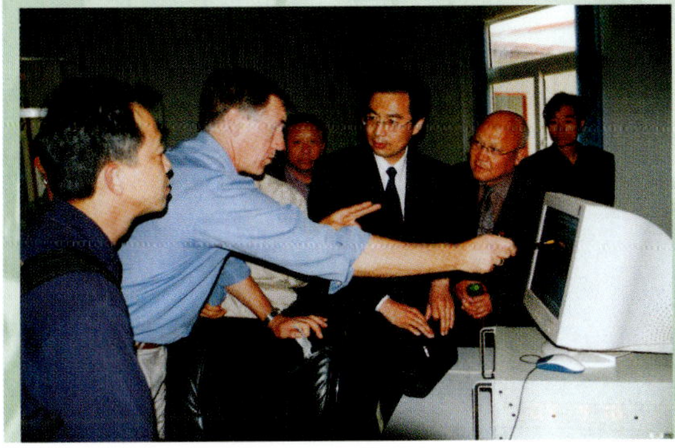

澳大利亚采矿专家到天能集团考察

潞安矿业(集团)有限责任公司

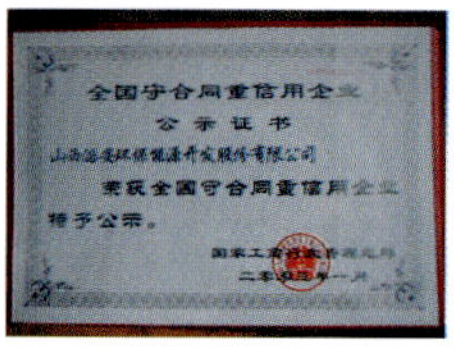
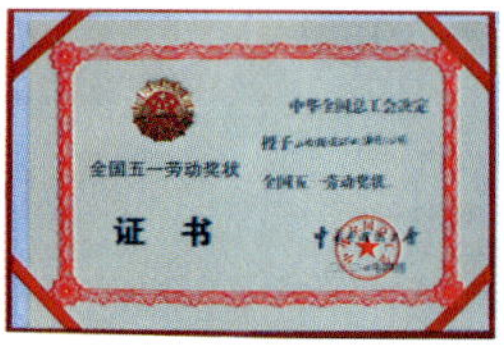

潞安矿业（集团）有限责任公司是2000年在原潞安矿务局的基础上改制成立的，属山西省授权经营的12户国有重点企业，全国500家最大工业企业之一。2001年，潞安矿业（集团）有限责任公司作为主发起人，以下辖王庄、漳村、五阳、常村4对生产矿井及其选煤厂、石圪节选煤厂等的经营性净资产作为出资，郑州铁路局、日照港务局、宝钢集团国际经济贸易总公司、天脊煤化工集团有限公司和潞安工程有限公司等5家发起人投入货币资本，共同发起设立了潞安环保能源开发股份有限公司。潞安环保能源开发股份有限公司煤炭产品在国内拥有17个省市的500多家常年用户，还向日本等国家出口；所产动力煤，为山西省名牌产品；所研发出的以贫煤加工的喷粉煤新产品，填补了市场空白，其技术标准，成为订立国家标准的基准。

潞安矿业（集团）有限责任公司现控股经营和生产经营煤炭规模为1500万吨/年，其中95%以上为控股经营。现除持有潞安环保能源开发股份有限公司91.51%的股权外，还有控股和参股的企业20家；有西白兔电厂、五阳热电厂、水泥厂、机修公司、工程公司、民爆器材公司等生产生产单位；是一个以煤－焦－化、煤－电－化为主线，焦化、发电、机制、化工、建材、建筑、汽修、林业、印刷等多种经营、综合发展的现代化经营联合体。现有员工2.8万余名，固定资产53.8亿元，年销售收入近30亿元。

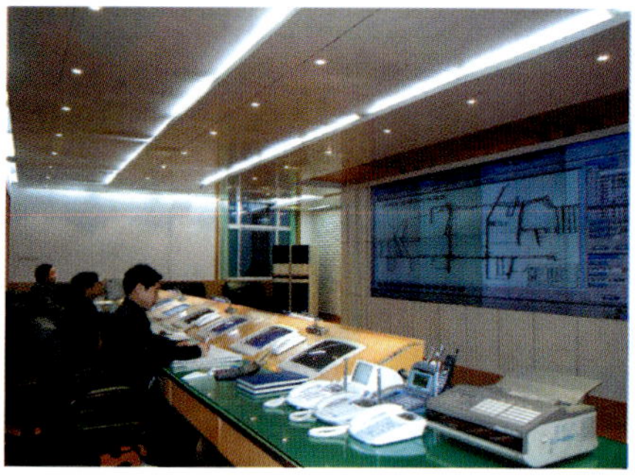

公司实现了光缆传导动态生产监控

潞安矿业（集团）有限责任公司及其前身潞安矿务局，经过40多年的发展，从小到大，从弱到强，不断壮大。特别是改革开放以来，坚持科技领先战略，开展矿区现代化建设，深化内部改革，优化经营管理，劳动效率、经济效益等主要指标，一直保持全国领先或先进水平。先后获得国家、部省级荣誉和奖励100多项，1986年建成第一个“中国煤炭工业现代化矿区”；1987年获全国“五一”劳动奖状，1990年第三次荣获国家企业管理优秀奖—“金马奖”，被誉为“一局三金马，中华第一家”，1991年晋升为国家一级企业，“六五”、“七五”期间两度荣获国家级企业科技进步奖，2002年其技术中心被认定为国家级技术中心，是AAA一级信用企业。

充分应用潞安自主开发、自主生产的低位放顶煤技术和设备，生产质效等各项指标均为全国一流水平

总部鸟瞰

山西潞安矿业(集团)公司王庄煤矿

矿长：郭金刚博士

党委书记：　孟士通

山西潞安矿业(集团)公司王庄煤矿建成投产于1966年12月，经过两次改扩建和多次环节技术改造，2003年实际生产能力达到605万吨，是国家首批特级高产高效现代化矿井。长期以来，一直被誉为“中国煤炭战线上的一盏明灯”和“矿井现代化建设的排头兵”，各项经济技术指标在全国保持领先水平。主导产品14级混煤和11级洗精块属低灰、低硫、低磷、高热值的优质动力煤，均为“全国质量稳定合格产品”、“山西省优质产品”，其中14级混煤被认定为首批“山西标志性名牌产品”。

近年来，王庄煤矿紧紧抓住煤炭市场恢复性好转的机遇，以“更高、更大、更强、更富、更美”为导向，制定并实施了建设“大而强、富而美、集约高效、安全文明新型工业化王庄煤矿”发展战略，大力推进管理创新、技术创新、机制创新，各项经济技术指标有了大幅度提升，连创建矿历史最好水平和全国同类矿井领先水平，主要表现在以下几个方面。

在集约高效生产方面，形成了“一高一补”生产格局，建成了一支综采单产能力达500万吨的高效综采队，一支综掘单进能力达13000米以上的高效综掘队，一支岩巷开拓能力达1500米以上的高效开拓队，全员工效达到了20吨/工以上，综采单产和综掘单进先后多次创造了全省最高纪录和全国同类矿井领先水平。

在安全管理方面，以推行“金字塔安全系统管理法”为主体，全力构建矿井安全长效机制，从1998～2003六年中有四年实现了百万吨死亡率为零的目标。截止9月30日，矿井安全生产周期达到1200余天。

在经营管理方面，从1998～2003六年累计销售煤炭2793万吨，完成销售收入达37亿元，实现利润达10亿元，特别是2003年，实现利润达1.98亿元，职工人均收入达2.5万元，创造了全省煤矿最高水平和全国同类矿井领先水平，形成了优势突出、运行高效、特色鲜明的经营管理体制和运行机制。

在后勤管理方面，按照“分账、分开、分离”三步走的战略部署，深入实施主辅分离、辅业改制，初步形成了后勤实体化、社会化、市场化运营的新格局；同时，以实践“三个代表”为宗旨，千方百计为职工群众办实事、办好事，加强了社区建设，实施了煤气改造工程，新建了职工公寓，休闲文化广场，设立了井口班中餐免费食堂，在长治市区开发了“世纪春天”住宅区，在“世纪家园”和“25亩地”实施了“安居工程”，新建了教学楼，完善了医疗、卫生、教育设施，吸纳并安置了1500多名大中专毕业生、复转军人和待业待岗人员。

在发展多种经营方面，坚持存量盘活与增量投入相结合、内部改制与低成本扩张相结合、生产经营与资本运营相结合，整合了沁源县致远煤矿、郊区西白兔煤矿、长治县化肥厂，新上马了年产30万吨的喷粉煤厂、设计能力为52万吨的焦化厂，调研储备了60万吨焦化项目、50万吨炼铁项目、老顶山、老爷山生态旅游开发、党参中药材开发等一批新项目。2003年，多种经营销售收入达到2.4亿元，多经职工人均收入达1万元，多种经营形成了规模化。

从2001年至今，矿个人和集体双获“全国五一劳动奖”，并先后荣获“全国功勋矿井”、“全国安康杯竞赛优胜企业”、“全国模范职工之家”、“煤炭工业科技创新型矿井”、“全国双十佳煤矿”、“全国质量服务消费者满意企业”、“山西省文明单位”、“山西省模范单位”、“山西省思想政治工作先进单位”等30余项省部级以上荣誉称号，两次被山西省劳动竞赛委员会荣记集体一等功，被誉为“中国煤矿全面发展的典范”和“三晋大地第一矿”。

满怀豪情，阔步迈向新征程的王庄煤矿人

控股经营的世纪化工有限公司

在长治市区开发的职工住宅区一世纪春天别墅群

国内一流的矿井调度指挥系统和监测监控系统

山西潞安石圪节煤业有限责任公司

山西潞安石圪节煤业有限责任公司(原石圪节煤矿)位于山西省东南部太行山上党盆地北缘，是一座已有70多年开采历史，具有光荣革命传统的老矿。早在1963年，就被敬爱的周总理树为全国工交战线勤俭办企业五面红旗之一；进入20世纪90年代，石圪节再度被树为全煤学习的榜样，江泽民、李鹏等11位党的国家领导人为石圪节题词赠言，号召全国向石圪节学习。

团结奋进的领导班子

几十年来，石圪节人发扬艰苦奋斗精神，建成了全国首批现代化样板矿，被评为煤炭工业一级企业、现代化矿井、全国五一劳动奖状、特级质量标准化矿井、山西省，先进企业、获得全国管理最高奖—金马奖等100多项省部级以上荣誉。1999年被中央精神文明建设指导委员会授予“全国精神文明建设先进单位”荣誉称号，2000年被评为全国煤炭工业系统“文明煤矿”，2003年又荣获山西省精神文明建设“文明单位标兵”称号。

矿山风貌

进入21世纪以来，面对井下煤炭资源枯竭的现实，光荣的石圪人在总经理孙玉福、党委书记王老迷的带领下，全面进行第三次创业。其中心任务是“建设新型绿色石圪节”。战略目标是“3 + 1”，即用三年时间建成洁净能源生产基地、苗木花卉生态农业基地、高新技术健康产业基地和建塑特色企业文化。目前，三大基地建设均已取得足进展，企业文化建设也已全面铺开。尤其是下属瑞福莱生物酿造公司生产的“瑞福莱”陈醋整合了“石圪节”和“山西老陈醋”两大无形资产，被确定为著名相声艺术大师侯宝林诞辰85周年暨相声艺术国际研讨会的指定纪念品；“高新绿”标志性企业斯瑞海纳米科技有限公司生产的健康环保的纳米乳胶漆不仅属于环保产品，而且许多指标国内领先。现在石圪节已有永昌公司、电线电缆厂、锅炉安装维修中心、飞虹煤机公司、绿苑公司、瑞福莱公司、斯瑞海公司、火凤凰胞衣公司等8个企业，年销售收入上亿元。

公司办公楼

夜景

潞安矿业(集团)公司漳村煤矿

矿长：王志清

漳村煤矿是潞安矿业（集团）公司下属的一座国有特大型矿井，先后被原煤炭部首批命名为现代化矿井、部特级质量标准化矿井、部特级高产高效矿井，国家环境保护委员会命名为“全国环境保护先进企业”。2003年被中煤技术协会命名为“科技创新型矿井”，被中国煤炭企业协会命名为“2002年度全国文明煤矿”，被中煤协会命名为“全国双十佳煤矿”。2004年，被评为山西省省级爱国卫生标兵单位。

漳村矿于1958年建井，先后经过两次改扩建，设计生产能力为150万吨/年，实际年生产能力达到300多万吨。矿附设一座年入洗能力为240万吨的现代化选煤厂和一座设计能力为22万吨/年的煤气化厂。矿井主煤种为贫瘦煤，低硫，低灰，高热，是工业企业理想的动力用煤。主导产品有精煤、优质动力煤、高炉喷吹煤等。其中，14级混煤和28号洗动煤分别被山西省评为省优产品；高炉喷粉煤由于流动性好，转换比高，硫分低，深受大型钢铁企业用户青睐，同时还远销国外。

世纪文化广场

近年来，漳村矿以实现全面、协调、可持续发展 为目标，以“增强矿井发展后劲”和“提高职工生活质量”为根本标准，积极应对市场挑战，先后通过了ISO9001质量体系、环境与职业安全健康管理体系认证。同时，根据矿井井型和资源的限制，确立了“实施内涵式发展，建设更高更新更美更具特色现代化矿井”的战略目标。在这一战略思想的指导下，2003年各项生产经营指标均实现了历史性的大跨越。2003年一队一面共生产原煤318.1万吨，同比增产60.5万吨，提高23.5%；全员工效实际完成13.518吨/工，同比提高19.9%；平均单产实际完成25.995吨/个/月，同比提高21.9%；平均单进实际完成511.84米/个/月，同比提高5.9%；实现利润10856万元，同比增加6160万元，提高131%。多种经济增长也步入规模效益型道路。2003年完成销售收入2.01亿元，同比增加1.03亿元，增长106%；实现利润657万元，同比增长290%，创建矿以来历史最高水平。

山西省文明示范社区

回顾过去，硕果累累；展望未来，信心百倍。面对新的征程，求实奋进、勇争一流的漳村人，审时度势，紧抓机遇，从战略发展的高度，不失时机地提出了更加宏伟的目标，即“坚持与时俱进，实施战略管理，努力建设更高、更新、更美、更具特色的现代化矿井”。围绕这一战略目标，漳村矿制定了以“煤炭主业做强做精，多经产业做大做精，后勤物业做活做精”的发展战略。今天的漳村人正以崭新的姿态，高昂的斗志，扎实的工作，朝着更高、更新、更美、更具特色的目标拼搏奋进。

变电所

大同煤矿集团公司

山西省委、省政府领导为新组建的大同煤矿集团公司揭牌

具有世界领先水平的综合机械化大采高工作面

具有世界领先水平的年入洗煤炭315万吨的晋华宫洗煤厂

大同煤矿集团公司的前身大同矿务局成立于1949年8月30日。2000年7月改制为大同煤矿集团有限责任公司。2003年12月21日，山西省委、省政府按照现代企业制度的要求，将山西省北部的煤炭生产和运销企业重组为新的大同煤矿集团公司。

新组建的大同煤矿集团公司跨越大同、朔州、忻州三市，总部设在历史文化名城大同市西南15公里处。煤田总面积6157平方公里总储量892亿吨，总资产225亿元。公司现有生产矿井39对，年产销能力8000万吨以上，员工和家属70多万人。

新组建的大同煤矿集团公司，以人为本，科学发展，做强煤电主业，做优非煤产业。整合煤炭资源，开工建设和正在筹建开工了塔山、同忻、朔南、东周窑4个年产千万吨级和右玉铁峰阳方口北辛窑、焦煤二号、王坪小峪矿区4个500万吨以上的特大型煤矿；开发电力资源，开工建设和正在筹建开工了包括塔山、轩岗、王坪等4个电厂；招商引资，开工建设和正在筹建开工了总投资200亿元，包括煤炭深加工、活性炭、高岭土等一大批有资源优势的项目。到2010年，煤炭产销量达到1.5亿吨，投产和在建电厂装机容量300万千瓦，建成120万吨氧化铝、60万吨甲醇等23个大型煤化工项目，销售总收入达到400亿元，形成以煤炭、电力为主导，煤化工、机械制造、建筑、建材为支撑，物业、旅游等服务业全面发展的产业格局，建成商品煤基地、出口煤基地、煤炭深加工基地和市场投资主体，成为具有国际竞争能力的特大型煤电能源集团，实现“绿色同煤、科技同煤、诚信同煤、小康同煤”，进入世界煤炭企业、“十强”行列，为国家的经济建设做出更大贡献。

河北省磁县申家庄煤矿

矿长：王俊杰

申家庄煤矿位于河北省邯郸市磁县黄沙镇境内，属地方国有中型企业，1972年建井，1980年投产，是自力更生，以矿养矿建立起来的一个年设计生产能力9万吨的矿井。20世纪八十年代中期，经过技术改造，矿井年设计生产能力达到21万吨，经过企业不断自我改造，20世纪90年代后期矿井年生产能力达到60万吨以上。近几年，企业坚持“以煤为主，多业并举”的发展战略，先后建有年入洗能力60万吨的洗煤厂，1.2万千瓦的坑口矸石电厂，企业总资产1.85亿元，现有职工2116人。

申家庄煤矿主要生产原煤、洗精煤、发电，其主导产品原煤，精煤牌号为焦肥煤，煤质为低硫、低灰、高热值，广泛适用于民用与工业，是优质燃料用品，产品畅销冀、鲁、豫等地。

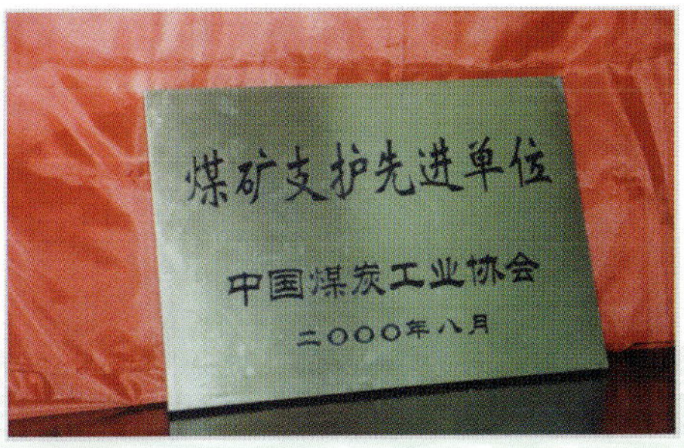

1987年以来，在改革开放政策的指引下，申家庄煤矿领导班子解放思想，开拓进取，坚持“科技兴矿”的发展战略方针，坚持自力更生，勤俭节约的创业精神，打开山门，积极引进推广先进的技术工艺，从采掘生产上，一手抓支护改革，一手抓采煤方法创新，短短几年，使采掘生产实现了机械化，生产管理实现了现代化。科学技术的注入，先进设备的引进推广，使企业插上了腾飞的翅膀，劳动效率和经济效益逐年提高，累计17年产煤622.9万吨，洗煤厂投产13年来生产精煤177.25万吨，矸石电厂6年发电2.69亿万度，累计实现利税2.8亿元，向国家上缴利税2.12亿元。

申家庄煤矿先后被省政府授予“省级先进企业”，原煤炭部授予“质量标准化矿井”、邯郸市政府授予“经济效益先进企业”等60多项荣誉称号。

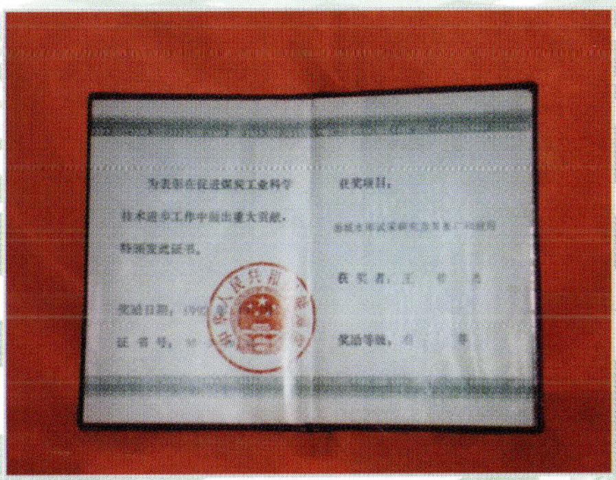

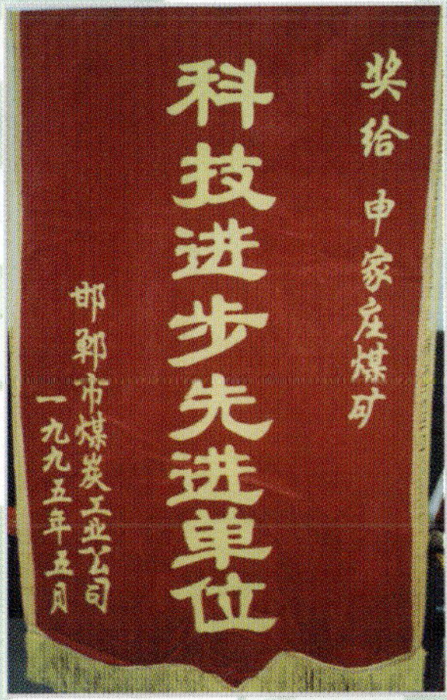

矿业集团机关大门

淮南矿业集团

淮南矿业（集团）有限责任公司位于安徽省中北部，纵穿一市（淮南市）两县（凤台县、颍上县），是国家520户重点企业集团和安徽省17家重点企业之一。

淮南煤矿素有“华东煤都”、“动力之乡”之美誉，矿区东西长约100千米，南北倾斜宽约30千米，面积约3000平方公里，是中国东部和南部地区资源最好、储量最大的一块整装煤田。总储量占华东地区煤炭储量的50%，安徽省的74%。−1000米以上已探明保有储量200亿吨（其中规划期内开发利用储量138亿吨），−1200米以上约300亿吨，−1500米以上约500亿吨。煤种齐全，以气煤、1／3焦煤为主，深部出现肥煤、焦煤和瘦煤等，并有丰富的煤层气、高岭土等伴生资源；煤质优良，具有特低硫、特低磷、高发热量、高灰熔点、粘结性强、结焦性好等优点，被用户誉为“绿色能源”、“环保煤”。

吴邦国委员长视察矿区（左一）

淮南煤矿地处华东经济发达区腹地，地理位置优越，交通运输便捷，淮河横贯矿区，水资源充沛。

淮南煤矿具有百年开采历史，曾是全国闻名的五大煤矿之一，矿区的开发建设历来受到党和国家的高度重视。邓小平、董必武等老一辈革命家曾到矿区视察。1991年江泽民同志视察淮南时亲笔题词：“发展煤电化、建设能源城”，李鹏同志视察谢一矿时亲笔题词：“老矿变新貌，前进再前进”。2003年吴邦国委员长到矿区考察煤电基地建设。

现代化的综采工作面

进入新世纪，淮南矿区仍被列为国家重点能源建设基地，是全国13个亿吨级煤炭生产基地和7个煤电基地之一。矿区现有生产规模3000万吨／年，在建规模2000万吨／年，已准备矿井生产规模2000万吨／年，储备矿井生产能力3000万吨／年。

在全面建设小康社会的进程中，淮南矿业集团正积极实践“一切为了发展、一切为了职工”的企业宗旨，大力推进“建大矿、办大电、做资本”发展战略的实施，采用国际先进、国内一流的技术建设特大型矿井，到2007年形成8000万吨的规模，2008年达产。在做强煤炭主业的同时，积极推进煤电一体化建设，力争“十一五”开工600万千瓦机组。

矿区新貌

淮南矿业集团

淮北矿业（集团）公司

淮北矿业(集团)公司坐落在安徽省淮北市，是以煤炭生产经营为主，集电力、化工、建筑建材、医药、机械制造、农林养殖、商贸旅游为一体，多种经营、综合发展的大型企业集团。其前身是淮北矿务局，始建于1958年，1998年3月改制成国有独资公司，现拥有资产110亿元，在职职工9.2万人，各类专业技术人才1.5万人，生产矿井13对，在建矿井2对，年生产能力2000万吨以上。有精煤洗选厂5座，入洗能力960万吨/年，年产冶炼精煤400多万吨，另有4座动力选煤厂，入选能力480万吨/年，并拥有自营铁路287.41千米。公司曾多次被评为中国最佳形象“AAA”级企业，全国职工思想工作优秀企业，全国双文明建设先进单位，全国普法先进单位，煤炭工业先进单位，全国“五一”劳动奖状和煤炭行业管理金石奖等多项荣誉称号，并整体通过ISO9002质量认证。

淮北矿区煤炭资源丰富，煤种齐全，煤炭保有储量67亿吨并伴有3000多亿立方米的煤层气和近5亿吨的优质高岭土。有气煤、肥煤、焦煤、1/3焦煤、贫煤、瘦煤、无烟煤、天然焦等八大主要煤种。其中，焦煤、肥煤和瘦煤为国家稀少短缺煤种，占矿区总储量的85.7%。矿区煤炭产品优良，属特低硫、特低磷、中低灰分、高发热量，主要有临涣精煤、芦岭精煤、淮北瘦精煤、淮北优混煤和朱仙庄优动煤等产品。非煤产品有“相山牌”水泥、“淮海”牌水胶炸药、“金蟾”牌华蟾素、“丰收”牌植物生产剂(福乐定)等国优、省优产品。

矿工艺术节

多年来，集团公司坚持弘扬“艰苦创新业、开拓争一流”的企业精神，充分利用煤种齐全、低硫、低磷、高发热量(一全、二低、一高)的资源优势，发挥洗选加工能力和冶炼精煤生产基地优势，着力培育煤炭主业的核心竞争能力。依托矿区资源和现有项目、产品优势，大力发展非煤产业，实现了公司经营多元化。2003年，集团公司实现销售收入61.7亿元，利润4409万元，利税5.4亿元。

职工生活小区

面对不断发展的新形势，集团公司结合矿区实际制确定了“做精做强做大煤炭主业，调整巩固发展非煤产业”的发展战略，这就是按照“大投入、大开发、大跨越”的思路投资180亿元，成批勘探、成批准备、成批建设，在今后7年内建成8对矿井，使煤炭主业达到3000万吨以上的规模。

集团公司新区

■单位地址：安徽淮北市孟山路1号
■电话：(0561)4951956
■传真：(0561)4951959
■http://www.hbcoal.com
■邮政编码：235006

2003年12月，在北京召开的全国煤炭工业改革与发展会议上，淄矿集团再次当选全国煤炭工业优秀企业，集团公司董事长马厚亮荣获中国煤炭工业优秀企业家称号

淄博矿业集团有限责任公司

★地址：山东省淄博市淄川区般阳东路215号
★邮编：255120
★电话：0533-5851323　　5851175

淄博矿业集团有限责任公司是由原淄博矿务局改制而成的国有独资公司，有着近百年的开采历史，总部座落在世界短篇小说之王蒲松龄的故乡—山东省淄博市淄川区。主要经营单位分布在山东、陕西两省的淄博、济南、济宁、咸阳四市。集团公司拥有9个控股子公司、1个全资企业、6个分公司、10个参股公司、6个文教卫生单位和2个矿井筹建处，现有职工30014人。自1953年2月建局以来，共生产原煤2.8亿吨，为国家和山东的经济发展做出了重要贡献。

2003年，全公司生产原煤1259万吨，实现销售收入41亿元，资产总额达到71亿元，实现税费4.92亿元。2001年企业被列入全省136家重点企业集团，2001年、2002年连续两年跻身全国企业500强，2002年荣获全国五一劳动奖状、全国煤炭工业优秀企业等荣誉称号，2003年荣获全国煤炭工业优秀企业和山东省首批“AAA”级信誉企业称号。

淄矿集团以高科技含量、高附加值、高效益项目带动非煤产业发展，2000年以来，先后完成了中国最大的石英晶体生产基地、中国江北最大的软磁铁氧体等项目建设，产品远销日本、德国等国家。图为该集团公司石英晶体谐振器生产车间一角

现代化的综采工作面

淄矿集团高起点建设现代化煤矿，1996年以来，分别用28个月，24个月、23个月在济宁（北）建成了三对高产高效现代化矿井，建井速度创造了中国煤矿建设史上的奇迹，煤炭产量达到830多万吨。图为正在建设之中的设计生产能力为300万吨的特大型现代化矿井—唐口煤矿

淄矿集团于2002年用新的发展思路开拓新的能源基地，在山东煤炭系统率先走出省门异地建矿。图为正在建设中的亭南矿井

靖远煤业有限责任公司

董事长、党委书记：罗福乾

总经理：缪寅生

跨越式发展的新型矿井

高产高效现代化矿井－综放工作面

靖远煤业有限责任公司是甘肃省人民政府批准，按照《公司法》要求在原靖远矿务局基础上整体改制而成的国家大型企业，是甘肃省目前主要的动力煤基地和出口煤基地。

矿区位于甘肃白银市境内，西距兰州160公里，北距银川300余公里，各矿铁路专线与国铁包兰线接轨，109国道、省道唐红公路交叉经过，运输条件便利，井田总面积65.18平方公里，累计探明煤炭地质储量10.6亿吨，成煤期为侏罗纪，煤种为不粘结、弱粘结煤及气煤，低硫、低磷、低灰、高发热量，是广泛用于电力、冶金、化工、建材等行业和生活民用的优质环保煤。

公司矿井整体生产能力750万吨以上，采煤机械化程度92.45%，全员工效4.450吨／工日。商品煤品种齐全，有大块、混中块、小块、渣煤、沫煤6个品种，畅销甘肃、青海、江苏、广西、湖北、湖南、浙江等省区，主导产品“晶虹煤”1号、2号、3号产品以含硫指标低于国家对城市用煤含硫控制标准的优良品质，成为广大用户降低成本、保护环境的首选用煤，1989年获出口煤质量免检殊荣，长期出口日本、马来西亚等国家、地区，2001年“晶虹”品牌荣获甘肃著名商标。

当前，拥有总资产近30亿元，具备煤炭生产、煤炭洗选、基建施工、多种经营、地质勘探、机械制修、科研设计、工程监理、瓦斯发电、供水供电、救护消防、文教卫生、生活服务等综合配套能力，其中基建施工企业实现了向电力、冶金、公路、市政基础设施、工业民用建筑等领域的拓展，进入全国“500家最大建筑企业”行列。企业跻身全国煤炭工业百强，并连续多年保持省部级“双文明单位”和“重合同守信用企业”称号，被评为全国“煤炭工业优秀企业”、“造林绿化先进单位”和甘肃省“优秀企业”、“省级文明单位”、“安全生产先进单位”及“思想政治工作先进单位”。

“十五”期间，靖远煤业有限责任公司将继续按照“主业做大做强，非煤调优调特”的发展思路，坚持煤、电、化、冶一体化经营、互动发展的创业之路，大力实施机制创新、管理创新和技术创新，努力把公司发展成为以煤为主、多业并举、多元投资、优势互补、协调发展的跨行业、跨地区的现代化新型能源企业集团。

地址：甘肃省白银市平川区
邮编：730913
电话：(0943)6657323
6633808
传真：(0943)6633110

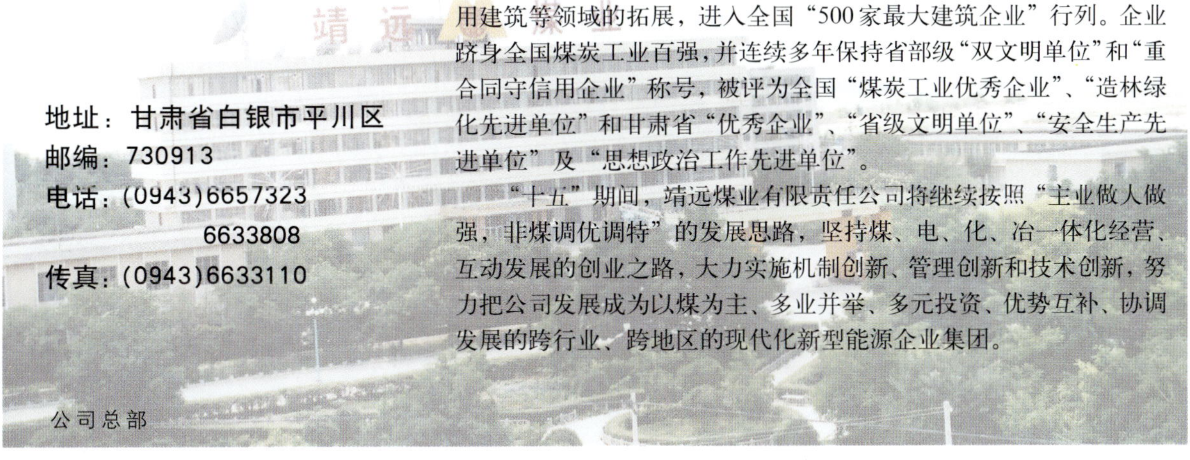

公司总部

甘肃华亭煤电股份有限公司

企业精神：团结奉献　开拓创新　科技兴企　勇攀高峰

董事长、总经理：王正元

公司成立庆典

甘肃华亭煤电股份有限公司是根据省委、省政府决策，以华亭煤业集团有限责任公司和华亭县华亭煤矿作为两个主发起人，联合中国煤炭科学研究总院、陕西铁路商贸运输实业有限公司、海宁市宝丰物资有限公司、上海扬子江燃料有限责任公司、杭州飞龙物资有限责任公司、陕西宝源热电有限责任公司、甘肃平凉源通电力燃料有限责任公司和陕西渭河煤化工集团有限责任公司等10家单位共同发起、组建成立的甘肃省煤炭行业第一家股份制企业。公司总资产约23亿元，年生产能力1000万吨，采掘机械化成度达到100%。

自2002年公司成立以来，按照《公司法》、《证券法》和现代企业制度的要求，坚持以发展为主题，以资本为纽带，以上市为目标，以项目开发为重点，走以煤为主、多业并举的规模扩张之路，大力调整和提升产业和产品结构，多元化、多层次、多方位发展。今年以来，公司重点实施了华砚煤矿1000万吨改扩建项目，计划总投资5.878亿元，目前已完成投资6288万元。2003年9月，公司与中国水利水电建设集团公司、甘肃明珠电力集团公司、甘肃火电工程公司、华亭县国有资产投资管理公司五家单位共同出资组建华亭发电有限责任公司、新建2×135+2×300MW的燃煤电厂。1～11月底，公司生产原860万元，销售商品煤808万吨，完成销售收入6.6亿元，实现利润5800万元，上缴利税务1亿元，实现了安全生产无重大伤亡事故，促进了县域经济的快速发展。有12项经济技术指标名列国内同行业前列，先后荣获全国煤矿优秀企业、全国环境保护先进企业、全国先进基层党组织、全国“五一”劳动奖状等荣誉称号210项。中国证监会兰州特派员办事处以证监办函字（2003）48号，批准甘肃华亭煤电股份有限公司于2003年12月1日正式进入上市辅导期。

甘肃华亭煤电股份有限公司董事长、总经理王正元携全体员工竭诚欢迎海内外同仁及各界朋友前来参观指导，同时将以优良的煤质和诚信的经营为广大客户提供优质的服务。

地　　址：甘肃省华亭县东大街1号
联系电话：0933–7723740　7731973
邮　　编：744100

双鸭山矿业集团大楼

双鸭山矿业集团

集团公司董事长：张成祥

集团公司总经理：李敬财

三次荣获中国煤炭工业优秀企业“金石奖”杯

双鸭山矿业集团有限公司前身为1947年始建的双鸭山矿务局。2001年1月，经黑龙江省人民政府批准，改制注册为国有独资公司，是全国煤炭工业大型企业，公司拥有资产总额68.7亿元，企业员工6.1万人。

双鸭山矿区物华天宝，发展经济有着得天独厚的优势。矿区煤炭资源十分丰富，未来发展极具潜力，开发前景十分广阔。煤田面积13300平方公里，远景储量100多亿吨，产品属低硫、低磷、中低灰分和高发热量。与煤伴生的金属和非金属矿产资源也十分丰富，有煤矸石、粉煤灰、石灰石、石英石、铁矿石、红宝石、矿泉水及瓦斯抽放利用等，这些矿产资源埋藏浅、品位高、极具开发价值。

双鸭山矿区南依完达山，西临国家开放的一级口岸佳木斯市，北临中俄水上大通道松花江，东临边境开放热线乌苏里江和饶河口岸，航空、铁路、公路、水路等交通网络四通八达，程控通讯与全国联网，可从大范围、全方位参与社会市场竞争。

经过半个多世纪的建设和发展，集团公司现有7个生产矿和一个大型选煤厂，并有一座矸石热电厂、三个建筑安装、路桥公司等16个权属公司。矿井年设计生产能力858万吨，实际生产能力已超过1000万吨，煤炭选洗能力400万吨，已经形成了以煤为主体，基本建设、精煤洗选、铁路运输、机械制造、建材生产、供电发电、地质勘探、矿林营造产业新格局。

多年来先后取得重大科研、先进技术推广成果45项，其中获得省级以上科技成果13项，获国家专利28项，技术进步贡献率达30%。被2003年中国煤炭工业协会评为全国煤炭工业百强企业22位，中国企业联合会全国500强企第446位。

自2001年以来，双矿集团新一届领导班子带领全体员工艰苦奋斗，克难制胜，企业年年有变化，煤炭产量年平均递增100多万吨，实现扭亏为盈和安全生产，员工收入稳定提高。2003年生产原煤1040万吨，安全生产连续45个月无3人以上伤亡事故，被省政府誉为国有煤炭企业安全工作的一块“绿洲”。职工收入在2002年人均年收入提高800元的情况下，2003年又平均提高1200元，利润实现补贴后盈利2000万元。

今后五年，双矿集团公司将在十六大精神和省委“努力快发展，全面奔小康”目标的指引下，抓住国家对东北老业基地改造政策的支持，加快改造步伐，努力建设“三大基地”(动力煤生产基地；洁净能源产业基地；热电建材产业基地)，优先发展“三大产业群”(原精—精煤—水煤浆产业群；发电—供热—建材产业群；油煤(油母页岩)—煤化油一煤化工产业群)，在走新型工业化道路的进程中创造新的业绩。

乌达矿业公司五虎山煤矿

党委书记：孙佐民（左）矿长：刘家新（右）

矿领导班子成员

五虎山煤矿位于内蒙古自治区乌海市乌达矿区的西南部，于1965年动土兴建，1970年简易投产，设计生产能力150万吨／年，1983年达产，1990年产量突破200万吨／年，机械化程度达96.20%。先后荣获原煤炭工业部“部特级质量标准化矿井”、“国家行业二级企业”、“自治区级文明单位”等30多项部级以上荣誉称号。

现开采煤层为四、六、七、九、十二、十三等煤层，煤种为三分之一焦煤。主要产品有：混煤(粒度0～50毫米、发热量5000～5300ucal／千克、硫分≤1%)，洗混中块煤(粒度≥13毫米、发热量5700～5900ucal／千克、硫分≤1%)。

为了适应煤炭市场需求，增强市场竞争力，2003年开始进行矿井开拓延伸，预计2005年6月投产，届时年产可达180～240万吨，产品质量也将大大提高，热值可达6000ucal／千克以上。

综采工作面

矿办公大楼

山西省阳泉荫营煤矿

党委书记、矿长：张怀柱

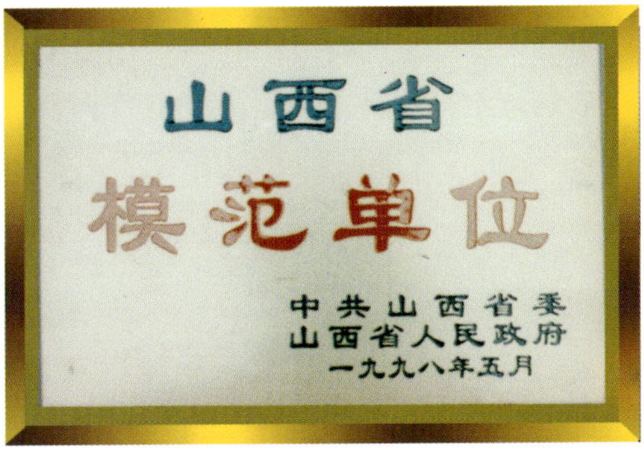

主要荣誉

山西省阳泉荫营煤矿始建于1952年6月，50年来，荫营煤矿从无到有，从小到大，从一个年产原煤不达10万吨的小煤矿，发展成了“中国行业100强”、“部级质量标准化矿井”、“山西省文明单位”、“山西省模范单位”。是全国监狱系统井工生产中最大的一座煤矿。

建矿50年来，荫营煤矿始终坚持科学管理兴业的发展战略，矿山建设、煤炭经济和干部职工的文化生活取得了有目共睹的巨大成就。特别是1985年，经国家计委批准，投资6亿元，对生产矿井和地面配套系统进行了大规模的改扩建，该工程被列为国家“七五”“八五”期间重点工程之一。经过十年励精图治，主干工程于1996年10月竣工投产，后续工程也先后于20世纪末投入使用，全矿煤炭生产的技术品位、科技含量、矿井质量档次得到根本性提高，采掘工作实现了以综采、综掘为代表的机械化，运输方式实现了以皮带网、机车线为代表的现代化，支护方式实现了以液压支柱、综采支架为主体的金属化，机电、通风、地测、调度、矿山救护等煤矿生产要素，实现了现代化装备、现代化管理为主要特点的标准化，年生产设计能力和销售、洗选能力达到了240万吨，煤炭生产走上了集约化的轨道。同时煤矿的生活条件和工作环境得到进一步改善，全矿绿地面积达到53000多平方米，人均占有绿地近13立方米，实现了交通路面硬化，文化场所美化，空闲场地绿化，活动区域净化，为职工创建了一个干净、整洁、文明、卫生的生活工作、生活场所。

在50年的光辉历程中，荫营煤矿生产了近8000万吨优质煤炭，上缴了十亿多元的利税，形成了8亿多元的固定资产和数千万元的流动资产，为国家经济建设做出了应有的贡献。更为重要的是，经过50年的奋力拼搏，锻炼造就了一支热爱矿山，热爱岗位，热爱煤炭事业的干部职工队伍，形成了团结实干、开拓奉献的企业精神；艰苦奋斗、励精图治的创业精神；与时俱进、勇于探索的拼搏精神，爱岗敬业、任劳任怨的奉献精神和自强不息、奋发图强的进取精神，从而成为荫营煤矿最可宝贵的精神财富和继续前进的伟大动力。

皖北煤电集团百善煤矿

党委书记：王宝贤

矿长：严洪泉

皖北煤电集团百善煤矿，是安徽省国有大型矿井，全国地方煤矿首家综合机械化矿井，国家二级企业。

矿井于1977年投产，经过27年的发展，矿井由设计年产45万吨成为最高年170万吨的现代化企业。煤炭品种为低灰、低硫、低磷、高发热量的优质无烟煤和洗选精煤，产品畅销江、浙、沪，远销日、韩等国家。

建矿27年，累计生产原煤2700多万吨，实现利润8亿多元。2003年，产销原煤收入154万吨，实现利润2亿元，创建矿以来最好成绩，并实现安全生产两周年和2003安全年。在煤炭系统率先执行绩效工资，用新机制拓宽管理渠道，为集团公司和安徽省深化体制改革进行了积极探索。

企业先后被国家、省、市公司授予各种荣誉称号200多项。其中，先后8次荣获安徽最佳经济效益夺魁单位，连续9年保持部颁质量标准化矿井，为首届、2届和4届中国煤炭工业优秀企业，全国煤炭行业环境保护"十佳"企业，矿长严洪泉被评为"双十佳矿长"，1997年以来连续三届被省委、省政府命名为"省级文明单位"，并荣获省"三五"普法先进集体和省思想政治工作优秀企业，矿党委连续多年被淮北市委、集团公司党委授予"先进基层党组织"和"学习型模范班子"等称号。

高产高效生产线

丰富多彩的群众文化生活

景色如画的矿区

四川省芙蓉煤矿

四川省芙蓉煤矿矿长：牟永科
（四川省川南监狱党委书记、监狱长）

整洁明亮的办公楼

四川省芙蓉煤矿，位于四川省宜宾市珙县巡场镇西南约3.7公里。国家中二型企业。是四川省国有重点煤矿；是川南地区煤炭能源重要生产基地之一；是司法部直属煤矿管理局在川惟一的直属监狱煤矿。

该矿始建于1965年，1970年正式投产。拥有各类工程专业技术人员400多人，1984年经煤炭部核定生产能力为年产70万吨。2002年、2003年约生产原煤68万吨。

截止2003年，该矿拥有资产总额为3.827亿元，其中固定资产为2.42亿元。企业于1992年被国家统计局评为全国煤炭行业利润总额和资金利税率“双百强企业”。2002、2003年连续被宜宾市税务局评为特级信用纳税企业；2003年银行评估为A级企业；矿井安全评价为B级企业。

部分获奖奖牌

四川芙蓉煤矿全貌

四川省荣山煤矿

法人代表、党委书记、矿长：魏成建

四川省荣山煤矿始建于1954年9月，座落在四川省广元市中区荣山镇，紧邻108、212国道和成普铁路，现有固定资产1.15亿元。职工3000余人，年工业总产值7000多万元，是一个以煤为主、多业并举的国有中型一档企业。现有一对煤炭矿井，年生产能力30万吨，另有一对年产30万吨的矿井正在建设之中；有年产7万吨的机立窑水泥厂、年产3000万疋的矸砖厂、年产7000吨的冰鸟天然矿泉水厂、2×3000千瓦煤矸石发电厂以及机械加工制造厂、汽车修理厂、建筑安装工程公司等。1997年以来多次荣获四川省“明星企业”、广元市“明星企业”、“先进企业”等称号。

地址：四川省广元市中区荣山镇
电话：0839-3956063
传真：0839-3950139
邮编：628019

甘肃建新实业集团有限公司

公司地址：甘肃省兰州市雁滩工业城南二区六号　　　邮编：730010
联系电话：0931-4612006／7／8／9(总机)　　　传真：0931-4611238

董事长：刘建民

甘肃建新实业集团有限公司是一家民营大型企业，成立于1992年8月，主要从事铅、锌、铜、铁等金属矿产的开采、浮选、冶炼，金属产品及矿产的进出口贸易，煤炭产品的生产销售，硫酸等化工产品的生产销售，高科技农林业开发以及房地产开发等。经过十余年的艰苦创业，公司已经成长为一家集投资管理、生产制造、国际国内贸易为一体的大型综合性企业集团。目前公司从业人员3000余人，拥有资产总额11亿元，下辖独资及控股企业22家，年上缴税金6500余万元，年出口创汇2000余万美元。公司连续两年入选“中国民营企业500强”、连续五年被中国农业银行评为“甲AAA级信用企业”，2003年被中华全国工商业联合会、国家税务总局联合授予“诚信纳税企业”称号，2003年被甘肃省人民政府评为“解决就业先进企业”、“出口创汇先进企业”等称号。公司下辖的内蒙古东升庙矿业有限责任公司、甘肃宝徽实业集团有限公司已成为有色行业知名企业。董事长刘建民先生热诚欢迎新老客户前来洽谈业务。

宝徽集团锌品公司硫酸车间外景一角

宝徽集团锌品公司电解车间

贵州水城矿业(集团)有限责任公司

水城矿区综采工作面

贵州水城矿业(集团)有限责任公司位于“江南煤都”六盘水市，为省属大型国有企业，以煤炭生产经营为主业，兼有机械制造、建筑安装、发电、建材、医疗、教育、商贸、旅游、餐饮等产业。公司现有总资产38.8亿元，在职职工2.3万余人，各类专业技术人员5000人，其中有中、高级职称的1450人。

水城矿区煤炭储量丰富，是江南重要的煤炭生产基地。矿区煤种齐全，有焦煤、1/3焦煤、气煤、肥煤、无烟煤，大部分为低灰、低硫、高发热量的优质煤种，是冶金、动力、化工、建材等行业的理想用煤，具有良好的开采条件和开发远景。矿区地理位置优越，交通便利，贵昆铁路、株六复线、内昆铁路、水柏铁路呈“十”字穿越矿区，西南最大的编组站——六盘水编组站位于矿区中部。

集团公司现有生产矿井七对，核定生产能力618万吨/年，新建矿井一对，设计能力300万吨/年。选煤厂四座，设计入选能力580万吨/年。主要生产系统采用当代先进的综采、综采放顶煤、综掘等设备和无压旋流重介洗选工艺。主要产品有冶炼精煤、洗精块煤、混煤和特种加工煤等，产品除满足本省外，主要销往广东、广西、湖南、湖北、重庆等省(市)区，在社会及用户中享有良好信誉。

目前，水矿集团正举全公司之力实施“二次创业”发展战略，到2010年使煤炭生产总规模达到2000万吨，建成贵州一流大型企业集团。

水城矿区生产指挥中心

义马煤业（集团）有限责任公司

总经理：付永水

义马煤业(集团)有限责任公司(简称义煤集团公司，原义马矿务局)于1958年建局，为省管国有控股企业。是华中地区最大的长焰煤基地。矿区位于河南省西部三门峡地区，煤田总面积1194平方公里，工业储量9亿吨，被誉为“豫西煤仓”。

企业在中国工业企业500强中排名第340位。河南省是煤炭大省，义煤集团产量居全省第二。企业先后荣获中国煤炭工业优秀企业、全国重合同守信用企业、煤炭行业质量信得过单位、AAA级中国企业最佳形象等称号。企业设有省级企业技术中心、省级矿山救护中心。

2002年以来，义煤集团进入了历史上最好的发展时期。2002年原煤产销量双双突破千万吨。2003年，集团公司原煤产销量再上新台阶，达到1100万吨，经济总量达22亿元，保持了良好的发展势头。2002年与青海省海西州共同组建了义海能源有限责任公司，成为国内首个登陆青海省的煤炭企业。2003年接收了年生产能力120万吨的巩义铁生沟煤矿，设计年产120万吨的新义煤矿于2003年开工建设。在煤炭主业快速发展的同时，非煤产业也取得了长足的发展。2003年，2×5万千瓦煤泥电厂开工建设，年产60万吨氧化铝的义翔铝业公司投入生产。2004年非煤产业产值将达到10亿元。预计到2010年，原煤生产能力将超过2000万吨，电力装机容量14.8万千瓦，水泥200万吨，氧化铝60万吨，经营总额达到50亿元，使企业的经济总量在2000年的基础上翻两番。

台湾马山矿业（山西）有限公司

地址：山西省大同市浑源县水利培训中心院内　　邮编：027400

总经理：王士邦

帝王黑矿地处中国山西省北部地区，该矿山自内蒙古自治区丰锁市经雁北山区至河北山区至河北省阜平县呈线形分布。总长近1000米，整体上是一长豆形岩体，其中雁北地区的矿山最长。

该矿属岩浆岩中的辉长辉绿岩，呈黑绿色，以斜长石和辉石为主，结晶质细粒结构，块状构造，岩体稳定，可采难度大、储量多、品位高、硬度强、光泽度高，是中国大陆花岗岩中的高级品种。

矿山开采始于1980年代初，由于当时规模小，开采量有限，1981年代基本处于开发阶段，主要供应国内剪裁行业，1990年代随着对日本石材贸易的扩大，越来越受到日本石材业的高度评价，而进入大量开采阶段。1992年经本公司投资开采，产量很大。目前总产量每月平均为800立方米除供应国内市场，还大量出口到日本、中国台湾省及东南亚等海外各地。

用途说明

主要用于以下方面：

1. 墓石及相关制品，主要以原石及制成品大量出口日本等地。
2. 建筑用石材及相关制品，除供应国内市场，还出口到世界各地。
3. 造园土木用石材关连制品。
4. 石雕制品。

矿长：刘大伟

矿领导亲临现场检验煤质

淮北市友谊二矿

淮北市友谊二矿是烈山区、烈山镇、烈山村村办煤矿，座落在烈山脚下，烈山水上公园东侧，距市区10公里，矿井离101省道（宿丁公路）里，合徐高速公路入口2公里，距青龙山火车站东山专用货场1公里，青龙山港口2公里，1995年6月建成投产，年设计能力6万吨，年创产值2000余万元，年利税400万元以上，现有职工580人，其中管理人员58人，专业技术人员36人，平均年龄38岁，现拥有固定资产1780万元。

十多年来，该矿坚决贯彻落实“安全第一、预防为主”的方针，始终把安全工作放在首位，坚持依法办矿，推行科学化、正规化、标准化管理各项工作均取得了较好的成绩，连续多年被市、区、镇评为“先进企业”、“政治思想先进单位”、“安全生产先进单位”、“纳税大户”等。由于狠抓质量标准化，1998年被省厅命名为“甲级通风矿井”2000年～2003年连续两届安徽省“明星企业”和省总工会“安康杯安全先进单位”、省政治思想工作“先进单位”。

目前，年轻的二矿人在十六大三中全会的精神鼓动下，以“三个代表”重要思想为指导，以“安全责任重于泰山”、“安全为天”为主题，深入贯彻落实国务院关于深化煤矿安全专项整治工作，认真开展各项安全活动，在社会主义市场经济的大潮中，深化改革，不等不靠，主动超前，激流勇退，敢为人先，开辟出一条适应现代企业发展的兴企之路。

沈阳煤业(集团)有限责任公司

矿区外景

沈阳煤业(集团)有限责任公司(下称沈煤集团)是在2001年由原沈阳矿务局改造组建而成的国有独资公司。公司本部设在沈阳市新城子区虎石台镇。沈煤集团下设5个子公司，分布在沈阳、辽阳、本溪、鞍山、铁岭等市。主要产业有煤炭、石膏、水泥、建筑施工和机械制造等。目前，沈煤集团仍以煤炭生产为主业，共有6对煤炭生产矿井，核定生产能力为1000万吨。矿区煤炭储量丰富，煤种齐全，主要煤种有主焦煤、气煤、肥煤、瘦煤、无烟煤和褐煤。截止到2003年末，沈煤集团资产总额44.3亿元，资产负债率为38.8%。

近几年来，沈煤集团始终保持着强劲的发展势头。煤炭产量持续增长，现已达到年产1000万吨水平。矿区可持续发展战略得到有效实施，坑口电站、煤化工、煤矸石制砖石膏和水泥等新型建材产业不断发展壮大。2004年公司非煤产值可达到7亿元以上，企业经营总收入可完成27亿元。预计2006年沈煤集团的煤炭产量将突破1500万吨，非煤产值可达到30亿元，企业经营总收入能够突破60亿元。

中国高嶺土公司

中国高岭土公司原名苏州瓷土公司，属中国材料工业科工集团公司成员单位，国家建材大型矿山企业，公司位于历史名城苏州阳山之麓，水陆交通十分便捷。经营的历史，现有2亿多元资产，1500余名员工，其中专业技术人员128名。公司现有三座地下采掘高岭土的矿井，年采矿能力25万吨 ；两个高岭土精选加工厂，年选矿能力10万吨；一个年产3.5万吨粉状产品的磨粉厂；一所从事高岭土选矿技术工艺与新品开发的研究所。公司实行采选研一条龙服务，规模和产销量居全国之首，是国内最大的采选研联合企业。

中国高岭土公司依靠苏州高岭土独特的自然资源，引进开发先进的工艺装备，充分发挥雄厚的技术优势，多年来开发形成了十多个系列、六十多种产品，先后研制成功并使用了选择性絮凝、水簸、漂白、降粘、离心分级、旋流器、超细磨、焙烧、强力干燥等新工艺、新技术。产品广泛应用于石油化工、搪瓷、电陶瓷、胶水、橡胶、造纸、砂轮、耐火材料、塑料、油漆、医药等十多个工业领域。产品畅销全国28个省、市、自治区和军工企业，拥有1500多家客户，并有部分产品出口，在国内外享有很高声誉。公司开发的新品多次荣获省部级新产品开发金奖。“阳山牌”注册商标被中国社会调查事务所确认为“中国名牌产品”。1998年9月公司通过ISO9002质量体系认证，2002年通过ISO9001-2000换版审核。当前公司正积极开展ISO14000环境管理体系贯标工作。

2001年以来，公司全体员工在新一届领导班子的带领下，积极自筹资金加大技改力度，全面推进三项制度改革，加强企业内部管理，企业形象得到了提升，工艺装备得到更新，技术优势得到发挥，职工队伍精神面貌焕然一新，产销量保持快速增长。该公司着眼于长远发制定了2003～2006年四年发展规划，提出了把“主业做精做优，辅业做强做大”，将公司建设成“文化型、科技型”企业的发展目标。中国高岭土公司将在企业不断创新发展中，发挥优势，走精干主业，多元发展道路，再创高岭土事业辉煌。

工业广场

选矿车间

会务中心

公司门景

地址：江苏省苏州市浒墅关徐家桥
电话：0512-65391615
传真：0512-65391459
销售热线：0512-65391340
66720863(传真)
网址：http://www.kaolin-cn.com
E-mail:ckc@kaolin-cn.com

黑龙江奥宇石墨集团

地址：黑龙江省鹤岗市萝北县云山林场
邮编：150042
电话：(0468)6970175/174/173
传真：(0468)6970175
网址：www.aoyugraphite.com.cn
电子信箱：chinagraphite@vip.sina.com

黑龙江奥宇石墨集团总部位于中国黑龙江省鹤岗市萝北县。在市委、市政府、区委、区政府的正确领导和著名民营企业家韩玉凤董事长的主持下，依托本地丰富的石墨资源，不断开拓进取，从1989年建矿以来，已发展成为中国最大的天然石墨生产基地。奥宇石墨集团现已拥有固定资产1亿元，控股企业有鸡西市奥宇石墨有限责任公司、萝北奥宇石墨有限公司、中天石墨有限公司及奥宇塑料制品有限公司等十家企业。

近年来，为适应市场在精加工上不断开辟新路，现已拥有七座高科技现代化选矿分厂，80多个品种，年产量8万吨，形成生产高、中、低碳系列产品的格局，以SV94等为主导产品的“奥宇”牌天然鳞片石墨，畅销80多个国家和地区并享有盛誉。企业非常重视安全，建矿以来从未出现任何人身重伤事故。另外，为进一步整合资源，扩大生产并满足不断增长的客户需求，集团公司又于2003年兼并了萝北县原国有石墨企业，建立了萝北奥宇石墨有限公司和环宇石墨有限公司、鹤岗中天耐火材料有限公司。

董事长韩玉凤女士，现任黑龙江省奥宇石墨集团董事长、麻山区政协副主席、麻山区人大常委、鸡西市人大代表、鸡西石墨协会会长、招商协会副会长，先后被授予“鸡西市巾帼创业带头标兵”、“双十佳杰出代表”、“鸡西市优秀政协委员”、“优秀人大代表”、“黑龙江省安全先进个人”、“百行百业女性创业精英”、“黑龙江警风警纪纪检监督员”、“东北三省优秀民营科技实业家”、“中国知名企业家”、“国际专家”、“优秀中华儿女”、“世界优秀专家”，获中国民营先进科技企业开拓者，共和国建设者——优秀代表奖，中国百名优秀企业家金奖、“龙江女杰”、“中国百名杰出女企业家”，是中国国情研究会研究员，是全国妇联、工商联、企联理事、中非协会副理事长、石墨商会副理事长、爱国企业家、国际交流协会常务理事。该公司是中央新闻单位驻黑龙江记者站理事单位，她本人任副秘书长。

该企业是鸡西市重合同、守信用单位,星级财政明星大户、财政贡献大户、财政支柱大户，贸易进出口先进企业、省环保先进企业、东北三省先进民营科技企业、外贸双优企业、银行AAA级资信企业，中国市场质量、服务、信誉AAA级企业，是通过ISO9001－2000质量管理体系认证单位、全国消协常委理事单位，中国百名企业金奖、中国民营企业开拓奖、中国诚信单位、中国名优产品、黑龙江知名诚信企业、进出口十强企业、黑龙江优秀绿色科技单位、质量诚信消费者满意单位、中国知名商标企业、中国工商联合会常务理事单位，中国质量、诚信、消费者满意单位等诸多荣誉。

为配合企业不断发展壮大，进一步开拓国际市场并提高国际知名度，该公司在香港设立北方矿产有限公司，在北京设立鸡西奥宇石墨有限责任公司北京分公司，负责出口并对外联络。除企业自给产品外，香港公司还经营其他相关矿产品,如可膨胀石墨、人造石墨、土状石墨、镁砂、矾土、刚玉、碳化硅等。该公司可采用广泛灵活的合作方式，诚挚欢迎国内外各界朋友互利合作，共谋发展。

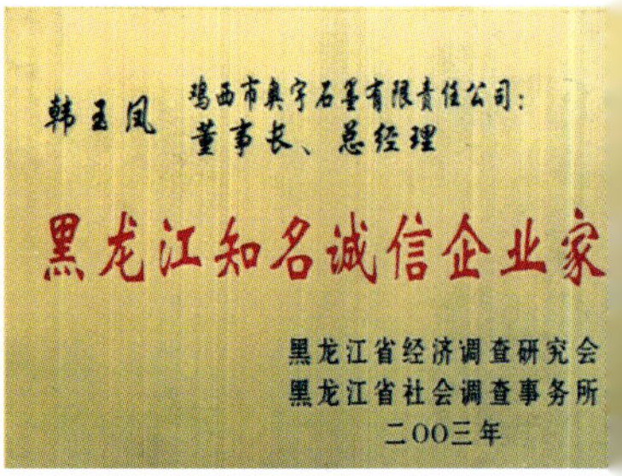

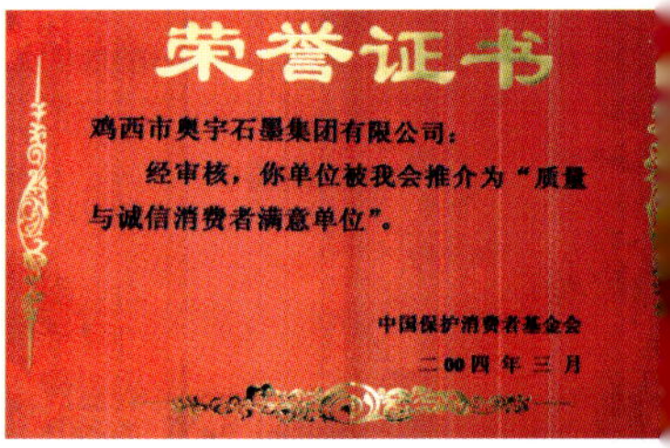

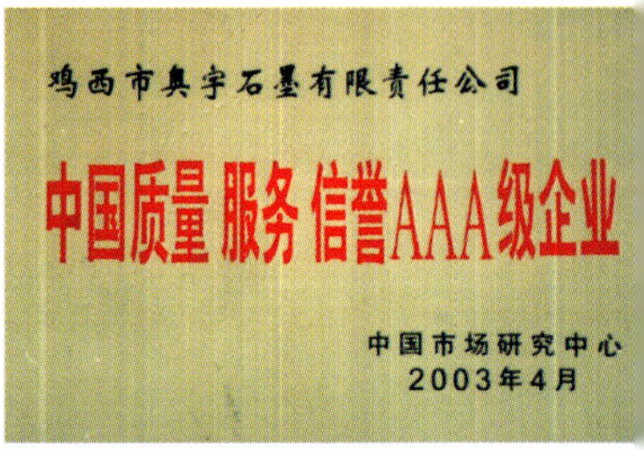

青田腊石有限公司

董事长：季照雄

青田腊石有限公司原名青田县腊石矿，1954年成立生产合作社，1956年转地方国营青田县腊石矿，是一个具有四十多年历史的国有企业，1998年6月改制成为股份合作制企业。本公司叶腊石矿产资源十分丰富，已探明储量C+D级2328万吨，品种多样，质量优良，久负盛名，素有“中国腊都”之称。优质叶腊石作为雕刻玉料，其工艺品“青田石玉雕”驰名中外，已被评为我国国石。

青田叶腊石按其粘土矿物组成品种及其比例含量可分为石英型、伊利石英型、地开石型、高岭石型四大类型；按Al_2O_3含量高低划分为高铝型（≥52%）、中铝型（16%～24%）、低铝型（≤15%）。物理性能特点：自然白度75～90，烧失3.85%～5.5%，密度（比重）2.55～2.7克/立方厘米，耐火度7650～7690℃，可塑性 7.2%～7.6%。

本公司的叶腊石是具有多种工业用途的非金属矿物质材料之一，广泛应用于冶金、建材、化工、轻工、电器等工业领域。如耐火腊石砖、坩埚、陶瓷、玻璃纤维、人造分子筛和白水泥的主材料，农药杀虫剂掺合料、油漆的复盖物、橡胶、造纸、颜料、制药、洗衣粉、化妆品和塑料制品填料，人工合成金刚石用的坯料（模具）。

公司水陆空交通均十分便利，距温溪港35公里，距温州龙湾万吨级码头和温州机场70公里，距金温铁路青田火车站13公里，在主要中转点设有办事处，可根据用户需求代办运输。

公司曾经多次受省地（市）县有关部门的表彰：1995～1998年：青田县人民政府授于“重合同、守信用单位”、1999～2000年：县政府授于“纳税大户”、2001年：县政府授于“纳税模范”（升一档次）、2002年：青田县国家税务局A级信誉企业。

金融部门：1999年AAA资信企业、1998年、2001年AA资信企业、“浙江省诚信科技单位”“浙江省建材行业首批信用承诺企业”“质量好、信誉好‘双好’产品企业”2002年中国诚信企业、质量达标单位、2003年度“用户信得过单位”、“重质量创品牌优秀单位”、“诚信守法优秀示范企业”。

公司的经营宗旨：以质量占市场，以科技求发展，以服务促营销，以管理争效益。董事长季照雄及全体员工竭诚欢迎海内外客户光临指导，洽谈贸易，投资兴业，共图繁荣。

董事长：季照雄　　电话：0578－6862248
总经理：林民安　　电话：0578－6861865
供销科电话：0578－6861322
财务科电话：0578－6861710
办公室电话：0578－6861321（传真）
公司地址：浙江青田山口镇矿区路200号
邮编：323904

嘉新京阳水泥有限公司

嘉新京阳水泥有限公司位于江苏省句容市桥头镇，厂区占地903亩。首期投资2.6亿美元，于1997年12月建成一条目前国际最先进的新型干法短窑水泥熟料生产线，日产熟料6800吨，年产波特兰水泥310万吨。

矿区位于句容市大卓镇，石灰石储量高达3.2亿吨，由法国雷依公司提供的长达16千米单一无中转曲线皮带输送机将厂、矿相连，勘称世界第一。由于在管理、技术、安全、环保及植生绿化(已累计种植各类绿化树木10万多棵)等方面成效突出，矿场于1999年6月被国土资源部在全国保护和合理利用矿产资源现场会上向全国推广，同年9月被江苏省人民政府授予矿业秩序治理整顿先进单位。2002年6月19日国家安全生产监督管理局在镇江召开的全国矿山安全生产现场整治会上将本公司矿场作为安全环保典型向全国推广。

公司生产的嘉新牌水泥选用佳品的原料，使用先进的生产工艺，生产PⅡ52.5R等满足客户需求的水泥产品，产品质量达国际先进水平，投产不到两年，公司就获得ISO9002质量体系认证和产品质量认证证书，并于2002年8月顺利通过ISO9001、2000版换证工作，2003年12月被国家质检总局授予产品质量免检称号。

公司注重环境保护，首期环保工程设施投资1.6亿元，配有静电除尘器、袋式除尘器、气体分析仪及污水处理系统等环保装置，公司于2002年6月通过ISO14001环境管理体系认证、2003年7月被国家环保总局评为“国家环境保护百佳工程”称号。

公司2003年生产水泥281万吨，销售水泥熟料293万吨，销售额6.5亿元，资产22.5亿元，实现利税2.33亿元。经国家统计局审核，荣获2003年度“中国建材百强企业”的称号。2003年10月，顺利取得“外商投资先进技术企业”的证书，同年12月2日，于香港联合交易所主板成功上市。

配合国家建材工业“十五”期间大力发展新型干法水泥的产业政策，顺应企业发展的需要，公司正筹备二期扩建工程，未来以期形成年产1000万吨高标号水泥的生产基地。

地址：江苏省名容市桥头镇　邮编：212413　电话：0511-7762222　传真：0511-7762220

中核北方铀业有限公司

中核北方铀业有限公司(以下简称北铀公司)是由中国核工业集团公司金原铀业有限公司出资的全资国有独资公司，于2003年7月在葫芦岛市工商行政管理局正式注册。公司总部现设在葫芦岛市境内。

中核北方铀业有限公司是根据中共中央、国务院和国防科工委关于军工调整改革、精干主业、浓缩军工的精神，依据《国防科工委关于七五四矿军民品分立的批复》(科工改字[2002]18号)和中国核工业集团公司《转发<国防科工委关于七五四矿军民品分立的批复>的通知》(中核体发[2002]8号)文件，从七五四矿派生分立出来的。公司地处辽宁省兴城市双树乡，其前身七五四矿始建于1963年，1970年建成投产。先后经历了1971年的“工改兵”和1984年的“兵改工”。为谋求企业发展，经国家批准，从1989年底开始，组织人员到本溪市南芬区下马塘镇金家村筹建七五三工程。本着“三高一低”(高技术、高设备、高效益、人员少)的建矿模式，七五三工程于1996年正式建成投产并生产至今。北铀公司已于2003年7月2日通过GB／T19001-2000-ISO9001:2000质量管理体系认证。

近几年来，北铀公司一直以党的十六届三中全会精神为指南，加强思想政治工作和党风廉正建设，认真贯彻落实集团公司的指导精神，以结构调整为主线，以安全稳定为基础，励精图治，发奋进取，在做好安全防护工作的前提下，严抓军品的生产和发展，并切实转换企业内部经营机制，建立新的制度体系，采用高效管理模式，重视人力资源的开发及应用，全面提高企业人员的综合素质和管理水平。

北铀公司的三年经营总体目标是：立足本行，纵向发展；堆地结合，中外并举；强化管理，科技兴核；不跨行业发展，不搞多元经营；争取堆浸技术经济指标国内领先，争做铀矿行业管理最好、效益最优的企业。

以党的十六大精神为指针，北铀公司全体员工正以百倍的信心，与时俱进，开拓创新，为实现公司确立的经营目标和核工业的再次辉煌而努力奋斗。

四川省大为金山石膏矿

地址：四川省峨嵋山市大为镇　邮编：614208　电话：0833-5460017　传真：0833-5460388

四川省大为金山石膏矿（系原四川省大为石膏矿）始建于1971年，坐落在风景秀丽的峨眉山南麓。矿山占地650亩，总资产4100万元，技术力量雄厚、设备先进、生产工艺及检测手段完备。大为金山石膏矿资源十分丰富，储量达1亿吨，年产能力为50万吨。

四川省大为金山石膏矿所产石膏因色青、质优，故命名为峨眉青石膏。属国家标准一、二级工业石膏。

为保证产品质量，大为金山石膏矿山备有优良的检测仪器和专职检测人员对产品实行定期和不定期的跟踪检测，制定了从生产、破碎、装卸、运输、过磅销售，各个环节的质量管理体系，实行全员质量管理、质量一标否决制。目前拥有各类机械设备，进口挖掘机8台，装载机6台，推土机3台，各类运输车辆30台。

该矿走“矿技兴矿”的道路，引进德国克脑霍夫制粉技术兴建石膏粉生产线，年生产能力达20万吨，目前正在建一条年产20万吨沸腾炉石膏粉生产线，该线采用全封闭自动化连续炒制、技术先进、工艺成熟、产品质量优良稳定。

根据本矿资源和生产能力的发展壮大，于2003年成立了四川省大为金山石膏新型建材有限责任公司，是西南地区屈指可数的石膏新型建材生产企业。公司自有储量丰厚的石膏矿，拥有处于国内外领先的设备，运用先进工艺，生产符合国际及国家标准的纸面石膏板和配套产品，整个生产过程完全符合环保和节能要求。目前在成都市已建成投产纸面石膏板，年产1000万平方米，产品质量优良，在两年之内建成4000万平方米的纸面石膏板生产线。

龙岩高岭土有限公司

●公司地址：福建省龙岩市新罗区登高东路154-13号　●传　　真：0597-2300968

●电　　话：0597-2303370　2300624　2303371　●总 经 理：李启福

龙岩高岭土有限公司系全国优质陶瓷原料生产基地。公司下属的龙岩东宫下高岭土矿是一座储量为5290万吨的特大型优质高岭土矿山，具有矿体厚度大，储量集中，覆盖层薄等得天独厚的资源开采条件。公司现有职工242人，固定资产5000余万元，原矿生产能力50万吨/年，精矿生产能力5万吨/年。主要产品有：高岭土原矿，325目水洗高岭土，卧离分级超细高岭土等。产品具有自然白度高，铁、钛含量低，烧成亮度和强度高，成瓷性能好等特点，是生产高档瓷器的最佳原料。经深加工改性后，可成为造纸、橡胶、油漆等工业部门的理想原料和功能填料。产品畅销国内主要陶瓷生产厂家，并大量出口日本、韩国、东南亚等国和中国台湾、香港地区。公司的主要产品“东宫牌”高岭土原矿和325目水洗高岭土经中国建材工业协会等四家单位审核入编《中国主要及知名建材产品》，并向全国陶瓷企业推荐使用。

深圳市鹏茜矿业发展有限公司

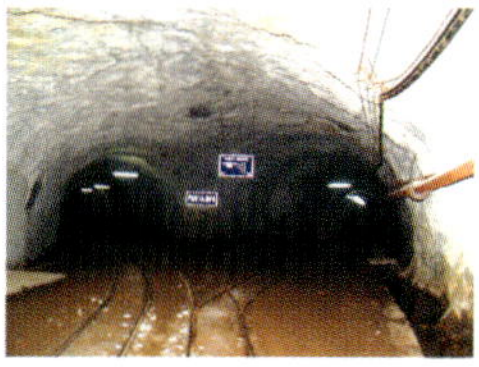

深圳市鹏茜矿业发展有限公司位于深圳市经济特区龙岗区坪山镇汤坑村。鹏茜大理岩矿成立于1994年，是一年产40吨大理岩矿石和配套加工20万吨系列产品的综合性花园式文明矿山企业。

鹏茜大理岩矿采取主副立井提升、东西斜井两翼通风，房柱法开采，经国内行业权威机构、专家的现场调研检测和论证：矿井水文地质和工程地质条件简单，开采技术条件优越，采区矿房矿柱可以保持永久性稳定，是土地资源与矿产资源合理开发利用，地面开发与地下采矿互不影响的完美结合。其大理岩矿地下开采技术和安全管理模式在珠江三角洲乃至华南地区创建了一个全新的采矿模式，经科学设计，严格管理所形成井巷工程和地下矿房是一独特的远景开发旅游资源。

鹏茜大理岩矿储量丰富，因富钙，白度高，杂质少，而享誉珠江三角洲，其系列深加工产品广泛应用于化工、橡胶、玻璃、饲料、塑料、涂料、肥料等行业，是重要的原料和添加剂，生产的“双城®”牌特白双飞粉，超细超白粉、玻璃砂是公司主导产品，是深圳和周边地区的知名品牌。

公司自成立以来，始终秉承“严谨、求实、团结、创新”的企业精神，坚持科学管理，以人为本，安全生产，不断提升矿山安全文化品位，取得了产出矿石300万吨死亡率为零的安全管理好成绩，在合理开发矿产资源，改善当地投资环境等方面取得了良好的经济效益和社会效益，实现了大理岩矿地下开采安全、高效的技术突破。

地址：深圳市龙岗区坪山金碧路353号 邮编：518118 电话：0755-89931565 89930828
传真：0755-89931565 E-mail: PengXiKuang@163.com

香港恒兴基立集团

董事长：施祥鹏

施祥鹏，现任香港恒兴基立集团(国际)有限公司董事会主席，连任全国政协第八、九、十届委员，是中国和平统一促进会理事，全国政协港澳台侨委员会委员，福建省政协第七、八届常委；是香港中华文化总会创会会长、香港文学促进会会长；是中国矿业联合会理事，江苏省侨商总会副会长，闽港经济合作委员会委员，福建、江苏及浙江省海外联谊会顾问，福建省对外文化交流协会副会长，青岛和宁波市海外联谊会名誉会长，北京大学燕京研究所顾问。他同时担任香港东区各界协会永远名誉会长，香港福建同乡会名誉会长等数十个职务。2003年7月获香港特区政府表彰授予铜紫荆勋章。

新疆宏泰矿业有限责任公司

● 地址：新疆乌鲁木齐市西八家户路94号　　● 电话：0991－4821929－8201
● 邮编：830042　　● 传真：0991－4821929－8200

新疆宏泰矿业有限责任公司成立于2000年，是一家以新疆优势矿产资源为依托，从事矿业开发和加工的民营企业，现有员工330多人，其中地质、测量、采矿、选矿、化验、机电、管理，财会等各类专业技术人员比例达20%，技术力量雄厚。

公司以金属矿山开发为主，涉及黑色、有色、黄金三大领域，勘查、开发一体化，产、学、研相结合，集采、选、冶、贸于一体。是阿勒泰地区的重点先进企业、纳税大户，自治区“重点扶持的30户民营企业”之一，自治区矿业联合会副会长单位。

公司下属企业有：阿勒泰市阿巴宫矿业有限责任公司、富蕴县宏泰选冶有限责任公司、富蕴县乔夏哈拉金铜矿。拥有6座矿山7条选、冶生产线，年生产能力为：采、选矿石50万吨。主要产品为铁精矿、铜精矿、球团矿、烧结矿和铸铁，年产值超亿元。市场稳定，资金回笼情况较好。

公司法人治理机构健全。根据行业特征，公司引进事业部制管理体系，依照职能进行专业化分工，设有选冶生产管理事业部、矿产资源开发管理事业部、人力资源管理事业部、工程项目管理事业部、资本运营管理事业部、物流管理事业部六大部门。并在公司内部进行市场模拟，独立核算，精细化管理。

公司以质量求生存，牢记用户是永远的上帝，诚信是永远的生命，发展是永远的追求，创新是永远的灵魂，效益是永远的中心，团结是永远的力量。

永不满足的宏泰人，在公司董事长领导下，加紧实施“依托资源甚础，依靠科技进步，立足乌市，辐射全疆，走向全国”的发展战略”开拓创新，奋力拼搏，尽快跻身于全国知名矿业行列。

铜陵化工集团新桥矿业有限公司

董事长、党委书记、总经理：王泽群

铜陵化工集团新桥矿业有限公司是全国两家重点硫铁矿生产基地之一。矿产资源极为丰富，属以硫为主，富含铜、金、银、铁、铅锌等元素的多金属矿山。已探明地质储量1.71亿吨、工业储量1.15亿吨，其中硫铁矿矿石量8711万吨，以一级品为主，铜金属量50万吨，铁矿石量2400万吨。

新桥矿业公司地处安徽铜陵市东郊，区位优势明显，水陆运输便利。距长江码头25千米、长江支流顺安河码头4千米、宁铜铁路顺安站3千米，沿江快速通道毗邻矿区，即将建设的沿江高速公路横贯矿区。

新桥矿业公司针对多金属共生矿床的特点，在生产硫铁矿的同时，积极开展资源综合利用，生产铜精矿，并附产金银。目前已形成年150万吨硫铁矿采选矿规模，同时年产铜金属量4000吨。

原国务院副总理邹家华视察新桥矿业公司

新桥矿业公司污水处理

地址：安徽省铜陵市东郊　　电话：0562－6801488（办公室）　6801038（销售公司）　　传真：0562－6801280
邮编：244132　　E-mail:nbmcl@chinamining.com.cn　　网址：www. xQmcl. com

湖北省黄麦岭磷化工集团公司

总经理、党委书记：张富荣

该公司位于湖北省大悟县，是集采选、化肥、化工于一体的国有大型一档企业，中国化工百强企业，全国十佳矿山，湖北省优秀企业。公司1999年获全国化工双文明单位，2000年荣获全国“模范职工之家”荣誉称号，2004年荣获全国“五一”劳动奖章称号。

公司拥有固定资产24.4亿元，职工3999人，其中各类专业技术人员710人。企业法人代表张富荣为正高职高级工程师，全国“五一”劳动奖章获得者，系九届、十届全国人大代表。

公司各装置年生产能力为：采矿120万吨、选矿120万吨、硫酸44万吨、磷酸15万吨、合成氨7万吨、磷铵30万吨、普通过磷酸钙2万吨、复混肥10万吨、氟硅酸钠0.7万吨、液体二氧化碳1.5万吨。

黄麦岭磷铵项目属世界银行贷款，总投资19.2亿元的国家“八五”重点建设项目，主要装置均引进世界20世纪90年代的先进技术和设备，该项目已于1996年6月全面竣工投产。

黄麦岭实力雄厚，产品品种多样，系列产品质量优良。公司通过了ISO9001－2000质量管理体系认证，主导产品磷酸二铵、复混肥、过磷酸钙、氟硅酸钠同时获得了产品质量认证证书。

现代化的生产车间(磨浮车间)

现代化的生产管理(中心控制室)

地址：湖北省大悟县城南
电话：(0712)7422002
传真：(0712)7422220
邮编：432818

矿区俯瞰

四川省金河磷矿

矿长、党委书记：吴毅

四川省金河磷矿于1959年筹建，1961年正式成立，是目前四川省最大的磷矿石生产基地，全国六大化学矿山之一，国家二级企业，全国重点化学矿山企业。

该矿现有职工3700余人，各类专业人员468人，其中中级职称118人，高级职称14人，专业门类齐全，技术力量雄厚，井下爆破“一次点火”引爆技术和短颈堑沟式底部结构崩落采矿法在该矿首次试验成功并推广使用。通过40年的奋斗，拥有总资产2.7亿元，并建成集水电、磷化工、机加工、汽运汽修等综合生产能力的大型化工企业，主要产品年生产：磷矿石100万吨、磷矿粉5万吨、磷铵6万吨、普钙10万吨、硫酸5万吨，水电装机容量5400万千瓦时。

该矿现保有“什邡式”磷矿石储量4500万吨，可供开采25年左右。现正在做马槽滩深部接替资源勘查工作，有望探明更多储量，延长开采年限。矿石品位含$P_2O_5$27%以上，供省内外100余家磷复肥企业。企业“金发牌”商标经国家工商局注册，系列产品连续数年保持100%合格率出厂，深受省内外用户好评。其磷铵装置采用：“料浆法”生产工艺，使用“什邡式”中品位磷矿，系统操作正常，产品质量物化性能符合国家标准要求，产品系国家免检产品。

企业以质量求生存，以信誉获市场，以增产节约严格管理求效益，以改革改制求发展，不断发展增进与新老朋友的合作与友谊。

金河磷矿化工厂大门

金河磷矿矿业公司全貌

法人代表：吴　毅
地　　址：四川省什邡市红白镇
邮　　编：618404
电　　话：(0838)8808016 8808028
传　　真：(0838)8806481

过磷酸钙产品

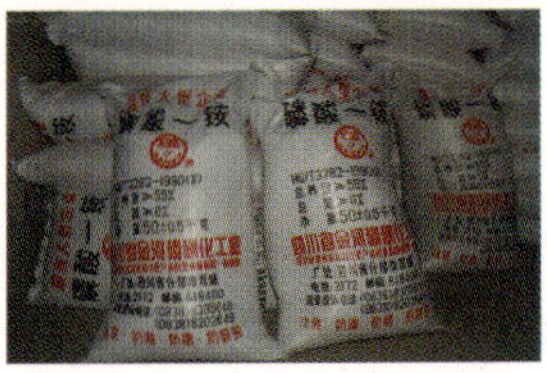

磷酸一铵产品

浙江省国土资源厅

2003 年，浙江省矿产资源管理工作取得了显著的进展：

一是矿产资源规划实施工作全面推进，全省矿业布局、结构调整成效明显。矿山总数减少7.2%，矿业产值、利润、税收分别比2002年增长30.9%、87.9%和42.7%。禁采区矿山已关闭了84%。单个矿山年产矿石量提高到7.2万吨。

二是努力推进采矿权市场建设。实现了全省普通建筑石料采矿权的有偿使用从双轨制到单轨制的转换，积极推进其他矿种采矿权的有偿使用。全年共有偿出让采矿权1935宗，出让所得8.46亿元。

三是矿山生态环境保护与治理工作开始启动。全年收取矿山自然生态环境治理备用金6887万元，采矿权人投入4239万元，对148个矿山进行了不同程度的治理。全省各级国土资源部门投入1.03亿元，对161个废弃矿山进行了治理，治理面积190.6公顷(2859亩)。

四是巩固矿产资源管理秩序，加强矿产资源开发利用监督管理工作。查处无证开采398起，越界开采54起，责令停产整顿104个，吊销注销采矿许可证236本。加强矿产资源开发利用方案编制实施监督管理及开发利用情况统计报表汇总、分析工作，矿山年检率97.75%。矿产资源补偿费征收入库5036.36万元。

五是公益性地质工作进一步加强，矿产勘查效果显著。农业地质环境调查工作进展顺利，取得了一批阶段性成果；探明并提交了一批浙江省优势矿产的资源储量。

省级矿山自然生态环境治理示范工程-安吉县山川石矿治理后景观

袁航摄

西藏自治区国土资源厅

[矿产资源概况] 西藏自治区位于青藏高原的主体，经过几十年的地质勘查工作，证实了三江成矿带、雅江成矿带、班公—怒江成矿带、冈底斯成矿带的存在。截止到2003年底，已经发现101种矿产、矿产地1800余处。查明产资源储量的矿种达41个，矿产地 107处。铬、铜、金、铅锌、地热、盐湖矿产、矿泉水等已成为西藏的优势矿产。

根据《西藏自治区矿产资源对2010年国民经济建设保证程度论证》西藏矿产资源的潜在价值在6000亿元以上。

[基础地质勘查] 40多年地质勘查工作的基础上，借助西部大开发的强劲东风，国土资源部从“九五”开始加大对西藏地区基础地质勘查工作的投入，开展了新一轮区域地质调查、区域重力大调查工作。截止到2003年底共完成1:25万区域地质调查图幅24个，面积36万平方公里；2003年新开展1:25万区域地质调查40个图幅，面积50万千米，预计2005年全面完成全区1:25万区域地质调查；还有针对性地开展了部分1:5万的地调调查工作；正在开展23万千米的区域重力勘查工作，并2003年继续安排36万千米的区域重力勘查。有效的基础地质勘查工作，加速了搞清西藏矿产资源家底的进程，为地质找矿提供了科学依据。

[铜矿勘查成果喜人] 截止到目前，西藏境内发现铜矿产地180多处，其中，30余处达到大中型矿床的远景规模，333以上资源量达1003万吨，列全国第二。

[矿产与矿产研究] 在原已探明的玉龙铜矿、罗布萨铬铁矿、羊八井地热田、崩纳藏布砂金矿等矿床为代表的矿产地的基础上，找矿成果又有了新的突破。发现了以马攸木金矿为代表的大、中、小规模不等的金矿床数个；以驱龙、冲江为代表的大型铜矿床；青藏铁路沿线的富铁矿床和矿泉水资源；新发现了以铅为主具有大中型远景的数个矿点。

[矿产开发利用现状] 截止到目前，全区利用的矿产有54种（含藏药加工所需矿产）。根据自治区统计局2003年年底统计数字，采矿业产值达2.7亿元，占全区工业总产值的11.6%。已列为西藏支柱产业之一。

[矿山企业生产] 根据自治区2003年的统计数字，全区共有矿山企业210家，固体矿山企业179家；地热、矿泉水矿山企业6 家；盐湖矿产企业15家；其他10家；采矿从业人员5000人左右。

[锂盐生产基地已基本建成] 扎布耶盐湖位于日喀则仲巴县，自古以来被藏民族称为“茶卡之父”（茶卡意为产盐地）。通过多年细致的科研、勘查和论证，已查明该盐湖为西藏目前最大的硼、锂、钾、铯、铷、石盐、芒硝综合性固液并存的矿床。矿区总面积达240多平方公里。固体锂、硼、钾总资源量达到大型；液体硼、锂、钾、铯、铷总资源量达到大型。其中锂矿的选矿工艺已攻克，工业性开采步入实质阶段。截止到2003年年底，矿山基础设施建设基本完成，一个锂盐基地即将在世界屋脊产生。

[地质环境监测]

1.2003年继续组织开展拉萨市、日喀则市的地下水动态监测。

2.结合樟木镇滑坡灾害防治二期工程的实施，选择了地质灾害隐患较为严重的樟木镇作为我区第一个地质灾害监测点，开展滑坡灾害监测工作。

[地质遗迹保护]

1.扎达土林等三个地质遗迹类自治区级自然保护区2000年已由自治区人民政府批准，目前我厅正积极与区计委协商继续做好保护区建设的前期工作。

2.完成了西藏第一个自治区级地质公园—日多温泉地质公园的审批。

3.在完成西藏易贡国家地质公园申报和总体规划的基础上，2003年积极组织开展《西藏易贡国家地质公园》博物馆景区和地质遗迹保护项目的可行性研究和施工图设计工作。“可研报告”已通过区发展计划委员会组织的审查。

新疆维吾尔自治区国土资源厅

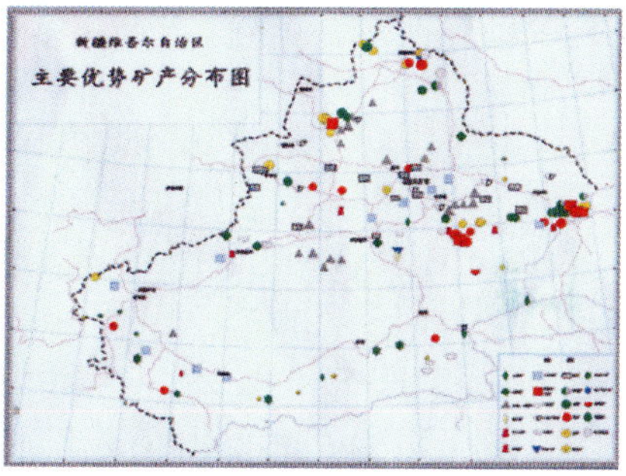

新疆地处祖国西北边陲，国土面积166万平方公里，约占全国总面积的六分之一。新疆居亚欧大陆腹地，地形复杂，地貌总的轮廓是三大山系环绕两大盆地，地跨五大古板块，两个巨型成矿带。拥有各种类型的矿床和种类繁多的矿产，是一个资源型省区。

新疆目前70%以上国土面积已完成了中小比例尺区地质调查已完成，完成区域地球物理、地球化学勘查面积占80%以上。这些基础性地质工作成果显示，新疆矿产资源十分丰富，潜力巨大，矿种齐全，配套性高，是世界少数的几个矿产资源潜力巨大的地区之一，是具有很大勘查开发潜力的矿产资源富集区之一。

2000年组建成立的新疆维吾尔自治区国土资源厅，为社会综合管理部门，是主管自治区土地资源、矿产资源等自然资源规划、管理、保护与合理利用工作的自治区人民政府组成部门。

截止2003年底，自治区地质勘查行业共有从事地质勘查的单位74个，从业人员2.55万人，主要分属于石油、地矿、有色、煤炭、核工业、建材、武警黄金、冶金等部门，其中从事非油气地质勘查的单位68个，从业人员1.19万人。

新疆矿产资源丰富，是矿种多、配套比较齐全的少数省区之一，经地矿、有色、石油、冶金等各部门的共同努力，到2002年，在新疆已经发现138种矿产，矿产地多达1059余处。新疆的铍、蛭石、白云母、钠硝石和陶土等矿产列中国第一位；铬、镍、蛇纹岩、自然硫、长石、膨润土、熔剂石英和水泥岩等矿产列中国第二位；石油、铸石辉绿岩和毒重石等矿产列中国第三位；煤、天然气、镁、钾、菱镁矿、石棉和玻璃用石英等矿产列中国第五位；另外，锂、铋、钽、锰、钴、芒硝、硼和碲等矿产位居中国前十位。

矿业开发是新疆的主导产业之一，已建矿山2734个，开采矿种达86余种，主要有石油、天然气、煤、水泥原料、铁、铜、镍、金、食盐、芒硝、铬和石棉等，从业人数16万人，年产矿石总量9183万吨，年矿业总产值301多亿元，占全新疆工业总产值的26.60%，矿业开发在地方经济建设中起着举足轻重的作用。

武汉市国土资源管理局

（武汉市城市规划管理局）

武汉市国土资源管理局（武汉市城市规划管理局）是市土地管理局与市矿产资源管理办公室于2001年10月合并而成。局机关内设16个处室，下辖7个县级事业单位，10个国土资源分局。

武汉市矿产开发，在明清时代就有开山采石、烧石灰、制砖瓦的历史。目前已发现40余种矿产，其中有24种已查明储量，矿产地达321余处。膨润土、石膏、熔剂石灰岩、白云岩、玻璃石英砂岩为优势矿产。武汉地处华中腹地，山水园林城市，对矿产资源的开发利用，执行“保护、保护、再保护”的方针。几年来“企业上规模，产品上档次”，“保护资源，保护环境”。上大关小，企业重组，矿山企业压缩了40%，矿业产值提高25%。

武汉市国土资源管理局主要进行了如下工作：一是搞好规划，全面实行禁采。在武汉市矿产资源总体规划中，划定了“禁采区、限采区，生态环境恢复区”，压缩总量，控制规模，规定主城区2005年关闭所有矿山企业。二是认真开展矿产资源管理秩序治理整顿工作，打击无证非法采矿，整顿有证乱采滥挖现象。

2003年共注销采矿许可证285家、查处无证采矿70家、越界开采40家、非法转让承包采矿权21家，纠正越权发证7家。基本上实现了“有证，有偿，有序”的新秩序。三是改革采矿权审批制度，制定了12项资质条件，建立新建矿山采矿权的招标拍卖，老矿山企业以协议的市场机制　四是开展了矿山生态环境恢复治理工作，做出恢复治理规划，启动了绿化工程。五是加强了地质灾害防治，编制了地质灾害防治规划，成立应急指挥部，组建了应急小分队，建立了责任制、巡查制、定点观察制、信息反馈制，成功地避免了4次地质灾害造成的损失，使危险地区得到有效防治，开创了武汉市矿产资源管理工作的新局面。

大冶国土资源局

湖北省大冶市位于鄂东南长江中游南岸。公元905年唐天佑二年取“大兴炉冶”之意定名大冶县。1994年国务院批准撤县建市。著名的国家重点文物保护单位铜绿山古矿冶遗址座落境内，是中华青铜文化的发祥地。全市国土面积1566平方公里，人口89万人。境内已发现和探明的矿产有65种，大小矿床273处。是全国10大铁矿和6大铜矿生产基地之一。今年来，大冶市依托丰富的矿产资源，走矿业兴市之路，全市现拥有矿山企业300家，从业人员5万多人。年产铁矿石480万吨。初步形成了现增加值26亿元的资金，煤炭，建材为支柱的矿业经济体系。矿业经济的发展，为大冶跻身湖北省综合经济实力十强行业作出了突出贡献。

国土资源部部长孙文盛（左三）来大冶市视察国土资源工作时，参观铜绿山古冶矿遗址后题词

大冶市全面实行采矿权有偿使用。图为采矿权拍卖现场

大冶市国土资源局局长查俊华（左一）陪同省国土资源厅厅长杜云生（左二）视察政务公开和窗口办文工作

大冶市国土资源局党委书记尹礼辉（左二）在行风建设公开评征求意见会上广泛征求局聘行风建设监督员的意见，该局被评为黄石市十佳执法文明单位

大冶市常委、常务副市长陈方根（前排左一）陪同国土资源部法律咨询中心主任张婉丽（前排左二）视察该市工业园区建设情况

潼关县矿产资源管理局

局长　赵永峰

潼关，位于秦、晋、豫三省交界，北靠黄河，南依秦岭，陇海、同蒲铁路，西(安)郑(州)高速公路、310国道穿境而过，交通十分发达。

潼关是中国三大产金县之一，境内金、银、铅、铁、大理石、蛭石等资源十分丰富，矿业活动、黄金交易和首饰加工等都很活跃发达。

潼关县矿产资源管理局是县政府的职能部门，共有干部职工171人，下设开发科、矿管科、地质环境科等九个科室，其主要职能是：贯彻执行《矿产资源法》及其配套法规；管理全县地质资料；负责管理征收矿产资源补偿费，承办矿产资源行政处罚、听证和行政复议；协助采矿、勘查许可证的核发及矿权转让和拍卖工作；负责矿产资源开发利用和监督管理工作，指导企业提高采矿技术水平和资源利用率；负责协调、处理矿权纠纷：巩固和开展矿产资源管理秩序的治理整顿工作。拟定地质环境保护、地质灾害防治管理办法，编制全县地质灾害年度防治预案；组织实施滑坡、崩塌、泥石流、地面沉降与塌陷等地质灾害防治和地质遗迹保护工作，并及时掌握全县地质灾害动态，提出监测和防治对策；对重大地质灾害防治工程组织验收，组织地质灾害危险性评估，并对执行情况监督检查。

丰城矿务局

丰城矿务局始建于1957年，原属中央直属的94家国有大型煤炭企业之一，1989年列为地师级单位管理。也是1992年经国务院六部委批准的全国500家大型企业之一。1998年经国务院批准划转江西省管理，是江西省主要煤炭生产基地之一，2003年公布的全国煤炭企业百强排行榜中名列第84位。

丰城矿务局地处丰城市上塘镇，距省会城市南昌60公里。矿区人口8.6万人，其中在册职工1.8万多人。矿区东西长约20公里，南北宽约10公里，面积约200平方公里，已探明煤炭地质储量5亿多吨，可采储量1.65亿吨，煤层气储量超过50亿立方米，可开采的资源在全省煤炭行业占绝对优势。煤种以焦煤为主，兼有瘦煤，是江南重要的主焦煤生产基地。

全局现有坪湖煤矿、建新煤矿、尚庄煤矿和曲江煤矿等四对主力生产矿井，现有生产能力为220万～250万吨，原煤产量占江西省国有煤矿总产量的三分之一左右。设计年产量为90万吨的石上矿井正在积极的筹建之中。主要产品有冶炼精煤、优质动力煤、筛选煤、混煤、洗混煤等。联营的年产30万吨的集丰焦化厂今年5月正式投产。现在全局已形成以煤为主，发电、建筑材料、燃气、焦炭、装饰材料、机械制造等多业并举的产业格局。

本着“扩张主业，打造全省原煤生产的龙头企业，把煤炭做大做强；主辅分离，抓住非煤不放，用三年时间再造一个丰矿”的发展思路，丰城矿务局正在抓住新一轮发展的机遇，朝着煤炭产量突破300万吨，工业总产值超过10亿元的目标阔步前进。

通化矿务局

局长：王延平

局党委书记：邱金保

通化矿务局是吉林省最大的焦煤生产基地，局址位于白山市。矿区面积400平方公里，有效含煤面积82平方公里。

尚有地质储量4.1亿吨，工业储量2.7亿吨，可采储量1.6亿吨，含有7个煤种，以焦煤为主，兼有气煤、瘦煤、贫煤、无烟煤、1／3焦煤、肥煤等。

通化矿务局依靠科技进步，采用水力机械等采煤工艺。松树、砟子、道清三矿重点增能工程投产后，全局煤炭产量可达到270万吨。局内有两座洗煤厂，煤炭深加工在省内处于惟一的优势。

通化矿务局积极进行产业结构调整，大力发展非煤产业。石人水泥有限责任公司的“石人峰”水泥，通过ISO9002产品质量认证和ISO9002质量体系认证，年生产水泥20万吨，余热发电16000万度／年。苇塘水泥厂生产的“鼎佳”牌水泥，通过ISO9002质量体系认证，年生产12万吨位。特种金属公司产品主要有金属镁、金属锶，销往国内外。机电总厂设计产量7000吨／年，为矿山、冶金、电力、环保、洗煤、水泥等行业提供运输装载设备，泵类、阀门产品市场广阔。兰图勘察（设计院）有限责任公司，已通过ISO9000质量认证，佳合公司主要产品有井下防爆快速充电机。

吉林省省长洪虎在通化矿务局视察

吉林省副省长矫正中同通化矿务局领导交流

通化矿务局办公大楼

通化矿务局砟子矿外景

韩城矿务局

陕西省韩城矿务局办公大楼

年生产10万吨焦炭的韩城矿务局焦化厂

“龙门牌”瘦精煤生产基地—下峪口矿选煤厂

优质动力煤生产基桑树坪煤矿

通讯地址：陕西省韩城市新城区金塔路
联系电话：0913-5261525
邮政编码：715400

韩城矿务局位于陕西省韩城市，是以煤炭产销为主，多种经营的省属大型煤炭企业，现有资产总额24亿元，其中固定资产18亿元，职工1.8万人，全局下辖16个二级矿、厂和控股的陕西创能煤电股份有限公司。现有大型煤矿3座，年设计能力为510万吨，核定能力为380万吨，有一座设计能力为120万吨的洗煤厂，一座一期设计年产10万吨的焦化厂，一座2×1.2万kW的煤矸石发电厂，一座年产1万吨的高岭土厂，在西安市和渭南市分别有一个煤矿安全仪器厂和一个煤矿专用设备厂，还有一家设备齐全的机电总厂和具有国家一级资质的建筑安装总公司。企业主导产品一发电动力煤和冶炼瘦精煤远销华东、华中和华南等地，部分出口日本。其中“龙门牌”瘦精煤，2003年荣获“中国著名品牌”。该局是全国大型企业、520户重点企业、全国煤炭百强企业和全省60家优势企业之一，先后荣获“省级先达企业”、“重合同守信用企业”、“全省十大经济明星企业”等桂冠。

新投产的现代化煤矿—象山新井

黄石煤炭矿务局

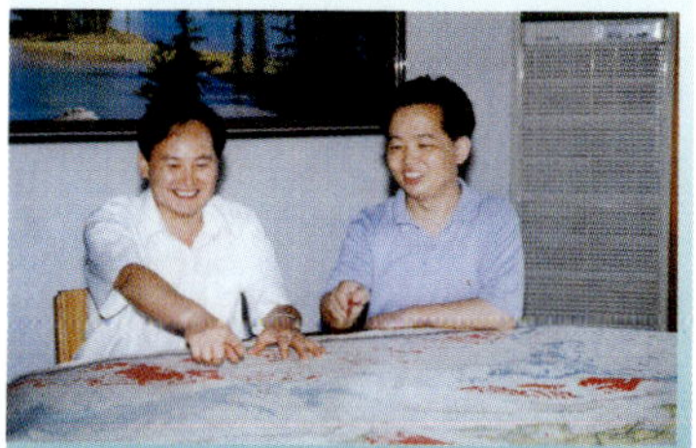

黄石煤炭矿务局局长卢在龙（右）与党委书记刘汉洲在研究矿区发展规划

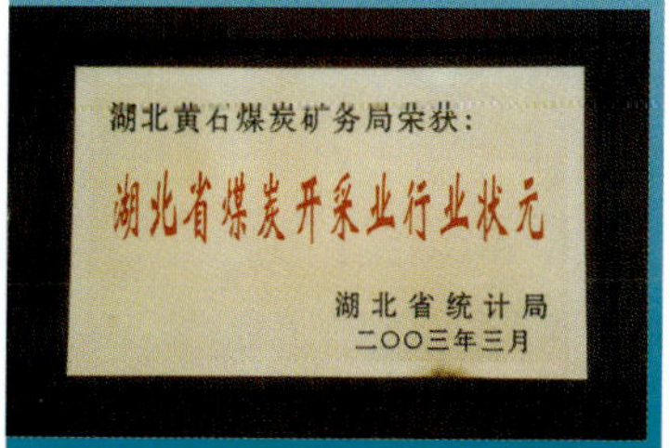

黄石煤炭矿务局地处长江南岸湖北省黄石市，是湖北省主要煤炭生产基地，已有95年开采历史。近几年该局坚持发展是硬道理，一方面狠抓老矿技术改造，一方面响应国家西部大开发号召，跨省办矿。目前，该局省内、省外共有9个煤矿，年生产能力达到120万吨以上，已构筑出重振煤业辉煌的框架。与此同时，该局发挥黄石地区特钢、水泥生产技术优势，生产特殊钢材、水泥；利用矿区地处城市的优越条件，开发房地产业、建筑安装业；面向黄石原材料工业城市矿山企业市场需要，发展电气、机械修理、加工与制造业。该局已形成以煤为主、多种经营、综合发展的经济格局。

2003年该局省内煤矿原煤产量603254吨，销售收入1.94亿元，其中原煤1.1亿元，多种经营0.84亿元；实现利税2000万元。均创近11年来最好水平。

该局煤质优良，被中国质量检验协会检测鉴定为“全国质量稳定合格产品”，被湖北省评为“最畅销地产品”和“湖北省煤炭开采行业状元”。

地　　址：湖北省黄石市湖滨大道569号
邮　　编：435000
电　　话：0714-6312901　电传：0714-6311300
电子信箱：office@hsmt.com.cn
主　　页：http／www.hsmt.com.cn

阿勒泰地区国土资源局

蓬勃发展中的阿勒泰地区国土资源事业

阿勒泰地区国土资源大会

阿勒泰地区国土资源局是自治区级精神文明单位，肩负着阿勒泰地区11.77万平方公里的国土资源管理工作。立足本区实际，开拓创新，与时俱进，严格履行《土地管理法》、《矿产资源法》、《测绘法》赋予的职责，依法行政，加强国土资源管理工作，积极培育和建立土地市场、矿业权市场，确保了全地区国土资源的合理开发，综合利用和保护，为全面建设小康社会提供资源保障。

加强土地管理，以规划为龙头，以保护耕地为核心，以地籍管理和土地资源调查为基础，以加大土地使用制度改革为突破口，以法制建设和执法监察为保障，以服务经济建设为目标，土地管理各项工作取得明显进展。

根据地委行署"以牧为主、矿业开发、旅游兴区"的经济发展方针，矿业经济蓬勃发展。目前区内共建成矿山140个，从业人员近万人，2003年矿业产值7.8亿多元，占地区工业总产值的61.4%。本区已开发利用的矿种有石油、天然气、原煤、铁、铜、镍、钴、铅、锌、金、银、铂、钯、锂、铍、钽、铌、芒硝、湖盐、云母、石灰石、滑石、沸石、珍珠岩、绿柱石、膨润土、蛋白土、长石、石英砂、石英岩、电气石、海蓝宝石、碧玺、水晶、饰面花岗岩、砖瓦用粘土、建筑用石、建筑用砂等46种。规划2005年矿业产值17亿元，2010年达到50亿元。矿业已成为地区四大支柱产业之一。

●地址：新疆阿勒泰市金山路106号　　●邮编：836500
●电话：0906-2152370　　●传真：0906-2152989
●局长：赵青　　●E-mail：altdqgtj@163.com

广西壮族自治区国土资源厅

广西利用专项资金实施重点矿产勘查取得重大成果

广西国土资源厅黄方方厅长（左4）陪同国土资源部李元副部长（左5）、自治区人民政府杨道喜副主席（左6）考察桂西平果县铝土矿矿区

自治区地质勘查专项经费重点投入的桂西地区铝土矿勘查，铝土矿产于岩溶洼地之中。图为野外勘查现场。

桂西地区铝土矿勘查重点项目广西靖西大道—德保都安铝土矿普查设计审查会会场。

广西矿产资源比较丰富，有色金属矿产、锰矿、建材和其它非金属矿产具有明显优势，资源潜力大。截止2002年底，广西共发现矿产145种，有探明资源储量的矿产有97种，其中特大和大型的占矿产地总数的10.76%。

2000年广西壮族自治区国土资源厅组建后，面对后备资源不足的现状和实施西部大开发的历史性机遇，以服务于广西社会经济可持续发展为宗旨，积极营造良好的矿业投资环境，多方引导和筹措资金，组织协调区内有关地勘单位开展地质矿产勘查工作。除了积极争取国家资源补偿费等中央财政、社会资金投入外，自2001年起，建立了自治区地质勘查专项经费，对广西重点矿种、重要成矿区带及自治区经济建设急需的矿产进行勘查，并取得了重大的找矿成果，新查明一批矿产地和新增一批矿产资源储量。

2001年以来，广西利用自治区地质勘查专项经费重点开展了桂西铝土矿勘查大会战，新查明靖西禄峒铝土矿床等12处矿产地，累计查明铝土矿资源储量58843.03万吨。其中，勘探18639.59万吨、详查3919.50万吨、普查21283.94万吨、预查15000万吨。为自治区正在筹建的桂西铝业基地，再造第二个平果铝提供了可靠的资源保证。同时完成了广西贺州市黄田镇硅灰石矿详查，查明资源储量矿石量205.18万吨，矿物量128.30万吨，达大型矿床规模。此外，钒、铅锌、锰、金等矿产也新增了资源储量。

广西地处扬子板块和华南板块的接合部，桂东大瑶山、云开大山、姑婆山地区是钨、锡、金银多金属重要成矿区（带），以铅锌、锰、锡、锑、金、铝土矿等为主的桂西右江－红水河国家级矿产资源集中区，也是广西有色金属找矿的主要远景区，具有良好的成矿条件。广西将继续发挥地质勘查专项经费的作用，加强重要矿产和重点矿区的勘查，为广西的经济社会发展提供资源保障。

与时俱进　求实创新

神木县矿产资源管理办公室

神木县矿产资源管理办公室主要负责县境内矿产资源的规划、管理，保护与合理利用和地质灾害的监测防治工作，现有干部职工19人，内设五个股，下属两个正科级事业单位，共有干部职工67人。全系统设一个党支部，共有党员34人，预备党员1人。近年来，神木县矿管办全面贯彻国土资源管理的各项方针政策，紧紧围绕全县"二次创业"的发展主题，以"三个代表"重要思想为指导，以"三个有利于"为标准，以服务经济建设为中心，以优化矿产资源配置为主线，以创建"市级文明单位"为契机，大力加强制度建设，狠抓业务工作，有力地推动了矿政管理工作的健康发展。曾三次获全省、七次获全市矿管工作先进单位，两次获全省、全市地质灾害防治工作先进单位，2002年和2003年分别被国土资源部授予全国换证工作先进单位和全国资源补偿费征管工作先进单位，2003年建成市级文明单位标兵、全市五型机关标兵单位、市级治安模范单位，取得了两个文明建设的双丰收。

2003年，该办提出了创建市级文明单位标兵的奋斗目标。一年来，该办以十六大精神和"三个代表''重要思想为指针，以创建"五型机关"为载体，以塑造"政令畅通、执法严格、服务优质、廉洁勤政"为目标。认真贯彻落实《2003年精神文明建设任务书》中确定的各项工作任务，切实加强思想、作风、组织、道德建设，全面提升广大干部职工的综合素质和精神文明建设总体水平，促进矿政管理工作再上台阶为指导思想，认真扎实地开展市级文明单位标兵的创建活动。

资源开发的最佳伙伴——内蒙古矿业开发总公司

矿业公司总经理李铁军

杨永宽局长正在研究全局矿业开发规划

内蒙古自治区矿业开发总公司（以下简称公司）是内蒙古地质矿产勘查开发局所属的矿业股份有限公司，主要从事经营性地质勘查和矿业开发工作。目前公司拥有自治区范围内各种矿产的地质勘查成果及多处具有找矿和开发前景地区的矿业权。公司专业技术人员齐全，可从事各类地质勘查和矿业开发工作。公司拥有雄厚的资金实力，通畅的矿产品贸易渠道。公司将继续坚持走勘查开发一体化路子，把自身优势融入内蒙古资源开发的战略中去，为西部大开发和振兴内蒙古经济做出更大的贡献。

目前公司拥有自治区勘查开发信息数据库和矿产品数据库，囊括了自治区50年地质勘查成果和国内外矿产品供求信息及开发新技术、新工艺的市场动态。公司目前正与国外大型矿业公司开展多项矿业勘查及开发项目的合作和交流。

目前公司正在勘查的乌海市电石灰岩项目，估算电石灰岩储量在1.5亿吨以上，该项目将会成为公司的又一个经济增长点。

公司还拥有达拉特旗芒硝矿矿业权。芒硝矿矿石储量69亿吨，硫酸钠储量24亿吨，具有埋藏浅、质量好、储量大、开发成本低的优势。矿区北依黄河，地下水资源丰富；邻近东胜、准格尔两大煤田及天然气田，目前正在进行钻井出卤、冷冻结硝及元明粉生产线的建设。

公司热忱欢迎区内外、国内外同行加盟，互惠互利，共同发展。

副局长郑翻身在矿山考察

局长杨永宽在工地视察

核工业江西矿冶局

核工业江西矿冶局是中国核工业集团公司驻赣行政管理机关，受中国核工业集团公司和江西省政府双重领导，负责管理华东地区铀矿冶企业。

核工业江西矿冶局原管理有六个从事铀矿冶生产或辅助生产企业，它们是七二一矿、七一九矿、七一三矿、七二四矿、七七一矿、七二〇厂，企业分布在江西、浙江省。自1958年企业陆续投产建立从来，先后建设开采了多个矿井，40余年来，江西铀矿冶系统1.4万余名职工，在中国核工业集团公司的正确领导下，在地方政府的有力支持下，发扬艰苦创业、无私奉献、奋力拼搏、开拓创新的精神，率先试验并采用了井下无轨开采、原地爆破浸出、地表堆浸、渗滤浸出、细菌浸出等采冶新工艺，探索出了南方硬岩提高产量、降低成本的发展之路，向国家提供了大量的铀产品，全局天然铀产量约占国内产量的三分之一。七一三矿为我国第一颗原子弹提供了核燃料，也为我国核事业的发展做出了历史性贡献；七二一矿是亚洲最大的铀矿冶基地，被誉为“中国铀都”，也是我国目前惟一拥有放射性选矿设施的铀矿采、选、冶大型联合企业；七七一矿是我国第一座实行无轨开采的铀矿山；七一九矿是我国第一个实现全堆浸的铀矿山，其堆浸成果获得国家科技进步一等奖。

核工业江西矿冶局还辖有五个从事非核生产经营的公司，即江西核工业经济技术开发公司、江西核工业昌升实业公司、江西核强工贸公司、江西核工业建设公司、江西核工业金建实业有限责任公司，这些公司在矿山建设、矿山退役治理、物业管理、劳务输出等方面，为局对外创收和解决职工再就业做出了应有的贡献.

法定代表人：徐世年　　电话：0791-8627470　　Email：JXKyjBgs@21cn.com
通讯地址：江西省南昌市1006信箱　　传真：0791-8623616

依托资源优势　争创新疆矿业大州

巴州国土资源局

表彰奖励王弭力教授在钾盐开发中的突出贡献

一、矿产资源的基本情况

新疆巴音郭楞蒙古自治州简称巴州，是全国30个少数民族自治州之一。总面积48.27万平方公里，历史上曾是西域的政治、军事、经济中心和古丝绸之路的战略要地。

巴州地质成矿条件较好，矿产资源种类丰富，分布广泛，开发潜力巨大。现已发现74种矿产资源，矿床、矿点681处，不少矿产资源储量在全国名列前茅，其中有9种储量居全国前10位。优势矿产主要有：储量居全国第一的钾硝石、红柱石、蛭石、陶瓷土；居全国第二的钾盐、水泥用大理岩；居全国第四的石棉、菱镁矿；居全国第十位的砖用粘土矿及铁、铜、煤、金、玉石、石材等矿产资源。石油、天然气是巴州重要的矿产资源之一，储量丰富，产量较大，勘探远景好。巴州是西气东输工程的起点和重要的资源地。

二、矿业发展前景展望

巴州国土资源局在州党委、州政府的领导下加大了矿业勘查、开发、宣传的力度，2004年5月，在北京召开了矿产资源勘探开发咨询研讨会，邀请了140位地质矿产界的领导和院士、教授、专家学者以及企业界人士对巴州矿产资源勘探开发工作进行了深入研究和探讨，为巴州矿业的大开发、大发展指明了方向。目前，巴州矿业经济的发展正处在一个朝气蓬勃、蒸蒸日上的新时期，巴州国土资源局以州党委、州人民政府提出的“工业立州、矿业强州”的战略方针，以丰富的矿产资源为依托，力争进一步做大、做强、做优矿业经济，使巴州逐步成为全国矿产资源大州和矿业强州。巴州热诚欢迎海内外有识之士，前来巴州这片热土投资开发，携手共进，共同促进巴州矿业经济的大发展。

江苏省徐州市贾汪区国土资源局

党组书记、局长：张吉瑞

省厅、市局有关领导、专家现场看普查项目工程进展情况

贾汪位于江苏省徐州市东北38千米处，为苏鲁两省结合部，东部与邳州市交界，南部与铜山县接壤，东北与山东省枣庄市毗邻；下辖7个乡镇、2个办事处、1个工业园区；行政区总面积690平方公里，人口50.3万人。

贾汪区矿产资源较丰富，至今已勘查和发现矿产18种：探明有储量的矿产11种，探明矿床23个，其中大型4个、中型10个、小型9个。煤、右灰岩、白云岩、水泥配料用砂页岩居江苏省前列，大理石、钛铁矿砂矿、耐火粘土、硫铁矿在徐州地区也具优势。

贾汪的矿产勘查及开发起步较早，煤炭开采史已逾百年。1997年，在区委区政府大力支持下，局同江苏省地矿厅第五地质大队一起编制了矿产资源开发利用规划，并进行了矿产资源管理秩序治理整顿和限制开山采石工作，实现全区矿业秩序全面好转，并完成了露采矿山地质环境调查工作。

贾汪区率先在全市范围内实行采矿权有偿出让制度，截至目前，全区共挂牌出让采矿权47宗，竞得采矿权价款740余万元，协议出让采矿权8宗，收取采矿权价款30.8万元。规范了矿业权登记、发证、管理、备案和电子数据库的建立，进一步加强了矿山环境保护、监督和恢复治理，促进了区内矿业经济可持续发展。

地 址：江苏省徐州市贾汪区世纪广场西侧
邮编：221011

西藏昌都地区矿产资源简介

昌都地区位于西藏自治区东部，与四川接壤，是西藏的“东大门”，地理座标为东经93°35—99°00'，北纬20°30—32°30'，地处我国著名的西南“三江”（怒江、澜沧江、金沙江）地区有色金属重要成矿带上。本区共有11个县，土地面积10.8万平方公里，人口约60万，属半农半牧区。区内交通以公路为主，有川藏南、北干线和昌都—那曲等干线，昌都通往各县都有公路。

解放后，本区才开展区域地质矿产路线调查和以铜、铁、煤为中心的勘查，“八五”末本区已基本完成二十万分之一的正规图幅区调和化探扫面工作，获得了重要的地质矿产成果，发现矿种70余个，矿床80余处，矿点290多处，矿化点340多处。其中，有色金属以铜为主，玉龙铜钼多金属矿床成为国家重点矿产后备基地。已列入自治区矿产储量平衡表的有13种，其中占全国第二位的有铜，第三位的有菱镁矿，第五位的有砷、重晶质石墨，第七位的有石膏，第十位的有钼矿。其次，还有金、银、铅、锌、钨、锡、铋、汞、锑、锰、镍等金属矿产（部分为共生或伴生矿）在储量、品位上，都超过工业标准，有巨大的开发价值。据有关专家提供的资料显示，全西藏自治区已探明的矿产资源（价值量）的60.5%、45种主要矿产资源总量的50.3%、90%以上的富铜矿、钴矿、菱镁矿、脉石英、硫铁矿、砷矿、石墨、石膏，99.28%的重晶石，98.13%的钼矿，80.71%的铜矿，87.10%的水泥灰岩，均分布在昌都地区。

我地区成矿条件优越，成矿带、异常区众多，但本区的地勘工作滞后，资源开发利用才刚刚起步。近几年，随着西部大开发的深入实施，国家把矿产勘探、开发的重点转移到西南“三江”地区，青藏铁路也将于明年竣工使用，地区的矿产资源勘探、开发面临着前所未有的机遇，发展潜力巨大、前景广阔。昌都地区国土资源局党组及全体职工，欢迎社会各界及业内有志之士来地区投资开发，我们将以最热情的服务和最优惠的政策与您共同发展。

中國地質大學（北京）

中国科学院院士

中国地质大学（北京）是教育部直属的全国重点大学，是全国首批33所建有研究生院和首批进入“211工程”建设的高等院校之一。是一所以地质、资源、环境、工程技术为主要特色，理工文管经法协调发展的现代型、开放型、国际型的多科性大学。

学校现有在校生12000余人。学校师资力量雄厚，有中科院院士8人，博士生导师103人，教授96人，副教授177人。学校共设有15个院系部，本科专业47个，硕士学位学科点65个，博士学科授权点30个，并设有2个地质理学、工学博士后流动站。学校还拥有一批国内领先学科和特色突出的学科，拥有5个国家级和12个省部级重点学科。目前建有1个国家级重点实验室，2个国家级专业实验室、1个教育部重点实验室、2个北京市重点实验室、3个国土资源部开放实验室、16个基础课实验室、22个专业课实验室以及6个研究机构，承担着许多重大科研任务。同时，学校还拥有设备齐全的图书馆、国际学术交流中心、实验测试楼、外语语音室、计算机教室、多媒体教室、体操房和田径场；在驰名中外的周口店和风光秀丽的北戴河建有实习基地。

与俄罗斯合作

校园东大门夜景

中国地质大学已经走过了半个多世纪的辉煌历程，不仅有较好的办学基础和雄厚的师资力量，而且在长期办学实践中形成了“艰苦奋斗、严格谦逊、团结活泼、求实进取”的校风。多年来，学校为社会培养输送了大批优秀人才。他们中有两院院士，有全国劳动模范，有科技骨干，有教育专家和管理人才，有的还担任了党和国家重要领导职务。在新世纪，学校将坚持“特色加精品”办学理念，按照“五强人才”培养标准，立足特色，塑造精品，着力培养社会主义的建设者和接班人。温家宝校友在校庆50周年前夕回母校提出“品德优良、基础厚实、知识广博、专业精深”的十六字方针，为学校的人才培养工作指明了方向。

学校将为实现把学校建成地球科学领域世界一流大学的目标而不懈努力。

行政楼

图书馆

地址：北京市海淀区学院路29号
邮编：100083
http://www.cugb.edu.cn

交流中心

校园风貌

东北大学

资源与土木工程学院领导班子

东北大学是以工为主，理工、文、管、经、法相结合的多科性国家重点大学。学校现有58个学科有权授予硕士学位，29个学科有权授予博士学位，国家级重点学科7个，博士后流动站9个，国家工程技术研究中心3个，国家重点实验室1个，设有“长江学者奖励计划”特聘教授岗位6个，中国科学院和中国工程院院士7名，国务院学科评议组成员7名，博士生导师160余名，教授300人，副教授600人。

“九五”以来，学校承担的国家自然科学基金项目、国家重点基础研究发展规划项目“973”、“863”高科技项目、博士点基金项目、国家重大科技攻关项目，国际合作项目以及与地方、企业合作的项目共2400个，获国际、国家和省部级奖200余项，其中旷产资源开发学科50项。在国内外发表学术论文6800篇，其中矿产资源开发学科700余篇。

211工程岩石失稳与控制实验室

以采矿工程重点学科为龙头的资源与环境学科，在“九五”、“十五”期间取得了长足发展。该学科拥有先进的实验设施，尤其是在国家“211工程”项目资助下，投资近900万元，新建成的具有国内领先水平的“岩石破裂与失稳研究中心”和“矿业信息与决策支持中心”，为采矿工程学科的发展提供了优越的基础条件。本学科瞄准采矿科学技术的发展趋势，根据信息化和知识经济对人才培养和科学研究的要求，近10年来对研究方向和教学结构体系进行了大幅度改革。形成的4个主要研究方向如下：岩石破裂与失稳控制；高效、低，贫损与安全开采技术；矿业决策与优化；矿山开采的废弃物综合利用及环境改善。

本学科的最大特点和优势是：研究针对性强，学科交叉面广，国际交流与合作广阔，与市场经济条件下的可持续发展战略和高新技术发展趋势保持一致，兼具现实性和超前性，产业化能力强，具有发展后劲和前景。

面向未来，东北大学采矿学科将抓住机遇，办出特色，为在21世纪初把东北大学采矿学科国际化、国内一流、国际知名的高水平学科而奋斗。

采矿馆

夜景下的主楼

东北大学正门

上海梅山(南京)机电设备有限公司

40平方米过滤机

10立方米矿车

金属线材

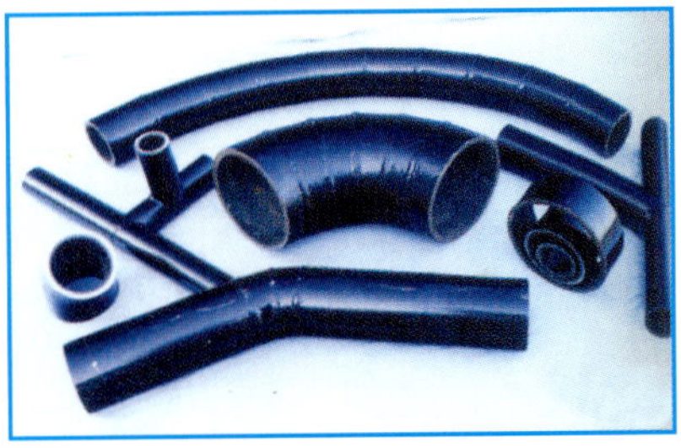
陶瓷复合钢管

合金铸球

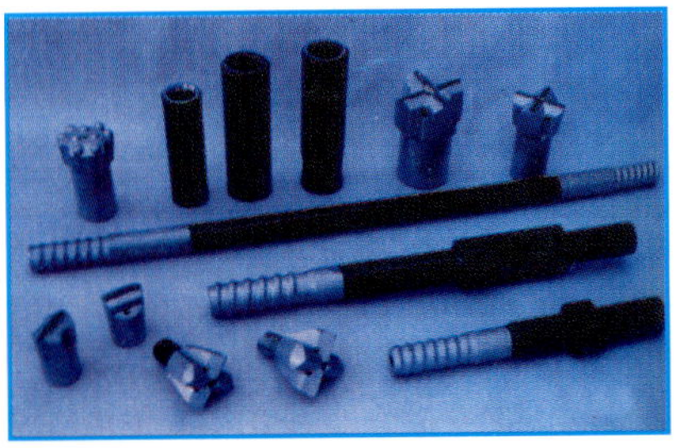
钎具

上海梅山(南京)机电设备有限公司是在南京注册的具有独立法人资格的有限责任公司，隶属上海宝钢梅山集团(南京)矿业有限公司。公司依傍长江，紧邻宁芜铁路、沪宁高速公路，交通便利。公司占地2.99万平方米，建筑面积2.03万平方米，拥有固定资产3655.33万元。

公司主要经营凿岩钎具和高炉钎具、耐磨铸球和耐磨衬板、陶瓷复合钢管、金属线材生产，承接矿山成套设备加工制作。产品遍及江苏、河北、新疆、甘肃、广西等17个省份，销往90多家单位。

已有30年发展史的梅山机电公司，拥有金属切削加工、结构件制作、铸造、锻压、热处理、自蔓燃、金属线材压延、电镀、机电设备安装修理等九大门类技术，具备钎具1000吨、陶瓷复合钢管3000吨、铸球3000吨、线材5000吨、工矿设备备件1000吨的生产能力。

公司陶瓷复合钢管产品主要有：ф57～ф630毫米直管、弯管、三通、四通，广泛应用于冶金、矿山、电厂、石化、机械、煤炭、电子等行业，耐磨性能达到同类钢管的15倍。1998年南京梅山选矿厂新尾矿库25公里 245毫米矿浆管道全部采用我公司陶瓷复合钢管，是目前国内运用陶瓷复合钢管建成的最长的矿浆输送管道，总吨位超过1600吨，使用效果十分理想。近年来，公司又陆续为武钢、鞍钢、昆钢等公司提供了一系列大口径陶瓷复合钢管，并已投入使用。

公司金属线材产品主要有高强度镀锌丝、镀铜丝、复拉丝，主要用于制作汽动订、文教订以及通讯电缆、电话户外线、电器元件引脚线等，还可用于绑扎、牵拉、编网、制钉等。

公司钎具产品主要有R32系列钎具、高炉开铁口用钎具、T45钎具，主要应用于矿山、大中型钢厂等。

公司耐磨铸球主要规格有ф30～ф60毫米、ф80～ф90毫米、ф100/ф120毫米，主要应用于矿山选矿球磨、水泥厂和化学药剂厂球磨等。

公司机械产品主要是大型工矿设备备件，主要有震动筛、浮选机、40平方米内过滤机、50米浓缩机、26吨提升箕斗、提升载人罐笼、18型平巷人车和10立方米矿车等大型成套设备，主要应用于工矿企业。

目前公司已通过ISO9001国际质量体系论证。热诚欢迎广大新老客户前来洽谈，我们将为您提供周到的服务。

——按矿种和地区分列(二)

属地化单位			地勘行业部门、地调局			
基础储量		资源量	基础储量		资源量	备注
	储量			储量		
		43000			**16114**	武警黄金
					16114	武警黄金
		43000				
		39800			**22831**	武警黄金
					22831	武警黄金
		39800				
2489200		**31917850**			**1770400**	冶金部门
					1770400	冶金部门
		3378100				
3489200		13509750				
		4				
		4				
		3068				
		3068				
2787	**2787**	**15376**				
2787	2787	15376				
9407	**748974**					
		112000				
9407		336200				
		291300				
		9474				
		439				
		439				
19680	**3431**	**91171**			**107348**	冶金部门
					5000	冶金部门
2049					4510	武警黄金
					2833	武警黄金
					3296	武警黄金
					10962	武警黄金
		30				

2003年新查明矿产资源

续表 9

矿种／地 区	计量单位	总 计		
		基础储量		资源量
			储量	
安徽	金属千克			4340
福建	金属千克			3596
江西	金属千克	14200		27608
山东	金属千克			19192
河南	金属千克			9620
湖北	金属千克			6282
湖南	金属千克			1928
四川	金属千克			4501
贵州	金属千克	3431	3431	
云南	金属千克			9003
陕西	金属千克			1114
甘肃	金属千克			68207
青海	金属千克			13809
新疆	金属千克			2688
银矿	金属千克	**104750**	**104750**	**279800**
广西	金属千克			22680
陕西	金属千克	104750	104750	
青海	金属千克			53000
钽矿	五项原则氧化二钽吨			**842**
江西	五项原则氧化二钽吨			842
锆矿	锆英石吨	**15980**		**21179**
海南	锆英石吨	15980		21179
锶矿	天青石吨			**85500**
青海	天青石吨			85500
萤石(普通)	矿石万吨			**91**
浙江	矿石万吨			91
硫铁矿	矿石万吨			3000
湖北	矿石万吨			3000
芒销(含钙芒硝)	硫酸钠万吨	**4572**		**4240**
湖南	硫酸钠万吨	4572		4240
重晶石	矿石万吨			**304**

——按矿种和地区分列(三)

属地化单位			地勘行业部门、地调局			
基础储量		资源量	基础储量		资源量	备注
	储量			储量		
		2340				地调局
		2256			**304**	武警黄金
14200		27608				
		3800				武警黄金
		9620				
		6282				
		390				武警黄金
		4501				
3431	3431					
						武警黄金
						武警黄金
		31738				武警黄金
		2606				武警黄金
						武警黄金
104750		**279800**				
	104750	22				
104750		6800				
	104750					
		53000				
		842				
		842				
15980		**21179**				
15980		21179				
		85500				
		85500				
		91				
		91				
		3000				
		3000				
4572		**4240**				
14572		4240				
						化工部门

2003年新查明矿产资源

续表 9

矿种／地 区	计量单位	总 计		
		基础储量		资源量
			储量	
湖南	矿石万吨			304
电石石灰岩	矿石万吨			**1646**
安徽	矿石万吨			1646
磷矿	矿石千吨			**90295**
四川	矿石千吨			90295
滑石	矿石万吨			**2**
广西	矿石万吨			2
石棉(温石棉)	矿石万吨		**3431**	**376**
新疆	矿石万吨	11		376
长石	矿石万吨			**9**
河北	矿石万吨			9
叶蜡石	矿石万吨			**155**
浙江	矿石万吨			155
沸石	矿石万吨			**500**
安徽	矿石万吨			500
石膏	矿石万吨			**7188**
安徽	矿石万吨	**2167**		6726
江西	矿石万吨	2167		462
方解石	矿石万吨			**2512**
安徽	矿石万吨			2512
玉石	矿石千吨			**63**
广东	矿石千吨			63
水泥用灰岩	矿石万吨		**39329**	**256597**
北京	矿石万吨	**77744**		4394
河北	矿石万吨		6000	2757
山西	矿石万吨	7734		33972
内蒙古	矿石万吨			1459
江西	矿石万吨	1952		6544
山东	矿石万吨	6487		30199
河南	矿石万吨	5664		15000
湖北	矿石万吨			11900

——按矿种和地区分列(四)

属地化单位			地勘行业部门、地调局			
基础储量	储量	资源量	基础储量	储量	资源量	备注
					304	化工部门
		1646				
		1646				
		90295				
		90295				
		2				
		2				
			11		**376**	建材部门
			11		376	建材部门
					9	建材部门
					9	建材部门
		155				
		155				
		500				
		500				
		462	**2167**		**6726**	建材部门
			2167		6726	建材部门
		462				
		2512				
		2512				
		63				
		63				
7734	**6000**	**14739**	**70010**	**33329**	**241858**	建材部门
		4394	1952			
7734	6000	2757	1952			
			6487		33972	建材部门
			5664		1459	建材部门
					6544	建材部门
					30199	建材部门
					15000	建材部门
					11900	建材部门

2003年新查明矿产资源

续表 9

矿种／地 区	计量单位	总 计		
		基础储量		资源量
			储量	
广东	矿石万吨	1200		32392
广西	矿石万吨	16704		6742
四川	矿石千吨			7588
贵州	矿石千吨			5343
云南	矿石万吨			11987
陕西	矿石万吨	38003	33329	50597
甘肃	矿石万吨			34654
新疆	矿石万吨			1069
建筑石料用灰岩	矿石万吨			**2361**
新疆	矿石万吨			2361
玻璃用白云岩	矿石万吨			**18384**
福建	矿石万吨			18384
建筑用白云岩	万立方米			**801**
云南	万立方米			801
玻璃用石英岩	矿石万吨	**5284**		**1032**
海南	矿石万吨	5284		1032
水泥配料用砂岩	矿石万吨	**6221**		**8438**
安徽	矿石万吨	6221		4501
广西	矿石万吨			2000
贵州	矿石千吨			396
云南	矿石千吨			1541
建筑用砂	矿石万吨			**834**
宁夏	矿石万吨			834
硅藻土	矿石万吨			**4776**
云南	矿石万吨			4776
陶粒页岩	矿石万吨	**1881**		**1054**
吉林	矿石万吨	1881		1054
砖瓦用页岩	矿石万立方米			**3500**
北京	矿石万立方米			3500
高岭土	粘土万吨	103		138

——按矿种和地区分列(五)

属地化单位			地勘行业部门、地调局			
基础储量		资源量	基础储量		资源量	备注
	储量			储量		
		7588	1200		32392	
			16704		6742	
					5343	
					11987	
			38003	**33329**	50597	
					34654	
		2361			1069	
		2361				
					18384	
					18384	
					801	
					801	
5284		**1032**				
5284		1032				
103			**6221**		8438	
			6221		4501	
					2000	
					396	
					1541	
		834				
		834				
					4776	
					4776	
			1881		1054	
			1881		1054	
					3500	
					3500	
		138				

2003年新查明矿产资源

续表 9

矿种／地区	计量单位	总计		
		基础储量		资源量
			储量	
江西	粘土量万吨	103		138
凹凸棒石粘土	矿石万吨			**5301**
河南	矿石万吨			5301
膨润土	矿石千吨			**1836**
浙江	矿石千吨			1836
陶粒用粘土	矿石万吨			**672**
黑龙江	矿石万吨			672
水泥配料用粘土	矿石万吨	**978**		**4365**
广西	矿石万吨	978		4365
建筑用花岗岩	矿石万立方米			**1560**
河北	矿石万立方米			1560
霞石正长岩	矿石万吨			**475**
四川	矿石万吨			475
水泥用凝灰岩	矿石万吨			**1666**
浙江	矿石万吨			1666
建筑用大理石	矿石万立方米	**727**		
广西	矿石万立方米	727		
水泥用大理石	矿石万吨	**612**	**511**	**19007**
河南	矿石万吨		511	8034
西藏	矿石万吨	612		10973
矿泉水	方／日	**600**		
北京	方／日	600		
宁夏	方／日			2737
地下水	方／日	**100800**	**10000**	**215200**
辽宁	方／日	10000	10000	
山东	方／日			
河南	方／日			
海南	方／日	10800		25000
青海	方／日	80000		60000
宁夏	方／日			58000

——按矿种和地区分列(六)

属地化单位 基础储量	属地化单位 储量	属地化单位 资源量	地勘行业部门、地调局 基础储量	地勘行业部门、地调局 储量	地勘行业部门、地调局 资源量	备注
103		138				
					5301	建材部门
		1836			5301	建材部门
		1836				
					672	建材部门
					672	建材部门
			978		4365	建材部门
			978		4365	建材部门
					1560	建材部门
					1560	建材部门
					475	建材部门
					475	建材部门
		1666				
		1666				
			727			建材部门
			727			建材部门
612	**511**	**10973**			**8034**	建材部门
					8034	建材部门
612	511	10973				
600		2737				
600						
		2737				
100800	**10000**	**215200**				
10000	10000					
		23700				
		48500				
10800		25000				
80000		60000				
		58000				

2003年机械岩芯钻探工作量

表 10

地区	合计	属地化单位	冶金部门	有色部门	地质调查员	武警黄金	煤炭部门
总计	**5032030**	**1322808**	**64823**	**2376**	**4776**	**39199**	**138858**
北京	6907		1000				3551
天津	201360	10052			1528		
河北	360978	35297	1674		443		63186
山西	41553	36346	1519				
内蒙古	90984	6643	1510			4196	
辽宁	320655	43970				1902	
吉林	337031	41434				1790	
黑龙江	557339	24921				5504	
上海	22						
江苏	71777	2660			1329		64796
浙江	16612	6274					
安徽	209267	203181					
福建	36851	32307	1617			1633	
江西	17991	15127					
山东	276639	221469	43826			4674	
河南	98745	89274				1266	
湖北	14463	4844	6013		1476		
湖南	59725	48855	1593	976		2043	
广东	52231						
广西	22638	15839	559				
海南	4856	3795				1061	
重庆	11699	11699					
四川	123523	30255	475				
贵州	87893	86015					
云南	59710	47935	1500			2350	
西藏	14710	14710					
陕西	913818	104594					
甘肃	108687	56774				9900	
青海	111017	19159					7325
宁夏							
新疆	801506	109379	2694	1400		2880	
国外	843		843				

——按地区和部门分列

计量单位:米

石油天然气	海洋石油	石油化工	核工业部门	化工部门	建材部门	中联煤层气
3111594	**111928**	**9120**	**135686**	**11884**	**78072**	**906**
					2356	
123269	66511					
259381				906	91	
					3688	
			71668	310	6657	
272366					2417	
291671		347		321	1468	
523163					2854	897
		22				
		343		1047	1602	
3040				1588	5710	
					6086	
				751	543	
					2864	
		2355		1155	3160	
		2836		1836	3533	
		46		175	1909	
		32		609	5617	
	45417				6814	
				100	6140	
91670		396			727	
				1359	519	
		186		1727	6003	9
783615			22964		2645	
38313					3700	
84035					498	
641071		2557	41054		471	

2003年机械岩芯钻探工作量

表 11

地区	合计	属地化单位	冶金部门	有色部门	地质调查员	武警黄金	煤炭部门
总　计	**5032030**	**1322808**	**64823**	**2376**	**4776**	**39199**	**138858**
煤	856179	714747					137358
油页岩	100	100					
海域石油	111928						
陆上石油	3120714						
煤层气	4594	3688					
铀矿	141930	6244					
地热	21215	21215					
铁矿	38708	32490	6218				
锰矿	10303	6254	4049				
铬铁矿	1200	1200					
钛矿	4914	4914					
钒矿	100						
铜矿	75244	72889	2355				
铅矿	13713	13713					
锌矿	9600	8552	843				
铝土矿	6868	6868					
镍矿	960	960					
钴矿	2005	2005					
钨矿	8843	8843					
锡矿	16384	16384					
钼矿	2211	2211					
锑矿	1638	1638					
铅锌矿	29074	25725	620	1400	1329		
多金属矿	18512	18512					
铂矿	2192	2192					
金矿	221197	134853	44641	976	1528	39199	
银矿	9333	9333					
锆矿	1125	1125					
锶矿	1964	1964					
重稀土矿	140	140					
萤石(普通)	3942	2200					
冶金用石英岩							
冶金用脉石英	1009	400					
耐火粘土	243	243					
硫铁矿	651						
芒硝(含钙芒硝)	1645	1645					
重晶石	246						
天然碱	953	953					
电石石灰岩	2125	2125					

——按矿种和部门分列(一)

计量单位:米

石油天然气	海洋石油	石油化工	核工业部门	化工部门	建材部门	中联煤层气
3111594	**111928**	**9120**	**135686**	**11884**	**78072**	**906**
					4074	
	111928					
3111594		9120				
						906
			135686			
				100		
				205		
				1742		
				609		
				651		
				246		

2003年机械岩芯钻探工作量

续表 11

地区	合计	属地化单位	冶金部门	有色部门	地质调查员	武警黄金	煤炭部门
制碱石灰岩	20	20					
泥炭	22	22					
岩盐	2880	2880					
钾盐	1311	1311					
硼矿	4714	2643					
磷矿	9835	5072					
石墨	1736						
硅灰石	1874	898					
滑石	4305						
长石	99	99					
叶蜡石	160	160					
透辉石	95						
沸石	500						
透闪石	94						
石膏	18392	13295					
方解石	640	250	214				
水泥用灰岩	49829	4651					
建筑石料用灰岩	4360	4360					
白垩	158						
建筑用白云岩	74	74					
玻璃用砂岩	700						
水泥配料用砂岩	3444						
玻璃用砂	614	427					
硅藻土	704						
陶粒页岩	1408	1187					
砖瓦用页岩	1493	1301					
水泥配料用页岩	1474	489					
高岭土	917	917					
凹凸棒石粘土	303						
膨润土	5009	4857					
水泥配料用粘土	1414						
水泥配料用黄土	175						
保温材料用粘土	909	909					
铸石用玄武岩	189	189					
饰面用花岗岩	425	425					
水泥用凝灰岩	178						
大理石	1778	1307					
建筑用大理石	550		2343				
水泥用大理石	5120						
地下水	89537	87586	3540				1500
不能分矿种	70889	61154		1919			

——按矿种和部门分列(二)

计量单位:米

石油天然气	海洋石油	石油化工	核工业部门	化工部门	建材部门	中联煤层气
				321	1750	
				4763		
				1736		
					976	
				200	4105	
					95	
					500	
					94	
					5097	
					390	
					44964	
				158		
					700	
					3444	
					187	
					704	
					221	
					192	
					985	
					303	
				152	1414	
					175	
					178	
					471	
				550		
					2777	
				451		
					4276	

2003年地质勘查投入情况

表 12

地质勘查费

地区	合计	中央财政拨款		地方财政拨款		企事业投入	
			矿产资源补偿费		矿产资源补偿费	小 计	国内企事业
总 计	**2597619.34**	**98490.75**	**23300.65**	**62449.05**	**18480.03**	**2430056.24**	**2284330.02**
北 京	40240.00	7394.43	378.00			32845.57	32845.57
天 津	171137.54	533.00	198.00	1029.75	684.00	169454.79	73075.79
河 北	70956.90	6335.67	680.00	2938.03	1490.69	61363.40	61363.40
山 西	11185.43	1599.93	231.00	2194.33	1213.23	7391.17	855.60
内蒙古	6070.04	4949.04	1076.00	306.20	253.00	789.22	276.00
辽 宁	56611.82	2842.34	220.00	2182.50	716.90	51400.98	51400.98
吉 林	127966.47	4872.85	614.29	730.20	380.50	122363.42	122363.42
黑龙江	221265.97	1881.62	214.02	5460.54	3283.15	213923.81	213923.81
上 海	27955.50	631.50		405.00	125.00	26919.00	23185.00
江 苏	50566.97	2001.20	741.00	1614.07		46951.70	46951.70
浙 江	46554.43	982.90	323.90	810.50		44687.94	44687.94
安 徽	18597.12	862.10	238.20	1265.00	1023.00	16053.02	15843.33
福 建	5659.49	1313.44	799.43	2063.83	592.00	2254.22	2254.22
江 西	4829.70	1225.90	380.00	2035.80	480.00	1568.00	1413.23
山 东	275359.72	4516.67	1009.20	4597.69	2485.00	264845.36	264845.36
河 南	126463.64	3328.16	1154.50	2525.41	276.05	119581.57	119581.57
湖 北	33580.33	1977.76	973.00			31477.05	31368.05
湖 南	12542.01	3172.01	1984.00	88.00		8473.00	8373.00
广 东	103957.30	9571.30	470.00			94386.00	59114.00
广 西	15907.81	1847.41	1290.00	2255.87	80.00	11804.53	11804.53
海 南	896.96	730.66		10.00		156.30	156.30
重 庆	2275.50	1003.00	170.00	723.50		549.00	549.00
四 川	67739.28	5421.68	1924.32	1617.50	605.00	60576.10	60576.10
贵 州	8532.45	2112.90	452.85	1091.19	98.00	4546.25	4267.25
云 南	83686.18	4470.84	1196.81	5361.47		73486.96	72234.77
西 藏	7429.43	775.57	600.00	1671.23	80.00	4982.63	4298.07
陕 西	209873.53	3651.80	1436.00	2766.40	50.00	203318.74	202815.52
甘 肃	47240.24	4304.60	1478.13	7447.84	876.00	35326.60	35326.60
青 海	72215.42	4441.91	1327.00	1863.90	296.51	65909.61	65909.61
宁 夏	376.00	298.00	45.00	20.00		58.00	58.00
新 疆	669246.16	8740.56	1696.00	7373.30	3392.00	652612.30	652612.30
国 外	700.00	700.00					

——按地区分列

(万 元)

港澳台商	外商	其他投入	机械岩心探工作量（米）	坑探工作量（米）	勘查人员（人）年末从业人员	勘查人员（人）年末从业人员：技术人员	勘查人员（人）平均从业人员	劳动报酬（万元）
762.77	**144963.45**	**6623.30**	**5032030**	**154887**	**209398**	**47470**	**193454**	**487421.07**
			6907		692	602	643	3086.79
	96379.00	120.00	201360	3042	11417	1997	10030	34253.50
		319.80	360978	5549	26956	10114	24941	66915.76
	6346.57		41553	2307	976	516	961	795.47
189.00	513.22	25.58	90984	3534	1463	647	1490	1661.98
		186.00	320655	1757	13421	1477	10958	24215.57
			337031	12558	10125	1481	9273	17273.77
			557339	24996	14276	1742	11372	35483.94
	3734.00		22		1296	531	1307	5188.50
			71777		7839	1484	9434	22840.46
		73.09	16612	130	2774	1160	2551	5285.54
	209.69	417.00	209267	844	2013	767	1683	2645.81
		28.00	36851	15760	1246	610	1371	2241.63
	154.77		17991	4349	1197	876	1196	1897.14
		1400.00	276639	6586	25767	3442	25184	74980.39
		1028.50	98745	6001	23091	3936	22929	59194.59
		125.52	14463	1566	8329	1131	8494	17505.86
	100.00	809.00	59725	10529	3108	1107	2741	3981.00
109.00	34950.00		52231		1232	960	1231	7569.00
			22638	2561	2290	1280	2314	3322.49
			4856	611	383	209	363	358.48
322.00								
			11699		654	367	617	852.30
		124.00	123523	8482	16926	2203	14058	32543.81
	279.00	782.11	87893	1536	1578	842	1489	2368.19
	1109.42	366.91	59710	8977	4735	1784	4227	7590.53
	684.56		14710	1254	1184	362	1200	1968.79
	503.22	136.59	913818	13572	6207	1315	5431	9902.60
142.77		161.20	108687	9985	3868	1224	3905	4059.90
			111017	5049	2318	919	1771	5102.88
				9	46	34	52	90.00
		520.00	801506	3343	11958	2324	10207	32165.98
			843		33	27	31	78.42

2003年地质勘查投入情况

表 13

	地质勘查费						
	合计	中央财政拨款		地方财政拨款		企事业投入	
			矿产资源补偿费		矿产资源补偿费	小 计	国内企事业
总　　计	**2597619.34**	**98490.75**	**23300.65**	**62449.05**	**18480.03**	**2430056.24**	**2284330.02**
	253296.49	51974.69	16079.06	60815.65	17568.23	135132.55	133711.22
属地化单位	6579.30	4208.00	1970.00	249.80	226.80	1592.32	1592.32
冶金部门	1085.00	795.00	380.00	38.00		102.00	92.00
有色金属	17800.00	16633.00	852.00			1167.00	1167.00
地质调查局	4639.80	4639.80	546.76				
武警黄金	21093.00	2226.00	1109.00	315.00	80.00	18552.00	18552.00
煤炭部门	1191361.00					1191361.00	1191361.00
石油天然气	256977.00	440.00	440.00			256537.00	121474.00
海洋石油	811718.00					811718.00	811718.00
石油化工	9166.30	8227.30	710.00	96.00	96.00	843.00	843.00
核工业部门	5513.23	5206.11	678.15	163.60	130.00	18.00	18.00
化工部门	8599.00	2996.00	409.00	771.00	379.00	4387.00	3767.00
建材部门	9791.22	1144.85	126.68			8646.37	34.48
中联煤层气							

——按部门分列

	（万 元）			机械岩心探工作量（米）	坑探工作量（米）	勘查人员（人）			劳动报酬（万元）
			其他投入			年末从业人员		平均从业人员	
	港澳台商	外商					技术人员		
	762.77	**144963.45**	**6623.30**	**5032030**	**154887**	**209398**	**47470**	**193454**	**487421.07**
	142.77	1278.56	5373.60	1322808	133392	38172	19889	36701	55553.77
			529.18	64823	12955	1074	631	1054	1664.09
		10.00	150.00	2376	1173	187	108	142	307.00
				4776	400	852	668	775	1957.00
				39199	6355	3502	688	3616	
				138858		2501	597	4014	5252.00
				3111594		87190	10872	71933	200387.00
		135063.00		111928		6087	3660	6270	37378.00
				9120		64781	8050	63874	176432.00
				135686		1470	847	1500	3626.90
			125.52	11884	522	1672	525	1672	2341.69
	620.00		445.00	78072	90	1868	903	1860	2392.00
		8611.89		906		42	32	43	129.62

2003年地质勘查投入情况

表 14

地 区	地质勘查费						
	合计	中央财政拨款		地方财政拨款		企事业投入	
			矿产资源补偿费		矿产资源补偿费	小 计	国内企事业
总 计	**2375738.32**	**98490.75**	**23300.65**	**62449.05**	**18480.03**	**2430056.24**	**2284330.02**
一、能源矿产	2375738.32	34113.03	5345.25	16795.81	3713.15	2322586.60	2178177.15
煤	74482.88	8085.67	3722.57	14891.11	3301.15	49368.22	49368.22
油页岩	202.09	97.09		100.00		5.00	5.00
海域石油	267141.00	10604.00	440.00			256537.00	121474.00
陆上石油	2008089.00	3771.00	0.00			2004318.00	2004318.00
煤层气	11922.17	2235.85	254.68	804.95		8776.37	114.48
铀矿	10162.30	8709.30	800.00	61.00	61.00	1392.00	1392.00
天然沥青	8.00	8.00					
地热	3730.88	602.12	128.00	938.75	351.00	2190.01	1505.45
二、金属矿产	**86986.98**	**40637.19**	**14862.25**	**27626.34**	**9368.66**	**17545.22**	**17156.22**
黑色金属矿产	**7427.41**	**3622.56**	**1380.00**	**1908.15**	**605.19**	**1621.84**	**1621.84**
铁矿	4068.60	1428.53	290.00	1085.43	147.38	1345.78	1345.78
锰矿	2299.19	1745.78	1090.00	292.25	152.50	195.16	195.16
铬铁矿	205.50	15.00		150.00		40.50	40.50
钛矿	653.32	307.61		305.31	305.31	40.40	40.40
钒矿	200.80	125.64		75.16			
有色金属矿产	**35577.54**	**16310.23**	**6817.00**	**13955.88**	**4627.31**	**4917.85**	**4817.85**
铜矿	12742.79	6184.58	2072.98	5030.06	2295.16	1528.15	1528.15
铅矿	3102.17	1298.38	709.00	1360.53	532.30	443.26	343.26
锌矿	1193.86	986.70	670.00	156.16	117.00	51.00	51.00
铝土矿	2880.10	879.20	410.00	1771.71	175.22	229.19	229.19
镁矿	11.00			9.00		2.00	2.00
镍矿	65.80	15.00		25.00	25.00	25.80	25.80
钴矿	454.34	284.66	100.00	67.14	14.14	102.54	102.54
钨矿	1275.25	1210.54	420.00	64.71	30.00		

——按矿种分列(一)

（万 元）			机械岩芯探工作量（米）	坑探工作量（米）	勘查人员（人）			劳动报酬（万元）
		其他投入			年末从业人员		平均从业人员	
港澳台商	外商					技术人员		
762.77	**144963.45**	**6623.30**	**5032030**	**33022**	**172886**	**27835**	**158025**	**487421.07**
	144409.45	2242.88	4256660	28283	11541	3295	12775	437966.30
					64	55	63	
		2137.88	856179		6441	3891	6611	16825.33
			100		152166	19091	136002	47.21
	135063.00		111928	3200	195	118	186	38395.00
			3120714	1539	1845	1097	1863	377405.00
	8661.89	105.00	4594		1	1	1	301.72
			141930		633	287	524	4112.40
								1.00
	684.56		21215	105130	17479	9443	17154	878.64
	389.00	1178.23	476228	4522	1352	741	1225	20694.73
		274.86	55225	927	831	430	733	1666.67
				3515	351	212	309	
		208.86	38708		30	15	42	934.08
		66.00	10303	80	80	58	78	449.56
			1200		60	26	63	86.73
			4914					107.99
			100	36361	6091	3991	5871	88.31
	100.00	393.58	185052	10855	2014	1236	1961	9642.88
				2139	586	302	535	
			75244	1453	207	160	185	3135.14
	100.00		13713	326	380	314	399	895.61
			9600		6	6	6	308.92
			6868	233	5	4	4	611.84
				490	75	55	79	2.53
			960	3354	186	129	178	13.82
			2005					141.47
			8843					382.07

2003年地质勘查投入情况

续表 14

矿种	地质勘查费						
	合计	中央财政拨款		地方财政拨款		企事业投入	
			矿产资源补偿费		矿产资源补偿费	小 计	国内企事业
锡矿	**1880.13**	**150.00**	**150.00**	**1003.63**		**592.50**	**592.50**
铋矿	35.97			35.97	19.97		
钼矿	575.30	87.20	36.00	279.64	175.00	208.46	208.46
锑矿	607.04	351.45	240.00	109.90		145.69	145.69
铅锌矿	6785.49	3474.70	1739.02	2117.30	665.40	933.91	933.91
多金属矿	3968.30	1387.82	270.00	1925.13	578.12	655.35	655.35
贵金属矿产	**42856.76**	**20384.40**	**6565.25**	**11217.81**	**4118.66**	**10744.76**	**10455.76**
铂矿	988.99	306.69	260.00	682.30	50.00		
金矿	38851.04	18112.30	5259.25	9586.99	3671.66	10641.96	10352.96
银矿	3016.73	1965.41	1046.00	948.52	397.00	102.80	102.80
稀有金属矿产	**991.77**	**254.00**	**100.00**	**477.00**	**0.00**	**260.77**	**260.77**
铌钽矿	637.77	4.00		413.00		220.77	220.77
锆矿	40.00					40.00	40.00
锶矿	314.00	250.00	100.00	64.00			
稀土金属矿产	80.00	30.00		50.00			
重稀土矿	80.00	30.00		50.00			
稀散元素矿产	53.50	36.00		17.50	17.50		
锗矿	17.50	0.00		17.50	17.50		
硒矿	36.00	36.00					
三、非金属矿产	**20313.14**	**9124.40**	**2013.15**	**3138.87**	**1170.22**	**6573.66**	**5788.66**
冶金辅助材料	**1655.90**	**1183.46**	**438.90**	**338.60**	**190.00**	**133.84**	**133.84**
蓝晶石	60.00	40.00		20.00	20.00		
硅线石	38.00			38.00	38.00		

——按矿种分列(二)

(万 元)			机械岩芯探工作量(米)	坑探工作量(米)	勘查人员(人)			劳动报酬(万元)
					年末从业人员		平均从业人员	
港澳台商	外商	其他投入				技术人员		
		134.00	**16384**	**513**	**269**	**186**	**241**	**325.28**
		0.00		50	7	6	7	8.81
		0.00	2211	1778	99	79	103	183.94
		0.00	1638	1343	164	61	163	210.29
		259.58	29074	10375	1232	849	1140	1991.85
		0.00	18512	3452	861	604	870	1431.31
	289.00	**509.79**	**232722**	**63333**	**9860**	**4562**	**9887**	**9078.55**
			2192	155	138	84	129	216.82
	289.00	509.79	221197	61473	9268	4193	9290	8066.94
			9333	1705	454	285	468	794.79
			3089	**914**	**153**	**127**	**148**	**273.69**
				849	59	45	59	118.69
			1125	65	20	12	16	25.00
			1964		74	70	73	130.00
			140		**8**	**7**	**8**	**10.00**
			140		8	7	8	10.00
					15	15	15	22.94
					8	8	8	8.66
					7	7	7	14.28
620.00	**165.00**	**1476.21**	**138716**	**13747**	**4980**	**2360**	**4709**	**6122.24**
			5194	**489**	**470**	**193**	**462**	**558.29**
					12	9	13	12.87
					32	12	28	26.00

2003年地质勘查投入情况

续表 14

矿种	地质勘查费						
	合计	中央财政拨款		地方财政拨款		企事业投入	
			矿产资源补偿费		矿产资源补偿费	小 计	国内企事业
红柱石	122.34	115.00	100.00			7.34	7.34
萤石(普通)	1163.40	887.30	213.90	175.60	80.00	100.50	100.50
熔剂用石灰岩	33.00			13.00		20.00	20.00
冶金用白云岩	11.00			5.00	5.00	6.00	6.00
冶金用石英岩	61.16	61.16	45.00				
冶金用脉石英	100.00	80.00	80.00	20.00			
耐火粘土	20.00			20.00			
铁矾土	32.00			32.00	32.00		
铸型用粘土	15.00			15.00	15.00		
化工原料矿产	**3528.19**	**2470.58**	**805.75**	**311.80**	**134.00**	**486.29**	**486.29**
硫铁矿	106.00	80.00	80.00			26.00	26.00
芒硝(含钙芒硝)	178.00					178.00	178.00
重晶石	715.30	705.30					
天然碱	63.88					63.88	63.88
电石石灰岩	97.10			13.00	13.00	84.10	84.10
制碱石灰岩	15.00			15.00	15.00		
化肥用石灰岩	60.80	15.00		45.80			
含钾岩石	7.00	7.00					
泥炭	7.16			5.00	5.00	2.16	2.16
岩盐	310.00	310.00	310.00				
钾盐	581.86	222.71		233.00	101.00	2.15	2.15
磷矿	1386.09	1130.57	415.75			130.00	130.00
特种非金属	**751.55**	**658.65**	**90.00**	**50.00**		**39.90**	**39.90**
金刚石	42.00			42.00			
云母	126.63	88.63		8.00		30.00	30.00
硼矿	579.92	570.02	90.00			9.90	9.90
光学萤石	3.00						

——按矿种分列(三)

（万元）			机械岩芯探工作量（米）	坑探工作量（米）	勘查人员（人）			劳动报酬（万元）
		其他投入			年末从业人员		平均从业人员	
港澳台商	外商					技术人员		
			26	350	26	9	24	37.53
			3942	130	279	107	271	354.38
					11	9	11	12.64
					16	4	16	3.60
				9	11	11	16	18.27
			1009		64	16	64	77.00
			243		7	6	7	4.60
					8	7	8	5.79
					4	3	4	5.61
		259.52	**19688**	**864**	**1029**	**419**	**949**	**1220.75**
			651		42	21	42	91.26
			1645		28	8	20	24.00
		10.00	246	444	215	71	215	272.81
			953		26	26	26	27.23
			2125		68	27	20	22.70
			20		4	4	4	6.63
					19	10	19	15.74
					10	7	10	1.61
			22		10	10	10	2.02
			2880		62	25	62	50.00
		124.00	1311		114	63	115	136.64
		125.52	9835	420	431	147	406	570.11
		3.00	**4714**	**36**	**175**	**88**	**168**	**226.36**
					6	6	6	8.00
				36	36	25	38	50.64
			4714		131	55	122	165.72
		3.00			2	2	2	2.00

2003年地质勘查投入情况

续表 14

矿种	合计	中央财政拨款		地方财政拨款		地质勘查费	
							企事业投入
			矿产资源补偿费		矿产资源补偿费	小 计	国内企事业
建材及其他非金属	**14377.50**	**4811.71**	**678.50**	**2438.47**	**846.22**	**5913.63**	**5128.63**
石墨	501.01	456.51	124.50	44.50	44.50		
硅灰石	196.50	94.00		87.00	32.00	15.50	15.50
滑石	694.29	601.29				93.00	93.00
石棉(温石棉)	40.00			31.00	31.00	9.00	9.00
长石	184.00	126.00		58.00	8.00		
叶蜡石	256.07	163.57		84.50			
透辉石	34.86	29.86	20.00			5.00	5.00
蛭石	23.00	11.00		12.00	12.00		
沸石	126.00	126.00	36.00				
透闪石	20.00	20.00	20.00				
石膏	2230.82	143.00	25.00	48.00	48.00	1188.82	1188.82
方解石	212.43	7.97		53.00	53.00	69.46	69.46
宝石	65.00	60.00				5.00	5.00
玉石	21.61	16.00				5.61	5.61
水泥用灰岩	4764.33	926.00	70.00	255.50	109.00	3421.94	2885.94
建筑石料用灰岩	436.00	274.00	70.00	12.00	12.00	150.00	150.00
白垩	238.81	238.81					
玻璃用白云岩	8.00					8.00	8.00
建筑用白云岩	14.20			9.20		5.00	5.00
玻璃用石英岩	63.83	41.11		22.72	22.72		
玻璃用砂岩	205.00	205.00	30.00		0.00		
水泥配料用砂岩	215.00	7.00			0.00	147.00	93.00
陶瓷用砂岩	7.00			7.00	7.00		
玻璃用砂	103.30	10.00		89.00	12.00	4.30	4.30
粉石英	30.00	30.00					

——按矿种分列(四)

（万 元）			机械岩芯探工作量（米）	坑探工作量（米）	勘查人员（人）			劳动报酬（万元）
		其他投入			年末从业人员		平均从业人员	
港澳台商	外商					技术人员		
620.00	**165.00**	**1213.69**	**109120**	**12358**	**3306**	**1660**	**3130**	**4116.84**
			1736		109	60	105	202.45
			1874		44	27	45	45.73
			4305		190	63	192	286.20
					8	8	8	12.00
			99		46	17	46	87.00
		8.00	160		92	29	92	100.69
			95		32	19	32	18.47
					10	9	11	11.00
			500		128	82	93	67.00
			94		20	10	20	13.00
		851.00	18392	1385	437	187	365	641.67
		82.00	640	200	78	51	76	79.32
					7	2	8	15.50
					15	12	15	4.97
536.00		160.89	49829	271	830	396	816	1194.04
			4360	399	87	38	63	104.00
			158		49	18	49	36.03
					9	4	10	7.00
			74		8	6	10	9.00
				502	26	10	19	19.05
			700		10	6	10	20.00
54.00		61.00	3444		69	43	80	89.00
					3	3	3	3.00
			614		38	21	32	45.87
					4	4	4	12.00

2003年地质勘查投入情况

续表 14

矿种	合计	中央财政拨款		地方财政拨款		地质勘查费	
						企事业投入	
			矿产资源补偿费		矿产资源补偿费	小计	国内企事业
硅藻土	253.16	53.00	53.00			200.16	200.16
陶粒页岩	298.77	180.27		105.00	37.00	13.50	13.50
砖瓦用页岩	100.80	40.00		50.00	50.00		
水泥配料用页岩	163.00	61.00		29.00		73.00	73.00
高岭土	111.60	6.00		105.60	20.00		
陶瓷土	30.00			30.00	30.00		
凹凸棒石粘土	100.00	90.00	40.00			10.00	10.00
伊利石粘土	8.20			8.20			
膨润土	669.60	474.00		29.60		166.00	1.00
水泥配料用粘土	112.00			19.00	19.00	93.00	63.00
水泥配料用黄土	14.00					10.00	10.00
保温材料用粘土	80.00	80.00	80.00				
铸石用玄武岩	11.00			11.00	11.00		
建筑用辉绿岩	6.00			6.00	6.00		
花岗岩	255.00			245.00	61.00	10.00	10.00
建筑用花岗岩	89.00	57.00		32.00	32.00		
饰面用花岗岩	148.10	10.00		117.50	64.00	14.60	14.60
霞石正长岩	70.00	70.00	70.00				
水泥用凝灰岩	25.00			12.00	12.00	13.00	13.00
大理石	244.32	63.32		151.00	81.00		
建筑用大理石	33.60			33.60			
水泥用大理石	307.74			125.00	12.00	182.74	182.74
饰面用板岩	535.55	40.00	40.00	495.55			
水镁石	20.00			20.00	20.00		
四、水气矿产	**21136.31**	**1700.68**	**29.00**	**3903.66**	**1823.50**	**15510.97**	**15510.97**
矿泉水	2387.76	5.00	0.00	64.76	5.00	2318.00	2318.00
地下水	18748.55	1695.68	29.00	3838.90	1818.50	13192.97	13192.97
五、不能分矿种	**93444.59**	**12915.45**	**1051.00**	**10984.37**	**2404.50**	**67839.79**	**67697.02**

——按矿种分列(五)

（万 元）			机械岩芯探工作量（米）	坑探工作量（米）	勘查人员（人）			劳动报酬（万元）
		其他投入			年末从业人员		平均从业人员	
港澳台商	外商					技术人员		
			704	2330	56	23	54	51.57
			1408		126	88	126	89.44
		10.80	1493	3042	26	23	22	39.09
			1474		43	34	55	56.60
			917		31	22	32	42.10
					15	8	15	6.00
			303	10	39	10	33	34.00
					4	4	4	1.89
	165.00		5009	38	141	58	125	144.23
30.00			1414		40	17	42	50.00
		4.00	175		12	9	10	11.00
			909		14	8	13	14.00
			189		3	3	2	2.20
					3	1	3	1.90
					64	39	52	65.67
					19	9	19	30.00
		6.00	425		84	59	87	75.20
					4	3	4	5.00
			178		18	7	18	12.00
		30.00	1778	4128	74	36	71	75.08
			550		8	4	8	13.63
			5120		71	29	69	79.40
				53	57	37	57	87.35
					5	4	5	5.50
		21.00	**89537**		**3192**	**1482**	**3141**	**4957.44**
					373	108	345	274.75
		21.00	89537		2819	1374	2796	4682.69
142.77		1704.98	**70889**	**2988**	**10861**	**6350**	**10425**	**17680.36**

2003年地质勘查费用

表 15

地区	合计	属地化单位	冶金部门	有色部门	地质调查员	武警黄金	煤炭部门
总　计	**2597619.34**	**253296.49**	**6579.30**	**1085.00**	**17800.00**	**4639.80**	**21093.00**
北　京	40240.00		125.00		6521.00	121.43	4954.00
天　津	171137.54	2382.54			198.00		
河　北	70956.90	8126.80	775.69		130.00	131.05	10658.00
山　西	11185.43	2976.31	589.83				
内蒙古	6070.04	1966.90	143.58	120.00		409.27	
辽　宁	56611.82	6476.88	8.00		94.00	135.83	
吉　林	127966.47	6433.14				173.31	
黑龙江	221265.97	6876.60				473.27	
上　海	27955.50	1036.50					
江　苏	50566.97	3122.77			85.00		3698.00
浙　江	46554.43	43748.93	7.00				
安　徽	18597.12	18125.43					
福　建	5659.49	4646.05	540.00			169.43	
江　西	4829.70	4112.93					
山　东	275359.72	24963.83	1467.31		1530.00	369.19	
河　南	126463.64	9201.41		20.00	111.00	84.44	
湖　北	33580.33	670.00	488.05		153.00	136.91	
湖　南	12542.01	4668.00	170.00	187.00		221.01	
广　东	103957.30				8634.00		
广　西	15907.81	14703.47	334.93		14.00	8.00	233.00
海　南	896.96	706.30				190.66	
重　庆	2275.50	2275.50					
四　川	67739.28	9117.57	100.00		244.00	14.71	
贵　州	8532.45	7876.92					
云　南	83686.18	14693.01	361.91			256.21	
西　藏	7429.43	7353.86				75.57	
陕　西	209873.53	11336.51	60.00		86.00	103.52	519.00
甘　肃	47240.24	10515.04	197.60			1141.60	
青　海	72215.42	6550.39	60.40	130.00		201.63	1031.00
宁　夏	376.00	325.00					
新　疆	669246.16	18307.90	700.00	378.00		222.76	
国　外	700.00			250.00			

——按地区和部门分列

计量单位：万元

石油天然气	海洋石油	石油化工	核工业部门	化工部门	建材部门	中联煤层气
1191361.00	**256977.00**	**811718.00**	**9166.30**	**5513.23**	**8599.00**	**9791.22**
23828.00		3350.00	1056.00		280.00	4.57
21292.00	147265.00					
48588.00			1435.00	985.36	127.00	
					377.00	7242.29
			2425.00	283.07	219.00	503.22
49302.00			291.00		184.00	120.11
108348.00		12469.00		323.02	220.00	
213557.00				200.33	123.00	35.77
	15439.00	11480.00				
		43242.00		269.20	150.00	
1985.00				284.50	529.00	
					427.00	44.69
				238.01	66.00	
			349.00		213.00	154.77
		245544.00		641.39	844.00	
		116188.00		588.79	270.00	
		31136.00		414.37	582.00	
		6443.00	349.00	80.00	424.00	
	94273.00		292.30		758.00	
				166.41	448.00	
17804.00		39730.00	246.00		483.00	
				561.53	94.00	
		66617.00		335.72	272.00	1150.33
195832.00			927.50	141.53	332.00	535.47
35004.00					382.00	
63850.00					392.00	
					51.00	
411971.00		235519.00	1795.50		352.00	

2003年地质勘查费用

续表 15

矿种	合计	属地化单位	冶金部门	有色部门	地质调查员	武警黄金	煤炭部门
总　计	**2597619.34**	**253296.49**	**6579.30**	**1085.00**	**17800.00**	**4639.80**	**21093.00**
煤	74482.88	58781.88	7.00		105.00		15451.00
油页岩	202.09	202.09					
海域石油	267141.00				10164.00		
陆上石油	2008089.00				4938.00		72.00
煤层气	11922.17	1389.95			741.00		
铀矿	10162.30	1172.00					
天然沥青	8.00	8.00					
地热	3730.88	3730.88					
铁矿	4068.60	3228.48	840.12				
锰矿	2299.19	1167.41	665.00		48.00		
铬铁矿	205.50	205.50					
钛矿	653.32	384.12	60.00				
钒矿	200.80	159.96					
铜矿	12742.79	11674.79	732.00	250.00	86.00		
铅矿	3102.17	3102.17					
锌矿	1193.86	993.86	160.00				
铝土矿	2880.10	2828.60	31.50	20.00			
镁矿	11.00	11.00					
镍矿	65.80	65.80					
钴矿	454.34	454.34					
钨矿	1275.25	1275.25					
锡矿	1880.13	1880.13					
铋矿	35.97	35.97					
钼矿	575.30	572.30	3.00				
锑矿	607.04	607.04					
铅锌矿	6785.49	5942.91	309.58	448.00	85.00		
多金属矿	3968.30	3831.60	136.70				
铂矿	988.99	988.99					
金矿	38851.04	31267.88	2310.28	367.00	292.00	4336.35	
银矿	3016.73	2981.73	35.00				
铌钽矿	637.77	637.77					
锆矿	40.00	40.00					
锶矿	314.00	314.00					
重稀土矿	80.00	80.00					
锗矿	17.50	17.50					
硒矿	36.00						

——按地区和部门分列(一)

计量单位:万元

石油天然气	海洋石油	石油化工	核工业部门	化工部门	建材部门	中联煤层气
1191361.00	**256977.00**	**811718.00**	**9166.30**	**5513.23**	**8599.00**	**9791.22**
					138.00	
	256977.00					
1191361.00		811718.00				
						9791.22
			8990.30			
				418.78		
				209.20		
				40.84		
				40.00		
			176.00	101.53		
				36.00		

2003年地质勘查费用

续表 15

矿种	合计	属地化单位	冶金部门	有色部门	地质调查员	武警黄金	煤炭部门
蓝晶石	60.00	60.00					
硅线石	38.00						
红柱石	122.34	122.34					
萤石(普通)	1163.40	536.10					
熔剂用石灰岩	33.00	33.00					
冶金用白云岩	11.00	5.00					
冶金用石英岩	61.16	16.16					
冶金用脉石英	100.00	20.00					
耐火粘土	20.00	20.00					
铁矾土	32.00		32.00				
铸型用粘土	15.00	15.00					
硫铁矿	106.00	26.00					
芒硝(含钙芒硝)	178.00	178.00					
重晶石	715.30	42.18					
天然碱	63.88	63.88					
电石石灰岩	97.10	84.10					
制碱石灰岩	15.00	15.00					
化肥用石灰岩	60.80	60.80					
含钾岩石	7.00	7.00					
泥炭	7.16	7.16					
岩盐	310.00	310.00					
钾盐	581.86	535.15					
硼矿	579.92	156.90					
磷矿	1386.09	645.00					
金刚石	42.00	42.00					
石墨	501.01	17.50			111.00		
硅灰石	196.50	62.50					
滑石	694.29						
石棉(温石棉)	40.00						
云母	126.63	68.63					
长石	184.00	15.00					
叶蜡石	256.07	97.50					
透辉石	34.86	9.86					
蛭石	23.00	11.00					
沸石	126.00	40.00					
透闪石	20.00						
石膏	2230.82	1836.82					
方解石	212.43	127.43					
光学萤石	3.00	3.00					

——按地区和部门分列(二)

计量单位:万元

石油天然气	海洋石油	石油化工	核工业部门	化工部门	建材部门	中联煤层气
					38.00	
				627.30		
					6.00	
				80.00	45.00	
				80.00		
				673.12		
					13.00	
				46.71		
				323.02		
				741.09	100.00	
				282.51		
					90.00	
				464.29	134.00	
					230.00	
					40.00	
					58.00	
				125.57	169.00	
					33.00	
					25.00	
					12.00	
					86.00	
					20.00	
					394.00	
					85.00	

2003年地质勘查费用

续表 15

矿种	合计	属地化单位	冶金部门	有色部门	地质调查员	武警黄金	煤炭部门
宝石	65.00	65.00					
玉石	21.61	21.61					
水泥用灰岩	4764.33	487.44	50.89				
建筑石料用灰岩	436.00	424.00					
白垩	238.81						
玻璃用白云岩	8.00						
建筑用白云岩	14.20	9.20					
玻璃用石英岩	63.83	63.83					
玻璃用砂岩	205.00						
水泥配料用砂岩	215.00						
陶瓷用砂岩	7.00						
玻璃用砂	103.30	91.30					
粉石英	30.00						
硅藻土	253.16	200.16					
陶粒页岩	298.77	225.77					
砖瓦用页岩	100.80	50.00	10.80				
水泥配料用页岩	163.00	20.00					
高岭土	111.60	105.60					
陶瓷土	30.00	30.00					
凹凸棒石粘土	100.00						
伊利石粘土	8.20	8.20					
膨润土	669.60	482.60					
水泥配料用粘土	112.00						
水泥配料用黄土	14.00						
保温材料用粘土	80.00	80.00					
铸石用玄武岩	11.00	11.00					
建筑用辉绿岩	6.00	6.00					
花岗岩	255.00	223.00					
建筑用花岗岩	89.00						
饰面用花岗岩	148.10	87.10					
霞石正长岩	70.00						
水泥用凝灰岩	25.00	13.00					
大理石	244.32	224.32					
建筑用大理石	33.60						
水泥用大理石	307.74		182.74				
饰面用板岩	535.55	495.55					
水镁石	20.00	20.00					
矿泉水	2387.76	102.76					2285.00
地下水	18748.55	15399.55			14.00		3285.00
不能分矿种	93444.59	89025.59	1012.69		1216.00	303.45	

——按地区和部门分列(三)

计量单位:万元

石油天然气	海洋石油	石油化工	核工业部门	化工部门	建材部门	中联煤层气
					4226.00	
					12.00	
				238.81		
					8.00	
					5.00	
					205.00	
					215.00	
					7.00	
					12.00	
					30.00	
					53.00	
					73.00	
					40.00	
					143.00	
					6.00	
					100.00	
				187.00		
					112.00	
					14.00	
					32.00	
					89.00	
					61.00	
					70.00	
					12.00	
					20.00	
				33.60		
					125.00	
				40.00		
				50.00		
				673.86	1213.00	

2003年地质勘查年末从业人员

表 16

地区	合计	属地化单位	冶金部门	有色部门	地质调查员	武警黄金	煤炭部门
总　计	**209398**	**38172**	**1074**	**187**	**852**	**3502**	**2501**
北　京	692		60		289	5	75
天　津	11417	217			31		
河　北	26956	1780	416		38	112	1778
山　西	976	826	71				
内蒙古	1463	512	11	2		428	
辽　宁	13421	1489	2		5	94	
吉　林	10125	1741				130	
黑龙江	14276	1199				520	
上　海	1296	46					
江　苏	7839	722			20		399
浙　江	2774	2584	3				
安　徽	2013	1892					
福　建	1246	949	38			88	
江　西	1197	1028					
山　东	25767	2522	132		60	273	
河　南	23091	2119		2	22	114	
湖　北	8329	115	99		16	95	
湖　南	3108	1204	20	53		248	
广　东	1232				294		
广　西	2290	1982	32		2	8	100
海　南	383	246				137	
重　庆	654	654					
四　川	16926	1536	23		25	39	
贵　州	1578	1436					
云　南	4735	1608	64			293	
西　藏	1184	1155				29	
陕　西	6207	2370	8		50	55	65
甘　肃	3868	3080	12			563	
青　海	2318	703	8	35		118	84
宁　夏	46	38					
新　疆	11958	2419	64	73		153	
国　外	33		11	22			

——按地区和部门分列

计量单位：人

石油天然气	海洋石油	石油化工	核工业部门	化工部门	建材部门	中联煤层气
87190	**6087**	**64781**	**1470**	**1672**	**1868**	**42**
	142		80		40	1
8829	2340					
19625	2615		129	400	63	
					58	21
			344	123	42	1
11728			57		44	2
8114				67	73	
12445				51	58	3
	155	1095				
		6612		45	41	
9				77	101	
					120	1
				78	93	
			126		42	1
		22506		196	78	
		20558		185	91	
		7891		58	55	
		1336	142	54	51	
	835		77		26	
				82	84	
13199		1882	65		157	
				97	45	
		2615		109	36	10
3328			185	50	94	2
76					137	
1302					68	
					8	
8535		286	265		163	

2003年地质勘查年末从业人员

续表 16

矿种	合计	属地化单位	冶金部门	有色部门	地质调查员	武警黄金	煤炭部门
总　计	**209398**	**38172**	**1074**	**187**	**852**	**3502**	**2501**
煤	11541	9843	3		23		1650
油页岩	64	64					
海域石油	6441				354		
陆上石油	152166				164		31
煤层气	195	117			36		
铀矿	1845	396					
天然沥青	1	1					
地热	633	633					
铁矿	831	672	159				
锰矿	351	231	77		4		
铬铁矿	30	30					
钛矿	80	47	8				
钒矿	60	30					
铜矿	2014	1896	46	22	50		
铅矿	586	586					
锌矿	207	194	7				
铝土矿	380	371	7	2			
镁矿	6	6					
镍矿	5	5					
钴矿	75	75					
钨矿	186	186					
锡矿	269	269					
铋矿	7	7					
钼矿	99	98	1				
锑矿	164	164					
铅锌矿	1232	1081	25	106	20		
多金属矿	861	835	26				
铂矿	138	138					
金矿	9268	5528	201	57	36	3397	
银矿	454	451	3				
铌钽矿	59	59					
锆矿	20	20					
锶矿	74	74					
重稀土矿	8	8					
锗矿	8	8					
硒矿	7						
蓝晶石	12	12					

——按地区和部门分列(一)

计量单位:人

石油天然气	海洋石油	石油化工	核工业部门	化工部门	建材部门	中联煤层气
87190	**6087**	**64781**	**1470**	**1672**	**1868**	**42**
					22	
	6087					
87190		64781				
						42
			1449			
				39		
				25		
				30		
				6		
			21	28		
				7		

2003年地质勘查年末从业人员

续表 16

矿种	合计	属地化单位	冶金部门	有色部门	地质调查员	武警黄金	煤炭部门
硅线石	32						
红柱石	26	26					
萤石(普通)	279	56					
熔剂用石灰岩	11	11					
冶金用白云岩	16	14					
冶金用石英岩	11	5					
冶金用脉石英	64	10					
耐火粘土	7	7					
铁矾土	8		8				
铸型用粘土	4	4					
硫铁矿	42	4					
芒硝(含钙芒硝)	28	28					
重晶石	215	4					
天然碱	26	26					
电石石灰岩	68	63					
制碱石灰岩	4	4					
化肥用石灰岩	19	19					
含钾岩石	10	10					
泥炭	10	10					
岩盐	62	62					
钾盐	114	110					
硼矿	131	44					
磷矿	431	227					
金刚石	6	6					
石墨	109	9			22		
硅灰石	44	28					
滑石	190						
石棉(温石棉)	8						
云母	36	26					
长石	46	5					
叶蜡石	92	15					
透辉石	32	8					
蛭石	10	5					
沸石	128	75					
透闪石	20						
石膏	437	330					
方解石	78	43					
光学萤石	2	2					
宝石	7	7					

——按地区和部门分列(二)

计量单位:人

	石油天然气	海洋石油	石油化工	核工业部门	化工部门	建材部门	中联煤层气
					223	32	
					54	2	
						6	
					38		
					211		
						5	
					4		
					67		
					204		
						20	
					65		
					160	13	
						16	
						30	
						8	
					52	10	
						41	
						25	
						24	
						5	
						53	
						20	
						107	
						35	

2003年地质勘查年末从业人员

续表 16

矿种	合计	属地化单位	冶金部门	有色部门	地质调查员	武警黄金	煤炭部门
玉石	15	15					
水泥用灰岩	830	122	5				
建筑石料用灰岩	87	80					
白垩	49						
玻璃用白云岩	9						
建筑用白云岩	8	6					
玻璃用石英岩	26	26					
玻璃用砂岩	10						
水泥配料用砂岩	69						
陶瓷用砂岩	3						
玻璃用砂	38	25					
粉石英	4						
硅藻土	56	49					
陶粒页岩	126	103					
砖瓦用页岩	26	10	6				
水泥配料用页岩	43	4					
高岭土	31	27					
陶瓷土	15	15					
凹凸棒石粘土	39						
伊利石粘土	4	4					
膨润土	141	88					
水泥配料用粘土	40						
水泥配料用黄土	12						
保温材料用粘土	14	14					
铸石用玄武岩	3	3					
建筑用辉绿岩	3	3					
花岗岩	64	44					
建筑用花岗岩	19						
饰面用花岗岩	84	30					
霞石正长岩	4						
水泥用凝灰岩	18	6					
大理石	74	54					
建筑用大理石	8						
水泥用大理石	71		21				
饰面用板岩	57	35					
水镁石	5	5					
矿泉水	373	56					317
地下水	2819	2298			2		503
不能分矿种	10861	9612	471		141	105	

——按地区和部门分列(三)

计量单位:人

石油天然气	海洋石油	石油化工	核工业部门	化工部门	建材部门	中联煤层气
					703	
					7	
				49		
					9	
					2	
					10	
					69	
					3	
					13	
					4	
					7	
					23	
					10	
					39	
					4	
					39	
				53		
					40	
					12	
					20	
					19	
					54	
					4	
					12	
					20	
				8		
					50	
				22		
				16		
				311	221	

2003年地质勘查技术人员

表 17

地区	合计	属地化单位	冶金部门	有色部门	地质调查员	武警黄金	煤炭部门
总　计	**47470**	**19889**	**631**	**108**	**668**	**688**	**597**
北　京	602		22		272	5	45
天　津	1997	162			20		
河　北	10114	1156	253		36	27	366
山　西	516	389	71				
内蒙古	647	371	10	2		94	
辽　宁	1477	832	2		5	13	
吉　林	1481	1132				15	
黑龙江	1742	746				66	
上　海	531	39					
江　苏	1484	489			16		65
浙　江	1160	1086	2				
安　徽	767	724					
福　建	610	482	30			11	
江　西	876	734					
山　东	3442	1119	74		57	34	
河　南	3936	1090		2	13	24	
湖　北	1131	72	38		16	30	
湖　南	1107	625	5	32		40	
广　东	960				174		
广　西	1280	1195	12		2	7	24
海　南	209	192				17	
重　庆	367	367					
四　川	2203	765	11		24	10	
贵　州	842	777					
云　南	1784	1249	22			72	
西　藏	362	353				9	
陕　西	1315	848	6		33	15	60
甘　肃	1224	1062	11			125	
青　海	919	533	6	17		38	37
宁　夏	34	26					
新　疆	2324	1274	47	37		36	
国　外	27		9	18			

——按地区和部门分列

计量单位:人

石油天然气	海洋石油	石油化工	核工业部门	化工部门	建材部门	中联煤层气
10872	**3660**	**8050**	**847**	**525**	**903**	**32**
	142		75		40	1
330	1485					
6831	1158		125	99	63	
					41	15
			100	55	14	1
547			57		20	1
269				18	47	
886				6	36	2
	145	347				
		879		17	18	
9				21	42	
					42	1
				45	42	
			126		15	1
		2057		63	38	
		2734		59	14	
		885		35	55	
		315	62	7	21	
	730		38		18	
				13	27	
861		418	49		65	
				38	27	
		367		32	33	9
186			97	17	52	1
6					20	
266					22	
					8	
681		48	118		83	

2003年地质勘查技术人员

续表 17

矿种	合计	属地化单位	冶金部门	有色部门	地质调查员	武警黄金	煤炭部门
总　计	**47470**	**19889**	**631**	**108**	**668**	**688**	**597**
煤	3295	2827	3		23		434
油页岩	55	55					
海域石油	3891				231		
陆上石油	19091				164		5
煤层气	118	63			23		
铀矿	1097	264					
天然沥青	1	1					
地热	287	287					
铁矿	430	360	70				
锰矿	212	159	37		4		
铬铁矿	15	15					
钛矿	58	42	6				
钒矿	26	20					
铜矿	1236	1156	29	18	33		
铅矿	302	302					
锌矿	160	147	7				
铝土矿	314	305	7	2			
镁矿	6	6					
镍矿	4	4					
钴矿	55	55					
钨矿	129	129					
锡矿	186	186					
铋矿	6	6					
钼矿	79	78	1				
锑矿	61	61					
铅锌矿	849	768	13	52	16		
多金属矿	604	582	22				
铂矿	84	84					
金矿	4193	3324	130	36	25	656	
银矿	285	282	3				
铌钽矿	45	45					
锆矿	12	12					
锶矿	70	70					
重稀土矿	7	7					
锗矿	8	8					
硒矿	7						

——按矿种和部门分列(一)

计量单位:人

石油天然气	海洋石油	石油化工	核工业部门	化工部门	建材部门	中联煤层气
10872	**3660**	**8050**	**847**	**525**	**903**	**32**
					8	
	3660					
10872		8050				
						32
			833			
				12		
				10		
				6		
				6		
			14	8		
				7		

2003年地质勘查技术人员

续表 17

矿种	合计	属地化单位	冶金部门	有色部门	地质调查员	武警黄金	煤炭部门
蓝晶石	9	9					
硅线石	12						
红柱石	9	9					
萤石(普通)	107	29					
熔剂用石灰岩	9	9					
冶金用白云岩	4	2					
冶金用石英岩	11	5					
冶金用脉石英	16	9					
耐火粘土	6	6					
铁矾土	7		7				
铸型用粘土	3	3					
硫铁矿	21	2					
芒硝(含钙芒硝)	8	8					
重晶石	71	4					
天然碱	26	26					
电石石灰岩	27	22					
制碱石灰岩	4	4					
化肥用石灰岩	10	10					
含钾岩石	7	7					
泥炭	10	10					
岩盐	25	25					
钾盐	63	59					
硼矿	55	27					
磷矿	147	53					
金刚石	6	6					
石墨	60	6			13		
硅灰石	27	23					
滑石	63						
石棉(温石棉)	8						
云母	25	15					
长石	17	4					
叶蜡石	29	11					
透辉石	19	5					
蛭石	9	4					
沸石	82	60					
透闪石	10						
石膏	187	155					
方解石	51	40					
光学萤石	2	2					

——按矿种和部门分列(二)

计量单位:人

石油天然气	海洋石油	石油化工	核工业部门	化工部门	建材部门	中联煤层气
					12	
				78		
					2	
					6	
				7		
				19		
				67		
					5	
				4		
				18	10	
				94		
				36	5	
					4	
				49	14	
					8	
					10	
					13	
				7	11	
					14	
					5	
					22	
					10	
					32	
					11	

2003年地质勘查技术人员

续表 17

矿种	合计	属地化单位	冶金部门	有色部门	地质调查员	武警黄金	煤炭部门
宝石	2	2	3				
玉石	12	12					
水泥用灰岩	396	88					
建筑石料用灰岩	38	31					
白垩	18						
玻璃用白云岩	4						
建筑用白云岩	6	4					
玻璃用石英岩	10	10					
玻璃用砂岩	6						
水泥配料用砂岩	43						
陶瓷用砂岩	3						
玻璃用砂	21	15					
粉石英	4						
硅藻土	23	17	5				
陶粒页岩	88	71					
砖瓦用页岩	23	8					
水泥配料用页岩	34	4					
高岭土	22	21					
陶瓷土	8	8					
凹凸棒石粘土	10						
伊利石粘土	4	4					
膨润土	58	46					
水泥配料用粘土	17						
水泥配料用黄土	9						
保温材料用粘土	8	8					
铸石用玄武岩	3	3					
建筑用辉绿岩	1	1					
花岗岩	39	25					
建筑用花岗岩	9						
饰面用花岗岩	59	15					
霞石正长岩	3						
水泥用凝灰岩	7	1					
大理石	36	31	12				
建筑用大理石	4						
水泥用大理石	29						
饰面用板岩	37	28					
水镁石	4	4					
矿泉水	108	49	276				59
地下水	1374	1267			2		99
不能分矿种	6350	5737			134	32	

——按矿种和部门分列(三)

计量单位:人

石油天然气	海洋石油	石油化工	核工业部门	化工部门	建材部门	中联煤层气
					305	
					7	
				18		
					4	
					2	
					6	
					43	
					3	
					6	
					4	
					6	
					17	
					10	
					30	
					1	
					10	
				12		
					17	
					9	
					14	
					9	
					44	
					3	
					6	
					5	
				4		
					17	
				9		
				6		
				48	123	

2003年矿产资源勘查许可证及

表 18

	批准登记							
	合计	小计	煤	煤气层	石油、天然气	铀	地热	黑色金属矿产
总　计	**43200**	**4128**	**3234**	**20**	**567**	**29**	**273**	**1425**
勘查许可证	**7929**	**1472**	**692**	**19**	**520**	**29**	**212**	**874**
部机关	619	572	2	19	520	28	3	1
北京市	45	27					27	
天津市	12	4					4	
河北省	326	37	17			1	19	85
山西省	99	30	26				4	35
内蒙古	675	82	82					68
辽宁省	114	4					4	28
吉林省	269	21	20				1	24
黑龙江	61	3	3					2
上海市	3	1					1	
江苏省	69	13	6				7	4
浙江省	49	1					1	
安徽省	246	35	30				5	59
福建省	348	46	44				2	25
江西省	166	5					5	16
山东省	856	142	98				44	175
河南省	142	35	28				7	10
湖北省	61	2	1				1	12
湖南省	240	38	34				4	10
广东省	135	21	1				20	8
广西	349	14	5				9	60
海南省	54							
重庆市	37	23	1				22	3
四川省	233	19	6				13	27
贵州省	279	132	132					15
云南省	942	81	74				7	132
西藏	761	1					1	34
陕西省	90	24	24					9
甘肃省	168	8	8					2
青海省	183	9	9					6
宁夏	31	9	9					
新疆	267	33	32				1	24

采矿许可证发证情况——按地区分列(一)

发证数(件)							批准登记面积(平方公里)	探矿权采矿权使用费(万元)
有色金属矿产	黄金属矿产	金矿	稀有、稀散稀土矿产	非金属矿产	化工矿产	水气矿产		
2546	**2581**	**2056**	**172**	**3197 3**	**428**	**375**	**2325293.42**	**28329.41**
2047	**2309**	**1941**	**99**	**937**	**155**	**191**	**2184425.30**	**26154.30**
19	23	23		3		1	121.96	0.83
	3	3		7		8	292.33	1.27
				6	1	2	2482.21	55.11
44	112	97		34	4	14	1148.37	11.58
15	7	6	1	11			16312.17	175.02
215	196	156	6	105	3	3		
							1277.43	12.29
18	58	56		4	4	2	5573.80	66.78
47	111	104		56	2	10	863.55	14.54
11	15	15		19	1	11		
							21.35	0.21
						2	576.10	5.77
6	1	1	1	40	13	4	404.65	4.76
12	4	2		28	11	4	2864.65	29.45
44	42	40	1	60	3	5	2615.94	29.07
126	84	71	2	63		2	961.21	19.39
58	50	49	8	23		6	12220.46	228.40
18	329	319		164	6	28		
							2405.64	39.18
34	34	33		14	2	15	511.81	5.13
18	10	8	1	18	9		3364.05	56.01
92	81	77		16	3	3	1543.09	17.20
51	13	5		19		23	5405.55	107.40
108	144	139		20	3	3	620.17	11.65
2	32	32	9	11				
							454.12	222.34
1	1		1	5		3	3395.65	25.47
82	60	57	4	35	6	6	6153.52	93.10
66	53	53		10	7	3	22309.72	485.96
403	271	225	5	46	23	4	22563.69	235.13
319	341	154	32	29	4	5		
							2190.85	18.33
27	13	13	4	8	1	5	2554.49	25.50
49	96	93	2	6		5	10618.63	82.28
61	45	36	20	31	28	11	347.00	9.03
7	6			6		3	8693.96	86.93
94	74	74	2	40	21			

2003年矿产资源勘查许可证及

续表 18

项目名称	批准登记							
	合计	能源矿产						黑色金属矿产
		小计	煤	煤层气	石油、天然气	铀	地热	
采矿许可证	**35271**	**2656**	**2542**	**1**	**47**		**61**	**551**
国土资源部机关	86	66	18	1	47			
北京市	18							
天津市	184	13					13	1
河北省	352	2	1				1	12
山西省	847	1	1					53
内蒙古	2598	1203	1203					184
辽宁省	1080	3	1				2	9
吉林省	326	1	1					1
黑龙江	356	16	15				1	2
上海市	3							
江苏省	2167	14	6				8	2
浙江省	3870	11	11					4
安徽省	1132	188	187				1	15
福建省	528	2	1				1	3
江西省	2426	2	1				1	11
山东省	4544	8	4				4	6
河南省	1047	2	1				1	4
湖北省	974	10	9				1	5
湖南省	1367	8	7				1	48
广东省	498							1
广　西	1855	17	17					58
海南省	318	11	1				10	62
重庆市	1661	390	384				6	4
四川省	1135	22	19				3	4
贵州省	1520	54	52				2	22
云南省	2394	585	583				2	12
西　藏	111	1					1	15
陕西省	377	2	1				1	
甘肃省	626							
青海省	210	14	10					5
宁　夏	416	7	7					8
新　疆	245	3	1				1	

采矿许可证发证情况——按地区分列(二)

发证数（件）							批准登记面积（平方公里）	探矿权采矿权使用费（万元）
有色金属矿产	贵金属矿产	金矿	稀有、稀散稀土矿产	非金属矿产	化工矿产	水气矿产		
499	**272**	**115**	**73**	**31036**	**273**	**184**	**20695.78**	**7327.43**
1	1	1		17	1	1	9728.82	4247.25
				18			1.21	0.90
				153		17	63.34	8.80
	1	1		337			52.49	56.01
11				781	4	1	203.04	128.36
114	152			942	19	3	2167.74	42.72
7	4	4		1039	4	18	131.69	242.27
1	2	2		320		1	38.11	16.55
				332		6	75.53	11.60
						3	3.00	0.30
2	1	1	41	2096	7	11	184.70	113.67
44	9	6		3778	25	24	198.66	119.29
16	6	6		904	4	3	381.21	37.52
3	2	2		514	1	4	68.02	22.97
6	3	2		2404			410.01	78.15
1	2	2		4513	3	14	379.61	231.33
22	3	3		1011	10	5	529.58	152.96
3	1	1		953	51	2	123.88	53.10
40	3	3		1264	3	4	160.16	89.90
2				485	8	10	1463.63	36.75
23	12	12		1743	21	2	309.44	568.18
1	7	7	20	211		6	200.54	30.26
1				1260	5	6	1330.86	220.48
	15	15		1088	2	6	236.41	180.48
49	21	20		1373	53	1	296.06	117.13
119	17	17	2	1628	3	31	765.53	177.09
19				74		2	92.06	12.55
3	5	5		366	2	1	55.01	61.35
1	2	2		622	11	1	238.76	83.66
10	2	2	1	177	28	1	712.77	33.73
				401	3		44.76	89.52
	1	1	9	232	5		49.15	62.60

2003年矿产资源勘查许可证及

表 19

	批准登记							
	合计	能源矿产						黑色金属矿产
		小计	煤	煤层气	石油、天然气	铀	地热	
总　计	**43200**	**4128**	**3234**	**20**	**567**	**29**	**273**	**1425**
勘查许可证	7929	1472	692	19	520	29	212	874
国有企业	4737	983	304	19	520	29	111	263
集体企业	324	50	37				13	52
股份合作企业	301	48	44				4	67
联营企业	52	2	2					10
有限责任公司	1001	177	120				57	196
股份有限公司	505	58	47				11	38
私营企业	803	124	117				7	223
其他企业	132	28	19				9	24
合资经营企业(港或澳、台资)	19	1	1					1
港、澳、台商独资经营企业	4							
中外合资经营企业	4	1	1					
中外合作经营企业	38							
外资企业	7							
外商投资股份有限公司	2							
采矿许可证	**35271**	**2656**	**2542**	**1**	**47**		**61**	**551**
国有企业	1616	387	318	1	47		20	50
集体企业	7472	1077	1069				8	68
股份合作企业	741	54	52				2	37
联营企业	259	2	2					3
有限责任公司	1246	273	250				23	82
股份有限公司	619	122	121				1	8
私营企业	20932	652	645				3	289
其他企业	2238	81	79				2	10
合资经营企业(港或澳、台资)	13	4	4					1
港、澳、台商独资经营企业	5	2	1				1	
港、澳、台商投资股份有限公司	3	1					1	
中外合资经营企业	21							2
中外合作经营企业	3							1
外资企业	3							
外商投资股份有限公司	100	1	1					

采矿许可证发证情况——按经济类型分列

发证数（件）							批准登记面积（平方公里）	探矿权采矿权使用费（万元）
有色金属矿产	贵金属矿产		稀有、稀散稀土矿产	非金属矿产		水气矿产		
		金矿			化工矿产			
2546	**2581**	**2056**	**172**	**31973**	**428**	**375**	**2345989.20**	**35656.84**
2047	2309	1941	99	937	155	191	2325293.42	28329.41
1304	1603	1338	40	465	69	79	2275185.78	27559.47
43	116	112	1	48	6	14	3709.51	52.67
76	63	47	3	37	1	7	2496.00	31.71
10	13	11	6	7	2	4	481.38	5.36
200	186	169	32	170	51	40	21768.06	307.17
168	163	141	13	53	11	12	12126.61	154.50
181	116	98	2	124	15	33	5901.73	109.73
48	1	1	2	28		1	790.31	31.72
3	10	7		3		1	450.74	6.11
2				2			15.43	0.24
1	2	1					126.52	4.04
2	36	16					2025.21	53.41
7							150.93	11.51
2							65.20	1.77
499	**272**	**115**	**73**	**31036**	**273**	**184**	**20695.78**	**7327.43**
49	68	20	1	1034	17	27	11192.80	4459.30
84	78	11	3	6137	42	25	1538.28	537.46
64	15	15	1	546	26	24	653.61	154.07
2	3	3	1	246	1	2	40.24	13.39
48	66	37	10	712	41	55	1721.92	208.79
26	21	11	5	419	7	18	424.77	89.61
212	19	16	51	19685	132	24	4655.65	1311.06
10				2136	6	1	414.62	533.91
	1	1	1	6			26.58	6.75
				3			2.75	1.17
				2			8.76	0.46
1				12	1	6	3.76	3.19
	1	1		1			2.29	3.05
				3			1.87	2.10
3				94		2	7.88	3.12

2003年探矿权出让

表 20

	出让合计		行政审批	
	宗数	金额	宗数	金额
总　计	**2915**	**99333.94**	**2666**	**74888.12**
国土部机关				
北京市	45		45	
天津市	1	63.00		
河北省	275	1201.08	254	59.18
山西省	15	398.56		
内蒙古	37	2761.49	35	2534.15
辽宁省	58	811.80	1	5.00
吉林省	40	102.68	40	102.68
黑龙江	115	4645.99	94	4205.21
上海				
江苏省	67	721.60	60	
浙江省	1	31.20	1	31.20
安徽省	22	52032.50	6	44599.00
福建省	323	2520.14	299	
江西省	5	2178.81	5	2178.81
山东省	4	523.00		
河南省	142	5581.10	120	3662.70
湖北省	9	973.43	9	973.43
湖南省	9	819.10	2	96.92
广东省	1	31.00		
广西	4	33.40		
海南省	9	577.48	3	
重庆市				
四川省	241	4652.25	221	33.31
贵州省	208	13.00	207	
云南省	2	87.60		
西藏	746	2.20	746	2.20
陕西省	27	15323.81	10	15276.61
甘肃省	427		427	
青海省	65	3090.87	64	970.87
宁夏				
新疆	17	156.85	17	156.85

情况——按地区分列

计量单位:宗、万元

招标		拍卖		挂牌	
宗数	合同金额	宗数	合同金额	宗数	合同金额
7		**38**	**10037.20**	**204**	**13966.90**
	441.72				
				1	63.00
				21	1141.90
3		1	2.50	11	125.34
				2	227.34
	270.72	3	11.20	54	795.60
				21	440.78
				7	721.60
1		7	258.00	8	7159.50
		9	2406.90	15	113.24
3	16.00			1	368.00
				22	1918.40
	155.00				
		2	257.00	5	465.18
		1	31.00		
				4	33.40
		3	552.00	3	25.48
		9	4311.00	11	307.94
				1	13.00
		2	87.60		
				17	47.20
		1	2120.00		

2003年采矿权出让

表 21

	出让合计		行政审批	
	宗数	金额	宗数	金额
全 国	**26047**	**490828.61**	**15015**	**265101.02**
国土部机关	5	2929.00	5	2929.00
北京市	1	0.35	1	0.35
天津市	1	85.50		
河北省	296	2397.31	216	1465.98
山西省	753	2977.61	224	670.80
内蒙古	276	1164.25	150	102.00
辽宁省	1646	15980.92	1279	1582.51
吉林省	2155	5427.21		
黑龙江	1313	23132.04	751	9765.39
上海市				
江苏省	835	34848.59	279	2770.92
浙江省	2784	90078.62	2434	40684.70
安徽省	1106	127216.89	648	121331.96
福建省	1033	8322.56	687	5487.82
江西省	581	9909.25	357	7147.19
山东省	3418	22717.20	2182	8470.18
河南省	1139	23806.89	480	12922.47
湖北省	744	9026.43	635	8592.60
湖南省	960	39913.85	688	19396.85
广东省	444	15710.01	175	6142.68
广西	1727	3833.43	1310	2216.23
海南省	103	301.26	12	
重庆市	499	2250.48	410	2118.54
四川省	1143	20519.26	568	2312.99
贵州省	940	1533.16	661	169.49
云南省	557	2908.77	213	142.60
西藏	111		111	
陕西省	213	750.84	67	281.60
甘肃省	280	9879.82	31	8.60
青海省	156	6905.04	56	6705.66
宁夏	468	3798.16	46	270.33
新疆	360	2503.91	339	1411.58

情况——按地区分列

计量单位:宗、万元

招标		拍卖		挂牌	
宗数	合同金额	宗数	合同金额	宗数	合同金额
2647	**10259.11**	**1133**	**124301.92**	**7252**	**91166.56**
				1	85.50
1	46.00	2	1.75	77	883.58
		59	1091.35	470	1215.46
10	25.99	23	429.40	93	606.86
37	52.28	24	10837.30	306	3508.83
2080	3726.50	31	248.81	44	1451.90
34	320.00	4	240.00	524	12806.65
26	1675.80	120	14344.33	410	16057.54
52	1179.59	81	34491.57	217	13722.76
28	26.39	8	1950.60	422	3907.94
6	25.54	13	163.97	327	2645.23
		105	2540.10	119	221.96
110	837.45	183	5047.22	943	8362.35
30	67.91	24	2118.00	605	8698.51
3	141.00	13	68.04	93	224.79
39	65.82	18	19287.80	215	1163.38
10	165.32	12	2095.00	247	7307.01
8	471.16	20	394.81	389	751.23
		54	220.00	37	81.26
		3	12.79	86	119.15
17	28.41	132	14961.98	426	3215.88
7	6.32	29	791.40	243	565.95
1	1100.00	113	1286.61	230	379.56
11	10.40	19	100.47	116	358.37
3	18.23	8	8624.66	238	1228.33
		8	121.90	92	77.48
134	269.00	16	2443.69	272	815.14
		11	388.37	10	703.96

2003年探矿权、采矿权

表 22

	探矿权									
	小计		行政审批		招标		拍卖		挂牌	
	宗数	金额	宗数	金额	宗数	合同金额	宗数	合同金额	宗数	合同金额
总　计	**2915**	**99333.94**	**2666**	**74888.12**	**7**	**441.72**	**38**	**10037.20**	**204**	**13966.90**
煤	383	75883.98	353	69588.10			3	3607.00	27	2688.88
油页岩										
石油										
石煤										
地热	64	39.67	63	9.67					1	30.00
铁矿	204	9740.52	159	315.72			4	182.40	41	9242.40
锰矿	23	36.36	18	3.26					5	33.10
铬铁矿	13	2.00	13	2.00						
钛矿										
铜矿	306	2316.04	298	28.74			2	2200.00	6	87.30
铅矿	196	65.22	188	9.42					8	55.80
锌矿	25	2.91	24	0.41					1	2.50
铝土矿	14	281.58	13	279.58					1	2.00
镁矿										
镍矿	2	14.53	2	14.53						
钴矿										
钨矿	14		14							
锡矿	5	0.16	5	0.16						
铋矿	1		1							
钼矿	15	65.61	9	38.81					6	26.80
汞矿	3		3							
锑矿	35		35							
铅锌矿	75	505.63	68	45.29			2	319.00	5	141.34
多金属矿	74	1657.06	72	1645.86					2	11.20
铂矿	2		2							
钯矿	7		7							
金矿	925	1386.42	882	404.07	3	155.00	10	702.20	30	125.15
银矿	63	0.64	63	0.64						
铌钽矿	23		23							
铌矿	1	0.05	1	0.05						
铍矿										
锂矿	6	200.00	6	200.00						
锆矿	3	552.00					3	552.00		

出让情况——按矿种分列(一)

计量单位:宗、万元

探矿权									
小计		行政审批		招标		拍卖		挂牌	
宗数	金额	宗数	金额	宗数	合同金额	宗数	合同金额	宗数	合同金额
26047	**490828.61**	**15015**	**265101.02**	**2647**	**10259.11**	**1133**	**124301.92**	**7252**	**91166.56**
2228	217411.55	1540	164484.71	208	2051.11	33	31336.80	447	19538.93
143	2084.32	95	942.53	3	160.00	2	227.00	43	754.79
30	127.00	30	127.00						
58	112.96	38	100.20	2	0.46			18	12.30
10	32.00	10	32.00						
221	40957.85	115	15406.69	7	1988.01	25	15590.87	74	7972.28
200	801.98	196	779.79	2	5.08			2	17.11
12		12							
58	186.30					51	164.00	7	22.30
30	510.17	23	261.35	3	33.82	1	200.00	3	15.00
60	270.55	54	63.30	1	2.75	1	101.00	4	103.50
55	2526.75	52	98.95	1	1.80	2	2426.00		
32	845.97	28	822.77					4	23.20
1	9.73	1	9.73						
2	639.45	2	639.45						
1		1							
4	3334.00	4	3334.00						
3	36.11	2	33.11					1	3.00
10	68.14	9	59.60	1	8.54				
3	30.30	2	21.50					1	8.80
5	18.00	5	18.00						
80	399.04	63	370.54	14	23.50			3	5.00
30	397.50	26	117.50					4	280.00
72	977.73	50	242.10	6	97.18	6	200.40	10	438.05
2	3.80	2	3.80						
1	0.30	1	0.30						
5		5							

2003年探矿权、采矿权

续表 22

	探矿权									
	小计		行政审批		招标		拍卖		挂牌	
	宗数	金额	宗数	金额	宗数	合同金额	宗数	合同金额	宗数	合同金额
锶矿	2	0.30	2	0.30						
钇矿	1		1							
轻稀土矿										
锗矿	1		1							
铼矿	1	0.09	1	0.09						
硅线石										
红柱石	3	1.20	2						1	1.20
菱镁矿										
萤石(普通)	21	662.92	12				4	578.00	5	84.92
熔剂用石灰岩										
冶金用白云岩	2	7.00							2	7.00
冶金用石英岩	2	2.83	1	0.03					1	2.80
冶金用砂岩										
铸型用砂岩										
铸型用砂										
冶金用脉石英	2	0.28	2	0.28						
耐火粘土	1		1							
铁矾土										
铸型用粘土										
熔剂用蛇纹岩	2		2							
自然硫	1		1							
硫铁矿	15	161.87	5	129.87			1	7.00	9	25.00
钠硝石	1		1							
芒硝(含钙芒硝)	4	14.14	4	14.14						
重晶石	2		2							
电石石灰岩										
制碱石灰岩										
化肥用石灰岩										
化肥用白云岩										
化肥用石英岩	3	4.06	2	0.06					1	4.00
含钾岩石	1		1							
含钾砂页岩	1		1							
泥炭	3	3.46	2	0.66					1	2.80
岩盐										

出让情况——按矿种分列(二)

计量单位:宗、万元

探矿权									
小计		行政审批		招标		拍卖		挂牌	
宗数	金额	宗数	金额	宗数	合同金额	宗数	合同金额	宗数	合同金额
1	335.00	1	335.00						
9	32.00							9	32.00
1	2.18			1	2.18				
2	3.50	2	3.50						
176	724.29	125	377.51	4	142.12	4	39.86	43	164.80
188	1079.25	86	119.69	15	23.83	3	594.00	84	341.73
35	151.26	15	4.80					20	146.46
97	740.06	38	609.04	2	11.30	17	49.33	40	70.39
165	309.59	16	15.43	134	269.00	5	11.61	10	13.55
7	2.07	7	2.07						
6	4.50							6	4.50
12	417.50	3	16.60			3	348.50	6	52.40
152	480.77	42	143.43	22	42.15	4	173.00	84	122.19
3	6.87	2	6.07					1	0.80
52	51.47	7	5.32			1	17.30	44	28.85
8	9.76	8	9.76						
2	361.80							2	361.80
43	269.33	12	22.34					31	246.99
83	297.00	31	129.70					52	167.30
48	65.32	40	42.00	1	5.02			7	18.30
46	167.94	2	2.50			9	12.10	35	153.34
2	86.40					2	86.40		
5	23.43	4	19.43					1	4.00
31	40.17	27	31.60					4	8.57
3	39.00	2	27.00						

2003年探矿权、采矿权

续表 22

	探矿权									
	小计		行政审批		招标		拍卖		挂牌	
	宗数	金额	宗数	金额	宗数	合同金额	宗数	合同金额	宗数	合同金额
湖盐										
镁盐										
天然卤水	2	0.78	2	0.78						
钾盐	3	803.43	3	803.43						
硼矿	12	8.30	11						1	8.30
磷矿	16	231.27	16	231.27						
金刚石										
石墨										
工艺水晶										
硅灰石	9	13.60	6				1	3.00	2	10.60
滑石										
云母	2	50.00	1						1	50.00
长石	4	6.53	2	0.03					2	6.50
石榴子石										
叶蜡石										
透辉石										
蛭石										
沸石	2	127.85	2	127.85						
石膏	11	16.75	9	4.25			1	2.50	1	10.00
方解石	5	5.28	4	2.08					1	3.20
光学萤石										
宝石	1		1							
玉石	3	16.50	2	0.50	1	16.00				
玻璃用灰岩										
水泥用灰岩	118	2298.36	105	35.54	3	270.72	4	1852.60	6	139.50
建筑石料用灰岩	2	7.95							2	7.95
饰面用灰岩										
制灰用灰岩										
泥灰岩										
白垩										
玻璃用白云岩	12		12							
建筑用白云岩	2	26.00					2	26.00		
砖瓦用砂岩										
玻璃用石英岩	16	23.48	8	0.36			1	5.50	7	17.62

出让情况——按矿种分列(三)

计量单位:宗、万元

探矿权									
小计		行政审批		招标		拍卖		挂牌	
宗数	金额	宗数	金额	宗数	合同金额	宗数	合同金额	宗数	合同金额
1	3505.60	1	3505.60						
1	68.77	1	68.77						
103	65.10	103	65.10						
2	1816.88	2	1816.88						
3		3							
39	6282.62	17	6244.62			2	17.60	20	20.40
1		1							
9	20.70	1						8	20.70
3		3							
24	102.66	21	36.26					3	66.40
15	21.90	12	19.40					3	2.50
3	17.05	1	0.90					2	16.15
64	266.50	40	46.34			1	80.50	23	139.66
2	0.30	2	0.30						
20	131.76	14	93.50					6	38.26
1	92.00			1	92.00				
2	1.23							2	1.23
5	2.92	2	1.76					3	1.16
113	688.20	53	355.86	3	2.30	4	12.90	53	317.14
144	259.14	73	113.47	9	1.00	2	34.00	60	110.67
10	21.61	9	21.16	1	0.45				
26	1472.57	19	13.67			7	1458.90		
1	0.50							1	0.50
1	0.50							1	0.50
1058	19975.28	579	11405.34	68	300.38	41	2715.60	370	5553.96
5260	29394.78	2578	15560.82	177	1645.87	175	5196.66	2330	6991.43
30	66.98	27	36.30					3	30.68
221	1811.75	117	346.29	41	42.62	8	295.80	55	1127.04
25	2078.86	1				13	2068.21	11	10.65
2	4.94	2	4.94						
3	15.28			3	15.28				
158	7794.65	102	490.86			4	5216.62	52	2087.17
139	453.26	54	22.35			1	6.20	84	424.71
37	861.31	15	523.79	4	10.76			18	326.76

2003年探矿权、采矿权

续表 22

	探矿权									
	小计		行政审批		招标		拍卖		挂牌	
	宗数	金额	宗数	金额	宗数	合同金额	宗数	合同金额	宗数	合同金额
玻璃用砂岩	2	37.84							2	37.84
水泥配料用砂岩										
陶瓷用砂岩	1	0.06	1	0.06						
玻璃用砂										
建筑用砂										
水泥配料用砂	1	240.00	1	240.00						
水泥标准砂										
砖瓦用砂										
玻璃用脉石英	1	0.03	1	0.03						
粉石英	5	4.50	4						1	4.50
硅藻土	6	6.34	6	6.34						
陶粒页岩	6	13.08	6	13.08						
砖瓦用页岩	3		3							
水泥配料用页岩										
高岭土	11	30.18	7	0.08					4	30.10
陶瓷土										
凹凸棒石粘土	10	721.60	3						7	721.60
伊利石粘土										
膨润土	2	453.64	2	453.64						
砖瓦用粘土	2		2							
陶粒用粘土										
水泥配料用粘土										
水泥配料用红土										
水泥配料用黄土										
水泥配料用泥岩										
保温材料用粘土										
建筑用橄榄岩										
蛇纹岩										
玄武岩										
铸石用玄武岩										
辉绿岩										
建筑用辉绿岩										
饰面用辉绿岩										

出让情况——按矿种分列(四)

计量单位:宗、万元

探矿权									
小计		行政审批		招标		拍卖		挂牌	
宗数	金额	宗数	金额	宗数	合同金额	宗数	合同金额	宗数	合同金额
6	74.85			1	0.30			5	74.55
97	1881.76	63	1855.06					34	26.70
21	92.83	1				16	84.83	4	8.00
14	160.99	12	156.50					2	4.49
3093	28193.68	1524	2619.96	378	1307.22	355	18692.00	836	5574.50
21	79.76	9	24.00	1	18.09	2	6.00	9	31.67
106	1527.93	95	61.98			3	57.45	8	1408.50
133	741.96	98	184.80					35	557.16
13	11.21	2	1.20	7	7.21			4	2.80
11	48.99	9	7.39					2	41.60
53	95.09			52	57.97			1	37.12
4	310.82	3	9.70					1	301.12
389	1807.30	278	284.35	3	1.57	8	1328.80	100	192.58
85	96.67	82	28.07			2	24.50	1	44.10
100	483.50	68	147.36			1	29.20	31	306.94
67	558.23	26	276.69			19	81.24	22	200.30
1	0.15	1	0.15						
2	1.60	2	1.60						
90	138.41	22	45.69	24	4.17	3	48.50	41	40.05
3953	10142.87	2534	3518.29	555	252.69	114	4209.73	750	2162.16
9	13.82	4	10.50					5	3.32
243	188.23	7	1.25	172	126.51	2	1.50	62	58.97
2	5.49					1	5.40	1	0.09
20	1.42			20	1.42				
12	15.15							12	15.15
1	8.06	1	8.06						
11	2.90							11	2.90
2	19.50					2	19.50		
293	3944.21	132	591.80	75	151.97	25	2341.90	61	858.54
11	67.90	1	0.50	4	0.40			6	67.00
19	29.13	9	12.20					10	16.93
18	86.23	18	86.23						
4	66.23	2	8.48	1	7.80	1	49.95		

2003年探矿权、采矿权

续表 22

	探矿权									
	小计		行政审批		招标		拍卖		挂牌	
	宗数	金额	宗数	金额	宗数	合同金额	宗数	合同金额	宗数	合同金额
安山岩										
建筑用安山岩										
水泥混合材用安山岩										
闪长岩										
建筑用闪长岩										
花岗岩	3	2.02	3	2.02						
建筑用花岗岩	5	41.60							5	41.60
饰面用花岗岩										
麦饭石										
浮石										
水泥用粗面岩										
凝灰岩										
水泥用凝灰岩	2	13.00							2	13.00
建筑用凝灰岩										
火山灰										
大理石	3	3.20	2						1	3.20
饰面用大理石	5	0.11	5	0.11						
建筑用大理石										
水泥用大理石	2	3.00	1						1	3.00
玻璃用大理石										
板岩										
饰面用板岩										
水泥配料用板岩										
片麻岩										
海砂										
矿泉水	33	5.13	31	0.93					2	4.20
地下水	39	224.00	37	14.00					2	210.00
煤矸石										

出让情况——按矿种分列(五)

计量单位:宗、万元

探矿权									
小计		行政审批		招标		拍卖		挂牌	
宗数	金额	宗数	金额	宗数	合同金额	宗数	合同金额	宗数	合同金额
60	7225.28	32	4808.85	25	14.60			3	2401.83
146	13252.46	50	51.09	54	50.71	18	13050.10	24	100.56
17	24.70	11	12.20	1	10.20			5	2.30
38	49.04	18	17.50	1	1.98			19	29.56
64	262.79	28	166.27	26	9.82	1	13.00	9	73.70
622	8466.37	383	559.86	80	60.62	28	2023.64	131	5822.25
1749	15807.87	1011	2096.15	288	205.28	45	3399.47	405	10106.97
388	1005.74	313	617.06	7	13.68	3	8.55	65	366.45
7	84.76	1	1.00	1	1.00			5	82.76
2	7.27	1	1.00	1	6.27				
7	11.29	6	7.79					1	3.50
94	998.93	82	526.62			5	39.78	7	432.53
12	32.13	7	24.63	4	2.50	1	5.00		
1231	34470.04	1023	13764.77	42	726.70	42	10019.74	124	9958.83
3	94.00	1						2	94.00
233	492.66	155	238.12	16	21.57			62	232.97
81	171.48	20	8.30			7	48.98	54	114.20
90	81.44	43	16.32	35	34.46	1	13.50	11	17.16
69	40.02	29	6.20	34	30.05			6	3.77
4	6.08	4	6.08						
27	98.97	3	1.60					24	97.37
8	35.23	3	2.10			1	18.50	4	14.63
1	0.35	1	0.35						
84	2045.13	59	1308.30					25	736.83
1	60.00	1	60.00						
39	256.71	31	97.62	5	153.84			3	5.25
6	73.44	6	73.44						
1		1							

2003年探矿权、采矿权

表 23

	探矿权							
	小计		出售		作价出资		其他	
	宗数	价款	宗数	价款	宗数	价款	宗数	价款
总　计	**493**	**95282.77**	**449**	**73037.14**	**26**	**14738.49**	**18**	**7507.14**
国土部机关								
北京市								
天津市								
河北省	12	1220.63	12	1220.63				
山西省								
内蒙古	8	625.00	7	425.00	1	200.00		
辽宁省	7	1196.00	7	1196.00				
吉林省	9	1416.04	5	431.00	4	985.04		
黑龙江								
上海市								
江苏省	2	465.00	1	465.00			1	
浙江省								
安徽省	14	3294.10	11	1949.10	3	1345.00		
福建省	20	2878.11	18	2602.51	2	275.60		
江西省								
山东省	20	24080.45	18	16058.40	2	8022.05		
河南省	66	7578.02	62	7578.02			4	
湖北省	9	2948.92	9	2948.92				
湖南省	4	750.00	4	750.00				
广东省	1	420.00	1	420.00				
广　西								
海南省	1	35.30	1	35.30				
重庆市	1	4.00	1	4.00				
四川省	44	10455.60	33	8581.60	11	1874.00		
贵州省	12	7500.14					12	7500.14
云南省	225	6098.08	223	5848.08	2	250.00		
西　藏	15	5759.38	15	5759.38				
陕西省	15	2258.20	15	2258.20				
甘肃省								
青海省	7	16292.80	6	14506.00	1	1786.80		
宁夏								
新疆	1	7.00					1	7.00

转让情况——按地区分列

计量单位:宗、万元

采矿权							
小计		出售		作价出资		其他	
宗数	价款	宗数	价款	宗数	价款	宗数	价款
1006	**373597.06**	**707**	**107224.35**	**94**	**218843.84**	**205**	**47528.87**
5	49135.38	5	49135.38				
2	10516.94			1	10515.44	1	1.50
7	752.93	7	752.93				
39	3178.99	37	3082.99	2	96.00		
44	50.00	43	50.00			1	
38	927.51	24	843.73	1	3.00	13	80.78
57	6857.18	22	279.32			35	6577.86
19	19306.98					19	19306.98
10	315.59	3	266.93	1	46.00	6	2.66
12	200.00	12	200.00				
44	5582.65	26	441.00	7	70.00	11	5071.65
22	8801.50	22	8801.50				
68	212792.81	16	6686.03	52	206106.78		
52	6904.50	25	6900.10			27	4.40
7	1936.48	7	1936.48				
49	7939.66	31	7227.89	1	2.00	17	709.77
4	352.32					4	352.32
8	2666.28					8	2666.28
2	91.00	1	70.00			1	21.00
118	8140.50	107	6991.50			11	1149.00
294	12003.44	252	11015.42	19	554.62	23	433.40
7	185.70	7	185.70				
64	11252.77	44	363.50	5	23.00	15	10866.27
1	70.00					1	70.00
9						9	
2	103.09	2	103.09				
3	211.54	2	46.54			1	165.00
2	50.00					2	50.00
17	3271.32	12	1844.32	5	1427.00		

2003年探矿权、采矿权

续表 23

	探矿权							
	小计		出售		作价出资		其他	
	宗数	价款	宗数	价款	宗数	价款	宗数	价款
总　　计	**493**	**95282.77**	**449**	**73037.14**	**26**	**14738.49**	**18**	**7507.14**
煤	32	34495.28	23	22418.66	3	8047.05	6	4029.57
油页岩	1	300.00	1	300.00				
地热	1	30.00			1	30.00		
铁矿	44	4285.53	41	4171.18	3	114.35		
锰矿	3	285.69	3	285.69				
钒矿								
铜矿	127	7436.55	125	7239.86	1	189.69	1	7.00
铅矿	18	150.72	17	150.72			1	
锌矿	4	11.80	3	11.80			1	
铝土矿	11	410.50	11	410.50				
钨矿								
锡矿	1	500.00	1	500.00				
钼矿								
锑矿								
铅锌矿	25	1464.21	22	1178.61	3	285.60		
多金属矿	3	3.01	3	3.01				
铂矿	2	745.00	1	55.00	1	690.00		
金矿	166	23289.97	149	17035.40	11	2804.00	6	3450.57
银矿	4	2037.00	4	2037.00				
铌钽矿	1	305.00	1	305.00				
锂矿	1	10000.00	1	10000.00				
菱镁矿								
萤石(普通)								
冶金用白云岩								
冶金用石英岩	2	18.00	2	18.00				
耐火粘土	1	160.00	1	160.00				
硫铁矿	1	9.80	1	9.80				
芒硝(含钙芒硝)								
重晶石								
制碱石灰岩								
化肥用石灰岩								
岩盐								
钾盐	2	2716.80	1	930.00	1	1786.80		

转让情况——按矿种分列(一)

计量单位:宗、万元

采矿权							
小计		出售		作价出资		其他	
宗数	价款	宗数	价款	宗数	价款	宗数	价款
1006	**373597.06**	**707**	**107224.35**	**94**	**218843.84**	**205**	**47528.87**
604	313911.95	482	83981.80	60	218056.64	62	11873.51
1	5.00	1	5.00				
29	19220.84	24	2301.27	3	335.69	2	16583.88
5	54.50	4	38.50			1	16.00
1						1	
5	640.05	5	640.05				
6	2936.00	2	600.00			4	2336.00
3	4.40					3	4.40
1						1	
18	8309.42	15	7967.47			3	341.95
1	13.99	1	13.99				
1	10.37					1	10.37
1	91.34	1	91.34				
46	269.44	17	149.22	7	50.22	22	70.00
37	18096.59	17	7002.94	10	21.29	10	11072.36
2	564.75	2	564.75				
4	245.38	3	126.19			1	119.19
1	13.60	1	13.60				
3	72.02	2	36.02			1	36.00
1	0.01	1	0.01				
2	31.00	2	31.00				
3	29.67	3	29.67				
5	30.00			5	30.00		
1	15.69	1	15.69				

2003年探矿权、采矿权

续表23

	探矿权							
	小计		出售		作价出资		其他	
	宗数	价款	宗数	价款	宗数	价款	宗数	价款
砷								
硼矿	3	941.00	3	941.00				
磷矿	7	433.00	5	197.00	1	216.00	1	20.00
石墨								
硅灰石								
滑石								
石棉(温石棉)								
长石								
电气石	1	20.00	1	20.00				
叶蜡石								
石膏	1	124.15	1	124.15				
方解石	1	1724.00	1	1724.00				
水泥用灰岩	5	1289.80	4	1289.80			1	
建筑石料用灰岩								
制灰用灰岩								
泥灰岩								
水泥配料用砂岩	1	5.00	1	5.00				
玻璃用砂	3	747.96	3	747.96				
建筑用砂								
砖瓦用页岩								
高岭土	1	50.00	1	50.00				
砖瓦用粘土								
玄武岩	2	100.00	2	100.00				
建筑用辉绿岩								
建筑用花岗岩	6	122.00	5	122.00			1	
饰面用花岗岩								
水泥用凝灰岩								
建筑用凝灰岩								
水泥用火山灰	3	200.00	3	200.00				
大理石								
建筑用大理石	1	120.00	1	120.00				
板岩								
矿泉水	7	601.00	6	26.00	1	575.00		
地下水	1	150.00	1	150.00				

转让情况——按矿种分列(二)

计量单位:宗、万元

采矿权							
小计		出售		作价出资		其他	
宗数	价款	宗数	价款	宗数	价款	宗数	价款
1	11.70	1	11.70				
2	69.28	2	69.28				
7	928.22	3	834.06			4	94.16
1	5.00	1	5.00				
2	92.62	2	92.62				
1	9.22	1	9.22				
1	0.01	1	0.01				
1	80.00	1	80.00				
2	176.91	2	176.91				
4	735.23	2	369.23	1	2.00	1	364.00
1	2.00	1	2.00				
26	3737.11	15	1378.93	1	8.00	10	2350.18
63	1594.26	21	103.30	3	13.00	39	1477.96
1						1	
1	0.78					1	0.78
1	114.84					1	114.84
2	340.00	1	70.00	1	270.00		
49	478.24	46	68.80	1	8.00	2	401.44
10	276.48	7	276.48			3	
10	5.95	6	3.70			4	2.25
3	4.50	3	4.50				
13	126.21			1	3.00	12	123.21
1	2.28	1	2.28				
1	104.47					1	104.47
1	46.00			1	46.00		
3	33.22	2	33.22			1	
1	9.42					1	9.42
5						5	
11	47.10	4	24.60			7	22.50

2003年全国矿产资源勘查、开采违法案件查处情况

表 24

计量单位:件

	合计	国家机关	省级机关	市级机关	县级机关	企事业单位	外商	集体	乡村	个人
上年未结案件	**1495**	**16**	**1**	**1**	**14**	**254**	**4**	**284**	87	941
本年立案	**16624**	**2**			**2**	**659**	**7**	**1585**	497	14378
勘查	257					30	3	8	2	219
无证勘查	176					19	2	6	1	151
越界勘查	24					2		1	1	21
非法转让探矿权	27					2				25
非法批准勘查许可证										
其他	30					7	1	1		22
开采	16365					629	4	1577	495	14159
无证开采	12953					357		542	161	12054
越界开采	2058					190	1	833	222	1035
非法转让采矿权	334					40	1	106	70	188
破坏性开采	112					5		5	1	102
非法批准采矿许可证	2	2			2					
其他	908					37	2	91	41	780
本年结案	**16669**	**2**			**2**	**600**	**9**	**1690**	**544**	**14377**
处理上年未结案	865					18	1	235	75	612
勘查	184					24	2	7	2	153
无证勘查	111					14	1	5	1	92
越界勘查	18					1		1	1	16
非法转让探矿权	28					3				25
非法批准勘查许可证										
其他	27					6	1	1		20
开采	15620	2			2	558	6	1448	467	13612
无证开采	12443					309	2	487	150	11647
越界开采	1882					176	1	778	212	928
非法转让采矿权	337					34	1	94	65	209
破坏性开采	62					3		5	2	54
非法批准采矿许可证	2	2			2					
其他	894					36	2	84	38	774
本年未结案件	**1450**	**16**	**1**	**1**	**14**	**313**	**2**	**179**	**40**	**942**

2003年矿产资源勘查、开采违法案件查处结果

表25　　计量单位:宗、万元

	吊销勘查许可证	吊销采矿许可证	罚　款
总　计	19	571	5872.98
北京市			17.93
天津市			19.00
河北省			387.24
山西省		43	1132.41
内蒙古		1	68.44
辽宁省		17	393.30
吉林省		8	58.64
黑龙江		67	87.73
上海市			0.80
江苏省			79.88
浙江省		1	209.86
安徽省		47	86.48
福建省	1	3	54.69
江西省		74	42.88
山东省		4	506.27
河南省	1	14	614.44
湖北省	1	19	104.69
湖南省	12	20	580.04
广东省		35	223.96
广　西		102	141.79
海南省	1	4	4.85
重庆市		7	136.36
四川省		13	270.37
贵州省		36	172.05
云南省	3	39	191.86
西　藏			
陕西省		9	181.95
甘肃省		7	53.01
青海省		1	2.40
宁　夏			45.05
新　疆			4.61

2003年矿产资源勘查、开采

表 26

	合计	北京	天津	河北	山西	内蒙古
上年未结案件	**1495**	**1**		**8**	**229**	**48**
本年立案	**16624**	**63**	**34**	**614**	**2504**	**415**
勘查	257	1		2	70	16
无证勘查	176	1		2	67	12
越界勘查	24				3	4
非法转让探矿权	27					
非法批准勘查许可证						
其他	30					
开采	16365	62	34	612	2434	399
无证开采	12953	59	30	446	2047	275
越界开采	2058	3	1	160	353	51
非法转让采矿权	334			1	11	58
破坏性开采	112			2	1	5
非法批准采矿许可证	2					
其他	908		3	3	22	10
本年结案	**16669**	**57**	**32**	**585**	**2581**	**366**
处理上年未结案	865	1		9	158	5
勘查	184	1		2	37	20
无证勘查	111	1		2	34	12
越界勘查	18				3	8
非法转让探矿权	28					
非法批准勘查许可证						
其他	27					
开采	15620	55	32	574	2386	341
无证开采	12443	52	28	430	2034	233
越界开采	1882	3	1	140	322	49
非法转让采矿权	337			2	8	45
破坏性开采	62			1	1	4
非法批准采矿许可证	2					
其他	894		3	1	21	10
本年未结案件	**1450**	**7**	**2**	**37**	**152**	**97**

违法案件查处情况——按地区分列(一)

计量单位:件

辽宁	吉林	黑龙江	上海	江苏	浙江	安徽	福建	江西	山东
30		**5**	**2**	**5**	**2**	**94**	**36**	**27**	**31**
786	**163**	**161**	**1**	**88**	**216**	**104**	**535**	**228**	**1081**
4	1	1	1	2		3	17		7
	1	1	1	2		1	7		1
1							6		1
						1			
3						1	4		5
782	162	160		86	216	101	518	228	1074
595	108	125		75	170	64	453	123	752
159	33	31		9	37	27	27	72	65
4	8	1		1	5	9	2	20	8
					2		10	3	2
24	13	3		1	2	1	26	10	247
583	**155**	**161**	**1**	**87**	**213**	**186**	**548**	**231**	**1074**
6		5		5	2	65	36	13	15
4	1	1	1	1		3	9		7
	1	1	1	1		1	5		1
1							1		1
						1			
3						1	3		5
573	154	155		81	211	118	503	218	1052
422	102	122		72	163	80	439	116	734
125	31	29		7	39	28	26	72	63
3	8	1		1	5	9	2	20	7
					2		10		2
23	13	3		1	2	1	26	10	246
233	**8**	**5**	**2**	**6**	**5**	**12**	**23**	**24**	**38**

2003年矿产资源勘查、开采

续表 26

	河南	湖北	湖南	广东	广西	江南
上年未结案件	**130**	**15**	**101**	**14**	**74**	**2**
本年立案	**1053**	**399**	**933**	**279**	**593**	**58**
勘查	42		12	8	4	
无证勘查	22			5		
越界勘查	2			3	1	
非法转让探矿权	8		12		1	
非法批准勘查许可证						
其他	10				2	
开采	1011	398	921	270	589	58
无证开采	603	327	576	202	535	39
越界开采	302	17	249	36	12	19
非法转让采矿权	37	16	44	1	2	
破坏性开采			2	12	2	
非法批准采矿许可证		1		1		
其他	69	38	50	19	38	
本年结案	**1114**	**398**	**921**	**261**	**650**	**58**
处理上年未结案	118	10	79	10	74	1
勘查	35		12	5	3	
无证勘查	16			5		
越界勘查	2				1	
非法转让探矿权	8		12			
非法批准勘查许可证						
其他	9				2	
开采	961	388	830	246	573	57
无证开采	578	315	526	190	518	38
越界开采	282	16	217	28	18	19
非法转让采矿权	36	16	35		2	
破坏性开采			2	12		
非法批准采矿许可证		1		1		
其他	65	40	50	15	35	
本年未结案件	**69**	**16**	**113**	**32**	**17**	**2**

违法案件查处情况——按地区分列(二)

计量单位:件

重庆	四川	贵州	云南	西藏	陕西	甘肃	青海	宁夏	新疆
97	**59**	**28**			**81**	**353**		**2**	**21**
1004	**986**	**2842**	**696**		**336**	**312**	**9**	**48**	**83**
5	39		3		12	4		1	2
1	37		3		8	2			2
					3				
4	1								
	1				1	2		1	
999	947	2842	693		324	308	9	47	81
787	765	2683	556		173	280	7	31	67
70	101	81	33		76	11	2	10	11
17	23	15			40	11			
18	2	5	44			2			
107	56	58	60		35	4		6	3
1059	**977**	**2782**	**687**		**411**	**332**	**8**	**50**	**101**
94	18	16			80	24		2	19
5	17		3		10	4		1	2
1	15		3		7	2			2
					1				
4	1				2				
	1					2		1	
960	942	2766	684		321	304	8	47	80
755	758	2630	556		173	276	6	31	66
66	101	64	26		76	11	2	10	11
15	19	12	43		37	11			
18	2	5	1			2			
106	62	55	58		35	4		6	3
42	**68**	**88**	**9**		**6**	**333**	**1**		**3**

2003年地质

表 27

	地质资料						
	合计			区域地质调查	固体矿产勘查	油气	海洋
		保密	保护				
全　国	**8804**	**1034**	**1091**	**487**	**5334**	**5**	**1**
北　京	217		125	4	34		
天　津	144		129	1	4		
河　北	438	335	103	24	279		
山　西	780			13	526		
内蒙古	74	51	23	32	15		
辽　宁	208		47	17	58		
吉　林	349		99	67	217		
黑龙江	206	12		17	108		
上　海	85						
江　苏	77		3	2	47		
浙　江	201	1	26	4	84		
安　徽	200		0	4	164		
福　建	558	451	96	1	429		
江　西	262		71	20	174	2	
山　东	251				191		
河　南	628			31	336		1
湖　北	113		22	26	76		
湖　南	309		99	19	236		
广　东	156	48	53	43	62		
广　西	332	104	15	14	267		
海　南	74			1	39	1	
重　庆	1068		1		644		
四　川	176			33	41		
贵　州	431		44		398		
云　南	374		12	19	247		
西　藏	25				18		
陕　西	199		32	1	140		
甘　肃	330		35	31	193		
青　海	100			10	51	2	
宁　夏	32	32		5	21		
新　疆	407		56	48	235		

资料汇交及利用情况

汇交（份）					地质资料利用	
水文工程	环境	地质探遥感	地质科研	其他	查阅（人次）	查阅（份次）
670	**1104**	**503**	**431**	**269**	**23286**	**76467**
42	94	12	25	6	118	489
68	2	3	48	18	89	144
25	15	36	2	57	200	1500
9	231		1		30	32
8	8	11			1663	5420
	100	9	16	8	201	799
17	3	7	6	32	2211	7753
28	7	32	14		290	3100
41	30	1	2	11	759	3628
12	6		6	4	812	3694
34	7	13	51	8	2030	7356
11	9		10	2	1345	3685
8	3	105	12		1203	3121
2	14	29	2	19	483	6845
48	7		5		6000	8765
108	26	36	82	8	150	260
1	1	3	6		102	1096
12	6	23	12	1	795	2708
	15	10	6	20	222	668
28	5	9	7	2	140	287
9	5	2	17		42	160
6	368			50	24	39
24	18	34	23	3	746	2760
32				1		
13	85	5	5		1298	5350
1	2	4			603	643
22	10	2	13	11	318	978
41	2	56	7		430	3300
	12	16	5	4	584	666
4			2		188	238
16	13	45	46	4	210	983

2003年矿产资源储量

表 28

地区	合计	能源矿产			金属矿产		
			煤	油气		黑色	有色
总　计	**2496**	**1352**	**1343**		**807**	**186**	**303**
北　京	24	11	11		2	1	1
天　津	3						
河　北	126	6	6		31	14	4
山　西							
内蒙古	3				1		
辽　宁	147	30	30		79	58	7
吉　林	176	67	66		34	12	6
黑龙江	251	209	209		14	5	2
上　海							
江　苏	56	9	9		7	3	1
浙　江	16	1			6		5
安　徽	35	12	12		9	4	1
福　建	233	157	154		57	19	31
江　西	143	6	6		124	2	112
山　东	72	18	18		39	19	
河　南	65	35	35		15	3	6
湖　北	16	5	5		6		5
湖　南	46	22	22		14	1	8
广　东	68	8	8		33	4	8
广　西	103	14	14		74	16	38
海　南	13				11		
重　庆	644	575	571		30	13	5
四　川	38	14	14		15	4	9
贵　州							
云　南							
西　藏							
陕　西	70	40	40		20	8	6
甘　肃	19	11	11		183		47
青　海							
宁　夏	2	1	1				
新　疆	127	101	101		3		1

报告评审备案情况

贵金属	非金属矿产				
		化工	建材		地下水
295	**356**	**53**	**266**	**205**	**127**
	1		1	10	
	2			1	
13	36	2	34	53	53
1				2	2
14	24	5	19	14	
16	57	1	43	18	
7	27		23	1	1
2	32	17	13	8	3
1	9	3	6		
4	9	1	8	4	
7	17	2	6	2	
10	13	3	10		
20	6		6	9	
6	8		6	9	9
1	5	4	1		
5	8	3	1	1	1
21	13	3	10	14	14
20	15		15		
1	1		1	1	
	37	4	32	2	
2	3		3	6	
6	6		6	4	2
136	8		8	41	41
				1	1
2	19	5	14	4	

2003年全国矿产资源

表 29

地区	矿山企业数（个）					从业人员（人）
		大型	中型	小型	小矿	
全国	**145406**	**527**	**1354**	**37692**	**105833**	**9296792**
北京	917	2	7	211	697	58147
天津	214	1	2	117	94	17836
河北	8895	34	77	1945	6839	572167
山西	7247	58	71	3629	3489	1035749
内蒙古	4640	13	59	1425	3143	276106
辽宁	6653	38	49	1893	4673	424983
吉林	3890	8	18	1192	2672	202150
黑龙江	4387	24	98	1056	3209	457130
上海	138		2	77	59	11307
江苏	3755	9	40	1208	2498	348478
浙江	5220	16	79	2160	2965	139208
安徽	8018	28	65	1000	6925	484322
福建	4726	4	13	2385	2324	117925
江西	7271	15	49	1347	5860	317622
山东	10074	41	145	1979	7909	867584
河南	7517	30	77	1697	5713	721092
湖北	5317	19	44	896	4358	266734
湖南	7783	8	45	1398	6332	417321
广东	4946	22	22	2714	2188	144286
广西	6204	14	28	1330	4832	150091
海南	369	13	26	195	135	14907
重庆	5368	15	19	762	4572	230883
四川	8202	37	51	1661	6453	483094
贵州	5694	10	67	1937	3680	210941
云南	7120	7	52	1485	5576	350175
西藏	83		1	46	36	4997
陕西	4178	21	57	734	3366	293183
甘肃	2041	14	51	224	1752	165992
青海	752	13	17	115	607	46872
宁夏	992		10	236	746	57644
新疆	2794	12	13	637	2132	167866
海洋石油天然气	1	1				240000

开发利用情况——按地区分列

年矿产量（原矿）		非金属矿产		矿产品销售收入（万元）	利润总额（万元）
固体矿产和液体矿产（万吨）	气体矿产（万立方米）	工业总产值（万元）	综合用产值（万元）		
571180.95	**3297015.90**	**59675447.29**	**880998.29**	**53196771.16**	**14166449.90**
3052.02		220312.68	370.00	211232.35	20826.40
1581.31	26596.00	326329.06	18669.00	305001.27	198744.27
39793.06	49870.00	2966698.45	47306.31	2534130.84	605722.41
51961.77	15316.50	4133318.57	7213.77	4107189.43	421785.20
20588.41		1494367.95	41760.02	1372183.60	148804.63
24805.00	105700.00	3632672.40	47543.74	3241460.50	564956.60
7991.79	38079.40	1169148.08	10655.47	1137719.35	214207.67
16032.67	203400.00	9438584.33	67710.76	8870672.85	5420866.09
542.75		37223.00		34766.85	2598.78
26540.25	15000.00	1357509.22	1028.72	1260641.69	135554.21
36873.91		640373.81	1814.57	573602.90	65738.57
27978.04		2355766.67	17195.20	2321947.27	286194.49
13786.44		607067.30	58198.91	582158.70	90701.91
23247.89		865242.07	51658.76	832866.18	47269.38
38141.37	81210.00	7991188.12	42891.19	7584027.89	1528274.58
22740.32	60599.20	3210022.32	48389.87	2905115.33	389388.67
21649.95	7182.00	750588.86	36186.57	602018.19	29441.78
27701.42		1281229.61	17902.72	1205280.74	84986.59
28762.87		605119.50	4151.81	532198.71	61746.92
15188.14		448917.47	22688.68	304117.76	29571.07
5608.63		74831.27	326.40	66454.01	3338.48
17073.18	497798.53	762088.78	3707.06	764722.27	68622.81
23812.42	671057.57	1121019.24	44388.33	1017203.39	49676.60
13936.61	38774.70	694054.27	578.20	650382.77	87859.34
17769.04	550.00	1066695.25	36678.32	879210.50	45678.92
1384.00		44065.89	20.00	40116.08	6217.17
18434.14	456295.00	3154695.96	9196.64	2763205.99	789652.88
6631.81		960255.28	3710.57	933692.77	195338.75
3123.19	154000.00	591816.76	72052.00	563457.71	113977.18
3227.64		203787.37	64.00	210069.30	30228.11
8996.92	498587.00	3660964.75	166940.70	2372512.97	1248084.46
2224.00	377000.00	3809493.00		2417411.00	1180395.00

2003年全国矿产资源开发利用情况

表 30

企业经济	矿山企业数（个）					从业人员（人）
		大型	中型	小型	小矿	
总　计	**145406**	**527**	**1354**	**37692**	**105833**	**9296792**
一、内资企业	145019	494	1322	37534	105669	9260468
国有企业	6468	307	704	2998	2459	3296700
集体企业	44820	9	175	12499	32137	2240716
股份合作企业	2751	3	22	772	1954	149688
联营企业	1402	6	14	465	917	68036
有限责任公司	4489	82	184	1751	2472	826380
股份有限公司	2078	75	100	760	1143	715224
私营企业	73185	12	115	16098	56960	1790659
其他企业	9826		8	2191	7627	173065
二、港澳台商投资企业	166	12	15	69	70	13213
三、外商投资企业	221	21	17	89	94	23111

——按企业经济类型分列

年矿产量（原矿）		非金属矿产		矿产品销售收入（万元）	利润总额（万元）
固体矿产和液体矿产（万吨）	气体矿产（万立方米）	工业总产值（万元）	综合用产值（万元）		
571180.95	**3297015.90**	**59675447.29**	**880998.29**	**53196771.16**	**14166449.90**
565009.74	3297015.90	59431787.52	876378.29	52979991.73	14154297.90
136873.86	908989.20	26193598.38	485207.12	23082894.75	3919535.31
128951.54		4850379.83	24398.49	4574091.63	560665.17
8023.05		409053.88	4310.29	385121.61	42352.59
4399.19	2480.00	260379.60	1200.00	251960.43	40301.04
46634.44	1094558.17	16623309.58	112908.18	14417934.42	7277919.53
33589.78	1290988.53	7277965.04	217108.37	6766080.54	1882432.32
181330.69		3523614.89	30856.34	3233030.78	394135.76
25207.20		293486.32	389.50	268877.57	36956.18
2574.74		73456.26	3759.70	58573.10	5405.44
3596.47		170203.51	860.30	158206.33	6746.58

2003年全国矿产资源开发利用情况

表 31

企业经济	矿山企业数（个）					从业人员（人）
		大型	中型	小型	小矿	
总　计	**145406**	**527**	**1354**	**37692**	**105833**	**9296792**
煤	26295	138	407	10518	15232	4280676
油页岩	25			2	23	629
石油	47	24	8	15		728730
天然气	16	10	1	5		34682
其中:海洋石油天然气	1	1				240000
石煤	304			29	275	4966
天然沥青	3				3	49
地热	436	9	3	358	66	16136
铁矿	3785	36	70	638	3041	319707
锰矿	628	5	17	208	398	43606
铬铁矿	25		1	12	12	1345
钛矿	160	1		112	47	4154
钒矿	27			10	17	2821
铜矿	722	12	34	94	582	96862
铅矿	1028	5	19	78	926	63713
锌矿	1038	1	27	140	870	81537
铝土矿	309	3	6	47	253	13116
镁矿	12			1	11	131
镍矿	44	4	1	6	33	13718
钴矿	4				4	52
钨矿	174	1	16	51	106	36265
锡矿	231	1	14	26	190	48266
铋矿	3				3	47
钼矿	144	3	4	22	115	27803

——按矿种分列(一)

年矿产量(原矿)	工业总产值(万元)	综合用产值(万元)	矿产品销售收入(万元)	利润总额(万元)
571180.95	**59675447.29**	**880998.29**	**53196771.16**	**14166449.90**
3297015.90*				
142421.07	17812561.50	84716.22	16961004.60	1763563.31
(煤层气 15316.50*)				
18.26	646.91		594.22	2.70
16867.17	28342192.70	400175.72	24149860.89	11269799.50
3265279.40*	675669.90	69839.00	789374.04	143216.40
2224.00	3809493.00		2417411.00	1180395.00
(天然气 377000.00*)				
483.46	9351.84	155.00	9163.28	1118.30
筹建 2 个,停产 1 个			115.60	14.00
4180.45	31420.73	1091.00	25997.91	-2124.99
22936.12	2326352.81	49896.69	2140988.43	45291.46
568.90	161909.11	889.99	91020.61	8302.08
15.86	9474.84		8221.86	2462.80
532.34	7007.57	49.50	6762.02	1117.10
11.91	2368.60	5.00	2363.60	168.90
6488.96	570032.45	78966.48	514520.07	13923.02
937.68	338367.44	34072.54	234857.14	32223.32
1549.92	353353.17	18997.64	319753.58	29050.83
444.21	28520.49		17754.63	2479.96
15.10	358.00		358.00	23.24
542.31	124018.50	1178.88	166935.69	14965.34
停产 3 个,筹建 1 个				
700.58	119374.20	1839.41	112184.48	2216.03
828.21	226646.31	20306.71	102717.78	-323.68
1.80	222.00		222.00	12.00
1774.93	247498.27	8017.20	118353.92	33767.83

2003年全国矿产资源开发利用情况

续表 31

企业经济	矿山企业数（个）					从业人员（人）
		大型	中型	小型	小矿	
汞矿	9			2	7	570
锑矿	93		2	8	83	15642
铂矿	1			1		1
砂金	98	7	7	45	39	4578
金矿	1679	31	82	560	1006	183582
银矿	63		7	13	43	8009
铌钽矿	21	1	2	6	12	1998
钽矿	2				2	101
铍矿	7				7	106
锂矿	9	1		2	6	2306
锆矿	26	9	13	3	1	1133
锶矿（天青石）	27	2		1	24	2419
重稀土矿	22			19	3	1219
轻稀土矿	102			40	62	5103
锗矿	1				1	106
碲矿	1				1	18
蓝晶石	3			2	1	448
硅线石	15	1		5	9	180
红柱石	3			1	2	53
菱镁矿	172	3	2	133	34	11719
萤石（普通）	834		6	321	507	20253
熔剂用石灰岩	230	6	7	159	58	21040
冶金用白云岩	315	3	2	136	174	10186
冶金用石英岩	637		2	200	435	10127
冶金用砂岩	93			69	24	667
铸型用砂岩	46			19	27	859
铸型用砂	114		2	62	50	4670
冶金用脉石英	271	1		54	216	2896
耐火粘土	580	4	3	168	405	14482
铁钒土	18			4	14	178
铸型用粘土	6			1	5	50
熔剂用蛇纹岩	6			2	2	196

——按矿种分列(二)

年矿产量（原矿）	工业总产值（万元）	综合用产值（万元）	矿产品销售收入（万元）	利润总额（万元）
5.61	2177.60	7.00	2641.25	101.00
110.06	48374.34	5851.78	85802.38	–4451.20
筹建				
1145.10	13962.13	20.00	13767.04	957.13
4080.12	1117650.40	65208.51	1059549.78	173963.70
199.32	38915.32	4976.95	35853.36	817.51
84.26	4370.60	1238.44	4168.41	–554.00
1.00	36.00			
4.10	80.90		70.41	6.90
13.02	1850.70	100.00	1880.70	10.00
3386.18	4532.38	297.40	3454.59	201.91
12.42	9517.80		5941.00	2477.80
97.58	10104.25		10104.25	1175.45
354.41	17291.47	20.00	15218.62	2521.67
1.29	785.42		785.42	100.00
筹建				
2.96	1684.00		1573.20	60.00
3.90	421.00		421.00	31.40
3.00	280.00		280.00	0.95
489.70	52186.90		20817.85	2698.69
559.11	58847.81	881.10	57309.04	4262.28
2514.86	89220.13	456.00	66658.83	78.83
996.09	47602.20	10.00	22883.05	1842.04
348.47	17987.54	19.62	16988.56	1326.88
33.47	849.60	60.00	734.70	127.29
40.39	1094.27		1080.25	147.53
134.75	11557.73	37.00	9554.03	447.86
61.15	3366.58	21.50	2787.37	258.38
255.69	20958.38	87.91	16879.44	–110.72
8.00	95.60		95.60	1.55
2.74	38.90		37.30	3.95
56.00	1614.03		1434.80	137.95

2003年全国矿产资源开发

续表 31

矿种	矿山企业数（个）					从业人员（人）
		大型	中型	小型	小矿	
硫铁矿	512	1	5	119	387	33161
钠硝石	2			1	1	138
明矾石	19		3	2	14	3794
芒硝	74	4	17	29	24	9397
重晶石	366	1	4	135	226	8702
毒重石	16			2	14	957
天然碱（Na_2CO_3）	41	2	2	10	27	5532
电石用灰岩	77		2	32	43	5891
制碱用灰岩	154		3	6	145	3465
化肥用石灰岩	17			5	12	397
化肥用白云岩	26			2	24	709
化肥用石英岩	7				7	70
含钾岩石	98			32	66	1481
含钾砂页岩	25			24	1	626
化肥用橄榄岩	1				1	15
化肥用蛇纹岩	18		1	6	11	993
泥炭	71			9	62	1123
岩盐	95	20	20	45	10	28268
湖盐	45	4	3	17	21	7785
镁盐	4			1	3	170
天然卤水	298	3	10	22	263	16917
钾盐	9	3	2	2	2	6035
溴	12		1	11		2207
砷	8			8		163
硼矿	92	2	4	23	63	6792
磷矿	456	16	16	112	312	45815
金刚石	4	3		1		853
石墨	143	5	13	65	60	11321
熔炼水晶（矿物万吨）	1			1		10
工艺水晶（矿物吨）	5			5		70
硅灰石	203	1	3	65	134	5220
滑石	223	2	3	62	156	7700

利用情况——按矿种分列(三)

年产矿量（万吨）	工业总产值（万元）	综合利用产值（万元）	矿产品销售收入（万元）	利润总额（万元）
891.80	87292.56	2525.97	59276.45	−7004.81
5.00	373.80		373.80	20.00
16.69	952.00		957.02	107.50
1067.44	92982.38	233.70	83540.71	12042.19
223.20	13285.57	44.00	16572.89	1825.32
1.32	2748.00		2492.00	153.00
210.96	43884.58	40.00	40626.12	998.14
245.59	28818.24	165.00	28557.95	802.60
609.33	10826.21		10563.40	28.05
21.07	228.84		255.84	−89.00
27.10	1630.40		1508.40	76.35
1.05	52.00		70.50	6.50
45.80	3300.65		3246.25	372.88
25.65	1118.25		769.50	348.74
0.10	23.00		23.00	7.60
23.20	1828.62	998.00	484.32	42.00
25.91	1718.79		1641.50	271.82
1771.50	190870.40	5459.19	164584.04	8449.89
341.31	86463.18		63059.27	6842.50
10.00	30.00		12.00	
699.43	53330.17	90.00	46831.83	3092.75
1091.98	83330.49		76808.29	12049.00
3.00	16723.73		15604.60	82.55
0.63	474.25		474.25	13.70
157.68	17621.18	1610.00	13774.16	2801.08
2768.35	204632.96	5083.20	167928.34	6236.63
6.60	3766.00		4023.00	2.60
371.01	25491.86	50.00	22013.03	−146.10
0.05	4.00		4.00	0.80
1.00	75.00		75.00	1.00
95.32	7459.13		6854.33	355.12
178.64	25240.39	602.32	23597.21	3429.68

2003年全国矿产资源开发

续表 31

矿种	矿山企业数（个）					从业人员（人）
		大型	中型	小型	小矿	
石棉(温石棉)	64	4	40	4	16	8560
云母	36			36		456
长石	422			10	412	6024
电气石	2			2		16
石榴子石	20			20		295
叶腊石	144			87	57	3133
透辉石	32			21	11	639
蛭石	15		1	5	9	541
沸石	188			38	150	3053
透闪石	10			1	9	142
石膏	737	6	64	412	255	47342
方解石	584		1	168	415	7559
光学萤石	3			3		98
宝石	34			34		548
玉石	50		1	49		2018
玛瑙（吨）	2			2		56
玻璃用灰岩	13				13	80
水泥用灰岩	5866	66	115	1829	3856	252496
建筑石料用灰岩	21476	1	6	3740	17729	359043
饰面用灰岩	138			15	123	3518
制灰用灰岩	1901		3	190	1708	32039
泥灰岩	42			42		353
白垩	11			11		71
玻璃用白云岩	49			3	46	1209
建筑用白云岩	1555		1	708	846	28553
玻璃用石英岩	427		7	126	294	8937
玻璃用砂岩	92	1	2	23	66	2526
水泥配料用砂岩	154	5	4	24	121	2611
砖瓦用砂岩	298			46	252	5002
建筑用砂岩	45			11	34	558
陶瓷用砂岩	229		2	117	110	4736
玻璃用砂	174	2	2	47	123	5700

注：②已停产。

利用情况——按矿种分列(四)

年产矿量（万吨）	工业总产值（万元）	综合利用产值（万元）	矿产品销售收入（万元）	利润总额（万元）
593.01	24570.90	45.00	21670.67	858.21
0.21	223.88		223.88	19.30
190.51	8277.33	16.10	8059.25	1027.74
停产				
21.98	365.61		365.60	32.65
159.25	9418.32	230.00	8766.29	1330.00
56.68	3818.64		4001.54	151.03
28.31	1385.30	0.10	884.55	543.80
159.53	3889.64		3729.84	294.30
0.70	34.00		34.00	2.43
1920.60	82372.22	45.42	78404.80	7203.44
629.76	13957.52	200.00	10523.40	1647.40
0.87	53.50		53.00	8.00
50.48	403.84		403.84	45.50
1.45	3497.33	20.31	2502.80	503.68
10.50	81.50		61.50	30.00
2.30	67.00		62.00	6.00
46902.20	1576814.18	4353.98	1418656.11	168249.59
83713.40	568684.80	2558.34	529252.99	72498.16
450.36	7707.91		7459.00	337.52
3826.40	60833.34	320.02	50594.05	5350.23
41.91	265.50	21.00	254.00	0.80
2.66	252.50		252.50	19.20
78.19	1376.34		1278.14	57.00
18274.81	84812.75		51774.01	11774.15
751.68	24569.03		22379.89	3732.46
173.73	4158.28		3663.68	73.43
438.25	6164.94		5429.77	406.79
396.28	4163.51	1.20	3867.51	451.96
35.50	675.93		606.80	91.00
2333.83	34690.77		33163.58	2556.08
442.18	19184.22	15.00	16270.46	1095.23

2003年全国矿产资源开发

续表 31

矿种	矿山企业数（个）					从业人员（人）
		大型	中型	小型	小矿	
建筑用砂	8477	4	54	1286	7133	124139
水泥配料用砂	58		1	3	54	897
水泥标准砂	2			2		287
砖瓦用砂	181			15	166	3396
玻璃用脉石英	191			3	188	2211
粉石英	60			60		760
硅藻土	31		1	11	19	679
陶粒页岩	34			4	30	645
砖瓦用页岩	3958	1	1	337	3619	142187
水泥配料用页岩	139	1	2	28	108	1867
高岭土	611	5	2	391	213	14365
陶瓷土	589			404	185	8473
凹凸棒石粘土	19			11	8	624
海泡石粘土	14			1	13	214
伊利石粘土	12			2	10	216
累托石粘土	1				1	181
膨润土	321		3	176	142	6399
砖瓦用粘土	31210	1	40	1908	29261	1489461
陶粒用粘土	106			37	69	1770
水泥用粘土	302	5	11	21	265	6071
水泥配料用红土	19			2	17	399
水泥配料用黄土	15	3		5	7	360
水泥配料用泥岩	23	1		3	19	186
保温材料用粘土	23			3	20	1092
建筑用橄榄岩	13			9	4	526
饰面用蛇纹岩	37			8	29	593
铸石用玄武岩	548		5	261	282	8650
岩棉用玄武岩	50			20	30	1202
建筑用玄武岩	139			41	98	4556
水泥用辉绿岩	2				2	9
铸石用辉绿岩	2				2	20
饰面用辉绿岩	455		1	45	409	6535
建筑用辉绿岩	234			144	90	4396

利用情况——按矿种分列(五)

年产矿量（万吨）	工业总产值（万元）	综合利用产值（万元）	矿产品销售收入（万元）	利润总额（万元）
33824.37	240443.57		222599.59	28174.60
187.99	4547.88	1.00	4531.87	–232.82
2.41	1129.70		1219.60	22.70
432.37	4963.51		4789.61	307.67
41.70	2476.57	50.00	2131.40	227.04
39.97	2118.74		2091.57	171.81
16.30	10424.86		9932.32	–1464.41
26.81	682.44	55.00	673.94	39.21
10918.14	174795.15		162285.36	11469.74
369.93	3701.20	18.00	3526.69	301.20
770.29	39704.68	250.00	38413.29	5395.58
675.53	26471.35	3.00	27265.67	2443.59
12.37	1806.20	2.65	1795.20	127.80
0.65	107.30	5.00	86.30	6.95
4.98	219.71		219.70	14.00
0.07	5.00		5.00	0.50
172.28	19058.77		18765.38	1633.47
60729.75	1564931.75		1354649.56	133305.13
86.43	4690.80		4414.50	233.60
490.50	5810.87		5340.23	335.70
32.71	179.96		175.25	18.06
154.10	750.49		686.91	15.85
75.20	1162.20		552.70	59.00
28.12	224.11		169.10	4.50
24.15	486.30		407.30	24.00
7.25	774.30		724.60	–28.53
835.22	14979.34	72.80	13445.12	1003.98
50.09	626.71	28.00	554.37	78.96
515.24	10173.51		8572.92	1205.62
0.70	14.00		14.00	3.00
0.30	15.00		15.00	1.00
114.72	13462.02	78.09	12721.10	2243.41
647.65	8338.92	6.08	7710.59	1013.62

2003年全国矿产资源开发

续表 31

矿种	矿山企业数（个）					从业人员（人）
		大型	中型	小型	小矿	
饰面用安山岩	17			6	11	104
建筑用安山岩	960	2	9	713	236	17847
建筑用闪长岩	410	1		297	112	5672
水泥用闪长玢岩	22				22	108
建筑用花岗石	7524	7	21	5548	1948	109329
饰面用花岗岩	2481		8	600	1873	41247
建筑用流纹岩	5			4	1	53
麦饭石	17		1	15	1	137
珍珠岩	83	1		82		2702
黑曜岩	4			4		36
浮石	12			12		274
水泥用粗面岩	2			2		58
铸石用粗面岩	6			2	4	160
建筑用粗面岩	1			1		24
霞石正长岩	2				2	149
玻璃用 凝灰岩	1			1		53
水泥用凝灰岩	25			3	22	1059
建筑用凝灰岩	2571	6	31	997	1537	45501
火山灰	8			3	5	97
水泥用火山灰	16			2	14	248
火山渣	4				4	182
饰面用大理石	608		3	109	496	9704
建筑大理石	585		2	351	232	7797
水泥用大理石	443	1	1	48	393	8191
玻璃用大理石	7				7	99
矿泉水	1050	11	27	401	611	39160
地下水	9	1		6	2	190
二氧化碳气	3		1	2		277
其他矿产	1754	2	1	157	1594	25363

注：①表示气体矿产年产量，计量单位是万立方米。

利用情况——按矿种分列(六)

年产矿量（万吨）	工业总产值（万元）	综合利用产值（万元）	矿产品销售收入（万元）	利润总额（万元）
8.50	317.54	2.00	308.12	−84.37
3709.36	45749.55		42994.99	3830.74
928.95	13768.68	4.50	13304.67	2221.23
8.80	105.50		105.50	5.45
34857.34	275458.63	943.53	262874.93	25718.35
2473.37	141381.69	3952.18	128692.01	21707.06
20.57	136.80		136.80	17.10
5.67	125.24		61.44	13.60
74.67	3236.73		3129.13	600.89
0.09	2.25		1.50	0.70
7.60	916.20		350.60	17.60
21.10	344.30		344.30	50.00
3.37	21.80		21.80	0.14
16.10	140.00		100.00	6.00
1.16	253.00		222.60	−32.00
44.00	595.00		440.00	70.00
57.52	5486.07	752.85	6663.39	48.54
19825.13	216753.60	101.77	197342.10	23662.29
44.13	474.04		474.04	22.98
25.97	265.00		265.00	16.51
1.60	10.53		10.53	
327.57	17513.79	347.82	15753.72	3057.56
2275.34	14101.00	17.10	12605.26	1353.36
1177.02	20060.44		11494.84	−1625.74
2.17	90.00		90.00	16.00
1902.25	182560.77		158951.46	7281.55
112.40	179.30		179.30	17.79
16420.00*	6550.00		6140.00	673.12
3023.28	51424.45	88.88	50078.41	6098.61

2003我国主要矿产

表 32

矿产品名称	进口				
	国别（地区）	数量（吨）	占总量%	金额（美元）	占总值%
煤炭	**合计**	**11 028 194.96**	**100.00**	**369 512.948**	**100.00**
	澳大利亚	5 102 253.17	46.27	208 140 00	56.33
	越南	2 683 160.57	24.33	53 750 534	14.55
	印度尼西亚	859 738.24	7.71	28 811 069	7.80
	朝鲜	745 339.17	6.76	15 427 652	4.18
	俄罗斯	723 776.00	6.56	25 246 177	6.83
	加拿大	385 681.87	3.50	22 209 939	6.01
	蒙古	283 970.80	2.57	2 113 226	0.57
	新西兰	204 725.69	1.86	12 164 749	3.29
	其他国家或地区	49 549.45	0.45	1 649 458	0.45
石油原油	**合计**	**91 123 949.87**	**100.00**	**19 808 734 177**	**100.00**
	沙特阿拉伯	15 180 218.21	16.66	3 254 636 278	16.43
	伊朗	12 393 845.80	136.0	2 635 558 399	13.31
	安哥拉	10 102 596.18	11.09	2 205 654 993	11.13
	阿曼	9 267 937.12	10.17	1 978 256 687	9.99
	也门共和国	6 995 851.60	7.68	1 520 734 722	7.68
	苏丹	6 257 285.26	6.87	1 416 335 306	7.15
	俄罗斯	5 254 727.64	5.77	1 102 309 550	5.56
	越南	3 505 695.17	3.85	817 103 333	4.12
	刚果	3 389 260.10	3.72	699 913 467	3.53
	印度尼西亚	3 332 802.21	3.66	733 856 611	3.70
	马来西亚	2 030 684.48	2.23	499 413 909	2.52
	澳大利亚	1 779 936.38	1.95	445 712 327	2.25
	泰国	1 610 169.57	1.77	383 814 844	1.94
	赤道几内亚	1 460 161.54	1.60	315 975 939	1.60
	文莱	1 358 432.53	1.49	312 147 994	1.58
	哈萨克斯坦	1 198 214.06	1.31	217 517 190	1.10
	挪威	931 766.66	1.02	210 310 036	1.06
	科威特	907 244.32	1.00	186 365 024	0.94
	阿拉伯联合酋长国	863 522.70	0.95	194 043 152	0.98
	其他国家或地区	3 303 598.35	3.63	679 073 116	3.43
铁矿砂及其精矿	**合计**	**148 128 360.30**	**100.00**	**4 856 502 019**	**100.00**
	澳大利亚	58 128 115.95	39.24	1 629 772 85	33.56
	巴西	38 395 333.84	25.92	11 347 661 060	27.75
	印度	32 277 692.64	21.79	1 217 797 002	25.08
	南非	9 557 734.48	6.45	287 407 727	5.92
	秘鲁	2 197 631.22	1.48	76 437 570	1.57

品进出口情况(一)

	出口			
国别（地区）	数量（吨）	占总量%	金额（美元）	占总值%
合计	**108 702 309.60**	**100.00**	**4 433 107 726**	**100.00**
日本	34 199 854.44	31.46	1 337 308 909	30.17
韩国	30 146 654.39	27.73	881 190 909	19.88
巴西	4 531 024.12	4.17	339 205 349	7.65
印度	3 533 881.00	3.25	207 183 291	4.67
菲律宾	2 923 577.19	2.69	73 961 659	1.67
中国香港	2 126 784.08	1.96	58 258 041	1.31
中国台湾省	17 460 023.31	16.06	489 802 517	11.05
其他国家或地区	1 552 117.28	1.43	140 435 908	3.17
合计	**12 228 393.79**	**11.25**	**905 961 355**	**20.44**
日本	8 133 322.56	100.00	1 661 217 281	100.00
韩国	3 555 454.87	43.71	731 126 809	44.01
印度尼西亚	1 464 812.83	18.01	268 404 213	16.16
美国	1 339 630.77	16.47	297 300 856	17.90
朝鲜	678 389.56	8.34	136 494 466	8.22
澳大利亚	573 558,37	7.05	121 004 375	7.28
新加坡	221 531.09	2.72	33 268 001	2.70
马来西亚	163 39.14	2.01	28 705 670	2.00
其他国家或地区	9.76	1.68	2 017	1.73
合计	**729.91**	**100.00**	**124 519**	**100.00**
韩国	412.20	57.71	58.112	46.67
比利时	75.85	10.39	3 580	18.94
日本	40.66	5.57	4.733	3.80
中国香港	23.00	3.15	2 244	1.80
中国台湾省	128.00	17.54	9 9832	8.02

2003我国主要矿产

续表 32

矿产品名称	进口				
	国别（地区）	数量（吨）	占总量%	金额（美元）	占总值%
铁矿砂及其精矿	智利	1 640 658.85	1.11	68 920 560	1.42
	加拿大	1 423 882.90	0.96	64 021 973	1.32
	其他国家或地区	4 507 310.42	3.04	164 483 276	3.39
锰矿砂及其精矿	**合计**	**2 863 079.41**	**100**	**204 978 282**	**100**
	澳大利亚	1 188 913.54	41.53	103 811 761	50.65
	加蓬	390 206.66	13.63	31 721 056	15.48
	加纳	354 126.72	12.37	17 936 148	8.75
	缅甸	280 467.21	9.8	6 363 112	3.1
	巴西	258 714.73	9.04	20 339 126	9.92
	印度	145 595.29	5.09	8 040 377	3.92
	南非	109 822.01	3.84	9 171 916	4.47
	越南	65 451.25	2.29	2 664 686	1.3
	其他国家或地区	69 781.99	2.44	4 930 100	2.41
铜矿砂及其精矿	**合计**	**2 669 872.46**	**100**	**1 288 185 962**	**100**
	智利	822 065.16	30.79	419 754 849	32.58
	蒙古	503 095.55	18.84	199 793 844	15.51
	秘鲁	394 594.30	14.78	195 759 659	15.2
	澳大利亚	363 219.54	13.6	148 647 979	11.54
	哈萨克斯坦	134 268.90	5.03	54 866 938	4.26
	印度尼西亚	93 083.25	3.49	75 092 975	5.83
	加拿大	78 206.46	2.93	46 668 637	3.62
	巴布亚新几内亚	71 493.45	2.68	52 963 573	4.11
	伊朗	68 099.03	2.55	32 378 499	2.51
	墨西哥	51 419.02	1.93	29 617 532	2.3
	南非	23 467.03	0.88	8 843 494	0.69
	土耳其	18 158.06	0.68	5 514 783	0.43
	其他国家或地区	48 702.71	1.82	18 283 200	1.42
镍矿砂及其精矿	**合计**	**9 296.82**	**100**	**5 100 676**	**100**
	比利时	3 507.44	37.73	1 058 140	20.75
	芬兰	1 452.73	15.63	677 702	13.29
	印度尼西亚	1 147.31	12.34	369 951	7.25
	澳大利亚	891.86	9.59	360 307	7.06
	美国	676.85	7.28	550 982	10.8
	古巴	660	7.1	1 726 759	33.85
	智利	379.51	4.08	58 764	1.15
	其他国家或地区	581.13	6.25	298 071	5.84

品进出口情况(二)

国别（地区）	数量（吨）	占总量%	金额（美元）	占总值%
	出口			
印度尼西亚	18.69	2.56	4 672	3.75
阿根廷	8	1.1	13 306	10.69
美国	7.78	1.07	5 835	4.69
其他国家或地区	6.74	0.92	2 054	1.65
合计	**3 943.83**	**100**	**484 361**	**100**
日本	3 113.93	78.96	385 334	79.56
朝鲜	356.4	9.04	12 127	2.5
孟加拉国	197	5	35 023	7.23
泰国	122	3.09	21 296	4.4
马来西亚	107.5	2.73	24 095	4.97
俄罗斯联邦	47	1.19	6 486	1.34
合计	**62 078.14**	**100**	**3 736 337**	100
巴拿马	21 058.57	33.92	632 632	16.93
马耳他	6 946.31	11.19	210 137	5.62
香港	6 016.15	9.69	181 999	4.87
圣文森特和格林	4 628.31	7.46	140 014	3.75
纳丁斯	3 717.56	5.99	112 462	3.01
英国	2 272.00	3.66	66 015	1.77
伊朗	2 069.93	3.33	62 619	1.68
韩国	2 032.90	3.27	1 013 620	27.13
南非	2 021.18	3.26	61 144	1.64
塞浦路斯	11 315.23	18.23	1 255 695	33.61
其他国家或地区				
合计	**0.1**	**100**	**1 964**	**100**
美国	0.1	100	1 964	100

2003我国主要矿产

续表 32

矿产品名称	进口				
	国别（地区）	数量（吨）	占总量%	金额（美元）	占总值%
钴矿砂及其精矿	**合计**	**83 468.44**	**100**	**68 157 648**	**100**
	民主刚果	38 631.32	46.28	24 140 677	35.42
	刚果	28 483.58	34.12	21 024 855	30.85
	南非	6 247.31	7.48	5 570 805	8.17
	古巴	5 298.00	6.35	9 967 604	14.62
	澳大利亚	1 556.73	1.87	4 967 987	7.29
	韩国	699.03	0.84	246 227	0.36
	其他国家或地区	2 552.48	3.06	2 239 493	3.29
氧化铝	**合计**	**5 605 164.58**	**100**	**1 375 761 315**	**100**
	澳大利亚	4 100 890.82	73.16	998 226 969	72.56
	印度	571 850.10	10.2	124 897 188	9.08
	牙买加	371 635.70	6.63	105 255 244	7.65
	委内瑞拉	199 013.00	3.55	48 649 938	3.54
	哈萨克斯坦	97 121.23	1.73	17 669 757	1.28
	苏里南	66 811.00	1.19	15 150 326	1.1
	几内亚	48 760.00	0.87	10 262 523	0.75
	巴西	47 000.00	0.84	14 130 000	1.03
	美国	33 146.03	0.59	11 722 599	0.85
	日本	31 747.04	0.57	12 708 474	0.92
	其他国家或地区	37 189.67	0.66	17 088 297	1.24
铅矿砂及其精矿	**合计**	**678 995.93**	**100**	**203 969 335**	**100**
	秘鲁	140 960.91	20.76	57 920 128	28.4
	美国	118 252.16	17.42	27 827 683	13.64
	澳大利亚	112 112.42	16.51	39 872 696	19.55
	加拿大	34 112.45	5.02	10 070 534	4.94
	德国	30 375.05	4.47	7 113 533	3.49
	土耳其	28 109.67	4.14	7 663 072	3.76
	纳米比亚	27 178.14	4	6 645 277	3.26
	伊朗	22 310.46	3.29	5 592 474	2.74
	韩国	21 953.00	3.23	1 040 840	0.51
	朝鲜	20 607.79	3.04	2 408 541	1.18
	波兰	19 132.83	2.82	4 299 352	2.11
	俄罗斯联邦	15 746.90	2.32	4 942 783	2.42
	印度	15 232.99	2.24	4 576 994	2.24
	墨西哥	14 179.37	2.09	4 980 495	2.44
	越南	10 575.91	1.56	984 418	0.48
	其他国家或地区	48 155.91	7.09	18 030 515	8.84

品进出口情况(三)

	出　　口			
国别（地区）	数量（吨）	占总量%	金额（美元）	占总值%
合计	**2.11**	**100**	**37**	**100**
日本	2.11	100	37	100
合计	**63 117.69**	**100**	**21 329 589**	**100**
伊朗	32 314.00	51.2	10 445 731	48.97
朝鲜	19 544.30	30.96	4 977 577	23.34
日本	3 521.35	5.58	1 160 558	5.44
泰国	1 293.45	2.05	622 514	2.92
韩国	1 287.25	2.04	952 238	4.46
荷兰	964.5	1.53	317 149	1.49
印度尼西亚	651.08	1.03	407 614	1.91
美国	581.41	0.92	545 117	2.56
意大利	371.5	0.59	229 453	1.08
中国台湾省	565.55	3.21	465 243	2.18
其他国家或地区	2 023.30	0.9	1 206 395	5.66
合计	**0.03**	**100**	**51**	**100**
瑞典	0.03	100	51	100

2003我国主要矿产

续表 32

矿产品名称	进口				
	国别(地区)	数量(吨)	占总量%	金额(美元)	占总值%
锌矿砂及其精矿	**合计**	**745 580.29**	**100**	**153 770 184**	**100**
	澳大利亚	188 672.01	25.31	43 105 907	28.03
	秘鲁	137 184.07	18.4	34 483 075	22.43
	伊朗	131 368.33	17.62	20 877 846	13.58
	印度	110 489.49	14.82	30 145 853	19.6
	越南	69 194.27	9.28	4 929 439	3.21
	智利	32 141.22	4.31	7 790 986	5.07
	缅甸	28 403.43	3.81	2 251 826	1.46
	墨西哥	15 729.20	2.11	3 515 554	2.29
	俄罗斯联邦	10 811.46	1.45	2 278 809	1.48
	哈萨克斯坦	6 340.13	0.85	1 132 007	0.74
	朝鲜	5 241.96	0.7	801 901	0.52
	美国	4 989.66	0.67	1 428 482	0.93
	其他国家或地区	10 004.73	1.34	2 456 981	1.6
锡矿砂及其精矿	**合计**	**2 738.63**	**100**	**4 237 795**	**100**
	玻利维亚	1 524.95	55.68	3 823 025	90.21
	德国	726.46	26.53	167 177	3.94
	缅甸	363.05	13.26	100 607	2.37
	菲律宾	52.56	1.92	26 643	0.63
	加拿大	36.31	1.33	39 424	0.93
	其他国家或地区	35.3	1.29	80 919	1.91
铬矿砂及其精矿	**合计**	**1 779 081.75**	**100**	**150 831 766**	100
	印度	1 086 509.77	61.07	91 216 186	60.48
	越南	143 566.31	8.07	8 637 702	5.73
	澳大利亚	127 660.17	7.18	11 662 467	7.73
	伊朗	113 892.06	6.4	8 860 024	5.87
	巴基斯坦	95 948.83	5.39	9 258 042	6.14
	哈萨克斯坦	75 725.50	4.26	5 841 315	3.87
	南非	42 469.76	2.39	6 134 040	4.07
	菲律宾	41 134.38	2.31	4 022 797	2.67
	土耳其	26 002.34	1.46	3 025 859	2.01
	阿曼	20 642.19	1.16	1 942 955	1.29
	其他国家或地区	5 530.45	0.31	230 379	0.15
钨矿砂及其精矿	**合计**	**1 303.13**	**100**	**1 513 084**	**100**
	俄罗斯联邦	756.79	58.07	1 219 072	80.57
	朝鲜	397.61	30.51	128 250	8.48
	其他国家或地区	148.74	11.41	165 762	10.96

品进出口情况(四)

出口				
国别(地区)	数量(吨)	占总量%	金额(美元)	占总值%
合计	**9 855.08**	**100**	**922 708**	**100**
日本	9 368.58	95.06	885 928	96.01
朝鲜	411.5	4.18	24 480	2.65
尼日利亚	60	0.61	9 300	1.01
蒙古	15	0.15	3 000	0.33

2003我国主要矿产

续表 32

矿产品名称	进口				
	国别（地区）	数量（吨）	占总量%	金额（美元）	占总值%
钼矿砂及其精矿	**合计**	**20 274.69**	**100**	**46 218 521**	**100**
	蒙古	3 640.84	17.96	19 730 955	42.69
	俄罗斯联邦	3 600.80	17.76	16 595 299	35.91
	荷兰	3 366.23	16.6	731 774	1.58
	缅甸	3 000.00	14.8	65 243	0.14
	比利时	2 183.97	10.77	1 731 988	3.75
	韩国	1 302.06	6.42	224 783	0.49
	奥地利	872.39	4.3	99 364	0.21
	秘鲁	439.41	2.17	2 432 862	5.26
	美国	392.6	1.94	422 105	0.91
	朝鲜	230.2	1.14	398 400	0.86
	智利	228	1.12	1 333 869	2.89
	伊朗	223.55	1.1	1 040 412	2.25
	其他国家或地区	794.65	3.92	1 411 467	3.05
钛矿砂及其精矿	**合计**	**251 111.70**	**100**	**16 338 061**	**100**
	越南	113 140.14	45.06	5 041 236	30.86
	澳大利亚	96 480.45	38.42	7 118 180	43.57
	加拿大	38 775.31	15.44	3 451 948	21.13
	印度	1 249.05	0.5	85 524	0.52
	其他国家或地区	1 466.76	0.58	641 173	3.92
铌钽钒矿砂及其精矿	**合计**	**6 071.03**	**100**	**31 974 992**	**100**
	马来西亚	1 550.69	25.54	2 150 522	6.73
	尼日利亚	744	12.25	6 376 997	19.94
	卢旺达	538.93	8.88	7 038 602	22.01
	库腊索岛	515.2	8.49	207 201	0.65
	布隆迪	474.41	7.81	1 733 736	5.42
	奥地利	455.46	7.5	202 365	0.63
	澳大利亚	414.96	6.84	4 997 340	15.63
	泰国	312.36	5.15	1 431 006	4.48
	刚果	207.17	3.41	2 213 794	6.92
	其他国家或地区	857.84	14.13	5 623 429	17.59
锑	**合计**	**22 719.71**	**100**	**16 321 577**	**100**
	俄罗斯联邦	15 258.39	67.16	12 991 071	79.59
	哈萨克斯坦	2 968.23	13.06	1 010 486	6.19
	塔吉克斯坦	2 376.49	10.46	1 237 553	7.58
	玻利维亚	695.26	3.06	560 920	3.44
	其他国家或地区	1 421.30	6.26	521 547	3.2

品进出口情况(五)

国别（地区）	出口 数量（吨）	占总量%	金额（美元）	占总值%
合计	**35 302.90**	**100**	**214 789 286**	**100**
荷兰	14 287.16	40.47	87 053 264	40.53
韩国	5 543.40	15.7	34 926 705	16.26
日本	5 468.50	15.49	33 962 198	15.81
英国	4 741.85	13.43	26 754 219	12.46
德国	1 531.00	4.34	10 025 110	4.67
印度	648.05	1.84	4 486 579	2.09
南非	547	1.55	3 474 161	1.62
塔吉克斯坦中国	525	1.49	2 533 079	1.18
中国台湾省	1 333.00	3.78	7 387 380	3.44
其他国家或地区	677.93	1.92	4 186 591	1.95
合计	**72 320.77**	**100**	**3 109 179**	**100**
日本	5 040.19	6.97	392 217	12.61
越南	1 266.00	1.75	346 538	11.15
中国台湾省	65 113.40	90.03	2 014 043	64.78
其他国家或地区	901.19	1.25	356 381	11.46
合计	**2**	**100**	**2 710**	**100**
中国台湾省	2	100	2 710	100

2003我国主要矿产

续表 32

矿产品名称	进口				
	国别（地区）	数量（吨）	占总量%	金额（美元）	占总值%
稀土金属矿	**合计**	**1 978.99**	**100**	**891 550**	**100**
	泰国	736.5	37.22	294 216	33
	马来西亚	688.37	34.78	234 671	26.32
	菲律宾	300.95	15.21	111 686	12.53
	印度尼西亚	110.23	5.57	70 546	7.91
	日本	101.83	5.15	109 219	12.25
	其他国家或地区	41.11	2.08	71 212	7.99
稀土化合物及混合物	**合计**	**1 221.36**	**100**	**17 919 100**	**100**
	日本	770.24	63.06	11 935 587	66.61
	法国	138.24	11.32	2 223 283	12.41
	美国	66.09	5.41	1 541 840	8.6
	英国	49.18	4.03	411 522	2.3
	爱沙尼亚	30.76	2.52	289 701	1.62
	中国台湾省	122.99	10.07	939 966	5.25
	中国香港	14.3	1.17	101 463	0.57
	其他国家或地区	30	2.42	475 738	2.65
磷矿	**合计**	**21.72**	**100**	**4 647**	**100**
	印度尼西亚	20	92.1	3 190	68.65
	日本	1.34	6.17	1 340	28.84
	韩国	0.38	1.73	117	2.52
磷肥	**合计**	**2 670 265.34**	**100**	**512 449 055**	**100**
	美国	2 390 798.91	89.53	462 047 783	90.16
	摩洛哥	163 472.00	6.12	31 427 847	6.13
	哈萨克斯坦	61 392.00	2.3	8 496 408	1.66
	突尼斯	51 986.20	1.95	10 324 241	2.01
	其他国家或地区	2 616.23	0.1	152 776	0.03

品进出口情况(六)

国别(地区)	出口			
	数量(吨)	占总量%	金额(美元)	占总值%
合计	**73 522.23**	**100**	**240 595 819**	**100**
日本	23 111.00	31.43	102 390 785	42.56
美国	16 324.66	22.2	36 525 458	15.18
法国	9 184.52	12.49	18 816 445	7.82
荷兰	4 413.81	6	13 489 453	5.61
泰国	4 285.60	5.83	22 415 923	9.32
意大利	4 223.55	5.74	9 807 879	4.08
巴西	1 699.99	2.31	1 421 961	0.59
德国	1 635.40	2.22	13 229 359	5.5
英国	1 529.20	2.08	5 166 109	2.15
中国台湾省	2 520.43	3.43	4 053 302	1.68
其他国家或地区	4 594.08	6.25	13 279 145	5.52
合计	**3 572 957.55**	**100**	**123 577 335**	**100**
韩国	1 139 420.74	31.89	38 768 565	31.37
菲律宾	643 422.14	18.01	20 143 607	16.3
印度尼西亚	445 297.70	12.46	14 149 675	11.45
印度	430 678.61	12.05	14 248 606	11.53
日本	389 602.69	10.9	17 454 106	14.12
新西兰	225 799.10	6.32	8 392 385	6.79
澳大利亚	124 724.50	3.49	4 732 110	3.83
马来西亚	90 642.65	2.54	3 062 919	2.48
孟加拉国	72 679.00	2.03	2 114 038	1.71
其他国家或地区	10 690.41	0.3	511 324	0.41
合计	**1 729 676.17**	**100**	**274 567 065**	**100**
越南	509 229.35	29.44	92 366 213	33.64
孟加拉国	339 145.18	19.61	41 184 147	15
印度尼西亚	144 759.75	8.37	20 094 614	7.32
日本	118 964.32	6.88	15 699 244	5.72
菲律宾	118 874.24	6.87	22 052 808	8.03
其他国家或地区	498 703.33	28.83	83 170 039	30.29

2003我国主要矿产

续表 32

矿产品名称	进口				
	国别（地区）	数量（吨）	占总量%	金额（美元）	占总值%
钾肥	**合计**	**6 566 302.09**	**100**	**796 057 638**	**100**
	俄罗斯联邦	3 756 728.30	57.21	439 782 742	55.25
	加拿大	1 634 853.85	24.9	201 033 839	25.25
	以色列	378 360.00	5.76	45 194 492	5.68
	约旦	349 968.80	5.33	41 554 727	5.22
	白俄罗斯	122 311.35	1.86	14 317 188	1.8
	美国	75 436.20	1.15	14 560 113	1.83
	德国	55 836.39	0.85	9 408 380	1.18
	中国台湾省	55 912.00	0.85	9 294 550	1.17
	其他国家或地区	136 895.20	2.08	20 911 607	2.63
盐	**合计**	**375 618.01**	**100**	**9 992 756**	**100**
	澳大利亚	360 216.48	95.9	7 369 046	73.74
	墨西哥	11 000.00	2.93	275 827	2.76
	荷兰	404.07	0.11	49 891	0.5
	德国	377.94	0.1	95 146	0.95
	巴基斯坦	357.27	0.1	385 646	3.86
	其他国家或地区	3 262.25	0.87	1 817 200.00	18.19
黄铁矿	**合计**	**0.05**	**100**	**70**	**100**
	日本	0.05	100	70	100
天然石墨	**合计**	**1 604.91**	**100**	**5 549 986**	**100**
	朝鲜	637	39.69	23 977	0.43
	瑞士	277.5	17.29	1 001 291	18.04
	巴西	225	14.02	354 083	6.38
	日本	203.48	12.68	2 803 783	50.52
	韩国	77.51	4.83	678 531	12.23
	美国	67.2	4.19	256 185	4.62
	斯里兰卡	46.2	2.88	60 566	1.09
	其他国家或地区	71.03	4.43	371 570	6.69

品进出口情况(七)

出口				
国别(地区)	数量(吨)	占总量%	金额(美元)	占总值%
合计	**330 742.65**	**100**	**41 487 947**	**100**
印度尼西亚	123 702.13	37.4	15 060 450	36.3
越南	76 684.57	23.19	8 307 133	20.02
斯里兰卡	37 314.00	11.28	3 907 770	9.42
日本	33 787.02	10.22	6 513 516	15.7
马来西亚	28 502.80	8.62	3 468 671	8.36
缅甸	10 005.50	3.03	1 232 171	2.97
荷兰	9 800.00	2.96	1 127 000	2.72
菲律宾	5 522.00	1.67	673 332	1.62
其他国家或地区	5 425.64	1.64	1 197 904	2.89
合计	**1 144 111.01**	**100**	**35 542 918**	**100**
韩国	605 124.44	52.89	17 428 401	49.03
日本	358 315.61	31.32	10 603 599	29.83
菲律宾	50 172.51	4.39	2 250 942	6.33
马来西亚	26 510.50	2.32	471 686	1.33
朝鲜	22 752.10	1.99	1 036 448	2.92
中国香港	51 631.69	4.51	1 708 124	4.81
其他国家或地区	29 604.16	2.59	2 043 718	5.75
合计	**711.29**	**100**	**94 715**	**0.01**
荷兰	516	72.54	68 047	71.84
英国	79	11.11	12 648	13.35
西班牙	54	7.59	7 695	8.12
其他国家或地区	62.29	8.76	6 325	6.68
合计	**339 608.93**	**100**	**53 518 280**	**100**
日本	172 068.66	50.67	19 161 748	35.8
荷兰	35 583.22	10.48	5 449 336	10.18
美国	28 827.77	8.49	7 533 347	14.08
韩国	26 776.74	7.88	5 000 835	9.34
比利时	9 429.22	2.78	1 374 738	2.57
俄罗斯联邦	7 733.30	2.28	2 018 615	3.77
意大利	7 469.92	2.2	1 362 454	2.55
印度	7 322.48	2.16	1 624 603	3.04
英国	5 868.25	1.73	1 385 136	2.59
德国	5 495.66	1.62	1 658 563	3.1
土耳其	5 451.44	1.61	1 426 689	2.67
中国台湾省	8 240.60	2.43	1 286 805	2.4
其他国家或地区	19 342.68	5.7	4 235 411	7.91

2003我国主要矿产

续表 32

矿产品名称	进口				
	国别（地区）	数量（吨）	占总量%	金额（美元）	占总值%
高岭土	**合计**	**273 922.45**	**100**	**58 030 252**	**100**
	美国	149 935.73	54.74	31 930 496	55.02
	巴西	95 710.66	34.94	18 685 367	32.2
	澳大利亚	5 117.62	1.87	1 053 254	1.82
	英国	4 379.12	1.6	1 330 325	2.29
	日本	3 886.62	1.42	1 071 782	1.85
	马来西亚	3 325.50	1.21	474 543	0.82
	新西兰	2 302.14	0.84	1 260 445	2.17
	中国台湾省	4 612.43	1.68	1 286 607	2.22
	其他国家或地区	4 653.64	1.7	937 433	1.62
重晶石	**合计**	**1 027.58**	**100**	**433 631**	**100**
	韩国	399	38.83	118 853	27.41
	英国	220	21.41	73 230	16.89
	荷兰	127.2	12.38	42 748	9.86
	德国	76.68	7.46	50 507	11.65
	加拿大	67.79	6.6	47 238	10.89
	泰国	36	3.5	14 769	3.41
	法国	32.93	3.2	14 570	3.36
	奥地利	23.45	2.28	15 483	3.57
	墨西哥	19.92	1.94	6 972	1.61
	美国	10.1	0.98	35 399	8.16
	其他国家或地区	14.51	1.41	13 862	3.2
大理石	**合计**	**1 776 463.85**	**100**	**287 679 480**	**100**
	埃及	468 650.39	26.38	67 986 380	23.63
	土耳其	411 083.75	23.14	62 345 874	21.67
	伊朗	197 392.30	11.11	35 737 672	12.42
	西班牙	174 207.51	9.81	31 382 893	10.91
	希腊	141 727.98	7.98	21 745 796	7.56
	意大利	138 409.82	7.79	27 642 906	9.61
	印度	123 530.57	6.95	18 067 921	6.28
	其他国家或地区	121 461.53	6.84	22 770 038	7.92

品进出口情况(八)

	出　口			
国别（地区）	数量（吨）	占总量%	金额（美元）	占总值%
合计	**838 722.87**	**100**	**27 422 093**	**100**
日本	74 944.85	8.94	5 031 621	18.35
韩国	45 451.01	5.42	3 077 071	11.22
菲律宾	40 828.38	4.87	1 424 887	5.2
马来西亚	29 669.56	3.54	1 571 418	5.73
泰国	28 481.48	3.4	2 032 474	7.41
越南	26 619.74	3.17	770 719	2.81
印度	16 970.00	2.02	1 165 753	4.25
意大利	16 788.29	2	1 107 392	4.04
荷兰	14 215.99	1.69	1 425 502	5.2
中国香港	296 533.62	35.36	2 777 688	10.13
中国台湾省	216 559.60	25.82	3 983 865	14.53
其他国家或地区	31 660.34	3.77	3 053 703	11.14
合计	**2 168 638.47**	**100**	**67 443 059**	**100**
美国	1 644 038.07	75.81	43 872 860	65.05
荷兰	241 769.53	11.15	10 044 658	14.89
日本	72 184.44	3.33	3 390 613	5.03
印度尼西亚	49 580.40	2.29	1 526 474	2.26
墨西哥	42 519.50	1.96	1 021 888	1.52
加拿大	27 506.34	1.27	1 371 786	2.03
韩国	23 186.90	1.07	1 612 649	2.39
西班牙	12 536.34	0.58	813 422	1.21
澳大利亚	9 941.85	0.46	456 512	0.68
马来西亚	7 209.35	0.33	237 486	0.35
泰国	6 208.70	0.29	363 219	0.54
意大利	5 135.18	0.24	455 437	0.68
中国台湾省	6 315.33	0.29	467 622	0.69
其他国家或地区	20 506.55	0.95	1 808 433	2.68
合计	**111 565.24**	**100**	**9 359 338**	**100**
印度	64 519.75	57.83	593 249	6.34
韩国	16 335.33	14.64	2 712 943	28.99
日本	3 764.22	3.37	708 850	7.57
印度尼西亚	2 268.34	2.03	384 374	4.11
美国	1 991.79	1.79	1 015 206	10.85
中国香港	10 796.30	9.68	486 060	5.19
中国台湾省	6 529.90	5.85	482 975	5.16
其他国家或地区	5 359.61	4.8	2 975 681	31.79

2003我国主要矿产

续表 32

矿产品名称	进口				
	国别（地区）	数量（吨）	占总量%	金额（美元）	占总值%
花岗岩	**合计**	**1 565 262.29**	**100**	**278 141 172**	**100**
	印度	746 619.34	47.7	122 438 896	44.02
	巴西	332 193.17	21.22	62 154 879	22.35
	芬兰	109 987.15	7.03	14 397 154	5.18
	南非	106 730.94	6.82	18 689 539	6.72
	挪威	55 122.25	3.52	13 471 603	4.84
	美国	52 544.56	3.36	11 534 715	4.15
	日本	35 034.84	2.24	10 396 644	3.74
	加拿大	23 712.42	1.51	4 650 360	1.67
	西班牙	22 467.20	1.44	4 117 482	1.48
	沙特阿拉伯	15 269.96	0.98	3 913 108	1.41
	澳大利亚	12 761.97	0.82	1 150 930	0.41
	葡萄牙	12 283.91	0.78	2 232 161	0.8
	其他国家或地区	40 535.58	2.59	8 993 701	3.23
菱镁矿	**合计**	**34.22**	**100**	**38 628**	**100**
	日本	18.03	52.67	28 674	74.23
	德国	10.2	29.81	4 266	11.04
	瑞典	4.4	12.86	4 157	10.76
	其他国家或地区	1.6	4.66	1 531	3.96
石膏	**合计**	**22 271.25**	**100**	**4 338 002**	**100**
	泰国	2 925.67	13.14	811 070	18.7
	日本	2 691.42	12.08	484 654	11.17
	美国	1 767.01	7.93	1 150 849	26.53
	法国	1 046.10	4.7	394 191	9.09
	德国	621.56	2.79	359 901	8.3
	英国	412.4	1.85	164 932	3.8
	西班牙	240.17	1.08	125 152	2.89
	中国香港	11 306.80	50.77	239 794	5.53
	中国台湾省	686.74	3.08	299 986	6.92
	其他国家或地区	573.39	2.57	307 473	7.09
石棉	**合计**	**143 476.46**	**100**	**25 270 619**	**100**
	俄罗斯联邦	118 864.81	82.85	20 301 804	80.34
	哈萨克斯坦	12 048.00	8.4	1 689 070	6.68
	巴西	6 450.02	4.5	1 342 822	5.31
	津巴布韦	4 576.20	3.19	1 166 144	4.61
	加拿大	1 404.20	0.98	568 198	2.25
	其他国家或地区	133.24	0.09	202 581	0.8

品进出口情况(九)

	出口			
国别（地区）	数量（吨）	占总量%	金额（美元）	占总值%
合计	**2 196 269.35**	**100**	**39 992 896**	**100**
荷兰	197 462.28	8.99	9 027 951	22.57
德国	54 821.16	2.5	3 584 392	8.96
日本	51 574.45	2.35	4 789 355	11.98
泰国	34 585.13	1.57	1 222 368	3.06
韩国	31 542.76	1.44	2 851 451	7.13
意大利	27 239.33	1.24	1 812 683	4.53
瑞典	10 288.72	0.47	644 920	1.61
澳门	5 786.62	0.26	68 194	0.17
美国	5 689.62	0.26	1 932 128	4.83
葡萄牙	5 280.17	0.24	354 236	0.89
中国香港	1 601 996.80	72.94	3 176 890	11.65
中国台湾省	128 842.45	5.87	4 660 334	7.94
其他国家或地区	41 159.86	1.87	5 867 994	14.67
加拿大	74 039.75	100	2 961 590	100
合计	**74 039.75**	**100**	**2 961 590**	**100**
合计	**148 112.01**	**100**	**4 659 533**	**100**
越南	87 913.60	59.36	945 557	20.29
韩国	22 155.31	14.96	1 455 520	31.24
菲律宾	6 440.40	4.35	101 391	2.18
朝鲜	4 317.40	2.91	123 681	2.65
日本	3 169.18	2.14	393 726	8.45
哈萨克斯坦	1 213.52	0.82	74 806	1.61
中国澳门	8 721.52	5.89	206 992	4.44
中国台湾省	7 243.09	4.89	550 237	11.81
中国香港	3 705.72	2.5	393 645	8.45
其他国家或地区	3 232.27	2.18	413 978	8.88
合计	**3 471.55**	**100**	**1 556 237**	**100**
泰国	1 538.58	44.32	351 280	22.57
朝鲜	1 233.99	35.55	377 938	24.29
马来西亚	512.95	14.78	723 261	46.47
苏丹	90.9	2.62	74 892	4.81
日本	48.38	1.39	16 897	1.09
其他国家或地区	46.75	1.35	11 969	0.77

2003我国主要矿产

续表 32

矿产品名称	进口				
	国别（地区）	数量（吨）	占总量%	金额（美元）	占总值%
水泥	合计	2 537 691.44	100	64 375 955	100
	日本	2 104 616.56	82.93	49 659 280	77.14
	俄罗斯联邦	134 427.10	5.3	2 626 367	4.08
	韩国	39 358.74	1.55	1 212 317	1.88
	马来西亚	4 161.05	0.16	390 040	0.61
	朝鲜	2 791.00	0.11	50 408	0.08
	新加坡	1 858.17	0.07	631 920	0.98
	荷兰	1 175.19	0.05	663 427	1.03
	中国台湾省	226 712.09	8.93	6 265 069	9.73
	中国香港	10 051.19	0.4	403 605	0.63
	中国澳门	6 865.60	0.27	204 380	0.32
	其他国家或地区	5 674.76	0.22	2 269 142	3.52
滑石	合计	16 395.60	100	7 138 411	100
	美国	5 074.83	30.95	1 610 206	22.56
	加拿大	2 615.54	15.95	552 115	7.73
	日本	1 539.61	9.39	1 714 164	24.01
	朝鲜	1 257.70	7.67	57 883	0.81
	韩国	1 097.66	6.69	610 977	8.56
	比利时	957.88	5.84	408 148	5.72
	西班牙	215.4	1.31	91 675	1.28
	马来西亚	160.44	0.98	106 428	1.49
	德国	153.83	0.94	125 256	1.75
	中国台湾省	2 407.85	14.69	1 184 759	16.6
	其他国家或地区	914.87	5.58	676 800	9.48
萤石	合计	3 653.03	100	169 817	100
	蒙古	2 814.60	77.05	98 453	57.98
	美国	60	1.64	23 100	13.6
	中国	691.53	18.93	25 054	14.75
	中国台湾省	64	1.75	20 288	11.95

品进出口情况(十)

出　　口				
国别（地区）	数量（吨）	占总量%	金额（美元）	占总值%
合计	**5 332 084.61**	**100**	**171 577 543**	**100**
美国	1 822 337.29	34.18	57 685 505	33.62
韩国	1 062 162.86	19.92	32 904 012	19.18
越南	119 043.25	2.23	3 898 148	2.27
刚果	89 094.00	1.67	2 326 507	1.36
波多黎各	74 380.00	1.39	1 939 498	1.13
安哥拉	70 662.10	1.33	1 809 539	1.05
蒙古	66 375.35	1.24	2 002 927	1.17
缅甸	64 157.57	1.2	2 427 031	1.41
几内亚	63 594.00	1.19	1 601 796	0.93
中国香港	853 428.05	16.01	28 840 279	16.81
中国台湾省	727 075.26	13.64	18 623 688	10.85
其他国家或地区	319 774.89	6	17 518 613	10.21
合计	**748 633.41**	**100**	**70 770 566**	**100**
日本	264 256.81	35.3	28 270 941	39.95
美国	142 350.15	19.01	10 257 332	14.49
泰国	59 748.05	7.98	7 245 195	10.24
荷兰	52 849.35	7.06	4 857 929	6.86
韩国	45 136.48	6.03	4 575 365	6.47
意大利	43 835.13	5.86	2 819 046	3.98
墨西哥	22 014.55	2.94	1 783 061	2.52
委内瑞拉	9 714.76	1.3	593 924	0.84
西班牙	9 664.50	1.29	1 125 366	1.59
马来西亚	9 410.01	1.26	1 004 129	1.42
俄罗斯联邦	6 410.00	0.86	712 720	1.01
斯里兰卡	5 813.00	0.78	697 741	0.99
英国	5 401.00	0.72	666 667	0.94
越南	5 343.00	0.71	346 744	0.49
印度尼西亚	5 095.55	0.68	619 196	0.87
中国台湾省	24 043.20	3.21	1 480 537	2.09
其他国家或地区	37 547.88	5.02	3 714 673	5.25
合计	**952 135.41**	**100**	**111 257 328**	**100**
美国	362 747.24	38.1	43 151 494	38.79
日本	252 832.55	26.55	28 991 754	26.06
荷兰	95 363.66	10.02	11 403 527	10.25
意大利	75 750.77	7.96	8 686 139	7.81

2003我国主要矿产

续表 32

矿产品名称	进口				
	国别(地区)	数量(吨)	占总量%	金额(美元)	占总值%
萤石	朝鲜	18	0.49	1 260	0.74
	其他国家或地区	4.91	0.13	1 662	0.98
天然硼砂及精矿	**合计**	**24 359.64**	**100**	**9 920 497**	**100**
	土耳其	15,287.60	62.76	6,603,529	66.56
	美国	8,221.02	33.75	2 920 071	29.43
	俄罗斯联邦	435	1.79	195 615	1.97
	韩国	200	0.82	83 000	0.84
	智利	108	0.44	40 622	0.41
	其他国家或地区	108.02	0.44	77 660	0.78
天然硼酸盐及硼酸	**合计**	**27 817.32**	**100**	**12 098 785**	**100**
	土耳其	22 847.21	82.13	9 883 593	81.69
	美国	3 876.80	13.94	1 746 067	14.43
	俄罗斯联邦	540	1.94	243 000	2.01
	韩国	503	1.81	209 000	1.73
	其他国家或地区	50.3	0.18	17 125	0.14

品进出口情况(十一)

出 口				
国别（地区）	数量（吨）	占总量%	金额（美元）	占总值%
加拿大	46 005.49	4.83	5 326 427	4.79
印度	37 592.31	3.95	4 478 715	4.03
比利时	32 276.29	3.39	3 641 323	3.27
韩国	21 735.18	2.28	2 333 666	2.1
突尼斯	19 032.21	2	2 150 290	1.93
其他国家或地区	8 799.70	0.92	1 093 993	0.98
合计	**3 558.96**	**100**	**597 871**	**100**
韩国	1 690.00	47.49	173 100	28.95
日本	769.94	21.63	135 588	22.68
俄罗斯联邦	543	15.26	138 580	23.18
南非	148	4.16	42 250	7.07
朝鲜	107.71	3.03	28 652	4.79
其他国家或地区	300.31	8.44	79 701	13.33
合计	**3 558.96**	**100**	**30 198**	**100**
日本	1 690.00	68.57	13 395	44.36
韩国	769.94	22.86	14 388	47.65
缅甸	543	5.71	846	2.8
越南	148	2.86	1 569	5.2

国有重点煤矿煤炭调入量

表 33

单位:万吨

	2002 年			2003 年		
	净调出、调入	调出(+)	调入(-)	净调出、调入	调出(+)	调入(-)
全国总计	7342.95	38248.04	30905.09	7874.16	42884.87	35010.71
北京市	-604.77	449.36	1054.13	-534.88	497.77	1032.65
天津市	-1182.57	0.00	1182.57	-1694.27	0.00	1694.27
河北省	-2046.68	997.88	3044.56	-2649.51	849.41	3498.92
山西省	13356.93	13357.40	0.47	15145.70	15145.70	0.00
内蒙古治自区	3942.23	4079.30	137.07	6659.86	6816.84	156.98
辽宁省	-2613.32	80.99	2694.31	-2884.82	43.78	2928.60
吉林省	-968.41	288.05	1256.46	-1122.65	331.72	1454.37
黑龙江省	1162.18	1874.95	712.77	1220.31	2001.27	780.96
上海市	-2629.93	0.00	2629.93	-3069.11	0.00	3069.11
江苏省	-2626.24	917.76	3544.00	-3806.17	404.64	4210.81
浙江省	-2722.10	0.00	2722.10	-3245.10	0.00	3245.10
安徽省	1168.08	1836.02	667.94	1324.10	2071.75	747.65
福建省	-729.87	0.00	729.87	-869.28	0.00	869.28
江西省	-1166.45	108.19	1274.64	-872.80	105.24	978.04
山东省	1639.64	3825.27	2185.63	1422.81	3947.56	2524.75
河南省	2682.76	2972.22	289.46	2955.95	3406.40	450.45
湖北省	-1969.45	0.00	1969.45	-2290.08	0.00	2290.08
湖南省	-418.61	166.96	585.57	-632.44	184.91	817.35
广东省	-2364.45	0.00	2364.45	-2649.11	0.00	2649.11
广西治自区	-331.29	0.00	331.29	-461.01	0.00	461.01
海南省	-77.41	0.00	77.41	-32.92	0.00	32.92
四川省	-110.84	125.02	235.86	-151.21	106.16	257.37
重庆市	173.83	212.38	38.55	192.07	248.38	56.31
贵州省	560.15	560.76	0.61	686.96	690.79	3.83
云南省	-3.38	45.96	49.34	-31.00	33.36	64.36
西藏治自区	-0.55	0.00	0.55	-3.53	0.00	3.53
陕西省	4270.00	4847.81	577.81	4962.70	5055.47	92.77
甘肃省	492.09	853.07	360.98	-369.13	130.90	500.03
青海省	-104.34	0.00	104.34	-131.77	0.00	131.77
宁夏治自区	384.22	452.86	68.64	569.44	569.44	0.00
新疆治自区	181.50	195.83	14.33	235.05	243.38	8.33
其　他						
出　口						

附 录

2002/2003年世界矿产资源勘查开发和矿产品供需形势

一、世界矿业发展状况

作为基础产业,世界矿业支撑着世界经济的健康发展,世界政治和经济形势的周期性波动深刻影响着世界矿业的发展趋势。

美国放弃强势美元政策,以带动出口和消费,刺激经济增长。美国2002年经济增长率约为2.4%,2003年增长率为2.6%。2003年尽管受到伊拉克战争、SARS爆发、恐怖袭击、政治动乱、自然灾害等消极因素的严重影响,世界经济依然出现了复苏迹象,俄罗斯、印度等国家经济大幅度增长,日本经济也出现强劲增长。

美元疲软,使得以美元结算的黄金等国际价格大幅上涨。黄金价格在波动中攀升,2002年上涨了14.4%,2003年上涨17.3%。白银价格2002年和2003年分别上涨5.3%和6.1%。铂族金属中,铂价分别上涨2%和28.4%,钯价和铑价则出现深幅下跌。

世界经济强劲复苏,需求旺盛,带动能源和原材料价格大幅攀升。国际原油价格2002年和2003年分别上涨了5%和15.2%。国际市场钢材价格综合指数2003年末较2002年末上涨12.5%,铝价上涨22%,铜价上涨56%,铅价上涨95%,锌价上涨40%,镍价上涨114%,锡价上涨51%。

全球固体矿产勘查费用从1997年的52亿美元下滑到2002年的19亿美元,降到最近10年来的最低水平。原油、钢铁、有色金属、贵金属等矿产品价格上涨刺激矿业公司加大了勘查投入,2003年世界非燃料固体矿产勘查费用较2002年增长26%,出现自1997年以来的首次增长。

矿产品价格上涨,矿业公司勘查费用增加,公司市值也在上升。2002年初,英美集团等50家公司总市值约2200亿美元,2003年初约2400亿美元,2004年初则上升为4200亿美元,增长75%。世界范围内,全球资本市场已从1990年的980亿美元增长到2002年的39000亿美元。2003年全球资本市场明显复苏,股市、债市普遍上涨。矿业公司融资顺利,2002年仅在多伦多股票市场就融资了20亿美元。2002年全球矿业公司从股市上融资达70亿美元,创历史最高水平,2003年为55亿美元。

能源和原材料价格的大幅攀升强烈刺激了矿业经济的复苏。新经济时代的到来为它赋予了新的活力。矿业是经济发展的基础产业,而不是夕阳产业。进入新世纪,全球化和技术进步继续对全球矿业产生着重大影响。

(一)矿业全球化进一步发展,资源争夺更趋激烈

矿业全球化的实质就是以跨国公司为载体,在全球范围内进行的结构调整和资源优化,以获取最佳的资源和最高的回报。主要表现为:矿业资金跨国流动,矿产资源跨国勘探、开发、生产和销售,矿业公司跨国兼并和跨国上市,大型矿产勘查和开发项目多国、多家公司联合投资,以及矿业信息、知识、技术和管理国际共享等。其结果是:矿产资源在全球范围内再分配,跨国公司进一步在全球范围内寻找勘查和开发目标;发达国家和跨国矿业公司对世界矿业和矿产资源控制程度仍占绝对优势;矿业公司间竞争更加激烈。

网络通信和现代化交通工具也为矿业全球化提供了极大的便利。在现代信息技术的催化作用下,矿业全球化继续向纵深发展。矿业资本、技术、劳动力等生产要素和矿产品的流动和配置,以越来越大的规模在全球范围内展开,各个国家的矿业如同经济一样被越来越深地卷入统一的世界市场体系,国家与国家之间矿业和矿产品的依存关系达到了前所未有的广度和深度。

1. 以提高效益实现规模经营为目的的矿业公司间相互兼并热潮依然不减。近20多年来,以全球化、私有化、自由化和市场化为标志,以获取有竞争力矿地(矿床和矿山)、企业兼并、引入低成本先进生产技术和

加强效益成本控制管理为手段，以增强国际竞争能力为核心，以提高经济效益为目的的国际矿业（包括矿产勘查开发）结构合理化调整不断向纵深发展。近几年的兼并和收购事件使矿业公司数目越来越少和规模越来越大这种趋势日益明显。

1994～2003年，交易额在2500万美元以上的全球贱金属兼并案合计达125件，交易额共计339.71亿美元；金的兼并案达178个，交易额共计411.22亿美元，详见表1。在过去的10年中，平均每年兼并额在75亿美元，其中贱金属占45%，金占55%。在125起贱金属兼并事件中，平均每次兼并案金额为2.72亿美元。同期178起金兼并案平均金额2.31亿美元。

表1　1994～2003年贱金属和金兼并金额　单位：亿美元

年份	贱金属兼并		金兼并		金和贱金属兼并合计	
	案件(个)	金额	案件(个)	金额	案件(个)	金额
1994	15	16.99	14	32.30	29	49.29
1995	19	37.77	17	15.86	36	53.63
1996	14	74.00	26	49.75	40	123.75
1997	18	35.76	18	51.34	36	87.10
1998	14	13.04	14	31.89	28	44.93
1999	11	39.30	17	39.97	28	79.27
2000	13	28.37	13	18.45	26	46.82
2001	11	55.32	15	87.13	26	142.45
2002	5	15.65	14	34.91	19	50.54
2003	6	23.51	30	49.62	36	73.12
合计	125	339.71	178	411.22	303	750.90

注：统计的个案交易值在2500万美元以上。**资料来源：**Metal Economics Group Strategic Report, Vol.17, No.2 2003。

2001年，全球大型贱金属和黄金公司购并案达到了近年来的高峰，共有26起，购并金额共计142.45亿元。2002年，购并活动大大减少，全年只有19件购并案，购并金额从上年的142.45亿美元下降到50.54亿美元，降幅64.52%。其中贱金属购并5起，购并金额15.6亿美元，主要为Anglo American收购埃克森美孚旗下的Disputada（13亿美元现金），Sterlite工业公司以9200万美元收购印度斯坦（Hindustan）锌公司，LionOre公司以7590万美元收购Anglo American在博茨瓦纳的Tati Nickel和BCL Mines等。黄金购并案14起，购并金额34.9亿美元，最大的一起购并案为Placer Dome以7.44亿美元收购澳大利亚第一黄金生产商奥林黄金公司（AurionGold）。

2003年矿业公司并购又起风云，黄金和贱金属全年并购案件36起，并购金额达到了73.12亿美元，较2002年的50.54亿美元增长了44.68%。其中贱金属购并案6起，并购金额23.51亿美元。黄金并购案30起，并购金额49.62亿美元。

2003年4月，瑞士采矿与金属冶炼集团Xstrata宣布斥资29.6亿美元现金，收购澳大利亚同行对手M.I.M公司，最终合并金额为18亿美元。7月，加拿大铝业公司（Alcan）宣布通过现金加股票方式，以45.4亿美元要约收购法国铝制品生产商Pechinery公司的所有普通股股份。11月，加拿大采矿商ONTZINC公司宣布斥资12.12亿美元，收购已破产的澳大利亚锌、铅和铜矿开采商Pasminco有限公司的采矿资产。

2003年1月，加拿大Wheaton River矿物公司出资2.1亿美元，收购澳大利亚里奥廷托公司位于新南威尔士的 Peak 金矿，以及该公司旗下的铜矿和金矿开采商 Minera Alumbrera 公司 25%的股份。5 月，南非一个投资者集团出资 2.33 亿美元现金，通过私下协议方式从 Anglo(美国)公司手中收购金和黑色金属开采商 Anglovaal 采矿公司 34.5%的股份。7 月，澳大利亚 Placer Dome 公司出资 2.98 亿美元，收购金矿开采商东非金矿有限公司；同月，南非 Harmony Gold Mining 公司(HG)宣布以换股方式，通过私下协议方式从 Anglo American 公司手中收购金矿商 Avgold 公司 11.5%的股份，收购金额约为 8740 万美元。

2003 年由于缺少大石油公司之间的兼并，全球石油上游工业合并交易额为 457 亿美元，较 2002 年的 461 亿美元略有下降。美国和加拿大仍然是并购活动较为频繁的地区。俄罗斯石油公司兼并进一步加快，2003 年并购事件 4 起，交易额达到 176 亿美元。2002～2003 年全球石油上游工业并购统计详见表 2。

表 2　　2002～2003 年全球石油上游工业并购交易　　单位：百万美元

	2002 年①		2003 年②	
	并购案件(起)	交易总金额	并购案件(起)	交易总金额
美国	59	8361	34	15630
加拿大	52	13556	20	4110
北海	14	9107	5	878
其他	33	15079	14	25109
总计	158	46103	73	45727

资料来源：①Oil & Gas Journal Feb.10，2003。②中国并购报告 2004。

近年石油业重要的兼并事件见表 3。2002～2003 年最重要的兼并事件是美国菲利普斯兼并大陆石油公司，使石油"七姊妹"中美国公司占据了 3 席，即埃克森美孚(Exxon Mobil)、雪佛龙德士古(Chevron-Texaco)和大陆菲利普斯(Conoco-Phillips)。由于欧美石油巨头的兼并，石油产量的不断增加，已经有鲁克、苏尔古特和尤科斯等俄罗斯石油公司排名在前 10 位。

表 3　　2002～2003 年世界石油公司间的重要兼并事件

时间	并(收)购公司和新公司名称	交易额及其他
2002 年 1 月	泛加拿大能源公司合并阿尔伯达能源公司，成立安卡纳(EnCana)公司，成为全球最大的石油天然气勘探和生产商	168 亿美元
2002 年 4 月	荷兰皇家壳牌集团收购英国安特普莱斯石油公司	62 亿美元
2002 年 7 月	德国能源公司(E.ON)收购 Ruhrgas 公司 40%股份	41 亿欧元
2002 年 8 月	美国菲利普斯与大陆石油公司正式合并为大陆菲利普斯，成为全美最大的炼油公司和第三大能源公司，新公司价值 750 亿美元	151 亿美元
	美国中部能源公司(Mid-American Energy)收购迪奈基(Dinegy)下属北方天然气管道公司(Northern Natural Gas Pipeline Company)	18.78 亿美元
2003 年 1 月	美国 Apache 公司分别出资 6.3 亿美元和 5.09 亿美元，收购英国石油(BP)位于北海、墨西哥湾的石油和天然气资产	11.39 亿美元
2003 年 2 月	英国石油(BP)宣布收购俄罗斯阿尔法石油集团(Alfa Group and Access-Renova)的部分资产，并建立合资企业，各占 50%的股份	67.5 亿美元
	美国 Chesapeake 能源公司收购 El Paso 能源公司的天然气资源	5 亿美元

续表 3

时间	并(收)购公司和新公司名称	交易额及其他
2003 年 4 月	俄罗斯石油集团尤科斯(Yukos)宣布,通过私下协议方式出资收购西伯利亚石油公司(Sibneft)92%的股份。收购完成后新公司将更名为 YukosSibneft 石油公司	166.15 亿美元
2003 年 8 月	加拿大 Husky 能源公司宣布收购马拉松(加拿大)公司的所有在外流通普通股股份和 Western Canada 资产	5.88 亿美元

资料来源:中国并购报告 2003、2004

2. 跨国矿业公司大规模扩张,进一步控制全球资源市场。全球矿业企业的大规模联合和兼并,使得全球矿业产业的集中度进一步提高。特别是发达国家的跨国矿业公司凭借其雄厚的资金、先进的生产技术和管理经验在新一轮的兼并潮中,扩大了规模,增强了实力,对市场的控制力和影响力进一步扩大。如美国铝业公司(Alcoa)在经过多年全球购并扩张以后,成为世界上最大的有色金属工业企业,其氧化铝、电解铝产量和铝材加工能力位居世界第一,年销售收入 200 多亿美元。2001 年澳大利亚 BHP 公司和英国比利顿公司联合后成为世界上仅次于美国铝业公司的第二大金属矿山企业,是全球第三大铜生产商、第三大铁矿石生产商、最大的煤炭出口商。经过 2000 年的兼并后,Alcoa、Rio Tinto、Anglo American、BHP Billiton、Alcan/Algroup、De Beers、CVRD 等矿业公司对铁矿、氧化铝、铝和海运煤的市场控制力均有明显增长。

据统计,目前参与世界矿业经营活动的公司 8000 家左右,但大部分矿山产量仅由少数几家公司控制。据原材料集团(RMG)2000 年统计,在全球 50 强大矿业公司排行榜上,最大的 25 家公司中,包括美、加、澳、英在内的发达国家和南非的矿业公司就占 19 家,其控制产量占 25 家公司总产量的 78%。另外几家公司是巴西的 CVRD 公司,智利的 Codelco 公司,墨西哥的 Grupo Mexico,摩洛哥的 OCP,博茨瓦纳的 Debswana,以及印度的国营公司 SAIL(铁矿)和 Hindustan 锌业公司,其合计占剩余的 22%产量。据 RMG 估计,随着矿山产量逐渐向南半球转移,发展中国家矿业公司所占的比例有望增长。

据金属经济集团(MEG)2002 年报道,随着跨国矿业公司的联合和规模的扩大,目前全球铁矿石出口市场主要由 CVRD(巴西淡水河谷公司)、Rio Tinto 和 BHP Billiton 三大公司操纵着,CVRD 控制着欧洲市场,后两个主宰着亚洲市场,2001 年其合计占全球铁矿石贸易的份额已达到 70%。从矿业公司对金属控制的集中程度看,最大的矿业公司控制了西方国家 31.5%锡产量,23.2%的铁矿石产量,14.9%的铜矿产量,12.3%的金产量和 12.2%的锌产量。10 家公司控制了西方国家 70.2%的铁矿石,79.3%的锡矿产量,74.6%的铜矿产量,57.4%的金产量和 57.1%的锌产量。前 10 大公司占西方国家矿产值的比重为 26.7%。

在石油领域,尽管美国和欧洲的跨国石油公司在 70 年代以后已失去了对全球许多地区石油储量的控制权,但仍占除前苏联地区以外全世界石油产量的大约 40%。2002 年全球著名的埃克森-美孚公司、壳牌公司、英国石油-阿莫科公司、雪佛龙德士古公司、法国道达尔菲纳埃尔夫公司、美国大陆菲利普斯和西班牙莱普索-YPF 等 10 大跨国石油公司原油产量占全球总产量的 24.3%,较上年增长 1.3 个百分点。见表 4。

表 4 全球 10 大跨国矿业公司和石油公司

10 大矿业公司①		10 大石油公司②	
公司名称	市值(亿美元)	公司名称	石油产量(万吨)
BHP-Billiton(澳大利亚/英国)	556	美国埃克森美孚公司	12480(3.8%)*
英美集团(Anglo American,英国)	522	皇家荷兰/壳牌集团	11860(3.6%)
里奥廷托(Rio Tinto,英国/澳大利亚)	437	英国石油-阿莫科公司	10090(3.0%)
美国铝业公司(Alcoa)	331	美国雪佛龙德士古公司	9485(2.8%)
诺里尔斯克(Norilsk,俄罗斯)	321	道达尔菲纳埃尔夫公司	7945(2.4%)

续表 4

10 大矿业公司①		10 大石油公司②	
公司名称	市值(亿美元)	公司名称	石油产量(万吨)
淡水河谷公司(CVRD,巴西)	221	美国大陆菲利普斯石油公司	4930(1.5%)
纽蒙特(NewMont,美国)	206	西班牙莱普索-YPF公司	2920(0.8%)
加拿大铝业公司(Alcan)	171	俄罗斯鲁克石油公司	7725(2.3%)
巴里克(Barrick,加拿大)	121	俄罗斯苏尔古特油气公司	6960(2.1%)
普雷瑟多姆(Placer Dome,美国)	74	俄罗斯尤科斯石油公司	4950(1.5%)
合　计	2960	合　计	79345(23.8%)

资料来源:①根据 Mining Journal 2004,No.1 数据计算,公司市值包括集团公司、有限公司和子公司
②《国际石油经济》2004.2; *:括号中百分数为占世界总产量的比例

3. 跨国矿业公司主导全球矿业融投资。矿业全球化的迅速发展使得矿业公司勘查开发活动的地域范围更加广阔,得以站在全球的视点上角逐世界矿业市场。在油气勘查开发方面,大型跨国石油公司一直立足于全球油气资源,如它在全球50多个国家从事石油勘探和生产活动,拥有最先进的技术,每天的石油产量超过200万桶,在35个国家拥有55个石油精炼厂的股权;埃克森美孚实行全球化经营策略,其上游的勘探和开采业务遍及全世界40多个国家,在陆地和海洋石油开采业务方面具有世界主导地位;德士古雪佛龙公司涉足20多个国家的油气勘探开发。上世纪90年代以来,美国、加拿大和欧洲的一些中小石油公司积极向海外拓展。据 Salmon Smith Barley 第22个年度"油气勘探和开发投资调查报告"对投资范围遍及五大洲的全球224个大型和独立石油公司的统计(World Oil, Feb., 2004),2003年全球勘查和开发计划投资约为1490亿美元,较上年的1332亿美元增长11.86%。总投资中22%投向美国,10%投向加拿大,其余68%分布在全球各大油气区。

非燃料固体矿产勘查方面,1998年美国公司的75%的金矿勘查工作是在海外,而在1997年为71%,80年代中后期则不足30%,目前仅在内华达、爱达荷和阿拉斯加等州有少量勘查活动。1991年加拿大矿业和勘查公司在59个国家活动,1996年增加到95个国家,1999年则在100多个国家的3000多个矿权地进行活动。澳大利亚、南非、以及欧洲的老牌矿业国英国、法国等国的矿业公司向国外矿产勘查投资的数量和比重迅速增长。新兴工业化国家如韩国、马来西亚等和发展中国家如印度、巴西等,在国外的矿产勘查和开发项目也在增多。在矿产开发方面,近年每年全球的大型矿业开发项目中,矿业公司跨国开发的项目占三分之二左右。

4. 资源丰富的发展中国家更注重矿业可持续发展,矿业勘查开发投资有所降温。上世纪90年代以来,矿业全球化、私有化以及矿业并购活跃,特别是1997年开始大多数发展中国家实行了矿业对外开放政策,促使全球矿产勘查开发的重心逐渐由发达国家向发展中国家转移,资源丰富的发展中国家占全球矿业勘查开发投资的比例逐年上升,由90年代初期的36%上升到1997年的最高峰56.4%,成为全球矿业勘查开发的热点地区。此后,由于受1997~1998年的亚洲金融危机和全球性经济不景气影响,世界矿业不景气,发达国家矿业公司在上述地区的勘查投资预算有所收缩,且投资大都用在已有项目的开发上。2003年拉美、非洲和亚太地区(不包括澳大利亚)占全球矿产勘查投资比例下降到44.9%,其中亚太地区由高峰期1997年的占10.9%下跌到4.2%,非洲由1998年占17.5%下降到17.1%,拉美则继续保持其优势地位,居全球第一位,占23.6%。

在矿产开发投资方面,1998年的世界大型矿产开发(采选)项目485亿美元总投资预算中,发展中国家占四分之三,比1990年高出10个百分点。2003年820亿美元(不包括延期项目)的矿山开发投资预算中,拉美、非洲和亚洲共占60%,三个地区占总投资的比例依次为31%、16%和13%,拉美居世界第一位,非洲居第三位,亚洲居第四位。由于加拿大勘查开发活动依然活跃,因此,北美勘查投资所占比例较上年有所上升。

在矿产生产,特别是原矿生产中,发展中国家具有较大的比重,在固体矿产生产中所占比例为:矿山产量

占一半左右，精炼产量约占1/3左右，分别比80年代初各增长约15个百分点。在石油生产中，发展中国家所占比例超过60%，比80年代初增长了约10个百分点。一些资源丰富的发展中国家，例如秘鲁等已经通过调整矿业政策，比如收取权利金，限制资源的过快消耗，确保矿业的可持续发展。

（二）寻求技术进步仍是推动21世纪矿业可持续发展的动力

不断依靠技术进步，大幅度降低生产成本，尽量减少环境污染，是21世纪矿业可持续发展的动力。几十年来，随着找矿难度的增大和可供开发的高品位、易开采、易选冶矿的减少，利用常规方法进行矿产勘查开发效果不断降低。为此，矿业界在科学技术研究和开发领域做出了不懈的努力，特别是发达国家的大型跨国公司把加大科技投入，通过技术创新掌握矿产勘查、开发核心技术作为其保持竞争优势的主要措施，这也是国外一些大矿业公司长期立于不败之地的重要原因。如埃克森公司运用新技术使它过去3年中每年新增探明油气储量都超过了它的油气产量。

反过来，先进的科学技术和仪器设备也对推进全球矿产资源勘查开发和利用效率发挥着越来越大的作用。技术进步在矿产勘查、开采、选冶和加工利用等各个环节发挥着巨大的功效。这样的例子不胜枚举。

技术进步使矿产勘查开发的地域范围更广、更深，成本更低。如在陆上，矿产勘查开发向寒冷的北极地区进发。在海上，近海区和深水区的石油勘查开发进展迅速，近10年世界20%的新增石油和6%的天然气探明储量来自于海上，海上石油储量和产量已分别占世界总储量和总产量的25%和36%。矿产勘查开发的深度也在进一步加大，如1997年5月巴西已在1709米（5607英尺）的海域产油，海上钻井的水深则达到了3000米，南非德兰士瓦省兰德金矿山开发深度达到5000多米。近年来，三维地震成像技术、水平井、斜井技术以及水下采油技术、计算机的广泛应用和人工智能等高新技术的应用为石油业提高效率创造效益做出了巨大贡献。如10年前，北海石油的开采成本还在每桶16美元以上，现在已降到平均每桶4美元；英国Wytch Farm油田是西欧最大的陆上油田，有一半的可采储量延伸至海上，1999年7月BP公司利用打大位移井（斯伦贝谢公司施工，水平跨幅达11278米，创历史记录）取代人工岛，节约开发费用1.5亿美元（原计划投资约2.6亿美元），成本下降一半，并将油田投产时间提前3年；美国利用超级计算机技术使地震资料的解释周期缩短了30%～40%，节约了大量时间和费用。未来，随着矿产勘查开发的科技进步和社会发展，隐伏矿、低品位矿、难选冶矿，以及开发条件差的矿产开发机会也将增多。

技术进步使可利用矿产资源的品位显著降低。许多以前难以利用的低品位、难选冶矿变得具有经济意义，从而使许多矿产的储量得到增加，金、铜尤为突出。生物-氧化作用和生物浸出技术的进一步发展，已使金矿石开采品位降到0.7克/吨，最低达0.257克/吨。美国纽蒙特公司研制的适用于低品位的细粒金矿石生物浸出工艺，使金的回收率从20%提高到60%。溶剂萃取电积法（Sx-Ew）炼铜技术进一步完善，铜矿石开采品位可降至0.2%～0.4%，最低达0.04%，用该法生产铜的产量迅速增大，在世界铜总产量中所占的比例由1991年的8.5%上升到2003年的22.83%。最近，Xstrata公司在麦克阿瑟河（McArthur River）铅锌银矿山采用了MIM公司的Albion工艺，此种工艺将在未来10年中给锌矿等金属选冶带来一次新的革命。新技术、新方法和替代产品的应用极大地提高了矿产资源的利用效率，延缓了矿产资源的耗竭速度。如在能源领域，日本、美国和欧盟等都把节能和提高能效纳入能源安全战略。近年来，节能技术、新能源和可再生能源技术取得突破性进展。美国1995年GDP比1973年增加72.8%，而能源消费量只增加17.5%。过去几十年中，为缓解对石油、天然气和煤炭等不可再生能源的需求，改善环境，许多国家和政府都十分重视开发和利用新能源和可再生能源，如太阳能、风能、地热能、生物质能及潮汐能等。

采矿环境技术进步使矿业对环境的污染逐步得到控制。目前，矿业界正尽最大努力以实现矿山固体、液体和气体污染物的近零排放。如酸性废水排放是许多国家一个重大的矿山环境难题，最近在美国加利福尼亚州北部红山铜矿，用特殊的细菌microbe处理，显著降低了酸性废水的排放。粉尘遏制和控制技术进步也使采矿更安全、对人体危害更小。

总之，矿业全球化和科技进步使21世纪的世界矿业进入一个新的时代，那就是土地和资本作为竞争优势的地位逐渐弱化，人的主观能动性渐渐取而代之。这意味着矿业企业今后的成功将更多地依赖于管理、技术创新及其应用，即人才和技术。

二、世界矿产资源勘查和开发形势

（一）世界油气勘查开发投入稳中有升

受世界经济不景气、美国反恐怖战争、地缘政治等多种因素影响，2002年世界油气勘查开发经费略有下降，2003年随着全球油气需求的日益高涨和油价的不断攀升，世界油气勘查开发活动回升。总体上看，新世纪油气勘查开发活动不断增强。

《油气杂志》（2003）报道，据SSB、Lehman和FBR等

对2002～2003年石油公司勘查开发投资预算的调查，2002年世界勘查开发投资较2001年略有下降。SSB对全球233家油气公司的调查表明，2003年全球勘查开发投资预算为1331.68亿美元，较2002年的1282.87亿美元增加了3.8%。Lehman对323家油气公司的统计表明，2003年全球勘查开发投资为1324亿美元，较上年增长了4.2%，其中美国为303亿美元比上年下降了)0.7%。加拿大为895亿美元比上年增长7.2%。FBR对190家油气公司的调查结果为，2003年全球勘查开发投资预算较上年增长了4.8%。综合以上数据，可以认为2003年全球勘查开发投资较上年增长4%左右(图1)。

2002年，埃克森美孚石油公司勘查开发投资位居第一，为140亿美元，其次是雪佛龙德士古石油公司76亿美元，油气勘探投入最多的20家公司合计投入500多亿美元，占世界油气勘查投资的38%。

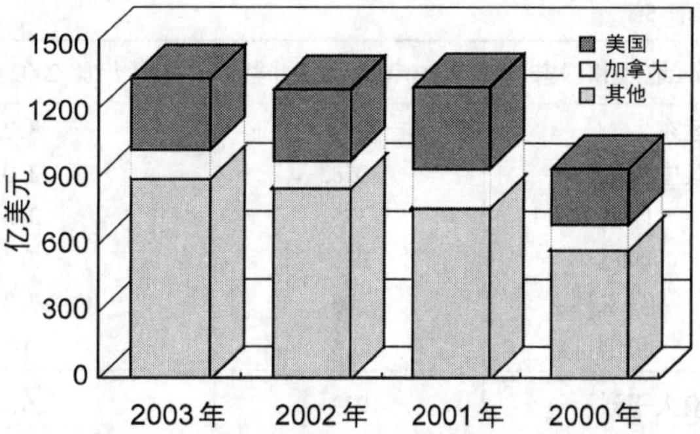

图1　2000～2003年世界石油勘查开发投资

另据《世界石油》报道，2003年世界钻井数量也比2002年增长了3.6%(表5)，与勘探开发经费的增加基本一致。

表5　　2003年世界主要国家和地区预计钻井与2002年和2001年对比表

地区和国家	2003年预计钻井数	2003年比2002年的增长率	2002年估计的钻井数	2001年修正的钻井数
北美	48187	3.4	46604	51352
其中加拿大	18018	4.9	17182	18017
美国	29519	2.0	28940	32850
南美	3123	4.5	2988	3764
其中阿根廷	1358	20.0	1132	1407
巴西	522	1.8	513	589
委内瑞拉	699	－27.0	958	1278
西欧	653	－4.9	687	819
其中挪威	150	－16.2	179	214
英国	310	－4.6	325	385
东欧	5873	6.8	5500	6339
其中俄罗斯	4700	10.3	4260	5160
非洲	939	－2.0	958	825
其中阿尔及利亚	174	1.2	172	148
埃及	231	5.5	219	192
中东	1406	2.9	1367	1308
其中伊朗	120	－11.1	135	142
科威特	55	－28.6	77	100
阿曼	425	6.3	400	345
卡特尔	75	－21.9	96	87
沙特	290	16.0	250	265
叙利亚	104	15.6	90	80
阿联酋	115	13.9	101	92
也门	115	4.5	110	84

续表 5

地区和国家	2003 年预计钻井数	2003 年比 2002 年的增长率	2002 年估计的钻井数	2001 年修正的钻井数
远东	12136	3.2	11757	11666
其中中国	10183	2.0	9983	9813
印度	375	3.6	362	355
印尼	905	20.2	753	915
马来西亚	206	7.3	192	179
泰国	205	-14.9	241	203
南太平洋	223	16.1	192	237
其中澳大利亚	200	16.3	172	214
世界合计	72540	3.6	70053	76310

据《世界石油》,2001 年为修正数据;2002 年部分国家无数据;美国 2002 年的数据为《世界石油》的估计数,API 的统计数为 25266 个。

天然气水和物勘探取得重要进展。

被称为 21 世纪新能源的天然气水合物勘探在 2002~2003 年继续得到高度重视,世界首次天然气水合物生产实验最终结果发布。

自 1998 年由加拿大地调局负责,日本、德国、印度、美国等政府机构参加,在加拿大开始实施天然气水合物研究项目以来,Mallik 深受全球关注,该项目投资 1400 万美元,是全球首次对自然天然气水合物进行现代生产实验。在 2002 年一季度,该项目钻探了一个垂直深度 3800 英尺的主生产井和 2 个观测井,就天然气水合物对去压实(depressurization)和热生产模拟的物理响应进行自然规模的野外实验。目前认为最常见的水合物生产方式有 3 种,去压实是把水合物转化为天然气和水的最简单方法;其次是注入热水;第三是注入诸如甲醇等化学物质。三次短期去压实实验结果表明,这种方法可以从不同浓度和性质的天然气水合物中生产出天然气。在 56 英尺厚的富含天然气水合物的地层进行了加热实验,结果在整个实验中以各种速度持续生产出天然气,最大流速为 53000cfd。此外,Mallik 的资料还表明,天然气水合物矿层含有自然断裂,也可能是人工断裂。几项证据表明,自然和人工加强的断裂可以作为天然气从储库外溢的传输通道。其他发现还有,在各种生产技术中,去压实比加热会生产出更多的天然气,而两种方法相结合生产的天然气最多。实验已经证实了生产天然气水合物的技术可行性,而经济可行性仍无定论(Peter A Fisher,2004)。

(二)世界非燃料固体矿产勘查投资走出低谷,开始回升

1.2002 年世界非燃料固体矿产勘查投资跌入低谷。2003 年世界固体矿产勘查出现反弹,自 1997 年以来首次增长据世界金属经济小组(MEG)年度报告统计,1997 年世界非燃料固体矿产勘查达到最高峰的 52 亿美元后连续五年下降,其中 1998 年下降 29%,1999 年下降 24%,2000 年下降 7%,2001 年下降 15%。2002 年大幅下降 14%,降至 10 年来的最低水平,为 19 亿美元。2003 年勘查投资为 24 亿美元,自 1997 年以来首次上升,增幅为 26%(表 6)。

表 6　　近 10 年全球有色金属勘查投资变化

年　份	MEG 估计的总预算（10 亿美元）	与上年变化（%）	与上年变化（百万美元）
1993	2.5	+14	300
1994	2.9	+16	400
1995	3.5	+21	600
1996	4.6	+31	1100
1997	5.2	+13	600
1998	3.7	-29	-1500
1999	2.8	-24	-900
2000	2.6	-7	-200
2001	2.2	-15	-400
2002	1.9	-14	-300
2003	2.4	+26	500

资料来源:据 MEetals Economics Group Strategic Report。

对于 2003 年勘查费用出现自 1997 年以来的首次增长,有人认为,这标志着矿产勘查终于到了转折关口。矿产勘查形势的好转主要受益于:全球经济开始复苏,原油、钢铁、有色金属、贵金属等矿产品价格大幅上扬，黄金美元价格的急剧攀升，中国等国对矿产资源旺盛的需求，等等。

2. 拉美、加拿大、非洲等矿产勘查活跃。总勘查费用在区域上的分布状况见图3。拉丁美洲地区仍保持优势，5.18亿美元，占23.6%；加拿大次之，4.71亿美元，占21.5%；非洲上升至第三位，3.74亿美元，占17.1%；澳大利亚排名第四，3.39亿美元，占15.5%；其他地区（包括欧洲和独联体）2.44亿美元，占11.1%；美国1.53亿美元，占7.0%，太平洋/东南亚地区0.93亿美元，占4.2%。

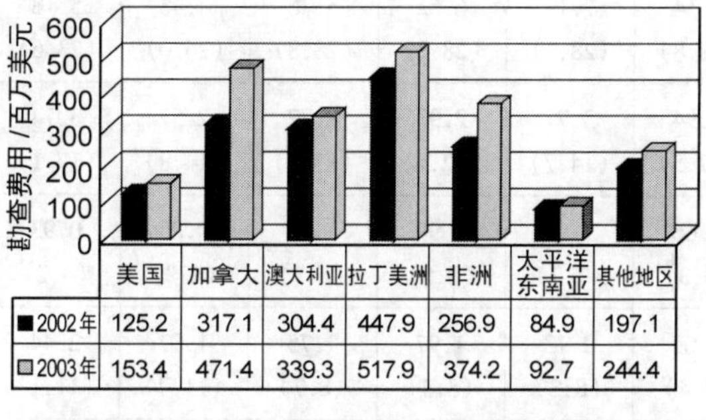

图2　2002~2003年世界固体矿产勘查费用区域分布

2003年各区域勘查投资普遍增加。其中增幅最多的是加拿大，较去年增加了1.54亿美元，降幅48.66%，占世界总勘查百分比从2002年的18.3%上升为21.5%。非洲增加了1.17亿美元，增幅45.66%，所占比例从14.8%上升为17.1%。欧洲和独联体勘查投资也大幅增加，增幅24.0%。美国增加0.28亿美元，增幅22.52%，拉丁美洲增加0.70亿元，增幅15.63%，澳大利亚加增0.35亿美元，增幅11.47%，太平洋/亚洲地区增加0.08亿美元，增幅9.19%。尽管勘查预算减少，拉丁美洲仍然是全球最重要的勘查靶区。

表7　2003年与2002年十大勘查投资目标国勘查经费及位次变化

国家	2003年			2002年		
	勘查投资	位次	%	勘查投资	位次	%
加拿大	471.4	1	29.9	317.1	1	25.9
澳大利亚	339.3	2	21.5	304.4	2	24.8
美国	153.4	3	9.7	125.2	3	10.2
南非	127.6	4	8.1	58.4	7	4.7
巴西	112.6	5	7.2	96.5	5	7.9
秘鲁	111	6	7	102.9	4	8.4
智利	89.7	7	5.7	73.8	6	6.0
墨西哥	79.8	8	5.1	54.8	8	4.5
俄罗斯	53.3	9	3.4	51.3	9	4.2
阿根廷	37.6	10	2.4	42.1	10	3.4

总预算为15.8亿美元，占2003年勘查预算的72%

对于大型矿业公司而言，勘查投资的主要地区是拉美、加拿大和非洲。一般占其勘查投资的50%以上，甚至达90%以上。

表8　世界10大勘查投资公司及其主要投资地区

公司名称	2003年总预算（百万美元）	比2002年增加%	主要投资地区	占总预算的%	第二投资地区	占总预算的%
De beers	240.0	23	非洲	46	加拿大	44
Barrick gold	110.0	6	拉美	45	其他	22
纽蒙特矿业公司（Newmont Mining）	85.7	-4	澳大利亚	32	拉美	30
淡水河公司（CVRD）	81.4	53	拉美	95	加拿大	2
里奥廷托（Rio Tinto）	73.1	-21	拉美	30	非洲	21
BHP Billiton	67.5	-47	拉美	28	加拿大	26
Anglogold	61.3	21	拉美	30	非洲	24
Placer Dome	60.0	15	澳大利亚	30	加拿大	26
英美集团（Anglo AMERICAN）	50.0	8	拉美	30	加拿大	19
英美集团铂族金属公司（Anglo AMERICANPLATINUM）	43.9	140	非洲	78	加拿大	11

表 9　　西方矿业公司和世界大燃料矿产勘查投资预算　　单位:亿美元

国家/地区	1995 年	1996 年	1997 年	1998 年	1999 年	2000 年	2001 年	2002 年	2003 年
美　国	2.94 (11.9)	3.43 (9.7)	3.65 (9.1)	2.43 (8.6)	2.52 (9.8)	2.35 (10.0)	1.58 (7.9)	1.25 (7.2)	1.53 (7.0)
加拿大	3.28 (12.2)	4.61 (13.1)	4.36 (10.8)	3.08 (10.9)	3.10 (12.1)	3.48 (14.9)	3.33 (16.6)	3.17 (18.3)	4.71 (21.5)
澳大利亚	5.29 (19.6)	6.66 (18.9)	6.73 (16.7)	4.95 (17.5)	4.95 (19.3)	4.05 (17.3)	3.49 (17.5)	3.04 (17.6)	3.39 (15.5)
拉丁美洲	7.85 (29.1)	9.63 (27.3)	11.7 (29)	8.14 (28.8)	7.19 (28.1)	6.62 (28.3)	5.76 (28.8)	4.48 (26.0)	5.18 (23.6)
非　洲	3.20 (11.9)	4.18 (11.9)	6.63 (16.5)	4.94 (17.5)	3.77 (14.7)	2.93 (12.6)	2.77 (13.8)	2.57 (14.8)	3.74 (17.1)
太平洋/东南亚	2.57 (9.6)	4.15 (11.8)	4.40 (10.9)	2.66 (9.3)	1.96 (7.7)	1.99 (8.5)	1.33 (6.7)	0.85 (4.9)	0.93 (4.2)
其他地区	1.81 (6.7)	2.59 (7.3)	2.83 (7)	2.09 (7.4)	2.13 (8.3)	1.97 (8.4)	1.75 (8.7)	1.97 (11.4)	2.44 (11.1)
公司合计	26.9	35.2	40.3	28.3	25.6	23.4	20.0	17.3	21.9
世界总计	35.5	46.3	52.0	37.0	28.0	26.0	22.0	19.0	24.0
统计公司数(家)	154	223	275	182	670	656	679	724	917
公司年投资规模(万美元)	>300	>300	>290	>290	>10	>10	>10	>10	>10

注:西方矿业公司不包括小公司、地方性的私人公司和政府集团;括号内数字为占公司合计的百分数。

西方矿业公司在世界各地的勘查投资总计数占全球商业性金属勘查费用的90%左右。

资料来源: Metals Economics Group Strategic Report, 1995~2002。

2002 年勘查预算支出前十位的国家依次为:加拿大、澳大利亚、美国、秘鲁、巴西、智利、南非、墨西哥、俄罗斯和阿根廷,其合计占全球勘查预算的 70.7%(12.3 亿美元)。比 2001 年的 14.5 亿美元下降了 15.17%。排位有很大的变化,加拿大由于国内勘查活跃而排在了第一位,南非由第九位上升到第 7 位,印尼则被挤出了前 10 位,俄罗斯挤进了前 10 位,排名第 9。

2003 年十大勘查投资目标国家与 2002 年相同(表 10),只是位次发生了变化,投资经费合计为 15.8 亿美元,占世界总经费的 72%。加拿大、澳大利亚和美国依然是传统的三大投资目标国。南非首次超过巴西跃居第四,巴西维持 2002 年的第五,秘鲁由 2002 年的第四下滑到第六,智利、墨西哥、俄罗斯和阿根廷分列七至十位。此外,加纳投资迅速增长达 33.6 百万美元,位居第十一;印度尼西亚勘查投资从 2002 年的 31.8 百万美元下降到 2003 年的 28.5 百万美元,维持在第十二位,坦桑尼亚在连续四年位居第十一后下降到第十三位。

表 10　　2003 年与 2002 年世界十大勘查投资目标国勘查经费及位次变化

国家	2003 年		2002 年	
	勘查投资(百万美元)	位次	勘查投资(百万美元)	位次
加拿大	471.4	1	317.1	1
澳大利亚	339.3	2	304.4	2
美国	153.4	3	125.2	3
南非	127.6	4	58.4	7

续表 10

国家	2003 年		2002 年	
	勘查投资(百万美元)	位次	勘查投资(百万美元)	位次
巴西	112.6	5	96.5	5
秘鲁	111	6	102.9	4
智利	89.7	7	73.8	6
墨西哥	79.8	8	54.8	8
俄罗斯	53.3	9	51.3	9
阿根廷	37.6	10	42.1	10

(总预算为 15.8 亿美元,占 2003 年勘查预算的 72%)

3. *勘查矿种仍以金、铜为主,金刚石勘查活动不断加强*。金一直是最具吸引力的勘查矿种,但 2003 年连续 4 年未超过总勘查投资的 50%,实际金矿勘查投资 10.5 亿美元,占总投资的 48.1%。有 652 家公司开展了金矿勘查项目,并自 1997 年以来勘查经费首次增加。金矿勘查经费比例连续 2 年上升,由 2001 年的 42.5%到 2002 年 45.2%,在上升到 2003 年 48.1%。最近 2 年来,全球地缘政治的不确定性、美元疲软、工业增长缓慢等促使金价的上扬,从而促进了勘查经费的增加。2003 年金矿勘查经费增长迅速,预计在中短期内会保持这种势头,见表 11。

表 11　1993～2003 年各类固体矿产勘查投资比例变化

年份	金矿(%)	贱金属矿产(%)	其他矿产(%)
1993	48.7	35.2	16.1
1994	56.4	31.0	12.6
1995	58.5	31.8(其中铜 19.9)	9.7
1996	60.9	30.8(其中铜 18.6)	8.3(其中金刚石 6.3)
1997	64.9	27.1(其中铜 17.1)	8.0(其中金刚石 6.1)
1998	55.1	33.0(其中铜 19.5)	11.9(其中金刚石 9.4)
1999	51.9	34.7(其中铜 19.5)	13.4(其中金刚石 10.0)
2000	46.6	37.9(其中铜 18.8)	15.5(其中金刚石 9.6)
2001	42.5	38.9(其中铜 20.6)	18.6(其中金刚石 9.9)
2002	45.2	29.6(其中铜 17.6)	25.2(其中金刚石 13.5)
2003	48.1	26.6(其中铜 15.5)	25.3(其中金刚石 14.6)

资料来源:Metals Economics Group Strategic Report,1993～2003。

2003 年有 270 个公司开展贱金属勘查,合计投资 584.5 百万美元,而 2002 年有 228 个公司投资 512.2 百万美元从事贱金属勘查。但由于金矿勘查增势强劲,直接用于贱金属勘查资金从 2001 年 38.9%下降到 2002 年的 29.6%,再下降到 2003 年的 26.6%。贱金属中铜、锌和镍是所有公司的主要目标。从 1997 年到 1999 年,一半以上的贱金属勘查经费投向铜矿。但在 2000 年,铜矿勘查经费降低为不足一半。2001 年,铜矿有关的勘查经费所占比例上升到 52.9%,2002 年继续增长到 59.5%,2003 年铜矿勘查经费为 339.7 百万美元,占贱金属勘查经费的 58.1%,锌、镍分别为 74.6 百万美元和 170.2 百万美元。

2003 年有 141 个公司投资 329 百万美元(占总经费的 14.6%)从事金刚石勘查,比 2002 年的 234.4 百万美元增加了 36.5%。加拿大金刚石勘查非常活跃,De Beers 公司就在加拿大投资 61 百万美元,主要是从事草根勘查,是 2002 年 29 百万美元的两倍多。

从开发的矿种来看,5 种主要金属矿产铜、金、镍、锌和金刚石所占的费用合计达到调查费用的 91%,其中铜和金的开发费用占 57%,反映这两个矿中仍然是全球非燃料固体矿产开发的投资重点。见表 12。

表 12　2003 年全球主要矿种的新矿业项目开发投资

矿种	矿业投资(亿美元)	所占的比例(%)	主要国家或地区
铜	164	30	智利、菲律宾、秘鲁、阿根廷、巴西
金	144	27	南非、智利、美国、俄罗斯、秘鲁
镍	112	21	印尼、新喀里多尼亚、PNG、菲律宾
锌	42	8	南非、中国、加拿大、纳米比亚、美国、伊朗
金刚石	29	5	俄罗斯、加拿大
铁矿石	28	5	几内亚、澳大利亚

续表 12

矿种	矿业投资(亿美元)	所占的比例(%)	主要国家或地区
铂族金属	12	2	美国、南非
银	9	2	墨西哥、澳大利亚、阿根廷、俄罗斯
总计	540	100	

据 E & MJ, Jan.2003 整理。

近两年来上马的一些项目投产后将对世界和地区生产及市场贸易结构产生影响。例如,泰国乌隆钾盐项目,年产 200 万吨 KCl,2000 年投产后对世界钾盐生产布局和亚洲东部地区,包括东南亚、中国和印度的钾盐市场贸易产生较大的影响。加拿大 Ekati 和 Diavik 金刚石项目的投产对全球金刚石供应和市场贸易结构产生较大的影响。此外,南美洲智利、阿根廷、秘鲁等国的一些铜和金项目投产将大大扩大世界市场铜的供应。

2002、2003 年世界主要固体矿产勘查费用及所占比例见图 3。

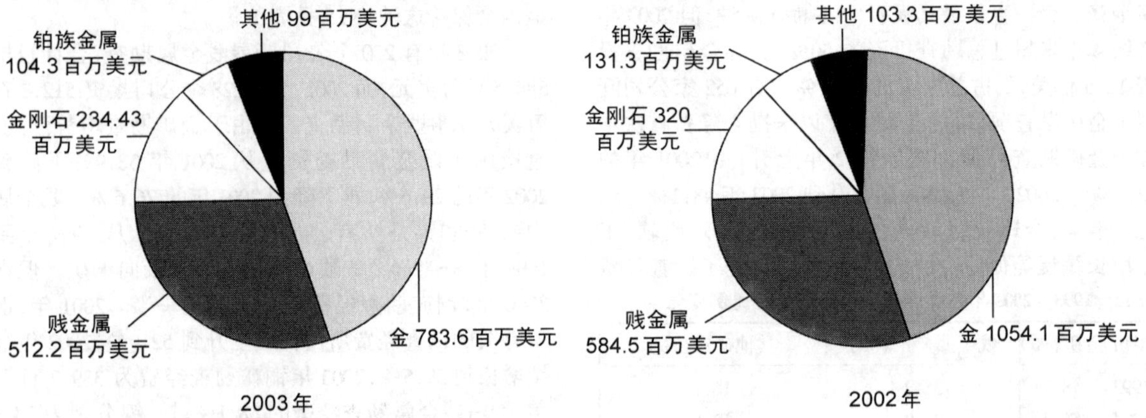

图 3　2002～2003 年世界主要矿种勘查预算

按勘查阶段分,2002 年草根勘查费用 8.137 亿美元,占总勘查费用的 46.9%,仍居首位,但总金额比 2001 年的 10.4 亿美元(679 家公司)下降了 22.1%,比 1997 年最高纪录 23 亿美元下降了 64.8%;2002 年用于后期——可行性研究阶段的费用预算总额为 5.873 亿美元(占 33.9%),较 2001 年的 5.545 亿美元增长了 5.9%;2002 年用于矿场方面的勘查预算为 3.325 亿美元(占 19.2%),比上年 4.034 亿美元下降了 17.6%。2003 年,草根勘查费用 10.676 亿美元,占总勘查费用的 48.7%,后期——可行性研究阶段的费用预算总额为 6.838 亿美元,占总勘查费用的 31.2%,用于矿场方面的勘查预算为 4.419 亿美元,占总勘查费用的 20.1%。详见表 13。

表 13　固体矿产勘查各阶段投资比例的变化(%)

勘查阶段	1995 年	1997 年	1998 年	1999 年	2000 年	2001 年	2002 年	2003 年
草根勘查	50.3	49.5	46.5	50.5	48.0	52.1	46.9	48.7
后期——可行性研究	31.5	33.1	33.5	31.7	32.5	27.7	33.9	31.2
矿场勘查	18.2	17.4	20	17.8	19.5	20.2	19.2	20.1

资料来源:Metals Economics Group Strategic Report, 1995～2003。

(三)找矿勘查活动的开展,促进了矿产储量的增长

1. 世界油气储量不断增长。由于世界油气勘查与开发活动的不断加强,最近 10 年(表 14)世界石油和天然气的储量持续增长。从 1995 年 1 月到 2004 年 1 月份,石油和天然气的储量分别增长 26.6%和 21.8%,其中 2004 年初比 2003 年初分别增长了 4.4%和 10.3%。

2. 固体矿产找矿勘查不断取得进展。2003 年,新的发现不断。D.R.Wilburn(2004)根据每个场地所拥有资源的价值,总结出本年度 100 个有重要进展或值得关注的勘查地区(表 15),加拿大和拉美分别有 31 个和

表 14 **最近 10 年世界油气资源储量的变化**

Jan.1	世界石油	OPEC	世界天然气 Bcf
	1000bbl		
2004	1265811583	869521000	6068302
2003	1212880852	819007000	5501424
2002	1031100681	818842000	5451332
2001	1028457585	814398710	5278484
2000	1016041221	801479710	5146207
1999	1034264678	800479710	5144753
1998	1019545664	797134589	5086469
1997	1018849419	788578590	4945362
1996	1007474575	776874867	4933742
1995	999780837	770248820	4980278

据《OGJ Worldwide Production Reports》,资料来源:Dec.22,2003,Oil & as Journal。

表 15 **2003 年值得关注的勘查地区**

国家或地区	类型	地点	矿种	公司	资源情况
非洲					
阿尔及利亚	E	Tirek-Amesmessa	Au	GMA Resources	1.6 Moz Au
布基纳法索	E	Essakan	Au	Orezone Resources	1.3 Moz Au
中非共各国	E	Bambair	Au	Axmin	广泛钻探
科特迪瓦	F	Bonikro	Au	Equigold	630 koz Au
埃及	F	Sukari	Au	Centamin Egypt	1.5 Moz Au
厄立特里亚	E	Bisha	Cu, Au, Ag	Nevsun Resources	广泛钻探
加纳	F	Ahafo	Au	Newmont Mining	5 Moz Au
加纳	F	Akyem	Au	Newmont Mining	7.6 Moz Au
加纳	F	Wassa area	Au	Golden Star Resources	614 koz Au
几内亚	E	Dinguiraye(LEP)	Au	Kenor	广泛钻探
马达加斯加	F	Ambatovy	Ni, Co	Dynatec	2.3 Mt Ni,210 kt Co
毛利塔尼亚	E	Tasiast	Au	Geomaque Explorations	1.2 Moz Au
南非	F	Burnstone	Au	Great Basin Gold	4.35 Moz Au
南非	P	Messina	Pgm, Au	SouthernEra Resources	14.8 Moz PGE + Au
南非	E	Sheba's Ridge	Pgm, Au	Cluff Mining	广泛钻探
塞内加尔	E	Bambaji	Au	Iamgold	广泛钻探
澳大利亚					
新南威尔士州	F	Bowdens	Ag, Au	Silver Standard Resources	60.2 Moz Ag
新南威尔士州	F	Cowal	Au	Barrick Gold	广泛钻探
新南威尔士州	E	Tomingley/Wyiming	Au	Alkane Exploration	439 koz Au
南澳大利亚州	E	Erye Peninsula/Barns	Au	Adelaide Resources	广泛钻探
西澳大利亚州	P	Bronzwing South	Au	Audax Resources	广泛钻探
西澳大利亚州	P	Minjar	Au	Gindalbie Gold	212 koz Au

续表 15-1

国家或地区	类型	地点	矿种	公司	资源情况
西澳大利亚州	F	Mt. Gibson	Au	Oroya Mining	可行性钻探
西澳大利亚州	P	St. Ives	Au	Gold Fields	4.28 Moz Au
西澳大利亚州	P	Sunrise Dam	Au	Anglo Gold	4.59 Moz Au
西澳大利亚州	P	Woodie Woodie	Mn	Consolidated Minerals	广泛钻探
加拿大					
不列颠哥伦比亚省	P	Eskay Creek	Au	Barrick Gold	广泛钻探
不列颠哥伦比亚省	P	Kemess North	Cu, Au	Northgate Exploration	4 Moz Au, 647 kt Cu
不列颠哥伦比亚省	E	Red Chris	Cu, Au	bcmetals	371 ktCu, 1.1 Moz Au
马尼托巴省	E	Monument Bay	Au	Bema Gold	418 koz Au
奴瓦特省	E	Aviat	Diamond	Northern Empire Minerals	广泛钻探
奴瓦特省	E	Hope Bay	Au	Hope Bay Gold	1.84 Moz Au
奴瓦特省	F	Meadowbank	Au	Cumberland Resources	3 Moz Au
安大略省	E	Black Fox	Au	Apollo Gold	广泛钻探
安大略省	P	Eagle River Au	Rever Gold Mines	广泛钻探	
安大略省	E	Kirkland Lake	Au	Queenston Mining	广泛钻探
安大略省	P	Macassa	Au	Kirkland Lake Gold	1.08 Moz Au
安大略省	E	Madsen Red Lade	Au	Claude Resources	广泛钻探
安大略省	P	Porcupine JV	Au	Kinross Gold	广泛钻探
安大略省	P	Sudbury JV/McCreedy West	Ni, Cu, PGE	Fort Knox Gold Resources	1.36 Mt Ni
安大略省	E	Sudbury JV/Norman	Ni, Cu, PGE	Fort Knox Gold Resources	广泛钻探
安大略省	E	Red Lake JV	Au	Rubicon Minerals	广泛钻探
安大略省	P	Red Lake	Au	Goldcorp	5.1 Moz Au
安大略省	E	Revard	Au	Rubicon Minerals	广泛钻探
安大略省	E	River Valley	PGE, Au	Pacific North West Capital	590 koz Pd, 197 koz Pt
安大略省	E	Windy Lake	Ni, Cu, PGE	Walbridge Mining	广泛钻探
魁北克省	P	Casa Berardi	Au, Cu	Aurizon Mines	广泛钻探
魁北克省	E	Croinor	Au	South Malartic Exploration	广泛钻探
魁北克省	E	Discovery area	Au	Strateco Resources	348 koz Au
魁北克省	P	Doyon	Au	Cambior	广泛钻探
魁北克省	E	Expo Ungava/Mesamax	Ni, Cu, PGE	Canadian Royalties	广泛钻探
魁北克省	E	Froxtuot area	Diamond	Ashton Mining of Canada	进一步工作计划
魁北克省	P	Joe Mann	AU	Camplell Resources	广泛钻探
魁北克省	P	LaRonde	Ag, Cu, Zn, Au	Agnico-Eagle Mines	广泛钻探
萨斯喀彻温省	F	Fort a la Corne	Diamond	Kensington Resources	广泛钻探

续表 15-2

国家或地区	类型	地点	矿种	公司	资源情况
萨斯喀彻温省	P	Seabee	Au	Claude Resources	广泛钻探
育空地区	E	Regal Ridge	Emerald	True North Gems	广泛工作计划
拉丁美洲					
阿根廷	F	Manantial Espejo	Ag, Au	Silver Standard Resources	37 Moz Ag, 620 koz Au
玻利维亚	E	San Simon	Au	Eaglecrest Exploration	广泛钻探
巴西	P	Fazinda Brasileiro	Au	Yamana Gold	262 koz Au
巴西	F	Jacobina/Bahia Gold Belt	Au	Desert Dun Mining	1.36 Moz Au
巴西	F	Onca-Puma	Ni, Co	Canico Resource	2.24 Mt Ni, 109 kt Co
巴西	E	Sao Francisco	Au	Yamaha Resources	广泛钻探
智利	D	Cerro Bayo	Au, Ag	Coeur d'Alene Mines	广泛钻探
智利	F	Refugio	Au	Bema Gold	3.4 Moz Au
哥伦比亚	F	Angostura	Au	Greystar Resources	广泛钻探
法属圭亚那	E	Camp Caiman	Au	Ariane Gold	1.2 Moz Au
墨西哥	F	Dolores	Au, Ag	Minefinders	2.33 Moz Au, 116.2 Moz Ag
墨西哥	E	Guadelupe y Calvo	Au	Mexgold Resources	1.78 Moz Au
墨西哥	F	Ocampo	Au, Ag	Gammon Lake Resources	1.4 Moz Au, 70.2 Moz Ag
墨西哥	E	Penasquito	Ag, Au, Pb, Zn	Western Silver	159 Moz Ag, 1.36 Moz Au
秘鲁	F	Alto Chicama	Au	Barrick Gold	7.3 Moz Au
秘鲁	P	Marcapunta	Cu, As, Au	Compania de Minas Buenaventura	广泛钻探
秘鲁	P	Yanacocha area	Au	Newmont Mining	广泛钻探
委内瑞拉	F	Block B	Au	Hecla Mining	广泛钻探
委内瑞拉	F	Choco	Au	Bolivar Gold	1.05 Moz Au
太平洋地区(包括东南亚)					
老挝	P	Sepon	Au, Ag	Oxiana Resources	4 Moz Au, 7 Moz Ag
菲律宾	E	Boyongan	Cu, Au	Anglo American Exploration	广泛钻探
菲律宾	E	Tampakan	Cu, Au	Indophil Resources	6.7 Mt Cu, 8.6 Moz Au
泰国	P	Chartee/Prospect A	Au, Ag	Kingsgate Consolidated	广泛钻探
美国					
阿拉斯加州	F	Donlin Creek	Au	NovaGold Resources	11.1 Moz Au
阿拉斯加州	E	Gil	Au	Teryl Resources	广泛钻探

续表 15-3

国家或地区	类型	地点	矿种	公司	资源情况
阿拉斯加州	E	Pebble	Au, Cu, Mo	Northern Dynasty Minerals	6.8 Moz Au, 1.8 Mt Cu
阿拉斯加州	F	Rock Creek	Au	NovaGold Resources	555 koz Au
亚利桑那州	E	Resolution	Cu	Rio Tinto	15 Mt Cu
科罗拉多州	P	Cresson/Cripple Creek	Au	AngloGold	广泛钻探
内华达州	P	Cortez Hills	Au	Placer Dome	4.5 Moz Au
内华达州	E	Emigrant	Au	Newmont Mining	1.2 Moz Au
内华达州	E	Goldrield/Gemfield	Au	Metallic Ventures	广泛钻探
内华达州	D	GQSL/Dos Equis	Au	Newmont Mining	3.9 Moz Au
内华达州	E	Midway	Au	Midway Gold	广泛钻探
内华达州	F	Sleeper	Au	X-Cal Resources	广泛钻探
其他国家					
亚美尼亚	F	Zod	Au	Sterlite Gold	广泛钻探
中国	E	Boka	Au	Southwestern Resources	广泛钻探
中国	F	Jinfeng	Au	Sino Gold	2.6 MozAu
蒙古	E	Turquoise Hill	Cu, Au	Ivanhoe Mines	14 Mt Cu, 6.4 Moz Au
巴基斯坦	E	Peko Diq	Cu, Au	Tethyan Copper	577 kt Cu
罗马尼亚	E	Certei	Au, Ag	European Goldfields	广泛钻探
俄罗斯	E	Kupol	Au, Ag	Bema Gold	1.8 Moz Au, 19 Moz Ag
土耳其	F	Kazan	天然碱	Rio Tinto	广泛钻探

注:①——可供开发;E——勘查活跃;F——可行性工作正在进行或已完成;P——在生产矿区进行的勘查;②资源情况根据2003年各种来源的数据,数据未得到美国地调局证实。

19个,居前列。在这100个场地中,有72个金矿,9个铜矿,6个镍矿,4个银矿,3个金刚石,3个铂族金属,3个其他矿种。如果这些资源得到证实,将使世界资源储量增加3200吨(114 Moz)的金,11000吨(389 Moz)的银,35兆吨的铜,5.4兆吨的镍,423吨的铂族金属。

由于技术进步和坚持不懈的超前地质勘探工作,使得近十年来全球重要矿产资源的储量或储量基础大都有不同程度的增加(表16)。按照目前世界矿产开采水平,总的来说,证实储量可保证开采20~40年,某些矿种的保证年限还要长得多,如石油为40多年,天然气近60多年,煤200多年。如果加上预测资源量,保证年限还会大大增加。

表16 世界主要矿产储量

矿产	单位	储量		储量基础		矿产	单位	储量		储量基础	
		1992年	2002年	1992年	2002年			1992年	2002年	1992年	2002年
煤	亿吨	10391.82	9844.53	-	-	钽	吨	22000	43000	35000	150000
石油	亿吨	1368.66	1427.00	-	-	铼	吨	2739	2400	10305	10000
天然气	万亿立方米	141.96	155.78	-	-	铌	万吨	350	440	420	520
铀*	万吨	247.5	224.25	-	-	锂	万吨	220	410	840	1100

续表 16

矿产	单位	储量		储量基础		矿产	单位	储量		储量基础	
		1992 年	2002 年	1992 年	2002 年			1992 年	2002 年	1992 年	2002 年
铁矿石	亿吨	1500	1500	2300	3300	锶	万吨	680.3	680	1197.2	1200
锰矿石	亿吨	8	3	44	50	铊	吨	377.0	380	644.0	650
铬铁矿	亿吨	14	8.1	67	18	钍	万吨(ThO_2)	93.0	120	110.0	140
镍	万吨	4700	6200	11000	14000	锆	万吨(ZrO_2)	2300.0	3800	5100	7200
钴	万吨	400	700	880	1300	钇	万吨(Y_2O_3)	91.0	54	97.0	61
钨	万吨	230	290	330	620	石棉	万吨	11000	①	14300	①
钼	万吨	550	860	1200	1900	石墨	万吨	2101.5	8500	37928	28000
钒	万吨	1000	1300	2700	3800	萤石	万吨	21000	23000	31000	48000
铜	万吨	31000	47000	59000	94000	重晶石	万吨	17000	20000	50000	74000
铅	万吨	6300	6700	13000	14000	石膏	亿吨	26	①	①	①
锌	万吨	14000	22000	33000	46000	滑石	万吨	37700	①	112400	①
铝土矿	亿吨	230	220	280	330	硅藻土	亿吨	8	9.2	20	①
菱镁矿	亿吨(Mg)	25	22	34	36	硅灰石	万吨	27315		44917.6	
金红石	万吨(TiO_2)	8500	4800	17000	8700	高岭土	亿吨(资源量)	197	①	–	①
钛铁矿	万吨(TiO_2)	20000	42000	43000	74000	珍珠岩	亿吨	6.4	7	18.1	77
锡	万吨	1700	610	1000	1100	天然碱	亿吨	242	240	396.4	400
锑	万吨	420	180	470	390	金刚石	亿克拉	9.8	5.8	19.0	12.1
汞	万吨(Hg)	13	12	24	24	硫	亿吨	14	①	35	①
铋	万吨	11	33	25	68	磷酸盐岩	亿吨	119.9	180	340.1	500
金	吨	42000	43000	57000	89000	钾盐	亿吨(K_2O)	94	83	165	170
银	万吨	28	27	42	57	硼矿	万吨(B_2O_3)	16100	17000	62800	41000
铂族金属	吨	56000	71000	66000	80000	蛭石	万吨	4535.0	5000	18140.0	20000
稀土	万吨(REO)	10000	8800	11000	11000	铟	吨	1679.6	2500	2985.9	6000
镉	万吨	53.5	60	97	180	硒	万吨	8.0	8.2	13.0	17
铯	万吨	10	7	11	11	碲	吨	22000.0	21000	38000.0	47000

备注:每公斤成本≤80 美元;①储量或储量基础丰富,无统计数据。

资料来源:1. Mineral Commodity Summaries, 2003, 2004 2. Oil & Gas Journal, 2003, No.52 3. BP Statistical Review of World Energy, June, 2004。

3. 政府加大了对矿产资源勘查评价导向。为了促进矿产勘查,为国家的经济发展提供有力的矿产资源保障,世界主要矿业大国开展了一些重大矿产勘查项目,加强了对矿产勘查评价的引导,并在重点上进行了调整。最近几年,特别值得关注的是重大计划有:澳大利亚的玻璃地球计划,加拿大的全国勘查技术项目及美国的矿产资源评价项目。

澳大利亚联邦科学与工业研究组织(CSIRO)于1999 年开始,开展了一项雄心勃勃的计划,称为“玻璃地球计划”(The Glass Earth),目的是研制在线技术方法,特别是三维可视化技术和地质模拟技术,使澳大利亚大陆表层一公里“像玻璃一样透明”,使勘探人员能够结合各种数据库及模拟技术和分析技术,有效地发现新一代的巨型矿床,本计划将使澳大利亚拥有世界上最有效的勘探和采矿技术,确保澳大利亚矿业在未来国际市场上的竞争力。“玻璃地球计划”将提供一套技术,其中多数技术已处在研制的发展阶段,目的是使地球 1 公里的顶部变成“透明的”。这些技术重点包括：张力梯度地磁测量；重力梯度测量；航空化学填图；水文地质、水文地球化学、同位素地球化学和地球化学；对岩石和上覆表土中的变形以及化学流、流体流和热流进行耦合模拟。

加拿大的全国勘查技术项目(EXTECH)，是一个多学科、多部门、综合性的贱金属矿产地质调查项目。涉及的部门既有地调局的下属部门及省级地调机构，又有大学及企业。涉及的学科有地质学、矿床学、热水蚀变与热水沉积、第四纪地质、地球化学、冰川学、水地球化学及水文学、生物地球化学以及空中、地面、地下地球物理测量、GIS 技术等。从 1989 年发起，迄今为止，全国勘查技术项目已实施了四个阶段。目的是促进加拿大矿产勘探新方法的发展。该计划是由于加拿大已建立的采矿地经济储备下降而提出的，反映了在这些地方勘探费用的减少以及全球金属价格的变化。通过现有的方法对许多采矿地进行了很好地勘探，一致同意新的经济发现可通过更新的概念和技术得到援助。加拿大地调局矿产研究提供的地学创新和见识可以帮助矿产勘查业发现维持加拿大作为世界矿产和金属最大提供者的地位。这项开创性计划目的是改进在已建立矿区勘查中应用的概念和技术，这些概念和技术是通过研制区域性和矿床尺度的综合性模型及地球物理和地球化学方法和设备而确立的。

为了保证美国经济安全和生态安全，实现矿产资源的可持续供应，1996 年美国地调局提出了“国家矿产资源调查计划”，该计划的目标不仅仅是要解决 21 世纪矿产资源供需问题，而且还要解决矿产资源开发带来的环境与土地利用方面的问题，明确是一项可供国家土地利用、环境保护与矿产供应决策使用的矿产资源与环境研究计划。具体来说，要满足用户在如下方面对矿产资源信息的需求：土地利用的明智管理；公共卫生和安全；保护和改善环境质量；矿产供应与国家安全；保持繁荣和提高生活质量。该计划战略重点由以往重点调查研究矿产资源的分布和数量转移向矿产资源的质量和可供性，将环境、资源、土地利用以及技术发展等因素合成一体进行研究，强调加强矿产环境研究、工业矿物评价、应用矿床研究，以及地球化学背景和原始资料研究。该计划由四个互为补充、相互协调、统为一体的子计划构成，即“矿产－环境评估子计划”，“减轻环境影响研究子计划”，“资源调查子计划”以及“信息与技术转让子计划”。

矿产资源勘查评价发生了几个值得重视的变化，一是加强了新能源和替代能源的寻找和勘查。煤层气和非常规天然气勘查评价活动加强，天然气水合物的探索研究加强，美国、加拿大、日本和印度等国家都开展了天然气水合物专项调查研究，希望在 21 世纪新能源的竞争中占据主导地位，为此还开展了一些国际合作研究，如 Mallik 2002 项目就是加拿大地调局、日本国家石油公司(JNOC)、德国波茨坦地学中心(GFZ)、美国地调局和美国能源部等联合进行天然气水合物探索的开创性国际合作项目；二是加强了评价工作，并强调了对环境影响的研究，如美国的国家矿产资源调查计划；三是注重勘查技术的研制和综合。从加拿大的全国勘查技术项目，到澳大利亚的玻璃地球计划，研制新技术、发展新方法，成为人们在矿产勘查中取得成功所追求的目标。

三、世界矿产品供需形势

2002 年世界经济呈缓慢回升态势，美国经济呈低速增长，欧元区和日本的经济缓慢复苏，东亚国家经济迅速回升，俄罗斯和中东欧经济转型国家也呈良好发展势头。2002 年全年世界贸易自第二季度开始走出衰退，并呈逐步加速增长趋势。2003 年，在亚洲和美国经济增长的推动下，世界贸易增长了 4.5%，世界商品出口额增长了 16%，达到 7.3 万亿美元，为 1995 年以来的最高增幅。中国的商品进口额增长了 40%，达到 4128 亿美元，仅次于美国和德国，居世界第三位；同期商品出口额增加了 35%，达到 4384 亿美元，仅次于德国、美国和日本，居世界第四位。在此大好形势下，国际矿产品市场需求形势也全面好于 2002 年，见表 17，18。

表 17　　世界主要矿产品产量

矿　产	单　位	1997 年	1998 年	1999 年	2000 年	2001 年	2002 年
钢	万吨	79854	77740	78770	84720	85004	90286
铁矿石	亿吨	10.53	10.61	10.09	10.73	10.52	11.29
锰矿石和精矿	万吨，锰	2279.02	2042.18	2053.51	2233.00	2207.08	2231.35
铬矿石和精矿	万吨	1122.21	1108.76	1251.77	1309.74	1143.65	1332.84
镍(矿山产量)	万吨	108.73	113.85	105.64	113.72	121.37	123.64

续表 17-1

矿 产	单 位	1997年	1998年	1999年	2000年	2001年	2002年
镍(精炼)	万吨	101.42	104.15	102.74	110.70	115.32	118.97
钴	吨	27176	32103	33484	35620	38078	39675
钨(矿山产量)	吨	34569	30062	25553	30275	32745	32631
钼(矿山产量)	万吨	14.57	14.12	12.98	13.48	13.47	13.41
钒(矿山产量)	吨	40900	42700	51900	56300	57400	60200
铜(矿山产量)	万吨	1148.11	1235.36	1278.85	1323.27	1372.89	1356.03
铜(精炼)	万吨	1359.95	1414.15	1446.78	1481.87	1568.59	1535.49
铅(矿山产量)	万吨	305.18	305.50	305.23	306.87	309.69	283.17
铅(精炼)	万吨	597.03	595.21	633.78	669.01	660.83	665.34
锌(矿山产量)	万吨	733.45	763.21	786.06	873.02	900.53	887.35
锌锭	万吨	772.47	802.88	844.49	906.39	920.99	964.33
铝土矿	万吨	12638.08	12300.42	13015.82	13891.52	13904.39	14437.24
原铝	万吨	2179.81	2265.39	2371.01	2441.81	2443.60	2608.05
镁	万吨	39.45	39.25	41.29	40.10	44.95	45.81
钛(矿山产量)	万吨 TiO2	393.45	439.51	413.91	430.96	429.52	411.33
金红石精矿	万吨	40.6	43.8	34.8	38.7	37.7	40.8
钛铁矿精矿	万吨	447.0	456.0	415.0	501.0	511.0	495.0
锡(矿山产量)	万吨	22.13	21.34	21.91	24.73	24.65	23.45
锡(精炼)	万吨	23.82	24.13	24.66	26.36	27.02	26.82
锑(矿山产量)	吨	166061	129783	118760	130539	121726	150644
镉	吨	19968.8	19312.3	19539.1	19205.5	17587.3	16210.2
汞(矿山产量)	吨	4004.3	2992.5	3624.8	3324.9	3438.8	3708.2
铋(矿山产量)	吨	4404.8	4063.7	3339.4	3775.0	4049.7	4104.0
金(矿山产量)	吨	2304.0	2358.6	2394.2	2396.3	2383.2	2285.3
银(矿山产量)	吨	15960.3	16677.5	17206.3	17755.2	18800.2	18519.8
铂(矿山产量)	吨	152.7	168.5	147.6	162.9	181.1	182.0
稀土氧化物	吨	74580	83020	93150	96920	100210	103900
锂	吨	14000	16000	14000	14000	15100	14200
硫	万吨	5690	5720	5780	5810	5770	5770
磷酸盐岩	万吨	14709	15117	13500	13200	12600	13500
钾(K_2O)	万吨	2520	2580	2690	2625	2570	2690

续表 17－2

矿　产	单　位	1997 年	1998 年	1999 年	2000 年	2001 年	2002 年
硼	万吨,矿石	457	466	446	460	474	461
纯碱(天然＋合成)	万吨	3310	3260	3350	3450	3590	3710
萤石	万吨	418	441	429	430	426.2	420.2
重晶石	万吨	678	646	616	647	656	596
石墨	万吨	67.8	64.6	69.2	85.7	82.1	81.3
石膏	万吨	10400	10700	10800	11100	11100	11100
石棉	万吨	211	181	177	211	216	213
膨润土	万吨	975	954	1000	1020	1020	1030
滑石	万吨	1040	1010	946	865	888	887
高岭土	万吨	4040	4010	2471	2532.5	2489.5	2488.5
硅藻土	万吨	200	202	199	193	192	172
金刚石(天然)	万克拉	12135	13000	11710	11700	11900	13200
石油	亿吨	34.70	35.39	34.62	36.01	35.81	35.57
天然气	万亿立方米	2.239	2.290	2.352	2.436	2.493	2.528
煤	亿吨	47.67	46.20	45.24	45.31	47.76	48.70
铀(矿山产量)	吨	35497	33767	30881	34679	35862	35096

资料来源:1.Mineral Commodity Summaries,2002,2003,2004;2.World Metal Statistics,Yearbook 2003;3.Minerals Yearbook,2001,2002;4.Mining Annual Review,2002,2003;5.E/MJ,2001,2002,2003;6.Industrial Minera,2001,2002,2003;7.Oil and Gas Journal,2000,2001,2002

表 18　　**世界部分矿产品进出口量**

矿　产	单　位	进　口			出　口		
		2000 年	2001 年	2002 年	2000 年	2001 年	2002 年
铁矿石	万吨	48580	49313	53022	49914	49609	51167
镍(东西方贸易)	万吨	21.31	14.46	17.93	1.95	2.51	2.67
铝	万吨	1572.08	1468.63	1564.28	1528.54	1517.62	1587.17
铜(精炼)	万吨	671.15	661.98	681.30	666.39	724.29	697.33
铅(精炼)	万吨	180.82	167.00	184.66	195.16	181.42	184.17
锌锭	万吨	344.94	332.50	339.86	364.05	345.27	372.23
锡(精炼)	万吨	18.67	17.84	19.14	24.42	23.59	24.35
磷酸盐岩	万吨	2860	3080	2868	2860	3080	2868
钾(K_2O)	万吨	2100	2020	–	2100	2020	–
石油(原油)	亿吨	16.61	16.84	16.67	16.61	16.84	16.67
天然气	亿立方米	5263	5542.7	5813.4	5263	5542.7	5813.4
煤	百万吨	589.58	628.45	641.04	585.55	629.00	637.72

资料来源:1.World Metal Statistics Yearbook 2003;2.Mining Annual Review,2001,2002,2003;3.Coal Information,2001,2002,2003,4.Mineral Commodity Summaries 2002,2003,2004;5.BP Amoco Statistical Review of World Energy,June 2002;June 2003

1.2003年世界一次能源消费量进一步增加,原油价格居高不下。2003年是能源市场高速增长的一年。由于世界经济恢复以及中国、印度等发展中国家经济继续高速增长,世界一次能源消费量进一步增长2.9%,石油和天然气价格均创造了20年以来的最高记录。世界所有地区的一次能源消费量均呈增长势头,亚洲太平洋地区增长幅度最大,为6.3%,而北美地区增长幅度最小,仅为0.2%。按能源类别看,煤是消费增长最快的燃料,消费增长幅度达6.9%;石油和天然气消费也有较大幅度增长;水电消费比2002年略有增长;核电消费则下降(图4)。

2003年世界能源消费总量为97.41亿吨油当量,其中石油、天然气、煤、核能和水电的消费量依次为36.37亿吨油当量、23.32亿吨油当量、25.78亿吨油当量、5.99亿吨油当量和5.95亿吨油当量。其所占比例分别为:石油占38%,天然气占24%,煤占26%,核能占6%,水电占6%(图4)。与2002年相比,2003年世界一次能源消费增长了2.9%;石油、天然气、煤炭和水电的消费增长率依次为2.1%、2.0%、6.9%和0.4%,只有核能消费下降2.0%。

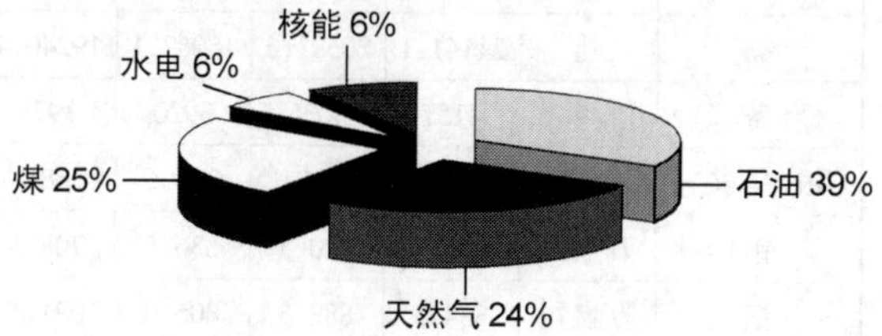

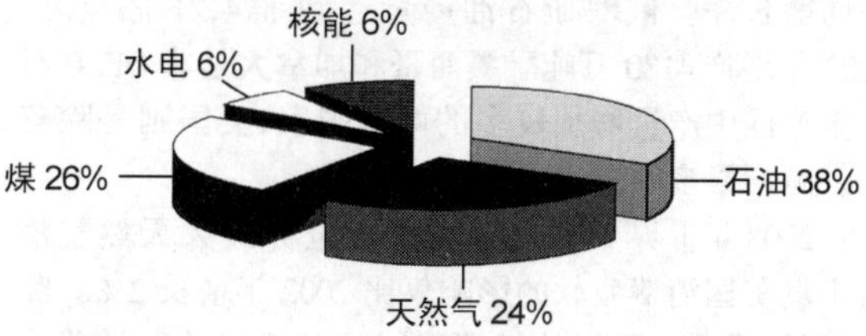

图4 2002年、2003年世界一次能源消费构成

2003年1月至3月由于受美伊战争随时爆发以及委内瑞拉工人罢工的影响,世界石油价格屡创新高,2月27日WTI期货价格一度升至39.99美元/桶,创1990年以来又一新高点。3月20日随着伊拉克战争的爆发,原油价格全线回落。5~6月份受伊拉克国内动荡局势、中东地区连续发生的恐怖袭击、欧佩克产量限额保持不变以及尼日利亚动荡局势的影响,导致世界原油价格走强。2003年布伦特油价也反映了这一趋势。年初,布伦特油价为30美元/桶,美伊战争开始前一周的3月10日价格上涨到35美元/桶。4月末由于美伊战争接近结束,价格猛然下跌到23美元/桶。之后价格逐渐上涨,至年底再一次上涨到30美元/桶以上。2003年布伦特现货年平均价为28.83美元/桶。油价上升对世界经济的不利影响,一是国际贸易失衡;二是通货膨胀压力加大,企业盈利下降,最终使经济活动无法发挥潜能,增长目标无法实现。根据国际货币基金组织的估算,国际油价每桶升高5美元,世界主要工业化国家经济增长率就要下降0.2个百分点,而亚洲发展中国家经济增长率则要下降0.4个百分点(表19)。

表19 1999~2003年国际市场主要原油现货平均价格 单位:美元/桶

年份	WTI	布伦特	迪拜	米纳斯	塔皮斯	辛塔	大庆	胜利
1999	19.38	18.06	17.38	17.97	19.02	17.54	17.90	16.80
2000	30.50	28.63	26.36	28.97	29.95	28.29	28.97	28.88
2001	25.89	24.45	22.77	24.10	25.35	23.23	24.02	22.22
2002	26.10	25.01	23.73	25.68	25.72	24.67	25.50	23.78
2003	31.06	28.83	26.78	27.00※	27.13※	26.33※	27.02※	25.54※

※为2003年6月数据资料来源:路透社电讯普氏报价

目前世界最大的石油消费地主要集中在三个地区,即北美、欧洲和亚洲。北美既是石油的主要生产地,又是石油的主要消费地,但由于石油消费增长迅速,本地供给远远满足不了不断提高的需求水平,因此北美地区也是世界最大的石油进口地区。亚洲目前已超过欧洲成为第二大石油消费地,中国、日本分别是世界第二、第三大石油消费国。日本国内石油资源极少,基本完全依赖于进口。中国近年来石油年进口量一般在7000万吨左右,约占国内石油产量的30%,进口依赖程度很高。欧洲是发达国家密集的地区,石油消费量很高,只有俄罗斯、挪威和英国三个重要石油主产国,石油进口主要来自中东地区。

2003年尽管石油价格一直处于较高价位,但是世界石油消费还是有了较大幅度增长。世界石油消费量与2002年相比增长了2.1%,平均每天增长20.3万吨,高于近十年1.6%的年平均增长率。世界所有地区的石油消费均呈增长势头，亚洲太平洋地区最为突出，增长幅度达4%。

2003年，委内瑞拉和伊拉克的石油供应发生了中断，石油产量比2002年分别下降了1200万吨和3380万吨。但是，石油输出国组织石油总产量仍增加9120万吨，因为其他成员国的增产完全补偿了减少的供应量。沙特阿拉伯的石油产量达到了4.75亿吨，创22年新高。

2003年，非OPEC石油生产国的产量达到17.17亿吨，比2002年减产350万吨，但仍略高于近十年的年平均增长率。俄罗斯石油产量达到了4.21亿吨，比2002年增产4180万吨。墨西哥和加拿大是非OPEC石油生产国中产量增加较多的两个国家，英国则是除美国外减产最多的国家。

2003年世界天然气消费量受世界最大天然气消费市场美国消费疲软的影响仅比2002年增长2%。除美国外，世界主要天然气消费国的天然气消费量普遍增长，平均增长幅度达4%。

2003年世界天然气产量进入了连续增长的第29个年头，全年产量为26185亿立方米，比2002年增长3.4%。但是北美地区由于加拿大天然气产量下降而导致连续第二年减产。俄罗斯天然气生产继续呈现良好增长势头，2003年产量比2002年增长4.2%。挪威是欧洲地区天然气产量增长幅度最大的国家，增长幅度高达12%。2003年其他欧洲主要天然气生产国天然气产量普遍下降，其中英国、意大利和荷兰下降较为明显。

2003年世界煤的消费比2002年增长6.9%，大大高于近十多年来的1%的年平均增长率。中国煤消费量的快速增长仍是世界煤消费量增长的主要驱动力。2003年中国煤消费量达到8亿吨油当量，占当年世界煤消费总量的31%。世界其他地区煤消费量也都呈现良好增长势头，北美煤消费量增长2.5%，创历史最高纪录。

2003年世界核电发电量比2002年减少2%，主要是因为世界第三大核电发电国日本发电量陡降27%，美国核电发电量也下降了2%。2003年全世界只有两个核反应堆投产，是近35年以来投产数量最少的一年。2003年水电消费量仅比2002年略有增长，拉丁美洲和亚洲太平洋地区仍是水电的主要消费区(表20)。

表20　　世界部分矿产品消费量

矿　产	单　位	1999年	2000年	2001年	2002年
钢	亿吨	–	7.64	7.72	8.02
镍(精炼)	万吨	105.71	117.20	117.90	120.71
原铝	万吨	2331.18	2505.91	2372.15	2533.11
铜(精炼)	万吨	1403.76	1517.65	1468.18	1498.85
铅(精炼)	万吨	619.66	641.33	651.63	679.77
锌锭	万吨	836.98	889.27	879.63	929.03
锡(精炼)	万吨	24.90	27.59	28.08	28.02
镉	吨	21141.1	20591.6	18062.1	19240.4
金(需求)	吨	4157	4036	3920	3978
银(需求)	吨	27374	29121	27306	26839
铂	万盎司	628.0	620.5	636.5	708.5
钯	万盎司	854.5	882.5	805.0	681.5
硫(需求)	万吨	5783	5920	6000	6070
磷(P2O5)	万吨	14700	14350	13850	14404
钾(K2O)	万吨	2240	2300	2190	2448
石油	亿吨	34.80	35.18	35.17	35.23
天然气	万亿m3	2.341	2.443	2.466	2.536
煤	亿吨	45.41	46.39	47.73	48.03

资料来源：1.Mineral Commodity Summaries,2002,2003,2004;
2.World Metal Statistics,Yearbook 2003;
3.E/MJ,2002,2003;
4.Mining Annul Review,2001,2002,2003;
5.Industrial Mineral,2002,2003;
6.Minerals Yearbook,2002;
7.BP Statistical Review of World Energy,June 2003

2．世界钢铁市场需求强劲，产能与消费均创新高。2002年世界铁矿石产量超过了10亿吨，粗钢产量也首次超过了9亿吨。2003年世界粗钢产量9.625亿吨，比2002年增长6.6%，打破了多年来世界产钢在8亿吨左右徘徊的局面，创历史新高。

2003年，世界海运铁矿石国际贸易量约为5.2亿吨，首次突破5亿吨。世界铁矿石总产量的48.87%用于出口，扣除长期合同和合资办矿的贸易量，每年国际铁矿的自由贸易量约为2.4亿吨。

虽然中国拥有很大的铁矿工业，但是其产量难于满足国内日益增长的需求，目前很大比例需要通过进口铁矿石来解决，从而造成近年中国铁矿石进口量持续大幅度增长。2003年中国大陆铁矿石进口量达到1.48亿吨，比2002年增加3664万吨，增长32.87%，已经替代日本成为世界上最大的铁矿石进口国家，进口铁矿石量占世界铁矿石总进口量的28.46%。

中国对铁矿石需求的膨胀带动了世界铁矿石市场的发展。由于钢材价格居高不下和中国铁矿石需求旺盛，加之巴西铁矿石生产受大雨影响，委内瑞拉大罢工，以及美国部分铁矿石生产能力的永久灭失造成了国际铁矿石市场出现暂时性供不应求，世界主要铁矿生产公司在2003年度的价格谈判中提高了铁矿石价格,CVRD在5月中旬签订的第一份价格合同中将粉矿价格提高了9%,之后其他铁矿生产公司也纷纷提高了铁矿石价格,由此造成国际市场铁矿石价格上涨9%~10%。

同时,由于中国对铁矿石需求的强劲增长和铁矿石进口量的大幅度增加,给世界散货运输带来较大考验。由于运力吃紧,世界散货海运费一路走高,2003年中国进口铁矿石运费平均比2002年上涨数倍。

但是,我们应当看到,目前铁矿石高价位的运行,是暂时性的,是世界钢铁工业连续多年低迷,国际铁矿石贸易价格自1996年至2002年连续六年在历史最低价位上运行,导致世界铁矿石生产能力和运输能力没有得到补充造成的。另一方面,由于铁矿资源供应的暂时短缺,一些中间经营公司乘机炒作,人为哄抬价格,无疑起到了推波助澜的作用,他们借势谋利,把比较偏紧的资源情况人为炒得更加严峻,使铁矿石价格和运输费用超常大幅度增长。

受世界粗钢增产和铁矿石贸易量大幅度增加的影响,2003年世界铁合金金属的生产和消费与2002年相比有了不同程度的增长,贸易量也有所增加。世界锰矿石产消量均有较大幅度增长,世界锰矿石贸易量也由于中国锰矿石进口量加大而有了较大增加;国际市场锰矿石价格自2000年以来一直呈缓慢上涨趋势。2002年世界不锈钢产量增长了7.8%,2003年世界不锈钢产量比2002年增长了10.4%。世界不锈钢产量的增长带动了铬、镍等合金金属生产和消费,从而导致世界铬铁矿、铬铁合金和镍及合金产量和消费量增长,国际市场矿产品和合金价格也有较大幅度上涨。2003年世界钨精矿产量大幅度增长,需求和消费较2002年明显增加,供需基本平衡。国际钨市场呈现缓慢增长趋势,全年钨价振荡小幅上扬。钒、钼、钴等铁合金金属矿产随着不锈钢产消量的增加需求转旺,其2003年的产量、消费量、贸易量和价格均稳定增长。

3. 国际市场有色金属价格普遍上涨。据《World-Metal Statistics》资料,2002年世界6种金属(铜、铝、铅、锌、锡、镍)总产量为5919万吨,比2001年增长3.18%,其中铝产量增长幅度最大,为6.73%,铜、锡产量呈下降的趋势。2002年上述6种有色金属消费量合计为5789.49万吨,比上年增长4.93%,其中铝、锌增长速度最快,分别为6.79%和5.62%。锡、铅、镍供应存在缺口,其他3种有色金属均有不同程度过剩。2003年世界6种主要有色金属总产量为6147.14万吨,比2002年增长3.85%,其中铝产量增长幅度最大,为7.36%,其次为铅、锡和镍,分别增长3.14%、3.02%和2.92%,铜产量仍呈下降的趋势。2003年上述6种有色金属消费量合计为6095.20万吨,比2002年增长5.28%,其中锡、铝、锌增长速度最快,分别为10.46%、8.22%和4.14%。镍、铜、铅和锡供应存在缺口,锌和铝有不同程度过剩(表21)。

表21　　2003年世界主要有色金属供专业户状况(万吨)

项 目	铜	铝	铅	锌	锡	镍
世界产量	1522.71	2800.05	686.26	986.05	27.63	122.44
世界消费量	1560.86	2741.44	687.37	950.14	30.95	124.44
供求平衡	38.15	-58.61	1.11	-35.91	3.32	2
库存量	119.7	367.2	37.06	113.72	3.8	9.66
年底库存消费比(周)	4.0	7.0	2.8	6.2	6.4	4.0
正常库存消费比(周)	5.5	5.5	4	5	5	5
消费与2002年相比(%)	4.14	8.22	1.12	2.27	10.46	3.09

资料来源:根据中国有色金属工业(2002)年鉴和《World Metal Statistics》资料计算

2003年世界经济全面复苏,美国、欧共体和日本的经济状况大大好于2002年,中国经济继续高速增长。在此影响下,世界有色金属市场发生了重大转折。多数有色金属结束了长达数年的价格下滑、市场低迷的局面,有色金属开采冶炼业在全球产业中的地位得到了极大的提升。世界主要有色金属的产量和消费量均有了较大幅度增长,供求关系有了极大改善,一些矿产品的库存开始减少。以铝为例,世界经济的好转促进了铝消费量的增加。据《World Metal Statistics》统计,2002年世界原铝消费量为2533.11万吨,2003年为2741.44万吨,同比增加8.22%,净增消费量208.33万吨。2003年中国的原铝消费量净增了106.54万吨,因此世界原铝消费量的增长一半以上来自中国，同期西方的消费量只增长了74.18万吨。由此可以看出，2003年世界原铝的消费主要还是靠中国的增长来拉动。再以铜为例，2002年矿山大量减产以及铜价低迷导致铜原料供应紧张，铜精矿产量下降，2003年也仅微幅增长。2003年世界铜消费量为1560.86万吨，比2002年增长4.14%。世界主要铜消费国(地区)中，除了中国大幅度增长以外，日本、德国、意大利和墨西哥均消费增长，而美国下降了4.3%、中国台湾下降了3.96%。而从亚洲、欧洲和北美洲三个主要铜消费地区来看，亚洲大幅增长6.5%，欧洲小幅增长0.8%，而北美洲则下降了4.8%。与2002年一样，2003年中国仍然是拉动世界铜消费增长的最大动力。世界经济的回升带动铜消费的增长，全年供求关系呈供不应求状态，全年铜价走势呈稳步大幅上涨态势，LME全年平均价比2002年上涨幅度高达14.28%，为1997年以来最高价格。铝、镍、锡、铅和锌等主要有色金属价格2003年均经历了与铜类似的过程，期镍的价格在2003年年底达到15年来从没有达到的高度；锡和铅的价格也创出了8年的新高；表现最差的铝和锌，价格至少回到了2001年初的水平(表22)。造成2003年世界有色金属市场的好转的原因主要有以下几点：①西方三大经济体的同步复苏，导致世界制造业的重新活跃；②中国经济持续快速的强劲增长，加大了中国对几乎所有的能源及原材料的需求增长，而中国有色金属消费量的高速增长，又导致了世界多数有色金属市场由供过于求转为供求平衡，个别有色金属出现暂时性短缺；③美元对其他主要工业国家的货币持续贬值，对以美元标价的有色金属而言，具有重大的正面支持作用。美元贬值从成本和需求两方面促进了金属价格的上涨。

表22　　2000～2003年主要金属现货价格

品　种	2000年 年平均价	2001年 年平均价	2002年 年平均价	2003年 年平均价	2003年比 2002年增长%
铜	1814	1578	1558	1780	14.28
铝	1594	1444	1349	1432	6.12
镍	8641	5948	6772	9640	42.36
锡	5435	4483	4062	4896	20.55
铅	454	476	453	517	13.94
锌	1128	886	779	828	6.40
金(美元/盎司)	279.11	271.19	310.20	363.83	17.29
银(美元/盎司)	4.95	4.37	4.60	4.88	6.09

资料来源：伦敦金属交易所

4. 受美伊战争和美元疲软的影响，大多数贵金属价格大幅上扬。2002年，受美元疲软、股市下跌和低利率以及国际政治局势紧张等因素的影响，国际黄金市场呈强势震荡上行格局。总的说来，上半年价格波动较大，最大波幅达17%，下半年价格走势则相对比较平稳，在300～330美元/盎司的范围内波动。全年最高价为327.05美元/盎司(5月29日)，最低价为277.75美元/盎司(1月4日)，全年平均价为310.2美元/盎司，与2001年相比，全年平均价上涨幅度为14.38%。

2003年，金价彻底走出了长达八年的低迷态势，显现出了强劲的上涨势头，金价上半年大起大落，下半年稳步上涨。在全球政治危机加重、美元疲软以及大量的投资者入场的影响下，金价不断攀升，并在年底时创下了417美元/盎司的14年高点。2003年，伦敦金属交易所金的年平均价达到了364美元/盎司，较2002年的年平均价高出了54美元，这是自1996年(388美元/盎司)以来的最高年平均价。由于2003年金价的上涨很大程度上源于美元的下跌，因此其他货币金价的上涨幅度没有美元金价大。2003年欧元金价的年平均价为321.2514欧元/盎司，与2002年相比，反而有所下跌。2003年欧元金价的波动率仅为17.62%，几乎是美元金价波动率的一半。2004年初，金价受美元疲软的推动，创下了430美元/盎司的15年新高。之后美元走强促使金价震荡回落。2004年1～2月份金价最高达到了430美元/盎司，最低为392.25美元/盎司。导致2002年和2003年国际黄金市场金价连续上涨的原因是：

①国际政治经济形势发展是黄金市场金价走势的主要控制因素。2002年9月，美国以反恐为名进行的阿富汗战争进展顺利，斗争焦点从而向中东转移。2002年12月，美伊战争可能性出现升级迹象，受此影

响,黄金市场金价上涨。2003年前两个月,受可能爆发的美伊战争影响,金价节节攀升,其后,随着战争局势的日益明朗,金价开始下跌。3月18日,美伊战争爆发,之后随着美伊战争的进展,金价持续下跌。4月7日,以美国主导的联军进入伊拉克首都巴格达,金价下跌到322美元/盎司。之后,国际投资市场开始改变国际政治和投资市场的发展预期,黄金市场结束持续两个月的跌势开始上涨。其后,中东地区的巴勒斯坦政治危机和巴以冲突升级,又促进黄金价格上涨。随着欧元对美元汇率的持续上扬,美元的强势货币地位受到越来越大的冲击。布什政府为了缓解欧元对美元的压力,同时也为了重振国际社会对美国投资市场的信心,美国国会通过了一个减税3500亿美元的方案,导致黄金市场金价逐步下跌。7月,由于战后重建问题丛生,以及巴勒斯坦政局动荡起伏,金价止跌回升,至年底金价一直保持持续上涨趋势。

②美元的一再疲软是近两年金价上扬的另一主要动力。2003年金价年平均价与2002年相比上升了17%,同时,欧元兑美元的汇率增长了20%。2003年1~4月,在美元对金价影响较小的情况之下,欧元金价和美元金价的走势和价位几乎相同;而5月份之后,随着美元对金价的影响不断加大,欧元金价和美元金价的价位差距不断增大,走势也几乎是背道而驰。由此可见,2003年金价的涨幅很大程度上归功于美元的下跌,如果除去这部分的影响,金价可能仅仅是保持稳定,甚至是下跌的态势。

③投资者将大量资金投入黄金市场也是金价持续上扬的重要因素。近两年国际政治经济形势的动荡,2003年美伊战争的爆发,美元的持续弱化,以及美国股市泡沫面临的再次破裂,导致了国际游资的大量分流,大量投资者选择欧元和黄金市场以规避金融风险。资金大量进入黄金市场推动了黄金需求的增长,造成了金价的持续上扬。

2002年,受黄金上涨行情的带动,国际银价终于在3月27日突破了4.60美元/盎司。5月由于黄金价格猛涨,白银价格进一步上升。6月5日,国际白银价格突破5美元/盎司的大关,攀升至5.05美元/盎司。由于有了寻求保值资金的推动,加上受以色列发生系列大爆炸、美元和美国股市受压等因素影响,短期内投资者转向白银等贵金属市场,直接导致国际市场白银价格创下5.10美元/盎司的高点。从7月中旬开始国际市场白银价格开始逐步滑落。从11月至年底,国际市场金价一路飙升,国际市场上白银价格也随之上涨。2002年平均价为4.60美元/盎司,全年最低价为2月份的4.42美元/盎司,最高价为7月份的4.89美元/盎司。进入2003年后,国际白银价格上涨速度加快。随着世界经济总体好转,美元汇率疲软,加上黄金价格的上涨和自身需求增长的双重拉动,国际白银价格持续振荡上行,6月再次冲破5美元/盎司关口,之后价格一路上扬,到年底白银价格更是达到6.0美元/盎司。2004年以来,在美元的持续疲软和有色金属价格普遍上扬的大力推动下,国际市场白银价格持续上涨。1月伦敦金属交易所白银月平均价格达到6.32美元/盎司,比2003年12月5.62美元/盎司的平均价格上涨12.5%;2月的月平均价格为6.44美元/盎司,比1月的平均价格上涨1.9%。

从世界白银市场来看,白银总需求量和传统供应量之间一直存在很大的缺口,平均年供应需求差额在3000~5000吨左右,一直靠各国政府储备的出售、交易所库存的投放以及生产商通过套期保值投向市场的白银来弥补。2003年各国政府官方储备估计达8300吨,储备出售2217吨,比2001年(出售2712 t)和2002年(出售2430 t)都有所减少。

2003年美国和日本的低利率以及美元疲软使投资者加大了对贵金属市场的投资力度,加上铂市场需求旺盛导致连续5年的供应短缺,为2003年铂价的上涨提供了强大动力。年初,铂价从600美元/盎司处开始走高,2月份和3月份一度上涨到17年以来的高点——700美元/盎司。4月份,中国SARS的爆发使铂首饰市场需求疲软,价格在4月底回落到600美元/盎司。之后随着中国政府对SARS的有力控制,市场对首饰消费的信心回升,价格重新走高;以后铂价一路上涨。9月价格再次突破700美元/盎司。10月以后,在美元持续走疲和西方节日前夕铂首饰需求的旺盛的形势下铂价一涨再涨,在12月初突破800美元/盎司关键心理价位后,在12月17日达到840美元/盎司的23年新高。年底价格虽然略有回落,但仍保持在800美元/盎司以上。2003年国际市场铂的年平均价为691.31美元/盎司,比2002年上涨28.22%。

2003年铂的供应和需求增速都是过去10年里最低的一年(1992~2002年铂的总需求和总供应年均增速分别为8.2%和5.1%),总需求为659万盎司,比2002年增长0.5%;总供应为611万盎司,比2002年增长2.3%。铂市场仍呈供应短缺的局面,供应缺口为48万盎司。

2003年钯市场的情况与大多数贵金属相反,俄罗斯钯出口量大幅度增加导致了全球钯市场连续第三年供过于求,而供应过剩和需求疲软使国际市场钯价跌至6年的低点。2003年钯的最高价为269美元/盎司(1月22日),最低价为148美元/盎司(4月25日),年平均价为200.27美元/盎司,比2002年下跌了40.67%(表23)。

表 23　国外矿产品市场价格(伦敦市场金属、矿石和氧化物价格)

矿产品名称、规格及交货条件	单　位	价　格		
		2001 年 12 月 8 日	2002 年 12 月 7 日	2003 年 12 月 6 日
锑金属:自由市场,到岸价	美元/吨	1150～1250	2300～2500	1950～2050
砷:鹿特丹,99%	美元/磅	0.35～0.50	0.35～0.45	0.35～0.40
铋金属:自由市场,到岸价	美元/磅	3.00～3.20	2.75～3.00	2.65～2.80
镉金属:(99.99%),到岸价,条	美元/磅	0.30～0.40	0.55～0.65	0.50～0.60
镉金属:(99.95%),到岸价,锭	美元/磅	0.20～0.30	045～0.55	0.40～0.50
铬金属:英国,99%,码头交货	美元/磅	9.00～10.00	9.5	9.5
钴金属:自由市场,99.8%,纯净	美元/磅	6.90～7.65	6.4	14.5
钴金属:自由市场,99.3%,纯净	美元/磅	6.75～7.50	6.25	11.75
锗金属:	美元/公斤	865～910	420	295(GeO_2)
金:	美元/金衡盎司	274.1	318.4	395.75
铟金属:自由市场	美元/公斤	65～80	70～80	265～285
铱金属:J. 马瑟基价,码头交货	美元/金衡盎司	395	170	87
镁金属:欧洲 Norsk Hydro 公司出品	德国马克/公斤	2.42	2.50 欧元	2.50 欧元
镁金属:欧洲自由市场,99.8%	美元/吨	1700～1800	1880～1980	1850～1950
锰金属:99.7%	美元/吨	900～1050	845	1213
汞金属:自由市场,99.99%	美元/瓶	145～165	160～180	195～220
锇金属:自由市场	美元/金衡盎司	400～450	400～450	400～450
钯金属:自由市场	美元/金衡盎司	375.00～385.00	250.00～255.00	192～197
铂金属:J. 马瑟基价,码头交货	美元/金衡盎司	459	596	767
铂金属:自由市场	美元/金衡盎司	454.00～459.00	593.00～598.00	762～767
铑金属:J. 马瑟基价,码头交货	美元/金衡盎司	1100	675	510
钌金属:J. 马瑟基价,码头交货	美元/金衡盎司	160	50	37
硒:自由市场,到岸价	美元/磅	2.70～3.20	3.35～3.85	7.50～8.00
银:	美元/金衡盎司	4.75	4.58	5.28
碲:英国团块和粉末,99.95%,纯净	美元/磅	4.00～6.00	6.00～8.00	9.00～11.00
氧化铝:冶金级,现货离岸价	美元/吨	130～135	138～143	310.00～330.00
钛铁矿:54% TiO_2,离岸价	美元/吨	100～110	100～110	100～110
锰矿石:48%～50%Mn,含磷不超过 0.1%,到岸价	美元/吨度	1.81～1.90	1.94～2.03	1.94～2.03
钼氧化物:55%～57%	美元/磅	2.3～2.4	4.25	6.35
金红石:澳大利亚产,95%～97% TiO_2,离岸价,散装	美元/吨	445～535	445～525	490～560
钽铁矿:钽氧化物 60%,北欧港口到岸价	美元/磅	50～60	40	40
钒氧化物:98% V_2O_5,到岸价	美元/磅	1.30～1.50	1.43	1.8
黑钨矿/白钨矿:65%	美元/吨度	40～45	32～45	42～50
锆砂:澳大利亚产,66%～67% ZrO_2,标准级,离岸价,散装	美元/吨	380～430	390～440	430～480

资料来源: Mining Journal,2000～2003

续表 23－1　　**（部分矿产品价格）**

矿产品名称、规格及交货条件		单 位	价 格		
			2001年12月8日	2002年12月7日	2003年12月6日
铝	氧化铝，煅烧，Al_2O_3 98.5%～99.5%，袋装，20吨批量，英国交货	英镑/吨	345～440	345～440	345～440
	氧化铝，煅烧，钠质含量中等，50吨批量	英镑/吨	345～390	345～390	345～390
铬	铬铁矿矿石：				
	（南非）德兰士瓦，化学级，46% Cr_2O_3，湿散装，离岸价	美元/吨	37～55	40～50	50～65
	德兰士瓦，铸件级，45% Cr_2O_3，湿散装，离岸价	美元/吨	50～70	50～70	80～90
	德兰士瓦，耐火级，46% Cr_2O_3，湿散装，离岸价	美元/吨	100～120	100～120	100～120
	（菲律宾）耐火级，精矿，离岸价	美元/吨	125～145	125～145	125～145
铁矿石	澳大利亚哈默斯利公司，日本市场，丹皮尔离岸价，块矿	美分/长吨度	36.84	34.83	39.35
	粉矿	美分/长吨度	27.79	26.63	30.83
	澳大利亚哈默斯利公司，欧美市场，鹿特丹到岸价，块矿	美分/吨度	40.75	40.75	40.75
	粉矿	美分/吨度	32.68	32.68	35
	巴西卡腊雅斯铁矿石，日本市场，马代拉角离岸价，块矿	美分/长吨度	29.99	29.99	–
	粉矿	美分/长吨度	25.41	26.37	35.18
	巴西卡腊雅斯铁矿石，欧美市场，马代拉角离岸价，块矿	美分/吨度	32.59	35.18	34.31
	粉矿	美分/吨度	28.79	30.03	31.95
锂	透锂长石，4.2% Li_2O，大袋，德班离岸价	美元/吨	165～260	165～260	165～260
	锂辉石精矿，>7.25% Li_2O，西弗吉尼亚离岸价，散装，离岸价	美元/短吨	330～350	330～350	330～350
	玻璃级锂辉石，5% Li_2O，西弗吉尼亚离岸价，散装，离岸价	美元/短吨	195～200	195～200	195～200
	碳酸锂，美国东海岸船边交货，大合同	美元/磅	0.90～1.20	0.90～1.20	0.90～1.20
钛	钛铁矿：澳大利亚产，散装，精矿，$TiO_2 \geq 54\%$，离岸价	美元/吨	80～110	85～100	
	现货价	美元/吨	100～115	100～115	90～100
	金红石：澳大利亚精矿，$TiO_2 \geq 95\%$，离岸价				
	散装（大量，用于颜料）	美元/吨	440～490	430～470	415～445
	袋装（小包装，用于焊条等）	美元/吨	450～560	400～540	430～540
锆石	陶瓷用，散装，离岸价：澳大利亚	美元/吨	350～410	360～390	395～420
	陶瓷用，散装，离岸价：美国	美元/吨	375～400	375～400	395～420
	耐火材料用，散装，离岸价：澳大利亚	美元/吨	320～380	340～370	375～400
	耐火材料用，散装，离岸价：美国	美元/吨	350～390	350～390	350～390
	铸料砂用，散装，离岸价：澳大利亚	美元/吨	280～360	320～370	370～400
	铸料砂用，散装，离岸价：美国	美元/吨	350～390	350～390	350～390

续表 23-2

矿产品名称、规格及交货条件		单　位	价　　格		
			2001 年 12 月 8 日	2002 年 12 月 7 日	2003 年 12 月 6 日
稀土	氟碳铈矿精矿,70%淋滤(价格单位为:美元/磅稀土氧化物)	美元/磅	2.25	2.25	2.25
	氧化钇,99.99% Y_2O_3	美元/公斤	13~16	13~16	13~16
膨润土	美国怀俄明,工厂交货,火车车厢批量:				
	原矿散装	美元/短吨	26~63	26~63	26~63
	铸件级,袋装(100Lb)	美元/短吨	52~76	50~76	50~76
	"美国石油协会"规格,袋装(100Lb)	美元/短吨	45~53	43~53	43~53
	欧洲主要港口到岸价,散装:,				
	宠物垫圈级 1~5mm	英镑/吨	55~65	60~80	37~50(欧元)
	铸件级,原矿,万吨船	美元/吨	~	55~60	55~60
	"美国石油协会",Section6	美元/吨	~	52~57	52~57
高岭土	美国佐治亚,工厂交货:填料,散装	美元/短吨	80~100	80~100	80~100
	造纸涂料级	美元/短吨	85~185	85~185	85~185
	煅烧,散装	美元/短吨	335~395	320~375	320~375
	卫生器具级,袋装	美元/短吨	64~74	65~75	65~75
	餐具级,袋装	美元/短吨	125	125	125
硅藻土	美国煅烧过滤助剂用,英国交货	英镑/吨	370~410	370~410	370~410
	美国热碱处理硅藻土,过滤助剂用,英国交货	英镑/吨	380~420	380~420	380~420
碳酸钙	研磨碳酸钙,白垩,未包装,英国工厂交货	英镑/吨	30~50	30~52	30~52
	碳酸钙,白垩,包装,精制,英国工厂交货	英镑/吨	80~100	80~103	80~103
	沉淀碳酸钙,英国工厂交货:未包装	英镑/吨	300~380	300~390	300~390
	包装	英镑/吨	300~405	300~417	300~417
云母	印度:325 目微粉,欧洲到岸价	美元/吨	362~545	300~540	300~545
	湿磨	美元/吨	405~1000	400~1000	400~1000
	印度离岸价:干磨	美元/吨	230~432	200~430	200~430
	美国工厂交货价:干磨	美元/吨	230~400	210~400	210~400
	湿磨	美元/吨	535~1300	535~1300	535~1300
	微粉级	美元/吨	535~930	535~930	535~930
	片状	美元/吨	250~480	250~480	250~480
滑石	挪威产,英国仓库交货:磨碎	英镑/吨	142~190	142~190	142~190
	微粉	英镑/吨	220~294	220~294	220~294
	中国产,英国仓库交货:标准级,200 目	英镑/吨	220~225	220~225	208~233
	标准级,350 目	英镑/吨	210~230	210~230	214~234
	美国,工厂交货:涂料级,200 目	美元/短吨	104	120	120
	400 目	美元/短吨	187	200	200
	陶瓷级,200 目	美元/短吨	87	87	87
	325 目	美元/短吨	97	110	110

续表 23-3

矿产品名称、规格及交货条件		单 位	价 格		
			2001年12月8日	2002年12月7日	2003年12月6日
叶腊石	韩国,离岸价:玻璃纤维级,耐火级,Al_2O_3,18%~21%	美元/吨	59~65	59~65	59~65
	陶瓷级,Al_2O_3,15%~19%	美元/吨	27~44	27~44	27~44
	粘土填料级,Al_2O_3,21%~27%	美元/吨	110~150	110~150	110~150
	澳大利亚,悉尼港口离岸价:填料级,300目	美元/吨	342	342	342
重晶石	磨碎,白色,涂料级,至少99%<20μm,英国交货	英镑/吨	140~150	140~150	140~150
	钻井级,磨碎,"石油公司材料协会"规格,散装,阿伯丁交货	美元/吨	50~55	50~55	50~55
	块状,"美国石油协会"规格,美国海湾到岸价:中国	美元/吨	45~48	42~46	42~47
	印度	美元/吨	48~51	48~50	48~50
	摩洛哥	美元/吨	50~52	50~52	50~52
萤石	制酸级,滤饼:中国产,干滤饼,美国到岸价	美元/吨	136~141	128~135	165~170
	南非产,德班离岸价	美元/吨	105~125	105~125	105~125
	墨西哥产,坦皮科离岸价	美元/吨	100~125	105~125	105~125
	墨西哥离岸价,$As<5\times10^{-6}$	美元/吨	140~150	141~150	141~150
硅灰石	美国工厂交货价:针状,-200目	美元/短吨	190	190	190
	针状,-325目	美元/短吨	234	234	234
	针状,-400目	美元/短吨	258	258	258
	针状(长径比为15:1~20:1)	美元/短吨	318	318	318
蛭石	南非产,散装,鹿特丹离岸价	美元/吨	160~260	160~260	160~260
	原矿,散装,美国工厂交货	美元/短吨	130~200	130~200	130~200
石墨	欧洲港口到岸价:晶质,中片,90%C,+100~800目	美元/吨	370~410	370~410	370~410
	晶质,大片,90%C,+80目	美元/吨	480~550	480~550	480~550
	晶质,大片,94%~97%C,+80目	美元/吨	570~750	570~750	570~750

资料来源:Skillings' Mining Review,2001,2002,2003,;2.Industrial Minerals,2000,2001,2002

(闫卫东 奚 甡)

国外矿业信息

【世界煤炭消费趋势】 据2003年国际能源机构和美国能源部能源消息报道,世界煤炭消费量主要变化趋势如下:

1.在未来20年内,世界能源消费量年均增长率为2.0%;世界煤炭需求量呈低增长趋势,年均增长率为1.7%;世界天然气需求量年增长率为2.7%。

2.世界煤炭消费量将由2000年的43亿吨增加到2020年的58亿吨,增长15亿吨。其中,亚洲煤炭消费增长量达13.2亿吨。

3.煤炭在世界一次能源消费构成中所占比例将由1999年的22%下降到2020年的20%。

4.世界煤炭贸易量将由1999年的5.48亿吨增加到2020年的7.04亿吨。

世界煤炭生产取决于市场需求、资源条件和生产技术。在过去的19年中,各国煤炭生产发展很不平衡。澳大利亚、印度、美国和南非煤炭产量呈强劲增长趋势,澳大利亚、印度、美国分别增长约1亿吨,南非增长约5000万吨。俄罗斯和德国均下降1亿吨以上,英国和波兰也分别下降6000万吨左右。

世界各地区煤炭消费趋势大相径庭。北欧和西欧地区由于大量使用天然气,1985~1999年,煤炭消费下降了35%。在前苏联和东欧国家,由于经济崩溃或产业结构调整,1985~1999年,煤炭消费量下降了48%。世界多数国家在这一时期的煤炭消费则呈增长趋势。但总趋势是,世界煤炭消费量在能源构成中所占比例趋于下降,已由1985年的27%下降到1999年的22%。

【2003年全球铁矿石供应】 全球铁矿市场将变得更加紧张,而且这种趋势会持续整个2003年,进而带动铁矿价格上涨。

2003年一季度,中国的铁矿进口量同比增长了44%。预计2003年中国的铁矿石进口量将达到1.47亿吨,同比增长32%。受此影响,全球铁矿石海运量将达到5.15亿吨,而2002年为4.8亿吨。全球的铁矿石消费量在显著增长,铁矿石供应只能勉强跟上其增长的步伐。

中国是铁矿石消费增长的主动力。中国已经取代日本成为全球最大的铁矿石进口国。2003年前两月,澳大利亚出口中国的铁矿石数量同比上涨了67%。而同期巴西出口中国的铁矿石数量也增长了17%。2003年早期,印度出口中国的铁矿石数量与巴西的增幅差不多。

随着铁矿石贸易的强劲增长,铁矿石海运费上升。目前巴西到中国的海运费为15美元/吨。比2002年年底高出约4美元/吨,约是2002年同期的两倍多。

【世界二氧化钛货紧价扬】 2003年,由于供应紧张,世界二氧化钛(TiO_2)的市场价格和利润将提高。

由于二氧化钛供应紧张,2002年亚洲和北美洲地区二氧化钛的平均价格提高了8%~10%,在欧洲提高了15%。生产厂家宣布,2003年第一季度产品提价6%~7%,其中北美地区的价格提高了6美分/磅。目前欧洲价格为160欧元/吨,亚太地区为100~150美元/吨。

预计2003年世界二氧化钛的需求量将以约3%的速度增长,其中亚太地区(日本除外)是需求增长最主要的地区,2003年需求量的年均增长率将达到8%。北美地区对二氧化钛的需求量将以约2%的速度增长,而欧洲地区对二氧化钛需求量的增幅不到1%。

目前,世界二氧化钛的总生产能力约为470.0万吨/年,其中北美地区的生产能力为162.0万吨/年,南美地区的生产能力为7.0万吨/年,西欧地区的生产能力为137.5万吨/年,东欧地区的生产能力为23.9万吨/年,非洲和中东地区的生产能力为13.5万吨/年,亚太地区的生产能力为82.9万吨/年。

【全球铝产量将增长1.2%】 据金属产量数据库(MPD)预计,2003年全球铝产量将适度增长,增长率为1.2%。

由于美洲和西欧的产量预计将下降1%~2%,部分抵消了亚洲地区产量的增加。预计2003年全球铝产能将增加1.62%,运作率为93.7%。

【国外铁矿石库存资源下降】 世界上主要铁矿石生产大国铁矿石资源库存下降,这对以现货铁矿石进货的中国钢铁厂极为不利。

澳大利亚的里奥·厅托铁矿山的铁矿石资源库存量下降。该矿山集团特别指出,2002年下半年澳大利亚北方港口基础设施薄弱不足成为铁矿石产量及装载出口量增加的瓶颈,并且还使该集团为装运的船舶支付高额滞留费。该集团2002年下半年铁矿石资源库存量减少50万吨。澳大利亚的布鲁肯·希尔·皮林顿铁矿山公司也指出,由于2002年第四季度铁矿石产量同第三季度持平,其铁矿石资源库存下降,其原因是,该公司只有扬迪铁矿山产量有所增加,而其他小型铁矿山铁矿石产量下降。

在巴西,米那斯·杰拉斯地区雨季限制住巴西的多西河谷铁矿山公司从巴西南部港口出口铁矿石。在2003年1月底,已有14艘散装铁矿石远洋运输船正在港待装尚未离港启程。由于铁矿石出口销售状况相当兴旺强势,巴西南方港口码头铁矿石资源库存量实际上等于零。由于下雨,铁矿石生产被迫停止。在2003年,巴西铁矿石生产能力将不会大幅度增加,而新投产的铁矿山铁矿石生产能力主要用来取代耗竭的铁矿石资源的老铁矿山。此外,球团矿生产能力及其产量增加也使巴西粉矿出口交货量减少。

世界一些与大型铁矿石供应厂商签订铁矿石供应交货合同的重要钢铁公司不会受铁矿石资源供应量减少或者延迟供货的影响。然而,中国大陆各钢铁公司习惯从国际铁矿石现货市场上采购进口货源,这样,中国大陆各钢铁公司在目前铁矿石全球资源供应量减少的情况下将要受到冲击。澳大利亚的哈默斯利铁矿山已经表明减少向铁矿石现货市场供货。中国大陆各钢铁公司将不得不以比过去更小的折扣进口现货铁矿石货源,其结果会使中国大陆各钢铁公司不得不下调钢材产量指标。

【全球锡市将出现供给压力】 英国商品研究机构(CRU)的分析师表示,由于产量减少,2003年全球锡市将出现供给缺口且供给短缺状况将持续至2004年。

2003年,全球锡市将出现1.2万吨供给缺口。亚洲冶炼厂产量下跌将带动全球市场锡产量大幅下跌。

过去两年内，在亚洲市场需求支撑下，国际市场锡需求克服电子行业需求大幅下跌的困难，连续两年不断增长。2002 年，全球锡市中 51% 的需求来自亚洲市场，其中中国市场需求占 21%。但 2003 年全球锡市需求将小幅下跌。

印度尼西亚政府对小型锡生产商生产采取限制措施以及中国在 2000 年调整产量后，全球锡供给受到明显影响。

2002 年，印度尼西亚又出台了限制锡矿出口的政策，预计亚洲地区 2003 年锡产量将同比减少 50%。中国 2003 年锡产量将与 2002 年持平，预计将为 8.8 万吨。如果印尼继续对小型生产商的生产采取限制措施，2004 年锡供给压力将更为明显。

但业内分析师认为，随着生产调整逐步改善以及冶炼技术逐步提高，锡市前景仍十分看好。

世界主要金属机构对 2003～2004 年度铜铝价格预测

单位：美分/磅

铜	2003	2004	铝	2003	2004
平均预测价	76.8	84.2		62.1	63.8
中间值	77.0	84.5		61.8	64.5
最高值	82.0	90.0		72.0	72.0
2002 年均价		70.0		61.2	
2003 年/2002 年比较		8.6%		1.5%	
2004 年/2002 年比较		19.0%		4.2%	

【国际铟价每公斤突破 300 美元】 2003 年《金属通报》报道，由于供给减少，铟价已突破 300 美元/公斤，其上涨幅度继续高出其他小金属，位居第一。

目前，铟价已从 270～300 美元/公斤上涨到 300～350 美元/公斤。市场人士认为，由于需求强劲，价格仍然存在上涨空间。

中国生产商对含量为 99.999% 的高等级铟的报价为 370 美元/公斤，含量为 99.99% 铟的报价为 310 美元/公斤。市场人士认为，由于中国生产商控制着铟价，现在仍是卖方市场。

【世界主要地区铝产量增长情况预测】 据 MRMM 预测，2003 年世界主要地区铝产量增长情况如下：

(1)2003 年 1～2 月中国铝产量同比增加了 178000 吨，增长了 28.3%。预期世界铝产量 2003 年将增长 175 万吨，与 2002 年的增长幅度相似。中国产量预期会占增长产量中的大部分，增加 118 万～560 万吨。

(2)拉美产量预期将在 2003 年增加 100 000 吨以上，因为巴西 Sorocaba 冶炼厂能力扩充。

(3) 2003 年欧洲地区的铝产量预期将增加约 100000 吨，主要因为挪威的位于 Hydro 的 Sunndal 冶炼厂和 Elkem 的 Mosjoen 冶炼厂增产。

(4)亚洲（中国除外）铝产量预期 2003 年将增加约 150000 吨，主要是因为印度的扩产（Nalco 公司的 Angul 冶炼厂和 Hindalco 公司的 Renukoot 冶炼厂）。巴林铝厂的产量也在扩张，迪拜的年产 170000 吨 Kestrel 工程开始动工，在 2003 年四季度应会使 2003 年的产量温和增加。

(5)2003 年非洲铝产量的预期变化不会太大，莫桑比克的产量预期会增加（Mozal 冶炼厂的第二期工程）会抵消加纳的减产。

(6)预期北美的产量 2003 年增加 130000 吨。

世界铝产量预测　　单位：千吨

	2001	2002	2003	2004
产量				
西方世界	16980	17560	18010	18650
独联体/西欧	4072	4159	4280	4428
中国	3371	4420	5600	6500
总和	24423	26139	27890	29578

【世界镍市场未来 3 年内将继续供不应求】 国际市场对镍的需求以年均 5% 的速度递增，主要原因是不锈钢生产对镍的需求大量增加。全世界每年大约生产 2000 万吨不锈钢，其对镍的消费占全球总消费量的 63%。

在建的一些规模较大的镍生产项目预计要到 2005 年后才能投产运行。在此之前，国际市场供求将是紧缺的 3 年：2003 年国际镍市场将短缺 3.6 万吨，2004 年和 2005 年的短缺量将分别达到 3.3 万吨和 2.8 万吨。

到 2005 年年底，世界镍库存量预计将由 2002 年年底的 20 万吨降至 9.7 万吨。

【欧佩克预测 2003 年全球石油需求增加 13%】 据海外媒体报道，石油输出国组织 2003 年宣布把对 2003 年全球石油需求增长率的预测调高至 13%。

欧佩克在发布的一份月度报告中指出，2003 年全球日石油需求可望增加 101 万桶，平均达到 7779 万桶。该组织 6 月份曾预估 2003 年每日石油需求增加 89 万桶。该报告指出，中国大陆石油消费增加、美日经济复苏等因素都是导致石油需求增加的主要原因。

由于需求攀升，欧佩克可能必须扩大石油供应。在第四季度以前，该组织每天必需生产 2632 万桶石油以满足市场需求。

【2004 年国际油价下降 18%】 由于伊拉克在战后迅

迟不能恢复石油生产，2003年的国际石油价格将得到支撑，但到2004年油价可能会下降18%。

18位分析师认为，2004年石油价格将下降18%或每桶价格下降4.8美元。油价下降将有助于全球经济复苏。他们预计，2003年全年布伦特原油平均价格为每桶26.53美元，相对于在5月份进行调查的预估每桶25.6美元有所上调。2003年以来，布伦特原油平均价格为每桶28.3美元，目前在接近4个月的最高水平处。

由于伊拉克局势仍旧混乱，美国提高伊拉克石油出口的努力受到影响。

【国际市场铬矿石价格暴涨】 2003年国际市场的铬矿石价格暴涨，由原来的每吨70多美元，上涨到现在的每吨110多美元，每吨上涨了40多美元。

上涨的主要原因是，铬矿石的主要出口国印度，由于政府进行调控，对铬矿石出口实行许可证制度，使其铬矿石出口量锐减，因而价格也随之上升。国际市场上其他国家的铬矿石也跟风上涨。但是铬系铁合金产品的涨幅却没有原料铬矿石的涨幅大。

铬矿石为生产铬系铁合金的主要原料，中国的铬系铁合金生产用铬矿石主要依赖进口。

世界各地区原油开采成本比较 单位：美元

地　区	每桶开采总成本	勘探费用	开发费用	生产费用
俄罗斯	11.92	3	3.87	5.05
北海（英国、挪威）	10.95	2.47	3.54	4.94
西非深海	9.87	1.93	4.40	3.54
墨西哥湾	9.02	1.50	6.01	4.51
拉丁美洲（巴西、哥伦比亚、玻利维亚）	8.48	1.93	3.01	3.54
中欧、里海	7.94	1.50	2.47	3.97
欧佩克中东地区	2.90	0.43	0.86	1.61
欧佩克北非地区	3.96	0.96	1.07	1.93
欧佩克其他国家（陆上油田）	4.93	0.96	1.50	2.47

【日本发明世界最强有力的高温超导磁铁】 2003年据《日本工业新闻》报道，两位科学家研究出了“树脂含浸”和“金属含浸”两种新技术，成功地提高了材料的强度和其在低温环境下的稳定性，完成了强力磁铁的开发工作。新型磁铁是以钇、钡、铜等的氧化物为原料的陶瓷系高温超导磁铁，虽然其底面直径只有2.65厘米，高仅为1.5厘米，但它在零下244摄氏度的情况下却能吸起5吨以上的东西，磁力是市场上普通磁铁的400倍。

超导是指电阻消失的状态，将超导体放入磁场就能得到强力的磁铁。陶瓷系的高温超导磁铁机械强度不足，由于受自身磁力的影响，往往在获得更强的磁力之前就散架了。

新开发的“树脂含浸技术”是将陶瓷制成的脆弱的超导体浸入熔融的环氧树脂中，让树脂渗入超导体表面和内部的裂纹，并且在磁铁的中心开一个小孔，让树脂能浸入其内部，从而提高其机械强度。“金属含浸技术”是使低熔点的伍德合金渗入磁铁中心。这种合金不会轻易让热逃逸，可以防止材料在超导状态下因局部发热而损坏。这同样能大幅度提高磁铁的导热性和机械强度。

据估计，新型高温超导磁铁将以其低价格和高性能，为电子元件和医疗器械的开发作出贡献。

【日本实施新能源特别措施法】 2003年于4月1日开始实施的日本《新能源特别措施法》规定，电力公司有义务促进风力和太阳能发电。这一法规的实施将会对日本开发利用新能源产生积极影响。

据日本时事社报道，除风力和太阳能发电之外，这一法规同样适用于生物发电、不使用大坝的中小规模水电发电和地热发电。政府每年制定新能源利用目标，根据前一年的供电量向各电力公司分配任务。电力零售经营业主有义务向经济产业省报告新能源利用情况。如有未完成定额者，且讲不出正当理由而又不服从改进命令，最高罚款可达100万日元。

电力公司除了自建新能源发电设施、向风力发电业主购买电力外，也可以有偿向其他公司转移义务履行责任。与此同时，4月1日还将实施《修正节能法》，规定大工厂、办公楼、学校、政府机关有义务制定节能计划。

【日本实现甲烷的高密度贮存】 2003年据海外媒体

报道，日本研究人员开发出用纳米碳材料对甲烷进行高密度贮存的技术，这为甲烷能源进入实用阶段提供了技术支持。

据报道，日本千叶大学金子克美教授和科学技术振兴事业团饭岛澄男、村田克之两位研究员用加热和氧化的方法处理纳米碳材料，然后在这些圆锥形的碳材料侧面开许多1纳米左右的“小窗”，将甲烷通过小孔送到碳材料内部。进入内部的甲烷气体紧紧聚成10个左右的气体团，密度接近液体密度。

甲烷燃烧不排放污染物，生成的二氧化碳也比较少，是一种颇有应用潜力的清洁能源。根据美国能源部测算，在35个标准大气压下，每升吸收剂要贮存150升的甲烷，才有可能对甲烷进行实际应用。但常温下，即使给甲烷气体加上高压，它的密度也只能达到液体的5%左右。

这次日本科学家实现了甲烷的高密度贮存，完全达到了上述标准，而且贮存在碳材料中的气体相当稳定。今后如果能更合理地设计碳材料外壁的结构，贮存的气体密度还有可能进一步提高。

【日本热核研究取得新突破】 日本文部科学省热核科学研究所2003年宣布，该所研究人员用大型螺旋装置把离子温度为8100万度的等离子体在磁场中成功封闭0.5秒钟，从而向实现热核聚变大大前进了一步。

该装置是一种使用螺旋超导线圈产生磁场的装置，该研究所的螺旋装置是世界上最大的。2001年12月研究人员曾通过这一装置使离子温度上升到5800万度，自此以后，一直保持离子温度世界最高纪录。

太阳的巨大能量来源于热核聚变，要在地球实现热核聚变，必须具备4个条件：离子温度1亿度、电子温度1亿度、电子密度每立方厘米100万亿个、封闭时间为1秒钟。解决电子温度和电子密度问题已具备条件，加上此次进展，在地球上实现热核聚变将不再是一个遥远的梦。

【日本开发出耐热和加工性能优良的镁合金】 2003年日本长冈技术科学大学研究人员开发出一种耐热优良、易于加工的镁合金。这种材料有望取代目前汽车中使用的铝合金。

新开发的镁合金在镁中添加了钙、稀土类元素以及锌等成分，钙和稀土类元素提高了材料的耐热性，而锌则增加了柔软性。实验证明，即使在高压状态下，在摄氏175度的高温下放置约100小时，这种镁合金也不会变形，可以用来生产变速机的包装盒等形状复杂的部件。

镁合金的比重约相当于铝合金的三分之二，铁的四分之一，现已作为便携信息装置的外装材料而迅速普及。但是，由于耐热性和加工性不够，迄今在汽车等领域一直难以推广使用。新开发的镁合金则可解决这一难题。

【韩国免除炼钢原料进口税】 自2004年7月1日起，韩国经济财政部免除石脑油、直接还原铁和氧化镍等的进口关税。该项为期6个月的临时性特别关税措施，大幅降低钢厂原料采购成本，浦项钢铁公司(POSCO)堪称最大受益者，铁矿石、冶金焦采购支出预计节省600万元韩币。

在韩国钢铁协会积极敦促下，韩国经济财政部决定自2003年7月1日至12月31日，实施“临时性特别关税”铁矿石、冶金焦、锰矿和氧化镍的进口关税，从原来的1%降到零，直接还原铁亦由现有的3%关税降至零。韩国钢铁协会表示，从2004年起，大部分钢铁产品的进口关税都将被取消，因此，该会要求政府对炼钢原料实行零关税政策。韩国经济财政部自2003年7月1日起，宣布实施为期半年的临时性特别关税，然以后续发展为考量，该会将继续争取永久性的零关税政策。

【韩国东海天然气田蕴藏量增加】 韩国石油公社说，2003年勘测的东海天然气田的蕴藏量比原先勘测的要多100万吨，达到500万吨。

韩国在离东海岸城市蔚山市东南方向58公里处的海上勘测海上天然气田。这一海上天然气田被命名为“东海-1号”。原先勘测的结果为400万吨，在已发现的天然气田下面又发现了100万吨的蕴藏量。

韩国石油公社说，这一天然气田的进口替代效果可以达到12.5亿美元。2003年底，韩国将正式开始开采这一天然气田。所采天然气将通过管道输送到蔚山地区。韩国还在离“东海-1号”天然气田15公里处勘测新的气田，2003年5月底结束勘测。

韩国的石油和天然气至今完全依靠进口。“东海-1号”天然气的开采是韩国首次自己开采天然气。

【韩国加强海洋采矿技术开发】 韩国将从2003年起大力开发从海水和海沙中提取工业矿物的技术，并使这些技术早日实现商业化，以取得替代进口的效果，并推动尖端产业的发展。

韩国将从海水和海沙中提取的矿物原料主要有锂、铀、钫、锗等。从2003年4月至2007年，首先投入108亿韩元(1300韩元合1美元)，完成从海沙中提取这些矿物的吸附技术开发，并吸引民间投资制造示范性的海上采矿成套设备。

韩国海洋水产部称,今后二三年内将开发海水提银技术,并实现商业化。还将开发海水提铀技术。海洋水产部还将与资源研究所合作,开发从海沙中提取锗等稀有元素的技术。

韩国从2000年起开始研究从海水和海沙中提取有用矿物的技术,若能实现商业化,韩国每年将取得10亿美元的进口替代效果,同时推动宇航、电子机械等产业的发展。

【韩国黄金进口额达到4年来最高水平】 韩国银行预测,韩国2003年黄金进口额将超过2000年的22.5亿美元,达到4年来的最高水平。

2003年1月至10月,韩国进口了价值18.2亿美元的黄金,已超过2002年全年17.4亿美元的进口总额。2003年10月份,韩国进口黄金价值3.6亿美元,比2002年同月增长78.9%。

韩国黄金进口量增加的主要原因是,自2003年7月至2005年6月政府免除日常进口黄金的附加价值税,导致相当部分走私进口的黄金变为合法进口,以及消费者出于对政治、社会形势不稳定的担心而将黄金作为保值资产。

1997年韩国黄金进口额达65.2亿美元,为历史最高纪录。1998年和1999年,韩国黄金进口额分别降至45.1亿美元和33.6亿美元。

【韩国核电站装机容量居世界第六】 韩国水力核能公司宣布,位于全罗南道灵光郡的两座核电站,2003年已经竣工并投入运行。这两座核电站为加压型轻水堆,从1996年9月动工建设,装机容量均为100万千瓦。两座新核电站投入运行后,韩国的核电站数量增加到18座,总装机容量达到1572万千瓦,位居世界第六位,约占韩国国内发电设备装机总量的30%。

【蒙古Oyu Tolgoi铜矿将成为世界大型铜矿】 蒙古Oyu Tolgoi铜矿经加拿大一家公司勘查,矿石总储量达16亿吨,铜平均品位为0.63%,金为0.17克/吨。

加拿大Ivanhoe矿公司首席执行官罗伯特(Robert Friedland)称,该铜矿将会成为世界大型铜矿之一,如果开发成功,将会使得蒙古国民生产总值增长一倍。

该铜矿项目工程建设将于2004年开始,2006年有望投入商业化运行。

【缅甸矿产品出口创汇4亿多美元】 2003年上半年缅甸矿产品出口创汇达4.29亿美元,占出口创汇总额12.4亿美元的34.4%。

2002年,缅甸矿产品出口创汇9.32亿美元,占出口创汇总额的37.9%。自从1988年底向外资开放以来,缅甸矿业领域吸引外资合同金额共计5.26亿美元,投资项目52个。

缅甸政府已为外国公司赴缅探矿和采矿先后进行过4次招标,第一次、第二次和第三次招标分别于1994年、1995年和1997年举行。在那三次招标中,共有35个地段提供给了外国公司。第四次招标则于2002年8月举行,提供给外国公司勘探和开采的地段达42个。

【越南计划到2010年产3000万吨原油】 越南计划到2010年把原油年产量增加到3000万~3200万吨,天然气产量提高到120亿~190亿立方米。

2003年前6个月,越南原油产量为892万吨,天然气产量为15.7亿立方米,分别比上一年同期增长7.5%和43%。与此同时,越南出口874万吨原油,创汇19.7亿美元,分别比2002年同期增长4.6%和35.7%。

过去5年,越南共生产原油7550万吨,混合气79.6亿立方米。同期,越南油气产值153.2亿美元,上缴国家税收68.8亿美元。

【越南煤炭产量达年均2000万吨】 据越南煤炭总公司2003年公布的数字,未来几年,越南年均煤炭产量预计可达2000万吨,其中1/3供出口。

2003年,越南煤炭产量预计为1800万吨,其中出口约为650万吨,大部分出口到中国和日本市场。

该公司称,未来,越南将像中国和美国一样加强对煤炭的勘探和开采,以提高煤炭产量。2004年,越南预计煤炭销量至少可达1900万吨,2005年可达2000万吨。

2003年1~10月,越南煤炭销售量已达1600万吨,出口量为568万吨,创汇1.45亿美元,出口量比2002年同期增长15.5%。2002年,越南煤炭产量为1500万吨,销售额约为4.645亿美元。越南煤炭储量约为40亿吨。

【印度注巨资发展石油天然气工业】 印度石油部长奈克2003年宣布,印度将在第十个五年计划(2002~2007年)期间投资1.7万亿卢比(约合354.2亿美元)用于发展石油和天然气工业,以加速经济增长。

为了加速石油和天然气工业的发展,政府制定了一项“新开采许可证政策”。目前这一政策已经实施了三个阶段,共投资43亿美元,开发了70座油气田。第四阶段将从2003年4月开始实施,首先将投资8000万美元开发8座天然气田,这些气田的总储量为3000亿立方米。印度石油公司还在苏丹投资7.4亿美元,同苏丹共同开发石油和天然气。

印度是一个能源短缺的国家,70%的原油和50%的天然气需要从国外进口。

【印度铜出口将大幅增长】 未来几年内,随着产能不断增长,印度铜出口将大幅增长。

交易商预测,由于国内市场消费增长速度较慢,未来两年内,印度铜出口将增长至25万~30万吨。印度每年可出口13.5万吨铜。

第二季度,印度铜产量累计为89200吨,2002年为78400吨。2003年印度铜产能约为35万吨/年,预计到年底将增长至60万吨。据称,两家最大的铜生产商——印度铝工业公司(Hindalco Industries Ltd)与斯特利特工业集团(Sterlite Industries Ltd)均在大力扩张铜产能,其中印度铝工业公司的铜产能已经达到25万吨/年,斯特利特集团的产能为15万吨/年,到年底将增长至30万吨。

但从需求面看,印度铜的需求为25万吨/年,预计未来几年内的增长速度仅为5%。由于移动电话业务的迅速发展,电信业线缆需求减少,近几个月内,铜需求减少了12%。

【巴基斯坦发现新的油气资源】 巴基斯坦油气开发公司在信德省塔纳多拉附近的达拉斯地区找到了石油和天然气资源。这是该油气开发公司在18个月中第9次发现石油和天然气资源。

达拉斯油田每天可以开采出850桶石油和1400多万立方英尺的天然气。

巴基斯坦政府2003年计划新开发68口油井。在过去的3年里,巴基斯坦政府在油气方面的投资达到了约10亿美元,其中3亿美元用于基础建设。

【东南亚最大铝冶炼厂2006年投产】 即将在马来西亚建设的东南亚最大的铝冶炼厂将于2006年开始运营,年产量将近70万吨。

据路透社报道,马来西亚政府已经批准马来西亚铝冶炼公司(MAS)建设一家发电厂,支持位于北方霹雳省的这家铝冶炼厂。马来西亚冶炼公司是一家与总部位于纽约的Charus开发公司及当地的投资者共同组建的合资企业。但是,欧洲的某些金属交易商认为,今后几年这个项目的铝将供过于求,特别是因为马来西亚已经计划在东部省份沙劳越省建设一个年产50万吨的铝冶炼厂,这些因素可能对新冶炼厂的建设前景产生不利影响。这个铝冶炼厂及发电厂的地面准备工作已开始。

【印尼新发现2.3亿吨煤储量】 印度尼西亚国营煤炭公司2003年宣布,在南苏门答腊省的东昆吉兰发现了2.3亿吨新煤炭储量,这一新发现使该公司已探明的煤储量从原先的71亿多吨增加到了73亿吨。由于发现了新储量,印尼可望增加煤炭的出口量。

该公司每年生产约1000万吨煤,除部分出口外,其余部分供应国家电力公司发电。

【印尼吸引外资开发铝矾土矿】 印度尼西亚阿内卡矿业公司(Antam)计划吸引外资共同开发加里曼丹丰富的铝矾土资源。

据称,阿内卡矿业公司在廖内省的Kijang铝矾土矿保有储量100万~200万吨,仅够1~2年开采。该矿每年生产120万吨铝矾土,氧化铝含量约为52%。此外,公司在婆罗洲有两处铝矾土矿开发项目,其中一处位于塔扬(Tayan),另一处位于肯达旺岸(Kendawan－gan)。塔扬地区铝矾土矿储量约为1.08亿吨,氧化铝含量为48%~49%。阿内卡矿业公司已与外国投资者就开发塔扬地区铝矾土矿一事举行了谈判。

【印尼天然气探明储量可满足50年需求】 印尼能源和矿产资源部油气署署长伊英2003年在巴淡岛透露,印尼已探明天然气储量为170万亿立方英尺,能够满足印尼出口和国内需求50年。

他说,现阶段,印尼天然气出口和国内需求量为每年30亿立方英尺。天然气的产量中,向海外出口部分约占70%,其余部分供应国内市场。

印尼总统梅加瓦蒂和新加坡总理吴作栋在距新加坡仅有20多公里的印尼巴淡岛主持了耗资4.7亿美元、全长470公里的天然气输送管道项目竣工仪式。新管道将能增加对巴淡岛工业区的天然气供应以及对新加坡和马来西亚的出口。

【印尼石油和天然气公司拥有天然气探明储量6.8万亿立方英尺】 印尼国家石油和天然气公司(Pertamina)已经拥有6.8万亿立方英尺的已探明天然气储量,并拥有1.9万亿立方英尺的潜在的储量。

该公司今后将逐年增加天然气产量,以满足不断增长的国内需求,并帮助印尼减少对石油和石油产品的依赖。

该公司是印尼最大的石油和天然气企业。

【联合石油在印尼获重大油气发现】 美国加利福尼亚州联合石油公司下属的子公司宣布,该公司在印尼东加里曼丹海岸Ranggas油气田以南5.6公里处的Ganal产量共享协议区内的Gehem深水项目中,取得了重大天然气和石油发现。

据报道，该公司通过钻探 Gehem－1 油气勘探井，在位于水面以下 1800 米处发现有厚达 188 米的天然气及凝析油层和 5.5 米厚的石油层。该油气勘探井的钻探深度为 2800 米。

【印尼招标开采 10 个新油区】 印尼政府在完成了对 11 个油区的招标工作后，准备 2003 年 9 月中旬新推出 10 个油区进行公开招标。

印尼能源和矿产资源部油气署署长伊英透露，此前已经招标的 11 个油田已进入对投标人的标价进行评估的阶段。即将开始招标的 10 个新油田前景相当好，预计会受到国内外投资商的青睐。

为了吸引投资，印尼政府已经修订了原有的利益分成合同，调高了投资者的分成比例，根据新分利法，石油开发为二八分成，天然气分成比例为 65%：35%。

9 月招标的 10 个新油田主要集中在占碑（陆地）、南万丹（海上）、东爪哇北部（海上）、西帝汶南部（海上）、达尼巴（海上）和巴布亚鸟头形地区（陆地和海上各一区）。

印尼政府 2003 年 12 月对 10 个新油气田进行招标，按照计划招标于 2004 年 6 月结束。政府准备给竞标者提供一些优惠条件。

印尼能源和矿产资源部油气署署长伊英·阿里芬达扬表示，印尼将考虑三个方面的优惠政策：一是 25%的国内市场债券选择价必须符合买方与政府的认同价格；二是给予投资商拥有石油运输的优先选择权；三是承包商的勘探费可列入成本回收的组成部分。

即将进行招标的 10 个新油气田包括司马威陆地和近海油气田、乌绒古伦陆地与近海油气田、马都拉东北部的三个近海油气田、罗德的两个近海油气田、巴巴近海油气田、斯拉鲁陆地和近海油气田以及马诺瓜利陆地和近海油气田。

【液化天然气将成为伊朗的主要能源之一】 据海外媒体报道，伊朗液化天然气将逐渐代替液体燃料，成为其主要能源之一。

上一个伊朗年度（2002 年 3 月至 2003 年 3 月），全国大约消费了 50 亿立方米的液化天然气，为国家节约了 5 亿美元的外汇，也节约了 50 亿公升的液体燃料。天然气当前占国内能源消耗的 50%以上，这表明这种燃料已迅速成为各个经济领域的主要能源。

发电厂是伊朗天然气消费的主要用户，消费量占每年产量的 1/3 左右。2002 年伊朗全国的发电厂平均每天消费天然气 755 万立方米。

【阿富汗就铜矿开采进行国际招标】 阿富汗政府决定为开采国内总储量估计为 100 亿吨的铜矿资源寻求国际合作，为此，阿矿业部 14 日就开采海纳克铜矿向国际采矿公司公开招标。

海纳克铜矿是阿富汗已探明储量最大的铜矿，位于喀布尔以南 60 公里的卢格尔省，有两座铜山。阿矿业部的一位专家在接受新华社记者电话采访时透露，他们已对从那里提取的矿样进行了分析，结果显示矿石中的铜含量最高达到 7%。

矿业部还表示希望通过与其他国家在矿藏开采领域展开合作，为阿富汗的重建筹集资金，并带动阿富汗其他领域的重建进程。

阿富汗的矿产资源极其丰富，但在过去几十年里，由于长期战乱，该国的矿产资源大都没有得到开采和利用。阿富汗政府希望国际上有能力的采矿公司能积极参与这次竞标活动。

【伊朗、沙特发现新油田】 据伊朗《世界报》报道，伊朗 2003 年发现了三处新油田，估计石油蕴藏量高达 380 亿桶。据初步探测，新发现的三处油田均含有丰富的石油，其中，弗都斯油田预计储量为 306 亿桶，芒德油田 66 亿桶，扎盖赫油田 13 亿桶。它们集中分布在毗邻波斯湾的布什尔省。这三处油田均为重油油田，这次发现将对伊朗的石油业产生重大影响。

沙特阿拉伯 2003 年也宣布在其中部和东南省份又发现了新的油气田。新发现的油气田分别位于东南部的 ABQAIQ 地区和距利雅得南部 15 公里的 GAZAL 地区。沙特是世界第一大产油国和出口国。石油输出国组织目前给沙特限定的石油生产配额量为 825.6 万桶/日。

【中东石油业今后 27 年需投资 5000 亿美元】 国际能源机构发表的中东能源投资展望报告说，到 2030 年的 27 年间，中东地区总共需要在石油领域投资约 5000 亿美元，才能不断增加石油产量，有能力与其他产油国竞争国际原油市场份额。

报告说，中东石油生产国头 10 年每年在石油业的投资应为 120 亿美元，后 10 年每年的投资应提高到 230 亿美元。

报告还建议中东天然气生产国今后 10 年每年投资 90 亿美元用于天然气的勘探和开采。这一投资额比 2000 年 40 亿美元的投资高出一倍多。

【埃及西部沙漠发现储量丰富的新气田】 美国阿帕奇石油公司在埃及西部沙漠的特许开采区发现了一块新的气田，并将之命名为“X1”。

该公司说，勘探结果表明这块气田储量丰富，预计其天然气的日产量约为5100万立方英尺(1立方英尺合0.0283立方米)，凝析油的日产量为2688桶。

该气田是过去十年来在埃及西部沙漠地区发现的储量最大的气田之一。

【BP在埃及苏伊士湾发现油田】 BP埃及公司在埃及苏伊士湾新近发现了一个储藏量为8000万桶的新油田。这个被命名为萨卡拉的深水油田是过去14年来在苏伊士湾地区发现的最大的油田。

根据BP公司发表的一份声明，这一油田的发现可以使埃及石油的日产量增加4万~5万桶。

BP公司在过去一年半的时间里，在苏伊士湾已发现了两个油田，分别被命名为伊德库和LOULY油田，储藏量分别为3000万桶和2000万桶。

埃及政府近期向外国石油公司颁发了6个在苏伊士湾进行石油开采的新许可证，其中两个石油开采许可证给了BP公司。

BP公司从1963年开始涉足埃及能源市场，目前石油日产量超过20万桶，占埃及日产石油量的近1/3。自1963年以来，BP已经在埃及生产石油40多亿桶。

【沙特阿拉伯发现新油气田】 沙特阿拉伯2003年在东部地区发现一个优质石油和天然气田，定名为“耶布林”油田。

该油气田位于沙特东部地区，距首都利雅得260公里，其高级轻质原油日产量可达5100桶，同时可日产470万立方英尺(1立方英尺合0.0283立方米)的天然气。

沙特阿拉伯已探明石油蕴藏量为2610亿桶，居世界第一位，探明天然气蕴藏量为207万亿立方英尺，居全球第4位。

【沙特向外资开放天然气投资项目】 沙特高级官员于2003年7月底在伦敦与50家国际石油公司举行会谈，为沙特三个大型天然气项目引进外资。

报道说，这三个天然气项目的投资总额高达200亿美元。参加谈判的50家国际石油公司来自亚洲、欧洲和美洲。

沙特是在与一个以美国埃克森－美孚公司为首的石油集团就总额为150亿美元的两个天然气投资项目谈判失败后采取这一举动的。报道说，与美国公司谈判失败的主要原因之一是美军在伊拉克战争后控制了伊拉克的油田，而伊拉克石油的生产成本远低于沙特。

2001年，沙特和伊拉克已探明的石油储量分别为2640亿桶和1120亿桶，高居全球前两位。

【伊拉克有望成为抗衡沙特的石化大国】 据报道，如果伊拉克在战后成立的政府能够为投资和经济发展营造一个良好的环境，伊拉克很可能成为一个可与沙特抗衡的石油化工大国。

伊拉克有丰富的石油和天然气资源，在上世纪70年代两伊战争前经济繁荣，日趋独裁的政府导致200万经济状况良好的中产阶段逃离伊拉克，如果他们能够重返伊拉克，化工产品和聚合物市场将得到巨大发展。

经济封锁使伊拉克石油产量减少了1/3，降至200万桶/天。伊拉克石油和天然气储量丰富，有潜力在石化领域超过沙特，但需要数量巨大的基建投资和西方公司的大力支持。

伊拉克目前只有1座位于巴士拉的化工厂坚持生产，包括1套13万吨/年裂解装置、6万吨/年LDPE和3万吨/年HDPE产能。在伊拉克战争爆发前，这座工厂开工率只有20%~30%。伊拉克计划在巴士拉建一套世界级裂解装置，产品除满足国内需求外，还将出口到亚洲和西欧市场。如果伊拉克与土耳其的关系得到改善，伊拉克的产品就能更容易地进入欧洲市场。但是，战后伊拉克的首要任务是使油田生产恢复到1991年以前的水平，上游生产能力到位后才能顾及下游产品的生产，所以伊拉克在2010年前不大可能有新化工项目投产。

【英科学家制造出世界上最黑的物质】 英国科学家利用蚀刻技术，用硝酸浸泡含有适量磷元素的镍合金，制造出光线反射率极低的超黑色表面材料，这是世界上已知最黑的物质。

据最新一期英国《新科学家》杂志报道，英国国家物理实验室研制的这种超黑材料，可用于制造精密光学仪器，其反射率是目前光学仪器上用于降低反射率的黑漆1/10~1/20。用这种技术可在金属、陶瓷等多种材料表面形成超黑镀层。它在低温条件下不易开裂，与黑漆相比更适用于在外层空间工作的仪器，可望用于帮助改善哈勃太空望远镜的图像质量。

【英国铝等金属生产企业将面临更为严格的环保标准】 业内消息称，未来几年内，随着欧盟采取更为严格的环保法案，英国原铝生产企业将面临更大的经营压力。目前，其他金属生产商在日益严格的环保控制下已经感到了经营压力。

到2005年，欧盟将采取更为严格的环保法案，旨在限制大型工厂与电厂排放有害气体。据称，英国将在2008年采取该法案。

英国铝业协会的一位官员表示，限制能源消费意味着铝产量增长将被迫放慢。为使生产符合环保要求,英国金属生产行业被迫进行技术改造,加强管理,因而必须面临成本增长压力。

一些生产商表示,严格的环保标准、高昂的劳动力成本以及生产成本等因素已经迫使一些公司将产能转移至亚洲以及东欧等地。

【英国南部发现大型油田】 据海外媒体报道,英国一家石油开采公司2003年宣布,在英国南部地区发现了一个储量相当于1亿桶的大型油田。

英国Pentex石油公司称,这一靠近温彻斯特市的大油田是英国本土近20年来最重大的油气发现。

该公司称,他们已展开初步勘测,并将在试验成功的情况下进入产油阶段。

【法国制定可再生能源发电计划】 法国政府新近制定了一个旨在大力发展可再生能源发电的4年计划,并为此颁布了相关法令,其目的是使法国能够遵守欧盟在这一领域的指导性法令,提高法国可再生能源的发电比例。

该计划当前主要目标是迅速发展风能、木材及植物废料发电。力争在2007年前,使新增木材及植物废料发电能力达到200兆~400兆瓦;新增风能发电能力达到2000兆~6000兆瓦,其中500兆~1500兆瓦为海上风能发电。

根据欧盟2001年9月颁布的指导性法令,2010年,法国可再生能源的发电比例应从1997年占全国发电总量15%上升到约21%。1997年,法国水力发电大约占全国发电能力的12.8%,但其水力发电能力已基本饱和,发展潜力很小。因此,发展其他可再生能源发电是使法国能够满足欧盟这一要求的惟一办法,法国除水力以外的可再生能源的发电比例,应从1997年时占全国发电总量的2.2%,提高到2010年时的8.2%,增加近3倍。

截至2002年底,法国风能发电仅为153兆瓦,而海上风能发电为零。法国专家认为,法国风能资源丰富,只要政府重视并予以扶持,法国风能发电将会得到迅速发展。

【法国产业结构调整采煤业将被取消】 据法国媒体报道,再过2年,也就是到2005年,法国的煤炭采掘业将退出历史舞台。

目前,法国的采煤业已经是亏本运转,采煤1吨成本为200欧元,而国际市场1吨煤的价格才43欧元。对法国煤炭开采集团(CDF)来说,开采一年就损失3.25亿欧元。一向占据垄断地位的这家吞并了数家煤炭企业、有50多年历史的国有企业终于将走到尽头。2001年,法国的煤炭年产量已从1990年的122.47亿吨下降到了22.96亿吨。

在法国煤炭开采集团的旺盛时期,它曾经有30万职工,到1970年已经减少到了12万,2001年年底只剩下8000人,其中700人已经转到了子公司。近年来,该集团人员按每年1000人的速度递减,矿工45岁便退休。

【德国煤炭进口趋势】 目前,德国煤炭进口量超过德国市场的50%,并有继续增长的趋势,其原因主要在于:

1. 本国煤炭开采量将不断下降。随着德国经济结构的调整及政府补贴的逐年减少,德国煤炭的开采量也将逐年递减,现德国政府已确定今后将保证本国煤炭开采量保持在2000万~2200万吨之间,由此可见今后德国国内煤炭生产供应的缺口在3000万~4000万吨左右。

2. 自产煤价格过高。目前,德国自产煤的价格是每吨300马克,而国际市场的价格是每吨不到100马克,欧盟已要求德国将价格降到每吨280马克以下,以减少财政补贴,但德国生产企业感到降低成本十分困难。

3. 现行法律、法规的约束。德政府现行有关环保和空气保护的法律、法规严格制约了德国煤炭开采业的发展,一个矿井要提高产量是需要长期的准备与大量资金投入的,而新建一个矿井需要10~15年的时间,对现今德国能源市场而言,需要长期稳定的货源渠道来保证供应。

4. 石油、天然气供应不稳定因素多。现今世界石油、天然气储量只够继续使用40~50年,其77%的蕴藏量存在于石油输出国组织,而该组织85%的石油和天然气又蕴藏于政治局势极其不稳定的地区。进口石油和天然气占德国能源供应总量的30%,过多依赖进口石油和天然气存在着价格和供应上的危险性,德国政府倾向于控制对石油和天然气的使用,计划将对煤炭的使用比例最低维持在25%的水平,并拟适当提高。

【德国将限制金属废料出口中国】 2003年,德国金属贸易商协会VDM称,为限制金属废料大量流入中国市场,欧盟将采取出口限制措施。

协会主席明斯特称,中国从德国大量进口金属废料,其中主要为铜铝废料,而且进口价格较高,令许多德国国内同行难以接受。由于大量金属废料流出德国,德国市场金属废料供给非常紧缺,一些金属再生厂商被迫关停部分产能。而且由于俄罗斯与乌克兰对金属废料出口采取限制措施，供给压力更加严重。

【西班牙实施降低能源消耗战略】 西班牙政府2003年颁布“2004至2012年节约和有效利用能源战略”，目标是将能源消耗增长速度从每年3.5%降到2.8%，力争低于预计中的年均3%的经济增长率。

据西班牙能源国务秘书福尔加多透露，该计划包括186项措施，其中涉及工业领域的有107项，能源输送领域27项，运输20项，公共照明12项。为实现这一计划，西班牙将投资260亿欧元，其中241亿欧元来自私营公司。

福尔加多说，如果计划能够实现，西班牙今后8年可减少1.9亿吨二氧化碳排放量，并可以少进口4200万吨石油，节约128亿欧元。

福尔加多认为，能源消耗增加过快是抑制西班牙经济增长的原因之一。西班牙能源匮乏，进口能源占所需能源的75%，远远高于欧盟成员国的平均50%。

【俄科学家发现特定植物能协助寻找金属矿藏】 俄罗斯科学院远东分院的专家发现白三叶草、莲莱花、蒲公英等数种植物能够有选择地吸收含金、锇、钌等多种金属元素的矿物。根据这些植物的生长分布情况，可以观测土壤中的金属污染，甚至协助找到特定的矿藏。

据俄媒体报道，俄研究人员在对俄远东地区一些矿场的尾矿堆放地进行考察后发现，这些尾矿堆放地的地表沉积层中混有金、银、锇、铂、钌、钯、钛、汞等矿物，它们的存在使植物的生存条件变得十分恶劣。但即便如此，专家仍在尾矿堆放地发现了白三叶草、莲莱花、还羊参、蒲公英、问荆、鼬瓣花、金丝桃等11种植物，其覆盖面积约占尾矿堆放地面积的1%。

科研人员对比了尾矿堆放地所在地壳和堆放地植被、堆放地表层土壤和当地植物的灰烬中的金属矿物含量。研究结果显示，尾矿堆放地的部分植物能够有选择地对土壤中的金属矿物进行吸收。其中白三叶草和莲莱花对含金矿物的吸收能力最强，还羊参最善于吸收含锇的矿物，金丝桃、白三叶草和蒲公英吸收含钌矿物的能力出众。此外，由于含银矿物有毒性，因此被研究的所有植物都“不愿”让含银矿物进入体内。

俄研究人员认为，上述被甄别出的植物均可被用来预测金属废料对土壤的污染程度，协助探寻富含某些金属矿物的地区。

【俄罗斯炼钢原材料年出口量超过1000万吨】 作为世界最大的炼钢原材料出口商，俄罗斯每年出口量超过1000万吨。俄原材料主要出口欧洲国家，出口产品有高炉原料（铁矿石和焦炭），炼钢原材料，半成品和轧制原材料。从前苏联时期开始，俄就和意大利、德国、土耳其保持密切的贸易合作关系。韩国也是俄废钢的主要出口地。

1. 生铁。2002年生铁出口量为409万吨，是当年生铁产量4916万吨的近9%，其中75%销往欧洲。德国进口数量居首位，73.6万吨，意大利60.4万吨，土耳其54.1万吨，英国38.2万吨，乌克兰20.1万吨。

2. 直接还原铁。2002年俄罗斯直接还原铁总产量为291万吨，40%的产品用于出口。主要出口地是意大利，西班牙等欧洲国家。

3. 废钢。俄废钢主要出口地除土耳其外还有其他很多亚洲国家。2002年主要出口情况为：土耳其，165万吨，占总量的28.8%；韩国，103万吨，占17.9%；西班牙，69万吨，占12.1%；希腊32万吨，占5.5%；芬兰，32万吨，占5.5%；瑞典，19万吨，占3.4%；中国，16万吨，占2.7%。出口韩国和中国数量大大超过欧洲。出口芬兰的废钢中，大部分为不锈钢废钢和合金废钢。

4. 钢铁。俄钢铁产量呈现回升趋势。2003年1～7月，俄粗钢产量为3560万吨，同比增长6.3%。生铁产量为2832万吨，同比增长7.4%。

【俄罗斯滑石粉的产销现状】 每年世界上生产的滑石粉约600万吨，其中俄罗斯年生产的约35万吨。俄罗斯开采的原料在陶瓷生产中使用的占29%。在造纸生产中必需的为22%以下，涂料生产占18%，塑料生产占7%，屋顶涂料占5%，化妆品占3%，其他部门如家具、无线电电子和防火材料等的生产所需要的滑石粉占16%。从世界市场的需求来看，滑石粉是具有潜在出口潜力的产品。美国在自已进行大量开采滑石粉的同时，是当今最大的滑石粉买家。美国进口滑石粉的数量占世界需求的13%。向美国市场出口滑石粉的有中国和日本。俄罗斯市场进口滑石粉的比重为60%。其主要原因是由于俄罗斯生产厂家生产的滑石粉质量不佳。据俄罗斯“贝加尔斯克矿物股份公司”的代表阿·弗·波利亚科夫在圣彼得堡市接受记者采访时说，“俄罗斯奥诺特斯克矿床生产的滑石矿的品位在俄罗斯是最好的，无论是纯度和化学成分都是很好的。”据说在奥诺特斯克矿床生产的滑石矿样品在英国伦敦的矿物学博物馆中收藏。只是奥诺特斯克矿床的开采和加工工艺不能生产出优质材料。所以俄罗斯以前和现在都在进口几千吨国外的同类产品。俄罗斯的专业技术人员认为，只要保证粉碎的高质量就有可能替代国外的进口滑石粉产品，如Finntalc，Luzenac，Mondominerals和其他在俄罗斯市场占有优势地位的产品。问题的关键在于俄罗斯的化工企业大部分是在苏联时期建起来的，它们加工滑石粉设备陈旧，加工质量达不到要求。怎样改变这种局面是制约俄罗斯高质量滑石粉生产的瓶颈。

目前在俄罗斯滑石粉市场上的份额和销售分工划分的比较明确，Luzenac Group 公司向造纸市场提供自己的产品。Mondominerals 公司向涂料和造纸市场供货，俄罗斯企业向涂料工业和塑料工业提供滑石粉，中国的公司主要是向塑料工业提供自己的产品。

【俄预测西部海域石油天然气储量增长】 俄罗斯环境和自然资源部预测，未来 10 年，俄西部极地大陆架海域巴伦支海和喀拉海的石油和天然气储量将增加。这些海域初级可开采资源的平均开采密度每平米达 20～25 吨。

最近几年，俄勘探部门在上述海域确定了 3 个大型石油天然气储藏区，这 3 个气田和油田储藏量占俄极地大陆架储藏量的 80%。折合成石油计算，俄全国水域拥有的可开采资源总量约为 1000 亿吨。

【俄罗斯发现大规模砂铂矿】 俄罗斯在其靠近中国黑龙江边界的哈巴罗夫斯克地区已发现 3 个大规模的砂铂矿，还有百吨以上的砂铂资源尚待进一步勘查，同时在靠近蒙古北部边界的俄罗斯贝加尔湖以西地区也发现 6 个砂铂矿，规模同样可观。俄罗斯在西伯利亚及远东地区发现并开发大规模的砂铂矿床不仅是找矿类型上的重大突破，而且也会影响铂金属市场的需求及价格。砂铂矿因其好采易选成本低，具有很高的经济效益，这对于中国东北部及北部的铂金属矿产勘查是新的启示，而且对中国铂金属的进口渠道也会有影响。

【俄罗斯黄金产量同比增长 1.6%】 俄黄金工业联合会宣布，2003 年 1～10 月俄罗斯黄金产量达到 155.5442 吨，同比增长 1.6%，增长数量为 2.4961 吨。

2003 年前 10 个月俄罗斯的直接黄金开采量下降了 0.7%，降为 142.3092 吨。

【俄罗斯 2003 年钯销量飙升 35%】 海外媒体报道，由于全球最大的镍生产厂商诺里尔斯克公司出售了其所有生产的产品，俄罗斯 2003 年钯的销售量预计将飙升 53%，达到 295 万盎司。

俄罗斯另一贵金属铂的销售量预期将从 2002 年的 98 万盎司下降至 2003 年的 95 万盎司。

【乌兹别克斯坦将开发两金矿】 海外媒体报道，欧洲建设与发展银行批准向乌兹别克斯坦提供 3500 万美元的贷款，用来开发撒马尔罕地区（Samarkand）的扎莫坦（Zamirtan）金矿。

澳大利亚的穆尔梯普勒克司（Multi－plex）采矿公司拿到该金矿及在同一地的古朱姆赛（Gujumsai）金矿的开采许可证。这两个金矿的矿石储量大约有 1800 万吨，矿石金含量为 10 克/吨。

【非洲石油产量将增加】 据《热带与地中海市场》周刊预测，到 2010 年，非洲国家的石油产量占世界石油总产量的比例将由目前的 11%上升到 20%。

报道说，非洲发现的新油田绝大部分是海上油田，开发潜力较大。按日产石油量的多少排列，非洲 10 大产油国分别是尼日利亚、阿尔及利亚、利比亚、安哥拉、埃及、加蓬、刚果（布）、乍得、赤道几内亚和苏丹。其中尼日利亚已成为世界第 7 大石油生产国。

报道还说，目前，世界大石油公司正纷纷向非洲大陆投巨资，开发那里的石油资源。其中埃克森－美孚公司 2010 之前将投资 300 亿美元开发非洲的石油资源。

【非洲油气储量潜力巨大】 国际太平洋合作伙伴公司对非洲国家的油气资源潜力作了新的估计：目前北非地区约有 440 亿桶探明石油储量，撒哈拉以南地区总计约有 560 亿～600 亿桶探明石油储量，2004～2025 年撒哈拉以南地区的潜在石油资源可达 1000 亿～1200 亿桶。

【非洲已探明的石油储量大幅度增加】 到 2002 年 1 月 1 日为止，非洲大陆已探明的石油总储量（不包括赤道几内亚和苏丹）已达到 767 亿桶，比 10 年前增加了 36.5%。

报道说，利比亚已探明的石油储量居非洲之首，为 295 亿桶；其次是尼日利亚，240 亿桶；阿尔及利亚为 92 亿桶，居非洲第三位。另外一些国家的储量是：安哥拉 54 亿桶，埃及 29 亿桶，加蓬 25 亿桶，刚果（布）15 亿桶。

非洲石油资源丰富，储量可观。目前，非洲已探明的石油储量占世界已探明的石油总储量的 8%左右，仅次于中东地区和拉丁美洲地区。

报道说，到 2002 年 1 月 1 日，非洲国家的原油日产量已达 781.4 万桶，占世界原油日产总量的 10.3%，比 10 年前的日产量增长近 15%。

报道还说，土地辽阔的撒哈拉以南非洲国家的油气勘探活动还处于起步阶段，北非国家的"规模油气勘探"也刚刚开始恢复。

俄计划 2003 年开采石油 3.9 亿吨。俄罗斯能源部计划 2003 年开采石油 3.9 亿吨（2002 年开采量为 3.79 亿吨），加工石油量从 1.83 亿～1.84 亿吨增加到

1.9亿吨,天然气开采量从5930亿~5940亿立方米增加到6030亿~6040亿立方米,煤炭开采量从2.5亿吨增加到2.7亿吨。

俄罗斯能源部的材料还表明,尤科斯石油公司计划2003年石油开采量增加1200万吨(增长17.3%),卢克石油公司产量计划增加200万吨(2.5%),西伯利亚石油公司产量计划增加570万吨(20.9%),苏尔古特石油公司产量计划增加370万吨(7.5%),秋明石油公司产量增加380万吨(10%),俄罗斯石油公司产量计划增加120万吨(7.5%),斯拉夫石油公司产量计划增加150万吨(10%)。

【阿曼今后5年将投巨资扩大石油生产】 阿曼石油开发公司(PDO)2003年宣布,今后5年公司将每年投资15亿美元用于石油勘探,扩大石油生产,以防止石油产量下滑。

PDO公司常务董事马尔科姆表示,公司的这一新计划得到了阿曼政府和公司其他外国股东的一致支持。根据该计划,公司将在今后五年里投资几十亿美元,扩大阿曼石油和天然气产量,增加油气生产和储备过程中的科技含量,并运用新技术,进一步加强油气勘探工作。

PDO是阿曼最重要的油气公司,生产的石油占阿曼石油总产量的90%。该公司还负责阿曼民用和工业用液化天然气生产,其总收入的35%上缴国家财政。公司85%的员工为阿曼本国人。

【阿尔及利亚将投巨资发展石油天然气业】 2003年,阿尔及利亚能源和矿业部长哈利勒透露,阿政府计划在今后5年内投资石油天然气领域230亿美元,用于加强阿石油天然气的出口能力和发展包括石油化工在内的石油下游产业。

哈利勒说,这些投资将着重采取与专业公司建立合作伙伴关系和合资企业的方式。

根据能源和矿业部提供的资料,随着前些年发现的油气田逐步开发和投产,预计到2005年阿的原油日生产能力将增加到150万桶,比2001年增长70%;阿天然气的出口能力也将从每年的600亿立方米增加到850亿立方米,增长40%。

【巴布亚新几内亚铜矿探明储量达1200万吨】 巴布亚新几内亚铜矿极其丰富,已探明储量在1200万吨以上。该国铜矿资源主要集中在布干维尔岛的潘古纳、富比兰山的奥克特迪、塞皮克河以南的佛里达和俾斯麦山脉的扬德拉四大矿区,均为新生代斑岩-矽卡岩型铜金矿。其中布干维尔岛中部山区的铜矿,估计矿石储量达到8亿吨以上,是世界巨大铜矿区之一。

铜是巴布亚新几内亚主要创汇产品之一,2000年铜出口量18.63万吨,占矿产总量的91.77%。

【巴布亚新几内亚矿业投资环境简介】 巴布亚新几内亚是西南太平洋岛国,面积46.3万平方公里。巴布亚新几内亚矿藏丰富,铜矿资源世界闻名,此外还有金、钼、镍、铝矾土、海底天然气和石油等资源。

矿业投资政策:巴布亚新几内亚于1977年颁布了矿业法,规定一切矿产资源均归国家所有。凡与矿产资源勘查开发有关的活动,都必须由代表国家利益的专门政府部门或有关机构按有关法规进行统一管理。巴布亚新几内亚对各种矿产资源按开发阶段分类管理。一般分为勘查和采矿两个阶段。首先授予采矿公司和企业勘查权,在勘查结束后,再授予采矿许可证。巴布亚新几内亚为吸引外国资金和先进技术,积极引进外资,采取了许多优惠政策及相关措施。

投资保证:巴布亚新几内亚对外资采矿企业实行“三不政策”。第一,外国投资不可剥夺。若必须征用或取消协议,甚至收回国有时,要给外国投资者公平合理的补偿,以保证其利益不受损害。第二,不歧视政策。外国投资者享有与巴布亚新几内亚国民同等待遇。第三,不干涉政策。由外国投资者独立自主地进行采矿经营和承担风险。

货币自由兑换:一般规定投资者可以兑换货币形式把收益转往外国。这些收益包括净营业利润和外债本息的偿还费等。商业银行有权批准每年汇出50万基那的外汇。50万基那以上的外汇须出具完税证明经央行批准方可汇往境外。

优惠措施:所得税减免,免税期为3年;可减免矿业生产必须的基建设备及其零部件的进口税和关税;允许设备加速折旧,一般以不超过正常折旧率的两倍进行;可减免在巴布亚新几内亚扩大投资收益的所得税等。在最低的基本进口税率超过11%的地方,大多数采矿项目根据与国家签订的协议,可采用16.62%的平均税率。此外,这些部门不承受任何出口税。这种鼓励措施是用来帮助采矿和石油项目降低操作成本。

监督控制:一是政府干股,按巴布亚新几内亚的规定,外国公司投资的大型开发项目,巴布亚新几内亚政府保有22.5%的参股权,这22.5%的参股为干股。同时规定,外资采矿企业的董事会中要保证有一定数量的巴布亚新几内亚成员。二是税制控制,为使外资采矿企业尽量利用当地产品和各种服务设施,促进当地经济发展,对外资企业进口当地能够生产的产品和服务设施,征收进口税。同时,要求外资采矿企业尽可能就地加工矿产品,提高出口产品加工水平,对出口未加工的产品征收较高的出口税。在外资采矿企业当年盈利率超过27%时，一般要征收附加利润税，其税率为50%。但投资回收期内不征收附加利润税。三是要求尽量雇用和培训当地人才。四是要求外资采矿企业定期向巴布亚新几内亚政府部门报告企业矿产勘查、开采、经营、销售和财务活动等有关情况。

中巴合作前景分析：2002年8月，巴布亚新几内亚新政府成立，新政府致力于重振经济和整治社会秩序，决定以资源开发为主导，扭转日益恶化的经济形势，创造中长期稳定的宏观经济和社会环境。中国与巴布亚新几内亚矿业互补性强（如巴布亚新几内亚铜和油气资源丰富，而中国短缺），巴布亚新几内亚新政府非常欢迎中国企业参与开发矿产资源。中国和巴新政府签订的《关于促进和保护投资的协定》为缔约一方的国民和公司在缔约另一方领土内的投资创造良好条件。在巴布亚新几内亚正在开发资源的大好形势下，两国矿业合作潜力巨大。现在南高地省库土布地区议员、巴布亚新几内亚政府土地与规划部长希望中国公司能参与巴布亚新几内亚主要油气产区库土布油气田区的液化天然气及下游产品加工项目。

【南非探索出矿山恢复利用技术】 南非对废弃矿山再利用的主要做法是：填土筑坝、植树种草、建立休闲公园；有选择的建立旅游景点，与邻近的人文或自然景观连成旅游区域。如北开普省首府金伯利，一直是世界上最大的钻石产地。1871年因在当地一个农场发现钻石矿藏，引发了近半个世纪的疯狂"淘金热"，后来留下处处堆积如山的土石、矿渣和密密匝匝的废井、废坑。其中最大的一个废弃矿井名叫"大洞窟"，深达3600多米，是当年那些淘金者一锹一镐挖掘出来的，土石方量超过2500多万吨，覆盖的面积达16公顷之多。这个"大洞窟"周围的大量矿渣早已堆成缓坡，四周修筑起土坝，以防止被废矿渣污染的雨水外溢，缓坡先用石灰中和酸性矿渣后再覆盖一层厚土，种上花木，广植草坪，堆垒假山，将这一工业废料堆放场变成为一座四季常青、鲜花盛开、绿草如茵的公众休闲公园。

这个"大洞窟"是当今世界上最大的人造坑洞，南非政府已将这里建成举世闻名的钻石博物馆，展出内容有当年钻石开采的盛况、未经加工的钻石原貌以及地上采矿作业现场等，每年吸引着大批游客。"大洞窟"附近有围城战争纪念馆、高尔夫球博物馆、卡拉哈里国家公园以及落差60多米的瀑布风景区等，是南非政府对外重点宣传的游览景区。

在金伯利，还有许多废弃在山谷中的矿井，当地政府根据井内的温度和湿度，因地制宜进行投资改造，使之成为适合蘑菇生长的场地，培植的"钻石蘑菇"不仅畅销南非各地，而且还远销许多国家，所获经济效益十分可观。

【南非铂产量预期增长4.5%】 全球最大铂生产厂商英美铂公司预计，2003年全球最大的铂生产国南非铂产量达到465万盎司，增长4.5%。

其中英美铂公司2003年的铂产量预期为230万盎司，微幅低于该公司计划的目标。但是，南非货币兰特汇率升值降低了其以美元为基础的出口收入，而高成本与钯价低廉都将会影响铂产量。此外，有关企业的医疗保健费用及工资的增长也将对生产造成不利影响。

由于所有主要的生产厂商都在提升其现有的和正在开发的矿产量，2004年来自南非的铂供应预计将有实质性的增长。

【南非金田公司增加在澳大利亚的黄金生产】 据《金属通报》报道，南非金田公司将投资9020万美元，扩大在澳大利亚的黄金生产。

该公司在西澳大利亚省坎博尔达的年处理能力为4500万吨的金矿加工厂将更换新的设备，年产量将从40万盎司增加到60万盎司，每吨矿石的经营成本将下降3~4美元。

金田公司两年来在勘探方面的投资达到3600万美元，期望使在坎博尔达的金矿寿命从6年增至9年。

【乌干达大力发展采矿业】 2003年海外媒体报道，乌干达南部非洲事务委员说，政府正积极吸引矿业投资者。

传统上，乌干达更注重金矿等贵金属，但最近几十年，注意力转向了工业矿藏。1986年后，大量的矿业公司取得了执照，目前采矿业和采石业每年增速高达11%。截止2000年末，共发放221张执照。这些执照覆盖全国大部分地区，特别是东南和西南地区。

由于当地工业化水平很低，除少量铁矿外，金属矿的消费极少。锡矿、钨矿和少量金矿用于出口。

为了吸引投资，乌干达政府提供特别的鼓励措施，调整了矿业法规并建立一套矿业的财政制度。乌干达对矿业投资者的征税，金、锡、钨和铜是15%，宝石为10%，其余贵金属和非贵金属为5%。

1950~1960年，乌干达的矿业生产达到顶峰，矿石出口占该国出口收入的30%。70年代的政治动荡使矿业开发走向萧条。目前，矿业生产仅占乌干达GDP的1%。

【马达加斯加发现海底油藏】 据马达加斯加媒体报

道，美国石油公司2003年在马达加斯加西部和西北部海域发现海底石油。挪威一家石油公司甚至预测，莫桑比克海峡蕴藏的石油可能与北海油田相当。

目前，共有四家美国公司和一家加拿大公司在马达加斯加西部和西北部海域勘探石油。这些外国公司已经完成了地震勘探和卫星测试，确认马达加斯加西部和西北部大陆架蕴藏有石油或油页岩，初步估计储量为2900万桶，一般分布在水深3000米的海底，油质为重油，开采很困难，成本非常高，目前尚无开采价值。这些公司估计，随着勘探的深入，会发现更多的油田。

【加拿大将成为世界第三大钻石生产国】 加拿大国际贸易部长皮埃尔·佩蒂格鲁2003年对新闻界表示，加拿大将在2005年成为世界第三大钻石生产国。

他说，在过去10年中，加拿大西北地区发现了不少钻石矿藏，这些钻石矿已开始出产大量钻石，从而使加拿大钻石工业有了很大的发展。加拿大已是世界第五大钻石生产国。

据加拿大钻石工业人士指出，目前加拿大西北地区已有两个具有规模的钻石矿，并有30个左右的开采项目。随着该地区第三个钻石矿———斯那普湖钻石矿在2005年投产，加拿大每年将生产价值达10亿美元的钻石。2006年以后，加拿大钻石产量将占世界钻石总产量的17%。

【加两家公司发布其合资铜镍矿预期储藏量】 加拿大Dynatec公司和FNX矿业公司2003年发布了位于安大略省萨德伯里的合资企业Levack铜镍矿预期储藏量。该矿铜镍矿储藏量预期为510万吨，包括含镍1.9%的镍矿和品位为0.9%的铜矿。

加拿大Dynatec公司拥有该矿25%的股权，FNX矿业公司拥有75%的股权。

【美国长石和霞石正长岩市场】 2001年美国长石的产量增长31.3%，达到80万吨，产值约4410万美元。美国国内所销售的长石材料中，约70%用于玻璃制造(包括玻璃容器和玻璃纤维)，比2000年上升了4%，其余的30%用于制造陶瓷(包括电绝缘体，卫生洁具、餐具和面砖等)等。

2001年美国没有开采霞石正长岩，而是从加拿大进口用于玻璃和陶瓷工业。加拿大安大略省的Unimin Ganado公司在1999年的产量为65万吨，而挪威North Cape Minerals As公司，在1999年的霞石正长岩的产量为30.5万吨。长石和霞石正长岩的市场前景在很大程度上取决于玻璃容器制造业的发展。至2002年中期，由于啤酒和酒的销售推动，以及喝低度酒的盛行，许多玻璃公司预测2002年、2003年其玻璃制品的销量将上升。

由于玻璃容器的回收量增大将减少玻璃制造业对原料的需求量。另外，由于2003年住房销售量呈下降趋势，可能导致卫生洁具和陶瓷面砖等工业对长石和其他原料的需求下降。

【美国开发出粉末冶金不锈钢】 美国爱达华国家工程和环境实验室开发出一种粉末冶金不锈钢，称之为高级不锈钢Stainless Steel Plus(SSP)，它的室温承载强度比用传统材料加工的对应产品高三倍。这是由于严格控制钢中的C、N和O的含量，从而提高了它的各项性能。当SSP粉被压成棒、管、板，然后进行热理时，其性能显著优于用传统材料加工的产品性能。

【美国市场锰铁价格攀升】 纽约消息：由于产量减少，供给紧张，铁合金价格遭遇上行压力。

美国市场高碳锰铁价格上涨迅速，一方面是因为埃拉梅公司(Eramet)关闭了下属的布洛涅硅锰合金厂(Boulogne silico - manganese plant)，造成市场供给减少。锰铁的市场价格已从以前的530~550美元/英吨上涨到530~560美元/英吨，有的甚至高达600美元/英吨。

美国国防储备中心最近出售2.5万吨高碳锰铁，市场正在等待销售结果。

中碳锰铁的价格也有所上涨，从原来的43~47美分/磅涨至45~48美分/磅，有的甚至高达49美分/磅。

【美国通过立法加强煤矿安全管理】 美国通过不断完善煤矿安全管理法律，提高执法力度，最近20多年来煤矿安全状况得到明显改善。

美国是世界上主要产煤国之一。随着其煤矿生产技术越来越先进，矿工人数逐年下降，目前人均年产煤近万吨，劳动生产率相当高。美国煤矿的严重伤亡事故很少，近年来每年煤矿死亡人数只有40名左右。

美国煤矿业也是经历了一个从事故多发到加强立法和管理、最终进入安全生产时期的过程。19世纪后期和20世纪初期，美国每年有数千人死于煤矿事故。1907年，发生在主要产煤州西弗吉尼亚的一起煤矿爆炸事故，死亡362人，创美国历史之最。严重的煤矿事故频频发生促使美国国会和政府采取坚决措施加强安全管理。1910年美国设立了矿业局，其基本任务是制定安全标准、监督生产、加强检查、调查处理事故和进行安全生产方面的研究。1913年成立的劳工部，安全生产管理也是其主要职责之一。

围绕煤矿生产美国先后制定了十多部法律，安全标准越来越高。其中最重要的是1977年制定的联邦矿业安全和健康法，对所有矿业生产进行了全面和严格的规定。原来的矿业局改为矿山安全和卫生署，转由劳工部管辖，由劳工部助理部长担任署长。这一法律的出台标志美国煤矿业生产走上事故低发的新阶段。1977年的矿业安全和健康法要求矿山安全和卫生署对所有地下煤矿每年至少进行4次安全检查，露天煤矿至少每年检查两次。一旦发现问题有关部门就将依法进行处罚直至关闭矿井。此外，矿工组织也积极参加各种安全卫生计划活动，对矿主不符合安全和健康规定的行为提出意见直至向执法部门报告要求惩处。

美国煤矿安全部门执法非常严格，矿主也遵守法律，严格按照安全操作规程办事，从而确保了煤矿生产安全。美国煤矿安全部门对惟利是图、违反规定生产的矿主惩罚严厉。针对不会导致重大人员伤亡的一般性违反规定行为，政府督察员每次每项罚款可达5.5万美元。曾经违反规定并承诺改正、但不守信用的矿主则将被加重处罚。可能引起伤亡事故和危害矿工健康的严重违规行为将被追究刑事责任。对于此类行为，即使未造成严重后果，政府督察人员在进行初步调查后也将交由司法部门起诉审判。严重违法或违法程度虽轻但导致人员伤亡的个人和公司，罚款将分别达25万美元和50万美元。

分析事故原因、让所有人引以为鉴是减少事故和伤亡的重要和有效的手段。美国矿山安全和卫生署对每次事故的原因都要进行全面细致的调查分析，然后及时公布详细情况，并就如何避免类似事故发生提出建议，互联网上也可以看到所有事故情况介绍和示意图以及如何防止类似事故发生的办法。

美国加强煤矿安全立法、执法和各种教育工作对减少煤矿事故起到了明显作用。1976年以来，美国一次死亡5人以上的严重煤矿事故仅有13起，平均两年发生一起。

【里奥廷托公司称美元贬值将抬高铁矿石价格】 世界第二大多元化矿业公司里奥廷托矿业公司(Rio Tinto)称，美元的急剧贬值意味着铁矿石价格将持续走高。

里奥廷托矿业公司已提高铁矿石价格9%，而美元贬值率已超过10%。包括铁矿石在内的全球大多数产品均以美元计价，美元贬值有助于抬高价格，并刺激需求增长。

【秘鲁投巨资扩大矿产勘探和开采规模】 为充分利用和开发国家自然资源，秘鲁政府决定加大2003年对矿产勘探和开发的投资，投资总额为12亿美元。

据秘鲁出口商协会统计，2002年全国矿产产值比2001年增长13.7%。政府2003年加大矿产部门的投资，目的是在此增长率基础上争取获得更大的增长。

秘鲁矿产品在全国出口产品中占有相当比重，出口的国家主要是英国和美国，各占秘鲁矿产品出口总量的21%，其次是瑞士和中国，分别占15%和7%。秘鲁非传统矿产品出口主要对象是美国，占全国非传统矿产品出口的50%以上；其次是智利、厄瓜多尔和阿根廷，分别占10%、7%和6%。

【秘鲁将加大矿业投资】 秘鲁能源矿业部长海梅·基杭达里亚2003年宣布，为扩大全国矿产的勘探和开采，矿业部门将增加39.95亿美元的投资，其中27.45亿美元的投资将用于9个新矿山计划的实施，其余12.5亿美元将用于现有矿山开采设备的更新。这笔近40亿美元的投资要到2004年才能落实到矿业部门，其中1.31亿美元的投资将用于矿产资源的勘探。

据秘鲁国家统计局公布的统计报告，2003年4月全国矿业部门产值与2002年同期相比增长了7.2%。除锡矿出现9.24%的负增长外，其他金属矿产都有不同程度的增产，铁、金和银等矿产分别增产15.95%、15.17%和5.61%。

统计报告指出，导致秘鲁铁矿产量大幅增长的原因是亚洲国家对秘鲁铁矿产品的进口量不断增加。

【黄金成为秘鲁矿业开采投资热点】 据秘鲁能源矿业部官员介绍，在秘鲁所有矿产资源中，黄金以其重要的保值功能，已成为国际投资者的开发热点。

该国239个矿产开发项目中，122个项目从事的是与黄金勘探有关的工作，比重超过50%。其中92个项目专门勘探金矿，其余为金银共生矿及金铜共生矿的勘探项目，这些项目都配备了先进技术，正在运行之中。

此外，秘鲁其他一些出口矿产，例如铜、锌等金属的勘探开采也引起了国际矿业公司的兴趣。秘鲁24个省份中，20个省份有矿产开发活动。其中秘鲁北部的卡哈马卡省和南部阿雷基帕省矿产开发项目最为集中，分别超过了40个。

秘鲁是拉美最大的黄金生产国，黄金及其制品已成为该国第一大出口产品。2002年该国黄金产量为157吨，创历史最高纪录。秘鲁金矿品位高且容易粉碎，因而生产成本较低。

【秘鲁矿产品出口收入大幅增长】 秘鲁全国矿业、石油和能源委员会的报告称，2003年1～9月，秘鲁全国矿产品出口增长显著，出口额比2002年同期增长18%，达到32.89亿美元。

2003年9月份该国矿产品的出口收入为4.3亿美

元，比2002年同月增长24.8%。

统计数据显示，2003年以来，秘鲁矿产品出口保持了近几年持续增长的势头，成为全国最大的出口商品门类，在出口总额中所占的比重达到57%。

2003年秘鲁的黄金出口形势极好。2003年1～9月，秘鲁黄金出口收入累计为15.14亿美元。9月份黄金生产量创历史新高，出口收入达7040万美元，比2002年同期增长48.4%。

【秘鲁黄金产量达到两年来最高水平】 据海外媒体报道，2003年7月，秘鲁黄金产量达到1.5527万公斤，比2002年同期增长28%，为两年来的最高水平。

2003年7月，美国纽蒙特矿业公司拥有的秘鲁Yanacocha金矿黄金产量飙升58%，该矿为拉丁美洲最大的金矿。秘鲁的巴里克黄金公司产量增长17%，该公司拥有Pierina金矿。秘鲁其他的小型金矿如Aruntani金矿和Inversiones Mineras del Sur金矿产量也有大幅增长。

2003年1月至7月，秘鲁黄金产量比2002年同期增长14%以上。秘鲁为拉丁美洲最大的黄金生产国。

【巴西发现新油田】 巴西石油公司2003年宣布，该公司在巴西东南部海域发现一个新油田，储量初步估计达5亿桶。

新油田位于圣埃斯皮里图州附近水域深约1500米的海底，靠近巴西最大的坎波斯海底油田。该公司近期将对新油田进行开发，初步预计生产能力为日产18万桶，今后还将逐步增加产量。

这是近两个月来巴西石油公司在这一水域第二次发现海底油田。2003年5月，该公司曾在该区域发现一个储量约6亿桶的油田。

迄今为止，巴西石油公司在这一水域发现的油田总储量已达21亿桶。这些海底油田的开发将使巴西的石油日产量在目前181万桶的基础上增加30%。

【墨西哥发现新油田】 墨西哥国营石油公司2003年宣布，在东部韦拉克鲁斯州的奇孔特佩克发现了蕴藏量很大的新油田。

该油田在初步开采中被称为“黄金带”，估计是全国石油蕴藏量最大的油田。该油田的石油可能蕴藏量为1300亿桶。

该公司2003年将投资60亿比索在奇孔特佩克油田的“冷水”和阿曼提特兰地区进行三维地震探油试验以及钻探试验井和铺设油气管道。

【墨西哥增加矿业投资】 墨西哥矿业公会宣布，墨2003年对矿业的投资比2002年增加50%。

该行业公会说，墨2003年对该行业投资4.15亿美元，用于开发新的项目、勘探和采矿，以及更新设备，其中6650万美元用于勘探计划，7400万美元用于扩大工程项目，1.12亿美元用于建设新的工程项目、5800万美元和1.03亿美元分别用于职业培训和购买新的设备。

该行业公会指出，墨主要大型矿业公司PELOLES 2003年也将投资1.92亿美元在北部地区开发新项目，其中包括对位于索诺拉州的MILPILLAS铜厂投资，以实现到2005年生产5.5万吨阴极铜的目标。

该行业公会提供的材料显示，墨矿业从2002年第4季度至2003年首季度的生产呈恢复趋势，改变了2002年头9个月生产一直下降的局面。2003年首季，石油和天然气产量增长5.2%，白银、煤炭、铁、石膏、硅石、萤石、锌、铅、锰等非石油矿产资源的开采量增长3.2%。

该行业公会负责人阿尔玛桑说，由于国际市场铜、黄金和白银的价格看好，在墨从事矿产开采业的GLAMIS公司、PANAMERICA白银公司、巴里克黄金公司(BARRICK GOLD)、诺兰达公司和MINERA CORONA公司等外国公司2003年也开始对其工程项目增加投资。

据墨国家统计局的材料，目前在墨从事矿产开采的公司共1186家，其中676家为墨西哥公司，另外510家为外国企业。墨矿产开采业2002年创汇135.10亿美元，其中石油天然气出口创汇131.21亿美元，金属矿产创汇2.32亿美元。

【墨西哥探明石油储量达200多亿桶】 墨西哥已探明的石油储量达200亿桶，居世界第9位，石油开采量居第7位，天然气开采量居第10位。

墨西哥1/3的石油储量集中在东北部的海区，重油占总储量的52%。

【巴西成为第六大铀资源国】 据国外媒体报道，随着最新的一套富集铀的设备开动，巴西已成为世界第六大铀资源国，同时也成为世界第八个拥有富集铀技术的国家。这套新设备建在里约热内卢的Resende。建设安装成本是1.4亿美元，但是每年可以为国家节省1300万美元。因为铀的富集工艺有95%是在国外完成的。现在巴西有两个核能发电厂，所发的电占巴西总耗电量的6%。

【委内瑞拉发现大型油气田】 委内瑞拉石油公司2003年在东北部莫纳加斯州发现一个大型油气田。初步预测，其轻质原油储量达3.5亿桶，伴生天然气8700亿立方英尺(1立方英尺合0.0283立方米)。

该油田的勘探工作还在进行之中，打井深度已达4765米。技术人员估计该油田的石油储量最高可达4.6亿桶，伴生天然气储量可达1.6万亿立方英尺。

委内瑞拉已探明的石油储量达776亿桶，在石油输出国组织(欧佩克)成员国中居第六位，已探明的天然气储量为148万亿立方英尺。委内瑞拉是世界第五大石油出口国，日均出口原油及成品油280万桶。

石油工业是委内瑞拉的支柱产业，石油出口收入占其出口总收入的70%，占政府财政收入的40%和国内生产总值的1/3。

【委内瑞拉天然气项目开发前景广阔】 新华社信息加拉加斯2003年10月28日电(记者贾安平)拥有丰富天然气资源的委内瑞拉已成为外资瞩目的重点。委内瑞拉水下天然气项目具有广阔开发前景，其近期勘探开发及中长期开采及加工过程所需要的投资将达500亿美元。

委内瑞拉正在开发和即将开发的天然气项目主要包括苏克雷、委内瑞拉湾、法尔孔州、卡里亚科、卡鲁帕诺和德尔塔纳等。每个项目的初期开发投资在7亿美元左右，开发期长达六七年，找到气田之后将逐步加大投资，最终所有项目的投资总和将超过500亿美元。

天然气储量预计可达14.3万亿立方英尺的苏克雷液化天然气项目及储量可达38万亿立方英尺的德尔塔纳项目部分区块的招标已分别从2002年底和2003年4月开始，上述两大项目的投资分别达27亿和70亿美元。

委内瑞拉天然气已探明储量达147万亿立方英尺，占世界第8位。目前委内瑞拉天然气日产量达85亿立方英尺，其目标是5年内将日产量提高到153亿立方英尺。

【智利在近海发现大天然气田】 2003年智利科学家在智利近海发现了大型气田。该气田位于瓦尔帕莱索市和贡赛佩西翁市之间12海里的领海内。业已探明储量的气田深度在800~2500米之间。

德国科学家曾于12年前在上述地区发现有天然气蕴藏。为了进一步摸清这一气田的规模和蕴藏量，由智利大学、欧洲大学、智利国家石油公司以及美国海洋调查办公室的专家组成的联合考察队于2003年3月11日对德科学家的论述进行考察验证，发现上述海域的气田为狭长、宽度不等、不连续的气田。专家们根据业已掌握的资料认为，这是一个巨大的气田，由于高压和低温，气田呈半固体、冰冻和高压状态，转化成天然气后，其体积将增加164倍。据气田项目经理莫拉莱斯估计，气田的蕴藏量足够智利使用10~15年。

【智利埃斯孔迪达矿启动新矿山建设计划】 在智利经营的埃斯孔迪达矿业公司，2003年决定启动新的矿山建设计划，准备投资4亿美元，于2004年初开工建设埃斯孔迪达矿北部矿山工程。

启动建设新铜矿项目的决定是在埃斯孔迪达矿业公司董事会上作出的。这家由澳大利亚资本控股的跨国矿业公司股份组成主要有三方面：澳资占57.5%，英资占30%，以三菱公司牵头的日资占10%。

埃斯孔迪达铜矿位于智利北部第二大区，在安托法加斯塔市东南160公里处。准备新建的埃斯孔迪达北部矿山在现有铜矿北部5公里处。由于新矿是露天铜矿，而且品位较高，所以被认为是开采成本低、生产效益好的铜矿矿山。

按照初步计划，埃斯孔迪达北部矿山预计可在2005年年底投产，现有储量可供开采17年。该矿到2008年时其年产精铜量(铜精砂和电解铜)可达120万吨以上。

埃斯孔迪达矿业公司是世界上最大的私营铜业企业，其北部矿山建设将是继该公司第四期工程近年建设和投产后的又一大重要矿山项目。埃斯孔迪达矿业公司第四期扩建工程投资10.45亿美元，2003年整个矿业公司的年铜产量预计将由过去的80万吨增至125万吨，占世界总产量的9%。如果考虑早先宣布2003年减产20万吨铜的决定，该公司2003年将实际产铜105万吨。

【智利铜产量2004年增长7.8%】 智利全国矿业协会(SONAMI)预测，该国2004年铜产量将增长7.8%，达到550万吨。

【智利2004年铜产量预计比2003年增长8.3%】 智利铜业委员会(COCHILCO)在2003年的季度报告中指出，2008年，智利铜产量有望达到630万吨，比2002年的458万吨增长37.5%。

据预测，2003年的产量将比2002年增长10.3%，达505万吨；2004年将在此基础上再增长8.3%，达到547万吨。高增长部分主要源于埃斯孔迪达铜矿(Escondida)2004年产量将达到120万吨。

另外，丘基卡马塔(Chuquicamata)、埃尔特尼恩特(El Teniente)、洛斯布龙塞斯(Los Bronces)和洛斯佩兰布雷斯(Los Pelambres)等铜矿也将提高2004年的产量。

【智利铜价2003年每磅在74美分以上】 智利铜业委

员会主任卡塔赫纳2003年提交一份报告，预测2003年国际市场铜价在每磅74～78美分之间，高于2002年全年平均价70.647美分。

这一预测是在国际铜业研究组织专家们认为2003年世界铜消费增速超过生产增速的基础上作出的。根据国际铜业研究组织估计，2003年，世界精铜消费量可望超过1500万吨，增幅为3.7%，而世界精铜产量虽也超过1500万吨，但增速仅为2.6%。

2003年，虽然智利国营铜公司减少市场投放量20万吨，埃斯孔迪达矿减产20万吨，但智利全年的精铜出口收入可达69.97亿美元，比2002年增加12%。

智利铜业委员会的报告说，智利矿业产值2003年将增长9%，其中铜业产值将增长10%，这主要是得益于埃斯孔迪达矿业公司第四期工程投产和智利国营铜公司所属的埃尔特尼恩特铜矿扩大生产。

2003年，智利矿业投资将达到17.4亿美元，其中包括外国投资7.65亿美元和本国投资9.75亿美元。

【大量资金将流入智利矿业行业】 2003年，智利铜业委员会(COCHILCO)称，2003～2007年间，流入矿业行业的投资将累计达到96亿美元，预计到2007年该国铜产量将增长27%。

该委员会称，未来几年内将有大量资金流入矿业行业，包括国有投资与私人投资，随着全球经济逐步复苏与金属价格不断走高，矿业公司将获得良好的投资回报。

2003～2010年，智利现有的以及尚在研究阶段的矿产投资项目的投资额总计约为122.3亿美元，其中国有铜矿公司(Codelco)占其中40%，另外的部分由私人资本控制。

据悉，未来几年内，国有铜矿公司、布罗肯希尔－比利顿公司(BHP Billiton)以及加拿大普莱斯多姆公司(Placer Dome)等矿业巨头均计划大力扩张各自在智利的产能。

由此，铜业委员会预测，2004年智利铜产量将先前预期增长19.4%或增长20万吨，达到547.1万吨。

到2010年，拉美地区铜产量将占据全球产量55%的份额。未来几年内，将有约100亿美元投入秘鲁矿业行业，到2010年，该国铜产量将增长至150万吨，较2002年84.3万吨的产量大幅增长。到2010年，巴西铜产量将增长70万吨。

【阿根廷发现一种新矿石】 2003年，阿根廷科学家在安第斯山脉海拔4500米的圣玛丽亚湖旁的山上发现了一种新矿石，并将其命名为卡塔拉诺石。

卡塔拉诺石是一种含8个水分子的极小的磷酸钠盐晶体，直径仅50～500微米它与砷酸盐共生，虽然没有经济价值，但是具有科学和收藏价值。据考察，这种矿石可能是湖水蒸发的产物。

圣玛丽亚湖位于阿根廷的萨尔塔省，离阿根廷与智利边界只有5公里，是个人迹罕至的地方。

【澳大利亚继续扩大液化天然气出口】 澳大利亚液化天然气公司(ALNG)已与韩国正式签署了价值10亿澳元(1美元约合1.67澳元)的出口合同，从而为西北大陆架项目修建第5条生产线的决定增加了砝码。

西北大陆架项目是澳目前惟一一个正在开采的天然气项目，开采区位于卡那翁盆地。1984年项目开始供气，1989年向日本出口，1995年产量达到750万吨。该项目由6个经营伙伴运作，其中包括BHP石油(西北大陆架)公司、BP澳大利亚开发公司、雪佛龙澳大利亚公司、日本澳大利亚LNG公司、壳牌开发(澳大利亚)公司和伍德赛德能源公司。

为提高产量，西北大陆架项目的合作伙伴于2001年同意进行一项27.5亿澳元的扩张计划，修建年处理能力达420万吨的液化天然气加工设施。生产线(第四条)的投资额达24亿澳元，已基本完成。建设第五条生产线的决定将于2003年底做出。

【2004年澳大利亚矿业有望复苏】 随着全球经济逐步复苏，2004年澳大利亚矿业行业有望一起复苏，但如果缺之投资资金，矿业行业长期发展将受到制约。

矿业行业在澳大利亚经济中占据重要地位，产值在国民生产总值中的比例超过8%。近年以来，由于金属价格疲软，该行业努力提高生产效率并通过整合来度过难关。

澳大利亚矿业委员会(MCA)在年度行业报告中表示，随着金属价格逐步反弹以及全球经济不断复苏，2004年，该国矿业行业发展前景将趋于良好。

报告称，目前中国市场金属需求增长十分迅速且尚未出现颓势，同时西方国家经济也开始呈现复苏迹象。

报告同时称，2003～2004年度，澳大利亚矿业行业开发支出将同比减少19%，研发支出将减少34%，对于该行业长期发展不利。

【澳加矿产资源公司加大在非矿业勘探投资】 澳大利亚与加拿大矿产公司在菲律宾的8家子公司将增加投资2亿多比索(1美元约合55比索)，在菲南部省份北苏里高、南莱特省和北部三描礼士省加大金矿、铜矿、银矿和铬铁矿的勘探活动。

澳大利亚OXIANA资源公司菲律宾子公司将增加

投资8000万比索，在北苏里高和南莱特省进行勘探；澳大利亚KINLOC矿产公司菲律宾子公司也将再注入6300万比索，在三描礼士省进行铬铁矿及其他铂金系列矿的勘探活动；加拿大MRL有限公司菲律宾子公司也将在北部八打雁省进行勘探活动，估计投资需600万比索，该公司在北苏里高省也在进行金矿的勘探活动；澳大利亚GREENSTONE资源开发公司菲律宾子公司目前正在北苏里高省进行金矿、铜矿和银矿的勘探活动，该公司可能将为该项目增加投资700万比索。

【澳大利亚黄金产量将连续增长】 澳大利亚农业与资源经济局(ABARE)称，随着新矿开发逐步替代枯竭的旧矿，未来几年内，该国黄金产量将出现增长。

2002~2003年度(截至2003年6月)澳大利亚黄金产量将同比增长1.5%，达到269吨；2003至2004年，黄金产量将增长至271吨；2004至2005年将大幅增长至304吨。

2002年，国际市场黄金价格大幅上涨25%。在价格上涨刺激下，各大黄金生产商纷纷投入全部产能生产，加大金矿开发力度。预计中期内，世界各地将有一大批大型金矿投入生产。 (中国矿业信息中心)

2003年世界钢铁十大新闻

1. 中国钢产量超过2亿吨：

1~11月，中国钢、钢材产量累计分别为2.0亿吨和2.14亿吨，预计全年产钢2.2亿吨、钢材2.3亿吨。中国是迄今为止世界历史上第一个年产钢超过2亿吨的国家，为世界经济发展作出了重要贡献。今年世界钢产量普遍增长，预计全年产钢量突破9亿吨。

2. 国内外钢材价格指数创历史新高：

由于西方经济开始复苏和中国经济快速增长，钢材需求旺盛，价格一路攀升，CRU国际钢材价格指数达到106.8，创近13年新高，国内钢材市场价格指数达到104.5，创近年历史新高。

3. 生产钢铁产品的原燃料价格大幅上涨：

由于全球钢产量的增长，特别是中国钢产量的增长，导致世界范围的钢铁生产所需的原燃料出现短缺，国际废钢、铁矿石和焦炭等原燃辅料价格大幅上涨。同时，拉动了国内外对铁矿石、物流业的投资。

4. 世贸组织最终裁决美国对进口钢材加征惩罚性关税违法：

2002年3月5日，美国总统布什宣布对进口部分钢铁产品征收8%~30%高关税，引起全球强烈反响。2003年7月，世贸组织专家组裁决，美国实施的钢铁保障措施违反了世贸组织相关规定。2003年12月10日，世贸组织上诉机构维持了专家组的裁决，最终裁决美国对进口钢材加征惩罚性关税违法。2003年12月4日，美国总统布什宣布取消保护性钢材进口关税。

5. 经济合作与发展组织召开关于钢铁议题高层特别会议：

7月16日，经济合作与发展组织(OECD)在法国巴黎召开关于钢铁议题的特别高层会议，有关国家提出关于“关于减少及消除扭曲钢铁贸易补贴协定”的提案。中国派出代表团参加了会议。

6. 世界钢铁业结构调整和重组步伐加快：

美国钢铁业经过收购重组形成纽柯钢公司、美国钢铁公司和国际钢集团三大集团。LNM集团收购伊斯科公司和购买捷克的诺瓦钢铁公司，使其成为世界第二大钢。俄罗斯EVRAZ公司正与几家钢厂谈判联盟和并购，欲成为世界第五大钢铁集团。

7.《世界钢动态》评出20家世界级钢厂竞争力排序：

宝钢排名第二，《世界钢动态》(WSD)评出的20家世界钢厂2003年竞争力排序中，中国宝钢、鞍钢、沙钢和台湾省中钢榜上有名。

8. 世界钢铁业巨头纷纷在中国投资建厂：

随着制造业向中国转移，世界钢铁业巨头纷纷在中国投资建厂，生产高档次钢铁产品。其中韩国浦项在中国与中方企业的合作项目全面扩大投资，冷轧板、彩涂板、不锈钢板和镀锌薄板的产量将成倍增长。

9. 中国钢材、铁矿石进口量跃居世界第一位：

2003年1至11月，中国进口钢材3410万吨，预计全年进口3700万吨；进口铁矿石1.34亿吨，预计全年进口1.45亿吨，双双居世界第一。

10. 日本钢产量超1亿吨，创近13年新高：

2003年1~11月，日本累计生产钢1.012亿吨，预计全年产钢1.104亿吨，为近13年新高。钢1.104亿吨，为近13年新高。

(中国矿业年鉴编辑部)